上海证券交易所统计年鉴

2018 卷

STATISTICS ANNUAL
SHANGHAI STOCK EXCHANGE

名誉总编

黄红元

总　　编

蒋　锋

副 总 编

潘学先　张冬科　管兴业　阙　波

刘绍统　徐毅林　谢　玮　卢文道

编　　辑

陆　谳　张志明　刘　峻

数　　据

陈　祁　费永建

上海證券交易所 编　上海遠東出版社

1. 成交数量和成交金额两类指标均按交易的买方或卖方单向计算。

2. 交易数量和交易金额两类指标均按交易的买方和卖方双向计算。

3. 统计范围：在本所上市交易的各类证券，包括普通股、优先股、基金、债券、期权等。

4. 统计内容：包括本所上市的各类证券的交易状况和参与者的交易状况，上市公司的股本结构及财务状况，会员情况及其交易状况等。

5. 统计日期：2017 年 1 月 1 日至 2017 年 12 月 31 日。

6. 数据类型：证券数目及会员数目、股本、市值、市盈率、股价、指数等为月底或年底的时点数，不具有可加性；交易金额、交易数量等为全年或某月的时期数字，具有可加性，由相应时期内各交易日的实际数字累加而成。

7. 误差：本年鉴数字采用截尾方式计算，个别数字采用四舍五入方式计算。由于舍入误差，分类数字之和未必等于总额数字。

8. 席位数：包括本所会员申请的席位及其他非会员申请的特别席位，如国债专用席位、B 股境外券商特别席位。

9. 成交笔数：由交易系统完成配对交易的记录数。

10. 发行数量：指在交易所上市证券的已发行总量。

11. 市价总值：指在交易所上市的证券在某一时点按市价与发行数量计算的总金额：

$$\sum(\text{市价}\times\text{发行数量})$$

12. 流通数量：指在交易所上市证券的发行数量中可流通交易的数量。

13. 流通市值：指在交易所上市的证券在某一时点按市价与流通数量计算的总金额：

$$\sum(\text{市价}\times\text{流通数量})$$

14. 上年每股税后利润：指按上一年度年末股本计算，分配到每一股的净利润。

15. 到期年收益率：按人民银行发布的《银货政（2001）51 号》文件所提供的公式计算。

16. 市净率= $\dfrac{\text{每股价格}}{\text{每股净资产}}$

16. 市盈率= $\dfrac{\text{股票价格}}{\text{每股收益}}$

$$\text{平均市盈率}=\frac{\text{总市值}}{\text{总收益}}=\frac{\sum(\text{收盘价}\times\text{发行数量})}{\sum(\text{每股收益}\times\text{发行数量})}$$

18. 年换手率= $\sum$日换手率

19. 回购价格为该品种年收益率。

特别说明 1：股东情况统计是按投资者申请开设股票账户时填写的《上海证券中央登记结算公司记名证券名册登记表》上的身份证编号设置进行的。身份证号码是基本统计单位。目前的统计存在不可避免的误差，且以统计指标“其他”来表现的误差占据了相当的比例。主要原因：(1) 因历史原因尚有部分股票账户缺乏身份证号码；(2) 部分投资者未使用身份证而使用诸如军官证等特殊证件；(3) 由于登记公司以前异地开户采用对异地登记会员先放空号由其代理开户再统一在一个时点汇总资料的方法，故每月统计时均有相当数量的空号出现。

特别说明 2：(1) 股票除息时，上证指数不予修正，自然回落。(2) 有些指标的绝对数是放大了计量单位的。(3) 本年鉴中走势图均为日线图，其标明的最高、最低与市场表现中最高最低不同，是因为其最高、最低为收盘价，而市场表现中最高最低为盘中价。(4) 未注明成交数量、发行数量单位的，单位为亿。

特别说明 3：投资者包括：自然人投资者、一般法人及专业机构，其中专业机构包括券商自营、投资基金、社保基金、保险资金、资产管理及 QFII。数据说明：(1)投资者盈亏数据是根据对每个投资者账户每日的交易持股情况推算得出，不考虑过户费、佣金等交易费用的影响；(2)统计样本为沪市无限售条件 A 股，股份指无限售条件的股份，对于有限售条件的股份，按照解除限售条件后的交易持股情况进行推算；(3)考虑因素包括股票分红送配、增发、新股申购、股票非交易过户、限售股解禁、股权分置改革等。

特别说明 4：无备注单位的，一般均以人民币作为货币单位。

特别说明 5：会员及营业部成交合计不含权证。

特别说明 6：无备注单位的，股票以股作为数量单位，债券一般均以张作为数量单位，基金和权证以份作为数量单位。

目　录

Contents

一、市场概况

二、股价指数

三、证券成交

四、上市公司

五、会员公司

六、投资者

七、大事记

Market Overview

市场概况

市场概况
OverView

	2017 年	2016 年	2015 年
交易天数 No.of Trading Days	244	244	244
上市公司总数 No.of Listed Companies	1396	1182	1081
新上市公司数 No.of New Listed Company	214	103	90
上市证券总数 No.of Listed Securities	12219	9647	5914
股票 Share	1440	1226	1125
A 股 A-Share	1389	1175	1073
B 股 B-Share	51	51	52
债券 Bond	10440	8130	4538
政府债 G-Bond	2450	1620	893
公司债 C-Bond	7936	6457	3596
债券回购 Repo	54	53	49
基金 Fund	202	161	135
封闭式 Closed-end Fund	1	3	4
ETF	87	76	73
LOF	87	59	47
交易型货币基金 Exchange-traded Money Market Fund	27	23	11
优先股 Preferred Share	25	24	16
期权 Option	112	106	100
发行数量(亿) Issued Vol(100 M)			
股票 Share	35288.35	32707.76	30235.54
优先股 Preferred Share	45.67	43.67	29.89
集资总额(亿) Capital Raised(100 M)			
股票 Share	7578.06	8056.45	8712.96
优先股 Preferred Share	200.00	1378.00	1959.00
股票流通数量(亿股) Circulating Share(100 M)	31119.45	29372.25	27418.41
股票市价总值(亿) Market Capitalization(100 M)	331324.82	284607.63	295194.20
股票流通市值(亿) Negotiable Capitalization (100 M)	281365.67	240006.24	254127.84
解禁的存量限售股份	12673.78	12262.25	12069.73
年度解禁限售股份	1027.42	918.27	1119.01
卖出的已解禁限售股份	580.57	725.75	858.99

市场概况
OverView

	2017 年	2016 年	2015 年
成交金额(亿)Trading Value(100 M)	3063862.43	2838724.46	2663690.84
股票 Share	511242.79	501700.42	1330992.10
A 股 A-Share	507214.81	496880.34	1323231.16
B 股 B-Share	555.30	984.49	2357.12
股票回购	3472.69	3835.59	5403.82
债券 Bond	2473417.83	2247175.20	1228533.71
政府债 G-Bond	2453.81	7773.00	4330.72
公司债 C-Bond	41977.39	36050.28	26350.38
债券回购 Repo	2428986.63	2203351.93	1197852.61
基金 Fund	78169.76	89359.77	103814.16
封闭式 Closed-end Fund	111.92	212.8	684.04
ETF	10828.32	6510.84	28890.51
LOF	66992.81	610.62	1367.36
交易型货币基金 Exchange-traded Money Market Fund	236.52	82024.97	72857.97
优先股 Preferred Share	138.91	45.18	48.24
期权 Option	893.14	431.89	236.66
沪股通交易金额（亿元人民币）	13146.22	7452.73	14710.64
港股通交易金额（亿元人民币）	14886.24	7112.84	6203.61
平均市盈率 P/E Ratio	18.16	15.94	17.63
A 股	18.15	15.91	17.61
B 股	22.48	28.03	26.17
股价指数 Index			
上证综合指数 SSE Composite Index	3307.17	3103.64	3539.18
上证 50 指数 SSE 50 Index	2860.44	2286.90	2420.80
上证 180 指数 SSE 180 Index	8647.03	7224.60	7995.77
上证 380 指数 SSE 380 Index	5573.39	5542.39	6712.76
会员公司数 Members	116	115	112
营业部数 Sales Branches	10873	9385	8170
交易单元数 Seats Number	18226	16035	14284
投资者(万户) Investor(10K)	19500.11	16994.84	13751.31
A 股总户数(万户) Investor of A-Share	19332.64	16828.33	13586.32
B 股总户数(万户) Investor of B-Share	167.47	166.51	164.99
信用交易开户数(万户) Credit Investor(10K)	452.11	421.48	393.96
WFE 排名 WFE Rank			
总市值排名 Rank of Market Capitalization	4	4	4
总筹资额排名 Rank of Total Capital Raised	3	3	2
总成交金额排名 Rank of Total Trading Value	4	4	2

SSE Indices

股价指数

上证综合指数历年数据
Data of SSE Composite Index, 1991- 2017

年份 Year	开盘 Open	最高 High	日期 Date	最低 Low	日期 Date	收盘 Close
1992	293.74	1429.01	05/26	292.76	01/02	780.39
1993	802.14	1558.95	02/16	750.46	12/20	833.80
1994	837.70	1052.94	09/13	325.89	07/29	647.87
1995	637.72	926.41	05/22	524.43	02/07	555.29
1996	550.26	1258.69	12/11	512.83	01/19	917.02
1997	914.06	1510.18	05/12	870.18	02/20	1194.10
1998	1200.95	1422.98	06/04	1043.02	08/18	1146.70
1999	1144.89	1756.18	06/30	1047.83	05/17	1366.58
2000	1368.69	2125.72	11/23	1361.21	01/04	2073.48
2001	2077.08	2245.44	06/14	1514.86	10/22	1645.97
2002	1643.49	1748.89	06/25	1339.20	01/29	1357.65
2003	1347.43	1649.60	04/16	1307.40	11/13	1497.04
2004	1492.72	1783.01	04/07	1259.43	09/13	1266.50
2005	1260.78	1328.53	02/25	998.23	06/06	1161.06
2006	1163.88	2698.90	12/29	1161.91	01/04	2675.47
2007	2728.19	6124.04	10/16	2541.53	02/06	5261.56
2008	5265.00	5522.78	01/14	1664.93	10/28	1820.81
2009	1849.02	3478.01	08/04	1844.09	01/05	3277.14
2010	3289.75	3306.75	01/11	2319.74	07/02	2808.08
2011	2825.33	3067.46	04/18	2134.02	12/28	2199.42
2012	2212.00	2478.38	02/27	1949.46	12/04	2269.13
2013	2289.51	2444.80	02/18	1849.65	06/25	2115.98
2014	2112.13	3239.36	12/31	1974.38	03/12	3234.68
2015	3258.63	5178.19	06/12	2850.71	08/26	3539.18
2016	3536.59	3538.69	01/04	2638.30	01/27	3103.64
2017	3105.31	3450.50	11/14	3016.53	05/11	3307.17

分类指数数据及图表
Data and Chart of Sector Indices

上证综合指数　SSE Composite Index

每日收盘指数 Daily Index

日期 Date	1月 Jan	2月 Feb	3月 Mar	4月 Apr	5月 May	6月 Jun	7月 Jul	8月 Aug	9月 Sep	10月 Oct	11月 Nov	12月 Dec
1	---	---	3246.93	---	---	3102.62	---	3292.64	3367.12	---	3395.91	3317.62
2	---	---	3230.03	---	3143.71	3105.54	---	3285.06	---	---	3383.31	---
3	3135.92	3140.17	3218.31	---	3135.35	---	3195.91	3272.93	---	---	3371.74	---
4	3158.79	---	---	---	3127.37	---	3182.80	3262.08	3379.58	---	---	3309.62
5	3165.41	---	---	3270.31	3103.04	3091.66	3207.13	---	3384.32	---	---	3303.68
6	3154.32	3156.98	3233.87	3281.01	---	3102.13	3212.44	---	3385.39	---	3388.17	3293.97
7	---	3153.09	3242.41	3286.62	---	3140.33	3217.96	3279.46	3365.50	---	3413.58	3272.05
8	---	3166.98	3240.67	---	3078.61	3150.33	---	3281.87	3365.24	---	3415.46	3289.99
9	3171.24	3183.18	3216.75	---	3080.53	3158.40	---	3275.57	---	3374.38	3427.80	---
10	3161.67	3196.70	3212.76	3269.39	3052.79	---	3212.63	3261.75	---	3382.99	3432.67	---
11	3136.75	---	---	3288.97	3061.50	---	3203.04	3208.54	3376.42	3388.28	---	3322.20
12	3119.29	---	---	3273.83	3083.51	3139.88	3197.54	---	3379.49	3386.10	---	3280.81
13	3112.76	3216.84	3237.02	3275.96	---	3153.74	3218.16	---	3384.15	3390.52	3447.84	3303.04
14	---	3217.93	3239.33	3246.07	---	3130.67	3222.42	3237.36	3371.43	---	3429.55	3292.44
15	---	3212.99	3241.76	---	3090.23	3132.49	---	3251.26	3353.62	---	3402.53	3266.14
16	3103.43	3229.62	3268.94	---	3112.96	3123.17	---	3246.45	---	3378.47	3399.25	---
17	3108.78	3202.08	3237.45	3222.17	3104.44	---	3176.47	3268.43	---	3372.04	3382.91	---
18	3113.01	---	---	3196.71	3090.14	---	3187.57	3268.72	3362.86	3381.79	---	3267.92
19	3101.30	---	---	3170.69	3090.63	3144.37	3230.98	---	3356.85	3370.17	---	3296.54
20	3123.14	3239.96	3250.81	3172.10	---	3140.01	3244.87	---	3366.00	3378.65	3392.40	3287.61
21	---	3253.33	3261.61	3173.15	---	3156.21	3237.98	3286.91	3357.81	---	3410.50	3300.06
22	---	3261.22	3245.22	---	3075.68	3147.45	---	3290.23	3352.53	---	3430.46	3297.06
23	3136.78	3251.38	3248.55	---	3061.95	3157.87	---	3287.71	---	3380.70	3351.92	---
24	3142.55	3253.43	3269.45	3129.53	3064.08	---	3250.60	3271.51	---	3388.25	3353.82	---
25	3149.56	---	---	3134.57	3107.83	---	3243.69	3331.52	3341.55	3396.90	---	3280.46
26	3159.17	---	---	3140.85	3110.06	3185.44	3247.68	---	3343.58	3407.57	---	3306.13
27	---	3228.66	3266.96	3152.19	---	3191.20	3249.78	---	3345.27	3416.81	3322.23	3275.78
28	---	3241.73	3252.95	3154.66	---	3173.20	3253.24	3362.65	3339.64	---	3333.66	3296.39
29	---	---	3241.31	---	---	3188.06	---	3365.23	3348.94	---	3337.86	3307.17
30	---	---	3210.24	---	---	3192.43	---	3363.63	---	3390.34	3317.19	---
31	---	---	3222.51	---	3117.18	---	3273.03	3360.81	---	3393.34	---	---
最高 high	3174.58	3264.08	3283.24	3295.19	3154.78	3193.46	3276.95	3376.65	3391.64	3421.10	H3450.5	3324.52
最低 low	3044.29	3132.03	3193.16	3097.33	L3016.5	3078.79	3139.50	3200.75	3332.60	3357.28	3300.78	3254.18

分类指数数据及图表
Data and Chart of Sector Indices

上证 180 指数　SSE 180 Index

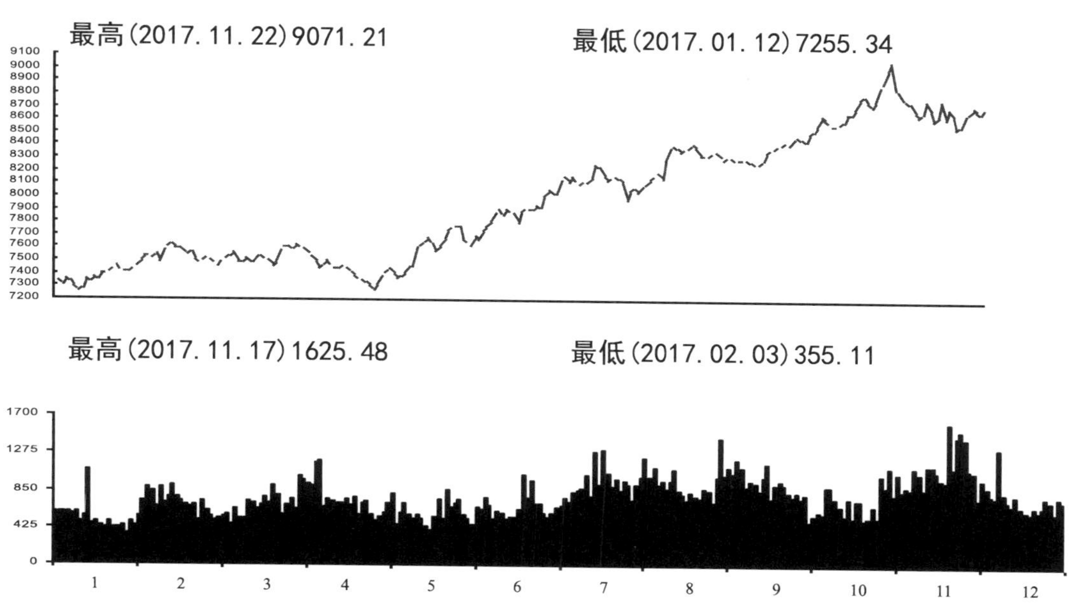

每日收盘指数 Daily Index

日期 Date	1月 Jan	2月 Feb	3月 Mar	4月 Apr	5月 May	6月 Jun	7月 Jul	8月 Aug	9月 Sep	10月 Oct	11月 Nov	12月 Dec
1	---	---	7558.01	---	---	7681.12	---	8251.72	8373.46	---	8575.46	8641.78
2	---	---	7501.01	---	7407.65	7635.94	---	8241.94	---	---	8573.53	---
3	7291.10	7404.01	7479.95	---	7384.46	---	7873.75	8170.60	---	---	8585.78	---
4	7337.76	---	---	---	7367.30	---	7809.71	8128.70	8391.53	---	---	8682.88
5	7341.16	---	---	7591.99	7344.26	7576.47	7897.36	---	8416.59	---	---	8772.18
6	7307.00	7417.22	7498.06	7613.34	---	7620.04	7910.78	---	8392.66	---	8604.75	8689.42
7	---	7404.41	7510.33	7614.02	---	7682.71	7904.43	8167.09	8336.32	---	8669.13	8616.99
8	---	7433.96	7508.83	---	7340.45	7740.65	---	8170.72	8330.95	---	8665.46	8661.09
9	7345.23	7463.41	7466.70	---	7303.93	7776.84	---	8150.10	---	8366.40	8711.76	---
10	7328.85	7499.49	7452.98	7589.42	7281.40	---	7915.09	8116.39	---	8369.73	8782.39	---
11	7283.50	---	---	7619.11	7317.85	---	7945.58	7977.68	8324.36	8391.51	---	8770.77
12	7255.34	---	---	7604.91	7392.10	7766.58	7923.25	---	8362.95	8415.27	---	8639.86
13	7277.22	7534.76	7508.82	7593.53	---	7767.89	8008.60	---	8357.94	8414.46	8805.66	8702.75
14	---	7534.79	7512.25	7549.16	---	7668.58	8055.13	8052.98	8319.54	---	8757.07	8647.59
15	---	7512.41	7524.76	---	7412.82	7639.55	---	8080.50	8299.18	---	8718.46	8558.85
16	7352.73	7541.05	7559.86	---	7442.81	7619.86	---	8050.56	---	8430.05	8771.42	---
17	7337.29	7490.17	7484.74	7537.10	7398.55	---	8018.25	8097.89	---	8417.13	8882.92	---
18	7369.41	---	---	7479.57	7372.04	---	8022.14	8111.77	8320.02	8486.01	---	8573.64
19	7347.04	---	---	7434.41	7383.41	7700.27	8146.61	---	8310.00	8484.33	---	8682.64
20	7390.09	7595.34	7493.09	7468.36	---	7673.99	8172.33	---	8305.63	8465.88	8900.19	8680.62
21	---	7614.23	7515.14	7497.46	---	7746.56	8122.89	8143.25	8304.13	---	9013.99	8728.09
22	---	7625.63	7465.73	---	7412.61	7774.14	---	8186.75	8306.64	---	9071.21	8695.62
23	7403.35	7591.42	7486.96	---	7472.11	7814.14	---	8198.10	---	8455.31	8843.59	---
24	7413.23	7596.23	7543.15	7450.97	7462.72	---	8161.86	8150.87	---	8516.66	8844.70	---
25	7440.34	---	---	7447.46	7618.02	---	8123.13	8307.35	8293.43	8532.93	---	8677.81
26	7459.74	---	---	7443.08	7615.43	7886.34	8109.86	---	8293.15	8573.01	---	8718.66
27	---	7542.13	7533.32	7450.12	---	7908.35	8116.11	---	8271.73	8646.36	8774.55	8573.50
28	---	7548.37	7509.29	7438.38	---	7859.10	8126.12	8401.86	8269.08	---	8762.51	8632.49
29	---	---	7501.04	---	---	7904.71	---	8399.77	8297.70	---	8758.32	8647.03
30	---	---	7461.70	---	---	7900.35	---	8385.34	---	8618.34	8673.72	---
31	---	---	7491.94	---	7644.96	---	8161.84	8359.33	---	8592.64	---	---
最高 high	7479.60	7640.77	7589.58	7633.28	7697.85	7921.32	8190.96	8462.42	8439.90	8666.87	H9133.4	8795.77
最低 low	L7192.8	7363.45	7416.34	7362.84	7238.93	7555.62	7793.91	7965.84	8252.05	8298.74	8500.27	8534.84

分类指数数据及图表
Data and Chart of Sector Indices

上证 50 指数　SSE 50 Index

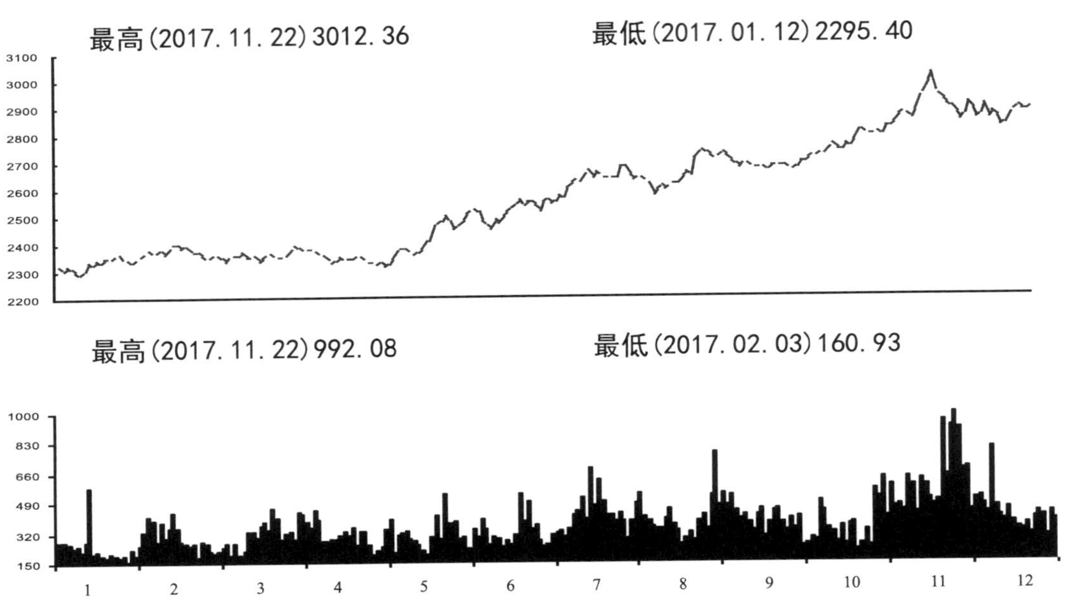

每日收盘指数 Daily Index

日期 Date	1月 Jan	2月 Feb	3月 Mar	4月 Apr	5月 May	6月 Jun	7月 Jul	8月 Aug	9月 Sep	10月 Oct	11月 Nov	12月 Dec
1	---	---	2371.93	---	---	2496.45	---	2681.81	2710.12	---	2789.40	2842.18
2	---	---	2354.91	---	2336.79	2475.46	---	2680.63	---	---	2794.10	---
3	2307.89	2339.99	2347.15	---	2329.77	---	2534.37	2646.22	---	---	2800.47	---
4	2322.21	---	---	---	2325.43	---	2511.15	2627.80	2711.35	---	---	2861.36
5	2322.68	---	---	2384.26	2320.60	2450.35	2548.10	---	2729.85	---	---	2910.48
6	2308.94	2343.97	2349.89	2390.39	---	2466.01	2553.88	---	2714.33	---	2792.22	2875.73
7	---	2337.54	2356.29	2388.27	---	2484.03	2543.66	2634.18	2691.83	---	2821.96	2848.89
8	---	2346.43	2358.07	---	2326.10	2507.03	---	2635.18	2686.69	---	2819.96	2865.34
9	2318.34	2354.90	2346.55	---	2316.29	2519.27	---	2620.38	---	2692.08	2832.96	---
10	2312.60	2368.18	2339.23	2379.16	2324.92	---	2550.12	2611.34	---	2695.54	2862.34	---
11	2300.48	---	---	2382.11	2339.29	---	2570.59	2570.26	2674.75	2707.52	---	2899.10
12	2295.40	---	---	2378.86	2375.45	2521.17	2565.14	---	2692.54	2718.35	---	2850.20
13	2308.06	2379.31	2354.89	2368.11	---	2515.14	2600.95	---	2687.67	2713.38	2873.52	2872.94
14	---	2373.51	2354.90	2355.52	---	2477.32	2622.98	2591.45	2672.84	---	2861.42	2850.05
15	---	2372.19	2357.31	---	2381.75	2461.97	---	2605.24	2668.38	---	2850.05	2820.17
16	2337.39	2376.76	2369.19	---	2381.32	2452.79	---	2595.00	---	2726.64	2879.40	---
17	2329.60	2362.71	2346.96	2357.52	2363.56	---	2631.41	2604.08	---	2723.54	2938.80	---
18	2342.78	---	---	2337.35	2354.75	---	2624.31	2613.27	2674.18	2753.01	---	2829.06
19	2334.96	---	---	2325.04	2361.66	2484.12	2657.89	---	2670.69	2756.04	---	2873.03
20	2347.18	2394.12	2350.07	2335.65	---	2474.43	2665.45	---	2662.63	2737.64	2941.15	2879.64
21	---	2396.88	2357.14	2347.68	---	2497.25	2639.21	2616.83	2675.55	---	2987.17	2895.37
22	---	2398.19	2338.55	---	2381.55	2516.67	---	2643.50	2679.05	---	3012.36	2880.77
23	2347.11	2387.42	2347.43	---	2411.80	2529.10	---	2659.78	---	2734.37	2940.73	---
24	2352.42	2389.88	2365.60	2341.93	2407.57	---	2654.38	2646.40	---	2753.65	2936.83	---
25	2358.70	---	---	2344.74	2473.50	---	2643.07	2706.24	2680.65	2752.14	---	2880.10
26	2364.02	---	---	2344.51	2471.21	2543.32	2636.20	---	2678.99	2771.04	---	2894.34
27	---	2370.56	2364.43	2351.64	---	2554.70	2636.63	---	2661.55	2814.27	2917.31	2839.64
28	---	2370.71	2356.31	2347.04	---	2537.64	2636.39	2736.46	2661.28	---	2897.11	2859.05
29	---	---	2352.69	---	---	2552.98	---	2739.13	2672.33	---	2893.28	2860.44
30	---	---	2346.67	---	---	2549.97	---	2728.23	---	2809.11	2863.45	---
31	---	---	2359.75	---	2479.08	---	2638.12	2714.63	---	2793.71	---	---
最高 high	2371.93	2410.35	2383.51	2395.12	2502.85	2560.86	2667.79	2766.79	2738.59	2822.59	H3038.2	2922.33
最低 low	L2282.2	2323.91	2328.62	2311.66	2297.45	2442.27	2506.68	2566.57	2653.47	2671.94	2770.13	2815.82

分类指数数据及图表

Data and Chart of Sector Indices

上证红利指数 SSE Dividend Index

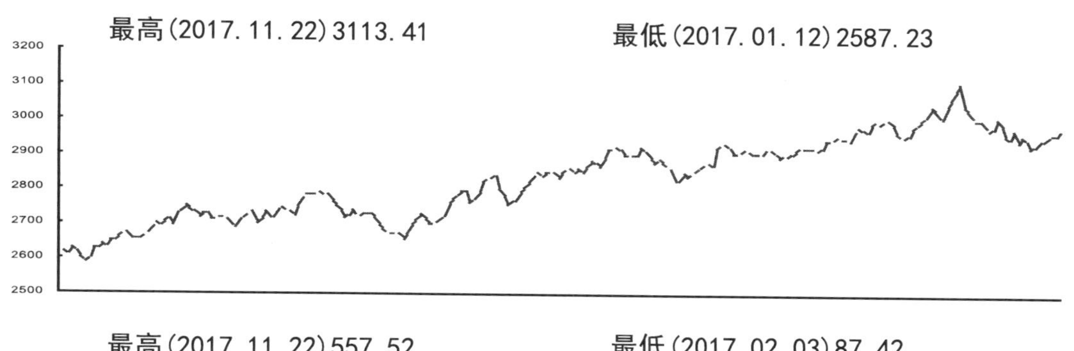

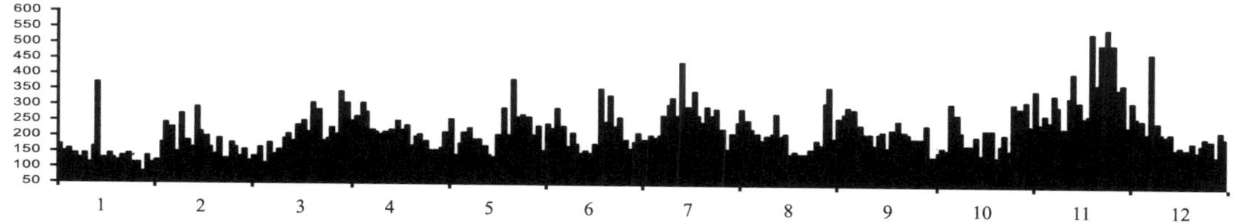

每日收盘指数 Daily Index

日期 Date	1月 Jan	2月 Feb	3月 Mar	4月 Apr	5月 May	6月 Jun	7月 Jul	8月 Aug	9月 Sep	10月 Oct	11月 Nov	12月 Dec
1	---	---	2725.29	---	---	2794.78	---	2919.94	2906.25	---	2966.67	2979.62
2	---	---	2712.45	---	2695.61	2792.80	---	2911.93	---	---	2962.92	---
3	2596.39	2649.09	2711.24	---	2683.62	---	2847.38	2887.23	---	---	2956.19	---
4	2615.45	---	---	---	2678.47	---	2831.58	2879.03	2913.56	---	---	2982.68
5	2618.80	---	---	2779.60	2673.24	2762.99	2848.57	---	2918.94	---	---	3012.61
6	2613.28	2656.27	2714.35	2781.82	---	2771.84	2857.82	---	2913.67	---	2963.65	2986.66
7	---	2657.91	2715.22	2784.52	---	2795.73	2862.90	2886.46	2905.38	---	2984.09	2959.45
8	---	2664.13	2710.96	---	2674.83	2822.77	---	2876.87	2905.61	---	2991.81	2954.49
9	2625.68	2674.01	2690.43	---	2670.67	2829.82	---	2869.25	---	2947.16	3007.71	---
10	2615.60	2691.68	2688.97	2785.19	2653.26	---	2848.32	2863.65	---	2942.78	3018.95	---
11	2597.65	---	---	2787.17	2671.67	---	2858.73	2821.00	2907.69	2951.95	---	2978.41
12	2587.23	---	---	2779.00	2697.55	2832.67	2850.15	---	2920.60	2956.62	---	2942.59
13	2602.65	2699.80	2716.85	2780.93	---	2840.65	2864.21	---	2915.41	2952.06	3046.67	2962.80
14	---	2693.60	2718.65	2759.95	---	2797.55	2882.43	2826.98	2902.98	---	3035.28	2950.89
15	---	2703.58	2726.43	---	2711.20	2778.17	---	2847.97	2891.72	---	3011.11	2925.48
16	2629.66	2713.38	2734.03	---	2725.09	2756.16	---	2836.92	---	2950.38	3010.11	---
17	2625.75	2692.27	2702.54	2750.31	2711.83	---	2875.59	2851.74	---	2944.18	3052.45	---
18	2638.53	---	---	2732.04	2699.86	---	2867.14	2856.80	2899.12	2976.42	---	2933.08
19	2632.31	---	---	2714.51	2700.67	2772.13	2896.06	---	2901.42	2981.60	---	2956.97
20	2648.73	2732.25	2717.53	2723.63	---	2764.72	2916.70	---	2906.57	2979.23	3069.23	2952.46
21	---	2734.98	2733.94	2739.66	---	2792.82	2914.44	2865.65	2916.08	---	3092.98	2964.30
22	---	2748.24	2713.17	---	2705.13	2803.78	---	2872.07	2924.95	---	3113.41	2964.06
23	2647.87	2738.52	2716.77	---	2724.17	2823.91	---	2875.59	---	2973.32	3043.47	---
24	2661.94	2733.50	2743.03	2719.88	2724.02	---	2921.67	2873.95	---	2996.35	3032.37	---
25	2668.25	---	---	2722.29	2763.49	---	2914.53	2920.14	2924.71	2999.36	---	2964.52
26	2670.18	---	---	2726.52	2772.82	2843.56	2900.81	---	2919.62	2991.84	---	2982.88
27	---	2716.40	2743.32	2726.45	---	2849.98	2901.05	---	2921.59	3006.46	3013.76	2965.43
28	---	2725.08	2733.30	2713.99	---	2837.27	2901.50	2930.51	2916.99	---	3004.42	2977.95
29	---	---	2731.07	---	---	2851.40	---	2931.23	2919.67	---	3002.80	2993.99
30	---	---	2724.70	---	---	2850.68	---	2921.60	---	3002.89	2986.05	---
31	---	---	2749.11	---	2782.79	---	2900.28	2904.41	---	2987.85	---	---
最高 high	2679.79	2752.13	2763.03	2792.23	2790.77	2859.19	2935.66	2950.17	2929.14	3015.40	H3128.4	3021.99
最低 low	L2575.4	2641.80	2678.03	2695.48	2640.58	2750.66	2819.18	2810.20	2882.50	2918.01	2931.25	2919.60

分类指数数据及图表
Data and Chart of Sector Indices

上证 A 股指数　SSE A Share Index

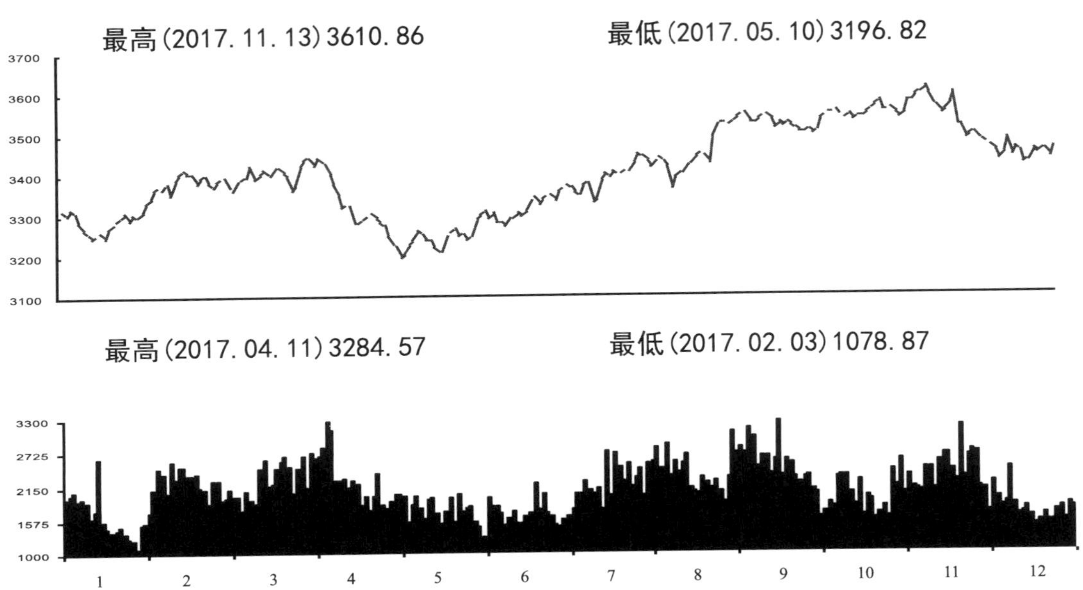

每日收盘指数 Daily Index

日期 Date	1月 Jan	2月 Feb	3月 Mar	4月 Apr	5月 May	6月 Jun	7月 Jul	8月 Aug	9月 Sep	10月 Oct	11月 Nov	12月 Dec
1	---	---	3399.89	---	---	3249.44	---	3448.41	3526.35	---	3556.42	3474.43
2	---	---	3382.21	---	3292.00	3252.43	---	3440.49	---	---	3543.27	---
3	3283.45	3288.17	3369.93	---	3283.19	---	3347.04	3427.75	---	---	3531.21	---
4	3307.45	---	---	---	3274.79	---	3333.29	3416.35	3539.46	---	---	3466.07
5	3314.39	---	---	3424.61	3249.40	3237.81	3358.77	---	3544.37	---	---	3460.06
6	3302.79	3305.80	3386.21	3435.87	---	3248.82	3364.32	---	3545.45	---	3548.43	3449.83
7	---	3301.71	3395.20	3441.76	---	3288.76	3370.10	3434.59	3524.57	---	3575.03	3426.87
8	---	3316.27	3393.41	---	3223.88	3299.29	---	3437.12	3524.05	---	3576.98	3445.63
9	3320.53	3333.23	3368.32	---	3225.88	3307.72	---	3430.46	---	3533.41	3589.86	---
10	3310.49	3347.39	3364.10	3423.69	3196.82	---	3364.53	3415.96	---	3542.44	3594.97	---
11	3284.37	---	---	3444.26	3205.98	---	3354.52	3360.18	3535.66	3548.02	---	3479.38
12	3266.04	---	---	3428.37	3229.13	3288.38	3348.75	---	3538.94	3545.85	---	3435.94
13	3259.27	3368.46	3389.56	3430.61	---	3302.88	3370.35	---	3543.78	3550.46	3610.86	3459.27
14	---	3369.60	3392.00	3399.31	---	3278.70	3374.82	3390.35	3530.46	---	3591.69	3448.16
15	---	3364.40	3394.59	---	3236.20	3280.55	---	3404.97	3511.85	---	3563.39	3420.53
16	3249.77	3381.87	3423.01	---	3259.96	3270.77	---	3399.91	---	3537.91	3559.96	---
17	3255.33	3352.96	3389.95	3374.25	3250.97	---	3326.81	3422.93	---	3531.32	3543.03	---
18	3259.77	---	---	3347.48	3235.97	---	3338.38	3423.22	3521.52	3541.64	---	3422.39
19	3247.48	---	---	3320.23	3236.48	3293.01	3383.84	---	3515.19	3529.49	---	3452.42
20	3270.33	3392.65	3403.97	3321.71	---	3288.44	3398.42	---	3524.73	3538.21	3552.98	3443.09
21	---	3406.65	3415.28	3322.80	---	3305.45	3391.18	3442.27	3516.14	---	3571.98	3456.14
22	---	3414.94	3398.11	---	3220.90	3296.27	---	3445.79	3510.62	---	3592.92	3452.99
23	3284.57	3404.59	3401.82	---	3206.67	3307.23	---	3443.17	---	3540.40	3510.53	---
24	3290.62	3406.79	3423.77	3277.11	3208.90	---	3404.40	3426.18	---	3548.35	3512.48	---
25	3297.96	---	---	3282.38	3254.73	---	3397.18	3489.14	3499.20	3557.34	---	3435.60
26	3308.06	---	---	3288.93	3257.06	3336.09	3401.35	---	3501.30	3568.49	---	3462.50
27	---	3380.82	3421.20	3300.81	---	3342.10	3403.52	---	3502.96	3578.29	3479.44	3430.62
28	---	3394.50	3406.51	3303.44	---	3323.24	3407.06	3521.75	3497.04	---	3491.34	3452.19
29	---	---	3394.35	---	---	3338.81	---	3524.50	3506.73	---	3495.73	3463.48
30	---	---	3361.79	---	---	3343.39	---	3522.73	---	3550.62	3474.01	---
31	---	---	3374.67	---	3264.54	---	3427.80	3519.72	---	3553.72	---	---
最高 high	3324.03	3417.95	3438.23	3450.76	3303.59	3344.49	3431.91	3536.46	3551.60	3582.80	H3613.6	3481.68
最低 low	3187.78	3279.63	3343.54	3243.32	L3158.8	3224.30	3287.93	3351.97	3489.79	3515.88	3456.89	3407.97

分类指数数据及图表
Data and Chart of Sector Indices

上证B股指数　SSE B Share Index

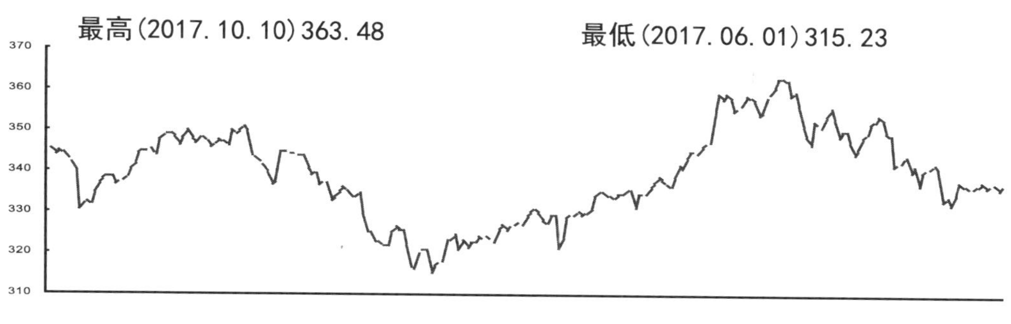

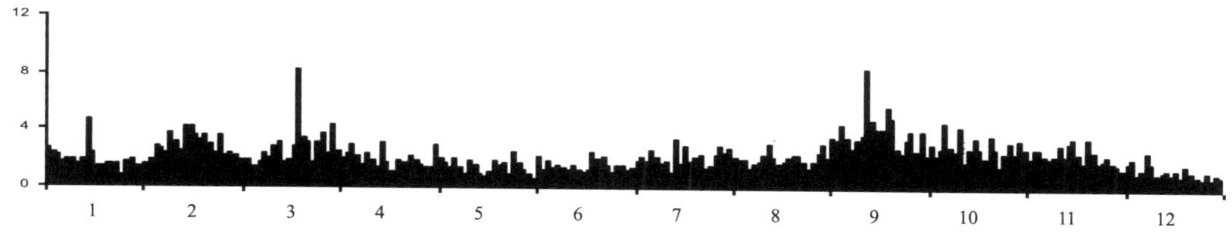

每日收盘指数 Daily Index

日期 Date	1月 Jan	2月 Feb	3月 Mar	4月 Apr	5月 May	6月 Jun	7月 Jul	8月 Aug	9月 Sep	10月 Oct	11月 Nov	12月 Dec
1	---	---	350.08	---	---	315.23	---	335.42	345.06	---	350.61	342.57
2	---	---	347.77	---	333.29	317.38	---	333.95	---	---	347.82	---
3	343.76	336.63	346.87	---	333.82	---	327.65	334.08	---	---	344.98	---
4	344.84	---	---	---	334.53	---	327.06	333.95	344.60	---	---	341.04
5	345.30	---	---	345.30	329.29	318.22	329.39	---	346.45	---	---	333.49
6	343.64	337.58	348.53	345.00	---	318.16	330.24	---	347.83	---	346.34	334.51
7	---	337.63	348.16	345.00	---	323.82	330.74	334.54	347.44	---	348.91	332.58
8	---	338.71	347.05	---	324.91	323.53	---	334.76	355.51	---	349.86	335.35
9	344.65	340.49	345.80	---	325.21	324.96	---	336.24	---	363.16	352.28	---
10	344.30	341.80	346.71	344.16	322.55	---	330.08	335.49	---	363.48	352.84	---
11	342.43	---	---	344.20	322.62	---	327.95	331.51	359.71	362.88	---	338.09
12	341.93	---	---	343.88	321.93	321.08	327.84	---	357.91	359.02	---	336.84
13	339.39	344.41	347.71	343.77	---	323.25	329.64	---	359.53	360.10	354.09	337.38
14	---	344.62	347.12	340.40	---	321.34	329.76	334.93	358.04	---	352.80	336.76
15	---	344.75	346.28	---	321.70	323.06	---	334.53	355.20	---	350.00	336.65
16	330.43	345.01	350.14	---	325.27	322.64	---	334.75	---	356.53	349.62	---
17	332.15	343.97	349.18	339.05	326.51	---	321.63	336.88	---	351.31	342.10	---
18	332.42	---	---	339.52	325.52	---	324.44	337.54	356.26	349.02	---	337.15
19	332.06	---	---	336.73	325.71	324.05	328.95	---	356.49	347.02	---	338.32
20	334.96	347.62	349.78	337.00	---	323.78	329.29	---	359.12	352.89	342.70	336.61
21	---	348.82	351.00	337.17	---	324.08	329.58	339.08	358.71	---	343.07	337.63
22	---	349.09	349.51	---	321.82	323.41	---	338.08	357.82	---	344.22	337.71
23	337.31	349.07	343.37	---	316.14	323.06	---	337.18	---	352.02	340.24	---
24	337.97	347.93	343.53	332.92	316.35	---	330.55	336.44	---	351.32	341.78	---
25	338.67	---	---	333.71	320.39	---	329.37	339.15	354.20	354.31	---	335.96
26	338.51	---	---	335.11	320.83	326.31	329.81	---	355.42	356.29	---	337.75
27	---	346.20	342.08	336.15	---	327.09	331.36	---	358.95	353.38	337.32	338.17
28	---	348.01	341.50	335.13	---	325.87	334.29	341.93	359.30	---	340.55	340.55
29	---	---	339.48	---	---	327.08	---	340.81	361.64	---	341.53	341.81
30	---	---	336.72	---	---	327.27	---	343.62	---	349.02	341.38	---
31	---	---	337.41	---	320.96	---	335.83	345.20	---	350.58	---	---
最高 high	345.52	349.40	351.16	345.47	335.31	327.39	336.06	345.41	361.98	H364.70	355.08	343.18
最低 low	325.76	335.53	334.66	331.61	L312.84	314.20	321.23	331.35	344.05	346.72	336.78	331.15

分类指数数据及图表
Data and Chart of Sector Indices

上证基金指数 SSE Fund Index

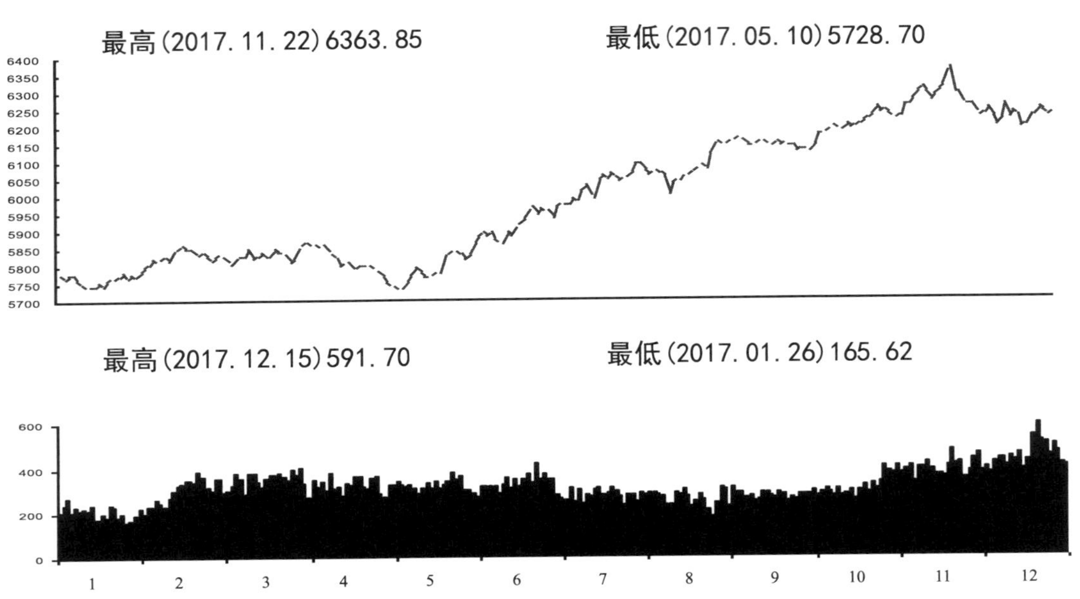

每日收盘指数 Daily Index

日期 Date	1月 Jan	2月 Feb	3月 Mar	4月 Apr	5月 May	6月 Jun	7月 Jul	8月 Aug	9月 Sep	10月 Oct	11月 Nov	12月 Dec
1	---	---	5837.61	---	---	5837.14	---	6091.07	6148.33	---	6226.29	6219.89
2	---	---	5825.55	---	5787.88	5831.37	---	6089.64	---	---	6221.64	---
3	5755.18	5766.04	5815.93	---	5781.68	---	5954.81	6064.45	---	---	6216.31	---
4	5775.86	---	---	---	5768.87	---	5931.86	6052.78	6153.75	---	---	6228.55
5	5776.86	---	---	5857.28	5752.28	5816.86	5965.17	---	6162.90	---	---	6244.22
6	5767.53	5776.36	5827.30	5859.98	---	5833.42	5969.89	---	6156.91	---	6224.94	6218.15
7	---	5773.88	5831.14	5863.99	---	5865.59	5970.38	6066.32	6140.24	---	6255.04	6193.06
8	---	5786.54	5829.89	---	5740.63	5883.07	---	6066.80	6140.62	---	6253.36	6217.57
9	5779.18	5798.33	5808.95	---	5740.11	5896.97	---	6061.52	---	6171.17	6270.00	---
10	5775.62	5808.31	5805.96	5856.07	5728.70	---	5972.50	6049.39	---	6171.35	6297.20	---
11	5761.04	---	---	5863.05	5735.44	---	5989.37	6001.47	6145.66	6177.82	---	6255.33
12	5747.69	---	---	5857.49	5756.88	5884.22	5981.65	---	6152.91	6186.87	---	6214.10
13	5745.96	5820.70	5830.04	5862.05	---	5895.48	6010.16	---	6152.67	6193.65	6305.67	6233.74
14	---	5818.85	5826.59	5840.34	---	5870.21	6025.27	6033.65	6140.72	---	6288.03	6221.77
15	---	5819.56	5828.52	---	5770.21	5863.60	---	6042.17	6138.15	---	6265.69	6190.99
16	5742.87	5829.16	5847.84	---	5792.33	5860.80	---	6037.10	---	6188.54	6284.35	---
17	5743.16	5814.64	5824.46	5832.34	5778.35	---	5995.18	6053.42	---	6184.50	6300.41	---
18	5754.61	---	---	5820.45	5765.32	---	5990.97	6058.27	6151.23	6197.29	---	6192.06
19	5744.98	---	---	5799.14	5768.55	5891.81	6046.59	---	6137.22	6190.59	---	6225.64
20	5761.03	5847.45	5829.01	5807.88	---	5885.94	6058.25	---	6144.55	6194.80	6310.87	6219.61
21	---	5852.42	5837.51	5812.97	---	5910.60	6044.28	6066.04	6141.40	---	6355.01	6241.99
22	---	5858.62	5821.99	---	5771.38	5917.83	---	6077.31	6136.75	---	6363.85	6231.01
23	5766.71	5850.35	5829.04	---	5779.40	5933.20	---	6082.81	---	6198.42	6282.77	---
24	5767.19	5851.54	5847.54	5790.21	5776.51	---	6061.24	6070.97	---	6208.36	6287.36	---
25	5772.21	---	---	5796.87	5833.29	---	6047.73	6119.19	6123.63	6216.26	---	6220.77
26	5785.09	---	---	5798.73	5831.22	5960.50	6038.03	---	6126.58	6229.27	---	6234.58
27	---	5833.52	5841.16	5801.51	---	5963.98	6047.30	---	6126.80	6252.46	6253.74	6189.01
28	---	5834.79	5836.98	5799.02	---	5946.16	6051.02	6151.10	6124.94	---	6256.06	6204.01
29	---	---	5833.39	---	---	5961.27	---	6147.96	6142.37	---	6256.24	6220.06
30	---	---	5812.03	---	---	5958.10	---	6144.56	---	6233.57	6226.62	---
31	---	---	5822.13	---	5837.00	---	6065.16	6142.37	---	6237.35	---	---
最高 high	5789.04	5861.69	5858.82	5870.11	5860.67	5966.88	6069.92	6171.11	6169.82	6257.27	H6389.9	6255.52
最低 low	L5704.1	5762.02	5797.48	5771.05	5707.66	5813.99	5928.31	6000.31	6118.65	6152.97	6196.10	6181.13

分类指数数据及图表
Data and Chart of Sector Indices

上证国债指数 SSE T-Bond Index

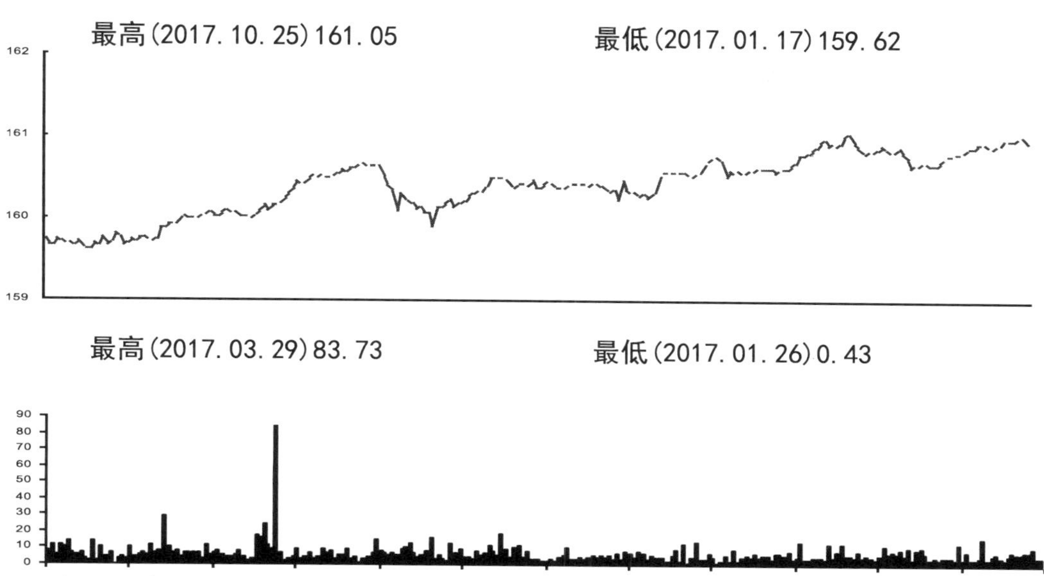

每日收盘指数 Daily Index

日期 Date	1月 Jan	2月 Feb	3月 Mar	4月 Apr	5月 May	6月 Jun	7月 Jul	8月 Aug	9月 Sep	10月 Oct	11月 Nov	12月 Dec
1	---	---	160.01	---	---	160.15	---	160.25	160.76	---	160.84	160.80
2	---	---	159.99	---	160.66	160.19	---	160.47	---	---	160.83	---
3	159.71	159.80	160.01	---	160.66	---	160.47	160.36	---	---	160.85	---
4	159.73	---	---	---	160.64	---	160.37	160.30	160.77	---	---	160.83
5	159.67	---	---	160.27	160.64	160.23	160.37	---	160.72	---	---	160.87
6	159.66	159.76	160.03	160.31	---	160.15	160.42	---	160.53	---	160.90	160.87
7	---	159.66	160.05	160.37	---	160.22	160.45	160.34	160.59	---	160.86	160.92
8	---	159.68	160.07	---	160.64	160.19	---	160.29	160.57	---	160.83	160.92
9	159.73	159.73	160.03	---	160.64	160.21	---	160.31	---	160.79	160.84	---
10	159.72	159.72	160.03	160.46	160.49	---	160.42	160.26	---	160.79	160.89	---
11	159.66	---	---	160.44	160.41	---	160.38	160.33	160.60	160.81	---	160.92
12	159.70	---	---	160.44	160.33	160.29	160.39	---	160.58	160.85	---	160.88
13	159.67	159.76	160.07	160.50	---	160.31	160.39	---	160.58	160.87	160.82	160.89
14	---	159.76	160.09	160.52	---	160.35	160.41	160.34	160.59	---	160.74	160.92
15	---	159.71	160.08	---	160.09	160.33	---	160.54	160.60	---	160.65	160.93
16	159.72	159.71	160.08	---	160.30	160.41	---	160.58	---	160.95	160.67	---
17	159.62	159.73	159.99	160.51	160.21	---	160.43	160.57	---	160.97	160.67	---
18	159.63	---	---	160.53	160.22	---	160.42	160.58	160.62	160.90	---	160.99
19	159.63	---	---	160.51	160.18	160.49	160.43	---	160.63	160.92	---	160.97
20	159.68	159.87	160.03	160.49	---	160.49	160.42	---	160.63	160.91	160.70	160.98
21	---	159.88	160.03	160.52	---	160.50	160.40	160.56	160.62	---	160.69	160.99
22	---	159.94	160.01	---	160.11	160.49	---	160.57	160.58	---	160.67	161.02
23	159.67	159.93	160.04	---	160.14	160.47	---	160.56	---	160.94	160.66	---
24	159.76	159.93	160.09	160.55	160.08	---	160.46	160.54	---	161.03	160.72	---
25	159.66	---	---	160.60	160.07	---	160.43	160.52	160.62	161.05	---	160.94
26	159.71	---	---	160.58	159.91	160.38	160.41	---	160.62	160.92	---	160.96
27	---	160.02	160.16	160.61	---	160.39	160.33	---	160.63	160.87	160.76	160.90
28	---	160.02	160.10	160.61	---	160.44	160.34	160.57	160.66	---	160.78	160.87
29	---	---	160.16	---	---	160.42	---	160.57	160.69	---	160.78	160.85
30	---	---	160.17	---	---	160.41	---	160.70	---	160.80	160.81	---
31	---	---	160.18	---	160.15	---	160.36	160.71	---	160.81	---	---
最高 high	159.88	160.04	160.19	160.63	160.69	160.58	160.55	160.74	160.81	161.06	160.94	H161.07
最低 low	L159.59	159.62	159.97	160.18	159.86	160.11	160.32	160.23	160.51	160.77	160.64	160.70

分类指数数据及图表
Data and Chart of Sector Indices

上证企业债指数　SSE C-Bond Index

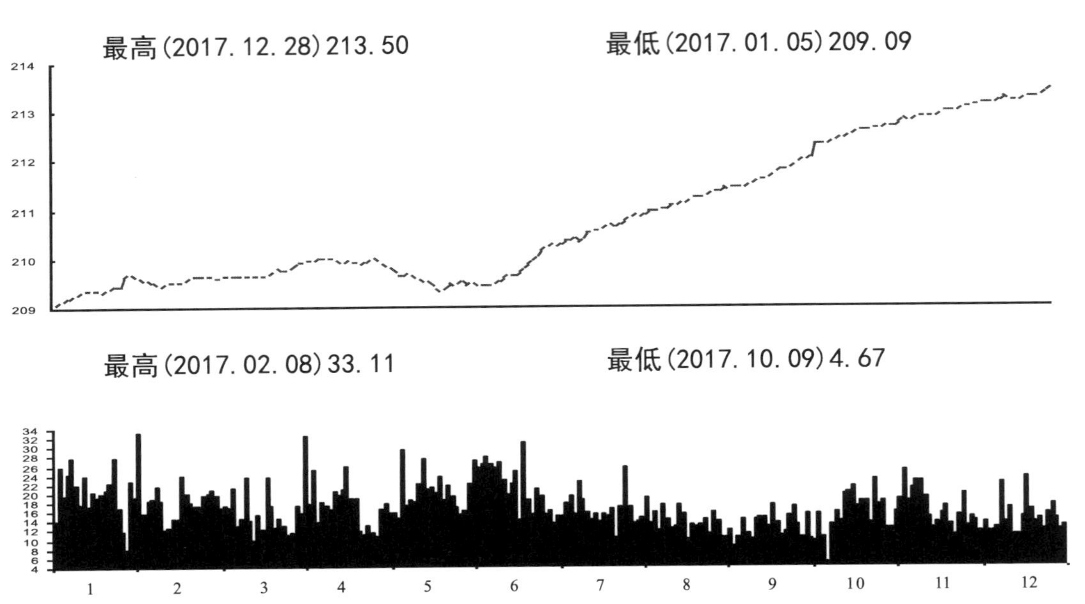

每日收盘指数 Daily Index

日期 Date	1月 Jan	2月 Feb	3月 Mar	4月 Apr	5月 May	6月 Jun	7月 Jul	8月 Aug	9月 Sep	10月 Oct	11月 Nov	12月 Dec
1	---	---	209.63	---	---	209.45	---	210.83	211.40	---	212.64	213.09
2	---	---	209.63	---	210.01	209.46	---	210.85	---	---	212.65	---
3	209.10	209.65	209.62	---	209.98	---	210.21	210.82	---	---	212.66	---
4	209.11	---	---	---	209.93	---	210.25	210.87	211.42	---	---	213.12
5	209.09	---	---	209.91	209.89	209.52	210.27	---	211.42	---	---	213.12
6	209.11	209.71	209.65	209.91	---	209.45	210.22	---	211.41	---	212.75	213.12
7	---	209.69	209.61	209.92	---	209.46	210.26	210.94	211.42	---	212.79	213.13
8	---	209.65	209.59	---	209.84	209.47	---	210.95	211.45	---	212.78	213.16
9	209.17	209.59	209.62	---	209.78	209.38	---	210.96	---	212.29	212.78	---
10	209.21	209.57	209.63	209.97	209.68	---	210.34	210.98	---	212.29	212.79	---
11	209.26	---	---	209.96	209.64	---	210.36	210.99	211.51	212.29	---	213.23
12	209.29	---	---	209.97	209.64	209.45	210.37	---	211.54	212.31	---	213.20
13	209.30	209.55	209.64	210.01	---	209.45	210.32	---	211.56	212.35	212.86	213.17
14	---	209.51	209.64	209.99	---	209.45	210.38	211.06	211.58	---	212.85	213.17
15	---	209.49	209.63	---	209.68	209.46	---	211.06	211.63	---	212.85	213.16
16	209.36	209.45	209.62	---	209.62	209.50	---	211.08	---	212.39	212.83	---
17	209.34	209.46	209.62	209.99	209.58	---	210.51	211.09	---	212.42	212.86	---
18	209.35	---	---	209.99	209.56	---	210.52	211.12	211.71	212.42	---	213.24
19	209.34	---	---	209.96	209.48	209.59	210.53	---	211.73	212.45	---	213.24
20	209.32	209.52	209.64	209.92	---	209.62	210.56	---	211.77	212.48	212.92	213.23
21	---	209.51	209.62	209.91	---	209.64	210.59	211.18	211.79	---	212.96	213.24
22	---	209.51	209.63	---	209.51	209.64	---	211.21	211.81	---	212.95	213.29
23	209.38	209.53	209.64	---	209.41	209.71	---	211.21	---	212.55	212.96	---
24	209.39	209.54	209.66	209.95	209.37	---	210.66	211.24	---	212.56	212.98	---
25	209.42	---	---	209.93	209.33	---	210.67	211.26	211.90	212.57	---	213.38
26	209.44	---	---	209.92	209.36	209.81	210.64	---	211.93	212.59	---	213.44
27	---	209.60	209.74	209.86	---	209.88	210.66	---	211.96	212.60	213.03	213.44
28	---	209.65	209.78	209.93	---	209.94	210.73	211.33	211.98	---	213.04	213.50
29	---	---	209.77	---	---	210.03	---	211.35	212.02	---	213.06	213.49
30	---	---	209.77	---	---	210.15	---	211.36	---	212.63	213.07	---
31	---	---	209.78	---	209.47	---	210.81	211.42	---	212.63	---	---
最高 high	209.45	209.74	209.82	210.07	210.04	210.16	210.82	211.42	212.02	212.69	213.09	H213.54
最低 low	L209.07	209.44	209.58	209.84	209.31	209.31	210.20	210.81	211.38	212.28	212.63	213.08

Securities

Trading

证券成交

股票市场概貌
Share Market Overview

股票
Share

股票市场交易 Stock Market Data	2017 年	2016 年	增减(%) Change (%)
交易天数 No. of Trading Days	244	244	0.00
上市股票数 No. of Stocks	1440	1226	17.46
A 股 A Share	1389	1175	18.21
B 股 B Share	51	51	0.00
新上市股票数 No. of New listed Stocks	215	103	108.74
股票市价总值(亿)Total Market Cap(100M)	331324.82	284607.63	16.41
A 股 A Share	330327.36	283555.04	16.50
B 股 B Share	997.46	1052.59	-5.24
股票非限售市值(亿) Negotiable Cap (100M)	281365.67	240006.24	17.23
A 股 A Share	280368.22	238953.65	17.33
B 股 B Share	997.46	1052.59	-5.24
总成交金额 (亿) Total Trading Val(100M)	511242.79	501700.42	1.90
A 股 A Share	507214.81	496880.34	2.08
B 股 B Share	555.30	984.49	-43.60
股票回购	3472.68	3835.59	-9.46
日均成交金额(亿)Average Trading Val(100M)	2095.26	2056.15	1.90
A 股 A Share	2078.75	2036.39	2.08
B 股 B Share	2.28	4.03	-43.42
股票回购	14.23	15.72	-9.48
总成交量(亿) Total Trading Vol (100M)	44500.24	45718.62	-2.67
A 股 A Share	43719.05	44751.80	-2.31
B 股 B Share	80.26	131.92	-39.16
股票回购	700.93	834.91	-16.05
日均成交量(亿) Average Trading Vol(100M)	182.38	187.37	-2.66
A 股 A Share	179.18	183.41	-2.31
B 股 B Share	0.33	0.54	-38.89
股票回购	2.87	3.42	-16.08
总成交笔数(百万)Total Number of Trades(M)	2401.78	2383.19	0.78
A 股 A Share	2397.18	2376.30	0.88
B 股 B Share	4.27	6.68	-36.08
股票回购	0.33	0.20	65.00
大宗交易成交 Bulk Trading			
总成交金额(亿) Total Trading Val(100M)	2083.24	2701.11	-22.87
总成交量(亿) Total Trading Vol(100M)	191.54	247.73	-22.68
总成交笔数(笔) Number of Trades	6169	6279	-1.75
股票换手率 Turnover Rate	144.99	158.43	-8.48
A 股 A Share	145.47	158.80	-8.39
B 股 B Share	51.67	88.14	-41.38
股票平均价格 Average Price	11.49	10.97	4.74
A 股 A Share	11.60	11.10	4.50
B 股 B Share	6.92	7.46	-7.24
股票市盈率 P/E	18.16	15.94	13.93
A 股 A Share	18.15	15.91	14.08
B 股 B Share	22.48	28.03	-19.80

股票
Share

A 股每日成交(亿/亿股)
A Share Trading(100 M Yuan/100 M Shares)

日期 Date	1月 Jan		2月 Feb		3月 Mar		4月 Apr		5月 May		6月 Jun	
	金额 Value	数量 Vol	金额 Value	数量 Vol	金额 Value	数量 Vol	金额 Value	数量 Vol	金额 Value	数量 Vol	金额 Value	数量 Vol
1	---	---	---	---	2262.16	190.73	---	---	---	---	1810.69	163.47
2	---	---	---	---	2241.99	182.31	---	---	1764.57	154.26	1549.17	142.55
3	1605.36	141.80	1078.87	91.98	1933.75	157.36	---	---	1909.79	164.60	---	---
4	1970.05	170.25	---	---	---	---	---	---	2003.19	177.96	---	---
5	2006.72	176.66	---	---	---	---	2731.94	248.01	2003.97	176.06	1439.07	132.80
6	2079.85	184.47	1511.13	127.87	1943.46	156.52	2630.81	245.82	---	---	1281.26	113.85
7	---	---	1526.98	128.36	2107.40	164.80	2674.78	236.47	---	---	1942.73	173.04
8	---	---	1720.38	146.10	1986.69	160.94	---	---	1986.98	180.60	1794.63	152.65
9	1930.03	172.96	2105.35	192.40	1995.20	167.72	---	---	1529.67	135.12	1818.25	160.18
10	1966.29	184.26	2465.88	240.08	1749.11	139.16	2811.63	234.11	1840.31	162.16	---	---
11	1899.99	179.53	---	---	---	---	3284.57	282.16	1993.55	193.91	---	---
12	1621.05	149.02	---	---	---	---	3130.51	270.39	1762.31	161.19	1701.76	146.60
13	1746.46	156.37	2376.81	222.49	2076.44	164.00	2246.74	208.14	---	---	1485.46	128.26
14	---	---	2052.08	189.62	1924.04	147.68	2246.42	214.80	---	---	1607.98	138.29
15	---	---	2592.31	242.34	1864.38	144.58	---	---	1590.21	136.57	1713.24	147.05
16	2629.41	257.94	2276.93	217.65	2462.28	190.97	---	---	1935.69	173.89	1494.47	129.77
17	1570.92	137.92	2495.16	227.13	2624.14	200.55	2272.34	212.64	1957.57	170.42	---	---
18	1461.52	132.88	---	---	---	---	2123.23	188.92	1687.15	149.29	---	---
19	1396.40	124.24	---	---	---	---	2261.05	213.30	1508.91	129.99	1520.22	135.09
20	1423.31	122.86	2508.27	232.63	2153.71	171.89	2202.76	190.87	---	---	1625.22	141.11
21	---	---	2339.27	212.03	2202.10	163.48	1850.95	165.44	---	---	1672.40	136.68
22	---	---	2355.85	208.23	2460.25	190.75	---	---	1709.69	153.95	2203.82	191.15
23	1490.74	133.42	2387.54	216.09	2587.85	192.87	---	---	1960.76	179.05	1759.86	155.17
24	1349.62	126.27	2140.06	186.41	2679.82	220.12	1984.43	186.61	1530.79	140.19	---	---
25	1270.71	112.24	---	---	---	---	1754.57	154.34	2023.58	191.73	---	---
26	1250.15	113.69	---	---	---	---	1974.99	169.97	1718.98	156.44	2005.06	173.51
27	---	---	2116.43	182.60	2498.76	202.20	2377.04	213.05	---	---	1681.50	148.36
28	---	---	1866.64	151.62	2045.73	162.72	1834.80	163.26	---	---	1625.70	146.90
29	---	---	---	---	2466.49	216.89	---	---	---	---	1482.77	129.36
30	---	---	---	---	2660.59	246.92	---	---	---	---	1440.74	122.21
31	---	---	---	---	2141.55	196.31	---	---	1780.37	152.94	---	---
最高 high	2629.41	257.94	2592.31	242.34	2679.82	246.92	H3284.57	H282.16	2023.58	193.91	2203.82	191.15
最低 low	1250.15	112.24	L1078.87	L91.98	1749.11	139.16	1754.57	154.34	1508.91	129.99	1281.26	113.85

A 股每日成交(亿/亿股)
A Share Trading(100 M Yuan/100 M Shares)

股票
Share

日期 Date	7 月 Jul		8 月 Aug		9 月 Sep		10 月 Oct		11 月 Nov		12 月 Dec	
	金额 Value	数量 Vol	金额 Value	数量 Vol	金额 Value	数量 Vol	金额 Value	数量 Vol	金额 Value	数量 Vol	金额 Value	数量 Vol
1	---	---	2564.21	237.00	3134.71	282.08	---	---	2323.94	180.85	1789.41	140.15
2	---	---	2797.92	266.88	---	---	---	---	2106.54	167.36	---	---
3	1567.80	140.74	2437.65	233.84	---	---	---	---	2083.73	172.91	---	---
4	1616.18	141.23	2857.83	275.93	2967.68	268.19	---	---	---	---	1851.15	148.01
5	1738.09	148.98	---	---	2462.68	217.30	---	---	---	---	2447.40	209.43
6	2021.46	175.61	---	---	2631.13	229.65	---	---	2044.97	154.49	1795.47	152.02
7	2018.80	176.53	2318.29	231.02	2641.00	221.04	---	---	2428.97	190.71	1624.81	132.42
8	---	---	2559.13	252.16	2353.68	197.85	---	---	2427.11	186.41	1659.69	133.20
9	---	---	2378.44	235.43	---	---	2271.97	191.26	2080.74	160.06	---	---
10	2225.74	198.56	2518.14	240.45	---	---	2314.50	179.30	2560.48	189.34	---	---
11	2066.27	188.26	2667.66	262.54	2577.35	219.35	2315.04	181.76	---	---	1735.67	132.15
12	2020.13	187.14	---	---	3252.20	273.27	2022.50	162.24	---	---	1611.58	124.65
13	2107.46	195.15	---	---	2311.59	194.77	1815.51	140.45	2666.08	205.13	1459.55	112.32
14	1746.35	160.26	2090.37	190.11	2569.33	221.31	---	---	2677.68	196.29	1520.78	121.34
15	---	---	2048.18	182.22	2525.25	219.23	---	---	2399.23	169.17	1629.18	131.72
16	---	---	2009.66	176.95	---	---	2216.65	174.15	2221.52	157.70	---	---
17	2745.41	265.80	2282.27	203.38	---	---	1630.97	125.30	3139.28	249.25	---	---
18	1975.05	191.25	2183.63	190.85	2283.85	191.03	1949.62	157.77	---	---	1502.08	120.99
19	2705.06	272.69	---	---	2207.45	191.14	1882.35	158.69	---	---	1519.61	116.04
20	2460.83	232.48	---	---	2271.93	192.82	1553.08	127.09	2287.45	176.74	1695.03	138.29
21	2223.94	207.09	2096.63	185.93	2319.80	197.31	---	---	2655.52	196.88	1750.49	142.52
22	---	---	2237.46	186.80	2068.93	179.33	---	---	2746.17	214.18	1542.33	125.43
23	---	---	2043.17	179.67	---	---	1642.97	130.73	2706.52	215.22	---	---
24	2516.36	233.38	1864.75	163.53	---	---	1785.19	139.80	2095.56	160.17	---	---
25	2135.42	205.55	2269.86	205.60	2025.48	169.63	1603.30	123.28	---	---	1801.22	148.59
26	2290.90	214.87	---	---	1595.47	133.00	2396.83	185.18	---	---	1761.45	143.70
27	2432.36	229.63	---	---	1694.24	143.31	2125.91	170.32	2063.02	166.93	2021.77	163.97
28	1989.00	182.40	3061.34	258.00	1843.51	150.80	---	---	1682.54	138.51	2119.66	176.45
29	---	---	2700.63	222.29	1761.82	144.93	---	---	2181.24	184.27	1754.69	143.94
30	---	---	2795.45	246.69	---	---	2575.97	207.99	1923.67	156.67	---	---
31	2536.85	245.99	2690.91	234.27	---	---	2005.28	154.19	---	---	---	---
最高 high	2745.41	272.69	3061.34	275.93	3252.20	282.08	2575.97	207.99	3139.28	249.25	2447.40	209.43
最低 low	1567.80	140.74	1864.75	163.53	1595.47	133.00	1553.08	123.28	1682.54	138.51	1459.55	112.32

A 股
A Share

股票
Share

股票代码 Code	股票简称 Stock Name	市价总值 Tot_cap	无限售股市值 Nego_cap	发行股本 Issued Vol	流通股本 Negotiable Vol	上年收盘 Last Year Close	本年开盘 Open	本年最高 High	本年最低 Low
600000	浦发银行	369542.69	353826.39	29352.08	28103.76	16.21	16.21	17.08	11.72
600004	白云机场	30419.01	30419.01	2069.32	2069.32	14.09	14.09	20.05	12.55
600005	武钢股份	37447.92	37447.92	10093.78	10093.78	3.71	3.41	3.71	3.71
600006	东风汽车	11700.00	11700.00	2000.00	2000.00	6.88	6.87	7.58	5.43
600007	中国国贸	17264.82	17264.82	1007.28	1007.28	17.27	17.29	21.40	16.40
600008	首创股份	24777.96	24777.96	4820.61	4820.61	4.11	4.10	8.44	4.04
600009	上海机场	86732.40	49217.37	1926.96	1093.48	26.52	26.55	47.38	26.40
600010	包钢股份	112139.18	54215.53	45585.03	22038.83	2.79	2.83	3.32	2.11
600011	华能国际	64785.00	64785.00	10500.00	10500.00	7.05	7.05	8.36	6.10
600012	皖通高速	12821.60	12821.60	1165.60	1165.60	16.49	16.49	17.69	10.35
600015	华夏银行	115404.18	115404.18	12822.69	12822.69	10.85	10.89	12.03	8.91
600016	民生银行	247939.34	247939.34	29551.77	29551.77	9.08	9.08	9.44	7.58
600017	日照港	11933.54	11933.54	3075.65	3075.65	4.05	4.04	4.93	3.83
600018	上港集团	154104.94	151321.94	23173.67	22755.18	5.12	5.12	8.84	5.11
600019	宝钢股份	190955.09	190855.23	22101.28	22089.73	6.35	6.35	9.53	5.74
600020	中原高速	10922.23	10922.23	2247.37	2247.37	4.49	4.50	6.69	4.40
600021	上海电力	22024.27	19557.22	2409.66	2139.74	12.14	12.07	13.87	9.01
600022	山东钢铁	23425.62	22873.63	10946.55	10688.61	2.50	2.51	3.15	2.01
600023	浙能电力	72491.68	72491.68	13600.69	13600.69	5.43	5.43	5.95	5.26
600025	华能水电	95400.00	9540.00	18000.00	1800.00	2.17	2.60	6.12	2.60
600026	中远海能	16744.52	16744.52	2736.03	2736.03	6.81	6.82	7.74	5.82
600027	华电国际	30220.71	25170.89	8145.74	6784.61	4.95	4.96	5.36	3.67
600028	中国石化	585769.14	585769.14	95557.77	95557.77	5.41	5.42	6.40	5.40
600029	南方航空	83709.99	83709.99	7022.65	7022.65	7.02	7.00	12.45	6.99
600030	中信证券	178078.31	177645.38	9838.58	9814.66	16.06	16.08	19.95	15.25
600031	三一重工	69425.78	68875.90	7654.44	7593.81	6.10	6.10	9.28	6.09
600033	福建高速	10017.06	10017.06	2744.40	2744.40	3.46	3.46	4.40	3.36
600035	楚天高速	9017.45	7572.10	1730.80	1453.38	6.16	6.16	6.19	4.80
600036	招商银行	598651.97	598651.97	20628.94	20628.94	17.60	17.60	31.66	17.57
600037	歌华有线	18079.19	15176.89	1391.78	1168.35	15.32	15.34	16.49	12.57
600038	中直股份	27428.35	27428.35	589.48	589.48	48.42	48.16	55.56	38.10
600039	四川路桥	14694.84	12290.31	3610.53	3019.73	4.74	4.73	5.38	3.83
600048	保利地产	167796.94	166069.22	11858.44	11736.34	9.13	9.12	14.32	8.93
600050	中国联通	191380.91	134174.46	30233.95	21196.60	7.31	7.25	9.29	6.15
600051	宁波联合	2931.60	2931.60	310.88	310.88	13.07	13.10	14.48	8.71
600052	浙江广厦	3304.08	3304.08	871.79	871.79	7.04	7.01	7.06	3.63
600053	九鼎投资	10357.29	10357.29	433.54	433.54	46.06	46.30	47.29	22.60
600054	黄山旅游	7324.79	7324.79	513.30	513.30	16.05	16.06	18.83	13.40
600055	万东医疗	8626.02	7733.33	540.82	484.85	18.12	18.12	19.32	10.90
600056	中国医药	26594.60	25192.07	1068.49	1012.14	19.03	19.03	29.26	18.92
600057	象屿股份	9471.61	9362.77	1170.78	1157.33	11.50	11.49	12.35	7.72
600058	五矿发展	12948.68	12948.68	1071.91	1071.91	15.23	15.29	16.55	11.41
600059	古越龙山	7592.04	7592.04	808.52	808.52	10.24	10.27	11.63	8.64
600060	海信电器	19653.39	19653.39	1308.48	1308.48	17.12	17.12	19.80	13.30
600061	国投资本	55713.57	25863.97	4227.13	1962.36	15.61	15.61	16.94	13.11
600062	华润双鹤	21516.78	16979.37	869.36	686.04	22.23	22.27	27.88	19.96
600063	皖维高新	7202.85	5685.22	1925.89	1520.11	4.63	4.65	5.41	3.69
600064	南京高科	10961.39	10961.39	772.47	772.47	16.75	16.77	17.92	13.88
600066	宇通客车	53289.52	45816.87	2213.94	1903.48	19.59	19.63	27.26	18.68
600067	冠城大通	9728.56	9728.56	1492.11	1492.11	7.16	7.16	8.24	6.00

注：市价总值、无限售股市值、成交金额的单位为百万元，发行股本、流通股本、成交数量的单位为百万股。

A 股
A Share

股票
Share

本年收盘 Close	涨跌(%) Change(%)	涨跌值 Change	市盈率 P/E	市净率 P/B	换手率(%) Turnover Rate	成交数量 Trading Vol	成交金额 Trading Val
12.59	2.26	-3.62	6.96	1.00	37.05	9676.44	130604.47
14.70	54.19	0.61	21.82	2.83	226.01	3548.07	53913.29
3.71	8.80	0.00	0.00	0.00	10.06	1015.60	3701.01
5.85	-14.54	-1.03	53.46	1.80	177.95	3559.00	23039.38
17.14	0.70	-0.13	25.15	2.81	26.64	268.37	5136.05
5.14	26.49	1.03	40.56	2.54	668.52	32226.76	217317.05
45.01	71.75	18.49	30.91	3.89	152.95	1672.44	61403.47
2.46	23.19	-0.33	1315.51	2.37	154.93	30684.00	84778.24
6.17	-9.07	-0.88	10.64	1.06	37.46	3932.89	28779.08
11.00	-32.07	-5.49	19.55	2.10	105.62	1231.12	17341.91
9.00	1.13	-1.85	5.86	0.76	70.25	8335.12	84257.66
8.39	-4.35	-0.69	6.40	0.89	80.29	23727.81	200313.85
3.88	-3.98	-0.17	67.71	1.16	247.34	7607.29	33069.28
6.65	33.06	1.53	22.21	2.54	45.76	10411.58	71521.71
8.64	40.55	2.29	21.30	1.28	100.10	21752.81	165523.89
4.86	10.17	0.37	14.60	0.89	256.53	5765.15	30336.72
9.14	-23.62	-3.00	24.03	2.14	103.69	2218.78	27406.96
2.14	11.20	-0.36	0.00	1.46	314.39	31112.66	76976.18
5.33	2.25	-0.10	11.55	1.24	42.63	5797.73	32459.43
5.30	144.24	3.13	187.74	2.84	259.50	4671.00	24878.32
6.12	-7.48	-0.69	12.84	0.90	163.59	4475.73	30452.45
3.71	-22.77	-1.24	10.94	0.86	71.22	4831.86	23379.12
6.13	18.45	0.72	15.99	1.04	30.29	28940.18	172201.68
11.92	71.87	4.90	23.79	2.79	247.00	17345.91	150911.40
18.10	15.05	2.04	21.16	1.54	213.74	20977.60	366749.87
9.07	49.25	2.97	341.23	3.06	229.13	17399.50	138842.20
3.65	9.62	0.19	14.93	1.19	196.10	5381.88	20917.41
5.21	-13.88	-0.95	23.10	2.08	100.60	1462.03	8299.29
29.02	70.50	11.42	11.79	1.82	58.75	12119.28	294579.29
12.99	-14.13	-2.33	24.93	1.43	148.67	1736.93	25863.51
46.53	-3.40	-1.89	62.46	4.00	252.30	1487.28	69848.70
4.07	-13.10	-0.67	14.07	1.52	210.43	6354.34	29718.66
14.15	59.92	5.02	13.51	1.88	163.75	18733.90	201945.31
6.33	-13.41	-0.98	1241.18	2.47	210.33	44583.88	335541.27
9.43	-27.20	-3.64	19.73	1.52	364.27	1124.63	12423.98
3.79	-46.16	-3.25	9.24	1.61	159.66	1391.89	7651.67
23.89	-47.49	-22.17	16.49	6.15	82.62	358.18	12629.28
14.27	-10.09	-1.78	30.29	2.57	166.29	767.35	12628.77
15.95	24.39	-2.17	120.57	4.81	263.10	1183.38	18240.76
24.89	32.17	5.86	28.05	3.87	139.40	1410.90	34146.25
8.09	-24.96	-3.41	27.76	1.76	141.44	1570.93	16578.36
12.08	-20.68	-3.15	447.24	2.59	174.89	1874.66	26549.78
9.39	-7.27	-0.85	62.16	1.95	208.56	1686.28	16912.65
15.02	-9.68	-2.10	11.17	1.49	298.10	3900.60	62445.06
13.18	-15.18	-2.43	21.75	1.73	121.24	2379.12	37017.65
24.75	34.12	2.52	30.13	3.22	196.24	1232.76	28743.11
3.74	-19.22	-0.89	65.36	1.98	248.39	3775.75	17373.06
14.19	-13.00	-2.56	11.83	1.11	147.94	1142.78	18300.28
24.07	28.44	4.48	13.18	4.47	172.79	3290.11	72984.07
6.52	-7.51	-0.64	30.26	1.43	209.76	3129.83	22641.83

A 股
A Share

股票
Share

股票代码 Code	股票简称 Stock Name	市价总值 Tot_cap	无限售股市值 Nego_cap	发行股本 Issued Vol	流通股本 Negotiable Vol	上年收盘 Last Year Close	本年开盘 Open	本年最高 High	本年最低 Low
600068	葛洲坝	37759.17	37759.17	4604.78	4604.78	9.19	9.19	13.47	8.04
600069	银鸽投资	10604.88	7007.43	1249.10	825.37	13.29	12.99	13.95	7.75
600070	浙江富润	5036.78	3441.32	521.95	356.61	14.69	14.80	14.80	8.90
600071	凤凰光学	3965.79	3965.79	237.47	237.47	23.80	23.84	26.58	16.43
600072	中船科技	9593.34	7828.15	736.25	600.78	17.34	17.45	24.77	12.56
600073	上海梅林	7614.36	7614.36	937.73	937.73	11.45	11.53	12.12	7.73
600074	ST 保千里	24061.94	10050.76	2437.89	1018.31	13.24	13.22	14.10	9.87
600075	新疆天业	7556.50	6467.75	972.52	832.40	12.44	12.60	15.31	7.29
600076	康欣新材	7632.87	5552.52	1034.26	752.37	9.39	9.45	11.20	7.10
600077	宋都股份	4770.84	4770.84	1340.12	1340.12	5.46	5.48	5.64	3.50
600078	澄星股份	3498.38	3498.38	662.57	662.57	7.14	7.13	8.34	5.14
600079	人福医药	24150.08	18866.77	1353.70	1057.55	19.95	19.95	21.50	17.31
600080	金花股份	2494.27	2494.27	305.30	305.30	12.56	12.55	13.08	7.91
600081	东风科技	3759.58	3759.58	313.56	313.56	15.05	15.19	16.55	11.20
600082	海泰发展	3889.62	3807.90	646.12	632.54	7.43	7.46	9.46	5.26
600083	博信股份	4662.10	4621.42	230.00	227.99	24.51	24.20	24.88	11.36
600084	中葡股份	8450.43	7506.49	1123.73	998.20	11.91	11.95	12.55	5.98
600085	同仁堂	44216.20	44216.20	1371.47	1371.47	31.38	31.35	36.10	29.50
600086	东方金钰	14377.50	11255.40	1350.00	1056.85	10.88	10.87	12.56	9.02
600088	中视传媒	4378.08	4378.08	331.42	331.42	21.92	21.85	22.71	11.63
600089	特变电工	36851.80	36808.84	3718.65	3714.31	9.13	9.13	12.44	8.97
600090	同济堂	11358.94	5544.28	1439.66	702.70	11.75	12.93	12.93	7.71
600091	ST 明科	2488.88	1914.83	437.41	336.53	12.01	12.06	12.07	5.50
600093	易见股份	12032.64	3456.64	1122.45	322.45	14.50	14.41	14.87	10.14
600094	大名城	15913.47	15913.47	2276.60	2276.60	8.90	8.86	8.86	6.83
600095	哈高科	2239.83	2239.83	361.26	361.26	12.92	12.93	14.58	5.75
600096	云天化	9461.07	8034.45	1321.38	1122.13	9.49	9.54	10.31	6.69
600097	开创国际	4069.42	3421.88	240.94	202.60	21.74	21.72	30.50	16.51
600098	广州发展	19274.21	19274.21	2726.20	2726.20	11.22	11.20	12.40	6.75
600099	林海股份	2129.85	2129.85	219.12	219.12	18.93	18.99	21.02	9.28
600100	同方股份	29046.21	21539.25	2963.90	2197.88	13.85	13.86	15.68	9.44
600101	明星电力	2992.17	2992.17	324.18	324.18	12.05	12.05	13.13	8.81
600103	青山纸业	6651.40	3981.91	1773.71	1061.84	5.65	5.65	5.98	3.66
600104	上汽集团	374338.10	353259.15	11683.46	11025.57	23.45	23.57	34.23	23.57
600105	永鼎股份	6284.58	4967.65	963.89	761.91	10.33	10.30	10.87	6.30
600106	重庆路桥	4253.68	4253.68	998.52	998.52	7.01	7.01	8.77	4.21
600107	美尔雅	4546.80	4546.80	360.00	360.00	18.92	18.88	18.88	9.46
600108	亚盛集团	8001.82	8001.82	1946.92	1946.92	5.72	5.76	5.98	3.84
600109	国金证券	28852.39	28852.39	3024.36	3024.36	13.03	13.05	14.14	9.43
600110	诺德股份	10858.95	10858.95	1150.31	1150.31	10.66	10.67	16.60	8.73
600111	北方稀土	53006.43	53006.43	3633.07	3633.07	12.27	12.35	20.69	10.57
600112	*ST 天成	2505.29	2505.29	509.20	509.20	10.98	10.96	12.78	4.92
600113	浙江东日	3256.09	3256.09	318.60	318.60	21.71	21.48	23.28	9.69
600114	东睦股份	6907.38	6668.90	436.35	421.28	17.21	17.19	20.00	14.80
600115	东方航空	80527.67	80527.67	9808.49	9808.49	7.07	7.08	8.37	6.42
600116	三峡水利	8837.75	7903.25	993.01	888.01	9.45	9.70	13.80	8.00
600117	西宁特钢	5946.72	4217.54	1045.12	741.22	5.61	5.61	9.06	4.63
600118	中国卫星	29857.85	29857.85	1182.49	1182.49	31.24	31.20	34.20	24.80
600119	长江投资	4205.23	4205.23	307.40	307.40	19.91	19.99	23.96	12.80
600120	浙江东方	16552.84	12439.70	672.61	505.47	28.92	28.90	31.10	23.81

注：市价总值、无限售股市值、成交金额的单位为百万元，发行股本、流通股本、成交数量的单位为百万股。

A 股
A Share

股票
Share

本年收盘 Close	涨跌(%) Change(%)	涨跌值 Change	市盈率 P/E	市净率 P/B	换手率(%) Turnover Rate	成交数量 Trading Vol	成交金额 Trading Val
8.20	-9.03	-0.99	11.12	0.98	356.70	16012.17	172411.71
8.49	-36.12	-4.80	0.00	5.25	512.64	4231.20	44084.16
9.65	-33.71	-5.04	50.04	2.38	223.99	798.78	9415.13
16.70	-29.83	-7.10	0.00	10.17	246.32	584.95	12305.64
13.03	-24.86	-4.31	0.00	2.65	767.24	3688.27	70346.14
8.12	-28.44	-3.33	29.69	2.38	240.91	2259.07	22317.50
9.87	-25.45	-3.37	30.10	5.50	185.82	1682.83	21715.14
7.77	-11.84	-4.67	15.44	1.95	563.17	3145.34	35283.12
7.38	-21.41	-2.01	19.88	2.61	456.32	3433.24	32652.88
3.56	-34.80	-1.90	0.00	1.34	142.22	1905.95	8722.64
5.28	-25.68	-1.86	58.24	1.91	360.65	2389.53	16324.15
17.84	-10.06	-2.11	29.01	2.41	231.38	2446.99	47185.20
8.17	-34.78	-4.39	91.37	2.33	277.58	847.45	9143.25
11.99	-19.55	-3.06	32.23	3.27	173.33	543.50	7608.08
6.02	-18.98	-1.41	0.00	2.32	342.67	2167.49	15823.81
20.27	-17.30	-4.24	1547.33	84.81	196.46	446.77	7803.52
7.52	-36.86	-4.39	664.31	3.47	369.31	3686.50	36804.44
32.24	3.50	0.86	47.38	5.67	120.45	1651.94	53723.71
10.65	-1.93	-0.23	57.32	4.78	208.26	2201.01	23629.72
13.21	-39.66	-8.71	0.00	4.31	120.39	399.00	6896.33
9.91	14.89	0.78	16.82	1.59	305.95	10624.81	110315.59
7.89	-32.85	-3.86	24.03	2.07	224.84	1217.15	11720.48
5.69	-52.62	-6.32	165.74	2.80	275.13	925.89	7481.00
10.72	-24.55	-3.78	19.95	1.95	288.81	931.25	11803.60
6.99	-20.95	-1.91	20.59	1.63	88.03	1641.51	12974.59
6.20	-51.96	-6.72	145.64	3.08	673.10	2431.67	23462.17
7.16	-24.55	-2.33	0.00	2.44	203.08	2278.80	19284.38
16.89	-22.31	-4.85	517.15	5.00	451.61	914.95	19447.27
7.07	-36.15	-4.15	28.81	1.29	145.11	3956.10	37965.01
9.72	-48.49	-9.21	1100.79	4.49	471.02	1032.09	16334.49
9.80	-27.97	-4.05	6.75	1.33	207.32	4556.57	59362.30
9.23	-23.01	-2.82	35.82	1.51	455.85	1477.76	16359.28
3.75	-33.63	-1.90	147.87	2.08	409.90	4352.51	20820.40
32.04	44.10	8.59	11.69	1.95	65.84	7259.11	209745.16
6.52	-36.10	-3.81	25.09	2.48	198.00	1508.60	13177.74
4.26	-32.02	-2.75	14.41	1.22	300.53	2847.61	18393.23
12.63	-33.25	-6.29	958.27	8.54	350.47	1261.68	16667.00
4.11	-28.15	-1.61	106.04	1.71	241.23	4696.51	23026.76
9.54	-26.47	-3.49	22.22	1.65	239.61	7246.65	87749.02
9.44	-11.44	-1.22	413.31	5.80	734.19	8445.47	110435.65
14.59	19.02	2.32	583.60	6.39	490.78	17830.31	285184.67
4.92	-55.19	-6.06	0.00	2.17	485.15	2470.41	20867.77
10.22	-52.90	-11.49	32.75	5.71	625.70	1993.47	33664.55
15.83	-6.99	-1.38	39.28	3.03	257.53	993.37	17364.98
8.21	17.00	1.14	26.35	2.52	213.11	19285.73	136739.85
8.90	-5.22	-0.55	38.21	3.61	464.67	4126.25	43747.01
5.69	1.43	0.08	85.68	2.07	741.53	5496.35	37141.14
25.25	-18.84	-5.99	75.08	6.12	174.70	2065.79	60982.41
13.68	-30.63	-6.23	30.03	4.43	887.32	2727.62	48168.30
24.61	-14.50	-4.31	25.03	2.22	356.86	1803.81	49665.17

A 股
A Share

股票
Share

股票代码 Code	股票简称 Stock Name	市价总值 Tot_cap	无限售股市值 Nego_cap	发行股本 Issued Vol	流通股本 Negotiable Vol	上年收盘 Last Year Close	本年开盘 Open	本年最高 High	本年最低 Low
600121	*ST 郑煤	6102.21	6102.21	1015.34	1015.34	5.45	5.41	7.46	4.42
600122	宏图高科	11183.38	11183.38	1154.12	1154.12	12.22	12.25	13.49	8.91
600123	兰花科创	10475.81	10475.81	1142.40	1142.40	8.04	8.04	10.68	6.79
600125	铁龙物流	14125.75	14125.75	1305.52	1305.52	8.08	8.13	14.88	7.70
600126	杭钢股份	17847.15	6368.39	2597.84	926.99	8.40	8.40	9.20	6.33
600127	金健米业	2926.53	2926.53	641.78	641.78	6.65	6.65	7.98	4.38
600128	弘业股份	2339.36	2339.36	246.77	246.77	15.21	15.24	16.82	8.96
600129	太极集团	6979.72	6979.72	426.89	426.89	17.15	17.20	19.10	12.50
600130	波导股份	5621.76	5621.76	768.00	768.00	9.68	9.70	10.14	4.95
600131	岷江水电	3483.50	2746.30	504.13	397.44	10.79	10.82	12.00	6.65
600132	重庆啤酒	10095.64	10095.64	483.97	483.97	18.45	18.46	25.52	17.00
600133	东湖高新	6742.49	4997.55	725.78	537.95	8.22	8.26	14.90	7.20
600135	乐凯胶片	4050.69	4000.20	372.99	368.34	13.72	13.75	19.98	10.52
600136	当代明诚	6815.68	3840.20	487.18	274.50	16.43	16.51	18.00	11.99
600137	浪莎股份	2482.94	2482.94	97.22	97.22	47.89	47.90	51.25	24.12
600138	中青旅	15106.54	15106.54	723.84	723.84	20.97	21.03	22.83	18.68
600139	西部资源	4937.70	4937.70	661.89	661.89	11.18	11.15	13.96	6.20
600141	兴发集团	8462.18	8462.18	500.72	500.72	15.21	15.30	21.98	11.45
600143	金发科技	17849.28	16819.20	2716.78	2560.00	7.78	7.75	7.96	5.30
600145	*ST 新亿	2788.36	2788.36	1491.10	1491.10	1.87	0.00	0.00	0.00
600146	商赢环球	11946.64	5084.00	469.97	200.00	33.85	33.85	36.06	25.26
600148	长春一东	3481.30	3481.30	141.52	141.52	27.99	28.11	47.34	19.68
600149	*ST 坊展	3987.88	3987.88	380.16	380.16	23.42	23.27	29.28	9.85
600150	中国船舶	33998.16	33998.16	1378.12	1378.12	27.61	27.72	32.47	21.03
600151	航天机电	10885.97	10540.20	1434.25	1388.70	10.97	9.87	9.87	7.03
600152	维科精华	3406.31	2268.71	440.66	293.49	12.50	13.75	15.13	7.52
600153	建发股份	31527.43	31527.43	2835.20	2835.20	10.70	10.71	13.96	10.22
600155	宝硕股份	17795.66	11541.92	1739.56	1128.24	14.97	14.97	21.47	10.06
600156	华升股份	2135.21	2135.21	402.11	402.11	11.94	11.97	12.14	5.12
600157	永泰能源	41750.67	19578.08	12425.80	5826.81	4.01	4.01	4.25	3.24
600158	中体产业	8673.60	6759.05	843.74	657.50	23.57	23.71	24.85	10.00
600159	大龙地产	3170.61	3170.61	830.00	830.00	5.34	5.32	6.73	3.58
600160	巨化股份	22447.01	21737.70	2111.67	2044.94	10.58	10.60	14.80	9.80
600161	天坛生物	19292.38	19292.38	670.11	670.11	39.40	43.34	49.46	28.28
600162	香江控股	11460.26	5979.49	3400.67	1774.33	3.97	3.98	4.89	3.23
600163	中闽能源	4047.83	3052.18	999.47	753.62	5.48	5.49	6.17	3.76
600165	新日恒力	10999.23	10999.23	684.88	684.88	12.20	12.24	18.77	11.17
600166	福田汽车	18743.07	18743.07	6670.13	6670.13	3.09	3.10	3.64	2.74
600167	联美控股	20522.67	4920.52	880.05	211.00	16.62	16.75	29.67	16.60
600168	武汉控股	5953.29	5953.29	709.57	709.57	10.46	10.47	10.99	8.10
600169	太原重工	8871.28	8871.28	2563.96	2563.96	4.03	4.04	4.93	3.34
600170	上海建工	33124.36	31571.30	8904.40	8486.91	4.73	4.75	5.28	3.50
600171	上海贝岭	11382.65	10962.85	699.61	673.81	14.05	14.90	18.63	9.11
600172	黄河旋风	12508.81	10256.09	1426.32	1169.45	17.88	17.80	19.35	7.43
600173	卧龙地产	4205.86	4205.33	725.15	725.06	11.48	10.29	10.29	5.71
600175	美都能源	18705.04	12818.93	3576.49	2451.04	4.95	4.96	6.23	4.04
600176	中国巨石	47543.82	47543.82	2918.59	2918.59	9.84	9.86	17.17	8.95
600177	雅戈尔	32841.87	32841.87	3581.45	3581.45	13.98	14.03	14.36	8.88
600178	东安动力	3105.18	3105.18	462.08	462.08	11.04	11.10	15.18	6.45
600179	安通控股	26287.68	11908.98	1062.13	481.17	14.99	15.09	26.00	13.56

注：市价总值、无限售股市值、成交金额的单位为百万元，发行股本、流通股本、成交数量的单位为百万股。

A Share Share

本年收盘 Close	涨跌(%) Change(%)	涨跌值 Change	市盈率 P/E	市净率 P/B	换手率(%) Turnover Rate	成交数量 Trading Vol	成交金额 Trading Val
6.01	10.28	0.56	0.00	2.16	229.35	2328.67	13475.18
9.69	-20.42	-2.53	25.03	1.35	254.46	2932.17	33331.30
9.17	14.05	1.13	0.00	1.22	497.43	5682.64	49486.40
10.82	34.86	2.74	58.48	2.82	894.04	11671.84	127863.97
6.87	-18.21	-1.53	24.60	1.18	221.50	2001.86	15670.41
4.56	-31.43	-2.09	290.26	3.94	288.30	1850.27	11977.06
9.48	-37.39	-5.73	102.27	1.67	360.00	888.36	11169.08
16.35	-2.69	-0.80	8.18	5.43	192.51	821.82	13298.53
7.32	-24.38	-2.36	182.50	5.65	557.56	4282.04	29892.75
6.91	-35.57	-3.88	21.23	3.33	332.34	1320.85	11911.23
20.86	16.93	2.41	55.78	8.21	178.83	865.50	18603.21
9.29	13.02	1.07	46.30	3.59	1029.49	5538.14	59594.97
10.86	-20.70	-2.86	98.45	2.47	935.46	3445.69	55855.71
13.99	-14.85	-2.44	55.78	2.86	190.77	513.38	7981.52
25.54	-46.67	-22.35	184.48	5.47	373.11	362.73	14345.42
20.87	0.00	-0.10	31.24	2.97	202.60	1449.09	30336.51
7.46	-33.27	-3.72	426.77	4.87	589.40	3901.18	37695.82
16.90	12.06	1.69	82.95	1.44	570.39	2808.86	45225.32
6.57	-13.99	-1.21	24.21	1.85	109.28	2797.54	16541.87
1.87	0.00	0.00	0.00	4.53	0.00	0.00	0.00
25.42	-24.90	-8.43	413.27	4.16	55.67	111.34	3006.04
24.60	-12.11	-3.39	286.28	9.26	1264.74	1789.82	60061.19
10.49	-55.21	-12.93	0.00	21.69	869.70	3306.25	59189.75
24.67	-10.65	-2.94	0.00	2.27	257.89	3553.96	95458.21
7.59	-30.46	-3.38	53.87	1.79	134.30	1789.29	14035.44
7.73	-38.16	-4.77	0.00	6.19	530.45	1556.84	16714.16
11.12	7.16	0.42	11.04	1.47	232.88	6602.55	79123.41
10.23	-31.66	-4.74	0.00	1.20	1138.76	5115.25	79500.99
5.31	-55.53	-6.63	225.29	3.03	184.80	743.10	6302.63
3.36	-15.98	-0.65	62.41	1.77	91.03	4793.51	18233.15
10.28	-56.33	-13.29	142.17	5.45	548.67	3607.45	59555.09
3.82	-27.88	-1.52	31.38	1.42	307.43	2551.70	13350.93
10.63	2.63	0.05	148.42	2.16	390.26	7258.81	86662.38
28.79	-4.41	-10.61	73.70	8.24	179.38	1089.59	40288.65
3.37	-12.39	-0.60	16.60	2.35	331.43	5864.92	22456.46
4.05	-26.09	-1.43	38.38	2.56	182.54	1375.64	7153.24
16.06	31.64	3.86	0.00	13.81	272.17	1864.05	28314.29
2.81	-8.10	-0.28	33.07	0.99	246.81	16462.34	50770.08
23.32	41.22	6.70	29.36	8.27	246.95	521.06	11737.74
8.39	-18.62	-2.07	19.80	1.30	127.44	904.29	8521.01
3.46	-14.14	-0.57	0.00	2.18	221.96	5383.00	22545.05
3.72	-3.57	-1.01	15.81	1.44	128.55	9723.61	42244.54
16.27	16.02	2.22	300.68	6.16	644.60	4343.37	61665.29
8.77	-11.42	-9.11	33.84	2.58	350.19	3386.57	36490.38
5.80	-49.26	-5.68	52.09	2.51	197.76	1433.87	9675.38
5.23	5.91	0.28	125.42	1.71	244.29	4609.63	22415.49
16.29	103.29	6.45	31.26	4.34	315.68	8645.14	99573.50
9.17	-4.78	-4.81	8.91	1.45	113.35	3591.07	39778.97
6.72	-39.13	-4.32	39.53	1.70	578.22	2671.86	31064.81
24.75	65.11	9.76	65.51	10.75	352.73	1508.83	28710.66

A 股
A Share

股票
Share

股票代码 Code	股票简称 Stock Name	市价总值 Tot_cap	无限售股市值 Nego_cap	发行股本 Issued Vol	流通股本 Negotiable Vol	上年收盘 Last Year Close	本年开盘 Open	本年最高 High	本年最低 Low
600180	瑞茂通	10591.70	9196.16	1016.48	882.55	13.54	13.51	15.33	10.00
600182	S 佳通	8126.00	4063.00	340.00	170.00	30.20	30.25	31.54	20.93
600183	生益科技	25122.36	25122.36	1455.52	1455.52	11.00	11.02	18.35	10.21
600184	光电股份	9320.50	7671.70	508.76	418.76	21.58	21.58	27.00	16.79
600185	格力地产	11701.24	11701.24	2060.08	2060.08	5.81	5.83	8.08	5.44
600186	莲花健康	3249.79	3249.79	1062.02	1062.02	5.14	5.16	5.44	2.97
600187	国中水务	7740.42	6812.32	1653.94	1455.62	5.39	5.44	6.70	4.18
600188	兖州煤业	42979.20	42979.20	2960.00	2960.00	10.86	10.80	15.30	9.92
600189	吉林森工	3542.84	2248.02	489.34	310.50	12.05	13.26	14.59	7.01
600190	锦州港	7384.86	7384.86	1779.48	1779.48	4.16	4.17	5.48	3.93
600191	华资实业	3549.70	3549.70	484.93	484.93	13.92	13.87	18.33	7.09
600192	长城电工	2875.78	2875.78	441.75	441.75	9.33	9.32	10.65	6.35
600193	创兴资源	2297.01	2297.01	425.37	425.37	10.38	10.40	10.97	5.15
600195	中牧股份	8471.36	8471.36	429.80	429.80	21.25	21.30	21.98	16.95
600196	复星医药	89497.98	84986.50	2011.19	1909.81	23.14	23.27	47.58	23.18
600197	伊力特	10328.22	10328.22	441.00	441.00	14.49	14.50	26.80	14.50
600198	大唐电信	9932.54	9798.41	882.11	870.20	15.87	15.94	17.67	10.90
600199	金种子酒	4273.91	4273.91	555.78	555.78	9.18	9.19	11.07	7.26
600200	江苏吴中	8337.85	8176.34	721.89	707.91	19.31	19.28	19.95	10.24
600201	生物股份	28539.13	27246.04	899.15	858.41	31.59	31.50	35.96	23.92
600202	哈空调	2353.71	2353.71	383.34	383.34	12.10	12.10	16.30	5.88
600203	福日电子	4053.25	2692.16	456.45	303.17	11.74	11.74	12.50	7.38
600206	有研新材	10048.56	10048.56	838.78	838.78	9.94	9.94	13.99	7.93
600207	安彩高科	5842.21	4671.30	862.96	690.00	9.01	9.02	11.47	6.14
600208	新湖中宝	44888.57	44882.46	8599.34	8598.17	4.16	4.20	5.86	4.13
600209	罗顿发展	4530.60	4399.88	439.01	426.34	12.83	12.95	17.98	9.57
600210	紫江企业	7219.66	6838.86	1516.74	1436.74	5.41	5.41	7.26	4.59
600211	西藏药业	6026.22	4884.51	179.62	145.59	54.14	54.18	56.88	32.90
600212	江泉实业	4809.95	4809.95	511.70	511.70	9.96	10.52	13.80	6.98
600213	亚星客车	2347.40	2347.40	220.00	220.00	15.58	15.56	17.61	9.40
600215	长春经开	4957.25	4957.25	465.03	465.03	12.34	13.57	15.40	9.41
600216	浙江医药	12977.77	12722.30	965.61	946.60	12.68	12.68	14.99	8.86
600217	中再资环	9173.69	4681.29	1411.34	720.20	8.44	8.40	9.85	5.82
600218	全柴动力	2625.54	2625.54	368.76	368.76	10.77	10.81	11.28	6.89
600219	南山铝业	34044.06	26083.70	9251.10	7087.96	3.09	3.09	4.49	3.09
600220	江苏阳光	5457.02	5457.02	1783.34	1783.34	4.34	4.33	4.48	3.00
600221	海航控股	52432.99	52430.85	16436.67	16436.00	3.26	3.25	3.59	3.11
600222	太龙药业	3053.08	2860.35	573.89	537.66	8.38	8.39	8.64	4.96
600223	鲁商置业	3873.75	3873.75	1000.97	1000.97	5.44	5.44	5.99	3.77
600225	*ST 松江	4705.53	4277.77	935.49	850.45	6.64	6.97	6.97	4.71
600226	瀚叶股份	14317.03	9090.55	2414.34	1532.98	10.45	10.40	11.97	5.91
600227	赤天化	12310.50	8829.89	1736.32	1245.40	7.25	7.22	7.98	5.85
600228	*ST 昌九	2734.16	2734.16	241.32	241.32	19.65	19.42	20.50	9.97
600229	城市传媒	5392.10	3300.65	702.10	429.77	11.38	11.37	11.90	7.44
600230	沧州大化	12503.00	12503.00	294.19	294.19	23.69	23.87	64.42	21.66
600231	凌钢股份	12847.75	8200.82	2519.17	1608.00	2.71	2.71	7.08	2.69
600232	金鹰股份	2811.98	2811.98	364.72	364.72	12.74	12.90	13.55	7.25
600233	圆通速递	47326.75	13121.41	2825.48	783.37	25.49	25.69	31.98	16.51
600234	ST 山水	2797.80	2797.80	202.45	202.45	18.31	18.18	20.12	11.51
600235	民丰特纸	2308.04	2308.04	351.30	351.30	10.61	10.60	11.57	6.27

注：市价总值、无限售股市值、成交金额的单位为百万元，发行股本、流通股本、成交数量的单位为百万股。

A 股
A Share

股票
Share

本年收盘 Close	涨跌(%) Change(%)	涨跌值 Change	市盈率 P/E	市净率 P/B	换手率(%) Turnover Rate	成交数量 Trading Vol	成交金额 Trading Val
10.42	-22.77	-3.12	19.95	2.29	96.68	853.28	11475.66
23.90	-19.33	-6.30	53.76	8.52	289.29	491.80	12934.48
17.26	61.53	6.26	33.58	4.98	427.10	6190.44	86182.98
18.32	-15.01	-3.26	314.78	4.16	202.62	848.47	18787.38
5.68	-1.94	-0.13	19.48	1.60	244.56	4159.65	27148.39
3.06	-40.47	-2.08	49.80	23.62	228.75	2429.40	9773.53
4.68	-13.17	-0.71	478.04	3.02	466.08	6784.36	37262.96
14.52	34.95	3.66	34.55	1.70	127.41	3771.28	47880.34
7.24	-39.92	-4.81	302.42	2.52	440.81	1368.70	14402.48
4.15	-0.02	-0.01	149.71	1.41	167.67	2983.71	13763.82
7.32	-47.36	-6.60	357.07	1.62	738.49	3581.18	43526.95
6.51	-30.14	-2.82	128.86	1.49	366.06	1617.08	14437.05
5.40	-47.98	-4.98	0.00	8.91	303.62	1291.50	10825.51
19.71	-6.12	-1.54	25.33	2.52	154.91	665.82	13097.40
44.50	94.66	21.36	39.57	5.00	187.77	3584.67	119988.08
23.42	63.74	8.93	37.31	5.37	513.01	2262.39	45210.68
11.26	-29.05	-4.61	0.00	4.33	469.42	4044.40	59426.51
7.69	-16.23	-1.49	251.14	1.91	508.37	2825.39	25783.00
11.55	-40.05	-7.76	115.81	2.84	269.48	1819.28	26390.38
31.74	42.72	0.15	44.28	7.61	183.30	1220.13	38177.35
6.14	-49.26	-5.96	0.00	3.45	443.44	1699.89	21305.04
8.88	-24.18	-2.86	63.57	1.82	324.73	984.49	9325.25
11.98	20.52	2.04	209.81	3.57	700.61	5868.86	65691.48
6.77	-24.86	-2.24	612.12	3.08	214.60	1480.71	13230.12
5.22	25.48	1.06	7.69	1.55	120.20	10335.19	49410.11
10.32	-19.56	-2.51	0.00	6.82	1286.77	5486.09	73807.98
4.76	-10.61	-0.65	32.25	1.70	372.30	5348.99	31874.28
33.55	-37.53	-20.59	30.39	9.12	186.46	246.59	11142.27
9.40	-5.62	-0.56	107.96	6.48	464.17	2375.13	23949.16
10.67	-31.51	-4.91	37.67	18.15	543.30	1195.27	15372.75
10.66	-13.61	-1.68	642.56	2.04	492.02	2288.05	27497.50
13.44	7.58	0.76	28.83	1.86	281.46	2644.19	30725.91
6.50	-22.99	-1.94	61.34	8.94	363.63	2586.59	19613.46
7.12	-33.29	-3.65	27.67	1.40	270.73	998.32	9668.44
3.68	20.86	0.59	25.93	1.08	384.68	27266.17	101410.82
3.06	-29.49	-1.28	35.69	2.79	157.38	2806.70	10486.77
3.19	-0.62	-0.07	17.08	0.96	125.60	15822.34	52510.88
5.32	-36.52	-3.06	760.00	2.06	220.30	1165.44	7974.53
3.87	-28.86	-1.57	41.94	1.74	121.95	1220.65	6034.76
5.03	-24.25	-1.61	0.00	3.29	123.25	1048.15	5818.13
5.93	-20.61	-4.52	60.76	8.42	196.55	2301.32	21030.01
7.09	-2.21	-0.16	0.00	2.63	184.27	1770.21	12254.75
11.33	-42.34	-8.32	0.00	109.39	328.56	792.89	11901.79
7.68	-31.67	-3.70	19.82	2.55	159.31	684.65	6744.33
42.50	80.29	18.81	33.70	8.29	1282.59	3773.24	152748.34
5.10	89.45	2.39	95.92	2.46	811.93	13055.94	61879.72
7.71	-38.72	-5.03	96.77	2.39	309.45	1128.64	11369.97
16.75	-33.79	-8.74	34.50	5.77	479.38	1815.42	41321.45
13.82	-24.52	-4.49	196.06	28.96	110.87	224.46	3765.21
6.57	-38.08	-4.04	183.88	1.83	333.50	1171.58	10338.47

A 股
A Share

股票
Share

股票代码 Code	股票简称 Stock Name	市价总值 Tot_cap	无限售股市值 Nego_cap	发行股本 Issued Vol	流通股本 Negotiable Vol	上年收盘 Last Year Close	本年开盘 Open	本年最高 High	本年最低 Low
600236	桂冠电力	34864.36	20725.71	6063.37	3604.47	6.10	6.11	7.06	5.30
600237	铜峰电子	3036.31	3036.31	564.37	564.37	8.09	8.09	8.60	5.18
600238	海南椰岛	3661.79	3635.66	448.20	445.00	12.34	12.35	13.68	8.00
600239	云南城投	8381.69	8381.69	1605.69	1605.69	5.66	5.70	7.50	4.60
600240	华业资本	12220.10	12220.10	1424.25	1424.25	10.74	10.68	11.62	8.01
600241	时代万恒	3037.20	1991.34	294.30	192.96	15.46	15.54	20.94	9.77
600242	中昌数据	7886.61	4927.84	456.67	285.34	16.97	16.80	25.57	14.81
600243	青海华鼎	2997.35	1617.69	438.85	236.85	10.59	10.60	12.88	6.71
600246	万通地产	8195.50	4855.03	2054.01	1216.80	5.78	5.79	6.73	3.83
600247	ST 成城	3041.43	3041.43	336.44	336.44	15.15	15.38	15.83	7.88
600248	延长化建	3411.51	3366.14	615.80	607.61	7.09	7.10	8.55	5.48
600249	两面针	3701.50	3028.50	550.00	450.00	9.15	9.40	13.57	5.52
600250	南纺股份	3197.44	3197.44	258.69	258.69	15.61	15.57	16.57	10.50
600251	冠农股份	6113.92	6113.92	784.84	784.84	8.11	8.11	11.04	6.62
600252	中恒集团	15255.72	15255.72	3475.11	3475.11	4.58	4.57	4.86	3.85
600255	梦舟股份	6742.15	6742.15	1769.59	1769.59	4.84	5.19	6.16	3.50
600256	广汇能源	26420.41	26420.41	5221.42	5221.42	4.67	4.67	5.77	3.97
600257	大湖股份	3561.16	3160.17	481.24	427.05	10.65	10.68	11.15	5.91
600258	首旅酒店	22016.90	7521.58	815.74	278.68	22.86	22.90	32.73	19.74
600259	广晟有色	11857.81	10298.80	301.80	262.12	42.49	42.49	59.97	34.01
600260	凯乐科技	20634.58	15701.04	708.85	539.37	15.48	15.41	35.10	15.30
600261	阳光照明	8015.61	8015.61	1452.10	1452.10	7.22	7.22	7.73	5.12
600262	北方股份	3367.70	3367.70	170.00	170.00	30.17	30.17	39.20	19.20
600265	ST 景谷	2779.02	2779.02	129.80	129.80	30.71	30.94	37.78	18.90
600266	北京城建	20590.91	20590.91	1567.04	1567.04	13.33	13.35	19.50	12.73
600267	海正药业	14618.15	14618.15	965.53	965.53	13.15	13.15	16.70	10.24
600268	国电南自	3775.29	3449.39	695.27	635.25	9.02	9.02	9.91	5.34
600269	赣粤高速	11957.28	11957.28	2335.41	2335.41	5.03	5.03	6.15	4.88
600270	外运发展	15646.72	15646.72	905.48	905.48	16.54	16.57	20.61	15.90
600271	航天信息	40125.83	39780.33	1862.85	1846.81	19.95	20.02	23.75	17.60
600272	开开实业	1739.21	1707.20	163.00	160.00	19.26	19.33	20.05	10.35
600273	嘉化能源	14237.76	12448.90	1493.99	1306.29	9.61	9.61	9.89	8.50
600275	*ST 昌鱼	3053.02	3053.02	508.84	508.84	17.80	17.80	18.56	5.53
600276	恒瑞医药	194308.59	194268.96	2816.88	2816.31	45.50	45.40	76.92	45.05
600277	亿利洁能	17638.77	13456.96	2738.94	2089.59	7.11	7.18	8.03	5.42
600278	东方创业	6214.68	6214.68	522.24	522.24	16.32	16.42	17.35	11.34
600279	重庆港九	4067.67	4067.67	692.96	692.96	7.22	7.24	9.16	5.69
600280	中央商场	9037.40	9037.40	1148.33	1148.33	8.61	8.59	10.11	6.70
600281	太化股份	2875.51	2875.51	514.40	514.40	7.48	7.51	10.63	5.36
600282	南钢股份	21339.45	18758.64	4408.98	3875.75	3.10	3.09	6.65	3.02
600283	钱江水利	4324.20	4114.97	353.00	335.92	12.35	12.41	13.97	10.09
600284	浦东建设	6445.27	6445.27	693.04	693.04	13.19	13.11	13.85	9.14
600285	羚锐制药	5508.58	4979.54	592.32	535.43	12.76	12.72	12.85	9.21
600287	江苏舜天	3197.35	3197.35	436.80	436.80	10.69	10.66	11.23	7.01
600288	大恒科技	3808.90	3808.90	436.80	436.80	15.01	15.13	15.94	8.45
600289	ST 信通	6272.66	5625.27	631.05	565.92	12.95	12.95	13.40	9.94
600290	华仪电气	10038.33	6960.13	759.90	526.88	13.37	13.45	13.95	9.35
600291	西水股份	25708.87	23023.51	1093.06	978.89	19.18	19.12	38.42	13.81
600292	远达环保	6988.31	6988.31	780.82	780.82	12.37	12.39	12.97	8.75
600293	三峡新材	9192.46	4087.52	1162.13	516.75	18.25	18.20	19.80	7.69

注：市价总值、无限售股市值、成交金额的单位为百万元，发行股本、流通股本、成交数量的单位为百万股。

A 股
A Share

股票
Share

本年收盘 Close	涨跌(%) Change(%)	涨跌值 Change	市盈率 P/E	市净率 P/B	换手率(%) Turnover Rate	成交数量 Trading Vol	成交金额 Trading Val
5.75	-3.53	-0.35	13.44	2.58	55.23	1990.82	12078.42
5.38	-33.50	-2.71	0.00	2.49	467.17	2636.55	17620.29
8.17	-33.79	-4.17	0.00	4.24	173.87	773.73	8083.69
5.22	40.66	-0.44	34.33	1.81	126.34	1544.14	8970.52
8.58	-19.20	-2.16	10.03	2.16	177.88	2533.41	25213.12
10.32	-33.25	-5.14	0.00	4.86	510.11	984.30	14339.68
17.27	1.77	0.30	232.84	5.75	660.90	1783.13	33623.17
6.83	-35.51	-3.76	0.00	1.73	576.82	1366.20	13896.14
3.99	-30.97	-1.79	74.30	1.24	197.53	2403.59	12588.89
9.04	-40.33	-6.11	0.00	40.74	164.37	553.01	6137.17
5.54	-21.61	-1.55	27.78	1.77	160.83	977.21	6996.76
6.73	-26.45	-2.42	137.60	1.87	1173.80	5282.11	53531.90
12.36	-20.82	-3.25	185.98	9.60	168.51	435.93	6123.08
7.79	-3.82	-0.32	231.09	3.24	457.40	3589.85	30741.03
4.39	-3.20	-0.19	31.17	2.87	174.25	5982.99	25976.63
3.81	-21.28	-1.03	35.16	2.03	327.07	5787.81	26858.00
5.06	9.15	0.39	128.49	2.37	175.47	9162.28	42388.05
7.40	-30.30	-3.25	587.77	2.77	212.09	905.75	7498.08
26.99	41.70	4.13	104.38	3.28	237.60	615.37	16373.26
39.29	-7.53	-3.20	450.52	6.14	685.03	1772.84	81876.62
29.11	88.05	13.63	113.23	6.91	558.17	2996.51	72687.45
5.52	-21.60	-1.70	17.73	2.54	106.79	1550.66	10296.23
19.81	-34.34	-10.36	193.87	3.32	457.58	777.89	22987.24
21.41	-30.28	-9.30	82.44	136.97	102.38	132.89	4121.90
13.14	0.57	-0.19	14.26	1.05	396.98	6076.70	93578.83
15.14	15.62	1.99	0.00	2.16	157.11	1516.91	20213.28
5.43	-39.61	-3.59	119.81	2.00	243.84	1549.01	11489.96
5.12	4.86	0.09	11.53	0.84	181.33	4234.72	22848.46
17.28	7.32	0.74	15.72	2.11	197.84	1791.37	32520.85
21.54	9.47	1.59	26.12	4.36	173.73	3208.44	66175.39
10.67	-44.48	-8.59	121.78	5.31	238.93	382.28	5889.56
9.53	1.06	-0.08	19.23	3.59	345.48	2139.51	19685.30
6.00	-66.29	-11.80	0.00	21.33	511.11	2600.70	29693.11
68.98	82.35	23.48	75.05	15.69	75.80	2018.82	118517.91
6.44	-8.96	-0.67	68.25	1.84	98.05	2048.77	14314.64
11.90	-26.56	-4.42	41.75	1.96	224.32	1171.49	17152.62
5.87	-18.20	-1.35	51.84	1.25	431.82	2992.32	22322.22
7.87	-8.12	-0.74	76.39	5.14	178.84	2053.67	17077.83
5.59	-25.27	-1.89	87.32	5.22	328.43	1689.42	13145.51
4.84	56.13	1.74	60.33	3.16	507.33	19662.86	92652.28
12.25	-0.81	-0.10	73.36	2.50	339.39	1140.06	13826.74
9.30	-28.43	-3.89	17.95	1.22	282.90	1960.58	23168.23
9.30	-26.11	-3.46	15.93	2.64	245.84	1316.30	14996.24
7.32	-30.88	-3.37	68.04	1.54	200.68	876.58	7579.93
8.72	-41.79	-6.29	129.67	2.53	475.31	2076.17	25257.73
9.94	-22.82	-3.01	48.32	1.94	153.73	870.02	10567.74
13.21	-1.20	-0.16	0.00	2.44	278.57	1467.74	17591.68
23.52	22.70	4.34	714.24	2.27	726.66	7044.05	183522.17
8.95	-27.26	-3.42	46.10	1.44	232.20	1813.04	20337.14
7.91	-34.81	-10.34	51.24	2.71	307.01	1457.83	16224.65

A 股
A Share

股票
Share

股票代码 Code	股票简称 Stock Name	市价总值 Tot_cap	无限售股市值 Nego_cap	发行股本 Issued Vol	流通股本 Negotiable Vol	上年收盘 Last Year Close	本年开盘 Open	本年最高 High	本年最低 Low
600295	鄂尔多斯	8855.64	8855.64	612.00	612.00	9.49	9.49	20.90	8.36
600297	广汇汽车	65317.36	19182.05	8144.31	2391.78	8.56	8.56	10.43	7.13
600298	安琪酵母	26963.93	26963.93	824.08	824.08	17.82	17.79	36.49	16.80
600299	安迪苏	27114.02	5808.80	2681.90	574.56	14.39	14.31	15.25	9.93
600300	维维股份	7306.64	7306.64	1672.00	1672.00	6.68	6.70	7.49	4.29
600301	ST 南化	1857.67	1857.67	235.15	235.15	13.40	13.48	14.05	6.93
600302	标准股份	2069.14	2069.14	346.01	346.01	10.82	10.76	12.18	5.89
600303	曙光股份	6222.31	5713.19	675.60	620.32	9.02	9.92	12.34	8.48
600305	恒顺醋业	7106.28	7106.28	602.74	602.74	11.68	11.70	13.58	9.17
600306	商业城	1943.50	1935.50	178.14	177.41	17.49	17.30	17.78	10.15
600307	酒钢宏兴	17913.20	17913.20	6263.36	6263.36	2.73	2.73	3.83	2.63
600308	华泰股份	7332.29	7332.29	1167.56	1167.56	5.44	5.45	7.74	4.87
600309	万华化学	103728.45	98446.78	2734.01	2594.80	21.53	21.55	43.68	21.55
600310	桂东电力	4279.60	4279.60	827.78	827.78	9.10	9.14	9.87	5.00
600311	荣华实业	3740.67	3740.67	665.60	665.60	7.57	7.52	8.26	4.66
600312	平高电气	13555.64	13555.64	1356.92	1356.92	15.62	15.66	17.40	9.45
600313	农发种业	3452.21	3169.57	1082.20	993.60	6.60	6.61	6.82	3.08
600315	上海家化	24842.33	24762.36	673.42	671.25	27.11	27.27	37.88	25.26
600316	洪都航空	10154.34	10154.34	717.11	717.11	19.66	19.68	23.45	13.99
600317	营口港	21943.41	21943.41	6472.98	6472.98	3.47	3.47	4.20	3.24
600318	新力金融	6146.80	6146.80	484.00	484.00	32.20	32.43	32.50	10.51
600319	亚星化学	3200.12	3200.12	315.59	315.59	9.74	10.23	13.89	9.02
600320	振华重工	16886.82	16886.82	2768.33	2768.33	5.10	5.12	6.32	4.71
600321	正源股份	5996.88	4688.09	1510.55	1180.88	6.90	6.89	7.02	3.76
600322	天房发展	7087.54	7087.54	1105.70	1105.70	6.33	6.31	7.50	4.83
600323	瀚蓝环境	12221.91	12221.91	766.26	766.26	14.36	14.40	16.53	13.33
600325	华发股份	15590.78	14088.53	2118.31	1914.20	12.80	12.79	17.57	6.92
600326	西藏天路	8878.85	8878.85	865.38	865.38	8.46	8.43	14.63	8.02
600327	大东方	4236.73	4236.73	567.17	567.17	9.30	9.28	10.19	7.38
600328	兰太实业	5514.81	5514.81	438.03	438.03	13.12	13.12	14.30	10.13
600329	中新药业	8459.14	8412.97	568.87	565.77	17.44	17.51	19.98	14.70
600330	天通股份	9176.71	9060.68	830.47	819.97	10.45	10.50	12.32	7.70
600331	宏达股份	10546.08	10546.08	2032.00	2032.00	6.36	5.85	7.56	4.71
600332	白云山	45185.34	34427.70	1405.89	1071.18	23.98	24.01	33.19	23.45
600333	长春燃气	4914.88	4274.03	609.03	529.62	7.86	7.90	9.86	6.23
600335	国机汽车	11574.24	11574.24	1029.74	1029.74	12.15	12.15	14.58	9.95
600336	澳柯玛	3899.30	3666.29	776.75	730.34	8.04	8.14	8.74	4.71
600337	美克家居	10926.91	8974.62	1806.10	1483.41	14.16	14.29	14.95	4.65
600338	西藏珠峰	27197.75	6594.58	653.01	158.33	28.98	28.97	54.79	27.18
600339	中油工程	32382.26	3353.30	5583.15	578.15	7.53	7.66	9.68	5.22
600340	华夏幸福	92755.78	92755.78	2954.95	2954.95	23.90	23.90	48.30	23.69
600343	航天动力	8252.01	8252.01	638.21	638.21	21.02	21.07	24.35	12.85
600345	长江通信	5510.34	5510.34	198.00	198.00	22.72	22.64	32.60	17.07
600346	恒力股份	34840.72	11335.70	2825.69	919.36	8.33	9.16	12.99	6.58
600348	阳泉煤业	17748.90	17748.90	2405.00	2405.00	6.73	6.76	9.14	5.96
600350	山东高速	28818.88	28818.88	4811.17	4811.17	6.48	6.53	7.31	5.82
600351	亚宝药业	5839.85	5134.64	787.04	692.00	9.88	9.93	9.94	6.97
600352	浙江龙盛	38096.52	35831.80	3253.33	3059.93	9.21	9.21	12.35	9.03
600353	旭光股份	3316.69	3316.69	543.72	543.72	9.29	9.28	12.54	5.87
600354	敦煌种业	3868.79	3282.39	527.80	447.80	9.11	9.16	10.29	6.46

注：市价总值、无限售股市值、成交金额的单位为百万元，发行股本、流通股本、成交数量的单位为百万股。

A 股
A Share

股票
Share

本年收盘 Close	涨跌(%) Change(%)	涨跌值 Change	市盈率 P/E	市净率 P/B	换手率(%) Turnover Rate	成交数量 Trading Vol	成交金额 Trading Val
14.47	53.21	4.98	56.22	2.05	778.66	4765.41	69357.38
8.02	24.29	-0.54	23.30	2.77	240.54	5069.02	44144.57
32.72	85.97	14.90	50.39	8.29	280.36	2288.73	57224.26
10.11	-28.39	-4.28	14.54	2.25	105.13	604.03	7873.18
4.37	-34.35	-2.31	104.20	2.75	267.47	4472.06	25378.37
7.90	-41.04	-5.50	308.84	7.04	175.69	413.14	4374.48
5.98	-44.73	-4.84	35.10	1.70	291.65	1009.12	9029.05
9.21	2.42	0.19	102.53	2.22	696.01	4231.51	45554.06
11.79	1.78	0.11	41.70	4.52	258.01	1555.10	17393.31
10.91	-37.62	-6.58	17.55	29.04	516.81	916.85	13016.24
2.86	4.76	0.13	217.33	1.96	371.89	23292.85	75198.43
6.28	16.54	0.84	40.28	1.13	316.44	3694.61	23118.74
37.94	115.28	16.41	28.19	7.00	333.74	8234.30	268762.42
5.17	-42.57	-3.93	20.44	1.61	190.62	1577.88	12278.88
5.62	-25.76	-1.95	0.00	4.52	435.13	2896.23	18136.81
9.99	-33.11	-5.63	11.11	1.50	205.55	2180.11	30348.57
3.19	-51.29	-3.41	77.15	2.02	304.25	3022.98	14849.04
36.89	36.52	9.78	115.00	4.72	161.19	1081.96	34273.16
14.16	-27.93	-5.50	919.48	2.01	317.54	2277.11	42678.46
3.39	-1.73	-0.08	44.64	2.11	60.38	3908.16	14135.24
12.70	-20.75	-19.50	37.79	4.73	175.80	669.79	11762.03
10.14	4.11	0.40	119.49	435.42	398.16	1256.57	14127.04
6.10	21.92	1.00	126.09	1.76	163.26	4519.66	25207.66
3.97	-42.46	-2.93	1443.64	2.24	409.53	4836.06	24528.61
6.41	1.26	0.08	0.00	1.70	306.03	3383.82	20931.82
15.95	12.62	1.59	24.03	2.53	230.51	1458.07	21662.90
7.36	8.86	-5.44	15.31	1.20	354.87	5024.98	51197.39
10.26	58.82	1.80	35.08	3.72	1517.05	11568.25	132275.80
7.47	-17.69	-1.83	20.76	1.46	182.35	973.59	8549.89
12.59	-3.60	-0.53	66.22	2.76	298.11	1284.88	15901.39
14.87	-14.02	-2.57	27.07	2.72	141.33	799.61	14259.28
11.05	5.74	0.60	83.18	2.54	595.25	4840.12	50805.08
5.19	-18.40	-1.17	82.11	2.23	396.05	4617.30	28030.24
32.14	35.39	8.16	34.65	3.01	159.32	1706.63	47582.93
8.07	2.67	0.21	78.32	3.05	475.01	2515.73	20214.75
11.24	-6.33	-0.91	18.86	1.66	174.23	1631.89	20574.53
5.02	-37.56	-3.02	162.78	2.21	241.99	1645.91	11007.37
6.05	0.57	-8.11	33.03	3.41	258.79	2659.41	22889.92
41.65	45.58	12.67	41.83	20.96	600.52	950.82	38346.20
5.80	-22.97	-1.73	25.15	1.96	530.47	3066.94	22804.07
31.39	33.82	7.49	14.29	3.66	269.28	7947.03	270366.83
12.93	-38.49	-8.09	278.24	3.76	270.46	1726.12	32643.16
27.83	23.08	5.11	86.73	4.25	652.87	1292.67	33668.34
12.33	50.92	4.00	29.53	5.95	303.90	2558.05	24749.08
7.38	9.66	0.65	41.37	1.31	315.84	7595.97	56971.14
5.99	-4.63	-0.49	9.33	1.16	54.88	2640.38	16913.15
7.42	-24.71	-2.46	259.26	2.23	158.12	1094.22	9006.82
11.71	29.90	2.50	18.78	2.44	267.72	8191.98	86804.46
6.10	-34.16	-3.19	76.12	3.12	393.96	2142.03	20272.58
7.33	-19.54	-1.78	0.00	4.32	1017.69	4557.23	38686.82

A 股 A Share

股票 Share

股票代码 Code	股票简称 Stock Name	市价总值 Tot_cap	无限售股市值 Nego_cap	发行股本 Issued Vol	流通股本 Negotiable Vol	上年收盘 Last Year Close	本年开盘 Open	本年最高 High	本年最低 Low
600355	精伦电子	4236.89	4236.89	492.09	492.09	9.76	9.78	10.08	7.77
600356	恒丰纸业	2479.47	2479.47	298.73	298.73	12.21	12.24	13.28	8.00
600358	国旅联合	3302.29	2825.28	504.94	432.00	10.08	10.05	11.25	6.07
600359	新农开发	2590.47	2590.47	381.51	381.51	9.39	9.39	11.00	6.44
600360	华微电子	5997.67	5891.46	751.59	738.28	8.86	8.89	10.08	6.50
600361	华联综超	3628.65	3628.65	665.81	665.81	7.08	7.05	7.96	4.98
600362	江西铜业	41857.74	41857.74	2075.25	2075.25	16.73	17.00	22.24	14.13
600363	联创光电	5570.07	5570.07	443.48	443.48	16.50	16.48	20.44	11.47
600365	通葡股份	3352.00	3352.00	400.00	400.00	11.23	11.21	12.68	7.68
600366	宁波韵升	9759.90	9475.49	557.07	540.84	19.69	19.70	23.68	15.89
600367	红星发展	3299.30	3299.30	291.20	291.20	13.42	13.44	16.36	9.41
600368	五洲交通	4377.46	4377.46	833.80	833.80	5.68	5.68	7.90	5.11
600369	西南证券	26136.86	26136.86	5645.11	5645.11	7.13	7.12	7.20	4.48
600370	三房巷	2503.35	2503.35	797.24	797.24	6.86	6.88	7.27	3.00
600371	万向德农	2408.14	2408.14	225.06	225.06	16.33	16.44	17.11	10.09
600372	中航电子	24082.94	24082.94	1759.16	1759.16	18.56	18.60	21.02	13.67
600373	中文传媒	23328.52	21705.48	1377.94	1282.07	20.20	20.30	26.80	16.60
600375	华菱星马	2967.65	2967.65	555.74	555.74	6.99	7.02	8.36	5.25
600376	首开股份	23964.16	23650.57	2579.57	2545.81	11.81	11.85	14.60	9.10
600377	宁沪高速	37585.11	37410.12	3815.75	3797.98	8.55	8.54	10.41	8.50
600378	天科股份	4056.69	4056.69	297.19	297.19	14.91	14.98	15.88	11.25
600379	宝光股份	2629.82	2629.82	235.86	235.86	21.11	21.03	24.20	10.05
600380	健康元	17610.58	17481.30	1573.78	1562.23	9.93	9.94	13.99	8.10
600381	青海春天	6692.30	2248.37	630.75	211.91	15.42	15.59	19.32	9.85
600382	广东明珠	5872.66	4299.17	466.82	341.75	18.20	18.19	18.28	12.42
600383	金地集团	57019.19	57019.19	4514.58	4514.58	12.96	12.99	13.37	10.48
600385	山东金泰	1875.04	1807.52	148.11	142.77	23.81	23.65	24.40	12.10
600386	北巴传媒	4112.64	4112.64	806.40	806.40	13.35	13.36	16.17	4.98
600387	海越股份	4950.74	4100.10	465.73	385.71	13.94	13.95	17.94	9.82
600388	龙净环保	18494.57	18494.57	1069.05	1069.05	12.37	12.42	18.98	11.81
600389	江山股份	5164.83	5164.83	297.00	297.00	19.74	19.85	21.15	14.58
600390	五矿资本	44230.98	5324.83	3748.39	451.26	14.32	14.29	16.29	10.52
600391	航发科技	6506.85	6506.85	330.13	330.13	35.25	35.55	39.20	19.46
600392	盛和资源	25652.44	17879.75	1350.13	941.04	13.33	13.30	27.99	10.15
600393	粤泰股份	16079.81	6265.22	2536.25	988.21	15.70	15.71	17.77	6.02
600395	盘江股份	11370.21	11370.21	1655.05	1655.05	8.07	8.12	9.26	6.30
600396	金山股份	4565.39	3610.40	1472.71	1164.65	5.21	5.21	5.32	3.05
600397	安源煤业	3841.04	3841.04	989.96	989.96	5.16	5.16	6.08	3.64
600398	海澜之家	43579.75	43579.75	4492.76	4492.76	10.79	10.75	11.30	8.80
600399	抚顺特钢	7280.00	6325.89	1300.00	1129.62	6.87	6.88	8.43	5.37
600400	红豆股份	13010.08	10424.93	1809.47	1449.92	8.56	7.70	8.29	6.13
600401	*ST 海润	5433.68	5433.68	4724.94	4724.94	2.32	2.31	2.49	1.07
600403	*ST 大有	11189.00	11189.00	2390.81	2390.81	5.70	5.67	5.97	4.36
600405	动力源	3664.50	3607.36	562.04	553.28	11.17	11.17	12.44	6.22
600406	国电南瑞	44401.27	40321.18	2428.95	2205.75	16.63	17.50	21.87	15.74
600408	安泰集团	3171.42	3171.42	1006.80	1006.80	5.31	5.29	5.42	3.05
600409	三友化工	19797.11	17745.20	2064.35	1850.39	9.39	9.43	13.49	8.23
600410	华胜天成	11601.88	11507.77	1102.84	1093.89	10.87	10.97	11.65	7.90
600415	小商品城	31461.78	31461.78	5443.21	5443.21	8.65	8.63	8.71	5.70
600416	湘电股份	11813.47	10503.66	945.83	840.97	14.71	14.70	18.87	11.66

注：市价总值、无限售股市值、成交金额的单位为百万元，发行股本、流通股本、成交数量的单位为百万股。

A 股
A Share

股票
Share

本年收盘 Close	涨跌(%) Change(%)	涨跌值 Change	市盈率 P/E	市净率 P/B	换手率(%) Turnover Rate	成交数量 Trading Vol	成交金额 Trading Val
8.61	-11.78	-1.15	375.16	10.33	335.89	1652.89	14923.86
8.30	-31.31	-3.91	26.19	1.24	240.84	719.46	7763.12
6.54	-35.12	-3.54	0.00	6.48	254.74	1100.48	9396.20
6.79	-27.69	-2.60	0.00	3.92	396.70	1513.47	12985.90
7.98	-9.68	-0.88	147.67	2.96	528.22	3899.20	32307.90
5.45	-23.02	-1.63	0.00	1.39	338.37	2252.86	14453.75
20.17	21.63	3.44	88.69	1.50	453.00	9400.82	172898.80
12.56	-23.66	-3.94	35.38	2.71	466.62	2069.34	32404.49
8.38	-25.38	-2.85	1617.76	4.91	402.86	1611.44	15690.02
17.52	-9.97	-2.17	12.20	2.16	440.13	2330.52	45807.72
11.33	-15.43	-2.09	71.95	3.08	714.09	2079.43	26836.74
5.25	-6.39	-0.43	19.70	1.46	441.83	3684.02	23391.94
4.63	-33.88	-2.50	28.49	1.38	100.74	5509.61	33238.11
3.14	-54.02	-3.72	53.79	2.02	239.87	1912.31	9138.45
10.70	-33.96	-5.63	43.86	5.62	232.54	523.36	6881.44
13.69	-26.02	-4.87	52.31	4.01	99.61	1752.31	31079.99
16.93	-15.70	-3.27	18.01	2.12	160.99	2062.99	45503.24
5.34	-23.61	-1.65	39.28	1.10	240.66	1337.47	9176.72
9.29	-18.93	-2.52	12.60	0.86	121.05	2805.65	33651.38
9.85	20.31	1.30	14.83	2.23	29.75	1129.75	10752.78
13.65	-8.22	-1.26	149.64	5.44	167.84	498.80	6537.02
11.15	-46.98	-9.96	72.76	5.58	338.29	797.89	14011.22
11.19	14.64	1.26	39.01	3.27	281.17	4392.32	47518.43
10.61	-31.19	-4.81	27.32	3.35	801.05	1657.39	25106.46
12.58	-30.74	-5.62	33.14	1.23	296.53	1013.39	15282.62
12.63	3.53	-0.33	9.05	1.52	122.85	5545.06	65807.80
12.66	-46.83	-11.15	803.81	23.76	377.48	538.95	8842.07
5.10	-22.96	-8.25	34.93	2.33	233.08	1191.91	12829.35
10.63	-23.36	-3.31	123.69	4.21	238.75	920.88	11928.03
17.30	41.75	4.93	27.86	4.62	419.27	4482.19	67802.17
17.39	-11.63	-2.35	98.61	3.76	136.37	405.01	7385.19
11.80	-17.60	-2.52	28.41	3.12	452.77	2043.17	27704.23
19.71	-44.09	-15.54	152.92	3.75	326.17	1076.79	32284.52
19.00	42.72	5.67	0.00	21.50	1088.30	10241.31	194767.04
6.34	-19.09	-9.36	110.78	3.32	344.59	2768.48	23881.41
6.87	-12.43	-1.20	58.00	1.85	240.21	3975.55	31716.13
3.10	-40.50	-2.11	212.91	1.27	103.68	1206.25	5194.45
3.88	-24.81	-1.28	0.00	2.59	275.69	2729.24	13128.92
9.70	-5.91	-1.09	13.96	4.34	50.28	1859.73	18412.98
5.60	-18.49	-1.27	65.44	3.67	467.89	5285.38	37440.26
7.19	-6.39	-1.37	81.61	3.17	99.55	1278.40	9097.87
1.15	-50.43	-1.17	0.00	1.43	265.13	12527.31	22120.95
4.68	-17.89	-1.02	0.00	1.69	31.95	763.80	3912.17
6.52	-33.81	-4.65	134.91	4.26	515.12	2624.14	23323.30
18.28	11.87	1.65	30.68	8.68	194.01	4279.27	76501.04
3.15	-40.68	-2.16	0.00	3.29	365.06	3675.46	15122.09
9.59	3.48	0.20	25.95	2.85	434.26	8035.46	87040.07
10.52	-2.90	-0.35	324.09	2.42	358.92	3399.96	33840.37
5.78	-32.63	-2.87	29.67	3.10	86.02	4682.38	34661.27
12.49	-14.76	-2.22	85.12	1.77	467.66	3429.93	51171.89

A 股
A Share

股票
Share

股票代码 Code	股票简称 Stock Name	市价总值 Tot_cap	无限售股市值 Nego_cap	发行股本 Issued Vol	流通股本 Negotiable Vol	上年收盘 Last Year Close	本年开盘 Open	本年最高 High	本年最低 Low
600418	江淮汽车	17910.73	13692.76	1893.31	1447.44	11.56	11.61	12.79	8.95
600419	天润乳业	4711.85	4072.20	103.56	89.50	57.01	56.40	66.66	37.90
600420	现代制药	14116.24	7319.94	1109.77	575.47	33.12	32.99	37.00	11.72
600421	仰帆控股	2280.70	2280.70	195.60	195.60	25.48	22.93	30.00	10.73
600422	昆药集团	7216.50	6206.91	788.69	678.35	13.51	13.53	13.76	8.96
600423	*ST 柳化	2036.67	2036.67	399.35	399.35	9.39	9.34	10.00	4.34
600425	*ST 青松	5391.07	5391.07	1378.79	1378.79	4.65	4.67	8.29	2.94
600426	华鲁恒升	25796.19	25703.32	1620.36	1614.53	13.25	13.29	16.56	10.53
600428	中远海特	12042.71	9483.40	2146.65	1690.45	6.12	6.14	8.57	5.46
600429	三元股份	9599.34	5672.85	1497.56	885.00	7.85	7.88	9.76	5.80
600432	*ST 吉恩	10809.10	5466.96	1603.72	811.12	7.19	6.83	7.46	5.41
600433	冠豪高新	5898.90	5522.90	1271.32	1190.28	8.02	8.03	8.88	4.50
600435	北方导航	18363.32	18363.32	1489.32	1489.32	13.04	13.08	19.51	12.10
600436	片仔癀	38129.65	38129.65	603.32	603.32	45.79	45.51	70.30	43.90
600438	通威股份	47015.53	33695.85	3882.37	2782.48	6.37	6.37	14.68	5.15
600439	瑞贝卡	6327.80	6327.80	1131.99	1131.99	8.74	8.72	8.98	5.38
600444	国机通用	2273.93	1630.65	146.42	105.00	22.49	22.55	23.77	13.26
600446	金证股份	12642.04	12133.34	835.01	801.41	25.13	25.16	25.95	14.27
600448	华纺股份	2902.42	2335.67	524.85	422.36	7.82	7.83	8.13	5.28
600449	宁夏建材	5422.57	5422.57	478.18	478.18	12.17	12.01	15.31	8.77
600452	涪陵电力	5468.80	5468.80	160.00	160.00	41.68	41.94	55.55	33.68
600455	博通股份	2247.24	2247.24	62.46	62.46	58.83	58.90	61.88	34.19
600456	宝钛股份	10158.57	10158.57	430.27	430.27	16.53	16.57	27.50	16.16
600458	时代新材	8084.18	6660.52	802.80	661.42	14.15	14.16	16.95	10.00
600459	贵研铂业	5788.49	5788.49	260.98	260.98	22.90	23.15	28.25	18.64
600460	士兰微	19243.80	19243.80	1247.17	1247.17	6.22	6.23	15.81	5.56
600461	洪城水业	5077.09	3819.42	789.59	594.00	7.61	7.61	8.13	6.07
600462	九有股份	2418.02	2418.02	533.78	533.78	8.67	8.76	9.08	4.40
600463	空港股份	3345.00	2809.80	300.00	252.00	14.93	15.01	21.75	10.80
600466	蓝光发展	19955.68	8251.88	2134.30	882.55	9.67	9.77	10.83	7.50
600467	好当家	4543.69	4543.69	1460.99	1460.99	4.51	4.53	4.81	3.02
600468	百利电气	5256.02	5173.83	811.11	798.43	13.02	13.15	13.55	5.91
600469	风神股份	3200.13	3200.13	562.41	562.41	11.90	11.94	12.18	5.49
600470	六国化工	2962.69	2962.69	521.60	521.60	8.52	8.53	8.98	5.37
600475	华光股份	8094.41	2032.97	559.39	140.50	19.95	19.88	23.58	13.85
600476	湘邮科技	2609.33	2609.33	161.07	161.07	31.58	31.57	33.85	15.63
600477	杭萧钢构	14665.07	13444.21	1374.42	1260.00	10.05	10.15	15.48	8.69
600478	科力远	10846.29	9409.76	1469.69	1275.04	10.00	10.05	10.50	6.70
600479	千金药业	4889.56	4273.57	348.76	304.82	15.77	15.65	17.10	12.65
600480	凌云股份	7058.15	5610.20	455.07	361.71	15.01	16.51	28.97	14.93
600481	双良节能	6498.19	6498.19	1620.50	1620.50	7.52	7.52	8.47	3.97
600482	中国动力	43022.30	22549.90	1734.07	908.90	30.54	30.60	39.59	23.43
600483	福能股份	11731.80	9513.11	1551.83	1258.35	11.07	11.09	12.18	7.35
600485	信威集团	42657.41	23802.76	2923.74	1631.44	14.60	0.00	0.00	0.00
600486	扬农化工	15398.88	15398.88	309.90	309.90	37.87	37.88	49.99	33.00
600487	亨通光电	54962.13	50172.10	1359.78	1241.27	18.66	18.70	46.87	18.56
600488	天药股份	5262.89	4631.32	1091.89	960.85	6.21	6.21	6.85	4.65
600489	中金黄金	34131.75	34131.75	3451.14	3451.14	12.09	12.04	13.36	9.16
600490	鹏欣资源	16038.79	12541.92	1891.37	1479.00	7.80	7.86	11.91	6.99
600491	龙元建设	11926.85	8954.82	1262.10	947.60	11.54	11.41	13.02	9.18

注：市价总值、无限售股市值、成交金额的单位为百万元，发行股本、流通股本、成交数量的单位为百万股。

A 股
A Share

股票
Share

本年收盘 Close	涨跌(%) Change(%)	涨跌值 Change	市盈率 P/E	市净率 P/B	换手率(%) Turnover Rate	成交数量 Trading Vol	成交金额 Trading Val
9.46	-16.67	-2.10	15.41	1.30	335.75	4127.26	44467.15
45.50	-20.19	-11.51	60.20	6.39	189.34	169.45	8867.89
12.72	-22.59	-20.40	29.60	2.48	216.59	1055.30	19169.40
11.66	-54.24	-13.82	710.54	257.60	317.96	621.94	12661.19
9.15	-31.16	-4.36	17.72	2.03	215.25	1466.61	16977.08
5.10	-45.69	-4.29	0.00	0.00	481.59	1923.23	13085.67
3.91	-15.91	-0.74	0.00	1.35	844.61	11645.45	65025.60
15.92	57.25	2.67	29.47	3.16	229.58	3407.01	44281.75
5.61	-8.33	-0.51	239.64	1.29	358.70	6063.64	42478.15
6.41	-18.34	-1.44	91.05	2.03	133.23	1179.05	8606.21
6.74	-6.26	-0.45	0.00	0.00	117.93	956.55	6194.64
4.64	-41.72	-3.38	54.36	2.33	246.97	2939.61	18905.14
12.33	-5.31	-0.71	428.13	8.86	582.76	8679.20	133485.47
63.20	38.68	17.41	71.12	10.92	195.16	1177.45	67835.94
12.11	92.96	5.74	45.88	4.03	296.03	6491.71	59371.66
5.59	-22.64	-3.15	36.87	2.71	131.20	1358.87	9056.38
15.53	-30.95	-6.96	147.88	6.64	390.92	410.47	7583.77
15.14	-39.43	-9.99	53.78	8.60	366.93	2940.60	57406.77
5.53	-29.28	-2.29	282.29	3.43	271.50	1126.22	7424.69
11.34	-6.43	-0.83	94.06	1.28	975.26	4663.48	58619.96
34.18	-17.70	-7.50	32.56	6.14	131.92	211.07	9117.23
35.98	-38.84	-22.85	0.00	18.09	231.62	115.29	5144.05
23.61	43.19	7.08	275.59	2.97	509.26	2191.15	48417.83
10.07	-28.19	-4.08	33.41	1.67	232.97	1540.95	19259.66
22.18	-2.73	-0.72	69.72	3.14	663.37	1731.26	41402.01
15.43	148.89	9.21	200.68	7.74	836.27	10429.66	117829.32
6.43	-13.37	-1.18	21.85	1.65	189.86	1127.79	8074.20
4.53	-47.75	-4.14	358.95	8.30	298.88	1595.34	10463.64
11.15	-25.15	-3.78	118.83	2.40	682.58	1720.10	29354.02
9.35	-2.14	-0.32	22.28	2.00	610.94	5391.55	48888.19
3.11	-30.85	-1.40	105.39	1.53	235.40	3439.14	13306.82
6.48	-25.12	-6.54	98.69	3.00	93.94	608.27	5628.99
5.69	-51.54	-6.21	37.85	1.31	124.56	700.54	5931.77
5.68	-33.33	-2.84	0.00	1.48	458.88	2393.50	17192.91
14.47	-27.07	-5.48	75.02	1.92	540.77	1044.36	20687.30
16.20	-48.70	-15.38	1128.92	13.18	512.05	824.75	19907.74
10.67	38.71	0.62	32.68	6.76	603.19	6455.61	79486.11
7.38	-26.20	-2.62	0.00	8.30	218.52	2786.23	25066.49
14.02	-9.86	-1.75	32.72	2.80	301.69	919.60	13670.15
15.51	4.02	0.50	33.13	2.02	1019.98	3689.42	76113.05
4.01	-45.87	-3.51	40.27	3.07	132.60	2148.81	12373.06
24.81	-18.14	-5.73	40.09	1.69	365.90	2403.09	69647.72
7.56	-30.36	-3.51	11.56	1.18	199.47	776.69	8092.47
14.59	0.00	-0.01	27.94	3.61	0.00	0.00	0.00
49.69	32.61	11.82	35.06	4.47	161.99	501.99	20407.71
40.42	117.61	21.76	41.75	9.40	551.46	6780.59	197838.13
4.82	-22.10	-1.39	82.48	1.73	102.25	982.52	5708.22
9.89	-17.95	-2.20	94.19	2.58	271.45	9368.22	105636.53
8.48	8.72	0.68	311.42	4.20	374.53	5539.35	54209.88
9.45	-17.88	-2.09	34.23	2.26	280.74	2660.30	28968.68

A 股
A Share

股票
Share

股票代码 Code	股票简称 Stock Name	市价总值 Tot_cap	无限售股市值 Nego_cap	发行股本 Issued Vol	流通股本 Negotiable Vol	上年收盘 Last Year Close	本年开盘 Open	本年最高 High	本年最低 Low
600493	凤竹纺织	2173.28	2173.28	272.00	272.00	16.88	16.90	17.00	7.50
600495	晋西车轴	8010.31	8010.31	1208.19	1208.19	7.26	7.30	9.40	6.32
600496	精工钢构	6358.97	6358.97	1510.45	1510.45	4.28	4.27	6.26	4.08
600497	驰宏锌锗	36148.17	30600.28	5091.29	4309.90	7.03	7.08	8.95	5.21
600498	烽火通信	32114.86	29362.86	1113.94	1018.48	25.21	25.10	37.84	21.19
600499	科达洁能	17491.21	15653.14	1577.21	1411.46	7.56	7.57	14.56	7.14
600500	中化国际	17622.29	17622.29	2083.01	2083.01	11.66	11.73	12.99	8.15
600501	航天晨光	5143.87	4968.05	421.28	406.88	18.24	18.20	22.67	11.78
600502	安徽水利	9882.33	5229.11	1434.30	758.94	9.98	10.03	10.88	6.58
600503	华丽家族	10495.00	10495.00	1602.29	1602.29	8.29	8.28	8.86	5.57
600505	西昌电力	2635.82	2635.82	364.57	364.57	10.15	10.20	11.50	7.08
600506	香梨股份	2019.15	2019.15	147.71	147.71	34.94	33.00	33.64	12.62
600507	方大特钢	16828.12	16828.12	1326.09	1326.09	6.77	6.78	17.15	6.35
600508	上海能源	8766.57	8766.57	722.72	722.72	10.86	10.87	14.68	9.99
600509	天富能源	7898.71	6213.08	1151.42	905.70	7.47	7.50	9.77	6.58
600510	黑牡丹	6931.77	5266.36	1047.10	795.52	8.63	8.61	10.15	6.50
600511	国药股份	21320.76	7718.49	766.93	277.64	30.10	30.11	36.90	25.21
600512	腾达建设	7099.13	6616.34	1598.90	1490.17	5.30	5.32	5.95	4.22
600513	联环药业	2477.76	2477.76	285.46	285.46	17.46	17.51	17.51	8.47
600515	海航基础	46226.82	19617.63	3907.59	1658.30	11.60	11.69	15.99	9.51
600516	方大炭素	51660.38	49649.35	1788.79	1719.16	9.26	9.31	39.20	8.37
600517	置信电气	8774.41	8052.06	1356.17	1244.52	9.73	9.74	10.54	6.02
600518	康美药业	111224.31	98455.37	4974.25	4403.19	17.85	17.72	23.90	16.95
600519	贵州茅台	876185.40	876185.40	1256.20	1256.20	334.15	334.28	726.50	332.81
600520	文一科技	3889.46	3889.46	158.43	158.43	26.99	27.27	29.40	14.98
600521	华海药业	31399.81	30932.42	1042.49	1026.97	22.03	22.20	31.87	18.09
600522	中天科技	42741.05	31725.27	3066.07	2275.84	10.53	10.54	16.06	10.23
600523	贵航股份	4681.35	4678.26	288.79	288.60	22.94	23.05	25.98	15.83
600525	长园集团	20921.93	19667.62	1325.01	1245.57	13.95	13.90	21.45	11.95
600526	菲达环保	5463.10	4060.76	547.40	406.89	12.29	12.38	13.14	9.12
600527	江南高纤	4569.92	3809.92	962.09	802.09	7.08	7.09	7.20	4.68
600528	中铁工业	26969.64	17714.69	2221.55	1459.20	13.76	13.70	18.53	11.46
600529	山东药玻	6726.78	5703.54	303.55	257.38	21.26	21.28	25.15	17.80
600530	交大昂立	5748.60	5748.60	780.00	780.00	7.50	7.50	7.72	5.15
600531	豫光金铅	7064.77	7064.77	1090.24	1090.24	8.58	8.55	9.47	6.01
600532	宏达矿业	5165.82	3966.31	516.07	396.23	17.20	17.13	17.33	9.65
600533	栖霞建设	5092.50	5092.50	1050.00	1050.00	5.61	5.61	7.52	4.71
600535	天士力	38443.33	36748.54	1080.48	1032.84	41.49	41.49	42.80	34.70
600536	中国软件	8185.01	8185.01	494.56	494.56	24.06	24.10	26.05	16.00
600537	亿晶光电	5646.52	5646.52	1176.36	1176.36	7.43	8.17	8.17	4.48
600538	国发股份	2591.36	2591.36	464.40	464.40	13.64	13.61	14.60	5.16
600539	狮头股份	3864.00	3864.00	230.00	230.00	17.02	17.02	20.14	14.82
600540	*ST 新赛	2316.94	2278.57	470.92	463.12	7.91	7.91	10.35	4.62
600543	莫高股份	3146.98	3146.98	321.12	321.12	14.89	14.76	15.38	8.83
600545	卓郎智能	20811.63	7420.13	1895.41	675.79	12.16	12.15	15.50	9.03
600546	山煤国际	9674.39	9674.39	1982.46	1982.46	4.07	4.07	6.54	3.70
600547	山东黄金	57904.96	45257.79	1857.12	1451.50	36.51	36.40	38.88	26.56
600548	深高速	12870.77	12870.77	1433.27	1433.27	8.50	8.47	10.14	8.19
600549	厦门钨业	27969.82	27839.71	1086.63	1081.57	22.02	22.01	38.15	18.01
600550	保变电气	9575.95	8567.46	1534.61	1372.99	6.11	6.11	13.11	6.08

注：市价总值、无限售股市值、成交金额的单位为百万元，发行股本、流通股本、成交数量的单位为百万股。

A 股
A Share

本年收盘 Close	涨跌(%) Change(%)	涨跌值 Change	市盈率 P/E	市净率 P/B	换手率(%) Turnover Rate	成交数量 Trading Vol	成交金额 Trading Val
7.99	-52.35	-8.89	38.52	3.15	272.48	741.15	8873.74
6.63	-8.68	-0.63	297.31	2.58	562.75	6799.11	53170.96
4.21	-1.42	-0.07	58.04	1.69	650.38	9823.64	49401.12
7.10	1.00	0.07	0.00	4.10	472.40	19126.69	141536.08
28.83	16.00	3.62	42.23	4.41	258.36	2603.82	75369.29
11.09	48.27	3.53	57.67	4.32	554.15	7799.36	85170.27
8.46	-26.75	-3.20	307.86	1.58	252.92	4479.87	48128.90
12.21	-33.02	-6.03	351.87	2.34	339.29	1380.52	23287.17
6.89	-30.53	-3.09	32.33	2.69	467.23	3927.64	33775.14
6.55	-20.76	-1.74	81.48	2.49	548.57	8658.04	64562.06
7.23	-28.51	-2.92	47.04	2.56	228.63	833.51	8005.34
13.67	-60.88	-21.27	0.00	7.55	451.33	666.65	14243.16
12.69	94.09	5.92	25.27	6.35	618.44	8201.07	94370.94
12.13	12.69	1.27	19.41	1.03	255.79	1848.61	22888.44
6.86	-6.88	-0.61	25.27	1.66	333.09	3016.77	24410.09
6.62	-22.21	-2.01	18.66	0.91	110.65	880.26	7370.19
27.80	-7.11	-2.30	38.93	6.05	384.57	1067.74	34329.91
4.44	-15.72	-0.86	84.04	1.53	290.35	3043.41	15552.18
8.68	-34.93	-8.78	39.52	3.00	226.40	574.64	7099.03
11.83	1.98	0.23	48.17	1.36	194.37	1012.46	12768.26
28.88	212.48	19.62	765.84	8.85	1256.62	21603.31	521250.99
6.47	-32.20	-3.26	18.56	2.50	185.53	2295.41	18462.81
22.36	26.42	4.51	33.30	3.82	95.02	4180.75	85803.45
697.49	111.89	363.34	52.41	12.02	73.55	923.98	464174.95
24.55	-9.04	-2.44	314.91	9.06	349.21	550.60	11786.47
30.12	37.96	8.09	62.70	7.16	128.16	1314.25	30278.03
13.94	33.55	3.41	26.91	3.58	536.59	12211.86	158755.92
16.21	-28.61	-6.73	27.02	2.24	359.48	1037.48	22088.50
15.79	13.92	1.84	32.69	2.97	232.60	2803.65	45825.94
9.98	-18.40	-2.31	122.95	2.16	506.40	2060.49	23430.71
4.75	-32.43	-2.33	166.49	2.81	232.85	1867.62	10649.23
12.14	-11.65	-1.62	160.67	1.86	464.78	6782.05	102987.17
22.16	5.13	0.90	35.48	2.21	272.15	700.45	14628.91
7.37	-0.69	-0.13	41.90	3.45	229.01	1786.29	11543.89
6.48	-23.97	-2.10	40.04	2.34	401.99	3582.37	29274.52
10.01	-41.80	-7.19	45.06	2.71	302.77	1199.68	15452.91
4.85	-12.65	-0.76	26.06	1.30	571.73	6003.21	36746.25
35.58	-13.06	-5.91	32.68	4.83	97.86	1010.73	39100.11
16.55	-30.99	-7.51	80.01	3.97	279.54	1382.52	28993.29
4.80	-33.42	-2.63	15.72	1.86	278.02	3270.46	19191.41
5.58	-59.09	-8.06	0.00	3.99	476.77	1658.71	14888.28
16.80	-1.29	-0.22	0.00	8.21	177.98	409.34	7293.38
4.92	-37.80	-2.99	0.00	3.77	477.99	2213.67	16542.66
9.80	-34.18	-5.09	154.79	2.86	230.96	741.64	9438.61
10.98	-7.41	-1.18	0.00	11.37	870.74	5884.32	72269.55
4.88	19.90	0.81	31.44	2.41	233.04	4619.98	24043.84
31.18	-14.31	-5.33	44.79	3.73	287.91	4110.89	135438.90
8.98	8.34	0.48	16.75	1.55	70.78	1014.51	9213.88
25.74	17.98	3.72	190.27	4.31	633.21	5668.97	157771.12
6.24	2.13	0.13	87.75	23.16	711.53	9769.22	97517.52

A 股
A Share

股票
Share

股票代码 Code	股票简称 Stock Name	市价总值 Tot_cap	无限售股市值 Nego_cap	发行股本 Issued Vol	流通股本 Negotiable Vol	上年收盘 Last Year Close	本年开盘 Open	本年最高 High	本年最低 Low
600551	时代出版	5938.39	5938.39	505.83	505.83	20.32	18.29	18.29	11.33
600552	凯盛科技	5653.16	5460.39	767.05	740.89	18.43	17.51	17.90	7.20
600555	海航创新	4555.98	4555.98	973.50	973.50	6.25	6.25	6.53	4.21
600556	ST 慧球	2763.56	2763.56	394.79	394.79	11.93	11.87	12.10	6.52
600557	康缘药业	8309.73	8068.20	616.45	598.53	16.93	16.93	19.30	13.29
600558	大西洋	5421.53	5421.53	897.60	897.60	5.75	5.75	8.40	4.85
600559	老白干酒	13566.72	10839.50	438.06	350.00	23.35	23.30	39.93	21.60
600560	金自天正	2325.91	2325.91	223.65	223.65	16.37	16.40	17.98	9.88
600561	江西长运	1943.92	1943.92	237.06	237.06	13.88	13.90	14.54	7.98
600562	国睿科技	11494.34	7866.78	478.73	327.65	30.42	30.21	34.69	23.01
600563	法拉电子	11432.25	11432.25	225.00	225.00	36.67	36.65	61.96	33.61
600565	迪马股份	9688.97	9464.44	2422.24	2366.11	7.42	7.37	7.65	3.89
600566	济川药业	30887.16	30887.16	809.62	809.62	31.26	31.21	44.00	29.23
600567	山鹰纸业	19752.44	19752.44	4551.25	4551.25	3.62	3.65	5.75	3.32
600568	中珠医疗	15484.60	12968.65	1992.87	1669.07	25.00	24.90	25.50	6.15
600569	安阳钢铁	11250.32	11250.32	2393.68	2393.68	2.99	2.99	5.90	2.57
600570	恒生电子	28666.16	28666.16	617.81	617.81	47.14	47.50	58.55	35.35
600571	信雅达	4700.17	4535.36	439.68	424.26	19.18	19.25	21.84	10.35
600572	康恩贝	17750.86	14548.21	2510.73	2057.74	7.31	7.30	8.00	6.42
600573	惠泉啤酒	2270.00	2270.00	250.00	250.00	15.55	15.55	16.35	8.36
600575	皖江物流	15739.36	12656.79	3886.26	3125.13	5.75	5.75	6.25	3.85
600576	祥源文化	4954.08	3627.32	655.30	479.80	18.38	20.22	25.00	7.31
600577	精达股份	7352.02	7352.02	1955.32	1955.32	4.18	4.60	8.25	3.70
600578	京能电力	24962.92	17084.09	6746.73	4617.32	4.20	4.20	5.52	3.63
600579	天华院	6015.82	6015.82	410.64	410.64	14.34	14.48	16.52	12.70
600580	卧龙电气	10324.09	8895.32	1288.90	1110.53	9.10	9.08	9.29	6.65
600581	八一钢铁	10469.69	10469.69	766.45	766.45	6.66	6.69	17.45	5.66
600582	天地科技	19244.44	12900.66	4138.59	2774.34	4.97	4.97	5.98	4.08
600583	海油工程	27191.33	27191.33	4421.35	4421.35	7.38	7.43	8.29	5.80
600584	长电科技	29005.47	21000.88	1359.84	984.57	17.65	17.65	26.12	13.68
600585	海螺水泥	117311.28	117311.28	3999.70	3999.70	16.96	16.95	31.92	16.87
600586	金晶科技	6635.27	6522.44	1458.30	1433.50	4.63	4.62	5.76	4.05
600587	新华医疗	6823.93	6774.21	406.43	403.47	25.11	25.18	26.20	15.65
600588	用友网络	30968.21	30477.99	1464.22	1441.04	20.82	21.00	26.62	13.80
600589	广东榕泰	4281.21	3806.41	705.31	627.09	8.75	8.74	9.12	5.87
600590	泰豪科技	7136.48	5635.20	666.96	526.65	18.72	18.51	18.58	10.40
600592	龙溪股份	3899.64	3899.64	399.55	399.55	12.51	12.58	20.30	8.91
600593	大连圣亚	2552.08	2552.08	92.00	92.00	39.68	39.39	39.39	22.72
600594	益佰制药	8093.50	8093.50	791.93	791.93	16.65	16.66	20.30	10.02
600595	中孚实业	9317.24	9317.24	1741.54	1741.54	5.62	5.64	8.07	4.39
600596	新安股份	6475.71	6234.91	705.41	679.18	10.24	10.35	13.32	6.99
600597	光明乳业	18550.99	18548.18	1224.49	1224.30	13.06	13.06	16.30	11.22
600598	北大荒	19163.39	19163.39	1777.68	1777.68	12.20	12.28	13.49	10.23
600599	熊猫金控	3504.26	3504.26	166.00	166.00	28.39	28.30	36.50	19.23
600600	青岛啤酒	27370.28	27370.28	695.91	695.91	29.44	29.50	42.20	29.06
600601	方正科技	7989.40	7989.40	2194.89	2194.89	4.60	4.64	4.83	3.45
600602	云赛智联	7348.23	6016.28	1074.30	879.57	9.53	9.52	9.74	6.33
600603	广汇物流	5949.98	1844.82	878.87	272.50	15.10	15.08	19.33	6.50
600604	市北高新	10133.67	7506.22	1407.45	1042.53	20.67	20.67	22.48	6.06
600605	汇通能源	2003.89	2003.89	147.34	147.34	23.63	23.70	25.19	13.11

注：市价总值、无限售股市值、成交金额的单位为百万元，发行股本、流通股本、成交数量的单位为百万股。

A 股
A Share

股票
Share

本年收盘 Close	涨跌(%) Change(%)	涨跌值 Change	市盈率 P/E	市净率 P/B	换手率(%) Turnover Rate	成交数量 Trading Vol	成交金额 Trading Val
11.74	-41.27	-8.58	14.75	1.16	78.11	395.12	5755.76
7.37	-19.57	-11.06	74.82	2.42	282.88	1617.78	16994.81
4.68	-25.12	-1.57	0.00	3.94	159.12	1549.03	8480.28
7.00	-41.32	-4.93	0.00	37.12	108.22	427.24	3420.01
13.48	-20.08	-3.45	22.23	2.64	176.77	833.73	13822.03
6.04	5.44	0.29	122.00	2.93	496.45	4377.59	28050.18
30.97	33.52	7.62	122.40	8.44	137.30	480.54	15850.97
10.40	-36.32	-5.97	117.16	3.19	315.98	706.68	9974.58
8.20	-40.73	-5.68	0.00	1.39	298.63	707.95	7787.82
24.01	-20.68	-6.41	50.33	6.81	280.23	918.18	25804.73
50.81	42.06	14.14	29.35	5.45	313.48	705.33	33097.86
4.00	-45.25	-3.42	12.47	1.43	277.09	5081.49	30162.85
38.15	24.64	6.89	33.06	8.45	101.99	817.24	29005.47
4.34	20.53	0.72	55.99	2.36	360.87	15527.60	67841.68
7.77	-12.81	-17.23	52.64	2.64	280.39	2862.38	31814.37
4.70	57.19	1.71	91.30	2.33	632.01	15128.21	67189.12
46.40	-1.31	-0.74	1567.04	11.94	587.34	3628.61	170065.52
10.69	-43.92	-8.49	38.33	4.07	407.17	1713.53	26264.65
7.07	-1.56	-0.24	40.25	4.12	120.77	2485.21	17661.02
9.08	-41.55	-6.47	1351.19	2.08	261.27	653.19	7479.51
4.05	-29.57	-1.70	33.29	1.93	114.24	2655.90	12557.29
7.56	-58.87	-10.82	45.55	2.71	717.86	3444.34	48927.54
3.76	-7.59	-0.42	32.83	2.52	361.95	5388.29	31773.68
3.70	-8.47	-0.50	14.81	1.22	63.46	2930.38	13039.63
14.65	2.16	0.31	958.14	5.00	77.61	287.85	4313.52
8.01	-11.59	-1.09	40.74	2.02	184.94	2053.78	16405.11
13.66	105.11	7.00	282.17	4.76	951.80	7295.10	84358.25
4.65	-5.88	-0.32	20.65	1.37	201.68	5595.36	27976.56
6.15	-15.37	-1.23	20.67	1.17	113.23	5006.17	34733.32
21.33	20.93	3.68	272.76	6.31	499.84	4921.31	96289.64
29.33	77.14	12.37	18.22	2.03	199.08	7962.75	194017.69
4.55	-1.73	-0.08	175.40	1.66	280.29	4001.02	19708.69
16.79	-32.99	-8.32	197.02	2.10	235.42	949.82	18539.28
21.15	2.33	0.33	156.89	5.44	155.98	2259.69	46081.10
6.07	-30.14	-2.68	42.44	1.44	223.59	1378.90	10618.03
10.70	-42.26	-8.02	57.63	1.87	228.97	1196.82	15797.58
9.76	-21.24	-2.75	63.16	2.06	833.50	3330.28	41588.50
27.74	-29.59	-11.94	76.07	6.36	304.49	280.13	7902.83
10.22	-38.35	-6.43	21.03	2.05	348.05	2755.26	42037.01
5.35	-4.80	-0.27	160.66	1.93	408.56	7115.30	44113.00
9.18	-9.21	-1.06	83.49	1.61	669.90	4549.84	46836.53
15.15	17.49	2.09	32.94	3.72	151.88	1859.51	25354.36
10.78	-8.89	-1.42	26.07	3.28	228.28	4058.10	47657.36
21.11	-25.46	-7.28	169.16	4.91	640.89	1063.88	29515.65
39.33	35.00	9.89	50.92	3.26	102.12	710.66	23899.95
3.64	-20.66	-0.96	121.90	2.15	165.45	3631.38	14735.96
6.84	-27.71	-2.69	39.35	2.66	130.41	1147.03	8890.14
6.77	-37.26	-8.33	24.10	1.42	460.75	1023.26	12491.28
7.20	-30.28	-13.47	87.89	2.38	531.21	4262.83	42313.64
13.60	-42.26	-10.03	80.73	3.47	232.63	342.77	6240.67

A 股
A Share

股票
Share

股票代码 Code	股票简称 Stock Name	市价总值 Tot_cap	无限售股市值 Nego_cap	发行股本 Issued Vol	流通股本 Negotiable Vol	上年收盘 Last Year Close	本年开盘 Open	本年最高 High	本年最低 Low
600606	绿地控股	88827.53	23530.59	12168.15	3223.37	8.71	8.70	9.00	6.97
600608	*ST 沪科	2604.58	2521.50	328.86	318.37	16.79	16.50	16.99	7.08
600609	金杯汽车	6293.76	6293.76	1092.67	1092.67	7.96	7.92	8.61	4.65
600610	中毅达	3874.48	2046.88	710.91	375.57	10.38	10.41	12.11	5.34
600611	大众交通	7785.32	7785.32	1563.32	1563.32	6.57	6.58	6.68	4.92
600612	老凤祥	13052.23	13052.23	317.11	317.11	37.23	37.22	49.58	37.01
600613	神奇制药	4007.12	4007.12	479.32	479.32	14.03	14.14	16.19	8.05
600614	鹏起科技	15356.71	13115.25	1511.49	1290.87	11.70	11.63	14.44	9.71
600615	丰华股份	2493.15	2487.90	188.02	187.62	21.04	21.24	22.79	12.34
600616	金枫酒业	4899.17	4899.17	514.62	514.62	12.30	12.39	13.68	8.98
600617	国新能源	8052.79	7420.90	974.91	898.41	10.50	10.50	11.77	7.07
600618	氯碱化工	8120.77	8120.77	749.84	749.84	14.59	14.59	15.19	8.62
600619	海立股份	6636.41	5250.50	582.14	460.57	14.45	14.33	17.81	8.96
600620	天宸股份	7258.18	7258.18	686.68	686.68	16.19	16.39	16.58	10.35
600621	华鑫股份	13133.93	6488.14	1060.90	524.08	14.68	14.65	15.77	10.10
600622	光大嘉宝	15946.36	12014.65	887.39	668.59	14.41	14.47	22.50	14.18
600623	华谊集团	15988.04	7963.15	1874.33	933.55	13.44	13.40	13.85	8.27
600624	复旦复华	4553.33	4553.33	684.71	684.71	8.60	8.60	8.94	6.39
600626	申达股份	5454.66	5454.66	710.24	710.24	13.69	13.70	14.29	7.48
600628	新世界	6578.72	5408.40	646.88	531.80	14.13	14.18	15.15	9.90
600629	华建集团	6638.72	5345.28	432.21	348.00	20.88	20.85	26.98	14.99
600630	龙头股份	4376.07	4376.07	424.86	424.86	15.44	15.52	18.00	9.62
600633	浙数文化	19789.24	19612.09	1301.92	1290.27	17.66	17.75	21.38	13.81
600634	富控互动	11180.72	11180.72	575.73	575.73	17.74	17.75	21.99	15.79
600635	大众公用	11561.82	11561.82	2418.79	2418.79	6.01	6.01	6.78	4.51
600636	*ST 爱富	6650.50	6340.84	446.94	426.13	13.86	14.55	16.40	12.22
600637	东方明珠	44003.26	36317.11	2641.25	2179.90	23.30	23.29	23.94	16.47
600638	新黄浦	8198.61	8198.61	561.16	561.16	17.69	17.79	21.12	12.60
600639	浦东金桥	14411.51	11918.67	850.24	703.17	18.56	18.54	19.55	16.65
600640	号百控股	11633.07	7827.03	795.70	535.36	19.98	19.99	23.25	14.10
600641	万业企业	10802.53	10802.53	806.16	806.16	12.36	12.38	14.95	10.05
600642	申能股份	26674.94	26674.94	4552.04	4552.04	5.87	5.86	6.55	5.56
600643	爱建集团	15923.51	15889.03	1437.14	1434.03	12.41	12.39	16.96	10.51
600644	乐山电力	3795.72	3795.72	538.40	538.40	9.16	9.14	10.17	6.57
600645	中源协和	10964.71	10066.70	386.08	354.46	26.80	24.12	28.81	18.81
600647	同达创业	2569.98	2569.98	139.14	139.14	45.45	46.00	48.00	17.54
600648	外高桥	17293.65	17293.65	934.79	934.79	19.74	19.90	21.93	16.64
600649	城投控股	22260.27	21302.97	2529.58	2420.79	20.34	18.31	18.31	8.76
600650	锦江投资	5674.84	5674.84	390.56	390.56	23.12	23.12	25.98	13.99
600651	飞乐音响	9072.99	7032.89	991.58	768.62	10.53	10.53	12.15	7.58
600652	游久游戏	6062.08	6062.08	832.70	832.70	12.85	12.88	13.38	7.03
600653	申华控股	5216.30	4680.30	1946.38	1746.38	3.97	3.97	4.15	2.62
600654	*ST 中安	6787.18	3994.18	1283.02	755.04	17.43	16.56	16.56	4.84
600655	豫园股份	15436.84	15436.84	1437.32	1437.32	11.42	12.45	12.45	10.31
600657	信达地产	8505.37	8505.37	1524.26	1524.26	6.10	6.10	7.17	5.27
600658	电子城	8868.78	8868.78	798.99	798.99	13.21	13.20	15.83	10.10
600660	福耀玻璃	58086.60	58086.60	2002.99	2002.99	18.63	18.68	29.66	17.78
600661	新南洋	7289.80	6590.91	286.55	259.08	28.43	28.38	29.33	19.35
600662	强生控股	5877.76	5877.76	1053.36	1053.36	11.09	11.09	11.73	5.40
600663	陆家嘴	46519.81	46519.81	2444.55	2444.55	22.13	22.15	25.76	18.70

注：市价总值、无限售股市值、成交金额的单位为百万元，发行股本、流通股本、成交数量的单位为百万股。

A 股
A Share

股票
Share

本年收盘 Close	涨跌(%) Change(%)	涨跌值 Change	市盈率 P/E	市净率 P/B	换手率(%) Turnover Rate	成交数量 Trading Vol	成交金额 Trading Val
7.30	-13.48	-1.41	12.32	1.58	452.73	14593.30	114515.30
7.92	-52.83	-8.87	0.00	0.00	282.23	898.55	11738.49
5.76	-27.64	-2.20	0.00	87.07	135.96	1485.59	9971.66
5.45	-47.50	-4.93	1244.29	5.02	630.46	2367.85	21183.33
4.98	-23.21	-1.59	21.07	1.27	155.92	2437.46	13946.83
41.16	13.05	3.93	20.36	4.25	107.66	341.41	14487.43
8.36	-40.23	-5.67	24.52	1.89	179.45	860.13	10534.91
10.16	-13.00	-1.54	194.23	3.86	321.54	3833.66	46916.66
13.26	-36.98	-7.78	269.35	5.14	290.51	545.06	9045.75
9.52	-22.21	-2.78	72.80	2.45	216.26	1090.07	12827.60
8.26	-21.33	-2.24	24.12	2.40	102.80	923.60	8880.98
10.83	-25.77	-3.76	0.00	6.45	225.09	1687.79	20793.96
11.40	-20.28	-3.05	56.06	2.47	461.03	2123.36	27516.46
10.57	-34.54	-5.62	120.59	2.68	84.83	582.52	7844.62
12.38	-15.67	-2.30	85.17	2.62	424.89	2226.75	28922.53
17.97	63.81	3.56	53.92	3.12	181.94	1065.74	19489.01
8.53	-36.19	-4.91	43.18	1.11	202.09	1886.65	21499.11
6.65	-22.45	-1.95	119.35	4.17	271.86	1704.67	13324.39
7.68	-43.31	-6.01	28.09	2.21	293.75	2086.37	21904.87
10.17	-27.34	-3.96	26.03	1.64	232.00	1233.76	15152.65
15.36	-26.44	-5.52	27.50	6.61	341.48	1188.35	25253.19
10.30	-33.29	-5.14	210.59	2.58	572.12	2430.71	32021.67
15.20	-13.53	-2.46	32.35	3.06	191.50	2281.70	42460.57
19.42	9.47	1.68	64.89	3.87	160.04	921.41	17228.11
4.78	-19.60	-1.23	25.77	1.98	154.68	3741.62	21588.67
14.88	7.36	1.02	0.00	2.68	110.30	470.01	6715.49
16.66	-27.34	-6.64	15.00	1.66	65.92	1437.02	30183.20
14.61	-16.96	-3.08	80.20	2.25	215.44	1208.98	21600.40
16.95	-7.81	-1.61	30.85	2.20	114.77	807.04	14607.09
14.62	-26.78	-5.36	650.94	2.98	181.18	969.96	18176.68
13.40	11.08	1.04	15.04	2.48	262.99	2120.09	27085.54
5.86	3.34	-0.01	10.84	1.05	70.33	3201.45	19537.41
11.08	-10.07	-1.33	25.66	2.50	206.36	2959.31	40555.18
7.05	-23.03	-2.11	17.95	3.11	318.14	1102.88	9324.30
28.40	5.97	1.60	289.62	6.91	351.22	1244.95	29017.43
18.47	-59.19	-26.98	31.88	6.82	389.77	542.35	15686.90
18.50	-5.25	-1.24	29.07	2.23	78.26	731.56	14061.21
8.80	-56.74	-11.54	10.63	0.99	158.76	3843.15	43654.66
14.53	-36.31	-8.59	33.82	2.46	277.95	1085.57	20906.88
9.15	-12.04	-1.38	25.84	2.53	398.15	3060.27	30431.51
7.28	-43.12	-5.57	51.67	2.79	554.61	3752.72	39189.55
2.68	-32.49	-1.29	78.32	2.19	92.32	1612.28	5651.75
5.29	-69.65	-12.14	24.76	2.28	238.18	1798.40	10906.31
10.74	-5.12	-0.68	32.24	1.46	43.10	619.45	6959.59
5.58	-6.62	-0.52	9.65	0.94	121.26	1848.35	11111.04
11.10	-14.73	-2.11	21.12	1.48	89.26	572.19	7208.32
29.00	60.89	10.37	23.14	4.03	170.85	3422.07	80746.30
25.44	-9.65	-2.99	39.86	7.78	218.70	455.87	10722.74
5.58	-49.03	-5.51	31.89	1.80	161.55	1701.73	14742.99
19.03	-12.56	-3.10	24.15	4.68	41.96	1025.72	23738.55

A 股 A Share

股票 Share

股票代码 Code	股票简称 Stock Name	市价总值 Tot_cap	无限售股市值 Nego_cap	发行股本 Issued Vol	流通股本 Negotiable Vol	上年收盘 Last Year Close	本年开盘 Open	本年最高 High	本年最低 Low
600664	哈药股份	14818.05	14482.75	2550.44	2492.73	8.58	8.58	9.28	5.24
600665	天地源	3689.80	3689.80	864.12	864.12	5.31	5.31	6.37	4.15
600666	奥瑞德	21355.48	13983.61	1227.33	803.66	26.95	26.93	30.79	26.01
600667	太极实业	18871.46	10673.82	2106.19	1191.27	7.71	7.73	9.49	6.20
600668	尖峰集团	5450.29	5450.29	344.08	344.08	16.74	16.67	20.17	15.16
600671	天目药业	3077.35	3075.88	121.78	121.72	30.81	30.68	34.59	22.22
600673	东阳光科	16664.90	16587.56	2468.87	2457.42	7.29	6.93	7.56	6.51
600674	川投能源	44813.79	44813.79	4402.14	4402.14	8.70	8.70	10.84	8.57
600675	中华企业	11575.77	11575.77	1867.06	1867.06	6.39	6.41	9.10	5.46
600676	交运股份	6746.91	6311.02	1028.49	962.05	8.97	8.97	9.43	6.43
600677	航天通信	5786.67	4618.19	521.79	416.43	17.18	17.21	20.10	10.93
600678	四川金顶	3866.81	3866.81	348.99	348.99	15.31	15.30	18.90	10.17
600679	上海凤凰	4494.37	3727.65	230.60	191.26	35.63	34.85	39.33	18.26
600680	*ST 上普	2692.67	2692.67	257.43	257.43	30.58	30.70	39.76	9.07
600681	百川能源	13977.01	4437.03	1031.51	327.46	15.84	15.85	18.38	12.50
600682	南京新百	42021.52	27429.45	1111.97	725.84	37.27	37.27	41.50	32.07
600683	京投发展	4200.21	4200.21	740.78	740.78	8.85	8.84	10.36	5.46
600684	珠江实业	5274.39	5274.39	853.46	853.46	7.86	7.86	10.80	5.80
600685	中船防务	21899.46	14645.29	821.44	549.34	29.70	29.71	42.38	24.28
600686	金龙汽车	7905.80	5767.04	606.74	442.60	14.21	14.21	18.47	9.92
600687	刚泰控股	17581.73	12737.55	1488.72	1078.54	16.42	16.38	16.38	11.10
600688	上海石化	46330.39	46330.39	7319.18	7319.18	6.44	6.45	7.17	6.16
600689	上海三毛	1736.65	1736.65	152.20	152.20	19.98	20.02	21.66	11.16
600690	青岛海尔	114875.07	114875.07	6097.40	6097.40	9.88	9.88	20.31	9.70
600691	阳煤化工	6429.84	6428.39	1756.79	1756.39	3.84	3.84	4.32	2.55
600692	亚通股份	3517.64	2550.11	351.76	255.01	16.19	16.34	20.59	9.75
600693	东百集团	9215.83	7032.86	898.23	685.46	10.12	10.19	14.47	9.80
600694	大商股份	9907.13	9907.13	293.72	293.72	39.93	40.00	43.36	32.78
600695	绿庭投资	4042.13	4042.13	366.47	366.47	9.60	9.59	11.25	5.83
600696	*ST 匹凸	1995.71	1995.71	340.57	340.57	10.79	10.78	12.92	5.25
600697	欧亚集团	4091.75	3990.61	159.09	155.16	32.03	32.10	35.60	24.97
600698	湖南天雁	5927.12	5887.84	741.82	736.90	6.71	6.69	15.20	6.61
600699	均胜电子	31203.13	22659.59	949.29	689.37	33.09	33.25	43.41	27.85
600701	工大高新	10450.83	7836.37	1034.74	775.88	13.66	13.75	17.38	9.80
600702	沱牌舍得	15738.42	15738.42	337.30	337.30	22.60	22.60	51.17	22.43
600703	三安光电	103551.21	103551.21	4078.42	4078.42	13.39	13.38	30.05	13.27
600704	物产中大	29371.57	9123.08	4306.68	1337.70	10.33	10.38	11.54	6.64
600705	中航资本	49549.32	42054.40	8976.33	7618.55	6.12	6.12	6.65	5.42
600706	曲江文旅	3435.82	3405.17	179.51	177.91	19.84	19.81	23.52	17.45
600707	彩虹股份	26518.20	5439.32	3588.39	736.04	8.99	8.98	9.64	6.75
600708	光明地产	11743.20	6773.90	1714.34	988.89	8.93	8.93	9.77	6.58
600710	ST 常林	8820.56	4321.92	1306.75	640.28	9.31	9.25	9.64	6.56
600711	盛屯矿业	12709.97	12709.97	1497.05	1497.05	7.02	7.38	10.80	5.95
600712	南宁百货	4270.10	4217.60	544.66	537.96	10.12	10.11	11.42	6.12
600713	南京医药	5581.99	5581.99	897.43	897.43	7.95	7.95	8.45	6.12
600714	金瑞矿业	2608.00	2580.23	288.18	285.11	15.41	15.38	17.34	8.75
600715	文投控股	41678.56	10078.06	1854.85	448.51	22.05	22.27	24.43	21.50
600716	凤凰股份	5167.05	5024.42	936.06	910.22	7.67	7.96	8.30	4.67
600717	天津港	17568.33	17568.33	1674.77	1674.77	10.08	10.08	18.76	9.70
600718	东软集团	18217.66	18128.93	1242.68	1236.63	19.66	19.70	20.96	13.29

注：市价总值、无限售股市值、成交金额的单位为百万元，发行股本、流通股本、成交数量的单位为百万股。

A 股
A Share

股票
Share

本年收盘 Close	涨跌(%) Change(%)	涨跌值 Change	市盈率 P/E	市净率 P/B	换手率(%) Turnover Rate	成交数量 Trading Vol	成交金额 Trading Val
5.81	-27.75	-2.77	18.80	1.89	161.26	4019.81	27150.81
4.27	-18.27	-1.04	16.02	1.29	192.07	1659.68	8595.04
17.40	3.30	-9.55	45.89	8.28	347.25	1724.81	48797.98
8.96	16.86	1.25	81.16	4.84	595.38	7092.57	55435.93
15.84	-4.03	-0.90	19.11	2.29	495.32	1704.30	30310.37
25.27	-17.98	-5.54	2527.00	52.19	209.42	254.91	7257.96
6.75	-7.41	-0.54	152.20	4.59	27.65	679.54	4660.82
10.18	20.67	1.48	12.74	2.18	84.41	3715.97	35385.06
6.20	-2.97	-0.19	17.66	3.55	115.53	2157.08	15388.62
6.56	-25.84	-2.41	21.93	1.27	188.58	1643.34	13135.24
11.09	-35.35	-6.09	227.67	1.85	521.35	2171.03	33587.04
11.08	-27.63	-4.23	0.00	1455.84	384.51	1341.89	19084.68
19.49	-45.30	-16.14	148.22	6.21	814.08	1519.83	45696.51
10.46	-65.79	-20.12	0.00	5.00	327.24	842.40	19769.89
13.55	-14.46	-2.29	25.36	6.55	246.31	799.82	12142.73
37.79	1.66	0.52	105.09	13.39	93.18	676.36	25034.47
5.67	-34.21	-3.18	14.46	1.93	199.72	1479.51	12049.74
6.18	-5.05	-1.68	15.83	2.05	490.96	3678.14	30024.78
26.66	-10.17	-3.04	529.07	3.64	318.50	1749.64	54340.62
13.03	-8.30	-1.18	0.00	2.22	374.44	1657.25	23649.85
11.81	-27.89	-4.61	35.44	3.13	220.07	2373.60	31324.41
6.33	2.09	-0.11	11.49	2.77	100.83	7367.58	48582.90
11.41	-42.89	-8.57	24.80	5.41	730.93	1112.51	17036.46
18.84	94.15	8.96	22.81	4.36	197.33	11473.41	169834.89
3.66	-4.69	-0.18	0.00	1.74	376.55	6613.60	22805.11
10.00	-38.23	-6.19	74.65	5.55	951.82	2427.24	39125.20
10.26	1.38	0.14	91.20	4.82	175.93	1205.93	14171.00
33.73	-13.95	-6.20	14.09	1.43	171.38	503.37	19979.82
11.03	14.90	1.43	147.80	10.84	249.21	913.27	7777.98
5.86	-45.69	-4.93	0.00	44.91	307.47	1047.15	9046.60
25.72	-18.70	-6.31	12.50	1.50	241.45	374.63	11243.07
7.99	19.08	1.28	776.48	11.74	2599.05	11684.71	127809.24
32.87	0.01	-0.22	68.78	2.46	321.46	2216.05	76909.65
10.10	-25.93	-3.56	136.47	2.45	344.29	1935.16	26880.43
46.66	107.06	24.06	196.24	6.77	562.50	1897.31	61376.82
25.39	91.67	12.00	47.79	5.94	182.79	7450.65	154810.60
6.82	3.64	-3.51	13.63	1.46	563.40	6237.46	55526.53
5.52	-8.60	-0.60	21.32	2.23	125.17	9536.25	58377.85
19.14	-3.53	-0.70	64.34	3.88	453.55	806.91	16321.84
7.39	-17.80	-1.60	0.00	20.41	448.05	3297.79	27464.78
6.85	1.40	-2.08	11.61	1.33	244.63	2147.66	17026.97
6.75	-27.50	-2.56	42.68	2.37	114.40	732.48	5134.06
8.49	21.32	1.47	67.40	3.17	750.69	11170.88	93159.12
7.84	-22.53	-2.28	0.00	4.02	187.20	1007.05	8857.59
6.22	-21.30	-1.73	30.96	2.13	164.47	1154.86	8461.24
9.05	-41.27	-6.36	45.26	4.43	422.77	1201.68	15813.58
22.47	1.90	0.42	69.34	9.21	224.71	1007.85	22682.70
5.52	-26.63	-2.15	98.55	1.47	263.16	2371.40	14403.45
10.49	5.87	0.41	13.90	1.14	360.50	6037.61	80782.08
14.66	-24.94	-5.00	9.84	2.36	359.67	4432.21	78296.22

A 股
A Share

股票
Share

股票代码 Code	股票简称 Stock Name	市价总值 Tot_cap	无限售股市值 Nego_cap	发行股本 Issued Vol	流通股本 Negotiable Vol	上年收盘 Last Year Close	本年开盘 Open	本年最高 High	本年最低 Low
600719	大连热电	2524.70	2524.70	404.60	404.60	8.14	8.20	10.50	5.85
600720	祁连山	8034.60	8033.28	776.29	776.16	8.17	8.13	12.94	7.07
600721	百花村	4168.02	3149.57	400.39	302.55	18.56	18.54	19.94	9.86
600722	金牛化工	4905.10	4905.10	680.32	680.32	11.79	11.55	14.60	6.57
600723	首商股份	5398.94	5396.17	658.41	658.07	9.53	9.49	10.94	7.85
600724	宁波富达	5448.56	5447.43	1445.24	1444.94	5.95	5.89	6.45	3.65
600725	ST 云维	3820.66	3820.66	1232.47	1232.47	2.85	2.85	3.35	2.83
600726	华电能源	4864.92	4864.92	1534.68	1534.68	4.95	4.96	5.39	3.12
600727	鲁北化工	2625.38	2624.93	350.99	350.93	10.63	10.61	12.33	7.29
600728	佳都科技	13343.05	11165.38	1617.34	1353.38	8.47	8.52	12.12	6.72
600729	重庆百货	10187.60	10185.05	406.53	406.43	23.43	23.49	28.75	22.53
600730	中国高科	3977.53	3977.53	586.66	586.66	12.39	12.46	12.76	6.53
600731	湖南海利	2320.66	2315.97	327.31	326.65	10.56	10.58	12.45	6.73
600732	ST 新梅	3374.66	3374.66	446.38	446.38	7.67	8.10	10.77	5.95
600733	S*ST 前锋	9914.87	3793.61	197.59	75.60	50.18	0.00	0.00	0.00
600734	实达集团	5861.05	3310.90	623.52	352.22	17.49	15.74	16.40	9.26
600735	新华锦	4222.39	4222.39	375.99	375.99	20.74	18.67	18.67	10.53
600736	苏州高新	7058.27	6731.20	1194.29	1138.95	9.03	8.97	9.35	5.86
600737	中粮糖业	16312.42	16312.42	2051.88	2051.88	12.46	12.52	13.24	7.88
600738	兰州民百	6178.62	2905.09	783.10	368.20	9.53	9.54	10.36	7.39
600739	辽宁成大	26922.89	24018.89	1529.71	1364.71	17.96	17.96	20.74	16.08
600740	山西焦化	7488.55	6423.82	765.70	656.83	7.91	7.91	12.80	5.74
600741	华域汽车	93604.38	85106.66	3152.72	2866.51	15.95	15.95	29.77	15.43
600742	一汽富维	6984.50	6984.50	423.05	423.05	16.13	16.15	23.50	15.53
600743	华远地产	8586.73	8586.73	2346.10	2346.10	4.45	4.44	5.48	3.47
600744	华银电力	6714.84	3120.18	1781.12	827.63	5.26	5.26	6.55	3.61
600745	闻泰科技	16302.40	16302.40	483.32	483.32	21.40	21.26	36.36	17.50
600746	江苏索普	2506.53	2492.13	306.42	304.66	12.55	12.68	14.19	7.75
600747	*ST 大控	3997.62	2905.62	1464.33	1064.33	5.20	4.68	4.68	2.26
600748	上实发展	11823.65	9027.73	1844.56	1408.38	8.19	8.19	9.02	5.83
600749	西藏旅游	3739.26	3739.26	189.14	189.14	23.61	23.45	25.30	15.42
600750	江中药业	7644.00	7644.00	300.00	300.00	30.82	30.85	38.50	25.00
600751	天海投资	15722.19	12043.92	2573.19	1971.18	8.36	8.35	9.10	5.45
600753	东方银星	3852.80	3852.80	128.00	128.00	36.10	33.10	40.68	23.03
600754	锦江股份	25894.53	20940.64	801.94	648.52	29.46	29.50	34.50	24.10
600755	厦门国贸	17942.45	17942.45	1776.48	1776.48	8.20	8.23	12.70	7.80
600756	浪潮软件	5765.72	5765.72	324.10	324.10	23.08	23.17	23.86	16.88
600757	长江传媒	8434.87	8433.80	1213.65	1213.50	8.31	8.50	8.82	6.70
600758	红阳能源	9825.80	4991.40	1331.41	676.34	10.79	10.86	12.86	7.01
600759	洲际油气	9642.54	9619.86	2263.51	2258.18	9.82	9.84	10.30	3.90
600760	中航黑豹	48748.95	12035.13	1397.22	344.95	19.28	20.24	42.60	20.24
600761	安徽合力	7786.70	7786.70	740.18	740.18	12.72	12.77	15.65	9.81
600763	通策医疗	10363.08	10363.08	320.64	320.64	33.54	34.80	34.80	22.50
600764	中电广通	11006.29	9169.71	395.77	329.73	28.31	28.30	40.33	26.12
600765	中航重机	9351.60	9351.60	778.00	778.00	14.33	14.34	19.80	11.76
600766	园城黄金	2060.64	2057.94	224.23	223.93	17.48	17.40	18.82	8.60
600767	*ST 运盛	2254.08	2253.42	341.01	340.91	15.55	15.51	15.87	6.33
600768	宁波富邦	1966.08	1966.08	133.75	133.75	24.42	24.00	25.33	13.55
600769	祥龙电业	2253.61	2253.61	374.98	374.98	11.57	11.58	12.43	5.73
600770	综艺股份	9880.00	9880.00	1300.00	1300.00	10.35	10.42	10.50	6.76

注：市价总值、无限售股市值、成交金额的单位为百万元，发行股本、流通股本、成交数量的单位为百万股。

A 股
A Share

股票
Share

本年收盘 Close	涨跌(%) Change(%)	涨跌值 Change	市盈率 P/E	市净率 P/B	换手率(%) Turnover Rate	成交数量 Trading Vol	成交金额 Trading Val
6.24	-23.25	-1.90	185.71	3.47	376.14	1521.87	12795.14
10.35	27.53	2.18	48.23	1.65	1160.98	9011.06	90554.70
10.41	-43.91	-8.15	29.96	1.82	176.14	450.30	6556.39
7.21	-38.85	-4.58	189.24	5.57	790.74	5379.59	59176.26
8.20	-12.53	-1.33	18.25	1.55	142.27	936.25	8779.34
3.77	-36.64	-2.18	42.78	2.11	73.57	1063.04	5637.99
3.10	8.77	0.25	2.47	39.84	15.63	192.70	599.40
3.17	-35.96	-1.78	42.01	1.84	99.51	1527.11	7067.35
7.48	-29.63	-3.15	87.06	2.42	428.40	1503.38	15674.12
8.25	-2.60	-0.22	123.61	4.97	352.16	4682.37	44078.10
25.06	9.29	1.63	24.33	2.19	251.69	1022.93	26473.73
6.78	-45.28	-5.61	7.06	2.04	266.27	1562.10	14897.10
7.09	-32.86	-3.47	163.93	3.03	370.25	1209.42	11843.67
7.56	-1.43	-0.11	172.64	8.72	223.57	997.97	7273.28
50.18	0.00	0.00	0.00	53.64	0.00	0.00	0.00
9.40	-46.26	-8.09	31.90	2.31	246.34	864.94	10737.08
11.23	-45.85	-9.51	75.87	5.52	467.57	1758.04	21731.14
5.91	-33.84	-3.12	22.98	1.33	97.41	1109.51	8275.15
7.95	-35.32	-4.51	31.67	2.45	300.37	4471.35	46431.50
7.89	-16.59	-1.64	98.96	4.97	190.39	701.00	6346.30
17.60	-2.00	-0.36	28.41	1.45	201.77	2753.54	50091.44
9.78	23.64	1.87	169.35	3.67	1188.54	7806.73	71499.32
29.69	94.05	13.74	15.41	2.46	156.51	4478.76	96012.28
16.51	5.16	0.38	16.35	1.63	339.88	1437.87	27102.80
3.66	-15.84	-0.79	11.58	1.28	188.03	4411.38	19820.18
3.77	-28.33	-1.49	35.71	1.62	429.36	3553.57	18932.69
33.73	57.62	12.33	339.78	4.97	301.40	1456.75	35610.92
8.18	-34.64	-4.37	115.07	5.71	381.69	1162.87	13257.60
2.73	-47.50	-2.47	0.00	2.05	249.35	2653.85	7711.09
6.41	-21.29	-1.78	19.98	1.30	104.87	1476.96	11050.56
19.77	-16.26	-3.84	0.00	6.93	253.03	478.58	9838.38
25.48	-16.37	-5.34	20.13	2.92	239.32	717.97	22980.37
6.11	-26.91	-2.25	55.10	1.39	175.91	3467.46	24181.18
30.10	-16.62	-6.00	1469.01	27.02	158.31	202.64	6031.55
32.29	11.63	2.83	44.53	2.42	124.25	566.79	16774.96
10.10	24.87	1.90	17.20	1.19	735.80	12361.09	129079.30
17.79	-22.52	-5.29	49.93	2.82	696.68	2238.82	46433.89
6.95	-15.80	-1.36	14.24	1.53	159.41	1934.41	14827.25
7.38	-31.27	-3.41	56.60	1.91	1130.37	6330.23	63480.43
4.26	-56.55	-5.56	223.74	1.73	378.36	6050.68	37358.03
34.89	80.96	15.61	1349.71	108.92	1057.18	3646.70	116841.67
10.52	1.38	-2.20	19.68	1.81	267.09	1760.38	21950.59
32.32	-3.09	-1.22	76.11	12.67	260.93	836.66	23123.38
27.81	-1.77	-0.50	1514.71	21.50	208.20	686.49	22469.24
12.02	-15.88	-2.31	38.57	2.67	402.10	3128.37	47622.43
9.19	-47.43	-8.29	655.03	39.30	281.15	629.58	8654.80
6.61	-57.49	-8.94	0.00	10.09	354.83	1209.67	12330.27
14.70	-39.80	-9.72	107.35	30.54	353.65	473.00	8195.23
6.01	-48.06	-5.56	1257.32	50.86	157.45	590.39	5327.66
7.60	-26.57	-2.75	192.84	2.90	245.45	3036.19	25172.49

A 股
A Share

股票
Share

股票代码 Code	股票简称 Stock Name	市价总值 Tot_cap	无限售股市值 Nego_cap	发行股本 Issued Vol	流通股本 Negotiable Vol	上年收盘 Last Year Close	本年开盘 Open	本年最高 High	本年最低 Low
600771	广誉远	14399.88	10941.48	353.11	268.31	33.44	33.48	43.25	30.69
600773	西藏城投	8517.22	8517.22	729.21	729.21	11.93	11.95	18.28	9.73
600774	汉商集团	3433.90	3431.02	174.58	174.43	22.55	22.50	24.68	15.32
600775	南京熊猫	5294.09	5294.09	671.84	671.84	13.90	13.91	16.16	7.62
600776	东方通信	6911.88	6911.88	956.00	956.00	8.56	8.58	9.04	6.10
600777	新潮能源	25161.83	8793.45	6800.50	2376.61	4.01	4.03	4.49	3.23
600778	友好集团	1878.29	1875.85	311.49	311.09	11.26	11.29	12.05	5.63
600779	水井坊	22863.94	22863.94	488.55	488.55	19.11	19.17	51.80	17.10
600780	通宝能源	5445.89	5445.89	1146.50	1146.50	5.53	5.54	6.68	4.54
600781	辅仁药业	4082.86	4082.86	177.59	177.59	18.85	18.85	25.95	16.44
600782	新钢股份	20981.80	18337.78	3188.72	2786.90	3.34	3.34	7.95	2.98
600783	鲁信创投	11425.92	11425.92	744.36	744.36	22.62	22.68	25.66	14.15
600784	鲁银投资	3051.12	3051.12	568.18	568.18	9.79	9.67	10.86	5.20
600785	新华百货	4736.00	4736.00	225.63	225.63	26.60	26.65	28.90	19.00
600787	中储股份	24197.81	20458.11	2199.80	1859.83	9.07	9.06	11.87	7.21
600789	鲁抗医药	4623.53	4623.53	581.58	581.58	9.71	9.72	11.44	7.23
600790	轻纺城	6240.08	6240.08	1046.99	1046.99	7.20	7.22	7.66	5.81
600791	京能置业	3133.93	3130.01	452.88	452.31	8.20	8.19	12.38	6.41
600792	云煤能源	4207.18	4207.18	989.92	989.92	5.79	5.75	6.45	4.07
600793	宜宾纸业	2482.97	2482.97	105.30	105.30	31.24	31.30	45.96	21.36
600794	保税科技	5394.08	5302.51	1212.15	1191.57	6.28	6.30	6.53	3.77
600795	国电电力	61309.24	61309.24	19650.40	19650.40	3.17	3.16	4.09	3.03
600796	钱江生化	2218.32	2218.32	301.40	301.40	12.43	12.39	13.69	6.91
600797	浙大网新	12481.78	9927.66	1055.99	839.90	18.00	17.95	17.95	10.89
600798	宁波海运	5195.49	5195.49	1030.85	1030.85	5.34	5.33	7.68	4.96
600800	天津磁卡	3973.26	3971.21	611.27	610.96	10.33	10.32	12.65	6.03
600801	华新水泥	13745.26	13745.26	972.77	972.77	7.75	7.75	16.58	7.19
600802	福建水泥	2776.22	2776.22	381.87	381.87	10.42	10.45	15.70	6.71
600803	新奥股份	14806.49	14806.49	985.79	985.79	14.26	14.28	17.91	12.20
600804	鹏博士	24394.73	24393.05	1432.46	1432.36	21.93	22.15	23.92	15.77
600805	悦达投资	5190.46	5186.68	850.89	850.28	8.49	8.49	8.92	5.94
600806	*ST 昆机	2512.80	2512.80	390.19	390.19	7.97	7.88	9.43	6.06
600807	天业股份	8855.19	7878.05	884.63	787.02	13.73	12.36	16.97	8.50
600808	马钢股份	24646.81	24646.81	5967.75	5967.75	2.83	2.83	5.70	2.82
600809	山西汾酒	49344.69	49344.69	865.85	865.85	25.02	25.30	61.39	24.35
600810	神马股份	3109.23	3109.23	442.28	442.28	10.29	10.46	12.52	6.94
600811	东方集团	17012.76	14992.51	3714.58	3273.47	7.15	7.18	7.47	4.52
600812	华北制药	8056.18	8056.18	1630.80	1630.80	6.26	6.28	7.60	4.86
600814	杭州解百	6435.24	6435.24	715.03	715.03	11.37	10.70	15.14	8.12
600815	*ST 厦工	4200.29	4200.29	958.97	958.97	6.44	6.43	8.30	4.05
600816	安信信托	59613.60	32668.66	4557.61	2497.60	23.62	23.63	28.20	10.04
600817	*ST 宏盛	2067.69	2000.48	160.91	155.68	20.79	20.70	21.72	11.60
600818	中路股份	5432.58	5432.58	237.96	237.96	33.38	33.46	35.92	18.82
600819	耀皮玻璃	4133.21	4133.21	747.42	747.42	8.09	8.11	10.27	5.41
600820	隧道股份	26284.64	26284.64	3144.10	3144.10	11.01	11.07	12.24	8.15
600821	津劝业	2893.06	2893.06	416.27	416.27	11.77	11.81	13.48	6.41
600822	上海物贸	5197.46	5197.46	396.15	396.15	18.70	18.70	21.88	10.43
600823	世茂股份	18530.77	18530.77	3751.17	3751.17	7.02	7.06	7.78	4.66
600824	益民集团	5090.95	5090.95	1054.03	1054.03	7.24	7.21	7.93	4.72
600825	新华传媒	6446.96	6446.96	1044.89	1044.89	8.69	8.74	9.32	5.40

注：市价总值、无限售股市值、成交金额的单位为百万元，发行股本、流通股本、成交数量的单位为百万股。

A 股
A Share

股票
Share

本年收盘 Close	涨跌(%) Change(%)	涨跌值 Change	市盈率 P/E	市净率 P/B	换手率(%) Turnover Rate	成交数量 Trading Vol	成交金额 Trading Val
40.78	21.95	7.34	117.25	8.43	217.86	532.79	20586.60
11.68	-2.00	-0.25	116.07	3.33	664.24	4843.75	65305.27
19.67	-12.57	-2.88	294.90	5.98	308.09	537.40	11243.16
7.88	-42.94	-6.02	60.39	2.17	236.81	1590.99	19513.23
7.23	-14.81	-1.33	99.11	3.05	236.61	2262.01	17249.01
3.70	-7.73	-0.31	0.00	4.61	275.10	6538.16	24864.06
6.03	-46.45	-5.23	0.00	1.57	255.33	794.31	7052.37
46.80	148.23	27.69	101.71	15.56	383.60	1874.08	59038.65
4.75	-14.10	-0.78	53.40	1.16	148.58	1703.46	9801.57
22.99	21.96	4.14	231.24	39.06	417.99	742.32	15629.64
6.58	98.08	3.24	41.72	2.45	517.27	14415.67	74726.39
15.35	-31.47	-7.27	30.69	3.07	181.21	1348.85	26697.53
5.37	-44.91	-4.42	73.14	1.91	315.46	1716.72	14058.22
20.99	-20.52	-5.61	75.22	2.47	104.72	232.25	5641.61
11.00	21.74	1.93	31.53	2.59	337.62	6279.21	59580.26
7.95	-17.92	-1.76	158.87	2.49	540.75	3144.86	28884.12
5.96	-15.99	-1.24	17.59	1.32	204.73	2143.54	14749.49
6.92	-15.52	-1.28	67.94	2.04	901.91	4079.48	39042.62
4.25	-26.60	-1.54	86.66	1.42	287.97	2850.66	15373.67
23.58	-24.52	-7.66	781.31	46.64	503.43	530.11	18046.75
4.45	-29.01	-1.83	218.67	2.69	214.76	2411.44	11505.07
3.12	1.52	-0.05	12.97	1.18	104.39	20512.68	69290.35
7.36	-40.44	-5.07	67.57	3.66	355.60	1071.78	10887.26
11.82	-34.17	-6.18	50.90	5.51	751.95	6247.00	89315.23
5.04	-5.07	-0.30	58.79	1.92	564.53	5819.45	35348.29
6.50	-37.08	-3.83	205.18	33.60	680.66	4158.53	40798.99
14.13	84.48	6.38	46.82	2.12	796.25	7745.71	92449.47
7.27	-30.15	-3.15	201.00	3.78	1177.95	4498.27	49525.01
15.02	6.07	0.76	28.55	3.26	440.65	4343.88	63810.55
17.03	-21.61	-4.90	31.82	3.84	186.35	2629.33	51592.15
6.10	-27.18	-2.39	47.12	0.79	163.69	1390.55	10891.95
6.44	-19.20	-1.53	0.00	0.00	159.74	623.27	4620.02
10.01	-27.09	-3.72	65.41	4.62	782.16	6043.75	71629.28
4.13	45.94	1.30	25.88	1.61	336.65	20090.50	85263.22
56.99	131.64	31.97	81.54	10.37	242.43	2099.10	82728.30
7.03	-31.68	-3.26	36.63	1.26	402.49	1780.15	17130.30
4.58	-16.67	-2.57	22.32	0.88	107.60	2513.90	14903.06
4.94	-20.82	-1.32	148.04	1.52	135.89	2137.26	13170.88
9.00	-20.23	-2.37	32.88	2.90	727.30	2466.81	27660.45
4.38	-31.99	-2.06	0.00	10.91	247.74	2375.71	14723.40
13.08	24.50	-10.54	19.65	4.35	320.37	6970.14	100565.16
12.85	-38.19	-7.94	624.70	21.08	140.37	218.53	3543.66
22.83	-31.61	-10.55	81.21	12.44	338.64	805.81	22436.67
5.53	-30.98	-2.56	22.90	1.71	239.78	1783.59	14114.38
8.36	-22.82	-2.65	15.90	1.48	186.17	5853.33	60973.24
6.95	-40.95	-4.82	0.00	5.73	344.95	1435.93	14137.38
13.12	-29.84	-5.58	442.20	12.28	631.91	2503.29	39607.19
4.94	-0.32	-2.08	8.75	0.94	100.28	3322.60	19414.26
4.83	-32.81	-2.41	33.75	2.49	149.60	1576.79	10233.38
6.17	-28.90	-2.52	133.18	2.49	92.43	965.79	7110.78

A 股
A Share

股票
Share

股票代码 Code	股票简称 Stock Name	市价总值 Tot_cap	无限售股市值 Nego_cap	发行股本 Issued Vol	流通股本 Negotiable Vol	上年收盘 Last Year Close	本年开盘 Open	本年最高 High	本年最低 Low
600826	兰生股份	5539.86	5539.86	420.64	420.64	27.32	27.34	28.75	12.96
600827	百联股份	21644.03	20812.07	1604.45	1542.78	14.36	14.38	21.51	12.68
600828	茂业商业	10738.29	3971.54	1731.98	640.57	8.45	8.49	13.14	6.04
600829	人民同泰	7097.84	7097.84	579.89	579.89	15.28	15.15	16.06	11.60
600830	香溢融通	4311.52	4311.52	454.32	454.32	11.35	11.36	13.30	8.28
600831	广电网络	4942.59	4603.29	604.97	563.44	13.06	13.06	14.41	7.97
600833	第一医药	3100.90	3100.90	223.09	223.09	20.55	20.70	22.76	13.67
600834	申通地铁	4520.81	4520.81	477.38	477.38	14.80	14.80	15.95	9.00
600835	上海机电	19759.36	19759.36	806.50	806.50	19.52	19.55	28.32	19.15
600836	界龙实业	3366.79	3317.36	662.75	653.02	8.65	8.66	11.69	4.92
600837	海通证券	104145.73	104145.73	8092.13	8092.13	15.75	15.77	16.76	12.76
600838	上海九百	3944.68	3944.68	400.88	400.88	18.25	18.25	19.48	9.38
600839	四川长虹	16064.53	16057.73	4616.24	4614.29	4.18	4.18	4.54	3.21
600841	上柴股份	6377.53	6377.53	521.89	521.89	15.79	15.81	16.97	11.55
600843	上工申贝	3214.01	3214.01	304.65	304.65	18.82	18.75	20.41	10.23
600844	*ST 丹科	4771.84	4771.84	822.73	822.73	7.84	7.88	8.48	5.05
600845	宝信软件	10279.49	9713.70	554.45	523.93	17.64	17.63	21.45	14.41
600846	同济科技	6016.45	6016.45	624.76	624.76	9.21	9.25	15.90	7.45
600847	*ST 万里	2368.29	2368.29	153.29	153.29	26.50	26.76	27.60	14.10
600848	上海临港	22584.86	8910.04	1012.77	399.55	19.35	19.40	35.22	16.72
600850	华东电脑	8301.34	8301.34	420.96	420.96	24.18	24.20	25.88	19.01
600851	海欣股份	7928.33	7928.33	738.21	738.21	12.93	12.96	13.00	7.81
600853	龙建股份	2587.41	2587.41	536.81	536.81	6.93	6.99	7.88	4.72
600854	春兰股份	2898.58	2898.58	519.46	519.46	7.40	7.42	9.05	5.04
600855	航天长峰	4917.89	4895.60	331.62	330.11	28.89	26.23	27.43	14.71
600856	中天能源	15976.19	9013.35	1366.65	771.03	13.80	13.78	14.13	9.82
600857	宁波中百	2074.96	2074.96	224.32	224.32	20.03	20.12	20.60	9.03
600858	银座股份	3806.89	3788.45	520.07	517.55	9.36	9.34	11.77	7.16
600859	王府井	15835.51	12272.61	776.25	601.60	16.28	15.18	22.57	14.30
600860	*ST 京城	2212.14	2212.14	322.00	322.00	11.74	11.58	12.65	6.24
600861	北京城乡	3003.31	3003.31	316.80	316.80	15.49	15.49	16.78	9.18
600862	中航高科	13484.72	7650.30	1393.05	790.32	12.24	12.23	13.60	8.73
600863	内蒙华电	17249.00	17249.00	5807.75	5807.75	3.08	3.08	3.94	2.85
600864	哈投股份	16741.60	12531.84	2108.51	1578.32	11.42	11.30	11.49	7.12
600865	百大集团	2923.39	2923.39	376.24	376.24	13.61	13.60	16.97	7.38
600866	星湖科技	2968.81	2968.81	645.39	645.39	7.08	7.09	7.63	4.55
600867	通化东宝	39171.58	37640.87	1711.30	1644.42	21.93	21.95	24.40	16.26
600868	梅雁吉祥	7611.58	7611.58	1898.15	1898.15	6.03	5.98	6.40	3.87
600869	智慧能源	12739.08	12502.82	2219.35	2178.19	7.74	7.76	8.92	5.63
600870	厦华电子	3944.93	3944.93	523.20	523.20	9.21	9.19	10.19	6.70
600871	石化油服	32153.90	7524.95	12042.66	2818.33	4.10	4.10	4.35	2.63
600872	中炬高新	19724.74	19724.74	796.64	796.64	14.08	14.06	25.35	13.40
600873	梅花生物	16038.45	16038.45	3108.23	3108.23	6.52	6.54	7.75	5.06
600874	创业环保	14144.84	14144.84	1087.23	1087.23	8.13	8.19	24.93	7.65
600875	东方电气	22425.19	22425.19	1996.90	1996.90	10.79	10.90	11.80	8.92
600876	洛阳玻璃	5579.62	5277.22	276.77	261.77	25.61	28.17	30.44	13.83
600877	*ST 嘉陵	4419.22	4419.22	687.28	687.28	9.36	9.36	12.01	5.33
600879	航天电子	21319.09	16770.90	2719.27	2139.15	15.24	15.30	19.87	7.52
600880	博瑞传播	5761.86	3864.83	1093.33	733.37	8.76	8.82	9.42	5.12
600881	亚泰集团	17154.26	10004.19	3248.91	1894.73	5.47	5.46	6.88	4.78

注：市价总值、无限售股市值、成交金额的单位为百万元，发行股本、流通股本、成交数量的单位为百万股。

A 股
A Share

股票
Share

本年收盘 Close	涨跌(%) Change(%)	涨跌值 Change	市盈率 P/E	市净率 P/B	换手率(%) Turnover Rate	成交数量 Trading Vol	成交金额 Trading Val
13.17	-50.25	-14.15	6.59	1.44	160.23	673.98	13796.48
13.49	-4.91	-0.87	26.73	1.45	259.13	3997.87	64505.73
6.20	-23.43	-2.25	18.90	2.75	438.64	2597.27	21551.41
12.24	-17.12	-3.04	31.61	4.31	75.80	439.53	6020.37
9.49	-16.39	-1.86	39.91	2.14	481.57	2187.90	23185.64
8.17	-37.19	-4.89	37.09	1.76	160.79	905.95	9860.12
13.90	-32.08	-6.65	67.36	4.25	265.62	592.57	11257.60
9.47	-35.86	-5.33	87.03	3.15	89.51	427.32	5361.61
24.50	28.23	4.98	17.29	2.72	185.76	1498.19	33554.12
5.08	-41.27	-3.57	0.00	3.92	588.15	3840.74	32270.14
12.87	-17.07	-2.88	18.40	1.34	89.92	7276.18	108161.45
9.84	-45.48	-8.41	21.56	3.17	605.41	2426.97	34897.10
3.48	-15.80	-0.70	28.96	1.27	265.04	12221.52	47779.81
12.22	-22.44	-3.57	108.23	3.00	228.39	1191.94	17224.78
10.55	-43.94	-8.27	40.13	3.02	413.46	1259.58	19393.27
5.80	-26.02	-2.04	0.00	3.18	106.21	675.94	4747.19
18.54	5.92	0.90	43.26	3.50	146.11	756.96	13372.25
9.63	5.30	0.42	33.13	3.15	1037.63	6482.72	74606.59
15.45	-41.70	-11.05	0.00	3.54	227.43	348.62	6757.17
22.30	15.25	2.95	61.92	5.40	673.29	2690.14	66234.51
19.72	-17.68	-4.46	30.18	4.46	131.10	551.44	12123.26
10.74	-16.75	-2.19	144.10	3.13	132.81	980.44	10091.89
4.82	-30.21	-2.11	88.28	3.14	469.35	2519.52	16634.66
5.58	-24.59	-1.82	239.79	1.50	675.21	3507.46	26094.11
14.83	-48.54	-14.06	85.17	5.57	299.57	988.93	19390.64
11.69	-15.29	-2.11	36.74	6.91	290.35	2238.70	25415.99
9.25	-53.60	-10.78	48.82	3.26	214.63	481.46	7018.04
7.32	-21.61	-2.04	172.44	1.28	200.31	1036.68	9777.66
20.40	28.98	4.12	27.55	1.68	140.79	846.99	15321.15
6.87	-41.48	-4.87	0.00	5.13	196.71	633.42	5875.60
9.48	-38.08	-6.01	33.85	1.27	199.11	630.79	8513.33
9.68	-20.92	-2.56	183.65	3.98	288.46	2279.80	26101.02
2.97	-2.98	-0.11	51.84	1.68	106.74	6199.23	20096.98
7.94	-29.65	-3.48	48.87	1.23	161.90	1155.51	10520.83
7.77	-42.91	-5.84	31.63	1.71	403.15	1516.83	19217.55
4.60	-35.03	-2.48	122.15	2.77	233.17	1285.93	7654.73
22.89	26.50	0.96	61.12	9.94	107.39	1663.93	34289.76
4.01	-33.38	-2.02	111.61	3.41	482.74	9163.05	47566.36
5.74	-25.42	-2.00	44.43	2.26	92.08	1934.16	14281.81
7.54	-18.13	-1.67	0.00	265.35	149.56	782.50	6728.04
2.67	-34.88	-1.43	0.00	4.47	333.29	9393.12	33473.47
24.76	77.20	10.68	54.43	7.05	216.06	1721.20	32449.68
5.16	-17.48	-1.36	15.40	1.77	291.78	9069.18	57935.36
13.01	60.82	4.88	41.90	3.91	910.20	9895.98	170153.00
11.23	4.08	0.44	0.00	1.24	152.03	3035.94	31850.99
20.16	-21.28	-5.45	922.23	20.30	701.57	1832.50	41149.10
6.43	-31.30	-2.93	0.00	0.00	504.53	3467.57	30785.66
7.84	2.82	-7.40	44.57	2.47	599.88	9367.63	108828.17
5.27	-39.67	-3.49	95.82	1.59	324.13	2377.06	17150.12
5.28	-3.47	-0.19	112.92	1.49	263.61	4994.69	28441.65

A 股 A Share

股票 Share

股票代码 Code	股票简称 Stock Name	市价总值 Tot_cap	无限售股市值 Nego_cap	发行股本 Issued Vol	流通股本 Negotiable Vol	上年收盘 Last Year Close	本年开盘 Open	本年最高 High	本年最低 Low
600882	广泽股份	3725.87	3641.05	408.54	399.24	10.74	10.79	11.52	8.60
600883	博闻科技	2226.31	2226.31	236.09	236.09	16.08	16.14	16.88	9.11
600884	杉杉股份	21759.19	15924.87	1122.76	821.72	14.08	14.10	27.48	12.13
600885	宏发股份	22007.70	22007.70	531.97	531.97	31.95	31.75	46.79	29.79
600886	国投电力	49809.41	49809.41	6786.02	6786.02	6.67	6.68	8.44	6.65
600887	伊利股份	195666.68	194214.15	6078.49	6033.37	17.60	17.60	33.70	17.38
600888	新疆众和	5610.09	5610.09	833.59	833.59	7.83	7.83	10.32	5.76
600889	南京化纤	2591.66	2591.66	307.07	307.07	13.15	13.00	14.80	8.22
600890	中房股份	5913.58	5913.58	579.19	579.19	11.27	10.14	11.26	10.14
600891	秋林集团	4706.00	2926.50	617.59	384.06	9.32	9.28	10.56	6.69
600892	大晟文化	5242.18	2357.47	559.46	251.60	78.31	70.48	77.90	9.08
600893	航发动力	60543.31	52413.32	2249.84	1947.73	32.74	32.75	38.75	23.00
600894	广日股份	8040.50	8040.50	859.95	859.95	13.67	13.65	15.20	9.11
600895	张江高科	22146.26	22146.26	1548.69	1548.69	17.72	17.82	18.88	13.98
600896	览海投资	6214.06	4126.47	869.10	577.13	12.36	12.30	12.52	6.98
600897	厦门空港	6694.77	6694.77	297.81	297.81	22.61	22.65	28.54	21.70
600898	国美通讯	3005.03	3005.03	252.52	252.52	17.14	17.15	19.38	10.71
600900	长江电力	342980.00	179377.63	22000.00	11505.94	12.66	12.68	17.27	12.59
600903	贵州燃气	13707.00	2056.05	812.99	121.95	2.21	2.65	16.86	2.65
600908	无锡银行	14544.66	6231.57	1848.11	791.81	10.93	11.01	23.84	7.58
600909	华安证券	26324.67	19643.54	3621.00	2702.00	12.55	12.64	13.67	7.06
600917	重庆燃气	17333.84	17333.84	1556.00	1556.00	13.19	13.24	15.50	8.38
600919	江苏银行	84851.71	43444.72	11544.45	5910.85	9.63	9.64	10.70	7.23
600926	杭州银行	42250.87	16899.03	3664.43	1465.66	20.95	20.95	24.44	11.03
600933	爱柯迪	12994.41	2124.75	845.44	138.24	11.01	13.21	22.60	13.21
600936	广西广电	11463.24	8204.45	1671.03	1195.98	13.25	13.24	13.48	6.51
600939	重庆建工	13463.59	1346.73	1814.50	181.50	3.12	3.74	22.98	3.74
600958	东方证券	71910.84	43328.51	5188.37	3126.15	15.53	15.56	17.19	13.36
600959	江苏有线	31775.45	11420.74	3884.53	1396.18	11.30	11.25	11.63	8.01
600960	渤海活塞	7005.30	5012.55	950.52	680.13	8.86	8.86	9.26	6.83
600961	株冶集团	4499.22	4499.22	527.46	527.46	11.20	11.12	12.95	7.66
600962	国投中鲁	2677.16	2593.54	262.21	254.02	20.45	20.28	21.79	10.09
600963	岳阳林纸	8987.42	6707.51	1397.73	1043.16	8.17	8.18	9.58	6.31
600965	福成股份	8817.41	5686.60	818.70	528.00	13.08	13.12	16.13	10.03
600966	博汇纸业	8021.07	8021.07	1336.84	1336.84	3.74	3.74	7.35	3.73
600967	内蒙一机	20360.06	9915.08	1689.63	822.83	13.57	13.57	17.45	11.02
600969	郴电国际	3267.02	3267.02	264.32	264.32	19.06	19.03	19.10	12.25
600970	中材国际	17349.61	16646.95	1754.26	1683.21	7.09	7.08	11.55	6.50
600971	恒源煤电	10430.04	10430.04	1000.00	1000.00	6.27	6.30	13.54	6.10
600973	宝胜股份	6183.89	4528.91	1222.11	895.04	8.05	8.86	10.00	4.69
600975	新五丰	3739.83	2685.77	652.68	468.72	8.71	8.72	9.33	5.50
600976	健民集团	3611.00	3608.65	153.40	153.30	31.93	32.06	35.01	23.00
600977	中国电影	28751.80	8701.00	1867.00	565.00	23.09	23.10	25.22	14.55
600978	宜华生活	13553.43	13553.43	1482.87	1482.87	10.65	10.65	11.96	8.43
600979	广安爱众	5090.18	3855.08	947.89	717.89	7.92	7.13	7.13	5.01
600980	北矿科技	2383.61	2244.48	152.21	143.33	24.60	24.60	25.30	14.40
600981	汇鸿集团	12961.26	1397.92	2242.43	241.85	8.49	8.48	9.48	5.55
600982	宁波热电	3219.27	3219.27	746.93	746.93	5.50	5.51	6.30	4.16
600983	惠而浦	5518.36	3836.16	766.44	532.80	11.66	11.60	12.50	6.95
600984	建设机械	4088.03	3459.28	636.76	538.83	8.74	8.75	13.41	6.17

注：市价总值、无限售股市值、成交金额的单位为百万元，发行股本、流通股本、成交数量的单位为百万股。

A 股
A Share

股票
Share

本年收盘 Close	涨跌(%) Change(%)	涨跌值 Change	市盈率 P/E	市净率 P/B	换手率(%) Turnover Rate	成交数量 Trading Vol	成交金额 Trading Val
9.12	-15.08	-1.62	115.68	3.21	140.04	559.10	5602.72
9.43	-41.25	-6.65	156.49	3.44	266.02	628.03	8024.70
19.38	38.26	5.30	65.90	2.67	671.10	5514.53	106362.07
41.37	30.37	9.42	37.83	6.48	115.45	614.15	24276.47
7.34	12.95	0.67	12.72	1.74	122.64	8322.70	62476.84
32.19	89.06	14.59	34.56	8.48	232.54	14029.97	325436.65
6.73	12.11	-1.10	142.80	1.72	613.22	4574.21	37455.47
8.44	-35.04	-4.71	28.53	1.75	434.62	1334.58	15103.86
10.21	-9.41	-1.06	0.00	20.69	5.93	34.32	352.06
7.62	-17.69	-1.70	22.91	1.62	454.25	1744.57	15150.65
9.37	-52.14	-68.94	34.33	3.14	614.17	945.79	20325.73
26.91	-17.47	-5.83	67.97	3.88	129.87	2080.23	63993.15
9.35	-29.38	-4.32	7.53	1.17	119.73	1029.58	12660.64
14.30	-18.56	-3.42	30.48	2.68	113.89	1763.79	30130.97
7.15	-42.15	-5.21	0.00	2.57	128.63	742.66	6879.14
22.48	3.51	-0.13	16.80	2.03	195.19	581.30	14425.36
11.90	-30.57	-5.24	185.56	8.08	360.97	911.54	13414.97
15.59	29.17	2.93	16.50	2.68	48.99	5242.86	77269.45
16.86	662.90	14.65	137.66	6.08	903.68	1102.02	12046.74
7.87	-27.16	-3.06	16.29	1.66	2333.01	5097.38	64897.55
7.27	-41.73	-5.28	43.73	2.22	1340.21	11012.08	120990.72
11.14	-14.39	-2.05	46.69	4.78	450.36	1059.91	12040.84
7.35	-22.21	-2.28	8.00	1.03	599.49	10103.18	92222.13
11.53	-21.89	-9.42	10.51	1.10	1012.91	3466.12	62422.29
15.37	39.60	4.36	26.91	7.02	280.04	387.12	6764.57
6.86	-48.23	-6.39	38.07	3.32	370.19	1368.49	13476.99
7.42	137.82	4.30	45.70	3.15	1632.10	2962.26	42790.29
13.86	-9.93	-1.67	37.23	2.39	199.59	6239.49	97876.32
8.18	-26.93	-3.12	36.35	2.45	100.39	1401.58	14767.76
7.37	-16.49	-1.49	59.41	1.63	199.81	1041.74	8363.09
8.53	-23.84	-2.67	217.49	28.01	243.25	1283.02	13526.52
10.21	-50.07	-10.24	2976.68	3.27	400.32	1016.89	16735.62
6.43	-21.30	-1.74	318.32	1.71	368.74	3846.51	31808.10
10.77	-17.22	-2.31	47.73	5.03	137.87	727.94	9486.93
6.00	61.15	2.26	39.84	1.95	733.61	9807.26	54798.21
12.05	-11.00	-1.52	41.01	2.81	460.58	3789.77	53965.49
12.36	-34.83	-6.70	32.60	1.01	206.72	546.40	8302.32
9.89	40.87	2.80	33.93	2.53	771.81	12991.18	120271.43
10.43	66.35	4.16	295.55	1.84	700.79	7007.92	70580.73
5.06	-14.18	-2.99	23.28	1.72	240.27	1857.33	13153.99
5.73	-33.11	-2.98	19.02	3.06	250.34	1173.38	8789.26
23.54	-26.00	-8.39	55.85	3.56	168.12	257.73	7362.66
15.40	-32.49	-7.69	31.34	2.94	455.61	2233.79	44596.12
9.14	-13.73	-1.51	19.10	1.83	206.42	3060.93	31573.73
5.37	-31.61	-2.55	23.84	1.56	175.57	1260.38	7245.83
15.66	-36.34	-8.94	64.48	4.59	607.19	870.27	17061.38
5.78	-30.99	-2.71	19.53	1.60	326.48	789.61	6086.73
4.31	-21.15	-1.19	38.33	1.33	217.26	1517.83	8009.79
7.20	-37.67	-4.46	19.48	1.36	158.20	842.90	8612.55
6.42	-26.54	-2.32	49.73	1.28	795.27	4158.75	39427.83

A 股
A Share

股票 Share

股票代码 Code	股票简称 Stock Name	市价总值 Tot_cap	无限售股市值 Nego_cap	发行股本 Issued Vol	流通股本 Negotiable Vol	上年收盘 Last Year Close	本年开盘 Open	本年最高 High	本年最低 Low
600985	雷鸣科化	3896.03	3411.85	300.16	262.85	14.91	15.01	17.90	10.59
600986	科达股份	10471.58	5408.78	955.44	493.50	15.24	15.28	17.16	10.51
600987	航民股份	7166.30	7166.30	635.31	635.31	12.34	12.31	14.43	10.71
600988	赤峰黄金	9185.90	7861.21	1426.38	1220.68	15.42	15.34	16.84	5.16
600990	四创电子	9246.71	7941.02	159.18	136.70	72.70	72.69	81.36	56.00
600992	贵绳股份	2688.64	2688.64	245.09	245.09	16.98	16.96	18.49	10.66
600993	马应龙	8827.98	8811.24	431.05	430.24	19.97	20.00	24.99	18.81
600995	文山电力	4354.59	4354.59	478.53	478.53	13.37	13.37	14.92	8.58
600996	贵广网络	10321.43	2950.07	1042.57	297.99	18.79	19.00	21.73	9.40
600997	开滦股份	9780.85	7605.38	1587.80	1234.64	7.15	7.15	9.04	5.27
600998	九州通	35604.74	31187.74	1878.88	1645.79	20.74	20.80	22.33	18.28
600999	招商证券	98138.18	84147.48	5719.01	4903.70	16.33	16.31	22.35	15.57
601000	唐山港	21470.10	20047.03	4558.41	4256.27	4.01	4.02	7.81	3.83
601001	大同煤业	10125.89	10125.89	1673.70	1673.70	6.11	6.12	8.15	4.57
601002	晋亿实业	8505.56	8505.56	792.69	792.69	9.52	9.47	11.91	7.98
601003	柳钢股份	20451.09	20451.09	2562.79	2562.79	4.76	4.73	8.69	3.82
601005	*ST 重钢	18018.02	18018.02	8380.48	8380.48	2.52	2.39	2.39	1.76
601006	大秦铁路	134841.80	134841.80	14866.79	14866.79	7.08	7.06	9.49	6.76
601007	金陵饭店	3213.00	3213.00	300.00	300.00	14.09	14.00	17.80	10.17
601008	连云港	4771.51	4771.51	1015.22	1015.22	5.48	5.49	9.59	4.62
601009	南京银行	65652.29	62457.95	8482.21	8069.50	10.84	11.08	12.51	7.53
601010	文峰股份	7484.40	7484.40	1848.00	1848.00	5.26	5.26	5.48	3.83
601011	宝泰隆	14307.02	11621.66	1611.15	1308.75	7.13	7.17	14.17	5.10
601012	隆基股份	72660.98	71649.90	1993.99	1966.24	13.39	13.40	42.95	13.07
601015	陕西黑猫	13075.93	4630.92	1253.68	444.00	9.54	9.60	13.31	6.14
601016	节能风电	13671.79	13671.79	4155.56	4155.56	8.85	8.83	9.56	3.20
601018	宁波港	69947.82	67968.00	13172.85	12800.00	5.06	5.07	6.82	5.03
601019	山东出版	26858.40	3435.00	2086.90	266.90	10.16	12.19	18.50	12.03
601020	华钰矿业	10791.80	5799.91	525.92	282.65	39.18	39.27	42.10	18.10
601021	春秋航空	29837.62	7454.00	800.58	200.00	36.74	36.78	41.84	30.01
601028	玉龙股份	7094.21	7094.21	783.03	783.03	10.65	10.70	11.11	7.96
601038	一拖股份	4965.09	4965.09	593.91	593.91	11.30	11.38	13.81	6.96
601058	赛轮金宇	9752.27	8160.47	2701.46	2260.52	4.07	4.08	4.70	3.14
601069	西部黄金	10093.32	3011.33	636.00	189.75	22.36	22.19	26.98	12.82
601086	国芳集团	5447.88	1308.80	666.00	160.00	3.16	3.79	13.45	3.79
601088	中国神华	382097.35	382097.35	16491.04	16491.04	16.18	16.19	24.86	16.06
601098	中南传媒	24946.44	24946.44	1796.00	1796.00	16.66	16.69	18.84	13.24
601099	太平洋	24675.07	23453.32	6816.32	6478.82	5.15	5.15	5.54	3.58
601100	恒立液压	17287.20	17287.20	630.00	630.00	16.06	15.80	28.82	14.02
601101	昊华能源	9719.99	9719.99	1200.00	1200.00	6.68	6.70	12.46	6.00
601106	*ST 一重	25853.84	24648.26	6857.78	6538.00	5.41	5.41	5.67	2.85
601107	四川成渝	8910.49	8910.49	2162.74	2162.74	5.06	5.06	5.65	4.04
601108	财通证券	65965.82	6598.42	3589.00	359.00	11.38	13.66	26.12	13.66
601111	中国国航	122733.46	104991.87	9962.13	8522.07	7.20	7.18	12.72	7.18
601113	华鼎股份	11945.94	9177.60	833.05	640.00	10.58	10.60	14.88	7.40
601116	三江购物	8535.57	8535.57	410.76	410.76	42.55	42.19	44.40	19.36
601117	中国化学	33297.75	33297.75	4933.00	4933.00	6.77	6.81	9.40	6.11
601118	海南橡胶	21818.00	21818.00	3931.17	3931.17	6.96	7.02	8.38	5.07
601126	四方股份	6367.14	6367.14	813.17	813.17	9.73	9.71	12.86	7.55
601127	小康股份	18284.01	3619.80	909.20	180.00	26.74	26.74	28.00	16.70

注：市价总值、无限售股市值、成交金额的单位为百万元，发行股本、流通股本、成交数量的单位为百万股。

A 股
A Share

股票
Share

本年收盘 Close	涨跌(%) Change(%)	涨跌值 Change	市盈率 P/E	市净率 P/B	换手率(%) Turnover Rate	成交数量 Trading Vol	成交金额 Trading Val
12.98	-12.24	-1.93	43.26	3.14	323.91	851.41	11907.78
10.96	-27.92	-4.28	25.19	2.48	264.07	1227.80	16824.73
11.28	-6.62	-1.06	13.20	2.28	230.50	1464.38	18579.00
6.44	-16.54	-8.98	28.59	3.71	514.35	3652.37	43040.42
58.09	-19.97	-14.61	71.43	5.42	273.91	374.44	24499.23
10.97	-35.27	-6.01	127.81	1.98	325.13	796.85	12310.93
20.48	3.55	0.51	35.28	4.55	395.46	1701.41	36712.71
9.10	-31.25	-4.27	27.32	2.73	536.64	2567.96	30025.11
9.90	-46.83	-8.89	23.30	2.66	1232.47	2590.02	40608.54
6.16	-12.48	-0.99	22.66	1.39	370.76	4577.57	31579.27
18.95	-8.63	-1.79	40.61	3.16	61.33	987.90	19894.51
17.16	6.20	0.83	21.28	1.92	93.64	4547.69	82972.39
4.71	19.60	0.70	16.26	1.58	381.09	15319.30	85090.87
6.05	-0.98	-0.06	54.52	2.03	289.74	4849.33	32026.95
10.73	12.71	1.21	119.47	3.67	852.23	6755.56	67710.00
7.98	68.68	3.22	104.11	4.41	365.64	9370.49	52382.89
2.15	-14.68	-0.37	0.00	0.00	38.76	1510.76	3084.60
9.07	32.06	1.99	18.81	1.50	72.48	10776.14	89713.70
10.71	-23.15	-3.38	77.18	2.30	300.94	902.83	12297.13
4.70	-14.12	-0.78	560.86	1.49	833.17	8458.45	62402.05
7.74	2.21	-3.10	7.95	1.06	158.07	10610.46	102332.52
4.05	-22.28	-1.21	29.64	1.81	92.56	1710.41	7726.95
8.88	24.54	1.75	153.29	3.29	1082.84	14171.61	134970.50
36.44	173.83	23.05	46.96	7.20	295.38	5455.43	134668.84
10.43	9.33	0.89	60.64	4.78	974.72	4327.77	42154.18
3.29	-25.21	-5.56	72.50	2.15	272.39	5711.10	25741.26
5.31	6.26	0.25	30.43	2.02	85.45	10938.00	63673.44
12.87	26.67	2.71	25.65	5.28	251.46	671.16	9554.40
20.52	-47.31	-18.66	57.66	7.02	971.72	1394.27	38528.53
37.27	1.93	0.53	31.39	4.07	362.85	725.70	25798.74
9.06	-14.93	-1.59	0.00	3.64	97.96	767.07	7472.37
8.36	-25.54	-2.94	36.90	1.71	303.86	1804.67	19481.29
3.61	-9.85	-0.46	26.92	2.15	175.90	3973.45	15249.15
15.87	-28.86	-6.49	79.76	5.92	766.92	1455.24	29464.84
8.18	158.86	5.02	59.33	4.61	828.33	1325.32	13296.00
23.17	65.22	6.99	20.29	1.48	29.54	4871.13	100941.41
13.89	-14.29	-2.77	13.82	1.96	83.35	1497.04	23981.51
3.62	-29.26	-1.53	36.95	2.09	264.47	17134.63	75319.11
27.44	71.65	11.38	245.72	4.93	114.54	721.61	14765.03
8.10	21.26	1.42	0.00	1.46	387.96	4655.58	42880.27
3.77	-30.31	-1.64	0.00	2.81	103.75	6782.97	27948.00
4.12	-16.66	-0.94	12.03	0.95	93.76	2027.71	10026.01
18.38	61.51	7.00	36.94	4.33	738.13	2649.89	55832.72
12.32	73.05	5.12	26.26	2.60	119.78	10207.94	95670.36
14.34	36.31	3.76	164.24	4.34	77.70	497.25	5257.45
20.78	-50.78	-21.77	84.42	5.33	784.85	3223.85	96819.89
6.75	1.22	-0.02	18.81	1.21	191.83	9463.15	70170.76
5.55	-20.26	-1.41	356.00	2.72	178.90	7032.97	46912.87
7.83	-18.09	-1.90	21.52	1.65	283.80	2307.78	23819.33
20.11	-23.79	-6.63	35.61	4.75	604.95	1016.96	22307.65

A 股 A Share

股票 Share

股票代码 Code	股票简称 Stock Name	市价总值 Tot_cap	无限售股市值 Nego_cap	发行股本 Issued Vol	流通股本 Negotiable Vol	上年收盘 Last Year Close	本年开盘 Open	本年最高 High	本年最低 Low
601128	常熟银行	15848.05	7062.37	2222.73	990.51	10.37	10.40	15.80	7.01
601137	博威合金	7225.57	6496.46	627.22	563.93	13.07	13.01	16.14	10.30
601139	深圳燃气	17934.15	17691.68	2214.09	2184.16	9.09	9.07	9.74	7.46
601155	新城控股	66173.59	21079.71	2258.48	719.44	11.75	11.78	29.63	11.69
601158	重庆水务	31008.00	31008.00	4800.00	4800.00	7.43	7.45	8.56	6.26
601163	三角轮胎	16304.00	5715.42	800.00	280.44	33.95	33.96	34.72	19.76
601166	兴业银行	352953.50	323699.20	20774.19	19052.34	16.14	16.14	18.52	14.99
601168	西部矿业	19540.60	19540.60	2383.00	2383.00	7.83	8.61	10.53	6.28
601169	北京银行	130473.28	130473.28	18248.01	18248.01	9.76	9.77	10.24	7.03
601177	杭齿前进	3584.54	3584.54	400.06	400.06	10.59	10.56	12.49	7.49
601179	中国西电	22400.11	22400.11	5125.88	5125.88	5.58	5.58	6.88	4.25
601186	中国铁建	128146.15	128146.15	11503.25	11503.25	11.96	11.94	14.58	11.12
601188	龙江交通	5421.42	5421.42	1315.88	1315.88	5.44	5.41	7.28	3.97
601198	东兴证券	39714.63	18114.63	2757.96	1257.96	20.06	20.05	20.48	14.22
601199	江南水务	5274.56	5274.56	935.21	935.21	7.72	7.73	8.57	5.46
601200	上海环境	17521.44	16767.94	702.54	672.33	20.34	24.41	42.37	23.22
601208	东材科技	3909.99	3909.99	626.60	626.60	7.69	7.78	8.19	5.97
601211	国泰君安	139198.29	87649.43	7516.11	4732.69	18.59	18.54	22.23	17.45
601212	白银有色	47137.25	4718.48	6972.97	698.00	1.78	2.14	17.20	2.14
601216	君正集团	39743.06	39743.06	8438.02	8438.02	4.65	4.60	5.90	4.28
601218	吉鑫科技	3530.67	3530.67	991.76	991.76	5.37	5.38	5.69	3.48
601222	林洋能源	17887.89	17669.27	1764.09	1742.53	8.07	8.08	11.50	6.41
601225	陕西煤业	81600.00	81600.00	10000.00	10000.00	4.85	4.85	9.33	4.81
601226	华电重工	6294.75	6294.75	1155.00	1155.00	8.21	8.20	8.77	5.31
601228	广州港	37840.33	4268.93	6193.18	698.68	2.29	2.75	11.62	2.75
601229	上海银行	110686.03	52563.77	7805.79	3706.89	23.28	23.33	27.40	14.04
601231	环旭电子	34314.31	34314.31	2175.92	2175.92	10.71	10.72	17.50	9.74
601233	桐昆股份	29268.05	27102.76	1301.38	1205.10	14.36	14.42	23.36	11.40
601238	广汽集团	125007.33	106428.73	5069.23	4315.84	23.17	23.29	30.01	22.52
601258	庞大集团	16686.66	16346.20	6674.66	6538.48	2.77	2.79	4.57	2.48
601288	农业银行	1126231.78	1126231.78	294055.29	294055.29	3.10	3.10	3.96	3.09
601311	骆驼股份	11241.24	11241.24	848.40	848.40	16.33	16.38	17.46	12.67
601313	江南嘉捷	18258.48	18258.48	397.18	397.18	11.82	11.93	54.48	7.96
601318	中国平安	758069.86	758069.86	10832.66	10832.66	35.43	35.34	79.96	34.90
601326	秦港股份	29687.17	3481.92	4757.56	558.00	2.34	2.81	12.44	2.81
601328	交通银行	243747.87	243747.87	39250.86	39250.86	5.77	5.75	6.79	5.75
601333	广深铁路	31482.96	31482.96	5652.24	5652.24	5.07	5.12	5.89	4.15
601336	新华保险	146397.84	146397.84	2085.44	2085.44	43.78	43.78	73.05	40.36
601339	百隆东方	7890.00	7890.00	1500.00	1500.00	6.24	6.24	6.61	5.16
601366	利群股份	9043.86	1849.76	860.50	176.00	8.82	10.58	20.60	9.90
601368	绿城水务	6681.16	2671.36	735.81	294.20	12.09	12.08	12.45	8.71
601369	陕鼓动力	12454.65	12454.65	1638.77	1638.77	6.85	6.85	8.25	6.20
601375	中原证券	16496.76	4318.89	2673.71	699.98	4.00	4.80	13.64	4.80
601377	兴业证券	48751.77	48751.77	6696.67	6696.67	7.65	7.65	8.83	7.09
601388	怡球资源	8769.98	8769.98	2025.40	2025.40	3.83	3.85	6.16	3.32
601390	中国中铁	156363.69	153772.18	18636.91	18328.03	8.86	8.84	9.97	8.37
601398	工商银行	1671595.72	1671595.72	269612.21	269612.21	4.41	4.40	6.40	4.39
601500	通用股份	7269.19	1749.19	726.92	174.92	23.97	24.15	24.42	8.96
601515	东风股份	10897.60	10897.60	1112.00	1112.00	11.97	11.97	12.98	9.70
601518	吉林高速	4282.60	4282.60	1213.20	1213.20	4.27	4.70	4.76	3.48

注：市价总值、无限售股市值、成交金额的单位为百万元，发行股本、流通股本、成交数量的单位为百万股。

A 股
A Share

股票
Share

本年收盘 Close	涨跌(%) Change(%)	涨跌值 Change	市盈率 P/E	市净率 P/B	换手率(%) Turnover Rate	成交数量 Trading Vol	成交金额 Trading Val
7.13	-30.23	-3.24	15.23	1.61	1908.11	5043.50	57084.38
11.52	-11.12	-1.55	39.41	2.31	249.25	1162.48	15526.63
8.10	-9.85	-0.99	23.23	2.33	60.65	1324.19	11290.24
29.30	154.91	17.55	21.92	4.46	508.58	3588.72	64627.54
6.46	-9.75	-0.97	29.03	2.31	27.57	1323.35	9857.41
20.38	-38.99	-13.57	19.76	2.08	508.91	1083.19	30154.58
16.99	9.30	0.85	6.55	1.01	95.34	18164.56	308278.60
8.20	5.53	0.37	195.80	1.70	336.98	8030.28	69478.93
7.15	-9.66	-2.61	7.33	1.06	56.56	9502.08	78705.27
8.96	-15.19	-1.63	490.96	2.23	295.22	1181.06	11927.78
4.37	-20.25	-1.21	19.86	1.18	74.34	3810.45	22110.16
11.14	-5.73	-0.82	10.81	1.15	110.13	12668.32	159904.00
4.12	-23.15	-1.32	18.75	1.44	133.40	1755.35	9763.43
14.40	-27.59	-5.66	29.35	2.17	258.04	2547.30	46029.76
5.64	-25.78	-2.08	16.18	2.07	160.10	1497.26	10979.34
24.94	22.62	4.60	37.68	3.58	346.00	2326.29	65078.38
6.24	-17.69	-1.45	93.81	1.71	209.02	1309.63	9587.73
18.52	1.74	-0.07	16.40	1.61	152.37	7227.06	143345.75
6.76	280.23	4.98	187.41	4.24	1832.12	12788.19	136834.41
4.71	1.68	0.06	25.09	2.91	200.51	16905.88	87323.52
3.56	-33.71	-1.81	30.07	1.39	146.19	1449.90	6897.30
10.14	27.03	2.07	37.71	2.11	219.35	3671.07	31850.35
8.16	70.34	3.31	29.62	2.37	191.17	17266.02	130997.50
5.45	-33.62	-2.76	0.00	1.81	292.66	1208.17	8625.23
6.11	167.47	3.82	56.40	3.79	1412.09	9865.98	87067.63
14.18	-19.35	-9.10	7.74	0.96	633.22	4848.12	102913.68
15.77	48.46	5.06	42.60	4.55	154.14	3354.05	47262.97
22.49	60.19	8.13	25.85	2.67	355.79	4045.01	66748.72
24.66	7.69	1.49	28.56	4.11	48.74	2087.04	54781.50
2.50	-9.75	-0.27	43.71	1.28	450.06	29231.76	92799.21
3.83	29.69	0.73	6.76	0.94	18.46	54298.25	192832.93
13.25	-18.52	-3.08	21.81	2.33	138.99	1179.22	17882.53
45.97	294.20	34.15	114.51	10.80	238.29	946.45	36348.08
69.98	101.46	34.55	20.50	3.34	162.57	17610.17	935274.44
6.24	166.67	3.90	95.52	3.05	693.02	3867.03	35981.85
6.21	12.53	0.44	6.86	0.73	54.07	21221.55	132033.34
5.57	11.62	0.50	34.07	1.41	191.01	10796.30	55541.06
70.20	61.61	26.42	44.31	3.70	139.28	2904.59	163659.20
5.26	-11.58	-0.98	13.04	1.08	66.15	992.26	5947.44
10.51	19.99	1.69	24.99	3.32	960.50	1690.49	24636.33
9.08	-23.92	-3.01	23.04	2.39	216.51	636.97	6690.65
7.60	13.46	0.75	51.99	2.05	107.84	1767.30	12771.95
6.17	57.34	2.17	33.69	2.29	2445.01	17114.61	173091.03
7.28	-3.06	-0.37	23.82	1.54	169.82	11372.03	90360.51
4.33	13.05	0.50	339.34	4.02	734.20	14870.45	69250.19
8.39	-4.31	-0.47	15.32	1.37	75.75	13884.27	124422.63
6.20	47.06	1.79	7.94	1.12	14.28	38512.81	213007.19
10.00	-57.99	-13.97	42.68	2.87	1096.82	1918.54	32265.00
9.80	-15.80	-2.17	19.23	3.13	38.18	424.53	4811.63
3.53	-16.20	-0.74	22.31	1.61	112.82	1368.68	5652.68

A 股
A Share

股票
Share

股票代码 Code	股票简称 Stock Name	市价总值 Tot_cap	无限售股市值 Nego_cap	发行股本 Issued Vol	流通股本 Negotiable Vol	上年收盘 Last Year Close	本年开盘 Open	本年最高 High	本年最低 Low
601519	*ST 智慧	9858.99	9858.99	1987.70	1987.70	7.58	7.60	7.75	3.57
601555	东吴证券	29160.00	28100.52	3000.00	2891.00	13.27	13.24	13.74	9.56
601558	*ST 锐电	9890.18	9286.01	6030.60	5662.20	2.34	2.31	2.44	1.36
601566	九牧王	8159.85	8159.85	574.64	574.64	17.69	17.58	18.77	13.79
601567	三星医疗	13754.86	12048.10	1418.03	1242.07	11.48	11.45	12.78	9.45
601579	会稽山	5873.82	4724.00	497.36	400.00	14.28	14.30	14.90	11.35
601588	北辰实业	15401.40	15401.40	2660.00	2660.00	4.17	4.17	6.75	4.01
601595	上海电影	7615.67	2162.26	373.50	106.05	39.62	39.74	41.00	18.02
601599	鹿港文化	5954.50	5813.70	894.07	872.93	9.16	9.20	9.29	5.49
601600	中国铝业	88665.04	88665.04	10959.83	10959.83	4.22	4.23	8.32	4.04
601601	中国太保	260395.11	260395.11	6286.70	6286.70	27.77	27.63	49.12	25.48
601607	上海医药	46517.77	46515.80	1923.02	1922.94	19.56	19.57	29.25	19.50
601608	中信重工	17878.41	17716.06	4339.42	4300.01	5.61	5.60	6.17	3.99
601611	中国核建	26958.75	9877.69	2625.00	961.80	17.19	17.21	18.92	9.11
601616	广电电气	3658.10	3658.10	935.58	935.58	6.51	6.53	6.62	3.68
601618	中国中冶	86406.68	78596.76	17852.62	16239.00	4.66	4.67	5.79	4.65
601619	嘉泽新能	15270.70	1530.33	1933.00	193.71	1.26	1.51	13.78	1.51
601628	中国人寿	634076.49	634076.49	20823.53	20823.53	24.09	24.19	35.38	23.50
601633	长城汽车	69258.61	69258.61	6027.73	6027.73	11.06	11.10	15.17	10.81
601636	旗滨集团	16720.66	15680.91	2679.59	2512.97	3.88	3.89	6.38	3.68
601666	平煤股份	14875.34	14875.34	2361.16	2361.16	4.87	4.87	8.06	4.62
601668	中国建筑	270600.00	268179.96	30000.00	29731.70	8.86	8.83	10.96	8.33
601669	中国电建	110459.03	69312.00	15299.04	9600.00	7.26	7.26	9.00	6.78
601677	明泰铝业	7681.60	6220.03	589.98	477.73	14.80	14.81	15.90	11.82
601678	滨化股份	9646.56	9646.56	1188.00	1188.00	7.29	7.33	9.95	6.06
601688	华泰证券	93958.66	93958.66	5443.72	5443.72	17.86	17.92	23.78	16.12
601689	拓普集团	18000.27	4223.12	727.58	170.70	29.42	29.31	35.10	24.25
601699	潞安环能	34042.24	34042.24	2991.41	2991.41	8.05	8.04	12.40	6.62
601700	风范股份	9111.19	9111.19	1133.23	1133.23	8.47	7.62	8.29	5.62
601717	郑煤机	9799.18	9066.50	1489.24	1377.89	7.03	7.03	9.07	6.27
601718	际华集团	29555.67	25957.61	4391.63	3857.00	9.21	9.25	10.91	6.51
601727	上海电气	78622.64	65905.95	11752.26	9851.41	8.42	8.46	9.26	6.50
601766	中国中车	294609.63	277533.25	24327.80	22917.69	9.77	9.75	12.33	9.63
601777	力帆股份	9487.65	8977.96	1306.84	1236.63	9.56	9.56	10.22	6.92
601788	光大证券	52466.97	52466.97	3906.70	3906.70	15.99	15.99	16.43	13.39
601789	宁波建工	4411.88	4411.88	976.08	976.08	6.68	6.70	7.29	4.41
601798	蓝科高新	3353.84	3353.84	354.53	354.53	13.54	13.47	15.17	8.84
601799	星宇股份	13669.68	13669.68	276.16	276.16	38.50	38.50	56.95	35.22
601800	中国交建	150364.61	150364.61	11747.24	11747.24	15.19	15.13	19.68	12.61
601801	皖新传媒	21045.79	21045.79	1989.20	1989.20	17.57	17.60	19.83	10.12
601808	中海油服	31262.54	31262.54	2960.47	2960.47	12.83	12.85	13.85	10.02
601811	新华文轩	10635.27	2673.84	791.90	199.09	22.23	22.30	23.40	12.60
601818	光大银行	161232.05	161232.05	39810.38	39810.38	3.91	3.90	4.47	3.80
601857	中国石油	1309949.61	1309949.61	161922.08	161922.08	7.95	7.95	8.83	7.39
601858	中国科传	8545.31	1410.71	790.50	130.50	6.84	9.85	21.93	9.85
601866	中远海发	27048.55	27048.55	7932.13	7932.13	4.08	4.08	4.46	3.31
601872	招商轮船	23264.62	20724.85	5299.46	4720.92	4.94	4.94	5.70	4.32
601877	正泰电器	56259.86	37989.60	2151.43	1452.76	20.00	20.00	31.40	17.66
601878	浙商证券	55400.00	5540.00	3333.33	333.33	8.45	12.17	24.19	12.17
601880	大连港	21582.94	21582.94	7735.82	7735.82	2.80	2.80	3.59	2.59

注：市价总值、无限售股市值、成交金额的单位为百万元，发行股本、流通股本、成交数量的单位为百万股。

A 股
A Share

股票
Share

本年收盘 Close	涨跌(%) Change(%)	涨跌值 Change	市盈率 P/E	市净率 P/B	换手率(%) Turnover Rate	成交数量 Trading Vol	成交金额 Trading Val
4.96	-34.56	-2.62	0.00	10.44	147.55	2932.83	15788.50
9.72	-25.76	-3.55	19.46	1.44	184.25	5296.49	63616.43
1.64	-29.91	-0.70	0.00	8.38	346.46	19617.18	38618.09
14.20	-15.20	-3.49	19.29	1.83	125.79	722.81	11771.05
9.70	-13.07	-1.78	17.32	2.01	78.76	902.48	9844.05
11.81	-16.55	-2.47	41.52	2.03	193.32	557.00	7223.58
5.79	40.19	1.62	32.46	1.67	150.08	3992.17	22446.87
20.39	-48.03	-19.23	32.23	3.95	684.65	656.87	19885.58
6.66	-26.53	-2.50	33.33	2.23	232.50	1952.14	13487.49
8.09	91.71	3.87	299.52	3.16	270.94	29694.11	176591.82
41.42	52.13	13.65	31.13	2.85	79.33	4987.24	172096.32
24.19	25.33	4.63	20.35	2.06	154.89	2978.46	71858.53
4.12	-26.56	-1.49	0.00	2.52	101.78	4350.47	23819.56
10.27	-39.90	-6.92	33.76	3.16	756.09	5022.82	73180.74
3.91	-39.94	-2.60	0.00	1.57	120.96	1131.66	5671.28
4.84	5.08	0.18	18.66	1.42	118.26	19205.15	99375.36
7.90	526.98	6.64	111.49	7.39	982.41	1903.06	19716.87
30.45	27.53	6.36	45.00	2.84	21.39	4455.11	127310.73
11.49	6.93	0.43	9.94	2.22	82.14	4950.86	63479.10
6.24	66.26	2.36	20.02	2.78	450.23	11209.27	56181.20
6.30	29.36	1.43	19.75	1.32	426.53	10071.01	64266.09
9.02	4.10	0.16	9.06	1.42	191.18	56840.74	542626.84
7.22	0.55	-0.04	16.31	1.79	147.94	14201.72	112678.10
13.02	-11.42	-1.78	28.54	1.98	246.88	1179.44	16577.70
8.12	13.03	0.83	26.88	1.94	413.88	4916.89	39601.80
17.26	-0.90	-0.60	19.72	1.47	193.60	10539.26	205890.95
24.74	-15.91	-4.68	29.24	5.34	492.04	839.91	25383.76
11.38	43.00	3.33	39.72	1.86	422.68	12644.07	120789.83
8.04	-2.68	-0.43	43.77	3.00	108.65	1231.26	8391.59
6.58	-6.28	-0.45	183.85	1.18	168.01	2314.97	17968.99
6.73	-26.49	-2.48	24.17	2.12	178.65	6890.51	60926.43
6.69	-20.55	-1.73	47.82	2.19	50.83	5007.92	39170.90
12.11	26.55	2.34	30.77	3.31	95.12	21799.00	232486.45
7.26	-23.58	-2.30	114.86	1.41	230.95	2856.04	24697.72
13.43	-14.86	-2.56	20.55	1.31	93.62	3657.65	56162.64
4.52	-31.36	-2.16	22.58	1.81	328.43	3205.79	17964.40
9.46	-30.13	-4.08	0.00	1.84	178.66	633.40	7953.00
49.50	30.71	11.00	39.07	3.65	93.99	238.15	10574.98
12.80	-14.73	-2.39	12.37	1.30	55.73	6546.52	108552.61
10.58	-39.05	-6.99	19.88	2.46	141.03	2603.52	39371.59
10.56	-17.33	-2.27	0.00	1.43	61.39	1817.51	21505.63
13.43	-38.44	-8.80	25.59	1.99	630.21	731.46	13178.77
4.05	6.22	0.14	6.23	0.76	62.93	25054.52	102646.95
8.09	3.19	0.14	187.44	1.25	5.98	9679.67	78323.50
10.81	58.41	3.97	30.52	4.15	1993.69	2601.76	41478.87
3.41	-16.42	-0.67	108.08	3.01	85.71	6798.58	27077.65
4.39	-9.38	-0.55	13.45	1.46	82.54	3896.86	20310.88
26.15	32.80	6.15	25.75	4.21	106.59	1413.16	32001.89
16.62	96.69	8.17	44.65	5.79	1858.15	6193.85	118070.01
2.79	-0.03	-0.01	67.75	2.02	173.10	13390.36	40620.43

A 股
A Share

股票
Share

股票代码 Code	股票简称 Stock Name	市价总值 Tot_cap	无限售股市值 Nego_cap	发行股本 Issued Vol	流通股本 Negotiable Vol	上年收盘 Last Year Close	本年开盘 Open	本年最高 High	本年最低 Low
601881	中国银河	67750.34	6306.00	6446.27	600.00	6.81	8.17	16.80	8.17
601882	海天精工	6451.92	1556.62	522.00	125.94	25.24	25.02	29.56	9.60
601886	江河集团	9994.07	9994.07	1154.05	1154.05	10.65	10.65	13.32	8.47
601888	中国国旅	84717.91	84717.91	1952.48	1952.48	43.40	43.00	60.15	27.27
601890	亚星锚链	6188.13	6188.13	959.40	959.40	8.79	8.79	12.00	6.34
601898	中煤能源	52349.44	52349.44	9152.00	9152.00	5.81	5.84	6.95	5.16
601899	紫金矿业	79380.74	72539.46	17294.28	15803.80	3.34	3.33	4.72	3.14
601900	南方传媒	10428.00	2043.98	895.88	175.60	15.63	15.66	16.17	11.10
601901	方正证券	56719.18	56719.18	8232.10	8232.10	7.60	7.59	10.14	6.81
601908	京运通	10754.65	10742.37	1995.30	1993.02	7.12	7.12	7.19	4.49
601918	新集能源	10051.30	10051.30	2590.54	2590.54	4.72	4.72	5.93	3.69
601919	中远海控	51693.52	51693.52	7635.67	7635.67	5.24	5.25	8.52	5.01
601928	凤凰传媒	20639.14	20639.14	2544.90	2544.90	10.47	10.48	10.81	8.00
601929	吉视传媒	9207.97	9207.97	3110.80	3110.80	4.19	4.17	4.32	2.91
601933	永辉超市	96661.67	65739.60	9570.46	6508.87	4.91	4.93	11.18	4.86
601939	建设银行	73679.29	73679.29	9593.66	9593.66	5.44	5.44	7.73	5.42
601949	中国出版	13686.98	2737.40	1822.50	364.50	3.34	4.01	14.54	4.01
601952	苏垦农发	14977.80	3673.80	1060.00	260.00	9.32	11.18	19.65	11.18
601958	金钼股份	23328.35	23328.35	3226.60	3226.60	7.65	7.67	10.48	6.45
601965	中国汽研	8054.69	8054.69	961.18	961.18	10.65	10.62	12.48	8.20
601966	玲珑轮胎	20952.00	6886.22	1200.00	394.40	26.89	26.88	28.39	16.08
601968	宝钢包装	4308.33	1619.93	833.33	313.33	9.57	9.60	10.66	4.99
601969	海南矿业	17299.27	16520.03	1954.72	1866.67	12.24	12.28	14.07	8.48
601985	中国核电	114405.91	31173.19	15565.43	4241.25	7.06	7.06	8.11	6.91
601988	中国银行	836739.09	836739.09	210765.51	210765.51	3.44	3.44	4.37	3.42
601989	中国重工	115051.78	110720.84	19079.90	18361.67	7.09	7.12	8.14	5.87
601991	大唐发电	41476.59	41476.59	9994.36	9994.36	3.82	3.83	5.35	3.71
601992	金隅股份	45280.80	44229.95	8339.01	8145.48	4.46	4.43	9.08	3.89
601996	丰林集团	4637.61	4539.07	958.18	937.82	9.40	9.31	12.85	3.97
601997	贵阳银行	30709.19	16133.95	2298.59	1207.63	15.78	15.87	18.36	13.27
601998	中信银行	211126.33	197812.02	34052.63	31905.16	6.41	6.44	7.35	5.79
601999	出版传媒	4087.79	4087.79	550.91	550.91	11.22	11.21	13.66	7.09
603000	人民网	11974.63	11974.63	1105.69	1105.69	17.66	17.67	18.02	10.64
603001	奥康国际	5802.18	5802.18	400.98	400.98	22.90	22.91	23.78	13.87
603002	宏昌电子	3827.78	3772.79	614.41	605.58	6.64	6.65	7.03	4.96
603003	龙宇燃油	5094.87	5094.87	441.11	441.11	20.14	20.18	23.69	11.32
603005	晶方科技	8209.90	6055.77	232.71	171.65	30.04	30.04	38.88	24.98
603006	联明股份	2940.74	1068.02	192.84	70.03	30.28	30.21	36.44	14.04
603007	花王股份	4130.52	2408.15	333.38	194.36	53.17	53.65	64.98	12.01
603008	喜临门	7289.83	5824.35	394.26	315.00	18.30	18.31	22.48	15.10
603009	北特科技	3402.96	3325.30	328.15	320.67	47.89	52.68	68.31	9.00
603010	万盛股份	7049.20	6096.20	254.39	220.00	40.59	36.32	36.32	23.67
603011	合锻智能	4903.72	4491.60	446.20	408.70	11.54	11.57	12.16	9.68
603012	创力集团	4748.74	3161.80	636.56	423.83	10.37	10.37	10.87	6.99
603015	弘讯科技	3421.48	1350.49	405.87	160.20	12.35	12.46	13.66	8.10
603016	新宏泰	5383.41	2546.42	148.96	70.46	43.01	43.28	47.00	27.21
603017	中衡设计	4550.54	2525.97	275.29	152.81	21.78	21.82	24.50	14.03
603018	中设集团	6049.40	5948.80	211.52	208.00	34.51	34.65	39.02	26.81
603019	中科曙光	25875.28	25875.28	643.02	643.02	27.82	27.86	56.40	22.33
603020	爱普股份	3958.40	2393.10	320.00	193.46	20.34	20.38	21.23	11.62

注：市价总值、无限售股市值、成交金额的单位为百万元，发行股本、流通股本、成交数量的单位为百万股。

A 股
A Share

股票
Share

本年收盘 Close	涨跌(%) Change(%)	涨跌值 Change	市盈率 P/E	市净率 P/B	换手率(%) Turnover Rate	成交数量 Trading Vol	成交金额 Trading Val
10.51	56.30	3.70	20.67	1.84	2058.15	12348.91	165009.98
12.36	-50.93	-12.88	101.96	5.97	1704.65	957.10	20259.59
8.66	-17.93	-1.99	28.43	1.50	247.69	2858.51	31171.18
43.39	103.47	-0.01	46.85	6.72	125.48	1909.19	76282.76
6.45	-26.37	-2.34	114.73	2.11	580.46	5568.92	51734.29
5.72	-0.94	-0.09	37.42	0.88	56.11	5135.10	31334.63
4.59	39.65	1.25	57.46	3.81	223.89	35382.73	133486.71
11.64	-24.67	-3.99	24.70	2.91	453.54	792.32	10667.27
6.89	-9.34	-0.71	22.08	1.60	110.18	7379.92	62725.88
5.39	-23.65	-1.73	41.68	1.72	138.00	2750.38	15747.24
3.88	-17.80	-0.84	41.58	2.23	262.42	6798.09	32110.50
6.77	29.20	1.53	0.00	3.78	116.77	8915.97	59883.28
8.11	-21.32	-2.36	17.64	1.78	59.10	1504.02	14606.25
2.96	-28.94	-1.23	25.16	1.46	99.35	3090.44	11225.45
10.10	109.75	5.19	77.83	5.04	248.57	16179.09	120200.75
7.68	47.59	2.24	8.30	1.22	213.33	20465.86	132982.18
7.51	124.85	4.17	23.56	0.00	683.71	2492.11	27544.38
14.13	51.61	4.81	29.66	5.86	913.91	2376.16	35065.09
7.23	-5.49	-0.42	432.93	1.83	148.46	4790.37	40326.19
8.38	-20.09	-2.27	23.68	2.00	123.28	1184.92	12185.19
17.46	-34.57	-9.43	20.74	2.62	467.68	1242.40	26879.13
5.17	-45.98	-4.40	435.92	2.14	487.26	1526.75	12264.03
8.85	-27.70	-3.39	0.00	4.33	154.35	1337.99	15966.02
7.35	5.56	0.29	25.49	2.81	299.28	12693.07	95436.82
3.97	20.80	0.53	7.10	0.83	19.72	41556.09	158768.91
6.03	-14.95	-1.06	164.84	2.03	101.02	18481.72	133386.37
4.15	8.64	0.33	0.00	1.39	74.16	7412.01	34545.99
5.43	22.69	0.97	21.58	1.31	419.65	33696.13	231350.13
4.84	3.84	-4.56	52.28	2.62	765.54	5377.17	38106.57
13.36	-13.92	-2.42	8.40	1.45	666.26	4081.53	64874.51
6.20	-0.29	-0.21	7.29	0.80	29.45	9394.96	60771.14
7.42	-33.50	-3.80	33.25	2.14	145.26	800.26	8579.92
10.83	-38.50	-6.83	112.97	4.38	160.27	1772.11	25974.70
14.47	-34.84	-8.43	19.01	1.42	123.12	493.70	9617.15
6.23	-5.84	-0.41	143.48	3.72	311.61	1887.09	11585.49
11.55	-42.62	-8.59	186.17	1.24	372.12	881.09	15598.14
35.28	17.65	5.24	155.63	4.90	401.17	662.48	20917.43
15.25	-49.34	-15.03	22.77	3.54	679.46	473.24	12435.96
12.39	-41.56	-40.78	57.41	4.96	1659.88	1085.96	30181.56
18.49	1.31	0.19	35.78	3.02	301.96	951.17	17422.29
10.37	-45.87	-37.52	61.02	2.68	1830.23	923.15	38497.16
27.71	-31.34	-12.88	47.15	6.69	274.66	385.75	11303.03
10.99	-4.33	-0.55	95.60	2.92	487.06	1102.93	12182.91
7.46	-27.89	-2.91	49.52	1.97	168.08	712.39	6468.54
8.43	-31.38	-3.92	64.34	3.06	486.87	779.96	8565.31
36.14	-14.97	-6.87	81.64	6.60	747.20	376.32	14954.93
16.53	-23.53	-5.25	37.56	2.92	371.71	476.25	9366.98
28.60	-16.39	-5.91	28.82	3.18	193.33	266.34	8834.06
40.24	45.11	12.42	115.39	8.91	1052.28	4530.49	159913.24
12.37	-38.36	-7.97	20.74	2.17	237.37	459.22	7374.95

A 股
A Share

股票
Share

股票代码 Code	股票简称 Stock Name	市价总值 Tot_cap	无限售股市值 Nego_cap	发行股本 Issued Vol	流通股本 Negotiable Vol	上年收盘 Last Year Close	本年开盘 Open	本年最高 High	本年最低 Low
603021	山东华鹏	3071.50	1995.19	319.95	207.83	50.25	50.45	52.36	9.40
603022	新通联	2452.00	796.90	200.00	65.00	22.40	22.32	31.80	12.04
603023	威帝股份	2948.40	1040.27	360.00	127.02	14.63	14.63	15.88	7.52
603025	大豪科技	13257.38	1500.42	450.62	51.00	39.03	39.05	40.49	23.20
603026	石大胜华	5040.65	3492.43	202.68	140.43	39.74	39.99	43.00	23.60
603027	千禾味业	5864.47	2396.09	325.99	133.19	44.97	45.02	49.88	15.80
603028	赛福天	2280.86	1193.82	220.80	115.57	26.45	26.51	27.36	9.92
603029	天鹅股份	1916.27	749.87	93.34	36.53	48.57	48.90	55.90	18.58
603030	全筑股份	4405.87	2005.32	538.61	245.15	30.31	30.55	33.74	7.44
603031	安德利	1942.40	968.81	80.00	39.90	56.95	57.50	58.98	22.34
603032	德新交运	7235.03	1809.03	133.34	33.34	5.81	6.97	54.35	6.97
603033	三维股份	2417.70	1052.91	126.98	55.30	51.57	51.77	53.98	17.80
603035	常熟汽饰	4379.20	1094.80	280.00	70.00	10.44	12.53	30.77	12.53
603036	如通股份	3611.67	902.92	203.36	50.84	24.49	24.88	57.20	16.01
603037	凯众股份	2822.84	692.90	105.92	26.00	16.01	23.05	60.20	23.05
603038	华立股份	2909.74	723.61	67.15	16.70	23.26	33.49	72.50	33.49
603039	泛微网络	4411.80	1061.71	69.27	16.67	14.90	21.46	97.96	21.46
603040	新坐标	4095.37	1005.75	61.08	15.00	16.44	23.67	97.10	23.67
603041	美思德	2252.00	563.00	100.00	25.00	12.92	18.60	43.88	18.60
603042	华脉科技	4053.32	993.82	138.67	34.00	11.26	16.21	40.46	16.21
603043	广州酒家	7914.29	979.50	404.00	50.00	13.18	18.98	28.30	18.41
603050	科林电气	3155.36	788.96	160.01	40.01	10.29	12.35	60.96	12.35
603055	台华新材	9155.87	1130.27	547.60	67.60	9.21	13.26	27.51	13.26
603058	永吉股份	5117.74	2768.72	421.56	228.07	11.03	12.13	32.93	11.71
603060	国检集团	4791.60	1390.16	220.00	63.83	35.37	35.38	38.60	20.70
603063	禾望电气	7572.60	1081.80	420.00	60.00	13.36	16.03	26.98	16.03
603066	音飞储存	4051.38	1843.54	302.34	137.58	54.04	54.00	59.00	11.88
603067	振华股份	2976.60	1503.85	220.00	111.15	28.37	28.42	30.87	12.12
603069	海汽集团	4041.64	2222.90	316.00	173.80	18.79	18.82	19.89	9.72
603076	乐惠国际	2874.21	719.52	74.50	18.65	19.71	23.65	51.50	23.65
603077	和邦生物	17662.50	17662.50	8831.25	8831.25	5.12	5.13	5.43	1.96
603078	江化微	4479.60	1119.90	60.00	15.00	24.18	34.82	99.82	34.82
603079	圣达生物	4193.60	1048.40	80.00	20.00	15.09	18.11	75.01	18.11
603081	大丰实业	10527.16	1357.16	401.80	51.80	10.42	15.00	32.18	15.00
603083	剑桥科技	4628.35	1157.09	97.87	24.47	15.05	18.06	56.19	18.06
603085	天成自控	5884.63	2075.65	223.84	78.95	50.32	50.48	54.99	22.33
603086	先达股份	3072.00	768.00	80.00	20.00	17.64	21.17	49.87	21.17
603088	宁波精达	3331.20	3331.20	80.00	80.00	51.71	51.73	56.13	31.32
603089	正裕工业	2556.88	639.28	106.67	26.67	11.63	16.75	51.25	16.75
603090	宏盛股份	1974.00	803.05	100.00	40.68	47.67	48.20	51.47	18.52
603096	新经典	9058.58	2244.13	134.66	33.36	21.55	25.86	74.95	25.86
603098	森特股份	7096.18	1108.93	400.01	62.51	24.07	23.98	31.30	17.37
603099	长白山	3197.37	3197.37	266.67	266.67	19.64	19.70	20.96	11.43
603100	川仪股份	3950.00	2586.25	395.00	258.63	15.60	15.65	16.29	9.76
603101	汇嘉时代	3264.00	979.20	240.00	72.00	25.19	25.32	25.95	12.77
603103	横店影视	12919.56	1511.56	453.00	53.00	15.45	18.54	47.36	18.54
603106	恒银金融	6930.00	1732.50	280.00	70.00	10.75	15.48	42.96	15.48
603108	润达医疗	7099.29	2717.78	579.53	221.86	30.56	30.60	33.00	11.88
603110	东方材料	2717.59	679.40	102.67	25.67	13.04	15.65	40.27	15.65
603111	康尼机电	12091.62	6475.96	895.68	479.70	14.70	14.10	16.38	10.65

注：市价总值、无限售股市值、成交金额的单位为百万元，发行股本、流通股本、成交数量的单位为百万股。

A 股
A Share

股票
Share

本年收盘 Close	涨跌(%) Change(%)	涨跌值 Change	市盈率 P/E	市净率 P/B	换手率(%) Turnover Rate	成交数量 Trading Vol	成交金额 Trading Val
9.60	-50.05	-40.65	59.80	2.28	455.07	566.48	11876.41
12.26	-45.13	-10.14	83.89	4.24	1267.45	823.85	18449.36
8.19	-43.55	-6.44	32.51	5.57	518.64	658.76	8025.81
29.42	-23.65	-9.61	55.53	8.78	733.27	373.97	11824.40
24.87	-36.06	-14.87	29.56	3.33	840.75	1180.65	38918.18
17.99	-19.53	-26.98	58.59	6.59	928.58	728.44	19897.28
10.33	-60.83	-16.12	73.28	3.38	848.26	744.82	12828.22
20.53	-57.58	-28.04	68.10	2.71	1330.92	377.51	14270.28
8.18	-18.87	-22.13	43.89	3.08	593.60	870.88	11228.82
24.28	-57.16	-32.67	42.64	3.32	1337.69	307.03	12541.82
54.26	835.95	48.45	142.53	17.17	1531.32	510.54	17581.26
19.04	-47.86	-32.53	30.57	2.21	1424.60	372.46	13494.19
15.64	51.69	5.20	19.35	2.10	2110.32	1477.22	35534.64
17.76	-27.26	-6.73	54.55	3.77	3765.33	1914.29	61752.34
26.65	119.36	10.64	31.84	6.81	1728.98	377.91	17305.32
43.33	88.20	20.07	29.39	5.50	1528.28	255.22	14730.37
63.69	328.37	48.79	67.65	14.96	961.96	160.36	12340.05
67.05	309.51	50.61	73.82	14.64	1718.22	257.73	19496.99
22.52	74.30	9.60	32.99	5.54	1303.71	325.93	9645.77
29.23	159.59	17.97	48.28	8.82	2375.18	807.56	25487.93
19.59	48.63	6.41	29.67	8.38	975.95	487.97	11512.84
19.72	131.48	9.43	47.42	5.08	2275.46	781.24	31076.98
16.72	81.54	7.51	40.23	6.55	760.83	514.32	11054.31
12.14	10.26	1.11	54.60	6.58	1404.88	607.57	14296.10
21.78	-38.02	-13.59	41.39	5.16	1210.58	669.68	20475.17
18.03	34.96	4.67	28.89	5.43	903.00	541.80	12364.75
13.40	-25.30	-40.64	49.51	5.09	1126.73	1220.22	23795.64
13.53	-52.05	-14.84	37.37	2.85	1094.01	671.90	15280.77
12.79	-31.59	-6.00	64.32	3.88	812.12	808.77	11880.67
38.58	95.74	18.87	37.48	7.66	508.77	94.89	3828.62
2.00	-13.86	-3.12	55.57	1.69	150.45	7829.69	25019.15
74.66	208.77	50.48	64.98	11.73	1575.27	236.29	16593.36
52.42	247.38	37.33	68.82	9.53	914.28	182.86	11097.70
26.20	151.44	15.78	52.44	12.02	1535.50	795.39	18145.23
47.29	214.22	32.24	69.79	6.86	773.00	189.14	8902.31
26.29	4.72	-24.03	167.08	6.38	546.08	254.87	8511.12
38.40	117.69	20.76	31.27	4.38	1473.18	294.64	12300.33
41.64	-19.22	-10.07	154.97	7.10	703.87	190.19	8071.52
23.97	107.86	12.34	28.99	6.31	1877.52	500.74	19340.82
19.74	-58.34	-27.93	49.53	4.36	930.02	256.75	9450.67
67.27	214.85	45.72	59.63	13.63	1054.70	351.85	18070.22
17.74	-25.37	-6.33	34.30	4.45	2601.41	1626.14	39952.91
11.99	-38.61	-7.65	44.96	3.55	301.10	361.85	6016.95
10.00	-35.34	-5.60	30.62	2.10	209.75	503.68	6379.56
13.60	-45.74	-11.59	33.79	2.70	757.89	500.09	9675.92
28.52	84.60	13.07	36.29	13.58	607.83	322.15	11463.69
24.75	130.23	14.00	48.16	9.46	1034.35	724.04	22815.65
12.25	-27.69	-18.31	60.98	3.35	270.81	561.77	9336.56
26.47	102.99	13.43	44.52	8.72	847.44	217.51	6848.95
13.50	-7.37	-1.20	50.39	9.15	250.72	1081.56	14676.34

A 股
A Share

股票
Share

股票代码 Code	股票简称 Stock Name	市价总值 Tot_cap	无限售股市值 Nego_cap	发行股本 Issued Vol	流通股本 Negotiable Vol	上年收盘 Last Year Close	本年开盘 Open	本年最高 High	本年最低 Low
603113	金能科技	15316.79	1751.62	675.94	77.30	13.37	16.04	32.50	16.04
603116	红蜻蜓	6433.22	2786.48	417.20	180.71	22.06	22.11	22.47	14.93
603117	万林股份	4516.88	2752.64	462.32	281.74	16.69	16.73	17.15	9.63
603118	共进股份	6856.54	3258.07	781.82	371.50	39.35	39.41	40.51	8.50
603123	翠微股份	4004.46	4004.46	524.14	524.14	10.50	10.53	11.17	7.30
603126	中材节能	5958.48	5958.48	610.50	610.50	12.00	12.00	19.18	9.14
603127	昭衍新药	4542.35	1138.37	81.80	20.50	12.51	18.01	79.54	18.01
603128	华贸物流	8234.35	7461.76	1005.42	911.08	10.00	10.08	13.15	7.90
603129	春风动力	3554.67	888.67	133.33	33.33	13.63	19.63	50.92	19.63
603131	上海沪工	4248.00	1062.00	200.00	50.00	58.52	58.53	61.00	18.11
603133	碳元科技	6757.92	1689.48	208.00	52.00	7.87	11.33	45.11	11.33
603136	天目湖	3383.20	845.80	80.00	20.00	19.68	23.62	59.38	23.62
603138	海量数据	4721.31	1180.33	106.60	26.65	9.99	14.39	83.90	14.39
603139	康惠制药	2502.99	625.75	99.88	24.97	14.57	20.98	44.50	20.98
603157	拉夏贝尔	5921.97	974.36	332.88	54.77	8.41	10.09	31.42	10.09
603158	腾龙股份	4061.13	1918.03	218.81	103.34	28.40	28.60	29.98	17.50
603159	上海亚虹	2492.00	623.00	100.00	25.00	80.48	80.78	88.53	23.06
603160	汇顶科技	44035.80	22261.69	454.26	229.64	102.74	102.23	133.88	82.48
603165	荣晟环保	7265.10	1816.85	126.68	31.68	10.44	15.03	75.44	15.03
603166	福达股份	4736.15	4736.15	592.02	592.02	16.21	16.16	16.68	7.78
603167	渤海轮渡	5545.73	5545.73	481.40	481.40	10.85	10.88	12.66	9.95
603168	莎普爱思	3689.96	3401.14	248.15	228.73	42.13	42.13	43.10	14.61
603169	兰石重装	8822.11	8603.24	1051.50	1025.42	13.36	14.32	16.48	8.02
603177	德创环保	4201.60	1050.40	202.00	50.50	3.60	5.18	35.72	5.18
603178	圣龙股份	3038.02	747.00	203.35	50.00	7.53	10.84	26.86	10.84
603179	新泉股份	5916.36	1452.93	162.27	39.85	14.01	16.81	53.50	16.81
603180	金牌厨柜	8848.69	2245.19	67.00	17.00	27.85	40.10	144.42	40.10
603181	皇马科技	4800.00	1200.00	200.00	50.00	10.36	14.92	45.49	14.92
603183	建研院	3454.00	863.50	88.00	22.00	13.56	19.53	81.60	19.53
603186	华正新材	3096.64	774.46	129.35	32.35	5.37	7.73	50.70	7.73
603188	亚邦股份	9555.84	9555.84	576.00	576.00	17.86	17.86	20.30	15.90
603189	网达软件	3590.21	1790.23	220.80	110.10	36.39	36.50	37.70	15.17
603196	日播时尚	2800.80	700.20	240.00	60.00	7.08	8.50	21.86	8.50
603197	保隆科技	6596.29	1649.34	117.10	29.28	22.87	32.93	67.08	32.93
603198	迎驾贡酒	14072.00	2926.98	800.00	166.40	21.55	21.55	23.31	16.70
603199	九华旅游	3479.78	2293.37	110.68	72.94	39.59	39.60	41.28	27.06
603200	上海洗霸	3029.89	757.47	73.72	18.43	17.35	24.98	53.88	24.98
603203	快克股份	4853.37	1647.74	119.60	40.60	62.91	63.38	65.81	35.39
603208	江山欧派	3461.35	865.59	80.82	20.21	24.83	35.76	72.13	35.76
603218	日月股份	9002.45	2232.18	401.00	99.43	41.65	45.82	65.07	21.38
603222	济民制药	4726.40	1668.12	320.00	112.94	18.62	18.40	18.40	13.79
603223	恒通股份	2877.60	1894.42	120.00	79.00	33.73	34.00	35.35	22.40
603225	新凤鸣	21551.60	2767.34	602.00	77.30	26.68	32.02	51.14	32.02
603226	菲林格尔	2692.72	651.18	89.61	21.67	17.56	25.29	40.73	25.29
603227	雪峰科技	3774.35	2415.42	658.70	421.54	8.26	8.29	11.00	5.66
603228	景旺电子	21938.16	2580.96	408.00	48.00	23.16	33.35	61.50	33.35
603229	奥翔药业	2718.40	679.60	160.00	40.00	7.81	11.25	26.18	11.25
603232	格尔软件	2982.90	745.73	61.00	15.25	18.10	26.06	77.00	26.06
603233	大参林	20664.52	2066.92	400.01	40.01	24.72	29.66	56.49	29.66
603238	诺邦股份	2806.80	701.70	120.00	30.00	13.31	19.17	54.65	19.17

注：市价总值、无限售股市值、成交金额的单位为百万元，发行股本、流通股本、成交数量的单位为百万股。

A 股
A Share

股票
Share

本年收盘 Close	涨跌(%) Change(%)	涨跌值 Change	市盈率 P/E	市净率 P/B	换手率(%) Turnover Rate	成交数量 Trading Vol	成交金额 Trading Val
22.66	69.48	9.29	36.49	6.97	1755.98	1357.37	34915.83
15.42	-29.14	-6.64	23.06	2.01	294.05	531.37	9945.57
9.77	-40.94	-6.92	56.30	2.03	240.71	602.18	7881.72
8.77	-50.48	-30.58	19.98	1.60	493.32	1265.25	21557.42
7.64	-26.22	-2.86	35.72	1.37	157.78	599.26	5652.77
9.76	-18.33	-2.24	45.74	3.99	1717.00	4149.66	63162.12
55.53	343.88	43.02	87.87	17.48	871.24	178.60	11295.82
8.19	-17.24	-1.81	36.82	2.33	360.09	3195.99	32660.90
26.66	95.60	13.03	40.27	0.00	739.47	246.49	9237.19
21.24	-26.91	-37.28	61.34	6.83	654.38	236.11	8213.20
32.49	313.99	24.62	82.07	13.37	3051.05	1586.55	54668.88
42.29	114.89	22.61	48.83	10.83	977.99	195.60	9761.65
44.29	477.52	34.30	108.28	28.46	2905.06	696.33	35069.36
25.06	72.00	10.49	38.37	4.79	1346.08	336.12	10530.47
17.79	111.53	9.38	18.32	2.95	667.71	365.70	8391.94
18.56	-34.25	-9.84	34.31	4.63	252.18	258.54	6026.60
24.92	-68.76	-55.56	60.10	6.55	2547.39	636.85	30057.66
96.94	-5.26	-5.80	51.39	16.10	794.18	500.69	50621.83
57.35	451.05	46.91	59.19	18.09	3211.12	1017.28	55944.28
8.00	-49.72	-8.21	46.83	2.27	732.86	1129.80	14516.45
11.52	8.70	0.67	24.93	1.85	355.94	1713.51	19548.76
14.87	-49.92	-27.26	13.38	2.32	236.04	409.84	10189.60
8.39	-37.15	-4.97	537.13	2.96	409.87	2044.15	25795.96
20.80	480.76	17.20	78.15	11.48	2719.68	1373.44	32078.06
14.94	99.66	7.41	38.12	7.46	1388.11	694.05	13412.60
36.46	160.24	22.45	52.05	9.96	1487.61	592.81	26851.05
132.07	374.22	104.22	91.96	31.20	1101.69	187.29	15769.65
24.00	131.66	13.64	53.26	7.28	1050.34	525.17	17327.68
39.25	189.45	25.69	62.83	10.51	1237.13	272.17	14729.52
23.94	347.48	18.57	36.52	5.70	2117.25	684.93	25036.80
16.59	-4.39	-1.27	14.58	2.76	293.39	1198.66	21804.89
16.26	-55.10	-20.13	49.38	4.55	896.96	581.29	15022.90
11.67	64.83	4.59	37.04	5.79	1216.45	729.87	11180.77
56.33	148.49	33.46	49.84	11.20	1761.78	515.85	26386.79
17.59	-16.15	-3.96	20.60	3.58	589.44	980.83	19748.99
31.44	-20.28	-8.15	47.00	3.64	298.43	217.69	7842.04
41.10	136.89	23.75	51.12	8.16	1678.10	309.27	13692.70
40.58	-15.40	-22.33	47.03	7.85	846.55	228.62	11242.90
42.83	73.86	18.00	31.65	7.79	1316.06	265.97	15801.51
22.45	-45.84	-19.20	26.56	3.46	2203.89	905.63	38655.12
14.77	-20.45	-3.85	115.58	6.29	559.29	631.66	10068.20
23.98	-28.62	-9.75	49.44	4.54	352.94	278.82	7752.03
35.80	34.18	9.12	29.46	6.93	1202.36	929.43	35908.63
30.05	72.12	12.49	38.37	8.45	1074.92	232.94	7566.35
5.73	-30.63	-2.53	0.00	3.35	518.41	2185.29	17364.93
53.77	135.19	30.61	40.82	7.67	1588.24	762.36	36927.59
16.99	117.54	9.18	47.42	11.17	1324.36	529.74	11055.67
48.90	170.17	30.80	52.91	10.05	1652.03	251.94	14299.08
51.66	108.98	26.94	48.04	15.69	835.65	334.34	14949.66
23.39	76.33	10.08	47.24	7.29	1192.69	357.81	13392.24

A 股
A Share

股票
Share

股票代码 Code	股票简称 Stock Name	市价总值 Tot_cap	无限售股市值 Nego_cap	发行股本 Issued Vol	流通股本 Negotiable Vol	上年收盘 Last Year Close	本年开盘 Open	本年最高 High	本年最低 Low
603239	浙江仙通	5159.92	1289.98	270.72	67.68	31.45	34.60	108.49	17.83
603258	电魂网络	7797.60	2169.88	240.00	66.79	59.70	59.61	62.87	31.31
603260	合盛硅业	38015.80	3971.80	670.00	70.00	19.52	28.11	83.98	28.11
603266	天龙股份	2566.00	641.50	100.00	25.00	14.63	21.07	49.96	21.07
603268	松发股份	2559.06	1177.84	89.38	41.14	50.45	50.99	54.88	25.12
603269	海鸥股份	2281.26	570.38	91.47	22.87	8.76	12.61	44.44	12.61
603277	银都股份	7446.86	1226.28	400.80	66.00	12.37	17.81	33.88	17.14
603278	大业股份	4802.72	1200.68	208.00	52.00	15.31	22.05	34.99	21.22
603283	赛腾股份	2326.40	581.60	160.00	40.00	6.90	9.94	14.54	9.94
603286	日盈电子	3357.46	839.36	88.08	22.02	7.93	11.42	38.21	11.42
603288	海天味业	145324.92	145092.50	2701.21	2696.89	29.33	29.46	55.88	29.10
603289	泰瑞机器	3886.20	971.55	204.00	51.00	7.83	11.28	29.00	11.28
603298	杭叉集团	9895.48	2727.66	618.85	170.59	24.28	26.71	33.00	14.97
603299	井神股份	5331.46	2661.74	559.44	279.30	17.41	17.39	17.95	9.17
603300	华铁科技	3295.41	2261.07	405.34	278.11	16.62	16.39	24.71	7.82
603303	得邦照明	5899.68	1474.92	408.00	102.00	18.63	26.83	47.53	13.21
603305	旭升股份	15242.83	1582.88	400.60	41.60	11.26	13.51	61.38	13.51
603306	华懋科技	6768.60	6096.84	236.17	212.73	36.39	36.02	37.92	28.05
603308	应流股份	6892.36	6356.16	433.75	400.01	21.92	21.92	21.92	12.91
603309	维力医疗	3672.00	1413.72	200.00	77.00	25.31	25.33	26.20	16.64
603311	金海环境	3330.60	1475.08	210.00	93.01	23.31	23.36	35.02	15.01
603313	梦百合	6439.20	2209.37	240.00	82.35	38.39	38.49	40.97	25.85
603315	福鞍股份	3041.92	1076.84	219.95	77.86	26.08	26.20	35.50	13.40
603316	诚邦股份	2919.10	729.78	203.28	50.82	6.82	8.18	22.20	8.18
603318	派思股份	5916.44	1557.95	403.30	106.20	13.81	13.80	16.68	10.47
603319	湘油泵	2408.18	1686.81	80.92	56.68	56.50	55.45	63.50	27.80
603320	迪贝电气	2532.00	633.00	100.00	25.00	9.93	11.92	51.99	11.92
603321	梅轮电梯	3684.00	924.00	307.00	77.00	6.07	7.28	22.66	7.28
603322	超讯通信	3708.80	1502.03	80.00	32.40	79.25	79.40	146.90	37.88
603323	吴江银行	11917.73	4995.02	1448.08	606.93	15.46	15.48	22.28	8.00
603326	我乐家居	3144.07	780.00	161.23	40.00	9.87	11.84	29.18	11.84
603328	依顿电子	14317.23	14156.60	997.72	986.52	31.98	32.00	35.80	11.45
603329	N 雅仕	2003.76	500.94	132.00	33.00	10.54	12.65	15.18	12.65
603330	上海天洋	2141.40	535.35	60.00	15.00	18.19	26.19	97.64	26.19
603331	百达精工	2522.16	630.54	127.25	31.81	9.63	11.56	27.05	11.56
603333	明星电缆	3322.83	3322.83	520.01	520.01	10.18	10.05	10.68	6.20
603335	迪生力	2867.81	717.01	253.34	63.34	3.62	4.34	19.77	4.34
603336	宏辉果蔬	3184.40	1261.61	133.35	52.83	47.07	46.05	54.77	18.74
603337	杰克股份	10651.77	2663.07	206.67	51.67	17.72	25.52	54.78	25.52
603338	浙江鼎力	13913.48	3635.13	176.93	46.23	52.11	52.18	79.60	42.87
603339	四方冷链	4987.04	1347.30	210.25	56.80	37.28	37.00	38.48	21.27
603345	安井食品	5249.77	1312.44	216.04	54.01	11.12	16.01	45.75	16.01
603355	莱克电气	19761.28	3286.48	401.00	66.69	46.17	46.16	60.72	42.86
603357	设计总院	7100.61	1775.84	324.67	81.20	10.44	12.53	38.10	12.53
603358	华达科技	5902.40	1475.60	160.00	40.00	31.18	37.42	72.80	34.70
603359	东珠景观	7799.85	1949.96	227.60	56.90	18.18	26.18	56.00	26.18
603360	百傲化学	2856.14	714.14	133.34	33.34	9.24	11.09	45.00	11.09
603363	傲农生物	6938.40	991.20	420.00	60.00	4.79	6.90	23.84	6.90
603365	水星家纺	6162.74	1540.74	266.67	66.67	16.00	19.20	30.66	19.20
603366	日出东方	4752.00	4752.00	800.00	800.00	9.51	9.55	10.79	5.70

注：市价总值、无限售股市值、成交金额的单位为百万元，发行股本、流通股本、成交数量的单位为百万股。

A 股
A Share

股票
Share

本年收盘 Close	涨跌(%) Change(%)	涨跌值 Change	市盈率 P/E	市净率 P/B	换手率(%) Turnover Rate	成交数量 Trading Vol	成交金额 Trading Val
19.06	82.98	-12.39	34.36	5.88	1615.25	744.39	26323.21
32.49	-45.03	-27.21	30.45	5.03	857.60	519.38	24419.78
56.74	190.68	37.22	58.34	14.38	666.06	466.24	29178.79
25.66	76.66	11.03	31.66	5.94	1572.47	393.12	14779.31
28.63	-43.09	-21.82	65.43	4.52	432.53	177.94	6055.17
24.94	184.70	16.18	60.72	5.34	2062.71	471.74	14281.51
18.58	50.20	6.21	30.78	11.58	668.08	440.93	11262.35
23.09	50.82	7.78	33.59	8.21	423.09	220.01	5791.67
14.54	110.72	7.64	48.42	7.24	0.21	0.08	1.08
38.12	380.71	30.19	108.06	13.55	2104.40	463.37	13560.89
53.80	86.94	24.47	51.11	14.51	34.00	618.95	25605.32
19.05	143.30	11.22	52.77	8.43	666.62	339.98	7180.38
15.99	-33.23	-8.29	24.58	3.09	2141.04	1859.40	46551.58
9.53	-45.16	-7.88	232.27	2.71	422.05	1178.79	16473.65
8.13	-50.96	-8.49	60.73	2.94	1560.11	4338.89	65161.44
14.46	33.42	-4.17	18.51	4.94	930.89	612.59	18795.50
38.05	237.92	26.79	74.86	29.52	1678.46	698.24	32892.70
28.66	-19.43	-7.73	25.79	5.21	415.37	344.59	11162.58
15.89	-27.31	-6.03	126.04	2.49	308.95	1235.82	20253.43
18.36	-26.85	-6.95	46.33	4.28	396.57	305.36	6356.39
15.86	-31.58	-7.45	47.05	5.05	908.99	845.42	20700.42
26.83	-27.47	-11.56	32.13	3.87	907.18	568.51	18747.98
13.83	-46.77	-12.25	88.41	4.66	848.95	661.01	14900.26
14.36	110.56	7.54	48.10	6.87	1388.26	705.51	12627.15
14.67	6.32	0.86	252.58	12.77	681.65	723.91	9943.55
29.76	-47.13	-26.74	42.76	4.03	2412.01	500.18	22889.35
25.32	154.98	15.39	55.18	7.71	2456.35	614.09	22656.63
12.00	97.69	5.93	40.66	7.33	546.22	420.59	6607.55
46.36	-41.38	-32.89	122.44	7.75	2860.85	663.86	42429.89
8.23	-30.55	-7.23	18.33	1.53	2547.20	3292.50	49969.97
19.50	97.57	9.63	45.74	10.34	1703.89	681.56	15564.93
14.35	-5.78	-17.63	24.33	3.02	400.50	1108.45	20860.08
15.18	44.02	4.64	30.90	5.29	0.04	0.01	0.18
35.69	97.25	17.50	39.95	5.91	2936.35	440.45	24506.82
19.82	105.82	10.19	45.39	7.10	1444.98	459.70	10397.54
6.39	-37.23	-3.79	0.00	2.37	183.72	955.37	7976.85
11.32	212.71	7.70	57.15	8.29	1616.56	1023.93	14449.45
23.88	-48.87	-23.19	52.53	4.30	2561.21	874.88	31279.91
51.54	193.36	33.82	48.33	10.57	1505.33	777.80	29199.56
78.64	51.40	26.53	79.60	12.81	466.07	215.44	13045.21
23.72	-35.95	-13.56	40.08	3.81	1085.10	595.89	17182.11
24.30	120.51	13.18	29.59	5.23	1316.37	710.97	21500.13
49.28	7.23	3.11	39.41	6.64	429.95	286.73	14599.32
21.87	109.48	11.43	36.27	8.98	1708.92	1387.64	38013.03
36.89	19.91	5.71	20.29	4.69	1549.50	619.80	34889.21
34.27	88.50	16.09	42.11	6.39	687.31	391.08	17234.66
21.42	139.42	12.18	29.06	6.22	1791.81	597.39	20596.17
16.52	244.89	11.73	75.93	14.67	736.05	441.63	7477.51
23.11	44.44	7.11	31.17	6.92	344.66	229.78	5579.97
5.94	-36.07	-3.57	19.49	1.26	199.53	1596.22	13578.98

A 股
A Share

股票
Share

股票代码 Code	股票简称 Stock Name	市价总值 Tot_cap	无限售股市值 Nego_cap	发行股本 Issued Vol	流通股本 Negotiable Vol	上年收盘 Last Year Close	本年开盘 Open	本年最高 High	本年最低 Low
603367	辰欣药业	8985.46	1982.00	453.35	100.00	11.66	13.99	32.73	13.99
603368	柳州医药	8858.46	7000.99	185.05	146.25	80.61	81.00	85.66	44.25
603369	今世缘	19457.30	19457.30	1254.50	1254.50	13.12	13.17	17.97	11.32
603377	东方时尚	16791.60	4707.89	420.00	117.76	40.37	40.19	42.22	29.90
603378	亚士创能	4457.02	1121.12	194.80	49.00	12.94	15.53	39.93	15.53
603380	易德龙	3275.20	818.80	160.00	40.00	10.68	15.38	30.18	15.38
603383	顶点软件	3863.16	947.04	85.87	21.05	19.05	22.86	58.81	22.86
603385	惠达卫浴	6214.38	1553.64	284.15	71.04	13.27	19.11	38.52	19.11
603386	广东骏亚	3323.65	831.74	201.80	50.50	6.23	8.97	28.20	8.97
603387	基蛋生物	7917.36	1979.34	132.00	33.00	22.25	32.04	68.98	32.04
603388	元成股份	3672.26	892.00	205.84	50.00	12.10	14.52	60.38	14.52
603389	亚振家居	2796.12	804.00	218.96	62.96	24.11	25.06	37.76	12.07
603393	新天然气	6019.20	3598.15	160.00	95.64	53.00	53.14	55.97	34.65
603396	金辰股份	3110.67	777.70	75.56	18.89	19.47	23.36	66.85	23.36
603398	邦宝益智	3355.06	833.71	212.48	52.80	33.52	33.75	35.48	15.00
603399	新华龙	8290.00	7618.56	543.25	499.25	11.21	10.99	17.67	9.55
603416	信捷电气	4402.34	1100.58	140.56	35.14	50.08	55.09	64.61	28.88
603421	鼎信通讯	11308.05	1107.57	443.11	43.40	40.33	40.60	41.38	24.54
603429	集友股份	5691.60	1422.90	136.00	34.00	15.00	21.60	99.74	21.60
603444	吉比特	13195.12	3273.95	71.74	17.80	54.00	77.76	376.00	77.76
603456	九洲药业	6937.14	6864.33	447.85	443.15	21.57	21.66	23.00	14.45
603458	勘设股份	9384.61	2346.15	124.15	31.04	29.36	42.28	87.27	42.28
603466	风语筑	7807.68	1951.92	144.00	36.00	16.56	19.87	84.00	19.87
603477	振静股份	4545.60	1136.40	240.00	60.00	5.58	6.70	18.94	6.70
603488	展鹏科技	3648.32	912.08	208.00	52.00	7.67	11.04	26.04	11.04
603496	恒为科技	3479.00	869.75	100.00	25.00	14.14	16.97	45.39	16.97
603499	翔港科技	2475.00	618.75	100.00	25.00	9.24	11.09	41.76	11.09
603500	祥和实业	3257.10	814.28	126.00	31.50	13.17	15.80	44.75	15.80
603501	韦尔股份	19039.35	1737.63	455.81	41.60	7.02	10.11	45.02	10.11
603505	金石资源	4987.20	1246.80	240.00	60.00	3.74	4.49	31.90	4.49
603507	振江股份	5050.38	1262.60	125.63	31.41	26.25	37.80	65.00	37.20
603508	思维列控	6184.00	2519.98	160.00	65.20	68.52	68.93	71.49	37.55
603515	欧普照明	24824.88	4196.70	579.48	97.96	38.51	38.52	50.02	32.42
603517	绝味食品	16162.20	1971.00	410.00	50.00	16.09	19.31	59.00	19.31
603518	维格娜丝	2844.81	2764.27	152.29	147.98	33.41	32.92	38.03	18.10
603519	立霸股份	3392.00	1629.85	160.00	76.88	30.03	31.00	34.24	19.83
603520	司太立	3474.00	1871.62	120.00	64.65	47.90	47.94	58.33	25.33
603527	众源新材	3724.54	931.13	124.40	31.10	13.27	19.11	49.61	19.11
603528	多伦科技	5474.95	1656.42	620.04	187.59	65.35	65.93	72.17	8.21
603533	掌阅科技	18173.32	1858.12	401.00	41.00	4.05	5.83	73.79	5.83
603535	嘉诚国际	3895.36	973.84	150.40	37.60	15.17	21.84	40.17	21.84
603536	惠发股份	2358.00	589.50	120.00	30.00	7.63	10.99	25.92	10.99
603538	美诺华	3166.80	791.70	120.00	30.00	14.03	20.20	40.79	20.20
603555	贵人鸟	11126.26	11126.26	628.60	628.60	30.76	27.68	27.68	16.30
603556	海兴电力	13838.99	4603.52	380.19	126.47	44.96	45.00	51.90	35.01
603557	起步股份	7510.27	751.06	469.98	47.00	7.73	11.13	31.75	11.13
603558	健盛集团	5162.82	1432.20	416.36	115.50	30.97	27.88	29.30	11.53
603559	中通国脉	5096.52	3069.44	132.00	79.50	53.89	53.74	67.30	18.61
603566	普莱柯	7183.79	3597.40	323.74	162.12	24.18	24.38	28.14	20.86
603567	珍宝岛	11998.63	3859.75	849.16	273.16	19.76	19.78	21.68	13.82

注：市价总值、无限售股市值、成交金额的单位为百万元，发行股本、流通股本、成交数量的单位为百万股。

A 股
A Share

股票
Share

本年收盘 Close	涨跌(%) Change(%)	涨跌值 Change	市盈率 P/E	市净率 P/B	换手率(%) Turnover Rate	成交数量 Trading Vol	成交金额 Trading Val
19.82	69.98	8.16	36.40	3.91	549.29	549.29	13485.64
47.87	-22.06	-32.74	27.60	2.78	422.90	286.15	18285.14
15.51	20.05	2.39	25.80	4.22	268.03	2614.69	38556.82
39.98	-0.15	-0.39	68.28	10.30	363.37	408.98	14728.82
22.88	76.82	9.94	36.41	7.51	785.71	385.00	11470.82
20.47	91.67	9.79	40.44	14.69	1552.34	620.93	14900.26
44.99	136.17	25.94	54.81	8.19	1413.78	297.60	14338.51
21.87	64.81	8.60	29.57	3.21	1636.68	1162.69	32360.20
16.47	164.37	10.24	54.99	12.41	932.32	470.82	9807.08
59.98	169.57	37.73	57.22	23.28	1112.40	367.09	20142.19
17.84	194.88	5.74	69.24	8.93	2286.28	683.67	24067.22
12.77	-46.69	-11.34	37.02	3.30	2987.52	1638.01	37278.22
37.62	-27.86	-15.38	29.60	3.37	779.79	397.00	17217.60
41.17	111.45	21.70	47.57	7.43	872.42	164.80	8359.46
15.79	-52.72	-17.73	57.30	5.77	668.66	353.05	8392.84
15.26	36.13	4.05	282.23	4.42	315.34	1574.34	21046.66
31.32	-12.12	-18.76	43.94	5.33	1797.46	500.43	23793.09
25.52	-36.23	-14.81	36.37	5.84	955.67	414.76	13563.46
41.85	457.94	26.85	107.79	28.00	804.60	152.47	10491.78
183.93	245.88	129.93	22.54	6.85	1983.55	353.07	94928.50
15.49	-27.72	-6.08	62.23	2.71	314.06	508.28	8953.70
75.59	157.46	46.23	58.44	11.57	1523.73	472.93	30044.54
54.22	227.42	37.66	69.34	13.61	705.68	254.05	16616.78
18.94	239.43	13.36	77.98	10.54	9.56	5.74	97.50
17.54	128.68	9.87	50.29	9.04	1213.62	631.08	11375.59
34.79	146.04	20.65	56.09	12.78	1567.78	391.95	14485.89
24.75	167.86	15.51	54.67	9.59	821.57	205.39	6298.11
25.85	96.28	12.68	43.94	9.02	967.84	304.87	10249.35
41.77	495.01	34.75	134.37	23.54	2051.36	853.37	29540.48
20.78	455.61	17.04	99.35	10.65	3350.46	2010.27	46646.52
40.20	53.14	13.95	34.92	9.65	475.02	149.20	7052.24
38.65	-43.34	-29.87	33.08	2.53	311.33	202.99	11337.78
42.84	12.17	4.33	49.02	7.93	695.45	474.79	18435.82
39.42	147.33	23.33	42.50	11.03	954.44	477.22	18818.40
18.68	-43.88	-14.73	28.36	1.95	530.00	300.24	8380.95
21.20	-28.48	-8.83	46.76	4.93	254.07	195.33	5123.57
28.95	-38.96	-18.95	45.64	4.29	531.03	280.72	10404.77
29.94	125.62	16.67	50.00	9.87	1291.06	401.52	14646.28
8.83	-58.98	-56.52	17.73	4.01	935.58	1211.88	25585.34
45.32	1019.01	41.27	235.38	24.88	1017.96	417.36	22512.12
25.90	70.73	10.73	37.48	5.32	1550.85	583.12	18530.48
19.65	157.54	12.02	55.98	5.77	1377.24	413.17	9134.84
26.39	88.10	12.36	40.17	4.59	1071.25	321.37	10069.81
17.70	-41.35	-13.06	38.02	3.99	70.68	434.48	9367.60
36.40	-18.59	-8.56	26.55	3.31	552.49	524.14	23013.27
15.98	106.73	8.25	42.75	0.00	801.50	376.70	8712.05
12.40	-59.71	-18.57	49.82	2.81	605.03	698.80	13625.58
38.61	7.69	-15.28	119.82	9.89	3883.69	1303.36	52450.03
22.19	-7.45	-1.99	38.21	4.85	151.56	245.71	6065.71
14.13	-27.71	-5.63	23.55	2.79	178.26	486.94	8709.81

A 股
A Share

股票
Share

股票代码 Code	股票简称 Stock Name	市价总值 Tot_cap	无限售股市值 Nego_cap	发行股本 Issued Vol	流通股本 Negotiable Vol	上年收盘 Last Year Close	本年开盘 Open	本年最高 High	本年最低 Low
603568	伟明环保	14465.77	2749.93	687.21	130.64	23.30	23.30	26.61	19.00
603569	长久物流	9676.24	1385.69	400.01	57.28	43.80	44.10	48.50	23.00
603577	汇金通	2382.02	1054.99	175.02	77.52	28.31	31.14	64.49	12.69
603578	三星新材	2852.08	713.02	88.00	22.00	12.26	17.65	73.77	17.65
603579	荣泰健康	8818.60	2204.65	140.00	35.00	44.66	53.59	152.82	53.59
603580	艾艾精工	2030.77	507.77	66.67	16.67	9.81	11.77	46.25	11.77
603585	苏利股份	4704.00	1411.20	150.00	45.00	69.72	69.81	77.00	29.75
603586	金麒麟	5129.57	1286.25	209.37	52.50	21.37	30.77	52.00	22.90
603588	高能环境	8423.07	8269.18	662.19	650.09	31.30	31.32	38.20	11.75
603589	口子窖	27630.00	13516.80	600.00	293.52	32.13	32.30	54.80	31.30
603595	东尼电子	7680.00	1920.00	100.00	25.00	13.01	18.73	87.85	18.73
603598	引力传媒	4023.32	1444.82	271.11	97.36	22.36	22.39	23.33	14.50
603599	广信股份	7356.42	2666.82	376.48	136.48	16.96	16.92	19.92	14.02
603600	永艺股份	3595.77	1487.61	253.04	104.69	52.14	52.12	64.86	13.38
603601	再升科技	5158.98	2850.53	386.15	213.36	16.09	16.06	18.68	13.02
603602	纵横通信	4225.60	1056.40	80.00	20.00	15.18	18.22	77.92	18.22
603603	博天环境	13964.35	1396.75	400.01	40.01	6.74	8.09	53.93	8.09
603605	珀莱雅	5744.00	1436.00	200.00	50.00	15.34	22.09	39.13	22.09
603606	东方电缆	4315.97	3601.03	372.71	310.97	15.38	15.40	17.38	10.65
603607	京华激光	3706.96	927.15	91.08	22.78	16.04	23.10	71.80	23.10
603608	天创时尚	4851.79	1431.98	431.65	127.40	23.00	23.00	23.76	10.20
603609	禾丰牧业	7380.85	7380.85	831.18	831.18	12.93	12.99	14.10	8.24
603611	诺力股份	4027.11	1957.25	191.40	93.03	38.18	38.30	39.26	20.66
603612	索通发展	12134.38	3005.79	243.03	60.20	7.88	11.35	78.88	11.35
603615	茶花股份	3357.60	839.40	240.00	60.00	8.37	10.04	36.75	10.04
603616	韩建河山	4506.01	2263.45	293.36	147.36	18.27	18.31	36.27	14.18
603617	君禾股份	2381.00	595.25	100.00	25.00	8.93	10.72	32.80	10.72
603618	杭电股份	6181.91	2790.71	686.88	310.08	12.07	12.15	12.97	8.10
603619	中曼石油	13912.00	1391.20	400.00	40.00	22.61	32.56	43.34	31.92
603626	科森科技	8379.06	2094.77	294.93	73.73	18.85	22.62	70.00	22.62
603628	清源股份	3871.53	967.88	273.80	68.45	5.57	6.68	44.02	6.68
603630	拉芳家化	4789.02	1197.26	174.40	43.60	18.39	26.48	72.91	26.20
603633	徕木股份	2172.32	1498.83	120.35	83.04	41.01	40.89	47.10	16.77
603636	南威软件	4673.48	1985.28	407.10	172.93	90.20	89.98	99.20	9.80
603637	镇海股份	3217.19	804.30	133.00	33.25	13.86	19.96	51.67	19.96
603638	艾迪精密	5848.48	1462.12	176.00	44.00	6.58	7.90	38.97	7.90
603639	海利尔	5394.00	1348.50	120.00	30.00	24.95	35.93	64.28	35.93
603648	畅联股份	7845.23	1961.31	368.67	92.17	7.37	8.84	33.50	8.84
603655	N 朗博	985.80	246.45	106.00	26.50	6.46	7.75	9.30	7.75
603656	泰禾光电	3384.93	846.23	106.34	26.59	21.91	26.29	75.26	26.29
603658	安图生物	22352.40	7266.54	420.00	136.54	55.59	55.66	56.58	37.50
603659	璞泰来	23937.12	3524.04	432.70	63.70	16.53	23.80	69.98	23.80
603660	苏州科达	8652.50	5871.97	250.00	169.66	32.22	32.45	46.52	25.50
603661	恒林股份	6850.00	1712.50	100.00	25.00	56.88	68.26	105.02	64.81
603663	三祥新材	2717.88	994.10	134.15	49.07	36.52	36.55	45.24	18.98
603665	康隆达	3260.00	815.00	100.00	25.00	21.40	25.68	79.23	25.68
603667	五洲新春	4468.99	1927.53	202.40	87.30	33.09	33.40	38.99	19.49
603668	天马科技	3478.50	869.62	296.80	74.20	6.21	8.94	34.93	8.94
603669	灵康药业	5148.00	1711.71	260.00	86.45	30.04	30.06	32.24	18.50
603676	卫信康	6784.92	1010.52	423.00	63.00	5.53	7.96	21.68	7.96

注：市价总值、无限售股市值、成交金额的单位为百万元，发行股本、流通股本、成交数量的单位为百万股。

A 股
A Share

股票
Share

本年收盘 Close	涨跌(%) Change(%)	涨跌值 Change	市盈率 P/E	市净率 P/B	换手率(%) Turnover Rate	成交数量 Trading Vol	成交金额 Trading Val
21.05	-8.79	-2.25	44.03	7.54	501.77	655.50	15049.90
24.19	-44.50	-19.61	26.70	5.25	1382.57	604.61	21766.82
13.61	-27.50	-14.70	37.57	2.84	3506.05	1169.71	37467.99
32.41	164.36	20.15	59.78	12.91	1736.22	381.97	18190.04
62.99	183.24	18.33	42.68	19.54	1496.98	289.38	32617.50
30.46	210.50	20.65	65.37	9.44	1360.54	226.80	8432.07
31.36	-31.78	-38.36	25.39	3.50	1325.11	384.51	20443.23
24.50	14.65	3.13	24.76	5.18	931.94	489.27	16960.33
12.72	-18.64	-18.58	53.83	4.28	263.03	963.30	19804.04
46.05	45.02	13.92	35.27	6.52	367.17	1077.74	44279.47
76.80	490.32	63.79	121.06	31.12	1054.18	263.54	15635.90
14.84	-33.47	-7.52	121.80	6.80	254.64	247.92	4782.27
19.54	15.90	2.58	40.61	3.06	455.71	621.96	10642.47
14.21	-31.05	-37.93	29.91	5.78	619.86	480.47	12069.08
13.36	-16.97	-2.73	63.83	4.74	277.05	514.57	8305.61
52.82	247.96	37.64	78.68	13.31	2390.24	478.05	28986.81
34.91	419.03	28.17	97.15	15.55	3862.21	1545.27	67990.14
28.72	87.22	13.38	37.39	10.25	445.53	222.77	6915.25
11.58	-24.44	-3.80	83.23	5.06	465.82	692.89	9831.03
40.70	153.74	24.66	55.24	12.66	677.31	154.29	8059.64
11.24	-30.37	-11.76	41.37	3.17	544.02	566.69	8990.58
8.88	-30.59	-4.05	17.29	2.46	219.65	1105.73	11793.22
21.04	-43.65	-17.14	27.80	3.11	358.77	333.75	9541.71
49.93	533.63	42.05	136.47	8.59	1645.07	990.33	58732.29
13.99	68.73	5.62	36.72	4.02	1602.79	961.67	24104.97
15.36	-15.84	-2.91	343.55	5.34	2364.72	3484.66	86911.34
23.81	166.63	14.88	43.16	10.02	1618.22	404.56	10607.58
9.00	-25.05	-3.07	45.46	2.77	496.13	1360.00	14224.11
34.78	53.83	12.17	35.30	10.88	469.23	187.69	6767.45
28.41	111.62	9.56	44.36	13.82	1633.84	940.57	45899.11
14.14	154.27	8.57	67.04	7.11	3833.36	2623.94	63015.58
27.46	50.00	9.07	32.04	5.70	1144.99	499.22	20857.47
18.05	-55.84	-22.96	43.85	3.25	1861.83	579.06	18725.51
11.48	-49.01	-78.72	90.79	5.29	1206.64	1744.14	30621.91
24.19	128.02	10.33	53.34	8.40	1807.04	524.89	17993.26
33.23	409.34	26.65	73.66	11.59	1811.65	797.12	25338.38
44.95	80.82	20.00	36.88	8.02	1834.03	550.21	28784.21
21.28	188.74	13.91	60.16	9.05	1419.21	1308.04	34618.38
9.30	43.96	2.84	32.66	3.46	0.04	0.01	0.09
31.83	104.17	9.92	40.46	8.78	994.59	231.24	10460.50
53.22	-2.10	-2.37	63.91	13.59	476.12	256.83	12025.41
55.32	234.66	38.79	67.68	24.00	542.24	345.42	21173.30
34.61	7.62	2.39	49.54	7.62	1313.11	695.66	24859.97
68.50	20.43	11.62	25.97	10.58	316.15	79.04	6278.40
20.26	-44.34	-16.26	69.10	6.38	1428.81	520.06	16727.00
32.60	52.34	11.20	34.77	8.76	907.86	226.97	10653.06
22.08	-32.85	-11.01	50.39	3.92	1139.51	592.59	17005.28
11.72	165.15	5.51	43.32	7.64	2596.47	1605.76	34328.47
19.80	-33.73	-10.24	33.44	4.40	352.75	304.95	7954.36
16.04	190.05	10.51	59.04	14.77	1860.72	1172.25	19937.59

A 股
A Share

股票
Share

股票代码 Code	股票简称 Stock Name	市价总值 Tot_cap	无限售股市值 Nego_cap	发行股本 Issued Vol	流通股本 Negotiable Vol	上年收盘 Last Year Close	本年开盘 Open	本年最高 High	本年最低 Low
603677	奇精机械	3374.07	818.38	140.18	34.00	21.13	30.43	71.75	21.54
603678	火炬电子	12570.53	6620.79	452.67	238.42	75.65	75.50	86.44	23.05
603679	华体科技	2543.00	635.75	100.00	25.00	9.44	13.59	35.70	13.59
603683	晶华新材	2634.74	658.74	126.67	31.67	9.34	13.45	34.89	13.45
603685	晨丰科技	3516.00	879.00	100.00	25.00	21.04	25.25	44.39	25.25
603686	龙马环卫	7855.86	2833.56	299.27	107.95	33.12	32.95	37.00	25.60
603688	石英股份	5282.71	5267.32	337.34	336.36	22.43	22.38	23.92	9.80
603689	皖天然气	5342.40	1335.60	336.00	84.00	7.87	11.33	25.99	11.33
603690	至纯科技	4269.02	1055.08	210.40	52.00	1.73	2.08	31.99	2.08
603696	安记食品	4684.80	1346.88	120.00	34.50	40.52	40.48	51.00	30.75
603698	航天工程	8233.63	1772.75	412.30	88.77	27.59	27.55	31.27	19.11
603699	纽威股份	14422.50	14422.50	750.00	750.00	16.84	16.88	19.53	14.53
603701	德宏股份	2312.71	1133.14	119.52	58.56	61.73	62.00	65.90	17.96
603703	盛洋科技	3861.26	1612.39	229.70	95.92	35.60	35.60	38.50	14.70
603707	健友股份	11955.41	1792.61	423.50	63.50	7.21	10.38	28.33	10.38
603708	家家悦	9369.36	3142.56	468.00	156.97	31.63	31.75	32.49	14.87
603711	香飘飘	10628.27	1063.07	400.01	40.01	14.18	17.02	38.00	17.02
603716	塞力斯	3532.28	1904.06	71.32	38.44	126.03	126.96	140.69	42.92
603717	天域生态	4803.11	1200.78	172.71	43.18	14.63	17.56	49.38	17.56
603718	海利生物	7109.76	3366.47	644.00	304.93	17.82	17.71	18.02	10.79
603721	中广天择	2781.00	695.25	100.00	25.00	7.05	8.46	49.33	8.46
603722	阿科力	3428.12	858.02	86.70	21.70	11.24	13.49	67.65	13.49
603725	天安新材	2973.20	743.50	146.68	36.68	9.64	13.88	35.80	13.88
603726	朗迪集团	2883.28	720.82	94.72	23.68	51.23	51.23	56.90	28.84
603727	博迈科	5471.97	2217.11	234.15	94.87	47.53	47.60	50.24	21.15
603728	鸣志电器	7606.40	1901.60	320.00	80.00	11.23	13.48	31.53	13.48
603729	龙韵股份	4144.87	2244.34	66.67	36.10	74.21	74.24	97.79	54.50
603730	岱美股份	14610.48	1718.88	408.00	48.00	24.92	35.88	47.42	33.64
603737	三棵树	7243.63	2313.88	102.18	32.64	73.02	73.02	78.68	52.10
603738	泰晶科技	2752.28	1018.69	113.36	41.96	77.85	77.81	78.96	22.28
603757	大元泵业	5008.73	1255.17	83.80	21.00	22.42	26.90	73.99	26.90
603758	秦安股份	6116.83	836.40	438.80	60.00	10.80	12.96	27.26	12.96
603766	隆鑫通用	14833.80	14585.31	2113.08	2077.68	20.78	20.60	23.32	6.36
603767	中马传动	3317.13	829.28	213.32	53.33	11.19	16.11	27.80	14.48
603768	常青股份	3745.44	936.36	204.00	51.00	16.32	19.58	44.68	17.50
603776	永安行	5747.52	1436.88	96.00	24.00	26.85	32.22	100.30	32.22
603777	来伊份	6519.49	2086.50	243.72	78.00	53.09	53.27	54.60	25.42
603778	乾景园林	3475.00	1572.12	500.00	226.20	24.71	24.00	32.88	6.70
603779	威龙股份	3862.66	1557.63	229.65	92.61	43.20	43.20	52.27	16.11
603787	新日股份	2874.36	718.59	204.00	51.00	6.09	7.31	30.89	7.31
603788	宁波高发	5793.44	1778.79	164.35	50.46	42.58	42.50	46.60	33.80
603789	星光农机	3819.38	1516.32	261.96	104.00	27.68	27.77	30.28	11.93
603797	联泰环保	4516.41	1129.21	213.34	53.34	5.96	7.15	32.58	7.15
603798	康普顿	3598.00	1536.35	200.00	85.40	63.85	63.50	63.88	16.31
603799	华友钴业	47550.45	25810.91	592.68	321.71	35.17	35.65	100.90	34.90
603800	道森股份	3390.40	1101.88	208.00	67.60	30.17	30.00	52.52	15.31
603801	志邦股份	8268.80	2067.20	160.00	40.00	23.47	33.80	58.80	33.80
603803	瑞斯康达	7827.42	1055.91	421.06	56.80	13.72	16.46	37.86	16.46
603806	福斯特	13708.20	13708.20	402.00	402.00	46.27	46.31	52.85	28.33
603808	歌力思	7757.95	2602.35	337.30	113.15	32.09	32.46	34.95	19.95

注：市价总值、无限售股市值、成交金额的单位为百万元，发行股本、流通股本、成交数量的单位为百万股。

A 股
A Share

股票
Share

本年收盘 Close	涨跌(%) Change(%)	涨跌值 Change	市盈率 P/E	市净率 P/B	换手率(%) Turnover Rate	成交数量 Trading Vol	成交金额 Trading Val
24.07	96.60	2.94	38.27	7.38	1246.17	307.50	14323.52
27.77	-7.92	-47.88	64.97	5.41	225.61	380.10	13517.57
25.43	169.39	15.99	52.91	9.61	1521.74	380.44	10436.89
20.80	122.70	11.46	51.10	5.56	654.49	207.28	5186.69
35.16	67.11	14.12	38.01	10.32	365.63	91.41	3258.58
26.25	-20.20	-6.87	37.18	6.57	350.51	365.17	11724.91
15.66	5.32	-6.77	65.27	4.41	677.46	838.33	13751.75
15.90	102.45	8.03	58.10	4.79	3166.53	2659.88	49521.52
20.29	1077.37	18.56	94.22	14.57	2614.05	1359.31	30493.43
39.04	-3.38	-1.48	114.84	6.71	957.30	330.27	13898.52
19.97	-27.26	-7.62	50.25	3.51	475.51	422.12	11069.18
19.23	15.34	2.39	65.71	5.83	71.78	469.10	7953.74
19.35	-52.37	-42.38	34.14	4.23	705.32	252.15	8775.01
16.81	-52.72	-18.79	141.43	7.43	1196.06	1147.25	24770.63
28.23	291.54	21.02	46.48	9.09	1086.55	689.96	15280.34
20.02	-16.10	-11.61	37.29	4.02	1564.91	1581.69	37188.21
26.57	87.38	12.39	39.94	8.41	663.09	265.30	7772.74
49.53	-44.94	-76.50	51.25	4.19	691.51	103.12	9328.13
27.81	90.09	13.18	43.70	8.00	2047.77	884.18	29667.16
11.04	-37.87	-6.78	83.12	7.24	175.46	535.04	7743.29
27.81	294.47	20.76	69.43	8.36	987.21	246.80	9630.29
39.54	251.78	28.30	74.54	13.31	847.47	183.90	8782.38
20.27	110.27	10.63	41.36	7.21	915.07	335.65	8808.49
30.44	-39.89	-20.79	42.93	3.88	1377.15	326.11	13477.73
23.37	-50.41	-24.16	23.48	2.29	1376.44	835.22	30590.66
23.77	111.67	12.54	48.51	9.82	1093.44	874.76	20773.58
62.17	-16.16	-12.04	118.86	5.08	293.67	106.02	8114.50
35.81	43.70	10.89	32.87	9.71	1038.34	498.40	19695.20
70.89	-2.33	-2.13	54.20	7.42	553.61	150.80	10164.27
24.28	-46.71	-53.57	46.63	5.05	661.75	155.74	6729.12
59.77	166.59	37.35	40.76	14.74	1131.16	237.54	13170.80
13.94	29.07	3.14	28.12	3.70	1354.67	812.80	15153.53
7.02	-13.38	-13.76	17.14	2.44	190.16	2883.60	31528.55
15.55	38.96	4.36	31.63	3.98	1405.48	749.54	15647.02
18.36	12.50	2.04	25.24	5.02	1008.91	514.55	14491.21
59.87	122.98	33.02	49.40	10.64	1109.21	266.21	20209.25
26.75	-49.13	-26.34	48.61	3.48	1696.92	1049.09	39629.04
6.95	-29.51	-17.76	43.34	3.68	1665.25	2726.02	41824.58
16.82	-60.91	-26.38	65.70	4.94	1249.94	767.17	22787.69
14.09	131.36	8.00	37.72	5.39	1731.00	882.81	16670.90
35.25	-15.49	-7.33	36.87	6.99	486.53	238.84	9460.94
14.58	-31.32	-13.10	115.02	3.58	567.37	488.26	9897.70
21.17	257.07	15.21	71.14	6.47	2265.10	1208.21	26544.24
17.99	-43.18	-45.86	31.80	4.65	518.75	246.26	9007.73
80.23	128.12	45.06	686.78	10.93	1731.87	4714.59	308557.28
16.30	-45.97	-13.87	0.00	3.74	1903.61	1286.84	38127.53
51.68	120.20	28.21	46.51	12.41	579.93	231.97	10706.49
18.59	35.50	4.87	30.89	5.01	1420.13	806.63	20573.06
34.10	-24.46	-12.17	16.17	2.83	276.79	349.57	13511.18
23.00	-5.99	-9.09	39.19	4.46	369.07	360.43	9199.86

A 股 A Share

股票 Share

股票代码 Code	股票简称 Stock Name	市价总值 Tot_cap	无限售股市值 Nego_cap	发行股本 Issued Vol	流通股本 Negotiable Vol	上年收盘 Last Year Close	本年开盘 Open	本年最高 High	本年最低 Low
603809	豪能股份	3844.39	961.19	106.67	26.67	22.39	26.87	47.20	26.87
603811	诚意药业	2535.55	633.89	85.20	21.30	15.76	18.91	64.76	18.91
603813	原尚股份	2701.94	675.56	88.27	22.07	10.17	14.64	55.58	14.64
603816	顾家家居	25247.47	5254.23	428.14	89.10	47.34	47.36	61.28	40.40
603817	海峡环保	5832.00	1458.00	450.00	112.50	4.04	5.82	30.00	5.82
603818	曲美家居	7048.79	1916.21	484.12	131.61	17.45	17.45	18.48	12.51
603819	神力股份	2057.56	955.38	120.82	56.10	39.80	40.00	45.40	15.46
603822	嘉澳环保	2562.85	1418.56	73.35	40.60	60.94	60.94	103.50	33.00
603823	百合花	3852.00	1204.28	225.00	70.34	32.74	33.00	42.50	15.06
603825	华扬联众	4841.60	1210.40	160.00	40.00	14.67	21.12	40.50	21.12
603826	坤彩科技	5540.40	1385.10	360.00	90.00	6.79	9.78	28.48	9.78
603828	柯利达	3265.94	1070.26	330.23	108.22	23.94	23.94	27.15	9.40
603829	洛凯股份	2892.80	723.20	160.00	40.00	7.23	10.41	29.73	10.41
603833	欧派家居	49651.41	4900.26	420.60	41.51	50.08	72.12	130.85	72.12
603838	四通股份	3301.50	1204.33	266.68	97.28	16.20	17.82	25.80	10.99
603839	安正时尚	7081.99	1745.87	289.06	71.26	16.78	24.16	50.98	21.97
603843	正平股份	5868.04	2828.91	400.00	192.84	21.05	21.05	21.85	12.13
603848	好太太	9098.69	930.29	401.00	41.00	7.89	9.47	27.59	9.47
603855	华荣股份	3992.70	998.21	331.07	82.77	7.59	9.11	23.75	9.11
603856	东宏股份	4057.27	1014.72	197.24	49.33	10.89	15.68	30.58	15.68
603858	步长制药	34676.35	16673.69	681.80	327.84	95.30	95.37	99.69	50.04
603859	能科股份	2535.79	1114.04	113.56	49.89	53.43	54.00	89.00	19.75
603860	中公高科	2431.82	608.32	66.68	16.68	15.62	22.49	52.36	22.49
603861	白云电器	6868.79	2033.02	409.10	121.09	31.58	31.69	32.30	16.60
603866	桃李面包	18340.30	2306.14	470.63	59.18	43.90	44.30	46.50	32.50
603868	飞科电器	32996.70	3302.70	435.60	43.60	46.86	47.14	81.39	42.81
603869	北部湾旅	7408.65	2374.88	348.81	111.81	28.43	28.22	35.00	20.61
603877	太平鸟	13038.08	1491.05	480.93	55.00	21.30	25.56	44.80	23.50
603878	武进不锈	3425.92	1713.13	202.00	101.01	40.00	39.00	42.48	15.99
603879	永悦科技	2571.84	642.96	144.00	36.00	6.75	9.72	27.68	9.72
603880	南卫股份	2553.00	638.25	100.00	25.00	11.72	14.06	35.55	14.06
603881	数据港	9625.91	2406.63	210.59	52.65	7.80	9.36	80.00	9.36
603882	金域医学	14482.89	2172.35	457.88	68.68	6.93	9.98	47.81	9.98
603883	老百姓	17948.70	5298.92	284.95	84.12	46.65	46.66	64.48	41.01
603885	吉祥航空	27476.34	8210.94	1797.01	537.01	23.30	23.33	25.50	13.11
603886	元祖股份	4848.00	2448.42	240.00	121.21	17.70	19.47	35.76	17.85
603887	城地股份	2603.84	1460.98	103.00	57.79	54.30	54.21	57.50	23.20
603888	新华网	12275.04	4173.52	519.03	176.47	84.88	84.91	101.80	22.61
603889	新澳股份	5660.70	2064.75	393.65	143.59	15.10	15.15	17.50	13.35
603890	春秋电子	5771.81	1442.95	137.00	34.25	23.72	28.46	46.86	28.46
603896	寿仙谷	7982.58	1995.65	139.80	34.95	11.54	13.85	69.79	13.85
603898	好莱客	9499.01	2657.66	318.12	89.00	32.37	32.37	39.30	26.21
603899	晨光文具	22687.20	5523.84	920.00	224.00	18.20	18.32	25.58	15.70
603900	莱绅通灵	9870.34	2467.58	340.47	85.12	38.50	38.61	40.78	22.65
603901	永创智能	3520.00	1355.20	400.00	154.00	14.19	14.21	15.89	8.52
603903	中持股份	3972.24	984.43	103.34	25.61	9.88	14.23	72.99	14.23
603906	龙蟠科技	3215.68	803.92	208.00	52.00	9.52	13.71	30.40	13.71
603908	牧高笛	2400.84	600.84	66.69	16.69	16.37	23.57	88.30	23.57
603909	合诚股份	3268.00	817.00	100.00	25.00	49.55	49.79	52.50	26.86
603912	佳力图	4178.04	1044.51	148.00	37.00	8.64	10.37	35.49	10.37

注：市价总值、无限售股市值、成交金额的单位为百万元，发行股本、流通股本、成交数量的单位为百万股。

A 股
A Share

股票
Share

本年收盘 Close	涨跌(%) Change(%)	涨跌值 Change	市盈率 P/E	市净率 P/B	换手率(%) Turnover Rate	成交数量 Trading Vol	成交金额 Trading Val
36.04	60.96	13.65	30.44	4.92	329.01	87.75	3230.50
29.76	90.98	14.00	37.19	9.05	1174.62	250.19	10516.07
30.61	200.98	20.44	65.98	8.37	1344.11	296.65	12436.31
58.97	26.20	11.63	43.90	7.35	605.00	506.16	26696.23
12.96	222.02	8.92	60.44	6.29	1646.53	1852.35	36747.67
14.56	-16.15	-2.89	38.10	5.10	363.90	478.93	7674.89
17.03	-57.00	-22.77	45.08	2.83	1789.39	549.67	17919.43
34.94	-42.50	-26.00	59.76	4.04	1807.94	504.94	26589.58
17.12	-47.41	-15.62	27.65	3.31	2451.68	1117.11	31726.40
30.26	106.27	15.59	47.16	7.59	987.78	395.11	13278.02
15.39	127.37	8.60	50.95	11.23	2216.90	1995.21	40762.96
9.89	-25.24	-14.05	67.46	3.19	624.89	463.51	8294.76
18.08	150.07	10.85	55.41	9.20	849.81	339.93	7364.30
118.05	135.72	67.97	52.29	17.23	540.84	224.50	24869.63
12.38	-23.17	-3.82	55.19	4.96	1331.85	1295.62	23590.04
24.50	48.01	7.72	30.00	5.52	1525.86	1087.33	37775.26
14.67	-30.15	-6.38	64.67	4.81	990.34	1150.62	18917.77
22.69	187.58	14.80	59.87	14.90	639.79	262.31	5858.14
12.06	58.89	4.47	35.27	5.00	1169.95	968.37	15446.27
20.57	88.89	9.68	41.52	4.86	531.35	262.11	6013.18
50.86	-45.36	-44.44	19.60	2.75	531.07	432.60	32888.60
22.33	-57.95	-31.10	59.83	3.92	2477.56	746.97	30664.34
36.47	133.48	20.85	45.09	8.40	1447.33	241.41	9843.17
16.79	-46.61	-14.79	42.53	3.62	499.78	415.77	10059.15
38.97	-10.49	-4.93	42.11	8.92	259.19	153.38	6086.70
75.75	64.74	28.89	53.81	16.41	897.85	391.46	22239.81
21.24	-24.89	-7.19	43.55	2.09	437.83	341.58	9571.92
27.11	29.59	5.81	30.50	6.53	1915.52	1053.54	36540.73
16.96	-57.27	-23.04	27.97	1.76	2241.45	1141.14	33087.49
17.86	164.59	11.11	54.36	9.87	1760.32	633.72	13039.62
25.53	117.83	13.81	49.12	10.09	1833.21	458.30	13423.72
45.71	486.47	37.91	123.05	23.17	3253.02	1712.72	93029.18
31.63	356.42	24.70	85.18	13.16	690.23	474.05	17845.65
62.99	35.89	16.34	60.45	9.70	311.52	262.06	12905.25
15.29	-7.07	-8.01	22.00	3.60	250.40	983.72	16869.32
20.20	15.46	2.50	38.80	4.54	2548.37	1532.45	41966.71
25.28	-53.29	-29.02	47.05	3.81	771.02	213.50	8508.24
23.65	-30.35	-61.23	43.82	5.21	759.99	628.46	32734.26
14.38	-3.58	-0.72	35.56	4.77	697.33	992.44	15129.47
42.13	77.61	18.41	39.34	13.46	358.00	122.62	5097.87
57.10	394.80	45.56	98.58	18.27	2473.65	864.54	37254.81
29.86	-7.10	-2.51	37.66	8.20	458.20	404.79	13110.95
24.66	37.48	6.46	46.03	9.34	271.36	607.85	11869.48
28.99	6.09	-9.51	44.58	4.88	1159.45	759.63	24993.89
8.80	-37.79	-5.39	39.70	3.93	381.28	587.17	7475.27
38.44	289.38	28.56	84.97	9.17	3384.45	866.74	44381.00
15.46	62.39	5.94	35.89	4.98	1392.99	724.35	16900.87
36.00	121.68	19.63	50.56	12.39	1180.54	197.03	10517.21
32.68	-33.92	-16.87	56.50	5.67	1263.61	315.90	12573.33
28.23	226.74	19.59	71.48	15.13	1119.05	414.05	11526.82

A 股
A Share

股票
Share

股票代码 Code	股票简称 Stock Name	市价总值 Tot_cap	无限售股市值 Nego_cap	发行股本 Issued Vol	流通股本 Negotiable Vol	上年收盘 Last Year Close	本年开盘 Open	本年最高 High	本年最低 Low
603916	苏博特	5216.64	1304.16	304.00	76.00	9.02	10.82	25.78	10.82
603917	合力科技	3179.68	794.92	112.00	28.00	14.22	20.48	32.99	20.48
603918	金桥信息	3174.12	2207.86	177.33	123.34	29.39	29.40	36.50	17.74
603919	金徽酒	6570.20	2090.88	364.00	115.84	31.07	31.00	32.00	17.09
603920	世运电路	7899.39	1745.81	401.80	88.80	15.08	18.10	34.98	16.84
603922	金鸿顺	3587.84	896.96	128.00	32.00	17.54	21.05	43.70	21.05
603926	铁流股份	3229.20	807.30	120.00	30.00	20.40	24.48	51.99	24.48
603928	兴业股份	3066.34	954.75	201.60	62.77	27.85	28.00	30.96	14.45
603929	亚翔集成	5562.30	1391.10	213.36	53.36	7.11	7.82	38.39	7.82
603933	睿能科技	5476.42	1369.24	102.67	25.67	20.20	29.09	65.50	29.09
603936	博敏电子	4811.31	1612.88	167.35	56.10	31.67	31.77	32.97	23.01
603937	丽岛新材	5481.01	1370.25	208.88	52.22	9.59	13.81	35.50	13.81
603938	三孚股份	6149.32	1537.94	150.17	37.56	9.64	13.88	43.78	13.88
603939	益丰药房	16495.35	9037.00	362.69	198.70	29.64	29.61	47.40	26.33
603955	大千生态	3760.14	940.04	87.00	21.75	15.26	18.31	75.86	18.31
603958	哈森股份	3060.43	929.27	217.36	66.00	29.78	29.80	44.77	13.14
603959	百利科技	6939.52	3296.27	224.00	106.40	28.73	28.73	35.99	15.40
603960	克来机电	2830.88	707.72	104.00	26.00	9.51	13.69	56.69	13.69
603963	大理药业	2856.00	714.00	100.00	25.00	12.58	18.12	46.98	18.12
603966	法兰泰克	2622.40	655.60	160.00	40.00	7.32	10.54	44.96	10.54
603968	醋化股份	4087.56	2730.63	204.48	136.60	24.26	24.26	27.80	19.70
603969	银龙股份	4680.00	1785.78	400.00	152.63	13.94	13.94	29.92	11.20
603970	中农立华	4352.00	1088.00	133.33	33.33	12.47	17.96	36.40	17.96
603976	正川股份	2982.96	745.74	108.00	27.00	14.32	17.18	48.63	17.18
603977	国泰集团	2969.10	1687.88	221.08	125.68	27.45	27.53	30.44	12.70
603978	深圳新星	7442.40	1860.60	80.00	20.00	29.93	35.92	118.00	35.92
603979	金诚信	5990.40	2489.96	585.00	243.16	17.83	17.87	21.62	9.99
603980	吉华集团	10315.00	2063.00	500.00	100.00	17.20	20.64	32.98	19.56
603985	恒润股份	2967.20	741.80	80.00	20.00	26.97	38.84	71.26	35.09
603986	兆易创新	33061.12	24034.97	202.68	147.35	177.97	195.77	254.87	64.28
603987	康德莱	3842.00	2315.07	315.44	190.07	32.29	32.46	33.98	11.37
603988	中电电机	6086.40	6086.40	120.00	120.00	67.95	68.09	87.00	46.01
603989	艾华集团	11526.00	3241.69	300.00	84.38	36.81	36.81	42.69	31.33
603990	麦迪科技	2903.50	2162.56	80.92	60.27	55.06	55.50	62.39	30.33
603991	至正股份	2098.91	526.59	74.53	18.70	10.61	12.73	68.88	12.73
603993	洛阳钼业	121540.52	89121.67	17665.77	12953.73	3.72	3.72	8.90	3.71
603996	中新科技	5528.76	1902.33	300.15	103.28	19.92	20.00	22.18	14.13
603997	继峰股份	7100.10	1927.17	630.00	171.00	19.56	19.60	27.50	10.20
603998	方盛制药	4822.18	4757.95	430.94	425.20	17.62	17.63	19.29	11.05
603999	读者传媒	4429.44	1771.78	576.00	230.40	29.32	29.32	31.95	7.26

注：市价总值、无限售股市值、成交金额的单位为百万元，发行股本、流通股本、成交数量的单位为百万股。

A 股
A Share

股票
Share

本年收盘 Close	涨跌(%) Change(%)	涨跌值 Change	市盈率 P/E	市净率 P/B	换手率(%) Turnover Rate	成交数量 Trading Vol	成交金额 Trading Val
17.16	90.24	8.14	39.24	4.69	514.14	390.74	7586.60
28.39	99.65	14.17	40.58	7.90	437.14	122.40	3444.98
17.90	-38.98	-11.49	109.94	6.59	325.37	401.33	10796.11
18.05	-23.72	-13.02	29.61	4.00	658.39	664.04	15226.05
19.66	30.37	4.58	29.84	8.62	1063.24	944.16	21687.10
28.03	59.81	10.49	33.73	7.08	585.84	187.47	6448.23
26.91	31.91	6.51	28.86	6.47	1259.75	377.92	12879.14
15.21	-44.81	-12.64	29.71	2.95	1712.94	866.15	19926.49
26.07	269.31	18.96	33.66	6.26	2260.34	1206.12	34444.82
53.34	164.06	33.14	58.62	14.19	1571.22	403.33	21213.53
28.75	-9.02	-2.92	90.11	5.15	346.68	194.49	5475.71
26.24	173.62	16.65	62.34	7.84	1135.14	592.77	15244.28
40.95	324.79	31.31	75.85	11.37	2282.42	857.20	27170.61
45.48	54.94	15.84	73.68	5.57	150.08	263.81	9064.05
43.22	184.29	27.96	53.98	5.47	2123.10	461.77	23361.70
14.08	-52.35	-15.70	38.02	2.61	1465.19	861.60	23407.39
30.98	8.53	2.25	65.20	7.93	613.50	501.60	12890.50
27.22	273.47	17.71	79.08	12.09	1119.44	235.31	9984.19
28.56	127.03	15.98	45.94	13.47	812.29	203.07	7362.18
16.39	124.88	9.07	46.06	5.08	2805.94	1122.37	31875.98
19.99	-16.29	-4.27	27.67	3.24	431.58	589.54	14009.12
11.70	-15.26	-2.24	32.31	2.94	2417.17	3689.33	78276.77
32.64	161.75	20.17	53.26	12.61	1036.24	345.42	10546.59
27.62	92.88	13.30	42.30	5.79	880.79	237.81	8774.62
13.43	-49.69	-14.02	29.41	3.00	1598.00	907.63	21480.95
93.03	210.83	63.10	56.04	11.23	1575.80	315.16	23217.35
10.24	-25.10	-7.59	35.10	1.63	481.53	1012.15	16042.20
20.63	19.94	3.43	26.98	4.82	948.15	948.15	23773.21
37.09	37.52	10.12	31.33	6.74	1338.29	267.66	13087.18
163.12	83.80	-14.85	187.39	25.86	779.96	401.82	51732.71
12.18	-43.07	-20.11	38.15	3.37	1304.91	878.91	18887.06
50.72	12.24	-17.23	254.76	9.42	412.66	110.86	7699.31
38.42	6.72	1.61	43.59	6.47	485.12	409.32	15179.81
35.88	-34.53	-19.18	64.23	7.35	1196.99	241.97	11177.18
28.16	165.41	17.55	56.04	8.53	1628.95	304.61	12242.41
6.88	86.18	3.16	148.89	7.93	321.59	41658.02	259803.34
18.42	-6.63	-1.50	47.01	3.96	704.80	727.88	13506.92
11.27	-12.69	-8.29	28.43	4.65	944.31	1345.14	23103.07
11.19	-36.44	-6.43	69.13	5.19	186.20	514.51	7679.62
7.69	-47.31	-21.63	52.57	2.70	525.59	835.42	14306.55

股票
Share

十大发行股本 A 股股票
Top 10 A Shares by Issued Vol

股票代码 Code	股票简称 Stock Name	公司名称 Company Name	发行股数 Issued Vol	占比重 (%)
601288	农业银行	中国农业银行股份有限公司	294055.29	8.37
601398	工商银行	中国工商银行股份有限公司	269612.21	7.67
601988	中国银行	中国银行股份有限公司	210765.51	6.00
601857	中国石油	中国石油天然气股份有限公司	161922.08	4.61
600028	中国石化	中国石油化工股份有限公司	95557.77	2.72
600010	包钢股份	内蒙古包钢钢联股份有限公司	45585.03	1.30
601818	光大银行	中国光大银行股份有限公司	39810.38	1.13
601328	交通银行	交通银行股份有限公司	39250.86	1.12
601998	中信银行	中信银行股份有限公司	34052.63	0.97
600050	中国联通	中国联合网络通信股份有限公司	30233.95	0.86
	总计		1220845.73	34.75
	市场总计		3513206.75	100.00

十大流通股本 A 股股票
Top 10 A Shares by Negotiable Vol

股票代码 Code	股票简称 Stock Name	公司名称 Company Name	流通股数 Negotiable Vol	占比重 (%)
601288	农业银行	中国农业银行股份有限公司	294055.29	9.50
601398	工商银行	中国工商银行股份有限公司	269612.21	8.71
601988	中国银行	中国银行股份有限公司	210765.51	6.81
601857	中国石油	中国石油天然气股份有限公司	161922.08	5.23
600028	中国石化	中国石油化工股份有限公司	95557.77	3.09
601818	光大银行	中国光大银行股份有限公司	39810.38	1.29
601328	交通银行	交通银行股份有限公司	39250.86	1.27
601998	中信银行	中信银行股份有限公司	31905.16	1.03
601668	中国建筑	中国建筑股份有限公司	29731.70	0.96
600016	民生银行	中国民生银行股份有限公司	29551.77	0.95
	总计		1202162.75	38.83
	市场总计		3096316.66	100.00

注：股票排名中，发行股数、流通股数、成交股数单位为百万股（1M），成交金额、市价总值、流通市值单位为百万元（1M Yuan），收盘价格单位为元（Yuan）。

股票
Share

十大市值 A 股股票
Top 10 A Shares by Market Capitalization

股票代码 Code	股票简称 Stock Name	公司名称 Company Name	市价总值 Market Capitalization	占比重 (%)
601398	工商银行	中国工商银行股份有限公司	1671595.72	5.06
601857	中国石油	中国石油天然气股份有限公司	1309949.61	3.97
601288	农业银行	中国农业银行股份有限公司	1126231.78	3.41
600519	贵州茅台	贵州茅台酒股份有限公司	876185.40	2.65
601988	中国银行	中国银行股份有限公司	836739.09	2.53
601318	中国平安	中国平安保险（集团）股份有限公司	758069.86	2.30
601628	中国人寿	中国人寿保险股份有限公司	634076.49	1.92
600036	招商银行	招商银行股份有限公司	598651.97	1.81
600028	中国石化	中国石油化工股份有限公司	585769.14	1.77
601088	中国神华	中国神华能源股份有限公司	382097.35	1.16
	总计		8779366.40	26.58
	市场总计		33032736.01	100.00

十大流通市值 A 股股票
Top 10 A Shares by Negotiable Capitalization

股票代码 Code	股票简称 Stock Name	公司名称 Company Name	流通市值 Negotiable Capitalization	占比重 (%)
601398	工商银行	中国工商银行股份有限公司	1671595.72	5.96
601857	中国石油	中国石油天然气股份有限公司	1309949.61	4.67
601288	农业银行	中国农业银行股份有限公司	1126231.78	4.02
600519	贵州茅台	贵州茅台酒股份有限公司	876185.40	3.13
601988	中国银行	中国银行股份有限公司	836739.09	2.98
601318	中国平安	中国平安保险（集团）股份有限公司	758069.86	2.70
601628	中国人寿	中国人寿保险股份有限公司	634076.49	2.26
600036	招商银行	招商银行股份有限公司	598651.97	2.14
600028	中国石化	中国石油化工股份有限公司	585769.14	2.09
601088	中国神华	中国神华能源股份有限公司	382097.35	1.36
	总计		8779366.40	31.31
	市场总计		28036821.60	100.00

注：股票排名中，发行股数、流通股数、成交股数单位为百万股（1M），成交金额、市价总值、流通市值单位为百万元（1M Yuan），收盘价格单位为元（Yuan）。

股票
Share

十大成交金额 A 股股票
Top 10 A Shares by Trading Value

股票代码 Code	股票简称 Stock Name	公司名称 Company Name	成交金额 Trading Value	占比重 (%)
601318	中国平安	中国平安保险（集团）股份有限公司	935274.44	1.84
601668	中国建筑	中国建筑股份有限公司	542626.84	1.07
600516	方大炭素	方大炭素新材料科技股份有限公司	521250.99	1.03
600519	贵州茅台	贵州茅台酒股份有限公司	464174.95	0.92
600030	中信证券	中信证券股份有限公司	366749.87	0.72
600050	中国联通	中国联合网络通信股份有限公司	335541.27	0.66
600887	伊利股份	内蒙古伊利实业集团股份有限公司	325436.65	0.64
603799	华友钴业	浙江华友钴业股份有限公司	308557.28	0.61
601166	兴业银行	兴业银行股份有限公司	308278.60	0.61
600036	招商银行	招商银行股份有限公司	294579.29	0.58
	总计		4402470.19	8.68
	市场总计		50721480.76	100.00

十大成交股数 A 股股票
Top 10 A Shares by Trading Vol

股票代码 Code	股票简称 Stock Name	公司名称 Company Name	成交股数 Trading Vol	占比重 (%)
601668	中国建筑	中国建筑股份有限公司	56840.74	1.30
601288	农业银行	中国农业银行股份有限公司	54298.25	1.24
600050	中国联通	中国联合网络通信股份有限公司	44583.88	1.02
603993	洛阳钼业	洛阳栾川钼业集团股份有限公司	41658.02	0.95
601988	中国银行	中国银行股份有限公司	41556.09	0.95
601398	工商银行	中国工商银行股份有限公司	38512.81	0.88
601899	紫金矿业	紫金矿业集团股份有限公司	35382.73	0.81
601992	金隅股份	北京金隅股份有限公司	33696.13	0.77
600008	首创股份	北京首创股份有限公司	32226.76	0.74
600022	山东钢铁	山东钢铁股份有限公司	31112.66	0.71
	总计		409868.07	9.38
	市场总计		4371905.48	100.00

注：股票排名中，发行股数、流通股数、成交股数单位为百万股（1M），成交金额、市价总值、流通市值单位为百万元（1M Yuan），收盘价格单位为元（Yuan）。

十大涨幅 A 股股票
Top 10 A Shares by Percentage of Price Increased

股票
Share

股票代码 Code	股票简称 Stock Name	公司名称 Company Name	上年收盘 Last Year Close	本年收盘 Close	涨幅(%) Change(%)
603690	至纯科技	上海至纯洁净系统科技股份有限公司	1.73	20.29	1077.37
603533	掌阅科技	掌阅科技股份有限公司	4.05	45.32	1019.01
603032	德新交运	德力西新疆交通运输集团股份有限公司	5.81	54.26	835.95
600903	贵州燃气	贵州燃气集团股份有限公司	2.21	16.86	662.90
603612	索通发展	索通发展股份有限公司	7.88	49.93	533.63
601619	嘉泽新能	宁夏嘉泽新能源股份有限公司	1.26	7.90	526.98
603501	韦尔股份	上海韦尔半导体股份有限公司	7.02	41.77	495.01
603595	东尼电子	浙江东尼电子股份有限公司	13.01	76.80	490.32
603881	数据港	上海数据港股份有限公司	7.80	45.71	486.47
603177	德创环保	浙江德创环保科技股份有限公司	3.60	20.80	480.76

十大跌幅 A 股股票
Top 10 A shares by Percentage of Price Decreased

股票代码 Code	股票简称 Stock Name	公司名称 Company Name	上年收盘 Last Year Close	本年收盘 Close	跌幅(%) Change(%)
600654	*ST 中安	中安消股份有限公司	17.43	5.29	-69.65
603159	上海亚虹	上海亚虹模具股份有限公司	80.48	24.92	-68.76
600275	*ST 昌鱼	湖北武昌鱼股份有限公司	17.80	6.00	-66.29
600680	*ST 上普	上海普天邮通科技股份有限公司	30.58	10.46	-65.80
603779	威龙股份	威龙葡萄酒股份有限公司	43.20	16.82	-60.91
600506	香梨股份	新疆库尔勒香梨股份有限公司	34.94	13.67	-60.88
603028	赛福天	江苏赛福天钢索股份有限公司	26.45	10.33	-60.83
603558	健盛集团	浙江健盛集团股份有限公司	30.97	12.40	-59.71
600647	同达创业	上海同达创业投资股份有限公司	45.45	18.47	-59.19
600538	国发股份	北海国发海洋生物产业股份有限公司	13.64	5.58	-59.09

注：股票排名中，发行股数、流通股数、成交股数单位为百万股（1M），成交金额、市价总值、流通市值单位为百万元（1M Yuan），收盘价格单位为元（Yuan）。

股票
Share

B 股每日成交(亿元/亿股)
B Share Trading (100 M Yuan/100 M Shares)

日期 Date	1月 Jan		2月 Feb		3月 Mar		4月 Apr		5月 May		6月 Jun	
	金额 Value	数量 Vol	金额 Value	数量 Vol	金额 Value	数量 Vol	金额 Value	数量 Vol	金额 Value	数量 Vol	金额 Value	数量 Vol
1	---	---	---	---	3.57	0.50	---	---	---	---	1.71	0.26
2	---	---	---	---	2.24	0.33	---	---	1.57	0.23	1.24	0.19
3	2.09	0.30	1.80	0.28	2.28	0.32	---	---	1.42	0.21	---	---
4	2.67	0.40	---	---	---	---	---	---	1.36	0.20	---	---
5	2.27	0.33	---	---	---	---	4.37	0.67	2.92	0.45	0.86	0.12
6	2.25	0.32	1.42	0.22	2.13	0.30	2.49	0.39	---	---	0.66	0.10
7	---	---	1.35	0.18	1.81	0.24	2.10	0.30	---	---	2.20	0.32
8	---	---	1.56	0.25	1.84	0.27	---	---	2.04	0.32	1.18	0.19
9	1.77	0.27	1.93	0.32	1.82	0.25	---	---	1.70	0.28	1.94	0.26
10	1.88	0.29	2.82	0.44	1.47	0.19	2.29	0.34	1.44	0.23	---	---
11	1.82	0.29	---	---	---	---	2.92	0.44	2.02	0.32	---	---
12	1.56	0.22	---	---	---	---	2.12	0.31	1.35	0.20	1.41	0.18
13	1.84	0.27	2.61	0.37	1.79	0.23	1.53	0.22	---	---	1.51	0.20
14	---	---	2.28	0.35	2.27	0.38	2.35	0.35	---	---	1.40	0.23
15	---	---	3.68	0.51	2.07	0.32	---	---	0.94	0.14	1.20	0.18
16	4.62	0.68	3.06	0.45	2.84	0.38	---	---	1.92	0.29	1.57	0.22
17	2.27	0.33	2.56	0.38	3.16	0.42	1.81	0.28	1.59	0.23	---	---
18	1.43	0.23	---	---	---	---	1.43	0.20	0.96	0.14	---	---
19	1.35	0.18	---	---	---	---	3.14	0.49	0.71	0.11	1.18	0.17
20	1.58	0.22	4.18	0.58	1.73	0.23	1.76	0.26	---	---	1.07	0.14
21	---	---	4.19	0.55	1.81	0.23	1.13	0.15	---	---	1.22	0.18
22	---	---	3.52	0.48	2.76	0.40	---	---	1.15	0.18	2.51	0.34
23	1.51	0.24	3.32	0.46	8.30	1.20	---	---	1.85	0.29	1.95	0.27
24	1.51	0.22	3.58	0.48	3.37	0.53	1.93	0.28	1.52	0.23	---	---
25	0.78	0.11	---	---	---	---	1.65	0.24	1.64	0.26	---	---
26	1.75	0.28	---	---	---	---	1.71	0.24	0.88	0.15	2.25	0.27
27	---	---	2.91	0.40	3.15	0.45	2.22	0.33	---	---	1.57	0.20
28	---	---	2.34	0.33	1.69	0.24	1.82	0.23	---	---	1.03	0.14
29	---	---	---	---	3.17	0.53	---	---	---	---	1.59	0.22
30	---	---	---	---	3.80	0.60	---	---	---	---	1.53	0.21
31	---	---	---	---	2.29	0.37	---	---	2.44	0.33	---	---
最高 high	4.62	0.68	4.19	0.58	8.30	H1.20	4.37	0.67	2.92	0.45	2.51	0.34
最低 low	0.78	0.11	1.35	0.18	1.47	0.19	1.13	0.15	0.71	0.11	L0.66	L0.10

B 股每日成交(亿元/亿股)
B Share Trading (100 M Yuan/100 M Shares)

股票
Share

日期 Date	7月 Jul		8月 Aug		9月 Sep		10月 Oct		11月 Nov		12月 Dec	
	金额 Value	数量 Vol	金额 Value	数量 Vol	金额 Value	数量 Vol	金额 Value	数量 Vol	金额 Value	数量 Vol	金额 Value	数量 Vol
1	---	---	2.84	0.42	4.48	0.57	---	---	2.21	0.32	1.13	0.15
2	---	---	2.25	0.37	---	---	---	---	2.73	0.37	---	---
3	1.25	0.18	1.95	0.32	---	---	---	---	2.76	0.38	---	---
4	1.42	0.20	2.02	0.33	3.58	0.50	---	---	---	---	1.46	0.21
5	1.86	0.28	---	---	2.82	0.38	---	---	---	---	2.61	0.39
6	2.21	0.33	---	---	3.41	0.46	---	---	2.37	0.34	1.87	0.27
7	1.93	0.28	1.36	0.20	3.79	0.53	---	---	2.23	0.34	1.02	0.15
8	---	---	1.65	0.25	8.38	1.18	---	---	2.38	0.37	1.27	0.18
9	---	---	1.94	0.29	---	---	4.69	0.74	3.09	0.43	---	---
10	2.69	0.38	2.35	0.38	---	---	3.02	0.45	2.38	0.34	---	---
11	2.17	0.30	3.15	0.48	4.89	0.67	2.64	0.42	---	---	1.34	0.20
12	1.74	0.25	---	---	4.25	0.57	4.37	0.60	---	---	1.15	0.15
13	1.90	0.28	---	---	4.24	0.59	1.83	0.28	3.28	0.44	1.37	0.18
14	1.15	0.16	2.24	0.37	5.69	0.79	---	---	3.60	0.50	0.92	0.12
15	---	---	1.73	0.27	5.04	0.66	---	---	2.48	0.35	1.73	0.22
16	---	---	1.86	0.31	---	---	2.76	0.40	1.91	0.28	---	---
17	3.38	0.52	2.16	0.34	---	---	3.66	0.52	3.63	0.52	---	---
18	1.73	0.26	2.29	0.33	2.83	0.38	2.86	0.44	---	---	1.19	0.17
19	3.00	0.46	---	---	2.44	0.34	2.25	0.34	---	---	0.88	0.13
20	1.94	0.31	---	---	3.49	0.44	3.72	0.51	2.61	0.39	0.83	0.12
21	2.17	0.33	2.27	0.34	4.10	0.52	---	---	1.93	0.29	1.30	0.19
22	---	---	1.81	0.27	2.63	0.35	---	---	2.01	0.30	0.75	0.11
23	---	---	1.39	0.22	---	---	2.74	0.36	2.39	0.35	---	---
24	2.41	0.37	1.85	0.27	---	---	1.61	0.23	1.82	0.26	---	---
25	1.46	0.23	2.54	0.37	4.11	0.59	2.45	0.32	---	---	1.02	0.15
26	1.49	0.24	---	---	2.32	0.33	3.30	0.43	---	---	0.95	0.15
27	2.39	0.39	---	---	3.08	0.41	2.44	0.32	1.76	0.26	1.38	0.18
28	2.94	0.44	3.19	0.46	2.28	0.31	---	---	1.41	0.20	1.62	0.22
29	---	---	2.18	0.32	2.78	0.40	---	---	1.86	0.25	1.17	0.16
30	---	---	3.61	0.51	---	---	3.42	0.52	2.13	0.27	---	---
31	2.51	0.37	3.42	0.47	---	---	2.83	0.39	---	---	---	---
最高 high	3.38	0.52	3.61	0.51	H8.38	1.18	4.69	0.74	3.63	0.52	2.61	0.39
最低 low	1.15	0.16	1.36	0.20	2.28	0.31	1.61	0.23	1.41	0.20	0.75	0.11

B 股
B Share

股票
Share

股票代码 Code	股票简称 Stock Name	市价总值 Tot_cap	无限售股市值 Nego_cap	发行股本 Issued Vol	流通股本 Negotiable Vol	上年收盘 Last Year Close	本年开盘 Open	本年最高 High	本年最低 Low
900901	云赛B股	1299.56	1299.56	293.37	293.37	0.783	0.782	0.792	0.631
900902	市北B股	1756.97	1756.97	465.85	465.85	1.133	1.128	1.150	0.492
900903	大众B股	3489.39	3489.39	800.81	800.81	0.719	0.719	0.740	0.650
900904	神奇B股	412.64	412.64	54.75	54.75	1.619	1.620	1.666	1.081
900905	老凤祥B	5019.79	5019.79	206.01	206.01	3.435	3.436	4.029	3.433
900906	中毅达B	913.19	913.19	360.36	360.36	0.525	0.526	0.548	0.375
900907	鹏起B股	1145.07	1145.07	241.29	241.29	0.797	0.800	0.996	0.706
900908	氯碱B股	2087.29	2087.29	406.56	406.56	0.796	0.798	0.836	0.597
900909	华谊B股	1451.30	1451.30	243.10	243.10	1.008	1.005	1.018	0.851
900910	海立B股	1580.52	1580.52	284.17	284.17	0.840	0.842	0.946	0.711
900911	金桥B股	2479.42	2479.42	272.18	272.18	1.486	1.483	1.506	1.367
900912	外高B股	1948.45	1948.45	200.56	200.56	1.675	1.675	1.732	1.435
900913	国新B股	634.97	634.97	109.75	109.75	1.121	1.125	1.155	0.840
900914	锦投B股	1385.48	1385.48	161.05	161.05	1.482	1.480	1.522	1.260
900915	中路B股	860.03	860.03	83.49	83.49	2.155	2.168	2.214	1.149
900916	凤凰B股	969.10	969.10	171.60	171.60	1.095	1.095	1.128	0.831
900917	海欣B股	2005.91	2005.91	468.85	468.85	0.828	0.826	0.830	0.596
900918	耀皮B股	770.11	770.11	187.50	187.50	0.723	0.718	0.781	0.620
900919	绿庭B股	1311.26	1311.26	344.66	344.66	0.664	0.664	0.678	0.521
900920	上柴B股	1727.08	1727.08	344.80	344.80	0.858	0.855	0.879	0.741
900921	*ST丹科B	586.76	586.76	193.79	193.79	0.588	0.583	0.596	0.406
900922	三毛B股	342.64	342.64	48.79	48.79	1.395	1.400	1.414	1.001
900923	百联B股	1665.56	1665.56	179.72	179.72	1.415	1.421	1.697	1.320
900924	上工B股	1530.20	1530.20	243.94	243.94	1.148	1.144	1.174	0.916
900925	机电B股	3125.52	3125.52	216.24	216.24	2.184	2.170	2.282	1.960
900926	宝信B	2272.53	2272.53	228.80	228.80	1.571	1.565	1.647	1.278
900927	物贸B股	603.84	603.84	99.83	99.83	1.137	1.139	1.196	0.847
900928	临港B股	1184.10	1184.10	107.15	107.15	1.422	1.422	2.035	1.288
900929	锦旅B股	1223.76	1223.76	66.00	66.00	3.650	3.619	3.672	2.730
900930	*ST沪普B	579.12	579.12	124.80	124.80	1.374	1.375	1.494	0.639
900932	陆家B股	8730.41	8730.41	917.28	917.28	1.464	1.462	1.660	1.396
900933	华新B股	4210.77	4210.77	524.80	524.80	0.699	0.700	1.298	0.668
900934	锦江B股	2627.60	2627.60	156.00	156.00	2.129	2.159	2.626	2.075
900936	鄂资B股	3087.93	3087.93	420.00	420.00	0.981	0.990	1.166	0.910
900937	华电B股	1089.05	1089.05	432.00	432.00	0.500	0.500	0.514	0.376
900938	天海B	1208.62	1208.62	326.15	326.15	0.630	0.630	0.647	0.496
900939	汇丽B	741.41	741.41	88.00	88.00	1.703	1.700	1.720	1.015
900940	大名城B	912.98	912.98	198.72	198.72	0.789	0.789	0.821	0.690
900941	东信B股	1283.51	1283.51	300.00	300.00	0.717	0.717	0.739	0.597
900942	黄山B股	2099.31	2099.31	234.00	234.00	1.345	1.343	1.649	1.308
900943	开开B股	496.03	496.03	80.00	80.00	1.370	1.368	1.386	0.913
900945	海控B股	1320.43	1320.43	369.45	369.45	0.609	0.609	0.638	0.522
900946	天雁B股	687.30	687.30	230.00	230.00	0.572	0.576	0.667	0.402
900947	振华B股	6010.55	6010.55	1621.96	1621.96	0.498	0.497	0.579	0.485
900948	伊泰B股	12595.82	12595.82	1328.00	1328.00	0.928	0.928	1.527	0.898
900951	*ST大化B	539.07	539.07	100.00	100.00	1.130	1.131	1.150	0.645
900952	锦港B股	733.27	733.27	222.81	222.81	0.526	0.525	0.560	0.490
900953	凯马B	1544.95	1544.95	240.00	240.00	1.140	1.144	1.170	0.900
900955	海创B股	1042.60	1042.60	330.00	330.00	0.618	0.623	0.625	0.449
900956	东贝B股	1248.95	1248.95	115.00	115.00	1.919	1.915	1.952	1.356

注：B股价格单位为美元，市价总值、无限售股市值、成交金额单位为百万元，发行股本、流通股本、成交数量单位为百万股。

B Share

Share

本年收盘 Close	涨跌(%) Change(%)	涨跌值 Change	市盈率 P/E	市净率 P/B	换手率(%) Turnover Rate	成交数量 Trading Vol	成交金额 Trading Val
0. 673	-12. 99	-0. 110	26. 90	1. 73	31. 17	91. 45	433. 85
0. 573	1. 44	-0. 560	48. 60	1. 24	65. 92	262. 07	1155. 27
0. 662	-6. 44	-0. 057	19. 45	1. 11	15. 30	122. 54	576. 37
1. 145	-29. 03	-0. 474	23. 33	1. 71	54. 28	29. 72	269. 76
3. 702	11. 99	0. 267	12. 72	2. 52	43. 64	89. 91	2271. 00
0. 385	-26. 67	-0. 140	611. 11	2. 33	59. 93	215. 95	672. 63
0. 721	-9. 24	-0. 076	95. 75	1. 80	121. 20	292. 43	1758. 64
0. 780	-2. 01	-0. 016	0. 00	3. 06	57. 23	232. 67	1174. 59
0. 907	-9. 14	-0. 101	31. 89	0. 78	33. 99	82. 63	530. 80
0. 845	2. 67	0. 005	28. 87	1. 21	77. 93	221. 46	1232. 50
1. 384	-5. 25	-0. 102	17. 50	1. 18	25. 18	68. 55	665. 68
1. 476	-10. 27	-0. 199	16. 11	1. 17	26. 99	54. 13	590. 46
0. 879	-21. 59	-0. 242	17. 83	1. 68	35. 70	39. 18	265. 90
1. 307	-9. 51	-0. 175	21. 13	1. 46	34. 93	56. 25	533. 19
1. 565	-27. 38	-0. 590	38. 67	5. 61	79. 42	66. 30	699. 58
0. 858	-21. 64	-0. 237	45. 32	1. 80	68. 79	118. 04	816. 03
0. 650	-21. 13	-0. 178	60. 58	1. 25	33. 62	157. 61	753. 86
0. 624	-12. 30	-0. 099	17. 95	1. 27	42. 70	80. 06	386. 83
0. 578	-12. 95	-0. 086	53. 82	3. 74	30. 29	104. 40	419. 28
0. 761	-10. 72	-0. 097	46. 83	1. 23	32. 09	110. 65	602. 32
0. 460	-21. 77	-0. 128	0. 00	1. 66	45. 27	87. 72	290. 59
1. 067	-23. 51	-0. 328	16. 11	3. 33	105. 93	51. 68	407. 82
1. 408	1. 27	-0. 007	19. 38	1. 00	90. 63	162. 88	1658. 32
0. 953	-16. 99	-0. 195	25. 18	1. 80	39. 26	95. 78	673. 90
2. 196	3. 78	0. 012	10. 77	1. 60	41. 82	90. 43	1286. 78
1. 509	-2. 71	-0. 062	24. 46	1. 88	51. 98	118. 94	1196. 74
0. 919	-19. 17	-0. 218	215. 22	5. 66	139. 62	139. 38	923. 31
1. 679	18. 07	0. 257	32. 38	2. 68	133. 39	142. 92	1594. 26
2. 817	-21. 91	-0. 833	42. 42	2. 11	34. 81	22. 97	476. 29
0. 705	-48. 69	-0. 669	0. 00	2. 22	93. 56	116. 77	736. 76
1. 446	2. 45	-0. 018	12. 75	2. 34	31. 68	290. 57	3033. 54
1. 219	77. 88	0. 520	28. 06	1. 20	83. 47	438. 06	2842. 12
2. 559	24. 23	0. 430	24. 52	1. 26	50. 41	78. 64	1217. 31
1. 117	14. 70	0. 136	30. 15	1. 04	40. 38	169. 60	1199. 40
0. 383	-23. 40	-0. 117	35. 27	1. 46	26. 44	114. 24	371. 82
0. 563	-10. 63	-0. 067	35. 28	0. 84	67. 55	220. 30	834. 78
1. 280	-24. 84	-0. 423	155. 91	22. 85	155. 56	136. 89	1237. 04
0. 698	-10. 70	-0. 091	14. 28	1. 07	18. 44	36. 64	185. 53
0. 650	-8. 04	-0. 067	61. 90	1. 80	43. 93	131. 78	594. 13
1. 363	3. 14	0. 018	20. 09	1. 61	61. 55	144. 02	1443. 85
0. 942	-30. 97	-0. 428	74. 70	3. 09	58. 14	46. 51	342. 47
0. 543	-9. 72	-0. 066	20. 20	1. 07	17. 77	65. 67	259. 57
0. 454	-20. 63	-0. 118	306. 76	4. 39	132. 67	305. 13	1214. 11
0. 563	16. 18	0. 065	80. 77	1. 07	29. 13	472. 50	1681. 88
1. 441	59. 44	0. 513	16. 40	1. 29	93. 53	1242. 09	10214. 40
0. 819	-27. 52	-0. 311	0. 00	9. 10	121. 27	121. 27	676. 76
0. 500	-4. 76	-0. 026	125. 31	1. 12	38. 03	84. 74	304. 22
0. 978	-14. 21	-0. 162	713. 87	4. 89	51. 25	123. 01	871. 59
0. 480	-22. 33	-0. 138	0. 00	2. 66	21. 73	71. 70	255. 88
1. 650	-13. 11	-0. 269	32. 44	2. 35	53. 36	61. 36	710. 96

股票
Share

B 股
B Share

股票代码 Code	股票简称 Stock Name	市价总值 Tot_cap	无限售股市值 Nego_cap	发行股本 Issued Vol	流通股本 Negotiable Vol	上年收盘 Last Year Close	本年开盘 Open	本年最高 High	本年最低 Low
900957	凌云B股	1173.56	1173.56	184.00	184.00	1.128	1.130	1.154	0.875

注：B 股价格单位为美元，市价总值、无限售股市值、成交金额单位为百万元，发行股本、流通股本、成交数量单位为百万股。

B 股
B Share

本年收盘 Close	涨跌(%) Change(%)	涨跌值 Change	市盈率 P/E	市净率 P/B	换手率(%) Turnover Rate	成交数量 Trading Vol	成交金额 Trading Val
0.969	-14.10	-0.159	807.50	5.66	79.01	145.38	985.05

股票
Share

十大发行股本 B 股股票
Top 10 B Shares by Issued Vol

股票代码 Code	股票简称 Stock Name	公司名称 Company Name	发行股数 Issued Vol	占比重 (%)
900947	振华B股	上海振华重工（集团）股份有限公司	1621.96	10.38
900948	伊泰B股	内蒙古伊泰煤炭股份有限公司	1328.00	8.50
900932	陆家B股	上海陆家嘴金融贸易区开发股份有限公司	917.28	5.87
900903	大众B股	大众交通（集团）股份有限公司	800.81	5.12
900933	华新B股	华新水泥股份有限公司	524.80	3.36
900917	海欣B股	上海海欣集团股份有限公司	468.85	3.00
900902	市北B股	上海市北高新股份有限公司	465.85	2.98
900937	华电B股	华电能源股份有限公司	432.00	2.76
900936	鄂资B股	内蒙古鄂尔多斯资源股份有限公司	420.00	2.69
900908	氯碱B股	上海氯碱化工股份有限公司	406.56	2.60
	总计		7386.11	47.26
	市场总计		15627.91	100.00

十大市价总值 B 股股票
Top 10 B Shares by Market Capitalization

股票代码 Code	股票简称 Stock Name	公司名称 Company Name	市价总值 Market Capitalization	占比重 (%)
900948	伊泰B股	内蒙古伊泰煤炭股份有限公司	12595.82	12.63
900932	陆家B股	上海陆家嘴金融贸易区开发股份有限公司	8730.41	8.75
900947	振华B股	上海振华重工（集团）股份有限公司	6010.55	6.03
900905	老凤祥B	老凤祥股份有限公司	5019.79	5.03
900933	华新B股	华新水泥股份有限公司	4210.77	4.22
900903	大众B股	大众交通（集团）股份有限公司	3489.39	3.50
900925	机电B股	上海机电股份有限公司	3125.52	3.13
900936	鄂资B股	内蒙古鄂尔多斯资源股份有限公司	3087.93	3.10
900934	锦江B股	上海锦江国际酒店发展股份有限公司	2627.60	2.63
900911	金桥B股	上海金桥出口加工区开发股份有限公司	2479.42	2.49
	总计		51377.21	51.51
	市场总计		99745.69	100.00

注：股票排名中，发行股数、流通股数、成交股数单位为百万股（1M），成交金额、市价总值、流通市值单位为百万元（1M Yuan），收盘价格单位为美元（Dollar）。

十大成交金额 B 股股票
Top 10 B Shares by Trading Value

股票 Share

股票代码 Code	股票简称 Stock Name	公司名称 Company Name	成交金额 Trading Value	占比重 (%)
900948	伊泰B股	内蒙古伊泰煤炭股份有限公司	10214.40	18.39
900932	陆家B股	上海陆家嘴金融贸易区开发股份有限公司	3033.54	5.46
900933	华新B股	华新水泥股份有限公司	2842.12	5.12
900905	老凤祥B	老凤祥股份有限公司	2271.00	4.09
900907	鹏起B股	鹏起科技发展股份有限公司	1758.64	3.17
900947	振华B股	上海振华重工（集团）股份有限公司	1681.88	3.03
900923	百联B股	上海百联集团股份有限公司	1658.32	2.99
900928	临港B股	上海临港控股股份有限公司	1594.26	2.87
900942	黄山B股	黄山旅游发展股份有限公司	1443.85	2.60
900925	机电B股	上海机电股份有限公司	1286.78	2.32
	总计		27784.77	50.04
	市场总计		55529.73	100.00

十大成交股数 B 股股票
Top 10 B Shares by Trading Vol

股票代码 Code	股票简称 Stock Name	公司名称 Company Name	成交股数 Trading Vol	占比重 (%)
900948	伊泰B股	内蒙古伊泰煤炭股份有限公司	1242.09	15.48
900947	振华B股	上海振华重工（集团）股份有限公司	472.50	5.89
900933	华新B股	华新水泥股份有限公司	438.06	5.46
900946	天雁B股	湖南天雁机械股份有限公司	305.13	3.80
900907	鹏起B股	鹏起科技发展股份有限公司	292.43	3.64
900932	陆家B股	上海陆家嘴金融贸易区开发股份有限公司	290.57	3.62
900902	市北B股	上海市北高新股份有限公司	262.07	3.27
900908	氯碱B股	上海氯碱化工股份有限公司	232.67	2.90
900910	海立B股	上海海立(集团)股份有限公司	221.46	2.76
900938	天海B	天津天海投资发展股份有限公司	220.30	2.75
	总计		3977.29	49.56
	市场总计		8025.57	100.00

注：股票排名中，发行股数、流通股数、成交股数单位为百万股（1M），成交金额、市价总值、流通市值单位为百万元（1M Yuan），收盘价格单位为美元（Dollar）。

股票
Share

十大涨幅 B 股股票
Top 10 B Shares by Percentage of Price Increased

股票代码 Code	股票简称 Stock Name	公司名称 Company Name	上年收盘 Last Year Close	本年收盘 Close	涨幅(%) Change(%)
900933	华新B股	华新水泥股份有限公司	0.70	1.22	77.89
900948	伊泰B股	内蒙古伊泰煤炭股份有限公司	0.93	1.44	59.44
900925	机电B股	上海机电股份有限公司	2.18	2.20	3.78
900942	黄山B股	黄山旅游发展股份有限公司	1.35	1.36	3.14
900934	锦江B股	上海锦江国际酒店发展股份有限公司	2.13	2.56	24.23
900910	海立B股	上海海立(集团)股份有限公司	0.84	0.85	2.67
900928	临港 B 股	上海临港控股股份有限公司	1.42	1.68	18.07
900947	振华B股	上海振华重工（集团）股份有限公司	0.50	0.56	16.18
900936	鄂资B股	内蒙古鄂尔多斯资源股份有限公司	0.98	1.12	14.70
900905	老凤祥B	老凤祥股份有限公司	3.44	3.70	11.99

十大跌幅 B 股股票
Top 10 B Shares by Percentage of Price Decreased

股票代码 Code	股票简称 Stock Name	公司名称 Company Name	上年收盘 Last Year Close	本年收盘 Close	跌幅(%) Change(%)
900930	*ST 沪普 B	上海普天邮通科技股份有限公司	1.37	0.71	-48.69
900943	开开B股	上海开开实业股份有限公司	1.37	0.94	-30.97
900904	神奇 B 股	上海神奇制药投资管理股份有限公司	1.62	1.15	-29.03
900951	*ST 大化 B	大化集团大连化工股份有限公司	1.13	0.82	-27.52
900915	中路B股	中路股份有限公司	2.16	1.57	-27.38
900906	中毅达 B	上海中毅达股份有限公司	0.53	0.39	-26.67
900939	汇丽 B	上海汇丽建材股份有限公司	1.70	1.28	-24.84
900922	三毛 B 股	上海三毛企业（集团）股份有限公司	1.40	1.07	-23.51
900937	华电B股	华电能源股份有限公司	0.50	0.38	-23.40
900955	海创 B 股	海航创新股份有限公司	0.62	0.48	-22.33

注：股票排名中，发行股数、流通股数、成交股数单位为百万股（1M），成交金额、市价总值、流通市值单位为百万元（1M Yuan），收盘价格单位为美元（Dollar）。

股票
Share

十大换手率 A 股股票
Top 10 A Shares by Turnover Rate

股票代码 Code	股票简称 Stock Name	公司名称 Company Name	成交股数 Trading Vol	流通股数 Negotiable Vol	换手率(%) Turnover Rate(%)
603559	中通国脉	中通国脉通信股份有限公司	1303.36	79.50	3883.69
603603	博天环境	博天环境集团股份有限公司	1545.27	40.01	3862.21
603628	清源股份	清源科技（厦门）股份有限公司	2623.94	68.45	3833.36
603036	如通股份	江苏如通石油机械股份有限公司	1914.29	50.84	3765.33
603577	汇金通	青岛汇金通电力设备股份有限公司	1169.71	77.52	3506.05
603903	中持股份	中持水务股份有限公司	866.74	25.61	3384.45
603505	金石资源	金石资源集团股份有限公司	2010.27	60.00	3350.46
603881	数据港	上海数据港股份有限公司	1712.72	52.65	3253.02
603165	荣晟环保	浙江荣晟环保纸业股份有限公司	1017.28	31.68	3211.12
603689	皖天然气	安徽省天然气开发股份有限公司	2659.88	84.00	3166.53

十大换手率 B 股股票
Top 10 B Shares by Turnover Rate

股票代码 Code	股票简称 Stock Name	公司名称 Company Name	成交股数 Trading Vol	流通股数 Negotiable Vol	换手率(%) Turnover Rate(%)
900939	汇丽 B	上海汇丽建材股份有限公司	136.89	88.00	155.56
900927	物贸 B 股	上海物资贸易股份有限公司	139.38	99.83	139.62
900928	临港 B 股	上海临港控股股份有限公司	142.92	107.15	133.39
900946	天雁 B 股	湖南天雁机械股份有限公司	305.13	230.00	132.67
900951	*ST 大化 B	大化集团大连化工股份有限公司	121.27	100.00	121.27
900907	鹏起 B 股	鹏起科技发展股份有限公司	292.43	241.29	121.20
900922	三毛 B 股	上海三毛企业（集团）股份有限公司	51.68	48.79	105.93
900930	*ST 沪普 B	上海普天邮通科技股份有限公司	116.77	124.80	93.56
900948	伊泰 B 股	内蒙古伊泰煤炭股份有限公司	1242.09	1328.00	93.53
900923	百联 B 股	上海百联集团股份有限公司	162.88	179.72	90.63

注：股票排名中，发行股数、流通股数、成交股数单位为百万股（1M），成交金额、市价总值、流通市值单位为百万元（1M Yuan），收盘价格单位为美元（Dollar）。

股票
Share

年末股价分布
Price Distribution by 2017

股票价格(元)	0-10	10-20	20-30	30-50	50-100	≥100
股票数：个	620	440	193	133	47	5
比例：%	43.12	30.60	13.42	9.25	3.27	0.35

注：其中不含长期停牌的股票 2 家，剔除期间摘牌股票（下同）。

年末市价总值分布
Market Capitalization Distribution by 2017

市值(亿元)	≤5	5-10	10-50	50-100	100-500	500-1000	≥1000
股票数：个	3	14	496	388	437	49	51
比例：%	0.21	0.97	34.49	26.98	30.39	3.41	3.55

年末市盈率分布
P/E Ratio Distribution by 2017

市盈率	0-10	10-30	30-50	50-100	≥100	其他
股票数：个	32	368	386	294	249	109
比例：%	2.23	25.59	26.84	20.45	17.32	7.58

年度换手率分布
Turnover Rate Distribution in 2017

单位：%	0-100	100-200	200-300	300-500	500-1000	≥1000
股票数：个	154	276	248	279	258	223
比例：%	10.71	19.19	17.25	19.40	17.94	15.51

注：各类分布含 A、B 股。

年末市盈率
P/E Ratio by 2017

年末各行业市盈率
P/E of Industry

行业代码 Code of Industry	行业名称 Name of Industry	2017 年	2016 年
A	农、林、牧、渔业	57.05	74.09
B	采矿业	38.92	35.27
C	制造业	35.19	35.03
D	电力、热力、燃气及水生产和供	19.40	17.51
E	建筑业	13.95	16.14
F	批发和零售业	30.35	37.86
G	交通运输、仓储和邮政业	24.16	20.35
H	住宿和餐饮业	57.11	51.67
I	信息传输、软件和信息技术服务	48.61	49.31
J	金融业	9.83	7.74
K	房地产业	15.72	19.17
L	租赁和商务服务业	38.41	50.44
M	科学研究和技术服务业	48.54	55.62
N	水利、环境和公共设施管理业	48.09	58.47
P	教育	56.16	62.49
Q	卫生和社会工作	81.14	55.87
R	文化、体育和娱乐业	26.54	41.23
S	综合	52.96	115.57

信用交易 Credit Trading

证券代码 Code	证券简称 Security Name	融资买入（百万）	卖券还款（百万）	融券卖出（百万）	买券还券（百万）	合计（百万）
510010	治理 ETF	3.55	3.11	0.00	0.00	6.66
510020	超大 ETF	0.00	0.02	0.00	0.00	0.02
510050	50ETF	15369.03	6139.93	5240.06	1119.08	27868.10
510060	央企 ETF	0.00	0.07	0.00	0.00	0.07
510070	民企 ETF	0.00	0.14	0.00	0.00	0.14
510090	责任 ETF	0.00	0.02	0.00	0.00	0.02
510150	消费 ETF	0.00	0.05	0.00	0.00	0.05
510160	小康 ETF	75.08	36.76	0.00	0.00	111.84
510170	商品 ETF	0.00	0.00	0.00	0.00	0.00
510180	180ETF	213.77	76.63	92.90	50.87	434.17
510190	龙头 ETF	0.00	0.01	0.00	0.00	0.01
510230	金融 ETF	12.58	4.60	0.00	0.00	17.18
510260	新兴 ETF	0.00	0.00	0.00	0.00	0.00
510270	国企 ETF	0.00	0.01	0.00	0.00	0.01
510290	380ETF	0.00	0.06	0.00	0.00	0.06
510300	300ETF	16627.55	3297.31	17275.66	8770.96	45971.48
510310	HS300ETF	68.82	30.57	0.00	0.00	99.39
510330	华夏 300	14.79	10.23	0.17	0.00	25.19
510410	资源 ETF	0.00	0.09	0.00	0.00	0.09
510500	500ETF	2385.50	635.40	4266.49	2461.67	9749.06
510510	广发 500	13.21	3.93	0.85	18.34	36.33
510630	消费行业	0.00	0.76	0.00	0.00	0.76
510650	金融行业	0.00	0.17	0.00	0.00	0.17
510660	医药行业	0.00	0.15	0.00	0.00	0.15
510810	上海国企	31.05	17.24	0.00	0.00	48.29
510880	红利 ETF	150.64	52.85	0.02	0.18	203.69
510900	H 股 ETF	56923.13	37216.62	0.00	0.00	94139.75
511010	国债 ETF	838.56	736.71	0.00	0.00	1575.27
511220	城投 ETF	0.00	0.24	0.00	0.00	0.24
511600	货币 ETF	0.00	9.08	0.00	0.00	9.08
511650	华夏快线	0.00	0.96	0.00	0.00	0.96
511660	建信添益	0.00	471.19	0.00	0.00	471.19
511670	华泰天金	0.00	2.15	0.00	0.00	2.15
511690	交易货币	0.00	51.82	0.00	0.00	51.82
511700	场内货币	0.00	4.87	0.00	0.00	4.87
511770	金鹰增益	0.00	0.58	0.00	0.00	0.58
511800	易货币	0.00	6.95	0.00	0.00	6.95
511810	理财金 H	0.00	182.08	0.00	0.00	182.08
511820	鹏华添利	0.00	11.36	0.00	0.00	11.36
511830	华泰货币	0.00	0.54	0.00	0.00	0.54
511850	财富宝 E	0.00	65.07	0.00	0.00	65.07
511860	博时货币	0.00	21.40	0.00	0.00	21.40
511880	XD 银华日	0.00	1406.11	0.00	0.00	1406.11
511900	富国货币	0.00	42.11	0.00	0.00	42.11
511910	融通货币	0.00	0.44	0.00	0.00	0.44
511960	嘉实快线	0.00	5.32	0.00	0.00	5.32
511970	国寿货币	0.00	0.21	0.00	0.00	0.21
511980	现金添富	0.00	59.64	0.00	0.00	59.64
511990	华宝添益	0.00	1102.13	0.00	0.00	1102.13
512000	券商 ETF	0.00	2.36	0.00	0.00	2.36

信用交易 Credit Trading

证券代码 Code	证券简称 Security Name	融资买入（百万）	卖券还款（百万）	融券卖出（百万）	买券还券（百万）	合计（百万）
512010	医药 ETF	0.00	0.03	0.00	0.00	0.03
512070	非银 ETF	31.02	13.68	0.00	0.00	44.70
512100	1000ETF	0.00	2.60	0.00	0.00	2.60
512120	中证医药	0.00	0.00	0.00	0.00	0.00
512200	房地产	0.00	0.08	0.00	0.00	0.08
512210	景顺食品	0.00	0.00	0.00	0.00	0.00
512300	500 医药	0.00	0.18	0.00	0.00	0.18
512330	500 信息	0.00	0.01	0.00	0.00	0.01
512340	500 原料	0.00	0.05	0.00	0.00	0.05
512400	有色金属	0.00	0.55	0.00	0.00	0.55
512500	中证 500	12.98	1.31	0.00	0.00	14.29
512510	ETF500	0.00	0.45	0.00	0.00	0.45
512550	富时 A50	0.00	0.03	0.00	0.00	0.03
512560	中证军工	0.00	0.04	0.00	0.00	0.04
512570	中证证券	0.00	0.00	0.00	0.00	0.00
512580	环保 ETF	0.00	0.08	0.00	0.00	0.08
512600	主要消费	0.00	0.00	0.00	0.00	0.00
512610	医药卫生	0.00	0.00	0.00	0.00	0.00
512660	军工 ETF	0.00	4.02	0.00	0.00	4.02
512680	军工基金	0.00	0.24	0.00	0.00	0.24
512700	银行基金	0.00	0.05	0.00	0.00	0.05
512800	银行 ETF	0.00	0.64	0.00	0.00	0.64
512810	军工行业	0.00	0.75	0.00	0.00	0.75
512880	证券 ETF	0.00	6.89	0.00	0.00	6.89
512900	证券基金	91.31	26.81	0.00	0.00	118.12
512990	MSCIA 股	1.31	1.83	0.00	0.00	3.14
513030	德国 30	0.00	1.96	0.00	0.00	1.96
513050	中概互联	0.00	7.24	0.00	0.00	7.24
513100	纳指 ETF	0.00	1.61	0.00	0.00	1.61
513500	标普 500	0.00	1.15	0.00	0.00	1.15
513600	恒指 ETF	0.00	0.31	0.00	0.00	0.31
513660	恒生通	0.00	0.00	0.00	0.00	0.00
518800	黄金基金	0.00	2.83	0.00	0.00	2.83
518880	黄金 ETF	67472.83	27693.06	5546.83	21.84	100734.56
600000	浦发银行	19346.34	7115.54	1166.55	417.73	28046.16
600004	白云机场	7418.44	2870.78	2.38	2.17	10293.77
600005	武钢股份	288.97	262.97	0.80	1.37	554.11
600006	东风汽车	4457.54	1534.99	51.68	19.60	6063.81
600007	中国国贸	1070.67	372.64	9.44	8.44	1461.19
600008	首创股份	45524.83	13410.77	370.66	57.18	59363.44
600009	上海机场	5442.35	2325.08	110.95	77.24	7955.62
600010	包钢股份	12978.48	4736.41	382.03	74.12	18171.04
600011	华能国际	2775.91	1296.62	67.56	24.93	4165.02
600012	皖通高速	843.49	254.22	0.00	0.00	1097.71
600015	华夏银行	15562.96	6372.62	1626.28	112.13	23673.99
600016	民生银行	35799.21	11485.14	3612.83	384.95	51282.13
600017	日照港	6390.96	2534.41	58.42	11.91	8995.70
600018	上港集团	9934.64	3787.09	296.35	80.48	14098.56
600019	宝钢股份	21643.14	9338.09	766.71	252.96	32000.90
600020	中原高速	5565.01	2087.26	3.38	0.65	7656.30

信用交易
Credit Trading

证券代码 Code	证券简称 Security Name	融资买入 （百万）	卖券还款 （百万）	融券卖出 （百万）	买券还券 （百万）	合计 （百万）
600021	上海电力	3433.17	1285.50	93.53	32.62	4844.82
600022	山东钢铁	14142.08	4030.22	1931.39	235.13	20338.82
600023	浙能电力	4736.93	2152.02	46.77	17.34	6953.06
600025	华能水电	0.00	49.12	0.00	0.00	49.12
600026	中远海能	5860.29	2261.38	12.85	2.72	8137.24
600027	华电国际	2841.29	1315.10	16.40	4.35	4177.14
600028	中国石化	22690.36	9970.45	983.17	770.78	34414.76
600029	南方航空	20803.62	8884.85	1032.41	277.56	30998.44
600030	中信证券	72131.66	28449.44	3176.11	2086.48	105843.69
600031	三一重工	14281.84	5742.56	283.43	112.63	20420.46
600033	福建高速	3049.43	1064.04	1.30	0.12	4114.89
600035	楚天高速	0.00	25.96	0.00	0.00	25.96
600036	招商银行	33885.12	11534.45	3146.74	1596.30	50162.61
600037	歌华有线	4794.73	1981.39	28.24	27.85	6832.21
600038	中直股份	11952.05	4375.11	214.79	122.42	16664.37
600039	四川路桥	4930.87	1897.38	13.88	4.37	6846.50
600048	保利地产	30350.27	12884.32	718.78	312.06	44265.43
600050	中国联通	60423.67	21664.95	874.40	223.08	83186.10
600051	宁波联合	0.00	36.63	0.00	0.00	36.63
600052	浙江广厦	0.00	23.84	0.00	0.00	23.84
600053	九鼎投资	0.00	51.09	0.00	0.00	51.09
600054	黄山旅游	0.00	40.80	0.00	0.00	40.80
600055	万东医疗	0.00	66.91	0.00	0.00	66.91
600056	中国医药	4126.95	1353.54	19.26	19.64	5519.39
600057	象屿股份	0.00	50.74	0.00	0.00	50.74
600058	五矿发展	4751.89	1583.03	66.33	31.60	6432.85
600059	古越龙山	3570.07	1314.43	10.38	3.86	4898.74
600060	海信电器	10329.21	4053.34	153.82	75.47	14611.84
600061	国投资本	6911.51	2343.39	15.97	13.16	9284.03
600062	华润双鹤	4256.37	1998.48	14.58	13.21	6282.64
600063	皖维高新	3905.36	1688.28	0.07	0.07	5593.78
600064	南京高科	3754.00	1323.99	4.09	2.42	5084.50
600066	宇通客车	7136.10	3618.84	152.91	86.53	10994.38
600067	冠城大通	4882.93	1885.17	17.84	9.86	6795.80
600068	葛洲坝	25273.00	10257.37	279.74	102.61	35912.72
600069	银鸽投资	0.00	113.80	0.00	0.00	113.80
600070	浙江富润	0.00	31.34	0.00	0.00	31.34
600071	凤凰光学	0.00	25.69	0.00	0.00	25.69
600072	中船科技	0.00	198.79	0.00	0.00	198.79
600073	上海梅林	3807.80	1512.09	17.95	16.26	5354.10
600074	ST 保千里	0.00	65.65	0.00	0.00	65.65
600075	新疆天业	0.00	121.88	0.00	0.00	121.88
600076	康欣新材	0.00	82.11	0.00	0.00	82.11
600077	宋都股份	1462.42	601.02	0.17	0.16	2063.77
600078	澄星股份	3770.11	1630.47	2.74	0.21	5403.53
600079	人福医药	6724.54	2257.29	17.64	14.62	9014.09
600080	金花股份	0.00	32.55	0.00	0.00	32.55
600081	东风科技	0.00	26.45	0.00	0.00	26.45
600082	海泰发展	0.00	52.78	0.00	0.00	52.78
600083	博信股份	0.00	14.88	0.00	0.00	14.88

信用交易
Credit Trading

证券代码 Code	证券简称 Security Name	融资买入（百万）	卖券还款（百万）	融券卖出（百万）	买券还券（百万）	合计（百万）
600084	中葡股份	0.00	114.40	0.00	0.00	114.40
600085	同仁堂	9192.56	2460.61	92.31	65.55	11811.03
600086	东方金钰	3741.26	1405.46	10.91	5.20	5162.83
600088	中视传媒	1421.09	525.13	19.73	17.50	1983.45
600089	特变电工	19122.98	7546.66	196.15	88.50	26954.29
600090	同济堂	0.00	39.47	0.00	0.00	39.47
600091	ST 明科	0.00	0.33	0.00	0.00	0.33
600093	易见股份	0.00	33.71	0.00	0.00	33.71
600094	大名城	2704.19	1276.84	6.01	4.01	3991.05
600095	哈高科	0.00	33.64	0.00	0.00	33.64
600096	云天化	3414.33	1224.58	9.05	4.10	4652.06
600097	开创国际	0.00	46.95	0.00	0.00	46.95
600098	广州发展	5003.10	1690.49	16.18	7.34	6717.11
600099	林海股份	0.00	24.96	0.00	0.00	24.96
600100	同方股份	13549.11	5145.69	169.31	39.64	18903.75
600101	明星电力	0.00	74.66	0.00	0.00	74.66
600103	青山纸业	0.00	290.66	0.00	0.00	290.66
600104	上汽集团	19948.57	7553.93	772.95	546.63	28822.08
600105	永鼎股份	0.00	33.26	0.00	0.00	33.26
600106	重庆路桥	0.00	74.81	0.00	0.00	74.81
600107	美尔雅	2793.05	1142.84	17.13	4.48	3957.50
600108	亚盛集团	4759.92	1814.00	41.38	13.85	6629.15
600109	国金证券	19051.41	7857.89	381.70	123.23	27414.23
600110	诺德股份	18046.19	6504.10	141.31	66.49	24758.09
600111	北方稀土	45096.56	16244.85	651.70	254.83	62247.94
600112	*ST 天成	2080.82	842.06	15.35	4.82	2943.05
600113	浙江东日	7183.95	2500.74	150.61	2.42	9837.72
600114	东睦股份	0.00	27.71	0.00	0.00	27.71
600115	东方航空	25892.89	11579.64	267.73	42.07	37782.33
600116	三峡水利	7814.12	2850.35	136.04	0.10	10800.61
600117	西宁特钢	0.00	127.71	0.00	0.00	127.71
600118	中国卫星	11165.74	3929.84	387.52	152.74	15635.84
600119	长江投资	10655.28	3839.19	120.04	17.75	14632.26
600120	浙江东方	11847.07	4370.08	111.80	26.12	16355.07
600121	*ST 郑煤	0.00	33.00	0.00	0.00	33.00
600122	宏图高科	1853.21	699.02	0.26	0.00	2552.49
600123	兰花科创	10002.21	3987.86	70.33	33.18	14093.58
600125	铁龙物流	23822.29	8476.00	343.74	76.45	32718.48
600126	杭钢股份	0.00	45.55	0.00	0.00	45.55
600127	金健米业	0.00	33.26	0.00	0.00	33.26
600128	弘业股份	0.00	43.83	0.00	0.00	43.83
600129	太极集团	0.00	64.70	0.00	0.00	64.70
600130	波导股份	0.00	76.54	0.00	0.00	76.54
600131	岷江水电	0.00	27.96	0.00	0.00	27.96
600132	重庆啤酒	3143.75	1479.66	61.64	18.99	4704.04
600133	东湖高新	0.00	242.28	0.00	0.00	242.28
600135	乐凯胶片	13458.86	4951.74	43.71	0.93	18455.24
600136	当代明诚	0.00	10.73	0.00	0.00	10.73
600137	浪莎股份	0.00	10.92	0.00	0.00	10.92
600138	中青旅	4118.23	1499.71	27.08	15.90	5660.92

信用交易
Credit Trading

证券代码 Code	证券简称 Security Name	融资买入（百万）	卖券还款（百万）	融券卖出（百万）	买券还券（百万）	合计（百万）
600139	西部资源	5183.32	2295.45	41.07	12.72	7532.56
600141	兴发集团	9975.24	3544.39	18.52	2.59	13540.74
600143	金发科技	3260.78	1163.47	14.04	10.31	4448.60
600146	商赢环球	316.82	77.88	0.10	0.00	394.80
600148	长春一东	0.00	94.83	0.00	0.00	94.83
600149	*ST 坊展	4201.98	1754.88	133.65	7.37	6097.88
600150	中国船舶	18534.05	5979.57	2737.68	699.14	27950.44
600151	航天机电	2397.18	955.16	1.07	0.64	3354.05
600152	维科精华	0.00	35.44	0.00	0.00	35.44
600153	建发股份	13692.16	5129.17	134.82	54.75	19010.90
600155	宝硕股份	16047.95	5334.10	117.83	7.64	21507.52
600156	华升股份	0.00	23.56	0.00	0.00	23.56
600157	永泰能源	2973.81	1299.59	56.48	21.34	4351.22
600158	中体产业	12759.43	4964.62	175.03	49.11	17948.19
600159	大龙地产	0.00	25.82	0.00	0.00	25.82
600160	巨化股份	17654.01	5639.97	176.94	52.07	23522.99
600161	天坛生物	8830.66	3382.53	11.69	0.51	12225.39
600162	香江控股	1071.14	409.71	0.00	0.00	1480.85
600163	中闽能源	0.00	27.79	0.00	0.00	27.79
600165	新日恒力	0.00	37.33	0.00	0.00	37.33
600166	福田汽车	9303.10	3413.08	212.00	27.76	12955.94
600167	联美控股	0.00	53.31	0.00	0.00	53.31
600168	武汉控股	1535.13	544.93	0.00	0.00	2080.06
600169	太原重工	3509.21	1213.48	21.73	5.73	4750.15
600170	上海建工	6291.27	2521.85	87.45	20.96	8921.53
600171	上海贝岭	13375.56	5175.09	50.66	19.07	18620.38
600172	黄河旋风	0.00	111.87	0.00	0.00	111.87
600173	卧龙地产	0.00	28.68	0.00	0.00	28.68
600175	美都能源	3858.36	1539.47	0.18	0.00	5398.01
600176	中国巨石	14063.60	6309.53	83.82	43.17	20500.12
600177	雅戈尔	8461.14	3893.60	35.36	26.19	12416.29
600178	东安动力	0.00	79.06	0.00	0.00	79.06
600179	安通控股	0.00	77.41	0.00	0.00	77.41
600180	瑞茂通	0.00	29.25	0.00	0.00	29.25
600182	S 佳通	0.00	28.30	0.00	0.00	28.30
600183	生益科技	16351.19	5324.46	24.78	7.02	21707.45
600184	光电股份	0.00	35.66	0.00	0.00	35.66
600185	格力地产	5244.65	1893.00	70.59	8.55	7216.79
600186	莲花健康	1363.46	659.71	1.48	0.60	2025.25
600187	国中水务	6516.07	2307.82	154.02	36.64	9014.55
600188	兖州煤业	8250.18	2881.46	98.82	55.47	11285.93
600189	吉林森工	0.00	50.99	0.00	0.00	50.99
600190	锦州港	0.00	53.94	0.00	0.00	53.94
600191	华资实业	0.00	150.52	0.00	0.00	150.52
600192	长城电工	0.00	71.93	0.00	0.00	71.93
600193	创兴资源	2035.69	697.20	3.06	0.83	2736.78
600195	中牧股份	0.00	42.97	0.00	0.00	42.97
600196	复星医药	16755.57	6597.56	144.33	102.65	23600.11
600197	伊力特	6910.90	2580.00	49.63	45.60	9586.13
600198	大唐电信	11271.63	3746.85	184.44	84.73	15287.65

信用交易 Credit Trading

证券代码 Code	证券简称 Security Name	融资买入（百万）	卖券还款（百万）	融券卖出（百万）	买券还券（百万）	合计（百万）
600199	金种子酒	4717.69	1939.23	15.37	0.10	6672.39
600200	江苏吴中	4943.79	2163.65	75.54	40.57	7223.55
600201	生物股份	6153.15	2845.49	18.91	12.62	9030.17
600202	哈空调	0.00	77.82	0.00	0.00	77.82
600203	福日电子	0.00	19.33	0.00	0.00	19.33
600206	有研新材	15123.71	5353.22	27.15	3.59	20507.67
600207	安彩高科	0.00	19.88	0.00	0.00	19.88
600208	新湖中宝	9373.96	3199.44	74.03	30.59	12678.02
600209	罗顿发展	12206.60	3855.94	87.81	3.68	16154.03
600210	紫江企业	6937.13	2950.23	4.77	0.00	9892.13
600211	西藏药业	0.00	35.18	0.00	0.00	35.18
600212	江泉实业	0.00	67.31	0.00	0.00	67.31
600213	亚星客车	0.00	31.55	0.00	0.00	31.55
600215	长春经开	0.00	41.85	0.00	0.00	41.85
600216	浙江医药	5633.01	2255.79	14.86	7.19	7910.85
600217	中再资环	0.00	74.99	0.00	0.00	74.99
600218	全柴动力	2035.18	823.82	0.10	0.10	2859.20
600219	南山铝业	18392.35	8045.57	100.11	47.85	26585.88
600220	江苏阳光	2009.38	839.50	6.77	2.63	2858.28
600221	海航控股	10889.27	4270.41	135.79	19.22	15314.69
600222	太龙药业	1745.38	692.09	0.00	0.00	2437.47
600223	鲁商置业	1405.52	464.39	0.27	0.18	1870.36
600225	*ST 松江	0.00	61.46	0.00	0.00	61.46
600226	瀚叶股份	0.00	96.89	0.00	0.00	96.89
600227	赤天化	0.00	33.48	0.00	0.00	33.48
600228	*ST 昌九	0.00	28.14	0.00	0.00	28.14
600229	城市传媒	1458.55	533.03	0.03	0.01	1991.62
600230	沧州大化	21092.26	7468.17	45.90	0.00	28606.33
600231	凌钢股份	0.00	154.96	0.00	0.00	154.96
600232	金鹰股份	0.00	42.31	0.00	0.00	42.31
600233	圆通速递	0.00	93.28	0.00	0.00	93.28
600234	ST 山水	0.00	1.29	0.00	0.00	1.29
600235	民丰特纸	0.00	33.05	0.00	0.00	33.05
600236	桂冠电力	765.42	274.41	0.00	0.00	1039.83
600237	铜峰电子	3850.88	1611.64	0.00	0.00	5462.52
600238	海南椰岛	0.00	22.77	0.00	0.00	22.77
600239	云南城投	1671.57	650.44	8.92	0.21	2331.14
600240	华业资本	4868.10	1624.03	12.62	9.00	6513.75
600241	时代万恒	0.00	19.55	0.00	0.00	19.55
600242	中昌数据	0.00	54.27	0.00	0.00	54.27
600243	青海华鼎	0.00	34.13	0.00	0.00	34.13
600246	万通地产	0.00	46.30	0.00	0.00	46.30
600247	ST 成城	0.00	1.27	0.00	0.00	1.27
600248	延长化建	0.00	20.42	0.00	0.00	20.42
600249	两面针	0.00	114.31	0.00	0.00	114.31
600250	南纺股份	0.00	13.61	0.00	0.00	13.61
600251	冠农股份	6458.31	2304.65	38.38	11.87	8813.21
600252	中恒集团	5101.60	2146.55	86.06	42.42	7376.63
600255	梦舟股份	0.00	93.96	0.00	0.00	93.96
600256	广汇能源	9129.27	3694.47	276.85	98.74	13199.33

信用交易 Credit Trading

证券代码 Code	证券简称 Security Name	融资买入（百万）	卖券还款（百万）	融券卖出（百万）	买券还券（百万）	合计（百万）
600257	大湖股份	1706.41	684.36	0.01	0.01	2390.79
600258	首旅酒店	0.00	43.76	0.00	0.00	43.76
600259	广晟有色	14138.95	4560.37	228.52	65.47	18993.31
600260	凯乐科技	15254.44	5167.62	93.78	70.43	20586.27
600261	阳光照明	1585.09	647.20	1.14	1.08	2234.51
600262	北方股份	0.00	23.88	0.00	0.00	23.88
600265	ST 景谷	0.00	7.97	0.00	0.00	7.97
600266	北京城建	19597.33	6581.08	3.34	0.59	26182.34
600267	海正药业	3487.08	1051.25	27.53	11.26	4577.12
600268	国电南自	0.00	40.69	0.00	0.00	40.69
600269	赣粤高速	3940.67	1262.39	0.86	0.00	5203.92
600270	外运发展	5575.49	2069.51	55.89	19.11	7720.00
600271	航天信息	12894.58	5022.10	147.96	73.51	18138.15
600272	开开实业	0.00	22.21	0.00	0.00	22.21
600273	嘉化能源	4311.38	1044.61	4.60	3.18	5363.77
600275	*ST 昌鱼	0.00	44.35	0.00	0.00	44.35
600276	恒瑞医药	11353.04	4303.91	327.48	237.19	16221.62
600277	亿利洁能	2775.16	1078.02	10.83	6.41	3870.42
600278	东方创业	0.00	59.91	0.00	0.00	59.91
600279	重庆港九	0.00	91.49	0.00	0.00	91.49
600280	中央商场	0.00	52.30	0.00	0.00	52.30
600281	太化股份	0.00	19.34	0.00	0.00	19.34
600282	南钢股份	0.00	308.62	0.00	0.00	308.62
600283	钱江水利	0.00	51.94	0.00	0.00	51.94
600284	浦东建设	3984.77	1330.89	11.54	6.28	5333.48
600285	羚锐制药	2297.84	1089.32	5.84	5.81	3398.81
600287	江苏舜天	0.00	45.43	0.00	0.00	45.43
600288	大恒科技	5939.61	1979.15	18.35	12.78	7949.89
600289	ST 信通	2495.70	868.10	13.50	3.71	3381.01
600290	华仪电气	0.00	28.19	0.00	0.00	28.19
600291	西水股份	0.00	967.46	0.00	0.00	967.46
600292	远达环保	4706.82	1637.88	29.85	16.87	6391.42
600293	三峡新材	3129.17	1213.22	8.16	5.08	4355.63
600295	鄂尔多斯	0.00	175.13	0.00	0.00	175.13
600297	广汇汽车	5041.97	1895.06	3.11	2.37	6942.51
600298	安琪酵母	7511.88	2764.94	119.72	42.41	10438.95
600299	安迪苏	0.00	38.55	0.00	0.00	38.55
600300	维维股份	4982.22	1572.51	10.14	3.58	6568.45
600301	ST 南化	0.00	0.35	0.00	0.00	0.35
600302	标准股份	0.00	17.53	0.00	0.00	17.53
600303	曙光股份	0.00	156.06	0.00	0.00	156.06
600305	恒顺醋业	0.00	55.14	0.00	0.00	55.14
600306	商业城	0.00	26.15	0.00	0.00	26.15
600307	酒钢宏兴	14153.67	4890.86	20.26	0.01	19064.80
600308	华泰股份	0.00	112.88	0.00	0.00	112.88
600309	万华化学	56717.08	19523.59	1811.98	704.94	78757.59
600310	桂东电力	1662.26	640.31	0.14	0.00	2302.71
600311	荣华实业	0.00	60.83	0.00	0.00	60.83
600312	平高电气	5837.38	2470.35	40.94	32.98	8381.65
600313	农发种业	0.00	32.26	0.00	0.00	32.26

信用交易
Credit Trading

证券代码 Code	证券简称 Security Name	融资买入（百万）	卖券还款（百万）	融券卖出（百万）	买券还券（百万）	合计（百万）
600315	上海家化	5712.93	2488.25	265.18	153.06	8619.42
600316	洪都航空	7817.57	2646.50	168.92	115.33	10748.32
600317	营口港	0.00	64.92	0.00	0.00	64.92
600318	新力金融	2765.73	1066.85	8.38	0.00	3840.96
600319	亚星化学	0.00	20.09	0.00	0.00	20.09
600320	振华重工	4340.60	1668.68	24.05	11.63	6044.96
600321	正源股份	4464.77	1607.19	25.78	1.48	6099.22
600322	天房发展	0.00	88.30	0.00	0.00	88.30
600323	瀚蓝环境	4387.58	1637.10	61.97	59.71	6146.36
600325	华发股份	10667.57	4023.23	71.72	43.79	14806.31
600326	西藏天路	11142.45	3724.87	20.87	0.90	14889.09
600327	大东方	0.00	40.00	0.00	0.00	40.00
600328	兰太实业	0.00	57.62	0.00	0.00	57.62
600329	中新药业	2072.12	873.55	14.84	14.17	2974.68
600330	天通股份	11808.81	4236.66	18.44	4.71	16068.62
600331	宏达股份	5945.49	2226.50	3.38	0.14	8175.51
600332	白云山	6807.55	2842.26	64.98	41.64	9756.43
600333	长春燃气	3571.15	1408.92	2.22	0.00	4982.29
600335	国机汽车	3108.52	1129.71	10.12	5.51	4253.86
600336	澳柯玛	2563.75	985.17	0.96	0.00	3549.88
600337	美克家居	4364.43	1714.96	4.36	3.60	6087.35
600338	西藏珠峰	0.00	130.18	0.00	0.00	130.18
600339	中油工程	0.00	54.67	0.00	0.00	54.67
600340	华夏幸福	52398.64	18618.07	371.16	121.02	71508.89
600343	航天动力	5747.24	2324.28	76.27	69.26	8217.05
600345	长江通信	0.00	124.07	0.00	0.00	124.07
600346	恒力股份	0.00	67.42	0.00	0.00	67.42
600348	阳泉煤业	12188.50	4424.25	117.65	32.65	16763.05
600350	山东高速	2418.66	954.44	7.01	2.53	3382.64
600351	亚宝药业	0.00	21.20	0.00	0.00	21.20
600352	浙江龙盛	16728.17	6014.33	145.59	51.29	22939.38
600353	旭光股份	0.00	38.83	0.00	0.00	38.83
600354	敦煌种业	7458.67	2864.92	73.64	0.59	10397.82
600355	精伦电子	0.00	25.76	0.00	0.00	25.76
600356	恒丰纸业	0.00	114.55	0.00	0.00	114.55
600358	国旅联合	0.00	22.09	0.00	0.00	22.09
600359	新农开发	0.00	33.17	0.00	0.00	33.17
600360	华微电子	0.00	137.14	0.00	0.00	137.14
600361	华联综超	0.00	61.31	0.00	0.00	61.31
600362	江西铜业	32049.58	12096.38	341.53	162.97	44650.46
600363	联创光电	7333.49	2922.06	27.94	20.38	10303.87
600365	通葡股份	0.00	27.55	0.00	0.00	27.55
600366	宁波韵升	9674.25	3301.20	98.94	60.74	13135.13
600367	红星发展	0.00	123.05	0.00	0.00	123.05
600368	五洲交通	0.00	94.71	0.00	0.00	94.71
600369	西南证券	5988.74	2591.81	80.13	18.47	8679.15
600370	三房巷	0.00	40.94	0.00	0.00	40.94
600371	万向德农	0.00	11.95	0.00	0.00	11.95
600372	中航电子	6232.57	2142.88	194.10	106.15	8675.70
600373	中文传媒	9272.37	3022.27	49.49	42.11	12386.24

信用交易 Credit Trading

证券代码 Code	证券简称 Security Name	融资买入（百万）	卖券还款（百万）	融券卖出（百万）	买券还券（百万）	合计（百万）
600375	华菱星马	0.00	20.82	0.00	0.00	20.82
600376	首开股份	6610.54	2676.71	52.31	15.92	9355.48
600377	宁沪高速	675.21	310.48	5.02	4.84	995.55
600378	天科股份	0.00	13.90	0.00	0.00	13.90
600379	宝光股份	0.00	25.63	0.00	0.00	25.63
600380	健康元	9408.47	3532.77	31.67	16.42	12989.33
600381	青海春天	0.00	46.51	0.00	0.00	46.51
600382	广东明珠	3608.57	1494.57	9.20	8.50	5120.84
600383	金地集团	8992.21	3726.79	165.14	112.03	12996.17
600385	山东金泰	0.00	10.31	0.00	0.00	10.31
600386	北巴传媒	3239.77	1043.58	11.46	11.46	4306.27
600387	海越股份	2702.55	1088.95	75.60	40.74	3907.84
600388	龙净环保	11939.57	4322.57	158.91	46.43	16467.48
600389	江山股份	1376.41	434.02	0.00	0.00	1810.43
600390	五矿资本	0.00	118.84	0.00	0.00	118.84
600391	航发科技	6348.63	2180.96	109.58	39.04	8678.21
600392	盛和资源	36803.78	11755.08	323.70	64.10	48946.66
600393	粤泰股份	0.00	42.67	0.00	0.00	42.67
600395	盘江股份	6313.01	1955.63	180.42	32.86	8481.92
600396	金山股份	0.00	10.24	0.00	0.00	10.24
600397	安源煤业	0.00	46.57	0.00	0.00	46.57
600398	海澜之家	2032.09	674.22	2.10	0.66	2709.07
600399	抚顺特钢	0.00	132.07	0.00	0.00	132.07
600400	红豆股份	0.00	18.80	0.00	0.00	18.80
600401	*ST 海润	0.00	40.16	0.00	0.00	40.16
600403	*ST 大有	0.00	5.01	0.00	0.00	5.01
600405	动力源	0.00	51.22	0.00	0.00	51.22
600406	国电南瑞	13677.26	5404.25	152.38	66.14	19300.03
600408	安泰集团	0.00	48.31	0.00	0.00	48.31
600409	三友化工	14693.18	4908.03	23.69	12.28	19637.18
600410	华胜天成	7249.97	2677.99	63.99	36.67	10028.62
600415	小商品城	4532.46	1668.63	82.95	35.80	6319.84
600416	湘电股份	11572.01	4344.62	35.61	17.26	15969.50
600418	江淮汽车	8939.88	3295.24	77.26	54.17	12366.55
600419	天润乳业	0.00	15.28	0.00	0.00	15.28
600420	现代制药	0.00	66.61	0.00	0.00	66.61
600421	仰帆控股	0.00	17.83	0.00	0.00	17.83
600422	昆药集团	3508.23	1283.81	12.43	8.98	4813.45
600423	*ST 柳化	0.00	21.35	0.00	0.00	21.35
600425	*ST 青松	5688.68	2425.86	63.34	0.00	8177.88
600426	华鲁恒升	5327.36	2121.36	42.22	12.22	7503.16
600428	中远海特	0.00	190.39	0.00	0.00	190.39
600429	三元股份	0.00	35.82	0.00	0.00	35.82
600432	*ST 吉恩	0.00	9.44	0.00	0.00	9.44
600433	冠豪高新	4190.69	1576.78	5.97	2.41	5775.85
600435	北方导航	22483.66	8274.77	945.25	371.25	32074.93
600436	片仔癀	9612.10	3474.36	48.66	24.87	13159.99
600438	通威股份	0.00	184.31	0.00	0.00	184.31
600439	瑞贝卡	0.00	35.17	0.00	0.00	35.17
600444	国机通用	0.00	13.51	0.00	0.00	13.51

信用交易
Credit Trading

证券代码 Code	证券简称 Security Name	融资买入（百万）	卖券还款（百万）	融券卖出（百万）	买券还券（百万）	合计（百万）
600446	金证股份	12865.31	4144.99	151.92	31.49	17193.71
600448	华纺股份	0.00	21.40	0.00	0.00	21.40
600449	宁夏建材	12401.55	4267.15	163.00	0.05	16831.75
600452	涪陵电力	0.00	29.41	0.00	0.00	29.41
600455	博通股份	0.00	7.93	0.00	0.00	7.93
600456	宝钛股份	9912.68	3663.64	105.41	71.79	13753.52
600458	时代新材	3876.64	1461.91	20.07	17.78	5376.40
600459	贵研铂业	10041.33	3683.29	108.36	64.73	13897.71
600460	士兰微	21684.04	7789.75	17.46	2.94	29494.19
600461	洪城水业	0.00	23.56	0.00	0.00	23.56
600462	九有股份	0.00	52.29	0.00	0.00	52.29
600463	空港股份	0.00	68.05	0.00	0.00	68.05
600466	蓝光发展	9011.48	3528.61	2.78	0.37	12543.24
600467	好当家	3000.65	1205.70	0.03	0.02	4206.40
600468	百利电气	0.00	13.37	0.00	0.00	13.37
600469	风神股份	0.00	18.50	0.00	0.00	18.50
600470	六国化工	4264.82	1697.64	63.17	4.05	6029.68
600475	华光股份	0.00	76.51	0.00	0.00	76.51
600476	湘邮科技	0.00	47.69	0.00	0.00	47.69
600477	杭萧钢构	0.00	224.45	0.00	0.00	224.45
600478	科力远	3756.70	1626.62	42.02	13.52	5438.86
600479	千金药业	0.00	41.60	0.00	0.00	41.60
600480	凌云股份	0.00	213.06	0.00	0.00	213.06
600481	双良节能	2364.27	1052.00	14.29	7.06	3437.62
600482	中国动力	12990.72	5601.02	71.74	55.91	18719.39
600483	福能股份	1744.31	634.20	0.92	0.44	2379.87
600486	扬农化工	3167.76	1314.05	21.40	18.19	4521.40
600487	亨通光电	21383.61	8260.06	15.35	1.91	29660.93
600488	天药股份	0.00	30.53	0.00	0.00	30.53
600489	中金黄金	20240.39	7626.38	148.82	35.41	28051.00
600490	鹏欣资源	10557.19	3676.68	108.86	53.17	14395.90
600491	龙元建设	3958.81	1470.73	35.45	17.99	5482.98
600493	凤竹纺织	0.00	25.49	0.00	0.00	25.49
600495	晋西车轴	8712.81	3338.77	159.89	0.64	12212.11
600496	精工钢构	0.00	176.30	0.00	0.00	176.30
600497	驰宏锌锗	23431.70	8030.99	167.03	21.28	31651.00
600498	烽火通信	11729.58	4236.22	168.43	96.17	16230.40
600499	科达洁能	18890.62	6197.45	164.28	62.79	25315.14
600500	中化国际	9781.34	3371.62	43.85	7.89	13204.70
600501	航天晨光	0.00	59.46	0.00	0.00	59.46
600502	安徽水利	6131.77	2402.64	42.91	4.91	8582.23
600503	华丽家族	12439.87	4742.09	124.83	26.93	17333.72
600505	西昌电力	0.00	34.94	0.00	0.00	34.94
600506	香梨股份	0.00	32.00	0.00	0.00	32.00
600507	方大特钢	0.00	319.57	0.00	0.00	319.57
600508	上海能源	0.00	110.67	0.00	0.00	110.67
600509	天富能源	4990.86	1995.04	2.14	0.00	6988.04
600510	黑牡丹	0.00	19.58	0.00	0.00	19.58
600511	国药股份	6077.79	920.42	14.90	13.71	7026.82
600512	腾达建设	0.00	35.54	0.00	0.00	35.54

信用交易 Credit Trading

证券代码 Code	证券简称 Security Name	融资买入（百万）	卖券还款（百万）	融券卖出（百万）	买券还券（百万）	合计（百万）
600513	联环药业	0.00	15.42	0.00	0.00	15.42
600515	海航基础	2948.48	890.54	21.70	16.39	3877.11
600516	方大炭素	96376.66	29676.85	474.32	99.84	126627.67
600517	置信电气	3517.46	1246.96	6.02	3.04	4773.48
600518	康美药业	12127.78	5334.86	510.83	324.18	18297.65
600519	贵州茅台	65090.44	19484.35	792.28	592.93	85960.00
600520	文一科技	0.00	27.79	0.00	0.00	27.79
600521	华海药业	4005.99	1437.38	31.06	28.17	5502.60
600522	中天科技	31746.23	11684.95	46.61	12.40	43490.19
600523	贵航股份	5872.06	2068.66	43.06	16.45	8000.23
600525	长园集团	6735.02	1999.06	24.56	10.36	8769.00
600526	菲达环保	4970.94	1753.63	60.94	33.10	6818.61
600527	江南高纤	0.00	57.44	0.00	0.00	57.44
600528	中铁工业	20274.82	7705.37	441.21	63.49	28484.89
600529	山东药玻	0.00	24.77	0.00	0.00	24.77
600530	交大昂立	0.00	36.61	0.00	0.00	36.61
600531	豫光金铅	0.00	142.73	0.00	0.00	142.73
600532	宏达矿业	0.00	101.91	0.00	0.00	101.91
600533	栖霞建设	0.00	104.34	0.00	0.00	104.34
600535	天士力	7079.03	2286.34	45.84	28.17	9439.38
600536	中国软件	6828.36	1812.31	87.55	61.06	8789.28
600537	亿晶光电	4252.04	1593.86	25.75	9.19	5880.84
600538	国发股份	0.00	62.64	0.00	0.00	62.64
600539	狮头股份	0.00	8.58	0.00	0.00	8.58
600540	*ST 新赛	0.00	34.26	0.00	0.00	34.26
600543	莫高股份	2311.91	948.72	3.67	3.05	3267.35
600545	卓郎智能	10506.76	3958.74	285.43	120.30	14871.23
600546	山煤国际	0.00	97.81	0.00	0.00	97.81
600547	山东黄金	23368.10	9214.75	174.25	29.91	32787.01
600548	深高速	1037.49	335.62	2.75	0.45	1376.31
600549	厦门钨业	29004.63	10170.05	315.61	111.74	39602.03
600550	保变电气	0.00	287.97	0.00	0.00	287.97
600551	时代出版	1235.47	490.69	7.57	2.71	1736.44
600552	凯盛科技	0.00	98.31	0.00	0.00	98.31
600555	海航创新	0.00	27.00	0.00	0.00	27.00
600556	ST 慧球	0.00	4.40	0.00	0.00	4.40
600557	康缘药业	2102.29	751.12	14.95	14.07	2882.43
600558	大西洋	0.00	99.37	0.00	0.00	99.37
600559	老白干酒	2060.10	651.80	11.82	0.48	2724.20
600560	金自天正	0.00	27.00	0.00	0.00	27.00
600561	江西长运	0.00	30.88	0.00	0.00	30.88
600562	国睿科技	0.00	130.86	0.00	0.00	130.86
600563	法拉电子	5349.21	1935.30	21.22	20.70	7326.43
600565	迪马股份	1416.73	488.90	0.29	0.29	1906.21
600566	济川药业	3088.54	1039.42	9.24	8.01	4145.21
600567	山鹰纸业	0.00	201.05	0.00	0.00	201.05
600568	中珠医疗	5016.23	1880.35	8.90	6.02	6911.50
600569	安阳钢铁	0.00	151.71	0.00	0.00	151.71
600570	恒生电子	34182.95	11077.50	368.59	58.69	45687.73
600571	信雅达	0.00	73.65	0.00	0.00	73.65

信用交易 Credit Trading

证券代码 Code	证券简称 Security Name	融资买入（百万）	卖券还款（百万）	融券卖出（百万）	买券还券（百万）	合计（百万）
600572	康恩贝	2638.61	877.07	9.82	9.67	3535.17
600573	惠泉啤酒	0.00	13.96	0.00	0.00	13.96
600575	皖江物流	2215.31	781.66	0.00	0.00	2996.97
600576	祥源文化	0.00	74.43	0.00	0.00	74.43
600577	精达股份	0.00	77.82	0.00	0.00	77.82
600578	京能电力	2323.45	947.04	46.73	27.51	3344.73
600579	天华院	0.00	12.11	0.00	0.00	12.11
600580	卧龙电气	3313.77	1022.71	11.41	7.33	4355.22
600581	八一钢铁	0.00	240.71	0.00	0.00	240.71
600582	天地科技	4007.71	1636.20	18.18	13.96	5676.05
600583	海油工程	6374.69	2626.13	72.47	16.14	9089.43
600584	长电科技	16005.73	5601.02	133.28	88.34	21828.37
600585	海螺水泥	25358.70	9181.65	331.30	220.90	35092.55
600586	金晶科技	0.00	58.98	0.00	0.00	58.98
600587	新华医疗	3831.02	1250.85	11.10	6.50	5099.47
600588	用友网络	8941.44	2969.07	496.08	342.20	12748.79
600589	广东榕泰	0.00	49.40	0.00	0.00	49.40
600590	泰豪科技	0.00	77.12	0.00	0.00	77.12
600592	龙溪股份	7414.40	2986.60	20.55	8.25	10429.80
600593	大连圣亚	0.00	20.31	0.00	0.00	20.31
600594	益佰制药	7892.33	2687.80	14.56	12.18	10606.87
600595	中孚实业	7311.29	2312.52	26.06	7.70	9657.57
600596	新安股份	9062.26	2819.20	16.06	0.00	11897.52
600597	光明乳业	4058.89	1486.72	16.95	10.72	5573.28
600598	北大荒	5035.12	1612.95	2.95	0.32	6651.34
600599	熊猫金控	0.00	45.57	0.00	0.00	45.57
600600	青岛啤酒	2971.63	1072.61	37.65	27.43	4109.32
600601	方正科技	2882.57	1338.07	20.28	6.33	4247.25
600602	云赛智联	0.00	47.37	0.00	0.00	47.37
600603	广汇物流	0.00	13.69	0.00	0.00	13.69
600604	市北高新	7118.63	2517.49	43.05	0.00	9679.17
600605	汇通能源	0.00	12.58	0.00	0.00	12.58
600606	绿地控股	23663.06	8463.36	125.29	30.51	32282.22
600608	*ST 沪科	0.00	12.43	0.00	0.00	12.43
600609	金杯汽车	1263.61	405.26	7.06	0.84	1676.77
600610	中毅达	0.00	23.51	0.00	0.00	23.51
600611	大众交通	2613.80	1007.41	30.05	5.88	3657.14
600612	老凤祥	1216.12	483.19	0.00	0.00	1699.31
600613	神奇制药	0.00	48.09	0.00	0.00	48.09
600614	鹏起科技	7621.23	2945.99	12.20	5.96	10585.38
600615	丰华股份	0.00	31.73	0.00	0.00	31.73
600616	金枫酒业	3032.52	1028.78	8.00	6.23	4075.53
600617	国新能源	0.00	24.52	0.00	0.00	24.52
600618	氯碱化工	0.00	65.33	0.00	0.00	65.33
600619	海立股份	0.00	86.00	0.00	0.00	86.00
600620	天宸股份	1819.88	635.48	12.45	10.76	2478.57
600621	华鑫股份	0.00	119.57	0.00	0.00	119.57
600622	光大嘉宝	0.00	37.32	0.00	0.00	37.32
600623	华谊集团	0.00	50.94	0.00	0.00	50.94
600624	复旦复华	2914.50	1148.48	1.72	0.04	4064.74

信用交易
Credit Trading

证券代码 Code	证券简称 Security Name	融资买入（百万）	卖券还款（百万）	融券卖出（百万）	买券还券（百万）	合计（百万）
600626	申达股份	5218.04	1839.80	30.10	5.75	7093.69
600628	新世界	0.00	59.30	0.00	0.00	59.30
600629	华建集团	0.00	81.92	0.00	0.00	81.92
600630	龙头股份	0.00	98.28	0.00	0.00	98.28
600633	浙数文化	7446.07	2552.88	45.70	27.90	10072.55
600634	富控互动	0.00	43.22	0.00	0.00	43.22
600635	大众公用	3953.02	1428.62	36.83	11.91	5430.38
600636	*ST 爱富	0.00	30.01	0.00	0.00	30.01
600637	东方明珠	5850.20	1924.85	81.14	59.98	7916.17
600638	新黄浦	0.00	46.59	0.00	0.00	46.59
600639	浦东金桥	2528.72	829.69	114.57	19.99	3492.97
600640	号百控股	3277.27	1273.88	72.70	29.08	4652.93
600641	万业企业	0.00	121.58	0.00	0.00	121.58
600642	申能股份	2980.44	1149.58	11.59	3.85	4145.46
600643	爱建集团	6100.71	2493.08	22.85	9.28	8625.92
600644	乐山电力	0.00	36.20	0.00	0.00	36.20
600645	中源协和	7253.65	2494.38	14.94	5.21	9768.18
600647	同达创业	0.00	28.06	0.00	0.00	28.06
600648	外高桥	2768.40	983.94	141.86	19.26	3913.46
600649	城投控股	8488.95	3620.06	165.02	46.32	12320.35
600650	锦江投资	0.00	34.90	0.00	0.00	34.90
600651	飞乐音响	6005.46	2286.15	12.15	5.84	8309.60
600652	游久游戏	7903.30	2976.42	49.91	24.35	10953.98
600653	申华控股	919.27	370.50	0.34	0.00	1290.11
600654	*ST 中安	0.00	275.50	0.00	0.00	275.50
600655	豫园股份	1048.37	435.03	4.72	0.90	1489.02
600657	信达地产	0.00	54.71	0.00	0.00	54.71
600658	电子城	0.00	14.16	0.00	0.00	14.16
600660	福耀玻璃	9504.96	3564.74	53.69	30.70	13154.09
600661	新南洋	2098.64	697.98	23.38	11.36	2831.36
600662	强生控股	2579.75	978.73	19.85	0.52	3578.85
600663	陆家嘴	3325.74	1458.98	165.58	63.86	5014.16
600664	哈药股份	3290.28	1086.81	13.99	8.16	4399.24
600665	天地源	0.00	23.54	0.00	0.00	23.54
600666	奥瑞德	0.00	71.92	0.00	0.00	71.92
600667	太极实业	13240.68	5029.97	18.62	1.18	18290.45
600668	尖峰集团	7587.40	2951.43	23.81	17.19	10579.83
600671	天目药业	0.00	6.53	0.00	0.00	6.53
600673	东阳光科	540.97	253.33	1.08	0.86	796.24
600674	川投能源	4774.23	2355.78	51.94	33.20	7215.15
600675	中华企业	0.00	108.19	0.00	0.00	108.19
600676	交运股份	2235.42	637.01	5.70	0.92	2879.05
600677	航天通信	6547.24	2271.94	13.30	11.82	8844.30
600678	四川金顶	0.00	30.45	0.00	0.00	30.45
600679	上海凤凰	0.00	59.10	0.00	0.00	59.10
600680	*ST 上普	1700.34	692.92	33.00	4.41	2430.67
600681	百川能源	0.00	32.37	0.00	0.00	32.37
600682	南京新百	0.00	483.10	0.00	0.00	483.10
600683	京投发展	0.00	30.77	0.00	0.00	30.77
600684	珠江实业	6697.07	2639.57	43.66	1.59	9381.89

信用交易 Credit Trading

证券代码 Code	证券简称 Security Name	融资买入（百万）	卖券还款（百万）	融券卖出（百万）	买券还券（百万）	合计（百万）
600685	中船防务	0.00	187.53	0.00	0.00	187.53
600686	金龙汽车	4220.92	1106.52	14.36	7.36	5349.16
600687	刚泰控股	0.00	107.03	0.00	0.00	107.03
600688	上海石化	8765.23	3650.19	152.45	39.34	12607.21
600689	上海三毛	0.00	38.46	0.00	0.00	38.46
600690	青岛海尔	22387.76	9091.74	313.68	138.63	31931.81
600691	阳煤化工	0.00	43.92	0.00	0.00	43.92
600692	亚通股份	9080.03	3163.45	43.66	11.01	12298.15
600693	东百集团	0.00	27.69	0.00	0.00	27.69
600694	大商股份	4371.05	1764.52	4.85	3.59	6144.01
600695	绿庭投资	0.00	30.95	0.00	0.00	30.95
600696	*ST 匹凸	357.18	255.66	2.19	2.52	617.55
600697	欧亚集团	0.00	43.48	0.00	0.00	43.48
600698	湖南天雁	0.00	185.32	0.00	0.00	185.32
600699	均胜电子	17166.75	5633.32	56.10	25.12	22881.29
600701	工大高新	0.00	66.71	0.00	0.00	66.71
600702	沱牌舍得	8564.50	3622.96	211.52	60.62	12459.60
600703	三安光电	19062.92	6508.76	438.02	303.19	26312.89
600704	物产中大	11275.84	4295.59	81.49	34.81	15687.73
600705	中航资本	11752.12	4732.15	104.35	16.67	16605.29
600706	曲江文旅	0.00	30.80	0.00	0.00	30.80
600707	彩虹股份	5197.84	1697.34	31.53	0.04	6926.75
600708	光明地产	0.00	81.01	0.00	0.00	81.01
600710	ST 常林	0.00	0.86	0.00	0.00	0.86
600711	盛屯矿业	21452.58	7303.73	133.08	13.31	28902.70
600712	南宁百货	0.00	26.30	0.00	0.00	26.30
600713	南京医药	0.00	32.59	0.00	0.00	32.59
600714	金瑞矿业	0.00	36.86	0.00	0.00	36.86
600715	文投控股	0.00	30.27	0.00	0.00	30.27
600716	凤凰股份	3667.49	986.71	1.50	0.07	4655.77
600717	天津港	14460.71	4938.30	209.13	30.75	19638.89
600718	东软集团	14999.10	5934.34	247.99	107.28	21288.71
600719	大连热电	0.00	30.70	0.00	0.00	30.70
600720	祁连山	17765.85	6292.25	124.69	18.90	24201.69
600721	百花村	0.00	17.62	0.00	0.00	17.62
600722	金牛化工	9579.31	3315.84	115.82	0.17	13011.14
600723	首商股份	0.00	34.23	0.00	0.00	34.23
600724	宁波富达	0.00	25.99	0.00	0.00	25.99
600725	ST 云维	0.00	0.00	0.00	0.00	0.00
600726	华电能源	0.00	19.37	0.00	0.00	19.37
600727	鲁北化工	0.00	38.32	0.00	0.00	38.32
600728	佳都科技	8755.97	3258.12	16.94	0.07	12031.10
600729	重庆百货	4662.03	1922.93	10.18	5.91	6601.05
600730	中国高科	2697.31	1090.74	6.94	0.03	3795.02
600731	湖南海利	0.00	34.88	0.00	0.00	34.88
600732	ST 新梅	0.00	0.07	0.00	0.00	0.07
600734	实达集团	0.00	33.29	0.00	0.00	33.29
600735	新华锦	0.00	66.20	0.00	0.00	66.20
600736	苏州高新	0.00	40.43	0.00	0.00	40.43
600737	中粮糖业	7920.11	2759.10	94.55	21.93	10795.69

信用交易
Credit Trading

证券代码 Code	证券简称 Security Name	融资买入（百万）	卖券还款（百万）	融券卖出（百万）	买券还券（百万）	合计（百万）
600738	兰州民百	0.00	23.14	0.00	0.00	23.14
600739	辽宁成大	10013.10	4074.13	78.06	50.68	14215.97
600740	山西焦化	14083.15	5098.57	196.42	5.45	19383.59
600741	华域汽车	10025.48	3665.74	143.81	80.69	13915.72
600742	一汽富维	5265.97	2196.30	3.05	0.24	7465.56
600743	华远地产	4172.71	1541.63	14.10	0.36	5728.80
600744	华银电力	3487.39	1355.25	22.89	2.46	4867.99
600745	闻泰科技	0.00	138.18	0.00	0.00	138.18
600746	江苏索普	0.00	29.14	0.00	0.00	29.14
600747	*ST 大控	199.13	182.91	0.00	0.00	382.04
600748	上实发展	2300.37	794.13	9.64	6.12	3110.26
600749	西藏旅游	0.00	26.11	0.00	0.00	26.11
600750	江中药业	4516.51	1511.20	10.91	10.34	6048.96
600751	天海投资	4604.75	1613.87	76.84	23.03	6318.49
600753	东方银星	0.00	11.62	0.00	0.00	11.62
600754	锦江股份	0.00	29.81	0.00	0.00	29.81
600755	厦门国贸	26016.99	8911.05	102.42	51.85	35082.31
600756	浪潮软件	11313.41	3805.89	96.18	48.56	15264.04
600757	长江传媒	2938.01	1020.13	83.59	55.82	4097.55
600758	红阳能源	0.00	198.13	0.00	0.00	198.13
600759	洲际油气	5971.96	2046.59	178.66	51.24	8248.45
600760	中航黑豹	0.00	160.14	0.00	0.00	160.14
600761	安徽合力	3517.24	1560.71	10.85	4.15	5092.95
600763	通策医疗	0.00	63.32	0.00	0.00	63.32
600764	中电广通	0.00	65.23	0.00	0.00	65.23
600765	中航重机	10417.62	3630.68	79.32	73.55	14201.17
600766	园城黄金	0.00	17.68	0.00	0.00	17.68
600767	*ST 运盛	0.00	22.23	0.00	0.00	22.23
600768	宁波富邦	0.00	22.54	0.00	0.00	22.54
600769	祥龙电业	0.00	22.88	0.00	0.00	22.88
600770	综艺股份	5620.21	2121.26	20.75	7.81	7770.03
600771	广誉远	3771.47	1242.55	31.63	29.21	5074.86
600773	西藏城投	14900.67	5366.77	305.35	72.29	20645.08
600774	汉商集团	0.00	22.96	0.00	0.00	22.96
600775	南京熊猫	4277.45	1469.55	18.54	12.82	5778.36
600776	东方通信	3669.50	1384.39	19.11	3.93	5076.93
600777	新潮能源	3359.17	1285.77	8.74	3.63	4657.31
600778	友好集团	0.00	23.75	0.00	0.00	23.75
600779	水井坊	0.00	178.85	0.00	0.00	178.85
600780	通宝能源	0.00	41.53	0.00	0.00	41.53
600781	辅仁药业	0.00	45.02	0.00	0.00	45.02
600782	新钢股份	0.00	188.57	0.00	0.00	188.57
600783	鲁信创投	7221.11	2646.24	20.56	2.88	9890.79
600784	鲁银投资	0.00	44.68	0.00	0.00	44.68
600785	新华百货	0.00	14.52	0.00	0.00	14.52
600787	中储股份	12137.61	4099.40	115.20	23.16	16375.37
600789	鲁抗医药	5442.44	2087.57	56.07	0.00	7586.08
600790	轻纺城	3018.42	1243.40	0.00	0.00	4261.82
600791	京能置业	0.00	76.77	0.00	0.00	76.77
600792	云煤能源	0.00	76.83	0.00	0.00	76.83

信用交易 Credit Trading

证券代码 Code	证券简称 Security Name	融资买入（百万）	卖券还款（百万）	融券卖出（百万）	买券还券（百万）	合计（百万）
600793	宜宾纸业	0.00	11.04	0.00	0.00	11.04
600794	保税科技	0.00	124.98	0.00	0.00	124.98
600795	国电电力	10575.12	4670.67	310.20	51.08	15607.07
600796	钱江生化	0.00	22.52	0.00	0.00	22.52
600797	浙大网新	19084.04	6707.46	49.61	17.54	25858.65
600798	宁波海运	0.00	79.05	0.00	0.00	79.05
600800	天津磁卡	6432.11	2328.68	63.39	0.67	8824.85
600801	华新水泥	14626.92	5148.87	212.54	50.38	20038.71
600802	福建水泥	9277.68	3198.48	133.27	0.22	12609.65
600803	新奥股份	11927.20	4165.67	4.52	0.31	16097.70
600804	鹏博士	10756.45	4384.72	318.75	195.12	15655.04
600805	悦达投资	2287.83	841.28	0.33	0.13	3129.57
600806	*ST 昆机	0.00	1.14	0.00	0.00	1.14
600807	天业股份	14441.88	4864.86	14.42	0.14	19321.30
600808	马钢股份	15524.57	5158.03	128.76	61.41	20872.77
600809	山西汾酒	9463.03	3760.73	678.95	288.50	14191.21
600810	神马股份	0.00	53.76	0.00	0.00	53.76
600811	东方集团	3546.99	1525.77	8.06	4.96	5085.78
600812	华北制药	0.00	85.46	0.00	0.00	85.46
600814	杭州解百	0.00	58.53	0.00	0.00	58.53
600815	*ST 厦工	1615.15	674.02	14.16	0.08	2303.41
600816	安信信托	21547.43	8371.31	189.20	46.20	30154.14
600818	中路股份	0.00	57.00	0.00	0.00	57.00
600819	耀皮玻璃	0.00	44.59	0.00	0.00	44.59
600820	隧道股份	10009.20	4156.92	56.33	20.65	14243.10
600821	津劝业	0.00	31.38	0.00	0.00	31.38
600822	上海物贸	0.00	81.63	0.00	0.00	81.63
600823	世茂股份	3975.79	1722.57	4.63	2.65	5705.64
600824	益民集团	0.00	46.85	0.00	0.00	46.85
600825	新华传媒	1514.21	580.54	10.52	7.52	2112.79
600826	兰生股份	3025.78	1248.91	17.22	16.48	4308.39
600827	百联股份	11638.98	4242.18	105.90	14.83	16001.89
600828	茂业商业	0.00	69.13	0.00	0.00	69.13
600829	人民同泰	0.00	6.22	0.00	0.00	6.22
600830	香溢融通	6510.13	2495.93	17.42	0.00	9023.48
600831	广电网络	2082.31	705.29	17.27	16.17	2821.04
600833	第一医药	0.00	51.35	0.00	0.00	51.35
600834	申通地铁	0.00	62.91	0.00	0.00	62.91
600835	上海机电	5522.97	2410.62	78.02	46.85	8058.46
600836	界龙实业	0.00	101.37	0.00	0.00	101.37
600837	海通证券	15518.98	5870.42	1173.10	358.71	22921.21
600838	上海九百	7884.16	3143.49	145.24	6.85	11179.74
600839	四川长虹	9905.78	3633.75	152.96	53.43	13745.92
600841	上柴股份	0.00	36.10	0.00	0.00	36.10
600843	上工申贝	0.00	46.78	0.00	0.00	46.78
600844	*ST 丹科	243.78	179.25	1.52	0.00	424.55
600845	宝信软件	0.00	35.24	0.00	0.00	35.24
600846	同济科技	13959.98	4924.76	54.68	0.01	18939.43
600847	*ST 万里	0.00	16.25	0.00	0.00	16.25
600848	上海临港	0.00	237.75	0.00	0.00	237.75

信用交易
Credit Trading

证券代码 Code	证券简称 Security Name	融资买入（百万）	卖券还款（百万）	融券卖出（百万）	买券还券（百万）	合计（百万）
600850	华东电脑	0.00	46.12	0.00	0.00	46.12
600851	海欣股份	1617.25	772.52	21.68	20.08	2431.53
600853	龙建股份	0.00	35.67	0.00	0.00	35.67
600854	春兰股份	0.00	54.69	0.00	0.00	54.69
600855	航天长峰	3619.35	1195.80	20.31	0.00	4835.46
600856	中天能源	0.00	78.55	0.00	0.00	78.55
600857	宁波中百	0.00	25.56	0.00	0.00	25.56
600858	银座股份	0.00	28.38	0.00	0.00	28.38
600859	王府井	2034.60	816.93	7.74	4.72	2863.99
600860	*ST 京城	0.00	7.47	0.00	0.00	7.47
600861	北京城乡	0.00	27.55	0.00	0.00	27.55
600862	中航高科	0.00	83.48	0.00	0.00	83.48
600863	内蒙华电	3439.42	1224.81	30.43	3.50	4698.16
600864	哈投股份	0.00	52.24	0.00	0.00	52.24
600865	百大集团	0.00	47.57	0.00	0.00	47.57
600866	星湖科技	0.00	9.14	0.00	0.00	9.14
600867	通化东宝	3790.96	1661.40	78.65	50.24	5581.25
600868	梅雁吉祥	6191.68	2473.09	41.49	0.11	8706.37
600869	智慧能源	0.00	45.10	0.00	0.00	45.10
600870	厦华电子	0.00	28.94	0.00	0.00	28.94
600871	石化油服	0.00	100.57	0.00	0.00	100.57
600872	中炬高新	3335.78	1587.53	154.23	76.04	5153.58
600873	梅花生物	9849.05	3405.54	105.56	37.91	13398.06
600874	创业环保	33549.53	11146.73	448.95	85.42	45230.63
600875	东方电气	5306.84	1929.60	46.58	11.77	7294.79
600876	洛阳玻璃	0.00	44.24	0.00	0.00	44.24
600877	*ST 嘉陵	2393.36	1056.52	74.88	10.06	3534.82
600879	航天电子	20222.12	7959.89	363.85	158.48	28704.34
600880	博瑞传播	4068.37	1622.62	7.32	1.13	5699.44
600881	亚泰集团	6158.68	2187.83	10.76	6.12	8363.39
600882	广泽股份	0.00	6.09	0.00	0.00	6.09
600883	博闻科技	0.00	19.93	0.00	0.00	19.93
600884	杉杉股份	20355.46	7724.72	203.10	107.66	28390.94
600885	宏发股份	0.00	34.38	0.00	0.00	34.38
600886	国投电力	9015.93	4340.87	125.88	69.47	13552.15
600887	伊利股份	33354.02	12129.51	1379.04	723.00	47585.57
600888	新疆众和	0.00	110.09	0.00	0.00	110.09
600889	南京化纤	0.00	50.75	0.00	0.00	50.75
600890	中房股份	0.00	2.80	0.00	0.00	2.80
600891	秋林集团	0.00	27.73	0.00	0.00	27.73
600892	大晟文化	0.00	37.86	0.00	0.00	37.86
600893	航发动力	11289.59	4468.69	398.90	135.19	16292.37
600894	广日股份	2280.53	847.10	3.88	3.10	3134.61
600895	张江高科	5629.28	2066.92	86.26	33.06	7815.52
600896	览海投资	0.00	23.57	0.00	0.00	23.57
600897	厦门空港	0.00	62.56	0.00	0.00	62.56
600898	国美通讯	0.00	71.34	0.00	0.00	71.34
600900	长江电力	7962.67	5496.18	179.22	118.07	13756.14
600903	贵州燃气	0.00	19.79	0.00	0.00	19.79
600908	无锡银行	0.00	177.78	0.00	0.00	177.78

信用交易
Credit Trading

证券代码 Code	证券简称 Security Name	融资买入（百万）	卖券还款（百万）	融券卖出（百万）	买券还券（百万）	合计（百万）
600909	华安证券	0.00	560.38	0.00	0.00	560.38
600917	重庆燃气	0.00	25.97	0.00	0.00	25.97
600919	江苏银行	16086.00	5326.65	40.63	7.40	21460.68
600926	杭州银行	3011.52	1009.77	0.76	0.00	4022.05
600933	爱柯迪	0.00	14.23	0.00	0.00	14.23
600936	广西广电	0.00	31.07	0.00	0.00	31.07
600939	重庆建工	0.00	44.64	0.00	0.00	44.64
600958	东方证券	16940.77	5614.30	620.86	491.91	23667.84
600959	江苏有线	0.00	84.67	0.00	0.00	84.67
600960	渤海活塞	0.00	32.52	0.00	0.00	32.52
600961	株冶集团	0.00	64.17	0.00	0.00	64.17
600962	国投中鲁	0.00	42.64	0.00	0.00	42.64
600963	岳阳林纸	0.00	55.89	0.00	0.00	55.89
600965	福成股份	0.00	29.28	0.00	0.00	29.28
600966	博汇纸业	0.00	292.40	0.00	0.00	292.40
600967	内蒙一机	8939.00	3117.04	18.88	10.99	12085.91
600969	郴电国际	0.00	30.52	0.00	0.00	30.52
600970	中材国际	23560.96	8653.28	148.56	13.71	32376.51
600971	恒源煤电	14458.48	5159.56	54.09	9.64	19681.77
600973	宝胜股份	0.00	45.44	0.00	0.00	45.44
600975	新五丰	0.00	19.37	0.00	0.00	19.37
600976	健民集团	1278.30	408.12	8.66	8.82	1703.90
600977	中国电影	0.00	159.52	0.00	0.00	159.52
600978	宜华生活	5942.69	2375.53	22.35	18.21	8358.78
600979	广安爱众	0.00	23.24	0.00	0.00	23.24
600980	北矿科技	0.00	30.75	0.00	0.00	30.75
600981	汇鸿集团	0.00	20.36	0.00	0.00	20.36
600982	宁波热电	0.00	15.56	0.00	0.00	15.56
600983	惠而浦	0.00	36.24	0.00	0.00	36.24
600984	建设机械	0.00	71.64	0.00	0.00	71.64
600985	雷鸣科化	0.00	11.44	0.00	0.00	11.44
600986	科达股份	0.00	98.07	0.00	0.00	98.07
600987	航民股份	3115.53	1183.41	19.72	6.91	4325.57
600988	赤峰黄金	0.00	149.09	0.00	0.00	149.09
600990	四创电子	0.00	69.28	0.00	0.00	69.28
600992	贵绳股份	0.00	37.92	0.00	0.00	37.92
600993	马应龙	7557.57	2827.11	24.34	18.03	10427.05
600995	文山电力	0.00	104.00	0.00	0.00	104.00
600996	贵广网络	0.00	99.82	0.00	0.00	99.82
600997	开滦股份	0.00	206.56	0.00	0.00	206.56
600998	九州通	1744.51	594.80	25.64	9.61	2374.56
600999	招商证券	13044.50	5004.29	232.35	127.20	18408.34
601000	唐山港	15967.32	5536.39	76.54	9.88	21590.13
601001	大同煤业	6049.68	2007.68	32.71	5.65	8095.72
601002	晋亿实业	13144.19	4548.14	215.81	17.52	17925.66
601003	柳钢股份	0.00	109.23	0.00	0.00	109.23
601005	*ST 重钢	0.00	40.50	0.00	0.00	40.50
601006	大秦铁路	10433.99	4016.37	464.66	211.89	15126.91
601007	金陵饭店	0.00	68.51	0.00	0.00	68.51
601008	连云港	0.00	145.02	0.00	0.00	145.02

信用交易
Credit Trading

证券代码 Code	证券简称 Security Name	融资买入（百万）	卖券还款（百万）	融券卖出（百万）	买券还券（百万）	合计（百万）
601009	南京银行	15667.71	7378.89	84.71	33.99	23165.30
601010	文峰股份	0.00	26.63	0.00	0.00	26.63
601011	宝泰隆	0.00	405.78	0.00	0.00	405.78
601012	隆基股份	18572.66	7564.25	161.18	86.87	26384.96
601015	陕西黑猫	0.00	107.20	0.00	0.00	107.20
601016	节能风电	0.00	73.77	0.00	0.00	73.77
601018	宁波港	10869.66	4068.71	367.20	92.73	15398.30
601019	山东出版	0.00	22.00	0.00	0.00	22.00
601020	华钰矿业	0.00	79.73	0.00	0.00	79.73
601021	春秋航空	3144.50	1070.28	2.09	1.20	4218.07
601028	玉龙股份	0.00	35.68	0.00	0.00	35.68
601038	一拖股份	4094.08	1583.29	50.19	6.47	5734.03
601058	赛轮金宇	0.00	53.04	0.00	0.00	53.04
601069	西部黄金	0.00	116.67	0.00	0.00	116.67
601086	国芳集团	0.00	15.62	0.00	0.00	15.62
601088	中国神华	13848.44	6171.85	381.87	212.77	20614.93
601098	中南传媒	3001.17	1232.04	52.84	38.95	4325.00
601099	太平洋	14790.29	6004.87	56.02	16.97	20868.15
601100	恒立液压	0.00	37.07	0.00	0.00	37.07
601101	昊华能源	8094.77	2789.89	50.99	11.03	10946.68
601106	*ST 一重	1730.67	944.10	28.21	1.51	2704.49
601107	四川成渝	1481.08	502.23	0.73	0.00	1984.04
601108	财通证券	0.00	216.53	0.00	0.00	216.53
601111	中国国航	12079.19	4841.52	319.19	133.68	17373.58
601113	华鼎股份	0.00	13.74	0.00	0.00	13.74
601116	三江购物	0.00	161.79	0.00	0.00	161.79
601117	中国化学	11000.46	4288.45	102.19	49.87	15440.97
601118	海南橡胶	8976.99	3266.84	156.67	65.34	12465.84
601126	四方股份	4839.56	1581.64	16.58	0.87	6438.65
601127	小康股份	0.00	63.69	0.00	0.00	63.69
601128	常熟银行	2492.63	898.03	2.63	0.07	3393.36
601137	博威合金	0.00	58.55	0.00	0.00	58.55
601139	深圳燃气	1698.39	665.27	7.40	2.62	2373.68
601155	新城控股	11212.17	3968.96	33.14	7.48	15221.75
601158	重庆水务	1511.15	714.49	15.79	5.10	2246.53
601163	三角轮胎	0.00	96.88	0.00	0.00	96.88
601166	兴业银行	59650.28	22274.48	5820.63	442.92	88188.31
601168	西部矿业	14719.70	5340.50	354.54	109.01	20523.75
601169	北京银行	7953.01	3200.20	928.55	134.30	12216.06
601177	杭齿前进	0.00	38.81	0.00	0.00	38.81
601179	中国西电	4221.77	1624.22	42.07	14.65	5902.71
601186	中国铁建	25155.11	10407.20	655.77	196.65	36414.73
601188	龙江交通	0.00	29.03	0.00	0.00	29.03
601198	东兴证券	0.00	193.39	0.00	0.00	193.39
601199	江南水务	1676.29	445.77	0.09	0.00	2122.15
601200	上海环境	0.00	595.32	0.00	0.00	595.32
601208	东材科技	0.00	38.22	0.00	0.00	38.22
601211	国泰君安	20906.55	8578.30	808.06	153.29	30446.20
601212	白银有色	0.00	239.16	0.00	0.00	239.16
601216	君正集团	17892.60	6507.93	273.78	61.74	24736.05

信用交易 Credit Trading

证券代码 Code	证券简称 Security Name	融资买入（百万）	卖券还款（百万）	融券卖出（百万）	买券还券（百万）	合计（百万）
601218	吉鑫科技	1664.80	703.17	0.22	0.22	2368.41
601222	林洋能源	0.00	72.96	0.00	0.00	72.96
601225	陕西煤业	25031.37	9245.35	83.31	35.24	34395.27
601226	华电重工	0.00	28.00	0.00	0.00	28.00
601228	广州港	0.00	159.56	0.00	0.00	159.56
601229	上海银行	10272.00	3927.64	48.45	21.74	14269.83
601231	环旭电子	8136.15	2689.82	50.94	18.39	10895.30
601233	桐昆股份	6131.25	2170.08	4.86	0.80	8306.99
601238	广汽集团	7222.60	2237.39	572.72	300.22	10332.93
601258	庞大集团	15470.20	5590.48	127.72	54.29	21242.69
601288	农业银行	18717.70	7903.56	1679.04	523.01	28823.31
601311	骆驼股份	3544.86	1319.87	47.65	34.51	4946.89
601313	江南嘉捷	0.00	122.30	0.00	0.00	122.30
601318	中国平安	158301.89	59227.69	2956.88	1962.09	222448.55
601326	秦港股份	0.00	54.33	0.00	0.00	54.33
601328	交通银行	18317.99	7569.52	1203.49	211.26	27302.26
601333	广深铁路	8660.47	3114.33	97.70	20.45	11892.95
601336	新华保险	18732.58	7040.82	366.22	168.76	26308.38
601339	百隆东方	0.00	20.76	0.00	0.00	20.76
601366	利群股份	0.00	74.98	0.00	0.00	74.98
601368	绿城水务	0.00	15.75	0.00	0.00	15.75
601369	陕鼓动力	2517.53	960.85	5.23	4.24	3487.85
601375	中原证券	0.00	909.74	0.00	0.00	909.74
601377	兴业证券	18021.85	8027.52	196.41	83.06	26328.84
601388	怡球资源	11931.32	3911.08	25.56	1.02	15868.98
601390	中国中铁	16175.74	6361.87	764.17	214.50	23516.28
601398	工商银行	19271.55	7785.24	2082.29	296.75	29435.83
601500	通用股份	0.00	51.84	0.00	0.00	51.84
601515	东风股份	584.53	209.58	0.00	0.00	794.11
601518	吉林高速	0.00	18.10	0.00	0.00	18.10
601519	*ST 智慧	591.49	311.54	5.33	0.03	908.39
601555	东吴证券	14250.93	5650.71	233.07	101.97	20236.68
601558	*ST 锐电	0.00	133.44	0.00	0.00	133.44
601566	九牧王	1690.12	576.56	7.78	7.08	2281.54
601567	三星医疗	0.00	11.97	0.00	0.00	11.97
601579	会稽山	0.00	21.89	0.00	0.00	21.89
601588	北辰实业	3450.33	1259.14	37.68	2.85	4750.00
601595	上海电影	0.00	55.78	0.00	0.00	55.78
601599	鹿港文化	0.00	41.75	0.00	0.00	41.75
601600	中国铝业	30323.87	10833.55	161.34	61.68	41380.44
601601	中国太保	13132.93	4582.49	1409.08	837.78	19962.28
601607	上海医药	8366.87	3102.79	118.18	86.07	11673.91
601608	中信重工	4515.49	1585.07	61.00	12.94	6174.50
601611	中国核建	0.00	276.55	0.00	0.00	276.55
601616	广电电气	0.00	36.32	0.00	0.00	36.32
601618	中国中冶	17288.94	6538.56	297.80	129.82	24255.12
601619	嘉泽新能	0.00	16.43	0.00	0.00	16.43
601628	中国人寿	16500.44	6697.51	426.39	200.72	23825.06
601633	长城汽车	8377.56	3016.39	165.08	84.53	11643.56
601636	旗滨集团	4984.95	1628.77	20.06	1.59	6635.37

信用交易
Credit Trading

证券代码 Code	证券简称 Security Name	融资买入（百万）	卖券还款（百万）	融券卖出（百万）	买券还券（百万）	合计（百万）
601666	平煤股份	12637.25	4406.68	13.13	2.07	17059.13
601668	中国建筑	100868.35	39259.19	1601.85	519.56	142248.95
601669	中国电建	20339.73	8667.90	328.62	126.17	29462.42
601677	明泰铝业	0.00	64.59	0.00	0.00	64.59
601678	滨化股份	7734.18	2751.11	9.51	5.38	10500.18
601688	华泰证券	32692.21	12474.76	2007.25	726.26	47900.48
601689	拓普集团	0.00	34.80	0.00	0.00	34.80
601699	潞安环能	19642.15	7074.17	2252.92	841.73	29810.97
601700	风范股份	0.00	22.64	0.00	0.00	22.64
601717	郑煤机	2790.96	1017.75	4.99	1.09	3814.79
601718	际华集团	12195.59	4546.53	181.82	13.32	16937.26
601727	上海电气	7186.83	2884.49	231.31	72.14	10374.77
601766	中国中车	35042.40	14147.46	702.97	246.30	50139.13
601777	力帆股份	5690.57	2079.61	48.29	9.99	7828.46
601788	光大证券	11735.81	4513.14	188.04	108.19	16545.18
601789	宁波建工	3912.88	1555.73	4.09	0.43	5473.13
601798	蓝科高新	0.00	21.01	0.00	0.00	21.01
601799	星宇股份	0.00	14.46	0.00	0.00	14.46
601800	中国交建	16107.24	6021.24	710.32	286.19	23124.99
601801	皖新传媒	6444.57	1771.57	31.87	16.14	8264.15
601808	中海油服	4015.16	1530.97	30.27	8.00	5584.40
601811	新华文轩	0.00	27.35	0.00	0.00	27.35
601818	光大银行	18014.40	8438.10	719.46	298.38	27470.34
601857	中国石油	11721.66	5267.96	191.60	137.46	17318.68
601858	中国科传	0.00	65.97	0.00	0.00	65.97
601866	中远海发	4183.22	1477.03	199.09	51.66	5911.00
601872	招商轮船	3898.62	1424.76	18.72	8.35	5350.45
601877	正泰电器	4747.25	1959.29	29.96	14.59	6751.09
601878	浙商证券	0.00	527.71	0.00	0.00	527.71
601880	大连港	5343.05	2134.09	173.58	49.35	7700.07
601881	中国银河	17178.92	6181.71	84.37	13.32	23458.32
601882	海天精工	0.00	40.48	0.00	0.00	40.48
601886	江河集团	8928.17	3212.25	47.69	20.23	12208.34
601888	中国国旅	10107.70	3812.03	122.39	65.60	14107.72
601890	亚星锚链	0.00	134.14	0.00	0.00	134.14
601898	中煤能源	5295.67	2002.89	42.22	14.06	7354.84
601899	紫金矿业	19714.04	8385.07	214.16	54.46	28367.73
601900	南方传媒	0.00	44.03	0.00	0.00	44.03
601901	方正证券	9844.79	4554.09	283.24	94.20	14776.32
601908	京运通	0.00	60.38	0.00	0.00	60.38
601918	新集能源	0.00	108.46	0.00	0.00	108.46
601919	中远海控	8689.82	2744.41	194.16	57.59	11685.98
601928	凤凰传媒	2263.79	812.29	24.83	19.42	3120.33
601929	吉视传媒	2302.79	881.63	147.51	74.53	3406.46
601933	永辉超市	17474.34	6480.64	189.76	25.69	24170.43
601939	建设银行	11616.82	6811.02	506.83	167.04	19101.71
601949	中国出版	0.00	40.53	0.00	0.00	40.53
601952	苏垦农发	0.00	91.98	0.00	0.00	91.98
601958	金钼股份	7107.43	2432.49	108.66	40.80	9689.38
601965	中国汽研	0.00	41.10	0.00	0.00	41.10

信用交易
Credit Trading

证券代码 Code	证券简称 Security Name	融资买入（百万）	卖券还款（百万）	融券卖出（百万）	买券还券（百万）	合计（百万）
601966	玲珑轮胎	0.00	71.04	0.00	0.00	71.04
601968	宝钢包装	0.00	33.56	0.00	0.00	33.56
601969	海南矿业	0.00	48.65	0.00	0.00	48.65
601985	中国核电	13758.20	5651.12	144.72	36.43	19590.47
601988	中国银行	22687.58	11294.07	1733.42	350.18	36065.25
601989	中国重工	20737.74	8605.13	450.11	107.00	29899.98
601991	大唐发电	5142.74	1666.50	948.96	122.59	7880.79
601992	金隅股份	45360.33	14393.51	209.95	20.15	59983.94
601996	丰林集团	9768.50	3391.10	37.56	0.55	13197.71
601997	贵阳银行	14242.85	5053.76	21.16	0.00	19317.77
601998	中信银行	9126.65	3690.49	208.49	86.63	13112.26
601999	出版传媒	1797.61	667.34	5.31	5.16	2475.42
603000	人民网	6067.53	2829.96	67.48	25.44	8990.41
603001	奥康国际	1486.92	567.04	5.28	5.20	2064.44
603002	宏昌电子	0.00	49.05	0.00	0.00	49.05
603003	龙宇燃油	0.00	36.54	0.00	0.00	36.54
603005	晶方科技	0.00	36.39	0.00	0.00	36.39
603006	联明股份	0.00	17.26	0.00	0.00	17.26
603007	花王股份	0.00	34.05	0.00	0.00	34.05
603008	喜临门	0.00	26.43	0.00	0.00	26.43
603009	北特科技	0.00	63.17	0.00	0.00	63.17
603010	万盛股份	0.00	22.25	0.00	0.00	22.25
603011	合锻智能	0.00	22.33	0.00	0.00	22.33
603012	创力集团	0.00	13.60	0.00	0.00	13.60
603015	弘讯科技	0.00	23.70	0.00	0.00	23.70
603016	新宏泰	0.00	22.66	0.00	0.00	22.66
603017	中衡设计	0.00	24.46	0.00	0.00	24.46
603018	中设集团	0.00	30.14	0.00	0.00	30.14
603019	中科曙光	0.00	691.45	0.00	0.00	691.45
603020	爱普股份	0.00	17.96	0.00	0.00	17.96
603021	山东华鹏	0.00	23.15	0.00	0.00	23.15
603022	新通联	0.00	22.67	0.00	0.00	22.67
603023	威帝股份	0.00	12.38	0.00	0.00	12.38
603025	大豪科技	0.00	12.92	0.00	0.00	12.92
603026	石大胜华	0.00	111.04	0.00	0.00	111.04
603027	千禾味业	0.00	34.40	0.00	0.00	34.40
603028	赛福天	0.00	17.07	0.00	0.00	17.07
603029	天鹅股份	0.00	12.86	0.00	0.00	12.86
603030	全筑股份	0.00	21.23	0.00	0.00	21.23
603031	安德利	0.00	14.20	0.00	0.00	14.20
603032	德新交运	0.00	16.81	0.00	0.00	16.81
603033	三维股份	0.00	15.44	0.00	0.00	15.44
603035	常熟汽饰	0.00	76.13	0.00	0.00	76.13
603036	如通股份	0.00	62.88	0.00	0.00	62.88
603037	凯众股份	0.00	19.50	0.00	0.00	19.50
603038	华立股份	0.00	22.68	0.00	0.00	22.68
603039	泛微网络	0.00	23.80	0.00	0.00	23.80
603040	新坐标	0.00	19.35	0.00	0.00	19.35
603041	美思德	0.00	10.04	0.00	0.00	10.04
603042	华脉科技	0.00	29.46	0.00	0.00	29.46

信用交易 Credit Trading

证券代码 Code	证券简称 Security Name	融资买入（百万）	卖券还款（百万）	融券卖出（百万）	买券还券（百万）	合计（百万）
603043	广州酒家	0.00	30.15	0.00	0.00	30.15
603050	科林电气	0.00	34.27	0.00	0.00	34.27
603055	台华新材	0.00	12.92	0.00	0.00	12.92
603058	永吉股份	0.00	7.59	0.00	0.00	7.59
603060	国检集团	0.00	52.98	0.00	0.00	52.98
603063	禾望电气	0.00	16.89	0.00	0.00	16.89
603066	音飞储存	0.00	34.91	0.00	0.00	34.91
603067	振华股份	0.00	21.21	0.00	0.00	21.21
603069	海汽集团	0.00	12.71	0.00	0.00	12.71
603076	乐惠国际	0.00	4.12	0.00	0.00	4.12
603077	和邦生物	0.00	72.81	0.00	0.00	72.81
603078	江化微	0.00	18.70	0.00	0.00	18.70
603079	圣达生物	0.00	10.43	0.00	0.00	10.43
603081	大丰实业	0.00	21.47	0.00	0.00	21.47
603083	剑桥科技	0.00	8.70	0.00	0.00	8.70
603085	天成自控	0.00	8.21	0.00	0.00	8.21
603086	先达股份	0.00	13.75	0.00	0.00	13.75
603088	宁波精达	0.00	3.04	0.00	0.00	3.04
603089	正裕工业	0.00	15.33	0.00	0.00	15.33
603090	宏盛股份	0.00	10.05	0.00	0.00	10.05
603096	新经典	0.00	26.54	0.00	0.00	26.54
603098	森特股份	0.00	42.43	0.00	0.00	42.43
603099	长白山	0.00	20.39	0.00	0.00	20.39
603100	川仪股份	0.00	29.17	0.00	0.00	29.17
603101	汇嘉时代	0.00	11.24	0.00	0.00	11.24
603103	横店影视	0.00	16.73	0.00	0.00	16.73
603106	恒银金融	0.00	23.14	0.00	0.00	23.14
603108	润达医疗	0.00	21.26	0.00	0.00	21.26
603110	东方材料	0.00	8.95	0.00	0.00	8.95
603111	康尼机电	0.00	35.81	0.00	0.00	35.81
603113	金能科技	0.00	70.64	0.00	0.00	70.64
603116	红蜻蜓	0.00	29.13	0.00	0.00	29.13
603117	万林股份	0.00	41.30	0.00	0.00	41.30
603118	共进股份	0.00	64.83	0.00	0.00	64.83
603123	翠微股份	0.00	10.34	0.00	0.00	10.34
603126	中材节能	0.00	146.72	0.00	0.00	146.72
603127	昭衍新药	0.00	29.61	0.00	0.00	29.61
603128	华贸物流	0.00	110.71	0.00	0.00	110.71
603129	春风动力	0.00	11.44	0.00	0.00	11.44
603131	上海沪工	0.00	8.18	0.00	0.00	8.18
603133	碳元科技	0.00	92.97	0.00	0.00	92.97
603136	天目湖	0.00	12.47	0.00	0.00	12.47
603138	海量数据	0.00	41.98	0.00	0.00	41.98
603139	康惠制药	0.00	10.94	0.00	0.00	10.94
603157	拉夏贝尔	0.00	7.45	0.00	0.00	7.45
603158	腾龙股份	0.00	8.89	0.00	0.00	8.89
603159	上海亚虹	0.00	26.25	0.00	0.00	26.25
603160	汇顶科技	0.00	115.54	0.00	0.00	115.54
603165	荣晟环保	0.00	92.89	0.00	0.00	92.89
603166	福达股份	0.00	44.21	0.00	0.00	44.21

信用交易 Credit Trading

证券代码 Code	证券简称 Security Name	融资买入（百万）	卖券还款（百万）	融券卖出（百万）	买券还券（百万）	合计（百万）
603167	渤海轮渡	0.00	109.26	0.00	0.00	109.26
603168	莎普爱思	0.00	33.05	0.00	0.00	33.05
603169	兰石重装	3513.20	1174.38	35.67	2.45	4725.70
603177	德创环保	0.00	37.89	0.00	0.00	37.89
603178	圣龙股份	0.00	17.25	0.00	0.00	17.25
603179	新泉股份	0.00	35.04	0.00	0.00	35.04
603180	金牌厨柜	0.00	101.97	0.00	0.00	101.97
603181	皇马科技	0.00	16.88	0.00	0.00	16.88
603183	建研院	0.00	14.93	0.00	0.00	14.93
603186	华正新材	0.00	25.71	0.00	0.00	25.71
603188	亚邦股份	4090.55	1343.35	2.14	0.29	5436.33
603189	网达软件	0.00	20.02	0.00	0.00	20.02
603196	日播时尚	0.00	13.14	0.00	0.00	13.14
603197	保隆科技	0.00	48.41	0.00	0.00	48.41
603198	迎驾贡酒	0.00	67.53	0.00	0.00	67.53
603199	九华旅游	0.00	12.12	0.00	0.00	12.12
603200	上海洗霸	0.00	17.60	0.00	0.00	17.60
603203	快克股份	0.00	20.03	0.00	0.00	20.03
603208	江山欧派	0.00	15.02	0.00	0.00	15.02
603218	日月股份	0.00	47.07	0.00	0.00	47.07
603222	济民制药	0.00	14.85	0.00	0.00	14.85
603223	恒通股份	0.00	9.24	0.00	0.00	9.24
603225	新凤鸣	0.00	79.82	0.00	0.00	79.82
603226	菲林格尔	0.00	7.54	0.00	0.00	7.54
603227	雪峰科技	0.00	43.55	0.00	0.00	43.55
603228	景旺电子	0.00	91.44	0.00	0.00	91.44
603229	奥翔药业	0.00	7.91	0.00	0.00	7.91
603232	格尔软件	0.00	25.11	0.00	0.00	25.11
603233	大参林	0.00	23.86	0.00	0.00	23.86
603238	诺邦股份	0.00	18.04	0.00	0.00	18.04
603239	浙江仙通	0.00	39.66	0.00	0.00	39.66
603258	电魂网络	0.00	57.78	0.00	0.00	57.78
603260	合盛硅业	0.00	59.99	0.00	0.00	59.99
603266	天龙股份	0.00	17.98	0.00	0.00	17.98
603268	松发股份	0.00	8.84	0.00	0.00	8.84
603269	海鸥股份	0.00	8.25	0.00	0.00	8.25
603277	银都股份	0.00	13.09	0.00	0.00	13.09
603278	大业股份	0.00	5.66	0.00	0.00	5.66
603286	日盈电子	0.00	9.55	0.00	0.00	9.55
603288	海天味业	0.00	64.35	0.00	0.00	64.35
603289	泰瑞机器	0.00	10.65	0.00	0.00	10.65
603298	杭叉集团	0.00	72.81	0.00	0.00	72.81
603299	井神股份	0.00	21.72	0.00	0.00	21.72
603300	华铁科技	0.00	102.64	0.00	0.00	102.64
603303	得邦照明	0.00	31.81	0.00	0.00	31.81
603305	旭升股份	0.00	60.58	0.00	0.00	60.58
603306	华懋科技	0.00	33.60	0.00	0.00	33.60
603308	应流股份	0.00	49.00	0.00	0.00	49.00
603309	维力医疗	0.00	18.19	0.00	0.00	18.19
603311	金海环境	0.00	26.45	0.00	0.00	26.45

信用交易 Credit Trading

证券代码 Code	证券简称 Security Name	融资买入（百万）	卖券还款（百万）	融券卖出（百万）	买券还券（百万）	合计（百万）
603313	梦百合	0.00	34.47	0.00	0.00	34.47
603315	福鞍股份	0.00	16.86	0.00	0.00	16.86
603316	诚邦股份	0.00	14.82	0.00	0.00	14.82
603318	派思股份	0.00	14.09	0.00	0.00	14.09
603319	湘油泵	0.00	22.47	0.00	0.00	22.47
603320	迪贝电气	0.00	11.00	0.00	0.00	11.00
603321	梅轮电梯	0.00	9.96	0.00	0.00	9.96
603322	超讯通信	0.00	39.74	0.00	0.00	39.74
603323	吴江银行	2067.80	943.30	5.17	0.00	3016.27
603326	我乐家居	0.00	12.30	0.00	0.00	12.30
603328	依顿电子	0.00	55.40	0.00	0.00	55.40
603330	上海天洋	0.00	16.28	0.00	0.00	16.28
603331	百达精工	0.00	11.51	0.00	0.00	11.51
603333	明星电缆	0.00	17.22	0.00	0.00	17.22
603335	迪生力	0.00	25.33	0.00	0.00	25.33
603336	宏辉果蔬	0.00	34.63	0.00	0.00	34.63
603337	杰克股份	0.00	46.95	0.00	0.00	46.95
603338	浙江鼎力	0.00	36.00	0.00	0.00	36.00
603339	四方冷链	0.00	34.07	0.00	0.00	34.07
603345	安井食品	0.00	38.46	0.00	0.00	38.46
603355	莱克电气	0.00	27.08	0.00	0.00	27.08
603357	设计总院	0.00	49.81	0.00	0.00	49.81
603358	华达科技	0.00	67.71	0.00	0.00	67.71
603359	东珠景观	0.00	22.52	0.00	0.00	22.52
603360	百傲化学	0.00	37.24	0.00	0.00	37.24
603363	傲农生物	0.00	7.05	0.00	0.00	7.05
603365	水星家纺	0.00	7.49	0.00	0.00	7.49
603366	日出东方	0.00	35.39	0.00	0.00	35.39
603367	辰欣药业	0.00	27.72	0.00	0.00	27.72
603368	柳州医药	0.00	44.37	0.00	0.00	44.37
603369	今世缘	5722.47	2015.88	108.10	96.85	7943.30
603377	东方时尚	0.00	25.27	0.00	0.00	25.27
603378	亚士创能	0.00	12.53	0.00	0.00	12.53
603380	易德龙	0.00	25.08	0.00	0.00	25.08
603383	顶点软件	0.00	18.94	0.00	0.00	18.94
603385	惠达卫浴	0.00	84.53	0.00	0.00	84.53
603386	广东骏亚	0.00	16.20	0.00	0.00	16.20
603387	基蛋生物	0.00	37.25	0.00	0.00	37.25
603388	元成股份	0.00	26.74	0.00	0.00	26.74
603389	亚振家居	0.00	32.68	0.00	0.00	32.68
603393	新天然气	0.00	42.85	0.00	0.00	42.85
603396	金辰股份	0.00	22.18	0.00	0.00	22.18
603398	邦宝益智	0.00	17.43	0.00	0.00	17.43
603399	新华龙	0.00	62.65	0.00	0.00	62.65
603416	信捷电气	0.00	59.70	0.00	0.00	59.70
603421	鼎信通讯	0.00	22.78	0.00	0.00	22.78
603429	集友股份	0.00	11.02	0.00	0.00	11.02
603444	吉比特	0.00	208.65	0.00	0.00	208.65
603456	九洲药业	0.00	13.74	0.00	0.00	13.74
603458	勘设股份	0.00	40.62	0.00	0.00	40.62

信用交易
Credit Trading

证券代码 Code	证券简称 Security Name	融资买入（百万）	卖券还款（百万）	融券卖出（百万）	买券还券（百万）	合计（百万）
603466	风语筑	0.00	31.56	0.00	0.00	31.56
603477	振静股份	0.00	0.26	0.00	0.00	0.26
603488	展鹏科技	0.00	14.70	0.00	0.00	14.70
603496	恒为科技	0.00	21.13	0.00	0.00	21.13
603499	翔港科技	0.00	2.70	0.00	0.00	2.70
603500	祥和实业	0.00	11.17	0.00	0.00	11.17
603501	韦尔股份	0.00	41.06	0.00	0.00	41.06
603505	金石资源	0.00	74.68	0.00	0.00	74.68
603507	振江股份	0.00	6.72	0.00	0.00	6.72
603508	思维列控	0.00	41.77	0.00	0.00	41.77
603515	欧普照明	0.00	33.55	0.00	0.00	33.55
603517	绝味食品	0.00	28.37	0.00	0.00	28.37
603518	维格娜丝	0.00	13.53	0.00	0.00	13.53
603519	立霸股份	0.00	7.18	0.00	0.00	7.18
603520	司太立	0.00	14.21	0.00	0.00	14.21
603527	众源新材	0.00	17.30	0.00	0.00	17.30
603528	多伦科技	0.00	43.79	0.00	0.00	43.79
603533	掌阅科技	0.00	25.72	0.00	0.00	25.72
603535	嘉诚国际	0.00	30.00	0.00	0.00	30.00
603536	惠发股份	0.00	8.23	0.00	0.00	8.23
603538	美诺华	0.00	22.96	0.00	0.00	22.96
603555	贵人鸟	0.00	18.58	0.00	0.00	18.58
603556	海兴电力	0.00	50.47	0.00	0.00	50.47
603557	起步股份	0.00	7.33	0.00	0.00	7.33
603558	健盛集团	0.00	11.23	0.00	0.00	11.23
603559	中通国脉	0.00	63.38	0.00	0.00	63.38
603566	普莱柯	0.00	11.27	0.00	0.00	11.27
603567	珍宝岛	0.00	22.63	0.00	0.00	22.63
603568	伟明环保	0.00	27.46	0.00	0.00	27.46
603569	长久物流	0.00	39.57	0.00	0.00	39.57
603577	汇金通	0.00	29.09	0.00	0.00	29.09
603578	三星新材	0.00	15.88	0.00	0.00	15.88
603579	荣泰健康	0.00	70.75	0.00	0.00	70.75
603580	艾艾精工	0.00	7.50	0.00	0.00	7.50
603585	苏利股份	0.00	39.87	0.00	0.00	39.87
603586	金麒麟	0.00	28.80	0.00	0.00	28.80
603588	高能环境	0.00	76.58	0.00	0.00	76.58
603589	口子窖	0.00	108.46	0.00	0.00	108.46
603595	东尼电子	0.00	18.73	0.00	0.00	18.73
603598	引力传媒	0.00	8.61	0.00	0.00	8.61
603599	广信股份	0.00	31.87	0.00	0.00	31.87
603600	永艺股份	0.00	32.42	0.00	0.00	32.42
603601	再升科技	0.00	18.66	0.00	0.00	18.66
603602	纵横通信	0.00	44.29	0.00	0.00	44.29
603603	博天环境	0.00	83.19	0.00	0.00	83.19
603605	珀莱雅	0.00	24.51	0.00	0.00	24.51
603606	东方电缆	0.00	24.00	0.00	0.00	24.00
603607	京华激光	0.00	16.13	0.00	0.00	16.13
603608	天创时尚	0.00	15.01	0.00	0.00	15.01
603609	禾丰牧业	0.00	22.98	0.00	0.00	22.98

信用交易
Credit Trading

证券代码 Code	证券简称 Security Name	融资买入（百万）	卖券还款（百万）	融券卖出（百万）	买券还券（百万）	合计（百万）
603611	诺力股份	0.00	22.70	0.00	0.00	22.70
603612	索通发展	0.00	100.54	0.00	0.00	100.54
603615	茶花股份	0.00	28.70	0.00	0.00	28.70
603616	韩建河山	0.00	157.42	0.00	0.00	157.42
603617	君禾股份	0.00	12.04	0.00	0.00	12.04
603618	杭电股份	0.00	28.37	0.00	0.00	28.37
603619	中曼石油	0.00	7.80	0.00	0.00	7.80
603626	科森科技	0.00	66.31	0.00	0.00	66.31
603628	清源股份	0.00	49.40	0.00	0.00	49.40
603630	拉芳家化	0.00	41.82	0.00	0.00	41.82
603633	徕木股份	0.00	23.36	0.00	0.00	23.36
603636	南威软件	0.00	65.72	0.00	0.00	65.72
603637	镇海股份	0.00	23.53	0.00	0.00	23.53
603638	艾迪精密	0.00	36.23	0.00	0.00	36.23
603639	海利尔	0.00	48.53	0.00	0.00	48.53
603648	畅联股份	0.00	52.34	0.00	0.00	52.34
603656	泰禾光电	0.00	19.10	0.00	0.00	19.10
603658	安图生物	0.00	17.00	0.00	0.00	17.00
603659	璞泰来	0.00	52.35	0.00	0.00	52.35
603660	苏州科达	0.00	38.81	0.00	0.00	38.81
603661	恒林股份	0.00	10.69	0.00	0.00	10.69
603663	三祥新材	0.00	19.33	0.00	0.00	19.33
603665	康隆达	0.00	14.23	0.00	0.00	14.23
603667	五洲新春	0.00	21.83	0.00	0.00	21.83
603668	天马科技	0.00	38.60	0.00	0.00	38.60
603669	灵康药业	0.00	17.46	0.00	0.00	17.46
603676	卫信康	0.00	16.36	0.00	0.00	16.36
603677	奇精机械	0.00	24.21	0.00	0.00	24.21
603678	火炬电子	0.00	27.75	0.00	0.00	27.75
603679	华体科技	0.00	9.24	0.00	0.00	9.24
603683	晶华新材	0.00	5.31	0.00	0.00	5.31
603685	晨丰科技	0.00	4.65	0.00	0.00	4.65
603686	龙马环卫	0.00	40.88	0.00	0.00	40.88
603688	石英股份	0.00	29.67	0.00	0.00	29.67
603689	皖天然气	0.00	92.08	0.00	0.00	92.08
603690	至纯科技	0.00	63.79	0.00	0.00	63.79
603696	安记食品	0.00	12.78	0.00	0.00	12.78
603698	航天工程	0.00	45.26	0.00	0.00	45.26
603699	纽威股份	0.00	35.26	0.00	0.00	35.26
603701	德宏股份	0.00	14.72	0.00	0.00	14.72
603703	盛洋科技	0.00	32.39	0.00	0.00	32.39
603707	健友股份	0.00	20.03	0.00	0.00	20.03
603708	家家悦	0.00	66.05	0.00	0.00	66.05
603711	香飘飘	0.00	6.69	0.00	0.00	6.69
603716	塞力斯	0.00	12.24	0.00	0.00	12.24
603717	天域生态	0.00	45.33	0.00	0.00	45.33
603718	海利生物	0.00	21.07	0.00	0.00	21.07
603721	中广天择	0.00	20.72	0.00	0.00	20.72
603722	阿科力	0.00	10.31	0.00	0.00	10.31
603725	天安新材	0.00	8.95	0.00	0.00	8.95

信用交易
Credit Trading

证券代码 Code	证券简称 Security Name	融资买入（百万）	卖券还款（百万）	融券卖出（百万）	买券还券（百万）	合计（百万）
603726	朗迪集团	0.00	17.35	0.00	0.00	17.35
603727	博迈科	0.00	64.23	0.00	0.00	64.23
603728	鸣志电器	0.00	36.42	0.00	0.00	36.42
603729	龙韵股份	0.00	19.54	0.00	0.00	19.54
603730	岱美股份	0.00	34.92	0.00	0.00	34.92
603737	三棵树	0.00	14.68	0.00	0.00	14.68
603738	泰晶科技	0.00	8.47	0.00	0.00	8.47
603757	大元泵业	0.00	16.54	0.00	0.00	16.54
603758	秦安股份	0.00	16.69	0.00	0.00	16.69
603766	隆鑫通用	5893.09	1985.93	5.89	4.44	7889.35
603767	中马传动	0.00	23.44	0.00	0.00	23.44
603768	常青股份	0.00	20.71	0.00	0.00	20.71
603776	永安行	0.00	22.03	0.00	0.00	22.03
603777	来伊份	0.00	55.80	0.00	0.00	55.80
603778	乾景园林	0.00	74.29	0.00	0.00	74.29
603779	威龙股份	0.00	37.90	0.00	0.00	37.90
603787	新日股份	0.00	19.72	0.00	0.00	19.72
603788	宁波高发	0.00	18.10	0.00	0.00	18.10
603789	星光农机	0.00	23.11	0.00	0.00	23.11
603797	联泰环保	0.00	37.37	0.00	0.00	37.37
603798	康普顿	0.00	12.27	0.00	0.00	12.27
603799	华友钴业	0.00	850.27	0.00	0.00	850.27
603800	道森股份	0.00	23.86	0.00	0.00	23.86
603801	志邦股份	0.00	12.14	0.00	0.00	12.14
603803	瑞斯康达	0.00	41.11	0.00	0.00	41.11
603806	福斯特	0.00	80.93	0.00	0.00	80.93
603808	歌力思	0.00	23.84	0.00	0.00	23.84
603809	豪能股份	0.00	6.18	0.00	0.00	6.18
603811	诚意药业	0.00	18.14	0.00	0.00	18.14
603813	原尚股份	0.00	9.82	0.00	0.00	9.82
603816	顾家家居	0.00	60.30	0.00	0.00	60.30
603817	海峡环保	0.00	44.95	0.00	0.00	44.95
603818	曲美家居	0.00	11.25	0.00	0.00	11.25
603819	神力股份	0.00	18.68	0.00	0.00	18.68
603822	嘉澳环保	0.00	31.94	0.00	0.00	31.94
603823	百合花	0.00	40.77	0.00	0.00	40.77
603825	华扬联众	0.00	59.10	0.00	0.00	59.10
603826	坤彩科技	0.00	47.98	0.00	0.00	47.98
603828	柯利达	0.00	14.24	0.00	0.00	14.24
603829	洛凯股份	0.00	9.01	0.00	0.00	9.01
603833	欧派家居	0.00	30.08	0.00	0.00	30.08
603838	四通股份	0.00	39.30	0.00	0.00	39.30
603839	安正时尚	0.00	64.94	0.00	0.00	64.94
603843	正平股份	0.00	27.13	0.00	0.00	27.13
603848	好太太	0.00	3.63	0.00	0.00	3.63
603855	华荣股份	0.00	22.08	0.00	0.00	22.08
603856	东宏股份	0.00	8.84	0.00	0.00	8.84
603858	步长制药	0.00	88.15	0.00	0.00	88.15
603859	能科股份	0.00	36.69	0.00	0.00	36.69
603860	中公高科	0.00	23.79	0.00	0.00	23.79

信用交易
Credit Trading

证券代码 Code	证券简称 Security Name	融资买入（百万）	卖券还款（百万）	融券卖出（百万）	买券还券（百万）	合计（百万）
603861	白云电器	0.00	17.00	0.00	0.00	17.00
603866	桃李面包	0.00	12.76	0.00	0.00	12.76
603868	飞科电器	0.00	56.83	0.00	0.00	56.83
603869	北部湾旅	0.00	19.18	0.00	0.00	19.18
603877	太平鸟	0.00	50.50	0.00	0.00	50.50
603878	武进不锈	0.00	51.24	0.00	0.00	51.24
603879	永悦科技	0.00	21.94	0.00	0.00	21.94
603880	南卫股份	0.00	12.48	0.00	0.00	12.48
603881	数据港	0.00	141.33	0.00	0.00	141.33
603882	金域医学	0.00	49.82	0.00	0.00	49.82
603883	老百姓	0.00	18.40	0.00	0.00	18.40
603885	吉祥航空	0.00	41.53	0.00	0.00	41.53
603886	元祖股份	0.00	86.93	0.00	0.00	86.93
603887	城地股份	0.00	12.43	0.00	0.00	12.43
603888	新华网	0.00	169.14	0.00	0.00	169.14
603889	新澳股份	0.00	17.59	0.00	0.00	17.59
603890	春秋电子	0.00	7.28	0.00	0.00	7.28
603896	寿仙谷	0.00	50.90	0.00	0.00	50.90
603898	好莱客	0.00	15.35	0.00	0.00	15.35
603899	晨光文具	0.00	26.90	0.00	0.00	26.90
603900	莱绅通灵	0.00	60.54	0.00	0.00	60.54
603901	永创智能	0.00	16.97	0.00	0.00	16.97
603903	中持股份	0.00	54.52	0.00	0.00	54.52
603906	龙蟠科技	0.00	16.01	0.00	0.00	16.01
603908	牧高笛	0.00	10.08	0.00	0.00	10.08
603909	合诚股份	0.00	13.32	0.00	0.00	13.32
603912	佳力图	0.00	14.54	0.00	0.00	14.54
603916	苏博特	0.00	8.46	0.00	0.00	8.46
603917	合力科技	0.00	4.85	0.00	0.00	4.85
603918	金桥信息	0.00	13.72	0.00	0.00	13.72
603919	金徽酒	0.00	32.99	0.00	0.00	32.99
603920	世运电路	0.00	40.62	0.00	0.00	40.62
603922	金鸿顺	0.00	6.38	0.00	0.00	6.38
603926	铁流股份	0.00	18.64	0.00	0.00	18.64
603928	兴业股份	0.00	31.52	0.00	0.00	31.52
603929	亚翔集成	0.00	59.85	0.00	0.00	59.85
603933	睿能科技	0.00	41.00	0.00	0.00	41.00
603936	博敏电子	0.00	12.69	0.00	0.00	12.69
603937	丽岛新材	0.00	13.39	0.00	0.00	13.39
603938	三孚股份	0.00	42.48	0.00	0.00	42.48
603939	益丰药房	0.00	15.93	0.00	0.00	15.93
603955	大千生态	0.00	47.96	0.00	0.00	47.96
603958	哈森股份	0.00	35.04	0.00	0.00	35.04
603959	百利科技	0.00	16.05	0.00	0.00	16.05
603960	克来机电	0.00	11.64	0.00	0.00	11.64
603963	大理药业	0.00	7.36	0.00	0.00	7.36
603966	法兰泰克	0.00	36.69	0.00	0.00	36.69
603968	醋化股份	0.00	23.09	0.00	0.00	23.09
603969	银龙股份	0.00	148.53	0.00	0.00	148.53
603970	中农立华	0.00	13.25	0.00	0.00	13.25

信用交易
Credit Trading

证券代码 Code	证券简称 Security Name	融资买入（百万）	卖券还款（百万）	融券卖出（百万）	买券还券（百万）	合计（百万）
603976	正川股份	0.00	9.11	0.00	0.00	9.11
603977	国泰集团	0.00	25.05	0.00	0.00	25.05
603978	深圳新星	0.00	34.13	0.00	0.00	34.13
603979	金诚信	0.00	49.07	0.00	0.00	49.07
603980	吉华集团	0.00	58.04	0.00	0.00	58.04
603985	恒润股份	0.00	18.14	0.00	0.00	18.14
603986	兆易创新	0.00	97.51	0.00	0.00	97.51
603987	康德莱	0.00	30.62	0.00	0.00	30.62
603988	中电电机	0.00	25.82	0.00	0.00	25.82
603989	艾华集团	0.00	35.00	0.00	0.00	35.00
603990	麦迪科技	0.00	22.28	0.00	0.00	22.28
603991	至正股份	0.00	11.52	0.00	0.00	11.52
603993	洛阳钼业	49166.27	16273.56	401.76	93.53	65935.12
603996	中新科技	0.00	17.34	0.00	0.00	17.34
603997	继峰股份	0.00	32.35	0.00	0.00	32.35
603998	方盛制药	0.00	34.17	0.00	0.00	34.17
603999	读者传媒	0.00	27.60	0.00	0.00	27.60

基金
Fund

基金市场概貌
Fund Market Overview

基金市场交易 Fund Market Data	2017 年	2016 年	增减(%) Change (%)
交易天数 Trading Days	244	244	0.00
上市基金数 No. of Funds	202	161	25.47
封闭式基金 Closed-end Fund	1	3	-66.67
ETFs	87	76	14.47
LOF	87	59	47.46
交易型货币基金 Exchange-traded Money Market Fund	27	23	17.39
新上市基金数 No. of New Funds	44.00	31.00	41.94
总成交金额 (亿) Total Trading Value(100 M)	78169.76	89359.77	-12.52
封闭式基金 Closed-end Fund	111.92	212.80	-47.41
ETFs	10828.32	6510.84	66.31
LOF	236.52	610.62	-61.27
交易型货币基金 Exchange-traded Money Market Fund	66992.81	82024.97	-18.33
日均成交金额(亿)Average Trading Value(100 M)	320.37	366.23	-12.52
封闭式基金 Closed-end Fund	0.46	0.87	-47.13
ETFs	44.38	26.68	66.34
LOF	0.97	2.50	-61.20
交易型货币基金 Exchange-traded Money Market Fund	274.56	336.17	-18.33
总成交量(亿) Total Trading Vol(100 M)	5773.21	4578.45	26.10
封闭式基金 Closed-end Fund	102.59	197.98	-48.18
ETFs	4761.65	2907.09	63.79
LOF	243.09	655.06	-62.89
交易型货币基金 Exchange-traded Money Market Fund	665.67	817.65	-18.59
日均成交量(百万份) Average Trading Vol (1 M)	2366.07	1876.42	26.09
封闭式基金 Closed-end Fund	42.05	81.14	-48.18
ETFs	1951.50	1191.43	63.79
LOF	99.63	268.47	-62.89
交易型货币基金 Exchange-traded Money Market Fund	272.82	335.10	-18.59
总成交笔数(万)Number of Trades(10000)	3067.72	3260.83	-5.92
封闭式基金 Closed-end Fund	23.97	77.19	-68.95
ETFs	1241.66	962.64	28.98
LOF	160.36	394.98	-59.40
交易型货币基金 Exchange-traded Money Market Fund	1641.67	1825.96	-10.09
日均成交笔数(万)Average Transactions(10000)	12.57	13.36	-5.91
封闭式基金 Closed-end Fund	0.10	0.32	-68.75
ETFs	5.09	3.95	28.86
LOF	0.66	1.62	-59.26
交易型货币基金 Exchange-traded Money Market Fund	6.73	7.48	-10.03
大宗交易成交 Bulk Trading			
总成交金额(亿) Total Trading Value(100 M)	12.33	12.80	-3.67
总成交量(亿份) Total Trading Vol (100 M)	4.87	2.60	87.31
总成交笔数(笔) Number of Trades	46.00	27.00	70.37

基金基本信息 List of Funds

基金 Fund

基金代码 Code	基金简称 Fund Name	发行时间 Issue Date	上市日 Listing Date	基金管理人 Management Company	托管人 Trustee
501000	国金鑫新	2015.06.08	2015.07.14	国金通用基金管理有限公司	平安银行股份有限公司
501001	财通精选	2015.06.09	2015.09.25	财通基金管理有限公司	中国光大银行股份有限公司
501002	能源互联	2015.12.08	2016.02.01	长信基金管理有限责任公司	国泰君安证券股份有限公司
501003	长信优选	2017.03.09	2017.05.05	长信基金管理有限责任公司	国泰君安证券股份有限公司
501005	精准医疗	2015.12.28	2016.03.21	汇添富基金管理股份有限公司	中国工商银行股份有限公司
501006	精准医 C	2015.12.28	2016.03.21	汇添富基金管理股份有限公司	中国工商银行股份有限公司
501007	互联医疗	2016.11.28	2017.02.20	汇添富基金管理股份有限公司	中国工商银行股份有限公司
501008	互联医 C	2016.11.28	2017.02.20	汇添富基金管理股份有限公司	中国工商银行股份有限公司
501009	生物科技	2016.11.28	2017.02.20	汇添富基金管理股份有限公司	中国建设银行股份有限公司
501010	生物科 C	2016.11.28	2017.02.20	汇添富基金管理股份有限公司	中国建设银行股份有限公司
501011	中药基金	2016.11.28	2017.02.20	汇添富基金管理股份有限公司	中国建设银行股份有限公司
501012	中药 C	2016.11.28	2017.02.20	汇添富基金管理股份有限公司	中国建设银行股份有限公司
501015	财通升级	2016.02.18	2016.06.06	财通基金管理有限公司	中国工商银行股份有限公司
501016	券商基金	2017.03.30	2017.05.19	国泰基金管理有限公司	中国建设银行股份有限公司
501017	国泰融丰	2016.05.03	2016.08.26	国泰基金管理有限公司	中国银行股份有限公司
501018	南方原油	2016.05.17	2016.06.28	南方基金管理有限公司	中国工商银行股份有限公司
501019	军工基金	2017.03.10	2017.04.21	国泰基金管理有限公司	中国建设银行股份有限公司
501020	国企改	2017.03.10	2017.04.21	国泰基金管理有限公司	中国建设银行股份有限公司
501021	香港中小	2016.05.23	2016.07.06	华宝基金管理有限公司	中国建设银行股份有限公司
501022	银华鑫盛	2016.08.24	2016.11.10	银华基金管理股份有限公司	中国工商银行股份有限公司
501023	港中小企	2016.08.29	2016.10.24	鹏华基金管理有限公司	中国银行股份有限公司
501025	香港银行	2016.10.10	2016.11.24	鹏华基金管理有限公司	中国建设银行股份有限公司
501026	财通福享	2016.08.15	2016.12.15	财通基金管理有限公司	中国农业银行股份有限公司
501027	国泰融信	2016.12.01	2017.06.01	国泰基金管理有限公司	中国银行股份有限公司
501028	财通福瑞	2016.10.17	2017.02.20	财通基金管理有限公司	中国工商银行股份有限公司
501029	红利基金	2016.12.01	2017.02.13	华宝基金管理有限公司	中国银行股份有限公司
501030	环境治理	2016.11.28	2017.02.20	汇添富基金管理股份有限公司	中国工商银行股份有限公司
501031	环境 C	2016.11.28	2017.02.20	汇添富基金管理股份有限公司	中国工商银行股份有限公司
501032	财通福盛	2016.12.19	2017.04.21	财通基金管理有限公司	中国工商银行股份有限公司
501035	创金睿选	2017.04.17	2017.09.18	创金合信基金管理有限公司	中国工商银行股份有限公司
501036	中证 500A	2017.07.26	2017.10.09	汇添富基金管理股份有限公司	招商证券股份有限公司
501037	中证 500C	2017.07.26	2017.10.09	汇添富基金管理股份有限公司	招商证券股份有限公司
501038	银华明择	2017.07.10	2017.11.24	银华基金管理股份有限公司	中国建设银行股份有限公司
501043	沪深 300A	2017.08.28	2017.10.09	汇添富基金管理股份有限公司	中国国际金融股份有限公司
501045	沪深 300C	2017.08.28	2017.10.09	汇添富基金管理股份有限公司	中国国际金融股份有限公司
501046	财通福鑫	2017.08.30	2017.12.01	财通基金管理有限公司	中国工商银行股份有限公司
501050	50AH	2016.09.19	2016.11.28	华夏基金管理有限公司	中国建设银行股份有限公司
501106	十年国开	2017.11.03	2017.12.13	广发基金管理有限公司	宁波银行股份有限公司
501300	美元债	2016.11.17	2017.02.16	海富通基金管理有限公司	中国银行股份有限公司
501301	香港大盘	2017.03.20	2017.05.08	华宝基金管理有限公司	招商证券股份有限公司
501302	恒生联接	2017.04.17	2017.08.15	南方基金管理有限公司	中国工商银行股份有限公司
501303	恒生中型	2017.08.07	2017.10.25	广发基金管理有限公司	中国银行股份有限公司
502000	500 等权	2015.03.30	2015.04.27	西部利得基金管理有限公司	兴业银行股份有限公司
502001	500 等权 A	2015.03.30	2015.04.27	西部利得基金管理有限公司	兴业银行股份有限公司
502002	500 等权 B	2015.03.30	2015.04.27	西部利得基金管理有限公司	兴业银行股份有限公司
502003	军工分级	2015.06.23	2015.07.15	易方达基金管理有限公司	中国建设银行股份有限公司
502004	军工 A	2015.06.23	2015.07.15	易方达基金管理有限公司	中国建设银行股份有限公司
502005	军工 B	2015.06.23	2015.07.15	易方达基金管理有限公司	中国建设银行股份有限公司
502006	国企改革	2015.06.08	2015.06.25	易方达基金管理有限公司	中国建设银行股份有限公司
502007	国企改 A	2015.06.08	2015.06.25	易方达基金管理有限公司	中国建设银行股份有限公司

基金基本信息 List of Funds

基金 Fund

基金代码 Code	基金简称 Fund Name	发行时间 Issue Date	上市日 Listing Date	基金管理人 Management Company	托管人 Trustee
502008	国企改 B	2015.06.08	2015.06.25	易方达基金管理有限公司	中国建设银行股份有限公司
502010	证券分级	2015.06.23	2015.07.15	易方达基金管理有限公司	中国建设银行股份有限公司
502011	证券 A	2015.06.23	2015.07.15	易方达基金管理有限公司	中国建设银行股份有限公司
502012	证券 B	2015.06.23	2015.07.15	易方达基金管理有限公司	中国建设银行股份有限公司
502013	一带一路	2015.05.12	2015.06.09	长盛基金管理有限公司	中国银行
502014	一带一 A	2015.05.12	2015.06.09	长盛基金管理有限公司	中国银行
502015	一带一 B	2015.05.12	2015.06.09	长盛基金管理有限公司	中国银行
502016	带路分级	2015.07.06	2015.08.24	长信基金管理有限责任公司	广发证券股份有限公司
502017	带路 A	2015.07.06	2015.08.24	长信基金管理有限责任公司	广发证券股份有限公司
502018	带路 B	2015.07.06	2015.08.24	长信基金管理有限责任公司	广发证券股份有限公司
502020	国金 50	2015.05.11	2015.06.05	国金通用基金管理有限公司	中国民生银行股份有限公司
502021	国金 50A	2015.05.11	2015.06.05	国金通用基金管理有限公司	中国民生银行股份有限公司
502022	国金 50B	2015.05.11	2015.06.05	国金通用基金管理有限公司	中国民生银行股份有限公司
502023	钢铁分级	2015.06.23	2015.08.24	鹏华基金管理有限公司	招商银行股份有限公司
502024	钢铁 A	2015.06.23	2015.08.24	鹏华基金管理有限公司	招商银行股份有限公司
502025	钢铁 B	2015.06.23	2015.08.24	鹏华基金管理有限公司	招商银行股份有限公司
502026	新丝路	2015.06.23	2015.08.24	鹏华基金管理有限公司	招商银行股份有限公司
502027	新丝路 A	2015.06.23	2015.08.24	鹏华基金管理有限公司	招商银行股份有限公司
502028	新丝路 B	2015.06.23	2015.08.24	鹏华基金管理有限公司	招商银行股份有限公司
502030	高铁分级	2015.06.15	2015.08.07	中海基金管理有限公司	招商证券股份有限公司
502031	高铁 A	2015.06.15	2015.08.07	中海基金管理有限公司	招商证券股份有限公司
502032	高铁 B	2015.06.15	2015.08.07	中海基金管理有限公司	招商证券股份有限公司
502036	互联金融	2015.06.15	2015.07.07	大成基金管理有限公司	中国工商银行股份有限公司
502037	网金 A	2015.06.15	2015.07.07	大成基金管理有限公司	中国工商银行股份有限公司
502038	网金 B	2015.06.15	2015.07.07	大成基金管理有限公司	中国工商银行股份有限公司
502040	上 50 分级	2015.06.29	2015.08.24	长盛基金管理有限公司	中国银行股份有限公司
502041	上 50A	2015.06.29	2015.08.24	长盛基金管理有限公司	中国银行股份有限公司
502042	上 50B	2015.06.29	2015.08.24	长盛基金管理有限公司	中国银行股份有限公司
502048	50 分级	2015.03.30	2015.04.27	易方达基金管理有限公司	交通银行股份有限公司
502049	上证 50A	2015.03.30	2015.04.27	易方达基金管理有限公司	交通银行股份有限公司
502050	上证 50B	2015.03.30	2015.04.27	易方达基金管理有限公司	交通银行股份有限公司
502053	券商分级	2015.07.13	2015.08.24	长盛基金管理有限公司	中国农业银行股份有限公司
502054	券商 A	2015.07.13	2015.08.24	长盛基金管理有限公司	中国农业银行股份有限公司
502055	券商 B	2015.07.13	2015.08.24	长盛基金管理有限公司	中国农业银行股份有限公司
502056	医疗分级	2015.07.01	2015.07.31	广发基金管理有限公司	北京银行股份有限公司
502057	医疗 A	2015.07.01	2015.07.31	广发基金管理有限公司	北京银行股份有限公司
502058	医疗 B	2015.07.01	2015.07.31	广发基金管理有限公司	北京银行股份有限公司
505888	嘉实元和	. .	2015.03.16	嘉实基金管理有限公司	中国工商银行股份有限公司
510010	治理 ETF	2009.09.18	2009.12.15	交银施罗德基金管理有限公司	中国农业银行股份有限公司
510020	超大 ETF	2009.12.23	2010.03.19	博时基金管理有限公司	中国建设银行股份有限公司
510030	价值 ETF	2010.04.14	2010.05.28	华宝兴业基金管理有限公司	中国工商银行股份有限公司
510050	50ETF	2004.12.24	2005.02.23	华夏基金管理有限公司	中国工商银行
510060	央企 ETF	2009.08.20	2009.10.27	工银瑞信基金管理有限公司	招商银行股份有限公司
510070	民企 ETF	2010.07.27	2010.10.29	鹏华基金管理有限公司	中国工商银行股份有限公司
510090	责任 ETF	2010.05.19	2010.08.09	建信基金管理有限公司	中国工商银行股份有限公司
510110	周期 ETF	2010.09.08	2010.11.15	海富通基金管理有限公司	中国工商银行股份有限公司
510120	非周 ETF	2011.04.13	2011.06.08	海富通基金管理有限公司	中国工商银行股份有限公司
510130	中盘 ETF	2010.03.17	2010.06.23	易方达基金管理有限公司	中国工商银行股份有限公司
510150	消费 ETF	2010.11.30	2011.02.25	招商基金管理有限公司	中国工商银行股份有限公司
510160	小康 ETF	2010.08.18	2010.11.01	南方基金管理有限公司	中国工商银行股份有限公司

基金基本信息
List of Funds

基金
Fund

基金代码 Code	基金简称 Fund Name	发行时间 Issue Date	上市日 Listing Date	基金管理人 Management Company	托管人 Trustee
510170	商品 ETF	2010.11.17	2011.01.25	国联安基金管理有限公司	中国银行股份有限公司
510180	180ETF	2006.03.09	2006.05.18	华安基金管理有限公司	中国建设银行股份有限公司
510190	龙头 ETF	2010.11.10	2011.01.10	华安基金管理有限公司	中国工商银行股份有限公司
510210	综指 ETF	2011.01.20	2011.03.25	富国基金管理有限公司	中国工商银行股份有限公司
510220	中小 ETF	2011.01.14	2011.03.28	华泰柏瑞基金管理有限公司	中国银行股份有限公司
510230	金融 ETF	2011.03.23	2011.05.23	国泰基金管理有限公司	中国银行股份有限公司
510260	新兴 ETF	2011.03.28	2011.06.08	诺安基金管理有限公司	中国工商银行股份有限公司
510270	国企 ETF	2011.06.08	2011.08.18	中银基金管理有限公司	招商银行股份有限公司
510280	成长 ETF	2011.07.27	2011.10.18	华宝兴业基金管理有限公司	中国银行股份有限公司
510290	380ETF	2011.09.07	2011.11.08	南方基金管理有限公司	中国建设银行股份有限公司
510300	300ETF	2012.04.24	2012.05.28	华泰柏瑞基金管理有限公司	中国工商银行
510310	HS300ETF	2013.02.26	2013.03.25	易方达基金管理有限公司	中国建设银行股份有限公司
510330	华夏 300	2012.12.17	2013.01.16	华夏基金管理有限公司	中国工商银行股份有限公司
510360	广发 300	2015.08.05	2015.09.09	广发基金管理有限公司	中国工商银行股份有限公司
510410	资源 ETF	2012.03.28	2012.05.11	博时基金管理有限公司	中国建设银行股份有限公司
510420	180EWETF	2012.06.04	2012.07.09	景顺长城基金管理有限公司	中国银行股份有限公司
510430	50 等权	2012.08.15	2012.09.24	银华基金管理有限公司	中国建设银行股份有限公司
510440	500 沪市	2012.08.15	2012.10.08	大成基金管理有限公司	中国银行股份有限公司
510500	500ETF	2013.01.29	2013.03.15	南方基金管理有限公司	中国农业银行股份有限公司
510510	广发 500	2013.03.27	2013.05.24	广发基金管理有限公司	中国工商银行股份有限公司
510520	诺安 500	2014.01.22	2014.03.10	诺安基金管理有限公司	中国银行股份有限公司
510560	国寿 500	2015.05.20	2015.07.03	国寿安保基金管理有限公司	中国农业银行股份有限公司
510580	ZZ500ETF	2015.08.19	2015.09.14	易方达基金管理有限公司	中国工商银行股份有限公司
510630	消费行业	2013.03.20	2013.05.08	华夏基金管理有限公司	中国建设银行股份有限公司
510650	金融行业	2013.03.20	2013.05.08	华夏基金管理有限公司	中国建设银行股份有限公司
510660	医药行业	2013.03.20	2013.05.08	华夏基金管理有限公司	中国建设银行股份有限公司
510680	万家 50	2013.10.23	2013.12.02	万家基金管理有限公司	华夏银行股份有限公司
510710	上 50ETF	2015.05.19	2015.06.15	博时基金管理有限公司	招商银行股份有限公司
510810	上海国企	2016.07.20	2016.08.29	汇添富基金管理股份有限公司	中国工商银行股份有限公司
510880	红利 ETF	2006.11.08	2007.01.18	华泰柏瑞基金管理有限公司	招商银行股份有限公司
510900	H 股 ETF	2012.08.01	2012.10.22	易方达基金管理有限公司	交通银行股份有限公司
511010	国债 ETF	2013.02.25	2013.03.25	国泰基金管理有限公司	中国建设银行股份有限公司
511210	企债 ETF	2013.07.03	2013.08.16	博时基金管理有限公司	中国工商银行股份有限公司
511220	城投 ETF	2014.11.05	2014.12.16	海富通基金管理有限公司	中国银行股份有限公司
511230	周期债	2017.01.11	2017.04.21	海富通基金管理有限公司	交通银行股份有限公司
511260	十年国债	2017.07.26	2017.08.24	国泰基金管理有限公司	中国建设银行股份有限公司
511600	货币 ETF		2016.09.09	华安基金管理有限公司	中国银行股份有限公司
511620	货币基金	2017.07.26	2017.09.07	国泰基金管理有限公司	中国建设银行股份有限公司
511650	华夏快线	2016.12.19	2017.01.16	华夏基金管理有限公司	招商证券股份有限公司
511660	建信添益	2016.08.24	2016.09.21	建信基金管理有限责任公司	国泰君安证券股份有限公司
511670	华泰天金	2017.08.03	2017.08.28	华泰证券(上海)资产管理有限公司	中国建设银行股份有限公司
511680	安信货币	2016.09.01	2016.09.27	安信基金管理有限责任公司	招商证券股份有限公司
511690	交易货币	2016.09.20	2016.10.20	大成基金管理有限公司	中国银行股份有限公司
511700	场内货币	2016.09.12	2016.10.17	平安大华基金管理有限公司	国泰君安证券股份有限公司
511760	德邦货币	2016.11.16	2016.12.15	德邦基金管理有限公司	国泰君安证券股份有限公司
511770	金鹰增益	2017.03.08	2017.04.10	金鹰基金管理有限公司	招商证券股份有限公司
511800	易货币		2014.12.08	易方达基金管理有限公司	中国银行股份有限公司
511810	理财金 H	2014.11.26	2015.01.05	南方基金管理有限公司	中国农业银行股份有限公司
511820	鹏华添利	2016.01.20	2016.02.22	鹏华基金管理有限公司	中国工商银行股份有限公司
511830	华泰货币	2015.07.02	2015.08.03	华泰柏瑞基金管理有限公司	中国建设银行股份有限公司

基金基本信息 List of Funds

基金代码 Code	基金简称 Fund Name	发行时间 Issue Date	上市日 Listing Date	基金管理人 Management Company	托管人 Trustee
511850	财富宝 E	2016.06.20	2016.07.18	招商基金管理有限公司	中国建设银行股份有限公司
511860	博时货币	2014.11.17	2014.12.09	博时基金管理有限公司	中国建设银行股份有限公司
511880	银华日利	2013.03.22	2013.04.18	银华基金管理有限公司	中国建设银行股份有限公司
511890	景顺货币	2015.07.08	2015.08.03	景顺长城基金管理有限公司	中国银河证券股份有限公司
511900	富国货币	2015.11.13	2015.12.09	富国基金管理有限公司	中国银行股份有限公司
511910	融通货币	. .	2016.06.20	融通基金管理有限公司	中国民生银行股份有限公司
511920	广发货币	. .	2016.03.28	广发基金管理有限公司	中国工商银行股份有限公司
511930	中融日盈	2015.11.19	2015.12.15	中融基金管理有限公司	国泰君安证券股份有限公司
511950	广发添利	2016.11.09	2016.12.19	广发基金管理有限公司	中国工商银行股份有限公司
511960	嘉实快线	. .	2015.12.28	嘉实基金管理有限公司	上海浦东发展银行股份有限公司
511970	国寿货币	. .	2016.07.04	国寿安保基金管理有限公司	中国工商银行股份有限公司
511980	现金添富	2015.10.14	2015.11.02	汇添富基金管理股份有限公司	中国工商银行股份有限公司
511990	华宝添益	2012.12.19	2013.01.28	华宝兴业基金管理有限公司	中国建设银行股份有限公司
512000	券商 ETF	2016.08.18	2016.09.14	华宝兴业基金管理有限公司	中国建设银行股份有限公司
512010	医药 ETF	2013.09.11	2013.10.28	易方达基金管理有限公司	中国建设银行股份有限公司
512070	非银 ETF	2014.06.18	2014.07.18	易方达基金管理有限公司	中国建设银行股份有限公司
512100	1000ETF	2016.09.21	2016.11.04	南方基金管理有限公司	招商银行股份有限公司
512120	中证医药	2013.11.26	2014.01.06	华安基金管理有限公司	中国建设银行股份有限公司
512200	房地产	2017.08.15	2017.09.25	南方基金管理有限公司	中国工商银行股份有限公司
512210	景顺食品	2014.07.09	2014.08.19	景顺长城基金管理有限公司	中国银行股份有限公司
512220	景顺 TMT	2014.07.09	2014.08.19	景顺长城基金管理有限公司	中国银行股份有限公司
512230	景顺医药	2014.07.09	2014.08.19	景顺长城基金管理有限公司	中国银行股份有限公司
512300	500 医药	2014.10.22	2014.12.18	南方基金管理有限公司	中国农业银行股份有限公司
512310	500 工业	2015.03.30	2015.05.08	南方基金管理有限公司	中国农业银行股份有限公司
512330	500 信息	2015.06.17	2015.07.20	南方基金管理有限公司	中国农业银行股份有限公司
512340	500 原料	2015.04.08	2015.05.15	南方基金管理有限公司	中国农业银行股份有限公司
512400	有色金属	2017.07.24	2017.09.01	南方基金管理有限公司	中国工商银行股份有限公司
512500	中证 500	2015.04.24	2015.05.29	华夏基金管理有限公司	中国建设银行股份有限公司
512510	ETF500	2015.05.04	2015.06.12	华泰柏瑞基金管理有限公司	中国银行股份有限公司
512550	富时 A50	2017.06.21	2017.08.07	嘉实基金管理有限公司	中国银行股份有限公司
512560	中证军工	2017.07.05	2017.07.28	易方达基金管理有限公司	招商银行股份有限公司
512570	中证证券	2017.07.19	2017.08.11	易方达基金管理有限公司	招商银行股份有限公司
512580	环保 ETF	2017.01.12	2017.02.28	广发基金管理有限公司	中国银行股份有限公司
512600	主要消费	2014.06.04	2014.07.25	嘉实基金管理有限公司	中国银行股份有限公司
512610	医药卫生	2014.06.04	2014.07.25	嘉实基金管理有限公司	中国银行股份有限公司
512640	金融地产	2014.06.11	2014.07.25	嘉实基金管理有限公司	中国银行股份有限公司
512660	军工 ETF	2016.07.14	2016.08.08	国泰基金管理有限公司	中国建设银行股份有限公司
512680	军工基金	2016.08.18	2016.10.14	广发基金管理有限公司	中国工商银行股份有限公司
512700	银行基金	2017.06.16	2017.07.26	南方基金管理有限公司	中国工商银行股份有限公司
512800	银行 ETF	2017.07.06	2017.08.03	华宝兴业基金管理有限公司	中国银行股份有限公司
512810	军工行业	2016.07.28	2016.08.22	华宝兴业基金管理有限公司	中国建设银行股份有限公司
512880	证券 ETF	2016.07.14	2016.08.08	国泰基金管理有限公司	中国建设银行股份有限公司
512900	证券基金	2017.03.01	2017.03.31	南方基金管理有限公司	中国银行股份有限公司
512990	MSCIA 股	2015.02.04	2015.03.25	华夏基金管理有限公司	中国银行股份有限公司
513030	德国 30	2014.07.14	2014.09.05	华安基金管理有限公司	招商银行股份有限公司
513050	中概互联	2016.12.23	2017.01.18	易方达基金管理有限公司	招商银行股份有限公司
513100	纳指 ETF	2013.04.17	2013.05.15	国泰基金管理有限公司	中国建设银行股份有限公司
513500	标普 500	2013.11.27	2014.01.15	博时基金管理有限公司	中国工商银行股份有限公司
513600	恒指 ETF	2014.12.15	2015.01.26	南方基金管理有限公司	中国工商银行股份有限公司
513660	恒生通	2014.12.15	2015.01.26	华夏基金管理有限公司	中国农业银行股份有限公司

基金基本信息 List of Funds

基金 Fund

基金代码 Code	基金简称 Fund Name	发行时间 Issue Date	上市日 Listing Date	基金管理人 Management Company	托管人 Trustee
518800	黄金基金	2013.07.10	2013.07.29	国泰基金管理有限公司	中国工商银行股份有限公司
518880	黄金 ETF	2013.07.10	2013.07.29	华安基金管理有限公司	中国建设银行股份有限公司

封闭式基金每日成交(亿元/亿份)
Closed-end Fund Trading(100 M Yuan/100 M Units)

基金 Fund

日期 Date	1月 Jan		2月 Feb		3月 Mar		4月 Apr		5月 May		6月 Jun	
	金额 Value	数量 Vol	金额 Value	数量 Vol	金额 Value	数量 Vol	金额 Value	数量 Vol	金额 Value	数量 Vol	金额 Value	数量 Vol
1	---	---	---	---	0.40	0.38	---	---	---	---	0.44	0.42
2	---	---	---	---	0.22	0.21	---	---	0.58	0.51	0.70	0.65
3	0.46	0.42	0.15	0.14	0.20	0.18	---	---	0.95	0.82	---	---
4	0.35	0.32	---	---	---	---	---	---	0.52	0.47	---	---
5	0.53	0.48	---	---	---	---	1.17	1.04	0.74	0.66	0.80	0.72
6	0.44	0.40	0.18	0.17	0.22	0.21	0.27	0.25	---	---	0.62	0.56
7	---	---	0.36	0.32	0.25	0.25	1.01	0.87	---	---	0.95	0.88
8	---	---	0.21	0.20	0.47	0.42	---	---	0.93	0.81	0.42	0.40
9	0.69	0.61	0.30	0.28	0.35	0.31	---	---	1.43	1.24	0.76	0.69
10	0.82	0.72	0.27	0.26	0.13	0.13	0.91	0.80	0.63	0.57	---	---
11	0.42	0.37	---	---	---	---	0.84	0.74	0.63	0.58	---	---
12	0.28	0.25	---	---	---	---	0.37	0.34	0.88	0.78	0.47	0.44
13	0.42	0.37	0.25	0.23	0.28	0.27	0.70	0.61	---	---	0.32	0.30
14	---	---	0.19	0.17	0.32	0.30	0.82	0.73	---	---	0.29	0.26
15	---	---	0.29	0.26	0.61	0.54	---	---	0.36	0.33	0.38	0.35
16	0.49	0.45	0.14	0.13	0.88	0.79	---	---	0.50	0.45	0.28	0.26
17	0.41	0.37	0.20	0.19	0.36	0.35	0.42	0.39	0.59	0.54	---	---
18	0.44	0.38	---	---	---	---	0.42	0.38	0.53	0.49	---	---
19	0.17	0.16	---	---	---	---	0.47	0.43	0.67	0.63	0.42	0.39
20	0.20	0.18	0.29	0.28	0.40	0.39	0.37	0.35	---	---	0.45	0.42
21	---	---	0.29	0.28	0.24	0.22	0.47	0.42	---	---	0.85	0.74
22	---	---	0.56	0.53	0.30	0.29	---	---	0.42	0.39	0.30	0.29
23	0.31	0.28	0.49	0.45	0.40	0.37	---	---	0.45	0.42	0.50	0.45
24	0.16	0.15	0.40	0.39	0.39	0.37	0.79	0.72	0.57	0.54	---	---
25	0.18	0.17	---	---	---	---	0.99	0.88	0.47	0.45	---	---
26	0.17	0.16	---	---	---	---	0.39	0.37	0.48	0.44	0.92	0.86
27	---	---	0.39	0.37	0.44	0.41	0.57	0.52	---	---	0.55	0.51
28	---	---	0.19	0.19	0.27	0.25	0.70	0.60	---	---	0.32	0.30
29	---	---	---	---	0.38	0.34	---	---	---	---	0.62	0.58
30	---	---	---	---	0.31	0.29	---	---	---	---	0.77	0.72
31	---	---	---	---	0.84	0.74	---	---	0.48	0.45	---	---
最高 high	0.82	0.72	0.56	0.53	0.88	0.79	1.17	1.04	1.43	1.24	0.95	0.88
最低 low	0.16	0.15	0.14	0.13	0.13	0.13	0.27	0.25	0.36	0.33	0.28	0.26

封闭式基金每日成交(亿元/亿份)
Closed-end Fund Trading(100 M Yuan/100 M Units)

基金
Fund

日期 Date	7月 Jul		8月 Aug		9月 Sep		10月 Oct		11月 Nov		12月 Dec	
	金额 Value	数量 Vol	金额 Value	数量 Vol	金额 Value	数量 Vol	金额 Value	数量 Vol	金额 Value	数量 Vol	金额 Value	数量 Vol
1	---	---	0.59	0.53	0.57	0.51	---	---	0.59	0.54	0.25	0.24
2	---	---	1.24	1.11	---	---	---	---	0.64	0.59	---	---
3	0.92	0.85	0.54	0.48	---	---	---	---	0.38	0.35	---	---
4	0.68	0.63	0.33	0.29	0.23	0.20	---	---	---	---	0.32	0.30
5	0.54	0.51	---	---	0.24	0.22	---	---	---	---	0.24	0.22
6	0.61	0.59	---	---	0.42	0.37	---	---	0.97	0.89	0.49	0.46
7	0.38	0.36	0.09	0.08	0.17	0.15	---	---	0.44	0.41	0.33	0.31
8	---	---	0.26	0.23	0.25	0.22	---	---	0.37	0.34	0.20	0.19
9	---	---	0.35	0.31	---	---	0.50	0.46	0.55	0.51	---	---
10	0.60	0.57	0.39	0.35	---	---	0.37	0.34	0.33	0.30	---	---
11	0.24	0.21	0.31	0.28	0.31	0.28	0.67	0.61	---	---	0.27	0.26
12	0.17	0.15	---	---	0.31	0.28	0.35	0.32	---	---	0.17	0.16
13	0.29	0.25	---	---	0.21	0.19	0.47	0.43	0.74	0.69	0.41	0.39
14	0.67	0.65	0.08	0.07	0.22	0.20	---	---	0.59	0.55	0.19	0.18
15	---	---	0.18	0.16	0.08	0.07	---	---	0.90	0.84	0.16	0.15
16	---	---	0.21	0.19	---	---	0.74	0.67	0.45	0.42	---	---
17	0.81	0.75	0.30	0.27	---	---	0.52	0.47	0.72	0.68	---	---
18	0.46	0.44	0.17	0.15	0.08	0.07	0.48	0.43	---	---	0.26	0.25
19	0.72	0.68	---	---	0.21	0.19	0.41	0.37	---	---	0.29	0.28
20	0.47	0.44	---	---	0.26	0.23	0.34	0.30	0.96	0.91	0.19	0.18
21	0.73	0.68	0.29	0.26	0.50	0.45	---	---	0.33	0.31	0.68	0.64
22	---	---	0.24	0.22	0.33	0.30	---	---	0.77	0.73	0.39	0.36
23	---	---	0.24	0.21	---	---	0.22	0.20	1.40	1.31	---	---
24	0.59	0.58	0.31	0.27	---	---	0.48	0.43	0.50	0.47	---	---
25	1.17	1.14	0.23	0.21	0.15	0.14	0.36	0.33	---	---	0.37	0.34
26	1.55	1.52	---	---	0.20	0.18	0.31	0.29	---	---	0.32	0.30
27	0.29	0.26	---	---	0.14	0.13	0.59	0.54	0.62	0.59	0.47	0.44
28	0.28	0.25	0.30	0.27	0.33	0.30	---	---	0.23	0.22	0.37	0.35
29	---	---	0.38	0.34	0.47	0.42	---	---	0.32	0.30	0.38	0.36
30	---	---	0.26	0.23	---	---	1.01	0.92	0.37	0.35	---	---
31	0.35	0.31	0.14	0.13	---	---	1.15	1.04	---	---	---	---
最高 high	H1.55	H1.52	1.24	1.11	0.57	0.51	1.15	1.04	1.40	1.31	0.68	0.64
最低 low	0.17	0.15	0.08	0.07	L0.08	L0.07	0.22	0.20	0.23	0.22	0.16	0.15

ETF 每日成交(亿元/亿份)
ETF Trading(100M Yuan/100 M Units)

基金
Fund

日期 Date	1月 Jan		2月 Feb		3月 Mar		4月 Apr		5月 May		6月 Jun	
	金额 Value	数量 Vol	金额 Value	数量 Vol	金额 Value	数量 Vol	金额 Value	数量 Vol	金额 Value	数量 Vol	金额 Value	数量 Vol
1	---	---	---	---	37.85	18.54	---	---	---	---	34.99	13.10
2	---	---	---	---	31.05	14.57	---	---	26.44	9.88	44.70	16.82
3	21.71	10.42	17.89	7.96	28.07	12.99	---	---	26.13	9.13	---	---
4	23.14	11.06	---	---	---	---	---	---	49.53	24.53	---	---
5	24.99	12.68	---	---	---	---	40.41	18.42	38.57	15.84	36.82	14.03
6	23.61	12.85	17.17	7.58	32.63	11.77	27.06	11.71	---	---	34.81	13.23
7	---	---	20.38	8.00	25.72	12.09	34.83	16.49	---	---	35.46	11.97
8	---	---	26.84	12.21	27.18	12.29	---	---	35.32	13.42	40.91	14.07
9	21.90	11.38	29.64	16.28	23.72	11.43	---	---	33.85	13.84	42.19	17.57
10	26.26	13.06	24.41	12.13	20.99	11.07	30.76	14.43	33.49	13.29	---	---
11	24.55	11.81	---	---	---	---	43.25	22.05	45.48	18.46	---	---
12	20.53	9.00	---	---	---	---	34.22	16.75	38.59	14.86	38.28	14.52
13	19.88	8.91	28.28	13.74	25.75	13.11	40.15	21.29	---	---	36.25	12.57
14	---	---	23.35	10.08	22.78	10.97	42.56	17.55	---	---	39.86	13.83
15	---	---	31.12	16.49	33.95	17.44	---	---	33.16	13.34	43.49	14.18
16	30.82	14.29	21.50	10.88	37.02	17.65	---	---	37.24	15.23	35.81	12.66
17	23.78	10.85	25.52	12.71	29.48	13.30	39.45	18.27	37.59	18.52	---	---
18	27.91	12.35	---	---	---	---	39.43	17.59	39.78	18.67	---	---
19	27.41	11.56	---	---	---	---	43.90	20.30	31.19	13.25	49.84	18.15
20	26.67	12.23	36.02	17.85	26.14	12.78	26.19	13.00	---	---	47.77	14.19
21	---	---	35.22	17.27	33.59	14.85	27.69	13.58	---	---	49.01	15.82
22	---	---	26.28	12.76	28.76	13.00	---	---	35.85	14.58	57.88	20.47
23	27.01	13.02	25.74	13.39	26.77	12.03	---	---	46.99	19.72	50.79	17.13
24	18.26	8.54	25.09	10.81	27.28	11.61	36.31	15.26	43.52	18.21	---	---
25	18.20	8.46	---	---	---	---	40.22	20.73	47.28	17.18	---	---
26	15.37	7.29	---	---	---	---	35.61	16.61	31.45	12.73	55.56	21.69
27	---	---	27.15	11.15	28.30	12.62	32.10	13.43	---	---	52.89	19.17
28	---	---	31.67	17.13	26.72	11.22	24.54	11.13	---	---	44.95	12.78
29	---	---	---	---	28.37	11.63	---	---	---	---	35.38	10.79
30	---	---	---	---	31.48	13.20	---	---	---	---	36.99	13.49
31	---	---	---	---	23.13	9.70	---	---	36.15	12.75	---	---
最高 high	30.82	14.29	36.02	17.85	37.85	18.54	43.90	22.05	49.53	24.53	57.88	21.69
最低 low	L15.37	L7.29	17.17	7.58	20.99	9.70	24.54	11.13	26.13	9.13	34.81	10.79

ETF 每日成交(亿元/亿份)
ETF Trading(100 M Yuan/100 M Units)

基金
Fund

日期 Date	7月 Jul		8月 Aug		9月 Sep		10月 Oct		11月 Nov		12月 Dec	
	金额 Value	数量 Vol	金额 Value	数量 Vol	金额 Value	数量 Vol	金额 Value	数量 Vol	金额 Value	数量 Vol	金额 Value	数量 Vol
1	---	---	44.75	17.94	41.46	19.28	---	---	96.44	42.33	60.58	29.62
2	---	---	48.28	18.32	---	---	---	---	67.01	30.70	---	---
3	35.13	12.23	58.78	24.87	---	---	---	---	74.62	32.32	---	---
4	40.67	16.93	38.73	15.56	42.55	17.38	---	---	---	---	52.82	26.46
5	36.06	13.80	---	---	40.68	17.14	---	---	---	---	77.47	37.74
6	40.90	14.42	---	---	39.83	16.19	---	---	52.48	25.11	71.65	36.87
7	31.54	11.26	32.84	14.63	38.13	15.37	---	---	100.44	43.90	69.24	32.89
8	---	---	27.84	10.51	39.07	17.86	---	---	86.76	38.63	74.97	38.39
9	---	---	30.46	11.26	---	---	52.64	23.22	116.52	50.96	---	---
10	39.10	18.56	45.25	18.07	---	---	56.29	26.54	69.05	31.28	---	---
11	41.88	18.22	56.10	26.31	40.74	14.82	46.51	21.15	---	---	57.24	27.68
12	50.13	20.52	---	---	39.60	16.24	39.06	18.01	---	---	74.93	38.90
13	43.44	15.08	---	---	45.49	20.23	35.28	17.43	65.71	31.87	70.02	35.44
14	35.37	14.96	42.66	16.97	35.40	14.00	---	---	74.97	34.11	71.95	35.17
15	---	---	42.00	15.60	42.58	18.48	---	---	79.91	33.72	68.68	34.40
16	---	---	33.21	16.09	---	---	56.04	25.11	77.67	34.47	---	---
17	61.57	23.80	31.89	14.40	---	---	50.57	24.60	83.15	35.20	---	---
18	48.61	18.64	40.56	21.40	42.21	19.07	69.70	35.20	---	---	71.23	37.91
19	46.57	16.27	---	---	46.69	21.42	43.96	20.51	---	---	73.63	38.12
20	50.49	19.48	---	---	37.75	17.57	47.65	22.73	74.05	31.82	60.36	30.03
21	45.78	16.59	32.55	15.91	41.60	17.85	---	---	85.53	40.53	95.21	48.27
22	---	---	39.16	17.90	41.94	19.51	---	---	72.76	34.05	59.57	28.39
23	---	---	31.74	14.08	---	---	55.71	26.52	88.02	39.06	---	---
24	41.66	16.54	32.04	12.18	---	---	60.15	28.02	74.68	35.23	---	---
25	38.09	13.03	53.29	21.65	34.15	15.35	65.24	29.11	---	---	63.89	27.80
26	52.36	21.07	---	---	40.89	20.89	92.76	39.10	---	---	73.64	32.95
27	45.08	13.12	---	---	44.82	20.37	74.94	33.72	71.97	33.53	93.06	41.12
28	29.54	9.72	60.96	23.71	39.31	19.07	---	---	72.74	35.99	90.24	42.91
29	---	---	41.48	15.57	36.06	16.61	---	---	66.15	34.05	64.88	29.13
30	---	---	46.51	18.31	---	---	88.06	37.08	70.41	34.22	---	---
31	41.80	15.29	45.21	16.58	---	---	91.52	41.90	---	---	---	---
最高 high	61.57	23.80	60.96	26.31	46.69	21.42	92.76	41.90	H116.52	H50.96	95.21	48.27
最低 low	29.54	9.72	27.84	10.51	34.15	14.00	35.28	17.43	52.48	25.11	52.82	26.46

货币型基金每日成交(亿元/亿份)
Money Market Fund Trading(100M Yuan/100 M Units)

基金
Fund

日期 Date	1月 Jan 金额 Value	1月 Jan 数量 Vol	2月 Feb 金额 Value	2月 Feb 数量 Vol	3月 Mar 金额 Value	3月 Mar 数量 Vol	4月 Apr 金额 Value	4月 Apr 数量 Vol	5月 May 金额 Value	5月 May 数量 Vol	6月 Jun 金额 Value	6月 Jun 数量 Vol
1	---	---	---	---	281.55	2.81	---	---	---	---	268.17	2.67
2	---	---	---	---	270.99	2.71	---	---	261.40	2.60	256.02	2.55
3	227.08	2.27	150.50	1.50	331.64	3.31	---	---	247.99	2.47	---	---
4	184.12	1.84	---	---	---	---	---	---	278.36	2.77	---	---
5	219.00	2.19	---	---	---	---	293.39	2.93	281.95	2.81	251.82	2.51
6	250.13	2.50	175.22	1.75	327.72	3.27	243.07	2.42	---	---	238.62	2.38
7	---	---	204.89	2.05	270.84	2.70	312.66	3.12	---	---	282.62	2.82
8	---	---	173.48	1.73	274.29	2.74	---	---	301.15	3.00	275.96	2.75
9	186.16	1.86	203.02	2.03	300.67	3.00	---	---	290.93	2.90	275.57	2.74
10	208.49	2.08	209.00	2.09	357.51	3.57	290.21	2.90	282.36	2.81	---	---
11	191.19	1.91	---	---	---	---	298.37	2.98	275.70	2.74	---	---
12	203.91	2.04	---	---	---	---	268.51	2.68	267.70	2.66	276.41	2.75
13	199.33	1.99	237.45	2.37	333.66	3.33	342.96	3.42	---	---	249.21	2.48
14	---	---	225.93	2.26	264.04	2.64	272.21	2.71	---	---	283.03	2.82
15	---	---	200.64	2.00	350.66	3.50	---	---	256.69	2.56	313.34	3.12
16	207.85	2.08	250.12	2.50	348.53	3.48	---	---	272.51	2.72	272.06	2.71
17	154.31	1.54	275.55	2.75	311.83	3.11	280.04	2.79	298.03	2.97	---	---
18	176.54	1.76	---	---	---	---	237.28	2.37	272.67	2.71	---	---
19	155.78	1.56	---	---	---	---	287.87	2.87	311.00	3.10	300.80	3.00
20	212.39	2.12	288.41	2.88	291.01	2.90	302.59	3.02	---	---	272.10	2.71
21	---	---	297.03	2.97	325.86	3.25	334.72	3.34	---	---	296.67	2.95
22	---	---	326.09	3.26	346.40	3.46	---	---	274.81	2.74	311.85	3.11
23	207.54	2.07	322.46	3.22	345.59	3.45	---	---	274.87	2.74	286.02	2.85
24	169.84	1.70	317.56	3.17	350.45	3.50	333.19	3.32	294.43	2.93	---	---
25	182.06	1.82	---	---	---	---	279.01	2.78	329.90	3.28	---	---
26	150.18	1.50	---	---	---	---	277.93	2.77	316.44	3.15	364.33	3.63
27	---	---	364.57	3.64	334.22	3.33	327.72	3.26	---	---	296.74	2.95
28	---	---	334.80	3.34	320.15	3.19	344.21	3.43	---	---	330.33	3.29
29	---	---	---	---	369.87	3.69	---	---	---	---	312.29	3.11
30	---	---	---	---	344.31	3.43	---	---	---	---	312.03	3.10
31	---	---	---	---	379.93	3.79	---	---	331.98	3.31	---	---
最高 high	250.13	2.50	364.57	3.64	379.93	3.79	344.21	3.43	331.98	3.31	364.33	3.63
最低 low	150.18	1.50	150.50	1.50	264.04	2.64	237.28	2.37	247.99	2.47	238.62	2.38

货币型基金每日成交(亿元/亿份)
Money Market Fund Trading(100M Yuan/100 M Units)

基金 Fund

日期 Date	7月 Jul		8月 Aug		9月 Sep		10月 Oct		11月 Nov		12月 Dec	
	金额 Value	数量 Vol	金额 Value	数量 Vol	金额 Value	数量 Vol	金额 Value	数量 Vol	金额 Value	数量 Vol	金额 Value	数量 Vol
1	---	---	234.02	2.33	246.57	2.45	---	---	275.65	2.72	358.83	3.54
2	---	---	239.41	2.38	---	---	---	---	324.15	3.20	---	---
3	245.32	2.44	228.08	2.27	---	---	---	---	326.52	3.22	---	---
4	222.41	2.21	242.38	2.40	225.24	2.23	---	---	---	---	386.01	3.81
5	220.89	2.20	---	---	232.93	2.31	---	---	---	---	356.38	3.52
6	268.03	2.66	---	---	210.85	2.09	---	---	284.94	2.82	330.99	3.27
7	215.88	2.15	240.50	2.39	217.59	2.16	---	---	292.92	2.89	375.39	3.70
8	---	---	205.91	2.05	244.62	2.43	---	---	311.28	3.07	352.28	3.47
9	---	---	200.21	1.99	---	---	233.17	2.32	304.69	3.00	---	---
10	267.33	2.66	239.73	2.38	---	---	212.01	2.10	319.65	3.15	---	---
11	196.45	1.95	226.86	2.25	248.24	2.46	257.19	2.55	---	---	402.22	3.96
12	230.17	2.29	---	---	233.22	2.32	233.52	2.32	---	---	317.25	3.12
13	229.49	2.28	---	---	217.10	2.15	241.06	2.39	302.99	2.99	357.84	3.52
14	268.78	2.67	260.11	2.58	251.96	2.50	---	---	292.30	2.89	462.50	4.56
15	---	---	233.83	2.33	239.83	2.38	---	---	275.68	2.72	522.37	5.15
16	---	---	189.29	1.88	---	---	237.13	2.35	330.60	3.27	---	---
17	247.47	2.46	215.48	2.14	---	---	206.71	2.05	390.82	3.85	---	---
18	231.79	2.30	237.54	2.36	203.83	2.02	226.38	2.24	---	---	440.71	4.34
19	239.67	2.38	---	---	214.88	2.13	277.12	2.75	---	---	431.91	4.26
20	262.38	2.61	---	---	220.54	2.19	236.16	2.34	335.66	3.31	390.97	3.84
21	247.76	2.46	222.79	2.21	237.26	2.36	---	---	335.22	3.30	400.85	3.95
22	---	---	167.35	1.66	240.72	2.39	---	---	274.20	2.71	403.25	3.96
23	---	---	146.96	1.46	---	---	266.93	2.64	290.27	2.87	---	---
24	226.46	2.25	206.96	2.06	---	---	243.69	2.41	359.13	3.54	---	---
25	197.08	1.96	256.25	2.54	242.53	2.41	270.45	2.68	---	---	349.60	3.44
26	224.76	2.24	---	---	252.48	2.50	307.79	3.05	---	---	333.76	3.29
27	231.26	2.30	---	---	226.61	2.25	302.44	2.99	388.20	3.85	263.31	2.60
28	217.49	2.16	242.65	2.41	244.96	2.43	---	---	307.82	3.04	235.48	2.31
29	---	---	181.84	1.80	269.05	2.67	---	---	326.98	3.23	398.43	3.98
30	---	---	261.79	2.59	---	---	285.51	2.83	304.54	3.00	---	---
31	241.82	2.41	241.55	2.40	---	---	308.64	3.05	---	---	---	---
最高 high	268.78	2.67	261.79	2.59	269.05	2.67	308.64	3.05	390.82	3.85	H522.37	H5.15
最低 low	196.45	1.95	L146.96	L1.46	203.83	2.02	206.71	2.05	274.20	2.71	235.48	2.31

LOF 每日成交(亿元/亿份)
LOF Trading(100 M Yuan/100 M Units)

基金
Fund

日期 Date	1月 Jan		2月 Feb		3月 Mar		4月 Apr		5月 May		6月 Jun	
	金额 Value	数量 Vol	金额 Value	数量 Vol	金额 Value	数量 Vol	金额 Value	数量 Vol	金额 Value	数量 Vol	金额 Value	数量 Vol
1	---	---	---	---	1.21	1.23	---	---	---	---	0.90	0.99
2	---	---	---	---	1.00	1.01	---	---	1.09	1.13	0.71	0.78
3	1.89	1.91	0.73	0.74	1.00	0.99	---	---	1.18	1.22	---	---
4	2.02	2.05	---	---	---	---	---	---	1.43	1.51	---	---
5	1.29	1.32	---	---	---	---	2.77	3.03	2.41	2.50	0.76	0.84
6	1.39	1.39	0.79	0.79	0.95	0.94	2.55	2.79	---	---	0.64	0.72
7	---	---	0.89	0.88	0.79	0.80	2.27	2.38	---	---	1.02	1.12
8	---	---	1.34	1.28	0.96	0.96	---	---	2.72	2.83	1.14	1.21
9	1.47	1.44	1.30	1.32	0.97	0.98	---	---	1.40	1.49	0.96	1.02
10	1.30	1.29	1.67	1.79	0.69	0.70	1.77	1.83	1.77	1.89	---	---
11	1.22	1.24	---	---	---	---	3.16	3.18	2.14	2.43	---	---
12	0.86	0.87	---	---	---	---	2.36	2.37	1.16	1.23	0.73	0.76
13	1.09	1.16	1.97	2.01	1.33	1.28	1.44	1.44	---	---	0.83	0.92
14	---	---	1.26	1.30	0.86	0.85	1.69	1.73	---	---	0.74	0.82
15	---	---	1.40	1.42	1.25	1.26	---	---	1.23	1.32	0.97	1.07
16	1.63	1.71	1.14	1.15	1.59	1.58	---	---	1.15	1.29	0.45	0.47
17	0.95	0.97	1.71	1.64	1.25	1.23	1.56	1.63	0.76	0.83	---	---
18	0.98	1.02	---	---	---	---	1.69	1.81	0.77	0.81	---	---
19	0.69	0.69	---	---	---	---	1.85	1.92	0.94	0.98	0.79	0.85
20	0.87	0.86	2.47	2.48	1.25	1.23	1.78	1.92	---	---	0.84	0.93
21	---	---	1.64	1.61	1.02	1.07	2.41	2.61	---	---	0.91	0.99
22	---	---	1.23	1.24	1.53	1.66	---	---	1.25	1.31	1.03	1.11
23	0.97	0.95	1.04	1.03	1.31	1.38	---	---	1.23	1.36	0.67	0.72
24	0.71	0.73	1.13	1.12	1.90	2.02	2.63	2.98	1.04	1.14	---	---
25	0.62	0.66	---	---	---	---	2.17	2.37	1.38	1.46	---	---
26	0.83	0.82	---	---	---	---	1.62	1.72	0.99	1.08	0.92	0.98
27	---	---	1.06	1.07	2.05	2.13	3.32	3.70	---	---	0.87	0.89
28	---	---	0.82	0.83	1.90	2.08	1.56	1.68	---	---	0.53	0.57
29	---	---	---	---	3.33	3.72	---	---	---	---	0.80	0.81
30	---	---	---	---	2.93	3.25	---	---	---	---	0.58	0.60
31	---	---	---	---	1.36	1.49	---	---	1.44	1.55	---	---
最高 high	2.02	2.05	2.47	2.48	H3.33	H3.72	3.32	3.70	2.72	2.83	1.14	1.21
最低 low	0.62	0.66	0.73	0.74	0.69	0.70	1.44	1.44	0.76	0.81	0.45	0.47

LOF 每日成交(亿元/亿份)
LOF Trading(100 M Yuan/100 M Units)

基金
Fund

日期 Date	7月 Jul		8月 Aug		9月 Sep		10月 Oct		11月 Nov		12月 Dec	
	金额 Value	数量 Vol	金额 Value	数量 Vol	金额 Value	数量 Vol	金额 Value	数量 Vol	金额 Value	数量 Vol	金额 Value	数量 Vol
1	---	---	0.59	0.61	0.63	0.64	---	---	0.98	0.98	0.30	0.28
2	---	---	0.70	0.71	---	---	---	---	0.41	0.41	---	---
3	0.76	0.81	0.56	0.59	---	---	---	---	1.04	1.05	---	---
4	0.93	0.99	0.54	0.57	0.56	0.57	---	---	---	---	0.38	0.38
5	0.82	0.89	---	---	0.44	0.44	---	---	---	---	0.63	0.62
6	0.83	0.87	---	---	0.76	0.80	---	---	0.46	0.43	0.58	0.55
7	0.60	0.63	0.52	0.54	1.28	1.32	---	---	0.44	0.41	0.34	0.32
8	---	---	0.50	0.51	0.87	0.87	---	---	0.41	0.38	0.52	0.50
9	---	---	0.49	0.48	---	---	2.16	2.12	0.37	0.35	---	---
10	0.53	0.56	0.42	0.42	---	---	0.83	0.80	0.42	0.37	---	---
11	0.95	0.96	0.59	0.60	0.88	0.89	0.72	0.68	---	---	0.64	0.61
12	0.71	0.75	---	---	1.01	0.96	0.47	0.46	---	---	0.37	0.35
13	0.68	0.71	---	---	0.72	0.74	0.48	0.44	0.45	0.42	0.40	0.37
14	0.61	0.64	0.55	0.57	0.63	0.63	---	---	0.55	0.52	0.49	0.47
15	---	---	0.44	0.45	0.47	0.47	---	---	0.51	0.45	0.49	0.49
16	---	---	0.53	0.55	---	---	0.61	0.60	0.31	0.28	---	---
17	0.81	0.84	0.64	0.69	---	---	0.40	0.35	0.46	0.42	---	---
18	0.53	0.57	0.64	0.66	0.53	0.52	0.54	0.50	---	---	0.38	0.36
19	0.83	0.86	---	---	0.44	0.43	0.54	0.51	---	---	0.42	0.42
20	1.22	1.19	---	---	0.82	0.72	0.43	0.39	0.56	0.52	0.39	0.37
21	0.50	0.53	0.97	0.98	0.47	0.46	---	---	0.63	0.57	0.48	0.47
22	---	---	1.06	1.08	0.47	0.43	---	---	0.63	0.58	0.43	0.43
23	---	---	0.77	0.78	---	---	0.59	0.51	0.44	0.38	---	---
24	0.51	0.54	0.63	0.66	---	---	0.54	0.53	0.39	0.35	---	---
25	0.49	0.51	0.69	0.70	0.52	0.46	0.57	0.55	---	---	0.28	0.27
26	0.51	0.55	---	---	0.49	0.47	0.74	0.68	---	---	0.34	0.34
27	0.49	0.51	---	---	0.39	0.38	0.96	0.87	0.44	0.41	0.68	0.60
28	0.57	0.61	1.45	1.44	0.49	0.48	---	---	0.38	0.37	0.45	0.38
29	---	---	0.81	0.84	0.42	0.41	---	---	0.85	0.76	0.27	0.25
30	---	---	0.81	0.81	---	---	0.61	0.58	0.49	0.45	---	---
31	0.60	0.65	0.64	0.65	---	---	0.50	0.49	---	---	---	---
最高 high	1.22	1.19	1.45	1.44	1.28	1.32	2.16	2.12	1.04	1.05	0.68	0.62
最低 low	0.49	0.51	0.42	0.42	0.39	0.38	0.40	0.35	0.31	0.28	L0.27	L0.25

基金 Fund

基金代码 Code	基金简称 Fund Name	发行数量(百万份) Issued Vol (1M)	市价总值(百万) Market Capitalization (1M)	上年收盘 Last Year Close	本年开盘 Open	本年最高 High
500056	基金科瑞	- -	2475.00	0.825	0.000	0.000
500058	基金银丰	3000.00	2958.00	0.968	0.967	0.989
501000	国金鑫新	1.07	1.33	1.012	1.011	1.349
501001	财通精选	71.88	79.64	1.019	1.019	1.180
501002	能源互联	2.21	2.17	1.036	1.031	1.285
501003	长信优选	1.63	1.59	1.001	1.001	1.460
501005	精准医疗	26.33	25.25	1.015	1.015	1.090
501006	精准医 C	2.19	2.19	1.000	0.000	0.000
501007	互联医疗	8.17	7.43	0.975	0.970	1.006
501008	互联医 C	3.47	3.19	0.974	0.962	1.030
501009	生物科技	4.06	4.72	0.986	0.986	1.322
501010	生物科 C	2.21	2.52	0.985	0.980	1.417
501011	中药基金	2.34	2.37	0.996	0.982	1.168
501012	中药 C	2.09	2.10	0.996	0.990	1.187
501015	财通升级	849.22	788.92	0.994	0.994	1.034
501016	券商基金	4.54	4.46	1.000	0.994	1.200
501017	国泰融丰	288.57	269.23	0.945	0.945	0.994
501018	南方原油	52.40	53.92	1.067	1.070	1.071
501019	军工基金	112.57	91.86	0.970	0.989	0.989
501020	国企改	7.57	8.14	1.001	0.994	1.188
501021	香港中小	260.50	368.87	1.051	1.052	1.443
501022	银华鑫盛	350.34	289.38	0.914	0.915	0.959
501023	港中小企	24.17	28.52	0.980	0.981	1.200
501025	香港银行	16.26	18.58	0.978	0.974	1.198
501026	财通福享	449.13	395.69	0.913	0.913	0.967
501027	国泰融信	28.95	28.69	1.001	0.930	1.051
501028	财通福瑞	415.87	379.27	1.003	0.977	0.977
501029	红利基金	472.38	515.84	1.002	0.997	1.119
501030	环境治理	1.54	1.44	1.001	1.001	1.230
501031	环境 C	0.77	0.71	1.000	1.000	1.240
501032	财通福盛	13.38	12.28	1.003	0.922	1.005
501035	创金睿选	34.46	32.01	1.003	0.920	0.979
501036	中证 500A	28.11	26.87	1.008	1.007	1.030
501037	中证 500C	24.21	22.85	1.008	1.008	1.014
501038	银华明择	209.92	226.72	1.101	1.041	1.099
501043	沪深 300A	16.42	17.21	1.003	1.001	1.090
501045	沪深 300C	18.83	19.35	1.002	1.002	1.093
501046	财通福鑫	74.53	67.37	0.992	0.951	0.978
501050	50AH	187.34	225.93	0.953	0.950	1.271
501106	十年国开	12.35	12.30	1.003	1.003	1.094
501300	美元债	21.66	20.75	1.002	1.019	1.102
501301	香港大盘	24.90	29.06	0.988	0.982	1.227
501302	恒生联接	1.48	1.59	1.002	1.000	1.201
501303	恒生中型	43.51	43.21	1.005	0.998	1.012
502000	500 等权	1.48	1.49	0.995	0.989	1.110
502001	500 等权 A	1.07	1.02	1.037	1.046	1.298
502002	500 等权 B	1.07	1.13	0.966	0.909	1.208
502003	军工分级	15.80	14.17	1.090	1.082	1.258
502004	军工 A	123.56	111.33	1.000	1.002	1.058
502005	军工 B	123.56	108.24	1.171	1.171	1.444

基金
Fund

基金
Fund

本年最低 Low	本年收盘 Close	涨跌(%) Change(%)	成交数量(百万份) Trading Vol (1 M)	成交金额(百万) Trading Value (1 M)	年初净值 Open Value	年末净值 Close Value
0.000	0.825	0.00	0.00	0.00	--	--
0.926	0.986	1.86	2377.41	2289.12	1.026	1.014
0.918	1.250	23.52	5.14	5.57	1.016	1.233
0.925	1.108	8.73	549.67	564.68	1.026	1.111
0.909	0.979	-5.50	18.03	19.12	1.045	0.988
0.935	0.973	-2.80	16.54	17.00	1.000	0.983
0.900	0.959	-5.52	83.88	81.16	1.009	0.957
0.000	1.000	0.00	0.00	0.00	1.005	0.949
0.859	0.910	-6.67	23.35	22.73	0.996	0.915
0.878	0.918	-5.75	14.39	14.02	0.996	0.912
0.927	1.162	17.85	48.34	50.05	1.002	1.152
0.959	1.142	15.94	19.87	21.84	1.002	1.151
0.982	1.013	1.71	51.79	52.35	1.002	1.010
0.960	1.006	1.00	50.32	50.82	1.002	1.008
0.852	0.929	-6.54	3001.74	2897.91	1.038	0.944
0.963	0.983	-1.70	154.49	156.23	1.000	0.959
0.825	0.933	-1.27	267.24	248.92	1.008	0.939
0.809	1.029	-3.56	1784.34	1617.80	1.067	1.042
0.777	0.816	-15.88	107.43	94.35	1.000	0.812
0.951	1.075	7.39	165.37	166.74	1.000	1.073
1.052	1.416	34.73	1466.22	1836.51	1.060	1.425
0.818	0.826	-9.63	353.74	322.22	1.001	0.900
0.981	1.180	20.41	318.28	342.32	0.990	1.189
0.974	1.143	16.87	70.81	76.46	0.983	1.148
0.763	0.881	-3.51	504.92	452.88	0.988	0.927
0.840	0.991	-1.00	30.50	28.38	1.000	1.049
0.819	0.912	-9.07	422.05	388.58	1.000	0.979
0.970	1.092	8.98	1414.81	1473.59	1.000	1.092
0.903	0.935	-6.59	31.61	32.13	1.000	0.928
0.907	0.926	-7.40	21.72	21.91	1.000	0.931
0.820	0.918	-8.48	11.13	10.24	1.000	0.992
0.898	0.929	-7.38	27.56	25.29	1.000	1.019
0.921	0.956	-5.16	44.69	44.71	1.000	0.951
0.929	0.944	-6.35	120.40	120.95	1.000	0.951
0.981	1.080	-1.91	113.67	120.59	1.000	1.132
0.999	1.048	4.49	34.95	35.48	1.001	1.033
0.999	1.028	2.60	125.01	126.32	1.001	1.033
0.875	0.904	-8.87	10.18	9.03	1.000	1.014
0.946	1.206	26.55	308.42	341.08	0.966	1.202
0.937	0.996	-0.70	0.30	0.30	1.000	1.005
0.956	0.958	-4.39	50.70	50.43	1.006	0.967
0.977	1.167	18.12	289.61	295.69	0.999	1.172
0.992	1.073	7.09	16.55	17.08	1.000	1.080
0.960	0.993	-1.19	49.66	49.48	1.000	1.002
0.911	1.009	1.41	4.04	4.06	1.001	1.018
0.941	0.954	-8.00	6.83	7.11	1.050	1.050
0.735	1.060	9.73	3.66	3.45	0.952	0.987
0.875	0.897	-17.71	212.18	227.55	1.081	0.886
0.885	0.901	-9.90	614.52	609.50	1.022	1.022
0.731	0.876	-25.19	860.52	1006.18	1.140	0.751

基金 Fund

基金代码 Code	基金简称 Fund Name	发行数量(百万份) Issued Vol (1M)	市价总值(百万) Market Capitalization (1M)	上年收盘 Last Year Close	本年开盘 Open	本年最高 High
502006	国企改革	48.45	52.32	0.940	0.944	1.266
502007	国企改 A	50.75	51.77	1.023	1.012	1.263
502008	国企改 B	50.75	58.67	0.854	0.854	1.298
502010	证券分级	9.82	10.61	1.151	1.164	1.248
502011	证券 A	45.88	41.43	0.999	1.000	1.040
502012	证券 B	45.88	57.26	1.311	1.311	1.532
502013	一带一路	171.37	149.09	0.797	0.800	0.939
502014	一带一 A	84.63	80.99	0.994	0.995	1.047
502015	一带一 B	84.63	66.85	0.600	0.599	0.855
502016	带路分级	0.43	0.47	1.057	1.075	1.187
502017	带路 A	1.03	1.07	0.992	0.979	1.168
502018	带路 B	1.03	1.09	1.166	1.122	1.348
502020	国金 50	67.53	66.92	1.167	1.167	1.552
502021	国金 50A	2.02	2.01	1.028	1.006	1.135
502022	国金 50B	2.02	2.04	1.281	1.280	2.298
502023	钢铁分级	0.78	0.80	0.900	0.894	1.529
502024	钢铁 A	1.22	1.45	1.055	1.025	1.250
502025	钢铁 B	1.22	1.16	0.758	0.763	1.312
502026	新丝路	0.78	0.62	0.866	0.873	0.929
502027	新丝路 A	2.29	2.43	1.006	1.004	1.140
502028	新丝路 B	2.29	1.28	0.734	0.731	0.765
502030	高铁分级	0.36	0.36	1.000	0.000	0.000
502031	高铁 A	2.77	2.64	1.044	1.024	1.159
502032	高铁 B	2.77	2.55	1.132	1.133	1.301
502036	互联金融	5.52	5.08	1.048	1.074	1.159
502037	网金 A	2.73	2.66	1.013	1.016	1.139
502038	网金 B	2.73	2.30	1.065	1.090	1.117
502040	上 50 分级	60.68	71.11	0.945	0.946	1.279
502041	上 50A	2.67	2.79	0.995	0.998	1.157
502042	上 50B	2.67	3.20	0.912	0.846	1.465
502048	50 分级	25.07	35.37	1.139	1.151	1.510
502049	上证 50A	62.15	58.42	1.010	1.009	1.166
502050	上证 50B	62.15	118.27	1.269	1.274	2.033
502053	券商分级	19.89	17.34	1.003	0.987	1.086
502054	券商 A	42.87	43.51	1.010	1.001	1.162
502055	券商 B	42.87	33.10	0.998	0.999	1.061
502056	医疗分级	3.65	3.50	1.087	1.083	1.119
502057	医疗 A	7.87	7.57	1.015	1.014	1.058
502058	医疗 B	7.87	7.56	1.201	1.192	1.215
505888	嘉实元和	10000.00	10670.00	1.118	1.118	1.228
510010	治理 ETF	402.52	482.63	0.966	0.965	1.288
510020	超大 ETF	87.05	249.22	2.345	2.345	3.020
510030	价值 ETF	44.53	226.52	3.980	4.006	5.540
510050	50ETF	13320.67	38070.47	2.287	2.285	3.094
510060	央企 ETF	117.96	222.71	1.568	1.571	1.991
510070	民企 ETF	47.12	87.84	1.568	1.587	1.965
510090	责任 ETF	69.58	122.39	1.291	1.298	1.880
510110	周期 ETF	9.32	36.41	3.092	3.010	3.999
510120	非周 ETF	9.59	29.31	2.649	2.597	3.150
510130	中盘 ETF	64.29	259.07	3.487	3.507	4.183

基金
Fund

基金
Fund

本年最低 Low	本年收盘 Close	涨跌(%) Change(%)	成交数量(百万份) Trading Vol (1 M)	成交金额(百万) Trading Value (1 M)	年初净值 Open Value	年末净值 Close Value
0.925	1.080	14.89	201.28	210.03	0.941	1.087
0.931	1.020	-0.29	120.97	129.80	1.025	1.024
0.787	1.156	35.36	350.55	326.88	0.857	1.150
1.032	1.080	-6.17	76.47	88.94	1.155	1.057
0.874	0.903	-9.61	241.56	244.31	1.022	1.022
1.056	1.248	-4.81	354.73	461.97	1.289	1.093
0.770	0.870	9.16	2021.68	1711.33	0.796	0.874
0.866	0.957	-3.72	1694.19	1729.78	1.004	1.004
0.523	0.790	31.67	3188.77	2158.62	0.588	0.744
0.965	1.076	1.80	4.13	4.53	1.040	1.036
0.864	1.046	5.44	6.95	7.01	1.002	1.002
0.890	1.064	-8.75	10.36	12.18	1.078	1.070
0.985	0.991	-15.08	106.47	124.00	1.161	0.995
0.903	0.999	-2.82	6.98	7.08	1.002	1.002
0.980	1.010	-21.16	2.31	3.21	1.319	0.989
0.863	1.017	13.00	14.48	15.18	0.904	1.022
0.882	1.189	12.70	11.51	12.34	1.015	1.015
0.652	0.950	25.33	47.97	42.42	0.793	1.029
0.741	0.787	-9.12	7.11	6.06	0.871	0.794
0.940	1.059	5.27	7.96	8.26	1.015	1.015
0.485	0.557	-24.11	8.92	5.83	0.727	0.573
0.000	0.996	-0.40	0.00	0.00	1.081	0.944
0.901	0.950	-9.00	4.55	4.69	1.021	1.021
0.791	0.921	-18.64	11.75	13.33	1.141	0.867
0.919	0.919	-12.31	4.09	4.18	1.045	0.920
0.913	0.974	-3.85	8.72	8.99	1.002	1.002
0.778	0.844	-20.75	3.43	3.39	1.088	0.839
0.852	1.172	24.02	122.48	127.36	0.934	1.170
0.919	1.043	4.82	5.96	6.12	1.004	1.004
0.781	1.199	31.47	8.71	8.75	0.864	1.336
1.074	1.411	23.88	187.14	220.30	1.141	1.424
0.891	0.940	-6.93	367.39	377.10	1.032	1.032
1.188	1.903	49.96	609.04	837.15	1.250	1.816
0.861	0.872	-13.06	40.07	38.94	1.000	0.865
0.945	1.015	0.50	146.70	153.08	1.004	1.004
0.682	0.772	-22.65	340.95	315.87	0.996	0.726
0.909	0.958	-11.87	7.59	7.68	1.094	0.951
0.960	0.961	-5.32	29.38	30.12	1.002	1.002
0.790	0.960	-20.07	24.29	24.25	1.185	0.924
1.045	1.067	-4.56	7881.97	8902.62	1.097	1.131
0.956	1.199	24.12	25.73	26.72	0.967	1.189
2.320	2.863	22.09	29.86	78.58	2.341	2.820
3.913	5.087	27.81	5.72	26.72	3.978	5.098
2.285	2.858	24.97	75683.08	201572.10	2.290	2.859
1.570	1.888	20.41	150.39	261.20	1.571	1.891
1.543	1.864	18.88	15.48	26.42	1.578	1.869
1.268	1.759	36.25	3.05	4.58	1.306	1.678
2.841	3.908	26.39	3.72	13.13	3.022	3.710
2.510	3.056	15.36	2.51	7.19	2.639	3.062
3.472	4.030	15.57	13.34	50.89	3.498	4.023

基金 Fund

基金代码 Code	基金简称 Fund Name	发行数量(百万份) Issued Vol (1M)	市价总值(百万) Market Capitalization (1M)	上年收盘 Last Year Close	本年开盘 Open	本年最高 High
510150	消费 ETF	26.33	133.21	3.790	3.819	5.425
510160	小康 ETF	1350.06	837.04	0.532	0.532	0.662
510170	商品 ETF	69.73	141.13	1.752	1.753	2.367
510180	180ETF	5804.56	20066.36	2.946	2.946	3.668
510190	龙头 ETF	30.65	112.30	3.150	3.165	3.918
510210	综指 ETF	28.14	108.81	3.466	3.454	4.280
510220	中小 ETF	16.73	69.24	4.003	4.028	4.400
510230	金融 ETF	618.76	3906.24	5.175	5.181	6.885
510260	新兴 ETF	56.98	68.66	1.096	1.107	1.305
510270	国企 ETF	17.83	20.54	1.000	0.983	1.218
510280	成长 ETF	47.75	83.47	1.334	1.370	1.953
510290	380ETF	142.45	228.77	1.536	1.545	1.781
510300	300ETF	4980.19	20299.25	3.358	3.362	4.325
510310	HS300ETF	2380.31	4065.57	1.385	1.385	1.809
510330	华夏 300	4285.15	18666.11	3.522	3.522	4.620
510360	广发 300	1196.38	1511.03	1.022	1.100	1.336
510410	资源 ETF	126.26	102.90	0.670	0.688	0.907
510420	180EWETF	52.46	78.79	1.506	1.440	1.628
510430	50 等权	57.92	88.51	1.335	1.335	1.717
510440	500 沪市	22.06	42.95	1.822	1.784	1.967
510500	500ETF	2810.67	18519.49	6.553	6.557	7.100
510510	广发 500	815.04	1415.72	1.724	1.726	1.883
510520	诺安 500	81.09	130.64	1.651	1.643	2.143
510560	国寿 500	172.32	225.22	1.301	1.309	1.580
510580	ZZ500ETF	1.10	6.99	6.972	6.500	7.688
510630	消费行业	87.09	205.01	1.615	1.619	2.430
510650	金融行业	23.95	43.79	1.450	1.469	1.999
510660	医药行业	47.88	90.49	1.497	1.500	1.980
510680	万家 50	60.12	149.05	1.782	1.786	2.858
510710	上 50ETF	64.42	194.09	2.303	2.306	3.300
510810	上海国企	10418.09	10063.88	0.986	0.986	1.070
510880	红利 ETF	458.68	1422.81	2.663	2.666	3.244
510900	H 股 ETF	5281.02	6522.06	1.053	1.055	1.304
511010	国债 ETF	2.27	247.90	110.719	110.800	111.960
511210	企债 ETF	0.08	8.65	111.595	112.000	116.990
511220	城投 ETF	35.56	3287.35	97.896	97.601	97.988
511230	周期债	2.11	207.60	100.391	95.088	115.804
511260	十年国债	0.60	58.52	100.127	100.126	100.600
511600	货币 ETF	12.01	1200.61	99.998	99.970	100.790
511620	货币基金	0.53	52.85	100.000	99.939	109.990
511650	华夏快线	9.53	953.19	100.000	100.000	100.098
511660	建信添益	161.87	16186.62	100.030	99.985	100.100
511670	华泰天金	16.56	1655.91	100.000	99.970	100.101
511680	安信货币	0.39	38.96	100.000	99.950	100.110
511690	交易货币	42.81	4280.74	100.004	99.988	100.999
511700	场内货币	4.62	462.45	100.030	99.998	100.116
511760	德邦货币	0.01	0.65	99.999	99.960	109.000
511770	金鹰增益	2.03	203.26	100.000	99.996	100.450
511800	易货币	8.70	870.47	100.049	99.981	100.988
511810	理财金 H	77.67	7767.80	100.012	99.975	100.160

基金
Fund

基金
Fund

本年最低 Low	本年收盘 Close	涨跌(%) Change(%)	成交数量(百万份) Trading Vol (1 M)	成交金额(百万) Trading Value (1 M)	年初净值 Open Value	年末净值 Close Value
3.718	5.059	33.48	3.06	14.01	3.874	5.079
0.505	0.620	16.54	3569.17	2173.08	0.532	0.621
1.602	2.024	15.53	10.53	20.26	1.727	2.061
2.940	3.457	17.35	2155.11	7031.12	2.951	3.458
3.141	3.664	16.32	4.84	16.79	3.210	3.747
3.360	3.867	11.57	3.86	14.35	3.486	3.791
3.776	4.139	3.40	4.27	17.39	3.874	4.267
5.026	6.313	21.99	115.08	695.70	5.181	6.315
1.015	1.205	9.95	11.87	13.70	1.098	1.195
0.982	1.152	15.20	14.79	16.07	0.999	1.161
1.328	1.748	31.03	6.42	10.68	1.367	1.778
1.429	1.606	4.56	125.44	200.38	1.539	1.609
3.316	4.076	21.38	27761.87	103122.60	3.366	4.078
1.366	1.708	23.32	584.29	910.70	1.382	1.711
3.480	4.356	23.68	758.90	3018.71	3.528	4.364
1.008	1.263	23.58	1694.53	1961.28	1.022	1.262
0.621	0.815	21.64	121.63	96.69	0.673	0.818
1.356	1.502	-0.27	9.30	13.89	1.447	1.523
1.303	1.528	14.46	5.74	8.44	1.346	1.536
1.666	1.947	6.86	2.69	4.91	1.830	1.845
5.928	6.589	0.55	6352.31	41801.83	6.556	6.588
1.570	1.737	0.75	1104.96	1919.96	1.726	1.726
1.506	1.611	-2.42	4.44	7.59	1.630	1.613
1.153	1.307	0.46	34.76	46.11	1.299	1.324
5.512	6.374	-8.58	3.15	20.29	6.616	6.497
1.570	2.354	45.76	258.52	564.22	1.613	2.364
1.405	1.828	26.07	54.92	91.77	1.458	1.834
1.460	1.890	26.25	134.52	229.86	1.501	1.892
1.750	2.479	39.11	2.52	5.23	1.798	2.332
2.306	3.013	30.83	80.76	219.60	2.311	3.013
0.926	0.966	-2.03	7234.49	7342.02	0.980	0.969
2.648	3.102	16.49	1328.17	3828.33	2.666	3.104
1.043	1.235	17.28	199978.55	238120.54	1.049	1.245
102.005	109.386	-1.20	1046.46	114984.33	111.769	109.935
105.901	109.522	-1.86	0.05	6.05	116.721	112.620
90.710	92.450	-5.56	35.98	3380.02	98.210	94.523
88.650	98.500	-1.88	0.06	6.10	1.001	100.229
92.000	98.116	-2.01	7.98	791.06	100.079	98.435
99.820	100.005	0.01	211.47	21145.84	2.327	4.479
90.937	99.904	-0.10	4.46	446.18	1.765	2.543
99.084	99.998	-0.00	385.60	38558.07	9.539	3.348
90.011	100.000	-0.03	3715.36	371518.28	3.393	4.457
99.873	100.004	0.00	32.92	3291.28	8.124	5.992
99.502	100.084	0.08	64.70	6469.08	2.225	6.498
99.000	99.999	-0.01	2387.28	238719.55	3.803	4.641
99.000	100.007	-0.02	118.97	11896.04	3.689	4.761
90.000	99.980	-0.02	1.50	150.91	1.181	2.893
99.010	100.000	0.00	44.81	4480.73	5.588	4.303
93.000	100.001	-0.05	197.88	19787.09	2.940	5.023
99.825	100.006	-0.01	4084.11	408399.15	2.776	4.377

基金
Fund

基金
Fund

基金代码 Code	基金简称 Fund Name	发行数量(百万份) Issued Vol (1M)	市价总值(百万) Market Capitalization (1M)	上年收盘 Last Year Close	本年开盘 Open	本年最高 High
511820	鹏华添利	9.99	998.66	100.005	99.990	100.100
511830	华泰货币	28.60	2859.71	100.005	99.996	101.000
511850	财富宝 E	16.20	1620.21	100.035	99.994	100.119
511860	博时货币	8.35	834.60	100.020	99.988	101.986
511880	XD 银华日	261.76	26212.29	100.228	100.132	103.641
511890	景顺货币	0.14	29.72	100.013	99.971	100.248
511900	富国货币	50.70	5070.64	100.031	99.971	100.098
511910	融通货币	5.66	565.88	100.003	99.982	100.599
511920	广发货币	0.11	11.29	100.019	99.973	109.988
511930	中融日盈	0.60	60.15	100.012	99.984	109.000
511950	广发添利	0.02	1.63	100.005	99.913	109.932
511960	嘉实快线	0.68	67.99	100.025	99.990	100.478
511970	国寿货币	6.96	696.42	100.014	99.980	100.061
511980	现金添富	13.82	1381.89	100.014	99.981	109.992
511990	华宝添益	649.25	64935.10	100.029	99.981	100.079
512000	券商 ETF	279.62	252.77	0.969	0.968	1.088
512010	医药 ETF	93.17	153.64	1.316	1.310	1.749
512070	非银 ETF	497.16	1021.17	1.688	1.688	2.320
512100	1000ETF	122.89	101.02	0.938	0.938	0.980
512110	中证地产	- -	2.52	1.535	0.000	0.000
512120	中证医药	48.75	77.85	1.339	1.339	1.658
512200	房地产	72.38	69.99	0.991	0.982	0.999
512210	景顺食品	1.64	3.63	1.430	1.401	2.430
512220	景顺 TMT	280.47	399.95	1.343	1.349	1.620
512230	景顺医药	8.87	12.62	1.274	1.257	1.565
512300	500 医药	41.12	52.18	1.218	1.211	1.299
512310	500 工业	108.39	71.10	0.686	0.686	0.769
512330	500 信息	123.19	100.64	0.807	0.810	0.917
512340	500 原料	62.73	59.28	0.805	0.810	1.059
512400	有色金属	135.54	127.68	1.015	1.015	1.126
512500	中证 500	283.61	862.74	3.028	3.057	3.400
512510	ETF500	206.43	267.53	1.274	1.276	1.444
512550	富时 A50	58.91	65.44	0.994	0.985	1.183
512560	中证军工	41.56	39.49	1.003	0.996	1.080
512570	中证证券	43.81	39.60	1.003	0.988	1.100
512580	环保 ETF	208.41	207.57	1.008	1.006	1.109
512600	主要消费	2.95	6.96	1.489	1.491	2.627
512610	医药卫生	13.64	21.28	1.388	1.390	1.650
512640	金融地产	21.24	40.85	1.630	1.629	2.067
512660	军工 ETF	428.08	360.44	0.978	0.980	1.150
512680	军工基金	350.02	287.37	0.963	0.964	1.088
512700	银行基金	68.18	70.36	1.004	1.000	1.095
512800	银行 ETF	165.74	168.56	1.019	1.015	1.077
512810	军工行业	113.79	92.40	0.928	0.929	1.070
512880	证券 ETF	730.29	695.97	1.027	1.028	1.144
512900	证券基金	358.61	327.41	0.979	0.967	1.090
512990	MSCIA 股	308.52	362.51	0.990	0.996	1.230
513030	德国 30	150.78	174.90	0.977	0.983	1.274
513050	中概互联	823.43	1231.03	1.000	0.989	1.598
513100	纳指 ETF	135.62	302.30	1.817	1.806	2.295

基金
Fund

基金
Fund

本年最低 Low	本年收盘 Close	涨跌(%) Change(%)	成交数量(百万份) Trading Vol (1 M)	成交金额(百万) Trading Value (1 M)	年初净值 Open Value	年末净值 Close Value
99.000	99.999	-0.01	1158.53	115848.38	2.147	4.258
99.010	99.996	-0.01	164.30	16429.96	4.025	3.932
99.818	100.000	-0.04	247.43	24743.08	5.079	4.681
99.802	99.999	-0.02	250.25	25024.16	2.425	4.319
100.093	100.138	-0.09	20869.48	2129666.32	100.110	100.162
99.600	99.983	-0.03	17.06	1705.34	4.063	0.002
99.691	100.004	-0.03	2006.99	200688.48	2.587	4.088
99.700	100.011	0.01	169.00	16899.22	2.090	4.071
99.689	99.999	-0.02	4.23	423.47	3.014	3.949
99.560	99.988	-0.02	49.76	4977.01	4.647	4.070
99.800	100.300	0.30	1.94	194.19	4.041	5.131
99.000	100.018	-0.01	33.29	3328.92	3.663	4.833
99.000	99.996	-0.02	166.06	16605.72	2.757	3.816
99.000	100.000	-0.01	454.14	45411.67	2.660	4.130
99.469	100.015	-0.01	29725.54	2972472.46	3.290	4.148
0.887	0.904	-6.71	1580.97	1555.96	0.970	0.904
1.284	1.649	25.30	58.40	91.07	1.319	1.646
1.608	2.054	21.68	243.78	467.64	1.681	2.051
0.794	0.822	-12.37	374.17	332.96	0.946	0.822
0.000	1.535	0.00	0.00	0.00	--	--
1.253	1.597	19.27	80.13	125.76	1.326	1.599
0.850	0.967	-2.42	353.17	337.23	1.000	0.970
1.340	2.212	54.69	54.77	94.99	1.413	2.216
1.264	1.426	6.18	7.14	10.03	1.361	1.432
1.207	1.423	11.70	69.69	90.89	1.279	1.435
1.105	1.269	4.19	192.44	230.10	1.208	1.258
0.635	0.656	-4.37	125.03	87.54	0.687	0.657
0.719	0.817	1.24	106.23	87.16	0.809	0.818
0.734	0.945	17.39	139.10	128.42	0.808	0.947
0.870	0.942	-7.19	1367.09	1384.95	1.000	0.939
2.750	3.042	0.46	59.41	181.96	3.030	3.057
1.154	1.296	1.73	288.68	372.91	1.277	1.297
0.970	1.111	11.77	605.71	632.40	1.001	1.112
0.930	0.950	-5.28	318.61	320.83	1.000	0.941
0.897	0.904	-9.87	378.57	382.98	1.000	0.905
0.925	0.996	-1.19	1085.40	1101.82	1.003	0.991
1.477	2.360	58.50	15.66	30.39	1.521	2.369
1.334	1.560	12.39	21.42	31.12	1.398	1.578
1.568	1.923	17.98	7.56	13.76	1.640	1.926
0.811	0.842	-13.91	4893.58	4526.69	0.979	0.843
0.796	0.821	-14.75	1678.58	1563.65	0.964	0.816
0.956	1.032	2.79	504.33	508.74	1.000	1.035
0.953	1.017	-0.20	1301.80	1315.27	1.005	1.017
0.791	0.812	-12.50	835.12	778.85	0.927	0.813
0.936	0.953	-7.21	5883.23	6132.89	1.030	0.954
0.896	0.913	-6.74	2330.69	2321.89	1.000	0.911
0.957	1.175	18.69	458.90	514.07	0.987	1.174
0.973	1.160	18.73	419.60	456.70	0.979	1.148
0.969	1.495	49.50	3026.42	4222.22	1.000	1.498
1.784	2.229	22.68	721.44	1477.17	1.782	2.201

基金 Fund

基金代码 Code	基金简称 Fund Name	发行数量(百万份) Issued Vol (1M)	市价总值(百万) Market Capitalization (1M)	上年收盘 Last Year Close	本年开盘 Open	本年最高 High
513500	标普 500	281.82	460.49	1.577	1.435	1.694
513600	恒指 ETF	28.83	74.78	2.020	2.024	2.665
513660	恒生通	591.00	1547.24	2.006	2.002	2.699
518800	黄金基金	88.62	239.98	2.624	2.622	2.856
518880	黄金 ETF	1859.14	5034.55	2.636	2.635	2.868

基金
Fund

基金
Fund

本年最低 Low	本年收盘 Close	涨跌(%) Change(%)	成交数量(百万份) Trading Vol (1 M)	成交金额(百万) Trading Value (1 M)	年初净值 Open Value	年末净值 Close Value
1.430	1.634	3.61	596.16	914.48	1.434	1.621
2.005	2.594	28.42	80.36	195.87	2.025	2.607
2.001	2.618	30.51	79.70	184.40	2.010	2.587
2.615	2.708	3.20	10521.40	28726.59	2.621	2.706
2.625	2.708	2.73	104741.85	286106.31	2.638	2.726

期权市场概貌
Option Market Overview

期权
Option

期权市场交易 Option Market Data	2017 年	2016 年	增减(%) Change (%)
交易天数 No. of Trading Days	244	244	0.00
期权合约数 No. of Options	112	106	5.66
认购期权 Call Option	56	53	5.66
认沽期权 Put Option	56	53	5.66
总成交金额 (万) Total Trading Val(10 Thousand)	8931356.05	4318853.5	106.80
认购期权 Call Option	5987949.41	2598276.9	130.46
认沽期权 Put Option	2943406.65	1720576.5	71.07
日均成交金额(万)Average Trading Val(10 Thousand)	36603.92	17700.22	106.80
认购期权 Call Option	24540.78	10648.68	130.46
认沽期权 Put Option	12063.14	7051.54	71.07
总成交量(万) Total Trading Vol (10 Thousand)	18397.62	7906.93	132.68
认购期权 Call Option	10634.48	4523.55	135.09
认沽期权 Put Option	7763.14	3383.38	129.45
日均成交量(万) Average Trading Vol(10 Thousand)	75.40	32.41	132.64
认购期权 Call Option	43.58	18.54	135.06
认沽期权 Put Option	31.82	13.87	129.42
总成交笔数(万) Total Number of Trades (10 Thousand)	5083.84	2097.82	142.34
认购期权 Call Option	2953.27	1204.72	145.14
认沽期权 Put Option	2130.57	893.10	138.56
日均成交笔数(万) Average Number of Trades(10 Thousand)	20.84	8.60	142.33
认购期权 Call Option	12.10	4.94	144.94
认沽期权 Put Option	8.73	3.66	138.52

期权每日成交(万元/万张)
Option Trading(10000 Yuan/10000 Lots)

期权
Option

日期 Date	1月 Jan		2月 Feb		3月 Mar		4月 Apr		5月 May		6月 Jun	
	金额 Val	数量 Vol	金额 Val	数量 Vol	金额 Val	数量 Vol	金额 Val	数量 Vol	金额 Val	数量 Vol	金额 Val	数量 Vol
1	---	---	---	---	20896.90	42.54	---	---	---	---	32096.41	64.84
2	---	---	---	---	27084.64	54.58	---	---	10387.07	30.02	32610.38	66.50
3	20911.47	45.15	17689.76	40.52	22213.28	52.89	---	---	13462.62	38.28	---	---
4	18341.00	42.94	---	---	---	---	---	---	15556.31	46.46	---	---
5	13187.41	31.55	---	---	---	---	26027.84	66.48	27686.54	78.20	29454.78	65.91
6	11695.01	30.33	14936.37	38.70	18825.77	44.08	20345.49	51.58	---	---	26028.07	56.42
7	---	---	14398.48	34.52	14040.37	31.99	17162.60	43.74	---	---	37432.06	79.49
8	---	---	21141.32	53.53	13170.14	33.32	---	---	20427.87	54.10	36107.32	70.44
9	12926.14	33.48	25558.38	57.49	23885.84	56.41	---	---	12328.79	34.35	57281.66	96.43
10	11607.22	29.34	27203.42	56.34	16075.33	36.92	11501.99	31.79	17161.74	49.99	---	---
11	17947.56	41.63	---	---	---	---	30773.58	83.17	18553.16	52.86	---	---
12	16876.63	39.17	---	---	---	---	19512.33	49.33	33735.87	97.98	38524.03	75.37
13	24765.77	55.79	22825.21	47.13	28154.43	66.14	13079.38	33.58	---	---	33649.15	61.88
14	---	---	14902.80	37.04	16236.02	40.26	20703.34	59.62	---	---	37008.26	75.27
15	---	---	24304.97	53.58	18915.15	44.11	---	---	25331.13	70.53	32812.87	74.67
16	42912.08	92.18	16608.60	38.25	28312.37	69.58	---	---	19220.67	54.53	22888.54	53.97
17	19470.91	45.68	34310.07	71.77	26415.37	68.41	21411.23	57.77	14783.60	43.49	---	---
18	27077.47	61.17	---	---	---	---	12056.20	36.46	17444.85	51.80	---	---
19	19656.09	46.51	---	---	---	---	27753.54	80.07	11996.84	36.13	35853.55	81.35
20	17244.72	41.08	39014.30	81.93	20717.18	54.81	18729.35	52.68	---	---	28587.49	65.50
21	---	---	30800.36	66.84	20068.12	51.82	22373.75	62.10	---	---	34672.21	85.04
22	---	---	20634.27	45.05	25794.40	69.01	---	---	22518.18	60.04	70614.19	146.50
23	17114.41	43.77	25095.08	55.93	23697.21	63.77	---	---	39970.95	103.68	45043.27	95.00
24	11675.03	32.11	17750.19	39.67	25206.90	64.97	24773.73	64.70	33133.52	80.24	---	---
25	13041.90	34.81	---	---	---	---	18652.73	51.03	74454.46	157.23	---	---
26	15204.09	39.39	---	---	---	---	23904.66	67.05	53113.42	104.14	56299.86	101.79
27	---	---	20023.01	41.76	21453.08	52.49	22969.45	64.11	---	---	43454.95	78.21
28	---	---	17679.62	38.13	14069.20	34.99	14428.60	40.46	---	---	40566.98	76.65
29	---	---	---	---	15320.51	37.66	---	---	---	---	32404.42	64.67
30	---	---	---	---	19778.97	49.00	---	---	---	---	26997.74	50.21
31	---	---	---	---	13181.42	33.71	---	---	49522.03	98.87	---	---
最高 high	42912.08	92.18	39014.30	81.93	28312.37	69.58	30773.58	83.17	74454.46	157.23	70614.19	146.50
最低 low	11607.22	29.34	14398.48	34.52	13170.14	31.99	11501.99	31.79	10387.07	30.02	22888.54	50.21

期权每日成交(万元/万张)
Option Trading(10000 Yuan/10000 Lots)

期权
Option

日期 Date	7月 Jul 金额 Val	7月 Jul 数量 Vol	8月 Aug 金额 Val	8月 Aug 数量 Vol	9月 Sep 金额 Val	9月 Sep 数量 Vol	10月 Oct 金额 Val	10月 Oct 数量 Vol	11月 Nov 金额 Val	11月 Nov 数量 Vol	12月 Dec 金额 Val	12月 Dec 数量 Vol
1	---	---	51626.76	86.00	44105.68	74.78	---	---	49887.27	98.60	69735.62	122.38
2	---	---	57574.81	88.69	---	---	---	---	30417.98	67.65	---	---
3	26578.21	55.64	49460.68	86.51	---	---	---	---	34327.92	73.71	---	---
4	28508.26	60.46	38518.39	75.47	26439.47	50.60	---	---	---	---	59421.73	114.67
5	39590.75	83.38	---	---	43206.03	71.15	---	---	---	---	76245.74	152.07
6	40963.88	81.09	---	---	37069.42	64.71	---	---	25982.88	58.92	76790.97	140.95
7	27588.00	54.37	29571.30	64.91	35815.42	67.22	---	---	57801.39	118.81	60517.98	119.97
8	---	---	31539.27	59.95	35203.72	63.81	---	---	59568.00	123.10	50841.55	112.69
9	---	---	30770.15	62.68	---	---	44139.57	99.20	33199.19	78.34	---	---
10	28224.17	60.97	50620.35	111.02	---	---	31055.52	73.78	68409.53	143.80	---	---
11	62072.19	127.94	53345.77	115.06	41983.04	74.80	23720.78	55.78	---	---	38051.79	88.06
12	66715.67	128.35	---	---	40983.31	70.58	21578.44	49.32	---	---	42844.73	100.17
13	51995.61	98.08	---	---	27286.14	50.43	15892.81	38.37	60160.74	113.43	49951.19	114.75
14	63357.41	117.98	43264.19	91.43	37537.23	78.68	---	---	44263.96	100.22	42304.39	96.39
15	---	---	40710.25	86.00	34969.95	70.35	---	---	43720.10	94.18	53843.62	122.31
16	---	---	28247.00	61.30	---	---	32068.56	69.76	49619.17	110.50	---	---
17	110799.14	166.57	26313.90	61.50	---	---	19939.89	51.17	93092.58	173.25	---	---
18	65866.59	114.51	32642.84	77.16	39164.60	85.71	28749.92	72.12	---	---	46503.44	113.72
19	74197.70	126.50	---	---	33298.87	73.64	27908.58	67.56	---	---	44418.84	124.23
20	59361.24	103.93	---	---	23340.00	54.58	20724.46	59.39	97679.97	172.16	45085.70	116.02
21	46653.58	84.32	28996.27	66.49	29316.41	68.71	---	---	160296.52	198.99	58407.00	131.30
22	---	---	36952.57	82.50	25608.15	62.11	---	---	128657.80	152.15	31247.24	74.30
23	---	---	47542.64	94.83	---	---	19247.58	49.77	112851.95	152.66	---	---
24	53771.10	96.78	44994.09	84.32	---	---	39809.60	91.19	109403.03	160.12	---	---
25	43665.44	75.54	58959.15	114.11	26600.26	59.62	30943.52	72.06	---	---	66604.82	129.11
26	55093.18	97.30	---	---	25106.97	51.90	54120.88	105.01	---	---	51887.15	108.47
27	44342.10	77.98	---	---	27408.74	59.60	58286.43	118.66	96973.83	145.57	66199.79	123.66
28	32150.30	56.72	83121.38	129.73	20612.97	53.81	---	---	62947.53	105.54	58134.55	108.50
29	---	---	36043.58	63.51	21155.91	50.38	---	---	77999.34	137.56	37096.75	72.35
30	---	---	57525.69	83.28	---	---	60945.99	112.78	74532.23	120.95	---	---
31	34805.82	57.57	49469.71	77.72	---	---	26591.19	55.58	---	---	---	---
最高 high	110799.14	166.57	83121.38	129.73	44105.68	85.71	60945.99	118.66	H160296.52	H198.99	76790.97	152.07
最低 low	26578.21	54.37	26313.90	59.95	20612.97	50.38	15892.81	38.37	25982.88	58.92	31247.24	72.35

债券市场概貌 Bond Market Overview

债券 Bond

债券市场交易 Bond Market Data	2017 年	2016 年	增减(%) Change (%)
交易天数 Trading Days	244	244	0.00
上市债券数 No. of Bonds	10440	8130	28.41
政府债 G-Bonds	2450	1620	51.23
公司债 C-Bonds	7936	6457	22.91
债券回购 Repo	54	53	1.89
新上市债券数 No. of New Bonds	3622	4340	-16.54
总成交金额 (亿) Total Trading Val(100M)	2473417.83	2247175.2	10.07
政府债 G-Bonds	2453.81	7773.00	-68.43
公司债 C-Bonds	41977.39	36050.28	16.44
债券回购 Repo	2428986.62	2203351.92	10.24
日均成交金额(百万)Average Turnover In Val(M)	1013695.83	920973.44	10.07
政府债 G-Bonds	1005.66	3185.66	-68.43
公司债 C-Bonds	17203.85	14774.70	16.44
债券回购 Repo	995486.32	903013.08	10.24
总成交量(百万) Total Trading Vol(M)	2474386.12	2246741.03	10.13
政府债 G-Bonds	2488.40	7632.84	-67.40
公司债 C-Bonds	42911.00	35756.10	20.01
债券回购 Repo	2428986.72	2203352.08	10.24
日均成交量(百万) Average Trading Vol(M)	10140.93	9207.96	10.13
政府债 G-Bonds	10.20	31.28	-67.39
公司债 C-Bonds	175.86	146.54	20.01
债券回购 Repo	9954.86	9030.13	10.24
总成交笔数(百万)Total Transactions(M)	15557.24	10046.81	54.85
政府债 G-Bonds	28.14	26.98	4.30
公司债 C-Bonds	601.58	279.55	115.20
债券回购 Repo	14927.52	9740.28	53.26
日均成交笔数(万)Average Transactions(10000)	63.76	41.18	54.83
政府债 G-Bonds	0.12	0.11	9.09
公司债 C-Bonds	2.47	1.15	114.78
债券回购 Repo	61.18	39.92	53.26
债券托管量(亿) Amount of Bonds under Custody (100M)	74072.36	62023.43	19.43
政府债 G-Bonds	8623.15	8539.38	0.98
公司债 C-Bonds	65449.20	53484.06	22.37
大宗交易成交 Bulk Trading			
总成交金额(亿) Total Trading Val(100M)	441.74	922.72	-52.13
总成交量(百万) Total Trading Vol (M)	455.21	914.37	-50.22
总成交笔数(笔) Total Transactions	1846.00	2379.00	-22.40

政府债现货每日成交(百万元/万张)
G-Bond Spot Trading(1 M Yuan/10000 Lots)

债券
Bond

日期 Date	1月 Jan		2月 Feb		3月 Mar		4月 Apr		5月 May		6月 Jun	
	金额 Val	数量 Vol	金额 Val	数量 Vol	金额 Val	数量 Vol	金额 Val	数量 Vol	金额 Val	数量 Vol	金额 Val	数量 Vol
1	---	---	---	---	696.09	694.78	---	---	---	---	896.27	911.16
2	---	---	---	---	998.40	1017.57	---	---	375.51	373.05	1617.90	1644.76
3	761.76	747.89	521.22	519.53	657.41	657.53	---	---	666.75	678.21	---	---
4	1317.66	1315.25	---	---	---	---	---	---	719.10	717.97	---	---
5	1683.05	1665.40	---	---	---	---	802.44	809.87	1604.19	1617.43	938.12	962.99
6	826.49	821.93	484.64	480.20	1114.54	1112.17	855.29	861.83	---	---	1260.67	1271.18
7	---	---	430.35	435.08	1138.40	1132.22	1331.35	1328.55	---	---	1567.61	1610.60
8	---	---	1114.30	1121.68	888.20	880.52	---	---	928.85	935.57	701.11	715.72
9	1552.45	1538.08	516.30	513.98	835.84	827.34	---	---	1327.43	1355.71	794.14	816.06
10	1219.73	1207.77	968.76	1009.72	591.36	591.56	911.54	934.39	951.05	969.10	---	---
11	1525.67	1532.79	---	---	---	---	830.19	841.19	998.56	1032.41	---	---
12	1433.81	1438.35	---	---	---	---	1553.02	1586.49	809.05	827.56	1799.26	1840.82
13	616.60	613.68	676.53	679.13	678.13	686.11	1164.93	1191.51	---	---	1496.73	1525.11
14	---	---	615.88	627.45	648.99	647.52	695.99	702.48	---	---	1108.87	1125.25
15	---	---	1478.40	1474.52	788.57	802.99	---	---	1096.59	1125.62	1533.55	1552.19
16	1941.98	1950.45	749.81	754.03	836.22	838.84	---	---	1338.45	1357.56	1208.59	1219.16
17	416.76	407.72	878.86	868.12	563.69	567.49	1562.06	1574.84	1307.40	1318.70	---	---
18	612.59	604.98	---	---	---	---	819.89	833.52	934.54	965.93	---	---
19	1557.39	1631.22	---	---	---	---	1798.57	1828.25	815.80	838.58	875.56	895.66
20	782.92	790.58	2887.40	2901.03	525.80	523.46	520.10	533.15	---	---	2019.55	2063.20
21	---	---	1317.08	1319.37	659.76	667.83	1040.02	1067.96	---	---	1360.37	1377.86
22	---	---	1133.46	1137.60	1743.94	1770.55	---	---	1059.81	1078.62	977.92	995.68
23	3845.87	3835.93	930.27	931.00	1937.70	1954.82	---	---	1768.59	1811.15	1277.50	1300.71
24	519.41	519.72	706.08	707.12	2849.69	2837.20	1150.28	1174.42	2501.08	2544.10	---	---
25	860.53	864.60	---	---	---	---	1159.58	1173.68	1792.33	1853.11	---	---
26	43.17	43.31	---	---	---	---	930.71	939.89	722.00	747.38	1679.00	1701.62
27	---	---	841.82	843.21	2275.37	2301.12	674.72	681.78	---	---	1051.90	1072.96
28	---	---	886.95	889.25	1542.74	1549.63	262.41	267.81	---	---	1224.74	1237.75
29	---	---	---	---	9222.26	9242.89	---	---	---	---	365.41	366.67
30	---	---	---	---	1343.14	1366.31	---	---	---	---	374.87	376.17
31	---	---	---	---	240.59	240.27	---	---	532.60	534.86	---	---
最高 high	3845.87	3835.93	2887.40	2901.03	H9222.26	H9242.89	1798.57	1828.25	2501.08	2544.10	2019.55	2063.20
最低 low	L43.17	L43.31	430.35	435.08	240.59	240.27	262.41	267.81	375.51	373.05	365.41	366.67

政府债现货每日成交(百万元/万张)
G-Bond Spot Trading(1 M Yuan/10000 Lots)

债券
Bond

日期 Date	7月 Jul		8月 Aug		9月 Sep		10月 Oct		11月 Nov		12月 Dec	
	金额 Val	数量 Vol	金额 Val	数量 Vol	金额 Val	数量 Vol	金额 Val	数量 Vol	金额 Val	数量 Vol	金额 Val	数量 Vol
1	---	---	899.65	911.37	545.42	551.48	---	---	1109.29	1124.18	352.73	358.13
2	---	---	1495.32	1522.94	---	---	---	---	1273.07	1293.31	---	---
3	1044.98	1066.94	1124.30	1135.20	---	---	---	---	1351.19	1358.93	---	---
4	634.97	637.89	903.99	906.90	1098.00	1130.21	---	---	---	---	757.96	776.61
5	711.52	716.67	---	---	233.82	237.36	---	---	---	---	456.24	464.72
6	553.41	554.31	---	---	1164.21	1193.06	---	---	900.97	909.69	2259.61	2300.44
7	565.93	574.64	1562.13	1572.81	502.43	507.00	---	---	1308.91	1341.58	1448.71	1462.67
8	---	---	643.36	645.95	799.13	812.38	---	---	1080.60	1117.16	613.80	634.66
9	---	---	1539.93	1555.69	---	---	305.73	307.67	735.08	753.28	---	---
10	529.49	531.94	654.35	659.81	---	---	713.94	723.34	1427.34	1498.22	---	---
11	1045.39	1057.44	563.55	569.05	948.35	974.85	741.16	755.13	---	---	654.58	661.24
12	1146.62	1148.18	---	---	961.54	970.79	611.28	620.82	---	---	1155.64	1191.02
13	433.81	433.55	---	---	1285.52	1321.78	299.23	312.90	384.13	399.04	350.15	356.27
14	679.23	681.19	557.45	561.70	499.01	507.41	---	---	1083.19	1130.61	687.89	699.06
15	---	---	643.91	651.27	632.00	641.85	---	---	1184.88	1256.77	919.49	953.63
16	---	---	1025.06	1032.52	---	---	1331.40	1369.97	1601.35	1656.73	---	---
17	1105.60	1111.52	1323.71	1346.75	---	---	481.04	498.91	478.31	498.96	---	---
18	442.51	440.47	491.81	501.50	703.86	717.56	899.88	914.48	---	---	1300.67	1348.74
19	734.74	733.52	---	---	503.56	506.58	1711.88	1727.57	---	---	1765.37	1841.48
20	592.54	590.64	---	---	784.24	799.81	532.88	540.94	505.32	521.19	956.94	998.50
21	756.76	765.76	1914.54	1937.09	975.10	985.70	---	---	373.05	377.60	952.54	998.32
22	---	---	167.56	171.09	986.99	999.69	---	---	467.74	475.81	1315.87	1335.30
23	---	---	772.04	780.77	---	---	869.77	873.21	485.20	500.66	---	---
24	1651.78	1688.84	1719.77	1758.96	---	---	723.81	728.00	429.80	447.61	---	---
25	2023.35	2061.77	395.22	401.03	1074.60	1087.82	975.36	996.73	---	---	719.81	747.44
26	1057.51	1074.56	---	---	399.60	405.60	508.67	513.43	---	---	648.73	683.09
27	711.25	719.05	---	---	967.93	975.50	581.61	586.76	469.99	487.69	806.36	840.30
28	1203.14	1204.47	663.18	680.85	1562.23	1569.73	---	---	1262.56	1293.51	470.36	494.80
29	---	---	900.85	922.60	319.63	323.94	---	---	851.56	885.92	510.00	543.53
30	---	---	595.79	601.57	---	---	526.22	536.63	838.70	855.01	---	---
31	1249.20	1246.59	138.02	139.50	---	---	469.96	483.03	---	---	---	---
最高 high	2023.35	2061.77	1914.54	1937.09	1562.23	1569.73	1711.88	1727.57	1601.35	1656.73	2259.61	2300.44
最低 low	433.81	433.55	138.02	139.50	233.82	237.36	299.23	307.67	373.05	377.60	350.15	356.27

公司债每日成交(百万元/万张)
C-Bond Trading(1 M Yuan/10000 Lots)

债券
Bond

日期 Date	1月 Jan		2月 Feb		3月 Mar		4月 Apr		5月 May		6月 Jun	
	金额 Val	数量 Vol	金额 Val	数量 Vol	金额 Val	数量 Vol	金额 Val	数量 Vol	金额 Val	数量 Vol	金额 Val	数量 Vol
1	---	---	---	---	16129.41	16348.61	---	---	---	---	18567.91	19287.51
2	---	---	---	---	15255.04	15488.52	---	---	8037.91	8300.88	15480.25	15817.12
3	6456.51	6550.56	2091.65	2126.85	14499.72	14680.71	---	---	15796.22	16310.90	---	---
4	13618.86	13806.11	---	---	---	---	---	---	17068.37	17719.63	---	---
5	17607.16	17756.72	---	---	---	---	16230.69	16124.31	14594.28	14839.81	21696.86	22929.98
6	21585.35	21922.03	9030.27	9117.65	15329.95	15582.40	19451.34	19664.38	---	---	23911.78	25027.83
7	---	---	11792.02	11945.15	15319.40	15497.55	17127.88	17376.39	---	---	20156.01	20727.61
8	---	---	17425.30	17722.95	20021.75	20257.35	---	---	15512.15	15790.86	22169.90	23321.93
9	16014.72	16237.72	18303.52	18711.71	17602.69	17852.20	---	---	23459.30	23729.19	21612.75	22492.23
10	19411.07	19785.73	15327.27	15433.38	14577.34	14731.07	18771.09	19037.38	22526.48	23149.79	---	---
11	19764.09	20132.79	---	---	---	---	21680.82	22016.07	22507.93	23188.20	---	---
12	23300.45	23376.41	---	---	---	---	19678.94	19758.60	20601.83	21226.10	19246.91	19926.86
13	19094.64	19386.56	14818.37	15028.26	12523.50	12727.61	20522.86	20599.04	---	---	22699.80	23630.83
14	---	---	20033.74	20261.44	17134.43	17510.24	15684.17	15834.21	---	---	19464.75	20244.72
15	---	---	19440.61	19628.96	19749.69	20073.14	---	---	17159.39	17747.70	17460.07	18290.87
16	16375.08	16577.99	18870.09	18991.10	22233.79	22970.33	---	---	24935.71	25467.19	15823.83	16626.58
17	13702.25	13786.99	12730.90	12973.61	11425.56	11670.50	17222.07	17410.23	19390.53	19919.58	---	---
18	11434.39	11491.44	---	---	---	---	17001.83	17345.64	19308.62	19830.97	---	---
19	14932.67	15161.21	---	---	---	---	16080.23	16572.28	20809.62	21379.58	15695.98	16108.80
20	9728.69	9811.57	12065.95	12185.27	11728.13	12054.37	18769.08	19154.37	---	---	18009.71	18472.92
21	---	---	16562.17	16624.17	14387.15	14578.13	13765.37	14069.03	---	---	17537.07	18101.04
22	---	---	16168.54	16272.80	15391.01	15708.92	---	---	18591.70	19038.74	17743.42	18119.67
23	11833.02	11953.16	19248.95	19652.11	19169.08	19651.44	---	---	21829.41	22081.54	12985.40	13238.21
24	12736.15	12813.40	17598.46	17870.19	16774.08	17028.72	18810.12	19484.71	19929.73	20495.02	---	---
25	7436.79	7657.64	---	---	---	---	15353.60	15957.18	22279.18	22854.63	---	---
26	2570.90	2636.60	---	---	---	---	15033.72	15434.90	13214.42	13552.55	15515.18	15856.24
27	---	---	16808.61	17077.37	18502.15	18869.69	12742.59	12957.21	---	---	16251.63	16709.07
28	---	---	13817.79	14030.69	15089.84	15502.85	7588.95	7837.93	---	---	18507.50	18990.47
29	---	---	---	---	14173.53	14515.32	---	---	---	---	18795.68	19353.18
30	---	---	---	---	11749.72	11941.45	---	---	---	---	7795.87	7978.13
31	---	---	---	---	5122.67	5246.46	---	---	12004.76	12140.03	---	---
最高 high	23300.45	23376.41	20033.74	20261.44	22233.79	22970.33	21680.82	22016.07	24935.71	25467.19	23911.78	25027.83
最低 low	2552.88	2621.58	L2089.82	L2125.29	5121.50	5245.35	7585.78	7834.83	8027.45	8290.74	7784.26	7966.53

公司债每日成交(百万元/万张)
C-Bond Trading(1 M Yuan/10000 Lots)

债券
Bond

日期 Date	7月 Jul		8月 Aug		9月 Sep		10月 Oct		11月 Nov		12月 Dec	
	金额 Val	数量 Vol	金额 Val	数量 Vol	金额 Val	数量 Vol	金额 Val	数量 Vol	金额 Val	数量 Vol	金额 Val	数量 Vol
1	---	---	15542.55	15790.80	11869.52	12162.68	---	---	15503.33	15797.37	15305.73	15734.02
2	---	---	16442.06	16590.77	---	---	---	---	24773.50	25381.07	---	---
3	11592.43	11876.65	19658.37	19991.89	---	---	---	---	15815.43	16409.58	---	---
4	12821.78	13280.70	15328.38	15296.33	15226.07	15919.34	---	---	---	---	17848.70	18403.19
5	14804.32	15145.69	---	---	16374.50	17167.06	---	---	---	---	21644.79	22155.22
6	15102.04	15321.76	---	---	20293.45	21233.49	---	---	16196.30	16639.48	19178.78	19983.35
7	17847.01	18440.45	14630.93	14914.15	20209.62	20689.60	---	---	22587.94	23009.01	17452.92	18085.24
8	---	---	16978.09	17553.41	15069.71	15458.95	---	---	23705.45	24199.59	22619.99	23318.07
9	---	---	19772.59	19955.60	---	---	5903.93	5964.73	26180.30	26745.74	---	---
10	13187.23	13528.15	21067.07	21608.64	---	---	13792.92	13911.07	19814.60	20058.27	---	---
11	17774.10	18145.07	17741.75	17997.50	14239.76	14481.92	17704.03	17971.52	---	---	20335.47	21044.70
12	19233.56	19601.79	---	---	19205.34	19662.23	20387.71	21169.67	---	---	23946.32	24899.45
13	17661.65	17988.98	---	---	16036.46	16581.37	16730.56	17219.35	19200.40	19749.40	24435.92	25230.77
14	18120.61	18330.07	14907.26	15261.55	15939.21	16187.51	---	---	24613.73	24593.10	21724.09	22419.12
15	---	---	19540.20	20187.98	17126.83	17386.53	---	---	23709.44	24482.82	17517.79	18113.85
16	---	---	17254.44	17943.25	---	---	19265.36	19909.72	19528.07	19662.57	---	---
17	17168.91	17598.56	16248.65	16801.85	---	---	20080.51	20598.17	18414.52	18516.39	---	---
18	19994.39	20539.14	12726.71	12871.92	14761.77	15170.68	25391.69	26122.13	---	---	21216.21	21916.61
19	14619.56	14977.24	---	---	15546.48	15712.48	29110.64	29840.78	---	---	23046.27	23782.48
20	14311.78	14750.62	---	---	17694.96	18213.63	19190.10	19724.05	19753.72	19366.72	23679.17	24372.99
21	12740.41	13009.94	12602.67	12946.30	19498.46	19968.17	---	---	23058.15	22861.67	21348.97	21910.41
22	---	---	16016.14	16224.67	13133.72	13323.07	---	---	19881.06	20314.39	18361.12	18682.05
23	---	---	18174.10	18820.16	---	---	18842.81	19546.47	23004.60	23513.96	---	---
24	18770.78	18310.07	18036.13	18531.07	---	---	22063.53	22708.03	17088.65	17551.38	---	---
25	19157.44	19223.67	14947.70	15046.90	15124.23	15489.17	17847.66	18337.96	---	---	17469.44	18045.68
26	19408.23	19833.29	---	---	16366.75	16708.30	23380.58	23913.63	---	---	18416.61	18938.42
27	17704.17	18156.84	---	---	20741.60	21263.39	21218.75	21393.39	17843.97	18080.31	13288.88	13732.60
28	14915.61	15220.80	15005.87	14845.67	14154.63	14502.99	---	---	19308.96	20047.63	14248.27	14882.36
29	---	---	16983.37	17078.05	5223.36	5215.73	---	---	24875.28	25580.91	4786.22	4827.23
30	---	---	16371.70	16684.75	---	---	21458.28	21695.71	30842.65	31387.79	---	---
31	12279.20	12536.28	12023.79	12470.13	---	---	18918.33	19285.24	---	---	---	---
最高 high	19994.39	20539.14	21067.07	21608.64	20741.60	21263.39	29110.64	29840.78	H30842.65	H31387.79	24435.92	25230.77
最低 low	11570.75	11854.89	11923.28	12369.10	5187.95	5180.43	5738.76	5798.69	15439.96	15733.46	4692.86	4732.79

债券回购每日成交(亿/百万)
Bond Repo Trading(100M /M)

债券
Bond

日期 Date	1月 Jan 金额 Val	1月 Jan 数量 Vol	2月 Feb 金额 Val	2月 Feb 数量 Vol	3月 Mar 金额 Val	3月 Mar 数量 Vol	4月 Apr 金额 Val	4月 Apr 数量 Vol	5月 May 金额 Val	5月 May 数量 Vol	6月 Jun 金额 Val	6月 Jun 数量 Vol
1	---	---	---	---	9118.95	9118.95	---	---	---	---	11484.18	11484.18
2	---	---	---	---	8588.67	8588.67	---	---	11982.28	11982.28	11070.82	11070.82
3	10451.15	10451.16	11006.80	11006.80	9979.37	9979.37	---	---	10577.04	10577.04	---	---
4	9433.36	9433.37	---	---	---	---	---	---	9766.02	9766.02	---	---
5	9309.21	9309.21	---	---	---	---	12672.56	12672.56	11261.98	11261.98	11250.28	11250.28
6	10186.67	10186.67	10413.04	10413.04	9943.63	9943.63	10778.81	10778.81	---	---	10222.16	10222.16
7	---	---	9546.51	9546.51	8848.82	8848.82	11919.64	11919.64	---	---	11290.20	11290.20
8	---	---	8816.18	8816.18	8678.09	8678.09	---	---	10872.13	10872.13	10865.18	10865.18
9	9638.17	9638.17	8156.96	8156.96	8179.97	8179.97	---	---	10550.32	10550.32	10845.70	10845.70
10	9441.03	9441.03	9748.94	9748.94	9355.59	9355.59	11292.41	11292.41	10344.67	10344.67	---	---
11	9103.41	9103.41	---	---	---	---	9626.04	9626.04	10228.82	10228.82	---	---
12	9184.81	9184.81	---	---	---	---	9910.29	9910.29	11546.54	11546.54	11159.29	11159.29
13	9926.95	9926.95	9857.93	9857.93	9342.87	9342.87	9230.92	9230.92	---	---	10694.03	10694.03
14	---	---	9130.21	9130.21	8409.81	8409.81	10193.85	10193.85	---	---	11399.96	11399.96
15	---	---	8135.74	8135.74	8236.07	8236.07	---	---	11173.14	11173.14	11210.45	11210.46
16	10033.77	10033.77	7839.41	7839.41	8664.58	8664.58	---	---	10491.49	10491.49	11137.40	11137.40
17	9648.41	9648.41	9481.90	9481.90	9277.45	9277.45	9932.60	9932.60	10289.24	10289.24	---	---
18	9669.40	9669.40	---	---	---	---	8609.30	8609.30	10033.08	10033.08	---	---
19	9758.02	9758.02	---	---	---	---	8713.65	8713.65	11204.43	11204.43	11891.86	11891.86
20	10602.36	10602.36	9837.69	9837.69	9776.89	9776.89	8605.88	8605.88	---	---	11132.64	11132.64
21	---	---	9421.16	9421.16	9593.08	9593.08	9861.06	9861.06	---	---	11461.49	11461.49
22	---	---	8930.57	8930.57	9068.75	9068.75	---	---	11052.44	11052.44	10787.47	10787.48
23	10414.40	10414.40	8605.62	8605.62	9055.07	9055.07	---	---	10585.29	10585.29	10320.37	10320.37
24	8820.88	8820.88	9921.34	9921.34	10117.76	10117.76	10564.72	10564.72	10602.85	10602.85	---	---
25	7725.79	7725.79	---	---	---	---	9294.16	9294.16	10784.40	10784.40	---	---
26	7510.28	7510.28	---	---	---	---	9367.41	9367.41	11237.09	11237.09	11098.59	11098.59
27	---	---	10459.43	10459.43	10409.68	10409.68	9375.15	9375.15	---	---	10546.63	10546.63
28	---	---	9417.95	9417.95	9457.84	9457.84	10645.94	10645.94	---	---	11184.81	11184.81
29	---	---	---	---	8874.62	8874.62	---	---	---	---	10927.72	10927.72
30	---	---	---	---	8699.30	8699.30	---	---	---	---	10086.83	10086.83
31	---	---	---	---	10091.20	10091.20	---	---	12330.46	12330.46	---	---
最高 high	10602.36	10602.36	11006.80	11006.80	10409.68	10409.68	H12672.56	H12672.56	12330.46	12330.46	11891.86	11891.86
最低 low	7510.28	7510.28	7839.41	7839.41	8179.97	8179.97	8605.88	8605.88	9766.02	9766.02	10086.83	10086.83

债券回购每日成交(亿/百万)
Bond Repo Trading(100M /M)

债券
Bond

日期 Date	7月 Jul		8月 Aug		9月 Sep		10月 Oct		11月 Nov		12月 Dec	
	金额 Val	数量 Vol	金额 Val	数量 Vol	金额 Val	数量 Vol	金额 Val	数量 Vol	金额 Val	数量 Vol	金额 Val	数量 Vol
1	---	---	11217.82	11217.82	10197.87	10197.87	---	---	9157.95	9157.95	9615.33	9615.33
2	---	---	10944.81	10944.81	---	---	---	---	9329.92	9329.92	---	---
3	10936.98	10936.98	10543.31	10543.31	---	---	---	---	8929.11	8929.11	---	---
4	10101.93	10101.93	10170.80	10170.80	10842.61	10842.61	---	---	---	---	10165.24	10165.24
5	10687.86	10687.86	---	---	10552.14	10552.14	---	---	---	---	9667.56	9667.56
6	10745.90	10745.90	---	---	10350.80	10350.80	---	---	9800.39	9800.39	9378.43	9378.43
7	10359.99	10359.99	10656.26	10656.26	10491.50	10491.50	---	---	9180.03	9180.03	9184.80	9184.80
8	---	---	10452.86	10452.86	10345.08	10345.08	---	---	8901.28	8901.28	9067.71	9067.71
9	---	---	10502.64	10502.64	---	---	12151.98	12151.98	9069.98	9069.98	---	---
10	10984.89	10984.89	10199.22	10199.22	---	---	10555.42	10555.42	8597.87	8597.87	---	---
11	10490.31	10490.31	10136.53	10136.53	10767.07	10767.07	9768.42	9768.42	---	---	9896.23	9896.23
12	10978.06	10978.06	---	---	10082.50	10082.50	9313.09	9313.09	---	---	9329.34	9329.34
13	10786.15	10786.15	---	---	9648.93	9648.93	8576.57	8576.57	9277.05	9277.05	9164.99	9164.99
14	10816.17	10816.17	10896.54	10896.54	9647.38	9647.38	---	---	8898.26	8898.26	9188.40	9188.40
15	---	---	10652.05	10652.05	9476.50	9476.50	---	---	8601.10	8601.10	9061.12	9061.14
16	---	---	10832.34	10832.34	---	---	9837.03	9837.03	8933.98	8933.98	---	---
17	11482.47	11482.47	10700.92	10700.92	---	---	9081.85	9081.85	8806.48	8806.48	---	---
18	11266.57	11266.57	10255.26	10255.26	10030.52	10030.52	8707.19	8707.19	---	---	10072.43	10072.44
19	11246.83	11246.83	---	---	9940.08	9940.08	8564.56	8564.56	---	---	9585.28	9585.29
20	11237.49	11237.49	---	---	9806.31	9806.31	8329.64	8329.64	9632.41	9632.41	9352.72	9352.72
21	11057.36	11057.36	11054.44	11054.44	9750.28	9750.28	---	---	9378.36	9378.36	8927.38	8927.38
22	---	---	10768.94	10768.94	9530.03	9530.03	---	---	9471.24	9471.24	8501.66	8501.66
23	---	---	10704.71	10704.71	---	---	9241.45	9241.45	9459.19	9459.19	---	---
24	11761.58	11761.58	10647.10	10647.10	---	---	8661.88	8661.88	9330.09	9330.09	---	---
25	11120.20	11120.20	10513.40	10513.40	10270.63	10270.63	8647.64	8647.64	---	---	9477.38	9477.38
26	10801.52	10801.52	---	---	10205.54	10205.54	8656.25	8656.25	---	---	9409.56	9409.56
27	10654.71	10654.71	---	---	9982.66	9982.66	8536.53	8536.53	9893.80	9893.80	10013.81	10013.81
28	10340.76	10340.76	10913.45	10913.45	9469.82	9469.82	---	---	9283.53	9283.53	9293.94	9293.94
29	---	---	10731.69	10731.69	7167.32	7167.32	---	---	9294.93	9294.93	8191.39	8191.39
30	---	---	10367.00	10367.00	---	---	9786.58	9786.58	9111.20	9111.20	---	---
31	11161.38	11161.38	10190.60	10190.60	---	---	9130.59	9130.59	---	---	---	---
最高 high	11761.58	11761.58	11217.82	11217.82	10842.61	10842.61	12151.98	12151.98	9893.80	9893.80	10165.24	10165.24
最低 low	10101.93	10101.93	10136.53	10136.53	L7167.32	L7167.32	8329.64	8329.64	8597.87	8597.87	8191.39	8191.39

债券信息
List of Bonds

债券
Bond

债券代码 Code	债券简称 Bond Name	发行数量(百万) Issued Vol(M)	年限 Terms	到期日 Expiration Date	票面利率(%) Coupon Rate(%)	本年收盘 Close	成交数量(万) Trading Vol(10000)
010107	21 国债(7)	23960.00	20.00	2021.07.31	4.2600	100.38	22690.16
010213	02 国债(13)	24000.00	15.00	2017.09.20	2.6000	99.95	1374.14
010303	03 国债(3)	26000.00	20.00	2023.04.17	3.4000	95.85	12746.95
010504	05 国债(4)	33920.00	20.00	2025.05.15	4.1100	99.71	24.33
010512	05 国债(12)	34410.00	15.00	2020.11.15	3.6500	98.89	120.44
010609	06 国债(9)	31090.00	20.00	2026.06.26	3.7000	100.00	90.00
010619	06 国债(19)	30000.00	15.00	2021.11.15	3.2700	95.81	30.92
010703	07 国债 03	30000.00	10.00	2017.03.22	3.4000	100.00	0.00
010706	07 国债 06	30000.00	30.00	2037.05.17	4.2700	100.00	0.00
010710	07 国债 10	35070.00	10.00	2017.06.25	4.4000	100.19	232.53
010713	07 国债 13	28000.00	20.00	2027.08.16	4.5200	100.00	0.00
018002	国开 1302	4000.00	5.00	2019.01.03	5.8400	101.24	2903.91
018003	国开 1401	2500.00	15.00	2029.04.15	5.8500	108.96	290.89
018005	国开 1701	6000.00	2.00	2019.04.06	3.7800	98.89	10306.14
018006	国开 1702	4000.00	5.00	2022.04.06	3.9100	96.46	2500.54
019002	10 国债 02	26000.00	10.00	2020.02.04	3.4300	102.24	0.00
019003	10 国债 03	24000.00	30.00	2040.03.01	4.0800	100.00	0.00
019005	10 国债 05	26000.00	7.00	2017.03.11	2.9200	100.00	0.00
019007	10 国债 07	26000.00	10.00	2020.03.25	3.3600	101.59	0.00
019009	10 国债 09	28000.00	20.00	2030.04.15	3.9600	98.80	0.00
019010	10 国债 10	28000.00	7.00	2017.04.22	3.0100	100.00	325.00
019012	10 国债 12	28000.00	10.00	2020.05.13	3.2500	96.00	1.20
019014	10 国债 14	28000.00	50.00	2060.05.24	4.0300	100.00	0.00
019015	10 国债 15	28310.00	7.00	2017.05.27	2.8300	100.00	0.00
019018	10 国债 18	28000.00	30.00	2040.06.21	4.0300	100.00	180.00
019019	10 国债 19	28010.00	10.00	2020.06.24	3.4100	100.70	69.00
019022	10 国债 22	28190.00	7.00	2017.07.22	2.7600	100.00	0.00
019023	10 国债 23	28000.00	30.00	2040.07.29	3.9600	109.50	120.00
019024	10 国债 24	30440.00	10.00	2020.08.05	3.2800	100.00	0.00
019026	10 国债 26	28000.00	30.00	2040.08.16	3.9600	100.00	0.00
019027	10 国债 27	28000.00	7.00	2017.08.19	2.8100	100.56	250.00
019029	10 国债 29	28000.00	20.00	2030.09.02	3.8200	99.61	0.00
019031	10 国债 31	28260.00	10.00	2020.09.16	3.2900	99.29	9.93
019032	10 国债 32	28710.00	7.00	2017.10.14	3.1000	100.00	430.00
019034	10 国债 34	28000.00	10.00	2020.10.28	3.6700	100.00	0.00
019037	10 国债 37	28000.00	50.00	2060.11.18	4.4000	100.00	0.00
019038	10 国债 38	30640.00	7.00	2017.11.25	3.8300	100.00	0.00
019040	10 国债 40	28000.00	30.00	2040.12.09	4.2300	100.00	0.00
019041	10 国债 41	30780.00	10.00	2020.12.16	3.7700	100.00	0.00
019102	11 国债 02	62060.00	10.00	2021.01.20	3.9400	100.00	0.00
019103	11 国债 03	62520.00	7.00	2018.01.27	3.8300	100.00	0.00
019105	11 国债 05	28000.00	30.00	2041.02.24	4.3100	106.70	208.00
019106	11 国债 06	30000.00	7.00	2018.03.03	3.7500	100.00	0.00
019108	11 国债 08	30000.00	10.00	2021.03.17	3.8300	101.20	0.00
019110	11 国债 10	58000.00	20.00	2031.04.28	4.1500	113.04	10.00
019112	11 国债 12	30000.00	50.00	2061.05.26	4.4800	100.00	0.00
019115	11 国债 15	61930.00	10.00	2021.06.16	3.9900	106.12	0.00
019116	11 国债 16	58000.00	30.00	2041.06.23	4.5000	105.27	0.00
019117	11 国债 17	60000.00	7.00	2018.07.07	3.7000	100.30	0.09
019119	11 国债 19	63050.00	10.00	2021.08.18	3.9300	101.00	1.06

债券信息 List of Bonds

债券 Bond

债券代码 Code	债券简称 Bond Name	发行数量(百万) Issued Vol(M)	年限 Terms	到期日 Expiration Date	票面利率(%) Coupon Rate(%)	本年收盘 Close	成交数量(万) Trading Vol(10000)
019121	11 国债 21	58630.00	7.00	2018.10.13	3.6500	100.00	0.01
019123	11 国债 23	28000.00	50.00	2061.11.10	4.3300	100.00	0.00
019124	11 国债 24	56050.00	10.00	2021.11.17	3.5700	102.10	18.00
019203	12 国债 03	58000.00	5.00	2017.02.16	3.1400	100.20	14.48
019204	12 国债 04	86000.00	10.00	2022.02.23	3.5100	98.00	0.49
019205	12 国债 05	94670.00	7.00	2019.03.08	3.4100	99.86	160.00
019206	12 国债 06	28000.00	20.00	2032.04.23	4.0300	100.00	0.00
019208	12 国债 08	28000.00	50.00	2062.05.17	4.2500	100.00	0.00
019209	12 国债 09	100220.00	10.00	2022.05.24	3.3600	98.00	31.00
019210	12 国债 10	94350.00	7.00	2019.06.07	3.1400	101.68	0.00
019212	12 国债 12	28000.00	30.00	2042.06.28	4.0700	101.94	0.00
019213	12 国债 13	28000.00	30.00	2042.08.02	4.1200	100.00	0.00
019214	12 国债 14	56060.00	5.00	2017.08.16	2.9500	100.18	5.00
019215	12 国债 15	86140.00	10.00	2022.08.23	3.3900	97.84	234.88
019216	12 国债 16	82820.00	7.00	2019.09.06	3.2500	99.50	32.42
019218	12 国债 18	28000.00	20.00	2032.09.27	4.1000	96.80	36.04
019220	12 国债 20	26000.00	50.00	2062.11.15	4.3500	100.00	0.00
019221	12 国债 21	29010.00	10.00	2022.12.13	3.5500	100.32	0.00
019301	13 国债 01	48000.00	5.00	2018.01.10	3.1500	99.90	543.18
019303	13 国债 03	82000.00	7.00	2020.01.24	3.4200	98.00	14.53
019305	13 国债 05	78790.00	10.00	2023.02.21	3.5200	99.70	246.00
019308	13 国债 08	91720.00	7.00	2020.04.18	3.2900	98.00	23.50
019309	13 国债 09	26000.00	20.00	2033.04.22	3.9900	112.11	0.00
019310	13 国债 10	20000.00	50.00	2063.05.20	4.2400	100.00	0.00
019311	13 国债 11	90000.00	10.00	2023.05.23	3.3800	97.50	537.00
019313	13 国债 13	60000.00	5.00	2018.05.30	3.0900	99.50	260.13
019315	13 国债 15	90150.00	7.00	2020.07.11	3.4600	98.72	351.45
019316	13 国债 16	26000.00	20.00	2033.08.12	4.3200	116.74	0.00
019318	13 国债 18	111880.00	10.00	2023.08.22	4.0800	102.55	107.09
019319	13 国债 19	26000.00	30.00	2043.09.16	4.7600	109.99	1.29
019320	13 国债 20	88890.00	7.00	2020.10.17	4.0700	100.89	2.63
019323	13 国债 23	57210.00	5.00	2018.11.07	4.1300	100.34	690.01
019324	13 国债 24	20000.00	50.00	2063.11.18	5.3100	100.00	0.00
019325	13 国债 25	24000.00	30.00	2043.12.09	5.0500	121.00	0.00
019401	14 国债 01	38000.00	5.00	2019.01.07	4.4700	100.70	841.11
019403	14 国债 03	66000.00	7.00	2021.01.16	4.4400	102.96	3.51
019404	14 国债 04	84590.00	3.00	2017.03.13	3.6600	100.05	10.03
019405	14 国债 05	84970.00	10.00	2024.03.20	4.4200	103.00	0.00
019406	14 国债 06	84080.00	7.00	2021.04.03	4.3300	101.26	1.40
019408	14 国债 08	57000.00	5.00	2019.04.24	4.0400	103.11	0.00
019409	14 国债 09	26000.00	20.00	2034.04.28	4.7700	100.00	0.00
019410	14 国债 10	26000.00	50.00	2064.05.26	4.6700	100.00	0.00
019412	14 国债 12	84010.00	10.00	2024.06.19	4.0000	107.13	20.00
019413	14 国债 13	84030.00	7.00	2021.07.03	4.0200	101.89	337.35
019416	14 国债 16	26000.00	30.00	2044.07.24	4.7600	100.00	0.00
019417	14 国债 17	26000.00	20.00	2034.08.11	4.6300	100.00	0.00
019420	14 国债 20	56100.00	3.00	2017.09.11	4.0000	100.49	831.52
019421	14 国债 21	85790.00	10.00	2024.09.18	4.1300	103.15	305.27
019424	14 国债 24	84180.00	7.00	2021.10.23	3.7000	99.33	109.63
019425	14 国债 25	26000.00	30.00	2044.10.27	4.3000	100.00	0.00

债券信息
List of Bonds

债券代码 Code	债券简称 Bond Name	发行数量(百万) Issued Vol(M)	年限 Terms	到期日 Expiration Date	票面利率(%) Coupon Rate(%)	本年收盘 Close	成交数量(万) Trading Vol(10000)
019426	14 国债 26	56040.00	5.00	2019.10.30	3.5300	101.40	50.00
019427	14 国债 27	26000.00	50.00	2064.11.24	4.2400	100.41	0.00
019429	14 国债 29	68240.00	10.00	2024.12.18	3.7700	100.00	1414.00
019502	15 国债 02	60000.00	7.00	2022.01.22	3.3600	98.00	901.90
019503	15 国债 03	70410.00	5.00	2020.02.05	3.3100	100.52	170.00
019504	15 国债 04	80050.00	3.00	2018.03.26	3.2200	99.80	717.15
019505	15 国债 05	90320.00	10.00	2025.04.09	3.6400	97.80	950.05
019507	15 国债 07	90120.00	7.00	2022.04.16	3.5400	102.00	1344.58
019508	15 国债 08	26000.00	20.00	2035.04.27	4.0900	94.51	62.64
019510	15 国债 10	26000.00	50.00	2065.05.25	3.9900	95.93	8.36
019511	15 国债 11	90120.00	5.00	2020.05.28	3.1000	98.10	49.78
019512	15 国债 12	90050.00	3.00	2018.06.11	2.7300	99.41	1285.34
019513	15 国债 13	51160.00	2.00	2017.06.25	2.4400	99.97	2952.08
019514	15 国债 14	90040.00	7.00	2022.07.09	3.3000	97.32	1510.74
019516	15 国债 16	90000.00	10.00	2025.07.16	3.5100	96.10	459.22
019517	15 国债 17	26000.00	30.00	2045.07.27	3.9400	90.55	479.68
019519	15 国债 19	86100.00	5.00	2020.09.08	3.1400	98.30	173.23
019521	15 国债 21	26000.00	20.00	2035.09.22	3.7400	92.16	47.36
019522	15 国债 22	86000.00	3.00	2018.09.24	2.9200	99.28	430.25
019523	15 国债 23	104000.00	10.00	2025.10.15	2.9900	92.70	2750.12
019525	15 国债 25	26000.00	30.00	2045.10.20	3.7400	100.00	0.00
019526	15 国债 26	104010.00	7.00	2022.10.22	3.0500	95.43	1653.76
019528	15 国债 28	26000.00	50.00	2065.11.23	3.8900	90.35	55.22
019529	16 国债 01	20000.00	1.00	2017.01.07	2.3200	99.98	67.30
019530	16 国债 02	60000.00	5.00	2021.01.14	2.5300	95.70	20.01
019531	16 国债 03	60000.00	3.00	2019.01.28	2.5500	98.60	37.77
019532	16 国债 04	73150.00	10.00	2026.01.28	2.8500	92.49	241.05
019533	16 国债 05	66000.00	1.00	2017.02.18	2.2200	100.00	1277.82
019534	16 国债 06	88820.00	7.00	2023.03.17	2.7500	94.10	1667.57
019535	16 国债 07	110600.00	5.00	2021.04.14	2.5800	95.80	223.12
019536	16 国债 08	90060.00	30.00	2046.04.25	3.5200	82.86	2191.21
019537	16 国债 09	111940.00	3.00	2019.04.28	2.5500	98.06	408.25
019538	16 国债 10	109120.00	10.00	2026.05.05	2.9000	92.60	2554.51
019539	16 国债 11	87530.00	1.00	2017.05.05	2.3000	99.99	9208.68
019540	16 国债 12	116880.00	2.00	2018.05.19	2.5100	99.40	2891.37
019541	16 国债 13	28410.00	50.00	2066.05.23	3.7000	85.08	308.94
019542	16 国债 14	113470.00	7.00	2023.06.16	2.9500	95.23	842.60
019543	16 国债 15	116080.00	5.00	2021.07.14	2.6500	96.54	111.71
019544	16 国债 16	110970.00	3.00	2019.07.28	2.4300	100.04	2330.00
019545	16 国债 17	102310.00	10.00	2026.08.04	2.7400	113.60	6877.41
019546	16 国债 18	86010.00	1.00	2017.08.04	2.1400	99.96	9942.97
019547	16 国债 19	97670.00	30.00	2046.08.22	3.2700	79.04	4488.09
019548	16 国债 20	105300.00	7.00	2023.09.01	2.7500	93.99	280.04
019549	16 国债 21	85240.00	5.00	2021.10.20	2.3900	94.20	1089.25
019550	16 国债 22	71570.00	3.00	2019.10.27	2.2900	100.00	0.00
019551	16 国债 23	75990.00	10.00	2026.11.03	2.7000	92.34	451.00
019552	16 国债 24	62690.00	1.00	2017.11.03	2.1000	99.96	6238.16
019553	16 国债 25	83040.00	7.00	2023.11.17	2.7900	99.81	250.00
019554	16 国债 26	24200.00	50.00	2066.11.21	3.4800	100.00	0.00
019555	17 国债 01	60000.00	5.00	2022.01.12	2.8800	96.11	1522.21

债券信息
List of Bonds

债券
Bond

债券代码 Code	债券简称 Bond Name	发行数量(百万) Issued Vol(M)	年限 Terms	到期日 Expiration Date	票面利率(%) Coupon Rate(%)	本年收盘 Close	成交数量(万) Trading Vol(10000)
019556	17 国债 02	60000.00	3.00	2020.01.19	2.7700	99.65	100.00
019557	17 国债 03	72000.00	1.00	2018.02.09	2.7800	99.88	8524.89
019558	17 国债 04	72000.00	10.00	2027.02.09	3.4000	100.00	3030.00
019559	17 国债 05	77400.00	30.00	2047.02.20	3.7700	100.00	100.00
019560	17 国债 06	88000.00	7.00	2024.03.16	3.2000	100.00	90.00
019561	17 国债 07	110000.00	5.00	2022.04.13	3.1300	96.43	3251.13
019562	17 国债 08	108200.00	3.00	2020.04.27	3.2300	99.37	761.82
019563	17 国债 09	108270.00	1.00	2018.05.04	3.3200	99.88	9399.66
019564	17 国债 10	109380.00	10.00	2027.05.04	3.5200	96.39	1519.34
019565	17 国债 11	29150.00	50.00	2067.05.22	4.0800	100.00	0.00
019566	17 国债 12	84580.00	2.00	2019.06.15	3.6200	100.00	170.00
019567	17 国债 13	108660.00	7.00	2024.06.22	3.5700	100.00	1600.00
019568	17 国债 14	108610.00	5.00	2022.07.13	3.4700	97.89	1180.30
019569	17 国债 15	87120.00	30.00	2047.07.24	4.0500	94.29	769.18
019570	17 国债 16	108280.00	3.00	2020.07.27	3.4600	99.29	1150.00
019571	17 国债 17	112390.00	1.00	2018.08.03	3.3300	99.80	2483.75
019572	17 国债 18	112170.00	10.00	2027.08.03	3.5900	97.07	2960.16
019573	17 国债 19	84000.00	2.00	2019.09.14	3.5000	99.93	390.00
019574	17 特国 03	96400.00	5.00	2022.09.19	3.5900	100.00	2614.00
019575	17 国债 20	108950.00	7.00	2024.09.21	3.6900	100.00	320.00
019576	17 国债 21	95210.00	5.00	2022.10.19	3.7300	100.00	1690.00
019577	17 国债 22	57710.00	30.00	2047.10.23	4.2800	100.00	0.00
019578	17 国债 23	94120.00	3.00	2020.10.26	3.6000	100.00	360.00
019579	17 国债 24	58000.00	1.00	2018.11.02	3.5400	99.92	153.13
019580	17 国债 25	58280.00	10.00	2027.11.02	3.8200	100.00	480.00
019581	17 国债 26	29370.00	50.00	2067.11.20	4.3700	100.00	0.00
019582	17 国债 27	26220.00	7.00	2024.12.21	3.9000	100.00	0.00
019802	08 国债 02	28000.00	15.00	2023.02.28	4.1600	100.00	280.00
019803	08 国债 03	27940.00	10.00	2018.03.20	4.0700	100.00	0.00
019806	08 国债 06	28000.00	30.00	2038.05.08	4.5000	100.00	0.00
019810	08 国债 10	26650.00	10.00	2018.06.23	4.4100	100.00	80.00
019813	08 国债 13	24000.00	20.00	2028.08.11	4.9400	100.00	0.00
019818	08 国债 18	24360.00	10.00	2018.09.22	3.6800	104.61	60.00
019820	08 国债 20	24000.00	30.00	2038.10.23	3.9100	100.00	0.00
019823	08 国债 23	24000.00	15.00	2023.11.27	3.6200	100.00	20.00
019825	08 国债 25	25370.00	10.00	2018.12.15	2.9000	99.15	9.08
019902	09 国债 02	22000.00	20.00	2029.02.19	3.8600	100.00	0.00
019903	09 国债 03	26000.00	10.00	2019.03.12	3.0500	101.26	0.00
019905	09 国债 05	22000.00	30.00	2039.04.09	4.0200	100.00	0.00
019907	09 国债 07	27760.00	10.00	2019.05.07	3.0200	100.00	0.00
019911	09 国债 11	28000.00	15.00	2024.06.11	3.6900	100.00	0.00
019912	09 国债 12	28270.00	10.00	2019.06.18	3.0900	100.00	0.00
019916	09 国债 16	28300.00	10.00	2019.07.23	3.4800	100.00	0.00
019920	09 国债 20	26000.00	20.00	2029.08.27	4.0000	100.00	0.00
019923	09 国债 23	26640.00	10.00	2019.09.17	3.4400	100.00	0.00
019925	09 国债 25	24000.00	30.00	2039.10.15	4.1800	95.01	0.00
019927	09 国债 27	27240.00	10.00	2019.11.05	3.6800	100.00	0.00
019930	09 国债 30	20000.00	50.00	2059.11.30	4.3000	100.00	0.00
020130	16 贴债 32	16380.00	0.50	2017.01.16	0.0000	98.94	0.00
020135	16 贴债 37	17830.00	0.50	2017.02.13	0.0000	99.37	0.84

债券信息 List of Bonds

债券代码 Code	债券简称 Bond Name	发行数量(百万) Issued Vol(M)	年限 Terms	到期日 Expiration Date	票面利率(%) Coupon Rate(%)	本年收盘 Close	成交数量(万) Trading Vol(10000)
020140	16 贴债 42	15100.00	0.50	2017.03.13	0.0000	98.99	6.80
020142	16 贴债 44	12300.00	0.25	2017.01.16	0.0000	99.48	0.02
020143	16 贴债 45	12000.00	0.25	2017.01.23	0.0000	99.51	0.00
020144	16 贴债 46	10010.00	0.50	2017.04.24	0.0000	99.01	0.00
020145	16 贴债 47	12000.00	0.25	2017.01.30	0.0000	99.49	12.01
020146	16 贴债 48	12140.00	0.25	2017.02.06	0.0000	99.49	128.22
020147	16 贴债 49	12220.00	0.25	2017.02.13	0.0000	99.50	220.00
020148	16 贴债 50	10100.00	0.50	2017.05.15	0.0000	98.98	0.00
020149	16 贴债 51	12000.00	0.25	2017.02.20	0.0000	99.48	180.09
020150	16 贴债 52	12080.00	0.25	2017.02.27	0.0000	99.48	0.00
020151	16 贴债 53	12120.00	0.25	2017.03.06	0.0000	99.41	20.00
020152	16 贴债 54	12000.00	0.25	2017.03.13	0.0000	99.33	20.00
020153	16 贴债 55	10850.00	0.25	2017.03.20	0.0000	99.28	0.00
020154	16 贴债 56	9570.00	0.50	2017.06.19	0.0000	98.53	140.22
020155	16 贴债 57	7060.00	0.25	2017.03.27	0.0000	99.31	0.00
020156	16 贴债 58	6240.00	0.25	2017.04.04	0.0000	99.34	0.00
020157	17 贴债 01	10000.00	0.25	2017.04.10	0.0000	99.36	150.00
020158	17 贴债 02	8000.00	0.25	2017.04.17	0.0000	99.38	0.00
020159	17 贴债 03	8000.00	0.50	2017.07.17	0.0000	98.76	0.00
020160	17 贴债 04	10000.00	0.25	2017.04.24	0.0000	99.38	20.00
020161	17 贴债 05	10000.00	0.25	2017.05.08	0.0000	99.36	70.00
020162	17 贴债 06	10000.00	0.25	2017.05.15	0.0000	99.34	10.00
020163	17 贴债 07	10000.00	0.50	2017.08.14	0.0000	98.70	10.00
020164	17 贴债 08	10000.00	0.25	2017.05.22	0.0000	99.36	338.98
020165	17 贴债 09	10000.00	0.25	2017.05.29	0.0000	99.39	711.17
020166	17 贴债 10	10000.00	0.25	2017.06.05	0.0000	99.35	170.60
020167	17 贴债 11	10000.00	0.25	2017.06.12	0.0000	99.34	360.04
020168	17 贴债 12	10000.00	0.50	2017.09.11	0.0000	98.65	230.86
020169	17 贴债 13	10000.00	0.25	2017.06.19	0.0000	99.35	980.00
020170	17 贴债 14	10000.00	0.25	2017.06.26	0.0000	99.20	304.32
020171	17 贴债 15	10000.00	0.25	2017.07.05	0.0000	99.28	365.88
020172	17 贴债 16	10050.00	0.25	2017.07.10	0.0000	99.26	30.00
020173	17 贴债 17	10130.00	0.25	2017.07.17	0.0000	99.29	732.00
020174	17 贴债 18	10000.00	0.50	2017.10.16	0.0000	99.52	80.10
020175	17 贴债 19	10000.00	0.25	2017.07.24	0.0000	99.29	220.00
020176	17 贴债 20	10000.00	0.25	2017.08.01	0.0000	99.21	130.00
020177	17 贴债 21	10000.00	0.25	2017.08.07	0.0000	99.25	233.05
020178	17 贴债 22	10000.00	0.25	2017.08.14	0.0000	99.24	630.40
020179	17 贴债 23	10000.00	0.50	2017.11.13	0.0000	98.36	198.25
020180	17 贴债 24	10000.00	0.25	2017.08.21	0.0000	99.23	885.89
020181	17 贴债 25	10000.00	0.25	2017.08.30	0.0000	99.20	770.72
020182	17 贴债 26	10000.00	0.25	2017.09.04	0.0000	99.18	330.00
020183	17 贴债 27	10000.00	0.25	2017.09.11	0.0000	99.14	0.00
020184	17 贴债 28	10000.00	0.50	2017.12.11	0.0000	98.34	160.00
020185	17 贴债 29	10000.00	0.25	2017.09.18	0.0000	99.18	212.00
020186	17 贴债 30	10100.00	0.25	2017.09.25	0.0000	99.17	340.00
020187	17 贴债 31	10000.00	0.25	2017.10.02	0.0000	99.18	783.53
020188	17 贴债 32	10000.00	0.25	2017.10.09	0.0000	99.21	0.00
020189	17 贴债 33	10060.00	0.25	2017.10.16	0.0000	99.23	21.01
020190	17 贴债 34	10050.00	0.50	2018.01.15	0.0000	98.30	1030.00

债券信息 List of Bonds

债券 Bond

债券代码 Code	债券简称 Bond Name	发行数量(百万) Issued Vol(M)	年限 Terms	到期日 Expiration Date	票面利率(%) Coupon Rate(%)	本年收盘 Close	成交数量(万) Trading Vol(10000)
020191	17 贴债 35	10000.00	0.25	2017.10.23	0.0000	99.26	20.01
020192	17 贴债 36	10000.00	0.25	2017.10.30	0.0000	99.25	67.62
020193	17 贴债 37	10000.00	0.25	2017.11.06	0.0000	99.28	320.00
020194	17 贴债 38	10000.00	0.25	2017.11.13	0.0000	99.29	10.00
020195	17 贴债 39	10000.00	0.50	2018.02.12	0.0000	98.42	380.00
020196	17 贴债 40	10000.00	0.25	2017.11.20	0.0000	99.30	0.00
020197	17 贴债 41	10040.00	0.25	2017.11.27	0.0000	99.28	250.00
020198	17 贴债 42	10000.00	0.25	2017.12.04	0.0000	99.26	0.00
020199	17 贴债 43	10000.00	0.25	2017.12.11	0.0000	99.27	0.00
020200	17 贴债 44	10000.00	0.50	2018.03.12	0.0000	98.20	18.00
020201	17 贴债 45	10000.00	0.25	2017.12.18	0.0000	99.20	55.40
020202	17 贴债 46	10000.00	0.25	2017.12.25	0.0000	99.23	40.00
020203	17 贴债 47	15000.00	0.25	2018.01.15	0.0000	99.13	102.55
020204	17 贴债 48	10000.00	0.50	2018.04.16	0.0000	98.00	242.00
020205	17 贴债 49	15000.00	0.25	2018.01.22	0.0000	99.18	250.00
020206	17 贴债 50	15000.00	0.25	2018.01.29	0.0000	99.15	0.00
020207	17 贴债 51	15000.00	0.25	2018.02.05	0.0000	99.07	30.00
020208	17 贴债 52	15000.00	0.25	2018.02.12	0.0000	99.05	270.00
020209	17 贴债 53	10000.00	0.50	2018.05.14	0.0000	98.21	190.00
020210	17 贴债 54	15000.00	0.25	2018.02.19	0.0000	99.03	10.00
020211	17 贴债 55	15000.00	0.25	2018.02.26	0.0000	99.05	20.00
020212	17 贴债 56	15070.00	0.25	2018.03.05	0.0000	99.03	1020.00
020213	17 贴债 57	15000.00	0.25	2018.03.12	0.0000	99.02	20.00
020214	17 贴债 58	10000.00	0.50	2018.06.11	0.0000	98.05	0.00
020215	17 贴债 59	15230.00	0.25	2018.03.19	0.0000	99.03	0.00
020216	17 贴债 60	15400.00	0.25	2018.03.26	0.0000	99.04	20.00
120201	02 三峡债	5000.00	20.00	2022.09.20	4.7600	96.66	31.39
120203	02 中移(15)	5000.00	15.00	2017.10.28	4.5000	99.99	1520.64
120204	02 苏交通	1500.00	15.00	2017.12.12	4.5100	99.85	494.74
120301	03 沪轨道	4000.00	15.00	2018.02.19	4.5100	99.94	632.91
120303	03 三峡债	3000.00	30.00	2033.07.31	4.8600	97.00	98.74
120306	03 中电投	3000.00	15.00	2018.12.07	5.0200	100.01	618.55
120486	04 国电(2)	1556.00	15.00	2019.09.21	5.6000	101.63	0.39
120490	04 南网(2)	2000.00	15.00	2019.09.16	5.6000	101.00	556.05
120506	05 大唐债	3000.00	15.00	2020.04.28	5.2800	100.00	70.12
120508	05 铁道债	5000.00	15.00	2020.07.28	4.8500	99.35	339.03
120512	05 沪建(2)	1000.00	15.00	2020.07.26	5.1800	100.77	0.01
120527	05 武城投	1000.00	15.00	2020.12.25	4.7000	97.20	1.02
120529	05 宁煤债	1000.00	15.00	2020.09.15	4.9000	97.00	0.04
120601	06 大唐债	2000.00	20.00	2026.02.15	4.2000	92.74	195.42
120602	06 冀建投	1000.00	20.00	2026.03.27	4.1800	93.95	220.69
120603	06 航天债	2000.00	15.00	2021.04.17	4.0000	96.50	0.09
120605	06 三峡债	3000.00	20.00	2026.05.10	4.1500	92.30	267.44
120607	06 沪水务	1500.00	15.00	2021.06.28	4.2500	0.00	0.00
120608	06 鲁高速	1000.00	20.00	2026.04.06	4.1000	95.00	45.08
120609	06 赣投债	800.00	15.00	2021.09.10	4.3800	105.04	0.00
120701	07 世博(1)	2000.00	10.00	2017.02.15	4.0500	99.90	0.51
120702	07 世博(2)	2000.00	15.00	2022.02.14	4.1500	96.49	0.83
122000	07 长电债	4000.00	10.00	2017.09.24	5.3500	99.98	1754.17
122001	07 海工债	1200.00	10.00	2017.11.09	5.7700	100.10	40.75

债券信息
List of Bonds

债券
Bond

债券代码 Code	债券简称 Bond Name	发行数量(百万) Issued Vol(M)	年限 Terms	到期日 Expiration Date	票面利率(%) Coupon Rate(%)	本年收盘 Close	成交数量(万) Trading Vol(10000)
122004	07 华能 G3	3300.00	10.00	2017.12.25	5.9000	99.97	188.91
122007	08 莱钢债	2000.00	10.00	2018.03.25	6.5500	100.20	480.17
122008	08 华能 G1	4000.00	10.00	2018.05.08	5.2000	100.10	1392.01
122015	09 长电债	3500.00	10.00	2019.07.30	4.7800	99.00	522.28
122017	09 大唐债	3000.00	10.00	2019.08.17	5.0000	101.50	500.38
122019	09 中交 G2	7900.00	10.00	2019.08.21	5.2000	100.00	1462.59
122028	09 华发债	1800.00	8.00	2017.10.16	7.6000	100.00	698.58
122037	09 三友债	960.00	8.00	2017.11.26	6.3200	100.02	487.66
122043	09 紫江债	1000.00	8.00	2017.12.28	6.1000	100.00	566.06
122046	10 中铁 G2	5000.00	10.00	2020.01.27	4.8800	100.70	319.52
122048	10 首机 02	3000.00	7.00	2017.02.03	4.6500	100.03	31.87
122049	10 营口港	1200.00	8.00	2018.03.02	5.9000	99.95	562.56
122050	10 杉杉债	600.00	7.00	2017.03.25	5.9600	100.00	18.86
122052	10 石化 02	9000.00	10.00	2020.05.21	4.0500	98.88	481.44
122054	10 中铁 G3	2500.00	10.00	2020.10.19	4.3400	97.19	191.65
122055	10 中铁 G4	3500.00	15.00	2025.10.19	4.5000	93.90	0.33
122057	10 龙源 02	2000.00	10.00	2020.12.10	5.0500	100.00	0.00
122059	重债暂停	2000.00	7.00	2017.06.26	6.2000	100.50	1405.35
122060	10 银鸽债	750.00	7.00	2017.12.22	8.0900	99.97	43.06
122062	11 西矿 02	2000.00	10.00	2021.01.17	5.3000	94.50	234.99
122064	11 龙源 02	1500.00	10.00	2021.01.21	5.0400	108.35	20.00
122066	11 大唐 01	3000.00	10.00	2021.04.20	5.2500	101.38	57.63
122067	11 南钢债	4000.00	7.00	2018.05.06	5.8000	99.97	1188.23
122069	11 海螺 02	2500.00	7.00	2018.05.23	5.2000	99.80	182.71
122071	11 海航 02	1440.00	10.00	2021.05.24	6.2000	95.26	598.19
122072	11 大连港	2350.00	10.00	2021.05.23	5.3000	99.00	201.65
122075	11 柳钢债	2000.00	8.00	2019.06.01	5.7000	100.00	464.48
122077	11 西钢债	1000.00	8.00	2019.06.15	6.7500	97.00	19.24
122080	11 康美债	2500.00	7.00	2018.06.21	6.0000	100.29	2259.76
122081	PR 星湖债	640.00	6.00	2017.07.07	7.5000	69.69	121.93
122083	11 天威债	1600.00	7.00	2018.07.11	5.7500	99.60	28.88
122087	11 凌钢债	1480.00	8.00	2019.08.01	6.5800	101.79	13.86
122093	11 中孚债	1500.00	8.00	2019.08.29	7.3000	98.30	1292.57
122096	11 健康元	1000.00	7.00	2018.10.28	7.1000	101.20	427.61
122099	11 连港 02	2650.00	7.00	2018.09.26	6.0500	100.00	50.00
122102	11 广汇 01	2000.00	6.00	2017.11.03	7.7000	99.98	2004.93
122103	11 航机 01	996.76	5.00	2017.02.08	6.0000	100.05	23.00
122105	11 安钢 02	800.00	7.00	2019.02.14	6.9000	98.60	472.48
122107	11 安钢 01	1000.00	7.00	2018.11.11	7.8700	99.66	64.34
122108	11 新天 01	1000.00	6.00	2017.11.18	5.3000	99.98	274.56
122109	11 新天 02	1000.00	7.00	2018.11.18	5.4000	99.90	322.00
122110	11 众和债	1370.00	7.00	2018.11.17	6.8500	99.99	1689.69
122112	11 沪大众	1600.00	6.00	2018.01.06	5.7100	99.90	761.06
122118	12 兴发 01	300.00	6.00	2018.02.14	6.3000	99.98	94.80
122119	12 兴发 02	500.00	5.00	2017.02.14	7.3000	100.04	25.03
122121	11 日照港	500.00	5.00	2017.02.17	5.6000	100.18	0.03
122124	11 中化 02	1200.00	7.00	2019.03.05	4.9900	99.93	827.19
122125	11 美兰债	800.00	7.00	2019.03.15	7.8000	98.97	246.61
122126	11 庞大 02	2200.00	5.00	2017.03.01	8.5000	100.00	1574.49
122127	11 欧亚债	470.00	7.00	2019.03.21	7.0000	102.00	160.71

债券信息
List of Bonds

债券
Bond

债券代码 Code	债券简称 Bond Name	发行数量(百万) Issued Vol(M)	年限 Terms	到期日 Expiration Date	票面利率(%) Coupon Rate(%)	本年收盘 Close	成交数量(万) Trading Vol(10000)
122131	11 片仔癀	300.00	5.00	2017.03.15	5.7000	100.03	80.22
122132	12 鹏博债	1400.00	5.00	2017.03.11	7.5000	99.97	79.98
122133	柳债暂停	510.00	7.00	2019.03.27	7.0000	97.48	516.51
122134	11 华微债	320.00	7.00	2019.04.10	8.0000	99.99	49.21
122135	12 宝泰隆	1000.00	5.00	2017.04.11	7.3000	99.96	232.82
122136	11 复星债	1500.00	5.00	2017.04.25	5.5300	100.00	329.74
122138	11 桂东 01	600.00	7.00	2019.04.16	6.3000	100.97	304.47
122139	11 洪水业	500.00	5.00	2017.05.02	5.8800	100.08	0.86
122141	12 天士 01	400.00	5.00	2017.04.24	6.0000	100.00	50.55
122142	11 鹿港债	400.00	5.00	2017.04.23	7.7500	100.00	22.61
122143	12 亿利 01	800.00	8.00	2020.04.23	7.3000	95.80	1373.78
122144	12 鲁信债	400.00	5.00	2017.04.25	6.5000	100.03	41.17
122145	11 桂东 02	400.00	7.00	2019.06.20	5.3000	100.00	30.24
122146	12 华新 01	1000.00	5.00	2017.05.17	5.3500	100.00	129.14
122147	12 华新 02	1000.00	7.00	2019.05.17	5.6500	99.58	529.64
122148	11 吉高速	800.00	7.00	2017.06.21	5.5000	100.15	318.53
122149	12 石化 01	13000.00	5.00	2017.06.01	4.2600	100.00	2529.42
122150	12 石化 02	7000.00	10.00	2022.06.01	4.9000	98.65	329.93
122151	12 国电 01	3000.00	5.00	2017.06.15	4.3500	102.10	354.00
122152	12 国电 02	1000.00	7.00	2019.06.15	4.7500	99.91	379.47
122154	12 京能 02	1200.00	5.00	2017.07.03	4.6000	100.04	505.78
122155	12 天富债	500.00	5.00	2017.06.06	5.5000	100.00	69.30
122156	厦债暂停	1500.00	5.00	2017.06.18	5.0000	99.95	454.57
122157	12 广控 01	2350.00	7.00	2019.06.25	4.7400	100.00	818.43
122158	12 西钢债	430.00	8.00	2020.07.16	6.5000	98.00	877.47
122159	12 亿利 02	800.00	8.00	2020.07.19	6.4200	93.99	1297.56
122162	12 中孚债	1000.00	5.00	2017.08.28	8.0000	100.00	605.59
122163	12 鄂资债	4000.00	5.00	2017.08.30	6.2000	99.99	2170.11
122164	12 通威发	500.00	5.00	2017.10.24	5.9800	100.00	413.49
122166	12 国电 04	700.00	5.00	2017.07.23	4.3500	100.00	37.71
122167	12 兖煤 01	1000.00	5.00	2017.07.23	4.2000	99.99	52.18
122168	12 兖煤 02	4000.00	10.00	2022.07.23	4.9500	96.90	871.40
122169	12 金瑞债	150.00	5.00	2017.08.29	7.9000	100.00	8.30
122172	12 中海 02	1500.00	10.00	2022.08.03	5.0000	99.23	0.00
122173	12 中交 01	6000.00	5.00	2017.08.09	4.4000	100.01	163.93
122174	12 中交 02	2000.00	10.00	2022.08.09	5.0000	99.76	0.00
122175	12 中交 03	4000.00	15.00	2027.08.09	5.1500	100.00	0.00
122176	12 中储债	1600.00	7.00	2019.08.13	5.3000	100.38	246.77
122178	12 科环 02	800.00	5.00	2017.08.20	4.6500	100.00	13.88
122179	12 科环 03	2000.00	10.00	2022.08.20	5.1500	100.00	0.00
122180	12 旋风债	700.00	5.00	2017.08.23	6.2800	100.00	114.16
122181	12 山鹰债	800.00	7.00	2019.08.22	7.5000	103.50	1004.99
122182	12 九州通	1600.00	5.00	2017.10.21	5.7000	100.01	1009.43
122183	12 集优 01	500.00	5.00	2017.08.31	5.0800	100.05	63.65
122184	一债暂停	2500.00	5.00	2017.09.03	5.1000	98.13	2361.87
122186	12 力帆 02	700.00	5.00	2017.09.19	7.5000	100.00	449.33
122187	12 玻纤债	1200.00	7.00	2019.10.17	5.5600	100.00	1142.70
122188	12 华新 03	1100.00	7.00	2019.11.09	5.9000	101.70	482.48
122189	12 王府 01	1100.00	5.00	2017.10.24	4.9400	100.00	687.34
122190	12 王府 02	1100.00	7.00	2019.10.24	5.2000	99.80	174.94

债券信息 List of Bonds

债券 Bond

债券代码 Code	债券简称 Bond Name	发行数量(百万) Issued Vol(M)	年限 Terms	到期日 Expiration Date	票面利率(%) Coupon Rate(%)	本年收盘 Close	成交数量(万) Trading Vol(10000)
122191	12 桂冠 01	800.00	5.00	2017.10.24	4.8000	100.00	157.11
122192	12 桂冠 02	930.00	10.00	2022.10.24	5.1000	106.00	0.00
122193	12 中水 01	2000.00	7.00	2019.10.29	5.0300	100.00	0.45
122194	12 中水 02	3000.00	10.00	2022.10.29	5.2000	100.44	2.00
122195	12 中海 03	1500.00	7.00	2019.10.29	5.0500	100.65	300.16
122196	12 中海 04	1000.00	10.00	2022.10.29	5.1800	100.00	0.00
122197	12 华天成	900.00	5.00	2018.03.13	5.8000	99.87	547.68
122199	12 能新 02	860.00	5.00	2017.10.29	5.0900	100.01	118.18
122200	12 晋兰花	3000.00	5.00	2017.11.07	5.0900	99.97	2366.44
122201	12 开滦 01	1500.00	7.00	2019.10.30	5.4000	99.20	1387.00
122202	12 海螺 01	2500.00	5.00	2017.11.07	4.8900	100.00	47.85
122203	12 海螺 02	3500.00	10.00	2022.11.07	5.1000	100.00	0.00
122204	12 双良节	800.00	5.00	2017.11.12	5.8800	100.02	593.33
122205	12 沪交运	800.00	5.00	2017.11.16	5.0500	100.00	291.79
122207	12 骆驼集	800.00	5.00	2017.12.05	5.9800	100.00	511.81
122208	12 招金券	1200.00	5.00	2017.11.16	4.9900	100.00	428.40
122209	12 中油 01	16000.00	5.00	2017.11.22	4.5500	99.93	2110.03
122210	12 中油 02	2000.00	10.00	2022.11.22	4.9000	108.53	0.00
122211	12 中油 03	2000.00	15.00	2027.11.22	5.0400	109.80	0.00
122212	12 京江河	900.00	5.00	2017.12.07	5.4000	99.98	420.91
122213	12 松建化	2200.00	7.00	2019.12.05	8.9000	95.30	2505.35
122215	12 永泰 01	1600.00	5.00	2017.12.20	5.6800	99.96	776.14
122216	12 桐昆债	1300.00	5.00	2018.01.21	5.8500	100.03	1138.92
122217	12 渝水务	1500.00	5.00	2018.01.29	5.1200	99.93	310.83
122218	12 国航 01	5000.00	10.00	2023.01.18	5.1000	102.20	0.19
122219	12 榕泰债	750.00	5.00	2018.01.24	5.9000	99.97	773.19
122221	12 重工 02	600.00	7.00	2020.01.25	5.2000	104.04	40.00
122222	12 永泰 02	900.00	5.00	2018.01.31	6.5000	99.75	778.19
122224	12 电气 02	1600.00	5.00	2018.02.27	4.9000	99.90	125.21
122225	12 一拖 01	800.00	5.00	2018.03.04	4.8000	99.85	371.69
122226	12 宝科创	600.00	5.00	2018.03.06	5.4800	99.80	216.29
122227	13 尖峰 01	300.00	5.00	2018.06.05	4.9000	99.62	322.79
122228	13 天士 01	400.00	5.00	2018.03.29	4.9800	99.80	353.94
122229	12 国控 01	4000.00	5.00	2018.03.13	4.5400	99.95	2014.90
122230	12 沪海立	1000.00	5.00	2018.02.28	4.8500	99.80	984.34
122231	12 上电债	1500.00	5.00	2018.03.04	4.5500	99.85	566.24
122232	12 招商 01	3000.00	5.00	2018.03.05	4.4500	99.78	476.81
122233	12 招商 02	1500.00	5.00	2018.03.05	4.8000	100.09	381.49
122234	12 招商 03	5500.00	10.00	2023.03.05	5.1500	100.00	0.00
122235	12 芜湖港	1500.00	5.00	2018.03.20	4.9900	99.50	1537.29
122236	12 哈电 01	3000.00	5.00	2018.03.11	4.9000	99.85	1455.22
122237	12 西资源	600.00	5.00	2018.03.08	7.5000	98.95	469.15
122239	13 中油 01	16000.00	5.00	2018.03.15	4.4700	100.00	618.29
122240	13 中油 02	4000.00	10.00	2023.03.15	4.8800	91.69	0.00
122241	12 东航 01	4800.00	10.00	2023.03.18	5.0500	106.00	0.00
122242	12 广汽 01	1000.00	5.00	2018.03.20	4.8900	100.22	51.45
122243	12 广汽 02	3000.00	10.00	2023.03.20	5.0900	98.97	0.01
122244	12 大唐 01	3000.00	10.00	2023.03.27	5.1000	100.90	40.10
122245	13 甬热电	300.00	7.00	2020.04.15	5.1000	102.00	101.68
122247	13 福新 01	1000.00	5.00	2018.03.25	5.0000	99.75	609.07

债券信息
List of Bonds

债券
Bond

债券代码 Code	债券简称 Bond Name	发行数量(百万) Issued Vol(M)	年限 Terms	到期日 Expiration Date	票面利率(%) Coupon Rate(%)	本年收盘 Close	成交数量(万) Trading Vol(10000)
122248	13 福新 02	1000.00	10.00	2023.03.25	5.3000	109.04	0.00
122249	13 平煤债	4500.00	10.00	2023.04.17	5.0700	93.50	1530.49
122250	13 和邦 01	400.00	7.00	2020.04.22	5.8000	99.80	443.26
122251	13 南车 01	1500.00	5.00	2018.04.22	4.7000	99.99	455.17
122252	13 南车 02	1500.00	10.00	2023.04.22	5.0000	100.00	0.00
122253	12 一拖 02	700.00	5.00	2018.05.30	4.5000	99.20	297.03
122254	12 拜克 01	300.00	5.00	2018.05.22	5.3000	100.00	112.91
122255	13 赣粤 01	1800.00	10.00	2023.04.19	5.1500	100.05	75.98
122256	13 保税债	350.00	5.00	2018.05.23	5.5000	100.00	116.63
122257	12 岳纸 01	850.00	5.00	2018.05.29	5.0400	99.91	39.24
122258	13 云煤业	250.00	7.00	2020.12.03	7.8000	101.40	155.94
122259	13 中信 01	3000.00	5.00	2018.06.07	4.6500	99.45	458.82
122260	13 中信 02	12000.00	10.00	2023.06.07	5.0500	100.00	198.01
122261	13 华泰 01	4000.00	5.00	2018.06.05	4.6800	99.73	961.55
122262	13 华泰 02	6000.00	10.00	2023.06.05	5.1000	100.00	0.00
122263	12 豫园 01	500.00	5.00	2018.06.17	5.2000	99.95	234.58
122264	13 京客隆	750.00	5.00	2018.08.13	5.4800	100.70	224.00
122265	13 川路桥	1500.00	5.00	2018.07.26	5.6500	100.00	123.11
122267	13 永泰债	3800.00	5.00	2018.08.06	7.3000	98.98	3912.48
122268	12 国航 02	3500.00	5.00	2018.08.16	5.1500	100.10	1821.46
122269	12 国航 03	1500.00	10.00	2023.08.16	5.3000	102.58	200.00
122270	13 安信债	3600.00	5.00	2018.08.19	5.1500	100.50	738.36
122271	12 兖煤 03	1950.00	5.00	2019.03.03	5.9200	103.30	11.67
122272	12 兖煤 04	3050.00	10.00	2024.03.03	6.1500	100.00	0.00
122273	13 鲁金 01	2000.00	5.00	2018.09.03	5.1600	99.90	332.27
122276	13 魏桥 01	3000.00	5.00	2018.10.23	7.0000	100.05	4906.94
122278	13 华域 02	2800.00	5.00	2018.11.18	5.7200	101.00	997.55
122281	13 海通 02	2350.00	5.00	2018.11.25	6.1500	107.02	0.00
122282	13 海通 03	2390.00	10.00	2023.11.25	6.1800	110.99	56.53
122284	13 鲁金 02	1300.00	5.00	2020.03.30	4.8000	100.80	105.00
122285	13 杉杉债	750.00	5.00	2019.03.07	7.5000	101.67	426.76
122287	13 国投 01	1800.00	5.00	2019.03.21	5.8900	99.45	539.68
122288	13 东吴债	3000.00	5.00	2018.11.18	6.1800	101.00	292.37
122289	13 日照港	1000.00	3.00	2017.03.03	6.1500	100.00	137.91
122292	13 兴业 01	1500.00	5.00	2019.03.13	6.0000	101.60	490.76
122293	13 兴业 02	1000.00	7.00	2021.03.13	6.3500	106.50	966.29
122294	12 鲁创投	400.00	5.00	2019.03.25	7.3500	102.97	365.90
122295	13 川投 01	1700.00	5.00	2019.04.17	6.1200	102.10	978.96
122298	13 亚盛债	1200.00	5.00	2019.06.19	6.3500	101.27	639.12
122299	13 中原债	1500.00	5.00	2019.04.23	6.2000	101.00	427.97
122301	13 楚天 01	600.00	5.00	2019.05.26	5.8800	108.50	405.71
122302	13 天房债	1200.00	7.00	2021.04.25	8.9000	110.73	548.26
122304	13 兴业 03	2500.00	3.00	2017.06.23	5.5000	100.02	954.45
122305	14 鲁高速	2000.00	5.00	2019.07.11	5.8400	100.20	994.43
122306	13 太极 01	250.00	5.00	2019.06.09	6.2500	100.80	266.52
122308	13 杭齿债	400.00	5.00	2019.07.11	6.3000	100.60	145.41
122310	13 苏新城	2000.00	5.00	2017.07.24	8.9000	100.01	2651.64
122311	13 海通 04	5650.00	3.00	2017.07.14	5.2500	100.10	1290.82
122312	13 海通 05	4550.00	5.00	2019.07.14	5.4500	99.36	566.69
122313	13 海通 06	800.00	10.00	2024.07.14	5.8500	100.00	0.00

债券信息
List of Bonds

债券
Bond

债券代码 Code	债券简称 Bond Name	发行数量(百万) Issued Vol(M)	年限 Terms	到期日 Expiration Date	票面利率(%) Coupon Rate(%)	本年收盘 Close	成交数量(万) Trading Vol(10000)
122315	14 东海债	1000.00	5.00	2019.07.31	5.5500	104.49	300.00
122316	14 赣粤 01	500.00	7.00	2021.08.11	5.7400	111.88	80.00
122317	14 赣粤 02	2300.00	10.00	2024.08.11	6.0900	100.00	3.43
122318	14 中炬 01	500.00	5.00	2019.09.23	6.2000	102.27	244.32
122319	13 京能 02	1500.00	3.00	2017.08.22	5.1400	100.05	1167.16
122320	14 国贸 01	500.00	5.00	2019.08.20	5.5000	101.35	250.21
122321	14 银河 G1	1500.00	3.00	2018.02.04	4.6500	100.08	509.80
122322	14 银河 G2	1000.00	5.00	2020.02.04	4.8000	99.05	384.66
122323	14 凤凰债	750.00	5.00	2019.09.12	5.6500	100.73	813.15
122324	14 国电 01	1500.00	3.00	2017.09.15	5.1000	100.00	525.35
122327	13 卧龙债	600.00	5.00	2019.09.23	9.0700	103.79	449.09
122328	12 开滦 02	1500.00	6.00	2020.09.26	6.3000	100.70	967.15
122329	14 伊泰 01	4500.00	5.00	2019.10.09	6.9900	101.80	3319.33
122330	13 中企债	1550.00	5.00	2019.10.14	5.4700	98.95	1313.27
122331	14 营口港	1000.00	7.00	2021.10.20	5.6000	99.90	629.79
122332	14 亿利 01	1000.00	5.00	2020.01.26	6.9500	99.99	2068.52
122333	14 嘉宝债	960.00	5.00	2019.10.23	5.5000	99.45	962.71
122334	12 大唐 02	3000.00	10.00	2024.11.03	5.0000	101.80	2115.04
122335	14 爱众 01	300.00	7.00	2021.10.28	6.0000	101.00	153.19
122336	13 牡丹 01	850.00	5.00	2019.10.29	5.4000	99.31	565.67
122337	13 魏桥 02	3000.00	5.00	2019.11.07	5.5000	98.38	4512.67
122338	13 金桥债	1200.00	8.00	2022.11.17	5.0000	100.74	514.79
122339	13 香江债	700.00	5.00	2019.12.10	8.4800	101.00	145.50
122340	14 武控 01	650.00	5.00	2019.11.05	4.9500	98.43	133.20
122341	14 连云港	645.00	5.00	2020.03.20	4.9400	99.90	373.36
122342	13 包钢 03	1500.00	3.00	2018.01.26	4.9800	99.90	2543.49
122343	13 和邦 02	400.00	5.00	2019.11.25	6.4000	99.04	843.88
122344	13 尖峰 02	300.00	5.00	2019.11.20	5.0900	99.00	168.59
122345	12 重工 03	1000.00	5.00	2019.11.24	4.9800	100.00	708.81
122346	14 贵人鸟	800.00	5.00	2019.12.03	7.0000	100.24	1231.25
122347	13 太极 02	250.00	5.00	2019.12.03	5.2500	100.00	80.00
122348	14 北辰 01	1000.00	5.00	2020.01.20	4.8000	99.80	465.49
122349	14 中炬 02	400.00	5.00	2020.01.26	5.5000	100.10	94.81
122350	14 盛屯债	450.00	5.00	2019.12.26	7.7000	100.30	757.60
122351	14 北辰 02	1500.00	7.00	2022.01.20	5.2000	101.33	441.03
122352	12 广汽 03	2000.00	5.00	2020.01.19	4.7000	98.78	1126.41
122353	14 东兴债	2000.00	4.00	2019.04.07	4.8900	99.14	1565.26
122354	15 康美债	2400.00	7.00	2022.01.27	5.3300	99.36	985.57
122355	14 齐鲁债	3000.00	5.00	2020.01.29	4.9000	99.85	2887.39
122356	14 富贵鸟	800.00	5.00	2020.04.22	6.3000	0.00	0.00
122357	14 浙证债	1500.00	5.00	2020.02.03	4.9000	99.87	1418.60
122358	15 际华 03	2000.00	7.00	2022.09.15	4.1000	96.73	1248.00
122360	14 华融 G1	2000.00	3.00	2018.04.10	4.9000	99.82	1583.00
122361	14 福田债	1000.00	5.00	2020.03.31	5.1000	100.00	260.00
122362	14 上实 01	1000.00	5.00	2020.03.23	4.9200	99.90	938.08
122363	14 太证债	1000.00	3.00	2018.03.09	5.2800	100.00	719.83
122364	14 渝路 01	450.00	5.00	2020.03.16	5.0000	99.71	175.44
122365	14 昊华 01	1500.00	7.00	2022.03.26	5.5000	99.15	770.37
122366	14 武钢债	7000.00	3.00	2018.07.01	4.3800	99.40	5544.01
122367	14 财富债	800.00	5.00	2020.03.31	5.1300	100.00	1245.84

债券信息 List of Bonds

债券 Bond

债券代码 Code	债券简称 Bond Name	发行数量(百万) Issued Vol(M)	年限 Terms	到期日 Expiration Date	票面利率(%) Coupon Rate(%)	本年收盘 Close	成交数量(万) Trading Vol(10000)
122368	14 渝路 02	410.00	5.00	2020.04.27	4.8700	99.60	355.04
122369	13 包钢 04	1500.00	3.00	2018.04.21	4.7500	99.60	3047.52
122370	14 华远债	1400.00	5.00	2020.04.27	5.2400	100.00	195.95
122371	14 亨通 01	800.00	5.00	2020.06.23	5.3700	99.60	566.99
122372	14 财通债	1500.00	5.00	2020.05.19	4.0000	99.50	741.00
122373	15 舟港债	700.00	5.00	2020.05.22	4.4800	101.21	630.00
122374	14 招商债	5500.00	10.00	2025.05.26	5.0800	97.83	3261.48
122375	14 苏新债	700.00	3.00	2018.05.29	4.6700	99.79	754.70
122376	15 首置 01	3000.00	5.00	2020.05.27	4.5800	98.34	2605.52
122377	14 首开债	4000.00	7.00	2022.06.03	4.8000	99.00	3678.12
122378	13 楚天 02	600.00	5.00	2020.06.08	4.5800	100.25	560.29
122379	14 西南 01	4000.00	3.00	2018.06.10	4.1000	99.41	1970.43
122380	14 瀚华 01	1500.00	5.00	2020.06.10	6.1000	99.48	1321.38
122381	14 安源债	1200.00	5.00	2020.11.20	6.2000	100.00	960.00
122382	14 京银债	779.00	3.00	2018.06.26	4.8000	99.94	587.72
122383	15 恒大 01	5000.00	5.00	2020.06.19	5.4800	99.89	5496.75
122384	15 中信 01	5500.00	5.00	2020.06.25	4.6000	98.35	2997.69
122385	15 中信 02	2500.00	10.00	2025.06.25	5.1000	99.00	466.74
122386	15 迪马债	2000.00	5.00	2020.07.10	7.4900	98.00	703.98
122387	15 城乡 01	300.00	5.00	2020.06.30	4.6800	103.39	110.00
122388	15 华泰 G1	6600.00	3.00	2018.06.29	4.2000	99.66	5365.42
122390	15 龙湖 01	2000.00	5.00	2020.07.07	4.6000	99.00	1075.18
122391	15 云能投	500.00	5.00	2020.07.06	4.4900	97.00	480.00
122392	15 恒大 02	6800.00	4.00	2019.07.08	6.4000	100.08	13891.04
122393	15 恒大 03	8200.00	7.00	2022.07.08	7.0800	100.09	4683.50
122394	15 中银债	3000.00	3.00	2018.07.09	3.9500	99.20	3114.03
122395	15 富力债	6500.00	5.00	2020.07.13	4.9500	99.48	6644.59
122396	15 时代债	2000.00	5.00	2020.07.10	6.7500	100.20	1845.56
122397	15 宜华 01	1200.00	5.00	2020.07.16	6.8800	102.20	1875.60
122398	15 北巴债	700.00	5.00	2020.07.14	4.4000	99.20	281.80
122399	15 中投 G1	3500.00	3.00	2018.07.24	3.6200	99.20	4766.03
122401	15 远洋 03	1500.00	10.00	2025.08.19	5.0000	96.14	111.33
122402	15 城建 01	5800.00	7.00	2022.07.20	4.4000	97.75	4609.60
122403	15 天恒债	1500.00	5.00	2020.07.22	4.1200	99.03	801.00
122404	14 西南 02	2000.00	5.00	2020.07.23	3.6700	99.10	1359.79
122405	15 宜华 02	600.00	5.00	2020.07.23	6.8800	102.20	1170.99
122406	15 新湖债	3500.00	5.00	2020.07.23	5.5000	99.77	3369.38
122407	15 广证债	1000.00	5.00	2020.07.24	3.9000	99.20	634.00
122408	15 美都债	1200.00	3.00	2018.07.27	6.5000	99.40	812.19
122409	15 龙湖 02	2000.00	5.00	2020.07.27	3.9300	99.15	1683.97
122410	15 龙湖 03	2000.00	7.00	2022.07.27	4.2000	96.00	738.97
122411	14 招金债	950.00	5.00	2020.07.29	3.8000	99.25	922.08
122412	15 昆药债	300.00	5.00	2020.07.29	4.2800	99.25	215.68
122413	15 精工债	600.00	5.00	2020.07.29	5.2000	99.05	849.00
122414	15 物美 01	1500.00	3.00	2018.08.13	4.7000	99.32	1423.26
122415	15 增碧 01	3000.00	3.00	2018.08.03	4.2000	99.20	2980.33
122416	15 好民居	2000.00	5.00	2020.07.30	5.5000	99.46	1656.50
122417	15 东旭集	2000.00	5.00	2020.07.30	6.2000	97.89	2032.26
122418	15 盛和债	450.00	5.00	2020.08.05	4.7000	100.00	395.00
122419	15 天风债	1200.00	3.00	2018.07.31	4.2300	99.63	584.80

债券信息 List of Bonds

债券 Bond

债券代码 Code	债券简称 Bond Name	发行数量(百万) Issued Vol(M)	年限 Terms	到期日 Expiration Date	票面利率(%) Coupon Rate(%)	本年收盘 Close	成交数量(万) Trading Vol(10000)
122420	15 奥园债	2400.00	3.00	2018.07.30	5.8000	99.00	1548.32
122421	15 天房债	1000.00	5.00	2020.08.06	5.8000	99.00	1384.86
122422	15 梅花 01	1500.00	5.00	2020.07.31	4.4700	99.50	1532.68
122423	15 五洋债	800.00	3.00	2018.08.14	7.7800	85.00	121.42
122424	15 华业债	1500.00	5.00	2020.08.06	5.8000	99.98	2186.70
122425	15 际华 01	2000.00	5.00	2020.08.07	3.6000	98.96	2850.77
122426	15 际华 02	500.00	7.00	2022.08.07	3.9800	98.40	435.00
122427	15 海正 01	800.00	5.00	2020.08.13	3.9700	99.00	794.07
122428	15 信投 01	1800.00	10.00	2025.08.13	4.2000	99.10	1087.75
122429	15 海亮 01	1500.00	5.00	2020.08.10	5.3900	99.30	1620.14
122430	15 增碧 02	3000.00	3.00	2018.08.12	4.2000	99.15	2381.94
122431	15 闽高速	2000.00	5.00	2020.08.11	3.5300	98.70	2960.46
122432	15 融创 01	2500.00	5.00	2020.08.14	4.5000	97.50	2345.93
122433	15 融创 02	2500.00	5.00	2020.08.14	5.7000	91.98	1918.95
122434	15 清能债	1200.00	5.00	2020.08.18	4.5500	103.00	1090.00
122435	15 兴发债	600.00	5.00	2020.08.20	5.2000	99.00	247.65
122436	15 远洋 02	1500.00	7.00	2022.08.19	4.1500	100.97	150.00
122437	15 远洋 01	2000.00	5.00	2020.08.19	3.7800	99.10	1896.45
122438	15 祥源债	1000.00	3.00	2018.08.24	6.5000	98.30	1407.67
122439	15 红豆债	1000.00	5.00	2020.08.20	5.9900	100.40	2489.75
122440	15 龙光 01	4000.00	5.00	2020.08.19	5.0000	99.75	2888.51
122441	15 赣长运	690.00	5.00	2020.08.24	4.3000	99.80	735.03
122442	15 鲁焦 01	1500.00	3.00	2018.08.24	6.9000	98.79	2630.97
122443	15 桂金债	4000.00	8.00	2023.08.21	5.0000	95.73	2108.89
122444	15 冠城债	2800.00	5.00	2020.08.26	5.1000	99.50	1933.39
122445	15 融创 03	1000.00	5.00	2020.09.01	4.4800	97.70	1471.21
122446	15 万达 01	5000.00	5.00	2020.08.27	4.0900	97.73	7720.26
122447	15 物美 02	1500.00	3.00	2018.09.08	4.7500	98.50	1118.25
122448	15 龙光 02	1000.00	4.00	2019.08.27	5.3500	100.30	1725.16
122449	15 绿城 01	3000.00	5.00	2020.08.27	4.7000	99.52	2881.67
122450	15 齐鲁债	2500.00	5.00	2020.08.28	3.8000	98.72	2407.21
122451	15 九鼎债	1000.00	5.00	2020.08.31	6.0300	99.25	610.84
122452	15 杭实 01	1500.00	10.00	2025.09.09	4.4800	98.88	297.00
122453	15 联发 01	1000.00	3.00	2018.09.15	3.8900	100.00	479.50
122454	15 五洋 02	560.00	5.00	2020.09.11	7.8000	32.48	59.63
122455	15 绿城 02	2000.00	5.00	2020.09.16	4.4000	99.22	2082.62
122456	15 绿城 03	2000.00	7.00	2022.09.16	5.1600	100.60	1451.70
122457	15 新金债	700.00	7.00	2022.09.16	4.4700	96.65	696.00
122458	15 泛海 02	3000.00	6.00	2021.09.14	5.1000	97.47	1660.74
122459	15 平高债	550.00	3.00	2018.09.16	3.9300	99.32	315.00
122460	15 粤路建	1500.00	15.00	2030.12.11	4.2500	90.50	620.00
122461	15 杭实 02	1000.00	10.00	2025.09.17	4.3600	98.20	681.98
122462	15 正奇债	500.00	3.00	2018.09.16	3.9800	99.32	540.00
122463	15 花样年	2000.00	5.00	2020.09.16	6.9500	100.92	1427.98
122464	15 世茂 01	6000.00	5.00	2020.09.18	3.9000	98.60	1973.39
122465	15 广越 01	7500.00	3.00	2018.09.18	3.7500	99.18	10038.29
122466	15 广越 02	1500.00	5.00	2020.09.18	3.9700	97.12	450.00
122467	15 万达 02	5000.00	5.00	2020.10.14	3.9300	97.15	3211.80
122468	15 矿 01 停	2000.00	5.00	2020.09.21	3.8800	93.60	1842.86
122469	15 矿 02 停	2000.00	10.00	2025.09.21	4.7500	93.00	970.13

债券信息
List of Bonds

债券
Bond

债券代码 Code	债券简称 Bond Name	发行数量(百万) Issued Vol(M)	年限 Terms	到期日 Expiration Date	票面利率(%) Coupon Rate(%)	本年收盘 Close	成交数量(万) Trading Vol(10000)
122470	15 泛海 03	1000.00	6.00	2021.09.21	4.8500	97.89	843.63
122472	15 盛屯债	500.00	5.00	2020.09.24	7.0000	100.00	1391.33
122473	15 联发 02	1000.00	5.00	2020.09.24	4.2000	96.20	520.00
122474	15 格房产	700.00	5.00	2020.09.24	4.6700	98.20	399.00
122475	15 亿达 01	1000.00	5.00	2020.09.25	6.0000	96.28	586.53
122476	15 天瑞债	1000.00	5.00	2020.09.25	5.9500	97.84	1744.68
122477	15 月星 01	2000.00	5.00	2020.09.28	5.5000	98.40	582.90
122478	14 粤运 01	400.00	7.00	2022.09.28	4.2000	96.68	440.93
122479	15 南铝 01	500.00	5.00	2020.09.25	4.9700	99.90	377.62
122480	15 南铝 02	1000.00	5.00	2020.09.25	4.4000	99.20	443.30
122481	15 铁建 01	3000.00	5.00	2020.09.25	4.0200	98.91	1842.95
122482	15 金茂债	1000.00	5.00	2020.09.25	6.5000	77.50	2037.20
122483	15 新光 01	2000.00	5.00	2020.09.25	6.5000	67.96	2009.49
122484	15 龙源 01	3000.00	5.00	2020.09.28	3.7500	99.00	3282.40
122485	15 厦住宅	2000.00	5.00	2020.10.14	3.9900	99.07	1340.00
122486	15 旭辉 01	3495.00	5.00	2020.10.14	4.9500	99.20	3559.45
122487	15 盈德债	980.00	5.00	2020.10.13	5.4800	97.95	2300.82
122488	15 金地 01	3000.00	7.00	2022.10.15	4.1800	96.40	2151.79
122489	15 西建工	1000.00	5.00	2017.11.21	4.5000	99.00	30.00
122490	15 三福 01	500.00	5.00	2020.10.19	6.8000	104.50	964.83
122491	15 藏城投	900.00	7.00	2022.10.15	5.0000	99.10	1067.00
122492	15 新光 02	2000.00	5.00	2020.10.22	6.5000	85.00	1558.49
122493	14 国电 03	1500.00	5.00	2020.10.16	3.8700	96.43	821.77
122494	15 华夏 05	4000.00	7.00	2022.10.22	5.1000	96.00	2019.62
122495	14 亨通 02	700.00	5.00	2020.10.21	4.4400	99.00	199.34
122496	15 世茂 02	1400.00	7.00	2022.10.16	4.1500	96.00	479.81
122497	15 远洋 04	2000.00	6.00	2021.10.19	3.8500	98.91	1980.00
122498	15 远洋 05	3000.00	10.00	2025.10.19	4.7600	99.89	637.00
122499	15 哈投 01	700.00	3.00	2018.10.21	4.5000	102.70	385.00
122500	PR 郴城投	1600.00	7.00	2019.09.13	7.3400	40.65	167.00
122501	PR 寿财资	1200.00	7.00	2019.10.23	6.7000	41.00	244.10
122502	PR 哈合力	1200.00	6.00	2018.09.26	7.4800	43.50	100.00
122503	PR 井龙城	2000.00	7.00	2019.09.25	6.5000	40.07	219.61
122504	PR 通天诚	1000.00	7.00	2019.09.24	7.7500	40.40	43.05
122505	PR 绍袍江	1000.00	7.00	2019.10.31	6.9000	40.00	360.00
122506	PR 吴交投	1200.00	8.00	2020.10.31	6.8000	55.00	240.82
122507	PR 玉交投	1000.00	7.00	2019.10.12	7.1500	40.63	373.82
122508	PR 兴林业	1300.00	7.00	2017.11.09	7.0800	0.00	0.00
122509	PR 白中兴	1000.00	7.00	2019.12.18	7.0000	40.50	168.72
122510	PR 靖新城	800.00	6.00	2018.10.23	6.8000	25.00	63.10
122513	12 伟星集	500.00	7.00	2019.10.23	6.3000	100.53	74.02
122514	12 金融街	1900.00	7.00	2019.10.22	5.1800	99.60	773.26
122515	PR 庆城投	2200.00	7.00	2019.10.23	6.5500	40.75	618.70
122516	PR 青州 01	800.00	7.00	2019.10.19	7.3500	40.00	340.00
122517	PR 青州 02	400.00	6.00	2018.10.19	7.2500	25.00	80.00
122518	12 保利集	1500.00	7.00	2019.10.25	5.0300	101.00	63.18
122519	PR 锡经开	700.00	7.00	2019.11.01	6.9900	51.00	160.21
122520	PR 唐城投	1000.00	7.00	2019.10.16	7.0800	41.90	70.04
122521	PR 筑金阳	1200.00	6.00	2018.10.24	6.7000	26.01	710.20
122522	PR 兴城建	1200.00	6.00	2018.10.23	7.2500	25.95	222.36

债券信息
List of Bonds

债券代码 Code	债券简称 Bond Name	发行数量(百万) Issued Vol(M)	年限 Terms	到期日 Expiration Date	票面利率(%) Coupon Rate(%)	本年收盘 Close	成交数量(万) Trading Vol(10000)
122523	12 海亮 01	600.00	6.00	2018.10.19	6.5000	99.64	135.03
122524	12 海亮 02	400.00	7.00	2019.10.19	6.7500	99.49	60.06
122525	PR 沪嘉开	800.00	6.00	2018.10.10	6.7100	25.32	93.91
122526	PR 永川惠	1200.00	7.00	2019.10.16	7.3300	41.00	415.40
122527	PR 温国投	1400.00	7.00	2019.09.18	7.1800	41.20	419.52
122528	PR 琼港航	850.00	7.00	2019.10.18	6.8000	70.70	86.02
122530	PR 七城投	1000.00	7.00	2019.10.18	7.3000	40.00	487.75
122531	PR 太科园	1000.00	7.00	2019.09.17	7.6000	41.40	109.72
122532	PR 宜财投	1500.00	7.00	2019.10.16	7.1200	44.01	80.00
122533	PR 平城投	900.00	7.00	2019.09.18	7.2000	39.97	151.45
122534	PR 秦开发	1400.00	7.00	2019.10.17	7.4600	40.72	155.12
122535	苏飞暂停	800.00	6.00	2018.08.30	6.2300	0.00	0.00
122536	PR 慈国控	800.00	7.00	2019.09.20	6.6000	44.10	489.30
122537	PR 克城投	2000.00	7.00	2019.09.04	7.1500	42.40	440.00
122538	PR 榕城乡	1000.00	6.00	2018.09.25	6.3500	25.00	150.08
122539	PR 阜城投	1200.00	7.00	2019.10.10	7.5500	40.89	258.05
122540	PR 宁浦口	1200.00	7.00	2019.10.08	7.1000	40.00	200.63
122541	12 宁上陵	500.00	6.00	2018.10.16	8.4000	96.80	78.40
122542	PR 阿信诚	1000.00	6.00	2018.10.10	7.5000	25.19	26.42
122543	PR 钦开投	900.00	7.00	2019.10.16	7.1000	70.80	122.93
122544	PR 渝长开	800.00	7.00	2019.09.25	7.4500	43.10	150.00
122545	PR 蒙高新	1000.00	7.00	2019.09.25	7.2000	40.50	172.15
122546	PR 宁高新	900.00	7.00	2019.09.07	6.9400	42.52	0.00
122547	PR 曲靖投	650.00	7.00	2019.09.06	7.2500	42.00	60.00
122549	PR 邳润城	1000.00	7.00	2019.09.25	7.5500	40.75	161.06
122550	12 苏国信	2000.00	5.00	2017.06.08	4.6000	99.98	330.05
122551	PR 如东投	800.00	7.00	2019.09.24	7.4500	42.00	230.08
122552	12 新新业	660.00	7.00	2019.08.15	6.2000	105.20	20.00
122553	PR 虞交通	1000.00	7.00	2019.09.11	6.7000	40.25	203.52
122554	PR 定海债	1000.00	8.00	2020.08.31	7.2500	56.65	322.00
122555	PR 常经投	1200.00	7.00	2019.09.12	7.1900	44.36	220.00
122556	PR 咸宁投	600.00	6.00	2018.08.31	7.5000	25.15	148.66
122557	PR 株高科	1000.00	7.00	2019.09.10	7.5000	44.70	84.00
122558	12 昆交 01	1400.00	5.00	2017.08.17	6.6000	100.16	13.33
122559	12 昆交 02	1300.00	7.00	2019.08.17	6.9500	105.40	100.00
122560	PR 淄城运	1500.00	7.00	2019.08.22	6.8300	40.80	231.58
122561	PR 饶城投	1300.00	7.00	2019.09.10	7.3000	40.50	113.76
122562	PR 伊春债	800.00	7.00	2019.07.24	7.3500	39.80	697.25
122563	PR 亳州债	1500.00	7.00	2019.09.04	7.6800	41.00	247.38
122564	PR 椒江债	1000.00	8.00	2020.09.13	7.4600	56.88	486.71
122565	PR 邵城投	1200.00	6.00	2018.09.11	7.4000	25.10	541.24
122566	PR 库城建	1200.00	6.00	2018.09.10	7.4800	25.50	137.62
122567	PR 小清河	1800.00	7.00	2019.09.05	7.1500	39.80	242.33
122568	PR 随州债	700.00	7.00	2019.08.22	7.5000	40.31	31.39
122569	PR 津生态	1200.00	7.00	2019.08.14	6.7600	46.00	35.00
122570	12 滇水投	1000.00	7.00	2019.08.27	6.8000	102.90	1.10
122571	PR 兴国资	1400.00	7.00	2019.08.31	6.4800	40.10	375.20
122572	12 蓉投控	1600.00	7.00	2019.09.04	6.3000	102.00	244.10
122573	PR 牡国投	1200.00	7.00	2019.08.30	7.0800	45.40	270.00
122574	PR 淮开控	1200.00	7.00	2019.09.06	7.2000	41.00	110.00

债券信息
List of Bonds

债券
Bond

债券代码 Code	债券简称 Bond Name	发行数量(百万) Issued Vol(M)	年限 Terms	到期日 Expiration Date	票面利率(%) Coupon Rate(%)	本年收盘 Close	成交数量(万) Trading Vol(10000)
122575	PR 肥城债	900.00	6.00	2018.08.14	7.1000	25.40	98.00
122576	PR 内江债	700.00	6.00	2018.07.19	7.0000	29.00	0.00
122577	PR 苏相城	1800.00	7.00	2019.09.03	6.9500	44.50	20.00
122578	12 长宁债	700.00	7.00	2019.08.16	6.0800	100.80	228.12
122580	PR 临安债	700.00	6.00	2018.03.09	8.1500	25.00	0.00
122581	PR 津南城	1500.00	7.00	2019.06.18	6.9500	40.20	202.70
122582	PR 湘九华	900.00	7.00	2019.08.29	7.4300	41.00	278.09
122583	PR 遵投债	1000.00	7.00	2019.03.13	8.5300	40.68	52.99
122584	PR 松城开	1300.00	7.00	2019.08.29	7.3000	39.70	301.62
122585	PR 新海连	1300.00	8.00	2020.08.27	7.0000	59.90	277.50
122586	PR 中交通	600.00	6.00	2018.08.28	6.6500	25.00	2.72
122587	PR 遵义债	1800.00	8.00	2020.08.17	7.1500	55.20	134.56
122588	PR 益城投	1600.00	7.00	2019.08.24	7.3600	42.10	444.00
122589	PR 毕信泰	1600.00	7.00	2019.08.20	7.1500	40.98	431.98
122590	PR 鹤城债	1500.00	10.00	2022.06.21	7.0500	70.50	562.96
122591	12 常交债	1500.00	7.00	2019.08.21	6.8000	101.15	637.47
122592	PR 乌国资	1400.00	6.00	2018.04.28	6.4800	25.00	480.50
122593	PR 衡城投	1800.00	7.00	2019.08.13	7.0600	40.60	198.18
122594	12 泉州 01	800.00	6.00	2018.08.07	7.0000	101.30	212.16
122595	12 泉州 02	800.00	7.00	2019.08.07	7.0300	101.20	239.99
122596	12 沪城开	1500.00	6.00	2018.08.21	6.5000	100.50	478.64
122597	12 宝钛债	700.00	6.00	2018.08.21	5.4000	100.00	249.00
122598	PR 荆门债	800.00	10.00	2022.07.09	6.8500	72.75	14.56
122599	PR 梵投债	1200.00	7.00	2019.08.02	6.8900	44.80	817.03
122600	PR 鑫泰债	1000.00	6.00	2018.08.14	6.8500	25.00	250.21
122601	PR 白山债	1000.00	7.00	2019.07.31	7.0000	39.90	259.79
122602	PR 松城投	1200.00	6.00	2018.08.15	6.2800	25.12	193.37
122603	PR 穗经开	2500.00	10.00	2022.08.14	6.7000	70.50	103.72
122604	PR 吉铁路	800.00	7.00	2019.06.26	6.6300	72.80	10.13
122605	PR 宁海债	1200.00	6.00	2017.12.31	8.6000	49.50	140.06
122606	12 顺鑫债	800.00	5.00	2017.07.03	5.1900	101.25	50.00
122607	PR 渝地产	5000.00	7.00	2019.04.25	7.3500	40.60	2557.30
122608	PR 西永债	1600.00	7.00	2019.07.25	6.7600	40.20	194.49
122609	PR 扬城控	1200.00	7.00	2019.07.26	6.3000	40.02	62.41
122610	PR 乐清债	1500.00	7.00	2019.06.29	6.5000	40.10	1001.55
122611	PR 蓉经 01	1000.00	6.00	2018.07.17	6.5000	25.60	33.99
122612	PR 蓉经 02	1000.00	7.00	2019.07.17	6.5500	40.20	50.48
122613	PR 乌海债	1600.00	7.00	2019.03.31	8.2000	40.00	248.53
122614	PR 渝缙债	1000.00	7.00	2019.06.18	6.7500	41.00	61.27
122615	PR 百色债	800.00	7.00	2019.07.04	6.5000	40.00	150.00
122616	12 黔铁债	2000.00	10.00	2022.03.27	7.2000	101.88	124.71
122617	PR 襄投债	1500.00	7.00	2019.01.12	8.1200	40.50	180.00
122618	统众暂停	1500.00	10.00	2022.04.11	6.9500	0.00	0.00
122619	PR 迁安债	1600.00	6.00	2018.07.11	6.4500	25.00	83.48
122620	PR 乌城投	900.00	7.00	2019.07.09	6.3500	40.30	362.43
122621	PR 赣城债	2000.00	6.00	2018.07.10	6.4000	25.09	481.55
122622	PR 锦城债	1300.00	7.00	2019.06.13	7.0800	45.00	260.00
122623	PR 旅建债	1200.00	7.00	2019.07.02	6.7800	40.00	68.57
122624	PR 滨开债	800.00	7.00	2019.07.05	6.5000	40.02	141.03
122625	12 升华债	500.00	7.00	2019.07.02	6.2000	99.00	5.87

债券信息
List of Bonds

债券 Bond

债券代码 Code	债券简称 Bond Name	发行数量(百万) Issued Vol(M)	年限 Terms	到期日 Expiration Date	票面利率(%) Coupon Rate(%)	本年收盘 Close	成交数量(万) Trading Vol(10000)
122626	PR 海恒债	1200.00	7.00	2019.06.12	7.3000	40.09	50.60
122627	PR 京建工	800.00	7.00	2019.07.05	5.9500	40.10	151.46
122628	PR 东投债	1000.00	6.00	2018.07.05	7.3900	25.00	179.32
122629	PR 平发债	1500.00	7.00	2019.05.08	7.8600	45.00	120.00
122630	PR 惠投债	1800.00	7.00	2019.05.28	6.8000	41.30	277.72
122631	12 晋国电	2000.00	10.00	2022.05.24	5.8800	100.52	405.00
122632	PR 江阴债	900.00	7.00	2019.06.11	7.2000	40.35	450.58
122633	PR 嘉经债	900.00	7.00	2019.06.14	6.7800	43.50	140.00
122634	PR 芜开 01	700.00	6.00	2018.06.08	6.7000	25.00	118.08
122635	PR 芜开 02	1000.00	10.00	2022.06.08	6.9000	70.00	14.89
122636	PR 连发债	900.00	7.00	2019.06.19	6.1000	39.69	10.90
122637	PR 鑫城债	1200.00	7.00	2019.04.23	7.8800	40.90	251.14
122638	PR 申华信	1000.00	7.00	2019.06.14	6.9500	43.80	150.00
122639	PR 绍新城	1000.00	6.00	2018.06.11	6.2100	25.10	70.53
122640	PR 仪征债	800.00	7.00	2019.06.14	7.7800	40.00	100.13
122641	PR 武城投	1400.00	6.00	2018.06.08	6.2200	25.00	412.62
122642	PR 朝阳债	1600.00	7.00	2019.05.25	7.3000	39.99	109.06
122643	12 海资债	1500.00	7.00	2019.05.22	8.5100	100.00	399.71
122644	PR 铁岭债	1200.00	6.00	2018.05.29	7.3400	25.21	317.02
122645	PR 苏园建	2000.00	7.00	2019.05.30	5.7900	40.05	1133.26
122648	PR 宣国投	1000.00	7.00	2019.03.20	7.9900	60.70	27.21
122649	PR 长建投	1500.00	7.00	2019.04.06	8.3500	40.90	444.68
122650	12 泰能债	500.00	6.00	2018.04.25	6.5000	0.00	0.00
122651	PR 广安投	800.00	7.00	2019.04.25	8.1800	41.00	2.06
122652	12 杨农债	1500.00	7.00	2019.05.23	7.6000	102.58	455.49
122654	昆钢暂停	2000.00	8.00	2020.04.26	5.7800	0.00	111.09
122655	PR 铜建投	1500.00	10.00	2022.04.28	8.2000	81.00	448.55
122658	PR 盘锦债	1500.00	7.00	2019.05.17	7.5000	40.58	348.25
122659	12 石油 06	10000.00	10.00	2022.04.12	4.5000	100.00	4311.96
122660	12 石油 07	10000.00	10.00	2022.04.12	4.7300	99.42	1113.28
122661	PR 怀化债	1000.00	6.00	2018.03.22	8.0000	25.24	85.66
122662	PR 合桃花	800.00	7.00	2019.03.27	8.7900	40.69	668.08
122663	PR 科发债	1500.00	7.00	2019.05.15	7.1600	40.30	56.54
122664	PR 葫芦岛	2000.00	7.00	2017.10.31	8.4700	61.66	32.53
122665	PR 镇交投	1800.00	7.00	2019.05.08	7.2900	41.91	1012.50
122666	12 国网 01	5000.00	10.00	2022.04.17	4.9900	99.90	544.50
122667	12 国网 02	10000.00	15.00	2027.04.17	5.2600	101.90	562.81
122668	12 凉国投	500.00	7.00	2019.04.23	7.5800	99.70	230.09
122669	PR 桂林债	1000.00	6.00	2018.05.09	6.9000	25.20	65.40
122670	PR 新盛债	1500.00	6.00	2018.05.08	7.4800	25.13	473.18
122671	12 扬子江	500.00	7.00	2019.05.21	7.6500	104.50	332.44
122672	PR 西城投	1300.00	7.00	2019.04.27	7.7000	40.80	149.13
122673	PR 渝李渡	800.00	7.00	2019.03.23	8.4000	70.00	0.00
122674	PR12 渝黔	900.00	7.00	2019.03.23	8.4000	70.00	0.00
122675	PR 杭城投	1600.00	6.00	2018.04.25	5.9000	25.01	1304.17
122676	PR 滨江债	1200.00	7.00	2019.04.27	6.8500	39.92	207.00
122677	PR 江宁债	1200.00	7.00	2019.04.28	7.2900	40.55	309.06
122678	12 扬化工	1000.00	7.00	2019.04.25	7.7500	101.00	316.09
122679	PR 河套债	1000.00	10.00	2022.03.31	8.5400	73.35	264.65
122680	PR 昆建债	2200.00	6.00	2018.04.13	7.6000	25.15	443.60

债券信息
List of Bonds

债券
Bond

债券代码 Code	债券简称 Bond Name	发行数量(百万) Issued Vol(M)	年限 Terms	到期日 Expiration Date	票面利率(%) Coupon Rate(%)	本年收盘 Close	成交数量(万) Trading Vol(10000)
122681	PR 合农投	1500.00	6.00	2018.04.10	8.2800	25.13	112.50
122682	PR 营口债	2000.00	8.00	2017.11.15	7.9800	57.00	818.33
122683	12 春和债	540.00	6.00	2018.04.24	7.7800	0.00	4.70
122684	PR 合高新	1200.00	7.00	2019.03.22	7.9800	78.71	83.01
122685	PR 吉城投	1600.00	7.00	2019.04.20	7.8000	40.50	281.64
122686	12 白药债	1100.00	7.00	2019.03.30	5.6000	100.30	760.96
122687	PR 金坛债	1000.00	7.00	2019.03.14	8.3000	40.90	97.45
122688	PR 华通债	1000.00	7.00	2019.04.18	7.3000	40.53	158.41
122689	PR 宿开发	900.00	7.00	2019.03.26	7.5000	40.42	279.44
122690	12 三胞债	800.00	7.00	2019.03.19	8.2800	92.00	1417.27
122691	PR 武清债	800.00	7.00	2019.03.27	7.8000	41.00	0.00
122692	12 漳路桥	1100.00	7.00	2019.03.01	8.2000	102.40	260.73
122693	PR 佳城投	1000.00	7.00	2019.03.22	8.2500	40.50	7.07
122694	PR 兴荣债	800.00	7.00	2019.04.19	8.3500	40.95	132.56
122695	PR 五国投	1000.00	6.00	2018.03.15	8.6000	25.10	331.18
122696	PR 丹投债	1500.00	7.00	2019.03.06	8.1000	40.92	528.89
122697	PR11 太资	900.00	7.00	2018.12.31	8.2500	79.00	314.00
122698	PR 双流 01	700.00	7.00	2019.03.16	8.4000	71.50	229.10
122699	PR 双流 02	300.00	7.00	2019.03.16	8.4800	72.80	32.37
122700	PR 来宾债	900.00	7.00	2019.03.14	8.3600	72.20	46.57
122701	PR 余城建	1200.00	7.00	2019.03.29	7.5500	40.71	552.57
122702	PR 海安债	1500.00	6.00	2018.03.28	8.3500	25.10	280.32
122703	PR 鞍城投	2000.00	7.00	2017.11.16	8.2500	40.50	255.70
122704	PR 江都债	800.00	7.00	2019.03.23	8.1000	40.50	78.88
122705	12 苏交通	2500.00	5.00	2017.03.20	4.9000	100.04	614.20
122706	PR 海门债	1200.00	7.00	2019.03.20	8.3500	41.45	0.41
122707	PR 泰兴债	1200.00	6.00	2018.03.27	8.2900	25.15	210.17
122708	PR 伊旗债	1600.00	7.00	2017.02.07	8.3500	60.10	107.99
122709	PR 绵阳债	1200.00	7.00	2019.03.26	7.7000	71.85	140.44
122710	PR 济城建	1800.00	6.00	2018.03.26	6.9800	25.30	282.68
122711	12 郑新债	2000.00	7.00	2019.03.14	8.1000	101.70	68.20
122712	12 中航债	1800.00	7.00	2019.03.12	5.4000	100.29	1037.28
122713	12 冀交通	1400.00	10.00	2022.03.27	6.0000	100.00	0.00
122714	PR 海陵债	800.00	7.00	2019.03.21	8.5200	40.93	107.11
122715	PR 蓉新城	1000.00	7.00	2019.03.19	8.3500	40.50	406.98
122716	PR 莆田债	1100.00	7.00	2019.03.21	8.1000	44.20	290.00
122717	12 泉矿债	1500.00	7.00	2019.03.21	6.7000	100.49	695.08
122718	12 渝南债	800.00	7.00	2019.03.23	8.4000	102.60	165.23
122719	12 龙交投	1000.00	10.00	2022.03.19	8.1500	109.90	174.62
122720	PR 甬城投	1000.00	6.00	2018.03.01	7.3900	25.13	298.70
122721	PR 辽国资	1000.00	7.00	2019.03.13	8.1700	41.50	553.22
122722	PR 淮水利	1600.00	7.00	2019.03.08	8.2500	41.35	192.75
122723	12 石油 05	20000.00	10.00	2022.03.15	4.8000	98.50	3693.59
122724	12 攀国投	1000.00	10.00	2022.03.13	8.1800	101.09	446.35
122725	12 宿产发	800.00	6.00	2018.03.08	6.9800	100.00	119.12
122726	PR 柳东债	1000.00	7.00	2019.02.15	8.3000	40.69	175.07
122727	PR 东胜债	2000.00	6.00	2018.02.28	8.4000	24.98	2208.11
122728	PR 徐经开	1800.00	7.00	2019.03.07	8.2000	41.50	292.55
122729	江泉暂停	800.00	7.00	2019.03.12	8.4000	0.00	0.00
122730	12 晋江债	650.00	6.00	2017.12.28	7.8800	101.17	70.43

债券信息 List of Bonds

债券 Bond

债券代码 Code	债券简称 Bond Name	发行数量(百万) Issued Vol(M)	年限 Terms	到期日 Expiration Date	票面利率(%) Coupon Rate(%)	本年收盘 Close	成交数量(万) Trading Vol(10000)
122731	PR 镇经开	1600.00	7.00	2019.03.01	8.1600	41.26	97.88
122732	PR 九江债	2000.00	7.00	2019.02.23	8.4900	40.60	39.49
122734	11 京资 02	6000.00	10.00	2021.12.26	5.4000	102.00	1404.69
122735	11 六安债	1500.00	7.00	2018.12.28	8.2000	112.00	80.00
122736	12 石油 03	10000.00	7.00	2019.02.22	4.5000	99.50	3634.74
122737	12 石油 04	10000.00	15.00	2027.02.22	5.0000	99.02	1599.49
122740	12 延城投	1500.00	5.00	2017.02.08	7.0500	100.09	70.43
122741	PR 双鸭债	1000.00	7.00	2018.12.20	8.3600	40.00	301.93
122742	12 鲁高速	2000.00	10.00	2022.02.09	5.7200	100.35	869.48
122743	PR 华发集	2500.00	6.00	2018.02.16	8.4300	25.10	707.66
122744	11 本溪债	2000.00	10.00	2017.11.30	8.3800	104.90	198.95
122745	12 方大 01	500.00	6.00	2018.02.22	8.0900	100.03	1215.49
122746	12 方大 02	500.00	7.00	2019.02.22	8.2900	100.60	1267.40
122747	12 晋煤运	2500.00	10.00	2022.01.18	5.9400	0.00	0.00
122748	12 石油 01	10000.00	7.00	2019.01.11	4.5400	99.65	3897.17
122749	12 石油 02	10000.00	10.00	2022.01.11	4.6900	100.10	1093.12
122750	PR 常经营	1200.00	7.00	2019.01.16	8.0000	40.84	20.01
122751	11 冀新债	500.00	7.00	2018.12.30	7.6000	101.45	44.22
122752	PR 大丰港	600.00	6.00	2017.11.15	7.9800	50.00	75.61
122753	PR 姜国资	700.00	7.00	2019.12.03	6.8500	40.40	28.80
122754	PR 通化债	1000.00	10.00	2021.12.13	8.3600	83.28	166.51
122755	PR 潭城建	1200.00	7.00	2019.03.16	8.0000	41.02	98.00
122756	12 甘农垦	800.00	7.00	2019.01.06	6.5000	101.70	273.08
122757	PR 丹建投	1600.00	7.00	2018.12.21	8.0000	40.72	262.00
122758	PR 张家港	900.00	7.00	2018.12.15	7.8000	46.00	27.32
122759	11 泰豪债	400.00	7.00	2018.12.27	7.5000	101.60	92.00
122760	PR 渝富债	2000.00	7.00	2019.09.04	6.5000	40.30	324.30
122762	PR 吴江债	1300.00	7.00	2018.12.05	8.0500	42.05	320.00
122763	11 淮产投	900.00	6.00	2017.12.30	8.4900	100.00	166.87
122764	11 泛海 01	1800.00	6.00	2017.12.13	8.8000	100.01	531.90
122765	11 泛海 02	1000.00	10.00	2021.12.13	8.9000	107.17	84.81
122766	PR 宜投债	1000.00	8.00	2019.11.17	8.1300	53.70	183.56
122767	PR 盐城新	1500.00	7.00	2018.12.16	8.1900	43.80	111.49
122768	PR 兰城投	1500.00	7.00	2018.12.15	8.2000	41.39	122.02
122769	PR 龙海债	800.00	6.00	2017.12.02	8.2500	40.22	160.36
122770	11 国网 01	10000.00	10.00	2021.12.08	5.1400	99.80	2725.35
122771	11 国网 02	5000.00	15.00	2026.12.08	5.2400	104.00	248.90
122772	11 山煤债	1000.00	7.00	2018.12.06	6.8500	0.00	0.00
122774	PR 滨投 02	2500.00	10.00	2021.11.23	6.1000	81.80	960.00
122775	PR 咸城投	1100.00	6.00	2017.12.09	7.9000	40.00	110.72
122776	11 新光债	1600.00	7.00	2018.11.23	8.1000	77.99	2463.89
122777	PR 吴中债	1500.00	7.00	2018.12.16	8.0500	43.42	49.94
122778	11 建发债	1600.00	8.00	2019.10.28	7.3000	104.58	1000.30
122779	PR 株城债	1500.00	10.00	2021.11.10	8.3600	83.30	433.93
122780	PR 长高新	2500.00	6.00	2017.11.22	7.3000	40.00	1604.18
122781	PR 永州债	1000.00	10.00	2021.12.05	8.4000	83.38	433.61
122782	11 宁农债	1800.00	7.00	2018.11.16	7.1000	99.90	290.00
122783	11 苏中能	1500.00	7.00	2018.11.15	7.0500	101.50	252.16
122784	11 中兴新	1000.00	8.00	2019.10.28	6.5000	101.43	332.27
122786	11 联想债	2900.00	7.00	2018.10.31	5.8000	100.80	1734.58

债券信息 List of Bonds

债券 Bond

债券代码 Code	债券简称 Bond Name	发行数量(百万) Issued Vol(M)	年限 Terms	到期日 Expiration Date	票面利率(%) Coupon Rate(%)	本年收盘 Close	成交数量(万) Trading Vol(10000)
122787	11 赣铁债	1000.00	7.00	2018.09.30	7.2000	107.37	0.00
122788	PR 三明债	1000.00	7.00	2018.06.14	6.9900	40.25	65.47
122789	11 象屿债	900.00	7.00	2018.07.08	6.6800	101.46	309.59
122790	PR 诸暨债	1500.00	7.00	2018.07.05	6.9200	40.25	292.22
122792	11 邯郸债	1000.00	7.00	2018.07.01	6.7800	100.73	230.73
122794	PR 海城债	800.00	7.00	2018.11.07	8.3900	40.60	3.21
122795	PR 诸城债	1000.00	7.00	2018.04.26	6.4000	23.60	170.00
122796	11 冀投 01	1000.00	10.00	2021.06.27	5.7500	102.22	420.00
122797	11 冀投 02	1000.00	13.00	2024.06.27	5.8500	106.38	300.00
122798	11 泰矿债	1000.00	7.00	2018.06.22	6.7500	100.00	450.55
122799	11 武国资	300.00	7.00	2018.06.17	5.9000	100.10	107.10
122800	龙煤暂停	1000.00	7.00	2018.06.17	6.2000	0.00	0.00
122801	11 焦作债	2200.00	7.00	2018.06.08	6.2000	99.50	409.57
122802	PR 辽阳债	2000.00	7.00	2018.06.13	6.8800	35.00	556.57
122803	PR 滁建投	1000.00	10.00	2021.11.30	7.6400	94.44	320.10
122804	11 渭南 01	600.00	6.00	2017.06.08	7.0000	100.12	236.65
122805	PR 大同债	2500.00	6.00	2017.06.01	6.5000	40.20	296.73
122806	11 渭南 02	1200.00	7.00	2018.06.08	6.5000	100.37	721.48
122807	11 东岭债	400.00	6.00	2017.06.14	6.9800	99.98	3.70
122808	PR 滕州债	1000.00	7.00	2017.06.29	6.4500	40.00	23.40
122809	PR 准国资	2000.00	7.00	2018.05.10	6.9400	50.40	575.97
122810	PR 邹平债	500.00	7.00	2018.04.27	6.9800	40.00	170.78
122811	11 蒙奈伦	800.00	7.00	2018.05.05	7.4800	0.00	0.00
122812	11 淮北债	1200.00	7.00	2018.03.14	7.1000	100.90	34.65
122813	11 宁交通	1500.00	10.00	2021.04.27	6.1000	105.00	19.71
122814	PR 东营债	1200.00	7.00	2018.04.20	6.7500	35.00	235.97
122815	11 广汇债	1600.00	6.00	2017.04.19	6.8300	100.01	1008.64
122816	11 高密债	1000.00	7.00	2018.04.08	6.9800	105.29	0.00
122817	11 三门峡	1500.00	7.00	2017.11.24	6.9000	100.70	218.75
122818	PR 牟平债	600.00	8.00	2019.03.04	8.0500	71.50	57.31
122819	11 常城建	2500.00	7.00	2018.04.25	6.1700	100.08	960.40
122820	11 潍东方	500.00	7.00	2018.04.12	6.9700	100.75	284.62
122821	11 吉城建	2000.00	7.00	2018.03.03	7.1000	100.19	399.27
122822	PR 汉中债	800.00	7.00	2018.03.14	7.4800	40.10	62.13
122823	11 舟山债	1500.00	7.00	2018.04.20	6.2000	100.20	617.37
122824	11 中煤建	600.00	7.00	2018.03.15	6.5000	99.70	13.65
122825	PR 景德镇	800.00	7.00	2018.03.23	7.4800	51.05	165.19
122826	11 北港债	1500.00	6.00	2017.03.30	6.0100	100.30	9.00
122827	11 新奥债	500.00	7.00	2018.02.16	6.4500	100.10	220.97
122828	PR 抚州债	800.00	7.00	2018.02.28	7.7500	50.20	449.76
122829	万基暂停	800.00	7.00	2018.08.24	7.5500	0.00	0.00
122830	11 沈国资	1500.00	8.00	2017.11.10	7.1800	102.39	740.15
122831	PR 惠通债	1000.00	7.00	2018.03.14	7.4900	40.20	310.17
122832	PR 泰山债	1000.00	7.00	2018.03.02	6.6400	40.02	176.17
122833	11 赣城债	2000.00	7.00	2018.04.22	6.2600	100.33	454.94
122834	11 牡国投	1500.00	7.00	2018.02.15	7.1500	100.00	473.62
122835	11 兴泸债	1000.00	10.00	2021.03.01	6.3900	101.45	389.47
122836	PR 盘锦投	1500.00	7.00	2018.03.01	7.4200	60.30	418.46
122837	11 武经发	2500.00	7.00	2018.02.24	6.5500	99.80	127.23
122838	11 吉利债	1000.00	7.00	2018.06.21	6.4000	100.32	338.33

债券信息 List of Bonds

债券 Bond

债券代码 Code	债券简称 Bond Name	发行数量(百万) Issued Vol(M)	年限 Terms	到期日 Expiration Date	票面利率(%) Coupon Rate(%)	本年收盘 Close	成交数量(万) Trading Vol(10000)
122839	11 鑫泰债	1200.00	7.00	2018.02.23	6.7800	100.40	164.10
122840	PR 临汾债	2000.00	8.00	2019.02.22	7.2300	75.50	493.11
122841	PR 渝津债	600.00	7.00	2018.01.06	6.9500	40.30	266.39
122842	PR 合城债	600.00	7.00	2018.01.06	6.9500	40.30	25.34
122843	11 绥化债	800.00	7.00	2018.02.28	7.3500	99.80	483.10
122844	11 筑城投	2000.00	7.00	2018.01.12	6.4000	100.02	630.52
122845	11 横店债	1200.00	10.00	2021.01.27	6.3000	100.65	231.83
122846	11 渝富债	2000.00	7.00	2018.02.22	6.3300	100.00	1394.36
122847	11 甬交投	1000.00	10.00	2021.02.10	6.3000	101.60	9.04
122848	10 桂林债	1000.00	7.00	2017.12.28	6.7800	100.06	260.01
122849	11 新余债	1400.00	7.00	2018.01.11	6.5000	100.40	522.91
122850	11 华泰债	880.00	7.00	2018.03.02	6.3800	99.88	240.30
122852	10 玉溪 02	700.00	7.00	2017.12.28	6.7800	99.98	127.35
122854	11 中汇债	1000.00	7.00	2018.03.23	6.1800	100.15	242.34
122855	11 渝轻纺	700.00	7.00	2018.01.12	6.4800	100.80	130.21
122856	PR 株高债	1000.00	7.00	2018.08.18	7.8200	40.82	118.00
122859	10 盐城 02	1000.00	7.00	2017.12.16	6.6000	99.98	397.47
122860	10 龙源债	1600.00	7.00	2017.02.09	4.8000	100.07	72.00
122861	09 陕煤化	1500.00	8.00	2017.12.17	5.4500	0.00	0.00
122862	10 闽能源	800.00	7.00	2017.12.02	5.1000	100.07	249.00
122863	10 榆城投	1400.00	7.00	2017.12.28	7.2000	99.99	321.68
122864	11 外滩债	900.00	7.00	2018.03.11	6.2000	100.10	128.68
122865	10 苏海发	1000.00	7.00	2017.09.28	5.5500	100.00	11.02
122866	10 杭交投	1200.00	10.00	2020.10.19	5.1200	100.00	703.60
122867	11 石城投	1000.00	10.00	2021.03.09	6.5500	100.26	318.50
122868	ST 沈煤债	1500.00	7.00	2017.12.21	6.7500	0.00	0.00
122869	10 沪化工	1000.00	7.00	2017.10.22	5.3000	103.00	36.00
122870	PR 渝大晟	800.00	7.00	2017.06.02	6.7800	50.92	40.00
122871	10 镇交投	1000.00	7.00	2017.10.18	8.5800	100.00	228.48
122872	10 复星债	1100.00	7.00	2017.12.24	6.0000	99.96	1334.17
122873	10 通经开	1000.00	7.00	2017.12.08	6.2600	100.10	238.58
122875	10 红投 02	1000.00	7.00	2017.12.09	6.9500	108.00	382.07
122876	11 海控债	1500.00	7.00	2018.01.20	5.8000	100.30	373.69
122877	PR 渝南岸	1000.00	7.00	2017.12.24	6.2900	40.00	27.84
122879	10 天脊债	1000.00	7.00	2017.11.25	7.2000	99.91	0.05
122881	PR 吴江经	1500.00	8.00	2018.12.23	6.4000	40.53	69.22
122882	10 宁高新	1200.00	7.00	2017.12.24	6.4000	100.05	351.55
122883	PR 楚雄债	1500.00	7.00	2017.10.18	6.0800	49.92	220.72
122884	10 西子债	450.00	7.00	2017.10.11	5.6300	99.99	55.63
122885	10 冀交通	2000.00	15.00	2025.09.28	4.9500	100.00	0.00
122886	PR 云投债	2000.00	7.00	2017.08.24	5.2500	41.00	803.74
122887	10 渝交通	1000.00	7.00	2017.08.04	5.1800	99.80	10.81
122888	PR 华靖债	1500.00	7.00	2017.09.28	5.6800	25.00	621.27
122889	10 冶色债	700.00	8.00	2018.10.15	4.9800	95.00	161.15
122890	10 凯迪债	1000.00	10.00	2020.08.23	6.1200	93.40	1105.35
122891	PR 通辽债	1000.00	7.00	2017.09.01	5.9800	40.00	129.94
122892	10 寿光债	1000.00	10.00	2020.09.01	6.1800	97.00	96.14
122893	PR 丹东债	1500.00	7.00	2017.09.06	5.8400	40.00	84.97
122894	10 洪市政	700.00	7.00	2017.08.03	5.0000	100.40	130.00
122895	10 德州债	700.00	7.00	2017.08.09	5.7100	100.01	312.95

债券信息
List of Bonds

债券
Bond

债券代码 Code	债券简称 Bond Name	发行数量(百万) Issued Vol(M)	年限 Terms	到期日 Expiration Date	票面利率(%) Coupon Rate(%)	本年收盘 Close	成交数量(万) Trading Vol(10000)
122896	10 芜开债	1000.00	7.00	2017.08.25	4.9500	99.81	65.99
122897	10 襄投债	1000.00	8.00	2018.05.19	5.7000	100.30	147.16
122898	PR 攀国投	600.00	10.00	2020.07.29	5.4100	59.30	91.32
122899	10 杨浦 01	1200.00	7.00	2017.07.28	4.9500	100.02	17.99
122900	10 杨浦 02	300.00	7.00	2017.07.28	6.1800	100.46	33.75
122901	PR 营城投	2000.00	10.00	2017.11.15	7.6100	61.30	210.41
122902	PR 赤峰债	1200.00	7.00	2017.05.18	6.1800	50.07	44.32
122903	PR 盐东方	1000.00	7.00	2017.06.08	5.7500	50.30	0.21
122904	10 长城投	2000.00	10.00	2020.05.24	5.5000	100.00	969.31
122905	10 南昌债	1200.00	7.00	2017.04.30	6.1300	100.00	488.79
122906	10 芜投 01	1400.00	7.00	2017.07.22	5.1800	100.02	15.41
122907	10 芜投 02	600.00	7.00	2017.07.22	6.1700	100.02	293.75
122910	PR 漯河债	1000.00	7.00	2017.03.30	6.8100	31.50	0.00
122911	10 鞍城投	2000.00	10.00	2017.11.16	5.6600	101.30	547.97
122912	10 鄂国资	2800.00	10.00	2020.05.11	6.8800	99.40	635.52
122915	PR 镇水投	2000.00	7.00	2017.05.06	5.8600	50.30	159.48
122916	10 红谷滩	800.00	7.00	2017.03.09	6.9000	100.10	40.02
122917	10 太仓港	600.00	10.00	2020.01.21	7.1000	106.00	335.11
122919	10 鲁商债	700.00	7.00	2017.03.11	5.8800	100.20	0.00
122920	10 黄山债	600.00	7.00	2017.02.09	7.0800	99.96	2.08
122921	10 郴州债	2000.00	7.00	2017.01.21	7.1000	100.01	12.07
122922	10 长高新	2000.00	7.00	2017.01.25	6.3800	101.00	1.18
122923	10 北汽投	1500.00	7.00	2017.01.29	5.1800	99.96	41.25
122924	10 巢湖债	1200.00	7.00	2017.01.28	7.0000	103.40	0.00
122927	09 海航债	1300.00	10.00	2019.12.24	7.6000	98.09	1211.56
122928	09 铁岭债	1500.00	10.00	2019.12.22	7.1500	101.00	468.34
122934	09 南山 2	1000.00	10.00	2019.10.20	7.5000	103.25	709.30
122937	PR 辽源债	1000.00	7.00	2017.01.26	7.8000	40.05	15.82
122938	PR 汾湖债	1000.00	8.00	2017.10.22	7.0000	50.20	8.49
122940	09 咸城投	1750.00	10.00	2019.09.30	7.6000	102.00	532.36
122941	10 镇城投	2000.00	10.00	2020.12.17	6.7600	98.80	301.29
122956	09 常高新	1500.00	10.00	2019.06.04	6.2000	101.70	18.85
122961	09 武城投	1500.00	10.00	2019.05.25	5.7200	100.30	583.51
122965	09 潍投债	700.00	10.00	2019.04.15	6.8800	100.94	94.76
122969	09 豫投债	1500.00	10.00	2019.04.15	5.8500	101.95	224.35
122975	09 济城建	1500.00	10.00	2019.03.26	4.7800	98.73	636.74
122995	PR 合建投	1700.00	10.00	2018.08.28	6.6000	40.38	1021.33
122999	08 广纸债	390.00	10.00	2018.03.13	6.4500	100.30	112.23
123004	10 中科债	280.00	7.00	2017.02.02	8.5000	0.00	0.00
123006	10 武高债	500.00	10.00	2020.05.24	6.2000	0.00	50.00
123007	11 微矿债	700.00	10.00	2017.05.04	7.9900	0.00	0.00
123010	PR 湘临港	1000.00	6.00	2018.10.15	7.7000	0.00	20.00
123011	PR 梅州债	1000.00	7.00	2020.09.10	6.9500	0.00	0.00
123012	PR 哈高新	2500.00	7.00	2020.09.16	7.0000	0.00	120.00
123013	PR 赣和济	1000.00	7.00	2019.09.04	8.0000	0.00	75.00
123017	14 京投 02	4000.00	5.00	2020.08.11	4.9000	0.00	0.00
123018	13 海岛债	300.00	5.00	2017.05.31	8.5000	0.00	0.00
123019	PR 阳纸业	500.00	7.00	2021.07.21	8.1900	0.00	0.00
123020	PR 沿江债	700.00	6.00	2020.07.29	7.4800	0.00	160.00
123021	14 东证债	6000.00	5.00	2019.08.26	6.0000	0.00	300.00

债券信息 List of Bonds

债券 Bond

债券代码 Code	债券简称 Bond Name	发行数量(百万) Issued Vol(M)	年限 Terms	到期日 Expiration Date	票面利率(%) Coupon Rate(%)	本年收盘 Close	成交数量(万) Trading Vol(10000)
123022	14 首创 01	2000.00	6.00	2020.11.03	4.9800	0.00	357.80
123023	14 京投 01	1000.00	5.00	2019.11.18	5.5000	0.00	0.00
123024	PR 穗热电	800.00	10.00	2024.11.18	6.3800	0.00	0.00
123025	PR 福鼎债	1000.00	7.00	2021.10.16	7.4800	0.00	190.00
123026	15 中电续	3000.00	3.00	2018.06.08	5.7000	0.00	0.00
123027	14 首创 02	1000.00	3.00	2018.06.16	5.7000	0.00	90.00
123028	15 宝信债	240.00	2.00	2017.07.07	7.9900	0.00	194.00
123029	15 义水债	200.00	5.00	2020.07.29	6.0500	0.00	160.00
123030	15 津融债	1200.00	7.00	2022.04.23	5.9000	0.00	0.00
123031	16 温城 01	1000.00	7.00	2023.01.25	4.0500	0.00	410.00
123032	16 穗铁 01	2600.00	3.00	2019.01.26	4.2800	0.00	0.00
123033	15 丰汇 01	400.00	3.00	2017.12.08	7.8000	0.00	431.00
123034	16 神雾债	500.00	3.00	2019.01.28	7.9000	0.00	800.00
123035	16 洲际 01	700.00	2.00	2018.04.29	7.5000	0.00	510.00
123036	14 大东方	250.00	10.00	2025.08.28	6.2000	0.00	0.00
123037	14 浙商次	400.00	10.00	2025.12.03	6.3000	0.00	0.00
123046	16 宁水 01	550.00	5.00	2021.05.12	4.9500	0.00	100.00
123047	16 洲际 02	150.00	2.00	2018.08.26	7.0000	0.00	0.00
123051	15 东吴 04	2000.00	3.00	2018.06.04	5.7000	0.00	400.00
123052	15 华创 01	500.00	5.00	2020.06.25	6.0000	0.00	138.00
123053	15 东吴 03	2000.00	3.00	2018.06.01	5.7000	0.00	0.00
123054	15 安信 03	2000.00	3.00	2018.06.02	5.5000	0.00	0.00
123063	15 中金 C1	2000.00	6.00	2021.05.29	5.2500	0.00	0.00
123064	15 中金 Y1	1000.00	5.00	2020.05.29	5.7000	0.00	0.00
123065	15 东方债	6000.00	5.00	2020.05.29	5.6000	0.00	600.00
123066	15 华西 03	4000.00	2.00	2017.06.08	6.0000	0.00	20.00
123067	15 浙商 04	1000.00	2.00	2017.05.28	5.7000	0.00	100.00
123069	15 华融 C2	1500.00	3.00	2018.05.28	5.3900	0.00	90.00
123071	15 光大 06	6000.00	3.00	2017.05.26	5.3000	0.00	1030.00
123073	15 齐鲁 Y1	6000.00	5.00	2020.05.28	5.9500	0.00	1000.00
123074	15 国都 01	2500.00	4.00	2017.05.22	5.4500	0.00	550.00
123075	15 东兴 01	5000.00	3.00	2018.05.19	5.6800	0.00	80.00
123077	15 银河 05	11000.00	2.00	2017.05.08	5.7000	0.00	460.00
123078	15 方正 02	10000.00	2.00	2017.05.18	6.2000	0.00	1610.00
123079	15 首创 02	680.00	4.00	2019.04.29	4.0000	0.00	594.00
123080	15 沪券 02	2100.00	3.00	2018.04.28	5.0000	0.00	264.00
123081	15 财通 02	1500.00	4.00	2019.04.29	6.0500	0.00	250.00
123082	15 国君 C1	10000.00	3.00	2017.04.28	5.7000	0.00	0.00
123083	15 华鑫 03	500.00	2.00	2017.04.30	6.2000	0.00	0.00
123085	15 光大 04	6000.00	5.00	2020.04.27	5.7000	0.00	0.00
123086	15 安信 02	10000.00	3.00	2017.04.24	5.8000	0.00	0.00
123088	15 银河 04	5800.00	3.00	2018.04.24	5.6000	0.00	0.00
123090	15 渤海 01	500.00	5.00	2017.04.24	6.2000	0.00	0.00
123092	15 招商 05	5000.00	2.50	2017.10.24	5.5700	0.00	0.00
123093	15 东吴 02	3000.00	3.00	2018.04.17	5.9000	0.00	840.00
123094	15 齐鲁 01	4000.00	5.00	2020.04.23	5.9000	0.00	0.00
123099	15 华泰 02	7000.00	2.00	2017.04.21	5.6000	0.00	0.00
123100	15 华泰 03	5000.00	5.00	2020.04.21	5.8000	0.00	0.00
123201	15 兴业 03	2000.00	3.00	2017.04.24	5.8800	0.00	0.00
123202	15 中建投	6000.00	3.00	2017.04.27	5.4500	0.00	0.00

债券信息
List of Bonds

债券 Bond

债券代码 Code	债券简称 Bond Name	发行数量 (百万) Issued Vol(M)	年限 Terms	到期日 Expiration Date	票面利率(%) Coupon Rate(%)	本年收盘 Close	成交数量(万) Trading Vol(10000)
123203	15 信达 02	3000.00	3.00	2018.04.24	6.0000	0.00	980.00
123204	15 民生 02	600.00	2.00	2017.04.16	6.8000	0.00	110.00
123205	15 中原 02	2000.00	3.00	2017.04.17	6.0000	0.00	0.00
123209	15 银河 03	4300.00	2.00	2017.04.10	5.8000	0.00	0.00
123210	15 招商 03	5000.00	3.00	2017.04.13	5.6000	0.00	0.00
123211	15 招商 04	5000.00	3.00	2018.04.13	5.7500	0.00	0.00
123212	15 海通 C1	15000.00	5.00	2020.04.08	5.5000	0.00	0.00
123213	15 国君 Y2	5000.00	5.00	2020.04.03	5.8000	0.00	0.00
123214	15 民族 01	3000.00	2.00	2017.04.22	6.5000	0.00	1300.00
123215	15 华西 02	1500.00	3.00	2017.04.10	6.1000	0.00	0.00
123217	15 湘财 03	420.00	5.00	2020.04.29	6.8000	0.00	43.04
123218	15 湘财 02	580.00	5.00	2020.03.27	7.0000	0.00	510.00
123222	15 方正 01	2800.00	2.00	2017.04.10	6.0000	0.00	0.00
123223	15 财通 01	1000.00	4.00	2019.03.23	5.8500	0.00	700.00
123224	15 东吴 01	3000.00	3.00	2018.03.23	5.9000	0.00	0.00
123226	15 沪券 01	1500.00	3.00	2017.03.20	6.0000	0.00	20.00
123227	15 招商 02	10000.00	5.00	2020.03.24	5.5800	0.00	0.00
123229	15 山证 02	700.00	4.00	2017.03.20	5.7900	0.00	0.00
123230	15 招商 01	10000.00	3.00	2017.03.20	5.4800	0.00	0.00
123233	14 新华债	4000.00	10.00	2024.11.19	5.6000	0.00	300.00
123238	15 中信投	3000.00	5.00	2020.03.19	5.8000	0.00	0.00
123239	15 浙商 02	1500.00	4.00	2017.03.17	5.8000	0.00	0.00
123240	15 宏信 01	500.00	5.00	2017.02.09	7.1000	0.00	0.00
123241	15 华鑫 02	500.00	3.00	2018.03.30	6.3000	0.00	100.00
123247	15 中信 C1	11500.00	5.00	2020.03.16	5.5000	0.00	265.00
123248	15 华融 C1	1500.00	3.00	2018.03.05	5.7000	0.00	20.00
123249	15 中投 02	3000.00	4.00	2017.03.02	5.8000	0.00	0.00
123250	15 中原 01	1400.00	2.00	2017.02.13	5.8500	0.00	0.00
123255	15 信达 01	3000.00	3.00	2018.02.13	5.9000	0.00	1470.00
123256	15 银河 02	2800.00	2.00	2017.01.30	5.9000	0.00	0.00
123257	15 银河 01	1200.00	2.00	2017.01.30	5.8000	0.00	0.00
123259	15 光大 01	4000.00	3.00	2018.01.29	5.8500	0.00	130.00
123261	14 华福债	850.00	5.00	2017.01.26	6.9000	0.00	0.00
123262	14 恒泰 03	200.00	5.00	2020.01.30	6.7000	0.00	0.00
123263	15 湘财 01	500.00	5.00	2020.02.03	7.3000	0.00	224.00
123264	15 华西 01	1000.00	4.00	2017.02.03	6.0000	0.00	0.00
123265	15 华泰 01	6000.00	2.00	2017.01.23	5.9000	0.00	0.00
123266	15 中投 01	2000.00	4.00	2017.01.26	6.2000	0.00	0.00
123267	15 浙商 01	500.00	3.00	2018.01.21	6.3000	0.00	195.00
123268	15 中信建	2000.00	5.00	2020.01.16	6.0000	0.00	0.00
123269	15 国君 Y1	5000.00	5.00	2020.01.22	6.0000	0.00	200.00
123273	15 安信 01	4000.00	3.00	2017.01.23	5.9000	0.00	0.00
123275	15 首创 01	900.00	5.00	2020.01.29	6.0000	0.00	82.00
123282	15 华鑫 01	300.00	5.00	2017.06.14	6.0000	0.00	0.00
123283	14 泰康 02	3000.00	10.00	2025.01.08	5.6000	0.00	0.00
123284	14 天安次	1300.00	10.00	2024.12.30	6.7000	0.00	0.00
123290	14 德邦债	500.00	3.00	2017.12.11	6.3900	0.00	0.00
123291	14 恒泰 02	300.00	5.00	2017.12.18	6.5400	0.00	0.00
123300	14 国君 06	5000.00	3.00	2017.12.04	5.4000	0.00	0.00
123305	14 浙商 02	500.00	3.00	2017.11.20	5.9000	0.00	55.00

债券信息
List of Bonds

债券
Bond

债券代码 Code	债券简称 Bond Name	发行数量(百万) Issued Vol(M)	年限 Terms	到期日 Expiration Date	票面利率(%) Coupon Rate(%)	本年收盘 Close	成交数量(万) Trading Vol(10000)
123306	14 财通 02	1000.00	5.00	2019.11.17	5.9500	0.00	280.00
123310	14 东方债	1400.00	4.00	2018.11.17	5.5000	0.00	0.00
123311	14 国联债	1500.00	3.00	2017.10.31	6.2000	0.00	265.00
123321	14 恒泰债	1000.00	5.00	2017.11.13	6.9000	0.00	450.00
123322	14 财通 01	1000.00	5.00	2019.10.28	6.2500	0.00	190.00
123339	14 天风 02	250.00	3.00	2017.12.25	6.2500	0.00	0.00
123343	14 华泰 03	2000.00	3.00	2017.09.29	5.7000	0.00	0.00
123348	14 沪券 01	450.00	3.00	2017.09.24	4.8000	0.00	0.00
123349	14 沪券 02	1050.00	3.00	2017.09.24	5.3000	0.00	40.00
123350	14 国君 05	3000.00	3.00	2017.09.29	6.1000	0.00	200.00
123358	14 齐鲁 02	700.00	4.00	2018.09.26	6.8000	0.00	0.00
123365	14 天风债	600.00	3.00	2017.09.02	6.8200	0.00	310.00
123366	14 华融债	600.00	3.00	2017.08.26	6.8000	0.00	140.00
123369	14 兴业 01	2500.00	4.00	2018.08.26	5.8900	0.00	0.00
123372	14 泰康债	3000.00	10.00	2024.06.27	5.9000	0.00	0.00
123373	14 齐鲁 01	800.00	4.00	2018.07.08	6.9000	0.00	0.00
123374	13 新时代	650.00	3.00	2017.06.20	7.3000	0.00	50.00
123377	14 太保债	4000.00	10.00	2024.03.07	5.9000	0.00	0.00
123378	13 大都会	800.00	10.00	2024.05.08	8.0000	0.00	0.00
123383	14 平证次	3000.00	3.00	2017.03.26	6.5000	0.00	960.00
123385	14 平安寿	8000.00	10.00	2024.03.05	5.9000	0.00	0.00
123387	13 东兴 03	390.00	3.00	2017.03.24	7.3000	0.00	0.00
123390	13 东兴 02	450.00	3.00	2017.03.10	7.3000	0.00	0.00
123401	14 方正债	3000.00	5.00	2019.04.28	7.0000	0.00	650.00
123417	13 东方债	3600.00	4.00	2017.11.15	6.7000	0.00	0.00
123459	12 申万债	6000.00	6.00	2019.07.29	5.2000	0.00	0.00
123464	13 国君债	3000.00	4.00	2017.07.09	6.0000	0.00	240.00
123466	13 华融债	1500.00	4.00	2017.07.10	6.2500	0.00	470.00
123481	12 国寿财	2000.00	10.00	2017.09.25	4.6300	0.00	0.00
123482	12 平安财	3000.00	10.00	2017.12.28	4.6500	0.00	0.00
123485	12 人寿 02	10000.00	10.00	2017.11.06	4.5800	0.00	0.00
123486	12 新华债	10000.00	10.00	2017.07.18	4.6000	0.00	0.00
123487	12 人寿 01	28000.00	10.00	2017.06.29	4.7000	0.00	0.00
123488	12 平安债	9000.00	10.00	2017.05.31	5.0000	0.00	0.00
123493	11 泰康 01	1000.00	10.00	2021.05.27	5.3900	0.00	0.00
123494	11 泰康 02	1000.00	10.00	2021.06.01	5.3900	0.00	0.00
123495	11 国君债	3000.00	6.00	2017.01.28	5.5000	0.00	0.00
123501	PR 隧道 02	359.00	3.78	2017.02.21	5.6300	17.79	0.00
123509	14 吉城 03	600.00	3.00	2017.03.21	8.0000	100.18	130.00
123510	14 吉城 04	700.00	4.00	2018.03.21	8.5000	100.35	174.00
123511	14 吉城 05	600.00	5.00	2019.03.21	8.8000	101.08	427.00
123515	14 益优 03	80.00	3.00	2017.05.29	8.5000	99.95	0.00
123516	14 益优 04	90.00	4.00	2018.05.29	8.9000	92.00	0.00
123517	14 益优 05	100.00	5.00	2019.05.29	9.2000	99.93	0.00
123518	14 益优 06	110.00	6.01	2020.05.29	9.5000	99.91	0.00
123523	14 迁热 04	180.00	3.54	2017.12.26	8.9000	101.37	197.00
123524	14 迁热 05	190.00	4.54	2018.12.26	9.0000	100.00	0.00
123525	14 迁热 06	200.00	5.54	2019.12.26	9.0000	100.00	0.00
123526	14 迁热 07	210.00	6.54	2020.12.26	9.0000	100.00	0.00
123530	14 远东 03	680.00	4.36	2018.11.29	7.0000	99.82	0.00

债券信息 List of Bonds

债券 Bond

债券代码 Code	债券简称 Bond Name	发行数量(百万) Issued Vol(M)	年限 Terms	到期日 Expiration Date	票面利率(%) Coupon Rate(%)	本年收盘 Close	成交数量(万) Trading Vol(10000)
123535	14 淮运 05	200.00	2.50	2017.02.01	6.9500	100.24	0.00
123536	14 淮运 06	205.00	3.00	2017.08.01	7.1000	100.03	0.00
123537	14 淮运 07	210.00	3.50	2018.02.01	7.1500	100.00	0.00
123538	14 淮运 08	220.00	4.00	2018.08.01	7.2000	100.00	0.00
123539	14 淮运 09	225.00	4.50	2019.02.01	7.2400	99.94	0.00
123540	14 淮运 10	230.00	5.00	2019.08.01	7.2500	99.98	0.00
123542	PR 航租优	400.00	2.94	2017.07.31	7.0000	4.36	65.00
123559	14 五矿优	2647.00	2.99	2017.12.21	6.0000	101.61	100.00
123573	镇小贷 1B	94.00	2.00	2017.01.16	8.7000	100.37	0.00
123576	15 金通 A2	160.00	2.07	2017.02.23	7.2500	99.64	0.00
123577	15 金通 B1	43.00	2.07	2017.02.23	8.5000	99.98	67.00
123580	PR 宁交 02	300.00	2.13	2017.03.29	5.6000	49.96	30.00
123581	PR 交 03	300.00	3.12	2018.03.28	5.7000	51.30	102.00
123582	宁公交 04	300.00	4.12	2019.03.27	5.8000	101.58	54.00
123583	宁公交 05	300.00	5.12	2020.03.27	6.2500	100.00	0.00
123585	15 国优 01	500.00	3.01	2018.02.12	6.7000	102.22	0.00
123588	禾燃气 02	170.00	2.00	2017.03.20	6.1000	99.96	0.00
123589	禾燃气 03	180.00	3.00	2018.03.20	6.3000	100.00	0.00
123590	禾燃气 04	190.00	4.00	2019.03.20	6.5000	101.95	15.00
123591	禾燃气 05	200.00	5.01	2020.03.20	6.7000	98.98	185.00
123595	15 瑞热 03	113.00	2.78	2017.12.26	6.5000	99.98	0.00
123596	15 瑞热 04	119.00	3.78	2018.12.26	6.7000	99.96	0.00
123597	15 瑞热 05	126.00	4.78	2019.12.26	7.7000	100.00	0.00
123598	15 瑞热 06	132.00	5.78	2020.12.26	7.1000	99.99	0.00
123599	15 瑞热 07	139.00	6.78	2021.12.26	7.8000	106.50	0.00
123602	PR2A2	126.00	2.01	2017.03.23	6.2000	2.72	0.00
123603	PR2B	60.00	2.52	2017.09.23	9.3000	10.20	42.00
123605	海航 101	500.00	1.79	2017.01.23	6.4000	100.00	10.00
123606	海航 102	500.00	2.79	2018.01.23	6.6000	101.01	200.00
123607	海航 103	500.00	3.79	2019.01.23	7.2000	102.43	40.00
123608	海航 104	500.00	4.79	2020.01.23	7.5500	104.90	665.00
123611	PR 水务 02	98.00	1.93	2017.03.26	5.9000	48.98	0.00
123612	PR 水务 03	113.00	2.93	2018.03.26	6.0500	48.67	0.00
123613	吉水务 04	130.00	3.93	2019.03.26	6.1000	100.00	0.00
123614	吉水务 05	149.00	4.93	2020.03.26	6.9500	102.66	28.00
123615	吉水务 06	170.00	5.93	2021.03.26	7.3000	100.98	60.00
123616	吉水务 07	195.00	6.93	2022.03.26	7.3000	99.90	0.00
123623	PR1B	29.00	2.06	2017.04.16	8.5000	28.33	0.00
123626	包高速 02	240.00	2.00	2017.04.15	6.7000	100.01	0.00
123627	包高速 03	260.00	3.00	2018.04.15	6.9000	100.00	0.00
123628	包高速 04	280.00	4.00	2019.04.15	7.1500	100.00	0.00
123629	包高速 05	220.00	5.01	2020.04.15	7.4500	100.00	0.00
123637	恒信 1A7	112.00	1.72	2017.01.23	6.0000	100.00	0.00
123638	恒信 1A8	75.00	1.97	2017.04.24	6.1000	100.00	0.00
123639	恒信 1A9	105.00	2.22	2017.07.24	6.1500	100.00	0.00
123640	恒信 1A10	57.00	2.47	2017.10.23	6.2000	100.00	0.00
123642	PR1B	245.00	3.47	2018.10.23	6.5500	41.02	0.00
123647	15 富水 04	38.00	2.00	2017.05.20	6.2000	100.00	0.00
123648	15 富水 05	40.00	2.51	2017.11.20	6.3000	100.00	0.00
123649	15 富水 06	40.00	3.00	2018.05.20	6.5000	100.00	0.00

债券信息
List of Bonds

债券
Bond

债券代码 Code	债券简称 Bond Name	发行数量(百万) Issued Vol(M)	年限 Terms	到期日 Expiration Date	票面利率(%) Coupon Rate(%)	本年收盘 Close	成交数量(万) Trading Vol(10000)
123650	15 富水 07	42.00	3.51	2018.11.20	6.7000	100.00	0.00
123651	15 富水 08	42.00	4.00	2019.05.20	6.9000	100.00	0.00
123652	15 富水 09	45.00	4.51	2019.11.20	7.0000	100.00	0.00
123653	15 富水 10	45.00	5.01	2020.05.20	7.2000	100.00	0.00
123657	PR 科 1A2	86.00	1.76	2017.02.19	6.4500	1.63	0.00
123658	华科 1B	28.00	2.00	2017.02.20	7.1000	99.77	0.00
123661	PR 宝 3A2	227.00	1.77	2017.02.23	6.2500	26.74	0.00
123662	PR3B	127.00	2.27	2017.08.23	7.2000	28.29	10.00
123669	PR1A	131.00	3.00	2017.08.18	6.2000	49.01	0.00
123670	PR1B	263.00	3.00	2018.05.20	7.9000	32.78	244.00
123673	HLNYYX02	100.00	2.00	2017.04.14	8.0000	100.00	20.00
123674	HLNYYX03	100.00	3.00	2018.04.14	8.7000	100.82	100.00
123675	HLNYYX04	90.00	4.00	2019.04.14	9.2000	101.91	100.00
123676	HLNYYX05	90.00	5.00	2020.04.14	9.7000	100.01	163.00
123695	PR1A18	35.00	1.63	2017.01.09	6.3000	94.68	0.00
123696	PR1A19	33.00	1.71	2017.02.08	6.3000	92.43	0.00
123697	PR1A20	31.00	1.79	2017.03.08	6.3000	90.42	0.00
123698	PR1A21	28.00	1.88	2017.04.11	6.3000	86.64	0.00
123699	PR1A22	28.00	1.96	2017.05.09	6.3000	83.10	0.00
123700	PR1A23	23.00	2.04	2017.06.08	6.3000	79.13	0.00
123701	PR1A24	29.00	2.13	2017.07.10	6.5000	76.42	0.00
123702	PR1A25	29.00	2.21	2017.08.08	6.5000	44.67	0.00
123706	15 环球 A2	219.00	3.01	2018.05.30	5.2000	101.02	0.00
123707	15 环球 A3	365.00	5.01	2020.05.28	5.5000	100.00	0.00
123708	15 环球 B	182.00	5.01	2020.05.28	6.4300	100.00	154.00
123712	15 正奇优	480.00	2.89	2018.04.28	5.9000	100.00	0.00
123715	15 滨江 02	44.00	2.00	2017.03.31	6.8000	101.11	0.00
123716	15 滨江 03	53.00	3.00	2017.03.31	7.6000	100.00	0.00
123717	15 滨江 04	59.00	4.00	2017.03.31	7.7000	99.96	0.00
123718	15 滨江 05	64.00	5.01	2017.03.31	8.0000	99.94	0.00
123720	皖贷一优	480.00	3.00	2018.05.25	6.3000	100.64	60.00
123725	福能融 04	84.00	2.00	2017.06.18	5.2000	100.00	0.00
123726	福能融 05	69.00	2.50	2017.12.18	5.3000	100.00	0.00
123727	福能融 06	70.00	3.00	2018.06.18	5.4000	100.00	0.00
123729	PR 优先	1140.00	3.77	2019.03.31	5.3000	48.68	0.00
123734	PR 远东 A	2829.00	3.19	2018.08.24	5.1000	0.86	170.00
123735	15 远东 B	388.00	4.19	2019.08.26	7.2000	99.70	342.00
123740	东海 1A5	21.00	1.86	2017.04.20	7.5000	100.00	0.00
123741	东海 1B1	7.00	1.86	2017.04.20	7.5000	100.00	0.00
123742	东海 1B2	97.00	2.86	2017.07.06	7.8000	100.00	0.00
123745	151 中信 2	500.00	1.79	2017.04.21	5.0500	101.06	0.00
123746	151 中信 3	550.00	2.79	2018.04.20	5.2000	102.36	0.00
123751	融和 1 优 4	320.00	2.40	2017.11.20	5.2500	100.00	0.00
123752	融和 1 次	489.00	2.56	2018.01.20	0.0000	100.00	0.00
123754	兴光 1 号 B	160.00	1.51	2017.02.11	5.1000	100.00	0.00
123755	兴光 1 号 C	180.00	2.00	2017.08.11	5.2000	100.00	0.00
123756	兴光 1 号 D	200.00	2.51	2018.02.11	5.3000	100.00	0.00
123757	兴光 1 号 E	220.00	3.00	2018.08.11	5.4000	100.00	0.00
123758	兴光 1 号 F	240.00	3.51	2019.02.11	5.5000	100.00	0.00
123759	兴光 1 号 G	260.00	4.00	2019.08.11	5.6000	100.00	0.00

债券信息 List of Bonds

债券 Bond

债券代码 Code	债券简称 Bond Name	发行数量(百万) Issued Vol(M)	年限 Terms	到期日 Expiration Date	票面利率(%) Coupon Rate(%)	本年收盘 Close	成交数量(万) Trading Vol(10000)
123760	兴光 1 号 H	280.00	4.51	2020.02.11	5.7000	100.00	0.00
123761	兴光 1 号 I	300.00	5.01	2020.08.11	5.8000	100.00	0.00
123765	大丰港 03	86.00	2.00	2017.06.30	6.0000	100.00	0.00
123766	大丰港 04	93.00	2.50	2017.12.31	6.2000	100.00	0.00
123767	大丰港 05	96.00	3.00	2018.06.30	6.2000	100.00	0.00
123768	大丰港 06	102.00	3.50	2018.12.31	6.4000	100.00	0.00
123769	大丰港 07	105.00	4.00	2019.06.30	7.0000	100.00	0.00
123770	大丰港 08	111.00	4.50	2019.12.31	7.2000	100.00	0.00
123771	大丰港 09	115.00	5.00	2020.06.30	7.3000	103.97	250.00
123775	PR4B	87.00	1.67	2017.03.23	7.2000	68.25	50.00
123776	PR4C	332.00	2.92	2018.06.23	8.8000	39.84	440.00
123779	PR 丰汇 1B	210.00	3.01	2018.07.28	7.0000	7.46	120.00
123781	PR 聚信 1A	332.00	2.55	2017.07.26	5.0000	6.92	0.00
123782	PR1B	70.00	3.05	2018.07.26	6.7000	65.02	0.00
123783	聚信 1 次	71.00	3.55	2019.01.26	0.0000	100.02	0.00
123786	金光 1A1	738.00	2.75	2018.04.29	5.7500	100.00	190.00
123787	金光 1A2	315.00	3.00	2018.07.29	6.7500	100.00	130.00
123789	15 中联 02	500.00	3.00	2018.07.10	5.7500	100.00	0.00
123794	PR 晟 1A1	90.00	1.51	2017.02.07	5.8000	16.65	0.00
123795	PR 晟 1A2	58.00	1.51	2017.02.07	6.0000	5.97	0.00
123796	PR1B	28.00	1.75	2017.05.07	7.5000	83.54	0.00
123800	丰源 A03	40.00	1.51	2017.02.13	6.2000	100.44	0.00
123801	丰源 A04	40.00	2.00	2017.08.13	6.4000	101.14	0.00
123802	丰源 A05	39.00	2.51	2018.02.13	6.6000	101.51	0.00
123803	丰源 A06	39.00	3.00	2018.08.13	6.8000	102.40	0.00
123804	丰源 A07	41.00	3.51	2019.02.13	7.1000	98.87	0.00
123805	丰源 A08	41.00	4.00	2019.08.13	7.3000	100.00	0.00
123806	丰源 A09	41.00	4.51	2020.02.13	7.5000	100.00	0.00
123807	丰源 A10	41.00	5.01	2020.08.13	7.7000	100.00	0.00
123808	丰源 B	5.00	5.01	2020.08.13	10.0000	100.00	0.00
123812	哈场路 03	119.00	2.37	2017.12.31	7.0000	99.78	90.00
123813	哈场路 04	160.00	3.37	2018.12.31	7.5000	98.08	140.00
123814	哈场路 05	198.00	4.37	2019.12.31	8.0000	97.90	405.00
123815	哈场路 06	237.00	5.37	2020.12.31	8.5000	99.95	240.00
123819	永利电 03	75.00	1.51	2017.02.21	6.5000	100.00	0.00
123820	永利电 04	75.00	2.00	2017.08.21	6.7000	101.49	100.00
123821	永利电 05	80.00	2.51	2017.10.16	6.9000	100.00	0.00
123822	永利电 06	80.00	3.00	2017.10.16	7.2000	100.00	0.00
123828	PRA01	106.00	1.91	2017.07.26	4.5000	21.70	0.00
123829	PRA02	116.00	2.91	2018.07.26	4.6000	76.31	4.00
123830	连徐 A03	327.00	4.92	2020.07.26	5.2000	100.67	323.00
123831	连徐 A04	207.00	5.92	2021.07.26	5.2400	100.00	0.00
123832	连徐 A05	240.00	6.92	2022.07.26	5.2400	100.00	0.00
123836	PR 一 A4	171.00	1.44	2017.01.15	4.9000	47.38	0.00
123837	建租一 A5	58.00	1.93	2017.01.16	5.0000	100.00	0.00
123838	PR 建租 A6	102.00	4.44	2017.01.16	6.2000	22.00	0.00
123841	15 鹤热 02	95.00	2.00	2017.09.02	6.5000	100.00	175.00
123842	15 鹤热 03	100.00	3.00	2018.09.02	7.0000	99.28	260.00
123843	15 鹤热 04	105.00	4.00	2019.09.02	8.0000	97.88	150.00
123844	15 鹤热 05	110.00	5.01	2020.09.02	8.5000	101.36	120.00

债券信息 List of Bonds

债券 Bond

债券代码 Code	债券简称 Bond Name	发行数量(百万) Issued Vol(M)	年限 Terms	到期日 Expiration Date	票面利率(%) Coupon Rate(%)	本年收盘 Close	成交数量(万) Trading Vol(10000)
123859	PR2A15	52.00	1.38	2017.01.09	5.6500	95.08	0.00
123860	PR2A16	52.00	1.46	2017.02.08	5.6500	91.42	0.00
123861	PR2A17	51.00	1.53	2017.03.08	5.6500	87.87	0.00
123862	PR2A18	51.00	1.63	2017.04.11	5.8000	82.91	0.00
123863	PR2A19	51.00	1.70	2017.05.09	5.8000	81.52	22.00
123864	PR2A20	49.00	1.79	2017.06.08	5.8500	72.98	98.00
123865	PR2A21	43.00	1.87	2017.07.10	5.8500	43.60	86.00
123869	世茂天 02	260.00	2.00	2017.08.12	6.2000	100.00	0.00
123870	世茂天 03	280.00	3.00	2018.08.12	6.5000	100.00	140.00
123871	世茂天 04	300.00	4.00	2019.08.12	6.8000	100.00	0.00
123872	世茂天 05	320.00	5.01	2020.08.12	7.1000	100.00	0.00
123875	PR 中关 A2	158.00	1.82	2017.06.21	5.3000	8.87	0.00
123876	PR 中关 B	102.00	2.82	2018.06.21	7.0000	25.49	0.00
123880	杭公金 03	160.00	1.50	2017.04.27	4.2000	100.00	0.00
123883	宇光 3	115.00	2.26	2017.11.20	6.7500	100.00	0.00
123884	宇光 4	110.00	3.26	2017.12.06	7.0500	100.00	0.00
123885	宇光 5	100.00	4.26	2017.12.06	7.2500	100.00	0.00
123888	PR 租 02	190.00	2.13	2017.10.10	5.7000	87.56	0.00
123889	PR 租 03	190.00	2.13	2017.10.10	5.8000	87.06	0.00
123891	PR 赣贷 A2	140.00	2.00	2017.08.04	5.9500	50.00	0.00
123892	PR 赣贷 A3	120.00	3.00	2018.08.04	6.0000	50.00	0.00
123893	赣小贷 B	80.00	3.00	2018.08.04	7.5000	100.00	0.00
123897	PR 四 A2	1170.00	3.70	2019.05.26	4.5000	24.80	0.00
123898	远东四 B	187.00	4.20	2019.11.26	6.3000	99.87	75.00
123903	南山 04	60.00	1.75	2017.06.08	6.6000	100.00	0.00
123904	南山 05	60.00	2.25	2017.12.08	6.8000	100.00	0.00
123905	南山 06	60.00	2.83	2018.07.08	6.9000	100.00	0.00
123906	南山次级	30.00	2.83	2018.07.08	0.0000	100.00	0.00
123907	海航 201	700.00	2.77	2018.06.23	5.5500	100.00	0.00
123908	海航 202	800.00	4.60	2020.04.23	5.8000	101.60	1160.00
123909	海航 203	500.00	4.77	2020.06.23	6.1000	101.40	220.00
123912	PR 节能 02	119.00	1.78	2017.07.26	4.6100	51.26	0.00
123913	15 节能 03	127.00	2.78	2018.07.26	4.8100	100.00	0.00
123914	15 节能 04	147.00	3.78	2019.07.26	5.0700	100.00	0.00
123915	15 节能 05	150.00	4.78	2020.07.26	5.0700	100.00	0.00
123918	PRA2	48.00	2.07	2017.10.22	6.0000	21.79	64.60
123919	PRB	20.00	2.81	2017.01.22	7.0000	17.65	0.00
123921	PR01	600.00	2.04	2017.09.28	5.6000	58.54	60.00
123922	首航 02	750.00	3.04	2018.09.28	5.8000	100.75	400.00
123923	首航 03	850.00	4.04	2019.09.30	6.8000	100.11	743.00
123924	首航 04	800.00	5.04	2020.09.28	7.0000	99.34	2057.00
123927	高新热 02	130.00	1.56	2017.04.23	4.2000	100.00	0.00
123928	高新热 03	187.00	2.56	2018.04.23	4.5000	100.00	0.00
123929	高新热 04	235.00	3.56	2019.04.23	4.8000	100.00	0.00
123930	高新热 05	280.00	4.57	2020.04.23	5.0000	100.81	50.00
123931	高新热 06	315.00	5.57	2021.04.23	5.2000	100.00	0.00
123932	高新热 07	325.00	6.57	2022.04.23	5.2000	100.00	0.00
123933	15 濮热 01	70.00	1.33	2017.01.20	5.0000	100.00	0.00
123934	15 濮热 02	80.00	2.33	2018.01.20	5.3000	100.00	0.00
123935	15 濮热 03	95.00	3.33	2019.01.20	5.5500	100.00	0.00

债券信息
List of Bonds

债券
Bond

债券代码 Code	债券简称 Bond Name	发行数量(百万) Issued Vol(M)	年限 Terms	到期日 Expiration Date	票面利率(%) Coupon Rate(%)	本年收盘 Close	成交数量(万) Trading Vol(10000)
123936	15 濮热 04	105.00	4.33	2020.01.20	5.9800	100.00	0.00
123937	15 濮热 05	120.00	5.33	2021.01.20	6.4500	99.96	0.00
123938	15 濮热 06	130.00	6.33	2022.01.20	6.9000	101.02	342.00
123940	PR 海亮 1A	929.00	2.87	2017.11.28	5.5000	26.24	0.00
123941	PR1B	419.00	3.87	2019.08.28	6.9000	76.04	178.00
123944	PR 奥租 A2	54.00	1.85	2017.07.28	5.5000	22.22	0.00
123945	PR1A3	34.00	2.60	2018.04.28	5.9000	64.71	0.00
123946	PR 奥租 A4	86.00	2.85	2018.07.28	6.0000	8.15	0.00
123947	奥租 1B	72.00	3.85	2019.07.28	7.9000	100.00	0.00
123962	PR3A14	43.00	1.29	2017.01.09	5.4500	94.17	0.00
123963	PR3A15	42.00	1.38	2017.02.08	5.4500	91.03	0.00
123964	PR3A16	41.00	1.45	2017.03.08	5.4500	87.16	0.00
123965	PR3A17	41.00	1.55	2017.04.11	5.4500	81.49	0.00
123966	PR3A18	38.00	1.62	2017.05.09	5.6500	74.75	0.00
123967	PR3A19	33.00	1.70	2017.06.08	5.6500	62.65	0.00
123968	PR3A20	31.00	1.79	2017.06.08	5.6500	10.42	0.00
123972	协鑫 02	380.00	1.63	2017.06.01	5.4000	100.00	150.00
123973	协鑫 03	380.00	2.63	2018.06.01	5.9000	100.00	0.00
123974	协鑫 04	430.00	3.63	2019.06.01	6.5000	100.00	0.00
123975	协鑫 05	470.00	4.63	2020.06.01	7.0000	100.00	0.00
123978	PR 德润 A2	90.00	1.33	2017.01.12	5.3000	27.94	0.00
123979	PR 德润 A3	160.00	1.33	2017.01.12	5.6000	19.08	0.00
123980	PR 德润 B	180.00	2.08	2017.10.12	8.0000	21.93	0.00
123983	15 庆热 02	290.00	2.20	2017.12.26	4.9000	100.00	0.00
123984	15 庆热 03	330.00	3.20	2018.12.26	5.0000	100.00	0.00
123985	15 庆热 04	370.00	4.20	2019.12.26	5.4000	100.00	0.00
123986	15 庆热 05	420.00	5.20	2020.12.26	5.7000	100.00	0.00
123987	15 庆热 06	470.00	6.20	2021.12.26	6.0000	100.00	0.00
123988	15 庆热 07	510.00	7.20	2022.12.26	6.4000	100.00	0.00
123990	PR 畅通优	270.00	3.40	2017.09.11	6.3500	41.26	80.00
123996	PR1A5	105.00	1.70	2017.04.26	6.2000	9.30	0.00
123997	PR 海洋 B	100.00	2.70	2018.04.26	6.5000	15.00	0.00
124000	PR 奉投资	1000.00	7.00	2019.09.24	7.4500	41.60	93.67
124001	PR 漯城投	1200.00	7.00	2019.10.30	6.9900	41.20	106.01
124002	12 蒙高路	1500.00	7.00	2019.11.12	5.9000	100.00	13.01
124003	12 珠水务	500.00	6.00	2018.08.27	5.3000	100.19	550.00
124004	PR 盐城南	1500.00	7.00	2019.10.26	6.9300	40.29	531.63
124005	PR 昆创债	1800.00	7.00	2019.11.07	6.2800	40.09	307.89
124006	PR 绍城投	1300.00	7.00	2019.11.09	6.4000	40.09	308.48
124007	12 西电梯	500.00	6.00	2018.11.09	5.7500	99.80	110.25
124008	PR 国奥停	400.00	6.00	2018.10.29	6.8900	0.00	57.42
124009	PR 渝惠农	1000.00	7.00	2019.09.06	7.3500	40.00	0.00
124010	PR 鸡国资	1200.00	7.00	2019.11.08	7.1800	40.46	364.00
124011	PR 锡科技	1800.00	6.00	2018.10.26	5.9800	40.63	545.00
124012	PR 高密 01	800.00	7.00	2019.11.15	6.7000	45.00	220.00
124013	PR 高密 02	400.00	6.00	2018.11.15	6.7500	27.50	20.00
124014	PR 筑住投	1600.00	7.00	2019.11.06	6.7000	40.93	622.02
124015	12 筑工投	1700.00	7.00	2019.11.19	6.5000	101.92	81.58
124016	PR 常德源	700.00	6.00	2018.10.18	7.1800	28.00	10.00
124017	PR 伊国资	1200.00	6.00	2018.11.19	6.7000	24.90	130.04

债券信息
List of Bonds

债券 Bond

债券代码 Code	债券简称 Bond Name	发行数量(百万) Issued Vol(M)	年限 Terms	到期日 Expiration Date	票面利率(%) Coupon Rate(%)	本年收盘 Close	成交数量(万) Trading Vol(10000)
124018	PR 昌经投	500.00	8.00	2020.10.30	7.3500	55.85	417.67
124019	PR 湘昭投	800.00	6.00	2018.12.12	7.0000	25.70	221.15
124020	PR 辽城经	1500.00	7.00	2019.11.13	7.1000	39.70	436.87
124021	PR 潍东兴	1300.00	7.00	2019.11.20	6.8800	44.30	340.00
124022	PR 韶金叶	1400.00	7.00	2019.10.18	7.3000	41.50	244.85
124023	PR 滁城投	1500.00	7.00	2019.11.23	6.8100	41.30	287.02
124024	12 青投资	600.00	10.00	2022.10.08	7.0800	100.00	273.68
124025	PR 池州债	900.00	7.00	2019.10.17	7.1700	41.90	185.25
124026	PR 川广元	800.00	7.00	2019.11.26	7.2500	41.50	269.90
124027	PR 瑞国投	700.00	7.00	2019.11.26	6.9300	40.10	74.58
124028	PR 诸城投	1300.00	7.00	2019.11.29	6.8000	40.00	291.02
124029	PR 玉城投	800.00	7.00	2019.11.26	6.8800	40.05	156.11
124030	PR 宁城投	2300.00	6.00	2018.11.26	5.6800	25.50	564.00
124031	豫铁暂停	2800.00	10.00	2022.11.19	6.3800	104.00	78.38
124032	PR 宜建投	1000.00	7.00	2019.11.08	6.8500	40.60	161.10
124033	PR 苏城投	2000.00	7.00	2019.10.25	5.7900	40.50	698.23
124034	PR 郑城投	1600.00	7.00	2017.10.31	6.3700	61.14	272.15
124035	PR 沭金源	1000.00	7.00	2019.12.03	6.5000	42.00	0.00
124036	PR 张经开	1000.00	7.00	2019.11.16	6.9800	40.35	484.51
124037	PR 渝江北	1800.00	7.00	2019.10.16	7.2000	40.50	75.82
124038	12 远洲控	500.00	7.00	2019.12.04	7.4000	99.50	1406.39
124039	PR 渝江津	1300.00	7.00	2019.09.21	7.4600	40.00	60.00
124040	PR 绍迪荡	1000.00	6.00	2018.12.05	6.7500	25.10	135.64
124041	PR 宿水务	800.00	7.00	2019.12.04	6.5500	40.26	37.24
124042	12 鄂旅投	800.00	7.00	2019.10.29	6.8800	101.90	411.51
124043	12 深立业	1000.00	6.00	2018.12.03	6.3000	99.50	381.17
124044	12 联想债	2300.00	10.00	2022.11.30	5.7000	104.00	51.30
124045	PR 嘉经开	800.00	7.00	2019.12.03	7.0500	44.43	310.00
124046	PR 濮建投	500.00	7.00	2017.11.09	6.9800	41.25	116.18
124047	PR 黔宏升	1400.00	7.00	2019.11.22	6.9900	40.45	71.53
124048	PR 平国资	1200.00	7.00	2017.11.30	6.8500	41.08	127.49
124049	PR 营沿海	1600.00	7.00	2017.11.14	7.0800	64.00	80.00
124050	PR 榆城投	1500.00	6.00	2018.12.04	6.8100	25.20	801.97
124051	PR 庆高新	1200.00	7.00	2019.12.05	6.8800	40.00	250.00
124052	PR 昆产投	2000.00	7.00	2019.10.23	6.4600	43.01	91.00
124053	12 营口港	2200.00	8.00	2020.11.13	5.6000	101.20	404.00
124054	PR 株云龙	1000.00	7.00	2019.11.19	6.7800	39.00	214.40
124055	PR 蓉高投	700.00	7.00	2019.11.20	6.2800	41.30	60.00
124056	PR 启国投	1500.00	10.00	2022.11.20	7.3000	69.20	118.56
124057	PR 汕城开	1300.00	10.00	2022.03.23	8.5700	79.20	30.00
124058	PR 萍乡债	1200.00	7.00	2019.12.10	6.8900	44.05	140.00
124059	PR 临城发	1500.00	7.00	2019.12.12	6.6800	39.40	230.56
124060	PR 驻投资	1300.00	7.00	2019.11.26	6.9500	41.00	332.00
124061	PR 沛国资	1000.00	7.00	2019.12.06	7.2000	40.60	108.95
124062	PR 冀顺德	1000.00	7.00	2019.12.05	6.9800	43.50	520.00
124063	12 国网 03	5000.00	7.00	2019.11.20	4.8000	100.20	2365.46
124064	12 国网 04	5000.00	10.00	2022.11.20	5.0000	100.70	461.60
124065	PR 津开 01	1850.00	7.00	2019.12.03	6.2000	42.00	151.00
124066	PR 津开 02	450.00	10.00	2022.12.03	6.5000	70.00	0.00
124070	PR 新城投	1500.00	7.00	2019.12.13	7.0800	40.20	102.35

债券信息
List of Bonds

债券
Bond

债券代码 Code	债券简称 Bond Name	发行数量 (百万) Issued Vol(M)	年限 Terms	到期日 Expiration Date	票面利率(%) Coupon Rate(%)	本年收盘 Close	成交数量(万) Trading Vol(10000)
124071	PR 鹰投融	1400.00	10.00	2022.12.12	7.5000	69.80	346.13
124072	12 曲公路	1400.00	7.00	2019.10.26	7.2300	103.30	231.02
124073	PR 吉华债	1000.00	7.00	2019.12.12	7.3700	40.60	370.62
124074	PR 张公经	1200.00	7.00	2019.11.27	6.4300	40.00	90.00
124075	PR 淮建投	1800.00	6.00	2018.12.17	6.6800	25.68	358.29
124076	12 金湖债	800.00	6.00	2018.12.07	7.7600	102.40	710.64
124077	PR 榕建工	500.00	7.00	2019.12.10	6.8000	70.00	96.93
124078	12 云城建	500.00	6.00	2018.10.24	7.1500	101.73	639.21
124079	PR 保国资	800.00	7.00	2019.12.10	7.3000	40.50	451.98
124080	PR 苏海投	1000.00	7.00	2019.11.07	7.2000	40.30	193.97
124081	PR 长先导	1800.00	7.00	2019.12.10	6.7000	41.50	639.91
124082	PR 青国信	2000.00	10.00	2022.12.12	6.4000	75.00	604.75
124083	PR 黄城投	1000.00	7.00	2019.10.19	7.1000	41.05	37.20
124084	12 沪临港	700.00	7.00	2019.12.10	6.0900	100.50	35.75
124085	PR 沪金投	900.00	7.00	2019.12.21	6.6000	40.30	300.28
124086	PR 诸建投	1600.00	7.00	2019.12.19	6.9200	41.30	874.39
124087	PR 芜新马	800.00	7.00	2019.11.14	7.1800	41.00	30.00
124088	PR 东台债	1500.00	7.00	2019.12.26	7.1000	40.30	477.86
124089	PR 赣开债	1800.00	6.00	2018.12.26	6.7000	25.36	157.55
124090	PR 遵国投	2000.00	7.00	2019.12.26	6.9800	40.20	116.95
124091	PR 渝兴债	1200.00	7.00	2019.12.10	7.3000	43.00	0.00
124092	12 鄂华研	1200.00	6.00	2018.12.17	7.8800	97.60	76.32
124093	PR 喀城投	800.00	7.00	2019.11.27	7.1800	41.30	114.69
124094	12 甬交投	800.00	10.00	2022.12.21	6.4000	105.00	0.00
124095	PR 六开投	1600.00	7.00	2019.12.03	6.9700	41.00	130.02
124096	PR 淮城资	1500.00	7.00	2019.12.26	6.8700	41.34	177.57
124097	PR 宝投资	1000.00	6.00	2018.12.26	7.1400	26.61	302.02
124098	PR 达投资	1000.00	7.00	2019.12.25	6.9900	45.10	276.78
124099	PR 德建投	1000.00	7.00	2019.12.26	6.9900	41.19	28.30
124100	PR 石国投	800.00	7.00	2019.09.13	7.4000	41.00	61.79
124101	12 赣高速	1200.00	5.00	2017.12.03	5.5000	101.05	169.00
124102	12 滇祥航	700.00	7.00	2019.12.14	7.2900	105.28	92.00
124103	PR 同创债	800.00	7.00	2020.01.09	7.0500	60.00	164.86
124104	PR 巢城投	1200.00	7.00	2019.12.24	7.0000	43.60	301.00
124105	12 愉悦债	300.00	6.00	2018.12.20	7.1500	98.00	20.77
124106	PR 邯郸债	2000.00	7.00	2019.12.24	7.0500	42.00	680.60
124107	PR 洛城投	1200.00	7.00	2017.11.09	6.8900	61.48	104.79
124108	PR 吴经开	1500.00	7.00	2019.12.27	6.8800	60.35	164.08
124110	PR 宁新开	700.00	7.00	2020.01.08	6.8000	60.30	9.07
124111	PR 长城建	1000.00	7.00	2019.11.30	6.8000	43.80	0.00
124112	13 豫盛润	1100.00	6.00	2019.01.10	7.3900	89.86	869.52
124113	12 渝出版	400.00	7.00	2019.11.23	6.1800	99.00	40.00
124114	PR 大丰债	1000.00	7.00	2019.12.13	7.0800	40.57	67.80
124116	PR 渝北飞	1000.00	7.00	2019.12.25	7.1300	40.50	25.57
124117	PR 宜城投	1800.00	7.00	2019.12.31	6.7600	61.60	301.00
124118	12 香兴中	700.00	7.00	2019.12.31	5.9500	103.62	60.00
124119	PR 环太湖	1200.00	7.00	2019.11.28	6.7000	40.00	34.04
124120	PR 泉台商	1000.00	7.00	2017.12.29	7.0800	41.22	58.07
124121	12 盘江债	800.00	7.00	2019.12.28	6.6300	100.00	269.00
124122	PR 抚城投	1200.00	7.00	2020.01.16	6.7800	60.00	304.28

债券信息
List of Bonds

债券
Bond

债券代码 Code	债券简称 Bond Name	发行数量(百万) Issued Vol(M)	年限 Terms	到期日 Expiration Date	票面利率(%) Coupon Rate(%)	本年收盘 Close	成交数量(万) Trading Vol(10000)
124123	PR 南城投	1300.00	7.00	2020.02.20	6.1900	61.00	168.97
124124	PR 双鸭山	1000.00	7.00	2019.12.25	6.5500	38.50	70.17
124125	PR 温经开	1000.00	7.00	2020.01.15	6.4900	60.00	48.10
124126	PR 柳城投	1500.00	10.00	2022.12.31	7.1800	80.18	269.29
124127	PR 黄国资	1000.00	6.00	2018.12.17	6.8500	27.66	40.00
124128	PR 萧经开	1400.00	6.00	2018.12.26	6.7000	25.30	60.50
124129	PR 泉石建	1000.00	7.00	2019.04.16	8.4000	40.00	0.00
124130	13 陕东岭	700.00	10.00	2023.01.15	6.9800	98.50	2481.93
124131	PR 安国资	800.00	7.00	2020.01.10	6.9800	61.00	348.20
124132	PR 巩义债	1000.00	7.00	2017.10.31	6.7000	60.30	65.06
124133	12 宁宝源	400.00	7.00	2019.11.19	7.2000	99.99	342.41
124134	PR 泉城投	1700.00	7.00	2020.01.11	6.4800	62.60	524.00
124135	13 滇公投	2000.00	6.00	2019.01.11	6.0500	100.20	482.50
124136	PR 太城投	1600.00	7.00	2020.01.11	6.7500	60.30	44.01
124137	13 赣发投	1500.00	7.00	2020.01.18	6.6000	103.70	112.01
124138	PR 长城投	1800.00	7.00	2019.04.24	6.9500	40.40	715.97
124139	PR 通港闸	1200.00	7.00	2020.01.09	7.1500	64.00	40.00
124140	PR 沧建投	1200.00	7.00	2020.01.23	6.7200	60.00	69.16
124141	13 浙吉利	1200.00	7.00	2020.01.24	5.9000	100.60	651.68
124142	PR 渝三峡	1000.00	6.00	2019.01.23	6.4000	49.50	216.44
124143	PR 泰投资	1800.00	7.00	2020.01.25	6.7600	60.20	176.09
124144	PR 蓉城投	2000.00	7.00	2020.01.14	6.1800	60.95	765.00
124145	PR 蓉兴城	2000.00	7.00	2020.01.28	6.1700	59.60	586.32
124146	13 海发控	2500.00	7.00	2020.01.24	5.5000	100.60	221.42
124147	PR 甬东投	1500.00	7.00	2020.01.21	6.4500	60.00	348.11
124148	PR 金灌债	1000.00	6.00	2019.01.28	6.4000	50.10	201.78
124149	PR 镇水利	1400.00	7.00	2020.01.30	6.6000	59.00	199.52
124150	PR 南发展	2000.00	7.00	2020.01.28	6.6900	60.80	59.25
124151	PR 长兴岛	1800.00	7.00	2020.01.25	6.6000	60.81	753.10
124152	13 宁禄口	1600.00	10.00	2023.01.29	5.1500	101.12	148.75
124153	13 国网 01	10000.00	7.00	2020.01.23	4.7500	105.97	140.00
124154	13 国网 02	10000.00	15.00	2028.01.23	5.1000	100.00	0.00
124155	PR 渭城投	1200.00	7.00	2020.01.15	6.6900	64.61	280.00
124156	PR 涪国资	1700.00	7.00	2020.01.21	6.3900	61.20	20.00
124158	PR 锡东城	1500.00	7.00	2020.01.28	6.6500	63.02	543.78
124159	PR 绍城改	1200.00	7.00	2020.01.24	6.5000	60.00	253.61
124160	PR 蓬莱阁	800.00	8.00	2021.01.30	6.8000	70.50	505.00
124161	13 瑞水泥	2000.00	8.00	2021.02.04	7.1000	99.30	4765.80
124162	PR 济高新	1200.00	7.00	2020.01.28	6.6000	63.37	260.00
124163	13 蓉文旅	500.00	7.00	2020.02.19	6.5000	103.30	386.56
124164	PR 建城投	1000.00	7.00	2020.02.22	6.5000	76.50	41.20
124165	PR 洪市政	1200.00	7.00	2020.02.25	5.8800	60.13	114.51
124166	PR 江滨投	1200.00	7.00	2020.02.28	6.6000	59.80	435.86
124167	PR 滇投债	1200.00	7.00	2020.02.01	6.5000	61.10	167.00
124168	PR 绍中城	1500.00	6.00	2019.02.26	6.3000	49.90	209.94
124169	13 华峰债	800.00	7.00	2020.02.26	6.8500	102.10	408.58
124170	PR 厦杏林	500.00	7.00	2020.02.22	6.6000	61.80	60.00
124171	PR 长投建	1300.00	7.00	2020.02.26	6.4600	60.15	267.60
124172	PR 常城投	1500.00	7.00	2020.02.25	6.5000	60.30	386.82
124173	13 陕有色	1500.00	6.00	2019.02.26	4.8800	99.50	743.84

债券信息
List of Bonds

债券 Bond

债券代码 Code	债券简称 Bond Name	发行数量(百万) Issued Vol(M)	年限 Terms	到期日 Expiration Date	票面利率(%) Coupon Rate(%)	本年收盘 Close	成交数量(万) Trading Vol(10000)
124174	PR 吉城债	1800.00	7.00	2020.02.26	6.3400	65.00	779.98
124175	PR 湘高新	800.00	7.00	2020.01.15	6.9000	62.20	41.57
124176	PR 武地铁	2000.00	7.00	2020.02.04	5.7000	60.45	930.00
124177	PR 乌高新	1000.00	7.00	2020.03.05	6.1800	61.00	24.51
124178	PR 集城投	800.00	7.00	2020.03.19	6.8800	59.30	423.05
124179	13 广越秀	2800.00	7.00	2020.02.28	5.2000	101.00	911.53
124180	PR 綦东开	1200.00	7.00	2020.01.29	6.7500	56.00	20.00
124181	PR 余开投	1000.00	7.00	2020.03.04	6.7500	63.50	50.00
124182	13 精控债	450.00	5.00	2018.03.05	6.5000	99.80	470.02
124183	PR 津广成	1500.00	10.00	2023.02.22	6.9700	78.00	159.79
124184	13 京投债	2800.00	10.00	2023.03.11	5.0400	100.00	80.00
124185	PR 海宁债	1500.00	7.00	2020.03.06	6.0800	59.20	72.68
124187	PR 泰矿债	900.00	7.00	2020.03.12	5.8000	58.28	758.14
124188	PR 邹城资	1200.00	6.00	2019.03.12	6.1800	51.20	520.00
124189	13 大旅游	800.00	7.00	2020.03.07	6.5000	105.50	72.02
124190	PR 奉南城	650.00	7.00	2020.03.05	6.2500	59.65	185.82
124191	PR 杭高新	500.00	7.00	2020.01.28	6.4500	62.40	0.00
124192	PR 邗城建	1300.00	7.00	2020.03.12	6.2000	60.70	126.00
124193	PR 文城资	700.00	7.00	2020.03.06	6.3800	59.70	810.16
124194	PR 滨海 01	2000.00	5.00	2018.03.13	5.0000	39.98	69.63
124195	PR 滨海 02	3000.00	7.00	2020.03.13	5.1900	59.10	512.03
124196	PR 烟城建	2000.00	7.00	2017.11.23	5.9900	60.98	234.51
124198	10 朝资 02	1500.00	7.00	2017.02.01	4.5300	100.10	141.21
124199	PR 泰交债	800.00	7.00	2020.03.11	6.1500	60.33	30.00
124200	PR 自高新	1000.00	7.00	2020.03.13	6.3000	61.50	310.02
124201	PR 南高速	1500.00	7.00	2020.01.28	6.6900	65.39	1555.00
124202	PR 平潭债	1200.00	7.00	2020.03.15	6.5800	61.30	374.00
124203	PR 浔富和	900.00	6.00	2019.03.19	6.1000	50.29	85.00
124204	PR 津城投	8000.00	10.00	2023.02.26	5.7000	81.14	2709.39
124205	PR 余创债	1200.00	7.00	2020.03.18	6.5000	61.45	428.00
124206	13 祥源债	600.00	7.00	2020.02.26	6.8500	73.91	682.48
124207	PR 巴城投	1800.00	7.00	2020.03.15	6.4000	58.50	9.39
124208	13 西投债	700.00	10.00	2023.03.19	6.1800	100.00	150.00
124209	PR 三门峡	1300.00	7.00	2017.11.24	6.6800	60.96	401.00
124210	PR 皋投债	1200.00	7.00	2020.02.01	6.7000	60.81	541.00
124211	甘投暂停	800.00	7.00	2020.03.06	5.4000	100.47	55.38
124212	PR 益高新	1500.00	7.00	2020.03.13	6.7000	64.25	510.00
124213	PR 德清债	1000.00	7.00	2020.02.22	6.4000	60.71	396.88
124214	PR 河城投	1000.00	7.00	2020.03.19	6.5500	61.85	357.00
124215	PR 九国资	900.00	7.00	2020.03.07	6.6800	59.95	305.00
124216	新查暂停	600.00	7.00	2019.12.13	7.5000	0.00	0.00
124217	PR 西高新	1500.00	6.00	2019.02.26	5.7000	52.66	70.00
124218	13 三福船	700.00	6.00	2019.03.27	6.9000	100.50	0.00
124219	PR 荣经开	1000.00	7.00	2020.03.18	6.4500	59.25	22.07
124220	13 晋能交	1000.00	7.00	2020.03.08	5.2900	99.70	18.00
124221	PR 武地产	1600.00	6.00	2019.03.22	5.9000	49.85	510.39
124222	13 京粮食	700.00	6.00	2019.03.20	5.0500	103.51	120.00
124223	13 微山矿	850.00	7.00	2020.03.13	6.1500	94.89	659.15
124224	PR 朝国资	1600.00	7.00	2020.03.27	5.2500	60.43	229.70
124225	PR 阿城投	1000.00	7.00	2020.03.14	6.4000	62.40	12.00

债券信息
List of Bonds

债券代码 Code	债券简称 Bond Name	发行数量(百万) Issued Vol(M)	年限 Terms	到期日 Expiration Date	票面利率(%) Coupon Rate(%)	本年收盘 Close	成交数量(万) Trading Vol(10000)
124226	PR 闽兴杭	1200.00	6.00	2019.03.26	6.2000	49.20	110.00
124227	PR 宁国 01	3500.00	7.00	2020.03.06	5.4000	60.50	293.92
124228	PR 宁国 02	3000.00	10.00	2023.03.06	5.6000	87.50	161.93
124229	PR 晋公投	800.00	7.00	2020.03.18	6.5000	59.09	187.78
124230	PR 蓉兴锦	800.00	7.00	2019.11.27	7.3000	45.40	0.00
124231	PR 临海投	1200.00	7.00	2020.03.21	6.3000	60.50	243.00
124232	PR 苏海发	1000.00	10.00	2023.03.29	6.4700	81.40	899.80
124234	PR 鹏铁 01	5000.00	10.00	2023.03.25	5.4000	79.40	188.65
124235	PR 清河投	700.00	7.00	2020.01.24	6.6800	64.14	20.00
124236	PR 马经开	800.00	7.00	2019.12.20	7.1000	39.35	320.00
124238	PR 通辽投	1600.00	7.00	2020.04.09	6.6400	60.20	656.00
124239	PR 鄞城投	600.00	7.00	2020.03.18	6.5000	59.30	130.59
124240	PR 合工投	1000.00	7.00	2020.03.20	6.3000	61.12	156.05
124241	PR 烟开发	800.00	7.00	2017.12.15	5.7000	60.00	100.00
124242	PR 营经开	900.00	7.00	2020.04.08	6.1700	59.91	362.97
124243	PR 常高新	1600.00	7.00	2020.03.21	6.1800	60.00	120.00
124244	PR 番交投	1100.00	6.00	2019.04.12	6.3000	50.08	180.11
124245	PR 杭运河	1000.00	7.00	2020.04.02	6.0000	59.60	187.38
124246	PR 溧城发	1200.00	7.00	2020.03.08	6.2000	60.60	305.37
124247	13 绍交投	1500.00	7.00	2020.03.04	6.0000	99.90	212.53
124248	13 京歌华	600.00	7.00	2020.03.21	5.9800	103.00	95.00
124249	PR 大城投	1500.00	7.00	2020.02.21	6.5800	64.24	617.00
124250	PR 宿建投	1500.00	7.00	2020.04.17	6.4000	64.80	305.00
124251	13 鲁信投	1000.00	7.00	2020.04.17	5.0000	100.20	145.50
124252	13 邯交通	1000.00	8.00	2021.04.18	5.7000	99.80	45.53
124253	PR 新乡投	900.00	7.00	2020.04.15	5.8500	59.26	67.15
124254	PR 常熟发	1000.00	7.00	2020.04.19	5.8000	59.65	20.29
124255	PR 浙新昌	1200.00	7.00	2020.04.24	6.6000	62.90	0.00
124256	13 苏泊尔	300.00	7.00	2020.04.11	6.7000	99.80	435.44
124257	13 海浆纸	1200.00	7.00	2020.04.15	6.1000	97.50	220.00
124258	ST 潞矿 01	3000.00	10.00	2023.04.25	5.1500	0.00	0.00
124259	ST 潞矿 02	1000.00	10.00	2023.04.25	5.1000	0.00	0.00
124260	PR 遂发展	600.00	7.00	2020.04.25	6.6200	63.86	100.00
124261	PR 鞍山投	2000.00	7.00	2017.11.16	6.3900	61.67	575.76
124262	PR 楚雄投	2000.00	7.00	2020.03.29	6.6000	59.80	114.30
124263	PR 临国资	500.00	7.00	2020.04.11	6.5800	62.00	150.59
124264	PR 晋城投	1600.00	7.00	2020.04.26	6.3500	59.31	165.10
124265	PR 红河路	500.00	7.00	2020.05.06	6.2700	59.29	64.90
124266	PR 哈水投	1500.00	7.00	2020.05.06	5.7000	60.30	134.31
124267	PR 金坛投	1000.00	7.00	2020.04.26	6.3800	59.90	60.00
124268	PR 渝南发	1800.00	7.00	2020.04.27	6.4300	60.27	360.00
124269	PR 渝大足	1200.00	7.00	2020.04.26	6.7500	62.50	370.00
124270	PR 渝万盛	1300.00	7.00	2020.04.17	6.3900	60.30	123.53
124271	PR 金外滩	500.00	7.00	2020.04.24	6.3500	58.50	140.00
124272	PR 绥芬河	1000.00	7.00	2020.04.28	6.6000	58.30	839.38
124273	13 翔宇债	500.00	7.00	2020.02.27	7.3000	98.38	825.78
124275	PR 龙岗投	1000.00	6.00	2019.03.27	6.1800	53.39	388.58
124276	13 津滨投	550.00	7.00	2020.04.26	6.7900	103.63	1598.60
124277	13 大丰港	800.00	7.00	2020.05.08	6.1800	99.50	333.20
124278	PR 渝双桥	1000.00	7.00	2020.04.26	6.7500	60.00	556.91

债券信息
List of Bonds

债券
Bond

债券代码 Code	债券简称 Bond Name	发行数量(百万) Issued Vol(M)	年限 Terms	到期日 Expiration Date	票面利率(%) Coupon Rate(%)	本年收盘 Close	成交数量(万) Trading Vol(10000)
124279	PR 海拉尔	800.00	7.00	2020.05.14	6.2000	60.00	45.14
124280	PR 通经开	800.00	7.00	2020.05.17	5.8000	60.03	326.00
124281	PR 石地产	2200.00	7.00	2020.05.15	5.6500	60.08	129.66
124283	13 武新港	800.00	7.00	2020.04.18	5.8900	99.50	29.76
124284	13 琼洋浦	800.00	7.00	2020.03.11	6.4000	99.85	16.48
124285	ST 同煤集	5400.00	15.00	2028.04.24	5.2000	0.00	0.00
124286	13 海航债	1150.00	7.00	2020.04.15	6.6000	99.44	804.97
124287	13 金特债	550.00	7.00	2020.05.23	6.1000	0.00	0.00
124288	13 光谷联	600.00	6.00	2019.10.23	7.3500	104.00	20.00
124289	PR 丽城投	1000.00	7.00	2020.05.23	6.0000	63.80	20.00
124290	PR 长轨交	2500.00	10.00	2023.04.23	6.2000	84.02	70.00
124291	PR 兖城投	1000.00	8.00	2021.05.28	5.9000	68.00	126.26
124292	PR 溧城建	1000.00	7.00	2020.05.29	5.8000	60.00	224.56
124293	PR 农六师	500.00	7.00	2020.05.23	6.1000	57.88	0.00
124294	PR 苏华靖	1200.00	7.00	2020.05.16	6.0000	60.05	530.65
124295	13 宁铁路	1300.00	7.00	2020.06.04	5.3000	99.93	441.83
124296	盛江暂停	600.00	7.00	2020.05.31	6.7000	0.00	0.00
124297	PR 桐乡投	1300.00	7.00	2020.05.16	6.1000	59.50	283.29
124298	PR 临汾投	1500.00	7.00	2020.05.23	6.2000	60.30	1652.09
124299	PR 西经开	600.00	7.00	2020.06.04	5.9000	61.25	88.00
124300	13 云投控	700.00	5.00	2018.05.24	5.3700	100.25	115.28
124301	PR 日照债	800.00	7.00	2020.06.06	5.8000	59.30	350.01
124302	12 桂交投	2000.00	10.00	2022.12.11	6.2000	100.38	0.00
124303	PR 咸荣盛	1500.00	7.00	2020.06.05	5.8000	60.50	19.18
124304	PR 合川投	1000.00	7.00	2020.06.17	6.1900	60.32	182.20
124305	PR 瓦国资	1500.00	7.00	2020.06.20	6.2000	59.01	156.39
124306	13 鄂三宁	500.00	6.00	2019.06.18	5.3400	100.40	190.00
124307	PR 安经开	600.00	7.00	2020.06.18	6.0000	73.50	190.00
124308	PR 眉宏大	1600.00	7.00	2020.06.19	6.5600	59.76	415.25
124309	13 弘燃气	700.00	7.00	2020.06.20	6.4900	0.00	0.00
124310	PR 洪水利	1500.00	7.00	2020.06.21	6.2800	61.30	705.74
124311	PR 弘湘资	1600.00	7.00	2020.06.19	6.2000	64.35	300.00
124312	PR 景国资	1200.00	7.00	2020.06.25	6.5900	65.50	143.62
124313	PR 苏家屯	1300.00	7.00	2020.06.20	6.4000	61.06	51.45
124314	13 筑铁路	1000.00	7.00	2020.06.18	6.2000	97.00	7.33
124315	13 瓯交投	1000.00	7.00	2020.04.22	6.0500	99.50	42.61
124316	PR 新郑投	1500.00	6.00	2019.06.28	6.5200	50.55	78.00
124317	PR 华发债	800.00	6.00	2019.06.05	5.5000	50.50	77.00
124318	PR 滨城投	1100.00	7.00	2017.12.01	6.1500	61.22	149.28
124319	PR 昌国资	1500.00	6.00	2019.06.03	6.0000	51.10	291.96
124321	PR 岳城投	1800.00	7.00	2020.07.12	6.0500	59.48	793.96
124322	PR 南城发	1200.00	6.00	2019.07.17	6.5000	52.90	225.86
124323	PR 新天治	1500.00	7.00	2020.07.17	6.3000	60.56	107.01
124324	PR 白银城	1300.00	7.00	2020.07.19	6.7800	60.00	210.04
124325	PR 京生物	600.00	7.00	2020.07.23	6.3500	59.50	37.79
124326	PR 郑建投	700.00	7.00	2020.07.17	5.9800	60.71	24.50
124327	13 中电投	2000.00	10.00	2023.07.22	5.2000	110.46	100.00
124328	PR 渝鸿业	800.00	7.00	2020.06.03	6.3000	65.00	70.00
124329	PR 惠国投	800.00	7.00	2019.10.15	7.5000	41.00	169.46
124330	13 龙工贸	800.00	8.00	2021.03.11	6.0800	106.50	0.00

债券信息
List of Bonds

债券代码 Code	债券简称 Bond Name	发行数量(百万) Issued Vol(M)	年限 Terms	到期日 Expiration Date	票面利率(%) Coupon Rate(%)	本年收盘 Close	成交数量(万) Trading Vol(10000)
124332	PR 湘振湘	1800.00	7.00	2020.08.07	6.6000	60.00	62.12
124333	PR 铜城建	1600.00	7.00	2020.08.08	6.6000	60.66	576.81
124334	PR 博国资	900.00	7.00	2020.08.09	7.1800	63.40	226.40
124335	PR 海国资	1600.00	7.00	2020.08.07	5.5000	60.80	41.65
124336	PR 渝地债	1800.00	7.00	2020.08.22	6.3000	61.60	463.49
124337	PR 铜建设	1500.00	7.00	2020.08.26	6.9800	62.50	699.98
124338	PR 闽经开	1800.00	7.00	2020.08.06	6.7000	61.07	483.16
124339	PR 渝城投	2200.00	7.00	2020.05.21	5.1200	62.56	1030.00
124340	PR 张保债	1100.00	7.00	2020.08.23	7.1000	66.04	430.00
124341	PR 吐番资	800.00	6.00	2019.08.09	7.2000	51.70	108.00
124342	PR 黔南资	1500.00	7.00	2020.09.04	6.9000	61.30	186.74
124343	PR 阳江债	1000.00	7.00	2020.09.09	6.8500	62.00	259.04
124344	PR 沪南房	400.00	6.00	2019.09.09	6.7000	50.50	40.00
124345	PR 京煤债	1400.00	7.00	2020.09.09	6.1400	60.50	580.16
124346	PR 乳国资	1300.00	7.00	2020.09.11	6.9000	62.00	316.77
124347	13 石建投	500.00	7.00	2020.09.09	6.7000	99.80	57.57
124348	PR 京谷财	600.00	7.00	2020.09.06	6.6000	63.68	220.00
124349	PR 福东海	1000.00	7.00	2020.09.13	7.0900	66.65	276.00
124350	ST 晋煤运	2500.00	10.00	2023.01.28	5.2500	0.00	0.00
124351	PR 克州债	900.00	7.00	2020.09.16	7.1500	60.80	386.66
124352	PR 平凉债	1000.00	7.00	2020.09.17	7.1000	60.25	476.09
124353	PR 商洛 01	1000.00	7.00	2020.09.09	7.0500	65.40	30.00
124354	PR 商洛 02	500.00	6.00	2019.09.09	6.7500	51.20	171.00
124355	PR 洼城投	1300.00	7.00	2017.12.20	7.2500	61.75	332.61
124356	PR 珠汇华	1500.00	7.00	2020.09.17	7.1500	61.80	90.05
124357	津房暂停	700.00	7.00	2020.08.06	5.8800	100.10	161.82
124358	PR 蚌城投	1600.00	7.00	2020.09.11	6.3000	61.53	493.05
124359	PR 三明投	1800.00	7.00	2020.03.05	6.4000	63.50	350.00
124360	PR 成阿债	800.00	7.00	2020.09.12	7.1800	63.40	181.23
124361	PR 京科城	1100.00	6.00	2019.09.22	6.2800	53.00	354.16
124362	PR 钦滨海	900.00	7.00	2020.08.27	7.0000	61.50	119.53
124363	PR 郑投资	1800.00	7.00	2017.11.10	6.4500	65.79	277.61
124364	PR 临尧都	1500.00	7.00	2020.09.27	6.9900	60.00	240.01
124365	PR 昌润债	600.00	7.00	2020.09.16	6.8800	66.00	200.00
124366	PR 汇丰投	1000.00	7.00	2020.10.11	7.0600	63.05	239.44
124367	PR 锡城发	1500.00	7.00	2020.10.11	6.1000	62.00	692.69
124368	PR 郑交投	1800.00	7.00	2017.10.31	6.3000	60.62	246.02
124369	PR 吴城投	1000.00	7.00	2020.10.12	7.1800	64.00	126.00
124370	PR 虞新区	1800.00	7.00	2020.10.11	6.9500	61.00	141.65
124371	PR 北辰发	1300.00	7.00	2021.04.21	7.0000	87.15	165.00
124373	PR 平天湖	1000.00	7.00	2020.10.23	7.4000	62.08	393.33
124374	PR 塔国资	1500.00	6.00	2019.10.16	7.4900	57.00	187.00
124375	13 鄂供销	600.00	6.00	2019.10.10	6.1800	98.50	227.12
124376	PR 渝物流	1500.00	7.00	2020.10.18	7.0800	62.10	56.00
124377	PR 渝碚城	900.00	7.00	2020.10.16	7.3000	63.14	237.86
124378	PR 湘九华	1800.00	7.00	2020.10.15	7.1500	62.24	747.41
124379	PR 许投资	1200.00	7.00	2017.11.15	6.9500	62.00	210.01
124380	PR 曹妃甸	2000.00	7.00	2020.10.15	7.5000	60.20	965.36
124384	PR 雅发投	1500.00	7.00	2020.09.13	7.0000	63.16	510.00
124385	PR 龙岩汇	1100.00	7.00	2020.10.18	7.1000	67.00	240.00

债券信息
List of Bonds

债券
Bond

债券代码 Code	债券简称 Bond Name	发行数量(百万) Issued Vol(M)	年限 Terms	到期日 Expiration Date	票面利率(%) Coupon Rate(%)	本年收盘 Close	成交数量(万) Trading Vol(10000)
124386	PR 新沂债	1500.00	7.00	2020.10.15	7.3900	63.45	223.53
124387	PR 湛基投	1200.00	7.00	2020.10.21	6.9300	60.40	222.94
124388	PR 任城债	600.00	7.00	2020.10.18	7.3000	63.40	205.00
124389	PR 资水务	1800.00	7.00	2020.10.21	7.4000	62.40	756.52
124390	PR 葫岛 01	1400.00	7.00	2020.10.18	7.0500	60.52	18.43
124391	PR 葫岛 02	400.00	10.00	2023.10.18	7.5000	78.70	3.70
124392	PR 荆门投	1600.00	7.00	2020.10.17	7.0000	61.92	463.01
124393	PR 连顺兴	1200.00	7.00	2020.10.18	6.9700	61.10	495.59
124394	PR 永城投	1000.00	7.00	2020.10.23	7.3000	62.80	100.01
124395	PR 堰城投	1600.00	7.00	2020.10.11	6.8800	65.00	0.00
124396	PR 姜发展	800.00	7.00	2020.09.03	7.1000	62.78	280.26
124397	PR 郫国投	1000.00	7.00	2020.10.15	7.2500	62.50	90.00
124398	PR 株城发	2000.00	7.00	2020.10.16	6.9500	60.74	143.44
124399	PR 郴高科	1800.00	7.00	2020.10.21	7.2500	62.10	222.01
124400	PR 渝双福	1200.00	7.00	2020.10.23	7.4900	61.90	273.11
124401	13 冀广网	300.00	8.00	2021.10.23	6.4500	101.50	6.00
124402	PR 丹投 01	800.00	7.00	2020.10.23	6.9000	58.90	136.55
124403	PR 丹投 02	800.00	6.00	2019.10.23	6.8100	50.29	353.84
124404	PR 怀化工	1200.00	7.00	2020.10.29	7.7000	59.80	33.60
124405	PR 宝工债	1000.00	7.00	2020.10.17	7.1000	62.62	168.00
124406	PR 荆经开	400.00	7.00	2020.12.09	8.2000	68.00	0.00
124407	PR 泰州债	1800.00	10.00	2023.10.16	6.9200	83.00	933.29
124408	PR 宛城投	1800.00	7.00	2020.10.24	7.0500	60.07	334.67
124409	PR 宿城投	1000.00	7.00	2020.10.29	6.8800	60.75	218.32
124410	13 国网 03	5000.00	7.00	2020.10.23	5.5000	100.79	1347.77
124411	13 国网 04	5000.00	15.00	2028.10.23	5.7300	113.95	70.00
124412	PR 金利源	1000.00	7.00	2020.10.28	7.0000	60.00	129.82
124413	PR 寿城投	480.00	7.00	2020.10.18	7.1000	62.87	0.00
124415	13 鄂投 01	500.00	10.00	2023.10.28	5.9800	105.07	40.00
124416	13 鄂投 02	2500.00	15.00	2028.10.28	6.1800	123.97	200.00
124417	PR 江高新	950.00	7.00	2020.11.04	7.3900	59.90	137.57
124418	13 永利债	500.00	6.00	2019.10.29	7.5000	98.20	655.06
124419	PR 乌兰察	2000.00	7.00	2017.12.29	7.7000	66.10	290.00
124420	PR 盐国资	1200.00	7.00	2020.09.04	7.0000	62.42	1026.00
124421	PR 海新区	1300.00	7.00	2020.11.04	6.9000	61.42	612.00
124422	PR 崇明债	800.00	6.00	2019.11.06	7.1800	51.50	139.50
124423	PR 宜环科	1000.00	7.00	2020.10.18	7.1000	63.21	160.01
124424	PR 柳东城	1000.00	7.00	2020.10.29	7.4000	61.00	80.00
124425	PR 平国资	1300.00	7.00	2020.11.05	7.2500	67.26	0.00
124426	PR 澄港城	650.00	7.00	2020.11.07	7.1000	61.62	408.98
124427	PR 临河债	1000.00	7.00	2020.11.13	7.9000	60.00	41.84
124428	13 粤垦债	1300.00	6.00	2019.11.15	7.0000	103.40	355.20
124429	PR 亭公投	1000.00	7.00	2020.11.15	7.9500	60.90	244.10
124430	PR 城阳债	1400.00	7.00	2021.03.10	7.0900	83.49	801.13
124431	PR 普兰债	800.00	7.00	2020.11.19	7.6000	61.20	40.26
124432	PR 襄建投	1500.00	7.00	2020.11.11	7.3000	66.60	119.00
124433	PR 沪闵行	1600.00	7.00	2019.10.23	6.4800	41.20	210.00
124434	PR 渝豪江	700.00	7.00	2020.11.22	7.9900	60.00	0.00
124435	PR 邯城投	1800.00	7.00	2020.11.25	7.6000	62.80	498.41
124436	13 海旅业	1000.00	5.00	2018.12.04	7.3100	100.00	0.00

债券信息 List of Bonds

债券 Bond

债券代码 Code	债券简称 Bond Name	发行数量(百万) Issued Vol(M)	年限 Terms	到期日 Expiration Date	票面利率(%) Coupon Rate(%)	本年收盘 Close	成交数量(万) Trading Vol(10000)
124437	PR 津静海	1200.00	7.00	2020.11.26	7.9000	64.50	77.78
124438	PR 冶城投	1000.00	7.00	2020.11.27	7.9500	61.79	413.45
124439	PR 六安 01	600.00	7.00	2020.12.02	8.0000	62.00	160.10
124440	PR 宁德投	800.00	7.00	2020.12.05	7.9900	66.00	180.00
124441	PR 库车 01	500.00	7.00	2020.12.09	7.9500	60.00	215.28
124442	PR 武威 01	500.00	7.00	2020.12.09	8.2000	66.00	80.00
124443	PR 黔投 01	500.00	7.00	2020.12.12	8.3000	62.20	83.53
124444	PR 六安 02	1000.00	7.00	2021.04.17	7.5000	87.00	180.00
124445	PR 泰成兴	800.00	7.00	2020.12.12	8.3000	63.14	246.04
124446	PR 即墨债	800.00	6.00	2019.12.17	8.1000	51.10	132.81
124448	PR 大理 01	400.00	7.00	2020.12.11	8.3000	72.00	20.04
124449	PR 常滨湖	1500.00	7.00	2020.12.12	8.0400	63.75	779.99
124450	PR 周口 01	500.00	7.00	2017.12.21	7.5000	65.76	0.00
124451	PR 濮建债	500.00	7.00	2020.12.11	8.0000	60.00	0.00
124452	PR 府谷债	1200.00	7.00	2020.12.16	8.6900	68.00	568.21
124453	PR 秦开 01	700.00	7.00	2020.12.17	8.0000	60.00	0.00
124454	PR 武清 01	600.00	7.00	2020.12.17	8.0000	63.80	104.00
124455	PR 越都债	1200.00	7.00	2020.12.12	8.2000	64.50	170.00
124456	13 闽投债	1500.00	8.00	2021.04.09	5.3000	99.80	698.49
124457	PR 河池投	1100.00	7.00	2017.09.05	8.5000	82.93	1.75
124458	PR 镇投 01	1200.00	7.00	2020.12.18	7.9000	67.00	874.01
124459	PR 随州 01	300.00	7.00	2020.12.20	8.5000	64.46	110.00
124460	PR 忻州 01	600.00	7.00	2020.12.18	8.5000	66.60	0.00
124461	PR 清远债	1000.00	7.00	2020.12.19	8.2000	61.00	91.40
124462	PR 海财 01	300.00	7.00	2020.12.19	8.5600	65.98	153.99
124463	PR 津住宅	700.00	7.00	2020.12.19	8.0000	61.00	60.96
124464	PR 天易 01	500.00	7.00	2020.12.23	8.0000	65.00	106.00
124465	PR 黄冈 01	1600.00	7.00	2020.12.25	8.6000	63.50	1093.80
124466	PR 邕城投	900.00	7.00	2020.12.26	8.2000	63.54	226.60
124467	PR 锦州 01	1000.00	7.00	2020.12.27	8.5000	61.70	166.90
124468	PR 丰城 01	500.00	7.00	2020.12.30	8.5000	83.25	200.00
124469	PR 格尔木	1400.00	7.00	2020.12.30	8.7000	85.50	0.47
124470	PR 赣开 01	500.00	6.00	2019.12.31	8.1500	83.50	110.00
124471	PR 宁海 01	400.00	7.00	2021.01.02	8.0000	85.00	160.00
124472	PR 海西州	1000.00	7.00	2021.01.02	8.6000	82.00	220.10
124474	PR 怀化 01	300.00	10.00	2017.12.29	8.9900	90.00	0.00
124475	PR 沈湖 01	800.00	7.00	2017.11.15	8.3700	80.00	405.27
124477	PR 滨高新	500.00	7.00	2021.01.10	8.6000	83.40	0.00
124478	PR 仪城发	1000.00	7.00	2021.01.09	8.6000	89.30	0.00
124479	PR 丰投 01	800.00	7.00	2021.01.14	8.6500	83.00	193.96
124480	PR 东台 01	600.00	7.00	2021.01.13	8.6500	80.90	73.32
124481	PR 镇投 02	1000.00	7.00	2021.01.13	8.2000	91.00	646.02
124482	14 京华远	1200.00	5.00	2019.01.16	8.5000	109.24	120.00
124483	09 渝地产	2300.00	10.00	2019.03.03	6.4600	102.40	1241.01
124485	14 苏沿海	700.00	7.00	2021.01.15	7.0000	122.00	219.70
124486	PR 锦开 01	200.00	7.00	2021.01.21	9.1000	85.00	0.76
124487	PR 邵城债	1800.00	7.00	2021.01.17	8.5800	82.00	342.91
124488	PR 吴兴南	1200.00	7.00	2021.01.16	8.7900	80.86	43.36
124489	PR 融强 01	500.00	7.00	2021.01.20	8.6000	80.00	0.00
124490	PR 首开 01	650.00	7.00	2021.01.15	7.1900	80.00	0.00

债券信息
List of Bonds

债券
Bond

债券代码 Code	债券简称 Bond Name	发行数量(百万) Issued Vol(M)	年限 Terms	到期日 Expiration Date	票面利率(%) Coupon Rate(%)	本年收盘 Close	成交数量(万) Trading Vol(10000)
124491	PR 皋开债	1000.00	7.00	2021.01.22	8.3000	83.20	735.80
124492	PR 江夏投	800.00	7.00	2021.01.20	8.9900	87.93	0.35
124493	PR 伊宁债	1500.00	7.00	2021.01.23	8.9000	90.00	123.64
124494	PR 迁安 01	500.00	7.00	2021.01.23	8.8800	80.00	0.00
124495	14 晟晏债	640.00	7.00	2021.01.21	8.9900	101.50	1579.36
124496	PR 丰城 02	800.00	7.00	2021.01.24	8.7000	84.00	478.08
124497	PR 扬化工	800.00	7.00	2021.01.24	8.5800	86.00	0.00
124498	14 金资 01	1000.00	7.00	2021.01.24	6.6600	104.02	0.00
124499	PR 沈湖 02	800.00	7.00	2017.11.15	8.6600	80.00	204.37
124500	PR 鹏铁 02	3000.00	10.00	2024.01.24	6.7500	92.70	152.99
124501	PR 皋沿江	1300.00	7.00	2021.01.24	8.6000	82.50	44.00
124502	PR 宏财 01	1000.00	7.00	2017.11.13	8.9000	84.50	1126.44
124504	PR 鹰投债	1200.00	6.00	2017.02.23	8.1500	51.20	0.00
124505	PR 嘉市镇	900.00	7.00	2021.02.26	7.4500	81.50	3.00
124507	PR 潍滨城	800.00	7.00	2021.02.14	8.5900	87.94	330.00
124508	PR 滕州 02	800.00	7.00	2017.06.29	7.4000	88.65	60.00
124509	PR 湘潭新	1200.00	7.00	2021.02.25	8.1600	88.99	290.00
124510	PR 赣开 02	500.00	6.00	2020.02.19	7.4000	82.60	100.00
124511	PR 赣开投	1000.00	7.00	2021.02.19	7.4300	79.00	113.00
124512	11 三门投	800.00	6.00	2017.03.08	8.2800	102.55	20.00
124513	PR 铜旅游	1500.00	7.00	2021.02.20	8.0000	87.17	566.00
124514	PR 六开债	1600.00	7.00	2021.02.19	7.5000	82.90	50.00
124515	14 云路桥	350.00	6.00	2020.02.21	7.5800	104.00	0.00
124516	PR 泉高新	1000.00	7.00	2018.01.05	7.4000	84.48	290.00
124517	PR 怀化 02	700.00	10.00	2017.12.29	8.1400	95.42	92.75
124518	PR 忻州 02	1000.00	7.00	2021.02.21	7.9000	83.41	195.00
124519	PR 淮新 01	1000.00	7.00	2021.03.04	7.4500	80.00	70.00
124520	PR14 太资	1200.00	7.00	2021.02.27	7.0000	81.20	215.72
124521	PR 泉港债	900.00	7.00	2021.02.25	7.7900	86.50	178.00
124522	PR 连普湾	2500.00	7.00	2021.02.20	7.0900	89.00	530.00
124523	PR 开城投	800.00	7.00	2021.02.24	7.8800	87.94	109.94
124524	PR 黔投 02	1000.00	7.00	2021.02.21	7.8000	82.00	603.88
124525	PR 毕开源	1300.00	7.00	2021.02.25	7.7800	90.00	150.00
124526	PR 邹国投	800.00	7.00	2017.12.29	7.3000	83.51	450.00
124527	PR 榆神债	2300.00	7.00	2021.02.21	8.5000	90.85	60.00
124528	PR 粤云浮	1000.00	7.00	2021.01.15	8.6000	80.00	0.00
124529	PR 泉投建	1000.00	7.00	2017.12.29	7.2200	82.94	250.35
124530	PR 海开 01	700.00	7.00	2021.02.21	7.4900	84.50	40.00
124531	PR 海开 02	500.00	6.00	2020.02.21	7.4000	76.20	207.92
124532	14 甘公 01	2500.00	6.00	2020.02.27	7.0000	104.50	999.85
124533	PR 酒经投	1600.00	7.00	2021.02.26	7.4000	82.09	376.00
124534	PR 渝中债	800.00	7.00	2021.02.26	7.2500	80.20	68.10
124535	PR 眉山资	1400.00	7.00	2021.02.26	7.8400	81.45	237.84
124536	PR 莱开投	1300.00	7.00	2021.02.28	7.0800	83.23	691.00
124537	PR 伊财通	1600.00	7.00	2021.02.28	7.6800	85.20	300.00
124538	PR 麓城投	600.00	7.00	2021.02.27	7.7000	80.00	0.00
124539	PR 富阳 01	500.00	7.00	2017.05.31	7.1000	88.60	280.00
124540	PR 汉车都	2000.00	7.00	2021.02.27	7.1800	84.36	90.00
124541	PR 文城投	1000.00	7.00	2021.02.27	8.1000	82.16	1.93
124542	PR 陆嘴 01	1600.00	5.00	2019.02.25	5.7900	73.00	330.00

债券信息
List of Bonds

债券代码 Code	债券简称 Bond Name	发行数量 (百万) Issued Vol(M)	年限 Terms	到期日 Expiration Date	票面利率(%) Coupon Rate(%)	本年收盘 Close	成交数量(万) Trading Vol(10000)
124543	PR 临港控	1200.00	7.00	2021.02.26	7.7500	81.00	184.40
124544	PR 锦州 02	800.00	7.00	2021.02.25	8.3800	85.00	59.45
124545	PR 双水 01	800.00	6.00	2020.02.26	7.4000	74.97	114.53
124546	PR 丰投 02	800.00	7.00	2021.02.28	7.5000	80.00	110.00
124547	PR 海建债	1000.00	7.00	2021.03.04	7.4500	79.93	280.00
124548	14 裕峰债	900.00	7.00	2021.02.28	7.0800	107.00	145.00
124549	PR 新滨江	1000.00	7.00	2021.03.05	7.6000	82.00	259.99
124550	PR 桃城投	1000.00	7.00	2021.02.24	8.1500	90.90	32.00
124551	PR 长兴经	1300.00	7.00	2021.03.03	7.9900	91.02	290.00
124552	PR 如金鑫	900.00	7.00	2021.03.03	8.0800	84.03	290.00
124553	PR 佳城债	1300.00	7.00	2021.02.26	7.9000	88.00	710.00
124554	PR 威楠科	600.00	7.00	2021.02.28	8.2800	87.99	245.28
124555	PR 余城集	1300.00	7.00	2021.03.03	7.0000	80.98	327.96
124556	PR 余经开	1200.00	7.00	2021.03.03	7.4500	88.32	40.00
124557	PR 天易 02	700.00	7.00	2021.03.03	7.1000	80.00	307.58
124558	14 宏桥 01	1200.00	7.00	2021.03.03	8.6900	102.74	793.39
124559	PR 冶城投	600.00	7.00	2021.03.03	7.3000	83.53	300.00
124560	PR 大理 02	400.00	7.00	2021.03.04	7.9000	85.30	121.00
124561	PR 苏汾湖	1200.00	7.00	2021.02.28	7.4900	80.00	375.74
124562	PR 富蕴资	800.00	6.00	2020.03.05	8.6700	105.99	148.29
124563	PR 吉铁投	1000.00	7.00	2021.03.04	7.1800	81.80	709.29
124564	PR 兴安盟	1300.00	7.00	2021.03.06	8.2000	87.12	123.99
124565	PR 庆投 02	2300.00	7.00	2021.03.05	7.1000	82.50	324.28
124566	PR 潭两型	1200.00	7.00	2021.04.23	7.8900	80.40	64.23
124567	14 扬开发	1000.00	7.00	2021.03.05	7.4000	100.00	0.00
124568	14 株国投	800.00	7.00	2021.02.19	7.3900	104.50	26.44
124569	PR 嘉经投	900.00	7.00	2021.03.05	7.8900	85.17	80.00
124570	PR 首开 02	1000.00	7.00	2021.02.27	6.5000	89.00	282.60
124571	14 高新投	410.00	7.00	2021.03.12	8.5000	112.00	400.00
124572	PR 遂川中	1000.00	7.00	2021.04.21	8.6900	84.50	220.00
124573	PR 龙岩城	800.00	7.00	2021.03.04	7.4500	80.10	23.06
124574	PR 攀国 01	600.00	7.00	2021.03.05	7.6000	80.32	180.00
124575	PR 汕投资	1800.00	10.00	2024.03.04	7.9900	92.00	32.38
124576	11 滇铁投	1000.00	7.00	2018.01.27	5.9800	100.50	314.00
124577	PR 甬广聚	1200.00	7.00	2021.03.06	7.7500	86.30	184.95
124578	PR 青莱西	1000.00	7.00	2021.03.06	7.5000	88.79	0.00
124580	PR 淮开发	1300.00	7.00	2021.03.10	7.3000	87.84	610.00
124581	PR 黄冈 02	400.00	7.00	2021.03.04	7.4500	84.98	60.00
124582	PR 廊经开	1000.00	7.00	2017.12.29	7.9500	85.31	170.00
124583	PR 津房信	1000.00	7.00	2021.03.13	8.5900	80.00	0.00
124584	14 天能 01	400.00	5.00	2019.03.11	7.3100	108.00	298.08
124585	14 南网债	5000.00	10.00	2024.03.19	5.9000	116.00	261.22
124586	PR 陆嘴 02	1000.00	5.00	2019.03.11	5.9800	70.19	348.54
124587	PR 阜阳 01	800.00	7.00	2021.03.13	7.6000	81.67	0.00
124588	PR 济宁债	1800.00	7.00	2021.03.17	7.0500	84.07	309.00
124589	PR 海晋交	900.00	7.00	2021.03.18	8.0000	82.70	41.01
124590	PR 武清 02	2000.00	7.00	2021.03.19	7.1800	88.00	190.00
124591	PR 长土开	1800.00	7.00	2021.03.17	7.3600	80.00	200.00
124592	PR 并国投	2000.00	7.00	2021.03.19	7.2000	86.50	280.00
124593	PR 相城投	1500.00	7.00	2021.03.19	6.9500	82.60	420.01

债券信息
List of Bonds

债券
Bond

债券代码 Code	债券简称 Bond Name	发行数量(百万) Issued Vol(M)	年限 Terms	到期日 Expiration Date	票面利率(%) Coupon Rate(%)	本年收盘 Close	成交数量(万) Trading Vol(10000)
124594	PR 潍东方	1000.00	7.00	2021.03.24	7.7800	81.00	60.09
124595	PR 涪陵债	1200.00	7.00	2021.03.20	7.8900	87.33	0.00
124596	14 长影债	600.00	7.00	2021.03.03	7.2000	107.64	0.00
124597	14 海资 01	800.00	7.00	2021.04.29	8.0000	100.00	0.00
124598	PR 济城投	1600.00	7.00	2021.03.20	6.8000	81.70	619.31
124599	PR 西保 01	1000.00	5.00	2019.03.18	7.3100	70.00	0.00
124600	PR 贵水 01	1000.00	10.00	2024.03.19	8.1000	95.70	34.80
124601	PR 唐城债	1800.00	7.00	2021.02.26	7.1000	87.50	170.00
124602	14 国网 01	5000.00	5.00	2019.03.13	5.6900	100.90	1390.00
124603	14 国网 02	5000.00	15.00	2029.03.13	6.0000	100.00	300.00
124604	PR 富阳 02	800.00	7.00	2017.05.10	7.2000	84.70	423.03
124605	PR 温高 01	600.00	7.00	2021.03.21	7.9500	80.69	116.80
124606	PR 菏泽债	700.00	7.00	2021.03.24	7.1400	90.00	544.01
124607	PR 津环城	1800.00	7.00	2021.03.21	7.2000	88.00	140.02
124608	14 句容福	1200.00	7.00	2021.03.21	7.7000	103.12	22.78
124609	PR 常德投	1700.00	7.00	2021.03.24	7.0000	83.30	790.00
124610	14 云铁投	1400.00	5.00	2019.03.06	7.3000	110.80	135.00
124611	PR 阜阳 02	800.00	7.00	2021.03.21	7.6500	84.89	20.00
124612	PR 永城建	1800.00	7.00	2021.04.02	7.8000	82.19	330.59
124613	PR 长星建	1200.00	8.00	2022.03.25	7.9000	91.00	232.00
124614	14 桂农垦	700.00	7.00	2021.03.18	7.5000	104.00	182.00
124615	PR 昆高新	1500.00	7.00	2021.03.26	7.1000	80.00	210.00
124616	14 鄂交 01	2480.00	10.00	2024.03.27	6.6800	105.55	1039.03
124617	14 鄂交 02	3020.00	10.00	2024.03.27	6.8000	100.00	100.00
124618	14 粤科债	1000.00	10.00	2024.03.25	7.3000	104.57	0.00
124619	PR 中卫建	700.00	7.00	2021.03.26	8.2000	82.11	13.87
124620	PR14 渝黔	1000.00	7.00	2021.03.21	8.0000	82.45	51.45
124621	PR 宣国资	1500.00	7.00	2021.03.27	7.9500	86.00	239.99
124622	PR 钦临海	900.00	7.00	2021.02.20	7.6800	84.77	173.00
124623	PR 穗铁 01	2000.00	10.00	2024.04.02	6.4500	90.00	0.00
124624	PR 盛经 01	800.00	7.00	2021.04.08	8.1900	83.90	20.00
124625	11 宁宝源	400.00	6.00	2017.04.18	7.5500	100.00	62.29
124626	PR 渝豪 02	300.00	7.00	2021.03.06	8.0500	80.00	0.00
124627	PR 青州债	600.00	10.00	2019.05.22	6.5000	19.95	0.68
124628	PR 启东 01	1000.00	7.00	2021.04.04	8.2000	80.90	59.19
124629	PR 苏金灌	1000.00	7.00	2021.04.08	7.9000	82.72	179.82
124630	PR 库城建	1200.00	6.00	2020.05.20	6.9900	82.02	100.00
124631	PR 漕开发	790.00	7.00	2021.04.09	7.2400	88.42	290.00
124632	PR 合桃园	800.00	7.00	2021.04.09	7.8000	84.28	30.00
124633	PR 淄高新	1000.00	7.00	2021.04.11	7.5800	80.01	200.00
124634	PR 牡国资	1800.00	7.00	2021.04.14	7.7000	88.50	160.00
124635	PR 滕州 01	800.00	7.00	2017.06.29	7.6800	83.50	0.00
124636	PR 防城港	1600.00	7.00	2021.04.16	8.0900	84.50	366.98
124637	PR 融强 02	1300.00	7.00	2021.04.14	7.9200	80.99	169.00
124638	PR 信阳债	1200.00	7.00	2021.04.15	7.5500	86.30	440.00
124639	PR14 沭阳	1300.00	7.00	2021.04.14	7.3900	83.28	840.00
124641	PR 江宁开	1000.00	10.00	2024.04.14	7.9400	93.15	120.11
124642	PR 鸠建投	1300.00	7.00	2021.04.14	8.4900	80.00	120.00
124643	14 冀高开	2000.00	7.00	2021.04.15	7.2200	101.70	150.10
124644	PR 沈国资	1000.00	7.00	2017.11.10	7.5500	88.76	100.00

债券信息
List of Bonds

债券
Bond

债券代码 Code	债券简称 Bond Name	发行数量(百万) Issued Vol(M)	年限 Terms	到期日 Expiration Date	票面利率(%) Coupon Rate(%)	本年收盘 Close	成交数量(万) Trading Vol(10000)
124645	PR 临沂债	1200.00	7.00	2021.04.16	7.7000	80.00	60.00
124646	PR 宁经开	1200.00	7.00	2021.04.16	8.2000	85.00	102.90
124647	PR 娄底债	1800.00	7.00	2021.04.15	7.9500	90.31	380.00
124648	PR 郴州债	1700.00	7.00	2021.04.16	7.2900	86.04	60.00
124649	PR14 润城	1300.00	7.00	2021.04.16	7.8800	88.80	169.97
124650	PR 海财 02	700.00	7.00	2021.04.16	8.1700	82.60	65.10
124651	14 杨农发	1100.00	7.00	2021.04.17	7.2000	106.89	150.00
124652	PR 益交投	1400.00	7.00	2021.04.21	7.7700	82.00	102.41
124653	PR 遂河投	1200.00	7.00	2021.04.17	8.3600	87.82	210.00
124654	PR 庆经投	800.00	7.00	2021.04.16	7.9800	79.43	125.52
124655	PR 宁海 02	1000.00	7.00	2021.04.16	7.9900	80.09	242.69
124656	PR 永国投	1000.00	6.00	2020.04.17	8.7800	77.15	425.51
124657	PR 张经投	1000.00	7.00	2021.04.17	7.8000	89.00	21.24
124658	PR14 桂城	900.00	7.00	2021.04.14	7.5900	87.38	0.00
124659	PR 平经开	700.00	7.00	2021.04.17	7.9900	82.50	104.92
124660	PR 桐庐投	700.00	7.00	2021.04.18	8.0900	89.41	0.00
124661	PR 赣四通	1200.00	7.00	2021.04.18	8.2000	80.10	30.39
124662	14 京投债	5000.00	15.00	2029.04.16	6.2500	101.54	944.70
124663	PR 威经开	1000.00	7.00	2021.04.16	7.4500	85.60	0.00
124664	PR 秦开 02	700.00	7.00	2021.04.18	8.4500	84.61	60.00
124665	PR 余交通	1500.00	7.00	2021.04.18	7.1900	81.85	253.00
124666	PR 莱山债	600.00	7.00	2021.04.21	7.4500	83.00	100.00
124667	14 苏元禾	1000.00	7.00	2021.04.21	6.8500	105.31	181.00
124668	14 滇公路	2500.00	6.00	2020.04.24	7.0000	102.00	440.32
124669	PR 西保 02	500.00	5.00	2019.04.18	7.3100	70.00	0.00
124670	PR 蚌高新	600.00	7.00	2021.04.17	8.7000	80.00	0.00
124671	PR 湛新域	800.00	7.00	2021.04.21	8.0000	80.00	0.00
124672	PR 徐开发	1600.00	7.00	2021.04.21	7.3500	80.00	131.62
124673	PR 火炬债	700.00	7.00	2021.04.21	7.4900	84.88	127.00
124674	PR 泰中兴	1500.00	7.00	2021.05.16	7.6000	84.90	47.90
124675	PR 崇川债	1100.00	7.00	2021.04.18	7.1500	85.40	130.00
124676	PR 衢国资	1500.00	7.00	2021.04.21	7.2000	83.42	100.04
124677	PR 乌城建	1000.00	7.00	2021.04.21	8.1900	79.98	66.49
124678	PR 宁开控	500.00	7.00	2021.04.21	7.0900	89.00	110.00
124679	PR 宜经开	1600.00	7.00	2021.04.18	7.6900	90.19	160.00
124680	PR 普兰 02	700.00	7.00	2021.04.21	7.7400	82.40	50.00
124681	PR 徐高新	1300.00	7.00	2021.04.22	7.8600	91.50	20.00
124682	PR 宝高新	400.00	7.00	2021.04.21	8.2500	80.00	40.00
124683	PR 周口 02	1000.00	7.00	2017.12.21	7.4900	82.98	0.00
124684	PR 新城基	1800.00	7.00	2021.04.21	7.5000	87.70	150.00
124685	PR 临淄债	1000.00	7.00	2021.04.22	7.5500	84.30	207.00
124686	PR 昌平债	2000.00	7.00	2021.04.22	6.7400	80.65	124.52
124687	PR 南化债	1100.00	7.00	2021.04.21	8.2800	91.20	131.00
124688	PR 潜城投	1500.00	7.00	2021.04.22	8.3800	84.88	95.38
124689	PR 雨城投	1800.00	7.00	2021.04.18	7.1700	84.00	550.00
124690	14 中电建	2000.00	5.00	2019.04.23	5.7000	101.48	35.75
124691	PR 宏财 02	500.00	7.00	2017.11.13	8.4900	89.50	294.96
124692	PR 嘉公路	800.00	7.00	2021.04.23	6.8000	87.30	160.00
124693	PR 新凯迪	900.00	7.00	2021.04.22	7.8000	85.00	310.00
124694	PR 克投债	1400.00	7.00	2021.04.22	7.1500	80.63	50.00

债券信息
List of Bonds

债券
Bond

债券代码 Code	债券简称 Bond Name	发行数量(百万) Issued Vol(M)	年限 Terms	到期日 Expiration Date	票面利率(%) Coupon Rate(%)	本年收盘 Close	成交数量(万) Trading Vol(10000)
124695	PR 广元控	1000.00	7.00	2021.04.22	7.3000	82.52	332.05
124696	PR 东台 02	1200.00	7.00	2021.04.23	7.5800	88.48	40.00
124697	PR 马城投	1500.00	7.00	2021.04.24	7.1400	85.50	150.00
124698	PR 奉化债	1000.00	7.00	2021.04.24	7.8000	90.23	0.00
124699	PR 汇通债	800.00	6.00	2020.04.25	8.3000	75.00	70.00
124700	PR 内江投	1800.00	7.00	2021.04.24	7.9900	88.53	830.00
124701	PR 临开债	1000.00	7.00	2021.04.23	7.9000	84.00	20.00
124702	PR 衡水投	1300.00	7.00	2021.04.23	7.4000	84.70	210.00
124703	PR 蓉隆博	700.00	7.00	2021.04.24	8.1000	79.90	74.84
124704	PR 武威 02	800.00	7.00	2021.04.24	8.2000	87.42	550.01
124705	PR 库车 02	700.00	7.00	2021.04.25	7.4500	83.00	31.80
124706	PR 巴国资	500.00	7.00	2021.04.25	8.5000	83.40	129.45
124707	PR 渝江 01	2000.00	7.00	2021.04.25	6.7000	89.79	668.99
124708	14 兖微 01	500.00	6.00	2017.04.28	8.0000	103.06	200.00
124709	PR 安吉债	1400.00	7.00	2021.04.24	8.3000	84.57	0.00
124710	PR 兴展债	2600.00	7.00	2021.04.24	6.6600	80.57	603.47
124711	PR 象山债	1800.00	7.00	2021.04.25	7.9500	81.28	169.22
124712	PR 并经开	700.00	7.00	2021.04.24	7.4300	80.00	190.00
124713	PR 黔铁投	1700.00	10.00	2024.04.23	7.5000	90.30	190.33
124714	14 鲁国集	600.00	6.00	2020.04.25	7.5000	101.42	256.55
124715	PR 四平债	1300.00	7.00	2021.04.25	8.1000	79.70	468.84
124716	PR 宁国债	1300.00	7.00	2021.04.28	8.7000	92.00	453.53
124717	PR 姜鑫源	1000.00	6.00	2020.04.23	8.5000	78.70	139.59
124718	PR 乌房债	700.00	7.00	2021.04.25	7.2700	87.80	80.00
124719	PR 鞍新 02	450.00	7.00	2021.04.25	8.3900	85.45	319.00
124720	14 电投 01	2000.00	15.00	2029.04.24	6.1000	100.00	0.00
124721	PR 青海创	1000.00	7.00	2021.04.25	6.8800	81.50	150.20
124722	PR 包滨河	800.00	7.00	2021.04.23	7.7000	83.00	29.73
124723	PR 启东 02	800.00	7.00	2021.04.28	7.9000	81.15	36.18
124724	PR 富山居	1500.00	7.00	2021.04.28	7.7000	89.00	161.00
124725	PR 曲开投	1500.00	7.00	2021.04.28	7.4800	82.55	122.01
124726	PR 德高新	1200.00	7.00	2021.04.28	7.9000	88.26	60.00
124727	PR 渝保税	1500.00	7.00	2021.04.24	7.5000	83.20	92.00
124728	PR 左旗债	800.00	7.00	2021.04.28	8.6000	81.91	160.10
124729	PR 兰新控	600.00	7.00	2021.04.29	8.3000	84.00	163.86
124730	PR 长交 01	600.00	7.00	2021.04.30	7.8800	90.30	32.00
124731	PR 朝建投	1000.00	7.00	2021.04.28	7.5800	85.00	20.00
124732	PR 渝高开	2300.00	7.00	2021.04.25	7.8000	90.80	0.00
124733	PR 开发投	1800.00	7.00	2017.12.29	7.2400	84.37	350.00
124734	PR 随州 02	1200.00	7.00	2021.04.30	8.4000	86.10	140.14
124735	PR 合建投	4500.00	10.00	2024.04.29	7.2000	93.15	724.65
124736	PR 柳龙投	1800.00	10.00	2024.04.30	8.2800	92.20	142.85
124737	PR 虞交公	2300.00	7.00	2021.04.29	7.0000	87.00	130.00
124738	PR 安发投	1200.00	7.00	2021.05.12	7.4300	87.00	866.00
124739	PR 西塞山	1000.00	7.00	2021.04.29	7.8000	80.00	0.00
124740	PR 青经开	500.00	7.00	2021.04.30	6.8700	80.00	0.00
124741	PR 辽鑫诚	1300.00	7.00	2017.11.15	8.1000	83.05	307.76
124742	PR 贵水 02	1400.00	10.00	2024.05.08	8.0500	98.90	100.00
124743	PR 银城投	1800.00	7.00	2021.05.12	6.8800	79.95	561.91
124744	PR 萧经开	1300.00	7.00	2021.05.13	6.9000	80.10	500.68

债券信息 List of Bonds

债券 Bond

债券代码 Code	债券简称 Bond Name	发行数量(百万) Issued Vol(M)	年限 Terms	到期日 Expiration Date	票面利率(%) Coupon Rate(%)	本年收盘 Close	成交数量(万) Trading Vol(10000)
124745	PR 武安债	1100.00	7.00	2021.05.14	7.9900	83.60	250.69
124746	PR 贺城投	1000.00	7.00	2021.05.16	8.1600	83.00	499.10
124747	PR 太仓港	1200.00	7.00	2021.04.28	7.4000	80.00	40.00
124748	PR 铜示范	700.00	7.00	2021.05.13	7.3000	87.18	190.00
124749	PR 仁城投	1400.00	7.00	2021.05.16	8.0900	82.21	298.00
124750	PR 宜春投	1600.00	7.00	2021.05.15	7.0900	83.47	580.00
124751	PR 徐高铁	2400.00	7.00	2021.05.15	7.0900	86.00	60.00
124752	PR 文金滩	1000.00	7.00	2021.05.15	6.9900	83.00	560.36
124753	14 海控 01	1200.00	7.00	2021.05.16	6.4800	113.00	130.00
124754	PR 荥城投	800.00	7.00	2017.10.12	8.1000	82.52	100.12
124755	14 合工微	500.00	4.00	2018.04.30	7.3000	100.01	420.00
124756	14 紫微 01	600.00	3.00	2017.05.15	6.0000	100.90	40.00
124757	PR 鄂城 01	800.00	7.00	2021.05.15	7.7600	86.50	80.00
124758	PR 吉安债	1200.00	7.00	2021.05.15	6.9600	83.75	191.00
124759	PR 威新区	800.00	7.00	2021.05.19	6.8700	82.15	310.00
124760	PR 余城投	1500.00	7.00	2021.05.19	7.0900	88.16	130.00
124761	14 深业团	2400.00	7.00	2021.05.21	6.2000	103.00	1157.24
124762	PR 萍昌盛	500.00	7.00	2021.05.22	8.1800	89.34	150.00
124763	PR 昆交发	1800.00	7.00	2021.05.22	6.9500	85.45	300.00
124764	PR 蔡家湖	1200.00	7.00	2021.05.21	7.5000	83.00	480.00
124765	PR 醴陵投	700.00	7.00	2021.05.22	8.1000	82.00	234.19
124766	PR 景洪投	1000.00	7.00	2021.05.23	8.0800	81.90	210.63
124767	PR 郑二七	900.00	7.00	2017.10.31	7.1000	88.50	250.00
124768	PR 云城投	700.00	7.00	2021.05.23	6.7700	81.20	780.81
124769	PR 合力 01	1000.00	7.00	2021.05.27	6.8700	87.50	468.00
124770	PR 合力 02	800.00	7.00	2021.05.27	7.1000	87.52	160.00
124771	PR 亳建投	1800.00	7.00	2021.05.23	6.8500	86.50	760.01
124772	PR 当阳债	1200.00	7.00	2021.05.23	7.9900	83.35	14.10
124773	PR 温高 02	1200.00	7.00	2021.05.30	7.3000	87.44	40.00
124774	PR 通辽债	1700.00	7.00	2021.05.26	7.2900	86.10	60.00
124775	PR 新余东	1200.00	7.00	2021.05.27	8.4800	87.00	603.39
124776	PR 绿地债	2000.00	6.00	2020.05.23	6.2400	73.40	1266.26
124777	PR 茂交投	1000.00	7.00	2021.05.28	6.9000	86.31	75.00
124778	PR 蔡甸投	800.00	7.00	2021.05.28	7.2400	40.50	540.00
124779	PR 银开发	800.00	8.00	2022.05.28	8.1500	92.00	708.73
124781	PR 渝江 02	2000.00	7.00	2021.09.16	5.8800	80.73	2285.46
124782	PR 遵国资	2000.00	7.00	2021.05.28	6.9500	82.00	109.98
124783	PR 绍袍江	1000.00	7.00	2021.05.29	6.9800	83.90	379.60
124785	PR 青宏源	1000.00	7.00	2021.05.29	7.5900	87.50	40.00
124786	PR 苏海集	1300.00	7.00	2021.05.29	7.2800	85.00	30.00
124787	PR 荣经债	1200.00	7.00	2021.05.29	6.7500	83.65	680.00
124788	PR 宣北山	600.00	7.00	2021.06.17	8.6000	80.00	60.00
124789	PR 海东投	1200.00	7.00	2021.05.30	7.7500	86.26	230.00
124790	PR 陶都债	1200.00	7.00	2021.05.28	7.6000	83.50	212.01
124791	PR 孝城投	1600.00	7.00	2021.05.29	6.8900	80.08	143.99
124792	PR 桓台债	1000.00	7.00	2021.05.28	7.7900	86.40	295.00
124793	PR 合新 01	1000.00	7.00	2021.05.21	7.2700	83.41	60.00
124794	PR 合新 02	500.00	10.00	2024.05.21	7.9000	98.00	60.00
124795	PR 渝惠通	1800.00	7.00	2021.05.30	7.2800	81.60	130.01
124796	PR 襄高投	600.00	7.00	2021.05.29	7.0000	83.38	63.50

债券信息
List of Bonds

债券
Bond

债券代码 Code	债券简称 Bond Name	发行数量(百万) Issued Vol(M)	年限 Terms	到期日 Expiration Date	票面利率(%) Coupon Rate(%)	本年收盘 Close	成交数量(万) Trading Vol(10000)
124797	14 十二师	800.00	7.00	2021.06.03	6.6800	97.35	60.29
124799	PR 京鑫融	1000.00	7.00	2021.05.30	6.6000	84.87	30.00
124800	PR 金城债	1200.00	7.00	2021.04.28	6.8800	80.90	191.05
124801	PR 恩城投	1100.00	7.00	2021.06.03	7.5000	87.54	500.00
124802	PR 保山债	1800.00	7.00	2021.05.28	7.7900	87.00	1.00
124803	PR 津宁投	1500.00	7.00	2021.05.30	7.0000	87.50	20.00
124804	PR 津南债	1800.00	7.00	2021.06.03	6.5000	80.50	1932.04
124805	PR 穗铁 02	3000.00	10.00	2024.06.03	6.0500	94.10	1110.00
124806	PR 渝园业	800.00	7.00	2021.06.03	8.4500	80.00	0.00
124807	PR 金国发	600.00	7.00	2021.05.30	6.8500	80.00	0.00
124808	PR 唐丰南	2000.00	7.00	2021.05.30	7.2300	88.96	238.00
124809	PR 龙国投	2000.00	7.00	2021.05.30	6.9000	86.00	102.00
124810	PR 一师鑫	1000.00	8.00	2022.06.16	6.8000	91.00	80.00
124811	PR 滇投 02	1800.00	7.00	2018.01.05	6.6500	82.17	207.15
124812	PR 长交 02	600.00	7.00	2021.06.16	6.7500	80.93	29.50
124813	PR 井开债	800.00	7.00	2021.06.03	7.9900	82.45	60.00
124814	14 郑投控	720.00	7.00	2021.07.18	6.8000	103.52	60.00
124815	14 天瑞 02	1000.00	10.00	2024.06.25	8.5000	90.90	1463.22
124816	PR 顺德投	1800.00	7.00	2021.06.18	6.8000	80.00	140.00
124817	14 北国资	1600.00	10.00	2024.06.25	5.9000	116.00	392.80
124818	PR 德源债	1000.00	7.00	2021.06.16	6.5000	82.25	200.00
124819	PR 渝旅开	700.00	7.00	2021.06.19	7.1000	80.00	0.00
124820	PR 济高债	800.00	7.00	2021.06.19	6.3800	83.90	354.00
124821	PR 百色投	700.00	7.00	2021.06.20	7.2700	81.00	1.09
124822	PR 合滨投	2000.00	5.00	2019.06.13	6.3500	70.00	121.40
124823	PR 池金桥	950.00	7.00	2021.06.16	7.7000	88.79	0.00
124824	14 金桥棚	700.00	7.00	2021.06.19	6.8800	103.27	250.00
124827	PR 普国资	1700.00	8.00	2022.06.20	7.1800	90.01	696.00
124828	PR 日经开	900.00	7.00	2021.06.17	6.5300	81.71	90.00
124829	PR 孝高 01	800.00	7.00	2021.06.23	7.4300	92.72	300.00
124830	14 桂铁投	1000.00	10.00	2024.06.18	6.8900	109.90	338.48
124831	PR 崇建设	1000.00	6.00	2020.06.13	6.4000	77.85	370.00
124832	PR 睢宁润	1200.00	7.00	2021.06.25	7.1000	83.00	46.54
124833	PR 如东泰	1100.00	7.00	2021.06.20	6.9900	85.90	200.00
124834	PR 德城投	1800.00	7.00	2017.11.09	6.4800	82.70	228.51
124835	PR 渝南债	1500.00	7.00	2021.06.17	7.0500	82.47	287.86
124836	PR 大石桥	1000.00	7.00	2021.06.23	7.4000	85.60	100.00
124837	PR 赤城投	800.00	7.00	2021.06.19	7.0700	81.78	391.00
124839	PR 滨新塘	1300.00	7.00	2021.06.30	6.7400	78.55	211.51
124840	PR 漳九龙	700.00	7.00	2021.06.20	6.4800	86.25	98.50
124841	14 清微 01	500.00	4.00	2018.06.19	7.1900	100.70	315.00
124842	PR 神木债	1500.00	7.00	2021.06.23	7.2800	80.69	80.38
124843	PR 宏河债	360.00	7.00	2021.06.23	8.5000	84.00	0.00
124844	PR 遵汇投	1000.00	7.00	2021.06.25	7.8500	89.30	295.48
124845	PR 晋开发	800.00	7.00	2021.06.27	7.0800	78.80	54.18
124846	PR 瘦西湖	1000.00	7.00	2021.06.25	6.8000	80.00	30.00
124847	PR 济源建	1000.00	7.00	2017.12.07	7.4500	80.00	60.00
124848	PR 元国资	1000.00	7.00	2021.08.15	7.2200	89.30	40.00
124849	PR 辽沿海	2200.00	7.00	2021.04.01	8.9000	43.64	120.00
124850	PR 合川投	1600.00	7.00	2021.07.07	7.3000	83.43	190.00

债券信息 List of Bonds

债券 Bond

债券代码 Code	债券简称 Bond Name	发行数量(百万) Issued Vol(M)	年限 Terms	到期日 Expiration Date	票面利率(%) Coupon Rate(%)	本年收盘 Close	成交数量(万) Trading Vol(10000)
124851	PR 梧东泰	1000.00	7.00	2021.03.25	8.1400	83.00	103.18
124852	PR 冀渤海	1000.00	6.00	2020.06.30	6.9000	75.78	40.00
124853	PR 淄博债	2300.00	7.00	2021.07.09	6.4500	82.40	183.62
124854	PR 喀什深	1000.00	6.00	2020.07.07	7.0800	75.20	203.96
124855	PR 淮城投	1800.00	7.00	2021.07.09	6.7900	81.65	380.00
124856	PR 常房债	1100.00	7.00	2021.07.02	6.6400	80.00	10.00
124857	PR 临桂新	1000.00	7.00	2021.06.13	6.9000	80.00	30.00
124858	PR 黄海港	1200.00	7.00	2021.07.07	7.1700	81.80	23.85
124859	14 柳暂停	900.00	7.00	2021.07.03	6.9500	91.89	881.29
124860	PR 汤建投	800.00	7.00	2021.06.30	6.8000	86.80	270.00
124861	11 冀渤海	1000.00	6.00	2017.05.23	7.8500	100.00	0.00
124862	PR 台基投	1800.00	7.00	2021.07.11	6.5300	83.60	95.00
124863	PR 沂科技	1500.00	7.00	2021.07.14	7.4900	82.00	293.87
124864	PR 兴城建	1200.00	6.00	2020.07.15	7.3600	75.00	120.00
124865	PR 奎屯润	800.00	6.00	2020.07.10	7.1500	75.00	150.00
124866	PR 南二建	750.00	7.00	2021.07.10	8.1000	81.00	615.88
124868	14 冀融投	1500.00	7.00	2021.07.08	6.7600	0.00	703.68
124869	PR 渝长寿	700.00	7.00	2021.07.15	7.2000	80.00	0.00
124870	PR 嵊投控	1000.00	7.00	2021.07.17	7.6000	83.46	100.70
124871	14 绿国资	600.00	7.00	2021.07.16	6.7000	101.50	10.00
124872	PR 杭拱墅	600.00	7.00	2021.07.21	6.9000	83.50	499.98
124873	PR 盛经 02	700.00	7.00	2021.08.25	6.9500	85.00	150.00
124874	PR 哈密 01	1000.00	7.00	2021.07.14	6.6300	82.00	101.98
124875	PR 哈密 02	500.00	7.00	2021.07.14	6.8700	81.62	240.00
124876	PR 郑高新	1400.00	7.00	2017.12.01	7.0000	89.42	200.00
124877	PR 莱国资	1300.00	7.00	2021.07.23	7.0000	83.00	140.00
124878	PR 苏高新	1000.00	7.00	2021.07.22	6.2000	87.50	100.00
124879	PR 淮新 02	600.00	7.00	2021.07.28	6.9500	87.50	90.00
124880	PR 曲经开	1700.00	7.00	2021.07.21	7.4800	81.50	149.56
124881	PR 安经债	1000.00	7.00	2017.12.29	8.3500	83.38	188.50
124882	PR 江北嘴	1000.00	7.00	2021.07.21	6.5000	85.00	100.00
124883	PR 西微债	1500.00	7.00	2021.07.25	6.5800	82.33	2.00
124884	PR 双水 02	1000.00	6.00	2020.07.30	6.9200	74.50	222.64
124885	PR 临城建	1000.00	7.00	2021.08.01	6.9400	88.50	200.00
124886	PR 长农建	1100.00	7.00	2021.07.25	7.0000	81.79	119.91
124887	PR 城南投	1600.00	7.00	2021.07.30	6.7000	87.80	160.00
124888	PR 邹城债	1400.00	7.00	2021.08.01	6.9900	81.18	722.95
124889	PR 定国资	1200.00	7.00	2021.08.04	7.1300	85.00	202.98
124890	14 甘电停	1000.00	10.00	2024.08.05	6.4000	100.00	0.00
124891	PR 株高 01	1000.00	7.00	2021.08.11	6.9500	84.32	150.00
124892	14 株高 02	1000.00	7.00	2022.04.17	6.3800	100.00	0.00
124893	PR 文登债	1200.00	7.00	2021.07.28	6.9900	80.00	46.00
124894	14 海资 02	1000.00	7.00	2021.08.08	8.0000	97.99	140.72
124895	PR 筑经开	900.00	7.00	2017.12.15	6.4700	82.58	414.00
124896	14 北港债	900.00	7.00	2021.07.30	6.2900	101.30	62.00
124897	PR 津广投	1500.00	7.00	2021.07.24	7.4500	89.00	160.00
124898	PR 津水务	1000.00	7.00	2021.07.28	6.6000	81.80	0.00
124899	PR 穗铁 03	3000.00	10.00	2024.08.11	6.0000	91.30	446.57
124900	PR 滨城区	1000.00	7.00	2021.07.29	6.7400	88.50	140.00
124901	PR 虞城建	1800.00	7.00	2021.08.07	6.8000	85.00	640.00

债券信息
List of Bonds

债券
Bond

债券代码 Code	债券简称 Bond Name	发行数量(百万) Issued Vol(M)	年限 Terms	到期日 Expiration Date	票面利率(%) Coupon Rate(%)	本年收盘 Close	成交数量(万) Trading Vol(10000)
124902	14 陕交建	1300.00	10.00	2024.07.31	6.3500	106.20	0.00
124903	PR 鹤投资	900.00	7.00	2021.08.01	7.8800	83.26	480.00
124904	PR 连旅泰	1200.00	7.00	2021.08.08	7.0000	83.30	20.00
124905	PR 登封债	600.00	6.00	2017.12.29	7.7900	79.00	0.00
124906	PR 迁安 02	500.00	7.00	2021.08.11	7.1900	80.00	50.00
124907	PR 芜宜居	2300.00	7.00	2021.08.11	6.4500	85.50	408.00
124908	PR 靖江港	800.00	7.00	2021.08.05	7.3000	88.68	230.00
124909	14 超威债	600.00	6.00	2020.08.14	7.9800	104.00	187.84
124910	PR 石景山	1000.00	7.00	2021.08.18	6.0800	83.87	520.00
124911	PR 北辰债	1500.00	7.00	2021.08.20	6.8700	87.00	50.00
124912	PR 锦城 02	1000.00	7.00	2021.08.18	6.4400	84.91	20.00
124913	PR 绍交投	1500.00	7.00	2021.08.20	6.4000	85.26	54.00
124914	PR 慈建投	1200.00	7.00	2021.08.18	6.1800	88.80	350.00
124915	14 宏桥 02	1100.00	7.00	2021.08.21	7.4500	100.77	1730.99
124916	PR 新开元	1200.00	7.00	2021.08.12	7.4300	84.00	403.65
124917	PR 沣西债	1200.00	7.00	2021.08.15	6.8500	85.50	163.16
124918	PR 沪南汇	1500.00	7.00	2021.08.20	6.0400	80.00	371.00
124919	PR 安城投	1000.00	6.00	2020.08.22	7.3500	78.30	40.40
124920	PR 龙海投	800.00	7.00	2021.08.15	6.5800	83.43	30.00
124921	PR 浏阳债	1500.00	7.00	2021.08.22	6.9800	81.00	449.85
124923	PR 胶城投	1500.00	7.00	2021.08.21	6.2000	80.00	40.00
124924	PR 白沙投	1200.00	7.00	2021.08.22	6.8700	84.50	0.00
124925	PR 金湖资	700.00	7.00	2021.08.25	7.7500	86.95	60.00
124926	PR 阜宁债	1200.00	7.00	2021.08.15	7.1900	82.70	250.08
124927	PR 玉溪投	1900.00	7.00	2021.08.26	6.5800	80.00	350.00
124928	PR 九龙债	900.00	7.00	2021.08.19	6.6000	79.50	273.23
124929	PR 巴南 01	500.00	7.00	2021.08.20	7.0000	85.50	230.00
124930	PR 堰城债	1500.00	7.00	2021.08.20	6.5800	80.00	60.00
124931	09 晋交投	2000.00	10.00	2019.08.05	5.8000	98.50	300.44
124932	PR 阿克苏	1700.00	7.00	2021.08.25	6.7400	77.95	193.05
124933	PR 揭城投	1600.00	7.00	2021.08.27	6.5500	78.37	93.32
124934	PR 渝港投	1300.00	7.00	2021.08.21	6.8400	80.62	0.00
124935	14 冀建投	2000.00	11.00	2025.09.01	5.6900	119.99	144.01
124936	PR 天门债	1000.00	7.00	2021.08.28	8.2000	85.16	70.00
124937	PR 湖中兴	1100.00	7.00	2021.08.28	6.4800	82.38	156.00
124938	PR 郴百福	1800.00	7.00	2021.08.28	6.5400	81.68	203.76
124939	PR 蒙盛祥	700.00	7.00	2021.08.21	8.1800	84.00	201.18
124940	PR 滁州债	1400.00	7.00	2021.08.22	6.4000	80.00	120.00
124941	PR14 钦滨	1000.00	7.00	2021.07.07	6.9900	80.00	470.00
124942	PR 南绿港	500.00	7.00	2021.06.27	7.3000	84.80	176.00
124943	PR 兰国投	700.00	7.00	2021.09.10	6.3200	74.90	150.00
124944	PR 广建设	800.00	7.00	2021.08.26	8.3500	87.00	188.00
124945	PR 石狮投	1500.00	7.00	2021.08.27	6.9000	85.50	120.00
124946	14 保利集	2800.00	5.00	2019.09.04	5.5000	100.50	777.20
124947	PR 西港债	900.00	7.00	2021.09.23	7.9000	82.28	38.10
124948	14 金资 02	1500.00	7.00	2021.09.05	5.5500	100.50	298.04
124949	PR 随建投	1000.00	7.00	2021.09.02	7.1800	80.50	0.00
124950	14 登电债	350.00	6.00	2020.09.01	6.6100	102.00	108.00
124951	PR 威中城	1200.00	7.00	2021.09.09	6.5500	82.10	184.00
124952	PR 马高新	1200.00	7.00	2021.09.09	6.8500	83.00	130.00

债券信息
List of Bonds

债券代码 Code	债券简称 Bond Name	发行数量(百万) Issued Vol(M)	年限 Terms	到期日 Expiration Date	票面利率(%) Coupon Rate(%)	本年收盘 Close	成交数量(万) Trading Vol(10000)
124953	09 宁城建	2600.00	10.00	2019.08.25	5.8500	104.00	738.34
124956	PR 锑都债	1200.00	7.00	2021.08.27	7.1800	85.10	332.86
124957	PR 滨投债	800.00	7.00	2021.09.11	6.3900	80.00	20.00
124958	PR 九富和	1200.00	6.00	2020.09.01	7.0400	78.00	267.70
124959	PR 仁寿债	1200.00	7.00	2021.09.05	8.6600	83.00	201.62
124960	PR 胶发展	1150.00	7.00	2021.09.18	6.3300	81.80	311.09
124961	PR 苏望涛	1000.00	6.00	2020.09.15	6.8200	75.65	158.69
124962	PR 武经开	800.00	7.00	2021.09.12	6.6500	78.75	51.51
124963	PR 广安经	1000.00	7.00	2021.09.22	7.1000	82.51	520.00
124964	PR 自高投	1000.00	7.00	2021.10.23	5.7300	84.99	205.30
124965	PR 济西投	2000.00	7.00	2021.09.15	6.0000	79.60	1140.92
124966	14 京国资	4500.00	15.00	2029.09.16	5.2800	100.00	140.02
124967	PR 昌经债	1000.00	7.00	2021.09.09	7.5800	82.58	166.00
124968	PR 盐东投	1200.00	7.00	2021.09.15	6.4800	78.10	34.04
124969	PR 醴陵资	300.00	7.00	2021.09.05	7.1800	85.23	0.00
124970	PR 杭地铁	5000.00	10.00	2024.09.17	5.9700	91.38	1675.64
124971	PR 宜国投	1100.00	7.00	2021.09.17	7.2500	83.60	160.00
124972	PR 安高债	900.00	7.00	2021.09.17	8.7800	87.00	230.00
124973	PR 宣建债	900.00	7.00	2021.09.22	7.9500	86.00	70.00
124974	PR 泸纳债	800.00	7.00	2021.09.11	7.1700	78.00	242.53
124975	PR 溧经开	1200.00	7.00	2021.09.22	6.2700	82.48	211.00
124976	PR 张掖债	1100.00	7.00	2021.09.22	6.9200	88.10	220.00
124977	14 天瑞 03	1500.00	7.00	2021.10.16	8.0000	95.84	4279.14
124978	PR 新密债	1000.00	7.00	2017.10.31	7.2800	86.90	144.00
124979	PR 陂城投	1200.00	7.00	2021.09.17	6.4300	83.02	550.00
124980	14 抚微 01	600.00	4.00	2017.08.23	6.3000	102.22	20.00
124981	PR 嘉峪关	1000.00	7.00	2021.09.23	7.8300	80.00	0.00
124982	PR 高安 01	700.00	7.00	2021.09.16	8.3500	80.00	0.00
124983	PR 孝高 02	800.00	7.00	2021.09.22	6.8700	86.69	380.00
124984	PR 鄂城 02	700.00	7.00	2021.09.19	6.6800	81.56	132.00
124985	14 兖微 02	300.00	6.00	2017.09.28	6.3800	101.21	420.00
124986	PR 建开债	1300.00	7.00	2021.09.25	7.2900	82.75	1028.70
124987	PR 昆经开	1200.00	7.00	2021.09.25	6.4700	81.80	317.00
124988	14 闽投债	1500.00	7.00	2021.10.16	5.1000	101.43	224.07
124989	14 三星 01	300.00	7.00	2021.09.22	9.0000	103.24	190.00
124999	13 武续债	2300.00	5.00	2018.10.29	8.5000	102.80	1553.56
125196	13 渝大足	300.00	3.00	2017.01.24	10.5000	99.94	0.00
125199	13 运河 01	200.00	3.00	2017.01.15	8.8000	100.00	0.00
125200	13 龙腾 01	30.00	3.00	2017.01.22	12.0000	100.00	0.00
125201	13 振富 01	30.00	3.00	2017.03.03	11.5000	100.00	0.00
125205	13 锦汇 01	100.00	3.00	2017.01.15	8.5000	99.98	0.00
125208	13 东太债	30.00	3.00	2017.01.20	11.0000	99.50	0.00
125209	13 德感 02	150.00	3.00	2017.01.08	8.5000	99.97	0.00
125210	13 运河 02	250.00	3.00	2017.01.22	8.8000	100.00	0.00
125214	PR 太湖 01	200.00	3.00	2017.01.22	9.3000	50.00	0.00
125215	13 洪泽 01	150.00	3.00	2017.01.22	9.5000	100.00	0.00
125216	13 淮软 02	90.00	3.00	2017.01.23	10.0000	100.29	0.00
125217	13 贾汪 01	144.00	3.00	2017.01.24	11.0000	98.39	0.00
125218	13 恩龙债	50.00	3.00	2017.01.23	8.0000	100.00	0.00
125219	13 易特 01	300.00	3.00	2017.01.28	10.0000	99.99	0.00

债券信息 List of Bonds

债券 Bond

债券代码 Code	债券简称 Bond Name	发行数量(百万) Issued Vol(M)	年限 Terms	到期日 Expiration Date	票面利率(%) Coupon Rate(%)	本年收盘 Close	成交数量(万) Trading Vol(10000)
125223	14 帝达 01	50.00	3.00	2017.01.29	8.4300	101.30	0.00
125226	14 新昌印	100.00	3.00	2017.03.25	8.2000	100.00	0.00
125227	14 渝南水	200.00	3.00	2017.02.26	9.5000	99.97	0.00
125228	13 新沂 01	110.00	3.00	2017.02.27	10.3000	99.82	0.00
125229	14 帝达 02	50.00	3.00	2017.02.21	8.3500	101.52	0.00
125230	14 浏水投	300.00	3.00	2017.02.27	8.5000	100.00	0.00
125232	13 新宇 01	50.00	3.00	2017.03.17	9.5000	100.00	0.00
125235	13 易特 02	200.00	3.00	2017.02.26	10.0000	100.05	0.00
125236	14 涟水 01	220.00	3.00	2017.02.13	10.0000	100.00	0.00
125237	13 金凤 01	300.00	3.00	2017.03.03	10.5000	99.97	0.00
125238	14 涟水 02	80.00	3.00	2017.02.27	10.0000	100.00	0.00
125242	14 柳物流	200.00	3.00	2017.02.17	11.8000	99.88	0.00
125245	14 鲁众冠	50.00	3.00	2017.03.07	8.2000	100.00	0.00
125246	13 浐灞债	200.00	3.00	2017.02.27	9.0000	100.00	0.00
125247	PR 太湖 02	300.00	3.00	2017.03.07	11.0000	49.72	10.00
125251	13 神润 01	30.00	3.00	2017.03.21	9.0000	99.98	0.00
125252	14 京神雾	200.00	3.00	2017.03.17	7.5000	99.85	0.00
125253	14 天源 01	200.00	3.00	2017.03.21	11.0000	99.89	8.00
125254	13 中科 02	24.00	3.00	2017.03.10	10.7000	100.00	0.00
125255	13 盐交 01	240.00	3.00	2017.03.25	10.0000	99.91	0.00
125256	13 启临海	150.00	3.00	2017.03.28	10.5000	100.00	0.00
125257	PR 济碳 01	300.00	3.00	2017.03.21	6.6500	40.00	0.00
125258	13 西路桥	100.00	3.00	2017.03.25	8.7000	100.00	0.00
125261	13 金凤 02	200.00	3.00	2017.04.09	10.5000	99.92	0.00
125265	13 惠泽债	200.00	3.00	2017.04.21	10.5000	99.97	0.00
125266	14 天源 02	100.00	3.00	2017.04.18	11.0000	99.92	20.00
125267	13 临海建	133.00	3.00	2017.04.15	10.5000	100.00	20.00
125268	13 神润 02	70.00	3.00	2017.04.18	10.5000	100.00	0.00
125269	14 鲁焦化	140.00	3.00	2017.05.20	8.5000	100.00	0.00
125270	13 华鑫 01	100.00	3.00	2017.04.28	10.0000	99.98	50.00
125272	13 洪泽 02	150.00	3.00	2017.04.30	10.0000	101.77	0.00
125273	13 鼎兴 02	150.00	3.00	2017.04.21	10.0000	100.74	0.00
125276	13 新沂 02	80.00	3.00	2017.05.06	10.5000	99.81	55.00
125278	14 淮机债	300.00	3.00	2017.05.07	10.5000	100.05	30.00
125280	PR 济碳 02	200.00	3.00	2017.04.21	6.6500	40.00	0.00
125281	13 贾汪 02	150.00	3.00	2017.05.09	10.5000	99.97	0.00
125282	13 恒瑞 02	150.00	3.00	2017.04.29	9.5000	99.97	0.00
125283	14 西草堂	300.00	3.00	2017.05.15	8.9900	99.77	0.00
125284	14 泰凤城	300.00	3.00	2017.05.13	9.5000	100.50	70.00
125286	14 通世锦	400.00	3.00	2017.05.15	8.5000	100.00	0.00
125287	13 盐交 02	60.00	3.00	2017.05.15	10.5000	100.00	50.00
125288	13 振富 02	100.00	3.00	2017.05.16	11.5000	99.97	0.00
125293	14 郎溪 01	135.00	3.00	2017.05.16	9.2000	99.95	70.00
125294	13 龙物流	240.00	3.00	2017.05.23	8.5000	99.93	0.00
125295	14 扬水债	300.00	3.00	2017.04.25	11.0000	99.97	0.00
125297	13 寿金海	500.00	3.00	2017.05.26	8.9000	99.98	0.00
125298	14 路鹏 01	100.00	3.00	2017.05.29	9.5000	99.84	0.00
125301	14 豫中孚	447.50	3.00	2017.05.20	9.0000	99.94	0.00
125302	14 西华新	250.00	3.00	2017.05.20	9.0000	100.00	0.00
125303	14 浩湖渔	200.00	3.00	2017.05.22	10.5000	99.94	0.00

债券信息
List of Bonds

债券
Bond

债券代码 Code	债券简称 Bond Name	发行数量(百万) Issued Vol(M)	年限 Terms	到期日 Expiration Date	票面利率(%) Coupon Rate(%)	本年收盘 Close	成交数量(万) Trading Vol(10000)
125305	13 华鑫 02	100.00	3.00	2017.06.11	10.6000	99.78	0.00
125306	14 凯里电	100.00	3.00	2017.06.11	10.5000	100.00	175.00
125307	14 台供热	300.00	3.00	2017.06.11	10.5000	99.91	0.00
125308	14 沿供热	300.00	3.00	2017.06.09	10.5000	99.94	0.00
125309	14 恒远债	250.00	3.00	2017.06.04	9.0000	100.83	0.00
125310	14 长湖 01	400.00	3.00	2017.06.11	9.8500	102.61	0.00
125311	14 西彭 01	130.00	3.00	2017.06.04	10.5000	100.00	0.00
125312	14 西彭 02	130.00	3.00	2017.06.12	10.5000	100.00	0.00
125313	14 江建债	250.00	3.00	2017.06.19	9.6000	99.95	0.00
125314	14 坛国发	500.00	3.00	2017.06.19	9.9000	101.77	170.00
125315	13 宁新城	250.00	3.00	2017.03.06	8.0000	100.00	0.00
125317	14 郎溪 02	15.00	3.00	2017.05.16	9.2000	100.00	0.00
125318	14 常环保	300.00	3.00	2017.06.24	3.5000	99.99	0.00
125319	13 天政 02	200.00	3.00	2017.06.30	8.0000	100.98	0.00
125322	13 盛旅 01	300.00	3.00	2017.06.20	9.9000	99.96	0.00
125323	13 盛旅 02	100.00	3.00	2017.06.24	9.9000	99.96	0.00
125324	13 路桥 02	200.00	3.00	2017.06.20	10.0000	99.97	0.00
125326	13 都堰 01	77.64	3.00	2017.06.16	12.0000	100.00	0.00
125327	13 都堰 02	172.36	3.00	2017.06.16	12.0000	100.00	0.00
125328	14 凯重工	200.00	3.00	2017.07.04	8.4000	100.40	40.00
125329	14 南太湖	300.00	3.00	2017.07.04	10.2500	99.97	0.00
125331	14 高科债	120.00	3.00	2017.07.07	10.0000	100.39	0.00
125332	14 畅路桥	200.00	3.00	2017.06.24	11.0000	100.00	0.00
125333	14 云港 01	130.00	3.00	2017.07.02	10.0000	100.24	40.00
125335	PR 金河债	40.00	3.00	2017.07.23	9.0000	45.00	0.00
125336	14 泰凤 02	500.00	3.00	2017.07.18	9.4000	99.90	137.60
125337	14 古堰 01	150.00	3.00	2017.07.18	10.1000	100.25	164.00
125339	14 朝晖 01	45.00	3.00	2017.05.08	7.6600	100.00	0.00
125342	14 铜枣 01	205.00	3.00	2017.07.23	10.5000	99.91	0.00
125343	14 南花卉	400.00	3.00	2017.08.04	9.5000	99.91	228.00
125344	14 汉湖 01	150.00	3.00	2017.07.15	10.5000	99.97	0.00
125345	14 汉湖 02	150.00	3.00	2017.07.24	10.5000	99.94	0.00
125346	14 海水务	300.00	3.00	2017.08.12	9.5000	100.05	220.00
125347	14 古堰 02	150.00	3.00	2017.08.08	10.1000	99.00	200.00
125348	14 南建 01	150.00	3.00	2017.08.13	8.6000	100.00	0.00
125351	14 盐交 01	300.00	3.00	2017.08.13	10.5000	99.86	60.00
125354	14 宿农 01	155.00	3.00	2017.08.06	9.5000	100.21	40.00
125355	14 长荡湖	300.00	3.00	2017.08.15	9.0000	99.93	0.00
125356	14 德绿化	200.00	3.00	2017.08.08	10.5000	99.97	0.00
125357	13 科创债	200.00	3.00	2017.08.15	9.5000	99.97	0.00
125358	14 鼎盛债	80.00	3.00	2017.08.21	9.3500	100.00	0.00
125359	14 吉粮债	300.00	3.00	2017.07.31	10.5000	99.99	0.00
125360	14 朝晖 02	30.00	3.00	2017.05.10	7.6600	100.00	0.00
125361	14 盐交 02	200.00	3.00	2017.08.22	9.5000	99.97	0.00
125362	14 槐海 01	100.00	3.00	2017.08.28	10.5000	99.85	60.00
125365	14 吴博园	500.00	3.00	2017.09.04	6.0000	100.00	0.00
125366	14 金凤凰	150.00	3.00	2017.08.28	9.0000	100.00	120.00
125367	14 美兰 01	250.00	3.00	2017.09.05	9.7000	100.26	179.00
125369	14 下渚湖	300.00	3.00	2017.09.11	10.0000	100.15	210.00
125370	14 淮农债	250.00	3.00	2017.09.16	9.8000	99.96	180.00

债券信息
List of Bonds

债券
Bond

债券代码 Code	债券简称 Bond Name	发行数量(百万) Issued Vol(M)	年限 Terms	到期日 Expiration Date	票面利率(%) Coupon Rate(%)	本年收盘 Close	成交数量(万) Trading Vol(10000)
125372	14 孝供水	300.00	3.00	2017.08.28	9.0000	99.98	0.00
125373	14 桂阳债	500.00	3.00	2017.08.15	9.5000	100.00	0.00
125374	14 临热供	345.00	3.00	2017.09.09	9.2000	100.00	238.90
125376	PR 宁吉元	200.00	3.00	2017.08.30	9.8400	25.00	0.00
125377	14 天泰债	160.00	3.00	2017.04.14	9.3500	100.00	0.00
125378	14 历华债	260.00	3.00	2017.08.19	9.3500	100.00	0.00
125379	14 美兰 02	250.00	3.00	2017.09.23	9.7000	100.47	125.00
125380	14 紫竹债	280.00	3.00	2017.09.02	7.2300	100.00	0.00
125382	14 航空城	200.00	3.00	2017.09.25	10.1000	100.24	75.00
125383	14 雨经发	350.00	3.00	2017.09.23	8.8000	100.32	70.00
125384	14 阳澄 01	330.00	3.00	2017.11.20	8.5000	100.05	110.00
125385	14 长湖 02	100.00	3.00	2017.09.25	9.9500	100.50	60.00
125386	14 渝轨交	600.00	3.00	2017.09.24	6.9000	100.00	0.00
125398	14 句赤湖	250.00	3.00	2017.10.24	9.0000	99.53	150.00
125399	14 惠海债	240.00	3.00	2017.09.30	9.0000	100.00	0.00
125400	14 铜水务	300.00	3.00	2017.11.14	9.5000	100.36	140.00
125401	14 句容债	300.00	3.00	2017.11.04	6.0000	99.57	185.00
125402	14 宿农 02	95.00	3.00	2017.10.28	9.5000	100.78	36.00
125403	14 淮物流	250.00	3.00	2017.11.12	10.1000	99.97	183.00
125404	14 槐海 02	200.00	3.00	2017.11.13	10.5000	100.00	318.00
125405	14 云港 02	170.00	3.00	2017.11.13	10.0000	100.00	34.00
125406	14 渝享 01	200.00	3.00	2017.11.18	9.0000	99.87	90.00
125407	14 维多债	110.00	3.00	2017.11.14	11.0000	99.97	0.00
125408	14 渝轨 02	400.00	3.00	2017.11.18	6.8000	100.97	0.00
125409	14 绅鹏 01	150.00	3.00	2017.10.28	10.0000	100.00	0.00
125410	14 绅鹏 02	150.00	3.00	2017.11.05	10.0000	100.00	0.00
125412	14 渝享 02	300.00	3.00	2017.11.28	9.1000	100.25	200.00
125413	14 兴旅债	300.00	3.00	2017.11.18	8.0000	100.00	0.00
125415	14 连祥投	200.00	3.00	2017.11.25	9.8000	99.80	60.00
125417	14 苏园 01	100.00	3.00	2017.11.28	4.4000	100.00	0.00
125419	14 建成 01	65.00	3.00	2017.06.27	11.0000	99.97	0.00
125420	14 艾尼 01	25.00	3.00	2017.06.27	11.0000	99.97	0.00
125421	14 湘开债	500.00	3.00	2017.11.14	9.0000	99.49	400.00
125425	14 东丽 01	220.00	3.00	2017.12.16	9.2000	103.25	0.00
125426	14 湖春语	100.00	3.00	2017.04.14	9.5000	100.00	60.00
125428	14 富港债	300.00	3.00	2017.12.17	3.0000	99.97	0.00
125430	14 渝大足	300.00	3.00	2017.12.12	9.0000	100.02	100.00
125431	14 昌达债	300.00	3.00	2017.12.26	7.5000	100.00	0.00
125432	14 凤机场	500.00	3.00	2017.12.18	9.0000	99.95	80.00
125434	14 鑫海 01	250.00	3.00	2017.12.05	9.4000	100.00	0.00
125435	14 河路建	400.00	3.00	2017.12.19	6.5000	100.00	134.00
125436	14 阳光债	400.00	3.00	2017.01.13	7.5000	99.94	0.00
125437	14 德感 01	50.00	3.00	2017.10.24	6.6000	100.60	114.00
125438	14 德感 02	250.00	3.00	2017.10.24	6.6000	100.00	332.00
125439	14 益维 01	200.00	3.00	2017.06.26	10.0000	100.00	0.00
125440	14 汉丰 02	270.00	3.00	2017.12.18	10.0000	100.00	0.00
125441	14 海普 02	18.50	3.00	2017.11.14	8.1000	100.00	0.00
125442	14 苏园 02	100.00	3.00	2017.12.18	4.4000	100.00	0.00
125443	14 明泰 01	300.00	3.00	2017.12.18	9.0000	100.00	0.00
125444	14 金禹 01	400.00	3.00	2017.12.25	8.9900	100.45	810.00

债券信息
List of Bonds

债券
Bond

债券代码 Code	债券简称 Bond Name	发行数量(百万) Issued Vol(M)	年限 Terms	到期日 Expiration Date	票面利率(%) Coupon Rate(%)	本年收盘 Close	成交数量(万) Trading Vol(10000)
125446	14 草堂 02	300.00	3.00	2018.01.05	8.9000	100.00	0.00
125447	14 青橡债	150.00	3.00	2017.12.30	9.5000	100.00	109.00
125448	14 洋口港	300.00	3.00	2018.02.04	9.0000	100.00	0.00
125450	14 云峰 01	50.00	3.00	2017.06.16	5.5000	102.63	0.00
125453	14 江宁 02	200.00	2.00	2017.01.05	8.5000	100.00	0.00
125455	14 湖农 01	300.00	3.00	2017.12.29	5.8000	99.98	0.00
125456	14 管廊 01	200.00	2.00	2017.01.28	7.8000	100.00	0.00
125457	14 如顾庄	200.00	3.00	2018.01.16	9.5000	99.94	285.00
125458	14 福升 01	150.00	3.00	2018.01.15	7.9000	100.00	0.00
125459	15 维多 02	190.00	3.00	2018.01.26	11.0000	99.50	0.00
125460	14 派森债	100.00	3.00	2017.02.10	9.0000	100.00	0.00
125461	14 常公用	300.00	3.00	2018.01.19	9.8000	101.23	450.00
125462	14 茅山湖	100.00	3.00	2017.11.30	10.0000	100.00	0.00
125463	15 余高 01	300.00	3.00	2018.01.21	9.0000	100.00	155.00
125465	14 吉高新	500.00	3.00	2018.01.22	8.5000	100.00	0.00
125466	14 东丽 02	280.00	3.00	2018.02.09	9.2000	99.85	75.00
125467	14 北塘 01	200.00	3.00	2018.02.10	9.0000	101.00	130.00
125468	14 绿洲 01	140.00	3.00	2017.07.14	8.5000	100.00	0.00
125469	14 淮交控	400.00	3.00	2018.02.06	8.8000	100.27	380.00
125470	14 鑫海 02	150.00	3.00	2018.01.27	9.4000	100.00	0.00
125471	14 云河 02	100.00	3.00	2017.04.20	10.9000	100.00	0.00
125472	14 锡水 01	80.00	3.00	2017.12.25	9.0000	100.00	0.00
125473	14 华盛债	300.00	3.00	2018.02.12	10.0000	100.20	0.00
125474	PR 圣芳纶	80.00	3.00	2018.02.06	9.5000	62.50	0.00
125475	14 华宏债	200.00	3.00	2018.02.09	9.8000	100.00	150.00
125476	14 南水 01	200.00	3.00	2018.02.12	9.5000	100.00	0.00
125477	14 南水 02	100.00	3.00	2018.02.16	8.9000	100.00	0.00
125478	14 园兴债	150.00	3.00	2018.02.06	9.5000	99.88	140.00
125479	14 管廊 02	100.00	2.00	2017.02.13	7.8000	100.00	0.00
125480	14 绿洲 02	140.00	3.00	2017.07.14	8.5000	100.00	0.00
125481	14 武陵山	500.00	3.00	2018.03.05	9.5000	100.43	544.00
125482	14 阳澄 02	170.00	3.00	2018.02.13	8.5000	100.25	0.00
125483	14 普定 02	30.00	3.00	2017.05.10	10.0000	99.97	0.00
125484	14 青水债	500.00	3.00	2018.04.02	9.6000	99.92	601.00
125486	14 明泰 02	100.00	2.00	2017.03.03	9.9000	100.00	0.00
125487	14 北门 01	200.00	2.00	2017.02.12	9.0000	99.99	200.00
125488	14 北门 02	100.00	2.00	2017.02.16	9.6500	100.00	0.00
125489	15 财源债	200.00	3.00	2018.03.04	9.5000	100.00	0.00
125490	PR 众一债	120.00	3.00	2018.02.27	7.8200	50.00	0.00
125491	14 龙翔 01	250.00	3.00	2018.03.19	9.3000	99.99	301.00
125492	14 湄潭 01	100.00	3.00	2018.02.09	9.8000	100.00	205.00
125493	14 麻柳 01	210.00	3.00	2018.02.16	9.8000	100.00	0.00
125494	14 长湖 03	100.00	3.00	2018.03.20	9.7000	101.22	90.00
125495	14 溧农科	150.00	3.00	2017.04.28	5.0000	100.00	0.00
125496	14 蓉家投	300.00	3.00	2018.02.12	10.0000	100.52	264.00
125497	14 海益宝	150.00	3.00	2017.12.04	8.3000	100.00	0.00
125498	14 金坛债	100.00	3.00	2018.03.18	9.0000	100.00	0.00
125499	14 南湖 01	99.00	3.00	2018.03.25	8.5000	100.00	0.00
125500	14 南湖 02	201.00	3.00	2018.04.01	8.5000	100.00	0.00
125501	14 福升 02	150.00	3.00	2018.03.25	7.9000	100.00	0.00

债券信息
List of Bonds

债券
Bond

债券代码 Code	债券简称 Bond Name	发行数量(百万) Issued Vol(M)	年限 Terms	到期日 Expiration Date	票面利率(%) Coupon Rate(%)	本年收盘 Close	成交数量(万) Trading Vol(10000)
125502	14 锡水 02	70.00	3.00	2018.04.01	9.0000	100.00	0.00
125503	PR 金沙 02	100.00	3.00	2018.03.30	7.0500	50.00	0.00
125504	14 润新债	200.00	3.00	2017.07.21	9.8000	100.00	0.00
125505	15 余高 02	200.00	3.00	2018.04.14	8.0000	100.46	40.00
125506	14 龙翔 02	250.00	3.00	2018.04.09	9.3000	100.49	281.40
125507	14 株金科	250.00	3.00	2018.04.02	7.0000	99.81	130.00
125508	14 泰华诚	300.00	3.00	2018.04.14	10.0000	99.92	92.00
125509	14 镇宁债	100.00	3.00	2018.03.25	10.0000	100.00	0.00
125510	15 净源债	100.00	3.00	2018.04.09	7.5000	100.00	0.00
125511	14 德胜 01	100.00	3.00	2018.04.14	8.2000	100.00	0.00
125513	14 金禹 02	100.00	3.00	2018.04.13	9.3000	101.39	294.00
125514	14 航空 02	200.00	3.00	2018.04.15	7.7800	100.00	0.00
125515	14 驾培 01	168.50	3.00	2018.03.27	10.0000	101.42	84.00
125516	14 长公债	150.00	3.00	2018.04.21	9.4000	99.94	119.00
125517	15 渝共享	300.00	3.00	2018.04.28	8.5000	99.92	40.00
125518	14 徽路网	100.00	3.00	2017.04.14	10.5500	100.00	0.00
125519	14 温泉 01	200.00	3.00	2018.03.27	8.8000	100.00	0.00
125520	14 中鼎债	45.00	3.00	2017.02.24	9.4000	100.00	0.00
125521	14 雪浪 01	100.00	3.00	2018.04.28	8.0000	100.00	0.00
125522	14 雪浪 02	200.00	3.00	2018.04.28	10.0000	103.30	200.00
125523	14 至纯债	50.00	3.00	2018.02.13	7.5000	100.00	0.00
125524	14 百矿 01	200.00	3.00	2018.04.27	9.0000	99.50	340.00
125525	14 百矿 02	100.00	3.00	2018.04.30	10.0000	100.00	260.00
125526	14 武隆债	150.00	3.00	2017.05.11	5.5000	100.00	0.00
125527	14 恒兴 01	180.00	3.00	2017.05.19	7.5000	100.00	0.00
125528	14 德胜 02	100.00	3.00	2018.05.15	8.2000	100.00	0.00
125529	14 麻柳 02	190.00	3.00	2018.05.08	9.5000	100.00	0.00
125530	14 云峰 02	250.00	3.00	2017.08.10	5.0000	100.00	14.00
125531	14 海高新	200.00	3.00	2017.08.10	10.5000	99.60	275.00
125532	14 北山债	350.00	3.00	2018.05.19	9.5000	99.90	246.00
125533	14 临医药	200.00	3.00	2017.12.08	9.5000	100.00	0.00
125534	14 华安债	200.00	3.00	2017.06.05	9.5000	100.00	0.00
125535	14 丰碑债	300.00	3.00	2017.05.19	10.2000	100.00	0.00
125536	14 彭发债	300.00	3.00	2017.04.28	7.8000	100.00	0.00
125537	14 天自源	500.00	3.00	2018.05.28	8.8000	100.00	0.00
125538	14 湘华建	200.00	3.00	2017.01.10	10.5000	100.00	0.00
125539	14 驾培 02	31.50	3.00	2017.05.16	8.0000	100.00	0.00
125540	14 兴路债	150.00	3.00	2017.06.26	5.0000	99.91	0.00
125541	14 海供水	260.00	3.00	2018.05.19	8.0000	99.92	160.00
125542	15 德恒 01	250.00	3.00	2018.06.05	9.5000	101.50	210.00
125544	15 瀛洲债	125.00	3.00	2018.06.04	10.5000	100.00	0.00
125545	14 安阳山	200.00	3.00	2018.06.04	9.5000	100.00	0.00
125546	14 东和债	200.00	3.00	2018.06.18	10.3000	100.00	0.00
125547	14 云厦债	200.00	3.00	2017.10.11	10.6000	100.00	0.00
125548	14 都建债	200.00	3.00	2017.07.05	10.2000	100.44	360.00
125549	14 长湖 04	400.00	3.00	2017.06.26	9.7000	100.00	0.00
125550	14 天子湖	250.00	3.00	2017.01.20	10.0000	100.00	0.00
125551	14 锡长绿	100.00	3.00	2017.07.07	4.2000	100.00	0.00
125552	14 黑旅 01	200.00	3.00	2018.06.30	9.9000	101.30	100.00
125553	14 黑旅 02	100.00	3.00	2018.07.09	9.9000	99.92	0.00

债券信息
List of Bonds

债券 Bond

债券代码 Code	债券简称 Bond Name	发行数量(百万) Issued Vol(M)	年限 Terms	到期日 Expiration Date	票面利率(%) Coupon Rate(%)	本年收盘 Close	成交数量(万) Trading Vol(10000)
125554	15 开盛 01	230.00	2.00	2017.07.01	7.4000	100.00	0.00
125556	14 纳雍债	300.00	3.00	2018.07.01	10.2000	100.00	0.00
125557	14 湄潭 02	200.00	3.00	2018.06.23	9.6000	99.95	105.00
125558	15 德恒 02	250.00	3.00	2018.07.22	9.0000	99.88	312.00
125559	14 六水债	150.00	3.00	2018.06.24	9.7000	100.48	0.00
125560	14 新津 01	91.00	3.00	2018.07.07	9.8000	100.00	0.00
125561	14 恒瑞债	150.00	3.00	2017.07.10	10.5000	102.00	0.00
125562	14 松花湖	60.00	3.00	2018.08.24	10.5000	103.00	106.00
125563	14 包发展	400.00	3.00	2018.08.19	9.0000	99.91	1480.00
125564	15 开盛 02	170.00	2.00	2017.08.19	7.4000	100.00	0.00
125565	14 松花 02	20.00	3.00	2018.08.24	10.0000	101.11	76.80
125566	15 海交债	200.00	2.00	2017.09.01	8.5000	100.07	174.00
125568	14 大竹海	200.00	3.00	2018.09.24	8.5000	100.58	120.00
125569	14 城西北	300.00	3.00	2017.09.29	8.0000	100.00	0.00
125570	14 西太湖	250.00	3.00	2018.07.28	8.5000	99.95	325.00
125571	14 新城债	300.00	3.00	2017.05.08	8.5000	100.00	0.00
125600	15 麓谷债	300.00	3.00	2018.12.25	7.0000	101.55	176.00
125601	15 中城 01	300.00	3.00	2018.12.30	6.9000	100.00	390.60
125602	15 信中利	100.00	2.00	2017.12.29	8.6000	100.00	0.00
125603	15 广利债	500.00	3.00	2018.12.30	7.9000	100.01	0.00
125604	15 饶城投	2000.00	5.00	2020.12.30	5.9700	99.75	4126.00
125605	15 贵安债	5000.00	5.00	2020.12.30	5.5000	98.90	4010.00
125607	15 海安债	250.00	3.00	2018.01.05	8.5000	100.41	600.00
125608	15 津港债	2000.00	5.00	2020.12.29	5.9000	99.04	940.00
125609	15 驻投 01	1000.00	5.00	2020.12.31	5.5000	100.01	100.00
125610	15 珠投 01	1600.00	4.00	2019.12.28	7.5000	100.00	3216.00
125611	15 碧园 01	1000.00	5.00	2020.12.29	4.9900	99.24	330.00
125612	15 赫章债	300.00	3.00	2018.12.25	8.6000	100.00	0.00
125613	15 桂金 02	2000.00	5.00	2020.12.29	5.1900	99.14	1949.00
125614	15 宝龙 01	200.00	4.00	2018.01.05	6.8000	100.25	166.00
125615	15 宝龙 02	300.00	5.00	2020.12.28	7.3000	101.01	218.20
125616	15 华资债	500.00	4.00	2019.12.25	7.4000	99.83	1431.00
125617	16 吴江 01	1000.00	5.00	2021.01.13	4.3700	98.93	470.00
125618	15 常鼎力	1000.00	5.00	2020.12.24	6.7000	98.15	420.00
125619	15 湘创新	300.00	3.00	2018.01.03	7.5600	99.97	699.00
125620	15 中安消	500.00	3.00	2018.12.17	7.0000	96.00	808.60
125621	15 津思达	60.00	3.00	2018.12.23	8.0000	101.25	0.00
125622	15 郴高投	600.00	3.00	2018.12.24	6.5000	100.43	1183.20
125623	15 碧海债	800.00	5.00	2020.12.23	7.5000	102.50	2134.00
125624	15 昆经开	1000.00	5.00	2020.12.25	5.2000	99.37	572.00
125625	15 新禹 02	250.00	3.00	2018.12.09	7.0000	99.98	0.00
125626	15 新禹 03	150.00	3.00	2018.12.16	7.0000	99.98	0.00
125627	15 鄂铁 01	1000.00	5.00	2020.12.24	4.5000	99.35	0.00
125628	15 协信 01	1350.00	3.00	2018.12.24	7.5000	100.00	1717.00
125629	15 柳东 02	1000.00	5.00	2020.12.24	5.8000	99.81	640.00
125630	15 南庭债	500.00	3.00	2018.12.18	7.9800	99.52	1154.00
125632	15 惠金 01	350.00	3.00	2018.12.25	7.8000	99.54	630.00
125633	15 滕建 01	500.00	3.00	2018.12.21	5.8000	100.00	0.00
125634	15 渝开 01	200.00	5.00	2020.12.21	6.0000	99.97	300.00
125635	15 金坛 01	500.00	5.00	2020.12.18	7.2000	101.50	755.00

债券信息
List of Bonds

债券
Bond

债券代码 Code	债券简称 Bond Name	发行数量(百万) Issued Vol(M)	年限 Terms	到期日 Expiration Date	票面利率(%) Coupon Rate(%)	本年收盘 Close	成交数量(万) Trading Vol(10000)
125636	16 丹阳 01	400.00	3.00	2019.01.13	6.0000	98.32	60.00
125638	15 长兴岛	500.00	3.00	2018.12.18	7.2000	99.99	626.00
125639	15 吴江 01	1000.00	5.00	2020.12.18	4.8000	98.23	540.00
125640	15 中民投	4000.00	3.00	2018.12.18	5.3500	99.83	910.00
125641	15 柳东 01	1000.00	5.00	2020.12.18	5.8100	98.89	539.00
125642	15 新投 01	1000.00	5.00	2020.12.03	5.8000	99.92	860.00
125644	15 济晋债	150.00	3.00	2018.12.01	7.7000	99.99	0.00
125645	15 红旅债	500.00	3.00	2018.12.03	8.0000	100.39	801.40
125646	15 中企 01	857.00	3.00	2018.12.03	6.0000	100.00	0.00
125647	15 绿投 01	1000.00	5.00	2020.12.01	5.9000	99.43	509.00
125648	15 海怡 01	3000.00	3.00	2018.11.27	7.9900	99.98	4714.00
125649	15 香投 01	1500.00	3.00	2018.11.27	5.6000	99.78	350.00
125650	15 华宇 01	1000.00	3.00	2018.12.03	7.0000	100.25	1105.00
125651	15 漳州 01	500.00	3.00	2018.11.25	6.0000	100.01	754.00
125652	15 黔江 02	1000.00	3.00	2018.11.27	7.3500	98.81	440.00
125653	15 海航 04	200.00	3.00	2018.11.26	7.5000	100.00	0.00
125654	15 渝德债	200.00	3.00	2018.11.24	9.0000	101.70	400.00
125655	15 绵科 01	1000.00	5.00	2020.11.26	6.3000	100.19	300.00
125656	15 铜水务	1000.00	3.00	2018.11.27	7.7900	100.00	952.00
125657	15 海航 05	250.00	3.00	2018.12.03	7.5000	100.00	0.00
125658	15 广汇债	600.00	2.00	2017.12.04	6.9000	99.93	385.00
125659	15 绵科 02	1000.00	5.00	2020.11.27	6.3000	99.73	0.00
125660	15 南城 01	250.00	5.00	2020.12.17	9.5000	100.00	0.00
125661	15 建工 01	200.00	3.00	2017.12.28	4.5000	102.01	0.00
125663	15 嘉湘债	1000.00	3.00	2018.12.07	6.0000	99.81	810.00
125664	PR 锡新债	550.00	3.00	2018.12.10	5.9500	63.63	0.00
125665	15 晋交 01	1500.00	5.00	2020.12.11	6.2000	97.67	720.00
125666	15 鸿业债	200.00	3.00	2018.12.01	9.8000	100.00	200.00
125667	15 增碧 04	4000.00	4.00	2019.12.07	6.5000	100.00	1640.00
125668	15 苏宁 01	10000.00	5.00	2020.12.17	6.7500	102.00	8894.10
125669	16 智光 01	900.00	3.00	2019.01.12	7.5000	100.87	1580.00
125670	15 中房 01	1000.00	5.00	2020.12.09	6.8000	100.01	360.00
125673	15 润弘投	2000.00	5.00	2020.12.03	7.5000	100.46	2193.00
125674	15 名城 03	500.00	3.00	2017.12.04	8.0800	99.97	704.00
125675	15 邦信 02	2230.00	4.00	2019.12.09	6.0700	101.54	2080.00
125676	15 海动迁	1000.00	3.00	2018.12.08	6.3000	99.41	440.00
125677	15 遵高速	1500.00	3.00	2018.12.08	7.0000	100.00	1680.00
125678	15 中地 01	4000.00	5.00	2020.12.09	4.8000	100.07	1805.00
125679	15 南通债	1500.00	5.00	2020.12.16	5.0000	99.13	958.00
125680	15 首集 01	2000.00	3.00	2018.12.09	4.1600	100.00	0.00
125681	15 自高 01	1000.00	5.00	2020.12.16	6.7000	100.00	600.00
125682	15 浙五金	800.00	5.00	2020.12.10	5.9500	100.00	570.00
125683	15 启迪 01	1000.00	5.00	2020.12.09	7.3000	100.43	290.00
125684	15 湘财信	2000.00	3.00	2018.12.11	5.8000	100.00	1290.00
125685	15 望城 01	1500.00	5.00	2020.12.10	6.3000	100.00	1790.00
125686	15 伊财 02	1000.00	5.00	2020.12.10	5.6800	99.68	490.00
125687	15 首业 02	2500.00	3.00	2018.12.09	4.7800	99.40	400.00
125688	15 淮水 01	800.00	5.00	2020.12.15	5.5000	99.35	670.00
125689	15 镇城 01	1500.00	3.00	2018.12.10	5.9800	98.42	0.00
125690	15 天泽债	300.00	3.00	2018.12.24	5.2500	100.00	6.00

债券信息
List of Bonds

债券 Bond

债券代码 Code	债券简称 Bond Name	发行数量(百万) Issued Vol(M)	年限 Terms	到期日 Expiration Date	票面利率(%) Coupon Rate(%)	本年收盘 Close	成交数量(万) Trading Vol(10000)
125691	15 白沙洲	1500.00	5.00	2020.12.15	7.0000	99.98	2370.00
125692	15 建开发	500.00	2.00	2017.12.10	6.8000	99.99	1292.00
125693	15 遵桥梁	2300.00	5.00	2020.12.14	6.5000	98.28	2150.00
125694	15 海期债	500.00	6.00	2021.12.15	4.9400	98.06	150.00
125695	15 长顺债	120.00	3.00	2018.12.14	9.5000	100.30	180.00
125696	15 鲁班债	1000.00	3.00	2018.12.10	7.1000	100.10	450.00
125697	15 吉铁发	490.00	3.00	2018.12.16	5.4000	100.00	70.00
125698	16 海陵 01	1400.00	5.00	2021.03.18	5.3000	100.00	1622.00
125699	15 石建投	1300.00	3.00	2018.12.23	6.3000	100.00	584.00
125700	15 桂铁 01	1000.00	5.00	2020.11.27	4.5000	99.28	600.00
125702	15 政通债	1500.00	5.00	2020.11.26	6.4900	101.89	1010.00
125703	15 惠憬 01	1000.00	4.00	2019.11.24	6.2500	100.52	130.00
125704	15 惠憬 02	1000.00	5.00	2020.11.24	6.3900	99.77	250.00
125705	15 太湖 01	500.00	5.00	2020.11.19	6.6800	100.00	270.00
125706	15 九州 01	500.00	4.00	2017.12.07	6.0000	99.99	200.00
125707	15 漳龙债	1000.00	5.00	2020.11.23	4.9000	97.84	490.00
125708	15 麻柳债	500.00	3.00	2018.11.27	7.5000	100.00	0.00
125710	15 惠城铁	300.00	2.00	2017.11.20	5.2400	99.89	30.00
125711	15 黔江债	1000.00	3.00	2018.11.20	7.3500	101.60	648.00
125712	15 潭九华	2000.00	5.00	2020.11.19	6.5000	99.40	3350.00
125713	15 济高债	2000.00	3.00	2018.11.18	5.5500	99.58	2338.00
125714	15 威国 01	1500.00	3.00	2018.11.23	5.3900	99.86	210.00
125715	15 伊财 01	1500.00	5.00	2020.11.18	5.7500	101.12	1520.00
125716	15 海航 03	300.00	3.00	2018.11.19	7.5000	100.00	0.00
125717	15 海航 02	400.00	3.00	2018.11.17	7.0000	100.00	0.00
125718	15 湘洞庭	1000.00	3.00	2018.11.12	7.0000	102.00	1114.00
125719	15 都兴市	1000.00	5.00	2020.11.27	6.8000	98.18	526.00
125720	15 中科债	500.00	5.00	2020.11.10	5.6000	101.61	380.00
125721	15 邦信 01	770.00	4.00	2019.11.13	5.9000	100.01	0.00
125722	15 山焦 02	1000.00	3.00	2018.11.17	7.2000	98.23	791.00
125724	15 涪交 01	800.00	3.00	2018.11.13	6.4000	100.00	730.00
125725	15 汾湖 01	1000.00	5.00	2020.11.16	5.6000	99.58	90.00
125726	15 黔福磷	200.00	3.00	2018.11.12	9.5000	100.00	671.00
125727	16 安吉债	500.00	3.00	2019.03.08	6.0000	100.00	0.00
125728	15 湘型债	1200.00	4.00	2019.11.13	5.8000	101.72	660.00
125729	15 永兴债	800.00	5.00	2020.11.13	6.6000	99.45	900.00
125730	15 江阴公	1500.00	3.00	2018.11.18	5.3000	100.00	950.00
125731	15 华林 01	1000.00	5.00	2020.11.12	5.4800	98.88	776.00
125732	15 泸工投	1000.00	3.00	2018.11.12	7.2000	99.84	950.00
125733	15 国控债	1000.00	5.00	2020.12.10	5.3000	98.99	580.00
125734	15 德感债	500.00	3.00	2018.11.10	7.3000	99.98	509.00
125735	15 威宁 01	600.00	5.00	2020.11.09	5.2000	98.90	590.00
125736	15 临电债	300.00	3.00	2018.10.16	8.4600	99.94	0.00
125737	15 绍兴债	1000.00	3.00	2018.11.11	5.8000	99.45	480.00
125738	15 来宾建	1000.00	3.00	2018.11.11	6.0800	99.48	380.00
125739	15 远东 01	100.00	3.00	2018.11.09	7.8000	99.98	0.00
125740	15 兴城 01	2000.00	3.00	2018.11.05	5.0700	98.93	760.00
125741	15 新城 02	2000.00	3.00	2018.11.10	6.0000	99.49	1369.20
125742	16 金红叶	700.00	2.00	2018.01.29	6.8000	101.00	980.00
125743	15 邳恒润	700.00	3.00	2018.11.06	6.5000	100.12	260.00

债券信息
List of Bonds

债券
Bond

债券代码 Code	债券简称 Bond Name	发行数量(百万) Issued Vol(M)	年限 Terms	到期日 Expiration Date	票面利率(%) Coupon Rate(%)	本年收盘 Close	成交数量(万) Trading Vol(10000)
125744	15 海资债	1000.00	5.00	2020.11.09	4.9500	97.23	660.00
125745	15 香建 01	1000.00	3.00	2017.11.09	5.8000	99.74	140.00
125746	15 振兴债	300.00	3.00	2017.11.09	7.3000	100.12	230.00
125747	15 增碧 03	4000.00	4.00	2019.11.09	6.5000	101.23	4697.50
125748	15 正润 01	500.00	5.00	2020.11.16	6.5000	100.14	478.00
125749	15 新业 01	1000.00	5.00	2020.11.10	5.4000	98.34	1050.00
125750	15 新奥 01	1800.00	3.00	2018.11.03	4.7000	99.27	10.00
125751	15 都匀债	500.00	3.00	2018.10.30	9.5000	100.41	1558.00
125752	15 顺风 01	550.00	3.00	2018.11.10	7.8000	99.81	720.00
125753	15 株循环	1200.00	5.00	2020.10.30	6.0500	99.32	370.00
125754	15 铸康债	500.00	3.00	2018.10.28	7.9500	100.01	610.00
125755	15 都江堰	2000.00	5.00	2020.10.30	6.8000	101.59	3257.00
125756	15 山钢 04	1500.00	5.00	2020.11.02	5.9900	99.57	1720.00
125757	15 黔物债	1000.00	5.00	2020.11.04	7.0000	101.70	2611.00
125758	15 海河 01	2000.00	5.00	2020.10.27	4.7900	100.00	0.00
125759	15 城发 01	1000.00	4.00	2019.10.27	6.0000	99.60	1308.00
125760	15 伊资 02	1200.00	5.00	2020.10.28	6.0900	100.01	840.00
125762	15 天风次	2000.00	5.00	2020.10.28	5.5000	100.00	693.00
125763	15 首业 01	2500.00	3.00	2018.10.26	5.4000	100.52	1120.00
125764	15 泰滨 01	800.00	3.00	2018.10.27	6.8000	100.00	1054.00
125765	15 漳九龙	2500.00	5.00	2020.10.27	5.2000	102.00	2230.00
125766	15 首股 01	3000.00	5.00	2020.10.27	4.8000	99.03	590.00
125767	15 时代 01	3000.00	3.00	2018.10.26	7.8500	99.90	2569.50
125768	15 宏河矿	500.00	3.00	2018.10.23	8.2000	100.00	920.00
125769	15 湘德山	400.00	3.00	2018.10.27	6.4000	101.00	466.00
125770	15 人居债	1500.00	3.00	2018.10.27	6.0000	101.60	620.00
125771	15 虞尚湖	500.00	3.00	2018.10.23	5.8000	99.94	766.00
125772	15 清能 01	600.00	3.00	2018.10.30	7.0000	100.00	100.00
125773	15 坛国 01	1000.00	5.00	2020.10.23	7.0500	102.49	2310.00
125774	15 云工 02	500.00	3.00	2018.10.26	5.4100	102.31	0.00
125775	15 奥园 01	1500.00	3.00	2018.10.21	7.8000	99.96	3562.00
125776	15 天铝 01	1500.00	5.00	2020.10.19	7.7000	100.00	2842.00
125777	15 迪马 01	1000.00	2.00	2017.10.19	6.3000	99.94	816.00
125779	15 禹地产	2000.00	3.00	2018.10.15	6.9900	99.98	2798.00
125780	15 银发债	800.00	5.00	2020.10.19	6.3000	99.28	472.50
125781	15 酉桃源	500.00	3.00	2018.10.14	7.5000	99.54	460.00
125782	15 恒大 04	17500.00	5.00	2020.10.16	7.4800	100.94	20419.00
125783	15 恒大 05	2500.00	5.00	2020.10.16	7.9800	100.00	0.00
125784	15 桂物资	600.00	3.00	2018.10.13	7.2000	101.37	910.00
125785	15 潞矿 02	430.00	5.00	2020.10.15	6.5000	100.11	310.00
125786	15 潞矿 01	2570.00	5.00	2020.10.15	5.9900	97.98	5644.00
125787	15 首开 01	2000.00	5.00	2020.10.12	5.3400	100.00	1860.00
125788	15 园兴债	250.00	3.00	2018.09.23	7.4000	99.13	520.50
125789	15 晋经 01	800.00	5.00	2020.10.09	6.4000	98.73	740.00
125790	15 山焦 01	500.00	3.00	2018.10.12	7.8000	99.41	273.00
125791	15 绵投控	2000.00	6.00	2021.10.13	5.9600	99.13	2687.00
125792	15 富阳 01	1000.00	3.00	2018.09.30	6.1800	100.00	940.00
125793	15 句福地	1500.00	3.00	2018.09.29	6.9000	100.63	1297.00
125794	15 中扬债	500.00	3.00	2018.09.28	7.9500	99.97	1664.00
125795	15 华城债	300.00	3.00	2017.10.13	9.0000	100.03	0.00

债券信息 List of Bonds

债券代码 Code	债券简称 Bond Name	发行数量(百万) Issued Vol(M)	年限 Terms	到期日 Expiration Date	票面利率(%) Coupon Rate(%)	本年收盘 Close	成交数量(万) Trading Vol(10000)
125796	15 海航 01	400.00	3.00	2018.09.29	7.5000	100.00	0.00
125797	15 济康债	300.00	3.00	2018.09.28	7.8000	100.53	245.00
125798	16 山煤 01	300.00	5.00	2021.01.27	7.6000	99.89	0.00
125799	15 华夏 04	1000.00	3.00	2018.09.28	5.6900	99.16	815.00
125800	15 万通债	1500.00	3.00	2018.10.12	7.9900	100.15	1500.00
125801	15 山钢 03	1500.00	3.00	2018.09.28	5.8000	99.22	3430.00
125802	15 通顺债	1200.00	5.00	2020.09.28	6.9000	99.60	680.00
125803	15 华容债	400.00	3.00	2018.09.24	9.3000	100.00	251.00
125804	15 华信 02	1000.00	5.00	2020.09.24	6.7000	101.03	550.00
125805	15 滇度债	2000.00	3.00	2018.10.30	7.0000	99.05	3525.00
125807	15 镇交产	1230.00	3.00	2018.09.25	7.5000	101.00	2035.50
125808	15 锡东科	3000.00	5.00	2020.09.24	6.0000	100.46	6070.00
125809	15 甬海债	1200.00	3.00	2018.09.25	5.5000	100.38	1213.00
125811	15 苏中能	700.00	3.00	2018.10.23	7.5000	98.96	1255.00
125812	15 渝新禹	100.00	3.00	2017.12.15	7.8000	100.01	0.00
125813	15 宜城 01	1000.00	5.00	2020.09.21	5.4000	99.55	680.00
125814	15 泰华诚	500.00	3.00	2018.09.21	8.9800	100.51	880.00
125815	15 扬化债	1000.00	5.00	2020.09.21	6.9800	100.39	930.00
125816	15 元成债	250.00	3.00	2017.09.21	3.5000	99.95	229.00
125817	15 南山 01	1000.00	3.00	2018.09.18	5.8000	101.00	550.00
125818	15 华远债	1500.00	3.00	2018.09.17	5.7300	99.28	1830.00
125819	15 苏名城	300.00	3.00	2018.09.15	6.3000	100.52	80.00
125820	15 平江债	200.00	3.00	2018.09.18	7.5000	100.00	384.00
125821	15 华信 01	1000.00	5.00	2020.09.17	6.9000	102.69	1170.00
125822	15 滇投 01	3000.00	3.00	2018.10.28	6.7000	99.13	5842.00
125823	15 常城 02	1500.00	5.00	2020.09.16	5.9800	98.48	3370.00
125824	15 常城 01	1500.00	5.00	2020.09.15	5.9800	98.45	1345.00
125825	15 黄海港	1000.00	3.00	2018.09.10	7.7000	100.01	830.00
125826	15 新航发	200.00	3.00	2018.09.11	10.5000	100.00	0.00
125827	15 春华债	1000.00	3.00	2018.09.14	6.9000	101.00	750.00
125828	15 中宝债	5000.00	4.00	2019.09.14	7.3000	100.00	8735.00
125829	15 永煤 01	3000.00	5.00	2020.09.11	5.8600	96.64	1976.00
125830	15 新合作	500.00	3.00	2018.09.09	5.9000	101.64	360.00
125831	15 泰丰债	1500.00	7.00	2022.09.15	7.5000	100.50	652.00
125832	15 文旅债	2000.00	3.00	2018.09.10	7.5000	100.50	2194.00
125833	15 蒙高 01	900.00	5.00	2020.09.10	6.6000	97.97	810.00
125834	15 常熟债	180.00	3.00	2018.08.19	7.8000	100.00	170.00
125836	15 浏园林	400.00	3.00	2018.09.08	7.6000	99.99	570.00
125837	15 华夏 03	1000.00	4.00	2019.09.09	6.0000	99.95	408.00
125838	15 山钢 01	3000.00	3.00	2018.09.08	5.8000	98.38	7340.00
125840	15 金交债	200.00	3.00	2018.09.14	8.5000	100.00	0.00
125841	15 茅景区	200.00	3.00	2018.09.10	8.5000	100.00	347.50
125842	15 华融德	3000.00	3.00	2018.09.01	5.2000	99.76	830.00
125843	15 天地 02	1000.00	3.00	2018.09.02	7.9800	100.46	1011.00
125844	15 天地 01	1000.00	3.00	2018.09.02	7.9800	100.65	230.00
125845	15 兴旅债	300.00	3.00	2018.08.28	9.3000	100.76	451.00
125846	15 眉山债	2000.00	3.00	2018.08.28	6.8000	100.25	2670.00
125847	15 云城投	2000.00	5.00	2020.09.01	5.8000	97.04	2285.00
125848	15 华夏 02	1000.00	4.00	2019.08.31	6.0000	100.00	807.00
125850	15 龙控 01	500.00	3.00	2017.09.28	5.7000	99.51	190.00

债券信息
List of Bonds

债券
Bond

债券代码 Code	债券简称 Bond Name	发行数量(百万) Issued Vol(M)	年限 Terms	到期日 Expiration Date	票面利率(%) Coupon Rate(%)	本年收盘 Close	成交数量(万) Trading Vol(10000)
125851	15 靖新城	1500.00	3.00	2018.08.31	6.7000	100.04	2460.00
125852	15 彭统建	500.00	3.00	2018.08.26	8.8000	101.23	680.00
125853	15 宝信 01	300.00	3.00	2018.08.28	8.9000	100.00	470.00
125854	15 南华 01	450.00	4.00	2021.08.28	5.8000	99.74	90.00
125855	15 四联 02	1000.00	3.00	2018.08.27	6.3500	99.38	158.00
125856	15 潍坊 01	500.00	3.00	2018.08.24	5.7000	99.47	760.00
125857	15 金禹 02	500.00	5.00	2020.08.27	7.8000	101.00	1040.00
125858	15 利春蕾	300.00	3.00	2018.08.21	8.5000	100.00	424.00
125859	15 云工 01	500.00	3.00	2018.08.24	5.4500	99.67	30.00
125860	15 百色矿	1000.00	3.00	2018.08.21	8.8000	100.00	1659.00
125861	15 广证 02	800.00	5.00	2020.08.26	5.0400	99.08	60.00
125862	15 东丽债	250.00	3.00	2017.08.31	7.5000	100.00	0.00
125863	15 建安债	500.00	3.00	2018.08.18	9.0000	100.00	648.00
125864	15 焦作 02	1000.00	5.00	2020.08.20	6.8000	100.00	1160.00
125865	15 浙资 02	800.00	3.00	2018.08.21	5.9000	101.15	1625.00
125866	15 泛海 01	6000.00	3.00	2018.08.14	7.9000	100.53	10183.90
125867	15 嘉禾债	150.00	3.00	2017.08.08	8.5700	100.00	0.00
125868	15 鄂长投	2000.00	5.00	2020.08.14	5.8500	99.66	2280.00
125869	15 锡东债	1500.00	3.00	2018.08.18	6.4000	99.97	1840.00
125870	15 伊资 01	1000.00	5.00	2020.08.14	6.5000	100.00	100.00
125871	15 云投债	2000.00	3.00	2018.08.17	5.1000	99.24	112.00
125872	15 永安债	600.00	3.00	2018.08.17	5.4000	99.43	135.00
125873	15 产投 01	600.00	6.00	2021.08.19	5.7500	100.04	170.00
125874	15 无锡 01	1000.00	5.00	2020.08.10	5.4500	100.82	1320.00
125875	15 焦作 01	1000.00	5.00	2020.08.12	6.0000	99.92	714.00
125876	15 天恒 01	3000.00	3.00	2018.08.10	5.5700	99.66	2167.00
125877	15 城六局	1050.00	5.00	2020.08.12	7.0000	98.00	365.00
125878	15 星海湾	2000.00	3.00	2018.08.10	8.5000	99.50	9062.00
125879	15 金禹 01	1000.00	5.00	2020.08.12	7.8000	101.00	1285.00
125880	15 苏高水	500.00	3.00	2018.08.06	7.1000	99.80	0.00
125882	15 兴市债	600.00	3.00	2018.08.07	9.0000	100.00	881.00
125883	15 滇路桥	110.00	3.00	2017.07.06	8.5000	99.37	10.00
125884	15 都堰债	250.00	3.00	2018.08.06	9.3000	100.58	549.50
125885	15 天房发	3000.00	5.00	2020.08.05	7.0000	100.81	1320.00
125886	15 浏水债	800.00	3.00	2018.07.31	7.0000	99.99	1429.80
125887	15 新港债	1000.00	3.00	2018.08.05	5.8000	98.42	1600.00
125896	15 民生 03	1500.00	2.00	2017.06.17	6.1000	99.95	678.00
125909	15 普湾 02	2000.00	5.00	2020.07.31	6.8500	98.11	4470.00
125910	15 天门旅	190.00	3.00	2018.07.29	9.8000	100.00	0.00
125911	15 龙投债	600.00	3.00	2018.07.29	8.5000	99.90	667.00
125912	15 华夏债	1000.00	3.00	2018.07.29	5.9900	99.93	1352.00
125913	15 棒槌岛	50.00	3.00	2018.07.27	6.5000	102.25	0.00
125914	15 四联 01	500.00	2.00	2017.08.04	6.1000	100.30	0.00
125915	15 伟驰 03	500.00	5.00	2020.07.21	8.3000	100.00	0.00
125916	PR 建工债	100.00	3.00	2018.07.16	9.8000	49.94	0.00
125917	15 华泰期	600.00	4.00	2019.07.22	5.8000	99.95	0.00
125918	15 湘高速	2000.00	3.00	2018.07.23	5.9800	98.09	2595.00
125919	15 渝八方	400.00	3.00	2018.07.17	10.0000	100.14	52.00
125921	15 宁化工	800.00	5.00	2020.07.15	6.1000	102.35	310.00
125926	15 湘财 04	500.00	5.00	2020.07.16	7.0000	103.25	825.00

债券信息
List of Bonds

债券代码 Code	债券简称 Bond Name	发行数量(百万) Issued Vol(M)	年限 Terms	到期日 Expiration Date	票面利率(%) Coupon Rate(%)	本年收盘 Close	成交数量(万) Trading Vol(10000)
125927	15 伟驰 02	500.00	5.00	2020.07.14	8.3000	99.61	450.00
125928	15 金茂 01	300.00	3.00	2017.08.10	7.5000	99.90	0.00
125929	15 华福 Y1	1200.00	5.00	2020.07.13	6.1000	100.00	0.00
125930	15 中天 C1	1000.00	5.00	2017.07.17	5.7500	100.07	220.00
125931	15 滇建工	1000.00	3.00	2018.07.10	5.9000	100.01	0.00
125952	15 巴中债	300.00	2.00	2017.07.09	9.2000	99.96	260.00
125953	15 国金 01	3000.00	3.00	2018.07.15	5.6000	101.00	300.00
125954	15 诚兴债	300.00	3.00	2018.07.03	7.2000	100.00	0.00
125966	15 财富 C2	600.00	3.00	2017.07.07	6.2500	100.09	280.00
125967	15 中信 C2	8500.00	5.00	2020.07.16	5.0000	99.80	850.00
125968	15 长荡湖	300.00	3.00	2018.08.07	9.3000	100.00	0.00
125969	15 桂金投	2000.00	3.00	2018.07.01	6.3500	100.10	1740.00
125970	15 普湾 01	2000.00	5.00	2020.06.29	6.7500	100.08	2402.00
125972	15 伟驰 01	500.00	5.00	2020.07.02	8.3000	99.63	450.00
125973	15 新时代	500.00	4.00	2017.06.26	5.9800	101.50	0.00
125974	15 申证 C1	10000.00	4.00	2017.06.30	5.3000	99.98	700.00
125975	15 恒泰续	1500.00	5.00	2020.06.29	6.8000	101.10	1291.00
125976	15 广证 01	1000.00	5.00	2020.06.25	6.0000	100.49	520.00
125978	15 华泰 04	18000.00	2.00	2017.06.26	5.5000	101.53	0.00
125979	15 浙资 01	1200.00	3.00	2018.07.03	5.3500	99.94	1338.00
125980	14 永诚债	900.00	10.00	2025.06.15	6.2000	100.00	0.00
125981	15 齐鲁 F1	5000.00	3.00	2018.06.24	5.5000	99.99	0.00
125982	15 太证 02	5650.00	3.00	2017.06.19	6.0000	100.02	1612.00
125983	15 首创 03	2000.00	2.00	2017.06.15	6.2000	100.02	1270.00
125984	15 华证 01	600.00	3.00	2018.06.26	6.0000	102.32	610.00
125985	15 东期债	600.00	3.00	2018.06.18	6.8200	100.14	530.00
125987	15 华西 04	2000.00	2.00	2017.06.18	5.9500	100.00	0.00
125990	15 开源 01	500.00	4.00	2019.06.12	6.0000	100.67	150.00
125991	15 东海债	1000.00	5.00	2020.06.11	5.7000	102.36	0.00
125992	15 信建投	6000.00	5.00	2020.06.17	5.3200	100.00	0.00
125993	15 海通 C3	5000.00	5.00	2020.06.12	5.3800	100.80	0.00
125994	15 海通 C2	15000.00	3.00	2017.06.12	5.3000	100.00	0.00
125995	15 财富 C1	1000.00	5.00	2020.06.09	5.8600	100.07	550.00
125997	15 兴业 06	2500.00	3.00	2017.06.12	5.5000	101.25	0.00
127000	PR 繁昌投	1000.00	7.00	2021.10.17	6.8000	81.61	290.00
127001	14 电投 02	3000.00	15.00	2029.09.17	5.7400	100.00	0.00
127002	14 天能 02	400.00	6.00	2020.09.29	8.0000	103.00	179.95
127003	PR 德兴债	800.00	7.00	2021.10.17	7.1700	81.00	159.80
127004	PR 溧昆仑	1100.00	7.00	2021.10.24	5.9000	78.00	200.00
127005	PR 乐清投	1000.00	7.00	2021.10.20	5.9900	79.82	770.00
127006	PR 蓬莱债	1000.00	8.00	2022.10.22	6.9800	88.44	310.00
127007	15 潭万楼	2000.00	7.00	2022.01.14	6.9000	109.00	180.00
127008	PR 龙岩 01	500.00	7.00	2021.07.30	8.3500	84.57	80.00
127009	PR 龙岩 02	500.00	7.00	2021.10.13	7.7000	80.00	20.00
127010	PR 海城投	1300.00	7.00	2021.10.22	5.5800	85.20	0.00
127011	PR14 鹰投	1500.00	7.00	2021.10.17	6.2000	81.20	171.00
127012	14 柳微债	1000.00	3.00	2017.10.16	5.9500	100.00	80.00
127013	PR 乐山债	1200.00	7.00	2021.10.22	5.6800	85.60	80.00
127014	PR 三门 01	400.00	7.00	2021.10.29	6.8500	80.00	0.00
127015	PR 世园债	1200.00	7.00	2021.10.21	6.2000	81.46	440.00

债券信息
List of Bonds

债券
Bond

债券代码 Code	债券简称 Bond Name	发行数量 (百万) Issued Vol(M)	年限 Terms	到期日 Expiration Date	票面利率(%) Coupon Rate(%)	本年收盘 Close	成交数量(万) Trading Vol(10000)
127016	14 忠旺债	1100.00	6.00	2020.10.22	5.4800	100.00	109.50
127017	14 粤高债	2000.00	15.00	2029.10.29	5.4000	115.63	43.41
127018	PR 新昌 01	600.00	7.00	2021.10.30	5.8800	84.99	0.00
127019	PR 丹徒投	1500.00	7.00	2021.11.03	5.8900	84.46	134.00
127020	PR 玉交 01	500.00	7.00	2021.11.03	5.6500	84.50	373.00
127021	14 京天恒	1500.00	6.00	2020.10.24	5.4000	105.40	180.00
127022	10 句容福	1000.00	7.00	2017.10.27	6.2000	103.50	0.00
127023	PR 集宁债	1200.00	7.00	2021.11.04	6.6900	80.00	200.00
127024	14 攀小微	600.00	5.00	2019.10.30	6.0000	99.90	67.00
127025	PR 惠城投	900.00	7.00	2021.11.04	5.4900	80.00	0.00
127026	PR 沪建债	2000.00	10.00	2024.11.05	4.8000	86.95	1537.06
127027	PR 晋城债	1400.00	7.00	2021.11.11	4.9900	76.40	28.65
127028	14 新供销	800.00	7.00	2021.11.07	5.0700	103.00	186.06
127029	PR 岳阳债	1300.00	7.00	2021.11.03	5.5000	82.00	80.00
127030	PR 鹿城债	1200.00	7.00	2021.11.03	5.5800	83.00	0.00
127031	PR 鹤建投	1600.00	7.00	2021.11.11	5.6000	80.00	180.00
127032	PR 连交通	900.00	7.00	2021.11.17	5.4700	85.00	0.00
127033	PR 即旅投	1000.00	7.00	2021.11.17	5.4700	80.80	152.00
127034	PR 永嘉债	800.00	7.00	2021.11.12	6.5000	80.00	0.00
127035	14 春辉 01	100.00	6.00	2017.12.04	7.8500	99.90	84.62
127037	PR 双桥债	900.00	7.00	2021.11.19	5.9900	86.25	310.00
127038	PR 吴经发	2000.00	7.00	2021.11.19	5.4900	81.80	240.00
127039	14 西电债	500.00	5.00	2019.11.26	5.9600	100.00	0.00
127040	14 春辉 02	400.00	6.00	2020.11.18	8.5000	99.99	786.08
127041	PR 中山交	800.00	7.00	2021.11.26	5.2500	80.00	20.00
127042	PR 来工投	1000.00	7.00	2021.11.26	5.9700	80.00	80.00
127043	PR 黑重建	700.00	6.00	2020.11.20	7.0600	76.40	302.00
127044	PR 河润业	900.00	7.00	2021.12.03	6.2000	85.88	60.00
127045	PR 长兴债	1300.00	7.00	2021.12.03	6.0000	79.00	120.00
127046	14 海控 02	1200.00	7.00	2021.12.04	5.6500	103.00	80.00
127047	15 江油债	1100.00	7.00	2022.09.02	6.5500	100.00	0.00
127048	PR 浏经开	1300.00	7.00	2021.11.27	5.7000	81.48	120.00
127049	PR 绍柯开	800.00	7.00	2021.12.10	7.0000	80.00	0.00
127050	PR 松原债	1100.00	7.00	2021.12.04	5.7900	81.10	262.07
127051	15 滕建债	800.00	7.00	2022.06.08	6.0000	100.00	0.00
127052	14 甘公 02	2500.00	7.00	2021.12.01	5.8500	100.60	790.01
127053	15 天瑞 01	1500.00	6.00	2021.01.15	7.0000	96.68	1203.48
127054	15 黔物资	500.00	7.00	2022.01.23	6.0000	100.00	0.00
127055	PR 邳恒润	1200.00	7.00	2021.12.05	6.4600	82.46	60.00
127056	16 朝国资	1900.00	7.00	2023.03.23	3.2500	94.20	1434.30
127057	PR 牟中债	1000.00	7.00	2021.12.11	7.4800	86.20	200.00
127058	PR 连融达	4500.00	7.00	2021.12.05	5.6900	80.00	405.00
127059	PR 芜建债	1600.00	7.00	2021.12.08	6.6000	86.35	140.00
127060	PR 遵义投	1600.00	7.00	2021.12.09	6.4500	88.30	118.00
127061	PR 黔西南	1300.00	7.00	2021.12.15	7.4000	88.80	40.00
127062	PR 博兴债	1000.00	7.00	2021.12.22	8.0000	90.00	210.00
127065	PR 阜新 01	800.00	7.00	2021.12.24	7.1800	80.00	90.00
127066	14 高安 02	800.00	7.00	2021.12.30	8.2000	105.05	337.70
127067	16 遵经债	600.00	7.00	2023.01.22	4.8700	100.00	0.00
127068	14 新昌 02	600.00	7.00	2021.12.31	6.9500	102.30	35.50

债券信息
List of Bonds

债券代码 Code	债券简称 Bond Name	发行数量(百万) Issued Vol(M)	年限 Terms	到期日 Expiration Date	票面利率(%) Coupon Rate(%)	本年收盘 Close	成交数量(万) Trading Vol(10000)
127069	14 准国资	1700.00	7.00	2021.12.31	6.5400	100.82	540.00
127070	14 钦开投	800.00	4.00	2018.12.31	7.8000	103.43	2.10
127071	14 清微 02	500.00	4.00	2018.12.29	8.0500	104.80	340.00
127072	14 泾河债	1000.00	7.00	2022.01.05	6.8900	103.10	180.00
127073	15 铁暂停	1200.00	7.00	2022.01.14	6.0000	107.50	180.00
127074	15 铜大江	800.00	7.00	2022.01.19	6.5000	108.00	80.00
127075	15 鸡西资	1300.00	7.00	2022.01.19	6.8700	108.00	82.80
127076	15 宁城投	1300.00	7.00	2022.01.20	6.7000	100.20	120.00
127077	15 本溪债	900.00	7.00	2022.01.22	6.2400	100.00	30.00
127078	15 盘山债	600.00	7.00	2022.01.21	7.4800	100.00	100.00
127079	15 郴高科	1500.00	7.00	2022.01.23	6.4500	109.85	220.00
127080	15 达州 01	500.00	7.00	2022.01.14	6.5500	100.00	0.00
127081	15 牟国资	500.00	7.00	2022.01.26	6.3900	100.00	0.00
127082	15 望经开	1200.00	7.00	2022.01.22	6.5700	108.81	100.00
127083	15 宜创债	1000.00	7.00	2022.03.23	6.7000	105.00	180.00
127084	15 中区债	1500.00	7.00	2022.01.29	6.3900	104.44	240.00
127085	14 抚微 02	400.00	4.00	2019.01.28	7.0800	99.91	2.00
127086	10 乌城投	2500.00	7.00	2017.01.15	6.5000	100.09	11.60
127087	15 榕城 01	600.00	7.00	2022.01.26	5.4800	100.00	30.00
127088	15 汇丰投	1000.00	7.00	2022.01.26	6.6000	100.00	20.00
127089	15 新郑 01	700.00	6.00	2021.01.29	6.4000	100.00	0.00
127090	15 新郑 02	700.00	6.00	2021.01.29	6.6000	100.00	0.00
127091	15 梵投债	1500.00	7.00	2022.01.28	6.9500	100.00	0.00
127092	15 淀山湖	1300.00	6.00	2021.01.30	5.9500	100.65	265.50
127093	15 铜发债	500.00	7.00	2022.01.28	6.8800	105.50	320.00
127094	15 盘经开	800.00	7.00	2022.01.22	7.2500	100.40	151.92
127095	15 湘九华	1500.00	7.00	2022.01.21	6.5900	101.12	480.00
127096	15 东方财	1600.00	7.00	2022.01.29	5.1900	106.14	810.00
127097	15 毕建投	1600.00	7.00	2022.01.28	6.5000	105.65	290.00
127098	15 营沿海	1500.00	7.00	2022.01.26	6.4500	100.29	0.00
127099	15 天瑞 02	1000.00	6.00	2021.02.06	6.8900	94.93	580.85
127100	15 新交投	1300.00	7.00	2022.02.06	6.1400	103.86	555.81
127101	15 吉华债	800.00	7.00	2022.02.09	7.1800	102.82	140.08
127102	15 襄矿债	800.00	7.00	2022.02.11	8.8000	94.34	630.43
127103	10 顺义 02	1000.00	7.00	2017.02.01	4.5300	99.92	135.36
127104	15 涪交旅	800.00	7.00	2022.02.03	6.6800	100.00	20.00
127105	15 咸荣盛	1400.00	7.00	2022.02.10	6.2900	105.00	100.00
127106	PR 黑债 01	900.00	6.00	2020.11.19	7.1000	76.60	90.00
127107	14 紫微 02	900.00	3.00	2018.02.04	5.2900	104.56	886.00
127108	15 常天宁	1200.00	7.00	2022.02.12	6.4800	100.00	0.00
127109	15 天盈债	800.00	7.00	2022.03.25	6.7900	108.00	40.00
127110	15 兴城建	600.00	7.00	2022.03.20	6.0000	100.00	0.00
127111	15 黔南投	1800.00	7.00	2022.03.09	6.4300	106.80	142.00
127112	15 天诚 01	800.00	7.00	2022.03.11	6.5000	100.00	0.00
127113	15 乌国投	1000.00	6.00	2021.03.16	6.1700	99.07	0.00
127114	15 乳国资	1000.00	7.00	2022.03.16	6.1700	100.00	0.00
127115	15 马经开	600.00	7.00	2022.03.06	6.4900	104.99	40.00
127116	15 淳新开	1100.00	7.00	2022.03.11	6.1000	104.55	190.00
127117	15 娄开债	1300.00	7.00	2022.03.13	6.3600	107.00	372.00
127118	15 丰城投	1000.00	7.00	2022.02.10	6.4900	104.49	310.00

债券信息 List of Bonds

债券 Bond

债券代码 Code	债券简称 Bond Name	发行数量(百万) Issued Vol(M)	年限 Terms	到期日 Expiration Date	票面利率(%) Coupon Rate(%)	本年收盘 Close	成交数量(万) Trading Vol(10000)
127119	15 兴堰债	800.00	7.00	2022.03.12	6.1000	100.00	180.00
127120	15 巴南债	600.00	7.00	2022.03.13	6.1700	104.00	235.00
127121	15 苏国信	2800.00	5.00	2020.03.16	4.9000	99.30	1551.76
127122	10 湘高速	2800.00	10.00	2020.04.08	5.5000	102.99	2321.82
127123	14 阜新 02	800.00	7.00	2022.03.18	6.1800	102.80	0.00
127124	中色暂停	3000.00	10.00	2025.03.20	5.3000	0.00	0.00
127125	14 三门 02	300.00	7.00	2022.03.18	6.8000	100.00	40.00
127126	15 遂富源	900.00	7.00	2022.03.17	6.3900	104.18	240.00
127127	15 渭城投	600.00	7.00	2022.03.11	6.0900	100.00	40.00
127128	15 沈大东	700.00	7.00	2022.03.20	6.0500	100.00	0.00
127129	15 苏通债	900.00	7.00	2022.03.18	6.2000	100.00	0.00
127130	15 临尧都	1200.00	7.00	2022.03.13	7.1900	106.30	430.00
127131	14 玉交 02	500.00	7.00	2022.03.20	6.1800	104.47	0.00
127132	15 梅山债	800.00	7.00	2022.03.23	6.2700	108.29	80.00
127133	15 泗洪债	1000.00	7.00	2022.03.16	6.1500	100.00	260.00
127134	15 广安债	1200.00	7.00	2022.03.24	6.3900	104.00	20.00
127135	15 益高新	1600.00	7.00	2022.03.30	7.0000	108.00	160.00
127136	15 西经微	500.00	4.00	2019.03.26	6.6500	100.79	84.00
127137	15 株今添	1600.00	7.00	2022.03.25	6.2500	108.53	126.00
127138	15 柯岩债	800.00	7.00	2022.03.24	6.2800	100.00	100.00
127139	15 邛崃债	800.00	7.00	2022.03.25	6.9800	104.90	30.00
127140	15 文小微	700.00	4.00	2019.03.24	5.2800	99.80	1011.70
127141	15 东南债	800.00	7.00	2022.03.26	6.5300	107.32	270.00
127142	15 怀经开	700.00	7.00	2022.03.26	6.8000	100.00	0.00
127143	15 新泰债	1000.00	7.00	2022.03.23	6.3500	101.62	82.00
127144	15 黄河债	700.00	6.00	2021.03.27	8.0000	100.00	0.00
127145	15 长轨 01	3000.00	10.00	2025.04.03	5.9700	102.84	147.98
127146	15 汴新债	800.00	7.00	2022.03.23	6.3500	100.00	0.00
127147	15 郫国投	1400.00	7.00	2022.04.01	6.9500	108.83	0.00
127148	15 九江置	1200.00	7.00	2022.03.23	6.2000	102.00	190.00
127149	15 粤路桥	2000.00	15.00	2030.05.21	5.1800	100.00	0.00
127150	15 包科教	600.00	7.00	2022.03.25	6.4800	102.55	0.00
127151	15 白工投	1000.00	7.00	2022.03.27	7.3000	105.00	450.00
127152	15 渝铜梁	1200.00	7.00	2022.04.08	6.5900	100.00	180.00
127153	15 吐国投	1200.00	7.00	2022.03.19	6.2000	100.00	80.00
127154	15 乌小微	600.00	4.00	2019.03.27	6.7900	100.00	150.00
127155	15 宜兴债	1100.00	7.00	2022.03.30	6.1600	100.00	100.00
127156	15 联峰债	1000.00	6.00	2021.04.07	8.4000	100.00	0.00
127157	15 石城投	800.00	7.00	2022.05.04	6.1000	100.00	0.00
127158	15 东营债	800.00	7.00	2022.03.31	5.5700	101.09	270.00
127159	15 越都债	1100.00	7.00	2022.04.07	6.3800	100.00	50.00
127160	15 耒城投	700.00	7.00	2022.04.10	7.8000	105.00	40.00
127161	15 石国控	850.00	7.00	2022.04.09	5.7500	107.20	170.00
127162	15 湘铁投	1100.00	10.00	2025.04.30	6.0900	100.00	0.00
127163	15 海城投	1400.00	7.00	2022.04.03	6.2200	103.50	100.00
127164	15 庐江债	1000.00	7.00	2022.04.16	6.7000	100.00	130.00
127165	15 高国资	900.00	7.00	2022.04.14	6.6800	100.00	0.00
127166	15 洋口港	900.00	7.00	2022.04.10	6.2300	107.50	440.00
127167	15 阳江债	1100.00	7.00	2022.04.14	6.2400	100.00	40.00
127168	15 绍城投	1300.00	7.00	2022.04.17	5.7500	108.00	310.00

债券信息
List of Bonds

债券 Bond

债券代码 Code	债券简称 Bond Name	发行数量(百万) Issued Vol(M)	年限 Terms	到期日 Expiration Date	票面利率(%) Coupon Rate(%)	本年收盘 Close	成交数量(万) Trading Vol(10000)
127169	15 鄂长江	450.00	7.00	2022.04.03	6.1500	102.40	5.00
127170	15 渝城投	1200.00	7.00	2022.06.24	7.7000	103.63	547.00
127171	15 乌经开	990.00	7.00	2022.04.13	6.4000	100.00	0.00
127172	15 滨中海	500.00	7.00	2022.04.13	6.6500	100.00	50.00
127173	15 津铁投	2400.00	10.00	2025.04.13	5.5800	106.40	948.89
127174	15 迁安债	1500.00	7.00	2022.04.22	6.2500	106.90	409.00
127175	15 武铁 01	1800.00	15.00	2030.04.14	5.1800	99.30	1363.13
127176	15 武铁 02	1500.00	7.00	2022.04.14	5.2500	100.00	498.34
127177	15 梅金叶	1000.00	7.00	2022.04.22	6.0200	105.32	200.00
127178	15 华南城	1500.00	6.00	2021.04.13	7.0000	99.48	689.88
127179	15 兴泸债	1000.00	10.00	2025.04.23	6.4100	100.00	0.00
127180	15 郴新债	1050.00	7.00	2022.04.24	6.1500	105.30	300.00
127181	15 桂林债	1000.00	7.00	2022.04.22	5.6000	100.00	0.00
127182	15 阿信诚	800.00	7.00	2022.04.20	6.4000	100.00	190.00
127183	15 淮城资	1200.00	7.00	2022.04.23	5.7000	100.00	470.00
127184	15 漳经发	600.00	7.00	2022.04.27	6.1700	100.00	30.00
127185	15 绍城改	500.00	7.00	2022.04.27	6.0900	100.00	0.00
127186	15 遵道桥	900.00	8.00	2023.04.27	6.1000	102.96	660.00
127187	15 宜城债	1600.00	7.00	2022.04.27	6.0100	100.00	0.00
127188	15 江高新	800.00	7.00	2022.04.22	6.0300	106.15	160.00
127189	15 渝悦投	1100.00	7.00	2022.04.29	6.0900	100.00	0.00
127190	15 大足债	700.00	7.00	2022.04.28	6.3000	100.00	20.00
127191	15 济高新	800.00	7.00	2022.04.30	6.0900	100.00	30.00
127192	15 沪闵行	2000.00	7.00	2022.04.20	5.6300	100.79	826.00
127193	15 马花山	1000.00	7.00	2022.04.20	6.0700	100.13	450.00
127194	15 天诚 02	500.00	7.00	2022.04.30	6.4500	100.00	0.00
127195	16 闽投 02	1000.00	8.00	2024.03.01	3.2000	96.00	1440.00
127196	15 海海业	600.00	7.00	2022.04.29	6.8400	100.00	100.00
127197	15 瓯海债	1600.00	7.00	2022.04.23	6.4500	100.00	0.00
127198	15 绍新城	400.00	7.00	2022.04.30	6.1300	108.29	20.00
127199	15 龙口债	700.00	7.00	2022.04.30	6.0900	100.00	0.00
127200	15 津环城	1200.00	7.00	2022.04.27	5.7500	99.75	105.00
127201	15 丹开债	900.00	7.00	2022.04.24	6.4000	100.00	320.00
127202	15 呼伦债	700.00	7.00	2022.04.30	6.3100	100.00	80.00
127203	15 兴泰债	1000.00	7.00	2022.04.29	5.6000	100.00	0.00
127204	15 七师微	500.00	4.00	2019.04.30	6.4200	100.00	120.00
127205	15 巢城投	800.00	7.00	2022.04.30	6.5000	100.00	25.00
127206	15 沈经区	1200.00	7.00	2022.04.29	7.1700	101.26	460.00
127207	15 呼小微	650.00	4.00	2019.04.30	6.7000	100.00	0.00
127208	15 国网 01	8000.00	7.00	2022.04.09	4.9000	100.45	1304.00
127209	15 国网 02	2000.00	15.00	2030.04.09	4.9500	99.80	787.05
127210	15 双鸭微	600.00	4.00	2019.04.30	7.4000	103.00	50.00
127211	15 黄山债	900.00	7.00	2022.05.06	5.9500	100.65	28.00
127212	15 黄城投	1500.00	7.00	2022.04.29	5.9900	100.00	20.00
127213	16 枝江 02	800.00	7.00	2023.03.28	4.3800	104.70	60.00
127214	15 建发债	1000.00	7.00	2022.05.27	4.2800	98.09	1182.03
127215	16 兴荣控	900.00	7.00	2023.03.31	4.8600	102.91	360.00
127216	15 蜀城投	500.00	7.00	2022.05.26	6.5800	99.30	155.00
127218	10 装备 02	1500.00	7.00	2017.04.30	5.1000	102.09	0.00
127219	15 九城投	1400.00	7.00	2022.05.22	5.5000	99.55	650.01

债券信息 List of Bonds

债券 Bond

债券代码 Code	债券简称 Bond Name	发行数量(百万) Issued Vol(M)	年限 Terms	到期日 Expiration Date	票面利率(%) Coupon Rate(%)	本年收盘 Close	成交数量(万) Trading Vol(10000)
127220	15 邯建投	1300.00	7.00	2022.05.27	5.4800	107.20	0.00
127221	15 赣城债	2000.00	7.00	2022.06.16	5.5000	100.00	0.00
127222	15 建湖债	1400.00	7.00	2022.06.01	6.3000	102.86	340.00
127223	15 大洼债	800.00	7.00	2022.06.12	6.2900	107.00	368.80
127224	15 西微 01	400.00	4.00	2019.06.11	5.8500	100.00	0.00
127225	15 鹰高新	900.00	7.00	2022.07.31	6.7500	100.00	70.60
127226	15 海基债	1500.00	7.00	2022.06.17	7.5000	100.00	0.00
127227	15 锡山债	800.00	7.00	2022.07.20	5.7800	100.00	0.00
127228	15 邢城建	1000.00	7.00	2022.06.15	5.8800	106.63	60.00
127229	15 潍高新	1000.00	7.00	2022.06.18	6.0500	102.45	50.00
127230	15 牡新区	600.00	7.00	2022.06.30	6.4800	105.00	292.80
127231	15 冀广 01	300.00	8.00	2023.06.12	5.3000	100.00	0.00
127232	15 长轨 02	3000.00	10.00	2025.07.14	5.4000	100.00	640.00
127233	16 余金控	300.00	4.00	2020.03.22	4.4800	100.00	62.00
127234	15 十师债	350.00	7.00	2022.04.24	6.1000	100.00	0.00
127235	15 椒江债	1000.00	7.00	2022.07.06	6.1800	104.00	190.00
127236	15 吴江债	1200.00	7.00	2022.07.08	5.2500	101.51	253.50
127237	15 喀城投	700.00	7.00	2022.07.20	5.8000	100.00	90.00
127238	15 陕东岭	1000.00	7.00	2022.07.14	8.0000	100.00	0.00
127239	15 东港债	900.00	7.00	2022.08.03	6.2500	100.00	247.00
127240	15 洪轨 02	3600.00	15.00	2030.08.03	5.0700	103.22	960.00
127241	15 郑经开	1300.00	7.00	2022.07.31	5.4800	100.00	40.00
127242	15 当涂债	900.00	7.00	2022.08.10	5.3800	106.50	790.00
127243	15 潍渤海	500.00	8.00	2023.08.05	6.8000	100.00	50.00
127244	15 中关村	1100.00	7.00	2022.08.12	4.2000	98.55	637.18
127245	15 荆高新	700.00	7.00	2022.08.11	5.4800	99.80	430.00
127246	15 徐新盛	2000.00	7.00	2022.08.12	5.1300	104.46	40.00
127247	15 任城债	600.00	4.00	2019.11.09	5.3300	101.18	234.80
127248	15 京科城	1000.00	7.00	2022.08.13	4.2000	102.70	90.00
127249	15 丽水债	600.00	7.00	2022.08.13	5.6700	100.00	10.00
127250	15 闽漳龙	600.00	7.00	2022.08.07	4.9900	100.00	30.00
127251	15 丰县债	1000.00	7.00	2022.03.20	6.4800	100.00	0.00
127252	15 通途债	700.00	7.00	2022.06.19	6.0000	108.20	80.00
127253	15 粤电 01	1500.00	10.00	2025.08.20	4.5400	102.00	254.00
127255	15 平湖债	1500.00	7.00	2022.08.25	4.9500	104.21	785.00
127256	15 温铁 01	800.00	5.00	2020.08.27	7.0000	105.80	0.00
127257	15 博投债	800.00	7.00	2022.08.26	5.7700	100.00	0.00
127258	15 温铁 02	700.00	15.00	2030.08.27	5.0400	100.00	0.00
127259	15 太科债	1400.00	7.00	2022.08.28	5.5400	104.65	50.00
127260	15 开小微	700.00	4.00	2019.09.09	5.9500	100.00	0.00
127261	15 般阳债	500.00	7.00	2022.09.09	5.5000	100.00	0.00
127262	15 连江债	1000.00	7.00	2022.04.30	6.2900	100.00	0.00
127263	15 沭金源	800.00	7.00	2022.09.11	5.4900	106.00	338.50
127264	15 彬煤债	800.00	7.00	2022.07.30	8.0000	100.00	100.00
127265	15 涪小微	700.00	4.00	2019.09.09	4.8000	102.00	0.00
127266	15 桓台债	700.00	4.00	2019.09.21	5.8800	100.00	0.00
127267	15 邵武债	700.00	7.00	2022.09.11	5.8800	103.39	150.00
127268	15 汝州债	800.00	6.00	2021.09.16	6.3000	103.30	240.00
127269	15 武夷债	1500.00	7.00	2022.09.28	4.9600	93.50	462.30
127270	15 港小微	800.00	4.00	2019.09.22	5.5800	100.00	80.00

债券信息
List of Bonds

债券
Bond

债券代码 Code	债券简称 Bond Name	发行数量(百万) Issued Vol(M)	年限 Terms	到期日 Expiration Date	票面利率(%) Coupon Rate(%)	本年收盘 Close	成交数量(万) Trading Vol(10000)
127271	15 乌高微	600.00	4.00	2019.08.24	5.1900	100.00	0.00
127272	15 高邮债	1000.00	7.00	2022.09.15	5.4800	100.00	0.00
127273	15 黑山债	400.00	7.00	2022.09.18	6.7900	99.28	150.50
127274	15 铜城投	1000.00	7.00	2022.09.18	5.2300	107.38	405.80
127275	15 一师债	500.00	7.00	2022.09.16	5.3500	100.00	0.00
127276	15 昌小微	600.00	4.00	2019.09.22	6.4000	100.00	0.00
127277	15 内小微	450.00	6.00	2021.10.15	5.4000	100.00	100.00
127278	15 津地铁	2500.00	10.00	2025.10.16	4.2700	104.00	620.00
127279	15 浏新城	1500.00	7.00	2022.10.23	4.4300	106.20	1130.00
127280	15 魏桥债	1000.00	7.00	2022.10.26	5.2600	100.30	240.58
127281	15 邳经发	1000.00	7.00	2022.10.29	5.0000	100.00	0.00
127282	15 贵路桥	1500.00	7.00	2022.10.28	4.1700	97.05	620.01
127283	15 大同建	2000.00	7.00	2022.10.22	4.4900	100.00	2404.89
127284	15 桐建债	800.00	7.00	2022.11.09	5.4700	100.00	210.00
127285	15 茂名港	600.00	7.00	2022.11.04	5.2400	100.00	60.00
127286	15 沛城投	900.00	7.00	2022.11.10	5.2000	100.00	100.00
127287	15 芜新马	1000.00	7.00	2022.11.04	4.8700	98.08	330.00
127288	15 通高新	1300.00	7.00	2022.10.19	5.0000	97.60	0.00
127289	15 河池债	700.00	7.00	2022.11.13	5.5800	102.42	555.00
127290	15 伊国资	500.00	7.00	2022.09.24	5.3700	100.00	50.00
127291	15 苍南债	800.00	7.00	2022.11.11	5.5800	108.00	170.00
127292	15 国网 03	5000.00	3.00	2018.10.21	3.5000	101.60	3117.77
127293	15 国网 04	5000.00	5.00	2020.10.21	3.7900	96.96	908.20
127294	15 天心 01	800.00	7.00	2022.11.06	4.2000	99.00	590.01
127295	15 泰虹桥	600.00	7.00	2022.10.29	5.0300	103.87	20.00
127296	15 云能源	1500.00	10.00	2025.11.17	4.8000	104.27	406.00
127297	15 兴小微	500.00	4.00	2019.10.30	5.8000	101.50	60.00
127298	15 任丘债	700.00	7.00	2022.11.18	5.6800	104.88	736.00
127299	15 蓬莱债	900.00	7.00	2018.01.12	5.5100	100.00	0.00
127300	15 国泰债	800.00	7.00	2022.09.09	5.5800	101.50	0.00
127301	15 武清债	1800.00	7.00	2022.11.17	4.1500	96.00	1084.41
127302	15 桂城投	1600.00	7.00	2022.12.02	5.2300	99.91	274.00
127303	15 秦汉债	1400.00	7.00	2022.11.27	5.1500	106.50	320.00
127304	PR 蒙金隆	600.00	7.00	2022.11.19	7.3000	82.00	100.50
127305	16 穗港 03	500.00	10.00	2026.11.24	3.3800	100.00	134.00
127306	15 伊小微	600.00	4.00	2019.11.23	5.5900	100.00	0.00
127307	16 神木债	800.00	4.00	2020.03.16	4.4800	100.00	180.00
127308	15 巴国资	1300.00	7.00	2022.12.02	5.1300	100.00	330.00
127309	15 赣陶债	1000.00	7.00	2022.11.27	5.3800	100.00	160.00
127310	15 海城改	1150.00	7.00	2022.11.27	5.0800	102.03	960.01
127311	15 麒麟债	1000.00	7.00	2022.11.26	5.3700	101.95	0.00
127312	15 海航债	3000.00	7.00	2022.11.27	5.9900	98.90	1332.63
127313	15 东丽投	2500.00	7.00	2022.12.02	4.2800	97.16	1891.14
127314	15 睢润企	1500.00	7.00	2022.11.20	5.4200	100.00	0.00
127315	15 机场债	800.00	7.00	2022.12.03	6.8800	100.00	0.00
127316	15 洛城投	1000.00	7.00	2022.12.02	4.4700	100.00	0.00
127317	15 平崆旅	350.00	7.00	2022.11.30	6.8500	100.00	195.00
127318	15 闽投专	800.00	10.00	2025.12.11	3.7000	98.57	401.00
127319	15 日照债	600.00	7.00	2022.12.07	3.9800	101.93	60.00
127320	15 萍小微	700.00	4.00	2019.11.25	5.6500	100.00	80.00

债券信息
List of Bonds

债券
Bond

债券代码 Code	债券简称 Bond Name	发行数量(百万) Issued Vol(M)	年限 Terms	到期日 Expiration Date	票面利率(%) Coupon Rate(%)	本年收盘 Close	成交数量(万) Trading Vol(10000)
127321	15 湘产债	300.00	7.00	2022.12.08	4.9500	100.00	0.00
127322	15 义城投	1100.00	7.00	2022.12.07	4.3100	97.74	470.00
127323	15 海陵债	1200.00	7.00	2022.12.14	4.6000	100.00	30.00
127324	15 达州 02	500.00	7.00	2022.11.27	5.1000	100.00	0.00
127326	15 国网 05	8000.00	3.00	2018.11.11	3.5800	101.50	1231.05
127327	15 国网 06	2000.00	5.00	2020.11.11	3.7500	96.64	120.00
127328	15 长轨 03	2000.00	10.00	2025.12.21	4.1000	100.00	420.00
127329	16 马高新	850.00	7.00	2023.11.28	3.9000	100.00	1005.00
127330	15 赣和济	500.00	7.00	2022.12.17	5.0900	100.00	0.00
127331	15 威海投	1100.00	7.00	2022.12.17	4.8000	99.39	160.00
127332	15 凤城债	500.00	7.00	2022.12.17	5.7600	100.00	400.00
127333	15 榕城 02	600.00	7.00	2022.07.08	4.8900	100.00	120.00
127334	15 锡创投	400.00	7.00	2022.12.21	4.3300	100.00	0.00
127335	15 昌乐债	900.00	7.00	2022.12.16	5.1800	102.03	339.00
127336	15 寿小微	600.00	4.00	2019.12.07	5.2000	100.00	40.00
127337	15 潜城投	1700.00	7.00	2022.12.21	5.1900	100.00	330.00
127338	15 宜高投	2000.00	7.00	2022.12.15	4.8000	100.00	0.00
127339	15 金昌债	650.00	7.00	2022.12.21	6.7900	100.00	175.00
127340	15 冀广 02	200.00	8.00	2023.12.14	4.2800	100.00	0.00
127341	PR 正棚改	1800.00	10.00	2025.12.24	5.2800	90.00	50.00
127342	15 内双创	600.00	7.00	2022.12.25	5.0300	100.34	60.00
127344	15 仁寿债	1000.00	7.00	2022.12.22	6.4200	100.00	100.00
127345	15 盐高新	1000.00	7.00	2022.12.14	3.9000	95.20	825.98
127346	15 七小微	790.00	4.00	2019.12.23	7.3400	100.00	300.00
127347	15 昆水务	700.00	7.00	2022.12.25	4.3500	100.00	10.00
127348	15 响水债	1300.00	7.00	2022.12.24	4.9800	103.20	270.00
127349	16 邵东债	1000.00	7.00	2023.01.11	6.5000	99.93	270.00
127350	15 浙滨债	1800.00	7.00	2022.12.23	4.6500	100.00	400.00
127351	15 黔畅达	2000.00	7.00	2022.12.21	5.7900	104.54	537.00
127352	16 恒投 01	2300.00	10.00	2026.05.10	4.1000	97.79	615.00
127353	15 渝缙云	1200.00	7.00	2022.12.31	4.5000	100.00	40.00
127354	15 梅建投	1300.00	7.00	2022.12.30	5.0000	100.00	120.00
127355	15 黔投 01	1400.00	7.00	2022.12.17	5.2900	100.00	70.00
127356	16 常城投	1900.00	7.00	2023.01.12	3.5900	96.30	2111.94
127357	16 永经投	1300.00	7.00	2023.01.14	3.5500	97.00	531.00
127358	16 平阳债	1500.00	7.00	2023.01.08	4.9700	100.00	24.00
127359	16 穗金控	1000.00	10.00	2026.02.02	3.4800	96.37	620.00
127360	15 兴义债	1000.00	7.00	2022.12.16	5.4000	100.00	0.00
127361	15 老边 01	800.00	7.00	2022.12.16	5.6300	100.00	200.00
127362	16 闽投 01	1500.00	8.00	2024.01.15	3.2000	94.40	1256.00
127363	16 新沂债	1900.00	7.00	2023.01.19	4.3000	100.00	180.00
127364	15 潼南债	2000.00	7.00	2022.12.31	4.9900	100.00	0.00
127365	16 渝两江	2800.00	5.00	2021.01.13	3.1700	96.18	4070.00
127366	16 红小微	1200.00	4.00	2020.01.14	6.0500	100.00	750.00
127367	15 沪城建	2000.00	7.00	2023.01.06	3.5000	95.80	387.18
127368	16 衡阳债	1400.00	7.00	2023.01.21	4.2800	100.00	140.00
127369	16 来宾债	800.00	4.00	2020.03.07	6.0000	100.00	430.00
127370	16 奥德 01	500.00	7.00	2023.01.15	5.7700	102.19	80.00
127371	16 普兰店	1500.00	7.00	2023.01.25	3.8000	92.00	1086.60
127372	16 大理债	500.00	7.00	2023.01.25	6.0100	96.03	152.00

债券信息
List of Bonds

债券 Bond

债券代码 Code	债券简称 Bond Name	发行数量(百万) Issued Vol(M)	年限 Terms	到期日 Expiration Date	票面利率(%) Coupon Rate(%)	本年收盘 Close	成交数量(万) Trading Vol(10000)
127373	16 枝江 01	800.00	7.00	2023.01.11	4.7800	100.00	0.00
127374	16 六盘水	2000.00	7.00	2023.01.20	3.7400	100.00	650.00
127375	16 五家渠	1500.00	7.00	2023.03.16	3.6000	96.90	2002.00
127376	15 西微 02	400.00	4.00	2020.01.29	4.6000	100.00	0.00
127377	16 黄冈债	2000.00	7.00	2023.01.18	4.0800	105.90	830.00
127378	16 禹州债	1200.00	7.00	2023.01.19	4.6800	100.00	0.00
127379	16 泗阳债	1200.00	7.00	2023.01.21	4.9400	100.00	170.00
127380	16 阿勒泰	700.00	7.00	2023.01.22	4.8500	100.70	0.00
127381	16 仪征债	700.00	7.00	2023.01.08	4.6300	100.00	0.00
127382	16 赣投债	1000.00	10.00	2026.01.11	3.7000	95.69	150.00
127383	16 宁经开	1500.00	7.00	2023.01.27	3.8700	98.00	1400.00
127384	16 开福 01	600.00	7.00	2023.01.21	4.2000	100.00	0.00
127385	16 兴资债	800.00	7.00	2023.01.18	5.9700	99.68	363.01
127386	16 丹投债	1600.00	7.00	2023.01.25	3.9900	101.00	452.46
127387	16 雨城投	1400.00	7.00	2023.01.28	3.8000	110.00	782.02
127388	16 瓯海债	1700.00	7.00	2023.01.21	4.8300	100.00	60.00
127390	16 芙蓉债	2500.00	7.00	2023.01.26	3.8800	99.73	3120.00
127391	16 瓦沿海	1500.00	7.00	2023.02.01	3.9800	95.33	650.00
127392	16 平交投	1500.00	7.00	2023.01.29	3.9200	96.50	2550.00
127393	16 合川债	500.00	4.00	2020.01.29	5.1000	100.00	0.00
127394	16 诸经债	800.00	4.00	2020.01.26	4.8700	100.00	90.00
127395	16 吉城建	2150.00	7.00	2023.01.27	3.8000	95.35	2151.98
127396	16 陕旅债	350.00	7.00	2023.03.01	4.5800	100.00	0.00
127397	15 耒阳债	1200.00	7.00	2022.11.26	6.4000	100.00	0.00
127398	16 威海债	1600.00	7.00	2023.03.02	3.3300	95.04	824.00
127399	16 鲁信债	600.00	7.00	2023.03.09	3.3600	97.70	200.00
127400	16 广晟 01	2000.00	15.00	2031.03.11	3.7000	100.00	1695.71
127401	16 铜建专	1190.00	7.00	2023.03.14	4.1200	100.00	0.00
127402	16 下城债	1400.00	7.00	2023.03.14	3.8000	100.00	340.00
127403	15 老边 02	1500.00	7.00	2023.03.11	4.9800	100.00	0.00
127404	16 唐金债	1600.00	7.00	2023.03.16	4.3500	94.81	580.20
127405	16 盐都债	1300.00	7.00	2023.03.17	3.6700	106.00	1497.02
127406	16 宏小微	900.00	4.00	2020.03.16	5.5000	100.00	340.00
127407	16 汇盛债	1000.00	8.00	2024.03.15	4.4900	100.00	800.00
127408	16 张经开	700.00	7.00	2023.03.22	3.9500	100.00	0.00
127409	16 渝地产	2300.00	7.00	2023.03.21	3.3600	95.30	1544.00
127410	16 德兴债	800.00	7.00	2023.03.21	5.9900	100.00	420.00
127411	16 滁小微	1000.00	4.00	2020.03.23	5.4400	100.00	505.00
127412	16 鸠江债	1200.00	7.00	2023.03.21	3.9600	100.00	50.00
127413	16 皋投债	1500.00	7.00	2023.03.23	3.7400	106.50	651.00
127414	16 邕高 01	500.00	7.00	2023.03.25	4.2800	100.00	0.00
127415	16 三明交	1300.00	7.00	2023.03.29	3.6800	100.00	1220.00
127416	16 贾汪债	1600.00	7.00	2023.03.23	4.0000	95.68	941.00
127417	16 榕高新	700.00	7.00	2023.03.25	4.3600	100.00	0.00
127418	16 启交通	1500.00	7.00	2023.03.18	4.0000	97.30	851.00
127419	16 启国投	1500.00	7.00	2023.03.09	4.0000	97.99	1070.00
127420	16 渝开债	1500.00	7.00	2023.04.13	3.9500	100.00	800.00
127421	16 青小微	1000.00	4.00	2020.03.29	3.9700	102.00	520.00
127422	16 牡小微	600.00	7.00	2020.03.24	6.6600	100.00	100.00
127424	16 惠开债	1600.00	7.00	2023.04.08	4.1600	101.90	1275.00

债券信息
List of Bonds

债券
Bond

债券代码 Code	债券简称 Bond Name	发行数量(百万) Issued Vol(M)	年限 Terms	到期日 Expiration Date	票面利率(%) Coupon Rate(%)	本年收盘 Close	成交数量(万) Trading Vol(10000)
127425	16 穗港 01	500.00	10.00	2026.04.18	3.5700	100.00	530.00
127426	16 渝江 01	2500.00	5.00	2021.04.19	3.6000	95.01	4160.27
127427	16 渤海 01	3000.00	7.00	2023.04.18	3.8200	95.62	769.04
127428	16 渤海 02	600.00	10.00	2026.04.18	4.1000	100.00	100.00
127429	G16 京汽 1	2500.00	7.00	2023.04.22	3.4500	94.29	1690.00
127430	16 淮城资	1200.00	7.00	2023.05.03	4.6300	104.40	932.01
127431	16 洛新债	1500.00	7.00	2023.04.26	4.2800	99.00	522.01
127432	16 太新 01	1000.00	7.00	2023.05.03	4.4900	97.30	690.00
127433	16 海发债	1060.00	7.00	2023.06.06	4.6700	101.00	1048.44
127434	16 晋煤 01	1000.00	5.00	2021.05.03	6.8000	100.00	0.00
127435	16 磁湖 01	1500.00	7.00	2023.06.08	4.5000	103.00	2180.00
127436	16 惠棚改	1000.00	5.00	2021.06.08	4.3800	103.00	810.00
127437	16 扬城投	1000.00	7.00	2023.06.03	5.1500	99.80	610.00
127438	16 望经开	2700.00	7.00	2023.07.13	3.7500	96.50	4105.20
127439	16 樟树债	900.00	7.00	2023.06.22	4.8000	102.67	0.00
127440	16 惠投 01	1000.00	7.00	2023.07.07	3.7500	100.01	1083.00
127441	16 苏筑富	1600.00	7.00	2023.07.20	4.4700	99.84	569.98
127442	16 广晟 02	1400.00	15.00	2031.07.21	3.7500	94.52	1299.71
127443	16 湘潭 01	1600.00	7.00	2023.08.04	3.6000	93.77	1408.04
127445	16 渝江 02	2000.00	5.00	2021.08.05	3.1000	95.90	756.00
127446	16 穗城 02	1000.00	10.00	2026.07.22	3.3300	100.00	0.00
127447	16 宁地铁	2600.00	7.00	2023.08.29	3.2900	97.00	3958.02
127448	15 天心 02	700.00	7.00	2023.08.08	3.4300	94.60	60.00
127449	16 太新 02	1000.00	7.00	2023.08.29	3.4700	100.00	1630.01
127450	16 晋城投	3000.00	7.00	2023.08.24	3.3500	105.00	3370.13
127451	G17 龙湖 1	1600.00	5.00	2022.02.17	4.4000	100.00	1220.00
127452	16 硚口债	1400.00	7.00	2023.08.29	3.4800	98.14	1250.02
127453	16 建安 01	1600.00	7.00	2023.09.05	3.5000	100.60	3021.58
127454	16 南管廊	1270.00	10.00	2026.09.12	3.5800	100.00	1460.00
127455	16 广陵债	1500.00	7.00	2023.09.07	3.6200	95.60	1794.01
127456	16 穗港 02	500.00	10.00	2026.09.18	3.1900	100.00	200.00
127457	16 广饶债	2000.00	7.00	2023.09.08	3.6100	100.00	860.00
127458	16 济市中	900.00	7.00	2023.09.14	3.5200	100.00	1250.00
127459	16 广晟 03	1200.00	15.00	2031.11.10	3.6000	94.78	480.00
127460	16 建湖项	1000.00	5.00	2021.10.13	3.2800	101.00	892.00
127461	G16 国网 1	5000.00	3.00	2019.10.20	2.8000	96.12	1813.00
127462	G16 国网 2	5000.00	5.00	2021.10.20	2.9900	92.40	1628.89
127463	16 溧经开	1500.00	7.00	2023.11.09	3.4100	100.00	530.00
127464	16 京投 01	3000.00	5.00	2021.11.02	4.5000	100.09	3650.00
127465	16 德清债	870.00	7.00	2023.11.11	3.6000	97.58	728.00
127467	G17 龙湖 2	1440.00	7.00	2024.02.17	4.6700	100.00	0.00
127468	17 长经 01	1000.00	7.00	2024.03.03	4.7800	100.00	180.00
127469	17 首房专	1180.00	10.00	2027.03.20	5.4900	100.00	200.00
127470	G17 龙湖 3	1000.00	7.00	2024.03.07	4.7500	100.00	180.00
127471	17 苏众安	1200.00	7.00	2024.03.24	5.6500	100.00	120.00
127472	17 宿裕丰	1000.00	7.00	2024.04.21	5.5000	102.90	156.00
127473	17 慈溪债	950.00	7.00	2024.04.07	4.9000	100.00	80.00
127474	17 三明国	1000.00	7.00	2024.04.17	5.1000	100.00	50.00
127475	17 宿开发	1200.00	7.00	2024.04.20	5.4000	101.55	180.00
127476	17 众邦债	1500.00	7.00	2024.06.02	5.9500	100.00	222.00

债券信息
List of Bonds

债券
Bond

债券代码 Code	债券简称 Bond Name	发行数量(百万) Issued Vol(M)	年限 Terms	到期日 Expiration Date	票面利率(%) Coupon Rate(%)	本年收盘 Close	成交数量(万) Trading Vol(10000)
127477	17 邳润债	1700.00	7.00	2024.04.19	5.6500	100.00	345.00
127478	17 新交投	1250.00	7.00	2024.04.24	5.3500	100.00	630.00
127479	16 瀚瑞 01	1600.00	7.00	2023.04.15	4.6300	96.89	2208.82
127480	17 陂城投	1730.00	7.00	2024.04.19	5.4800	100.95	470.00
127481	17 京投 01	2000.00	5.00	2022.04.19	4.2000	100.00	1660.00
127482	G17 产建 1	900.00	7.00	2024.05.02	5.7500	100.00	70.00
127483	17 宝城投	800.00	7.00	2024.04.18	5.0500	100.00	0.00
127484	17 乌城投	2000.00	4.00	2021.04.26	5.1800	100.00	1200.00
127485	17 枞阳债	1000.00	7.00	2024.04.25	5.8500	100.00	0.00
127486	17 威高新	1800.00	7.00	2024.04.28	5.3200	100.00	50.00
127488	17 惠投债	1000.00	7.00	2024.04.10	4.8800	100.00	90.01
127489	17 六交投	1400.00	7.00	2024.05.02	5.9800	100.51	990.21
127490	17 延新投	1000.00	7.00	2024.04.21	5.6000	100.00	160.00
127491	17 灌东债	660.00	7.00	2024.05.16	6.4200	100.00	232.00
127492	17 盐国资	1500.00	7.00	2024.06.12	5.8000	102.40	502.20
127493	17 郑通 01	400.00	7.00	2024.06.27	5.9800	100.00	0.00
127494	17 高港债	1500.00	7.00	2024.06.22	5.5400	100.00	20.00
127495	G17 京汽 1	2300.00	7.00	2024.07.04	4.7200	100.00	340.00
127496	17 毕节 01	1230.00	7.00	2024.07.06	5.7800	100.00	290.00
127497	17 永兴 01	700.00	7.00	2024.07.07	6.9300	100.00	0.00
127499	17 秦投 01	800.00	7.00	2024.07.07	6.6800	100.00	20.00
127500	17 青州 01	1000.00	7.00	2024.07.10	6.4000	100.00	0.00
127501	17 望铜官	1200.00	10.00	2027.07.12	5.7300	101.00	240.20
127502	17 宿迁 01	300.00	7.00	2024.07.11	5.3000	100.00	0.00
127503	17 即旅债	1200.00	7.00	2024.07.10	5.3500	100.00	0.00
127504	17 沛国资	1310.00	7.00	2024.07.19	5.9800	100.00	30.00
127505	16 榕经开	1000.00	7.00	2023.08.25	3.5300	100.00	365.00
127506	17 扬开发	1100.00	7.00	2024.07.06	5.2800	100.00	170.00
127507	17 永城投	1300.00	7.00	2024.07.13	5.3000	100.00	150.20
127508	17 蚌经投	1160.00	7.00	2024.07.13	6.4500	100.00	0.00
127509	16 邮发 02	600.00	7.00	2024.07.13	5.2600	97.05	120.00
127510	17 诸城债	1500.00	7.00	2024.07.12	5.3700	98.15	1.00
127511	17 崇川债	1500.00	5.00	2022.07.21	5.7000	100.00	20.00
127512	17 民科债	1200.00	7.00	2024.07.18	6.4400	100.00	100.00
127513	17 广国投	1400.00	7.00	2024.07.18	5.3700	100.00	380.00
127514	17 白云 01	460.00	7.00	2024.07.17	6.4800	100.00	50.00
127515	17 常鼎力	1700.00	7.00	2024.07.20	6.1000	100.00	170.00
127516	17 诸资 01	1000.00	7.00	2024.06.28	5.3400	100.00	0.00
127517	17 荆城投	1490.00	7.00	2024.07.20	5.6800	100.00	40.00
127518	17 嵊投控	1700.00	7.00	2024.07.20	5.3500	100.00	310.00
127519	17 桂城投	1400.00	7.00	2024.07.21	5.9800	100.00	0.00
127520	17 伟驰 01	300.00	7.00	2024.07.24	6.1800	100.00	0.00
127521	16 邮发 01	1000.00	7.00	2023.09.02	3.6500	100.00	150.00
127522	17 厦轨 01	1000.00	9.00	2026.07.20	4.5500	100.00	560.00
127523	17 启创债	1200.00	7.00	2024.07.14	5.1600	103.00	310.51
127524	17 诸资 02	1300.00	7.00	2024.07.18	5.2300	100.00	0.00
127525	17 兴宁债	500.00	7.00	2024.07.24	5.9900	100.00	0.00
127526	17 襄经债	800.00	7.00	2024.07.19	6.1000	100.00	0.00
127527	17 攀投债	800.00	7.00	2024.07.24	7.3000	100.00	0.00
127528	17 郴新天	1420.00	7.00	2024.07.26	6.0000	100.00	0.00

债券信息
List of Bonds

债券
Bond

债券代码 Code	债券简称 Bond Name	发行数量(百万) Issued Vol(M)	年限 Terms	到期日 Expiration Date	票面利率(%) Coupon Rate(%)	本年收盘 Close	成交数量(万) Trading Vol(10000)
127529	17 秦投 02	700.00	7.00	2024.07.25	6.9100	100.00	0.00
127531	17 浠凤 01	1000.00	7.00	2024.07.28	6.5200	102.00	38.00
127532	17 红投债	1000.00	7.00	2024.07.12	5.9000	100.00	400.00
127533	17 惠华 02	900.00	7.00	2024.07.26	5.9600	0.00	100.00
127534	17 衡滨江	1530.00	7.00	2024.07.27	5.4700	101.50	98.02
127535	17 古蔺债	640.00	7.00	2024.07.24	5.9600	100.00	0.00
127536	17 黔投 01	700.00	7.00	2024.07.28	6.7700	100.00	0.00
127537	17 咸宁债	1350.00	10.00	2027.07.27	5.9900	100.00	0.00
127539	17 雨山 01	500.00	7.00	2024.07.31	5.6200	100.00	870.00
127540	G17 龙源 2	3000.00	7.00	2024.08.01	4.7800	97.32	1730.00
127541	17 新津 02	310.00	7.00	2024.08.03	6.2800	100.00	0.00
127542	17 铜建 01	1000.00	7.00	2024.07.31	5.7700	100.00	45.00
127544	17 张家界	1000.00	10.00	2027.07.24	6.4700	100.00	0.00
127545	17 毕节 02	500.00	7.00	2024.08.03	5.5500	100.00	0.00
127546	17 含浦债	700.00	7.00	2024.07.28	5.8000	100.00	0.00
127547	17 宿新债	1200.00	7.00	2024.08.04	5.9800	100.00	0.00
127548	17 安皖江	1000.00	7.00	2024.08.02	6.5000	100.00	0.00
127549	17 泗阳债	1200.00	7.00	2024.07.31	7.4000	100.00	0.00
127550	17 包头 01	1500.00	7.00	2024.07.27	5.2500	100.00	0.00
127551	17 湖滨 01	700.00	7.00	2024.08.02	6.8500	100.00	0.00
127552	17 黄岩 01	1000.00	7.00	2024.08.01	6.1000	100.00	0.00
127553	17 金潼 01	1490.00	7.00	2024.08.01	6.5000	100.00	0.00
127554	17 开投债	1500.00	7.00	2024.08.03	7.0800	100.00	0.00
127555	17 柔刚 02	500.00	7.00	2024.08.02	6.8000	100.00	0.00
127556	G17 靖新 1	970.00	7.00	2024.07.25	5.3700	100.00	0.00
127557	17 广铁 01	3000.00	10.00	2027.08.09	4.8400	100.00	600.00
127558	17 蒲城债	1000.00	7.00	2024.08.10	6.5700	100.00	0.00
127559	17 粤海 01	1500.00	10.00	2027.08.07	4.7700	100.00	80.00
127560	17 厦轨 02	1500.00	9.00	2026.08.08	4.6100	98.75	840.00
127561	17 宁国债	1100.00	7.00	2024.08.07	7.1400	100.00	0.00
127562	17 株湘江	1400.00	7.00	2024.08.09	6.4000	100.00	0.00
127563	17 怀经开	1000.00	7.00	2024.08.07	5.7700	100.00	60.00
127564	17 鄱阳债	1200.00	7.00	2024.08.08	6.5300	100.00	0.00
127565	17 淮水利	1500.00	7.00	2024.08.11	5.2800	100.00	355.00
127566	17 永兴 02	800.00	7.00	2024.08.14	6.5000	100.00	0.00
127568	17 萍昌盛	880.00	7.00	2024.08.11	6.0000	100.00	0.00
127569	17 宁高 02	600.00	7.00	2024.08.14	6.0800	100.00	20.00
127570	G17 产建 2	900.00	7.00	2024.08.10	5.8800	97.41	50.00
127571	17 淄创 01	600.00	7.00	2024.08.10	5.2800	100.00	0.00
127572	17 包头 02	1500.00	7.00	2024.08.10	5.3100	100.00	155.00
127573	17 秭归 01	600.00	10.00	2027.08.14	7.0800	100.00	0.00
127574	17 宜城投	2500.00	10.00	2027.08.14	5.7700	100.00	0.00
127576	17 铜建 02	1000.00	7.00	2024.08.16	5.8000	100.00	0.00
127577	17 濮阳债	850.00	7.00	2024.08.17	5.1800	100.00	0.00
127578	17 启城投	1300.00	7.00	2024.08.16	5.2500	97.00	120.10
127579	17 毕信泰	1500.00	7.00	2024.11.01	7.8000	100.00	20.00
127580	17 石桥 01	500.00	7.00	2024.08.14	7.5900	100.00	60.00
127581	17 运通债	1700.00	7.00	2024.08.10	6.1300	100.00	210.00
127582	17 渌湘投	1200.00	7.00	2024.08.16	7.0900	100.00	0.00
127584	17 湘管廊	1000.00	7.00	2024.10.27	7.5000	100.00	0.00

债券信息
List of Bonds

债券
Bond

债券代码 Code	债券简称 Bond Name	发行数量(百万) Issued Vol(M)	年限 Terms	到期日 Expiration Date	票面利率(%) Coupon Rate(%)	本年收盘 Close	成交数量(万) Trading Vol(10000)
127585	17 宝开 01	600.00	7.00	2024.08.21	5.4500	100.00	0.00
127586	17 遵经开	970.00	7.00	2024.08.17	7.4800	100.00	0.00
127587	17 新东观	800.00	7.00	2024.09.05	7.7000	100.00	210.00
127588	16 柯城 02	1100.00	7.00	2024.08.03	5.7400	100.00	0.00
127589	G17 武铁 1	3000.00	15.00	2032.08.22	4.9900	100.00	0.00
127590	17 威经开	810.00	7.00	2024.08.23	5.8000	100.00	0.00
127591	17 吴国太	1500.00	10.00	2027.08.23	6.4000	100.00	0.00
127592	17 资兴 02	1100.00	7.00	2024.08.09	6.1800	100.00	0.00
127593	17 金洲投	1500.00	7.00	2024.08.24	6.6000	100.00	0.00
127594	17 泾河债	800.00	7.00	2024.08.23	6.6700	100.00	0.00
127596	17 湖滨 02	800.00	7.00	2024.08.25	6.9300	100.00	0.00
127597	17 舜发债	700.00	7.00	2024.08.23	7.0000	100.00	0.00
127598	17 平阳债	870.00	10.00	2027.08.24	6.9000	100.00	0.00
127602	17 广鑫 01	600.00	7.00	2024.08.28	7.1800	100.00	0.00
127603	17 开元 02	700.00	7.00	2024.08.29	7.2800	100.00	180.00
127604	17 老河口	1040.00	7.00	2024.08.16	6.4900	100.00	0.00
127607	17 苏科债	1500.00	7.00	2024.08.30	5.7000	100.00	0.00
127608	17 运城债	840.00	7.00	2024.08.29	6.3000	100.00	0.00
127610	17 邵阳 01	1000.00	7.00	2024.09.01	5.9800	100.00	0.00
127611	17 渝丰都	1200.00	7.00	2024.09.05	6.3800	100.00	0.00
127612	17 彭山 01	880.00	7.00	2024.09.05	7.0000	100.00	0.00
127613	17 淮南 01	1100.00	7.00	2024.09.04	5.7400	100.92	62.00
127614	17 新经开	890.00	7.00	2024.09.27	6.6600	100.00	0.00
127615	17 夷陵 01	500.00	7.00	2024.09.05	6.4500	100.00	0.00
127616	G17 发展 1	2400.00	5.00	2022.09.06	4.9400	100.00	0.00
127617	G17 汴投 1	1300.00	10.00	2027.09.08	6.1000	100.00	0.00
127618	17 南陵债	1500.00	7.00	2024.09.06	6.2000	100.00	0.00
127620	17 阜宁债	1000.00	7.00	2024.03.14	6.0000	100.00	0.00
127621	17 新宇 01	700.00	7.00	2024.09.08	7.6000	100.00	0.00
127622	17 吉首 02	900.00	7.00	2024.09.11	6.4500	100.00	0.00
127623	17 桂金债	500.00	7.00	2024.09.08	6.5000	100.00	30.00
127624	17 滨江债	1450.00	7.00	2024.09.13	6.4000	100.00	50.00
127625	17 盈地债	1000.00	7.00	2024.11.07	7.0000	100.00	0.00
127627	17 安丘债	1000.00	7.00	2024.09.14	7.0000	100.00	0.00
127628	17 城建 01	700.00	7.00	2024.11.06	5.9000	100.00	0.00
127629	17 黄岩 02	650.00	7.00	2024.09.14	6.2200	100.00	0.00
127631	17 当经债	600.00	7.00	2024.09.11	6.0000	100.00	0.00
127632	17 怀城投	950.00	7.00	2024.08.28	5.8000	100.00	0.00
127633	17 高建投	500.00	7.00	2024.09.18	5.9500	100.00	0.00
127634	17 安顺债	1500.00	7.00	2024.09.15	7.3000	100.00	0.00
127635	17 沅陵 01	500.00	7.00	2024.09.20	6.5000	100.00	0.00
127636	17 淮安债	1500.00	7.00	2024.09.20	5.2200	100.00	20.00
127637	17 蒙城债	800.00	7.00	2024.09.21	5.6000	99.00	0.14
127638	17 武隆 01	800.00	7.00	2024.09.21	6.8000	100.00	0.00
127639	17 柳龙投	500.00	10.00	2027.09.21	7.0000	100.00	0.00
127641	G17 汇丰 1	2000.00	7.00	2024.09.21	5.7900	100.00	380.00
127643	17 遵湘江	1100.00	7.00	2024.09.25	6.9900	100.00	0.00
127644	17 新津债	580.00	7.00	2024.10.23	7.3000	100.00	0.00
127645	17 雨山 02	500.00	7.00	2024.09.22	5.8500	100.00	130.00
127646	17 资城 02	500.00	7.00	2024.09.26	6.3000	100.00	0.00

债券信息
List of Bonds

债券代码 Code	债券简称 Bond Name	发行数量(百万) Issued Vol(M)	年限 Terms	到期日 Expiration Date	票面利率(%) Coupon Rate(%)	本年收盘 Close	成交数量(万) Trading Vol(10000)
127648	17 江北债	1000.00	7.00	2024.09.26	5.5900	100.00	50.00
127649	17 句容 01	800.00	7.00	2024.09.18	6.8900	100.00	90.00
127650	17 白云 02	740.00	7.00	2024.09.25	7.2800	100.00	0.00
127651	17 邵经债	700.00	7.00	2024.09.19	6.6600	100.00	0.00
127652	17 锡东债	1500.00	7.00	2024.09.14	5.7300	100.00	20.00
127653	17 泸汇兴	1000.00	7.00	2024.10.19	6.2800	100.00	0.00
127654	17 温高新	450.00	7.00	2024.09.18	5.9000	100.00	0.00
127655	17 恒驰 01	500.00	7.00	2024.09.22	7.4500	100.00	0.00
127656	17 食科债	1600.00	7.00	2024.09.28	5.7000	100.00	0.00
127657	17 莒南 01	770.00	7.00	2024.09.26	7.5000	100.00	100.00
127659	17 绵宏达	800.00	7.00	2024.09.29	7.2000	100.00	0.00
127660	17 武胜债	830.00	7.00	2024.11.03	7.0500	100.00	0.00
127664	17 珲春 01	400.00	7.00	2024.09.29	8.4800	100.00	0.00
127666	17 昆银桥	760.00	7.00	2024.10.18	5.5000	100.00	0.00
127667	17 宝开 02	600.00	7.00	2024.10.17	5.4900	100.00	60.00
127669	17 郑蒲 01	600.00	7.00	2024.10.13	6.0000	100.00	0.00
127670	17 郑通 02	400.00	7.00	2024.10.18	5.8000	100.00	0.00
127671	17 秀洲债	1000.00	7.00	2024.09.25	5.6000	100.00	0.00
127672	17 渝双福	760.00	7.00	2024.10.13	6.3700	100.00	120.00
127673	17 播投 02	700.00	7.00	2024.10.24	7.8500	100.00	140.00
127674	17 恒驰 02	1000.00	7.00	2024.10.27	7.4000	100.00	0.00
127675	17 黄梅 02	200.00	7.00	2024.10.18	6.6800	100.00	0.00
127676	17 隆发债	800.00	7.00	2024.10.31	7.0900	100.00	0.00
127677	17 都江堰	600.00	7.00	2024.10.19	6.9000	100.00	0.00
127678	17 含山债	900.00	7.00	2024.08.30	6.2000	100.00	0.00
127679	17 黄梅 01	1000.00	7.00	2024.10.09	6.8000	100.00	0.00
127680	17 南谯债	800.00	7.00	2024.10.23	5.9500	100.00	0.00
127681	17 安交投	1400.00	7.00	2024.10.31	7.5000	100.00	0.00
127682	17 淮产债	1500.00	7.00	2024.10.25	5.6900	100.00	0.00
127683	17 润企债	840.00	7.00	2024.11.02	6.7800	100.00	0.00
127685	17 哈密债	1360.00	7.00	2024.10.27	6.5500	100.00	0.00
127686	G17 扬城 1	2000.00	10.00	2027.10.30	5.6900	100.00	0.00
127687	17 芦溪债	1000.00	7.00	2024.10.27	6.8000	100.00	0.00
127688	17 南漳 02	340.00	7.00	2024.10.25	6.5800	100.00	0.00
127689	17 抚投债	930.00	7.00	2024.10.30	5.7000	100.00	0.00
127690	G17 丹徒 1	1400.00	7.00	2024.11.06	5.9800	100.00	60.00
127691	17 金坛 01	1000.00	7.00	2024.11.07	6.5000	100.00	0.00
127693	17 成阿 01	900.00	7.00	2024.11.06	7.5000	100.00	0.00
127694	17 临朐债	1000.00	7.00	2024.11.23	7.2000	100.00	0.00
127695	17 乐行债	700.00	7.00	2024.11.01	6.0500	100.00	0.00
127696	17 威中城	1000.00	7.00	2024.11.02	6.0500	100.00	0.00
127697	17 句容 02	700.00	7.00	2024.11.06	6.8000	100.00	0.00
127699	17 襄城债	1000.00	7.00	2024.11.10	7.4500	100.00	0.00
127700	17 普定 01	1000.00	7.00	2024.11.13	7.7900	104.00	43.20
127701	17 凤阳债	1000.00	7.00	2024.11.16	6.0000	100.00	0.00
127703	17 汕尾债	1100.00	7.00	2024.11.09	5.6800	100.00	50.00
127705	17 石柱 01	700.00	7.00	2024.11.13	7.0000	100.00	0.00
127706	17 云岩债	1500.00	7.00	2024.11.17	6.8000	100.00	0.00
127707	17 天台债	700.00	7.00	2024.11.22	6.5000	100.00	0.00
127709	17 红果 01	500.00	7.00	2024.11.24	7.8000	100.00	0.00

债券信息
List of Bonds

债券 Bond

债券代码 Code	债券简称 Bond Name	发行数量(百万) Issued Vol(M)	年限 Terms	到期日 Expiration Date	票面利率(%) Coupon Rate(%)	本年收盘 Close	成交数量(万) Trading Vol(10000)
127710	17 乐清 01	900.00	7.00	2024.12.14	6.7900	100.00	0.00
127715	17 射阳债	1110.00	7.00	2024.11.27	7.8000	0.00	0.00
127716	17 成阿 02	270.00	7.00	2024.11.29	7.5000	100.00	0.00
127717	17 湖织债	1500.00	7.00	2024.11.23	7.5000	100.00	0.00
127720	17 沅陵 02	500.00	7.00	2024.11.30	6.5000	100.00	0.00
127722	17 红安债	800.00	7.00	2024.12.04	7.5000	100.00	0.00
127723	17 长物流	800.00	8.00	2025.11.30	6.5000	100.00	0.00
127724	17 南高新	800.00	7.00	2024.12.06	6.0000	100.00	0.00
127725	17 郎溪债	900.00	7.00	2024.12.11	6.1300	100.00	0.00
127726	17 湖口债	900.00	7.00	2024.12.01	6.8000	100.00	0.00
127727	17 石桥 02	600.00	7.00	2024.12.01	7.8200	100.00	0.00
127733	17 桃源 01	600.00	7.00	2024.12.08	7.0000	100.00	0.00
128003	14 平安 03	80.00	3.01	2017.06.26	0.0000	0.00	0.00
130077	12 地债 02	21000.00	5.00	2017.07.02	3.0700	100.00	0.00
130079	12 地债 04	23900.00	5.00	2017.07.17	3.0200	100.00	0.00
130081	12 地债 06	23300.00	5.00	2017.07.31	3.1300	100.00	50.00
130083	12 地债 08	22100.00	5.00	2017.08.20	3.3800	100.00	80.00
130084	12 上海 01	4450.00	5.00	2017.08.24	3.2500	100.00	0.00
130085	12 上海 02	4450.00	7.00	2019.08.24	3.3900	100.00	0.00
130086	12 广东 01	4300.00	5.00	2017.09.07	3.2100	100.00	0.00
130087	12 广东 02	4300.00	7.00	2019.09.07	3.4000	100.00	0.00
130089	12 地债 10	21000.00	5.00	2017.09.17	3.5800	100.00	50.00
130090	12 浙江 01	4350.00	5.00	2017.09.24	3.3000	100.00	0.00
130091	12 浙江 02	4350.00	7.00	2019.09.24	3.4700	100.00	0.00
130092	12 深圳 01	1350.00	5.00	2017.10.15	3.2200	100.00	0.00
130093	12 深圳 02	1350.00	7.00	2019.10.15	3.4300	100.00	0.00
130095	13 地债 02	21200.00	5.00	2018.06.17	3.6600	100.00	0.00
130097	13 地债 04	24300.00	5.00	2018.07.15	3.8200	100.00	0.00
130099	13 地债 06	23800.00	5.00	2018.08.05	3.8700	101.50	200.00
130101	13 地债 08	25500.00	5.00	2018.08.20	4.4300	102.39	300.00
130102	13 山东 01	5600.00	5.00	2018.08.26	3.9400	100.00	0.00
130103	13 山东 02	5600.00	7.00	2020.08.26	4.0000	100.00	0.00
130105	13 上海 01	5600.00	5.00	2018.09.09	3.9400	100.00	0.00
130106	13 上海 02	5600.00	7.00	2020.09.09	4.0100	100.00	0.00
130107	13 地债 10	26200.00	5.00	2018.09.10	4.4500	100.00	0.00
130108	13 广东 01	6050.00	5.00	2018.09.17	4.0000	100.00	0.00
130109	13 广东 02	6050.00	7.00	2020.09.17	4.1000	100.00	0.00
130110	13 江苏 01	7650.00	5.00	2018.10.11	3.8800	100.00	0.00
130111	13 江苏 02	7650.00	7.00	2020.10.11	4.0000	100.00	0.00
130113	13 地债 12	22100.00	5.00	2018.10.22	4.3300	100.00	0.00
130114	13 浙江 01	5900.00	5.00	2018.10.28	3.9600	100.00	0.00
130115	13 浙江 02	5900.00	7.00	2020.10.28	4.1700	100.00	0.00
130116	13 深圳 01	1800.00	5.00	2018.11.11	4.1100	100.00	0.00
130117	13 深圳 02	1800.00	7.00	2020.11.11	4.1800	100.00	0.00
130118	14 地债 01	25800.00	3.00	2017.06.16	4.0000	100.00	0.00
130119	14 地债 02	25800.00	5.00	2019.06.16	3.9900	100.00	0.00
130120	14 广东 01	5920.00	5.00	2019.06.24	3.8400	100.00	0.00
130121	14 广东 02	4440.00	7.00	2021.06.24	3.9700	100.00	0.00
130122	14 广东 03	4440.00	10.00	2024.06.24	4.0500	100.00	0.00
130123	14 地债 03	18300.00	7.00	2021.06.23	4.1000	100.00	0.00

债券信息 List of Bonds

债券 Bond

债券代码 Code	债券简称 Bond Name	发行数量(百万) Issued Vol(M)	年限 Terms	到期日 Expiration Date	票面利率(%) Coupon Rate(%)	本年收盘 Close	成交数量(万) Trading Vol(10000)
130124	14 地债 04	26000.00	3.00	2017.06.30	4.0100	100.51	1364.00
130125	14 地债 05	26100.00	5.00	2019.06.30	4.1200	102.81	200.00
130126	14 山东 01	5480.00	5.00	2019.07.14	3.7500	100.00	0.00
130127	14 山东 02	4110.00	7.00	2021.07.14	3.8800	100.00	0.00
130128	14 山东 03	4110.00	10.00	2024.07.14	3.9300	106.34	0.00
130129	14 地债 06	23400.00	3.00	2017.07.15	4.1500	100.00	0.00
130130	14 地债 07	23400.00	5.00	2019.07.15	4.2800	100.00	0.00
130131	14 地债 08	19800.00	7.00	2021.07.21	4.5000	100.00	0.00
130132	14 江苏 01	6960.00	5.00	2019.07.25	4.0600	100.00	0.00
130133	14 江苏 02	5220.00	7.00	2021.07.25	4.2100	104.81	0.00
130134	14 江苏 03	5220.00	10.00	2024.07.25	4.2900	100.00	0.00
130135	14 江西 01	5720.00	5.00	2019.08.06	4.0100	100.00	0.00
130136	14 江西 02	4290.00	7.00	2021.08.06	4.1800	100.00	0.00
130137	14 江西 03	4290.00	10.00	2024.08.06	4.2700	100.00	0.00
130138	14 宁夏 01	2200.00	5.00	2019.08.12	3.9800	100.00	0.00
130139	14 宁夏 02	1650.00	7.00	2021.08.12	4.1700	100.00	0.00
130140	14 宁夏 03	1650.00	10.00	2024.08.12	4.2600	100.00	0.00
130141	14 地债 09	24200.00	3.00	2017.08.18	4.1000	100.00	0.00
130142	14 地债 10	24700.00	5.00	2019.08.18	4.1600	103.03	1170.00
130143	14 青岛 01	1000.00	5.00	2019.08.19	3.9600	100.00	0.00
130144	14 青岛 02	750.00	7.00	2021.08.19	4.1800	100.00	0.00
130145	14 青岛 03	750.00	10.00	2024.08.19	4.2500	100.00	0.00
130146	14 浙江 01	5480.00	5.00	2019.08.20	3.9600	100.00	0.00
130147	14 浙江 02	4110.00	7.00	2021.08.20	4.1700	100.00	0.00
130148	14 浙江 03	4110.00	10.00	2024.08.20	4.2300	100.00	0.00
130149	14 北京 01	4200.00	5.00	2019.08.22	4.0000	100.00	0.00
130150	14 北京 02	3150.00	7.00	2021.08.22	4.1800	100.00	0.00
130151	14 北京 03	3150.00	10.00	2024.08.22	4.2400	100.00	0.00
130152	14 上海 01	5040.00	5.00	2019.09.12	4.0100	100.00	0.00
130153	14 上海 02	3780.00	7.00	2021.09.12	4.2200	100.00	0.00
130154	14 上海 03	3780.00	10.00	2024.09.12	4.3300	100.00	0.00
130155	14 地债 11	16300.00	3.00	2017.09.16	4.1400	100.00	0.00
130156	14 地债 12	16300.00	5.00	2019.09.16	4.1500	103.09	240.00
130157	14 地债 13	20700.00	7.00	2021.09.25	4.1200	100.00	0.00
130158	14 深圳 01	1680.00	5.00	2019.10.24	3.6300	100.00	0.00
130159	14 深圳 02	1260.00	7.00	2021.10.24	3.7900	100.00	0.00
130160	14 深圳 03	1260.00	10.00	2024.10.24	3.8100	100.00	0.00
130161	15 江苏 01	10440.00	3.00	2018.05.19	2.9400	98.48	0.00
130162	15 江苏 02	15660.00	5.00	2020.05.19	3.1200	95.00	0.01
130163	15 江苏 03	15660.00	7.00	2022.05.19	3.4100	98.80	50.00
130164	15 江苏 04	10440.00	10.00	2025.05.19	3.4100	94.00	0.17
130165	15 新疆 01	1180.00	3.00	2018.05.22	2.8400	100.00	0.00
130166	15 新疆 02	1770.00	5.00	2020.05.22	3.0700	100.00	0.00
130167	15 新疆 03	1770.00	7.00	2022.05.22	3.3700	100.00	0.00
130168	15 新疆 04	1180.00	10.00	2025.05.22	3.4100	100.00	0.00
130169	15 湖北 01	2000.00	3.00	2018.05.28	2.8500	100.00	50.00
130170	15 湖北 02	6000.00	5.00	2020.05.28	3.1500	100.00	0.00
130171	15 湖北 03	6000.00	7.00	2022.05.28	3.4000	101.52	0.00
130172	15 湖北 04	6000.00	10.00	2025.05.28	3.4500	100.00	150.00
130173	15 广西 01	4000.00	3.00	2018.05.29	2.8600	100.00	0.00

债券信息 List of Bonds

债券代码 Code	债券简称 Bond Name	发行数量(百万) Issued Vol(M)	年限 Terms	到期日 Expiration Date	票面利率(%) Coupon Rate(%)	本年收盘 Close	成交数量(万) Trading Vol(10000)
130174	15 广西 02	6000.00	5.00	2020.05.29	3.1600	100.00	0.00
130175	15 广西 03	6000.00	7.00	2022.05.29	3.4200	100.59	0.00
130176	15 广西 04	4000.00	10.00	2025.05.29	3.4700	100.00	360.00
130177	15 山东 01	7200.00	3.00	2018.06.01	2.8700	100.00	150.00
130178	15 山东 02	10800.00	5.00	2020.06.01	3.2000	100.00	0.00
130179	15 山东 03	10800.00	7.00	2022.06.01	3.4600	100.00	0.00
130180	15 山东 04	7200.00	10.00	2025.06.01	3.4900	100.00	0.00
130181	15 重庆 01	4000.00	3.00	2018.06.03	2.9000	100.00	0.00
130182	15 重庆 02	7900.00	5.00	2020.06.03	3.2600	100.00	0.00
130183	15 重庆 03	8000.00	7.00	2022.06.03	3.5500	100.00	0.00
130184	15 重庆 04	6600.00	10.00	2025.06.03	3.5700	100.00	80.00
130185	15 贵州 01	6800.00	3.00	2018.06.05	2.9100	100.00	0.00
130186	15 贵州 02	10000.00	5.00	2020.06.05	3.3000	100.00	0.00
130187	15 贵州 03	10000.00	7.00	2022.06.05	3.5800	102.55	300.00
130188	15 贵州 04	6800.00	10.00	2025.06.05	3.6000	100.00	0.00
130189	15 安徽 01	6300.00	3.00	2018.06.08	2.9000	100.00	100.00
130190	15 安徽 02	9300.00	5.00	2020.06.08	3.2900	100.00	0.00
130191	15 安徽 03	9300.00	7.00	2022.06.08	3.5800	100.00	0.00
130192	15 安徽 04	6300.00	10.00	2025.06.08	3.6100	100.00	0.00
130193	15 天津 01	1500.00	3.00	2018.06.09	2.8900	99.32	11.00
130194	15 天津 02	3900.00	5.00	2020.06.09	3.2800	100.00	0.00
130195	15 天津 03	3900.00	7.00	2022.06.09	3.5600	100.00	0.00
130196	15 天津 04	3900.00	10.00	2025.06.09	3.6000	100.00	40.00
130197	15 湖北 05	3640.00	3.00	2018.06.10	2.8800	100.00	0.00
130198	15 湖北 06	10920.00	5.00	2020.06.10	3.2600	100.00	0.00
130199	15 湖北 07	10920.00	7.00	2022.06.10	3.5400	100.00	0.00
130200	15 湖北 08	10920.00	10.00	2025.06.10	3.6000	100.00	0.00
130201	15 浙江 01	4000.00	3.00	2018.06.10	2.8800	100.00	0.00
130202	15 浙江 02	12000.00	5.00	2020.06.10	3.2600	100.00	100.00
130203	15 浙江 03	12000.00	7.00	2022.06.10	3.5400	100.00	0.00
130204	15 浙江 04	12000.00	10.00	2025.06.10	3.5900	100.00	50.00
130205	15 河北 01	9400.00	3.00	2018.06.11	2.8700	100.00	0.00
130206	15 河北 02	14100.00	5.00	2020.06.11	3.2500	100.00	0.00
130207	15 河北 03	14100.00	7.00	2022.06.11	3.5300	100.00	0.00
130208	15 河北 04	9400.00	10.00	2025.06.11	3.5800	103.50	0.00
130209	15 吉林 01	2290.00	3.00	2018.06.12	2.8700	100.00	0.00
130210	15 吉林 02	6870.00	5.00	2020.06.12	3.2500	100.00	0.00
130211	15 吉林 03	6870.00	7.00	2022.06.12	3.5200	100.00	0.00
130212	15 吉林 04	6870.00	10.00	2025.06.12	3.5800	103.38	0.00
130213	15 山西 01	2300.00	3.00	2018.06.15	2.8700	100.00	0.00
130214	15 山西 02	4800.00	5.00	2020.06.15	3.2500	100.00	0.00
130215	15 山西 03	4800.00	7.00	2022.06.15	3.5200	100.00	400.00
130216	15 山西 04	4800.00	10.00	2025.06.15	3.5800	100.00	0.00
130217	15 河北 Z1	480.00	3.00	2018.06.12	2.8700	100.00	100.00
130218	15 河北 Z2	480.00	5.00	2020.06.12	3.2500	100.00	0.00
130219	15 河北 Z3	640.00	7.00	2022.06.12	3.5200	100.00	0.00
130220	15 广东 01	3100.00	3.00	2018.06.15	2.8700	100.00	0.00
130221	15 广东 02	9300.00	5.00	2020.06.15	3.2500	100.00	0.00
130222	15 广东 03	9300.00	7.00	2022.06.15	3.5200	100.00	0.00
130223	15 广东 04	9300.00	10.00	2025.06.15	3.5800	100.00	0.00

债券信息
List of Bonds

债券
Bond

债券代码 Code	债券简称 Bond Name	发行数量(百万) Issued Vol(M)	年限 Terms	到期日 Expiration Date	票面利率(%) Coupon Rate(%)	本年收盘 Close	成交数量(万) Trading Vol(10000)
130224	15 江西 01	4170.00	3.00	2018.06.16	2.8800	100.00	0.00
130225	15 江西 02	12510.00	5.00	2020.06.16	3.2500	100.00	0.00
130226	15 江西 03	12510.00	7.00	2022.06.16	3.5200	100.00	0.00
130227	15 江西 04	12510.00	10.00	2025.06.16	3.5900	100.00	0.00
130228	15 宁夏 01	700.00	3.00	2018.06.16	2.8900	100.00	0.00
130229	15 宁夏 02	2100.00	5.00	2020.06.16	3.2500	100.00	0.00
130230	15 宁夏 03	2100.00	7.00	2022.06.16	3.5200	100.00	0.00
130231	15 宁夏 04	2100.00	10.00	2025.06.16	3.5900	100.00	0.00
130232	15 新疆 05	5020.00	3.00	2018.06.17	2.8900	100.00	60.00
130233	15 新疆 06	7530.00	5.00	2020.06.17	3.2600	100.00	0.00
130234	15 新疆 07	7530.00	7.00	2022.06.17	3.5400	100.00	0.00
130235	15 新疆 08	5020.00	10.00	2025.06.17	3.6100	100.00	100.00
130236	15 四川 01	13500.00	3.00	2018.06.17	2.8900	99.60	150.00
130237	15 四川 02	13500.00	5.00	2020.06.17	3.2600	102.12	0.00
130238	15 四川 03	13500.00	7.00	2022.06.17	3.5400	100.00	0.00
130239	15 四川 04	4500.00	10.00	2025.06.17	3.6200	100.00	0.00
130240	15 河南 01	4300.00	3.00	2018.06.19	2.9200	100.00	0.00
130241	15 河南 02	12700.00	5.00	2020.06.19	3.2700	100.00	0.00
130242	15 河南 03	12700.00	7.00	2022.06.19	3.5500	100.00	0.00
130243	15 河南 04	12700.00	10.00	2025.06.19	3.6300	100.00	0.00
130244	15 辽宁 01	7300.00	3.00	2018.06.23	2.9200	100.00	0.00
130245	15 辽宁 02	10900.00	5.00	2020.06.23	3.2600	100.00	0.00
130246	15 辽宁 03	10900.00	7.00	2022.06.23	3.5400	100.00	0.00
130247	15 辽宁 04	7300.00	10.00	2025.06.23	3.6200	100.00	0.00
130248	15 云南 01	4600.00	3.00	2018.06.23	2.9200	99.59	10.00
130249	15 云南 02	8000.00	5.00	2020.06.23	3.2600	100.00	0.00
130250	15 云南 03	8000.00	7.00	2022.06.23	3.5400	100.00	0.00
130251	15 云南 04	8000.00	10.00	2025.06.23	3.6200	100.00	0.00
130252	15 青岛 01	280.00	3.00	2018.06.24	2.9200	100.00	0.00
130253	15 青岛 02	840.00	5.00	2020.06.24	3.2400	100.00	0.00
130254	15 青岛 03	840.00	7.00	2022.06.24	3.5300	100.00	0.00
130255	15 青岛 04	840.00	10.00	2025.06.24	3.6100	100.00	0.00
130256	15 海南 01	810.00	3.00	2018.06.24	2.9200	100.00	0.00
130257	15 海南 02	2430.00	5.00	2020.06.24	3.2400	100.00	0.00
130258	15 海南 03	2430.00	7.00	2022.06.24	3.5300	100.00	0.00
130259	15 海南 04	2430.00	10.00	2025.06.24	3.6100	100.00	30.00
130260	15 江苏 Z1	4227.87	5.00	2020.06.26	3.2100	100.00	0.00
130261	15 江苏 Z2	1680.00	7.00	2022.06.26	3.5200	101.95	0.00
130262	15 江苏 Z3	2520.00	10.00	2025.06.26	3.5900	100.00	200.00
130263	15 陕西 01	1800.00	3.00	2018.06.30	2.8700	100.00	0.00
130264	15 陕西 02	5300.00	5.00	2020.06.30	3.2000	100.00	0.00
130265	15 陕西 03	5300.00	7.00	2022.06.30	3.5300	103.09	0.00
130266	15 陕西 04	5300.00	10.00	2025.06.30	3.6000	100.00	0.00
130267	15 山东 05	7211.59	3.00	2018.06.29	2.8700	100.00	0.00
130268	15 山东 06	10700.00	5.00	2020.06.29	3.2000	100.70	20.00
130269	15 山东 07	10700.00	7.00	2022.06.29	3.5200	101.78	0.00
130270	15 山东 08	7100.00	10.00	2025.06.29	3.5900	100.00	0.00
130271	15 大连 01	1270.00	3.00	2018.07.03	2.8800	100.00	0.00
130272	15 大连 02	1900.00	5.00	2020.07.03	3.2100	100.00	0.00
130273	15 大连 03	1900.00	7.00	2022.07.03	3.5400	100.00	0.00

债券信息
List of Bonds

债券
Bond

债券代码 Code	债券简称 Bond Name	发行数量(百万) Issued Vol(M)	年限 Terms	到期日 Expiration Date	票面利率(%) Coupon Rate(%)	本年收盘 Close	成交数量(万) Trading Vol(10000)
130274	15 大连 04	1260.00	10.00	2025.07.03	3.6000	100.00	0.00
130275	15 大连 Z1	170.00	3.00	2018.07.03	2.8800	100.00	0.00
130276	15 大连 Z2	240.00	5.00	2020.07.03	3.2100	100.00	0.00
130277	15 大连 Z3	240.00	7.00	2022.07.03	3.5400	100.00	0.00
130278	15 大连 Z4	160.00	10.00	2025.07.03	3.6000	100.00	0.00
130279	15 贵州 05	8000.00	3.00	2018.07.06	2.8800	100.00	0.00
130280	15 贵州 06	12000.00	5.00	2020.07.06	3.2000	100.77	20.00
130281	15 贵州 07	12000.00	7.00	2022.07.06	3.5400	100.00	0.00
130282	15 贵州 08	8000.00	10.00	2025.07.06	3.6100	100.00	0.00
130283	15 内蒙 01	4400.00	3.00	2018.07.06	2.8800	100.00	50.00
130284	15 内蒙 02	8800.00	5.00	2020.07.06	3.2000	100.00	200.00
130285	15 内蒙 03	8800.00	7.00	2022.07.06	3.5400	100.00	0.00
130286	15 内蒙 04	7400.00	10.00	2025.07.06	3.6100	100.00	0.00
130287	15 新疆 Z1	660.00	3.00	2018.07.07	2.8900	100.81	120.00
130288	15 新疆 Z2	990.00	5.00	2020.07.07	3.1900	100.00	0.00
130289	15 新疆 Z3	990.00	7.00	2022.07.07	3.5400	101.95	0.00
130290	15 新疆 Z4	660.00	10.00	2025.07.07	3.6000	100.00	0.00
130291	15 北京 01	2800.00	3.00	2018.07.08	2.8800	100.00	0.00
130292	15 北京 02	8400.00	5.00	2020.07.08	3.1700	100.00	0.00
130293	15 北京 03	8400.00	7.00	2022.07.08	3.5200	100.00	0.00
130294	15 北京 04	8400.00	10.00	2025.07.08	3.5800	100.00	40.00
130295	15 四川 05	15000.00	3.00	2018.07.08	2.8900	99.50	330.00
130296	15 四川 06	15000.00	5.00	2020.07.08	3.1800	100.00	0.00
130297	15 四川 07	15000.00	7.00	2022.07.08	3.5300	100.00	0.00
130298	15 四川 08	5000.00	10.00	2025.07.08	3.6000	100.00	0.00
130299	15 甘肃 01	2000.00	3.00	2018.07.10	2.8500	100.60	0.00
130300	15 甘肃 02	6000.00	5.00	2020.07.10	3.1400	100.52	0.00
130301	15 甘肃 03	6000.00	7.00	2022.07.10	3.4800	100.00	0.00
130302	15 甘肃 04	6000.00	10.00	2025.07.10	3.5100	100.00	560.00
130303	15 青海 01	2800.00	3.00	2018.07.13	2.8400	100.00	0.00
130304	15 青海 02	4000.00	5.00	2020.07.13	3.1300	100.00	0.00
130305	15 青海 03	4000.00	7.00	2022.07.13	3.4600	100.00	0.00
130306	15 青海 04	4500.00	10.00	2025.07.13	3.4700	100.00	0.00
130307	15 宁波 01	2920.00	3.00	2018.07.13	2.8400	100.00	0.00
130308	15 宁波 02	4410.00	5.00	2020.07.13	3.1300	100.00	0.00
130309	15 宁波 03	2990.00	7.00	2022.07.13	3.4600	100.00	20.00
130310	15 宁波 04	4380.00	10.00	2025.07.13	3.4700	100.00	20.00
130311	15 宁波 Z1	1420.00	3.00	2018.07.13	2.8400	100.00	0.00
130312	15 宁波 Z2	1500.00	5.00	2020.07.13	3.1300	100.00	0.00
130313	15 宁波 Z3	1220.00	7.00	2022.07.13	3.4600	100.00	10.00
130314	15 宁波 Z4	1690.00	10.00	2025.07.13	3.4700	100.00	0.50
130315	15 广东 Z1	2750.00	5.00	2020.07.14	3.1200	100.00	0.00
130316	15 广东 Z2	1100.00	7.00	2022.07.14	3.4500	100.00	0.00
130317	15 广东 Z3	1650.00	10.00	2025.07.14	3.4600	100.00	0.00
130318	15 福建 01	1160.00	3.00	2018.07.15	2.8300	100.56	0.00
130319	15 福建 02	3480.00	5.00	2020.07.15	3.1300	100.00	200.00
130320	15 福建 03	3480.00	7.00	2022.07.15	3.4500	100.00	0.00
130321	15 福建 04	3480.00	10.00	2025.07.15	3.4600	100.00	0.00
130322	15 湖南 01	4400.00	3.00	2018.07.17	2.8300	100.00	50.00
130323	15 湖南 02	12600.00	5.00	2020.07.17	3.1400	100.00	0.00

债券信息 List of Bonds

债券 Bond

债券代码 Code	债券简称 Bond Name	发行数量(百万) Issued Vol(M)	年限 Terms	到期日 Expiration Date	票面利率(%) Coupon Rate(%)	本年收盘 Close	成交数量(万) Trading Vol(10000)
130324	15 湖南 03	12600.00	7.00	2022.07.17	3.4800	101.81	50.00
130325	15 湖南 04	12600.00	10.00	2025.07.17	3.5000	100.00	140.00
130326	15 湖北 09	2110.00	3.00	2018.07.20	2.8400	100.00	0.00
130327	15 湖北 10	6330.00	5.00	2020.07.20	3.1500	100.00	0.00
130328	15 湖北 11	6330.00	7.00	2022.07.20	3.4900	100.00	0.00
130329	15 湖北 12	6330.00	10.00	2025.07.20	3.5200	100.00	170.00
130330	15 湖北 Z1	230.00	3.00	2018.07.20	2.8400	100.00	0.00
130331	15 湖北 Z2	920.00	5.00	2020.07.20	3.1700	100.00	0.00
130332	15 湖北 Z3	460.00	7.00	2022.07.20	3.5900	100.00	0.00
130333	15 湖北 Z4	690.00	10.00	2025.07.20	3.6200	100.00	0.00
130334	15 广西 05	5827.74	3.00	2018.07.20	2.8400	100.00	0.00
130335	15 广西 06	8500.00	5.00	2020.07.20	3.1500	100.00	0.00
130336	15 广西 07	8500.00	7.00	2022.07.20	3.4900	100.00	50.00
130337	15 广西 08	5600.00	10.00	2025.07.20	3.5200	100.00	0.00
130338	15 广西 Z1	650.00	5.00	2020.07.20	3.1500	100.00	0.00
130339	15 广西 Z2	650.00	7.00	2022.07.20	3.4900	100.00	0.00
130340	15 广东 05	2590.00	3.00	2018.07.22	2.8500	100.00	0.00
130341	15 广东 06	7770.00	5.00	2020.07.22	3.1600	100.00	0.00
130342	15 广东 07	7770.00	7.00	2022.07.22	3.4900	100.00	0.00
130343	15 广东 08	7770.00	10.00	2025.07.22	3.5300	100.00	50.00
130344	15 山东 Z1	9005.64	5.00	2020.07.27	3.1600	100.00	0.00
130345	15 山东 Z2	3600.00	7.00	2022.07.27	3.4600	100.00	0.00
130346	15 山东 Z3	5400.00	10.00	2025.07.27	3.5000	100.00	0.00
130347	15 福建 Z1	8550.00	5.00	2020.07.27	3.1600	100.00	0.00
130348	15 福建 Z2	8550.00	10.00	2025.07.27	3.5000	100.00	20.00
130349	15 福建 05	800.00	3.00	2018.07.27	2.8400	100.56	0.00
130350	15 福建 06	2400.00	5.00	2020.07.27	3.1600	100.00	0.00
130351	15 福建 07	2400.00	7.00	2022.07.27	3.4600	100.00	0.00
130352	15 福建 08	2400.00	10.00	2025.07.27	3.5000	100.00	30.00
130353	15 黑龙 01	4550.00	3.00	2018.07.28	2.8500	100.20	0.00
130354	15 黑龙 02	5460.00	5.00	2020.07.28	3.1700	100.59	0.00
130355	15 黑龙 03	2800.00	7.00	2022.07.28	3.4500	100.00	100.00
130356	15 黑龙 04	5400.00	10.00	2025.07.28	3.5000	100.00	0.00
130357	15 黑龙 Z1	1790.00	5.00	2020.07.28	3.1600	100.00	0.00
130358	15 黑龙 Z2	680.00	7.00	2022.07.28	3.4500	101.74	0.00
130359	15 黑龙 Z3	1100.00	10.00	2025.07.28	3.4900	100.00	0.00
130360	15 云南 Z1	1300.00	3.00	2018.07.28	2.8400	99.00	0.01
130361	15 云南 Z2	1300.00	5.00	2020.07.28	3.1600	100.00	150.00
130362	15 云南 Z3	1300.00	7.00	2022.07.28	3.4500	100.00	0.00
130363	15 云南 Z4	800.00	10.00	2025.07.28	3.4900	100.00	0.00
130364	15 重庆 05	6229.00	3.00	2018.08.05	2.8800	100.00	0.00
130365	15 重庆 06	11600.00	5.00	2020.08.05	3.1900	100.00	0.00
130366	15 重庆 07	11600.00	7.00	2022.08.05	3.4400	100.00	0.00
130367	15 重庆 08	9700.00	10.00	2025.08.05	3.4700	100.00	60.00
130368	15 重庆 Z1	1300.00	5.00	2020.08.05	3.1900	100.00	0.00
130369	15 重庆 Z2	1200.00	10.00	2025.08.05	3.4700	100.00	0.00
130370	15 新疆 09	740.00	3.00	2018.08.07	2.8800	99.79	0.00
130371	15 新疆 10	1110.00	5.00	2020.08.07	3.1900	100.00	0.00
130372	15 新疆 11	1110.00	7.00	2022.08.07	3.4500	100.00	0.00
130373	15 新疆 12	740.00	10.00	2025.08.07	3.4700	100.00	0.00

债券信息
List of Bonds

债券
Bond

债券代码 Code	债券简称 Bond Name	发行数量(百万) Issued Vol(M)	年限 Terms	到期日 Expiration Date	票面利率(%) Coupon Rate(%)	本年收盘 Close	成交数量(万) Trading Vol(10000)
130374	15 新疆 Z5	240.00	3.00	2018.08.07	2.8800	100.77	0.00
130375	15 新疆 Z6	360.00	5.00	2020.08.07	3.1900	100.00	0.00
130376	15 新疆 Z7	360.00	7.00	2022.08.07	3.4500	100.00	0.00
130377	15 新疆 Z8	240.00	10.00	2025.08.07	3.4700	100.00	0.00
130378	15 上海 01	3850.00	3.00	2018.08.07	2.8800	100.00	0.00
130379	15 上海 02	11610.00	5.00	2020.08.07	3.1900	100.00	0.00
130380	15 上海 03	11610.00	7.00	2022.08.07	3.4500	100.00	100.00
130381	15 上海 04	11610.00	10.00	2025.08.07	3.4700	102.67	740.00
130382	15 上海 Z1	4700.00	5.00	2020.08.07	3.1900	100.00	0.00
130383	15 上海 Z2	4700.00	10.00	2025.08.07	3.4700	100.00	0.00
130384	15 辽宁 05	6800.00	3.00	2018.08.10	3.1700	100.00	0.00
130385	15 辽宁 06	6800.00	5.00	2020.08.10	3.4800	100.00	0.00
130386	15 辽宁 07	6800.00	7.00	2022.08.10	3.7500	103.46	0.00
130387	15 辽宁 08	2471.61	10.00	2025.08.10	3.6700	100.00	0.00
130388	15 辽宁 Z1	550.00	5.00	2020.08.10	3.4800	100.00	0.00
130389	15 辽宁 Z2	400.00	10.00	2025.08.10	3.9900	100.00	0.00
130390	15 青岛 05	80.00	3.00	2018.08.17	3.0300	100.00	0.00
130391	15 青岛 06	240.00	5.00	2020.08.17	3.3300	100.00	0.00
130392	15 青岛 07	240.00	7.00	2022.08.17	3.5700	100.00	0.00
130393	15 青岛 08	240.00	10.00	2025.08.17	3.6000	100.00	0.00
130394	15 青岛 Z1	350.00	5.00	2020.08.17	3.3300	100.00	0.00
130395	15 青岛 Z2	140.00	7.00	2022.08.17	3.5700	100.00	0.00
130396	15 青岛 Z3	210.00	10.00	2025.08.17	3.6000	100.00	0.00
130397	15 天津 05	819.00	3.00	2018.08.19	3.0400	100.60	0.00
130398	15 天津 06	2300.00	5.00	2020.08.19	3.3600	100.00	0.00
130399	15 天津 07	2300.00	7.00	2022.08.19	3.6000	100.00	0.00
130400	15 天津 08	2300.00	10.00	2025.08.19	3.6200	100.00	0.00
130401	15 天津 Z1	4541.00	5.00	2020.08.19	3.3600	100.00	0.00
130402	15 天津 Z2	500.00	7.00	2022.08.19	3.6000	100.00	0.00
130403	15 天津 Z3	3600.00	10.00	2025.08.19	3.6200	100.00	0.00
130404	15 甘肃 05	955.75	3.00	2018.08.21	3.0300	100.00	0.00
130405	15 甘肃 06	2000.00	5.00	2020.08.21	3.3600	100.00	0.00
130406	15 甘肃 07	2000.00	7.00	2022.08.21	3.6000	100.00	0.00
130407	15 甘肃 08	2000.00	10.00	2025.08.21	3.6100	100.00	0.00
130408	15 甘肃 Z1	4462.28	5.00	2020.08.21	3.3600	100.00	0.00
130409	15 甘肃 Z2	4400.00	10.00	2025.08.21	3.6100	100.00	0.00
130411	15 安徽 06	4787.25	3.00	2018.08.21	3.0300	100.00	0.00
130412	15 安徽 07	7500.00	5.00	2020.08.21	3.3600	100.00	0.00
130413	15 安徽 08	7500.00	7.00	2022.08.21	3.6100	100.00	0.00
130414	15 安徽 09	5000.00	10.00	2025.08.21	3.6100	100.00	0.00
130415	15 安徽 Z1	4936.61	5.00	2020.08.21	3.3600	100.00	0.00
130416	15 安徽 Z2	4900.00	7.00	2022.08.21	3.6000	104.10	0.00
130417	15 厦门 01	647.18	3.00	2018.08.22	2.9200	100.00	0.00
130418	15 厦门 02	940.00	5.00	2020.08.22	3.2600	100.00	0.00
130419	15 厦门 03	940.00	7.00	2022.08.22	3.5100	100.00	0.00
130420	15 厦门 04	630.00	10.00	2025.08.22	3.5100	100.00	0.00
130421	15 厦门 Z1	707.42	5.00	2020.08.22	3.2600	100.00	0.00
130422	15 厦门 Z2	690.00	10.00	2025.08.22	3.5100	100.00	0.00
130423	15 青海 05	1527.12	3.00	2018.08.25	3.0200	99.84	50.00
130424	15 青海 06	2600.00	5.00	2020.08.25	3.3600	100.00	0.00

债券信息
List of Bonds

债券代码 Code	债券简称 Bond Name	发行数量 (百万) Issued Vol(M)	年限 Terms	到期日 Expiration Date	票面利率(%) Coupon Rate(%)	本年收盘 Close	成交数量(万) Trading Vol(10000)
130425	15 青海 07	2600.00	7.00	2022.08.25	3.6100	100.00	0.00
130426	15 青海 08	2600.00	10.00	2025.08.25	3.6100	100.00	0.00
130427	15 青海 Z1	800.00	3.00	2018.08.25	3.0200	100.00	0.00
130428	15 青海 Z2	900.00	5.00	2020.08.25	3.3600	100.00	0.00
130429	15 青海 Z3	800.00	7.00	2022.08.25	3.6100	100.00	0.00
130430	15 青海 Z4	800.00	10.00	2025.08.25	3.6100	100.00	0.00
130431	15 北京 Z1	1560.00	3.00	2018.08.26	3.0200	100.06	0.00
130432	15 北京 Z2	3640.00	5.00	2020.08.26	3.3600	100.00	0.00
130433	15 北京 Z3	1560.00	7.00	2022.08.26	3.6100	100.00	0.00
130434	15 北京 Z4	2340.00	10.00	2025.08.26	3.6000	100.00	0.00
130435	15 陕西 05	3534.12	3.00	2018.08.31	3.0300	100.00	0.00
130436	15 陕西 06	5280.00	5.00	2020.08.31	3.3600	100.00	0.00
130437	15 陕西 07	5280.00	7.00	2022.08.31	3.6200	100.00	0.00
130438	15 陕西 08	3530.00	10.00	2025.08.31	3.6000	100.00	40.00
130439	15 陕西 Z1	2630.49	3.00	2018.08.31	3.0300	100.00	0.00
130440	15 陕西 Z2	3940.00	5.00	2020.08.31	3.3600	100.00	0.00
130441	15 陕西 Z3	3940.00	7.00	2022.08.31	3.6200	100.00	0.00
130442	15 陕西 Z4	2630.00	10.00	2025.08.31	3.6000	100.00	0.00
130443	15 陕西 Z5	100.00	3.00	2018.08.31	3.0300	100.00	0.00
130444	15 陕西 Z6	150.00	5.00	2020.08.31	3.3600	100.00	0.00
130445	15 陕西 Z7	150.00	7.00	2022.08.31	3.6200	100.00	0.00
130446	15 陕西 Z8	100.00	10.00	2025.08.31	3.6000	100.00	0.00
130447	15 河南 05	5100.00	3.00	2018.09.01	3.0300	100.00	180.00
130448	15 河南 06	7660.00	5.00	2020.09.01	3.2900	100.00	0.00
130449	15 河南 07	7660.00	7.00	2022.09.01	3.5400	100.00	0.00
130450	15 河南 08	5100.00	10.00	2025.09.01	3.5300	100.00	0.00
130451	15 河南 Z1	3140.00	3.00	2018.09.01	3.0300	100.97	0.00
130452	15 河南 Z2	4700.00	5.00	2020.09.01	3.2900	100.00	0.00
130453	15 河南 Z3	4700.00	7.00	2022.09.01	3.5400	100.00	0.00
130454	15 河南 Z4	3140.00	10.00	2025.09.01	3.5300	100.00	0.00
130455	15 内蒙 05	4240.00	3.00	2018.09.09	3.1400	100.00	0.00
130456	15 内蒙 06	12720.00	5.00	2020.09.09	3.3500	100.00	0.00
130457	15 内蒙 07	12720.00	7.00	2022.09.09	3.5300	100.00	0.00
130458	15 内蒙 08	12720.00	10.00	2025.09.09	3.5200	100.00	240.00
130459	15 内蒙 Z1	1165.07	3.00	2018.09.09	3.1400	100.00	0.00
130460	15 内蒙 Z2	4470.00	5.00	2020.09.09	3.3500	100.00	0.00
130461	15 内蒙 Z3	2230.00	7.00	2022.09.09	3.5300	100.00	0.00
130462	15 内蒙 Z4	3350.00	10.00	2025.09.09	3.5200	100.00	0.00
130463	15 宁夏 05	572.79	3.00	2018.09.09	3.1400	100.00	0.00
130464	15 宁夏 06	1000.00	5.00	2020.09.09	3.3500	100.00	0.00
130465	15 宁夏 07	1000.00	7.00	2022.09.09	3.5300	100.00	0.00
130466	15 宁夏 08	1000.00	10.00	2025.09.09	3.5200	100.00	0.00
130467	15 江苏 05	9460.00	3.00	2018.09.11	3.2600	101.07	100.00
130468	15 江苏 06	14190.00	5.00	2020.09.11	3.4700	100.00	0.00
130469	15 江苏 07	14190.00	7.00	2022.09.11	3.6400	103.28	0.00
130470	15 江苏 08	9460.00	10.00	2025.09.11	3.6300	100.00	0.00
130471	15 江苏 Z4	6516.88	3.00	2018.09.11	3.2700	101.20	0.00
130472	15 江苏 Z5	9740.00	5.00	2020.09.11	3.4700	100.00	0.00
130473	15 江苏 Z6	9740.00	7.00	2022.09.11	3.6400	100.00	0.00
130474	15 江苏 Z7	6500.00	10.00	2025.09.11	3.6300	100.00	0.00

债券信息
List of Bonds

债券代码 Code	债券简称 Bond Name	发行数量(百万) Issued Vol(M)	年限 Terms	到期日 Expiration Date	票面利率(%) Coupon Rate(%)	本年收盘 Close	成交数量(万) Trading Vol(10000)
130475	15 山东 09	20250.00	3.00	2018.09.15	3.2400	101.64	1200.00
130476	15 山东 10	20250.00	5.00	2020.09.15	3.4400	102.86	0.00
130477	15 山东 11	20250.00	7.00	2022.09.15	3.6100	100.00	0.00
130478	15 山东 12	6816.00	10.00	2025.09.15	3.6000	100.00	0.00
130479	15 山东 Z4	2220.00	3.00	2018.09.15	3.2300	101.00	0.00
130480	15 山东 Z5	2220.00	5.00	2020.09.15	3.4400	100.00	0.00
130481	15 山东 Z6	2220.00	7.00	2022.09.15	3.6000	100.00	0.00
130482	15 山东 Z7	777.00	10.00	2025.09.15	3.5900	100.00	0.00
130483	15 新疆 13	3700.00	3.00	2018.09.16	3.1300	100.00	0.00
130484	15 新疆 14	5550.00	5.00	2020.09.16	3.3700	100.00	0.00
130485	15 新疆 15	5550.00	7.00	2022.09.16	3.5500	100.00	0.00
130486	15 新疆 16	3700.00	10.00	2025.09.16	3.4900	100.00	0.00
130487	15 新疆 Z9	1160.00	3.00	2018.09.16	2.9800	100.50	0.00
130488	15 新疆 17	1740.00	5.00	2020.09.16	3.1800	100.00	0.00
130489	15 新疆 18	1740.00	7.00	2022.09.16	3.4100	100.00	0.00
130490	15 新疆 19	1160.00	10.00	2025.09.16	3.3400	100.00	0.00
130491	15 广西 09	5900.00	3.00	2018.09.16	3.2300	100.00	0.00
130492	15 广西 10	8800.00	5.00	2020.09.16	3.4300	100.00	0.00
130493	15 广西 11	8800.00	7.00	2022.09.16	3.6000	100.00	0.00
130494	15 广西 12	5900.00	10.00	2025.09.16	3.5900	100.00	0.00
130495	15 广西 Z3	950.00	5.00	2020.09.16	3.4300	100.00	0.00
130496	15 广西 Z4	950.00	7.00	2022.09.16	3.6000	100.00	0.00
130497	15 浙江 05	2330.00	3.00	2018.09.18	2.9800	100.00	0.00
130498	15 浙江 06	6990.00	5.00	2020.09.18	3.2700	100.00	0.00
130499	15 浙江 07	6990.00	7.00	2022.09.18	3.3800	100.00	0.00
130500	15 浙江 08	6990.00	10.00	2025.09.18	3.4300	100.00	0.00
130501	15 浙江 Z1	4310.00	3.00	2018.09.18	2.9800	100.00	0.00
130502	15 浙江 Z2	6540.00	5.00	2020.09.18	3.1700	100.00	0.00
130503	15 浙江 Z3	4310.00	7.00	2022.09.18	3.3400	100.00	0.00
130504	15 浙江 Z4	6540.00	10.00	2025.09.18	3.3300	100.00	80.00
130505	15 河北 05	14000.00	3.00	2018.09.18	3.1800	100.00	0.00
130506	15 河北 06	14000.00	5.00	2020.09.18	3.3700	100.00	0.00
130507	15 河北 07	14000.00	7.00	2022.09.18	3.5400	100.00	0.00
130508	15 河北 08	4945.00	10.00	2025.09.18	3.5300	100.00	20.00
130509	15 河北 Z4	4700.00	3.00	2018.09.21	3.1700	100.00	200.00
130510	15 河北 Z5	4774.00	5.00	2020.09.21	3.3700	100.00	0.00
130511	15 贵州 09	10000.00	3.00	2018.09.21	3.2200	100.16	450.00
130512	15 贵州 10	15000.00	5.00	2020.09.21	3.4200	102.52	60.00
130513	15 贵州 11	15000.00	7.00	2022.09.21	3.5800	100.00	0.00
130514	15 贵州 12	10000.00	10.00	2025.09.21	3.5700	100.00	0.00
130515	15 云南 05	2760.00	3.00	2018.09.22	3.1700	100.22	0.00
130516	15 云南 06	5000.00	5.00	2020.09.22	3.3600	100.00	0.00
130517	15 云南 07	5000.00	7.00	2022.09.22	3.5300	100.00	0.00
130518	15 云南 08	5000.00	10.00	2025.09.22	3.5200	100.00	0.00
130519	15 云南 Z5	4440.00	3.00	2018.09.22	3.1700	100.00	0.00
130520	15 云南 Z6	4100.00	5.00	2020.09.22	3.3600	100.00	0.00
130521	15 云南 Z7	4200.00	7.00	2022.09.22	3.5300	100.00	0.00
130522	15 云南 Z8	4200.00	10.00	2025.09.22	3.5200	100.00	0.00
130523	15 福建 09	722.07	3.00	2018.09.23	3.2800	101.35	0.00
130524	15 福建 10	2090.00	5.00	2020.09.23	3.4500	100.00	0.00

债券信息
List of Bonds

债券
Bond

债券代码 Code	债券简称 Bond Name	发行数量(百万) Issued Vol(M)	年限 Terms	到期日 Expiration Date	票面利率(%) Coupon Rate(%)	本年收盘 Close	成交数量(万) Trading Vol(10000)
130525	15 福建 11	2090.00	7.00	2022.09.23	3.6200	100.00	0.00
130526	15 福建 12	2090.00	10.00	2025.09.23	3.6100	100.00	0.00
130527	15 福建 Z3	7360.03	5.00	2020.09.23	3.4500	100.00	0.00
130528	15 福建 Z4	7360.00	10.00	2025.09.23	3.6100	100.00	0.00
130529	15 青海 09	500.00	3.00	2018.09.25	3.1900	100.00	0.00
130530	15 青海 10	800.00	5.00	2020.09.25	3.3500	100.00	0.00
130531	15 青海 11	800.00	7.00	2022.09.25	3.5300	100.00	0.00
130532	15 青海 12	800.00	10.00	2025.09.25	3.5200	100.00	0.00
130533	15 湖北 13	780.00	3.00	2018.10.10	2.9400	100.00	50.00
130534	15 湖北 14	2340.00	5.00	2020.10.10	3.0700	100.00	0.00
130535	15 湖北 15	2340.00	7.00	2022.10.10	3.4500	100.00	0.00
130536	15 湖北 16	2340.00	10.00	2025.10.10	3.4400	100.00	0.00
130537	15 湖北 Z5	180.00	3.00	2018.10.10	2.9400	100.00	0.00
130538	15 湖北 Z6	720.00	5.00	2020.10.10	3.0700	100.00	100.00
130539	15 湖北 Z7	360.00	7.00	2022.10.10	3.2800	100.00	0.00
130540	15 湖北 Z8	540.00	10.00	2025.10.10	3.3000	100.00	0.00
130541	15 四川 09	8400.00	3.00	2018.10.10	3.2400	101.64	331.00
130542	15 四川 10	8400.00	5.00	2020.10.10	3.3700	100.00	0.00
130543	15 四川 11	8400.00	7.00	2022.10.10	3.5800	100.00	0.00
130544	15 四川 12	2800.00	10.00	2025.10.10	3.5600	100.00	0.00
130545	15 广东 09	1926.34	3.00	2018.10.12	3.0200	100.07	0.00
130546	15 广东 10	5779.06	5.00	2020.10.12	3.1400	100.00	0.00
130547	15 广东 11	5779.06	7.00	2022.10.12	3.3500	100.00	0.00
130548	15 广东 12	5779.06	10.00	2025.10.12	3.3300	100.00	0.00
130549	15 广东 Z4	7750.80	5.00	2020.10.12	3.1500	100.00	0.00
130550	15 广东 Z5	3100.32	7.00	2022.10.12	3.3500	100.00	0.00
130551	15 广东 Z6	4650.48	10.00	2025.10.12	3.3300	100.00	0.00
130552	15 海南 05	535.48	3.00	2018.10.14	3.0700	100.79	30.00
130553	15 海南 06	1530.00	5.00	2020.10.14	3.2000	100.00	0.00
130554	15 海南 07	1530.00	7.00	2022.10.14	3.4000	100.00	0.00
130555	15 海南 08	1530.00	10.00	2025.10.14	3.3900	100.00	0.00
130556	15 海南 Z1	1844.84	5.00	2020.10.14	3.2000	100.00	0.00
130557	15 海南 Z2	700.00	7.00	2022.10.14	3.4000	100.00	0.00
130558	15 海南 Z3	1050.00	10.00	2025.10.14	3.3900	100.00	0.00
130559	15 浙江 09	1320.00	3.00	2018.10.16	2.9400	100.00	200.00
130560	15 浙江 10	3960.00	5.00	2020.10.16	3.0400	100.00	0.00
130561	15 浙江 11	3960.00	7.00	2022.10.16	3.2300	100.00	0.00
130562	15 浙江 12	3960.00	10.00	2025.10.16	3.3100	100.00	0.00
130563	15 浙江 Z5	2870.00	3.00	2018.10.16	2.9400	100.00	0.00
130564	15 浙江 Z6	4310.00	5.00	2020.10.16	3.0400	100.00	0.00
130565	15 浙江 Z7	2870.00	7.00	2022.10.16	3.2300	100.00	0.00
130566	15 浙江 Z8	4310.00	10.00	2025.10.16	3.3100	100.00	50.00
130567	15 甘肃 09	930.00	3.00	2018.10.21	3.0100	100.00	0.00
130568	15 甘肃 10	700.00	5.00	2020.10.21	3.1300	100.00	0.00
130569	15 甘肃 11	770.00	7.00	2022.10.21	3.3200	100.00	0.00
130570	15 甘肃 12	1000.00	10.00	2025.10.21	3.2900	100.00	0.00
130571	15 甘肃 Z3	1000.00	5.00	2020.10.21	3.1300	100.00	0.00
130572	15 甘肃 Z4	1000.00	10.00	2025.10.21	3.2900	100.00	0.00
130573	15 江西 05	4485.54	3.00	2018.10.21	3.0500	100.76	30.00
130574	15 江西 06	13450.00	5.00	2020.10.21	3.1800	100.00	0.00

债券信息
List of Bonds

债券代码 Code	债券简称 Bond Name	发行数量 (百万) Issued Vol(M)	年限 Terms	到期日 Expiration Date	票面利率(%) Coupon Rate(%)	本年收盘 Close	成交数量(万) Trading Vol(10000)
130575	15 江西 07	13450.00	7.00	2022.10.21	3.3700	100.00	0.00
130576	15 江西 08	13450.00	10.00	2025.10.21	3.3400	100.00	0.00
130577	15 江西 Z1	750.00	3.00	2018.10.21	3.0300	100.01	0.00
130578	15 江西 Z2	750.00	5.00	2020.10.21	3.0700	100.00	0.00
130579	15 江西 Z3	750.00	7.00	2022.10.21	3.2700	100.00	0.00
130580	15 江西 Z4	750.00	10.00	2025.10.21	3.3400	100.00	0.00
130581	15 江西 Z5	150.00	3.00	2018.10.21	3.0000	100.00	0.00
130582	15 江西 Z6	150.00	5.00	2020.10.21	3.0500	100.00	0.00
130583	15 江西 Z7	150.00	7.00	2022.10.21	3.3600	100.00	0.00
130584	15 江西 Z8	150.00	10.00	2025.10.21	3.3400	100.00	0.00
130585	15 上海 05	500.00	5.00	2020.10.26	2.9300	100.00	50.00
130586	15 上海 06	7860.00	7.00	2022.10.26	3.1000	100.00	0.00
130587	15 上海 07	7860.00	10.00	2025.10.26	3.0800	100.00	0.00
130588	15 上海 Z3	3150.00	3.00	2018.10.26	2.8000	100.00	0.00
130589	15 上海 Z4	4750.00	5.00	2020.10.26	2.9300	100.00	200.00
130590	15 上海 Z5	4750.00	7.00	2022.10.26	3.1000	100.00	0.00
130591	15 上海 Z6	3150.00	10.00	2025.10.26	3.0800	100.00	0.00
130592	15 四川 Z1	15300.00	3.00	2018.10.27	3.0900	99.02	1010.02
130593	15 四川 Z2	15300.00	5.00	2020.10.27	3.2100	100.86	0.00
130594	15 四川 Z3	15300.00	7.00	2022.10.27	3.3800	100.00	0.00
130595	15 四川 Z4	5342.00	10.00	2025.10.27	3.3700	100.00	0.00
130596	15 福建 13	310.00	3.00	2018.10.28	2.9800	100.00	0.00
130597	15 福建 14	930.00	5.00	2020.10.28	3.0900	100.00	0.00
130598	15 福建 15	930.00	7.00	2022.10.28	3.2600	100.00	0.00
130599	15 福建 16	930.00	10.00	2025.10.28	3.2500	100.00	0.00
130600	15 福建 Z5	330.00	5.00	2020.10.28	3.0900	100.00	0.00
130601	15 福建 Z6	320.00	10.00	2025.10.28	3.2500	100.00	0.00
130602	15 福建 Z7	180.00	5.00	2020.10.28	3.0900	100.00	0.00
130603	15 福建 Z8	170.00	10.00	2025.10.28	3.2500	100.00	0.00
130604	15 安徽 10	9540.00	3.00	2018.10.28	3.1300	101.42	0.00
130605	15 安徽 11	9540.00	5.00	2020.10.28	3.2400	100.00	0.00
130606	15 安徽 12	6360.00	7.00	2022.10.28	3.3600	100.00	0.00
130607	15 安徽 13	6436.86	10.00	2025.10.28	3.4500	101.75	0.00
130608	15 安徽 Z3	9901.05	5.00	2020.10.28	3.1900	100.00	0.00
130609	15 安徽 Z4	5200.00	10.00	2025.10.28	3.3900	100.00	0.00
130610	15 宁夏 09	2500.00	3.00	2018.10.30	3.0500	100.00	0.00
130611	15 宁夏 10	2500.00	5.00	2020.10.30	3.1500	100.00	0.00
130612	15 宁夏 11	2500.00	7.00	2022.10.30	3.3700	100.00	0.00
130613	15 宁夏 12	2010.11	10.00	2025.10.30	3.3700	100.00	0.00
130614	15 宁夏 Z1	2000.00	3.00	2018.10.30	3.0500	100.00	0.00
130615	15 宁夏 Z2	1500.00	5.00	2020.10.30	3.1500	100.00	0.00
130616	15 宁夏 Z3	1500.00	7.00	2022.10.30	3.3700	100.00	0.00
130617	15 宁夏 Z4	917.65	10.00	2025.10.30	3.3700	100.00	0.00
130618	15 宁夏 Z5	200.00	7.00	2022.10.30	3.3700	100.00	0.00
130619	15 宁夏 Z6	500.00	10.00	2025.10.30	3.3700	100.00	0.00
130620	15 天津 09	507.00	3.00	2018.10.30	3.0000	100.00	0.00
130621	15 天津 10	1540.00	5.00	2020.10.30	3.1000	100.00	0.00
130622	15 天津 11	1540.00	7.00	2022.10.30	3.2700	100.00	0.00
130623	15 天津 12	1540.00	10.00	2025.10.30	3.2700	100.00	0.00
130624	15 天津 Z4	831.00	5.00	2020.10.30	3.1000	100.00	0.00

债券信息 List of Bonds

债券 Bond

债券代码 Code	债券简称 Bond Name	发行数量(百万) Issued Vol(M)	年限 Terms	到期日 Expiration Date	票面利率(%) Coupon Rate(%)	本年收盘 Close	成交数量(万) Trading Vol(10000)
130625	15 天津 Z5	310.00	7.00	2022.10.30	3.2500	100.00	0.00
130626	15 天津 Z6	370.00	10.00	2025.10.30	3.2700	100.00	0.00
130627	15 广东 13	1589.20	3.00	2018.11.03	2.8300	100.00	0.00
130628	15 广东 14	4750.00	5.00	2020.11.03	2.9600	100.40	5.16
130629	15 广东 15	4750.00	7.00	2022.11.03	3.1200	100.00	0.00
130630	15 广东 16	4750.00	10.00	2025.11.03	3.1200	100.00	0.00
130631	15 山西 05	2492.20	3.00	2018.11.04	2.8700	99.20	660.00
130632	15 山西 06	6620.79	5.00	2020.11.04	3.0700	99.82	211.00
130633	15 山西 07	6620.79	7.00	2022.11.04	3.2300	100.00	0.00
130634	15 山西 08	6620.79	10.00	2025.11.04	3.2300	102.59	90.00
130635	15 山西 Z1	6998.25	5.00	2020.11.04	2.9700	100.00	0.00
130636	15 山西 Z2	6748.27	10.00	2025.11.04	3.1800	100.00	0.00
130637	15 河南 09	7040.38	3.00	2018.11.04	3.0200	98.85	390.00
130638	15 河南 10	10200.00	5.00	2020.11.04	3.1700	100.00	0.00
130639	15 河南 11	10200.00	7.00	2022.11.04	3.3300	100.00	0.00
130640	15 河南 12	6800.00	10.00	2025.11.04	3.3300	100.00	40.00
130641	15 河南 Z5	4267.38	3.00	2018.11.04	3.0200	100.00	0.00
130642	15 河南 Z6	6300.00	5.00	2020.11.04	3.1700	101.06	970.00
130643	15 河南 Z7	6300.00	7.00	2022.11.04	3.3300	100.00	0.00
130644	15 河南 Z8	4200.00	10.00	2025.11.04	3.3300	100.00	0.00
130645	15 贵州 Z1	10000.00	3.00	2018.11.06	2.9900	100.00	0.00
130646	15 贵州 Z2	15000.00	5.00	2020.11.06	3.1700	100.00	0.00
130647	15 贵州 Z3	15000.00	7.00	2022.11.06	3.3200	100.00	0.00
130648	15 贵州 Z4	10000.00	10.00	2025.11.06	3.3300	100.00	0.00
130649	15 江苏 09	16240.00	3.00	2018.11.06	2.8900	99.04	350.02
130650	15 江苏 10	24360.00	5.00	2020.11.06	3.1100	100.00	265.30
130651	15 江苏 11	24360.00	7.00	2022.11.06	3.2600	100.61	0.00
130652	15 江苏 12	16240.00	10.00	2025.11.06	3.2300	100.00	620.00
130653	15 江苏 Z8	7132.12	3.00	2018.11.06	2.8900	100.00	70.00
130654	15 江苏 Z9	10670.00	5.00	2020.11.06	3.0700	100.00	1.00
130655	15 江苏 13	10670.00	7.00	2022.11.06	3.2200	100.00	0.00
130656	15 江苏 14	7120.00	10.00	2025.11.06	3.1800	100.00	20.00
130657	15 云南 09	6290.00	3.00	2018.11.09	2.9500	99.62	100.00
130658	15 云南 10	10900.00	5.00	2020.11.09	3.1400	100.00	0.00
130659	15 云南 11	10900.00	7.00	2022.11.09	3.2900	100.00	170.00
130660	15 云南 12	10900.00	10.00	2025.11.09	3.2900	100.00	0.00
130661	15 云南 Z9	6500.00	3.00	2018.11.09	2.9500	100.00	0.00
130662	15 云南 13	6500.00	5.00	2020.11.09	3.1400	100.00	0.00
130663	15 云南 14	6300.00	7.00	2022.11.09	3.2900	100.00	100.00
130664	15 云南 15	6300.00	10.00	2025.11.09	3.2900	100.00	0.00
130665	15 内蒙 09	1903.93	3.00	2018.11.10	3.1700	100.00	0.00
130666	15 内蒙 10	5670.00	5.00	2020.11.10	3.3900	98.42	270.00
130667	15 内蒙 11	5670.00	7.00	2022.11.10	3.5600	100.00	0.00
130668	15 内蒙 12	5670.00	10.00	2025.11.10	3.5500	100.00	0.00
130669	15 内蒙 Z5	493.76	3.00	2018.11.10	3.1700	100.00	0.00
130670	15 内蒙 Z6	2000.00	5.00	2020.11.10	3.3900	100.00	0.00
130671	15 内蒙 Z7	1480.00	7.00	2022.11.10	3.5600	100.00	0.00
130672	15 内蒙 Z8	1000.00	10.00	2025.11.10	3.5500	100.00	0.00
130673	15 宁波 05	1020.00	3.00	2018.11.11	2.8700	100.00	0.00
130674	15 宁波 06	1530.00	5.00	2020.11.11	3.0800	100.00	0.00

债券信息 List of Bonds

债券 Bond

债券代码 Code	债券简称 Bond Name	发行数量(百万) Issued Vol(M)	年限 Terms	到期日 Expiration Date	票面利率(%) Coupon Rate(%)	本年收盘 Close	成交数量(万) Trading Vol(10000)
130675	15 宁波 07	1020.00	7.00	2022.11.11	3.2400	100.82	0.00
130676	15 宁波 08	1530.00	10.00	2025.11.11	3.3300	100.00	0.00
130677	15 宁波 Z5	840.00	3.00	2018.11.11	2.7800	100.00	20.00
130678	15 宁波 Z6	1260.00	5.00	2020.11.11	3.0800	100.00	0.00
130679	15 宁波 Z7	840.00	7.00	2022.11.11	3.2400	100.00	0.00
130680	15 宁波 Z8	1260.00	10.00	2025.11.11	3.3300	100.00	40.00
130681	15 厦门 05	187.25	3.00	2018.11.11	2.7800	100.00	40.00
130682	15 厦门 06	270.00	5.00	2020.11.11	2.9800	100.33	0.00
130683	15 厦门 07	270.00	7.00	2022.11.11	3.1400	100.22	0.00
130684	15 厦门 08	180.00	10.00	2025.11.11	3.1300	100.00	0.00
130685	15 厦门 Z3	1081.89	5.00	2020.11.11	2.9800	99.53	251.00
130686	15 厦门 Z4	1080.00	10.00	2025.11.11	3.1300	100.00	0.00
130687	15 陕西 09	4960.00	3.00	2018.11.13	3.1600	101.13	20.00
130688	15 陕西 10	4960.00	5.00	2020.11.13	3.3900	100.00	0.00
130689	15 陕西 11	4960.00	7.00	2022.11.13	3.5700	100.00	0.00
130690	15 陕西 12	1666.51	10.00	2025.11.13	3.5500	100.00	0.00
130691	15 陕西 Z9	6620.00	3.00	2018.11.13	3.0400	100.00	0.00
130692	15 陕西 13	6620.00	5.00	2020.11.13	3.2400	100.00	0.00
130693	15 陕西 14	6620.00	7.00	2022.11.13	3.4400	100.00	0.00
130694	15 陕西 15	2230.58	10.00	2025.11.13	3.5400	100.00	0.00
130695	15 黑龙 05	13000.00	3.00	2018.11.16	3.1300	100.00	0.00
130696	15 黑龙 06	13000.00	5.00	2020.11.16	3.3400	100.00	0.00
130697	15 黑龙 07	13000.00	7.00	2022.11.16	3.4800	100.00	0.00
130698	15 黑龙 08	5214.12	10.00	2025.11.16	3.4700	100.00	0.00
130699	15 黑龙 Z4	1500.00	5.00	2020.11.16	3.3200	100.00	3.00
130700	15 黑龙 Z5	900.00	7.00	2022.11.16	3.4700	100.00	10.00
130701	15 大连 05	1180.00	3.00	2018.11.18	3.0300	100.99	0.00
130702	15 大连 06	1770.00	5.00	2020.11.18	3.2600	100.00	0.00
130703	15 大连 07	1770.00	7.00	2022.11.18	3.4000	100.00	0.00
130704	15 大连 08	1180.00	10.00	2025.11.18	3.3900	100.00	100.00
130705	15 大连 Z5	1170.00	3.00	2018.11.18	3.0800	100.00	210.00
130706	15 大连 Z6	1750.00	5.00	2020.11.18	3.2600	100.00	0.00
130707	15 大连 Z7	1750.00	7.00	2022.11.18	3.4400	100.00	0.00
130708	15 大连 Z8	1170.00	10.00	2025.11.18	3.4300	100.00	0.00
130709	15 吉林 05	2446.86	3.00	2018.11.20	3.0800	100.00	0.00
130710	15 吉林 06	7320.00	5.00	2020.11.20	3.4400	101.77	0.00
130711	15 吉林 07	7320.00	7.00	2022.11.20	3.4500	100.00	0.00
130712	15 吉林 08	7320.00	10.00	2025.11.20	3.4500	100.00	0.00
130713	15 吉林 Z1	5432.21	5.00	2020.11.20	3.3500	100.00	300.00
130714	15 吉林 Z2	5430.00	10.00	2025.11.20	3.4500	100.00	0.00
130715	15 吉林 Z3	1648.29	5.00	2020.11.20	3.3500	102.52	0.00
130716	15 吉林 Z4	886.40	10.00	2025.11.20	3.5700	100.00	0.00
130717	15 北京 05	2017.07	3.00	2018.11.20	2.9200	100.00	0.00
130718	15 北京 06	2405.46	5.00	2020.11.20	3.1000	100.00	0.00
130719	15 北京 07	2538.86	7.00	2022.11.20	3.2400	100.00	0.00
130720	15 北京 08	1673.85	10.00	2025.11.20	3.2300	100.00	0.00
130721	15 北京 Z5	6229.84	3.00	2018.11.20	2.9300	100.00	0.00
130722	15 北京 Z6	6960.62	5.00	2020.11.20	3.1000	100.00	0.00
130723	15 北京 Z7	6690.75	7.00	2022.11.20	3.2400	100.00	0.00
130724	15 北京 Z8	5787.00	10.00	2025.11.20	3.2300	100.00	0.00

债券信息 List of Bonds

债券 Bond

债券代码 Code	债券简称 Bond Name	发行数量(百万) Issued Vol(M)	年限 Terms	到期日 Expiration Date	票面利率(%) Coupon Rate(%)	本年收盘 Close	成交数量(万) Trading Vol(10000)
130725	15 北京 Z9	203.00	7.00	2022.11.20	3.2400	100.00	0.00
130726	15 湖南 05	4646.70	3.00	2018.11.23	3.0400	100.00	0.00
130727	15 湖南 06	13200.00	5.00	2020.11.23	3.1900	100.00	0.00
130728	15 湖南 07	13200.00	7.00	2022.11.23	3.3500	100.00	0.00
130729	15 湖南 08	13200.00	10.00	2025.11.23	3.3300	100.00	120.00
130730	15 上海 08	5000.00	3.00	2018.11.25	2.9500	100.00	250.00
130731	15 上海 09	5000.00	5.00	2020.11.25	3.1000	99.52	90.00
130732	15 山东 13	280.00	3.00	2018.11.27	3.0800	100.00	0.00
130733	15 山东 14	840.00	5.00	2020.11.27	3.1900	100.00	0.00
130734	15 山东 15	840.00	7.00	2022.11.27	3.3800	100.00	0.00
130735	15 山东 16	840.00	10.00	2025.11.27	3.3400	100.00	0.00
130736	15 贵州 13	2725.92	3.00	2018.11.27	3.1100	101.24	0.00
130737	15 贵州 14	3900.00	5.00	2020.11.27	3.2200	100.00	0.00
130738	15 贵州 15	3900.00	7.00	2022.11.27	3.4100	100.00	0.00
130739	15 贵州 16	2600.00	10.00	2025.11.27	3.4000	100.00	200.00
130740	15 贵州 Z5	5815.94	3.00	2018.11.27	3.0900	100.00	0.00
130741	15 贵州 Z6	8500.00	5.00	2020.11.27	3.2500	100.00	0.00
130742	15 贵州 Z7	8500.00	7.00	2022.11.27	3.4100	100.00	0.00
130743	15 贵州 Z8	5600.00	10.00	2025.11.27	3.4700	100.00	0.00
130744	15 浙江 13	2560.00	3.00	2018.11.30	2.9500	100.00	100.00
130745	15 浙江 14	7600.00	5.00	2020.11.30	3.0600	97.67	160.00
130746	15 浙江 15	7600.00	7.00	2022.11.30	3.2400	100.00	0.00
130747	15 浙江 16	7600.00	10.00	2025.11.30	3.2000	100.00	60.00
130748	15 青岛 09	140.00	3.00	2018.12.04	3.0600	100.00	0.00
130749	15 青岛 10	420.00	5.00	2020.12.04	3.1500	100.00	0.00
130750	15 青岛 11	420.00	7.00	2022.12.04	3.3200	100.00	0.00
130751	15 青岛 12	420.00	10.00	2025.12.04	3.3000	100.00	0.00
130752	15 福建 17	1617.94	3.00	2018.12.04	3.0700	99.96	200.00
130753	15 福建 18	4800.00	5.00	2020.12.04	3.1500	100.00	0.00
130754	15 福建 19	4800.00	7.00	2022.12.04	3.3200	100.00	0.00
130755	15 福建 20	4800.00	10.00	2025.12.04	3.3000	100.00	0.00
130756	15 福建 Z9	12281.85	5.00	2020.12.04	3.1500	100.00	0.00
130757	15 福建 21	12280.00	10.00	2025.12.04	3.3000	100.00	0.00
130758	15 内蒙 13	870.00	3.00	2018.12.07	3.1100	100.00	0.00
130759	15 内蒙 14	1810.00	5.00	2020.12.07	3.2900	100.00	0.00
130760	15 内蒙 15	1810.00	7.00	2022.12.07	3.4200	100.00	0.00
130761	15 内蒙 16	1810.00	10.00	2025.12.07	3.4400	100.00	0.00
130762	15 内蒙 Z9	1100.00	5.00	2020.12.07	3.1900	100.00	0.00
130763	15 内蒙 17	1000.00	7.00	2022.12.07	3.3600	100.00	0.00
130764	15 辽宁 09	21660.00	3.00	2018.12.09	3.0000	100.00	200.00
130765	15 辽宁 10	21660.00	5.00	2020.12.09	3.1800	99.89	521.00
130766	15 辽宁 11	21660.00	7.00	2022.12.09	3.3400	100.00	1201.00
130767	15 辽宁 12	7220.00	10.00	2025.12.09	3.3400	100.00	60.00
130768	15 甘肃 13	700.00	3.00	2018.12.11	3.0000	100.00	0.00
130769	15 甘肃 14	1500.00	5.00	2020.12.11	3.1500	100.00	0.00
130770	15 甘肃 15	1570.00	7.00	2022.12.11	3.3300	100.00	0.00
130771	15 甘肃 16	1500.00	10.00	2025.12.11	3.3200	100.00	0.00
130772	15 山西 09	550.00	3.00	2018.12.16	2.7100	100.00	0.00
130773	15 山西 10	1580.00	5.00	2020.12.16	2.8300	100.00	0.00
130774	15 山西 11	1580.00	7.00	2022.12.16	3.0100	100.00	0.00

债券信息
List of Bonds

债券 Bond

债券代码 Code	债券简称 Bond Name	发行数量(百万) Issued Vol(M)	年限 Terms	到期日 Expiration Date	票面利率(%) Coupon Rate(%)	本年收盘 Close	成交数量(万) Trading Vol(10000)
130775	15 山西 12	1580.00	10.00	2025.12.16	3.0000	100.00	70.00
130776	15 贵州 17	600.00	3.00	2018.12.24	2.7900	100.00	140.00
130777	15 贵州 18	900.00	5.00	2020.12.24	2.9900	100.00	0.00
130778	15 贵州 19	900.00	7.00	2022.12.24	3.1800	100.00	0.00
130779	15 贵州 20	600.00	10.00	2025.12.24	3.2300	100.00	0.00
130780	16 湖北 01	18000.00	3.00	2019.02.19	2.7500	100.00	240.00
130781	16 湖北 02	18000.00	5.00	2021.02.19	2.9000	100.00	140.00
130782	16 湖北 03	18000.00	7.00	2023.02.19	3.0700	100.00	0.00
130783	16 湖北 04	6000.00	10.00	2026.02.19	3.0400	100.00	80.00
130784	16 广东 01	22850.00	5.00	2021.02.24	2.9000	97.10	380.00
130785	16 广东 02	9140.00	7.00	2023.02.24	3.0700	100.00	146.00
130786	16 广东 03	13710.00	10.00	2026.02.24	3.0400	100.00	90.00
130787	16 广东 04	4130.00	3.00	2019.03.02	2.7400	100.00	30.00
130788	16 广东 05	12390.00	5.00	2021.03.02	2.8500	100.00	0.00
130789	16 广东 06	12390.00	7.00	2023.03.02	3.0700	100.00	250.00
130790	16 广东 07	12390.00	10.00	2026.03.02	3.0600	100.00	0.00
130791	16 浙江 01	3000.00	3.00	2019.03.11	2.5700	100.00	50.00
130792	16 浙江 02	9000.00	5.00	2021.03.11	2.7900	100.00	0.00
130793	16 浙江 03	9000.00	7.00	2023.03.11	3.0700	100.00	0.00
130794	16 浙江 04	9000.00	10.00	2026.03.11	3.2100	100.00	50.00
130795	16 山东 01	6320.00	3.00	2019.03.11	2.6000	100.00	0.00
130796	16 山东 02	9480.00	5.00	2021.03.11	2.7900	100.00	0.00
130797	16 山东 03	9480.00	7.00	2023.03.11	3.0900	100.00	50.00
130798	16 山东 04	6320.00	10.00	2026.03.11	3.1100	100.00	0.00
130799	16 山东 05	5680.00	3.00	2019.03.11	2.5900	99.91	0.00
130800	16 山东 06	8520.00	5.00	2021.03.11	2.7900	100.00	20.00
130801	16 山东 07	8520.00	7.00	2023.03.11	3.0900	100.00	0.00
130802	16 山东 08	5680.00	10.00	2026.03.11	3.1100	100.00	0.00
130803	16 内蒙 01	6300.00	3.00	2019.03.14	2.7600	98.95	670.00
130804	16 内蒙 02	18900.00	5.00	2021.03.14	2.9300	96.01	200.00
130805	16 内蒙 03	18900.00	7.00	2023.03.14	3.1900	100.45	50.00
130806	16 内蒙 04	18900.00	10.00	2026.03.14	3.2000	100.00	370.00
130807	16 江苏 01	12180.00	3.00	2019.03.16	2.6400	97.58	732.99
130808	16 江苏 02	18250.00	5.00	2021.03.16	2.7600	100.15	0.00
130809	16 江苏 03	18250.00	7.00	2023.03.16	3.0500	100.00	110.00
130810	16 江苏 04	12180.00	10.00	2026.03.16	3.0600	100.00	620.00
130811	16 江苏 05	10550.00	3.00	2019.03.16	2.5800	100.00	0.00
130812	16 江苏 06	15820.00	5.00	2021.03.16	2.7600	100.00	0.00
130813	16 江苏 07	15820.00	7.00	2023.03.16	3.0500	100.00	20.00
130814	16 江苏 08	10550.00	10.00	2026.03.16	3.0600	100.00	50.00
130815	16 重庆 01	2600.00	3.00	2019.03.18	2.6400	98.26	91.17
130816	16 重庆 02	5100.00	5.00	2021.03.18	2.7800	100.00	0.00
130817	16 重庆 03	5100.00	7.00	2023.03.18	3.0400	100.00	0.00
130818	16 重庆 04	4200.00	10.00	2026.03.18	3.0400	101.14	100.00
130819	16 重庆 05	6500.00	5.00	2021.03.18	2.7800	100.00	0.00
130820	16 重庆 06	6500.00	7.00	2023.03.18	3.0400	100.00	0.00
130821	16 天津 01	864.00	3.00	2019.03.21	2.5200	100.00	0.00
130822	16 天津 02	550.00	5.00	2021.03.21	2.7600	100.06	0.00
130823	16 天津 03	4975.00	5.00	2021.03.21	2.7300	100.00	0.00
130824	16 天津 04	2326.00	7.00	2023.03.21	2.9800	100.00	0.00

债券信息
List of Bonds

债券代码 Code	债券简称 Bond Name	发行数量(百万) Issued Vol(M)	年限 Terms	到期日 Expiration Date	票面利率(%) Coupon Rate(%)	本年收盘 Close	成交数量(万) Trading Vol(10000)
130825	16 天津 05	2695.00	10.00	2026.03.21	3.0300	100.00	0.00
130826	16 云南 01	3760.00	7.00	2023.03.22	3.0200	100.39	0.00
130827	16 云南 02	3700.00	10.00	2026.03.22	3.0500	100.00	0.00
130828	16 云南 03	6850.00	7.00	2023.03.22	3.0000	100.00	0.00
130829	16 云南 04	7000.00	10.00	2026.03.22	3.0500	100.00	0.00
130830	16 新疆 01	3730.00	3.00	2019.03.23	2.5200	100.00	0.00
130831	16 新疆 02	5595.00	5.00	2021.03.23	2.7200	100.00	0.00
130832	16 新疆 03	5595.00	7.00	2023.03.23	3.0000	100.00	0.00
130833	16 新疆 04	3730.00	10.00	2026.03.23	3.0200	100.00	0.00
130834	16 江西 01	2950.00	3.00	2019.03.25	2.4300	100.00	0.00
130835	16 江西 02	8790.00	5.00	2021.03.25	2.7100	100.00	0.00
130836	16 江西 03	8790.00	7.00	2023.03.25	3.0000	100.00	0.00
130837	16 江西 04	8790.00	10.00	2026.03.25	3.0100	100.00	0.00
130838	16 江西 05	2670.00	3.00	2019.03.25	2.5000	100.00	0.00
130839	16 江西 06	2670.00	5.00	2021.03.25	2.7100	100.00	0.00
130840	16 江西 07	2670.00	7.00	2023.03.25	3.0500	100.00	0.00
130841	16 江西 08	2670.00	10.00	2026.03.25	3.0700	100.00	0.00
130842	16 宁夏 01	2100.00	3.00	2019.03.25	2.5500	100.00	20.00
130843	16 宁夏 02	2100.00	5.00	2021.03.25	2.7800	100.00	0.00
130844	16 宁夏 03	2100.00	7.00	2023.03.25	3.0400	100.00	0.00
130845	16 宁夏 04	700.00	10.00	2026.03.25	3.0500	100.00	0.00
130846	16 广西 01	3000.00	3.00	2019.03.28	2.3900	100.00	0.00
130847	16 广西 02	4200.00	5.00	2021.03.28	2.6500	100.00	0.00
130848	16 广西 03	4200.00	7.00	2023.03.28	2.9600	100.00	40.00
130849	16 广西 04	2900.00	10.00	2026.03.28	2.9900	100.00	0.00
130850	16 广西 05	8500.00	5.00	2021.03.28	2.6100	100.00	0.00
130851	16 广西 06	8500.00	7.00	2023.03.28	2.9300	100.00	0.00
130852	16 四川 01	13800.00	3.00	2019.03.29	2.5300	97.55	140.00
130853	16 四川 02	13800.00	5.00	2021.03.29	2.7500	100.00	0.00
130854	16 四川 03	13800.00	7.00	2023.03.29	3.0400	100.00	0.00
130855	16 四川 04	4562.00	10.00	2026.03.29	3.0800	100.00	0.00
130856	16 辽宁 01	22700.00	3.00	2019.03.29	2.6300	99.87	550.00
130857	16 辽宁 02	22700.00	5.00	2021.03.29	2.8500	100.00	350.00
130858	16 辽宁 03	22700.00	7.00	2023.03.29	3.1400	100.00	510.00
130859	16 辽宁 04	7800.00	10.00	2026.03.29	3.1800	100.00	270.00
130860	16 安徽 01	2300.00	3.00	2019.04.01	2.4600	100.00	220.00
130861	16 安徽 02	6200.00	5.00	2021.04.01	2.7100	99.91	0.00
130862	16 安徽 03	6200.00	7.00	2023.04.01	3.0000	100.00	0.00
130863	16 安徽 04	6200.00	10.00	2026.04.01	3.0400	100.00	180.00
130864	16 青海 01	3600.00	3.00	2019.04.01	2.4600	100.00	0.00
130865	16 青海 02	5200.00	5.00	2021.04.01	2.6600	100.00	0.00
130866	16 青海 03	5200.00	7.00	2023.04.01	3.0000	100.00	0.00
130867	16 青海 04	5850.00	10.00	2026.04.01	3.0400	100.00	0.00
130868	16 广东 08	2870.00	3.00	2019.04.06	2.4600	100.00	50.00
130869	16 广东 09	8610.00	5.00	2021.04.06	2.6700	100.00	0.00
130870	16 广东 10	8610.00	7.00	2023.04.06	2.9800	100.00	0.00
130871	16 广东 11	8610.00	10.00	2026.04.06	3.0300	100.00	0.00
130872	16 广东 12	1500.00	5.00	2021.04.06	2.6400	100.00	0.00
130873	16 广东 13	600.00	7.00	2023.04.06	2.9800	100.00	0.00
130874	16 广东 14	900.00	10.00	2026.04.06	3.0300	100.00	0.00

债券信息
List of Bonds

债券代码 Code	债券简称 Bond Name	发行数量(百万) Issued Vol(M)	年限 Terms	到期日 Expiration Date	票面利率(%) Coupon Rate(%)	本年收盘 Close	成交数量(万) Trading Vol(10000)
130875	16 广西 07	2000.00	3.00	2019.04.07	2.4900	100.00	0.00
130876	16 广西 08	3000.00	5.00	2021.04.07	2.6800	100.00	0.00
130877	16 广西 09	3000.00	7.00	2023.04.07	2.9900	100.00	0.00
130878	16 广西 10	2000.00	10.00	2026.04.07	3.0700	100.00	0.00
130879	16 新疆 05	4710.00	3.00	2019.04.08	2.4200	100.00	0.00
130880	16 新疆 06	7060.00	5.00	2021.04.08	2.6200	100.00	0.00
130881	16 新疆 07	7060.00	7.00	2023.04.08	2.9800	100.00	0.00
130882	16 新疆 08	4700.00	10.00	2026.04.08	3.0800	100.00	0.00
130883	16 新疆 09	1460.00	3.00	2019.04.08	2.3700	100.00	180.00
130884	16 新疆 10	2180.00	5.00	2021.04.08	2.5800	100.00	0.00
130885	16 新疆 11	2180.00	7.00	2023.04.08	2.9300	100.00	0.00
130886	16 新疆 12	1450.00	10.00	2026.04.08	3.0500	100.00	0.00
130887	16 贵州 01	10000.00	3.00	2019.04.08	2.5200	100.00	0.00
130888	16 贵州 02	15000.00	5.00	2021.04.08	2.6900	95.19	100.00
130889	16 贵州 03	15000.00	7.00	2023.04.08	3.0500	100.00	0.00
130890	16 贵州 04	10000.00	10.00	2026.04.08	3.1400	100.00	0.00
130891	16 贵州 05	6000.00	3.00	2019.04.08	2.5300	100.00	0.00
130892	16 贵州 06	9000.00	5.00	2021.04.08	2.7200	100.00	0.00
130893	16 贵州 07	9000.00	7.00	2023.04.08	3.0300	100.00	0.00
130894	16 贵州 08	6000.00	10.00	2026.04.08	3.1500	100.00	0.00
130895	16 黑龙 01	9240.00	3.00	2019.04.11	2.6200	100.00	0.00
130896	16 黑龙 02	13860.00	5.00	2021.04.11	2.7700	100.00	0.00
130897	16 黑龙 03	13860.00	7.00	2023.04.11	3.0900	100.00	0.00
130898	16 黑龙 04	9240.00	10.00	2026.04.11	3.1800	100.00	0.00
130899	16 黑龙 05	2600.00	3.00	2019.04.11	2.6300	100.00	0.00
130900	16 黑龙 06	3900.00	5.00	2021.04.11	2.7700	100.00	0.00
130901	16 黑龙 07	3900.00	7.00	2023.04.11	3.0900	100.00	0.00
130902	16 黑龙 08	2600.00	10.00	2026.04.11	3.1800	100.00	0.00
130903	16 湖南 01	10100.00	7.00	2023.04.12	2.9700	100.00	0.00
130904	16 湖南 02	31000.00	10.00	2026.04.12	3.0600	100.00	60.00
130905	16 河南 01	10000.00	3.00	2019.04.15	2.5900	100.00	0.00
130906	16 河南 02	15000.00	5.00	2021.04.15	2.7300	100.00	0.00
130907	16 河南 03	15000.00	7.00	2023.04.15	3.0600	100.00	0.00
130908	16 河南 04	10000.00	10.00	2026.04.15	3.1600	100.00	0.00
130909	16 河北 01	8000.00	3.00	2019.04.15	2.5400	100.00	0.00
130910	16 河北 02	11900.00	5.00	2021.04.15	2.6800	100.00	0.00
130911	16 河北 03	11900.00	7.00	2023.04.15	3.0000	100.00	0.00
130912	16 河北 04	7900.00	10.00	2026.04.15	3.1000	100.00	40.00
130913	16 河北 05	6100.00	3.00	2019.04.15	2.5400	100.00	0.00
130914	16 河北 06	9100.00	5.00	2021.04.15	2.6800	100.00	0.00
130915	16 河北 07	9100.00	7.00	2023.04.15	3.0600	100.00	0.00
130916	16 河北 08	6000.00	10.00	2026.04.15	3.1400	100.00	0.00
130917	16 湖北 05	4500.00	3.00	2019.04.18	2.6100	100.00	30.00
130918	16 湖北 06	4500.00	5.00	2021.04.18	2.7800	100.00	0.00
130919	16 湖北 07	4500.00	7.00	2023.04.18	3.1000	100.00	0.00
130920	16 湖北 08	1500.00	10.00	2026.04.18	3.2100	100.00	200.00
130921	16 湖北 09	12500.00	5.00	2021.04.18	2.8200	100.00	0.00
130922	16 湖北 10	12500.00	7.00	2023.04.18	3.0700	100.00	0.00
130923	16 甘肃 01	4400.00	3.00	2019.04.18	2.6100	100.00	0.00
130924	16 甘肃 02	10834.10	5.00	2021.04.18	2.7600	100.00	0.00

债券信息
List of Bonds

债券
Bond

债券代码 Code	债券简称 Bond Name	发行数量(百万) Issued Vol(M)	年限 Terms	到期日 Expiration Date	票面利率(%) Coupon Rate(%)	本年收盘 Close	成交数量(万) Trading Vol(10000)
130925	16 甘肃 03	9000.00	7.00	2023.04.18	3.0200	100.00	0.00
130926	16 甘肃 04	7324.65	5.00	2021.04.18	2.7600	100.00	0.00
130927	16 甘肃 05	1300.00	7.00	2023.04.18	3.0200	100.00	0.00
130928	16 山西 01	2700.00	3.00	2019.04.20	2.4300	100.00	50.00
130929	16 山西 02	8100.00	5.00	2021.04.20	2.6500	100.00	0.00
130930	16 山西 03	8100.00	7.00	2023.04.20	2.9800	100.45	1.00
130931	16 山西 04	8100.00	10.00	2026.04.20	3.1200	100.00	0.00
130932	16 山东 09	13808.00	3.00	2019.04.27	2.6600	100.00	450.00
130933	16 山东 10	20712.00	5.00	2021.04.27	2.9400	101.00	0.00
130934	16 山东 11	20712.00	7.00	2023.04.27	3.1800	100.00	0.00
130935	16 山东 12	13808.00	10.00	2026.04.27	3.1500	100.00	0.00
130936	16 陕西 01	9290.00	3.00	2019.04.29	2.7100	99.05	450.00
130937	16 陕西 02	9290.00	5.00	2021.04.29	2.9400	100.00	0.00
130938	16 陕西 03	9290.00	7.00	2023.04.29	3.2300	100.00	0.00
130939	16 陕西 04	3154.48	10.00	2026.04.29	3.2000	100.00	0.00
130940	16 陕西 05	6590.00	3.00	2019.04.29	2.7300	100.00	0.00
130941	16 陕西 06	6590.00	5.00	2021.04.29	2.9500	100.00	0.00
130942	16 陕西 07	6590.00	7.00	2023.04.29	3.2300	100.00	0.00
130943	16 陕西 08	2225.57	10.00	2026.04.29	3.2100	100.00	0.00
130944	16 湖南 03	3933.18	3.00	2019.05.09	2.7700	98.13	640.02
130945	16 湖南 04	48166.82	5.00	2021.05.09	2.9100	97.25	320.00
130946	16 海南 01	2897.52	3.00	2019.05.13	2.7200	100.00	1.00
130947	16 海南 02	2400.00	5.00	2021.05.13	2.9100	100.00	40.00
130948	16 海南 03	3100.00	10.00	2026.05.13	3.1000	100.00	0.00
130949	16 宁波 01	1810.00	3.00	2019.05.16	2.6100	100.00	40.00
130950	16 宁波 02	2620.00	5.00	2021.05.16	2.7800	100.00	0.00
130951	16 宁波 03	1920.00	7.00	2023.05.16	3.0200	100.00	0.00
130952	16 宁波 04	2620.00	10.00	2026.05.16	3.0900	100.00	0.00
130953	16 宁波 05	530.00	3.00	2019.05.16	2.5600	100.00	0.00
130954	16 宁波 06	760.00	5.00	2021.05.16	2.7000	100.00	0.00
130955	16 宁波 07	420.00	7.00	2023.05.16	2.9100	100.00	0.00
130956	16 宁波 08	760.00	10.00	2026.05.16	2.9500	100.00	0.00
130957	16 青岛 01	390.00	3.00	2019.05.17	2.7000	100.00	0.00
130958	16 青岛 02	1170.00	5.00	2021.05.17	2.8700	100.00	0.00
130959	16 青岛 03	1170.00	7.00	2023.05.17	3.1200	100.00	0.00
130960	16 青岛 04	1170.00	10.00	2026.05.17	3.1500	100.00	0.00
130961	16 青岛 05	1950.00	5.00	2021.05.17	2.8500	100.00	0.00
130962	16 青岛 06	780.00	7.00	2023.05.17	3.1000	100.00	0.00
130963	16 青岛 07	1170.00	10.00	2026.05.17	3.1400	100.00	0.00
130964	16 四川 05	6000.00	3.00	2019.05.18	2.7600	100.00	200.00
130965	16 四川 06	6000.00	5.00	2021.05.18	2.9800	97.90	320.00
130966	16 四川 07	6000.00	7.00	2023.05.18	3.1600	99.90	200.00
130967	16 四川 08	2000.00	10.00	2026.05.18	3.2100	100.99	0.00
130968	16 四川 09	12000.00	3.00	2019.05.18	2.7900	98.08	1247.00
130969	16 四川 10	12000.00	5.00	2021.05.18	2.9800	100.00	0.00
130970	16 四川 11	12000.00	7.00	2023.05.18	3.1800	100.00	0.00
130971	16 四川 12	4000.00	10.00	2026.05.18	3.2100	91.18	30.00
130972	16 宁夏 05	1400.00	3.00	2019.05.20	2.6400	97.97	170.00
130973	16 宁夏 06	1400.00	5.00	2021.05.20	2.9000	100.00	0.00
130974	16 宁夏 07	1400.00	7.00	2023.05.20	3.1800	100.00	0.00

债券信息
List of Bonds

债券代码 Code	债券简称 Bond Name	发行数量(百万) Issued Vol(M)	年限 Terms	到期日 Expiration Date	票面利率(%) Coupon Rate(%)	本年收盘 Close	成交数量(万) Trading Vol(10000)
130975	16 宁夏 08	421.00	10.00	2026.05.20	3.2000	100.00	11.00
130976	16 辽宁 05	6100.00	3.00	2019.05.25	2.8300	98.12	799.00
130977	16 辽宁 06	6100.00	5.00	2021.05.25	3.0500	95.79	441.03
130978	16 辽宁 07	6100.00	7.00	2023.05.25	3.3000	100.00	580.00
130979	16 辽宁 08	2200.00	10.00	2026.05.25	3.3000	100.00	0.00
130980	16 云南 05	23500.00	5.00	2021.05.27	2.9800	98.78	600.00
130981	16 云南 06	25000.00	7.00	2023.05.27	3.2300	100.00	0.00
130982	16 云南 07	5500.00	5.00	2021.05.27	2.9800	100.00	0.00
130983	16 云南 08	4000.00	7.00	2023.05.27	3.2300	100.00	0.00
130984	16 陕西 09	9060.00	3.00	2019.05.27	2.7400	98.96	1400.00
130985	16 陕西 10	9060.00	5.00	2021.05.27	2.9400	99.91	0.00
130986	16 陕西 11	9060.00	7.00	2023.05.27	3.2000	100.00	0.00
130987	16 陕西 12	3020.00	10.00	2026.05.27	3.2500	99.91	0.00
130988	16 陕西 13	1020.00	3.00	2019.05.27	2.7300	100.00	0.00
130989	16 陕西 14	1020.00	5.00	2021.05.27	2.9500	100.00	0.00
130990	16 陕西 15	1020.00	7.00	2023.05.27	3.1800	100.00	0.00
130991	16 陕西 16	340.00	10.00	2026.05.27	3.1900	100.00	0.00
130992	16 陕西 17	150.00	3.00	2019.05.27	2.6900	100.00	0.00
130993	16 陕西 18	150.00	5.00	2021.05.27	2.9000	100.00	0.00
130994	16 陕西 19	150.00	7.00	2023.05.27	3.1300	100.00	0.00
130995	16 陕西 20	50.00	10.00	2026.05.27	3.1000	100.00	0.00
130996	16 青海 05	1100.00	3.00	2019.05.30	2.7000	100.00	0.00
130997	16 青海 06	1950.00	5.00	2021.05.30	2.9000	100.00	0.00
130998	16 青海 07	2000.00	7.00	2023.05.30	3.1800	100.00	0.00
130999	16 青海 08	2050.00	10.00	2026.05.30	3.1800	100.00	0.00
131001	PR202	109.00	1.76	2017.07.25	4.8000	51.38	0.00
131002	丰汇 203	118.00	2.76	2017.07.25	5.0000	100.00	0.00
131003	丰汇 204	128.00	3.76	2017.07.25	5.5000	100.00	0.00
131004	PR205	115.00	4.26	2017.07.25	6.3000	70.98	100.00
131007	PR 兴乾 2	475.00	11.79	2027.09.26	4.5100	52.06	0.00
131008	摩山 2A	242.00	3.00	2018.10.29	6.0000	100.00	322.00
131009	摩山 2B	69.00	3.00	2018.10.29	6.9000	100.00	50.00
131011	PR 一 A	1142.00	2.32	2017.08.21	5.2000	4.13	0.00
131012	PR 一 B	139.00	2.55	2018.05.21	6.4300	32.06	0.00
131018	PR1A5	18.00	1.20	2017.01.09	5.7000	85.18	0.00
131019	PR1A6	17.00	1.45	2017.04.11	5.7000	78.34	0.00
131020	PR1A7	16.00	1.70	2017.07.10	5.7000	60.06	0.00
131021	PR1A8	8.00	1.96	2017.10.16	5.7000	36.77	0.00
131022	PR1B1	18.00	2.20	2018.01.09	5.9000	95.29	0.00
131023	PR1B2	6.00	2.45	2018.04.10	5.9000	95.29	0.00
131026	PR 聚二 A2	170.00	1.82	2017.08.21	5.2500	20.01	94.00
131027	PR 聚二 A3	110.00	2.82	2018.08.21	5.6000	77.27	0.00
131029	PR 聚二次	78.00	3.82	2019.08.21	0.0000	80.57	0.00
131030	15 中联 3A	2850.00	3.00	2018.08.14	5.6000	100.00	0.00
131031	15 中联 3B	150.00	3.00	2018.08.14	6.6000	100.00	0.00
131033	巩燃 02	70.00	2.00	2017.10.27	6.4000	100.00	0.00
131034	巩燃 03	80.00	3.00	2018.10.27	6.6000	100.00	0.00
131035	巩燃 04	90.00	4.00	2019.10.27	7.5000	100.00	9.00
131036	巩燃 05	100.00	5.01	2020.10.27	7.5000	100.01	290.90
131037	巩燃 06	100.00	6.01	2021.10.27	7.5000	100.00	259.10

债券信息 List of Bonds

债券代码 Code	债券简称 Bond Name	发行数量(百万) Issued Vol(M)	年限 Terms	到期日 Expiration Date	票面利率(%) Coupon Rate(%)	本年收盘 Close	成交数量(万) Trading Vol(10000)
131039	15 世建 01	180.00	1.15	2017.01.04	5.7500	100.00	0.00
131040	15 世建 02	180.00	2.15	2018.01.04	5.8500	102.40	0.00
131041	15 世建 03	180.00	3.13	2018.12.31	5.9500	100.56	40.00
131050	普惠中间	43.00	1.48	2017.05.08	8.0000	100.00	0.00
131054	PR1 优 3	111.00	1.17	2017.01.18	4.7500	48.65	0.00
131055	PR1 优 4	101.00	1.67	2017.07.18	4.9000	46.53	0.00
131056	PR1 优 5	71.00	2.17	2018.01.17	5.3000	39.42	50.00
131057	中铁 1 次	170.00	4.58	2020.06.16	0.0000	100.00	0.00
131062	中民 1A5	100.00	1.20	2017.01.23	5.2500	100.00	0.00
131063	中民 1A6	100.00	1.45	2017.04.24	5.3000	100.00	0.00
131064	中民 1A7	100.00	1.70	2017.07.24	5.3500	100.00	0.00
131065	中民 1A8	90.00	1.95	2017.10.23	5.4000	100.00	0.00
131066	中民 1A9	90.00	2.20	2018.01.23	5.4500	100.00	0.00
131067	中民 1A10	95.00	2.45	2018.04.23	5.6500	99.28	205.00
131068	中民 1A11	95.00	2.70	2018.07.23	5.7500	99.90	125.00
131069	PR1A12	80.00	2.78	2017.01.23	5.8000	13.12	0.00
131073	津桥 03	62.00	2.02	2017.11.26	4.5000	100.00	0.00
131074	津桥 04	83.00	3.02	2018.11.26	4.6000	100.00	0.00
131075	津桥 05	95.00	4.02	2019.11.26	4.8300	100.00	0.00
131076	津桥 06	110.00	5.02	2020.11.26	5.5800	98.67	40.00
131077	津桥 07	120.00	6.02	2021.11.26	5.6300	99.98	0.00
131078	津桥 08	145.00	7.02	2022.11.26	5.8500	99.97	0.00
131079	津桥 09	160.00	8.02	2023.11.26	5.9000	99.97	0.00
131080	津桥 10	175.00	9.02	2024.11.26	5.9500	99.97	0.00
131082	方正 1 优	529.00	3.00	2018.11.19	5.3000	99.26	180.00
131084	PR 平安 A	1742.00	2.27	2017.11.24	4.1000	6.98	0.00
131085	PR 平安 B	164.00	2.76	2018.08.24	6.8000	68.68	50.00
131086	PR5A1	276.00	1.24	2017.02.23	5.9000	18.70	0.00
131087	PR5A2	138.00	1.49	2017.05.23	6.1500	24.69	0.00
131088	PR5B	120.00	1.74	2017.08.23	7.1000	72.20	0.00
131091	PRX2A2	49.00	1.93	2017.10.25	5.7000	24.51	0.00
131092	AUX2A3	22.00	2.43	2018.04.25	5.9000	100.00	0.00
131093	PRX2A4	81.00	2.68	2017.04.25	6.1000	27.80	0.00
131094	AUX2B	53.00	3.43	2019.04.25	7.6000	100.00	73.00
131098	PR02	145.00	2.00	2017.11.18	4.5000	50.00	0.00
131099	扬汽 03	155.00	3.00	2018.11.18	4.7000	100.00	0.00
131100	扬汽 04	170.00	4.00	2019.11.18	5.0000	100.00	0.00
131101	扬汽 05	200.00	5.01	2020.11.18	5.2000	100.00	0.00
131109	八达岭 02	50.00	2.00	2017.10.26	5.8000	100.54	15.00
131110	八达岭 03	60.00	3.00	2017.10.31	5.8000	100.00	0.00
131111	八达岭 04	60.00	4.00	2017.10.31	6.0000	100.00	0.00
131112	八达岭 05	60.00	5.01	2017.10.31	6.0000	100.00	0.00
131113	八达岭 06	60.00	6.01	2017.10.31	6.3000	100.00	0.00
131114	八达岭 07	60.00	7.01	2017.10.31	6.3000	100.00	0.00
131116	PR 恒航 A	1531.00	18.16	2034.01.23	5.3000	98.01	20.00
131117	恒浩航 B	969.00	3.15	2019.01.23	6.9000	100.60	1534.00
131120	渝西永 3	345.00	2.17	2017.12.28	4.6500	100.00	0.00
131121	渝西永 4	300.00	3.17	2018.12.28	4.7500	100.00	0.00
131122	渝西永 5	245.00	4.18	2019.12.30	4.9000	100.00	0.00
131123	渝西永 6	140.00	5.18	2020.12.30	5.0000	100.00	0.00

债券信息 List of Bonds

债券 Bond

债券代码 Code	债券简称 Bond Name	发行数量(百万) Issued Vol(M)	年限 Terms	到期日 Expiration Date	票面利率(%) Coupon Rate(%)	本年收盘 Close	成交数量(万) Trading Vol(10000)
131126	余燃气 2	130.00	2.09	2017.12.28	5.1000	100.00	0.00
131127	余燃气 3	184.00	3.09	2018.12.28	5.4000	98.56	80.00
131128	余燃气 4	243.00	4.09	2019.12.30	5.8000	99.09	100.00
131129	余燃气 5	299.00	5.10	2020.12.30	6.0000	97.66	255.00
131130	余燃气 6	331.00	6.10	2021.12.30	6.3000	99.99	180.00
131132	先锋 01	169.00	3.00	2017.09.15	5.8000	100.00	0.00
131137	PR 五 A2	1050.00	2.00	2017.11.26	4.1000	14.05	160.00
131138	PR 五 A3	1923.00	3.50	2019.05.26	4.2000	40.11	0.00
131139	远东五 B	365.00	4.00	2019.11.26	6.8000	99.94	75.00
131140	哈热 01	210.00	1.11	2017.01.25	4.5500	100.00	0.00
131141	哈热 02	250.00	2.11	2018.01.25	4.9000	100.00	0.00
131142	哈热 03	265.00	3.11	2019.01.25	5.2000	100.00	0.00
131143	哈热 04	285.00	4.11	2020.01.25	5.5000	100.00	0.00
131144	哈热 05	310.00	5.11	2021.01.25	5.7500	100.00	0.00
131150	PR 三 01	105.00	1.25	2017.03.08	5.1000	25.53	0.00
131151	金坤三 02	38.00	1.25	2017.03.08	6.5000	100.00	0.00
131154	15 昆西 02	33.00	2.01	2017.12.10	4.6500	100.00	0.00
131155	15 昆西 03	36.00	3.01	2018.12.10	4.9500	100.00	0.00
131156	15 昆西 04	39.00	4.01	2019.12.10	5.3000	100.00	0.00
131157	15 昆西 05	39.00	5.01	2020.12.10	5.6000	100.00	0.00
131158	PR 昆西中	20.00	5.01	2020.12.10	9.0000	60.00	0.00
131164	PR4A12	50.00	1.15	2017.02.08	5.1000	97.59	0.00
131165	PR4A13	49.00	1.22	2017.03.08	5.1000	96.37	0.00
131166	PR4A14	49.00	1.32	2017.04.11	5.1000	93.75	0.00
131167	PR4A15	45.00	1.39	2017.05.09	5.1000	89.62	45.00
131168	PR4A16	40.00	1.47	2017.06.08	5.1000	84.93	0.00
131169	PR4A17	39.00	1.56	2017.07.10	5.1000	80.89	0.00
131170	PR4A18	39.00	1.64	2017.08.08	5.3000	40.91	0.00
131174	PR4B1	27.00	1.98	2017.12.08	6.8000	81.12	40.00
131175	PR4B2	20.00	2.15	2018.02.08	6.8000	71.22	40.00
131176	PR4B3	10.00	2.22	2018.03.09	6.8000	71.24	20.00
131184	PR2A1	116.00	1.67	2017.08.28	4.9500	14.88	0.00
131185	PR2A2	60.00	1.92	2017.08.28	5.1000	11.03	0.00
131186	PR2B	30.00	2.17	2018.02.28	7.5000	15.20	0.00
131188	恒浩云 A	770.00	18.11	2034.01.26	4.4900	100.00	0.00
131189	恒浩云 B	4930.00	9.10	2025.01.26	6.3900	103.98	600.00
131190	恒浩云 C	100.00	9.10	2025.01.26	7.9900	99.70	110.00
131195	井燃气 05	41.00	1.25	2017.03.24	4.7000	100.00	0.00
131196	井燃气 06	41.00	1.50	2017.06.24	4.9000	100.00	0.00
131197	井燃气 07	44.00	1.75	2017.09.24	5.0000	100.00	0.00
131198	井燃气 08	46.00	2.00	2017.12.24	5.2000	100.00	0.00
131199	井燃气 09	45.00	2.25	2018.03.24	5.2000	100.00	0.00
131200	井燃气 10	48.00	2.50	2018.06.24	5.2000	100.00	0.00
131201	井燃气 11	48.00	2.75	2018.09.24	5.3000	100.00	0.00
131202	井燃气 12	50.00	3.00	2018.12.24	5.3000	100.00	0.00
131203	井燃气 13	50.00	3.25	2019.03.24	5.4000	100.00	0.00
131204	井燃气 14	50.00	3.50	2019.06.24	5.4000	100.00	0.00
131205	井燃气 15	51.00	3.75	2019.09.24	5.5000	100.00	0.00
131206	井燃气 16	56.00	4.00	2019.12.24	5.5500	100.00	0.00
131207	井燃气 17	55.00	4.25	2020.03.24	5.6000	100.00	0.00

债券信息
List of Bonds

债券
Bond

债券代码 Code	债券简称 Bond Name	发行数量(百万) Issued Vol(M)	年限 Terms	到期日 Expiration Date	票面利率(%) Coupon Rate(%)	本年收盘 Close	成交数量(万) Trading Vol(10000)
131208	并燃气 18	60.00	4.50	2020.06.24	5.6000	100.00	0.00
131209	并燃气 19	60.00	4.76	2020.09.24	5.6000	100.00	0.00
131210	并燃气 20	60.00	5.01	2020.12.24	5.6500	100.00	0.00
131211	并燃气次	40.00	5.01	2020.12.24	0.0000	100.00	0.00
131213	PR 优 02	330.00	1.49	2017.06.19	4.3000	43.83	0.00
131215	PR1A	210.00	1.36	2017.04.25	5.8000	18.62	0.00
131216	PR1B	95.00	2.36	2018.04.25	6.3000	32.09	0.00
131218	PRA01	91.00	1.15	2017.07.26	3.5500	46.14	0.00
131219	申通 A02	107.00	2.15	2018.07.26	3.8000	100.00	0.00
131220	申通 A03	108.00	3.15	2019.07.26	3.9000	100.00	0.00
131222	庆汇 1 优	475.00	2.83	2018.11.04	6.3000	100.00	364.00
131224	PR 皖优先	384.00	1.96	2017.03.15	5.4000	3.13	0.00
131225	PR 次优	196.00	2.72	2017.05.15	6.5000	82.09	0.00
131231	太盟 2A4	19.00	1.04	2017.01.09	5.2000	100.00	0.00
131232	PR2A5	23.00	1.29	2017.04.11	5.4000	87.45	0.00
131233	PR2A6	23.00	1.53	2017.07.10	5.4000	77.69	0.00
131234	PR2A7	23.00	1.80	2017.10.16	5.4000	73.96	0.00
131235	PR2A8	20.00	2.04	2018.01.09	5.6000	65.98	0.00
131236	PR2A9	20.00	2.28	2018.04.10	6.0000	65.98	20.00
131237	PR2A10	10.00	2.53	2018.07.09	6.0000	65.98	10.00
131239	三局优	2560.00	2.98	2018.12.21	4.1900	98.58	50.00
131242	16 碧桂 1A	2800.00	3.96	2019.12.31	5.1000	100.21	250.00
131244	PR 呼 02	70.00	2.00	2017.12.08	5.1000	25.00	0.00
131245	呼公交 03	80.00	3.00	2018.12.08	5.3000	100.00	0.00
131246	呼公交 04	80.00	4.00	2019.12.08	5.5000	100.00	0.00
131247	呼公交 05	90.00	5.01	2020.12.08	5.7000	100.00	0.00
131248	呼公交 06	90.00	6.01	2021.12.08	5.8000	100.00	0.00
131249	呼公交 07	90.00	7.01	2022.12.08	5.8000	100.00	0.00
131250	呼公交 08	100.00	8.01	2023.12.08	5.8000	100.00	0.00
131251	呼公交 09	100.00	9.01	2024.12.08	5.8000	100.00	0.00
131252	呼公交 10	40.00	9.51	2025.06.08	5.8000	100.00	0.00
131259	PR 分期优	183.00	2.00	2017.08.07	5.0500	2.60	0.00
131262	PR 交 02	20.00	2.00	2017.12.18	5.1000	30.00	0.00
131263	常公交 03	21.00	3.00	2018.12.18	5.3000	100.00	0.00
131264	常公交 04	23.00	4.00	2019.12.18	5.5000	100.00	0.00
131265	常公交 05	25.00	5.01	2020.12.18	5.6000	100.00	0.00
131266	常公交 06	27.00	6.01	2021.12.18	5.6000	100.00	0.00
131267	常公交 07	29.00	7.01	2022.12.18	5.6000	100.00	0.00
131268	常公交 08	31.00	8.01	2023.12.18	5.6000	100.00	0.00
131269	常公交 09	33.00	9.01	2024.12.18	5.6000	100.00	0.00
131270	常公交 10	24.00	9.76	2025.09.18	5.6000	100.00	0.00
131273	东宇 02	68.00	2.00	2017.12.09	6.0000	100.00	0.00
131274	东宇 03	71.00	3.00	2018.12.09	7.0000	100.00	0.00
131275	东宇 04	78.00	4.00	2019.12.09	7.2000	100.00	0.00
131276	东宇 05	80.00	5.01	2020.12.09	7.7000	100.00	0.00
131285	PR3 优 A	850.00	2.39	2018.04.26	5.5000	1.98	0.00
131286	聚信 3 优 B	70.00	3.15	2019.01.26	6.5000	100.00	0.00
131287	聚信 3 优 C	46.00	3.39	2019.04.26	8.5000	100.00	0.00
131288	聚信三次	51.00	4.15	2020.01.26	0.0000	92.01	0.00
131290	高燃气 2	69.00	1.44	2017.06.30	5.3000	100.03	12.00

债券信息
List of Bonds

债券 Bond

债券代码 Code	债券简称 Bond Name	发行数量(百万) Issued Vol(M)	年限 Terms	到期日 Expiration Date	票面利率(%) Coupon Rate(%)	本年收盘 Close	成交数量(万) Trading Vol(10000)
131291	高燃气 3	85.00	2.44	2018.06.29	5.9000	99.13	201.00
131292	高燃气 4	105.00	3.43	2019.06.28	6.4000	99.99	40.00
131293	高燃气 5	125.00	4.44	2020.06.30	6.8000	98.91	85.00
131296	PR 苏帕 02	80.00	1.75	2017.09.25	4.0000	17.50	0.00
131297	PR 苏帕 03	80.00	2.75	2018.09.25	4.2000	73.75	0.00
131298	苏帕河 4	85.00	3.75	2019.09.25	4.4000	100.00	0.00
131299	苏帕河 5	95.00	4.75	2020.09.25	4.6000	100.00	0.00
131300	苏帕河 6	100.00	5.75	2021.09.25	4.8000	100.00	0.00
131301	苏帕河 7	105.00	6.75	2022.09.25	4.8000	100.00	0.00
131302	苏帕河 8	120.00	7.75	2023.09.25	4.8000	100.00	0.00
131303	苏帕河 9	80.00	8.50	2024.06.25	4.8000	100.00	0.00
131306	PR 乐 A2	204.00	1.58	2017.09.26	5.4000	25.00	0.00
131307	雅居乐 A3	208.00	2.58	2017.09.26	5.6000	100.00	0.00
131308	雅居乐 A4	216.00	3.58	2017.09.26	5.8000	100.00	0.00
131309	雅居乐 A5	232.00	4.59	2017.09.26	6.0000	100.00	0.00
131312	启供水 2	69.00	1.92	2017.12.29	4.2900	100.00	0.00
131313	启供水 3	87.00	2.93	2018.12.31	4.7000	98.20	34.00
131314	启供水 4	107.00	3.93	2019.12.31	5.0000	100.00	0.00
131315	启供水 5	128.00	4.93	2020.12.31	5.6000	96.59	80.00
131316	启供水 6	150.00	5.93	2021.12.31	5.8000	97.00	60.00
131317	启供水 7	175.00	6.93	2022.12.30	6.1500	99.97	72.00
131319	15 金坤 A	182.00	1.04	2017.01.13	6.0000	99.65	0.00
131320	15 金坤 B	72.00	1.04	2017.01.13	8.5000	100.00	0.00
131321	赣发一优	285.00	2.73	2018.10.16	6.0200	99.55	440.00
131322	赣发一次	15.00	2.73	2018.10.16	0.0000	100.00	0.00
131326	武经开 01	60.00	3.00	2019.01.13	6.4500	100.00	0.00
131327	武经开 02	73.00	4.00	2020.01.13	6.6500	100.00	0.00
131328	武经开 03	87.00	5.00	2021.01.13	6.9500	100.00	0.00
131329	武经开 04	100.00	6.00	2022.01.13	7.1500	100.00	0.00
131331	PR 平安 A	1219.00	2.00	2017.12.20	4.6000	3.41	0.00
131332	PR 平安 B	152.00	2.50	2018.06.20	5.8000	75.52	0.00
131333	平安优 C	76.00	3.00	2018.12.20	8.5000	100.00	0.00
131335	PR 新皓 A2	218.00	1.98	2017.12.21	5.0000	13.82	0.00
131336	PR 新皓 A3	164.00	2.73	2018.09.21	5.0000	79.40	0.00
131337	PR 新皓 A4	216.00	2.98	2017.09.21	5.2000	32.69	0.00
131340	PR 粤科 A2	120.00	1.98	2017.12.21	5.2000	25.00	0.00
131341	PR 粤科 A3	238.00	2.73	2018.09.21	5.5000	18.77	60.00
131342	粤科优 B	58.00	2.98	2018.12.21	6.0000	100.00	0.00
131355	PR1A12	16.00	0.95	2017.01.09	4.7000	85.06	0.00
131356	PR1A13	8.00	1.03	2017.02.08	5.2000	83.02	0.00
131357	PR1A14	18.00	1.11	2017.03.08	5.2000	81.18	0.00
131358	PR1A15	18.00	1.20	2017.04.11	5.2000	79.06	0.00
131359	PR1A16	18.00	1.28	2017.05.09	5.2000	76.02	0.00
131360	PR1A17	18.00	1.36	2017.06.08	5.2000	75.41	35.00
131361	PR1A18	18.00	1.45	2017.07.10	5.2000	70.41	0.00
131362	PR1A19	17.00	1.53	2017.08.08	5.2000	66.09	0.00
131363	PR1A20	17.00	1.61	2017.09.08	5.4000	61.74	46.00
131364	PR1A21	16.00	1.72	2017.10.16	5.4000	55.54	15.50
131365	PR1A22	14.00	1.78	2017.11.08	5.4000	47.69	14.00
131366	PR1A23	13.00	1.86	2017.12.08	5.4000	35.79	13.00

债券信息
List of Bonds

债券代码 Code	债券简称 Bond Name	发行数量(百万) Issued Vol(M)	年限 Terms	到期日 Expiration Date	票面利率(%) Coupon Rate(%)	本年收盘 Close	成交数量(万) Trading Vol(10000)
131369	融和 2A02	147.00	1.64	2017.10.20	3.7000	100.04	65.00
131370	融和 2A03	815.00	2.47	2018.08.20	4.2000	99.96	400.00
131371	融和 2B	169.00	3.14	2019.04.20	5.5000	100.00	0.00
131373	恒源 01	50.00	1.00	2017.01.20	4.5000	100.00	0.00
131374	恒源 02	75.00	2.00	2018.01.20	4.6000	100.00	0.00
131375	恒源 03	97.00	3.00	2019.01.20	4.7000	100.00	0.00
131376	恒源 04	110.00	4.00	2020.01.20	4.7300	100.00	0.00
131377	恒源 05	118.00	5.01	2021.01.20	4.7500	100.00	0.00
131379	阜阳 1A	178.00	2.01	2018.02.22	6.8000	100.28	297.69
131380	阜阳 1B	53.00	2.01	2018.02.22	7.8000	100.28	176.76
131382	PR 华中 1A	646.00	2.44	2018.08.23	5.8000	15.46	260.00
131383	华中 1B	174.00	3.44	2019.08.23	7.0000	100.00	0.00
131385	16 江海 A	40.00	3.00	2019.02.26	4.5000	100.00	0.00
131386	16 江海 B	180.00	3.00	2019.02.26	5.0000	100.00	0.00
131391	迎宾馆 03	25.00	1.38	2017.06.20	5.7000	100.00	0.00
131392	迎宾馆 04	40.00	1.88	2017.12.20	5.9000	100.00	0.00
131393	迎宾馆 05	30.00	2.38	2018.06.20	6.0000	100.00	25.00
131394	迎宾馆 06	40.00	2.88	2018.12.20	6.1000	100.00	0.00
131395	迎宾馆 07	35.00	3.38	2019.06.20	6.2000	100.00	0.00
131396	迎宾馆 08	40.00	3.88	2019.12.20	6.3000	100.00	0.00
131397	迎宾馆 09	40.00	4.38	2020.06.20	6.4000	100.00	0.00
131398	迎宾馆 10	40.00	4.88	2020.12.20	6.5000	100.00	0.00
131400	苏恒泰 01	80.00	1.07	2017.01.31	6.0000	99.98	0.00
131401	苏恒泰 02	100.00	2.07	2018.01.31	6.2000	100.00	40.00
131402	苏恒泰 03	120.00	3.07	2019.01.31	6.5000	100.02	470.00
131404	PR2 次	327.00	1.88	2017.11.28	0.0000	31.25	326.68
131405	PR 力帆 1A	165.00	1.53	2017.07.20	5.8000	2.67	0.00
131406	PR1B	60.00	3.04	2019.01.20	7.5000	59.01	0.00
131409	PRA2	50.00	1.95	2017.12.30	5.5000	8.47	0.00
131410	先锋 A3	33.00	2.44	2018.06.30	5.7000	100.00	0.00
131411	先锋 B	39.00	3.19	2019.03.30	7.5000	99.88	0.00
131412	先锋 E	33.00	4.95	2020.12.30	0.0000	100.00	0.00
131423	汇通 5A11	34.00	0.87	2017.01.09	4.8000	100.00	0.00
131424	汇通 5A12	11.00	0.95	2017.02.08	4.8000	100.00	0.00
131425	汇通 5A13	36.00	1.03	2017.03.08	4.9000	100.00	0.00
131426	汇通 5A14	36.00	1.12	2017.04.11	4.9000	100.00	0.00
131427	汇通 5A15	35.00	1.20	2017.05.09	5.0000	100.00	0.00
131428	PR5A16	35.00	1.28	2017.06.08	5.0000	97.74	0.00
131429	PR5A17	34.00	1.37	2017.07.10	5.1000	94.81	0.00
131430	PR5A18	34.00	1.45	2017.08.08	5.1000	85.57	0.00
131431	PR5A19	33.00	1.53	2017.09.08	5.2000	67.31	0.00
131432	PR5A20	33.00	1.64	2017.04.11	5.2000	15.99	0.00
131435	PR5B1	26.00	1.87	2018.01.09	6.9000	89.90	78.00
131436	PR5B2	15.00	1.95	2018.02.08	6.9000	88.67	15.00
131437	PR5B3	20.00	2.03	2018.03.09	6.9000	88.67	20.00
131438	PR5B4	20.00	2.12	2018.04.10	6.9000	88.92	60.00
131439	PR5B5	7.00	2.20	2018.05.09	6.9000	89.17	21.00
131442	PR02	53.00	2.00	2017.12.24	5.0000	51.89	0.00
131443	富阳 03	60.00	3.00	2018.12.24	5.3000	100.00	0.00
131444	富阳 04	67.00	4.00	2019.12.24	5.5000	100.00	0.00

债券信息
List of Bonds

债券
Bond

债券代码 Code	债券简称 Bond Name	发行数量(百万) Issued Vol(M)	年限 Terms	到期日 Expiration Date	票面利率(%) Coupon Rate(%)	本年收盘 Close	成交数量(万) Trading Vol(10000)
131445	富阳 05	75.00	5.00	2020.12.24	5.7500	100.00	0.00
131447	PR1 优 1	100.00	1.15	2017.04.23	4.0000	12.50	0.00
131448	PR1 优 2	154.00	3.90	2020.01.23	4.8500	80.47	20.00
131449	PR1 优 3	48.00	4.15	2020.04.23	4.8800	48.48	0.00
131452	PR 远东 1A	1531.00	3.08	2019.03.26	3.5500	19.95	0.00
131453	16 远东 1B	171.00	3.83	2019.12.26	5.5000	100.00	0.00
131458	PR 聚四 A2	520.00	1.81	2017.12.21	4.9000	6.02	0.00
131459	聚信四 A3	60.00	2.05	2017.12.21	4.9000	100.00	0.00
131460	PR 聚四 B	78.00	2.81	2018.12.21	6.8000	96.23	134.00
131461	聚信四次	76.00	4.31	2020.06.21	0.0000	106.25	0.00
131463	PR 德 2A2	191.00	1.80	2017.12.21	4.7000	20.94	0.00
131464	PR 德 2A3	185.00	2.30	2018.06.21	5.3000	35.43	0.00
131465	德润 2B	50.00	2.30	2018.06.21	6.0000	100.00	0.00
131468	16 广汇 02	47.00	1.00	2017.03.10	5.1000	100.00	0.00
131469	16 广汇 03	73.00	1.50	2017.09.10	5.2000	100.00	0.00
131470	16 广汇 04	53.00	2.00	2018.03.10	5.3000	100.00	0.00
131471	16 广汇 05	76.00	2.50	2018.09.10	5.4000	100.00	0.00
131472	16 广汇 06	56.00	3.00	2019.03.10	5.5000	100.00	0.00
131473	16 广汇 07	80.00	3.50	2019.09.10	5.7000	100.00	0.00
131474	16 广汇 08	60.00	4.00	2020.03.10	6.1000	100.00	0.00
131475	16 广汇 09	85.00	4.51	2020.09.10	6.2000	100.00	0.00
131476	16 广汇 10	65.00	5.00	2021.03.10	6.3000	100.00	0.00
131477	16 广汇 11	91.00	5.51	2021.09.10	6.3000	100.00	0.00
131478	16 广汇 12	71.00	6.00	2022.03.10	6.3000	100.00	0.00
131479	16 广汇 13	97.00	6.51	2022.09.10	6.3000	100.00	0.00
131480	16 广汇 14	77.00	7.00	2023.03.10	6.3000	100.00	0.00
131481	16 广汇次	50.00	7.00	2023.03.10	0.0000	100.00	0.00
131482	凯盛优先	830.00	2.91	2018.11.26	4.6500	99.90	412.00
131487	PR3A6	18.00	0.96	2017.02.16	5.2000	100.00	0.00
131488	太盟 3A5	22.00	1.20	2017.05.15	5.4000	100.00	0.00
131489	PR3A6	22.00	1.45	2017.08.14	5.4000	75.02	0.00
131490	PR3A7	21.00	1.70	2017.11.14	5.6000	70.43	29.00
131491	PR3A8	19.00	1.95	2018.02.14	5.6000	64.27	57.00
131492	PR3A9	18.00	2.20	2018.05.15	6.2000	64.07	54.00
131493	PR3A10	10.00	2.45	2018.08.14	6.2000	64.07	30.00
131496	PR 华 1A2	240.00	1.90	2017.06.21	5.1000	15.89	0.00
131498	PRA-1	78.00	1.36	2017.07.15	5.0000	10.26	0.00
131499	PRA-2	51.00	1.36	2017.04.17	5.0000	25.00	0.00
131500	PRB	71.00	2.62	2018.10.15	5.7000	80.80	110.00
131502	16 潍北 01	50.00	1.00	2017.01.28	5.1000	100.00	0.00
131503	16 潍北 02	65.00	2.00	2018.01.28	5.3000	99.69	30.00
131504	16 潍北 03	85.00	3.00	2019.01.28	5.5000	99.17	70.00
131505	16 潍北 04	110.00	4.00	2020.01.28	6.5000	99.99	33.00
131506	16 潍北 05	140.00	5.01	2021.01.28	6.7000	99.99	80.00
131508	PR 畅通优	310.00	3.95	2017.09.12	6.3500	57.28	410.00
131509	16 畅通次	19.00	4.20	2017.09.12	0.0000	100.00	0.00
131510	PR 康 1A1	250.00	1.01	2017.03.21	3.6000	20.00	0.00
131511	PR 康 1A2	210.00	2.01	2018.03.21	3.7000	25.47	20.00
131512	PR 康 1A3	105.00	2.51	2018.09.21	3.9000	96.34	30.00
131513	PR 康 1A4	145.00	2.76	2017.12.21	4.0000	1.84	0.00

债券信息 List of Bonds

债券 Bond

债券代码 Code	债券简称 Bond Name	发行数量(百万) Issued Vol(M)	年限 Terms	到期日 Expiration Date	票面利率(%) Coupon Rate(%)	本年收盘 Close	成交数量(万) Trading Vol(10000)
131514	康富 1B	250.00	4.26	2020.06.21	5.3000	100.00	0.00
131516	金林 1A1	475.00	2.78	2018.12.25	5.7000	100.00	0.00
131517	金林 1A2	450.00	3.78	2019.12.24	5.9000	100.00	0.00
131518	金林 1A3	450.00	4.78	2020.12.23	6.1000	100.00	0.00
131520	PR2A1	82.00	0.84	2017.01.22	4.2000	23.56	0.00
131521	PR2A2	53.00	1.84	2018.01.22	4.6000	20.61	20.00
131522	PR2B	29.00	2.84	2019.01.22	6.2000	24.38	26.00
131524	PR 融华 A1	120.00	1.50	2017.09.30	5.0000	16.65	0.00
131527	悦达 01	500.00	2.50	2018.09.18	4.5000	100.00	200.00
131529	PR4 优	1900.00	28.82	2017.04.24	3.4500	76.65	0.00
131539	易鑫 2A9	19.00	0.80	2017.01.16	4.3000	100.00	0.00
131540	PR2A10	19.00	0.88	2017.02.16	4.3000	84.46	0.00
131541	PR2A11	18.00	0.96	2017.03.14	4.3000	84.46	0.00
131542	PR2A12	9.00	1.05	2017.04.18	4.4000	84.34	9.00
131543	PR2A13	18.00	1.13	2017.05.15	4.4000	78.32	10.00
131544	PR2A14	18.00	1.21	2017.06.14	4.4000	78.86	0.00
131545	PR2A15	18.00	1.29	2017.07.14	4.4000	74.14	0.00
131546	PR2A16	18.00	1.38	2017.08.14	4.4000	74.14	0.00
131547	PR2A17	18.00	1.46	2017.09.14	4.4000	74.14	0.00
131548	PR2A18	18.00	1.56	2017.10.20	4.5000	63.96	0.00
131549	PR2A19	18.00	1.63	2017.11.14	4.5000	63.96	0.00
131550	PR2A20	18.00	1.71	2017.12.14	4.5000	63.96	0.00
131551	PR2A21	17.00	1.80	2018.01.15	4.5000	63.96	0.00
131552	PR2A22	10.00	1.88	2018.02.14	4.5000	63.96	0.00
131558	16 东租 05	79.00	1.50	2017.05.18	6.5000	100.00	0.00
131559	16 东租 06	58.00	2.00	2017.05.18	7.0000	100.00	0.00
131561	PR2A1	150.00	1.50	2017.10.11	4.4000	10.00	0.00
131562	PR2A2	50.00	1.50	2017.01.11	5.0000	61.00	0.00
131563	海晟 2B	33.00	1.75	2018.01.11	6.0000	99.97	231.00
131566	协电力 02	350.00	1.36	2017.08.31	4.7000	100.00	0.00
131567	协电力 03	340.00	2.36	2018.08.31	5.5000	100.37	330.00
131568	协电力 04	380.00	3.36	2019.08.31	6.0000	98.58	190.00
131569	协电力 05	300.00	4.36	2020.08.31	6.4000	100.00	0.00
131571	PRCA1	41.00	0.94	2017.03.21	5.2500	24.15	0.00
131572	PRCA2	35.00	1.94	2018.03.21	5.5000	12.86	14.00
131573	PRCB	18.00	2.94	2019.03.21	6.0000	10.00	0.00
131577	汇通 6A3	155.00	0.76	2017.01.16	4.3000	100.00	0.00
131578	汇通 6A4	108.00	1.02	2017.04.18	4.3000	100.00	0.00
131579	PR6A5	100.00	1.25	2017.07.14	4.5000	66.57	40.00
131580	PR6A6	93.00	1.52	2017.10.20	4.7000	58.66	0.00
131581	PR6A7	24.00	1.76	2018.01.15	4.7000	58.66	0.00
131583	保利物 01	200.00	0.81	2017.01.26	4.1500	100.11	0.00
131584	保利物 02	210.00	1.81	2018.01.26	4.3500	100.09	0.00
131585	保利物 03	220.00	2.81	2019.01.26	4.6000	100.28	0.00
131586	保利物 04	230.00	3.81	2020.01.26	4.8000	100.00	0.00
131587	保利物 05	240.00	4.81	2021.01.26	4.9000	100.00	0.00
131588	保利物 09	300.00	8.81	2025.01.26	5.0000	98.74	0.00
131589	保利物 10	200.00	9.81	2026.01.26	5.0000	109.83	0.00
131591	上实次级	179.00	5.05	2021.05.24	0.0000	100.87	0.00
131592	凯盛 1 优 1	132.00	0.90	2017.03.21	4.4500	100.00	0.00

债券信息 List of Bonds

债券 Bond

债券代码 Code	债券简称 Bond Name	发行数量(百万) Issued Vol(M)	年限 Terms	到期日 Expiration Date	票面利率(%) Coupon Rate(%)	本年收盘 Close	成交数量(万) Trading Vol(10000)
131593	凯盛 1 优 2	443.00	1.90	2018.03.21	5.2000	100.00	0.00
131594	凯盛 1 优 3	347.00	2.90	2019.03.21	5.3000	100.00	0.00
131595	增碧 A1	600.00	1.00	2017.03.18	5.0000	100.00	0.00
131596	增碧 A2	600.00	2.00	2018.03.18	5.5000	100.00	0.00
131597	增碧 B1	260.00	2.00	2018.03.18	6.0000	100.00	0.00
131601	中 2A3	30.00	0.66	2017.01.21	4.0000	100.00	0.00
131602	中 2A4	115.00	0.90	2017.04.21	3.7000	100.00	0.00
131603	中 2A5	45.00	1.15	2017.07.21	3.8000	100.00	0.00
131604	中 2A6	45.00	1.41	2017.10.21	3.9000	100.00	0.00
131605	中 2A7	45.00	1.66	2018.01.21	4.3000	100.00	0.00
131606	中 2A8	50.00	1.90	2018.04.21	4.4000	100.00	0.00
131607	中 2A9	50.00	2.15	2018.07.21	4.5000	100.00	0.00
131608	中 2A10	50.00	2.41	2018.10.21	4.6000	100.00	0.00
131609	中 2A11	20.00	2.66	2019.01.21	4.7000	100.00	0.00
131610	PR 中 2A12	75.00	2.41	2018.10.21	4.8000	20.10	0.00
131611	中 2B1	25.00	2.66	2019.01.21	5.5000	100.00	0.00
131612	中 2B2	50.00	2.90	2019.04.21	5.5000	100.00	0.00
131613	中 2B3	50.00	3.15	2019.07.21	5.5000	100.00	0.00
131614	中 2B4	25.00	2.90	2019.04.21	5.5000	100.00	0.00
131616	PR 银河 01	50.00	1.00	2017.04.25	4.0000	20.00	0.00
131617	PR 银河 02	60.00	2.00	2018.04.25	4.3000	50.00	0.00
131618	16 银河 03	60.00	3.00	2019.04.24	5.0000	100.00	0.00
131619	16 银河 04	70.00	4.00	2020.04.23	5.0000	100.00	0.00
131620	16 银河 05	70.00	5.00	2021.04.23	5.5000	100.00	0.00
131621	16 银河 06	70.00	6.00	2022.04.25	6.0000	100.00	0.00
131622	16 银河 07	80.00	7.00	2023.04.25	6.0000	100.00	0.00
131623	16 银河 08	80.00	8.00	2024.04.24	6.0000	100.00	0.00
131624	16 银河 09	90.00	9.00	2025.04.23	6.0000	100.00	0.00
131625	凯公 01	70.00	1.00	2017.03.23	5.4000	100.00	0.00
131626	凯公 02	70.00	2.00	2018.03.23	5.7000	99.58	110.00
131627	凯公 03	80.00	3.00	2019.03.23	6.0000	98.35	60.00
131628	凯公 04	90.00	4.00	2020.03.23	6.3000	98.40	216.00
131629	凯公 05	90.00	5.00	2021.03.23	6.6000	99.97	255.00
131631	建业 01	129.00	1.00	2017.04.13	5.0000	100.00	0.00
131632	建业 02	167.00	2.00	2018.04.13	5.1000	100.00	0.00
131633	建业 03	175.00	3.00	2019.04.13	5.3000	100.00	0.00
131634	建业 04	185.00	4.00	2020.04.13	5.6000	100.00	0.00
131635	建业 05	195.00	5.00	2021.04.13	5.9000	100.00	0.00
131638	顺泰 1 优 2	78.00	0.81	2017.02.15	4.5000	100.00	0.00
131639	顺泰 1 优 3	80.00	1.30	2017.08.15	5.5000	100.00	0.00
131640	顺泰 1 优 4	83.00	1.81	2018.02.15	5.5000	100.00	0.00
131641	顺泰 1 优 5	85.00	2.30	2018.08.15	5.4000	100.00	85.00
131642	顺泰 1 优 6	52.00	2.81	2019.02.15	5.9800	100.00	20.00
131647	PR1B	73.00	1.64	2017.09.22	4.1000	67.12	73.00
131648	曼听 1C	78.00	2.64	2017.09.22	4.4800	100.00	78.00
131649	曼听 1D	89.00	3.64	2017.09.22	4.6800	100.00	89.00
131650	曼听 1E	94.00	4.64	2017.09.22	5.6000	101.00	139.00
131651	曼听 1F	100.00	5.64	2017.09.22	5.8000	100.00	100.00
131652	曼听 1G	105.00	6.64	2017.09.22	6.4000	100.00	105.00
131653	曼听 1H	120.00	7.64	2017.09.22	6.8000	102.00	228.00

债券信息 List of Bonds

债券代码 Code	债券简称 Bond Name	发行数量(百万) Issued Vol(M)	年限 Terms	到期日 Expiration Date	票面利率(%) Coupon Rate(%)	本年收盘 Close	成交数量(万) Trading Vol(10000)
131654	曼听 1 次	50.00	7.64	2017.09.22	0.0000	100.00	0.00
131656	PR 上实 A2	40.00	1.05	2017.05.22	4.0000	50.00	0.00
131657	PRA3	39.00	1.55	2017.11.22	4.2000	48.71	0.00
131658	上实 A4	40.00	2.05	2018.05.22	4.6000	100.00	0.00
131659	上实 A5	38.00	2.55	2018.11.22	4.9000	100.00	0.00
131660	上实 A6	87.00	3.05	2019.05.22	5.0000	100.00	27.00
131661	今典 01	100.00	0.69	2017.01.19	7.0000	100.00	0.00
131662	今典 02	150.00	1.69	2018.01.19	7.5000	100.04	115.00
131663	今典 03	200.00	2.70	2019.01.21	8.5000	98.03	60.00
131664	今典 04	230.00	3.70	2020.01.20	8.5000	100.00	0.00
131665	今典 05	270.00	4.70	2021.01.19	8.5000	100.00	0.00
131667	上实 A7	35.00	3.55	2019.11.22	5.5500	100.00	0.00
131668	上实 A8	36.00	4.05	2020.05.22	5.5800	100.00	0.00
131669	上实 A9	35.00	4.56	2020.11.23	5.6000	100.05	43.50
131670	上实 A10	216.00	5.05	2021.05.24	5.9000	102.09	430.00
131671	上实 B	499.00	5.05	2021.05.24	7.1000	100.00	0.00
131672	汇金 1 次	54.00	2.62	2018.12.31	0.0000	100.00	0.00
131673	PR 兴乾 6	950.00	23.17	2039.06.26	4.3000	59.60	0.00
131677	创富 1A4	8.00	0.84	2017.03.14	5.1000	100.00	0.00
131678	创富 1A5	7.00	1.09	2017.06.14	5.2000	100.00	0.00
131679	创富 1A6	6.00	1.34	2017.09.14	5.3000	100.00	0.00
131680	创富 1A7	5.00	1.59	2017.12.14	5.5000	100.00	0.00
131682	PR1A1	160.00	1.12	2017.06.30	4.3000	20.00	0.00
131683	PR1A2	84.00	1.37	2017.06.30	4.7000	16.42	0.00
131684	PR1B	180.00	2.37	2018.09.30	6.5000	73.62	666.00
131685	宇光二 A1	62.00	0.87	2017.03.10	5.4000	100.00	0.00
131686	宇光二 A2	94.00	1.87	2018.03.10	5.6000	100.00	0.00
131687	宇光二 A3	106.00	2.87	2019.03.10	5.8000	100.00	0.00
131688	宇光二 A4	114.00	3.87	2020.03.10	6.3000	100.00	0.00
131689	宇光二 A5	104.00	4.87	2021.03.10	6.5000	100.00	0.00
131692	世茂酒 02	70.00	1.00	2017.04.19	4.5000	100.00	0.00
131693	世茂酒 03	100.00	1.50	2017.10.19	4.8000	100.00	0.00
131694	世茂酒 04	100.00	2.00	2018.04.19	4.8000	100.00	0.00
131695	世茂酒 05	120.00	2.50	2018.10.19	5.4000	100.00	0.00
131696	世茂酒 06	120.00	3.00	2019.04.19	5.4000	100.00	0.00
131697	世茂酒 07	140.00	3.50	2019.10.19	5.4000	100.00	0.00
131698	世茂酒 08	140.00	4.00	2020.04.19	5.4000	100.00	0.00
131699	世茂酒 09	160.00	4.50	2020.10.19	5.4000	100.00	0.00
131700	世茂酒 10	160.00	5.00	2021.04.19	5.4000	100.00	0.00
131701	世茂酒 11	190.00	5.50	2021.10.19	5.4000	100.00	0.00
131702	世茂酒 12	190.00	6.00	2022.04.19	5.4000	100.00	0.00
131703	世茂酒 13	220.00	6.50	2022.10.19	5.4000	100.00	0.00
131704	世茂酒 14	220.00	7.00	2023.04.19	5.4000	100.00	0.00
131705	世茂酒 15	250.00	7.50	2023.10.19	5.4000	100.00	0.00
131706	世茂酒 16	250.00	8.01	2024.04.19	5.4000	100.01	50.00
131708	PR 远东 2A	2980.00	3.29	2019.08.26	4.0000	35.97	140.00
131709	16 远东 2B	323.00	3.79	2020.02.26	6.1000	100.00	400.00
131711	PR 兴乾 5	760.00	29.89	2046.03.26	4.2800	55.58	0.00
131712	秦动 01	100.00	0.85	2017.03.16	5.1000	100.34	0.00
131713	秦动 02	110.00	1.85	2018.03.16	5.1000	101.57	0.00

债券信息
List of Bonds

债券
Bond

债券代码 Code	债券简称 Bond Name	发行数量(百万) Issued Vol(M)	年限 Terms	到期日 Expiration Date	票面利率(%) Coupon Rate(%)	本年收盘 Close	成交数量(万) Trading Vol(10000)
131714	秦动 03	110.00	2.85	2019.03.16	5.2000	101.65	0.00
131715	秦动 04	120.00	3.85	2020.03.16	5.5000	100.00	0.00
131716	秦动 05	130.00	4.85	2021.03.16	6.2000	100.00	0.00
131717	秦动 06	130.00	5.85	2022.03.16	6.4000	100.00	0.00
131718	秦动 07	100.00	6.85	2023.03.16	6.8000	100.00	0.00
131723	太盟 4A4	34.00	0.80	2017.03.14	5.0000	100.00	69.00
131724	太盟 4A5	36.00	1.05	2017.06.14	5.1000	100.00	108.00
131725	太盟 4A6	35.00	1.31	2017.09.14	5.2000	100.00	140.00
131726	PR4A7	34.00	1.56	2017.12.14	5.3000	65.23	102.00
131727	PR4A8	24.00	1.80	2018.03.14	5.4000	58.63	96.00
131728	PR4A9	15.00	2.05	2018.06.14	5.5000	58.63	60.00
131729	PR4A10	11.00	2.31	2018.09.14	5.6000	58.63	44.00
131731	宝龙 01	140.00	1.00	2017.04.08	5.3000	100.05	20.00
131732	宝龙 02	180.00	2.00	2018.04.08	6.2000	100.32	220.00
131733	宝龙 03	230.00	3.00	2019.04.08	7.0000	100.00	0.00
131738	汇通 7A4	137.00	0.82	2017.03.14	4.4000	100.00	0.00
131739	汇通 7A5	98.00	1.07	2017.06.14	4.5000	100.00	0.00
131740	汇通 7A6	115.00	1.32	2017.09.14	4.6000	100.00	0.00
131741	汇通 7A7	112.00	1.57	2017.12.14	4.7000	100.00	0.00
131742	汇通 7A8	110.00	1.82	2018.03.14	4.8000	100.00	0.00
131743	汇通 7A9	69.00	2.07	2018.06.14	4.9000	100.00	0.00
131745	16 中民 01	73.00	0.50	2017.01.15	3.8000	100.00	0.00
131746	16 中民 02	87.00	1.00	2017.07.15	3.9000	100.00	0.00
131747	16 中民 03	92.00	1.50	2018.01.15	4.1000	100.00	0.00
131748	16 中民 04	100.00	2.00	2018.07.15	4.3000	100.00	0.00
131749	16 中民 05	103.00	2.50	2019.01.15	4.5000	100.00	0.00
131750	16 中民 06	110.00	3.00	2019.07.15	4.7000	100.00	0.00
131751	16 中民 07	114.00	3.50	2020.01.15	5.5000	100.00	0.00
131752	16 中民 08	115.00	4.00	2020.07.15	5.5000	100.00	0.00
131753	16 中民 09	129.00	4.51	2021.01.15	5.5000	100.00	0.00
131754	16 中民 10	77.00	5.00	2021.07.15	5.5000	100.00	0.00
131755	16 中民次	50.00	5.00	2021.07.15	0.0000	100.00	0.00
131756	融和 F1A	236.00	2.77	2019.03.08	4.2000	100.00	0.00
131757	融和 F1B	158.00	2.77	2019.03.08	5.2000	100.00	0.00
131760	融创物 02	111.00	1.00	2017.04.26	4.7000	100.00	0.00
131761	融创物 03	85.00	1.50	2017.10.26	5.0000	100.00	0.00
131762	融创物 04	121.00	2.00	2018.04.26	5.3000	100.00	0.00
131763	融创物 05	92.00	2.50	2018.10.26	5.5000	100.00	0.00
131764	融创物 06	129.00	3.00	2019.04.26	5.7000	100.00	0.00
131765	融创物 07	99.00	3.50	2019.10.26	5.7000	100.57	36.00
131766	融创物 08	137.00	4.00	2020.04.26	5.7000	100.09	40.00
131767	融创物 09	106.00	4.50	2020.10.26	5.7000	99.88	32.00
131768	融创物 10	144.00	5.00	2021.04.26	5.7000	99.64	40.00
131770	东融 1 优	950.00	1.50	2017.12.01	3.3500	100.00	0.00
131772	PR 二 A1	380.00	0.88	2017.01.23	4.4000	64.69	0.00
131773	汇今二 A2	370.00	1.88	2017.01.23	4.9000	100.00	0.00
131774	PR 二 A3	305.00	2.88	2017.07.21	5.2000	50.51	0.00
131775	PR 二 B1	170.00	3.39	2019.10.21	6.6000	64.30	425.00
131776	汇今二 B2	165.00	3.89	2020.04.21	7.2000	100.00	330.00
131778	PR 丰汇 3A	460.00	3.16	2019.07.26	5.0000	41.52	30.00

债券信息 List of Bonds

债券 Bond

债券代码 Code	债券简称 Bond Name	发行数量(百万) Issued Vol(M)	年限 Terms	到期日 Expiration Date	票面利率(%) Coupon Rate(%)	本年收盘 Close	成交数量(万) Trading Vol(10000)
131779	丰汇 3B	174.00	4.17	2020.07.27	6.9800	98.89	0.00
131782	PR 优 A2	500.00	0.65	2017.01.13	3.6800	5.99	0.00
131783	PR 优 A3	630.00	0.90	2017.04.13	3.7000	42.70	0.00
131784	白鹭优 A4	220.00	1.40	2017.04.13	3.9800	100.00	0.00
131785	PR 优 B	778.00	2.40	2018.10.13	4.9000	68.83	0.00
131787	京保 1 优 A	1440.00	2.28	2018.08.09	4.1000	100.00	50.00
131788	京保 1 优 B	559.00	2.28	2018.08.09	5.9000	106.01	59.00
131790	PR 奥三 A1	91.00	0.89	2017.03.18	5.0000	19.78	0.00
131791	PR 斯 A2	63.00	1.89	2018.03.18	5.1000	22.22	0.00
131792	奥克斯 A3	26.00	2.40	2018.09.18	5.3000	100.00	0.00
131793	PR 奥三 A4	92.00	2.89	2019.03.18	5.6000	7.97	0.00
131794	奥克斯 B	64.00	3.65	2019.12.18	7.5000	100.00	0.00
131796	中泰 1 优 A	950.00	1.50	2017.12.01	3.4000	100.00	0.00
131797	中泰 1 次	50.00	1.50	2017.12.01	0.0000	100.00	0.00
131798	16 东莞 1A	1200.00	3.00	2019.06.18	3.8000	99.99	480.00
131799	16 东莞 1B	225.00	3.00	2019.06.18	4.2000	100.00	0.00
131800	16 东莞次	75.00	3.00	2019.06.18	0.0000	100.00	0.00
131801	花呗 01A1	1614.00	1.02	2017.06.15	3.6000	99.97	134.00
131802	花呗 01A2	140.00	1.02	2017.06.15	5.0000	100.00	0.00
131803	花呗 01B	246.00	1.02	2017.06.15	0.0000	100.00	0.00
131806	海尔优 C	195.00	0.76	2017.03.13	5.0000	100.02	105.90
131814	PR 贰 A2	530.00	2.52	2018.12.21	5.1500	19.81	60.00
131815	聚信贰 B	80.00	3.27	2019.09.23	6.8000	100.00	0.00
131816	聚信贰次	80.00	4.77	2021.03.22	0.0000	102.94	0.00
131817	PRS1A1	68.00	1.27	2017.09.20	4.5000	16.18	0.00
131818	PR1A2	32.00	2.01	2018.06.20	4.8000	65.62	0.00
131819	PRS1B	7.00	2.76	2019.03.20	6.9500	29.95	21.00
131821	PR1A	40.00	1.00	2017.09.12	4.9000	57.50	0.00
131822	镇交 1B	46.00	2.00	2018.09.12	5.2400	100.00	0.00
131823	镇交 1C	54.00	3.00	2019.09.12	5.4000	100.00	0.00
131824	镇交 1D	62.00	4.00	2020.09.12	6.0100	100.00	0.00
131825	镇交 1E	70.00	5.00	2021.09.12	6.2100	100.00	0.00
131826	镇交 1F	80.00	6.00	2022.09.12	7.1000	99.98	190.00
131827	镇交 1G	92.00	7.00	2023.09.12	7.3300	98.09	220.00
131828	镇交 1H	101.00	8.01	2024.09.12	7.5500	99.47	202.00
131830	PR 海亮 A	1218.00	1.93	2018.05.20	4.7000	26.55	0.00
131831	16 海亮 B	1166.00	3.68	2020.02.20	5.1000	100.00	0.00
131832	16 海亮次	207.00	4.85	2021.04.20	0.0000	100.00	0.00
131833	航星 A	680.00	17.96	2034.05.26	4.9000	100.00	176.00
131834	航星 B	620.00	4.95	2021.05.26	7.0000	100.00	0.00
131836	PR 平安 1A	2500.00	2.68	2019.02.26	3.9500	29.80	500.00
131837	16 平安 1B	340.00	3.43	2019.11.26	6.8000	99.40	316.00
131838	PR 正奇 A	378.00	1.36	2017.10.31	5.0000	1.26	0.00
131839	PR 正奇 B	97.00	1.61	2018.01.31	5.5000	49.09	30.00
131840	16 正奇 C	83.00	2.10	2018.07.31	7.5000	100.00	0.00
131842	华供热 01	70.00	1.00	2017.05.25	5.6000	100.00	0.00
131843	华供热 02	75.00	2.00	2018.05.25	6.0000	100.00	0.00
131844	华供热 03	80.00	3.00	2019.05.25	6.8000	100.00	0.00
131845	华供热 04	85.00	4.00	2020.05.25	7.8000	100.00	0.00
131846	华供热 05	90.00	5.00	2021.05.25	8.2000	100.00	0.00

债券信息
List of Bonds

债券
Bond

债券代码 Code	债券简称 Bond Name	发行数量(百万) Issued Vol(M)	年限 Terms	到期日 Expiration Date	票面利率(%) Coupon Rate(%)	本年收盘 Close	成交数量(万) Trading Vol(10000)
131848	PR 远东 3A	2901.00	3.03	2019.06.26	4.0000	32.15	680.00
131849	16 远东 3B	381.00	3.78	2020.03.26	6.0000	100.00	220.00
131851	PR 华新 1A	518.00	1.60	2018.01.29	5.5000	3.97	86.00
131852	16 华新 1B	128.00	2.09	2018.07.27	6.3000	100.00	0.00
131853	16 华新 1C	268.00	3.84	2020.04.27	6.6000	99.76	192.45
131855	16 华凌 1	190.00	0.58	2017.01.23	5.0000	99.90	0.00
131856	16 华凌 2	200.00	1.58	2018.01.22	6.0000	99.77	0.00
131857	16 华凌 3	240.00	2.58	2019.01.22	7.3000	102.02	454.00
131858	16 华凌 4	250.00	3.58	2020.01.22	7.2000	97.08	340.00
131859	16 华凌 5	260.00	4.58	2021.01.22	7.3000	99.90	473.40
131860	16 华凌 6	260.00	5.59	2022.01.24	7.5000	100.00	0.00
131862	PR6A1	120.00	0.81	2017.04.23	5.2000	25.00	0.00
131863	PR6A2	56.00	1.06	2017.07.23	5.3000	13.04	0.00
131864	PR6B	48.00	1.31	2017.10.23	6.8000	40.00	94.00
131865	PR6C	66.00	1.81	2018.04.23	7.2000	74.56	132.00
131867	徽德一号	225.00	0.52	2017.01.10	3.2300	100.00	0.00
131868	武涉路 1	70.00	0.50	2017.01.25	4.0500	100.00	0.00
131869	武涉路 2	90.00	1.50	2018.01.25	4.3000	100.00	0.00
131870	武涉路 3	90.00	2.50	2019.01.25	4.6500	100.00	0.00
131871	武涉路 4	100.00	3.43	2019.12.31	4.9000	100.00	0.00
131873	PR 源 01	146.00	1.03	2017.07.26	3.4900	55.53	15.00
131874	新能源 02	172.00	2.03	2018.07.26	4.0000	99.28	44.00
131875	新能源 03	182.00	3.03	2019.07.26	4.2000	97.43	33.00
131876	国药 1 优 A	1108.00	1.50	2017.12.28	3.9000	100.00	60.00
131877	国药 1 优 B	123.00	1.50	2017.12.28	4.5000	100.00	0.00
131878	国药 1 次 A	69.00	1.50	2017.12.28	10.0000	100.00	0.00
131880	PR2A1	485.00	3.05	2019.08.23	5.3000	53.98	90.00
131881	PR2A2	207.00	3.05	2019.08.23	5.5000	35.30	1035.00
131882	华中 2B1	70.00	3.56	2020.02.23	6.0000	95.96	70.00
131883	华中 2B2	50.00	3.56	2020.02.23	6.5000	96.35	66.00
131889	易鑫 3A6	30.00	0.53	2017.01.16	4.3000	100.00	0.00
131890	易鑫 3A7	30.00	0.62	2017.02.16	4.3000	100.00	0.00
131891	易鑫 3A8	29.00	0.69	2017.03.14	4.3000	100.00	0.00
131892	易鑫 3A9	29.00	0.79	2017.04.18	4.3000	100.00	0.00
131893	易鑫 3A10	30.00	0.86	2017.05.15	4.3000	100.00	0.00
131894	易鑫 3A11	15.00	0.94	2017.06.14	4.3000	100.00	0.00
131895	易鑫 3A12	27.00	1.02	2017.07.14	4.4000	100.00	0.00
131896	易鑫 3A13	28.00	1.11	2017.08.14	4.4000	100.00	0.00
131897	易鑫 3A14	27.00	1.19	2017.09.14	4.4000	99.78	25.00
131898	易鑫 3A15	27.00	1.29	2017.10.20	4.4000	99.76	25.00
131899	易鑫 3A16	27.00	1.36	2017.11.14	4.4000	100.28	0.00
131900	易鑫 3A17	27.00	1.44	2017.12.14	4.4000	100.00	0.00
131901	易鑫 3A18	27.00	1.53	2018.01.15	4.5000	100.00	0.00
131902	易鑫 3A19	27.00	1.61	2018.02.14	4.5000	100.00	0.00
131903	易鑫 3A20	27.00	1.69	2018.03.14	4.5000	100.00	0.00
131904	易鑫 3A21	21.00	1.78	2018.04.17	4.5000	100.00	0.00
131905	易鑫 3A22	10.00	1.87	2018.05.17	4.5000	100.00	0.00
131906	易鑫 3A23	10.00	1.94	2018.06.14	4.5000	100.00	0.00
131907	易鑫 3A24	10.00	2.02	2018.07.13	4.6000	100.00	0.00
131909	PR 普惠 A	782.00	2.76	2017.10.17	4.8000	1.74	0.00

债券信息
List of Bonds

债券 Bond

债券代码 Code	债券简称 Bond Name	发行数量(百万) Issued Vol(M)	年限 Terms	到期日 Expiration Date	票面利率(%) Coupon Rate(%)	本年收盘 Close	成交数量(万) Trading Vol(10000)
131910	PR 普惠 B	147.00	2.76	2019.03.11	7.0000	65.53	0.00
131913	PR 港 1A1	185.00	0.95	2017.06.23	3.9800	16.22	0.00
131914	PR 港 1A2	151.00	1.69	2018.03.23	4.3000	5.02	438.00
131915	中港 1B	32.00	1.95	2018.06.23	5.0000	100.00	0.00
131916	中港 1C	138.00	3.45	2019.12.23	6.0000	99.15	192.00
131918	16 幸福 A1	290.00	0.92	2017.06.15	3.6400	100.00	0.00
131919	16 幸福 A2	430.00	1.92	2018.06.15	4.2900	100.00	0.00
131920	16 幸福 A3	460.00	2.93	2019.06.17	5.3000	100.00	0.00
131921	16 幸福 A4	490.00	3.92	2020.06.15	5.0000	100.00	50.00
131922	16 幸福 A5	530.00	4.92	2021.06.15	5.6000	100.49	232.00
131924	PR 贰 A	2103.00	2.75	2019.04.26	3.5900	27.32	100.00
131925	平安贰 B	318.00	3.50	2020.01.27	6.0000	99.89	60.00
131928	漳长运 02	50.00	1.35	2017.10.26	4.8000	100.00	0.00
131929	漳长运 03	50.00	2.35	2018.10.26	5.1000	100.00	0.00
131930	漳长运 04	50.00	3.35	2019.10.26	5.4000	100.00	0.00
131931	漳长运 05	55.00	4.35	2020.10.26	5.4200	100.00	0.00
131932	漳长运 06	55.00	5.35	2021.10.26	5.4200	100.00	0.00
131933	漳长运 07	50.00	6.35	2022.10.26	5.4200	100.00	0.00
131934	漳长运次	20.00	6.35	2022.10.26	0.0000	100.00	0.00
131935	花呗 02A1	807.00	1.02	2017.07.27	3.5000	100.00	45.00
131936	花呗 02A2	70.00	1.02	2017.07.27	4.9000	100.00	0.00
131937	花呗 02B	123.00	1.02	2017.07.27	0.0000	106.33	10.00
131938	铜供水 01	30.00	1.00	2017.05.03	4.2000	100.00	0.00
131939	铜供水 02	35.00	2.00	2018.05.03	4.5000	100.00	0.00
131940	铜供水 03	40.00	3.00	2019.05.03	5.5000	98.47	80.00
131941	铜供水 04	45.00	4.00	2020.05.03	6.2000	99.06	120.00
131942	铜供水 05	50.00	5.00	2021.05.03	6.9000	103.18	50.00
131945	金安 03	43.00	0.75	2017.03.15	3.9000	100.00	0.00
131946	金安 04	44.00	1.00	2017.06.15	4.2000	100.00	0.00
131947	金安 05	44.00	1.25	2017.09.15	4.3000	100.00	0.00
131948	金安 06	43.00	1.50	2017.12.15	4.4000	100.00	0.00
131949	金安 07	42.00	1.75	2018.03.15	4.6000	100.00	0.00
131950	金安 08	41.00	2.00	2018.06.15	5.0000	100.00	0.00
131951	金安 09	58.00	2.25	2018.09.15	5.2000	100.00	0.00
131952	金安中间	75.00	3.00	2019.06.15	7.0000	100.00	90.00
131955	融信优 A	572.00	2.93	2019.06.17	4.8000	100.08	334.00
131956	融信优 B	255.00	2.93	2019.06.17	5.4000	98.26	146.00
131960	创富 2A3	28.00	0.59	2017.02.17	5.0000	100.00	0.00
131961	创富 2A4	16.00	0.83	2017.05.15	5.1000	100.00	0.00
131962	创富 2A5	10.00	1.08	2017.08.14	5.2000	100.00	0.00
131963	创富 2A6	10.00	1.33	2017.11.14	5.3000	100.00	0.00
131965	借呗 01A1	820.00	1.02	2017.08.04	3.5000	99.62	82.00
131966	借呗 01A2	80.00	1.02	2017.08.04	4.9000	99.97	42.00
131967	借呗 01B	100.00	1.02	2017.08.04	0.0000	101.82	0.00
131968	PR2A	165.00	1.49	2018.01.23	5.2000	55.18	49.00
131969	庆汇 2B	110.00	2.49	2019.01.23	6.0000	99.87	0.00
131970	庆汇 2C	226.00	4.74	2021.04.23	6.5000	100.00	373.70
131972	借呗 02A1	1640.00	1.02	2017.08.10	3.5000	99.93	78.00
131973	借呗 02A2	160.00	1.02	2017.08.10	4.9000	99.95	50.00
131974	借呗 02B	200.00	1.02	2017.08.10	0.0000	100.00	0.00

债券信息
List of Bonds

债券 Bond

债券代码 Code	债券简称 Bond Name	发行数量(百万) Issued Vol(M)	年限 Terms	到期日 Expiration Date	票面利率(%) Coupon Rate(%)	本年收盘 Close	成交数量(万) Trading Vol(10000)
131975	安盈 1 号	392.00	0.54	2017.02.09	3.4000	100.00	0.00
131976	PR 一 A	2850.00	0.54	2017.02.17	3.4000	28.08	0.00
131977	PR 一 B	369.00	0.56	2017.02.24	3.8000	72.90	0.00
131978	PR 一次	471.00	0.61	2017.03.14	4.7500	93.42	0.00
131979	新再贷优	300.00	1.62	2018.03.12	5.8000	100.00	264.00
131981	复地物 01	106.00	0.74	2017.04.26	4.3000	100.00	0.00
131982	复地物 02	114.00	1.74	2018.04.26	4.5000	100.00	0.00
131983	复地物 03	124.00	2.74	2019.04.26	4.7000	100.00	0.00
131984	复地物 04	130.00	3.75	2020.04.26	5.0500	100.00	0.00
131985	复地物 05	136.00	4.75	2021.04.26	5.0500	100.00	0.00
131986	复地物 06	143.00	5.75	2022.04.26	5.0500	100.00	0.00
131987	复地物 07	150.00	6.75	2023.04.26	5.0500	100.00	0.00
131988	复地物 08	158.00	7.75	2024.04.26	5.0500	100.00	0.00
131989	复地物 09	166.00	8.75	2025.04.26	5.0500	100.00	0.00
131990	复地物 10	174.00	9.75	2026.04.26	5.2000	100.00	0.00
131991	碧桂园 A	4050.00	2.00	2017.12.27	4.5000	100.00	0.00
131992	碧桂园 B	200.00	2.00	2017.12.27	5.6500	102.02	170.00
131993	碧桂园 C	200.00	2.00	2017.12.27	5.8000	100.99	280.00
131995	PR 风绿 A	190.00	1.00	2017.08.03	3.4000	100.21	0.00
131996	G 金风绿 B	215.00	2.00	2018.08.03	3.6000	100.00	0.00
131997	G 金风绿 C	250.00	3.00	2019.08.03	3.9000	100.00	0.00
131998	G 金风绿 D	270.00	4.00	2020.08.03	4.2000	100.00	0.00
131999	G 金风绿 E	285.00	5.00	2021.08.03	4.5000	100.00	0.00
132001	14 宝钢 EB	4000.00	3.00	2017.12.10	1.5000	148.64	13925.89
132002	15 天集 EB	1200.00	5.00	2020.06.08	1.0000	102.80	1198.66
132003	15 清控 EB	1000.00	3.00	2018.10.26	1.0000	99.07	1626.39
132004	15 国盛 EB	5000.00	6.00	2021.11.05	1.0000	91.39	4686.29
132005	15 国资 EB	2000.00	5.00	2020.12.08	1.7000	129.94	2571.29
132006	16 皖新 EB	2500.00	5.00	2021.06.23	1.0000	97.60	3068.40
132007	16 凤凰 EB	5000.00	5.00	2021.10.31	1.0000	91.00	5836.37
132008	17 山高 EB	2500.00	5.00	2022.04.24	1.7000	93.40	2488.98
132009	17 中油 EB	10000.00	5.00	2022.07.13	1.0000	97.33	16639.11
132010	17 桐昆 EB	1000.00	3.00	2020.08.03	1.0000	128.53	1612.52
132011	17 浙报 EB	2400.00	5.00	2022.08.17	1.0000	87.40	2546.02
132012	17 巨化 EB	2000.00	3.00	2020.09.04	1.0000	95.31	2103.32
132013	17 宝武 EB	15000.00	3.00	2020.11.24	1.0000	97.27	4103.85
135019	16 太湖湾	1000.00	3.00	2019.03.16	5.9000	0.00	410.00
135028	16 南城 02	300.00	5.00	2021.03.30	8.5000	0.00	44.54
135029	16 兴长 01	1000.00	5.00	2021.04.06	5.5800	0.00	1320.00
135030	16 延旅债	400.00	3.00	2019.03.30	6.5000	0.00	840.00
135031	16 吴园债	500.00	3.00	2017.07.06	5.5000	0.00	200.00
135032	16 石门 01	600.00	3.00	2019.03.29	6.4000	0.00	700.00
135033	16 湄潭 01	300.00	5.00	2021.04.06	7.6000	0.00	596.00
135041	15 黔南 01	1000.00	5.00	2020.12.30	7.8000	0.00	771.00
135042	16 天瑞 01	600.00	1.00	2017.01.04	8.8000	0.00	0.00
135043	16 仁寿债	500.00	2.00	2018.01.06	8.2000	0.00	947.00
135044	16 思润债	200.00	3.00	2019.01.19	8.7000	0.00	30.00
135045	15 坪桥债	500.00	3.00	2018.12.31	8.5000	0.00	1560.00
135046	15 西游发	200.00	3.00	2018.12.31	6.0000	0.00	422.00
135047	16 华远 01	1500.00	3.00	2019.01.12	5.1000	0.00	290.00

债券信息 List of Bonds

债券 Bond

债券代码 Code	债券简称 Bond Name	发行数量(百万) Issued Vol(M)	年限 Terms	到期日 Expiration Date	票面利率(%) Coupon Rate(%)	本年收盘 Close	成交数量(万) Trading Vol(10000)
135048	16 扬金控	500.00	2.00	2018.01.07	5.8700	0.00	190.00
135049	16 迪马 01	600.00	2.00	2018.01.07	6.8000	0.00	0.00
135050	16 崇川 01	1000.00	3.00	2019.01.18	6.5000	0.00	610.00
135051	16 道其债	200.00	3.00	2019.01.08	7.0000	0.00	230.00
135052	16 首股 01	2000.00	5.00	2021.01.11	4.3900	0.00	800.00
135053	16 龙光 01	2500.00	3.00	2019.01.13	6.8800	0.00	960.00
135054	16 江城建	900.00	3.00	2019.01.14	4.6000	0.00	700.00
135055	16 柳投 01	620.00	6.00	2022.01.14	6.5000	0.00	574.00
135056	16 中燃 01	1000.00	3.00	2019.01.13	4.2000	0.00	300.00
135057	16 华信 01	1500.00	5.00	2021.01.15	5.5000	0.00	60.00
135058	16 泗宏源	1000.00	3.00	2019.01.14	6.3900	0.00	830.00
135059	16 兴化债	500.00	3.00	2019.01.14	6.3000	0.00	330.00
135060	16 旭辉 01	2000.00	2.00	2018.01.21	4.9900	0.00	950.00
135061	16 渝大足	400.00	3.00	2019.01.14	7.1000	0.00	0.00
135062	16 遵桥 01	700.00	5.00	2021.01.13	6.5000	0.00	100.00
135063	16 富阳债	1000.00	3.00	2019.01.13	5.7000	0.00	360.00
135065	16 蒙高 01	600.00	5.00	2021.01.13	6.1800	0.00	790.00
135066	16 华诚 01	1000.00	3.00	2019.01.14	7.2000	0.00	0.00
135067	16 中地 01	1000.00	5.00	2021.01.15	4.4000	0.00	0.00
135068	16 世茂 01	4000.00	5.00	2021.01.18	4.8000	0.00	1915.00
135069	16 海旅 01	1000.00	3.00	2019.01.21	7.5000	0.00	0.00
135070	16 海瀛 01	300.00	3.00	2019.01.15	6.5000	0.00	320.00
135071	16 承控 01	1500.00	5.00	2021.01.29	5.8200	0.00	560.00
135072	16 锡藕 01	1000.00	5.00	2021.01.22	6.5000	0.00	980.00
135075	16 长兴岛	500.00	3.00	2019.01.15	7.2000	0.00	678.00
135077	16 城发 01	500.00	4.00	2020.01.22	6.5000	0.00	200.00
135078	16 中民投	3500.00	3.00	2019.01.20	4.6300	0.00	790.00
135079	16 融创 01	1500.00	4.00	2020.01.21	6.7000	0.00	1290.00
135081	16 惠城铁	500.00	5.00	2021.01.19	5.9800	0.00	380.00
135082	16 华夏 01	2800.00	5.00	2021.03.09	5.4000	0.00	2905.00
135083	16 申证 C1	10000.00	5.00	2021.03.25	3.6200	0.00	4950.00
135084	16 中铁 02	3000.00	5.00	2021.01.21	4.5800	0.00	3330.00
135085	16 先导 01	3000.00	3.00	2019.01.21	4.4900	0.00	190.00
135086	16 柳东 01	1000.00	5.00	2021.01.25	5.5000	0.00	450.00
135087	16 渝投 01	300.00	3.00	2019.01.27	5.3000	0.00	0.00
135088	16 首集 01	2000.00	3.00	2019.01.26	3.7500	0.00	800.00
135089	16 兴城 01	1000.00	5.00	2021.01.22	6.2800	0.00	930.00
135090	16 近湖债	300.00	3.00	2019.01.22	9.0000	0.00	470.00
135091	16 安顺债	500.00	3.00	2019.01.22	7.8000	0.00	661.00
135092	16 沪腾达	800.00	5.00	2021.02.19	6.3000	0.00	0.00
135093	16 新城 01	1850.00	3.00	2019.03.29	5.4400	0.00	1335.00
135095	16 渝投 02	700.00	3.00	2019.01.27	4.4900	0.00	160.00
135096	16 锡惠开	1500.00	3.00	2019.02.02	5.4500	0.00	1764.00
135097	16 润新债	300.00	5.00	2021.01.13	8.0000	0.00	160.00
135098	16 黔南 01	1000.00	5.00	2021.01.26	7.5000	0.00	1125.00
135099	16 郑地 01	500.00	5.00	2021.01.25	4.9300	0.00	120.00
135200	16 来宾建	1000.00	3.00	2019.01.28	7.3000	0.00	3280.00
135201	16 海聚力	200.00	3.00	2019.01.27	9.7000	0.00	440.00
135202	16 东江债	200.00	3.00	2019.01.27	10.0000	0.00	0.00
135203	16 穗金 01	4000.00	5.00	2021.01.27	3.9400	0.00	1300.00

债券信息
List of Bonds

债券代码 Code	债券简称 Bond Name	发行数量 (百万) Issued Vol(M)	年限 Terms	到期日 Expiration Date	票面利率(%) Coupon Rate(%)	本年收盘 Close	成交数量(万) Trading Vol(10000)
135204	16 渝开 01	400.00	5.00	2021.01.25	5.6500	0.00	20.00
135205	16 鲁商债	2000.00	3.00	2019.02.02	6.0000	0.00	680.00
135206	16 玉柴 01	500.00	5.00	2021.01.26	7.3000	0.00	700.00
135207	16 道博债	200.00	3.00	2019.02.02	6.9500	0.00	240.00
135208	16 远东二	2000.00	5.00	2021.01.26	4.0000	0.00	0.00
135209	16 南城 01	100.00	5.00	2021.01.28	9.0000	0.00	0.00
135211	16 渝物 01	1000.00	5.00	2021.01.27	5.8800	0.00	440.00
135212	16 正润 01	400.00	5.00	2021.04.25	6.1000	0.00	340.00
135213	16 永城投	1500.00	5.00	2021.01.27	5.7000	0.00	500.00
135214	16 靖江债	1500.00	3.00	2019.01.26	6.8000	0.00	450.00
135215	16 潍水 01	500.00	3.00	2019.01.29	5.0400	0.00	752.00
135216	16 马经开	1500.00	5.00	2021.01.26	6.5000	0.00	1120.00
135217	16 昱达债	800.00	3.00	2019.01.28	6.6000	0.00	666.00
135219	16 桂东 01	1000.00	5.00	2021.02.04	6.3000	0.00	850.00
135220	16 珠投 02	330.00	4.00	2020.01.28	7.5000	0.00	925.00
135221	16 智光 02	300.00	3.00	2019.02.03	6.5000	0.00	1541.50
135222	16 协信 01	1000.00	3.00	2019.02.01	7.5000	0.00	200.00
135223	16 苏金宏	30.00	1.00	2017.03.08	5.3500	0.00	30.00
135224	16 西矿 01	350.00	2.00	2018.02.02	6.0000	0.00	0.00
135225	16 西矿 02	150.00	3.00	2019.02.02	6.5000	0.00	245.50
135226	16 西矿 03	500.00	4.00	2020.02.02	6.8000	0.00	0.00
135227	16 惠金债	150.00	3.00	2019.02.02	7.8000	0.00	233.00
135229	16 华业 01	600.00	3.00	2019.03.04	7.0000	0.00	431.00
135230	16 丰经开	1000.00	3.00	2019.02.02	6.5000	0.00	840.00
135231	16 六安 01	1000.00	3.00	2019.02.01	7.0000	0.00	480.00
135232	16 森工建	500.00	3.00	2019.02.03	7.2000	0.00	60.00
135233	16 凤机场	1000.00	3.00	2019.02.02	6.9000	0.00	1361.00
135234	16 陕旅游	200.00	3.00	2019.06.14	5.4000	0.00	0.00
135235	16 龙垦 02	1910.00	3.00	2019.02.02	4.0000	0.00	860.00
135236	16 蓟投债	1000.00	3.00	2019.02.03	6.3000	0.00	1430.00
135237	16 海鑫债	300.00	3.00	2019.02.02	8.5000	0.00	60.00
135239	16 茅山湖	300.00	3.00	2019.02.02	7.3000	0.00	200.00
135240	16 方正 01	3810.00	5.00	2021.02.18	4.4000	0.00	2160.00
135241	16 方正 C1	10000.00	5.00	2021.02.19	4.4300	0.00	5940.00
135242	16 新奥 01	1000.00	3.00	2019.02.23	4.2000	0.00	395.00
135243	16 锡山水	1500.00	3.00	2019.02.25	5.4500	0.00	124.00
135244	16 宁浦口	1500.00	3.00	2019.02.25	4.5000	0.00	230.00
135245	16 渝投 03	2000.00	3.00	2019.03.01	4.3000	0.00	220.00
135246	16 吉华泰	500.00	3.00	2019.03.25	5.9800	0.00	1170.00
135247	16 龙垦 04	1090.00	3.00	2019.02.25	3.8000	0.00	0.00
135248	16 桂东 02	1000.00	5.00	2021.03.01	5.7000	0.00	2721.00
135249	16 爱山债	1000.00	3.00	2019.02.25	5.9900	0.00	170.00
135250	16 庞大 01	600.00	3.00	2019.02.24	8.0000	0.00	1677.00
135251	16 无锡 01	500.00	5.00	2021.02.26	4.6800	0.00	220.00
135252	16 无锡 02	1000.00	5.00	2021.02.26	4.2000	0.00	200.00
135253	16 财通 Y1	500.00	5.00	2021.02.26	4.6000	0.00	0.00
135254	16 湘振湘	1500.00	5.00	2021.03.01	5.4700	0.00	710.00
135255	16 德邦债	750.00	4.00	2017.02.27	3.9800	0.00	0.00
135256	16 镇交 01	1140.00	3.00	2019.02.26	7.5000	0.00	2308.00
135257	16 金凤债	600.00	3.00	2019.02.26	6.3000	0.00	330.00

债券信息
List of Bonds

债券
Bond

债券代码 Code	债券简称 Bond Name	发行数量(百万) Issued Vol(M)	年限 Terms	到期日 Expiration Date	票面利率(%) Coupon Rate(%)	本年收盘 Close	成交数量(万) Trading Vol(10000)
135258	16 永兴 01	1000.00	5.00	2021.03.01	6.0000	0.00	530.00
135259	16 泗阳 01	1000.00	3.00	2019.03.02	5.5000	0.00	684.00
135260	16 滨海 01	6000.00	5.00	2021.03.21	4.0800	0.00	5780.00
135261	16 碧园 01	4000.00	5.00	2021.03.02	4.7500	0.00	4188.00
135262	16 凉山 01	800.00	3.00	2019.03.02	5.7800	0.00	1185.00
135263	16 中企 01	1443.00	3.00	2019.03.02	6.0000	0.00	0.00
135264	16 丹阳 02	500.00	3.00	2019.03.01	6.0000	0.00	773.00
135265	16 淮交控	500.00	3.00	2019.03.01	4.7500	0.00	230.00
135266	16 华发 01	500.00	5.00	2021.03.03	4.8000	0.00	92.00
135267	16 华发 02	1500.00	3.00	2019.03.03	4.3900	0.00	1110.00
135268	16 融创 03	3500.00	5.00	2021.03.07	5.4000	0.00	780.00
135269	16 东兴 01	600.00	5.00	2021.03.04	4.4800	0.00	80.00
135270	16 黔高 01	2000.00	5.00	2021.03.09	4.1800	0.00	480.00
135271	16 渝隆债	2000.00	3.00	2019.03.07	4.3700	0.00	580.00
135272	16 道博 02	200.00	3.00	2019.03.03	6.6000	0.00	201.00
135273	16 海瀛 02	1900.00	3.00	2019.03.04	6.5000	0.00	2815.00
135274	16 融信 02	500.00	3.00	2019.03.21	7.5000	0.00	1643.00
135275	16 华远 02	1000.00	3.00	2019.03.08	4.5800	0.00	122.00
135276	16 成龙 01	300.00	3.00	2019.03.04	7.8000	0.00	175.00
135277	16 钟山债	1000.00	5.00	2021.03.07	7.7900	0.00	2090.00
135278	16 淮建投	2000.00	3.00	2019.03.08	6.0000	0.00	3102.60
135279	16 新奥 02	500.00	3.00	2019.03.14	4.0000	0.00	422.80
135280	16 城发 02	500.00	4.00	2020.03.09	4.0800	0.00	550.00
135281	16 长湖 01	900.00	5.00	2021.03.09	6.1000	0.00	800.00
135282	16 镇投 01	600.00	5.00	2021.03.09	4.6900	0.00	100.00
135283	16 海河 01	1500.00	5.00	2021.03.09	4.3800	0.00	100.00
135284	16 住宅 01	500.00	5.00	2021.03.14	4.0000	0.00	80.00
135286	16 宜城 01	1000.00	5.00	2021.03.10	4.0000	0.00	530.00
135287	16 普滤得	10.00	1.00	2017.03.08	5.3500	0.00	10.00
135288	16 苏方林	20.00	1.00	2017.03.08	5.3500	0.00	20.00
135289	16 盘城发	800.00	5.00	2021.03.23	7.8000	0.00	1489.00
135290	16 鄂农 01	200.00	5.00	2021.03.10	5.7000	0.00	0.00
135291	16 昆投 01	1000.00	5.00	2021.03.14	4.1400	0.00	1390.00
135292	16 方正 02	4190.00	5.00	2021.03.11	4.1400	0.00	2120.00
135293	16 宁新 01	500.00	3.00	2019.03.15	4.4000	0.00	60.00
135294	16 国裕 01	1000.00	3.00	2019.03.11	4.7000	0.00	240.00
135295	16 江东 01	2000.00	5.00	2021.03.11	5.9500	0.00	2092.00
135296	16 长投 01	3000.00	3.00	2019.03.11	4.1800	0.00	2651.00
135297	16 株湘 01	1500.00	5.00	2021.03.15	4.6800	0.00	1500.00
135298	16 柯桥 01	1900.00	5.00	2021.03.15	4.1800	0.00	1852.00
135299	16 鸿达 01	1100.00	2.00	2018.03.16	7.3000	0.00	2373.00
135300	16 惠水债	300.00	3.00	2019.03.10	9.5000	0.00	0.00
135301	16 太湖 01	500.00	5.00	2021.03.15	5.9000	0.00	1080.00
135302	16 华夏 04	3000.00	5.00	2021.03.24	5.1900	0.00	770.00
135303	16 园口 01	700.00	3.00	2019.03.14	6.9000	0.00	1890.00
135304	16 宁投债	500.00	3.00	2019.03.15	6.5000	0.00	370.00
135305	16 迈瑞 01	2000.00	7.00	2023.03.14	5.3800	0.00	700.00
135306	16 福升债	300.00	3.00	2019.03.11	7.4000	0.00	263.00
135307	16 川瑞债	600.00	3.00	2019.03.16	5.8000	0.00	543.00
135308	16 常熟 01	1000.00	5.00	2021.03.17	4.0800	0.00	202.00

债券信息
List of Bonds

债券
Bond

债券代码 Code	债券简称 Bond Name	发行数量(百万) Issued Vol(M)	年限 Terms	到期日 Expiration Date	票面利率(%) Coupon Rate(%)	本年收盘 Close	成交数量(万) Trading Vol(10000)
135309	16 贵安 01	5000.00	5.00	2021.03.17	4.7000	0.00	11343.00
135310	16 银期债	300.00	5.00	2021.03.15	4.3000	0.00	160.00
135311	16 常交 01	1000.00	5.00	2021.03.22	4.5500	0.00	420.00
135312	16 蓉文旅	500.00	5.00	2021.03.17	4.9000	0.00	0.00
135313	16 华信 02	1500.00	5.00	2021.03.21	5.4000	0.00	2680.00
135314	16 雨投 01	500.00	5.00	2021.03.21	4.3700	0.00	190.00
135315	16 裕丰债	300.00	3.00	2019.03.25	7.5000	0.00	540.00
135316	16 洛投 01	2000.00	5.00	2021.03.18	4.1000	0.00	990.00
135317	16 吴开债	2000.00	3.00	2019.03.21	4.6800	0.00	1060.00
135318	16 京泰 01	1000.00	3.00	2019.03.18	5.2400	0.00	500.00
135319	16 新控 01	400.00	3.00	2019.03.21	7.0000	0.00	720.00
135320	16 中企 02	1500.00	3.00	2019.03.18	4.9500	0.00	3082.00
135321	16 绍兴债	1000.00	3.00	2019.03.23	4.5000	0.00	520.00
135322	16 田岭涧	500.00	5.00	2021.03.03	8.8000	0.00	0.00
135323	16 昆银桥	1000.00	5.00	2021.03.28	4.1000	0.00	600.00
135324	16 长投 02	2000.00	3.00	2019.03.18	4.1500	0.00	920.00
135325	16 海航 01	3500.00	3.00	2019.03.17	7.0000	0.00	7279.80
135326	16 安吉 01	1000.00	3.00	2019.03.24	5.3900	0.00	270.00
135327	16 普湾 01	2000.00	5.00	2021.03.18	5.4000	0.00	1898.00
135328	16 顺投债	1000.00	4.00	2020.03.23	4.4900	0.00	592.40
135329	16 华发 03	1500.00	5.00	2021.03.21	4.6000	0.00	1205.00
135330	16 华发 04	1500.00	3.00	2019.03.21	4.2700	0.00	2550.00
135331	16 岳阳 01	2000.00	5.00	2021.03.21	4.4500	0.00	1360.00
135332	16 海瀛 03	800.00	3.00	2019.08.31	5.1800	0.00	880.00
135333	16 连工 01	500.00	5.00	2021.03.30	5.4000	0.00	140.00
135334	16 柳龙 01	800.00	6.00	2022.03.28	4.9900	0.00	2025.00
135335	16 平证 01	1500.00	3.00	2019.03.23	3.5000	0.00	250.00
135336	16 兴业 D1	2500.00	0.90	2017.02.28	3.2800	0.00	0.00
135337	16 邢路 01	800.00	3.00	2019.05.20	5.5000	0.00	1910.00
135338	16 金坛 01	500.00	5.00	2021.03.23	5.4500	0.00	920.00
135339	16 远东四	2000.00	5.00	2021.03.23	3.8000	0.00	0.00
135340	16 宁海 01	1000.00	3.00	2019.03.24	6.4000	0.00	0.00
135341	16 宝投 01	1000.00	5.00	2021.03.24	5.3200	0.00	854.00
135342	16 德邦 02	250.00	4.00	2017.03.28	3.9800	0.00	0.00
135343	16 同煤 01	3000.00	5.00	2021.11.21	6.8000	0.00	8037.00
135344	16 春华 01	1000.00	3.00	2019.03.28	5.7000	0.00	840.00
135345	16 柳投 02	2380.00	6.00	2022.03.25	5.5000	0.00	3327.00
135346	16 凤凰 01	2000.00	5.00	2021.03.29	4.5900	0.00	1194.00
135347	16 普定 01	190.00	3.00	2019.03.24	9.5000	0.00	0.00
135348	16 名城 01	500.00	3.00	2019.03.25	7.5000	0.00	400.00
135349	16 刚泰 02	1000.00	3.00	2019.03.25	6.6000	0.00	947.00
135350	16 新城 02	1150.00	3.00	2019.03.29	5.7600	0.00	905.00
135351	16 住总 02	2000.00	5.00	2021.03.28	4.2000	0.00	290.00
135352	16 瑞茂通	1000.00	2.00	2018.03.28	7.5000	0.00	3193.60
135353	16 武经 01	500.00	5.00	2021.05.24	4.9500	0.00	240.00
135354	16 常文旅	400.00	5.00	2021.03.30	5.5000	0.00	820.00
135355	16 碧园 02	4000.00	4.00	2020.03.29	4.5500	0.00	1590.00
135356	16 泰交债	2000.00	5.00	2021.03.30	4.8000	0.00	1968.00
135357	16 紫薇 01	1000.00	3.00	2019.03.31	6.3000	0.00	240.00
135358	16 国际 01	2000.00	3.00	2019.04.01	6.7000	0.00	250.00

债券信息
List of Bonds

债券
Bond

债券代码 Code	债券简称 Bond Name	发行数量(百万) Issued Vol(M)	年限 Terms	到期日 Expiration Date	票面利率(%) Coupon Rate(%)	本年收盘 Close	成交数量(万) Trading Vol(10000)
135359	16 昆投 02	500.00	5.00	2021.04.01	4.2000	0.00	60.00
135360	16 绵投 01	1000.00	6.00	2022.03.28	5.7300	0.00	2510.00
135361	16 绵投 02	1000.00	6.00	2022.03.29	5.7300	0.00	1946.00
135362	16 庞大 02	1400.00	3.00	2019.03.31	7.0000	0.00	3986.70
135363	16 花园债	300.00	2.00	2018.03.31	5.9900	0.00	123.00
135364	16 川菜债	1000.00	3.00	2019.03.30	6.0000	0.00	1180.00
135365	16 普交 01	660.00	3.00	2019.03.31	6.5000	0.00	1010.00
135366	16 天瑞 02	400.00	1.00	2017.03.30	8.8000	0.00	0.00
135367	16 新芦淞	1000.00	5.00	2021.03.31	5.8000	0.00	1369.00
135368	16 海陵 02	600.00	5.00	2021.04.01	5.5000	0.00	380.00
135369	16 望城 01	1500.00	5.00	2021.03.30	5.0400	0.00	1070.00
135370	16 先导 02	1500.00	5.00	2021.04.07	4.8500	0.00	1022.00
135371	16 自贡债	1000.00	5.00	2021.04.19	5.9800	0.00	1498.00
135372	16 汇通 01	500.00	5.00	2021.04.01	6.4800	0.00	2960.00
135373	16 东怀 01	330.00	3.00	2019.04.06	8.2000	0.00	550.00
135374	16 西南 D4	3000.00	0.74	2017.01.08	3.1500	0.00	0.00
135375	16 大江债	800.00	5.00	2021.04.08	5.6900	0.00	1270.00
135376	16 太水 01	500.00	3.00	2019.06.08	4.7000	0.00	0.00
135377	16 苏科 01	1000.00	5.00	2021.06.16	4.6900	0.00	380.00
135378	16 新港 01	500.00	3.00	2019.04.13	3.9500	0.00	265.00
135379	16 五控 01	800.00	5.00	2021.05.03	4.6000	0.00	0.00
135380	16 东港债	500.00	5.00	2021.06.03	5.4000	0.00	922.00
135381	16 高科债	120.00	3.00	2019.03.28	6.3000	0.00	160.00
135382	16 硕经发	500.00	5.00	2021.04.18	5.3800	0.00	280.00
135383	16 首业 01	700.00	3.00	2019.04.18	4.0000	0.00	183.00
135384	16 首业 02	2300.00	5.00	2021.04.18	4.2000	0.00	60.00
135385	16 兖城投	1000.00	3.00	2019.04.14	5.1600	0.00	1020.00
135386	16 中交 01	2300.00	5.00	2021.04.14	4.5000	0.00	2185.00
135387	16 夷陵债	500.00	3.00	2019.04.13	5.2000	0.00	150.00
135388	16 郑地 02	1000.00	5.00	2021.04.11	4.7300	0.00	844.50
135389	16 濮阳 01	1500.00	5.00	2021.06.29	5.0000	0.00	510.00
135390	16 新控 02	2000.00	3.00	2019.04.14	7.0000	0.00	1168.00
135391	16 华夏 05	2000.00	5.00	2021.04.18	5.3000	0.00	832.00
135392	16 悦达 01	500.00	3.00	2019.11.30	5.8000	0.00	827.20
135393	16 桐乡债	1500.00	5.00	2021.08.10	4.2000	0.00	1218.00
135394	16 靖新城	1000.00	3.00	2019.04.14	5.6000	0.00	901.00
135395	16 景瑞 02	1000.00	3.00	2019.09.13	7.7500	0.00	2539.00
135397	16 迈瑞 02	2000.00	7.00	2023.04.18	5.2900	0.00	250.00
135398	16 鑫域 01	600.00	5.00	2021.04.15	6.8000	0.00	1240.00
135399	16 亿利 01	500.00	3.00	2019.04.20	5.5000	0.00	0.00
135400	16 华建债	800.00	4.00	2020.04.19	4.9800	0.00	300.00
135401	16 盘水债	1000.00	5.00	2021.04.28	6.8000	0.00	1755.00
135402	16 金通 01	500.00	3.00	2019.04.21	6.1000	0.00	570.00
135403	16 北辰 01	1500.00	5.00	2021.04.21	4.4800	0.00	600.00
135404	16 禾嘉 01	500.00	3.00	2019.12.29	7.0700	0.00	0.00
135406	16 华融 C1	1000.00	4.00	2020.04.21	4.1000	0.00	0.00
135407	16 中铁 03	1500.00	5.00	2021.04.20	4.8000	0.00	600.00
135408	16 融创 04	2700.00	6.00	2022.05.03	5.8500	0.00	150.00
135409	16 太证 D1	2000.00	1.00	2017.04.25	3.7000	0.00	100.00
135410	16 宁建发	1000.00	5.00	2021.04.21	4.8000	0.00	350.00

债券信息
List of Bonds

债券
Bond

债券代码 Code	债券简称 Bond Name	发行数量(百万) Issued Vol(M)	年限 Terms	到期日 Expiration Date	票面利率(%) Coupon Rate(%)	本年收盘 Close	成交数量(万) Trading Vol(10000)
135412	16 合华债	700.00	5.00	2021.04.21	6.5800	0.00	0.00
135413	16 内投债	1000.00	5.00	2021.04.19	5.0000	0.00	370.00
135414	16 滕建 01	2000.00	5.00	2021.04.20	6.7000	0.00	2636.00
135415	16 三盛 01	830.00	3.00	2019.04.19	7.5000	0.00	2200.00
135416	16 星城 01	2000.00	5.00	2021.04.22	5.1500	0.00	2235.00
135417	16 番雅 01	1200.00	4.00	2020.05.03	5.8000	0.00	0.00
135418	16 中原 01	2500.00	3.00	2019.04.22	4.2000	0.00	140.00
135419	16 昆旅 01	500.00	5.00	2021.04.20	4.8800	0.00	0.00
135420	16 南通债	1500.00	5.00	2021.04.27	4.5800	0.00	840.00
135421	16 湘型 01	1200.00	4.00	2020.08.01	4.5000	0.00	538.00
135422	16 姜交 01	100.00	3.00	2019.04.22	6.0000	0.00	250.00
135423	16 化医 01	700.00	3.00	2019.04.25	5.2000	0.00	90.00
135424	16 侨鑫 01	3000.00	4.00	2020.04.25	6.2000	0.00	4769.20
135425	16 金港债	570.00	5.00	2021.04.25	4.7000	0.00	0.00
135426	16 协信 04	500.00	3.00	2019.04.21	7.5000	0.00	0.00
135427	16 景洪 01	200.00	6.00	2022.04.22	7.2000	0.00	280.00
135428	16 苏高水	500.00	3.00	2019.05.24	4.9900	0.00	278.00
135429	16 晋能 01	2000.00	3.00	2019.11.11	5.9500	0.00	2910.00
135430	16 天房 03	700.00	5.00	2021.04.26	5.5000	0.00	0.00
135431	16 湛交 01	800.00	3.00	2019.04.27	5.2000	0.00	370.00
135432	16 三水 01	270.00	5.00	2021.04.26	5.4500	0.00	50.00
135433	PR 汝水电	900.00	5.00	2021.04.27	7.0000	0.00	0.00
135435	16 光证 02	2500.00	2.50	2017.10.27	3.6600	0.00	0.00
135436	16 迪马 02	600.00	3.00	2019.04.29	6.5000	0.00	330.00
135437	16 迪马 03	500.00	3.00	2019.04.29	6.8000	0.00	765.00
135438	16 昆债 01	400.00	3.00	2019.04.27	8.5000	0.00	0.00
135439	16 苏望涛	400.00	5.00	2021.04.28	5.7900	0.00	810.00
135440	16 甬海 01	1500.00	5.00	2021.04.28	4.9900	0.00	1210.00
135441	16 眉控 01	600.00	5.00	2021.04.28	5.4500	0.00	594.00
135442	16 海旅 02	1000.00	3.00	2019.04.28	7.0000	0.00	0.00
135443	16 融信 03	550.00	3.00	2019.05.03	7.4000	0.00	1700.00
135444	16 南城 03	100.00	5.00	2021.04.27	8.5000	0.00	0.00
135445	16 中融 01	1000.00	2.00	2018.04.27	7.0000	0.00	1191.50
135446	16 龙光 02	500.00	3.00	2020.05.16	5.2000	0.00	200.00
135447	16 新控 03	1600.00	3.00	2019.04.27	7.0000	0.00	526.60
135448	16 金建债	600.00	5.00	2021.04.13	7.3000	0.00	400.00
135449	16 方正 03	2000.00	2.00	2018.04.29	4.9000	0.00	2230.00
135450	16 巴中 01	2000.00	5.00	2021.05.04	5.9500	0.00	1770.00
135451	16 黔投 01	600.00	5.00	2021.04.29	7.0000	0.00	600.00
135453	16 盐国 02	1000.00	5.00	2021.04.29	5.2500	0.00	700.00
135454	16 湛交 02	700.00	3.00	2019.04.28	5.2000	0.00	780.00
135455	16 靖北辰	600.00	5.00	2021.04.29	7.0500	0.00	1240.00
135456	16 红谷滩	1000.00	5.00	2021.05.05	5.7800	0.00	300.00
135457	16 金建 02	400.00	5.00	2021.04.22	7.3000	0.00	858.00
135458	16 玉皇债	500.00	3.00	2019.05.18	6.3000	0.00	310.00
135459	16 盛泽 01	300.00	5.00	2021.05.04	5.2000	0.00	50.00
135460	16 鑫业 01	1500.00	3.00	2019.08.15	8.2000	0.00	3274.00
135461	16 九州 01	400.00	4.00	2020.06.03	6.3000	0.00	1154.00
135462	16 金辉 04	600.00	3.00	2019.05.05	7.5000	0.00	0.00
135463	16 郑通航	300.00	3.00	2019.05.06	6.0000	0.00	600.00

债券信息 List of Bonds

债券 Bond

债券代码 Code	债券简称 Bond Name	发行数量(百万) Issued Vol(M)	年限 Terms	到期日 Expiration Date	票面利率(%) Coupon Rate(%)	本年收盘 Close	成交数量(万) Trading Vol(10000)
135465	16 华夏 06	4000.00	5.00	2021.05.12	5.3800	0.00	30.00
135466	16 天风次	580.00	5.00	2021.05.11	4.9000	0.00	540.00
135467	16 天恒 01	1500.00	5.00	2021.05.12	5.0000	0.00	180.00
135468	16 富力 06	4600.00	6.00	2022.05.16	5.2000	0.00	2200.00
135470	16 余姚债	300.00	5.00	2021.04.29	6.3000	0.00	0.00
135471	16 肇庆 01	1500.00	5.00	2021.05.12	5.0000	0.00	930.00
135472	16 云能 01	2000.00	5.00	2021.05.18	5.0000	0.00	3322.00
135473	16 循环债	2000.00	5.00	2021.05.13	6.0000	0.00	2134.00
135474	16 武清 01	1000.00	5.00	2017.05.22	4.8000	0.00	10.00
135475	16 高投 01	1800.00	5.00	2021.05.16	4.9000	0.00	785.00
135476	16 綦江债	1000.00	5.00	2021.05.19	5.7000	0.00	610.00
135477	16 同益 01	550.00	3.00	2019.05.13	8.0000	0.00	1335.00
135478	16 中融 02	1000.00	3.00	2019.05.17	7.0000	0.00	1165.00
135479	16 太证 01	2000.00	3.00	2019.05.19	4.2000	0.00	906.00
135480	16 淮经 01	800.00	5.00	2021.05.20	5.2800	0.00	730.00
135481	16 东证 D1	9000.00	1.00	2017.05.19	3.4000	0.00	0.00
135482	16 常通 01	800.00	5.00	2021.05.25	5.0600	0.00	220.00
135483	16 博融 01	360.00	3.00	2019.05.17	6.3000	0.00	500.00
135484	16 海通 01	15000.00	4.00	2020.05.18	3.6000	0.00	2000.00
135485	16 海通 02	5000.00	5.00	2021.05.18	3.8000	0.00	800.00
135486	16 住总 03	500.00	5.00	2021.05.20	4.5000	0.00	40.00
135487	16 津劝业	300.00	3.00	2019.05.20	7.0000	0.00	0.00
135488	16 和平 01	300.00	3.00	2019.05.17	5.2500	0.00	658.00
135489	16 滨海 02	2000.00	5.00	2021.05.27	4.3500	0.00	500.00
135490	16 中科债	800.00	5.00	2021.05.20	5.2000	0.00	668.00
135491	16 财通 01	1000.00	3.00	2019.05.23	4.0000	0.00	0.00
135492	16 新港 02	1000.00	3.00	2019.05.25	4.3000	0.00	100.00
135494	16 光证 04	3000.00	2.50	2017.11.27	3.5900	0.00	0.00
135495	16 中铁建	1500.00	5.00	2021.05.25	5.1000	0.00	180.00
135496	16 信地 03	3000.00	3.00	2019.05.26	5.5600	0.00	3910.00
135497	16 软件 01	500.00	5.00	2021.05.24	5.4000	0.00	0.00
135498	16 梅州 01	1000.00	5.00	2021.05.27	5.0000	0.00	1592.00
135499	16 海安 01	700.00	3.00	2019.05.31	6.0000	0.00	490.00
135500	14 昆高 01	1400.00	5.00	2020.01.20	6.8500	0.00	1258.00
135501	14 昆高 02	1100.00	5.00	2020.06.25	7.2000	0.00	1287.60
135503	16 广金 01	750.00	3.00	2019.05.27	4.2000	0.00	170.00
135504	16 邳经债	1000.00	5.00	2021.05.25	5.9800	0.00	1965.00
135505	16 洪业 01	500.00	3.00	2019.06.01	8.5000	0.00	716.00
135506	16 株教 01	500.00	5.00	2021.05.30	5.7800	0.00	180.00
135507	16 华夏 07	1000.00	4.00	2020.06.01	5.1900	0.00	441.00
135508	16 富力 08	10400.00	4.00	2020.05.30	5.1500	0.00	4245.00
135509	16 大庆 01	500.00	5.00	2021.05.27	5.9500	0.00	1765.00
135511	16 和平 02	200.00	3.00	2019.05.26	5.2500	0.00	0.00
135512	16 郑地 03	1000.00	5.00	2021.05.30	5.2000	0.00	624.00
135513	16 鑫隆 01	500.00	5.00	2021.06.17	6.8000	0.00	760.00
135514	16 黔投 02	900.00	5.00	2021.05.30	6.9900	0.00	1390.00
135515	16 晋交 01	1000.00	5.00	2021.05.31	5.7000	0.00	100.00
135516	16 华龙债	1000.00	4.00	2017.06.01	4.2800	0.00	0.00
135517	16 苏新 01	1000.00	3.00	2019.06.06	4.2300	0.00	465.00
135518	16 眉控 02	600.00	5.00	2021.05.30	5.4000	0.00	470.00

债券信息
List of Bonds

债券代码 Code	债券简称 Bond Name	发行数量(百万) Issued Vol(M)	年限 Terms	到期日 Expiration Date	票面利率(%) Coupon Rate(%)	本年收盘 Close	成交数量(万) Trading Vol(10000)
135519	16 华安 01	800.00	0.74	2017.02.24	3.6500	0.00	0.00
135520	16 兴业 D2	3000.00	0.96	2017.05.18	3.3900	0.00	450.00
135521	16 首业 03	2300.00	3.00	2019.06.01	4.1000	0.00	980.00
135522	16 首业 04	1700.00	5.00	2021.06.01	4.2600	0.00	430.00
135523	16 海兴 01	1000.00	5.00	2021.06.01	5.3900	0.00	340.00
135524	16 西南 C1	3000.00	5.00	2021.06.02	3.6300	0.00	0.00
135525	16 湖州 01	2000.00	5.00	2021.06.02	4.5000	0.00	819.00
135526	16 华远 03	1000.00	3.00	2019.06.02	5.5500	0.00	580.00
135527	16 桂物 01	500.00	3.00	2019.06.07	7.7000	0.00	734.00
135528	16 安庆 01	200.00	5.00	2021.06.06	6.1700	0.00	0.00
135529	16 洛市政	100.00	3.00	2019.06.03	7.5000	0.00	0.00
135530	16 淮新 01	1000.00	3.00	2019.06.01	5.1000	0.00	786.00
135531	16 碧园 03	1000.00	5.00	2021.07.29	4.6000	0.00	600.00
135532	16 华业 02	430.00	3.00	2019.06.03	7.1000	0.00	774.70
135533	16 鲁宏 01	3000.00	3.00	2019.06.02	6.0500	0.00	640.00
135534	16 康嘉 01	200.00	3.00	2019.06.15	6.3000	0.00	358.00
135535	16 康嘉 02	300.00	3.00	2019.06.15	6.5000	0.00	0.00
135536	16 四面债	500.00	5.00	2021.06.08	6.0000	0.00	0.00
135537	16 滁城投	800.00	5.00	2021.06.07	4.7500	0.00	120.00
135538	16 方正 04	1800.00	2.00	2018.06.08	5.6000	0.00	2306.00
135539	16 方正 05	2200.00	3.00	2019.06.08	5.2500	0.00	3989.00
135540	16 先导 03	1500.00	5.00	2021.06.07	4.4300	0.00	310.00
135541	16 任城债	1500.00	5.00	2021.06.07	5.6100	0.00	750.00
135542	16 化医 02	1400.00	3.00	2019.06.24	6.0000	0.00	2060.00
135543	16 电建 02	1070.00	3.00	2019.06.08	4.8000	0.00	90.00
135544	16 信投 D1	3000.00	0.74	2017.03.12	3.2800	0.00	0.00
135545	16 新奥 03	700.00	3.00	2019.06.07	4.0900	0.00	190.00
135546	16 吴发 01	1000.00	3.00	2019.06.08	4.5000	0.00	68.00
135547	16 黄浦 01	550.00	5.00	2021.06.07	5.8000	0.00	24.00
135548	16 融创 05	2300.00	6.00	2022.06.13	5.4500	0.00	135.00
135549	16 盐城 01	2000.00	5.00	2021.06.15	5.2800	0.00	2350.00
135550	16 滕建投	500.00	3.00	2019.06.13	5.4400	0.00	1160.00
135551	16 贵安 02	3000.00	5.00	2021.06.20	5.2000	0.00	4960.00
135552	16 常港 01	500.00	5.00	2021.07.15	5.5000	0.00	1025.00
135553	16 姜城 01	600.00	5.00	2021.06.17	5.5000	0.00	470.00
135554	16 滇投 01	1500.00	5.00	2021.06.14	6.2000	0.00	2135.50
135555	16 洛投 02	2000.00	5.00	2021.06.17	4.5000	0.00	350.00
135556	16 苏商 01	500.00	3.00	2019.06.20	6.5000	0.00	2700.00
135557	16 华夏 08	5200.00	4.00	2020.06.21	5.2000	0.00	1890.00
135558	16 财通 02	1000.00	4.00	2020.06.16	4.0000	0.00	0.00
135559	16 滁同创	1000.00	5.00	2021.06.15	5.3800	0.00	1080.00
135560	16 金泰 01	500.00	5.00	2021.06.16	4.5000	0.00	0.00
135561	16 鄂农 02	100.00	5.00	2021.06.20	5.8000	0.00	60.00
135562	16 长沙 01	1500.00	5.00	2021.06.20	3.8900	0.00	790.00
135563	16 双福 01	300.00	5.00	2021.06.17	5.7000	0.00	10.00
135564	16 渝西债	1000.00	3.00	2019.06.29	4.3300	0.00	220.00
135565	16 先导 04	2000.00	4.00	2020.06.16	4.3800	0.00	2180.00
135566	16 红塔 01	500.00	5.00	2021.07.06	6.8000	0.00	70.00
135567	16 张公 01	3000.00	5.00	2021.06.20	4.1900	0.00	1650.00
135568	16 深业 01	2380.00	3.00	2019.06.17	6.5000	0.00	7044.70

债券信息
List of Bonds

债券代码 Code	债券简称 Bond Name	发行数量(百万) Issued Vol(M)	年限 Terms	到期日 Expiration Date	票面利率(%) Coupon Rate(%)	本年收盘 Close	成交数量(万) Trading Vol(10000)
135569	16 川铁 01	500.00	3.00	2019.06.30	6.0000	0.00	1012.50
135570	16 泰滨 01	700.00	3.00	2019.06.21	5.9500	0.00	660.00
135571	16 来雁 01	1000.00	5.00	2021.06.22	5.1400	0.00	385.00
135572	16 开乾 01	1000.00	5.00	2021.08.01	5.9000	0.00	960.00
135573	16 扬临港	500.00	3.00	2019.07.18	6.5000	0.00	410.00
135574	16 珠实 01	720.00	5.00	2021.06.22	5.8000	0.00	630.00
135575	16 蓉工 01	300.00	3.00	2019.06.30	4.4800	0.00	180.00
135576	16 顺风 01	500.00	2.00	2018.06.22	7.7000	0.00	1598.00
135577	16 格地 01	3000.00	5.00	2021.06.23	6.2000	0.00	4260.00
135578	16 融信 04	1050.00	3.00	2019.06.27	7.5200	0.00	0.00
135579	16 东洋 01	500.00	3.00	2019.06.28	4.8000	0.00	350.00
135580	16 任兴债	1500.00	5.00	2021.06.23	5.6000	0.00	1888.00
135581	16 湘怀化	500.00	3.00	2019.06.27	5.1500	0.00	360.00
135582	16 悦来债	2000.00	5.00	2021.06.24	4.9000	0.00	1330.00
135583	16 新发 01	300.00	3.00	2019.07.14	5.3000	0.00	50.00
135584	16 迪马 04	300.00	3.00	2019.06.23	6.5000	0.00	200.00
135585	16 合生 01	3100.00	3.00	2019.06.27	4.9500	0.00	0.00
135587	16 甬海 02	1000.00	5.00	2021.06.24	4.4000	0.00	390.00
135588	16 启迪 01	1000.00	5.00	2021.06.27	5.5000	0.00	661.00
135589	16 安投 01	800.00	5.00	2021.06.23	6.3600	0.00	650.00
135590	16 盛锦债	400.00	5.00	2021.06.28	5.9800	0.00	0.00
135591	16 黔水 01	580.00	5.00	2021.06.27	6.8800	0.00	1139.50
135592	16 盐国 03	1000.00	5.00	2021.06.27	4.9800	0.00	260.00
135593	16 九华 01	1200.00	5.00	2021.06.27	5.8500	0.00	1900.00
135594	16 宁城投	1000.00	5.00	2021.06.30	5.0000	0.00	140.00
135595	16 常熟 02	500.00	5.00	2021.06.29	4.2800	0.00	320.00
135596	16 淮水 02	600.00	5.00	2021.07.04	4.9900	0.00	611.00
135597	16 崇川 02	500.00	3.00	2019.06.30	4.4500	0.00	140.00
135598	16 国际 02	3000.00	3.00	2019.07.01	6.7000	0.00	600.00
135600	16 无锡 04	500.00	5.00	2021.07.04	4.2000	0.00	270.00
135601	16 国裕 02	1000.00	3.00	2019.06.29	5.1000	0.00	0.00
135602	16 运和债	1500.00	5.00	2021.07.01	5.0000	0.00	1855.00
135603	16 金辉 05	1500.00	3.00	2019.07.05	7.4000	0.00	1445.00
135604	16 临港 01	2000.00	5.00	2021.06.30	5.0000	0.00	1270.00
135605	16 阜宁 01	410.00	2.00	2018.06.30	6.4600	0.00	1405.00
135606	16 鲁水 01	1000.00	5.00	2021.07.07	3.9800	0.00	120.00
135607	16 天房 01	870.00	5.00	2021.07.01	6.9900	0.00	885.00
135608	16 天房 02	330.00	6.00	2022.07.01	6.9900	0.00	710.00
135609	16 沙旅游	200.00	3.00	2019.06.30	6.0500	0.00	200.00
135610	16 海宁 01	1000.00	5.00	2021.07.05	4.2000	0.00	799.70
135611	16 牟中 01	600.00	5.00	2021.07.11	4.6800	0.00	468.00
135612	16 渝物 02	500.00	5.00	2021.07.07	5.8000	0.00	735.00
135613	16 博融 02	440.00	3.00	2019.07.07	6.3000	0.00	1710.00
135614	16 内建 01	1000.00	5.00	2021.07.07	5.6000	0.00	2689.00
135615	16 江津 01	300.00	3.00	2019.07.12	4.3000	0.00	400.00
135616	16 绿港 01	500.00	3.00	2019.07.12	5.2800	0.00	750.00
135617	16 渝开 02	900.00	5.00	2021.07.11	5.4000	0.00	980.00
135618	16 三盛 02	1000.00	3.00	2019.07.08	7.3000	0.00	3212.00
135620	16 武经 02	1500.00	5.00	2021.07.12	4.8000	0.00	3853.00
135621	16 安吉 02	1000.00	3.00	2019.07.18	5.7500	0.00	810.00

债券信息
List of Bonds

债券 Bond

债券代码 Code	债券简称 Bond Name	发行数量(百万) Issued Vol(M)	年限 Terms	到期日 Expiration Date	票面利率(%) Coupon Rate(%)	本年收盘 Close	成交数量(万) Trading Vol(10000)
135622	16 万通 05	500.00	3.00	2019.07.13	7.4000	0.00	0.00
135623	16 海财债	1000.00	3.00	2019.07.12	6.8800	0.00	660.00
135624	16 鲁水 02	1000.00	5.00	2021.07.15	3.7500	0.00	510.00
135625	16 靖华 01	1000.00	3.00	2019.07.20	6.0000	0.00	3095.00
135626	16 兴业 C1	3000.00	4.00	2020.07.19	3.4900	0.00	0.00
135627	16 长开 01	1500.00	5.00	2021.07.14	6.3000	0.00	0.00
135628	16 普定 02	210.00	3.00	2019.07.12	9.5000	0.00	150.00
135629	16 常通 02	600.00	5.00	2021.07.18	4.6300	0.00	450.00
135630	16 兴永 01	800.00	3.00	2019.07.19	4.8000	0.00	1085.00
135631	16 建房 01	1500.00	5.00	2021.07.19	3.8500	0.00	390.00
135632	16 肇庆 02	1500.00	5.00	2021.07.19	4.6500	0.00	3460.00
135633	16 漳交通	500.00	3.00	2019.07.13	4.8000	0.00	217.00
135634	16 华泰期	600.00	4.00	2017.07.18	3.9400	0.00	0.00
135635	16 黄浦 02	1100.00	5.00	2021.07.14	5.8000	0.00	820.00
135636	16 首业 05	2000.00	3.00	2019.07.19	3.7100	0.00	130.00
135637	16 首业 06	1000.00	5.00	2021.07.19	3.8400	0.00	100.00
135638	16 大庆 02	1000.00	5.00	2021.07.18	5.9500	0.00	930.00
135639	16 洲际债	800.00	1.00	2017.07.18	6.5000	0.00	500.00
135640	16 哈居 01	1500.00	5.00	2021.07.18	6.0000	0.00	1430.00
135641	16 滨江 01	1000.00	5.00	2021.07.18	4.5800	0.00	967.00
135642	16 淮交债	700.00	5.00	2021.07.21	4.4800	0.00	0.00
135643	16 国君 C1	5000.00	4.00	2020.07.19	3.3000	0.00	710.00
135644	16 化医 03	1500.00	3.00	2019.07.20	6.0000	0.00	1307.00
135645	16 新港 03	500.00	3.00	2019.07.19	3.7600	0.00	230.00
135646	16 卓越 02	1605.00	3.00	2019.07.22	5.8000	0.00	1542.00
135647	16 上虞 01	3000.00	5.00	2021.07.21	4.1500	0.00	1340.45
135648	16 临港 02	1000.00	5.00	2021.07.18	5.0000	0.00	200.00
135649	16 鲁宏 02	3000.00	5.00	2021.07.15	6.4800	0.00	5684.00
135650	16 余姚 01	500.00	5.00	2021.07.19	5.4500	0.00	995.00
135651	16 中金 C1	2000.00	5.00	2021.07.21	3.2500	0.00	280.00
135652	16 新发 02	500.00	3.00	2019.07.20	5.3000	0.00	876.00
135654	16 豫资 01	1500.00	5.00	2021.07.19	3.9800	0.00	190.00
135655	16 新航债	1000.00	5.00	2021.07.19	5.5000	0.00	2660.00
135656	16 昌投 01	1000.00	5.00	2021.07.25	5.9900	0.00	2771.00
135657	16 东兴 02	2000.00	5.00	2021.07.21	3.6800	0.00	0.00
135658	16 合景 01	2000.00	5.00	2021.07.25	4.8500	0.00	860.00
135659	16 雨投 02	500.00	5.00	2021.07.22	4.3500	0.00	0.00
135660	16 迪马 05	530.00	3.00	2019.07.22	6.6000	0.00	330.00
135661	16 迪马 06	70.00	3.00	2019.07.22	6.5000	0.00	130.00
135663	16 上虞债	1000.00	3.00	2019.07.28	4.6300	0.00	1443.00
135664	16 华安 C1	1000.00	4.00	2017.07.25	3.4000	0.00	72.00
135665	16 铁置 01	1000.00	3.00	2019.07.27	4.8000	0.00	560.00
135666	16 融科 03	3000.00	5.00	2017.05.02	5.0600	0.00	0.00
135668	16 方正 06	1500.00	3.00	2019.07.26	4.5000	0.00	550.00
135669	16 方正 07	700.00	5.00	2021.07.26	4.5000	0.00	910.00
135670	16 方正 08	600.00	5.00	2021.07.26	4.8000	0.00	310.00
135671	16 长寿 01	500.00	7.00	2023.07.25	5.7800	0.00	410.00
135672	16 碧海 01	700.00	5.00	2021.07.27	6.6000	0.00	1616.00
135673	16 生态 01	500.00	5.00	2021.07.28	6.4000	0.00	0.00
135674	16 虹阳 01	1000.00	5.00	2021.07.29	6.4900	0.00	825.00

债券信息
List of Bonds

债券
Bond

债券代码 Code	债券简称 Bond Name	发行数量(百万) Issued Vol(M)	年限 Terms	到期日 Expiration Date	票面利率(%) Coupon Rate(%)	本年收盘 Close	成交数量(万) Trading Vol(10000)
135675	16 融信 05	2900.00	3.00	2019.08.01	5.8000	0.00	550.00
135676	16 贵建设	1000.00	3.00	2019.07.27	5.0000	0.00	197.70
135677	16 哈居 02	500.00	5.00	2021.07.25	6.0000	0.00	100.00
135678	16 盛泽 02	1000.00	5.00	2021.07.28	4.5000	0.00	450.00
135679	16 丰盛 01	1400.00	3.00	2019.08.04	6.5000	0.00	840.00
135680	16 丰盛 02	600.00	3.00	2019.08.04	7.5000	0.00	360.00
135681	16 联发 01	700.00	3.00	2019.07.28	3.8400	0.00	150.00
135682	16 吐国资	1000.00	5.00	2021.07.27	5.1000	0.00	500.00
135683	16 黔水 02	920.00	5.00	2021.07.29	6.6000	0.00	952.00
135684	16 昆旅 02	500.00	5.00	2021.07.27	4.5000	0.00	400.00
135685	16 中民 F2	5000.00	3.00	2019.07.29	4.8800	0.00	18225.00
135686	16 豫资 02	1500.00	5.00	2021.07.28	3.8000	0.00	10.00
135687	16 绿建 01	1500.00	5.00	2021.07.28	5.2000	0.00	764.00
135688	16 新津 01	500.00	3.00	2019.07.29	5.8000	0.00	712.00
135689	16 海动迁	1000.00	5.00	2021.07.28	4.7900	0.00	1072.00
135690	16 雅居 01	3000.00	4.00	2020.07.29	4.9800	0.00	1155.00
135691	16 东海债	1500.00	5.00	2021.07.28	3.9000	0.00	0.00
135692	16 盛屯 01	500.00	3.00	2019.07.25	8.0000	0.00	991.32
135693	16 合景 02	1300.00	5.00	2021.07.29	4.9500	0.00	250.00
135694	16 天禾债	300.00	3.00	2019.08.09	5.7000	0.00	250.00
135695	16 协信 07	720.00	3.00	2019.07.29	7.5000	0.00	336.00
135696	16 世茂 02	540.00	5.00	2021.07.31	4.3000	0.00	60.00
135697	16 高淳 01	1000.00	5.00	2021.07.29	4.8000	0.00	690.00
135699	16 国联 C1	1500.00	5.00	2021.07.29	3.8900	0.00	0.00
135700	16 宝龙 01	1700.00	3.00	2017.08.08	5.7900	0.00	1585.00
135701	16 宝龙 02	300.00	3.00	2019.08.03	6.8000	0.00	295.60
135702	16 秀山 01	500.00	5.00	2021.07.28	6.5000	0.00	0.00
135703	16 仙居 01	400.00	5.00	2021.07.29	5.1000	0.00	1060.00
135704	16 大航 01	1000.00	5.00	2021.07.29	6.0000	0.00	2814.00
135705	16 美兰 01	1400.00	3.00	2019.07.29	6.8000	0.00	791.00
135706	16 海航 02	1500.00	3.00	2019.07.29	6.2000	0.00	1378.00
135707	16 九华 02	1900.00	5.00	2021.07.29	5.3000	0.00	2229.30
135708	16 紫薇 02	500.00	3.00	2019.07.29	6.3000	0.00	245.00
135709	16 住宅 03	2000.00	5.00	2021.08.04	3.9700	0.00	210.00
135710	16 珠投 05	2000.00	4.00	2020.07.29	5.7500	0.00	210.00
135711	16 津星 01	1000.00	3.00	2019.07.29	5.4900	0.00	2145.00
135712	16 海安债	250.00	3.00	2019.08.02	7.0000	0.00	455.00
135713	16 汽车园	300.00	3.00	2019.08.05	5.7000	0.00	0.00
135714	16 株教 02	500.00	5.00	2021.08.08	5.0000	0.00	370.00
135715	16 蓝星 01	2400.00	3.00	2019.08.08	4.2000	0.00	1440.00
135716	16 清浦 01	500.00	5.00	2021.08.09	4.7700	0.00	450.00
135717	16 宜城 02	1000.00	5.00	2021.08.05	3.8000	0.00	52.50
135718	16 产投债	300.00	5.00	2021.09.20	6.3000	0.00	515.00
135719	16 贵安 03	5000.00	5.00	2021.08.08	4.4800	0.00	12129.00
135720	16 珠管 03	300.00	3.00	2017.09.08	4.5000	0.00	525.00
135721	16 汾湖投	1000.00	5.00	2021.08.08	4.2000	0.00	1504.00
135722	16 泗阳 02	1000.00	3.00	2019.08.08	4.4800	0.00	1197.00
135723	16 吴发 02	1500.00	3.00	2019.08.09	4.0000	0.00	1200.00
135724	16 华夏 09	1000.00	0.99	2017.08.05	3.8500	0.00	236.00
135725	16 中融 03	1000.00	3.00	2019.08.09	7.0000	0.00	1715.00

债券信息
List of Bonds

债券
Bond

债券代码 Code	债券简称 Bond Name	发行数量(百万) Issued Vol(M)	年限 Terms	到期日 Expiration Date	票面利率(%) Coupon Rate(%)	本年收盘 Close	成交数量(万) Trading Vol(10000)
135726	16 首发 01	1500.00	5.00	2021.08.10	3.5600	0.00	365.00
135727	16 信地 04	3000.00	3.00	2019.08.12	4.5000	0.00	3840.00
135728	16 华融 C2	1000.00	3.00	2019.08.19	3.5000	0.00	180.00
135729	16 汇通 02	500.00	5.00	2021.08.09	6.4200	0.00	718.00
135730	16 景陶 01	1000.00	5.00	2021.08.12	4.3000	0.00	2057.00
135731	16 东丽 01	2000.00	5.00	2021.08.15	4.5500	0.00	4993.00
135732	16 阜宁 02	590.00	2.00	2018.08.11	6.4600	0.00	609.00
135733	16 碧海 02	300.00	5.00	2021.08.18	6.0000	0.00	102.00
135734	16 南城 04	100.00	5.00	2021.08.11	8.0000	0.00	100.00
135735	16 海安 02	800.00	3.00	2019.08.22	4.5000	0.00	580.00
135736	16 新城 03	2000.00	5.00	2021.08.15	4.4800	0.00	1355.00
135737	16 鑫鸿 01	1000.00	5.00	2021.08.10	5.6000	0.00	2122.00
135738	16 山钢 01	3000.00	3.00	2019.08.15	7.0000	0.00	6305.00
135739	16 常发 01	630.00	1.00	2017.08.12	3.2000	0.00	40.00
135740	16 德庆债	400.00	3.00	2019.08.15	3.9500	0.00	410.00
135741	16 彭水 01	800.00	5.00	2021.08.15	6.6000	0.00	0.00
135742	16 江城 02	1500.00	5.00	2021.08.16	3.6000	0.00	0.00
135743	16 化医 04	400.00	3.00	2019.08.16	5.8000	0.00	1050.00
135744	16 京投 02	1000.00	3.00	2019.08.19	4.9800	0.00	72.00
135745	16 驻投 01	1000.00	5.00	2021.09.07	3.9300	0.00	180.00
135746	16 三盛 03	1420.00	3.00	2019.08.16	8.0000	0.00	2375.50
135747	16 新发 03	700.00	3.00	2019.08.18	4.6500	0.00	1370.00
135748	16 富达债	750.00	5.00	2021.08.18	3.8500	0.00	120.00
135749	16 民生 01	1480.00	3.00	2019.08.16	4.2000	0.00	1080.00
135750	16 经开 01	1000.00	5.00	2021.08.17	3.8000	0.00	550.00
135751	16 京融 01	4000.00	5.00	2021.08.18	3.4800	0.00	259.00
135752	16 通泰 01	600.00	5.00	2021.08.19	6.1000	0.00	544.00
135756	16 锡洲 01	500.00	3.00	2019.08.19	7.9000	0.00	1818.00
135758	16 鑫源 01	2000.00	3.00	2019.08.18	6.5000	0.00	4040.00
135759	16 复地 F1	3000.00	3.00	2019.08.22	4.3800	0.00	2110.00
135760	16 萍乡 01	1000.00	5.00	2021.08.25	4.1400	0.00	860.00
135761	16 华安债	600.00	5.00	2021.08.23	5.0000	0.00	700.00
135762	16 五控 02	1500.00	5.00	2021.08.23	4.5000	0.00	0.00
135763	16 文蓝 01	1500.00	5.00	2021.08.23	4.2000	0.00	2300.00
135764	16 柳龙 02	700.00	6.00	2022.08.24	4.5500	0.00	630.00
135765	16 上虞 02	500.00	5.00	2021.08.25	4.0500	0.00	365.00
135766	16 上虞 03	1500.00	5.00	2021.08.25	3.8000	0.00	650.00
135767	16 亿利 02	200.00	3.00	2019.08.24	7.0000	0.00	35.00
135768	16 余交 01	1000.00	5.00	2021.08.25	4.2000	0.00	280.00
135770	16 滇投 03	1500.00	5.00	2021.09.05	5.7700	0.00	3690.00
135771	16 晋交 02	2500.00	5.00	2021.08.23	5.6600	0.00	5417.00
135772	16 淮经 02	600.00	5.00	2021.09.09	4.7500	0.00	550.00
135773	16 丰经 01	500.00	5.00	2021.08.25	4.7700	0.00	410.00
135774	16 联发 02	800.00	5.00	2021.08.29	3.8500	0.00	50.00
135775	16 瓦房 01	500.00	3.00	2019.09.13	5.8000	0.00	602.00
135776	16 新会 01	1000.00	5.00	2021.08.31	4.1500	0.00	845.00
135777	16 昌润 01	400.00	3.00	2019.08.25	4.4000	0.00	0.00
135778	16 镇交 02	630.00	3.00	2019.08.29	5.8000	0.00	1025.00
135779	16 春华 02	1000.00	3.00	2019.08.26	4.5000	0.00	600.00
135780	16 远东六	4000.00	5.00	2021.08.29	3.4600	0.00	0.00

债券信息 List of Bonds

债券代码 Code	债券简称 Bond Name	发行数量(百万) Issued Vol(M)	年限 Terms	到期日 Expiration Date	票面利率(%) Coupon Rate(%)	本年收盘 Close	成交数量(万) Trading Vol(10000)
135781	16 渝南 01	800.00	5.00	2021.08.25	5.0000	0.00	1028.00
135782	16 鲁公用	500.00	5.00	2021.08.24	4.1500	0.00	270.00
135783	16 永开 01	1500.00	5.00	2021.08.29	5.2000	0.00	4014.00
135784	16 张经 01	500.00	3.00	2019.09.01	3.7800	0.00	50.00
135785	16 祥源 01	500.00	3.00	2019.08.29	7.0000	0.00	0.00
135786	16 盛泽 03	700.00	5.00	2021.08.31	4.2000	0.00	1100.00
135787	16 沪证 Y1	2000.00	5.00	2021.09.02	4.1000	0.00	0.00
135788	16 洞庭 01	1000.00	5.00	2021.08.29	6.0000	0.00	1930.00
135789	16 沪城开	1700.00	6.00	2022.08.30	3.9000	0.00	38.50
135790	16 姜交 02	300.00	3.00	2019.08.30	4.7000	0.00	556.00
135791	16 天地一	1000.00	3.00	2019.08.30	6.2800	0.00	380.00
135792	16 漯河 01	1000.00	5.00	2021.08.30	4.0000	0.00	860.00
135793	16 京开 01	2000.00	5.00	2021.09.02	4.4300	0.00	2338.00
135794	16 迈瑞 03	1000.00	7.00	2023.09.05	4.5000	0.00	530.00
135795	16 清能债	600.00	3.00	2019.09.01	5.8000	0.00	350.00
135796	16 碧园 04	4170.00	4.00	2020.09.02	4.1500	0.00	2115.00
135797	16 碧园 05	5830.00	7.00	2023.09.02	5.6500	0.00	1830.00
135798	16 铜旅 01	1500.00	5.00	2021.09.01	5.7000	0.00	3170.00
135799	16 川铁 02	1500.00	3.00	2019.08.31	5.8500	0.00	2760.00
135800	16 海河 02	1500.00	5.00	2021.09.05	3.7700	0.00	0.00
135801	16 方洋 01	1100.00	5.00	2021.09.02	4.6800	0.00	460.00
135802	16 亿利 03	500.00	3.00	2019.09.02	7.0000	0.00	0.00
135803	16 金辉 06	900.00	3.00	2019.09.05	6.6000	0.00	870.00
135804	16 兴长 02	1000.00	5.00	2021.09.08	4.9300	0.00	480.00
135805	16 珠管 04	200.00	3.00	2019.09.05	4.9000	0.00	170.00
135806	16 双福 02	300.00	5.00	2021.09.02	5.3000	0.00	480.00
135807	16 榆神 01	1100.00	3.00	2019.09.02	5.7000	0.00	3245.00
135808	16 政通 01	1000.00	5.00	2021.09.05	4.1900	0.00	545.00
135809	16 连工 02	500.00	3.00	2019.09.06	5.3000	0.00	260.00
135810	16 潍东债	2000.00	5.00	2021.09.20	4.2500	0.00	1150.00
135811	16 万林 01	500.00	5.00	2021.09.08	4.7900	0.00	274.00
135812	16 首股 02	3000.00	5.00	2021.09.05	3.5900	0.00	834.00
135813	16 镇城 03	1500.00	3.00	2019.09.01	4.7900	0.00	0.00
135814	16 金交 01	500.00	5.00	2021.09.02	5.2000	0.00	1240.00
135815	16 名城 03	3500.00	3.00	2019.09.09	6.8000	0.00	6740.60
135816	16 建房 02	1500.00	5.00	2021.09.08	3.8300	0.00	0.00
135817	16 南县债	500.00	5.00	2021.09.06	6.6000	0.00	270.00
135818	16 洪泽 01	400.00	5.00	2021.09.22	5.8000	0.00	120.00
135819	16 绍城 01	1000.00	5.00	2021.09.08	4.0800	0.00	270.00
135820	16 厦特 01	2000.00	5.00	2021.09.09	4.0000	0.00	40.00
135821	16 瀚控 01	2000.00	3.00	2019.09.02	5.5800	0.00	930.00
135822	16 九华 03	900.00	5.00	2021.09.05	5.0700	0.00	860.00
135823	16 天房 04	2000.00	5.00	2021.09.08	5.4000	0.00	0.00
135825	16 岳阳 02	1000.00	5.00	2021.09.05	3.9200	0.00	100.00
135826	16 珠实 02	780.00	5.00	2021.09.05	5.1900	0.00	270.00
135827	16 浏广宇	600.00	3.00	2019.09.06	6.3500	0.00	0.00
135828	16 清浦 02	500.00	5.00	2021.09.13	5.3000	0.00	920.00
135829	16 金投 01	600.00	5.00	2021.09.08	5.6000	0.00	1190.00
135830	16 中孚债	944.00	1.00	2017.09.09	8.0000	0.00	358.40
135831	16 通经 01	200.00	5.00	2021.09.08	3.7800	0.00	0.00

债券信息 List of Bonds

债券 Bond

债券代码 Code	债券简称 Bond Name	发行数量(百万) Issued Vol(M)	年限 Terms	到期日 Expiration Date	票面利率(%) Coupon Rate(%)	本年收盘 Close	成交数量(万) Trading Vol(10000)
135832	16 天宁 01	500.00	5.00	2021.09.13	4.9000	0.00	232.00
135833	16 京融 02	4000.00	5.00	2021.09.07	3.6000	0.00	0.00
135834	16 华发 05	2000.00	5.00	2021.09.12	3.8500	0.00	1100.00
135835	16 贵安 04	2000.00	5.00	2021.09.13	4.3900	0.00	4320.00
135836	16 六安 02	500.00	5.00	2021.09.09	5.4800	0.00	886.00
135838	16 新城 04	500.00	7.00	2023.09.12	4.8000	0.00	0.00
135839	16 承控 02	1500.00	5.00	2021.09.08	4.0000	0.00	150.00
135840	16 新中泰	500.00	5.00	2021.09.30	5.6000	0.00	365.95
135841	16 筑投 01	2800.00	7.00	2023.09.12	4.0000	0.00	100.00
135842	16 旭辉 02	3500.00	5.00	2021.09.23	4.3000	0.00	380.00
135843	16 旭辉 03	500.00	5.00	2021.09.23	5.5000	0.00	300.00
135844	16 潞矿 01	620.00	3.00	2019.09.09	6.9900	0.00	1020.00
135845	16 潞矿 02	1500.00	5.00	2021.09.09	7.5000	0.00	4418.00
135846	16 三水 02	1000.00	5.00	2021.09.12	4.5500	0.00	1050.00
135847	16 永兴 02	1000.00	5.00	2021.09.13	4.7400	0.00	1407.00
135848	16 邳州债	500.00	5.00	2021.09.09	6.5000	0.00	1608.00
135849	16 阳山 01	500.00	3.00	2019.09.08	4.9000	0.00	300.00
135850	16 正源 03	2000.00	3.00	2019.09.19	7.8000	0.00	8289.00
135852	16 崇川 03	500.00	3.00	2019.09.19	3.8800	0.00	661.00
135853	16 海西 01	500.00	5.00	2021.09.20	3.8900	0.00	1050.00
135854	G16 唐新 1	1000.00	5.00	2021.09.14	3.5000	0.00	0.00
135855	16 诸资 01	2000.00	5.00	2021.09.13	3.8000	0.00	530.00
135856	16 西南 C2	3000.00	3.00	2019.09.20	3.4900	0.00	0.00
135857	16 眉山债	1000.00	3.00	2019.09.12	4.3000	0.00	540.00
135858	16 银河 F1	3500.00	3.00	2019.09.19	3.1800	0.00	630.00
135859	16 南城 05	150.00	5.00	2021.09.14	8.2000	0.00	0.00
135860	16 锡洲 02	1500.00	3.00	2019.09.19	7.4000	0.00	4364.80
135862	16 花园 02	1000.00	5.00	2021.09.29	5.3000	0.00	320.00
135863	16 常高 01	1500.00	5.00	2021.09.20	4.0800	0.00	180.00
135864	16 华业 03	800.00	3.00	2017.12.06	6.9000	0.00	146.00
135866	16 通泰 02	400.00	5.00	2021.09.20	6.1000	0.00	1040.00
135867	16 山钢 02	3000.00	3.00	2019.09.14	6.9800	0.00	8795.00
135868	16 佳源 03	400.00	3.00	2019.09.27	8.0000	0.00	0.00
135869	16 佳源 04	500.00	3.00	2019.09.27	7.0000	0.00	925.60
135871	16 湘财 01	500.00	10.00	2026.09.12	4.9200	0.00	100.00
135872	16 大足债	800.00	5.00	2021.09.27	4.5000	0.00	40.00
135873	16 高速 01	3000.00	6.00	2022.09.26	3.4500	0.00	740.00
135874	16 兴业 02	3000.00	5.00	2021.09.26	3.6800	0.00	0.00
135875	16 大庆 03	500.00	5.00	2021.09.20	5.7000	0.00	660.00
135876	16 新港 04	500.00	3.00	2019.09.23	3.6700	0.00	0.00
135877	16 新港 05	500.00	5.00	2021.09.23	3.9000	0.00	0.00
135878	16 华创 01	800.00	4.00	2020.09.22	4.0000	0.00	140.00
135879	16 世茂 03	1000.00	2.00	2018.09.21	3.7000	0.00	1040.00
135880	16 世茂 04	3000.00	3.00	2019.09.21	3.9000	0.00	1440.00
135881	16 世茂 05	1200.00	5.00	2021.09.21	4.1000	0.00	300.00
135882	16 雅居 02	1800.00	5.00	2021.10.11	4.6000	0.00	460.00
135883	16 雅居 03	1200.00	7.00	2023.10.11	5.7000	0.00	510.00
135884	16 威国资	300.00	5.00	2021.09.21	4.5000	0.00	160.00
135885	16 市北 01	1000.00	5.00	2021.09.27	4.1200	0.00	610.00
135886	16 白沙洲	1500.00	5.00	2021.09.23	4.5700	0.00	1250.00

债券信息
List of Bonds

债券
Bond

债券代码 Code	债券简称 Bond Name	发行数量(百万) Issued Vol(M)	年限 Terms	到期日 Expiration Date	票面利率(%) Coupon Rate(%)	本年收盘 Close	成交数量(万) Trading Vol(10000)
135887	16 郑地 04	1500.00	5.00	2021.09.22	4.1900	0.00	1880.00
135888	16 三盛 04	750.00	5.00	2021.09.22	7.5000	0.00	588.00
135889	16 国开次	5000.00	5.00	2021.09.26	3.5800	0.00	180.00
135890	16 中铝 01	3215.00	3.00	2019.09.23	4.9000	0.00	2800.00
135892	16 中融 06	1000.00	3.00	2019.09.26	6.8000	0.00	1360.00
135893	16 洛矿 01	500.00	3.00	2017.07.25	4.4500	0.00	0.00
135894	16 鑫鸿 02	1000.00	5.00	2021.09.21	5.6000	0.00	1775.00
135895	16 联发 03	1500.00	5.00	2021.09.26	3.8500	0.00	0.00
135896	16 阳澄 01	300.00	3.00	2019.09.23	4.2800	0.00	0.00
135897	16 威海投	1500.00	7.00	2023.09.26	4.9500	0.00	975.00
135898	16 中银 C1	2000.00	6.00	2022.09.26	3.3500	0.00	0.00
135899	16 双鸭 01	800.00	5.00	2021.09.27	6.0000	0.00	0.00
136000	15 浙国资	1600.00	5.00	2020.10.19	3.7800	99.80	1010.10
136001	15 福能债	500.00	5.00	2020.10.22	3.8800	98.17	226.42
136002	15 赣粤 02	700.00	7.00	2022.10.23	3.8500	97.71	660.00
136003	15 如意债	2000.00	5.00	2020.10.23	5.9500	97.92	2225.88
136004	14 武控 02	350.00	5.00	2021.06.24	3.6000	93.30	276.50
136005	15 海投 01	200.00	5.00	2020.10.27	3.8000	98.54	151.00
136006	15 鲁星 01	1100.00	5.00	2020.10.23	5.6400	98.50	715.42
136007	15 鲁焦 02	1500.00	3.00	2018.11.05	6.9000	98.69	3120.14
136008	15 协鑫债	1000.00	5.00	2020.10.28	5.6000	99.00	469.26
136009	15 红星 01	2000.00	5.00	2020.10.28	4.3700	98.70	1155.52
136010	15 中骏 01	2000.00	5.00	2020.10.28	5.1800	99.20	1440.37
136011	14 瀚华 02	900.00	4.00	2019.11.03	6.6000	101.00	2614.17
136012	15 梅花 02	1500.00	4.00	2019.10.30	4.2700	97.70	1712.12
136013	15 财达债	2500.00	5.00	2020.10.28	3.8000	99.60	1745.00
136014	15 福投债	3000.00	8.00	2023.11.02	3.8600	95.97	3709.64
136015	15 华安 01	1300.00	3.00	2018.11.02	5.0000	100.10	1194.41
136016	15 赛轮债	700.00	3.00	2018.11.02	5.1000	99.15	552.65
136017	15 名城 01	1600.00	5.00	2020.11.04	6.9800	99.80	2811.57
136019	15 龙湖 04	2000.00	7.00	2022.11.02	4.0800	96.13	1853.00
136020	15 华安 02	500.00	5.00	2020.11.02	3.8000	98.90	390.00
136021	15 新城 01	3000.00	5.00	2020.11.03	4.5000	98.95	1781.06
136022	15 东吴债	2500.00	5.00	2020.11.09	4.1500	96.89	1507.20
136023	15 当代债	1000.00	5.00	2020.11.09	5.1000	99.35	1330.50
136024	15 沪城开	1800.00	7.00	2022.11.06	4.4700	97.80	1122.49
136025	15 黔路 01	2000.00	3.00	2018.11.05	4.2000	98.92	1295.55
136026	15 蒙阜丰	1000.00	3.00	2018.11.05	3.9800	98.49	1286.50
136027	15 三福 02	400.00	5.00	2020.11.09	6.0000	96.50	657.94
136028	15 花园 01	2000.00	5.00	2020.11.10	7.2500	96.17	1812.45
136029	15 华宝债	4000.00	3.00	2018.11.09	3.8500	99.00	5144.39
136030	15 吉利 01	2000.00	6.00	2021.11.09	3.8800	98.90	1710.35
136031	15 常发投	1000.00	5.00	2020.11.11	4.3000	100.00	264.50
136032	15 红美 01	5000.00	5.00	2020.11.10	4.5000	99.08	6395.99
136033	15 东旭 02	2000.00	5.00	2020.11.13	7.0000	97.26	2801.31
136034	15 沪国资	3000.00	5.00	2020.11.11	4.0000	96.40	1141.01
136035	15 远东一	2000.00	5.00	2020.11.11	3.8500	100.00	3070.00
136036	15 苏元禾	1000.00	5.00	2020.11.11	4.2900	99.28	680.00
136037	15 旭辉 02	500.00	5.00	2020.11.11	5.9600	100.00	769.72
136038	15 兴杭 01	2000.00	5.00	2020.11.12	4.0900	99.10	2851.43

债券信息
List of Bonds

债券 Bond

债券代码 Code	债券简称 Bond Name	发行数量(百万) Issued Vol(M)	年限 Terms	到期日 Expiration Date	票面利率(%) Coupon Rate(%)	本年收盘 Close	成交数量(万) Trading Vol(10000)
136039	15 石化 01	16000.00	3.00	2018.11.19	3.3000	98.60	9213.14
136040	15 石化 02	4000.00	5.00	2020.11.19	3.7000	97.40	680.00
136041	15 渝信 01	3700.00	3.00	2018.11.18	3.8800	98.77	3850.58
136042	15 渝信 02	5300.00	7.00	2022.11.18	4.2600	96.70	1830.73
136043	15 华凌 01	1200.00	5.00	2020.11.23	6.5000	97.00	826.25
136044	15 通运 01	500.00	7.00	2022.11.18	4.9000	108.00	220.00
136045	15 复地 01	4000.00	5.00	2020.11.20	4.1500	98.10	3144.03
136046	15 中海 01	7000.00	6.00	2021.11.19	3.4000	98.10	4081.61
136047	15 国君 G1	5000.00	5.00	2020.11.19	3.6000	98.70	4485.00
136048	15 国君 G2	1000.00	7.00	2022.11.19	3.8000	96.07	580.00
136049	15 中海 02	1000.00	7.00	2022.11.19	3.8500	97.90	248.47
136050	15 景德 01	500.00	7.00	2022.11.19	5.3000	98.40	310.20
136051	15 矿 03 停	1500.00	7.00	2022.11.20	4.5000	97.50	1555.47
136052	15 矿 04 停	2500.00	10.00	2025.11.20	4.9000	94.00	1020.20
136053	15 南航 01	3000.00	5.00	2020.11.20	3.6300	98.70	1273.07
136055	14 国贸 02	400.00	3.00	2018.11.25	3.8800	98.75	326.70
136056	15 玉皇 01	500.00	3.00	2018.11.23	6.8500	99.95	789.95
136057	15 华发 01	3000.00	5.00	2020.11.26	4.5000	99.43	2586.70
136058	15 宜集债	1000.00	5.00	2020.11.26	5.9900	99.00	1104.91
136059	15 纳通 01	400.00	2.00	2017.12.31	5.0000	99.70	270.53
136060	15 纳通 02	200.00	3.00	2018.12.31	5.4300	100.00	147.00
136061	15 东证债	12000.00	5.00	2020.11.26	3.9000	96.75	1115.14
136062	15 大连港	3000.00	5.00	2020.11.26	3.9400	96.20	794.90
136063	15 中骏 02	1500.00	5.00	2020.12.08	5.3000	98.90	905.60
136064	13 铁龙 02	600.00	3.00	2018.11.30	3.7700	98.30	282.73
136065	15 晋电 01	3000.00	10.00	2025.11.27	4.2900	96.35	3138.03
136066	15 西王 01	1000.00	7.00	2022.12.03	7.4100	96.95	1644.04
136067	15 洪市政	1000.00	7.00	2022.12.02	4.0700	102.90	810.00
136068	15 哈投 02	800.00	5.00	2020.12.09	4.0000	101.88	1098.00
136069	15 双欣债	1060.00	5.00	2020.12.04	7.3000	98.50	856.31
136070	15 必康债	800.00	5.00	2020.12.07	4.6800	98.90	591.02
136071	15 开元 01	1400.00	5.00	2020.12.03	4.2500	95.83	763.62
136072	15 开元 02	600.00	3.00	2018.12.03	3.9000	98.89	330.00
136073	15 云能 02	3300.00	5.00	2020.12.11	4.1500	95.80	3171.71
136074	15 合作债	600.00	5.00	2020.12.03	4.4300	102.50	336.00
136075	15 桂铁投	1000.00	10.00	2025.12.07	3.8000	100.00	50.00
136076	15 瑞贝卡	560.00	5.00	2020.12.08	5.6800	99.62	931.01
136077	15 中天 01	910.00	3.00	2018.12.10	7.5000	100.80	682.18
136078	15 禹洲 01	3000.00	5.00	2020.12.07	5.1000	99.36	2415.01
136079	15 中航债	5000.00	5.00	2020.12.07	3.7200	99.10	3625.01
136080	15 北汽 01	1500.00	5.00	2020.12.10	3.6000	96.00	1065.82
136081	15 广汇 01	520.00	5.00	2020.12.08	6.0000	98.49	635.57
136082	15 浙交 01	1000.00	5.00	2020.12.11	3.6800	96.77	797.00
136083	15 浙交 02	500.00	10.00	2025.12.11	4.0000	92.39	80.67
136084	15 金源 01	5000.00	5.00	2020.12.09	4.8500	97.89	1631.15
136085	15 金茂投	2200.00	5.00	2020.12.09	3.5500	98.60	801.00
136086	15 金源 02	1000.00	7.00	2022.12.09	5.4000	100.00	1467.18
136087	15 保利 01	3000.00	5.00	2020.12.11	3.4000	98.20	2425.74
136088	15 保利 02	2000.00	7.00	2022.12.11	3.6800	95.00	2434.00
136089	15 绿地 01	2000.00	5.00	2020.12.10	3.9000	88.80	1921.72

债券信息 List of Bonds

债券代码 Code	债券简称 Bond Name	发行数量(百万) Issued Vol(M)	年限 Terms	到期日 Expiration Date	票面利率(%) Coupon Rate(%)	本年收盘 Close	成交数量(万) Trading Vol(10000)
136090	15 绿地 02	8000.00	5.00	2020.12.10	3.8000	97.00	8704.20
136091	15 华集 01	500.00	5.00	2020.12.11	6.6000	101.80	815.15
136092	15 连云港	660.00	5.00	2020.12.10	3.9300	100.25	540.00
136093	15 华信债	3000.00	5.00	2020.12.10	4.9800	97.99	4494.71
136094	15 晋电 02	1000.00	10.00	2025.12.14	3.9900	95.04	806.61
136095	15 锡交 01	1500.00	5.00	2020.12.16	3.8800	94.60	637.53
136096	16 复星 01	4000.00	5.00	2021.01.21	3.7800	98.30	1461.37
136097	15 鲁高 01	1000.00	5.00	2020.12.17	3.6700	97.50	1249.01
136098	15 义市 01	1000.00	5.00	2020.12.16	3.9000	94.62	547.00
136099	15 绍交 01	500.00	5.00	2020.12.15	3.9000	96.13	503.00
136100	16 凯乐债	700.00	3.00	2019.01.21	6.8000	99.88	1090.81
136101	15 合景 01	2500.00	6.00	2021.12.17	4.9400	99.00	2608.89
136102	15 合景 02	800.00	7.00	2022.12.17	6.1500	100.50	303.10
136103	15 滇路 01	2000.00	5.00	2020.12.15	4.1000	99.20	2855.62
136104	15 市北债	900.00	5.00	2020.12.21	4.0000	98.50	786.02
136105	15 三友 01	500.00	5.00	2020.12.17	4.2000	99.10	350.01
136106	15 三友 02	500.00	7.00	2022.12.17	5.3000	99.00	621.20
136107	15 穗工债	550.00	5.00	2020.12.18	4.1000	98.50	454.91
136108	14 粤运 02	380.00	5.00	2020.12.17	3.5800	98.40	230.00
136109	15 康达债	900.00	7.00	2022.12.18	5.5000	99.40	134.00
136110	14 昊华 02	1500.00	7.00	2023.01.22	5.8500	99.30	1573.09
136111	15 中环 01	600.00	5.00	2020.12.18	4.0000	98.07	230.00
136112	15 华集 02	500.00	5.00	2020.12.21	6.7500	100.11	210.00
136113	15 新燃 01	2500.00	5.00	2020.12.18	3.6800	98.40	2788.40
136114	15 花园 02	1000.00	5.00	2020.12.21	7.4700	98.00	964.93
136115	15 广证 G2	1000.00	5.00	2020.12.21	3.5000	98.45	408.01
136116	15 天富债	600.00	5.00	2020.12.21	4.3000	96.20	521.00
136117	15 苏伟驰	2000.00	5.00	2020.12.21	5.4000	102.85	2228.98
136118	15 融信 01	1200.00	5.00	2020.12.23	6.4000	100.18	708.81
136119	15 国创 01	400.00	5.00	2020.12.23	6.8800	94.00	222.74
136120	15 鲁能债	3000.00	5.00	2020.12.23	3.7600	95.05	1590.13
136121	15 南山 02	1000.00	5.00	2020.12.25	4.2000	98.35	797.60
136122	15 天域债	150.00	3.00	2018.12.24	8.5000	100.00	80.00
136123	15 中合 01	700.00	7.00	2022.12.25	3.6000	95.00	293.58
136124	16 新奥债	1700.00	5.00	2021.02.25	6.2500	99.80	1099.25
136125	15 洛娃 01	1000.00	5.00	2020.12.28	5.8000	98.70	663.61
136126	15 鑫苑 01	1000.00	5.00	2020.12.28	7.5000	98.50	632.46
136127	15 中江 01	500.00	5.00	2020.12.25	4.4600	98.15	523.00
136128	15 宇通 01	500.00	5.00	2020.12.28	3.3800	98.36	620.00
136129	15 圣牧 01	1000.00	5.00	2020.12.28	4.4800	94.00	529.00
136130	16 葛洲 01	3000.00	5.00	2021.01.19	3.1400	93.70	457.66
136131	15 陕投债	500.00	5.00	2020.12.30	4.0000	98.80	284.00
136132	15 邢钢债	300.00	5.00	2020.12.31	7.3000	100.00	622.94
136133	16 国电 01	2000.00	3.00	2019.01.05	2.9800	98.10	2719.71
136134	16 番雅债	1600.00	5.00	2021.01.12	4.7000	98.00	705.02
136135	16 联泰 01	1000.00	6.00	2022.01.06	5.7500	100.80	564.89
136136	16 茂业 01	1100.00	3.00	2019.01.05	4.0000	99.23	1245.31
136137	16 茂业 02	1700.00	5.00	2021.01.05	4.5000	92.51	2543.39
136138	16 常高新	1000.00	5.00	2021.01.13	3.5800	95.76	1210.06
136139	16 国美 01	3000.00	6.00	2022.01.07	4.0000	98.29	2635.92

债券信息 List of Bonds

债券代码 Code	债券简称 Bond Name	发行数量(百万) Issued Vol(M)	年限 Terms	到期日 Expiration Date	票面利率(%) Coupon Rate(%)	本年收盘 Close	成交数量(万) Trading Vol(10000)
136140	16 富力 01	6000.00	5.00	2021.01.11	3.9500	100.15	6047.81
136141	16 邦信 01	1000.00	6.00	2022.07.01	3.4700	100.50	1040.00
136142	16 中铁 01	2800.00	5.00	2021.01.11	3.7000	94.94	1466.18
136143	16 万达 01	5000.00	5.00	2021.01.14	3.2000	95.27	5704.71
136144	16 远东一	1000.00	5.00	2021.01.13	3.0000	97.47	881.13
136145	16 金辉 01	500.00	5.00	2021.01.13	7.3000	99.87	774.41
136146	16 东兴债	2800.00	5.00	2021.01.13	3.0300	97.77	3121.50
136147	16 中粮 01	3000.00	5.00	2021.01.14	3.2000	97.93	2281.39
136148	16 宏桥 01	2000.00	5.00	2021.01.14	4.1000	97.40	2716.42
136149	16 宏桥 02	1000.00	5.00	2021.01.14	4.8800	93.50	1465.90
136150	16 桐昆 01	600.00	3.00	2019.01.15	3.9500	98.30	506.91
136151	16 保利 01	2500.00	5.00	2021.01.15	2.9500	101.00	2818.20
136152	16 保利 02	2500.00	7.00	2023.01.15	3.1900	94.86	2690.00
136153	16 珠投 01	3900.00	5.00	2021.01.14	5.0000	100.00	3678.79
136154	16 西王 01	1000.00	5.00	2021.01.18	7.3000	93.40	2102.33
136155	16 电建 01	2000.00	5.00	2021.01.26	3.7000	95.89	849.77
136156	16 同益债	1000.00	5.00	2021.01.15	7.4800	98.16	1258.72
136157	16 重水 01	500.00	5.00	2021.01.15	3.2700	93.72	460.00
136158	16 融信 01	1300.00	5.00	2021.01.18	6.2000	99.30	773.02
136159	16 沪国资	1000.00	5.00	2021.01.15	3.0000	93.48	945.00
136160	16 东旭 01	1000.00	5.00	2021.01.18	6.8400	99.67	758.72
136161	16 渝交投	1000.00	5.00	2021.01.18	3.1000	93.23	415.00
136162	16 中静 01	800.00	6.00	2022.01.19	6.5000	97.49	614.48
136163	16 青国信	2500.00	10.00	2026.01.18	3.6000	91.76	1183.00
136164	16 中油 01	8800.00	5.00	2021.01.19	3.0300	94.00	3830.42
136165	16 中油 02	4700.00	10.00	2026.01.19	3.5000	90.50	1227.37
136166	16 广新 01	1000.00	5.00	2021.01.19	3.3300	92.00	1214.50
136167	16 华夏债	1500.00	7.00	2023.01.20	4.8800	96.00	2226.34
136168	16 建发 01	1500.00	7.00	2023.01.21	3.3000	93.80	1486.00
136169	16 狮桥债	450.00	5.00	2021.01.29	5.8800	99.66	254.00
136170	16 景瑞 01	1500.00	5.00	2021.03.17	5.8800	98.50	1100.96
136171	16 华证 01	600.00	5.00	2021.01.21	3.7000	98.30	172.50
136172	16 亿阳 01	209.00	4.00	2020.01.27	7.1000	100.30	265.58
136173	16 龙源 01	3700.00	5.00	2021.01.21	3.2800	95.88	1327.50
136174	16 工艺 01	1000.00	5.00	2021.03.30	3.8000	94.20	388.19
136175	16 搜候债	3000.00	3.00	2019.01.22	3.4500	98.10	1754.61
136176	16 绿地 01	9000.00	5.00	2021.01.21	3.4800	96.30	8814.43
136177	16 电气债	2500.00	3.00	2019.01.21	3.0000	97.75	1528.07
136178	16 兆泰 01	2000.00	5.00	2021.01.21	4.9300	99.00	1921.35
136179	16 绿地 02	1000.00	5.00	2021.01.21	3.8000	86.77	693.15
136180	16 国汽 01	1000.00	5.00	2021.01.25	3.5000	98.00	851.39
136181	16 万通 01	1460.00	5.00	2021.01.25	6.9000	103.50	0.49
136182	16 玉皇 01	500.00	3.00	2019.01.22	7.8500	99.30	542.38
136183	16 新华债	1700.00	5.00	2021.03.24	6.5000	104.00	426.00
136184	16 上港 01	2500.00	5.00	2021.01.22	3.0000	97.50	1780.18
136185	16 国发 01	1250.00	5.00	2021.01.21	3.3300	99.90	755.00
136186	16 苏新债	1000.00	5.00	2021.01.25	4.0000	94.00	1056.00
136187	16 景德 01	500.00	7.00	2023.01.25	4.5000	103.00	370.00
136188	16 富力 03	3600.00	5.00	2021.01.22	3.9500	97.40	3893.90
136189	16 新业 01	600.00	7.00	2023.01.26	4.3800	97.89	1025.50

债券信息
List of Bonds

债券
Bond

债券代码 Code	债券简称 Bond Name	发行数量(百万) Issued Vol(M)	年限 Terms	到期日 Expiration Date	票面利率(%) Coupon Rate(%)	本年收盘 Close	成交数量(万) Trading Vol(10000)
136190	16 正才 02	600.00	3.00	2019.01.22	6.4700	100.00	1435.86
136191	16 靖江港	600.00	5.00	2021.05.25	4.4800	100.00	450.00
136192	16 信威 01	500.00	5.00	2021.01.25	6.6000	0.00	0.00
136193	16 广越 01	2000.00	7.00	2023.01.27	3.3800	95.25	815.00
136194	16 广越 02	1000.00	10.00	2026.01.27	3.7300	95.84	278.00
136195	16 龙湖 01	2300.00	5.00	2021.01.25	3.3000	97.65	1276.69
136196	16 龙湖 02	1800.00	8.00	2024.01.25	3.6800	95.40	1265.00
136197	16 鑫苑 01	700.00	5.00	2021.01.27	7.4700	99.74	725.03
136198	16 上药 01	2000.00	3.00	2019.01.26	2.9800	97.65	2740.35
136199	16 铁工 01	2050.00	5.00	2021.01.28	3.0700	98.00	1310.00
136200	16 铁工 02	2120.00	10.00	2026.01.28	3.8000	95.01	202.95
136201	16 香江 01	1800.00	5.00	2021.03.28	5.5000	101.00	663.52
136202	16 宏桥 03	1800.00	5.00	2021.01.27	4.5000	97.76	2365.13
136203	16 国创 01	250.00	5.00	2021.01.28	6.8700	95.00	306.72
136204	16 丹港 01	2000.00	5.00	2021.01.27	5.5000	59.00	3549.60
136205	16 龙盛 01	890.00	5.00	2021.01.29	3.9800	98.75	1361.00
136206	16 龙盛 02	110.00	5.00	2021.01.29	4.1800	96.70	95.00
136207	16 武金 01	1200.00	5.00	2021.03.29	3.5000	93.75	857.00
136208	16 广新 02	1000.00	5.00	2021.01.29	3.7500	95.00	552.30
136209	16 国美 02	300.00	6.00	2022.01.28	4.0000	97.30	503.69
136210	16 力帆债	900.00	5.00	2021.01.28	6.2600	100.20	663.09
136211	16 恒力 01	2000.00	5.00	2021.11.08	6.4800	96.99	3392.84
136212	16 中交债	500.00	5.00	2021.01.28	4.1800	98.77	524.37
136213	16 晋建发	800.00	5.00	2021.01.29	5.2000	98.20	715.34
136214	14 上实 02	1000.00	5.00	2021.03.11	3.2300	99.04	1075.00
136215	14 恒泰 05	1500.00	3.00	2019.01.29	3.4200	100.00	1088.00
136217	16 新有色	1300.00	5.00	2021.02.01	4.7600	99.00	1142.36
136218	16 华凌 01	800.00	5.00	2021.02.01	6.9500	98.00	1398.19
136219	16 中大债	3000.00	5.00	2021.02.01	3.3500	98.09	3711.77
136220	16 新投 01	600.00	5.00	2021.02.02	4.1900	95.90	564.00
136221	16 天铝 01	860.00	5.00	2021.02.04	7.0000	99.50	1042.46
136222	16 疏浚 01	2000.00	5.00	2021.02.24	2.9900	98.11	2326.00
136223	16 卓越 01	2500.00	5.00	2021.02.25	5.5000	98.50	2361.15
136224	16 新业 02	200.00	7.00	2023.03.04	3.9800	100.00	160.00
136225	16 月星 01	550.00	5.00	2021.02.24	6.5000	98.49	919.07
136226	16 锡公 01	1200.00	7.00	2023.02.25	3.2800	95.55	1246.00
136227	16 住总 01	1500.00	5.00	2021.02.24	3.5500	98.05	996.41
136228	16 国电 02	3000.00	3.00	2019.02.26	2.9200	97.42	4007.22
136229	16 珠投 03	3100.00	5.00	2021.02.24	5.2000	98.99	2626.14
136230	16 宏桥 05	1200.00	5.00	2021.02.24	4.0400	97.20	1590.70
136231	16 金茂 01	500.00	5.00	2021.04.01	6.9700	79.39	984.88
136232	16 漳九龙	2500.00	7.00	2023.04.07	3.6000	95.60	1976.64
136233	16 保利 03	2000.00	5.00	2021.02.25	2.9600	98.00	3013.00
136234	16 保利 04	3000.00	10.00	2026.02.25	4.1900	95.27	978.82
136235	16 晋然 01	500.00	5.00	2021.03.01	3.2000	97.00	426.01
136236	16 复药 01	3000.00	5.00	2021.03.04	3.3500	98.51	4357.29
136237	16 纳通 01	200.00	3.00	2019.03.01	5.2800	101.50	90.00
136238	16 兴发 01	400.00	5.00	2021.03.08	4.7000	100.00	222.09
136239	16 国联 01	1000.00	5.00	2021.03.03	2.9800	97.75	550.00
136240	16 北部湾	1500.00	5.00	2021.03.01	3.6000	95.00	955.54

债券信息
List of Bonds

债券 Bond

债券代码 Code	债券简称 Bond Name	发行数量(百万) Issued Vol(M)	年限 Terms	到期日 Expiration Date	票面利率(%) Coupon Rate(%)	本年收盘 Close	成交数量(万) Trading Vol(10000)
136241	16 中牧 01	1200.00	5.00	2021.02.26	3.1500	100.00	310.00
136242	16 中车 G1	1000.00	5.00	2021.03.03	2.9400	97.37	1701.00
136243	16 中车 G2	1500.00	10.00	2026.03.03	3.2300	95.20	1133.70
136244	16 华夏 02	2000.00	5.00	2021.03.03	4.0400	98.20	2257.04
136245	16 海投 01	100.00	5.00	2021.03.30	3.7800	100.00	30.00
136246	16 津投 01	2000.00	10.00	2026.03.01	3.3400	94.64	940.00
136247	16 华综 01	2500.00	5.00	2021.03.11	3.2400	97.40	1930.40
136248	16 外运 01	2000.00	5.00	2021.03.02	3.2000	95.12	580.00
136249	16 海怡 01	1500.00	5.00	2021.03.30	6.4900	100.50	1495.01
136250	16 瑞茂 01	700.00	3.00	2019.03.01	6.5000	99.95	1301.78
136251	16 信地 01	2500.00	5.00	2021.03.01	3.8000	98.17	1476.61
136252	16 亿阳 03	755.00	5.00	2021.03.02	7.1000	76.50	162.94
136253	16 中油 03	12700.00	5.00	2021.03.03	3.1500	94.12	5527.71
136254	16 中油 04	2300.00	10.00	2026.03.03	3.7000	92.30	219.79
136255	16 泰阳债	700.00	5.00	2021.03.02	5.9700	100.00	200.00
136256	16 南航 01	5000.00	3.00	2019.03.03	2.9700	100.50	4447.76
136257	16 新投 02	900.00	5.00	2021.03.03	3.7000	100.00	331.01
136258	16 财通债	2500.00	3.00	2019.03.04	3.1500	97.50	1643.00
136259	16 龙湖 03	2500.00	6.00	2022.03.04	3.1900	97.54	2939.96
136260	16 龙湖 04	1500.00	10.00	2026.03.04	3.7500	94.60	599.70
136261	16 长园 01	700.00	3.00	2019.03.04	4.5000	99.45	666.17
136262	16 建元 01	1000.00	5.00	2021.03.07	3.2000	97.55	387.10
136263	16 建元 02	500.00	5.00	2021.03.07	3.6200	100.00	72.00
136264	16 隆基 01	1000.00	5.00	2021.03.07	5.6300	101.00	1151.80
136265	16 正奇 01	400.00	3.00	2019.03.04	5.7000	100.50	513.31
136266	16 鑫苑 02	500.00	5.00	2021.03.14	7.0900	98.98	603.02
136267	16 广越 03	1500.00	7.00	2023.03.09	3.2000	95.08	769.50
136268	16 广越 04	1500.00	10.00	2026.03.09	3.8000	99.02	1410.00
136269	16 伊品债	380.00	5.00	2021.03.21	7.6000	101.83	663.10
136270	16 南网 01	5000.00	5.00	2021.03.11	3.1400	94.05	1928.70
136271	16 天富 01	1000.00	5.00	2021.03.08	3.7600	97.45	858.00
136272	16 国控 01	4000.00	5.00	2021.03.09	2.9200	100.50	6442.32
136273	16 亿达 01	2000.00	5.00	2021.03.09	6.5000	96.00	361.41
136274	16 海亮 01	1300.00	3.00	2019.03.10	5.3000	99.10	957.04
136275	16 海正债	1200.00	5.00	2021.03.16	3.2000	97.00	623.90
136276	16 南山 01	2500.00	5.00	2021.03.14	3.9900	97.95	3807.55
136277	16 华地 01	800.00	3.00	2019.06.20	4.8700	99.37	553.46
136278	16 紫江 01	600.00	5.00	2021.03.18	3.6000	96.40	88.00
136279	16 渤水产	1000.00	7.00	2023.03.16	4.8500	101.70	871.00
136280	16 北汽 01	1500.00	5.00	2021.03.17	3.1500	93.45	2158.20
136281	16 华综 02	1500.00	5.00	2021.03.11	3.5700	94.87	1060.00
136282	16 华峰 01	500.00	5.00	2021.03.14	4.9500	101.50	74.00
136283	16 浙交 01	2000.00	5.00	2021.03.16	3.2000	95.05	1014.92
136284	16 浙交 02	1000.00	10.00	2026.03.16	3.8400	94.96	1171.10
136285	16 金隅 01	3200.00	5.00	2021.03.14	3.1200	97.50	4281.93
136286	16 金隅 02	1800.00	7.00	2023.03.14	3.5000	95.00	2262.98
136287	16 首开 01	750.00	5.00	2021.03.14	3.3000	94.15	291.00
136288	16 建发 02	1500.00	7.00	2023.03.21	3.2000	97.00	1982.00
136289	16 珠江 01	500.00	5.00	2021.03.15	3.3200	100.10	451.00
136290	16 航民 01	400.00	5.00	2021.03.15	4.2000	97.81	286.71

债券信息 List of Bonds

债券 Bond

债券代码 Code	债券简称 Bond Name	发行数量(百万) Issued Vol(M)	年限 Terms	到期日 Expiration Date	票面利率(%) Coupon Rate(%)	本年收盘 Close	成交数量(万) Trading Vol(10000)
136291	16 力帆 02	1100.00	4.00	2020.03.15	5.9400	99.80	672.02
136292	16 中星 01	3700.00	5.00	2021.03.16	3.2000	97.35	4212.75
136293	16 兆泰 02	1000.00	5.00	2021.03.16	4.1800	97.60	601.80
136294	16 信地 02	500.00	5.00	2021.03.15	3.5000	97.00	410.02
136295	16 川电 01	1000.00	5.00	2021.03.23	3.3800	95.16	503.90
136296	16 珠投 04	1000.00	5.00	2021.03.16	4.8000	97.60	1031.00
136297	16 两江 01	2000.00	3.00	2019.03.17	2.9500	102.00	2844.80
136298	16 青港 01	1500.00	5.00	2021.03.18	2.9000	100.13	1710.00
136299	16 翠微 01	550.00	5.00	2021.03.21	3.0000	97.28	1124.00
136300	16 联泰 02	1000.00	6.00	2022.03.18	5.6800	99.25	416.00
136301	16 龙盛 03	3500.00	5.00	2021.03.17	3.4800	97.60	4285.09
136302	16 龙盛 04	500.00	5.00	2021.03.17	3.9300	94.80	204.34
136303	16 世茂 G1	2000.00	3.00	2019.03.21	3.2900	98.00	1191.18
136304	16 紫金 01	3000.00	5.00	2021.03.18	2.9900	96.99	4899.75
136305	16 紫金 02	2000.00	5.00	2021.03.18	3.3700	95.50	2072.00
136306	16 复地 01	1000.00	3.00	2019.03.21	3.6000	99.20	1057.65
136307	16 协信 03	2000.00	5.00	2021.03.17	6.5000	101.00	2312.50
136308	16 皖经 01	500.00	5.00	2021.03.30	4.5000	96.95	487.83
136309	16 云投 01	2000.00	5.00	2021.03.18	3.4000	93.54	2261.28
136310	16 当代 01	500.00	5.00	2021.03.21	3.7500	97.74	896.26
136311	16 中化 01	3000.00	5.00	2021.03.21	3.1500	93.42	1541.00
136312	16 皖投 01	2000.00	5.00	2021.03.18	2.9600	99.80	2725.00
136313	16 西高科	2500.00	7.00	2023.03.21	3.9000	94.00	1718.70
136314	16 汇丰 01	500.00	5.00	2021.03.21	5.8000	101.00	407.00
136315	16 远东三	2000.00	5.00	2021.03.22	3.0300	102.00	1892.00
136316	16 福能债	500.00	5.00	2021.03.23	3.2700	95.40	400.00
136317	15 智慧 01	800.00	5.00	2021.04.05	4.8000	97.29	683.17
136318	16 中油 05	9500.00	5.00	2021.03.24	3.0800	94.19	7213.81
136319	16 中油 06	2000.00	10.00	2026.03.24	3.6000	91.70	709.48
136320	16 宇通 01	500.00	5.00	2021.03.22	3.0000	97.20	222.00
136321	16 金泰债	1000.00	3.00	2019.03.23	3.7500	97.86	965.17
136322	16 宇通 02	1000.00	7.00	2023.03.22	3.5000	97.00	629.36
136323	16 越交 01	300.00	5.00	2021.03.21	2.8500	97.34	197.00
136324	16 越交 02	700.00	7.00	2023.03.21	3.3800	94.95	335.00
136325	16 金地 01	1300.00	6.00	2022.03.22	3.0000	101.50	994.20
136326	16 金地 02	1700.00	8.00	2024.03.22	3.5000	93.22	840.00
136327	16 特房 01	2100.00	5.00	2021.03.22	3.2000	97.66	2216.40
136328	16 忠旺 01	2500.00	5.00	2021.03.22	4.0500	97.00	3320.23
136329	16 国美 03	1700.00	6.00	2022.05.10	4.5000	97.10	1196.21
136330	16 扬城控	1500.00	5.00	2021.03.25	3.3500	93.50	1030.00
136331	16 金辉 02	1500.00	5.00	2021.03.23	6.5000	100.00	1080.00
136332	16 泰豪 01	500.00	5.00	2021.03.23	4.2000	97.64	193.01
136334	16 银宝 01	1100.00	5.00	2021.03.25	3.5000	101.00	1270.00
136335	16 北汽集	1000.00	7.00	2023.03.28	3.6000	92.65	1006.65
136336	16 宏泰债	1000.00	5.00	2021.03.24	3.5400	95.00	562.00
136337	16 乌房 01	1500.00	5.00	2021.03.25	3.5400	97.55	797.40
136338	16 漳诏 01	500.00	5.00	2021.03.30	3.2300	97.09	530.00
136339	16 滇路 01	2000.00	5.00	2021.03.25	3.3000	97.67	735.18
136340	16 鲁星 01	1000.00	5.00	2021.03.28	5.1000	97.09	773.59
136341	16 洋河 01	1000.00	10.00	2026.03.24	3.2400	94.08	981.00

债券信息 List of Bonds

债券 Bond

债券代码 Code	债券简称 Bond Name	发行数量(百万) Issued Vol(M)	年限 Terms	到期日 Expiration Date	票面利率(%) Coupon Rate(%)	本年收盘 Close	成交数量(万) Trading Vol(10000)
136342	16 浦集 01	2000.00	7.00	2023.03.25	3.1800	93.47	3712.00
136343	16 泸工债	1000.00	5.00	2021.03.25	5.3900	97.00	549.00
136344	16 广电 01	2500.00	5.00	2021.03.25	3.4800	94.29	3573.00
136345	16 天建 01	600.00	6.00	2022.03.28	3.9000	100.00	120.00
136346	16 天建 02	1600.00	10.00	2026.03.28	4.8000	89.00	484.64
136347	16 永利债	1000.00	5.00	2021.03.28	6.2000	98.00	156.00
136348	16 国机债	2000.00	5.00	2021.03.30	3.3900	94.10	1348.37
136349	16 华虹 01	500.00	5.00	2021.03.25	4.3000	97.90	507.09
136350	16 海怡 02	1000.00	3.00	2019.03.30	5.8000	99.10	1117.37
136351	16 永泰 01	760.00	3.00	2019.03.30	7.5000	99.78	1332.41
136352	16 中天 01	900.00	3.00	2019.03.31	7.4000	100.20	1384.76
136353	16 象屿债	500.00	7.00	2023.04.12	3.8000	96.50	660.00
136354	16 鲁商 01	1000.00	7.00	2023.04.08	3.6600	90.00	345.00
136355	16 大华 01	500.00	5.00	2021.04.01	3.9800	98.50	458.29
136356	16 宁远高	530.00	5.00	2021.04.12	7.9000	100.70	621.92
136357	16 亚泰 01	1000.00	5.00	2021.04.05	6.0000	0.00	230.00
136358	16 川电 02	1000.00	5.00	2021.04.11	3.4400	95.07	1085.00
136360	16 富力 04	1950.00	6.00	2022.04.07	3.4800	96.77	2582.18
136361	16 富力 05	950.00	7.00	2023.04.07	3.9500	95.40	509.69
136362	16 珠管 01	1000.00	5.00	2021.04.08	5.0000	97.50	975.99
136363	16 复星 02	1600.00	5.00	2021.04.14	3.7000	97.50	1162.73
136364	16 十二师	800.00	7.00	2023.04.11	4.6600	102.10	410.01
136365	16 桂铁债	1000.00	10.00	2026.04.11	3.5500	93.63	647.40
136366	16 当代 02	800.00	5.00	2021.04.12	3.9000	101.10	1102.13
136367	16 国君 G1	5000.00	5.00	2021.04.12	2.9700	97.20	6688.06
136368	16 国君 G2	1000.00	7.00	2023.04.12	3.2500	93.91	410.00
136369	16 山鹰债	1000.00	7.00	2023.04.13	5.3500	100.50	1023.51
136370	16 宁开控	1000.00	5.00	2021.04.12	3.7300	98.00	924.00
136371	16 众品 01	500.00	3.00	2019.04.11	6.5000	99.65	463.05
136372	16 光大 01	5000.00	5.00	2021.04.12	2.9500	97.27	6084.40
136374	16 建业 01	3000.00	5.00	2021.04.12	6.0000	100.59	1815.01
136375	16 恒健 01	1800.00	5.00	2021.04.12	3.2700	95.40	1285.75
136376	16 中希 01	1600.00	3.00	2019.04.13	5.6000	99.20	1779.69
136377	16 泰玻债	700.00	5.00	2021.09.06	3.5700	96.60	743.20
136378	16 华泰 01	2000.00	5.00	2021.04.14	6.2000	98.00	7219.17
136379	16 精控 01	100.00	5.00	2021.04.15	6.5000	100.00	343.00
136380	16 新湖 01	3500.00	5.00	2021.05.20	5.2000	98.85	2926.69
136382	16 津投 02	2000.00	3.00	2019.06.17	3.1000	97.10	1364.01
136383	16 南港 01	1000.00	5.00	2021.04.25	4.0600	96.80	981.00
136384	16 三花 01	1000.00	5.00	2021.07.13	3.4700	96.90	260.00
136385	16 九华债	400.00	5.00	2021.04.18	4.0500	101.00	155.00
136386	16 财信债	2000.00	5.00	2021.04.19	3.7000	97.10	899.00
136387	16 福投 01	1000.00	8.00	2024.04.25	3.6700	100.00	690.00
136388	16 亿阳 04	1210.00	5.00	2021.04.21	7.1000	95.00	1389.90
136389	16 鲁商 02	1000.00	5.00	2021.04.22	3.6800	97.57	664.00
136390	16 人福债	1000.00	3.00	2019.04.22	3.8300	97.70	560.00
136391	16 圆融 01	1000.00	3.00	2019.05.25	3.2700	99.00	846.00
136392	16 财鑫债	500.00	5.00	2017.11.21	6.9900	0.00	1138.00
136393	16 武金 02	800.00	5.00	2021.04.20	3.8900	95.16	1526.00
136394	16 武商贸	300.00	5.00	2021.04.29	4.7500	99.35	280.00

债券信息
List of Bonds

债券
Bond

债券代码 Code	债券简称 Bond Name	发行数量(百万) Issued Vol(M)	年限 Terms	到期日 Expiration Date	票面利率(%) Coupon Rate(%)	本年收盘 Close	成交数量(万) Trading Vol(10000)
136396	16 粤港 01	1200.00	5.00	2021.05.27	3.0500	100.00	595.00
136397	16 北水 01	2000.00	5.00	2021.04.25	3.6000	97.61	1432.50
136398	16 华融德	1500.00	5.00	2021.04.27	3.8000	97.96	1460.01
136399	16 桂农 01	1000.00	3.00	2019.06.17	4.4000	106.80	704.00
136400	16 金辉 03	1000.00	5.00	2021.04.25	6.5000	100.00	886.68
136401	16 华润 01	5000.00	7.00	2023.06.13	3.4900	94.66	4128.79
136402	16 红星 01	1000.00	5.00	2021.04.28	4.7000	101.93	840.00
136403	16 红星 02	1000.00	7.00	2023.04.28	5.3000	100.00	690.00
136404	16 外高 01	750.00	5.00	2021.04.27	3.4600	97.60	416.00
136405	14 亿利 02	1000.00	5.00	2021.04.26	7.0000	102.49	2893.91
136406	16 正才 03	784.00	5.00	2021.04.25	6.2000	98.80	687.77
136407	16 正才 04	120.00	3.00	2019.04.25	5.8000	100.80	30.00
136408	16 路桥 01	400.00	5.00	2021.04.26	3.5900	103.80	370.00
136409	16 融科 01	1450.00	5.00	2017.02.14	4.6800	101.90	0.00
136410	16 融科 02	1050.00	7.00	2017.04.21	5.5000	100.00	0.00
136411	16 小商 01	800.00	3.00	2019.04.27	3.8000	97.68	620.00
136412	16 房信 01	200.00	5.00	2021.08.23	6.0000	100.00	0.00
136414	16 绵投债	910.00	5.00	2021.04.27	5.5000	100.80	804.00
136415	16 华建 01	600.00	5.00	2021.04.27	4.6000	99.90	588.00
136416	16 南山 03	2400.00	5.00	2021.05.26	4.8000	99.20	2805.71
136417	16 万达 02	8000.00	5.00	2021.05.06	3.9500	94.48	8622.63
136418	16 信威 02	500.00	5.00	2021.04.27	6.8000	0.00	0.00
136419	16 国华 01	1500.00	5.00	2021.09.14	4.2500	97.30	1817.20
136420	16 中电 01	2000.00	5.00	2021.05.04	3.5000	100.42	890.00
136421	16 春秋 01	2300.00	5.00	2021.06.02	3.6500	97.30	1155.91
136422	16 宝丰 01	1000.00	5.00	2021.09.30	6.2000	99.50	846.07
136424	16 南翔 02	1500.00	3.00	2019.07.28	7.0000	98.28	1749.73
136425	16 苏农 01	310.00	5.00	2021.05.19	5.0000	100.00	240.00
136426	16 电投 01	6000.00	3.00	2019.05.04	3.1000	99.30	4933.62
136427	16 葛洲 02	3000.00	5.00	2021.05.04	3.2700	97.90	3990.00
136429	16 福华 02	1100.00	3.00	2019.05.04	6.3000	100.05	3091.77
136430	16 浙五金	800.00	5.00	2021.05.06	4.9700	102.00	450.00
136431	16 广安 01	400.00	5.00	2021.05.12	3.8400	100.00	600.00
136432	16 协信 05	1260.00	5.00	2021.05.12	6.5000	102.90	1470.95
136433	16 晟晏债	1000.00	5.00	2021.05.19	7.5000	100.00	1660.35
136434	16 葛洲 03	4000.00	5.00	2021.05.13	3.4500	94.50	1610.71
136435	16 广汇 G1	1400.00	3.00	2019.05.18	6.9500	99.90	4278.30
136436	16 远洋 01	4000.00	5.00	2021.05.19	3.5000	98.00	3736.77
136438	16 信投 G1	3000.00	5.00	2021.05.20	3.1400	97.75	2247.57
136439	16 永泰 02	1390.00	3.00	2019.05.19	7.5000	99.40	1558.58
136440	16 渝开投	2000.00	5.00	2021.06.16	3.6300	96.75	1326.00
136441	15 智慧 02	500.00	5.00	2021.05.24	5.3300	99.79	202.00
136442	16 国盛 01	1000.00	5.00	2021.05.24	4.2800	98.21	1500.00
136443	16 蓉金 01	1500.00	5.00	2021.05.25	3.3000	101.00	959.50
136445	G16 嘉化 1	300.00	5.00	2021.05.23	4.7800	98.10	274.74
136446	16 电投 02	6000.00	3.00	2019.05.26	3.0300	99.18	7316.97
136447	16 复星 03	4400.00	5.00	2021.05.26	3.8000	99.83	4333.51
136448	16 万达 03	5000.00	5.00	2021.05.24	3.9500	95.09	6808.00
136449	16 油服 01	2000.00	3.00	2019.05.27	3.1400	97.70	980.27
136450	16 油服 02	3000.00	10.00	2026.05.27	4.1000	104.09	530.00

债券信息
List of Bonds

债券
Bond

债券代码 Code	债券简称 Bond Name	发行数量(百万) Issued Vol(M)	年限 Terms	到期日 Expiration Date	票面利率(%) Coupon Rate(%)	本年收盘 Close	成交数量(万) Trading Vol(10000)
136451	16 远洲 01	150.00	5.00	2021.05.24	8.0000	100.00	0.00
136452	16 南航 02	5000.00	5.00	2021.05.25	3.1200	97.20	6235.91
136453	16 中工 01	900.00	3.00	2019.06.17	4.7000	99.00	420.04
136454	16 吴交 01	300.00	7.00	2023.05.26	3.7500	100.00	80.00
136455	16 银河 G1	4900.00	3.00	2019.06.01	3.1000	97.21	5319.30
136456	16 银河 G2	600.00	5.00	2021.06.01	3.3500	100.00	150.00
136457	16 希望 01	700.00	5.00	2021.05.30	4.2500	98.75	513.70
136458	16 圣牧 01	600.00	5.00	2021.06.01	4.7500	97.00	407.48
136459	16 上港 02	3000.00	5.00	2021.06.02	3.0800	97.10	4077.09
136460	16 市政 01	500.00	5.00	2021.06.03	3.6500	96.00	120.00
136461	16 东辰 01	700.00	3.00	2019.06.02	6.9500	99.47	1046.83
136462	16 漕河泾	900.00	7.00	2023.06.02	3.7600	100.00	50.00
136463	16 香城建	600.00	5.00	2021.06.07	3.8400	100.65	445.00
136464	16 路桥 02	300.00	5.00	2021.06.07	3.1400	97.57	190.20
136465	16 国投 01	3000.00	7.00	2023.06.03	3.7900	94.61	120.00
136466	16 长园 02	500.00	3.00	2019.06.06	4.4500	99.00	1148.20
136467	16 东南 01	1000.00	3.00	2019.06.06	7.0000	99.77	2212.89
136468	16 瑞茂 02	600.00	3.00	2019.06.13	6.4500	103.50	896.11
136469	16 联通 01	7000.00	3.00	2019.06.07	3.0700	97.29	9462.04
136470	16 联通 02	1000.00	5.00	2021.06.07	3.4300	101.23	190.00
136471	16 杨农债	600.00	7.00	2023.06.07	5.1800	101.00	410.00
136472	16 青港 02	2000.00	5.00	2021.06.08	3.0900	100.60	2626.00
136473	16 中化债	2500.00	5.00	2021.06.06	3.6100	97.00	1219.02
136474	16 万达 04	3000.00	5.00	2021.06.13	3.8800	93.98	3675.44
136475	16 华宇 01	900.00	5.00	2021.06.08	6.0000	98.90	270.00
136476	16 天海债	1000.00	3.00	2019.06.08	6.5000	0.00	1218.00
136477	16 北控 01	1000.00	3.00	2019.06.13	3.0300	97.54	1204.90
136478	16 北控 02	1000.00	10.00	2026.06.13	3.9900	102.50	194.00
136479	16 华能 01	3000.00	5.00	2021.06.13	3.4800	95.52	4750.00
136480	16 华能 02	1200.00	10.00	2026.06.13	3.9800	97.54	80.00
136481	16 海建 01	400.00	3.00	2019.08.03	6.9100	99.21	749.49
136482	16 华福 G1	900.00	5.00	2021.06.14	3.6700	100.00	180.00
136483	16 光大 02	2000.00	5.00	2021.06.07	3.4900	96.30	1035.00
136484	16 香江 02	1300.00	4.00	2020.06.08	6.5000	99.65	1818.80
136485	16 协鑫 01	500.00	3.00	2019.06.29	5.1000	100.00	190.00
136486	16 长城 01	600.00	3.00	2019.06.13	7.0500	98.95	581.62
136487	16 月星 02	450.00	5.00	2021.06.17	6.3500	98.45	837.00
136488	16 南港 02	500.00	5.00	2021.06.17	3.6500	100.00	413.00
136489	16 正集 01	1000.00	3.00	2019.06.13	3.8800	97.60	695.80
136490	16 红美 01	1500.00	5.00	2021.07.13	3.5000	96.90	1176.10
136491	16 红美 02	1500.00	7.00	2023.07.13	4.2900	95.10	807.84
136492	16 禾嘉债	500.00	3.00	2021.06.14	6.9800	97.50	268.37
136493	16 成渝 01	1000.00	5.00	2021.06.17	3.4800	95.00	530.36
136494	16 滇博 01	300.00	5.00	2021.06.15	4.9800	100.00	78.00
136495	16 粤高 01	2000.00	15.00	2031.06.16	4.1000	109.00	472.66
136496	16 苏华成	1350.00	5.00	2021.06.16	6.8000	100.49	3496.23
136497	16 西王 02	1000.00	5.00	2021.06.17	7.0000	93.01	1938.08
136498	16 河西 01	2000.00	5.00	2021.06.17	3.4700	94.96	1050.00
136499	16 洪市政	1000.00	7.00	2023.06.20	3.5100	95.50	1062.01
136500	16 兴泰债	1000.00	3.00	2019.06.22	3.3800	101.60	408.50

债券信息
List of Bonds

债券
Bond

债券代码 Code	债券简称 Bond Name	发行数量(百万) Issued Vol(M)	年限 Terms	到期日 Expiration Date	票面利率(%) Coupon Rate(%)	本年收盘 Close	成交数量(万) Trading Vol(10000)
136501	16 天风 01	2000.00	5.00	2021.06.20	3.3700	96.53	1624.47
136502	16 穗控 01	4000.00	5.00	2021.07.08	3.3200	94.10	4347.00
136503	16 兴杭债	2000.00	5.00	2021.06.28	3.2800	97.15	1354.38
136504	16 中关 01	2000.00	5.00	2021.06.28	3.3800	105.00	1437.01
136505	16 广汇 G2	2570.00	3.00	2019.07.05	6.9500	99.84	4075.84
136506	16 洛娃 01	1000.00	5.00	2021.07.05	5.5300	96.02	1094.41
136507	16 奥克斯	810.00	5.00	2021.06.28	7.5000	100.00	8.00
136508	16 广电 02	1500.00	5.00	2021.07.06	3.3600	93.42	2267.00
136509	16 三胞 02	730.00	5.00	2021.06.29	6.6000	98.60	2105.81
136510	16 华电 01	4000.00	3.00	2019.07.04	2.9900	96.64	4580.10
136511	16 云金 01	900.00	5.00	2021.07.01	5.1800	101.20	1246.50
136512	16 广安 02	300.00	7.00	2023.07.01	3.7500	94.30	70.00
136513	16 电投 03	5000.00	3.00	2019.07.06	2.8800	98.55	8093.76
136514	16 远东五	2000.00	5.00	2021.07.06	3.1500	97.15	1560.02
136515	16 疏浚 02	3000.00	5.00	2021.07.05	3.0100	96.65	3947.00
136516	16 疏浚 03	1000.00	5.00	2021.07.05	3.3500	95.71	1008.00
136517	16 云投 02	1000.00	5.00	2021.07.04	3.6400	100.00	260.00
136518	16 鲁高 01	2500.00	5.00	2021.07.06	3.3200	99.00	3197.01
136519	16 陆嘴 01	5000.00	5.00	2021.07.05	3.0100	96.60	8358.05
136520	16 永泰 03	1850.00	3.00	2019.07.07	7.5000	99.57	3096.78
136521	16 鸿坤 01	900.00	5.00	2021.07.08	4.1000	97.00	440.00
136522	16 首股债	1000.00	5.00	2021.07.07	3.3000	93.10	575.00
136523	16 广新 03	1200.00	5.00	2021.07.07	3.5800	96.10	901.00
136524	16 联想 01	1500.00	5.00	2021.07.06	3.3000	100.00	340.00
136525	16 联想 02	2000.00	10.00	2026.07.06	4.6000	108.00	7670.00
136526	16 亿阳 05	326.00	5.00	2021.07.11	7.1000	100.00	641.76
136527	16 两江 02	3000.00	3.00	2019.07.07	3.0000	96.50	3582.00
136528	16 世茂 G2	1500.00	3.00	2019.07.12	3.3800	97.50	1992.10
136529	16 中车 G3	1500.00	5.00	2021.07.07	2.9500	96.40	980.21
136530	16 深燃 01	500.00	5.00	2021.07.11	2.9700	96.30	143.71
136531	13 牡丹 02	850.00	5.00	2021.07.08	4.3000	99.00	599.90
136532	16 粤桥 01	3000.00	15.00	2031.07.12	4.0000	90.89	950.00
136533	G16 能新 1	1140.00	5.00	2021.07.11	2.9500	96.80	619.80
136534	16 晟晏 02	200.00	5.00	2021.07.12	7.2000	104.00	79.90
136535	16 万达 05	2000.00	5.00	2021.07.12	3.4500	93.49	2405.12
136536	16 国汽 02	1000.00	5.00	2021.07.12	3.3500	98.26	1056.00
136537	16GLP01	1000.00	3.00	2019.07.13	3.1200	95.95	254.10
136538	16GLP02	500.00	5.00	2021.07.13	3.5800	100.00	20.00
136539	16 上港 03	2500.00	5.00	2021.07.13	2.9500	97.25	2050.93
136540	16 协信 06	1000.00	5.00	2021.07.14	6.5000	103.50	2776.20
136541	16 希望 02	1000.00	5.00	2021.07.13	3.8500	97.50	729.00
136542	16 云工 01	700.00	5.00	2021.07.27	3.9900	100.00	348.00
136543	16 龙湖 05	700.00	5.00	2021.07.14	3.0600	96.40	550.00
136544	16 联通 03	10000.00	3.00	2019.07.14	2.9500	96.89	13791.78
136545	16 皖经 02	3000.00	5.00	2021.07.13	5.8000	98.87	2256.62
136546	16 龙湖 06	3000.00	7.00	2023.07.14	3.6800	98.50	903.00
136547	16 国发 02	1250.00	3.00	2019.07.13	2.9000	98.55	1278.10
136548	16 正源 01	2000.00	5.00	2021.07.15	7.3000	99.00	3548.22
136549	16 紫金 03	1800.00	5.00	2021.07.15	3.0500	96.60	1584.00
136550	16 紫金 04	1200.00	5.00	2021.07.15	3.4500	99.00	1330.01

债券信息
List of Bonds

债券
Bond

债券代码 Code	债券简称 Bond Name	发行数量(百万) Issued Vol(M)	年限 Terms	到期日 Expiration Date	票面利率(%) Coupon Rate(%)	本年收盘 Close	成交数量(万) Trading Vol(10000)
136551	16 融侨 01	2000.00	5.00	2021.07.15	5.8000	98.02	1357.36
136552	16 圆融 02	1000.00	5.00	2021.07.13	3.3700	95.45	895.00
136553	16 联投 01	2000.00	7.00	2023.07.14	3.5000	101.50	2440.00
136554	16 中金 01	3000.00	5.00	2021.07.18	2.9900	96.60	3597.31
136555	16 中金 02	1000.00	7.00	2023.07.18	3.2900	93.00	133.00
136556	16 鸿坤 02	400.00	5.00	2021.07.18	4.0000	100.80	331.20
136557	16 国寿投	2000.00	7.00	2023.07.20	3.2400	94.45	540.00
136558	16 华电 02	3000.00	5.00	2021.07.21	2.9500	96.55	2265.00
136559	16 华电 03	3000.00	5.00	2021.07.21	3.2500	93.50	2624.18
136560	16 齐成 01	440.00	5.00	2021.07.21	6.9800	99.00	847.05
136561	16 老百姓	800.00	5.00	2021.07.19	3.5300	97.30	362.00
136562	16 能建 01	1000.00	5.00	2021.07.20	2.9400	100.00	460.00
136563	16 福投 02	2000.00	8.00	2024.07.22	3.3000	94.00	1685.00
136564	16 东旭 02	3500.00	5.00	2021.07.25	5.8000	94.59	3222.43
136565	16 海亮 02	1200.00	3.00	2019.07.22	4.7000	98.70	1181.80
136566	16 福耀 01	800.00	3.00	2019.07.22	3.0000	97.21	402.76
136567	16 凯华 01	700.00	5.00	2021.07.22	4.0000	98.00	355.00
136568	16 张江 01	2000.00	5.00	2021.07.26	2.9500	96.65	1700.00
136569	16 海亮 03	800.00	5.00	2021.07.22	4.9900	97.44	591.50
136570	16 中江债	300.00	5.00	2021.07.22	4.0000	100.00	90.00
136571	16 正源 02	2000.00	5.00	2021.07.26	7.0000	99.99	5315.83
136572	16 现牧债	250.00	3.00	2019.08.12	5.3000	99.95	375.25
136573	16 港投债	500.00	5.00	2021.08.08	3.8000	97.50	581.21
136574	16 河西 02	800.00	5.00	2021.07.22	3.2000	100.00	310.00
136575	16 光控 01	1000.00	5.00	2021.07.22	2.9200	96.79	874.00
136576	16 光控 02	3000.00	5.00	2021.07.22	3.2400	93.00	3341.08
136577	16 鲁能 01	4000.00	5.00	2021.07.26	3.1800	96.90	2237.36
136578	16 小商 02	700.00	3.00	2019.07.27	3.1000	96.57	733.00
136579	16 华泰 02	1000.00	5.00	2021.07.28	6.1800	100.26	4590.48
136580	16 万达 06	2000.00	5.00	2021.07.27	3.3600	92.93	2934.18
136581	16 外高 02	1250.00	5.00	2021.07.27	2.9500	96.65	1221.00
136582	16 国联 02	1000.00	5.00	2021.07.28	3.0000	97.52	1000.00
136583	16 北新集	700.00	5.00	2021.07.29	4.0000	97.25	730.00
136584	16 铁牛债	2000.00	3.00	2019.07.29	6.4900	98.95	3235.15
136585	16 广汇 G3	1030.00	3.00	2019.08.03	6.5000	101.90	602.50
136586	16 中合 01	800.00	6.00	2022.09.02	3.3900	100.00	1184.00
136587	16 水务 01	1800.00	5.00	2021.07.28	3.0000	99.06	1454.00
136588	16 水务 02	2200.00	7.00	2023.07.28	3.3300	94.80	1875.00
136589	16 融侨 02	2000.00	5.00	2021.07.29	5.6000	98.20	1290.03
136590	16 海伟 01	1000.00	3.00	2019.08.01	5.8900	98.15	880.89
136591	16 西经发	750.00	5.00	2021.08.01	3.7700	97.00	441.00
136592	16 鄂稻 01	1000.00	5.00	2021.08.04	6.9000	101.00	1414.48
136593	16 新华 01	1000.00	5.00	2021.07.29	3.2000	96.48	380.00
136594	16 同仁堂	800.00	5.00	2021.07.31	2.9500	96.65	283.50
136595	16 南港 03	500.00	5.00	2021.08.10	3.3000	100.00	357.00
136596	16 南港 04	500.00	7.00	2023.08.10	3.5500	91.03	113.00
136597	16 石大 01	620.00	5.00	2021.08.03	5.5000	98.80	391.20
136598	16 首旅 01	500.00	7.00	2023.08.02	3.2000	92.70	596.21
136599	16 首旅 02	1500.00	10.00	2026.08.02	3.3000	93.34	1593.40
136600	16 穗建 01	1000.00	3.00	2019.07.31	2.9500	97.30	916.00

债券信息
List of Bonds

债券
Bond

债券代码 Code	债券简称 Bond Name	发行数量(百万) Issued Vol(M)	年限 Terms	到期日 Expiration Date	票面利率(%) Coupon Rate(%)	本年收盘 Close	成交数量(万) Trading Vol(10000)
136601	16 穗建 02	2000.00	5.00	2021.07.31	3.0000	96.70	2741.50
136602	16 泰豪 02	500.00	5.00	2021.08.02	4.1900	100.00	335.00
136603	16 义市 01	1000.00	5.00	2021.08.03	3.4000	96.20	577.00
136604	16 兴发 02	400.00	5.00	2021.08.08	5.5000	100.00	650.00
136605	G16 北控 1	700.00	8.00	2024.08.03	3.2500	95.26	680.00
136606	16 信投 G2	1500.00	5.00	2021.08.09	2.9000	100.00	1040.00
136607	16 宁安 01	2800.00	5.00	2021.08.09	2.9800	96.30	2509.72
136608	16 广新 04	800.00	5.00	2021.08.08	3.3500	95.20	607.00
136609	16 舟交 01	500.00	5.00	2021.08.09	3.3000	93.06	397.00
136610	16 信威 03	1000.00	5.00	2021.08.08	6.6500	0.00	0.00
136611	16 电投 04	4000.00	5.00	2021.08.11	2.9400	97.20	4488.31
136612	16 不动产	4000.00	7.00	2023.08.05	3.2800	95.00	5295.02
136613	16 西王 03	1000.00	5.00	2021.08.05	6.9000	93.25	1236.02
136614	16 碱业 01	600.00	5.00	2021.08.08	3.3500	96.50	393.00
136615	16 碱业 02	600.00	7.00	2023.08.08	3.8000	100.00	1402.00
136616	16 上实 01	400.00	5.00	2021.08.11	3.4900	99.50	444.00
136617	16 正集 02	1000.00	5.00	2021.08.10	3.4000	96.30	721.46
136619	16 中静 02	900.00	6.00	2022.08.24	6.5000	100.00	230.00
136620	16 锡交 01	1500.00	5.00	2021.08.12	3.2400	93.70	1254.10
136621	16 粤高 02	1000.00	15.00	2031.08.11	3.5700	92.00	1231.07
136622	16 国君 G3	5000.00	5.00	2021.08.12	2.9000	96.39	6743.00
136623	16 国君 G4	3000.00	5.00	2021.08.12	3.1400	95.00	1481.60
136624	16 融创 07	2800.00	7.00	2023.08.16	4.0000	82.03	2812.88
136625	G16 节能 1	1000.00	5.00	2021.08.18	2.8900	96.17	1269.00
136626	G16 节能 2	2000.00	7.00	2023.08.18	3.1300	96.82	3734.08
136627	16 精控 02	300.00	5.00	2021.08.15	6.5000	99.33	865.70
136628	16 杭汽 01	500.00	10.00	2026.08.16	3.9500	100.00	80.00
136629	16 兵装 01	1500.00	5.00	2021.08.16	2.8900	96.50	1830.00
136630	16 兵装 02	2000.00	7.00	2023.08.16	3.1000	92.50	1677.00
136631	16 南瑞 01	500.00	3.00	2019.08.16	2.8700	96.32	581.00
136632	16 亚洲浆	1000.00	5.00	2021.08.24	6.3800	98.30	1115.81
136633	16 融创 06	1200.00	5.00	2021.08.16	3.4400	94.20	1701.57
136634	16 黔高速	2000.00	7.00	2023.08.15	3.4600	92.54	2782.00
136635	16 津投 03	2000.00	10.00	2026.08.17	3.5500	105.00	1189.01
136636	16 供销 01	1000.00	3.00	2019.08.16	2.9900	96.21	1010.00
136637	16 巨化 01	800.00	3.00	2019.08.17	3.4500	97.60	631.00
136638	16 海资 01	1000.00	7.00	2023.08.16	3.4000	92.21	1930.02
136639	16 皖投 02	1000.00	5.00	2021.08.17	2.9200	100.00	698.00
136640	16 海亮 04	750.00	3.00	2019.08.17	4.7000	98.70	717.12
136641	16 海亮 05	950.00	5.00	2021.08.17	5.3800	98.89	1004.75
136642	16 国航 01	4000.00	3.00	2019.08.18	2.8400	96.80	5728.10
136643	16 华宇 02	2700.00	5.00	2021.08.18	5.2900	98.30	3320.00
136644	16 天地 01	1000.00	5.00	2021.08.23	4.6800	98.93	742.00
136645	16 百隆 01	1600.00	5.00	2021.08.22	3.5500	96.50	1215.05
136646	16 中海 01	6000.00	10.00	2026.08.23	3.1000	100.00	1615.00
136647	16 华新 01	1200.00	5.00	2021.08.22	4.7900	97.20	1151.80
136648	16 佳源 01	1500.00	5.00	2021.08.23	6.4000	101.00	317.67
136649	16 佳源 02	1000.00	3.00	2019.08.23	6.2000	101.00	1529.18
136650	16 普天 01	3000.00	6.00	2022.08.19	3.0700	95.80	4954.62
136651	16 普天 02	500.00	10.00	2026.08.19	3.3500	92.00	116.00

债券信息
List of Bonds

债券代码 Code	债券简称 Bond Name	发行数量(百万) Issued Vol(M)	年限 Terms	到期日 Expiration Date	票面利率(%) Coupon Rate(%)	本年收盘 Close	成交数量(万) Trading Vol(10000)
136652	16 洪政 02	1000.00	7.00	2023.08.22	3.2300	94.11	643.80
136653	16 清控 01	1000.00	5.00	2021.08.24	2.9000	100.00	1864.02
136654	16 外运 03	1500.00	5.00	2021.08.24	2.9400	95.79	1535.00
136655	14 银河 G3	1500.00	3.00	2019.08.23	2.8900	96.50	1858.00
136656	14 银河 G4	1000.00	5.00	2021.08.23	3.1400	100.00	506.00
136657	16 旅业 01	950.00	3.00	2019.08.22	5.7000	107.00	950.00
136660	16 天铝 03	1140.00	5.00	2021.08.23	6.9000	100.00	1813.80
136661	16 六建 01	600.00	3.00	2019.08.22	6.5000	100.90	224.54
136662	16 友阿 01	1000.00	5.00	2021.08.24	5.2000	99.00	1103.56
136663	16 友阿 02	500.00	5.00	2021.08.24	5.7000	100.00	120.00
136664	16 云工 02	800.00	5.00	2021.09.27	3.9700	100.00	364.00
136665	16 鲁万通	640.00	5.00	2021.08.29	6.5000	98.86	688.00
136666	16 外高 03	1000.00	5.00	2021.08.30	2.9400	96.69	1090.00
136667	16 海矿 01	106.00	5.00	2021.08.30	5.6500	100.00	30.00
136668	16 重水 02	500.00	5.00	2021.08.25	3.1900	100.00	560.00
136669	16 南山 04	900.00	5.00	2021.08.29	3.7000	97.00	1083.98
136670	16 南山 05	700.00	5.00	2021.08.29	4.5000	94.94	1253.73
136671	16 中车 01	2000.00	5.00	2021.08.30	2.9500	95.90	1287.02
136672	16 京技投	1000.00	2.00	2018.08.31	2.8600	98.41	1257.10
136673	16 齐成 02	80.00	5.00	2021.08.31	6.9800	100.00	0.00
136674	16 正才 05	1500.00	5.00	2021.09.05	5.5000	102.97	1743.21
136675	16 正才 06	996.00	3.00	2019.09.05	5.2800	99.80	491.59
136676	16 天风 02	1300.00	5.00	2021.08.31	3.4800	100.00	920.00
136677	16 名城 G1	1200.00	5.00	2021.08.29	5.9900	105.00	2449.98
136678	16 穗建 03	2500.00	6.00	2022.08.29	2.9700	96.35	1496.01
136679	16 穗建 04	500.00	5.00	2021.08.29	3.1900	97.96	510.00
136680	16 川电 03	1000.00	5.00	2021.08.30	3.3500	94.25	850.00
136681	16 晋交 03	1500.00	5.00	2021.09.05	4.5000	100.00	2797.74
136682	G16 三峡 1	3500.00	3.00	2019.08.30	2.9200	96.56	4756.20
136683	G16 三峡 2	2500.00	10.00	2026.08.30	3.3900	92.26	1030.10
136684	16 丰盛 03	2200.00	5.00	2021.09.01	5.8000	99.84	2266.78
136685	16 海投债	1600.00	5.00	2021.09.06	3.5900	98.00	825.00
136686	16 环球 01	600.00	5.00	2021.09.06	3.1300	96.10	260.00
136687	16 中泰 01	2000.00	3.00	2019.09.07	2.9500	96.62	1997.00
136688	16 鸿商 01	1900.00	5.00	2021.09.05	4.1900	97.28	1817.32
136689	16 绿水 01	1000.00	5.00	2021.09.12	3.0900	95.80	1174.00
136690	16 恒安 01	1000.00	5.00	2021.09.08	3.3000	93.30	697.00
136692	16 鲁能 02	1000.00	7.00	2023.09.07	3.3500	94.30	200.00
136693	16 晋然 02	500.00	5.00	2021.09.08	3.1500	95.92	360.00
136694	16 铁峰 01	1000.00	5.00	2021.09.09	7.0000	101.20	462.57
136695	16 长城 02	600.00	3.00	2019.09.08	6.9800	100.50	1518.89
136696	16 路劲 01	1500.00	5.00	2021.09.12	4.5000	97.90	1098.39
136697	16 中天 02	190.00	3.00	2019.09.12	7.3000	100.00	449.72
136698	16 申信 01	6000.00	5.00	2021.09.09	4.0800	94.99	3920.37
136699	16 皖经 03	1500.00	5.00	2021.09.09	5.6800	99.40	2227.76
136700	16 蓝光 01	3000.00	5.00	2021.09.14	5.5000	102.00	3699.00
136701	16 椒江债	2000.00	5.00	2021.09.21	3.2000	96.20	3405.00
136702	16 华润 02	3000.00	3.00	2019.09.19	2.9200	96.86	3230.00
136703	16 宁资 01	500.00	7.00	2023.09.13	3.5900	100.00	347.00
136704	16 六建 02	400.00	3.00	2019.09.15	6.5000	100.95	505.76

债券信息
List of Bonds

债券
Bond

债券代码 Code	债券简称 Bond Name	发行数量(百万) Issued Vol(M)	年限 Terms	到期日 Expiration Date	票面利率(%) Coupon Rate(%)	本年收盘 Close	成交数量(万) Trading Vol(10000)
136705	16 协信 08	540.00	5.00	2021.09.27	6.5000	100.00	280.00
136706	16 当代 03	700.00	5.00	2021.09.14	3.5000	94.40	477.98
136707	16 邢钢 01	700.00	5.00	2021.09.19	7.0000	99.80	1334.30
136708	16 通运 01	300.00	5.00	2021.09.13	4.1000	100.00	310.00
136709	16 粤桥 02	2000.00	15.00	2031.09.23	3.6900	100.00	400.00
136710	16 福新 01	3000.00	5.00	2021.09.21	2.9700	96.00	3728.00
136711	16 国君 G5	3000.00	5.00	2021.09.21	2.9400	100.50	3209.60
136712	16 港务 01	1500.00	7.00	2023.09.23	3.1800	92.62	1696.00
136713	16 康恩贝	1100.00	5.00	2021.09.26	3.1700	96.50	742.10
136714	G16 节能 3	500.00	7.00	2023.09.26	3.1100	92.85	290.00
136715	G16 节能 4	1500.00	10.00	2026.09.26	3.5500	86.25	495.10
136716	16 旅业 03	1000.00	3.00	2019.09.22	5.3000	96.49	674.09
136718	16 浙证债	1900.00	5.00	2021.09.23	3.0800	100.00	1747.00
136719	16 珠江 02	1500.00	5.00	2021.09.22	3.4400	93.29	1040.11
136720	16 西王 04	1000.00	5.00	2021.09.22	6.4000	101.32	1520.20
136721	16 石化 01	13000.00	5.00	2021.09.23	2.8300	96.68	13920.00
136722	16 石化 02	4300.00	7.00	2023.09.23	3.0200	94.60	1440.01
136723	16 石化 03	800.00	10.00	2026.09.23	3.3000	91.55	320.00
136724	16 鲁公债	200.00	5.00	2021.09.22	3.9000	100.00	220.00
136725	16 中材 01	3000.00	5.00	2021.09.27	3.0900	96.10	5226.01
136726	16 中材 02	2000.00	7.00	2023.09.27	3.4500	93.07	2756.59
136727	16 平海 01	700.00	5.00	2021.09.26	3.1000	100.00	410.00
136728	16 忠旺 03	4000.00	5.00	2021.09.26	3.7500	96.20	5596.09
136729	16 九牧 01	200.00	3.00	2019.09.26	3.7000	97.00	229.75
136730	G16 唐新 2	500.00	5.00	2021.09.27	3.1500	92.35	725.00
136731	16 刚集 01	500.00	3.00	2019.09.26	5.8000	100.00	460.00
136732	16 穗建 05	1500.00	5.00	2021.09.26	2.9500	98.60	2028.00
136733	16 穗建 06	500.00	7.00	2023.09.26	3.1500	92.50	252.00
136734	16 大唐 01	4800.00	6.00	2022.09.28	2.9400	96.30	7874.29
136735	16 大唐 02	2200.00	10.00	2026.09.28	3.3800	85.82	1130.00
136736	16 鸿商 02	100.00	5.00	2021.09.26	4.0000	100.00	219.94
136737	16 协鑫债	1000.00	5.00	2021.09.26	4.1500	95.22	318.24
136738	16 通用 01	2500.00	5.00	2021.09.28	2.9500	96.20	2867.00
136739	16 通用 02	2500.00	5.00	2021.09.28	3.1700	100.00	2689.99
136740	16 渝钢 01	600.00	5.00	2021.09.30	7.8000	0.00	0.00
136741	16 重机债	800.00	5.00	2021.09.29	4.2800	100.00	674.00
136742	16 众品 02	500.00	3.00	2019.09.28	6.0000	99.19	496.00
136743	16 齐成 03	180.00	5.00	2021.10.12	6.5000	100.00	372.00
136744	16 祥源债	600.00	5.00	2021.09.29	6.4900	100.00	580.00
136745	16 南港 05	500.00	5.00	2021.10.17	3.1800	93.30	467.10
136746	16 南港 06	500.00	7.00	2023.10.17	3.5500	100.00	680.00
136747	16 南港 07	500.00	10.00	2026.10.17	3.7000	100.00	140.00
136748	16 长峰 01	500.00	5.00	2021.10.14	3.6400	98.70	190.00
136749	G16 博天	300.00	5.00	2021.10.12	4.6700	100.00	90.00
136750	16 荣盛 01	600.00	5.00	2021.10.13	4.0600	96.20	707.50
136751	16 佳源 06	620.00	3.00	2019.10.18	6.2000	101.00	1450.40
136752	16 佳源 07	380.00	5.00	2021.10.18	6.4000	100.00	49.83
136753	16 大华 02	2000.00	5.00	2021.10.12	3.3500	95.18	1381.00
136754	16 兵装 03	1100.00	5.00	2021.10.17	2.9200	96.66	1240.00
136755	16 兵装 04	1400.00	7.00	2023.10.17	3.1400	93.70	1488.00

债券信息
List of Bonds

债券代码 Code	债券简称 Bond Name	发行数量(百万) Issued Vol(M)	年限 Terms	到期日 Expiration Date	票面利率(%) Coupon Rate(%)	本年收盘 Close	成交数量(万) Trading Vol(10000)
136756	16 兵装 05	1000.00	10.00	2026.10.17	3.3900	89.57	649.92
136757	16 凯华 02	1000.00	5.00	2021.10.14	3.5000	96.10	825.00
136758	16 凯华 03	400.00	5.00	2021.10.14	4.0900	94.86	350.10
136759	16 三胞 05	770.00	5.00	2021.11.17	6.3000	97.39	2807.52
136760	16 中工 Y1	1208.00	3.00	2019.10.13	5.0000	103.00	464.00
136762	16 长电 01	3000.00	10.00	2026.10.17	3.3500	87.70	2387.50
136763	16 张江 02	900.00	5.00	2021.10.24	2.8900	95.70	1217.00
136764	16 蓝光 02	1000.00	5.00	2021.10.18	5.2500	98.78	980.00
136765	16 陕燃 01	700.00	7.00	2023.10.18	3.1400	91.50	475.02
136766	16 油服 03	2100.00	5.00	2021.10.24	3.0800	96.00	2464.14
136767	16 油服 04	2900.00	7.00	2023.10.24	3.3500	92.60	654.80
136768	16 苏海 01	600.00	5.00	2021.10.21	3.4600	94.50	770.00
136769	16 欣捷 01	550.00	3.00	2019.10.18	7.0000	99.49	2506.75
136770	16 华资 01	1000.00	5.00	2021.10.20	2.9800	100.00	1480.00
136771	16 沪宁 01	1200.00	7.00	2023.10.20	3.1400	93.00	1384.97
136772	16 聚信一	400.00	3.00	2019.10.19	6.0000	101.00	335.99
136773	16 清控 02	4500.00	5.00	2021.10.25	3.1500	94.55	5178.00
136774	16 中船 01	1500.00	5.00	2021.10.18	2.9500	97.00	782.10
136775	16 中船 02	5500.00	7.00	2023.10.18	3.1700	100.00	6482.93
136776	16 国航 02	4000.00	5.00	2021.10.20	3.0800	92.20	6948.00
136777	G16 唐新 3	500.00	5.00	2021.10.21	3.1000	93.50	211.00
136778	16 融强债	1500.00	5.00	2021.11.03	6.5000	99.74	1480.00
136779	16 腾越 01	1000.00	4.00	2020.10.21	3.2000	97.20	833.00
136780	16 腾越 02	2000.00	7.00	2023.10.21	3.9000	91.44	1387.05
136781	16 湘财 02	500.00	3.00	2019.10.24	3.0800	97.60	60.00
136782	16 宁建材	500.00	3.00	2019.10.20	3.5000	99.00	290.00
136783	16 金发 01	1000.00	5.00	2021.10.21	3.1000	95.40	679.00
136784	16 旅业 05	1050.00	3.00	2019.10.21	5.1300	106.00	260.00
136786	16 华泰 03	2000.00	5.00	2021.10.26	6.1000	99.50	4554.64
136787	16 天目湖	1000.00	5.00	2021.10.24	3.2300	97.60	990.00
136788	16 京运 01	1200.00	5.00	2021.10.24	4.0000	96.37	582.10
136789	16 东航 01	1500.00	10.00	2026.10.24	3.0300	100.00	2150.00
136790	16 东航 02	1500.00	10.00	2026.10.24	3.3000	87.42	933.80
136791	16 丰盛 04	800.00	5.00	2021.10.24	5.7100	100.00	740.00
136792	16 中筑 01	1000.00	5.00	2021.11.07	6.4800	99.20	579.14
136793	16 国投电	700.00	5.00	2021.10.27	3.1000	92.50	649.00
136794	16 华阳 01	1498.00	5.00	2021.11.22	5.0000	100.00	540.00
136796	16 中航 01	2000.00	3.00	2019.10.25	2.8700	95.95	1181.90
136797	16 瀚蓝 01	1000.00	5.00	2021.10.26	3.0500	100.00	704.00
136798	16 环球 02	500.00	5.00	2021.10.26	3.1400	95.80	405.00
136799	16 中金 03	1100.00	5.00	2021.10.27	2.9500	96.23	1253.00
136800	16 中金 04	900.00	7.00	2023.10.27	3.1300	98.02	255.02
136801	16 津创 01	700.00	5.00	2021.10.25	3.1300	92.85	580.00
136802	16 中燃 G1	2000.00	5.00	2021.10.27	3.0500	98.10	1120.20
136803	16 南三 01	1000.00	5.00	2021.10.31	6.3500	101.03	3360.00
136804	16 越交 03	200.00	5.00	2021.10.26	2.9000	100.00	80.00
136805	16 七师 01	1000.00	5.00	2021.10.27	3.9800	96.50	543.91
136806	16 越交 04	800.00	7.00	2023.10.26	3.1800	96.60	452.00
136807	16 方圆 01	1500.00	3.00	2019.10.31	6.5000	98.80	2717.43
136808	16 永达 01	2000.00	5.00	2021.10.31	3.9000	95.00	1986.70

债券信息
List of Bonds

债券
Bond

债券代码 Code	债券简称 Bond Name	发行数量(百万) Issued Vol(M)	年限 Terms	到期日 Expiration Date	票面利率(%) Coupon Rate(%)	本年收盘 Close	成交数量(万) Trading Vol(10000)
136809	16 常城 01	600.00	5.00	2021.11.08	3.0300	90.50	371.00
136810	16 福新 02	900.00	5.00	2021.11.02	3.0200	96.00	1002.10
136811	16 福新 03	1100.00	7.00	2023.11.02	3.1800	92.26	1675.00
136812	16 国泰 01	600.00	5.00	2021.11.03	4.6500	98.00	300.00
136813	16 中电 02	3000.00	5.00	2021.11.07	3.2800	92.76	3495.00
136814	16 京运 02	1200.00	5.00	2021.11.03	3.9800	96.70	650.98
136815	16 杭汽 02	1500.00	6.00	2022.11.21	4.1000	100.00	900.00
136816	16 伟星 01	500.00	5.00	2021.11.07	4.5000	97.70	370.99
136817	16 刚集 02	500.00	3.00	2019.11.03	5.5700	97.70	342.10
136818	16 新华 02	400.00	4.00	2020.11.03	3.1200	97.90	560.00
136819	16 川发 01	3000.00	10.00	2026.11.17	3.9000	91.00	1722.00
136820	16 纳通 02	500.00	3.00	2019.11.07	4.0000	100.00	281.00
136821	16 中安消	1100.00	3.00	2019.11.11	4.4500	68.08	2246.59
136822	16 南山 06	700.00	5.00	2021.11.16	3.6000	95.80	414.47
136823	16 南山 07	800.00	5.00	2021.11.16	4.2000	95.30	823.38
136824	16 滇路 02	300.00	5.00	2021.11.10	3.1600	95.50	198.00
136825	16 滇路 03	700.00	5.00	2021.11.10	3.6000	91.80	1008.09
136826	16 国网 01	5000.00	3.00	2019.11.14	2.9900	96.31	6365.56
136827	16 国网 02	5000.00	5.00	2021.11.14	3.1500	95.40	7097.34
136830	16 中信 G1	12500.00	3.00	2019.11.17	3.2600	98.00	10464.54
136831	16 中信 G2	2500.00	5.00	2021.11.17	3.3800	95.78	1775.00
136832	16 正大债	1000.00	5.00	2021.11.14	3.6900	95.64	887.50
136833	G17 三峡 1	3500.00	3.00	2020.08.15	4.5600	99.60	1810.00
136835	16 紫金债	750.00	5.00	2021.11.16	3.2600	95.40	329.00
136836	16 鲁信 01	1500.00	10.00	2026.11.25	3.7000	100.00	420.05
136837	16 穗发 01	3000.00	5.00	2021.11.22	3.2800	96.72	1844.50
136838	16 国投控	500.00	5.00	2021.11.18	3.3200	97.79	950.00
136839	16 港务 02	1000.00	7.00	2023.11.18	3.4200	93.24	930.00
136840	16 华福 G2	900.00	5.00	2021.11.21	3.5300	93.70	360.02
136842	16 银鹰 01	400.00	5.00	2021.11.23	6.5000	106.00	577.10
136843	17 苏新 01	1000.00	5.00	2022.01.24	4.3800	100.00	60.00
136845	16 环球 03	1100.00	5.00	2021.11.23	3.5000	97.00	581.64
136846	16 深燃 02	500.00	5.00	2021.11.22	3.2400	96.50	205.12
136847	16 玉皇 03	500.00	5.00	2021.11.21	6.0000	93.93	437.32
136849	16 华能债	4000.00	10.00	2026.11.24	3.6500	95.00	1191.01
136850	16 宝丰 02	1000.00	5.00	2021.11.23	6.2000	99.35	1677.51
136851	16 华泰 G1	3500.00	3.00	2019.12.06	3.5700	96.95	3178.90
136852	16 华泰 G2	2500.00	5.00	2021.12.06	3.7800	96.26	1274.00
136853	16 洪业 02	1000.00	3.00	2019.12.02	6.4800	95.50	1456.10
136854	16 鲁再担	500.00	5.00	2021.11.25	3.6500	97.27	470.00
136855	16 光控 03	2000.00	6.00	2022.11.23	3.2200	98.20	2225.10
136856	16 光控 04	2000.00	7.00	2023.11.23	3.3700	94.67	2533.10
136857	16 重汽 01	1560.00	5.00	2021.11.24	3.5000	96.80	1242.00
136859	16 鲁通 02	860.00	5.00	2021.11.29	5.9700	97.35	679.82
136860	16 乌资 01	1000.00	7.00	2023.11.28	4.2800	95.84	1103.00
136861	16 恒健 02	3000.00	5.00	2021.11.25	3.4500	94.61	1096.00
136863	16 丹港 02	550.00	5.00	2021.11.25	8.5000	78.80	1282.60
136864	16 华虹 02	500.00	5.00	2021.12.01	4.6800	98.15	324.20
136865	16 新燃 01	2500.00	3.00	2019.11.30	3.5500	97.60	2943.01
136866	16 汇丰 02	1000.00	5.00	2021.11.29	5.6800	99.49	1028.00

债券信息
List of Bonds

债券
Bond

债券代码 Code	债券简称 Bond Name	发行数量(百万) Issued Vol(M)	年限 Terms	到期日 Expiration Date	票面利率(%) Coupon Rate(%)	本年收盘 Close	成交数量(万) Trading Vol(10000)
136867	16 歌山 01	300.00	3.00	2019.11.28	7.1000	100.00	230.15
136868	16 开元 01	500.00	3.00	2019.11.29	6.0000	99.50	918.60
136869	16 广核 01	2000.00	10.00	2026.12.08	3.8400	100.00	360.00
136870	16 中关 02	1150.00	5.00	2021.12.07	3.8000	100.00	640.00
136871	16 玉皇 04	500.00	5.00	2021.12.12	7.0000	100.00	593.00
136872	16 豫投债	1500.00	5.00	2021.12.13	4.1800	98.08	685.00
136873	16 华泰 G3	5000.00	3.00	2019.12.14	3.7900	97.00	4019.20
136874	16 华泰 G4	3000.00	5.00	2021.12.14	3.9700	100.00	930.00
136875	16 华晨 01	2000.00	3.00	2019.12.07	6.0000	98.71	2855.78
136877	16 合盛 01	200.00	5.00	2021.12.14	5.5500	98.83	80.00
136879	16 国电资	2000.00	3.00	2019.12.12	3.6400	96.80	1850.00
136880	16 恒信 01	250.00	5.00	2021.12.12	6.5000	100.00	970.23
136881	17 甬开投	1000.00	5.00	2022.03.22	4.5000	100.00	440.00
136882	16 科发 01	50.00	5.00	2021.12.21	7.0000	100.00	0.00
136883	16 金工 01	500.00	5.00	2021.12.15	6.2000	100.00	1462.60
136884	16 联讯 01	1000.00	3.00	2019.12.13	4.1900	100.05	1252.00
136886	16 南翔 03	1800.00	5.00	2021.12.19	6.9000	99.79	2521.16
136887	17 沪资 01	300.00	5.00	2022.03.15	3.8000	100.00	526.00
136888	17 中材 01	1500.00	5.00	2022.01.17	3.9500	97.00	924.51
136889	17 华阳 01	402.00	5.00	2022.03.21	5.6000	100.00	0.00
136892	17 北汽 01	800.00	7.00	2024.01.20	4.2900	97.00	540.10
136893	17 泰达债	3000.00	5.00	2022.01.20	4.2800	98.10	1317.30
136894	17 黄河 01	200.00	5.00	2022.01.19	7.1000	102.00	354.05
136895	17 中信 G1	10000.00	3.00	2020.02.17	4.2000	100.00	1780.00
136896	17 中信 G2	2000.00	5.00	2022.02.17	4.4000	100.00	360.00
136897	17 绿原 01	500.00	5.00	2022.02.13	5.2900	100.00	30.00
136898	17 蚌投 01	600.00	5.00	2022.02.17	5.4800	100.50	681.00
136970	17 沪建 Y1	1000.00	3.00	2020.03.06	4.7800	100.00	380.00
136972	17 中冶 Y3	2000.00	3.00	2020.03.13	4.9800	100.00	963.00
136974	17 中工 Y1	500.00	3.00	2020.03.17	6.0000	100.00	580.00
136976	17 苏建 01	600.00	5.00	2022.04.05	6.8000	101.35	1600.00
136977	17 中材 02	1500.00	5.00	2022.04.05	4.5500	98.15	336.90
136978	17 迪信 01	600.00	3.00	2020.04.05	7.5000	100.50	299.10
136979	17 鑫海 01	300.00	5.00	2022.04.11	7.0000	101.50	927.87
136980	17 申证 01	7500.00	5.00	2022.02.17	4.4000	98.54	700.00
136981	17 申证 02	500.00	7.00	2024.02.17	4.5000	100.00	0.00
136982	17 金红 01	400.00	2.00	2019.02.22	6.0000	99.00	325.50
136983	17 晋电 01	2390.00	5.00	2022.02.23	5.3000	100.00	405.00
136985	17 黄金债	700.00	5.00	2022.02.27	5.5000	100.00	53.00
136986	17 中山 01	500.00	3.00	2020.02.28	4.8800	100.00	990.00
136987	17 中冶 Y1	2700.00	3.00	2020.03.01	4.9900	100.00	1527.40
136989	17 锡投 Y1	1000.00	5.00	2022.03.15	5.2800	100.00	120.00
136991	G16 北 Y1	2800.00	5.00	2021.09.13	3.6800	102.00	4020.30
136992	16 葛洲 Y3	2000.00	3.00	2019.08.03	3.1500	100.00	860.00
136993	16 葛洲 Y4	3000.00	5.00	2021.08.03	3.4300	100.00	2203.99
136994	16 葛洲 Y1	2500.00	3.00	2019.07.21	3.2400	98.47	3786.18
136995	16 葛洲 Y2	2500.00	5.00	2021.07.21	3.4800	102.00	2710.40
136996	16 电投 Y1	4000.00	5.00	2021.06.29	3.6500	102.00	1790.01
136997	16 铁建 Y1	8000.00	3.00	2019.06.29	3.5300	97.42	5766.95
136998	16 金茂 Y1	2000.00	3.00	2019.06.15	3.7000	100.00	840.00

债券信息
List of Bonds

债券
Bond

债券代码 Code	债券简称 Bond Name	发行数量(百万) Issued Vol(M)	年限 Terms	到期日 Expiration Date	票面利率(%) Coupon Rate(%)	本年收盘 Close	成交数量(万) Trading Vol(10000)
136999	16 浙交 Y1	2000.00	5.00	2021.03.09	3.6000	100.00	1352.98
139001	16 襄经开	1100.00	7.00	2023.01.25	4.6200	0.00	0.00
139002	16 井开债	850.00	7.00	2023.01.27	4.8700	0.00	90.00
139003	16 高密债	1500.00	7.00	2023.01.26	4.6900	0.00	0.00
139004	16 浏产专	1100.00	7.00	2023.01.19	4.7200	0.00	210.00
139005	16 郴福城	1500.00	7.00	2023.01.22	4.7300	0.00	180.00
139006	16 上饶债	1180.00	7.00	2023.01.29	4.6500	0.00	200.00
139007	16 富春债	1500.00	7.00	2023.01.27	4.7600	0.00	90.00
139008	16 泸兴阳	1000.00	7.00	2023.01.28	4.8700	0.00	0.00
139009	16 万宝 01	500.00	7.00	2023.02.01	5.1300	0.00	0.00
139010	16 岳阳债	2100.00	10.00	2026.01.27	4.8000	0.00	0.00
139011	16 观投 01	1500.00	7.00	2023.01.28	4.8700	0.00	110.00
139012	15 沣东债	2000.00	7.00	2023.01.08	4.6700	0.00	230.00
139013	16 娄锑都	770.00	7.00	2023.01.20	4.8300	0.00	260.00
139014	16 普湾债	2800.00	7.00	2023.02.01	4.5000	0.00	890.00
139015	16 新密债	880.00	7.00	2023.02.28	4.3500	0.00	440.00
139016	16 齐河债	1500.00	7.00	2023.03.07	5.1000	0.00	290.00
139017	16 四国资	1100.00	7.00	2023.01.14	4.5900	0.00	0.00
139018	16 嘉建投	500.00	7.00	2023.01.19	5.7000	0.00	0.00
139019	16 常鼎力	1080.00	7.00	2023.03.10	4.3000	0.00	40.00
139020	16 郴新天	800.00	10.00	2026.03.08	5.3800	0.00	0.00
139021	16 瑞安债	450.00	7.00	2023.01.27	4.5600	0.00	0.00
139022	16 观投 02	1000.00	7.00	2023.03.09	4.4800	0.00	470.00
139023	16 安经开	1000.00	7.00	2023.03.09	4.0900	0.00	120.00
139024	16 新泰债	570.00	4.00	2020.03.10	5.1500	0.00	260.00
139025	16 恒澄债	1500.00	7.00	2023.03.01	4.4000	0.00	40.00
139026	16 盘山债	800.00	7.00	2023.03.15	5.3900	0.00	71.00
139027	16 建安债	1500.00	7.00	2023.03.08	4.3000	0.00	50.00
139028	16 龙旅发	1150.00	7.00	2023.03.16	4.3500	0.00	90.00
139029	16 荆城投	1600.00	7.00	2023.03.10	3.9700	0.00	525.00
139030	16 资水务	1900.00	7.00	2023.03.17	3.9700	0.00	150.00
139031	16 郴百福	1490.00	10.00	2026.03.22	4.9600	0.00	20.00
139032	16 广元债	880.00	7.00	2023.03.10	4.4800	0.00	330.00
139033	16 永银都	880.00	7.00	2023.03.24	5.6000	0.00	190.00
139034	16 湘天易	1490.00	7.00	2023.03.17	4.2000	0.00	0.00
139035	16 阿克苏	1100.00	7.00	2023.03.11	4.0900	0.00	0.00
139036	16 枣阳债	1500.00	7.00	2023.03.22	5.5000	0.00	430.00
139037	16 株循环	1400.00	7.00	2023.03.24	4.3800	0.00	370.00
139039	16 亿利债	1000.00	5.00	2021.03.22	7.5000	0.00	0.00
139040	16 宝应债	1600.00	7.00	2023.03.24	4.5000	0.00	40.00
139041	16 眉宏大	2000.00	7.00	2023.03.28	4.1800	0.00	240.00
139042	16 靖城投	1500.00	7.00	2023.03.30	4.5500	0.00	120.00
139043	16 皋开债	1600.00	7.00	2023.03.24	3.9500	0.00	154.00
139044	16 苏新城	1100.00	7.00	2023.03.23	4.1800	0.00	220.00
139045	16 筑城 01	3000.00	10.00	2026.03.25	4.3700	0.00	770.00
139046	16 国融债	1000.00	7.00	2023.03.24	6.1600	0.00	245.00
139047	16 鑫泰债	1000.00	7.00	2023.03.23	4.0700	0.00	0.00
139048	16 白国资	1400.00	7.00	2023.03.29	3.9800	0.00	245.00
139049	16 璧山债	2300.00	7.00	2023.03.29	4.9300	0.00	190.00
139050	16 肥城债	880.00	7.00	2023.03.23	4.0400	0.00	0.00

债券信息 List of Bonds

债券代码 Code	债券简称 Bond Name	发行数量(百万) Issued Vol(M)	年限 Terms	到期日 Expiration Date	票面利率(%) Coupon Rate(%)	本年收盘 Close	成交数量(万) Trading Vol(10000)
139052	16 冀建投	2000.00	5.00	2021.06.06	4.2500	0.00	290.00
139053	16 奉化债	1000.00	6.00	2022.03.28	4.5800	0.00	300.00
139054	16 宿建投	1870.00	7.00	2023.03.24	3.8900	0.00	300.00
139055	16 玉鑫债	1300.00	7.00	2023.03.28	4.6500	0.00	0.00
139056	16 当阳债	1100.00	7.00	2023.03.29	4.9700	0.00	30.00
139057	16 遵车债	1400.00	10.00	2026.04.07	5.9900	0.00	600.00
139058	16 仁怀债	1400.00	7.00	2023.04.14	5.1200	0.00	0.00
139059	16 文专项	880.00	7.00	2023.03.21	3.9700	0.00	0.00
139060	16 庐城投	1100.00	7.00	2023.03.30	4.5800	0.00	200.00
139061	16 开乾债	1000.00	7.00	2023.03.21	4.6400	0.00	450.00
139062	16 大冶 01	1200.00	7.00	2023.03.28	4.5000	0.00	0.00
139063	16 温港城	2000.00	7.00	2023.03.29	5.1900	0.00	1478.00
139064	16 宣城债	2400.00	7.00	2023.04.07	4.1200	0.00	330.00
139065	16 谷小微	1500.00	4.00	2020.03.31	4.0900	0.00	0.00
139066	16 钱城债	1800.00	7.00	2023.03.22	4.0000	0.00	420.00
139067	16 邹城 01	700.00	4.00	2020.04.08	4.5600	0.00	130.00
139068	16 海开债	1000.00	7.00	2023.04.13	5.4500	0.00	170.00
139069	16 虞经开	1890.00	7.00	2023.04.11	4.7600	0.00	20.00
139070	16 遂开债	700.00	7.00	2023.04.08	4.8900	0.00	100.00
139071	16 安泰 01	880.00	7.00	2023.04.11	4.5800	0.00	100.00
139072	16 盱眙债	1200.00	7.00	2023.04.15	5.1000	0.00	300.00
139073	16 安泰 02	320.00	7.00	2023.04.11	5.1600	0.00	0.00
139074	16 泸纳债	680.00	7.00	2023.03.31	4.6800	0.00	90.00
139075	16 广安经	690.00	7.00	2023.04.14	5.1600	0.00	110.00
139076	16 龙铁债	800.00	7.00	2023.04.13	4.9800	0.00	160.00
139077	16 都梁债	1110.00	7.00	2023.04.13	5.5000	0.00	541.00
139078	16 药都债	800.00	7.00	2023.04.29	6.5000	0.00	120.00
139079	16 水城债	880.00	7.00	2023.05.03	6.1500	0.00	340.00
139080	16 宜居债	1500.00	7.00	2023.04.14	4.7800	0.00	810.00
139081	16 昌兴债	590.00	7.00	2023.04.11	5.2600	0.00	0.00
139082	16 海集 01	2000.00	3.00	2019.04.14	7.0000	0.00	0.00
139083	16 秦城发	1200.00	7.00	2023.04.14	4.6900	0.00	40.00
139084	16 牟中债	880.00	7.00	2023.04.18	4.5900	0.00	0.00
139085	16 红日债	800.00	7.00	2023.04.20	5.0900	0.00	0.00
139086	16 扬中 01	950.00	7.00	2023.04.07	4.9800	0.00	0.00
139087	16 扬中 02	950.00	7.00	2023.04.07	4.9500	0.00	0.00
139088	16 内人和	700.00	7.00	2023.04.12	6.2000	0.00	400.00
139089	16 津广成	1100.00	7.00	2023.04.20	5.4000	0.00	460.00
139090	16 聊开债	1400.00	7.00	2023.04.13	5.2000	0.00	176.00
139091	16 渝迈瑞	2000.00	7.00	2023.04.21	4.9500	0.00	780.00
139092	16 长乐债	1000.00	7.00	2023.04.11	4.5000	0.00	0.00
139093	16 秀工投	800.00	7.00	2023.04.14	5.8500	0.00	60.00
139094	16 遵小微	700.00	4.00	2020.04.22	5.6800	0.00	310.00
139095	16 仙桃债	900.00	7.00	2023.04.18	4.5900	0.00	0.00
139096	16 西湖债	1200.00	7.00	2023.04.25	4.3000	0.00	50.00
139097	16 温城 02	3000.00	7.00	2023.04.26	5.0000	0.00	920.00
139098	16 舒城债	1500.00	7.00	2023.04.29	5.5000	0.00	0.00
139099	16 金专债	1100.00	7.00	2023.04.25	5.9000	0.00	0.00
139100	16 阆名城	1000.00	7.00	2023.04.19	5.6000	0.00	0.00
139101	16 泰控债	600.00	7.00	2023.04.26	5.5000	0.00	0.00

债券信息
List of Bonds

债券
Bond

债券代码 Code	债券简称 Bond Name	发行数量(百万) Issued Vol(M)	年限 Terms	到期日 Expiration Date	票面利率(%) Coupon Rate(%)	本年收盘 Close	成交数量(万) Trading Vol(10000)
139102	16 津宁投	1500.00	7.00	2023.04.22	5.5000	0.00	150.00
139103	16 瀚瑞 02	800.00	7.00	2023.08.31	5.0000	0.00	390.00
139104	16 溧水债	980.00	7.00	2023.04.28	4.9700	0.00	100.00
139105	16 怀化债	1400.00	7.00	2023.04.12	4.9600	0.00	500.00
139106	16 新开元	1400.00	7.00	2023.04.27	5.2900	0.00	70.00
139108	16 平湖债	1370.00	7.00	2023.04.29	5.1300	0.00	130.00
139109	16 广铁 01	4000.00	10.00	2026.04.28	3.9900	0.00	0.00
139110	16 芜交 01	1400.00	7.00	2023.04.28	4.5000	0.00	260.00
139111	16 渝宏安	1200.00	7.00	2023.05.03	5.7500	0.00	80.00
139112	16 新东港	800.00	7.00	2023.04.27	5.5300	0.00	320.00
139114	16 宜建投	1180.00	7.00	2023.04.27	5.4400	0.00	140.00
139115	16 襄建投	850.00	7.00	2023.04.28	5.1800	0.00	160.00
139116	16 邯小微	500.00	4.00	2020.03.16	3.7600	0.00	0.00
139117	16 吉经开	800.00	7.00	2023.04.29	6.2000	0.00	0.00
139118	16 娄开债	1060.00	7.00	2023.03.30	4.8900	0.00	0.00
139119	16 堰管廊	1500.00	10.00	2026.01.11	4.8800	0.00	0.00
139120	16 海西债	1000.00	7.00	2023.05.12	4.3600	0.00	50.00
139121	16 全椒债	1000.00	7.00	2023.05.18	5.1000	0.00	0.00
139122	16 浏城建	2200.00	7.00	2023.05.24	4.4500	0.00	280.00
139123	16 湘城建	500.00	7.00	2023.05.18	5.8400	0.00	0.00
139124	16 惠交 01	1000.00	7.00	2023.05.17	4.1600	0.00	150.00
139125	16 文登债	1000.00	7.00	2023.05.26	4.8000	0.00	0.00
139126	16 莆高新	500.00	6.00	2022.05.03	5.9000	0.00	0.00
139128	16 龙建投	750.00	7.00	2023.05.27	5.4500	0.00	450.00
139129	16 宁债 01	500.00	7.00	2023.06.03	4.8900	0.00	0.00
139131	16 空港债	1300.00	7.00	2023.06.06	5.1000	0.00	100.00
139132	16 西发 01	1500.00	7.00	2023.06.06	4.2600	0.00	80.00
139133	16 磁湖 02	700.00	7.00	2023.06.08	4.9700	0.00	430.00
139134	16 曲经开	900.00	7.00	2023.06.01	5.7500	0.00	130.00
139135	16 姜堰 01	1260.00	7.00	2023.06.02	5.1000	0.00	220.00
139136	16 萧县债	900.00	7.00	2023.06.22	4.8500	0.00	0.00
139137	16 江夏城	450.00	7.00	2023.06.03	4.8000	0.00	20.00
139138	16 盘改债	1500.00	7.00	2023.06.07	6.0000	0.00	310.00
139139	16 首创 01	2500.00	5.00	2021.05.31	4.4000	0.00	0.00
139140	16 丰棚改	1300.00	5.00	2021.07.13	4.2300	0.00	50.00
139141	16 蓉铁 01	1000.00	5.00	2021.06.17	4.2400	0.00	0.00
139142	16 栖霞债	1400.00	7.00	2023.06.24	4.1000	0.00	410.00
139143	16 宁科债	1100.00	7.00	2023.06.24	4.3700	0.00	0.00
139144	16 鄂旅投	500.00	7.00	2023.06.16	4.2000	0.00	365.00
139145	16 汝城 01	700.00	7.00	2023.06.28	6.0000	0.00	50.00
139146	16 旅顺债	770.00	10.00	2026.06.17	6.1900	0.00	76.00
139147	16 北固债	1400.00	7.00	2023.06.20	5.8000	0.00	50.00
139148	16 临川债	1500.00	7.00	2023.07.05	5.6800	0.00	170.00
139149	16 遵红城	1100.00	7.00	2023.06.27	5.0500	0.00	0.00
139150	16 汇华债	1500.00	7.00	2023.06.27	4.7000	0.00	300.00
139151	16 湘发展	1080.00	7.00	2023.07.07	4.8000	0.00	130.00
139152	16 鄂交 01	1000.00	5.00	2021.07.04	4.0000	0.00	0.00
139153	16 东坡债	1100.00	7.00	2023.06.30	5.9000	0.00	650.00
139154	16 洪轨 01	500.00	3.00	2019.06.29	5.2700	0.00	200.00
139155	16 金农债	800.00	7.00	2023.07.14	5.4900	0.00	290.00

债券信息
List of Bonds

债券
Bond

债券代码 Code	债券简称 Bond Name	发行数量(百万) Issued Vol(M)	年限 Terms	到期日 Expiration Date	票面利率(%) Coupon Rate(%)	本年收盘 Close	成交数量(万) Trading Vol(10000)
139156	16 寒亭债	400.00	10.00	2026.07.13	5.0000	0.00	240.00
139157	16 鑫城债	1400.00	7.00	2023.07.15	4.1300	0.00	100.00
139158	16 南投债	1200.00	7.00	2023.07.11	4.2000	0.00	290.00
139159	16 洪泽债	1000.00	7.00	2023.07.18	4.3700	0.00	450.00
139160	16 江南债	500.00	7.00	2023.07.08	4.7600	0.00	0.00
139161	16 柳东通	2000.00	7.00	2023.07.22	4.4500	0.00	10.00
139162	16 一带债	2600.00	7.00	2023.07.15	4.7000	0.00	1120.00
139163	16 嘉湘 01	600.00	7.00	2023.07.20	4.1300	0.00	0.00
139164	16 淮小微	1500.00	4.00	2020.07.20	5.0000	0.00	483.00
139165	16 汉建投	1200.00	7.00	2023.07.18	4.2500	0.00	50.00
139166	16 安城债	860.00	7.00	2023.07.18	5.9000	0.00	250.00
139167	16 镜停债	1200.00	7.00	2023.07.20	4.3700	0.00	790.00
139168	16 宜双 01	800.00	7.00	2023.07.21	3.7400	0.00	0.00
139169	16 安国资	1100.00	7.00	2023.07.18	4.4800	0.00	380.00
139170	16 新天地	1000.00	7.00	2023.07.18	4.3700	0.00	150.00
139171	16 金湖债	1000.00	6.00	2022.07.26	4.0000	0.00	150.00
139172	16 穗城 01	1500.00	5.00	2021.07.22	3.8100	0.00	0.00
139173	16 禹停车	1280.00	10.00	2026.08.11	3.8900	0.00	800.00
139174	16 马经 01	1490.00	7.00	2023.07.25	4.5300	0.00	60.00
139175	16 岳港 01	1200.00	7.00	2023.07.21	4.2400	0.00	50.00
139177	16 新路鑫	900.00	7.00	2023.07.29	6.4100	0.00	140.00
139178	16 东至债	1000.00	7.00	2023.06.20	4.8800	0.00	0.00
139179	16 双创债	1000.00	10.00	2026.07.25	5.0000	0.00	0.00
139180	16 铜小微	700.00	4.00	2020.07.26	5.6000	0.00	658.00
139181	16 南康债	1000.00	4.00	2020.08.04	5.3000	0.00	740.00
139182	16 镇新债	1160.00	7.00	2023.07.14	5.3100	0.00	40.00
139183	16 兴港债	1950.00	10.00	2026.07.20	4.2700	0.00	390.00
139184	16 古蔺债	1000.00	7.00	2023.08.04	4.1800	0.00	200.00
139185	16 穗铁 02	2000.00	3.00	2019.07.25	4.1900	0.00	0.00
139186	16 湘潭 02	400.00	7.00	2023.08.04	3.9500	0.00	70.00
139187	16 营开 01	1500.00	7.00	2023.08.05	5.2000	0.00	0.00
139188	16 荆高新	1800.00	7.00	2023.07.28	4.1500	0.00	60.00
139189	16 万宝 02	1000.00	7.00	2023.08.01	4.4200	0.00	300.00
139190	16 海城债	1000.00	7.00	2023.08.10	5.3700	0.00	0.00
139191	16 合江债	1000.00	7.00	2023.08.11	5.0000	0.00	0.00
139192	16 新干债	1000.00	7.00	2023.08.03	5.4800	0.00	260.00
139193	16 赤壁债	1000.00	7.00	2023.08.10	4.3800	0.00	410.00
139194	16 章丘债	1500.00	7.00	2023.08.09	3.6900	0.00	130.00
139195	16 十经开	650.00	7.00	2023.08.05	3.9800	0.00	40.00
139196	16 穗铁 03	2400.00	3.00	2019.08.16	3.9500	0.00	840.00
139197	16 穗城 03	2500.00	5.00	2021.08.25	3.8100	0.00	160.00
139198	16 玉城 01	600.00	7.00	2023.05.03	5.1000	0.00	0.00
139199	16 公安债	650.00	7.00	2023.08.30	4.3000	0.00	75.00
139200	16 秦经开	250.00	7.00	2023.08.26	4.0700	0.00	100.00
139201	16 牡城 01	900.00	7.00	2023.06.08	6.4400	0.00	0.00
139202	16 金国发	1800.00	7.00	2023.08.22	4.6000	0.00	700.00
139203	16 内兴元	1000.00	7.00	2023.08.16	4.2800	0.00	0.00
139204	16 开福 02	1100.00	7.00	2023.08.22	3.7300	0.00	0.00
139205	16 海集 02	1800.00	3.00	2019.08.23	6.2000	0.00	60.00
139206	16 宜兴投	800.00	8.00	2024.09.02	5.4900	0.00	174.00

债券信息
List of Bonds

债券
Bond

债券代码 Code	债券简称 Bond Name	发行数量(百万) Issued Vol(M)	年限 Terms	到期日 Expiration Date	票面利率(%) Coupon Rate(%)	本年收盘 Close	成交数量(万) Trading Vol(10000)
139207	16 大冶 02	1000.00	7.00	2023.08.31	4.0500	0.00	370.00
139208	16 渝新梁	900.00	7.00	2023.08.26	4.7600	0.00	540.00
139209	16 湘环科	1500.00	7.00	2023.09.06	4.1700	0.00	580.00
139210	16 足棚改	1200.00	6.00	2022.08.11	3.9700	0.00	600.00
139211	16 合川投	1200.00	7.00	2023.09.06	3.9500	0.00	300.00
139212	16 金沙债	1650.00	7.00	2023.09.05	6.0100	0.00	130.00
139213	16 马经 02	1400.00	7.00	2023.09.02	4.4300	0.00	200.00
139214	16 湘乡投	1500.00	7.00	2023.09.09	5.2800	0.00	100.00
139215	16 怀专项	2270.00	7.00	2023.08.31	4.1800	0.00	292.00
139216	16 建安 02	900.00	7.00	2023.09.05	3.8500	0.00	0.00
139217	16 济专项	1000.00	15.00	2031.09.07	3.5500	0.00	0.00
139218	16 兴小 01	500.00	3.00	2019.09.08	3.5000	0.00	25.00
139219	16 库小微	900.00	4.00	2020.09.06	4.2000	0.00	0.00
139220	16 通港闸	1500.00	5.00	2021.09.06	3.8000	0.00	470.00
139221	16 黔开投	790.00	7.00	2023.09.08	4.4200	0.00	260.00
139222	16 鲁经投	1800.00	10.00	2026.09.08	3.5400	0.00	110.00
139223	16 白城投	1200.00	10.00	2026.09.13	4.7500	0.00	730.00
139225	16 诸城债	1500.00	7.00	2023.08.26	3.8900	0.00	875.00
139226	16 瑞金债	1200.00	7.00	2023.09.06	4.1300	0.00	150.00
139227	16 文城投	1160.00	7.00	2023.09.13	4.5000	0.00	0.00
139228	16 威临港	380.00	4.00	2020.09.07	4.2100	0.00	0.00
139229	16 柯城 01	1000.00	7.00	2023.09.19	3.6400	0.00	370.00
139230	16 瀛洲债	800.00	7.00	2023.09.21	4.3300	0.00	130.00
139231	16 番禺 01	500.00	10.00	2026.09.08	4.5000	0.00	160.00
139232	16 青昌阳	1770.00	7.00	2023.09.12	3.7300	0.00	140.00
139233	16 滨旅债	1000.00	9.00	2025.09.20	4.6800	0.00	50.00
139234	16 荆开债	770.00	10.00	2026.09.23	4.8700	0.00	60.00
139235	16 洪经债	770.00	7.00	2023.09.22	3.8300	0.00	0.00
139236	16 凯宏债	1400.00	10.00	2026.09.22	5.3000	0.00	230.00
139237	16 宁高 01	400.00	7.00	2023.09.23	3.6700	0.00	20.00
139238	16 芜交 02	1400.00	7.00	2023.09.23	3.5800	0.00	70.00
139239	16 嘉湘 02	600.00	7.00	2023.09.21	3.8700	0.00	0.00
139240	16 汝州债	2000.00	7.00	2023.09.26	4.4300	0.00	330.00
139241	16 永专 01	500.00	10.00	2026.09.23	4.1900	0.00	70.00
139242	16 苏大行	1000.00	7.00	2023.09.22	5.1800	0.00	86.50
139243	16 株高孵	1130.00	7.00	2023.09.28	3.7800	0.00	0.00
139244	16 温铁债	1030.00	15.00	2031.09.22	3.8500	0.00	0.00
139245	16 宁投 01	700.00	10.00	2026.09.12	3.6800	0.00	370.00
139246	16 鹤山 01	300.00	7.00	2023.09.28	4.0800	0.00	0.00
139247	16 黔凯专	1100.00	7.00	2023.10.13	4.2000	0.00	240.00
139248	16 锦都债	1000.00	7.00	2023.10.13	3.6500	0.00	120.00
139249	16 中瑞债	560.00	7.00	2023.09.29	6.5000	0.00	320.00
139250	16 大方债	550.00	7.00	2023.09.26	6.0000	0.00	205.00
139251	16 蕲春债	870.00	7.00	2023.10.18	4.9600	0.00	422.00
139252	16 武铁 01	2000.00	3.00	2019.09.27	3.9400	0.00	800.00
139253	16 邕高 02	500.00	7.00	2023.10.20	3.8200	0.00	210.00
139254	16 新港债	1000.00	7.00	2023.10.20	3.4200	0.00	370.00
139255	16 大洼债	1470.00	8.00	2024.10.19	5.9900	0.00	0.00
139256	16 鄂国资	1500.00	15.00	2031.10.21	5.5500	0.00	345.00
139257	16 玉城 02	570.00	7.00	2023.10.21	3.7200	0.00	0.00

债券信息
List of Bonds

债券
Bond

债券代码 Code	债券简称 Bond Name	发行数量(百万) Issued Vol(M)	年限 Terms	到期日 Expiration Date	票面利率(%) Coupon Rate(%)	本年收盘 Close	成交数量(万) Trading Vol(10000)
139258	16 瓯新城	2000.00	7.00	2023.10.26	3.9800	0.00	595.00
139259	16 杭运河	1000.00	7.00	2023.10.17	3.4000	0.00	140.00
139260	16 韶关债	1000.00	8.00	2024.10.25	3.6700	0.00	370.00
139261	16 陕高 01	1000.00	5.00	2021.10.13	4.1800	0.00	430.00
139262	16 邹城 02	480.00	4.00	2020.10.21	3.8000	0.00	0.00
139263	16 文蓝海	1500.00	7.00	2023.10.26	3.6400	0.00	300.00
139264	16 柳东城	830.00	4.00	2020.10.24	3.8500	0.00	250.00
139265	16 恩施债	590.00	7.00	2023.11.01	3.8400	0.00	20.00
139266	16 益集 01	1200.00	7.00	2023.10.13	4.9500	0.00	300.00
139267	16 宁债 02	1000.00	7.00	2023.11.02	3.8800	0.00	300.00
139268	16 贵溪债	1800.00	7.00	2023.08.18	4.1800	0.00	169.00
139269	16 荆管廊	1200.00	10.00	2026.08.19	4.3700	0.00	145.00
139270	16 岳港 02	1200.00	7.00	2023.10.26	3.9400	0.00	350.00
139272	16 桂金 02	1500.00	7.00	2023.11.01	4.8000	0.00	60.00
139273	16 钟楼债	1500.00	7.00	2023.10.26	3.6400	0.00	310.00
139274	16 河国投	440.00	7.00	2023.11.04	4.3700	0.00	100.00
139275	16 淳安债	690.00	7.00	2023.11.04	3.8400	0.00	260.00
139276	16 泉小微	700.00	3.00	2019.11.03	3.4400	0.00	140.00
139277	16 共青城	800.00	7.00	2023.03.25	5.8500	0.00	252.00
139278	16 达州 01	700.00	10.00	2026.11.04	3.9900	0.00	60.00
139279	16 锡新城	2000.00	7.00	2023.11.09	3.9200	0.00	930.00
139280	16 徐高新	1130.00	7.00	2023.11.11	3.7800	0.00	200.00
139281	16 简州债	1000.00	7.00	2023.11.10	3.9300	0.00	150.00
139282	16 筑城 02	3000.00	10.00	2026.11.14	4.0000	0.00	0.00
139283	16 牡城 02	900.00	7.00	2023.10.27	5.3400	0.00	130.00
139284	16 分宜债	1450.00	7.00	2023.08.22	4.5400	0.00	97.00
139286	16 海创债	1500.00	7.00	2023.11.16	4.4700	0.00	1090.00
139287	16 天门债	600.00	7.00	2023.11.15	3.9800	0.00	90.00
139288	16 京诚债	670.00	7.00	2023.08.29	4.3800	0.00	0.00
139289	16 东宝债	700.00	7.00	2023.07.22	4.4400	0.00	50.00
139290	16 水城投	1060.00	7.00	2023.11.22	4.9800	0.00	1199.00
139291	16 昌吉债	800.00	7.00	2023.11.18	4.2400	0.00	520.00
139292	16 江宁城	900.00	7.00	2023.11.11	3.4800	0.00	150.00
139293	16 诸微债	700.00	4.00	2020.10.28	4.0000	0.00	0.00
139294	15 湘开债	1500.00	7.00	2022.11.25	5.3900	0.00	90.00
139295	16 乐平债	1800.00	7.00	2023.10.20	3.7000	0.00	390.00
139297	16 金潼 01	1000.00	7.00	2023.11.16	4.4400	0.00	0.00
139298	16 金阳 01	2000.00	10.00	2026.11.17	4.4600	0.00	430.00
139299	16 德溪 01	550.00	7.00	2023.11.17	4.6000	0.00	0.00
139300	15 兴安债	1200.00	7.00	2022.12.21	6.1800	0.00	95.00
139301	16 中岳债	1200.00	5.00	2021.11.16	4.1000	0.00	600.00
139302	16 宁高 02	400.00	7.00	2023.11.23	3.9200	0.00	80.00
139303	16 冠隆债	1000.00	7.00	2023.11.10	4.7000	0.00	690.00
139304	16 益集 02	1200.00	7.00	2023.11.23	5.1600	0.00	750.00
139305	16 西秀债	1500.00	7.00	2023.11.22	4.7000	0.00	140.00
139306	16 临城开	1200.00	7.00	2023.11.22	3.8500	0.00	100.00
139307	16 七城投	900.00	7.00	2023.11.23	5.7500	0.00	0.00
139308	16 宁投 02	800.00	10.00	2026.11.28	3.8700	0.00	0.00
139309	16 遂富源	1050.00	7.00	2023.12.02	5.3400	0.00	150.00
139310	16 韩城投	1000.00	7.00	2023.12.05	4.6900	0.00	109.00

债券信息
List of Bonds

债券
Bond

债券代码 Code	债券简称 Bond Name	发行数量(百万) Issued Vol(M)	年限 Terms	到期日 Expiration Date	票面利率(%) Coupon Rate(%)	本年收盘 Close	成交数量(万) Trading Vol(10000)
139311	16 沾化债	700.00	7.00	2023.11.29	4.9300	0.00	214.00
139312	16 鹤山 02	900.00	7.00	2023.12.07	5.0800	0.00	100.00
139313	16 德溪 02	500.00	7.00	2023.12.05	5.1000	0.00	0.00
139315	16 邵开债	2000.00	7.00	2023.12.13	6.5800	0.00	52.00
139316	16 金鑫 01	750.00	7.00	2023.07.26	4.5700	0.00	0.00
139317	16 金鑫 02	750.00	7.00	2023.07.26	3.8000	0.00	30.00
139320	16 首创 02	1500.00	5.00	2021.11.09	3.7000	0.00	30.00
139322	16 奥德 02	500.00	7.00	2023.08.22	4.7000	0.00	70.00
139323	16 惠交 02	2000.00	7.00	2023.12.27	4.9500	0.00	0.00
139324	16 衡东债	1200.00	7.00	2023.12.27	6.6000	0.00	0.00
139326	17 嘉鱼 01	300.00	7.00	2024.01.19	6.5000	0.00	0.00
139329	17 肇东 01	500.00	7.00	2024.01.20	6.5000	0.00	0.00
139330	17 柔刚 01	500.00	7.00	2024.01.24	5.6500	0.00	0.00
139331	17 南漳 01	300.00	7.00	2024.01.20	6.0000	0.00	0.00
139332	16 浏阳 01	900.00	7.00	2023.04.06	4.3700	0.00	30.00
139333	16 浏阳 02	1100.00	7.00	2023.04.06	4.3900	0.00	0.00
139334	16 汝城 02	300.00	7.00	2024.02.23	5.6900	0.00	0.00
139335	17 滇投债	1550.00	7.00	2024.07.24	5.7500	0.00	0.00
139336	17 广水债	800.00	7.00	2024.03.01	6.1900	0.00	0.00
139337	16 綦东开	800.00	7.00	2023.09.05	4.0000	0.00	0.00
139339	17 东乡债	1000.00	7.00	2024.03.20	6.2000	0.00	0.00
139340	17 蚌埠 01	2500.00	7.00	2024.04.13	5.8000	0.00	0.00
139341	17 凤台债	1200.00	7.00	2024.03.13	5.6000	0.00	0.00
139342	17 永专债	500.00	10.00	2027.04.05	6.3000	0.00	0.00
139343	17 嘉鱼 02	300.00	7.00	2024.03.23	5.7000	0.00	0.00
139344	17 资兴 01	300.00	7.00	2024.03.16	6.2000	0.00	0.00
139345	17 开元债	1200.00	7.00	2024.11.29	7.2500	0.00	0.00
139346	17 遂天泰	1000.00	7.00	2024.03.28	5.9800	0.00	0.00
139347	17 博山债	800.00	7.00	2024.03.29	5.6300	0.00	350.00
139348	17 随专 01	400.00	7.00	2024.04.07	5.7000	0.00	0.00
139349	16 达州 02	600.00	10.00	2027.04.07	6.5000	0.00	0.00
139350	17 鄂高投	400.00	7.00	2024.04.11	5.9000	0.00	80.00
139351	17 鄂交 Y1	1000.00	5.00	2022.04.13	5.4000	0.00	400.00
139352	17 惠华 01	500.00	7.00	2024.04.18	5.7800	0.00	80.00
139353	17 邵东债	1400.00	7.00	2024.04.19	7.1000	0.00	0.00
139354	17 应城债	1200.00	7.00	2024.04.14	6.5000	0.00	0.00
139355	16 营开 02	1000.00	7.00	2024.04.19	6.9800	0.00	0.00
139356	17 黔南 01	1000.00	7.00	2024.04.19	6.9900	0.00	0.00
139357	17 营北 01	400.00	7.00	2024.07.12	7.1900	0.00	0.00
139358	17 资城 01	800.00	7.00	2024.05.03	6.0000	0.00	0.00
139359	17 襄投债	2500.00	7.00	2024.04.21	5.4000	0.00	250.00
139360	17 醴陵债	1120.00	7.00	2024.04.21	6.5000	0.00	60.00
139361	17 德投债	1200.00	7.00	2024.09.14	6.4600	0.00	0.00
139362	G17 沣西 1	1500.00	7.00	2024.08.23	7.1000	0.00	200.00
139363	17 阳新债	1000.00	7.00	2024.04.26	6.5000	0.00	0.00
139365	17 伍家债	500.00	7.00	2024.04.20	6.5000	0.00	0.00
139366	17 松滋债	1000.00	7.00	2024.06.21	6.6000	0.00	0.00
139370	17 石首债	860.00	7.00	2024.06.15	6.9800	0.00	0.00
139371	17 长葛债	1330.00	7.00	2024.04.19	7.1000	0.00	0.00
139372	G17 云绿 1	550.00	10.00	2027.06.01	6.3000	0.00	0.00

债券信息
List of Bonds

债券代码 Code	债券简称 Bond Name	发行数量(百万) Issued Vol(M)	年限 Terms	到期日 Expiration Date	票面利率(%) Coupon Rate(%)	本年收盘 Close	成交数量(万) Trading Vol(10000)
139373	17 西双创	350.00	7.00	2024.05.02	6.2000	0.00	0.00
139374	17 简工债	1370.00	7.00	2024.04.24	6.0000	0.00	0.00
139375	17 宜双 01	800.00	7.00	2024.05.18	6.1000	0.00	0.00
139376	17 嘉禾 01	800.00	7.00	2024.05.25	6.5000	0.00	0.00
139377	17 开元 01	700.00	7.00	2024.05.26	7.3000	0.00	0.00
139378	17 咸双创	1000.00	10.00	2027.06.01	6.6000	0.00	0.00
139380	17 鄂交 Y2	1500.00	5.00	2022.06.07	5.6500	0.00	0.00
139381	17 襄高投	800.00	7.00	2024.06.12	6.2500	0.00	120.00
139382	17 武铁 Y1	1500.00	3.00	2020.06.15	5.5500	0.00	0.00
139383	17 鹤城投	2000.00	7.00	2024.06.19	6.9500	0.00	0.00
139384	17 阿纺织	700.00	7.00	2024.06.21	7.5000	0.00	180.00
139385	17 巴州债	1600.00	7.00	2024.06.19	6.0800	0.00	120.00
139386	17 吉首 01	500.00	7.00	2024.06.21	6.5000	0.00	0.00
139387	17 鄂交 Y3	1000.00	5.00	2022.06.16	5.6000	0.00	0.00
139388	17 津国投	500.00	7.00	2024.07.05	6.4000	0.00	0.00
139390	17 宁高 01	400.00	7.00	2024.06.26	5.6600	0.00	0.00
139391	17 观投债	1600.00	7.00	2024.06.22	6.4900	0.00	4.00
139392	17 科投债	910.00	7.00	2024.06.30	5.9900	0.00	0.00
139393	17 黔南 02	1000.00	7.00	2024.07.06	6.9800	0.00	0.00
139394	17 金鑫债	1000.00	7.00	2024.07.31	7.0800	0.00	0.00
139395	17 市北 01	1500.00	7.00	2024.08.07	5.9800	0.00	50.00
139396	17 湘东山	1150.00	7.00	2024.08.03	6.2000	0.00	0.00
139397	17 宿马债	1000.00	7.00	2024.08.03	6.1000	0.00	0.00
139398	17 蓉轨 Y1	2000.00	5.00	2022.08.10	5.6900	0.00	0.00
139399	17 高科 01	1440.00	10.00	2027.09.14	5.6000	0.00	0.00
139400	17 钟祥债	800.00	7.00	2024.09.01	6.5000	0.00	0.00
139401	17 清浦债	1500.00	7.00	2024.09.29	6.7500	0.00	0.00
139402	17 蒙自 01	600.00	7.00	2024.09.25	7.6500	0.00	0.00
140000	16 青海 09	600.00	3.00	2019.05.30	2.7000	100.00	0.00
140001	16 青海 10	610.00	5.00	2021.05.30	2.9000	100.00	0.00
140002	16 青海 11	690.00	7.00	2023.05.30	3.1800	100.00	0.00
140003	16 青海 12	500.00	10.00	2026.05.30	3.2400	100.00	0.00
140004	16 内蒙 05	2474.71	3.00	2019.05.31	2.8600	98.09	1045.00
140005	16 内蒙 06	7421.00	5.00	2021.05.31	3.0500	96.62	280.00
140006	16 内蒙 07	7421.00	7.00	2023.05.31	3.3100	100.00	100.00
140007	16 内蒙 08	7421.00	10.00	2026.05.31	3.2900	100.00	50.00
140008	16 河南 05	7600.00	3.00	2019.05.31	2.8100	98.01	1275.01
140009	16 河南 06	11400.00	5.00	2021.05.31	3.0300	96.60	580.00
140010	16 河南 07	11400.00	7.00	2023.05.31	3.2600	100.00	0.00
140011	16 河南 08	7600.00	10.00	2026.05.31	3.2400	100.00	0.00
140012	16 河南 09	5260.00	3.00	2019.05.31	2.8100	102.40	326.50
140013	16 河南 10	7890.00	5.00	2021.05.31	3.0300	100.00	0.00
140014	16 河南 11	7890.00	7.00	2023.05.31	3.2600	100.00	0.00
140015	16 河南 12	5260.00	10.00	2026.05.31	3.2400	100.00	0.00
140016	16 天津 06	4928.00	3.00	2019.06.01	2.6700	100.00	0.00
140017	16 天津 07	13480.00	5.00	2021.06.01	2.8600	100.00	0.00
140018	16 天津 08	13761.00	7.00	2023.06.01	3.1000	100.00	470.00
140019	16 天津 09	13760.00	10.00	2026.06.01	3.1300	100.00	0.00
140020	16 天津 10	5835.00	5.00	2021.06.01	2.7500	100.00	0.00
140021	16 天津 11	2120.00	7.00	2023.06.01	2.9700	100.00	0.00

债券信息
List of Bonds

债券
Bond

债券代码 Code	债券简称 Bond Name	发行数量(百万) Issued Vol(M)	年限 Terms	到期日 Expiration Date	票面利率(%) Coupon Rate(%)	本年收盘 Close	成交数量(万) Trading Vol(10000)
140022	16 天津 12	2028.00	10.00	2026.06.01	2.9500	94.15	0.01
140023	16 河北 09	14500.00	3.00	2019.06.02	2.7600	97.93	410.00
140024	16 河北 10	14500.00	5.00	2021.06.02	2.9400	100.00	0.00
140025	16 河北 11	14500.00	7.00	2023.06.02	3.2300	100.00	0.00
140026	16 河北 12	4958.00	10.00	2026.06.02	3.2100	100.00	0.00
140027	16 河北 13	4300.00	3.00	2019.06.02	2.7400	100.00	0.00
140028	16 河北 14	5942.00	5.00	2021.06.02	2.9000	100.00	0.00
140029	16 河北 15	4300.00	7.00	2023.06.02	3.1800	100.00	0.00
140030	16 贵州 09	8000.00	3.00	2019.06.03	2.8100	100.00	1650.02
140031	16 贵州 10	12000.00	5.00	2021.06.03	2.9900	95.95	750.00
140032	16 贵州 11	12000.00	7.00	2023.06.03	3.1800	100.00	0.00
140033	16 贵州 12	8000.00	10.00	2026.06.03	3.2700	100.00	60.00
140034	16 湖北 11	7680.00	3.00	2019.06.06	2.8000	98.07	950.00
140035	16 湖北 12	7680.00	5.00	2021.06.06	3.0100	98.00	461.10
140036	16 湖北 13	7680.00	7.00	2023.06.06	3.2800	100.00	0.00
140037	16 湖北 14	2560.00	10.00	2026.06.06	3.3400	100.00	0.00
140038	16 湖北 15	15000.00	5.00	2021.06.06	3.0400	101.17	220.00
140039	16 湖北 16	15000.00	7.00	2023.06.06	3.3000	100.60	0.00
140040	16 山东 13	12996.00	3.00	2019.06.07	2.8300	98.02	1000.00
140041	16 山东 14	19493.00	5.00	2021.06.07	3.0300	97.01	450.00
140042	16 山东 15	19493.00	7.00	2023.06.07	3.2600	100.00	0.00
140043	16 山东 16	12996.00	10.00	2026.06.07	3.2700	100.00	200.00
140044	16 山东 17	600.00	3.00	2019.06.07	2.8300	100.00	0.00
140045	16 山东 18	900.00	5.00	2021.06.07	3.0300	100.00	0.00
140046	16 山东 19	900.00	7.00	2023.06.07	3.2600	100.00	0.00
140047	16 山东 20	600.00	10.00	2026.06.07	3.2700	100.00	0.00
140048	16 甘肃 06	7700.00	10.00	2026.06.07	3.2700	100.00	0.00
140049	16 重庆 07	2100.00	3.00	2019.06.08	2.8100	100.00	500.00
140050	16 重庆 08	4000.00	5.00	2021.06.08	3.0000	100.00	0.00
140051	16 重庆 09	4000.00	7.00	2023.06.08	3.1900	100.00	0.00
140052	16 重庆 10	3600.00	10.00	2026.06.08	3.2700	100.00	0.00
140053	16 重庆 11	6800.00	3.00	2019.06.08	2.7900	100.00	0.00
140054	16 重庆 12	6700.00	5.00	2021.06.08	2.9600	100.00	0.00
140055	16 重庆 13	6700.00	7.00	2023.06.08	3.1900	100.00	0.00
140056	16 重庆 14	6700.00	10.00	2026.06.08	3.2300	100.00	0.00
140057	16 广西 11	3600.00	3.00	2019.06.08	2.8100	100.00	0.00
140058	16 广西 12	10000.00	5.00	2021.06.08	2.9600	100.00	0.00
140059	16 广西 13	10000.00	7.00	2023.06.08	3.2400	100.00	0.00
140060	16 广西 14	10000.00	10.00	2026.06.08	3.2800	100.00	0.00
140061	16 广西 15	1600.00	5.00	2021.06.08	2.9600	100.00	0.00
140062	16 广西 16	600.00	7.00	2023.06.08	3.2400	100.00	0.00
140063	16 广西 17	1000.00	10.00	2026.06.08	3.2800	100.00	0.00
140064	16 江苏 09	6770.00	3.00	2019.06.14	2.7100	100.00	200.00
140065	16 江苏 10	10000.00	5.00	2021.06.14	2.9600	100.20	900.00
140066	16 江苏 11	10000.00	7.00	2023.06.14	3.1900	100.00	0.00
140067	16 江苏 12	6700.00	10.00	2026.06.14	3.2100	102.20	280.00
140068	16 江苏 13	10900.00	3.00	2019.06.14	2.7100	100.00	0.00
140069	16 江苏 14	16100.00	5.00	2021.06.14	2.8900	100.00	50.00
140070	16 江苏 15	16100.00	7.00	2023.06.14	3.1500	100.00	0.00
140071	16 江苏 16	10800.00	10.00	2026.06.14	3.1800	100.00	0.00

债券信息
List of Bonds

债券
Bond

债券代码 Code	债券简称 Bond Name	发行数量(百万) Issued Vol(M)	年限 Terms	到期日 Expiration Date	票面利率(%) Coupon Rate(%)	本年收盘 Close	成交数量(万) Trading Vol(10000)
140072	16 浙江 05	4220.00	3.00	2019.06.15	2.6500	100.00	236.00
140073	16 浙江 06	12650.00	5.00	2021.06.15	2.8800	97.10	50.00
140074	16 浙江 07	12650.00	7.00	2023.06.15	3.1000	100.00	50.00
140075	16 浙江 08	12650.00	10.00	2026.06.15	3.2000	102.40	0.00
140076	16 浙江 09	1950.00	5.00	2021.06.15	2.8000	100.00	0.00
140077	16 浙江 10	1950.00	10.00	2026.06.15	3.0900	100.00	0.00
140078	16 新疆 13	940.00	3.00	2019.06.16	2.6000	100.00	0.00
140079	16 新疆 14	1410.00	5.00	2021.06.16	2.8000	100.00	0.00
140080	16 新疆 15	1410.00	7.00	2023.06.16	2.9900	100.00	0.00
140081	16 新疆 16	940.00	10.00	2026.06.16	3.0000	100.00	0.00
140082	16 宁夏 09	2000.00	3.00	2019.06.17	2.7600	99.70	280.00
140083	16 宁夏 10	2300.00	5.00	2021.06.17	3.0100	95.75	470.00
140084	16 宁夏 11	2300.00	7.00	2023.06.17	3.2700	100.00	0.00
140085	16 宁夏 12	1080.00	10.00	2026.06.17	3.2900	99.91	20.00
140086	16 宁夏 13	600.00	5.00	2021.06.17	3.0100	100.00	0.00
140087	16 宁夏 14	400.00	7.00	2023.06.17	3.2500	100.00	0.00
140088	16 宁夏 15	300.00	10.00	2026.06.17	3.2800	100.00	0.00
140089	16 广东 15	1524.00	3.00	2019.06.17	2.7600	100.49	220.00
140090	16 广东 16	4540.00	5.00	2021.06.17	2.9800	100.00	370.00
140091	16 广东 17	4540.00	7.00	2023.06.17	3.1700	99.91	0.00
140092	16 广东 18	4540.00	10.00	2026.06.17	3.1700	100.00	50.00
140093	16 广东 19	8904.50	5.00	2021.06.17	2.9500	100.00	0.00
140094	16 广东 20	3550.00	7.00	2023.06.17	3.1700	100.00	0.00
140095	16 广东 21	5330.00	10.00	2026.06.17	3.1700	100.00	0.00
140096	16 福建 01	2838.71	3.00	2019.06.20	2.8000	97.60	400.00
140097	16 福建 02	8470.00	5.00	2021.06.20	2.9900	101.37	0.00
140098	16 福建 03	8470.00	7.00	2023.06.20	3.1700	100.00	0.00
140099	16 福建 04	8470.00	10.00	2026.06.20	3.1700	100.00	0.00
140100	16 福建 05	16004.18	5.00	2021.06.20	2.9900	100.00	0.00
140101	16 福建 06	15990.00	10.00	2026.06.20	3.1700	100.00	0.00
140102	16 四川 13	8200.00	3.00	2019.06.20	2.8000	100.00	1120.02
140103	16 四川 14	8200.00	5.00	2021.06.20	2.9900	100.00	20.00
140104	16 四川 15	8200.00	7.00	2023.06.20	3.1800	100.00	0.00
140105	16 四川 16	2910.00	10.00	2026.06.20	3.2700	100.30	50.00
140106	16 四川 17	9200.00	3.00	2019.06.20	2.8000	98.14	50.00
140107	16 四川 18	9200.00	5.00	2021.06.20	2.9900	100.00	0.00
140108	16 四川 19	9200.00	7.00	2023.06.20	3.2300	100.78	100.00
140109	16 四川 20	3300.00	10.00	2026.06.20	3.2600	100.00	0.00
140110	16 吉林 01	2517.68	3.00	2019.06.21	2.8000	100.00	200.00
140111	16 吉林 02	7549.00	5.00	2021.06.21	2.9800	95.64	630.00
140112	16 吉林 03	7549.00	7.00	2023.06.21	3.1600	100.00	0.00
140113	16 吉林 04	7549.00	10.00	2026.06.21	3.3000	100.00	0.00
140114	16 吉林 05	1500.00	5.00	2021.06.21	2.9800	100.00	0.00
140115	16 吉林 06	438.00	7.00	2023.06.21	3.2500	100.00	0.00
140116	16 吉林 07	1062.00	10.00	2026.06.21	3.3000	100.00	40.00
140117	16 江西 09	2140.00	3.00	2019.06.22	2.7000	100.00	0.00
140118	16 江西 10	6350.00	5.00	2021.06.22	2.9000	100.00	0.00
140119	16 江西 11	6350.00	7.00	2023.06.22	3.0700	100.00	0.00
140120	16 江西 12	6350.00	10.00	2026.06.22	3.2100	100.00	0.00
140121	16 江西 13	3950.00	3.00	2019.06.22	2.7000	100.00	0.00

债券信息
List of Bonds

债券
Bond

债券代码 Code	债券简称 Bond Name	发行数量(百万) Issued Vol(M)	年限 Terms	到期日 Expiration Date	票面利率(%) Coupon Rate(%)	本年收盘 Close	成交数量(万) Trading Vol(10000)
140122	16 江西 14	3920.00	5.00	2021.06.22	2.8300	100.00	0.00
140123	16 江西 15	3920.00	7.00	2023.06.22	3.0500	100.00	0.00
140124	16 江西 16	3920.00	10.00	2026.06.22	3.1800	100.00	0.00
140125	16 湖南 05	30000.00	3.00	2019.06.24	2.7600	100.00	150.00
140126	16 湖南 06	25600.00	7.00	2023.06.24	3.1500	100.50	50.00
140127	16 内蒙 09	7545.00	3.00	2019.06.24	2.8900	97.75	501.08
140128	16 内蒙 10	7545.00	5.00	2021.06.24	3.0600	96.83	970.00
140129	16 内蒙 11	7545.00	7.00	2023.06.24	3.2600	100.97	0.00
140130	16 内蒙 12	2515.00	10.00	2026.06.24	3.3000	100.00	0.00
140131	16 内蒙 13	3414.00	3.00	2019.06.24	2.8900	97.84	820.00
140132	16 内蒙 14	5188.00	5.00	2021.06.24	3.0600	96.80	300.00
140133	16 内蒙 15	5164.00	7.00	2023.06.24	3.2600	100.00	120.00
140134	16 内蒙 16	1134.00	10.00	2026.06.24	3.3000	100.00	0.00
140135	16 山西 05	1360.00	3.00	2019.06.27	2.5900	100.00	0.00
140136	16 山西 06	4000.00	5.00	2021.06.27	2.7700	100.00	0.00
140137	16 山西 07	4000.00	7.00	2023.06.27	3.0200	100.00	0.00
140138	16 山西 08	4000.00	10.00	2026.06.27	3.0800	100.00	0.00
140139	16 山西 09	2900.00	5.00	2021.06.27	2.7600	100.08	0.00
140140	16 山西 10	2900.00	10.00	2026.06.27	3.0600	100.00	0.00
140141	16 河南 13	3739.14	3.00	2019.06.29	2.6100	100.00	0.00
140142	16 河南 14	5608.70	5.00	2021.06.29	2.7800	100.00	0.00
140143	16 河南 15	5608.70	7.00	2023.06.29	3.0800	100.40	0.00
140144	16 河南 16	3739.14	10.00	2026.06.29	3.1000	100.00	0.00
140145	16 河南 17	3838.20	3.00	2019.06.29	2.5800	100.00	0.00
140146	16 河南 18	5757.29	5.00	2021.06.29	2.7300	100.00	0.00
140147	16 河南 19	5757.29	7.00	2023.06.29	2.9000	100.00	0.00
140148	16 河南 20	3838.20	10.00	2026.06.29	2.9200	100.00	0.00
140149	16 安徽 05	13700.00	3.00	2019.07.01	2.7500	98.76	1101.00
140150	16 安徽 06	13700.00	5.00	2021.07.01	2.8500	100.00	20.00
140151	16 安徽 07	13700.00	7.00	2023.07.01	3.0800	100.00	0.00
140152	16 安徽 08	4770.00	10.00	2026.07.01	3.1000	100.00	0.00
140153	16 安徽 09	22500.00	5.00	2021.07.01	2.8500	100.00	100.00
140154	16 安徽 10	22500.00	7.00	2023.07.01	3.1000	100.20	0.00
140155	16 北京 01	11349.52	3.00	2019.07.08	2.5400	100.00	0.00
140156	16 北京 02	11488.37	5.00	2021.07.08	2.6700	100.00	0.00
140157	16 青海 13	548.01	3.00	2019.07.11	2.6400	100.00	0.00
140158	16 青海 14	759.00	5.00	2021.07.11	2.8100	100.00	0.00
140159	16 青海 15	759.00	7.00	2023.07.11	2.9800	100.00	0.00
140160	16 青海 16	549.00	10.00	2026.07.11	3.0300	100.00	0.00
140161	16 辽宁 09	13800.00	3.00	2019.07.13	2.7300	99.28	2.00
140162	16 辽宁 10	13800.00	5.00	2021.07.13	2.9500	96.90	2260.01
140163	16 辽宁 11	13800.00	7.00	2023.07.13	3.1200	95.83	150.00
140164	16 辽宁 12	4600.00	10.00	2026.07.13	3.1100	100.00	200.00
140165	16 新疆 17	3210.00	3.00	2019.07.13	2.5300	100.00	0.00
140166	16 新疆 18	4810.00	5.00	2021.07.13	2.6600	100.00	0.00
140167	16 新疆 19	4820.00	7.00	2023.07.13	2.8300	100.00	0.00
140168	16 新疆 20	3210.00	10.00	2026.07.13	2.8200	100.00	0.00
140169	16 新疆 21	300.00	3.00	2019.07.13	2.5300	100.00	0.00
140170	16 新疆 22	450.00	5.00	2021.07.13	2.6600	100.00	0.00
140171	16 新疆 23	450.00	7.00	2023.07.13	2.8300	100.00	0.00

债券信息 List of Bonds

债券 Bond

债券代码 Code	债券简称 Bond Name	发行数量(百万) Issued Vol(M)	年限 Terms	到期日 Expiration Date	票面利率(%) Coupon Rate(%)	本年收盘 Close	成交数量(万) Trading Vol(10000)
140172	16 新疆 24	300.00	10.00	2026.07.13	2.8200	100.00	0.00
140173	16 广东 22	1726.00	3.00	2019.07.19	2.6800	100.00	0.00
140174	16 广东 23	5140.00	5.00	2021.07.19	2.8600	100.00	850.00
140175	16 广东 24	5140.00	7.00	2023.07.19	3.0100	100.00	0.00
140176	16 广东 25	5140.00	10.00	2026.07.19	3.0200	100.00	80.00
140177	16 广东 26	6374.00	5.00	2021.07.19	2.8300	100.00	0.00
140178	16 广东 27	2550.00	7.00	2023.07.19	3.0100	100.00	0.00
140179	16 广东 28	3820.00	10.00	2026.07.19	3.0200	100.00	0.00
140180	16 贵州 13	4000.00	3.00	2019.07.20	2.7000	100.00	0.00
140181	16 贵州 14	6000.00	5.00	2021.07.20	2.8400	100.00	0.00
140182	16 贵州 15	6000.00	7.00	2023.07.20	2.9800	100.00	0.00
140183	16 贵州 16	4000.00	10.00	2026.07.20	3.0700	100.00	0.00
140184	16 贵州 17	8000.00	3.00	2019.07.20	2.6800	100.00	0.00
140185	16 贵州 18	12000.00	7.00	2023.07.20	2.9600	100.00	0.00
140186	16 上海 01	16260.00	3.00	2019.07.25	2.5200	100.00	0.00
140187	16 上海 02	24390.00	5.00	2021.07.25	2.6500	100.00	0.00
140188	16 上海 03	16260.00	7.00	2023.07.25	2.8100	100.00	0.00
140189	16 上海 04	24390.00	10.00	2026.07.25	2.8100	100.00	0.00
140190	16 黑龙 09	4659.32	3.00	2019.07.27	2.7400	100.00	100.00
140191	16 黑龙 10	6800.00	5.00	2021.07.27	2.8600	100.00	0.00
140192	16 黑龙 11	6800.00	7.00	2023.07.27	3.0900	100.00	0.00
140193	16 黑龙 12	4500.00	10.00	2026.07.27	3.1000	100.00	0.00
140194	16 黑龙 13	5595.22	5.00	2021.07.27	2.8900	100.00	0.00
140195	16 黑龙 14	5500.00	7.00	2023.07.27	3.0800	100.00	0.00
140196	16 江苏 17	12800.00	3.00	2019.08.01	2.5100	100.00	0.00
140197	16 江苏 18	19000.00	5.00	2021.08.01	2.5900	99.90	0.00
140198	16 江苏 19	19000.00	7.00	2023.08.01	2.8200	99.90	140.00
140199	16 江苏 20	12700.00	10.00	2026.08.01	2.9000	100.00	300.00
140200	16 江苏 21	7620.00	3.00	2019.08.01	2.4900	100.00	0.00
140201	16 江苏 22	11300.00	5.00	2021.08.01	2.5900	100.00	0.00
140202	16 江苏 23	11300.00	7.00	2023.08.01	2.7900	100.00	0.00
140203	16 江苏 24	7500.00	10.00	2026.08.01	2.7900	100.00	0.00
140204	16 吉林 08	1200.15	3.00	2019.08.01	2.5400	100.00	0.00
140205	16 吉林 09	3596.00	5.00	2021.08.01	2.6900	100.00	0.00
140206	16 吉林 10	3596.00	7.00	2023.08.01	2.8900	100.00	0.00
140207	16 吉林 11	3596.00	10.00	2026.08.01	2.9900	100.00	0.00
140208	16 吉林 12	1302.10	5.00	2021.08.01	2.6800	100.00	0.00
140209	16 吉林 13	174.20	7.00	2023.08.01	2.8400	100.00	0.00
140210	16 吉林 14	1127.80	10.00	2026.08.01	2.9900	100.00	0.00
140211	16 陕西 21	5070.00	3.00	2019.08.03	2.4900	100.00	0.00
140212	16 陕西 22	5070.00	5.00	2021.08.03	2.5900	100.00	0.00
140213	16 陕西 23	5070.00	7.00	2023.08.03	2.8300	100.00	0.00
140214	16 陕西 24	1740.05	10.00	2026.08.03	2.9400	100.00	0.00
140215	16 北京 03	13819.10	7.00	2023.08.05	2.7900	100.00	0.00
140216	16 北京 04	13515.93	10.00	2026.08.05	2.7900	100.00	0.00
140217	16 四川 21	9000.00	3.00	2019.08.05	2.6100	100.00	0.00
140218	16 四川 22	9000.00	5.00	2021.08.05	2.6900	100.00	50.00
140219	16 四川 23	9000.00	7.00	2023.08.05	2.9300	100.00	200.00
140220	16 四川 24	3000.00	10.00	2026.08.05	3.0300	100.00	200.00
140221	16 四川 25	9000.00	3.00	2019.08.05	2.6100	100.00	0.00

债券信息
List of Bonds

债券
Bond

债券代码 Code	债券简称 Bond Name	发行数量(百万) Issued Vol(M)	年限 Terms	到期日 Expiration Date	票面利率(%) Coupon Rate(%)	本年收盘 Close	成交数量(万) Trading Vol(10000)
140222	16 四川 26	9000.00	5.00	2021.08.05	2.7300	100.00	0.00
140223	16 四川 27	9000.00	7.00	2023.08.05	2.9300	100.00	0.00
140224	16 四川 28	3000.00	10.00	2026.08.05	3.0700	100.00	80.00
140225	16 云南 09	13880.00	3.00	2019.08.08	2.5400	100.00	0.00
140226	16 云南 10	16300.00	10.00	2026.08.08	2.9600	100.00	170.00
140227	16 云南 11	2310.00	3.00	2019.08.08	2.4600	100.00	0.00
140228	16 云南 12	900.00	5.00	2021.08.08	2.5800	100.00	0.00
140229	16 云南 13	900.00	7.00	2023.08.08	2.7700	100.00	0.00
140230	16 云南 14	900.00	10.00	2026.08.08	2.9100	100.00	0.00
140231	16 浙江 11	2714.70	3.00	2019.08.09	2.4400	100.00	0.00
140232	16 浙江 12	8144.01	5.00	2021.08.09	2.5800	100.00	0.00
140233	16 浙江 13	8144.01	7.00	2023.08.09	2.7700	100.00	0.00
140234	16 浙江 14	8144.01	10.00	2026.08.09	2.7700	100.00	0.00
140235	16 浙江 15	12570.66	3.00	2019.08.09	2.4400	100.00	0.00
140236	16 浙江 16	18855.98	5.00	2021.08.09	2.5800	100.00	0.00
140237	16 浙江 17	12570.65	7.00	2023.08.09	2.7700	100.00	0.00
140238	16 浙江 18	18855.98	10.00	2026.08.09	2.7700	100.00	0.00
140239	16 河北 16	4600.00	3.00	2019.08.10	2.4300	100.00	0.00
140240	16 河北 17	4600.00	5.00	2021.08.10	2.5700	100.00	0.00
140241	16 河北 18	4600.00	7.00	2023.08.10	2.7600	100.00	0.00
140242	16 河北 19	1551.00	10.00	2026.08.10	2.7600	100.00	0.00
140243	16 河北 20	6398.00	5.00	2021.08.10	2.5700	100.00	0.00
140244	16 山西 11	340.00	3.00	2019.08.12	2.4000	100.00	0.00
140245	16 山西 12	1020.00	5.00	2021.08.12	2.5400	100.00	0.00
140246	16 山西 13	1020.00	7.00	2023.08.12	2.7200	99.92	0.00
140247	16 山西 14	1020.00	10.00	2026.08.12	2.7400	100.00	0.00
140248	16 山西 15	4915.64	5.00	2021.08.12	2.5400	100.00	0.00
140249	16 山西 16	4900.00	10.00	2026.08.12	2.7500	99.92	0.00
140250	16 湖北 17	2925.00	3.00	2019.08.15	2.3900	100.00	0.00
140251	16 湖北 18	2925.00	5.00	2021.08.15	2.6300	99.93	0.00
140252	16 湖北 19	2925.00	7.00	2023.08.15	2.8000	100.00	0.00
140253	16 湖北 20	975.00	10.00	2026.08.15	2.8700	100.00	0.00
140254	16 上海 05	7740.00	3.00	2019.08.19	2.4100	100.00	0.00
140255	16 上海 06	10740.00	5.00	2021.08.19	2.5300	100.00	0.00
140256	16 上海 07	16110.00	7.00	2023.08.19	2.7200	99.90	0.00
140257	16 上海 08	16110.00	10.00	2026.08.19	2.7500	100.00	0.00
140258	16 湖南 07	30000.00	3.00	2019.08.23	2.4300	100.00	0.00
140259	16 湖南 08	35000.00	7.00	2023.08.23	2.7800	100.00	0.00
140260	16 福建 07	4383.23	3.00	2019.08.24	2.4300	100.00	0.00
140261	16 福建 08	13090.00	5.00	2021.08.24	2.6000	100.00	0.00
140262	16 福建 09	13090.00	7.00	2023.08.24	2.8300	100.00	70.00
140263	16 福建 10	13090.00	10.00	2026.08.24	2.8700	100.00	0.00
140264	16 福建 11	8718.07	5.00	2021.08.24	2.5600	100.00	0.00
140265	16 福建 12	8700.00	10.00	2026.08.24	2.8000	100.00	0.00
140266	16 海南 04	2857.91	5.00	2021.08.26	2.5800	100.00	0.00
140267	16 海南 05	5100.00	7.00	2023.08.26	2.7700	100.00	0.00
140268	16 海南 06	1200.00	10.00	2026.08.26	2.8000	100.00	0.00
140269	16 贵州 19	4000.00	3.00	2019.09.02	2.4600	100.00	0.00
140270	16 贵州 20	6000.00	5.00	2021.09.02	2.6600	100.00	210.00
140271	16 贵州 21	6000.00	7.00	2023.09.02	2.8700	100.00	0.00

债券信息 List of Bonds

债券 Bond

债券代码 Code	债券简称 Bond Name	发行数量(百万) Issued Vol(M)	年限 Terms	到期日 Expiration Date	票面利率(%) Coupon Rate(%)	本年收盘 Close	成交数量(万) Trading Vol(10000)
140272	16 贵州 22	4000.00	10.00	2026.09.02	2.9200	100.00	0.00
140273	16 贵州 23	12000.00	5.00	2021.09.02	2.6200	100.00	0.00
140274	16 贵州 24	8000.00	10.00	2026.09.02	2.9900	100.00	100.00
140275	16 山东 21	2934.00	3.00	2019.09.06	2.4500	100.00	0.00
140276	16 山东 22	4402.00	5.00	2021.09.06	2.6000	100.00	0.00
140277	16 山东 23	4402.00	7.00	2023.09.06	2.8800	100.00	0.00
140278	16 山东 24	2934.00	10.00	2026.09.06	2.8900	100.00	0.00
140279	16 宁夏 16	1814.39	3.00	2019.09.07	2.4200	100.00	0.00
140280	16 宁夏 17	2200.00	5.00	2021.09.07	2.6400	100.00	0.00
140281	16 宁夏 18	2200.00	7.00	2023.09.07	2.9100	100.00	0.00
140282	16 宁夏 19	1200.00	10.00	2026.09.07	2.9200	100.00	0.00
140283	16 甘肃 07	1050.00	3.00	2019.09.08	2.4200	100.00	0.00
140284	16 甘肃 08	1000.00	5.00	2021.09.08	2.6400	100.00	0.00
140285	16 甘肃 09	621.54	7.00	2023.09.08	2.8900	100.60	100.00
140286	16 甘肃 10	166.07	5.00	2021.09.08	2.6400	100.00	0.00
140287	16 北京 05	12144.40	3.00	2019.09.09	2.4700	100.00	0.00
140288	16 北京 06	10054.19	5.00	2021.09.09	2.6200	100.00	0.00
140289	16 北京 07	1360.86	7.00	2023.09.09	2.8400	100.20	40.00
140290	16 北京 08	966.20	10.00	2026.09.09	2.8100	100.00	0.00
140291	16 江西 17	940.00	3.00	2019.09.09	2.4200	100.00	0.00
140292	16 江西 18	2818.00	5.00	2021.09.09	2.5700	100.00	0.00
140293	16 江西 19	2818.00	7.00	2023.09.09	2.7900	100.00	0.00
140294	16 江西 20	2818.00	10.00	2026.09.09	2.8600	100.00	0.00
140295	16 江西 21	1789.00	3.00	2019.09.09	2.4200	100.00	0.00
140296	16 江西 22	1789.00	5.00	2021.09.09	2.5700	100.00	0.00
140297	16 江西 23	1789.00	7.00	2023.09.09	2.7900	100.00	0.00
140298	16 江西 24	1789.00	10.00	2026.09.09	3.0000	100.00	0.00
140299	16 广西 18	380.00	3.00	2019.09.12	2.4800	100.00	0.00
140300	16 广西 19	1000.00	5.00	2021.09.12	2.6700	99.54	0.00
140301	16 广西 20	1000.00	7.00	2023.09.12	2.8900	100.00	60.00
140302	16 广西 21	1000.00	10.00	2026.09.12	2.9100	100.00	100.00
140303	16 广西 22	11620.00	5.00	2021.09.12	2.6700	100.00	0.00
140304	16 广西 23	4500.00	7.00	2023.09.12	2.8900	100.00	0.00
140305	16 广西 24	6800.00	10.00	2026.09.12	2.9100	100.00	0.00
140306	16 宁波 09	1740.00	3.00	2019.09.14	2.4300	100.00	0.00
140307	16 宁波 10	2590.00	5.00	2021.09.14	2.5900	100.00	0.00
140308	16 宁波 11	1740.00	7.00	2023.09.14	2.8300	100.00	0.00
140309	16 宁波 12	2590.00	10.00	2026.09.14	2.8200	100.00	0.00
140310	16 宁波 13	250.00	3.00	2019.09.14	2.4300	100.00	0.00
140311	16 宁波 14	380.00	5.00	2021.09.14	2.5700	100.00	0.00
140312	16 宁波 15	240.00	7.00	2023.09.14	2.7900	100.00	0.00
140313	16 宁波 16	380.00	10.00	2026.09.14	2.7800	100.00	0.00
140314	16 陕西 25	3260.00	3.00	2019.09.21	2.4500	100.00	0.00
140315	16 陕西 26	3260.00	5.00	2021.09.21	2.5700	100.00	0.00
140316	16 陕西 27	3260.00	7.00	2023.09.21	2.7700	100.00	0.00
140317	16 陕西 28	1193.12	10.00	2026.09.21	2.7800	100.00	0.00
140318	16 辽宁 13	6000.00	3.00	2019.09.21	2.5100	100.00	0.00
140319	16 辽宁 14	6000.00	5.00	2021.09.21	2.7100	100.00	0.00
140320	16 辽宁 15	6000.00	7.00	2023.09.21	2.8800	100.00	0.00
140321	16 辽宁 16	1905.86	10.00	2026.09.21	2.9100	100.00	0.00

债券信息
List of Bonds

债券
Bond

债券代码 Code	债券简称 Bond Name	发行数量(百万) Issued Vol(M)	年限 Terms	到期日 Expiration Date	票面利率(%) Coupon Rate(%)	本年收盘 Close	成交数量(万) Trading Vol(10000)
140322	16 湖北 21	2115.00	3.00	2019.09.26	2.4300	100.00	0.00
140323	16 湖北 22	2115.00	5.00	2021.09.26	2.5700	100.00	0.00
140324	16 湖北 23	2115.00	7.00	2023.09.26	2.7600	100.00	0.00
140325	16 湖北 24	705.00	10.00	2026.09.26	2.7700	100.00	0.00
140326	16 湖北 25	2500.00	5.00	2021.09.26	2.6000	100.00	0.00
140327	16 湖北 26	2500.00	7.00	2023.09.26	2.7600	100.00	0.00
140328	16 河南 21	3124.45	3.00	2019.09.28	2.4200	100.00	0.00
140329	16 河南 22	4650.00	5.00	2021.09.28	2.5600	100.00	0.00
140330	16 河南 23	4650.00	7.00	2023.09.28	2.7500	100.00	0.00
140331	16 河南 24	3100.00	10.00	2026.09.28	2.7400	100.00	0.00
140332	16 河南 25	1852.18	3.00	2019.09.28	2.4200	100.00	0.00
140333	16 河南 26	2760.00	5.00	2021.09.28	2.5600	100.00	0.00
140334	16 河南 27	2760.00	7.00	2023.09.28	2.7500	100.00	0.00
140335	16 河南 28	1840.00	10.00	2026.09.28	2.7400	100.00	0.00
140336	16 新疆 25	890.00	3.00	2019.09.29	2.4600	100.00	0.00
140337	16 新疆 26	1330.00	5.00	2021.09.29	2.6100	100.00	0.00
140338	16 新疆 27	1330.00	7.00	2023.09.29	2.8700	100.00	0.00
140339	16 新疆 28	880.00	10.00	2026.09.29	2.8500	100.00	0.00
140340	16 新疆 29	980.00	3.00	2019.09.29	2.4600	100.00	0.00
140341	16 新疆 30	1470.00	5.00	2021.09.29	2.6100	100.00	0.00
140342	16 新疆 31	1470.00	7.00	2023.09.29	2.8700	100.00	0.00
140343	16 新疆 32	980.00	10.00	2026.09.29	2.8500	100.00	0.00
140344	16 江苏 25	10450.00	3.00	2019.10.11	2.4000	100.00	0.00
140345	16 江苏 26	15500.00	5.00	2021.10.11	2.5500	100.00	0.00
140346	16 江苏 27	15500.00	7.00	2023.10.11	2.7300	100.00	0.00
140347	16 江苏 28	10400.00	10.00	2026.10.11	2.7100	100.00	0.00
140348	16 江苏 29	8250.00	3.00	2019.10.11	2.4000	100.00	0.00
140349	16 江苏 30	12100.00	5.00	2021.10.11	2.5500	100.00	0.00
140350	16 江苏 31	12100.00	7.00	2023.10.11	2.7300	100.00	0.00
140351	16 江苏 32	8100.00	10.00	2026.10.11	2.7100	100.00	0.00
140352	16 安徽 11	5124.94	3.00	2019.10.12	2.4000	100.00	0.00
140353	16 安徽 12	5000.00	5.00	2021.10.12	2.5400	100.00	0.00
140354	16 安徽 13	3600.00	7.00	2023.10.12	2.7200	100.00	0.00
140355	16 安徽 14	3600.00	10.00	2026.10.12	2.7000	100.00	0.00
140356	16 安徽 15	7769.13	5.00	2021.10.12	2.5400	100.00	0.00
140357	16 安徽 16	7700.00	7.00	2023.10.12	2.7200	100.00	0.00
140358	16 湖南 09	20000.00	3.00	2019.10.14	2.4000	100.00	0.00
140359	16 湖南 10	20000.00	5.00	2021.10.14	2.5200	100.00	0.00
140360	16 湖南 11	25000.00	10.00	2026.10.14	2.7900	100.00	0.00
140361	16 青海 17	32.26	3.00	2019.10.17	2.4000	100.00	0.00
140362	16 青海 18	56.50	5.00	2021.10.17	2.5200	100.00	0.00
140363	16 青海 19	56.50	7.00	2023.10.17	2.7000	100.00	0.00
140364	16 青海 20	56.50	10.00	2026.10.17	2.6900	100.00	0.00
140365	16 青岛 08	40.00	3.00	2019.10.18	2.3900	100.00	0.00
140366	16 青岛 09	120.00	5.00	2021.10.18	2.5100	100.00	0.00
140367	16 青岛 10	120.00	7.00	2023.10.18	2.6900	100.00	0.00
140368	16 青岛 11	120.00	10.00	2026.10.18	2.6900	100.00	0.00
140369	16 青岛 12	1600.00	5.00	2021.10.18	2.5100	100.00	0.00
140370	16 青岛 13	640.00	7.00	2023.10.18	2.6900	100.00	0.00
140371	16 青岛 14	960.00	10.00	2026.10.18	2.6900	100.00	100.00

债券信息
List of Bonds

债券代码 Code	债券简称 Bond Name	发行数量(百万) Issued Vol(M)	年限 Terms	到期日 Expiration Date	票面利率(%) Coupon Rate(%)	本年收盘 Close	成交数量(万) Trading Vol(10000)
140372	16 山东 25	4730.00	3.00	2019.10.19	2.4100	100.00	0.00
140373	16 山东 26	7094.00	5.00	2021.10.19	2.5200	100.00	0.00
140374	16 山东 27	7094.00	7.00	2023.10.19	2.7400	100.20	40.00
140375	16 山东 28	4729.00	10.00	2026.10.19	2.7800	100.00	0.00
140376	16 山东 29	3641.00	3.00	2019.10.19	2.4100	100.00	0.00
140377	16 山东 30	5461.00	5.00	2021.10.19	2.5200	100.00	0.00
140378	16 山东 31	5461.00	7.00	2023.10.19	2.7400	100.00	0.00
140379	16 山东 32	3640.00	10.00	2026.10.19	2.7800	100.00	0.00
140380	16 山东 33	270.00	3.00	2019.10.19	2.4100	100.00	0.00
140381	16 山东 34	405.00	5.00	2021.10.19	2.5200	100.00	0.00
140382	16 山东 35	405.00	7.00	2023.10.19	2.7400	100.00	0.00
140383	16 山东 36	270.00	10.00	2026.10.19	2.7800	100.00	0.00
140384	16 内蒙 17	4059.88	3.00	2019.10.21	2.4300	100.00	0.00
140385	16 内蒙 18	12130.00	5.00	2021.10.21	2.5700	100.00	0.00
140386	16 内蒙 19	12130.00	7.00	2023.10.21	2.8100	100.00	0.00
140387	16 内蒙 20	12130.00	10.00	2026.10.21	2.8900	100.00	0.00
140388	16 内蒙 21	950.06	5.00	2021.10.21	2.5700	100.00	0.00
140389	16 内蒙 22	950.06	10.00	2026.10.21	2.8900	100.00	0.00
140390	16 重庆 15	2830.00	3.00	2019.10.26	2.3100	100.00	0.00
140391	16 重庆 16	4000.00	5.00	2021.10.26	2.4300	100.00	0.00
140392	16 重庆 17	4000.00	7.00	2023.10.26	2.6300	100.00	0.00
140393	16 重庆 18	2800.00	10.00	2026.10.26	2.6600	96.00	20.02
140394	16 重庆 19	5920.00	5.00	2021.10.26	2.4300	100.00	0.00
140395	16 重庆 20	5900.00	10.00	2026.10.26	2.6600	100.00	120.00
140396	16 辽宁 17	4950.00	3.00	2019.10.26	2.3500	100.00	0.00
140397	16 辽宁 18	4950.00	5.00	2021.10.26	2.4900	100.00	0.00
140398	16 辽宁 19	4950.00	7.00	2023.10.26	2.7000	100.00	0.00
140399	16 辽宁 20	1650.00	10.00	2026.10.26	2.7500	100.00	0.00
140400	16 辽宁 21	1840.30	3.00	2019.10.26	2.3600	100.00	0.00
140401	16 辽宁 22	1840.30	5.00	2021.10.26	2.5000	100.00	0.00
140402	16 辽宁 23	1100.00	7.00	2023.10.26	2.7000	100.00	0.00
140403	16 辽宁 24	294.91	10.00	2026.10.26	2.7600	100.00	0.00
140404	16 四川 29	9100.00	3.00	2019.10.31	2.3700	100.00	0.00
140405	16 四川 30	9100.00	5.00	2021.10.31	2.4800	100.00	0.00
140406	16 四川 31	9100.00	7.00	2023.10.31	2.7000	100.00	0.00
140407	16 四川 32	3324.00	10.00	2026.10.31	2.8700	100.00	0.00
140408	16 四川 33	2400.00	3.00	2019.10.31	2.4200	100.00	0.00
140409	16 四川 34	2400.00	5.00	2021.10.31	2.5700	100.00	0.00
140410	16 四川 35	2400.00	7.00	2023.10.31	2.7000	100.00	0.00
140411	16 四川 36	828.00	10.00	2026.10.31	3.0700	100.00	0.00
140412	16 浙江 19	2042.21	3.00	2019.11.04	2.3500	100.00	50.00
140413	16 浙江 20	6126.63	5.00	2021.11.04	2.4500	100.00	0.00
140414	16 浙江 21	6126.63	7.00	2023.11.04	2.6800	100.00	0.00
140415	16 浙江 22	6126.63	10.00	2026.11.04	2.7300	100.00	0.00
140416	16 浙江 23	4355.58	3.00	2019.11.04	2.3500	100.00	0.00
140417	16 浙江 24	6533.37	5.00	2021.11.04	2.4500	100.00	0.00
140418	16 浙江 25	4355.58	7.00	2023.11.04	2.6800	100.00	0.00
140419	16 浙江 26	6533.37	10.00	2026.11.04	2.7300	100.00	0.00
140420	16 贵州 25	2400.00	3.00	2019.11.07	2.3500	100.00	0.00
140421	16 贵州 26	3600.00	5.00	2021.11.07	2.4400	100.00	0.00

债券信息 List of Bonds

债券 Bond

债券代码 Code	债券简称 Bond Name	发行数量(百万) Issued Vol(M)	年限 Terms	到期日 Expiration Date	票面利率(%) Coupon Rate(%)	本年收盘 Close	成交数量(万) Trading Vol(10000)
140422	16 贵州 27	3600.00	7.00	2023.11.07	2.8000	100.00	0.00
140423	16 贵州 28	2400.00	10.00	2026.11.07	2.8700	100.00	0.00
140424	16 贵州 29	1600.00	3.00	2019.11.07	2.3500	100.00	0.00
140425	16 贵州 30	2400.00	5.00	2021.11.07	2.4400	100.00	0.00
140426	16 贵州 31	2400.00	7.00	2023.11.07	2.7100	100.00	0.00
140427	16 贵州 32	1600.00	10.00	2026.11.07	2.8100	100.00	0.00
140428	16 广西 25	700.00	3.00	2019.11.07	2.4000	100.00	0.00
140429	16 广西 26	2000.00	5.00	2021.11.07	2.5200	100.00	0.00
140430	16 广西 27	2000.00	7.00	2023.11.07	2.7700	100.00	0.00
140431	16 广西 28	2000.00	10.00	2026.11.07	2.8800	100.00	0.00
140432	16 广西 29	3000.00	3.00	2019.11.07	2.4000	100.00	0.00
140433	16 广西 30	2000.00	5.00	2021.11.07	2.5200	100.00	0.00
140434	16 广西 31	3000.00	7.00	2023.11.07	2.7700	100.00	0.00
140435	16 广西 32	2000.00	10.00	2026.11.07	2.8800	100.00	0.00
140436	16 广东 29	3837.13	5.00	2021.11.08	2.4500	100.00	0.00
140437	16 广东 30	1550.00	7.00	2023.11.08	2.7000	100.00	0.00
140438	16 广东 31	2310.00	10.00	2026.11.08	2.7400	100.00	0.00
140439	16 山西 17	2275.40	3.00	2019.11.09	2.3500	100.00	0.00
140440	16 山西 18	786.48	5.00	2021.11.09	2.4500	100.00	0.00
140441	16 山西 19	2290.00	7.00	2023.11.09	2.7000	100.00	0.00
140442	16 山西 20	2290.00	10.00	2026.11.09	2.7400	100.00	0.00
140443	16 山西 21	2397.09	3.00	2019.11.09	2.3500	100.00	0.00
140444	16 山西 22	2300.00	7.00	2023.11.09	2.7000	100.00	0.00
140445	16 厦门 01	1924.99	3.00	2019.11.09	2.3500	100.00	0.00
140446	16 厦门 02	2860.00	5.00	2021.11.09	2.4500	100.00	0.00
140447	16 厦门 03	2860.00	7.00	2023.11.09	2.7000	100.00	0.00
140448	16 厦门 04	1900.00	10.00	2026.11.09	2.7400	100.00	0.00
140449	16 厦门 05	3290.35	5.00	2021.11.09	2.4500	100.00	0.00
140450	16 厦门 06	3280.00	10.00	2026.11.09	2.7400	100.00	0.00
140451	16 湖南 12	20000.00	3.00	2019.11.11	2.5000	100.00	0.00
140452	16 湖南 13	15000.00	10.00	2026.11.11	2.9500	100.00	0.00
140453	16 湖南 14	15000.00	5.00	2021.11.11	2.6800	100.00	0.00
140454	16 湖南 15	20000.00	7.00	2023.11.11	2.9700	100.00	0.00
140455	16 陕西 29	1800.00	3.00	2019.11.15	2.3700	100.00	0.00
140456	16 陕西 30	1800.00	5.00	2021.11.15	2.4900	100.00	0.00
140457	16 陕西 31	1800.00	7.00	2023.11.15	2.7500	100.00	0.00
140458	16 陕西 32	780.00	10.00	2026.11.15	2.7800	100.00	0.00
140459	16 大连 01	1560.50	3.00	2019.11.16	2.5000	100.00	0.00
140460	16 大连 02	2340.74	5.00	2021.11.16	2.7300	100.00	0.00
140461	16 大连 03	2340.74	7.00	2023.11.16	3.1100	100.00	0.00
140462	16 大连 04	1560.50	10.00	2026.11.16	3.1400	100.00	0.00
140463	16 大连 05	379.66	3.00	2019.11.16	2.6100	100.00	0.00
140464	16 大连 06	569.49	5.00	2021.11.16	2.8000	100.00	0.00
140465	16 大连 07	569.49	7.00	2023.11.16	3.1300	100.00	0.00
140466	16 大连 08	379.66	10.00	2026.11.16	3.2000	100.00	0.00
140467	16 海南 07	2000.00	3.00	2019.11.18	2.4200	100.00	0.00
140468	16 海南 08	2679.41	5.00	2021.11.18	2.6100	100.00	0.00
140469	16 海南 09	2000.00	7.00	2023.11.18	2.8900	100.00	0.00
140470	16 海南 10	2600.00	10.00	2026.11.18	2.9800	100.00	0.00
140471	16 河北 21	3600.00	3.00	2019.11.18	2.3800	100.00	0.00

债券信息
List of Bonds

债券代码 Code	债券简称 Bond Name	发行数量(百万) Issued Vol(M)	年限 Terms	到期日 Expiration Date	票面利率(%) Coupon Rate(%)	本年收盘 Close	成交数量(万) Trading Vol(10000)
140472	16 云南 15	4530.00	3.00	2019.11.21	2.4500	100.00	0.00
140473	16 云南 16	7800.00	5.00	2021.11.21	2.6800	100.00	0.00
140474	16 云南 17	12700.00	10.00	2026.11.21	2.9600	100.00	0.00
140475	16 云南 18	4580.00	3.00	2019.11.21	2.4500	100.00	0.00
140476	16 云南 19	5000.00	5.00	2021.11.21	2.6800	100.00	0.00
140477	16 新疆 33	1410.00	3.00	2019.11.23	2.4600	100.00	0.00
140478	16 新疆 34	2120.00	5.00	2021.11.23	2.6700	100.00	0.00
140479	16 新疆 35	2120.00	7.00	2023.11.23	2.9500	100.00	0.00
140480	16 新疆 36	1410.00	10.00	2026.11.23	2.9800	100.00	0.00
140481	16 新疆 37	930.00	3.00	2019.11.23	2.4600	100.00	0.00
140482	16 新疆 38	1400.00	5.00	2021.11.23	2.6700	100.00	0.00
140483	16 新疆 39	1400.00	7.00	2023.11.23	2.9500	100.00	0.00
140484	16 新疆 40	920.00	10.00	2026.11.23	2.9800	100.00	0.00
140485	16 西藏 01	340.00	3.00	2019.11.30	2.4800	100.00	0.00
140486	16 西藏 02	348.00	5.00	2021.11.30	2.6500	100.00	0.00
140487	16 西藏 03	283.00	7.00	2023.11.30	2.8400	100.00	0.00
140488	16 西藏 04	305.00	10.00	2026.11.30	2.8600	100.00	0.00
140489	16 西藏 05	300.00	3.00	2019.11.30	2.4800	100.00	0.00
140490	16 北京 09	405.14	10.00	2026.12.01	2.9100	99.90	0.00
140491	16 北京 10	3000.00	3.00	2019.12.01	2.5100	99.95	0.00
140492	16 北京 11	1500.00	5.00	2021.12.01	2.6700	99.90	0.00
140493	16 北京 12	1635.19	10.00	2026.12.01	2.9100	99.90	0.00
140494	16 吉林 15	571.55	3.00	2019.12.02	2.7300	100.00	0.00
140495	16 天津 13	4871.00	3.00	2019.12.02	2.6300	100.00	0.00
140496	16 天津 14	3371.00	10.00	2026.12.02	3.0700	100.00	0.00
140497	16 天津 15	6806.00	3.00	2019.12.02	2.7200	100.00	0.00
140498	16 天津 16	6001.00	5.00	2021.12.02	2.8700	100.00	0.00
140499	16 天津 17	2491.00	7.00	2023.12.02	2.9700	100.00	0.00
140500	16 天津 18	5380.00	10.00	2026.12.02	3.1700	100.00	0.00
140501	16 江苏 33	940.00	3.00	2019.12.05	2.5600	100.00	0.00
140502	16 江苏 34	1390.00	5.00	2021.12.05	2.7100	100.00	0.00
140503	16 江苏 35	1390.00	7.00	2023.12.05	2.8900	100.00	0.00
140504	16 江苏 36	930.00	10.00	2026.12.05	2.9100	100.00	0.00
140505	16 江苏 37	2250.00	3.00	2019.12.05	2.5600	100.00	0.00
140506	16 江苏 38	3370.00	5.00	2021.12.05	2.7100	100.00	0.00
140507	16 江苏 39	3370.00	7.00	2023.12.05	2.8900	100.00	0.00
140508	16 江苏 40	2250.00	10.00	2026.12.05	2.9100	100.00	0.00
140509	16 内蒙 23	1804.44	3.00	2019.12.07	2.7700	100.00	0.00
140510	16 内蒙 24	5390.00	5.00	2021.12.07	3.0600	100.00	0.00
140511	16 内蒙 25	5390.00	7.00	2023.12.07	3.2900	100.00	0.00
140512	16 内蒙 26	5390.00	10.00	2026.12.07	3.4200	100.00	0.00
140513	16 内蒙 27	1512.78	5.00	2021.12.07	3.0600	100.00	0.00
140514	16 内蒙 28	1512.78	10.00	2026.12.07	3.4200	100.00	0.00
140516	16 广东 32	302.68	3.00	2019.12.12	2.6600	100.00	0.00
140517	16 广东 33	1436.89	5.00	2021.12.12	2.8500	100.00	0.00
140518	16 广东 34	580.00	7.00	2023.12.12	3.0500	100.00	0.00
140519	16 广东 35	860.00	10.00	2026.12.12	3.0600	100.00	0.00
140520	16 新疆 41	620.00	5.00	2021.12.16	3.1000	100.00	0.00
140521	16 新疆 42	610.00	10.00	2026.12.16	3.3400	100.00	0.00
140522	17 新疆 01	5680.00	3.00	2020.03.02	3.0300	100.00	0.00

债券信息
List of Bonds

债券
Bond

债券代码 Code	债券简称 Bond Name	发行数量(百万) Issued Vol(M)	年限 Terms	到期日 Expiration Date	票面利率(%) Coupon Rate(%)	本年收盘 Close	成交数量(万) Trading Vol(10000)
140523	17 新疆 02	5670.00	7.00	2024.03.02	3.4000	100.00	0.00
140524	17 新疆 03	2150.00	3.00	2020.03.02	3.1900	100.00	0.00
140525	17 新疆 04	2150.00	7.00	2024.03.02	3.5400	100.00	0.00
140526	17 河北 01	3800.00	5.00	2022.03.10	3.2000	100.00	0.00
140527	17 河北 02	3800.00	7.00	2024.03.10	3.3500	100.00	0.00
140528	17 河北 03	2400.00	5.00	2022.03.10	3.2000	100.00	0.00
140529	17 辽宁 01	4170.00	3.00	2020.03.15	3.1300	100.00	0.00
140530	17 辽宁 02	4170.00	5.00	2022.03.15	3.3000	100.00	0.00
140531	17 辽宁 03	4170.00	7.00	2024.03.15	3.4800	100.00	0.00
140532	17 辽宁 04	1390.00	10.00	2027.03.15	3.6500	100.00	0.00
140533	17 广西 01	2400.00	3.00	2020.03.17	3.1200	100.00	130.00
140534	17 广西 02	2200.00	5.00	2022.03.17	3.3300	100.00	0.00
140535	17 广西 03	3300.00	7.00	2024.03.17	3.4700	100.00	0.00
140536	17 广西 04	3300.00	10.00	2027.03.17	3.6400	100.00	0.00
140537	17 广西 05	9500.00	5.00	2022.03.17	3.3300	100.00	0.00
140538	17 广西 06	3800.00	7.00	2024.03.17	3.5100	100.00	0.00
140539	17 广西 07	5700.00	10.00	2027.03.17	3.6900	100.00	0.00
140540	17 广西 08	450.00	5.00	2022.03.17	3.3300	100.00	0.00
140541	17 广西 09	450.00	10.00	2027.03.17	3.7000	100.00	0.00
140542	17 云南 01	7700.00	3.00	2020.03.20	3.2400	100.00	0.00
140543	17 云南 02	7720.00	10.00	2027.03.20	3.7900	100.00	80.00
140544	17 云南 03	8800.00	3.00	2020.03.20	3.3600	100.00	120.00
140545	17 云南 04	8840.00	10.00	2027.03.20	3.8700	100.00	0.00
140546	17 山西 01	1800.00	3.00	2020.03.22	2.9200	100.00	60.00
140547	17 山西 02	1800.00	5.00	2022.03.22	3.1100	100.00	0.00
140548	17 山西 03	2400.00	7.00	2024.03.22	3.4000	100.00	0.00
140549	17 山西 04	2500.00	5.00	2022.03.22	3.2500	100.00	0.00
140550	17 山西 05	2500.00	7.00	2024.03.22	3.5800	100.00	0.00
140551	17 贵州 01	7600.00	3.00	2020.03.24	3.1500	100.00	0.00
140552	17 贵州 02	11400.00	7.00	2024.03.24	3.5100	100.00	0.00
140553	17 江西 01	868.90	3.00	2020.03.24	2.9900	100.00	0.00
140554	17 江西 02	2606.70	5.00	2022.03.24	3.3800	100.00	0.00
140555	17 江西 03	2606.70	7.00	2024.03.24	3.6000	100.00	0.00
140556	17 江西 04	2606.70	10.00	2027.03.24	3.6600	100.00	0.00
140557	17 江西 05	1227.63	3.00	2020.03.24	3.1800	100.00	0.00
140558	17 江西 06	1227.79	5.00	2022.03.24	3.4900	100.00	0.00
140559	17 江西 07	1227.79	7.00	2024.03.24	3.6800	100.00	0.00
140560	17 江西 08	1227.79	10.00	2027.03.24	3.7400	100.00	0.00
140561	17 山东 01	13600.00	5.00	2022.04.01	3.2800	100.00	0.00
140562	17 山东 02	13600.00	7.00	2024.04.01	3.6300	100.00	0.00
140563	17 江苏 01	19010.00	3.00	2020.04.10	3.2700	100.00	0.00
140564	17 江苏 02	19000.00	7.00	2024.04.10	3.6000	100.00	0.00
140565	17 江苏 03	14770.00	5.00	2022.04.10	3.5000	100.00	0.00
140566	17 江苏 04	14770.00	10.00	2027.04.10	3.7800	100.00	0.00
140567	17 重庆 01	4000.00	5.00	2022.04.10	3.4600	100.00	0.00
140568	17 重庆 02	6000.00	7.00	2024.04.10	3.6100	100.00	0.00
140569	17 重庆 03	4000.00	5.00	2022.04.10	3.4000	100.00	0.00
140570	17 重庆 04	14000.00	7.00	2024.04.10	3.6100	100.00	0.00
140571	17 河南 01	9357.74	3.00	2020.04.14	3.3400	100.00	0.00
140572	17 河南 02	9400.00	7.00	2024.04.14	3.6300	100.00	0.00

债券信息
List of Bonds

债券 Bond

债券代码 Code	债券简称 Bond Name	发行数量(百万) Issued Vol(M)	年限 Terms	到期日 Expiration Date	票面利率(%) Coupon Rate(%)	本年收盘 Close	成交数量(万) Trading Vol(10000)
140573	17 河南 03	6904.63	3.00	2020.04.14	3.3300	100.00	0.00
140574	17 河南 04	6900.00	7.00	2024.04.14	3.6600	100.00	0.00
140575	17 四川 01	4200.00	3.00	2020.04.14	3.3500	100.00	0.00
140576	17 四川 02	4200.00	5.00	2022.04.14	3.5400	100.00	0.00
140577	17 四川 03	4200.00	7.00	2024.04.14	3.7200	100.00	0.00
140578	17 四川 04	1400.00	10.00	2027.04.14	3.8000	100.00	0.00
140579	17 四川 05	4800.00	3.00	2020.04.14	3.4500	100.00	0.00
140580	17 四川 06	4800.00	5.00	2022.04.14	3.5700	100.00	0.00
140581	17 四川 07	4800.00	7.00	2024.04.14	3.7000	100.00	0.00
140582	17 四川 08	1600.00	10.00	2027.04.14	3.8100	100.00	0.00
140583	17 浙江 01	2856.58	5.00	2022.04.17	3.1300	100.00	0.00
140584	17 浙江 02	2856.58	7.00	2024.04.17	3.5100	100.00	0.00
140585	17 浙江 03	3808.77	10.00	2027.04.17	3.6700	100.00	0.00
140586	17 浙江 04	8671.19	5.00	2022.04.17	3.1300	100.00	0.00
140587	17 浙江 05	3468.47	7.00	2024.04.17	3.4100	100.00	0.00
140588	17 浙江 06	5202.70	10.00	2027.04.17	3.6100	100.00	0.00
140589	17 青海 01	985.00	3.00	2020.04.18	3.2800	100.00	30.00
140590	17 青海 02	2205.00	5.00	2022.04.18	3.5000	100.00	0.00
140591	17 青海 03	2205.00	7.00	2024.04.18	3.7400	100.00	0.00
140592	17 青海 04	2205.00	10.00	2027.04.18	3.8300	100.00	0.00
140593	17 甘肃 01	4000.00	5.00	2022.04.19	3.5700	100.00	0.00
140594	17 甘肃 02	5000.00	7.00	2024.04.19	3.7700	100.00	0.00
140595	17 辽宁 05	5877.00	3.00	2020.04.19	3.5300	100.00	0.00
140596	17 辽宁 06	5877.00	5.00	2022.04.19	3.7600	100.00	0.00
140597	17 辽宁 07	5877.00	7.00	2024.04.19	3.8100	100.00	0.00
140598	17 辽宁 08	1959.00	10.00	2027.04.19	3.8300	100.00	0.00
140599	17 贵州 03	8000.00	3.00	2020.04.24	3.5600	100.00	0.00
140600	17 贵州 04	12000.00	7.00	2024.04.24	3.8900	100.00	0.00
140601	17 新疆 05	620.00	3.00	2020.05.09	3.8000	100.00	0.00
140602	17 新疆 06	610.00	7.00	2024.05.09	4.0500	100.00	0.00
140603	17 新疆 07	560.00	3.00	2020.05.09	3.8000	100.00	0.00
140604	17 新疆 08	570.00	7.00	2024.05.09	4.0500	100.00	0.00
140605	17 黑龙 01	3450.00	3.00	2020.05.08	3.9300	100.00	0.00
140606	17 黑龙 02	9600.00	5.00	2022.05.08	4.0800	100.00	0.00
140607	17 黑龙 03	9600.00	7.00	2024.05.08	4.2300	100.00	0.00
140608	17 黑龙 04	9600.00	10.00	2027.05.08	4.1700	100.00	0.00
140609	17 黑龙 05	2000.00	5.00	2022.05.08	4.1600	100.00	0.00
140610	17 黑龙 06	1131.00	7.00	2024.05.08	4.0500	100.00	0.00
140611	17 云南 05	5710.00	5.00	2022.05.19	4.2000	100.00	0.00
140612	17 云南 06	6000.00	7.00	2024.05.19	4.2800	100.00	0.00
140613	17 云南 07	4550.00	5.00	2022.05.19	4.2000	100.00	0.00
140614	17 云南 08	5000.00	7.00	2024.05.19	4.2600	100.00	0.00
140615	17 北京 01	276.80	5.00	2022.05.10	3.4600	100.00	0.00
140616	17 北京 02	4505.92	5.00	2022.05.10	3.4600	100.00	0.00
140617	17 陕西 01	7000.00	5.00	2022.05.12	4.0800	100.00	0.00
140618	17 陕西 02	7000.00	7.00	2024.05.12	4.2300	100.00	0.00
140619	17 陕西 03	5000.00	5.00	2022.05.12	4.1300	100.00	0.00
140620	17 陕西 04	5000.00	7.00	2024.05.12	4.2600	100.00	0.00
140621	17 青岛 01	317.00	3.00	2020.05.16	3.9900	100.00	0.00
140622	17 青岛 02	951.00	5.00	2022.05.16	4.0500	100.00	0.00

债券信息 List of Bonds

债券 Bond

债券代码 Code	债券简称 Bond Name	发行数量(百万) Issued Vol(M)	年限 Terms	到期日 Expiration Date	票面利率(%) Coupon Rate(%)	本年收盘 Close	成交数量(万) Trading Vol(10000)
140623	17 青岛 03	951.00	7.00	2024.05.16	4.1200	100.00	0.00
140624	17 青岛 04	951.00	10.00	2027.05.16	4.1900	100.00	0.00
140625	17 青岛 05	850.00	5.00	2022.05.16	4.0300	100.00	0.00
140626	17 青岛 06	1380.00	7.00	2024.05.16	4.1000	100.00	0.00
140627	17 青岛 07	2620.00	10.00	2027.05.16	4.1200	100.00	0.00
140628	17 宁波 01	950.00	3.00	2020.05.17	3.7700	100.00	0.00
140629	17 宁波 02	1420.00	5.00	2022.05.17	3.8900	100.00	0.00
140630	17 宁波 03	950.00	7.00	2024.05.17	4.0300	100.00	0.00
140631	17 宁波 04	1420.00	10.00	2027.05.17	4.1300	100.00	0.00
140632	17 宁波 05	440.00	3.00	2020.05.17	3.8800	100.00	0.00
140633	17 宁波 06	650.00	5.00	2022.05.17	3.8900	100.00	0.00
140634	17 宁波 07	440.00	7.00	2024.05.17	4.0800	100.00	0.00
140635	17 宁波 08	650.00	10.00	2027.05.17	4.1000	100.00	0.00
140636	17 广东 01	440.00	3.00	2020.05.19	3.8300	100.00	0.00
140637	17 广东 02	1320.00	5.00	2022.05.19	3.8500	100.00	0.00
140638	17 广东 03	1320.00	7.00	2024.05.19	3.9600	100.00	0.00
140639	17 广东 04	1320.00	10.00	2027.05.19	3.9300	100.00	0.00
140640	17 广东 05	3300.00	5.00	2022.05.19	3.8500	100.00	0.00
140641	17 广东 06	1320.00	7.00	2024.05.19	3.9600	100.00	0.00
140642	17 广东 07	1980.00	10.00	2027.05.19	3.9300	100.00	0.00
140643	17 四川 09	6600.00	3.00	2020.05.23	4.2900	100.00	0.00
140644	17 四川 10	6600.00	5.00	2022.05.23	4.3500	100.00	0.00
140645	17 四川 11	6600.00	7.00	2024.05.23	4.4400	100.00	0.00
140646	17 四川 12	2200.00	10.00	2027.05.23	4.3400	100.00	0.00
140647	17 四川 13	3000.00	3.00	2020.05.23	4.3800	100.00	0.00
140648	17 四川 14	3000.00	5.00	2022.05.23	4.3900	100.00	0.00
140649	17 四川 15	3000.00	7.00	2024.05.23	4.4400	100.00	0.00
140650	17 四川 16	1000.00	10.00	2027.05.23	4.3400	100.00	0.00
140651	17 广西 10	11000.00	3.00	2020.05.24	4.2900	100.00	0.00
140652	17 广西 11	22000.00	5.00	2022.05.24	4.3200	100.00	0.00
140653	17 广西 12	22000.00	7.00	2024.05.24	4.4100	100.00	0.00
140654	17 广西 13	3200.00	5.00	2022.05.24	4.3200	100.00	0.00
140655	17 湖北 01	4100.00	5.00	2022.05.26	4.2000	100.00	0.00
140656	17 湖北 02	5900.00	7.00	2024.05.26	4.3900	101.09	110.00
140657	17 河南 05	8496.65	3.00	2020.06.05	4.1200	100.00	0.00
140658	17 河南 06	14200.00	5.00	2022.06.05	4.2000	100.00	50.00
140659	17 河南 07	14200.00	7.00	2024.06.05	4.3100	100.00	0.00
140660	17 河南 08	8600.00	10.00	2027.06.05	4.3200	100.00	0.00
140661	17 河南 09	2542.11	5.00	2022.06.05	4.1800	100.00	0.00
140662	17 上海 01	15460.00	5.00	2022.06.06	3.7500	100.00	0.00
140663	17 上海 02	10000.00	7.00	2024.06.06	3.8600	100.00	0.00
140664	17 上海 03	15460.00	10.00	2027.06.06	3.8300	100.00	0.00
140665	17 福建 01	1095.90	3.00	2020.06.07	4.0000	100.00	0.00
140666	17 福建 02	3210.00	5.00	2022.06.07	4.0500	100.00	0.00
140667	17 福建 03	3210.00	7.00	2024.06.07	4.2100	100.00	0.00
140668	17 福建 04	3210.00	10.00	2027.06.07	4.2200	100.00	0.00
140669	17 福建 05	7382.98	5.00	2022.06.07	4.1900	100.00	0.00
140670	17 福建 06	3690.00	7.00	2024.06.07	4.2000	100.00	0.00
140671	17 福建 07	3690.00	10.00	2027.06.07	4.2500	100.00	0.00
140672	17 贵州 05	6000.00	5.00	2022.06.09	4.1800	100.00	0.00

债券信息
List of Bonds

债券代码 Code	债券简称 Bond Name	发行数量(百万) Issued Vol(M)	年限 Terms	到期日 Expiration Date	票面利率(%) Coupon Rate(%)	本年收盘 Close	成交数量(万) Trading Vol(10000)
140673	17 贵州 06	4000.00	10.00	2027.06.09	4.3200	100.00	0.00
140674	17 贵州 07	6000.00	5.00	2022.06.09	4.1300	100.00	0.00
140675	17 贵州 08	4000.00	10.00	2027.06.09	4.3000	100.00	0.00
140676	17 宁夏 01	2880.41	3.00	2020.06.12	3.9900	100.00	0.00
140677	17 宁夏 02	4200.00	5.00	2022.06.12	4.0900	100.00	0.00
140678	17 宁夏 03	4200.00	7.00	2024.06.12	4.2300	100.00	0.00
140679	17 宁夏 04	2900.00	10.00	2027.06.12	4.2800	100.00	0.00
140680	17 宁夏 05	1423.71	5.00	2022.06.12	4.0800	100.00	0.00
140681	17 宁夏 06	900.00	7.00	2024.06.12	4.2000	100.77	110.00
140682	17 河北 08	4600.00	7.00	2024.06.13	4.0500	100.43	500.00
140683	17 河北 09	12500.00	5.00	2022.06.13	4.0000	100.00	0.00
140684	17 河北 10	15000.00	7.00	2024.06.13	4.0800	100.00	0.00
140685	17 河北 11	7500.00	10.00	2027.06.13	4.0700	100.00	0.00
140686	17 陕西 05	5000.00	3.00	2020.06.13	4.0000	100.00	0.00
140687	17 陕西 06	7500.00	5.00	2022.06.13	4.0500	100.00	0.00
140688	17 陕西 07	7500.00	7.00	2024.06.13	4.1000	100.00	0.00
140689	17 陕西 08	5000.00	10.00	2027.06.13	4.1000	100.00	0.00
140690	17 陕西 09	1000.00	5.00	2022.06.13	4.0000	100.00	0.00
140691	17 新疆 09	11200.00	5.00	2022.06.14	4.0200	99.96	200.00
140692	17 新疆 10	11220.00	10.00	2027.06.14	4.0900	100.00	150.00
140693	17 新疆 11	1000.00	5.00	2022.06.14	4.0200	100.00	0.00
140694	17 海南 01	1600.00	3.00	2020.06.16	3.9300	100.00	0.00
140695	17 海南 02	3400.00	7.00	2024.06.16	4.0800	100.00	0.00
140696	17 海南 03	2400.00	10.00	2027.06.16	4.0500	100.00	0.00
140697	17 山西 06	3800.00	5.00	2022.06.19	3.7000	100.00	0.00
140698	17 山西 07	7950.00	7.00	2024.06.19	4.0200	100.00	0.00
140699	17 山西 08	18250.00	5.00	2022.06.19	3.9600	100.00	0.00
140700	17 山西 09	2000.00	7.00	2024.06.19	4.0200	100.00	0.00
140701	17 甘肃 03	11000.00	3.00	2020.06.16	3.9700	99.76	824.00
140702	17 甘肃 04	6256.93	5.00	2022.06.16	3.9800	99.95	100.00
140703	17 甘肃 05	3000.00	3.00	2020.06.16	3.9900	100.00	0.00
140704	17 甘肃 06	4315.11	7.00	2024.06.16	4.0400	100.00	0.00
140705	17 青海 05	3040.00	3.00	2020.06.20	4.0000	100.00	140.00
140706	17 青海 06	3040.00	5.00	2022.06.20	4.0400	100.00	640.00
140707	17 青海 07	2620.00	7.00	2024.06.20	4.1100	100.00	0.00
140708	17 湖南 01	14200.00	3.00	2020.06.21	3.8900	100.00	140.00
140709	17 湖南 02	20000.00	5.00	2022.06.21	3.9500	100.00	250.00
140710	17 安徽 01	9080.00	5.00	2022.07.05	3.8500	100.00	0.00
140711	17 安徽 02	10000.00	7.00	2024.07.05	4.0200	100.00	0.00
140712	17 安徽 03	17900.00	5.00	2022.07.05	3.8800	100.00	0.00
140713	17 安徽 04	17800.00	7.00	2024.07.05	3.9800	100.00	0.00
140714	17 山东 07	2400.00	5.00	2022.07.06	3.8300	100.00	0.00
140715	17 山东 08	1065.00	5.00	2022.07.06	3.8000	100.00	0.00
140716	17 江西 09	1605.00	3.00	2020.07.10	3.8000	100.00	0.00
140717	17 江西 10	4815.00	5.00	2022.07.10	3.9000	100.00	0.00
140718	17 江西 11	4815.00	7.00	2024.07.10	4.0100	100.00	0.00
140719	17 江西 12	4815.00	10.00	2027.07.10	4.1000	100.00	0.00
140720	17 江西 13	5425.00	3.00	2020.07.10	3.8700	100.00	200.00
140721	17 江西 14	5425.00	5.00	2022.07.10	3.9200	100.00	0.00
140722	17 江西 15	5425.00	7.00	2024.07.10	4.0100	100.00	0.00

债券信息
List of Bonds

债券
Bond

债券代码 Code	债券简称 Bond Name	发行数量 (百万) Issued Vol(M)	年限 Terms	到期日 Expiration Date	票面利率(%) Coupon Rate(%)	本年收盘 Close	成交数量(万) Trading Vol(10000)
140723	17 江西 16	5425.00	10.00	2027.07.10	4.0800	100.00	0.00
140724	17 北京 03	2900.00	3.00	2020.07.11	3.5000	100.00	0.00
140725	17 北京 04	8623.00	5.00	2022.07.11	3.6100	100.00	0.00
140726	17 北京 05	8663.00	7.00	2024.07.11	3.8200	100.00	0.00
140727	17 北京 06	9514.00	10.00	2027.07.11	3.8800	100.00	0.00
140728	17 广西 14	6500.00	10.00	2027.07.11	4.0900	100.00	0.00
140729	17 广西 15	3200.00	5.00	2022.07.11	3.9600	100.00	0.00
140730	17 广西 16	9500.00	7.00	2024.07.11	4.0200	100.00	0.00
140731	17 广西 17	800.00	5.00	2022.07.11	3.9600	100.00	0.00
140732	17 江苏 05	14000.00	5.00	2022.07.12	3.8300	100.00	0.00
140733	17 江苏 06	14000.00	10.00	2027.07.12	3.9300	100.00	0.00
140734	17 江苏 07	14550.00	3.00	2020.07.12	3.8500	100.00	0.00
140735	17 江苏 08	14550.00	5.00	2022.07.12	3.9000	100.00	0.00
140736	17 江苏 09	14550.00	7.00	2024.07.12	3.9900	100.00	0.00
140737	17 江苏 10	14550.00	10.00	2027.07.12	4.0400	100.00	0.00
140738	17 新疆 12	9940.00	5.00	2022.07.12	3.8800	100.00	0.00
140739	17 新疆 13	9930.00	7.00	2024.07.12	4.0000	100.00	0.00
140740	17 新疆 14	2250.00	5.00	2022.07.12	3.9800	100.00	0.00
140741	17 新疆 15	2250.00	7.00	2024.07.12	4.0000	100.00	0.00
140742	17 辽宁 09	8720.00	3.00	2020.07.14	3.8100	100.00	0.00
140743	17 辽宁 10	6540.00	5.00	2022.07.14	3.8300	100.00	0.00
140744	17 辽宁 11	6540.00	7.00	2024.07.14	3.9500	100.00	0.00
140745	17 辽宁 12	1271.20	3.00	2020.07.14	3.7800	100.00	0.00
140746	17 辽宁 13	953.40	5.00	2022.07.14	3.7900	100.00	0.00
140747	17 辽宁 14	953.40	7.00	2024.07.14	3.9000	100.00	0.00
140748	17 重庆 05	9000.00	5.00	2022.07.17	3.8200	100.00	0.00
140749	17 重庆 06	8000.00	7.00	2024.07.17	4.0000	100.00	0.00
140750	17 重庆 07	3800.00	10.00	2027.07.17	4.0100	100.00	0.00
140751	17 重庆 08	6800.00	3.00	2020.07.17	3.7400	100.00	0.00
140752	17 重庆 09	6000.00	7.00	2024.07.17	3.9700	100.00	0.00
140753	17 重庆 10	5400.00	10.00	2027.07.17	4.0100	100.00	0.00
140754	17 北京 07	5650.00	5.00	2022.07.17	3.5700	100.00	0.00
140755	17 北京 08	3980.00	7.00	2024.07.17	3.7500	100.00	0.00
140756	17 北京 09	3170.00	10.00	2027.07.17	3.7800	100.00	0.00
140757	17 北京 10	1000.00	5.00	2022.07.17	3.5500	100.00	0.00
140758	17 北京 11	1310.00	3.00	2020.07.17	3.4900	100.00	0.00
140759	17 北京 12	3050.00	5.00	2022.07.17	3.5400	100.00	0.00
140760	17 北京 13	360.00	5.00	2022.07.17	3.5500	100.00	0.00
140761	17 北京 14	3630.00	5.00	2022.07.17	3.5500	100.00	0.00
140762	17 北京 15	650.00	5.00	2022.07.17	3.5500	100.00	0.00
140763	17 四川 21	2900.00	3.00	2020.07.18	3.7800	100.00	0.00
140764	17 四川 22	2900.00	5.00	2022.07.18	3.8600	100.00	0.00
140765	17 四川 23	2900.00	7.00	2024.07.18	3.9800	100.00	0.00
140766	17 四川 24	1150.00	10.00	2027.07.18	4.0000	100.00	0.00
140767	17 四川 25	6200.00	3.00	2020.07.18	3.7800	100.00	0.00
140768	17 四川 26	6200.00	5.00	2022.07.18	3.8500	100.00	0.00
140769	17 四川 27	6200.00	7.00	2024.07.18	3.9600	100.00	0.00
140770	17 四川 28	2300.00	10.00	2027.07.18	3.9800	100.00	0.00
140771	17 厦门 01	180.00	3.00	2020.07.18	3.6700	100.00	0.00
140772	17 厦门 02	540.00	5.00	2022.07.18	3.7100	100.00	0.00

债券信息
List of Bonds

债券代码 Code	债券简称 Bond Name	发行数量(百万) Issued Vol(M)	年限 Terms	到期日 Expiration Date	票面利率(%) Coupon Rate(%)	本年收盘 Close	成交数量(万) Trading Vol(10000)
140773	17 厦门 03	540.00	7.00	2024.07.18	3.9000	100.00	0.00
140774	17 厦门 04	540.00	10.00	2027.07.18	3.8800	100.00	0.00
140775	17 厦门 05	4000.00	5.00	2022.07.18	3.8100	100.00	0.00
140776	17 厦门 06	3900.00	10.00	2027.07.18	3.8800	100.00	0.00
140777	17 陕西 10	10000.00	3.00	2020.07.19	3.7000	100.00	0.00
140778	17 陕西 11	5470.00	10.00	2027.07.19	3.9000	100.00	0.00
140779	17 陕西 12	1900.00	5.00	2022.07.19	3.8000	100.00	0.00
140780	17 广东 08	2710.00	3.00	2020.07.13	3.6800	100.00	0.00
140781	17 广东 09	8090.00	5.00	2022.07.13	3.7000	100.00	0.00
140782	17 广东 10	8090.00	7.00	2024.07.13	3.9000	100.00	0.00
140783	17 广东 11	8090.00	10.00	2027.07.13	3.8800	100.00	0.00
140784	17 广东 12	19050.00	5.00	2022.07.13	3.7000	100.00	0.00
140785	17 广东 13	7620.00	7.00	2024.07.13	3.9000	100.00	0.00
140786	17 广东 14	11430.00	10.00	2027.07.13	3.8800	100.00	0.00
140787	17 吉林 01	5000.00	3.00	2020.07.19	3.7600	100.00	0.00
140788	17 吉林 02	14000.00	5.00	2022.07.19	3.8900	100.00	0.00
140789	17 吉林 03	14000.00	7.00	2024.07.19	4.0000	100.00	0.00
140790	17 吉林 04	5750.02	10.00	2027.07.19	3.9700	100.00	0.00
140791	17 吉林 05	6573.24	5.00	2022.07.19	3.9500	100.00	0.00
140792	17 贵州 09	12000.00	5.00	2022.07.21	3.8300	100.00	0.00
140793	17 贵州 10	8000.00	10.00	2027.07.21	3.9900	100.00	0.00
140794	17 贵州 11	6000.00	5.00	2022.07.21	3.8100	100.00	0.00
140795	17 贵州 12	4000.00	10.00	2027.07.21	3.8800	100.00	0.00
140796	17 湖南 03	24540.00	7.00	2024.07.21	3.9800	100.00	0.00
140797	17 湖南 04	30000.00	10.00	2027.07.21	4.1400	100.00	70.00
140798	17 河北 12	5000.00	3.00	2020.07.24	3.6500	100.00	0.00
140799	17 河北 13	5000.00	5.00	2022.07.24	3.7200	100.00	0.00
140800	17 河北 14	5000.00	7.00	2024.07.24	3.9200	100.00	0.00
140801	17 河北 15	1351.00	10.00	2027.07.24	3.8800	100.00	0.00
140802	17 河北 16	3800.00	7.00	2024.07.24	3.9000	100.00	0.00
140803	17 河北 17	3745.00	10.00	2027.07.24	3.9300	100.00	0.00
140804	17 四川 29	9000.00	3.00	2020.08.02	3.7600	100.00	0.00
140805	17 四川 30	9000.00	5.00	2022.08.02	3.8700	100.00	0.00
140806	17 四川 31	9000.00	7.00	2024.08.02	3.9800	100.00	0.00
140807	17 四川 32	3000.00	10.00	2027.08.02	3.9800	100.00	0.00
140808	17 山东 09	36200.00	7.00	2024.08.08	4.0000	100.00	0.00
140809	17 山东 10	1500.00	7.00	2024.08.08	3.9700	100.00	0.00
140810	17 广东 15	5220.00	3.00	2020.08.14	3.5700	100.00	0.00
140811	17 广东 16	1590.00	5.00	2022.08.14	3.8100	100.00	0.00
140812	17 广东 17	1590.00	7.00	2024.08.14	3.9900	100.00	0.00
140813	17 广东 18	4306.00	5.00	2022.08.11	3.8000	100.00	0.00
140814	17 广东 19	450.00	5.00	2022.08.11	3.8000	100.00	0.00
140815	17 广东 20	667.00	5.00	2022.08.11	3.8000	100.00	0.00
140816	17 广东 21	2464.00	5.00	2022.08.11	3.8000	100.00	0.00
140817	17 广东 22	415.00	5.00	2022.08.11	3.8000	100.00	0.00
140818	17 广东 23	437.00	5.00	2022.08.11	3.8000	100.00	0.00
140819	17 广东 24	1553.00	5.00	2022.08.11	3.8000	100.00	0.00
140820	17 广东 25	1030.00	5.00	2022.08.11	3.8000	100.00	0.00
140821	17 广东 26	1356.00	5.00	2022.08.11	3.8000	100.00	0.00
140822	17 广东 27	84.00	5.00	2022.08.11	3.8000	100.00	0.00

债券信息
List of Bonds

债券
Bond

债券代码 Code	债券简称 Bond Name	发行数量(百万) Issued Vol(M)	年限 Terms	到期日 Expiration Date	票面利率(%) Coupon Rate(%)	本年收盘 Close	成交数量(万) Trading Vol(10000)
140823	17 广东 28	2177.00	5.00	2022.08.11	3.8000	100.00	0.00
140824	17 广东 29	167.00	5.00	2022.08.11	3.8000	100.00	0.00
140825	17 广东 30	641.00	5.00	2022.08.11	3.8000	100.00	0.00
140826	17 广东 31	634.00	5.00	2022.08.11	3.8000	100.00	0.00
140827	17 广东 32	770.00	5.00	2022.08.11	3.8000	100.00	0.00
140828	17 广东 33	369.00	5.00	2022.08.11	3.8000	100.00	0.00
140829	17 广东 34	265.00	5.00	2022.08.11	3.8000	100.00	0.00
140830	17 广东 35	642.00	5.00	2022.08.11	3.8000	100.00	0.00
140831	17 广东 36	436.00	5.00	2022.08.11	3.8000	100.00	0.00
140832	17 广东 37	137.00	5.00	2022.08.11	3.8000	100.00	0.00
140833	17 广东 38	6300.00	7.00	2024.08.11	3.9900	100.00	0.00
140834	17 广东 39	2400.00	5.00	2022.08.14	3.8100	100.00	0.00
140835	17 广东 40	2400.00	7.00	2024.08.14	3.9900	100.00	0.00
140836	17 海南 04	2000.00	7.00	2024.08.18	4.0200	100.00	0.00
140837	17 海南 05	3000.00	5.00	2022.08.18	3.8600	100.00	0.00
140838	17 海南 06	3000.00	10.00	2027.08.18	4.0900	100.00	0.00
140839	17 新疆 16	4440.00	10.00	2027.08.28	4.0600	100.00	0.00
140840	17 新疆 17	3410.00	5.00	2022.08.28	3.9000	100.00	0.00
140841	17 新疆 18	770.00	5.00	2022.08.28	4.0000	100.00	0.00
140842	17 新疆 19	120.00	5.00	2022.08.28	4.1500	100.00	0.00
140843	17 新疆 20	110.00	5.00	2022.08.28	4.1500	100.00	0.00
140844	17 安徽 05	8714.55	5.00	2022.09.01	4.0000	100.00	0.00
140845	17 安徽 06	8000.00	7.00	2024.09.01	4.0800	100.00	0.00
140846	17 浙江 11	8040.00	7.00	2024.09.01	3.8600	100.00	0.00
140847	17 浙江 12	30.00	7.00	2024.09.01	3.7100	100.00	0.00
140848	17 浙江 13	480.00	7.00	2024.09.01	3.9600	100.00	0.00
140849	17 浙江 14	250.00	7.00	2024.09.01	3.8600	100.00	0.00
140850	17 浙江 15	280.00	7.00	2024.09.01	3.8600	100.00	0.00
140851	17 浙江 16	20.00	7.00	2024.09.01	3.7100	100.00	0.00
140852	17 浙江 17	1380.00	5.00	2022.09.01	3.7700	100.00	0.00
140853	17 浙江 18	500.00	5.00	2022.09.01	3.6700	100.00	0.00
140854	17 浙江 19	2020.00	5.00	2022.09.01	3.7700	100.00	0.00
140855	17 浙江 20	13200.00	10.00	2027.09.01	3.9100	100.00	0.00
140856	17 浙江 21	1400.00	5.00	2022.09.01	3.7700	100.00	0.00
140857	17 浙江 22	530.00	5.00	2022.09.01	3.6700	100.00	0.00
140858	17 浙江 23	3000.00	5.00	2022.09.01	3.6300	100.00	0.00
140859	17 浙江 24	6700.00	5.00	2022.09.01	3.7700	100.00	0.00
140860	17 浙江 25	830.00	5.00	2022.09.01	3.7700	100.00	0.00
140861	17 浙江 26	2730.00	5.00	2022.09.01	3.7700	100.00	0.00
140862	17 浙江 27	250.00	5.00	2022.09.01	3.7000	100.00	0.00
140863	17 浙江 28	3560.00	5.00	2022.09.01	3.7700	100.00	0.00
140864	17 山西 10	1583.00	3.00	2020.09.06	3.5800	100.00	0.00
140865	17 山西 11	10000.00	10.00	2027.09.06	3.9300	100.00	0.00
140866	17 山西 12	1100.00	5.00	2022.09.06	3.6200	100.00	0.00
140867	17 山西 13	200.00	5.00	2022.09.06	3.7200	100.00	0.00
140868	17 山西 14	60.00	5.00	2022.09.06	3.7700	100.00	0.00
140869	17 山西 15	900.00	5.00	2022.09.06	3.6200	100.00	0.00
140870	17 山西 16	100.00	5.00	2022.09.06	3.7700	100.00	0.00
140871	17 山西 17	20.00	5.00	2022.09.06	3.6200	100.00	0.00
140872	17 山西 18	3000.00	10.00	2027.09.06	4.1200	100.00	0.00

债券信息 List of Bonds

债券 Bond

债券代码 Code	债券简称 Bond Name	发行数量(百万) Issued Vol(M)	年限 Terms	到期日 Expiration Date	票面利率(%) Coupon Rate(%)	本年收盘 Close	成交数量(万) Trading Vol(10000)
140873	17 吉林 06	7753.70	3.00	2020.09.07	3.8300	100.00	0.00
140874	17 吉林 07	562.00	5.00	2022.09.07	3.9200	100.00	0.00
140875	17 吉林 08	108.00	5.00	2022.09.07	3.9200	100.00	0.00
140876	17 吉林 09	330.00	5.00	2022.09.07	4.0000	100.00	0.00
140877	17 贵州 13	8200.00	3.00	2020.09.08	3.8300	100.00	0.00
140878	17 贵州 14	5700.00	5.00	2022.09.08	3.8800	100.00	0.00
140879	17 贵州 15	12300.00	7.00	2024.09.08	4.0100	100.00	0.00
140880	17 贵州 16	3800.00	10.00	2027.09.08	3.9500	100.00	0.00
140881	17 江苏 11	1100.00	5.00	2022.09.18	3.8400	100.00	0.00
140882	17 江苏 12	3000.00	5.00	2022.09.18	3.8800	100.00	0.00
140883	17 江苏 13	5880.00	5.00	2022.09.18	3.9000	100.00	0.00
140884	17 江苏 14	3800.00	5.00	2022.09.18	3.8900	100.00	0.00
140885	17 江苏 15	3700.00	5.00	2022.09.18	3.8900	100.00	0.00
140886	17 江苏 16	1000.00	5.00	2022.09.18	3.8900	100.00	0.00
140887	17 江苏 17	1000.00	5.00	2022.09.18	3.9000	100.00	0.00
140888	17 江苏 18	4200.00	5.00	2022.09.18	3.9000	100.00	0.00
140889	17 江苏 19	2900.00	5.00	2022.09.18	3.9000	100.00	30.00
140890	17 江苏 20	2700.00	5.00	2022.09.18	3.9900	100.00	90.00
140891	17 江苏 21	3800.00	3.00	2020.09.18	3.8200	100.00	0.00
140892	17 江苏 22	2800.00	3.00	2020.09.18	3.7000	100.00	0.00
140893	17 江苏 23	1120.00	3.00	2020.09.18	3.7200	100.00	0.00
140894	17 西藏 01	908.00	3.00	2020.09.19	3.6700	100.00	0.00
140895	17 西藏 02	1117.00	5.00	2022.09.19	3.7500	100.00	0.00
140896	17 西藏 03	755.00	7.00	2024.09.19	3.8800	100.00	0.00
140897	17 西藏 04	1007.00	10.00	2027.09.19	3.8100	100.00	0.00
140898	17 西藏 05	909.00	5.00	2022.09.19	3.7500	100.00	0.00
140899	17 西藏 06	909.00	10.00	2027.09.19	3.8100	100.00	0.00
140900	16 上海 09	6000.00	3.00	2019.11.14	2.4100	100.00	150.00
140901	16 上海 10	6000.00	5.00	2021.11.14	2.5200	100.00	0.00
140902	16 上海 11	9000.00	7.00	2023.11.14	2.8100	100.00	380.00
140903	16 上海 12	9000.00	10.00	2026.11.14	2.8600	100.00	470.00
140904	17 河北 04	5600.00	3.00	2020.05.10	3.5100	100.00	0.00
140905	17 河北 05	5600.00	5.00	2022.05.10	3.6400	100.00	0.00
140906	17 河北 06	5600.00	7.00	2024.05.10	3.7400	100.00	0.00
140907	17 河北 07	2000.00	10.00	2027.05.10	3.7400	100.00	0.00
140908	17 山东 03	18093.00	3.00	2020.05.22	4.0400	100.00	40.00
140909	17 山东 04	10341.00	5.00	2022.05.22	4.2000	100.00	200.00
140910	17 山东 05	10341.00	7.00	2024.05.22	4.2300	100.00	0.00
140911	17 山东 06	17397.00	5.00	2022.05.22	4.2100	100.00	200.00
140912	17 内蒙 01	7050.00	3.00	2020.05.23	4.4300	99.96	100.00
140913	17 内蒙 02	7050.00	5.00	2022.05.23	4.4500	100.00	0.00
140914	17 内蒙 03	7050.00	7.00	2024.05.23	4.5200	100.00	0.00
140915	17 湖北 03	9000.00	3.00	2020.06.19	3.9400	100.00	60.00
140916	17 湖北 04	8000.00	7.00	2024.06.19	4.0500	100.00	0.00
140917	17 湖北 05	3000.00	10.00	2027.06.19	4.0500	100.00	40.00
140918	17 湖北 06	6000.00	3.00	2020.06.19	3.9400	100.00	20.00
140919	17 湖北 07	6100.00	5.00	2022.06.19	3.9600	100.00	0.00
140920	17 湖北 08	6000.00	7.00	2024.06.19	4.0200	100.00	0.00
140921	17 四川 17	12000.00	3.00	2020.06.09	4.0500	99.96	100.00
140922	17 四川 18	12000.00	5.00	2022.06.09	4.1800	100.00	0.00

债券信息
List of Bonds

债券
Bond

债券代码 Code	债券简称 Bond Name	发行数量(百万) Issued Vol(M)	年限 Terms	到期日 Expiration Date	票面利率(%) Coupon Rate(%)	本年收盘 Close	成交数量(万) Trading Vol(10000)
140923	17 四川 19	12000.00	7.00	2024.06.09	4.2800	100.00	100.00
140924	17 四川 20	4000.00	10.00	2027.06.09	4.2900	100.00	920.00
140925	17 天津 01	3489.00	3.00	2020.06.21	3.8400	100.00	0.00
140926	17 天津 02	3728.00	5.00	2022.06.21	3.7900	100.00	0.00
140927	17 天津 03	3900.00	7.00	2024.06.21	3.8900	100.00	0.00
140928	17 天津 04	3072.00	10.00	2027.06.21	3.9000	100.00	0.00
140929	17 天津 05	6670.00	7.00	2024.06.21	3.9500	100.00	0.00
140930	17 内蒙 04	10782.00	3.00	2020.07.07	3.9300	100.99	320.42
140931	17 内蒙 05	10782.00	5.00	2022.07.07	3.9000	100.00	0.00
140932	17 内蒙 06	10782.00	7.00	2024.07.07	4.0200	100.00	0.00
140933	17 内蒙 07	3594.00	10.00	2027.07.07	3.9500	100.00	0.00
140936	17 浙江 07	3300.00	3.00	2020.07.07	3.5000	95.00	2.34
140937	17 浙江 08	8900.00	5.00	2022.07.07	3.6000	100.00	0.00
140938	17 浙江 09	8900.00	7.00	2024.07.07	3.7100	100.00	0.00
140939	17 浙江 10	8800.00	10.00	2027.07.07	3.8100	100.00	0.00
140940	17 云南 09	14500.00	5.00	2022.07.10	3.9300	99.00	39.38
140941	17 云南 10	14500.00	7.00	2024.07.10	4.0000	100.00	0.00
140942	17 云南 11	10000.00	10.00	2027.07.10	4.1100	100.00	0.00
140943	17 云南 12	500.00	5.00	2022.07.10	3.9300	100.00	0.00
140944	17 云南 13	500.00	7.00	2024.07.10	4.1100	100.00	50.00
140945	17 河南 10	11000.00	3.00	2020.07.14	3.8600	101.00	38.05
140946	17 河南 11	12400.00	5.00	2022.07.14	3.8900	100.00	20.00
140947	17 河南 12	12400.00	7.00	2024.07.14	3.9800	100.00	0.00
140948	17 河南 13	5000.00	10.00	2027.07.14	4.0200	100.00	0.00
140949	17 福建 08	4610.00	3.00	2020.07.24	3.8100	100.00	0.00
140950	17 福建 09	13790.00	5.00	2022.07.24	3.9300	100.00	40.00
140951	17 福建 10	13790.00	7.00	2024.07.24	4.0100	100.00	0.00
140952	17 福建 11	13790.00	10.00	2027.07.24	4.0800	100.00	0.00
140953	17 福建 12	300.00	5.00	2022.07.24	3.9600	100.00	30.00
140954	17 福建 13	650.00	7.00	2024.07.24	4.1200	100.00	0.00
140955	17 福建 14	650.00	10.00	2027.07.24	4.0800	100.00	0.00
140956	17 福建 15	1000.00	5.00	2022.07.24	4.0600	100.00	30.00
140957	17 陕西 13	2910.00	3.00	2020.08.16	3.6800	100.00	0.00
140958	17 陕西 14	2833.46	10.00	2027.08.16	4.0700	100.00	0.00
140959	17 陕西 15	4000.00	3.00	2020.08.16	3.7600	100.00	0.00
140960	17 陕西 16	3968.00	10.00	2027.08.16	4.1000	100.00	0.00
140961	17 河北 18	3070.00	5.00	2022.08.07	3.9700	100.00	0.00
140962	17 河北 19	230.00	5.00	2022.08.07	3.9500	100.00	0.00
140963	17 河北 20	245.00	5.00	2022.08.07	3.9500	100.00	0.00
140964	17 河北 21	635.00	3.00	2020.08.07	3.8200	100.00	0.00
140965	17 湖北 09	1500.00	3.00	2020.08.14	3.7700	100.00	0.00
140966	17 湖北 10	6000.00	10.00	2027.08.14	4.0700	100.00	0.00
140967	17 湖北 11	5000.00	3.00	2020.08.14	3.8500	100.00	30.00
140968	17 湖北 12	6700.00	5.00	2022.08.14	3.9900	100.00	100.00
140969	17 湖北 13	3300.00	7.00	2024.08.14	4.0200	100.00	100.00
140970	17 云南 14	5130.00	3.00	2020.08.11	3.7800	96.00	5.80
140971	17 云南 15	6550.00	5.00	2022.08.11	3.9500	93.88	5.60
140972	17 云南 16	6690.00	7.00	2024.08.11	3.9900	100.00	0.00
140973	17 云南 17	8700.00	10.00	2027.08.11	4.1100	100.00	0.00
140974	17 云南 18	2980.00	5.00	2022.08.11	3.9800	100.00	0.00

债券信息
List of Bonds

债券 Bond

债券代码 Code	债券简称 Bond Name	发行数量(百万) Issued Vol(M)	年限 Terms	到期日 Expiration Date	票面利率(%) Coupon Rate(%)	本年收盘 Close	成交数量(万) Trading Vol(10000)
140975	17 云南 19	2500.00	7.00	2024.08.11	4.0100	100.00	0.00
140976	17 广西 18	4600.00	3.00	2020.08.18	3.8600	100.00	0.00
140977	17 广西 19	2400.00	5.00	2022.08.18	3.9600	100.00	0.00
140978	17 广西 20	2400.00	7.00	2024.08.18	4.0700	100.00	100.00
140979	17 广西 21	2600.00	3.00	2020.08.18	3.8600	100.00	0.00
140980	17 广西 22	7700.00	7.00	2024.08.18	4.1200	100.00	60.00
140981	17 广西 23	7800.00	10.00	2027.08.18	4.1300	100.00	0.00
140982	17 龙江 07	1956.00	3.00	2020.08.25	3.8900	100.00	130.00
140983	17 龙江 08	5200.00	5.00	2022.08.25	3.9900	100.00	0.00
140984	17 龙江 09	5200.00	7.00	2024.08.25	4.1000	100.00	0.00
140985	17 龙江 10	5200.00	10.00	2027.08.25	4.1500	100.00	0.00
140986	17 龙江 11	1500.00	7.00	2024.08.25	4.1400	100.00	0.00
140987	17 天津 06	2000.00	3.00	2020.09.04	3.7800	100.00	0.00
140988	17 天津 07	2856.00	5.00	2022.09.04	3.8700	100.00	0.00
140989	17 天津 08	3527.00	7.00	2024.09.04	4.0100	100.00	0.00
140990	17 天津 09	5000.00	5.00	2022.09.04	3.8700	100.00	0.00
140991	17 天津 10	4900.00	5.00	2022.09.04	3.8700	100.00	0.00
140992	17 天津 11	1500.00	5.00	2022.09.04	3.8700	100.00	0.00
140993	17 天津 12	2100.00	5.00	2022.09.04	3.8700	100.00	0.00
140994	17 天津 13	1400.00	5.00	2022.09.04	3.8700	100.00	0.00
140995	17 天津 14	600.00	5.00	2022.09.04	4.0100	100.00	0.00
140996	17 天津 15	1300.00	5.00	2022.09.04	3.8700	100.00	0.00
140997	17 天津 16	100.00	5.00	2022.09.04	4.0200	100.00	0.00
140998	17 天津 17	500.00	5.00	2022.09.04	3.9200	100.00	0.00
140999	17 天津 18	800.00	5.00	2022.09.04	4.0200	100.00	0.00
142002	PR 汇融 B	340.00	2.27	2017.07.12	5.5000	67.21	0.00
142004	奥凯 02	700.00	1.37	2017.11.26	7.3000	100.00	0.00
142005	奥凯 03	800.00	2.37	2018.11.26	7.5000	100.00	640.00
142006	奥凯次级	50.00	2.37	2018.11.26	0.0000	100.00	0.00
142007	花呗 03A1	807.00	1.02	2017.08.25	3.1000	99.30	120.00
142008	花呗 03A2	70.00	1.02	2017.08.25	4.5500	100.00	0.00
142009	花呗 03B	123.00	1.02	2017.08.25	0.0000	100.00	0.00
142010	海发优先	180.00	1.58	2018.02.18	6.4000	100.00	0.00
142014	融银 1 优 3	30.00	0.50	2017.01.24	2.7500	100.00	0.00
142015	融银 1 优 4	100.00	0.52	2017.02.03	2.7500	100.00	0.00
142016	融银 1 优 5	59.00	0.53	2017.02.07	2.7500	100.00	0.00
142017	融银 1 优 6	29.00	1.00	2017.07.27	2.7500	100.00	0.00
142018	融银 1 优 7	224.00	1.00	2017.07.28	2.7500	100.00	0.00
142019	融元 2 优 1	25.00	0.52	2017.02.03	3.2800	100.00	0.00
142020	融元 2 优 2	484.00	0.98	2017.07.21	3.2800	99.24	0.00
142021	融元 2 优 3	304.00	1.01	2017.07.31	3.2800	100.13	0.00
142022	海航 301	700.00	2.27	2018.11.23	4.3000	100.22	929.00
142023	海航 302	800.00	4.10	2020.09.23	5.1500	100.01	395.00
142024	海航 303	500.00	4.27	2020.11.23	5.8000	100.04	160.00
142025	海航 3 次	50.00	4.27	2020.11.23	0.0000	100.00	0.00
142027	金安 2A3	87.00	0.75	2017.05.12	3.8000	100.00	0.00
142028	金安 2A2	86.00	0.50	2017.02.12	3.8000	100.00	0.00
142029	金安 2A4	88.00	1.00	2017.08.12	4.4000	100.00	0.00
142030	金安 2A5	74.00	1.25	2017.11.12	4.5000	100.00	0.00
142031	金安 2A7	84.00	1.75	2018.05.12	4.8000	100.00	0.00

债券信息
List of Bonds

债券
Bond

债券代码 Code	债券简称 Bond Name	发行数量(百万) Issued Vol(M)	年限 Terms	到期日 Expiration Date	票面利率(%) Coupon Rate(%)	本年收盘 Close	成交数量(万) Trading Vol(10000)
142032	金安 2A6	86.00	1.50	2018.02.12	4.7000	100.00	0.00
142033	金安 2A8	82.00	2.00	2018.08.12	4.8000	99.27	104.00
142034	金安 2A9	100.00	2.25	2018.11.12	4.9000	100.00	90.00
142035	金安 2B	150.00	3.00	2019.08.12	6.5000	100.00	0.00
142037	银泰 A	4000.00	18.44	2035.01.24	4.0000	99.59	1398.00
142038	银泰 B	3300.00	18.44	2035.01.24	5.3000	99.98	1148.00
142039	银泰 C	200.00	18.44	2035.01.24	6.9800	100.00	0.00
142041	PR 关 2A2	208.00	1.34	2017.12.21	3.5800	17.35	0.00
142042	PR 关 2A3	38.00	1.34	2017.03.21	3.6000	62.64	0.00
142043	PR 关 2B	108.00	1.84	2018.06.21	3.9800	79.44	0.00
142047	花呗 04A1	807.00	1.02	2017.08.31	3.1600	99.36	552.00
142048	花呗 04A2	70.00	1.02	2017.08.31	4.6000	99.77	6.00
142049	花呗 04B	123.00	1.02	2017.08.31	0.0000	100.00	0.00
142050	PRA	5000.00	4.53	2021.02.19	5.0000	93.63	5642.00
142051	兴银 B	2138.00	4.62	2021.03.24	6.2000	98.22	3172.00
142052	兴银次	794.00	4.62	2021.03.24	16.3000	100.00	0.00
142053	PR 优 A1	140.00	0.79	2017.05.26	3.7000	22.98	0.00
142054	PR 优 A2	180.00	2.05	2018.08.26	4.0000	57.43	0.00
142055	富通优 B	29.00	2.30	2018.11.26	5.4000	100.00	0.00
142056	富通次级	47.00	2.79	2019.05.26	0.0000	100.00	0.00
142057	花呗 05A1	807.00	1.03	2017.09.05	3.1600	99.36	218.00
142058	花呗 05A2	70.00	1.03	2017.09.05	4.6000	100.00	0.00
142059	花呗 05B	123.00	1.03	2017.09.05	0.0000	100.00	0.00
142060	PR 聚信 A1	580.00	1.08	2017.09.21	3.8000	16.17	130.00
142061	PR 聚信 A2	520.00	2.08	2018.09.21	3.7900	68.04	95.00
142062	16 聚信 A3	200.00	3.08	2019.09.21	5.1000	99.34	50.00
142063	16 聚信 B	83.00	3.83	2020.06.21	6.8500	100.75	166.00
142064	16 聚信次	117.00	4.58	2021.03.21	0.0000	102.23	0.00
142065	PR 优先	4000.00	3.05	2019.09.16	3.3000	98.74	0.00
142067	PR3A1	180.00	1.17	2017.10.30	4.3000	7.86	50.00
142068	PR3A2	20.00	1.17	2017.10.30	4.8000	70.00	60.00
142069	PR3B	41.00	1.42	2018.01.30	5.7000	70.73	123.00
142070	海晟 3C	44.00	1.67	2018.04.30	6.6000	100.00	0.00
142072	PR 天裕 A1	184.00	1.07	2017.09.21	5.8000	25.00	45.00
142073	PR 天裕 A2	192.00	2.07	2018.09.21	6.1000	77.72	250.00
142074	16 天裕 A3	204.00	3.07	2019.09.21	6.6000	100.00	0.00
142075	16 天裕 A4	220.00	4.08	2020.09.21	6.6000	102.12	250.00
142076	16 天裕次	90.00	4.08	2020.09.21	0.0000	100.00	0.00
142077	PR01	70.00	1.00	2017.08.25	4.2000	50.00	0.00
142078	华汇 02	80.00	2.00	2018.08.25	4.6000	100.00	0.00
142079	华汇 03	90.00	3.00	2019.08.25	4.8000	100.00	0.00
142080	华汇 04	100.00	4.00	2020.08.25	5.2000	100.00	0.00
142081	华汇 05	110.00	5.00	2021.08.25	5.6000	100.00	0.00
142082	PR01	61.00	1.00	2017.08.30	4.2000	50.00	0.00
142083	泰兴 02	68.00	2.00	2018.08.30	4.6000	100.00	0.00
142084	泰兴 03	76.00	3.00	2019.08.30	4.8000	100.00	0.00
142085	泰兴 04	85.00	4.00	2020.08.30	5.3000	100.00	0.00
142086	泰兴 05	92.00	5.00	2021.08.30	5.8000	100.00	0.00
142087	融元 3 优 1	97.00	0.96	2017.08.10	3.2800	98.57	0.00
142088	融元 3 优 2	97.00	0.98	2017.08.17	3.2800	98.53	0.00

债券信息
List of Bonds

债券
Bond

债券代码 Code	债券简称 Bond Name	发行数量(百万) Issued Vol(M)	年限 Terms	到期日 Expiration Date	票面利率(%) Coupon Rate(%)	本年收盘 Close	成交数量(万) Trading Vol(10000)
142089	融元 3 优 3	194.00	0.99	2017.08.23	3.2800	98.49	0.00
142090	融元 3 优 4	489.00	1.01	2017.08.30	3.2800	99.12	0.00
142091	人人 A	360.00	1.62	2018.04.17	5.5000	99.95	0.00
142092	人人 B	56.00	1.62	2018.04.17	7.0000	99.98	0.00
142094	皖投 01 优	480.00	2.89	2019.07.11	4.0000	96.87	526.00
142095	皖投 01 次	20.00	2.89	2019.07.11	0.0000	100.00	0.00
142097	学费 02	127.00	1.19	2017.11.01	4.1000	100.00	0.00
142098	学费 03	135.00	2.19	2018.11.01	4.9000	100.00	0.00
142099	学费 04	140.00	3.19	2019.11.01	5.4000	98.99	42.00
142100	学费 05	150.00	4.19	2020.11.01	5.9000	100.00	870.00
142101	学费 06	160.00	5.19	2021.11.01	6.4000	97.90	227.00
142104	PR4A2	160.00	1.11	2017.09.27	4.4000	5.79	0.00
142105	PR4A3	160.00	1.85	2018.06.27	4.6000	22.69	0.00
142109	宏达 03	27.00	0.64	2017.04.30	4.8000	100.00	0.00
142110	宏达 04	33.00	1.15	2017.10.31	4.9000	100.00	0.00
142111	宏达 05	34.00	1.64	2018.04.30	5.0000	100.00	0.00
142112	宏达 06	39.00	2.15	2018.10.31	6.5000	100.00	0.00
142113	宏达 07	40.00	2.64	2019.04.30	7.0000	100.00	0.00
142114	宏达 08	46.00	3.15	2019.10.31	7.2000	100.00	0.00
142115	宏达 09	48.00	3.64	2020.04.30	7.3000	99.67	0.00
142116	宏达 10	54.00	4.15	2020.10.31	7.4000	100.00	0.00
142118	借呗 03A1	2050.00	1.02	2017.09.21	3.4000	99.79	90.00
142119	借呗 03A2	200.00	1.02	2017.09.21	4.6000	100.00	0.00
142120	借呗 03B	250.00	1.02	2017.09.21	0.0000	100.00	0.00
142121	花呗 06A1	1211.00	1.02	2017.09.22	3.3500	99.22	20.00
142122	花呗 06A2	105.00	1.02	2017.09.22	4.6000	100.00	0.00
142123	花呗 06B	185.00	1.02	2017.09.22	0.0000	100.00	0.00
142124	青州优 01	25.00	1.00	2017.09.12	4.2000	100.00	0.00
142125	青州优 02	28.00	2.00	2018.09.12	4.5000	100.00	0.00
142126	青州优 03	31.00	3.00	2019.09.12	4.8000	100.00	0.00
142127	青州优 04	33.00	4.01	2020.09.14	5.1000	100.00	0.00
142128	青州优 05	36.00	5.01	2021.09.13	5.6000	100.00	0.00
142129	青州优 06	38.00	6.00	2022.09.12	5.7000	100.00	0.00
142130	青州优 07	41.00	7.00	2023.09.12	5.8000	100.00	0.00
142131	PR 次	13.00	7.00	2023.09.12	0.0000	67.39	0.00
142132	PR4A1	500.00	2.45	2019.02.26	4.6500	52.50	0.00
142133	PR4A2	203.00	2.95	2019.08.26	4.9500	12.90	114.00
142134	丰汇 4B1	145.00	3.70	2020.05.26	6.8000	100.00	416.00
142135	丰汇 4 次	150.00	4.20	2020.11.26	0.0000	100.00	0.00
142136	花呗 07A1	3632.00	1.02	2017.09.27	3.4000	99.83	50.00
142137	花呗 07A2	315.00	1.02	2017.09.27	4.6000	100.00	0.00
142138	花呗 07B	554.00	1.02	2017.09.27	0.0000	100.00	0.00
142139	花呗 08A1	3632.00	1.02	2017.09.29	3.3500	99.78	360.00
142140	花呗 08A2	315.00	1.02	2017.09.29	4.5000	100.00	0.00
142141	花呗 08B	554.00	1.02	2017.09.29	0.0000	106.43	100.00
142142	兴鑫 A1	24.00	0.90	2017.08.03	2.3100	100.00	0.00
142143	兴鑫 A2	49.00	0.92	2017.08.09	2.3100	100.00	0.00
142144	兴鑫 A3	215.00	1.00	2017.09.07	2.3100	100.00	0.00
142145	兴鑫 A4	78.00	1.00	2017.09.08	2.3100	100.00	0.00
142146	兴鑫 A5	15.00	1.01	2017.09.11	2.3100	100.00	0.00

债券信息
List of Bonds

债券
Bond

债券代码 Code	债券简称 Bond Name	发行数量(百万) Issued Vol(M)	年限 Terms	到期日 Expiration Date	票面利率(%) Coupon Rate(%)	本年收盘 Close	成交数量(万) Trading Vol(10000)
142147	福碧桂 A1	390.00	1.00	2017.06.29	4.5000	99.86	90.00
142148	福碧桂 A2	540.00	2.00	2018.06.29	5.0000	99.17	140.00
142149	福碧桂 B	410.00	2.00	2018.06.29	6.0000	100.58	380.00
142150	福碧桂次	71.00	2.00	2018.06.29	0.0000	100.00	0.00
142151	PR 远东 4A	2570.00	3.45	2020.02.26	3.5000	47.70	650.00
142152	16 远东 4B	340.00	3.95	2020.08.26	5.5000	97.22	53.20
142154	国药 1 优 1	480.00	1.00	2017.09.01	3.6000	99.41	30.00
142155	国药 1 优 2	17.00	1.00	2017.09.01	4.0000	100.00	0.00
142156	国药 1 次	61.00	1.00	2017.09.01	0.0000	100.00	0.00
142158	16 民商 02	28.00	0.58	2017.03.31	4.7500	100.00	0.00
142159	16 民商 03	27.00	0.83	2017.06.30	4.9000	100.00	0.00
142160	16 民商 04	25.00	1.08	2017.09.30	5.2000	100.00	0.00
142161	16 民商 05	23.00	1.33	2017.12.31	5.4000	100.00	0.00
142162	PR 民商 06	54.00	2.33	2017.10.09	5.3500	7.17	0.00
142163	16 民商次	107.00	4.08	2020.09.30	0.0000	100.00	0.00
142164	PR 水 01	34.00	0.84	2017.07.18	3.7000	26.47	0.00
142165	PR 水 02	36.00	1.84	2018.07.18	4.4000	72.22	0.00
142166	如皋水 03	38.00	2.84	2019.07.18	4.6000	100.00	0.00
142167	如皋水 04	40.00	3.85	2020.07.18	4.8000	100.00	0.00
142168	如皋水 05	43.00	4.85	2021.07.18	5.0000	100.00	0.00
142169	如皋水 06	45.00	5.85	2022.07.18	5.1000	100.00	0.00
142170	如皋水 07	48.00	6.85	2023.07.18	5.1000	100.00	0.00
142171	如皋水 08	51.00	7.85	2024.07.18	5.1000	100.00	0.00
142172	PR 水次	17.00	7.85	2024.07.18	0.0000	41.23	0.00
142173	广汇热 01	85.00	0.73	2017.05.19	5.0000	100.00	0.00
142174	广汇热 02	90.00	1.73	2018.05.19	5.3000	100.00	0.00
142175	广汇热 03	95.00	2.73	2019.05.19	5.5000	100.00	0.00
142176	广汇热 04	100.00	3.73	2020.05.19	5.8000	100.00	0.00
142177	广汇热 05	105.00	4.73	2021.05.19	6.1000	100.00	0.00
142178	广汇次级	25.00	4.73	2021.05.19	0.0000	100.00	0.00
142179	16 新热 01	38.00	1.31	2017.12.10	4.0000	100.00	0.00
142180	16 新热 02	61.00	2.31	2018.12.10	4.2000	100.00	0.00
142181	16 新热 03	71.00	3.31	2019.12.10	5.0000	100.00	0.00
142182	16 新热 04	84.00	4.32	2020.12.10	5.2500	100.00	0.00
142183	16 新热 05	98.00	5.32	2021.12.10	5.3000	101.00	189.00
142184	16 新热 06	106.00	6.32	2022.12.10	5.3000	100.02	138.00
142186	青租赁 01	59.00	0.46	2017.01.25	3.7000	100.00	0.00
142187	PR 赁 02	70.00	1.46	2018.01.25	3.9000	21.43	0.00
142188	青租赁 03	74.00	2.46	2019.01.25	4.1000	100.00	0.00
142189	青租赁 04	75.00	3.46	2020.01.25	4.3000	100.00	0.00
142190	青租赁 05	72.00	4.55	2021.02.25	4.4000	100.00	0.00
142193	南山二 03	31.00	0.56	2017.03.31	4.2000	100.00	0.00
142194	南山二 04	44.00	0.81	2017.06.30	4.3000	100.00	0.00
142195	南山二 05	31.00	1.06	2017.09.30	4.4000	100.00	0.00
142196	南山二 06	44.00	1.31	2017.12.31	4.5000	100.00	0.00
142197	南山二 07	34.00	1.56	2018.03.31	4.6000	100.00	0.00
142198	南山二 08	47.00	1.81	2018.06.30	4.7000	100.00	0.00
142199	南山二 09	33.00	2.06	2018.09.30	5.1000	100.00	0.00
142200	南山二 10	45.00	2.31	2018.12.31	5.1000	100.00	0.00
142201	南山二 11	30.00	2.56	2019.03.31	5.1000	100.00	0.00

债券信息
List of Bonds

债券
Bond

债券代码 Code	债券简称 Bond Name	发行数量(百万) Issued Vol(M)	年限 Terms	到期日 Expiration Date	票面利率(%) Coupon Rate(%)	本年收盘 Close	成交数量(万) Trading Vol(10000)
142202	南山二 12	34.00	2.81	2019.06.30	5.1000	100.00	0.00
142203	南山二次	36.00	2.81	2019.06.30	0.0000	100.00	0.00
142205	16 云水 01	58.00	0.84	2017.08.14	3.1900	100.00	0.00
142206	16 云水 02	68.00	1.84	2018.08.14	3.3000	100.00	0.00
142207	16 云水 03	78.00	2.84	2019.08.14	3.5000	100.00	0.00
142208	16 云水 04	88.00	3.84	2020.08.14	4.0000	100.00	0.00
142209	16 云水 05	98.00	4.84	2021.08.14	4.0000	100.00	0.00
142210	16 云水 06	110.00	5.84	2022.08.14	4.0000	100.00	0.00
142211	16 云水 07	121.00	6.84	2023.08.14	4.4000	94.86	46.00
142212	16 云水 08	133.00	7.85	2024.08.14	4.6000	99.51	233.00
142213	16 云水 09	146.00	8.85	2025.08.14	4.9900	94.21	87.00
142214	16 云水次	100.00	8.85	2025.08.14	0.0000	100.00	0.00
142215	PR 优先	272.00	0.99	2017.09.21	3.3000	36.72	0.00
142216	PR 润兴 1A	471.00	1.75	2018.06.30	4.5000	40.59	122.00
142217	润兴 1B	81.00	2.25	2018.12.30	6.3500	100.00	0.00
142218	润兴 1C	232.00	2.75	2019.06.30	7.1500	100.00	0.00
142220	PR 公交 1	180.00	1.07	2017.10.25	3.2500	25.00	0.00
142222	汇通 8A2	140.00	0.46	2017.03.16	4.0000	100.00	71.50
142223	汇通 8A3	140.00	0.71	2017.06.16	4.1000	99.80	520.00
142224	汇通 8A4	75.00	0.97	2017.09.18	4.2000	100.00	0.00
142225	汇通 8A5	115.00	1.22	2017.12.18	4.3000	100.00	175.00
142226	汇通 8A6	110.00	1.46	2018.03.16	4.3000	98.65	40.00
142227	汇通 8A7	105.00	1.72	2018.06.19	4.4000	100.00	0.00
142228	汇通 8A8	55.00	1.97	2018.09.18	4.5000	100.00	0.00
142229	汇通 8B	44.00	2.22	2018.12.18	6.2000	100.00	0.00
142230	汇通 8C1	54.00	2.47	2019.03.18	7.0000	100.00	0.00
142231	汇通 8C2	53.00	2.72	2019.06.19	7.0000	100.00	0.00
142232	汇通 8C3	52.00	2.97	2019.09.18	7.0000	100.00	0.00
142233	汇通 8C4	28.00	3.22	2019.12.17	7.0000	100.00	0.00
142235	借呗 04A1	2460.00	1.02	2017.10.19	3.3500	99.60	380.00
142236	借呗 04A2	240.00	1.02	2017.10.19	4.4200	100.00	0.00
142237	借呗 04B	300.00	1.02	2017.10.19	0.0000	106.53	100.00
142238	花呗 09A1	1614.00	1.02	2017.10.20	3.3500	99.58	230.00
142239	花呗 09A2	140.00	1.02	2017.10.20	4.5000	100.00	0.00
142240	花呗 09B	246.00	1.02	2017.10.20	0.0000	105.89	100.00
142241	JZT1 优 1	350.00	0.40	2017.02.20	3.4500	100.00	0.00
142242	JZT1 优 2	150.00	0.47	2017.03.20	3.4500	100.00	0.00
142243	JZT1 优 3	160.00	0.56	2017.04.20	3.4500	100.00	0.00
142244	JZT1 优 4	80.00	0.64	2017.05.20	3.4500	100.00	0.00
142247	PR4A1	74.00	0.65	2017.05.19	4.5000	20.27	0.00
142248	PR4A2	54.00	1.66	2018.05.21	4.7000	49.07	0.00
142249	奥租 4A3	39.00	2.42	2019.02.25	4.9000	100.00	0.00
142250	PR4A4	58.00	2.66	2019.05.21	5.3000	52.15	0.00
142251	奥租 4B	60.00	3.41	2020.02.20	7.1500	100.00	0.00
142252	奥租 4 次	32.00	4.65	2021.05.19	0.0000	100.00	0.00
142253	G 锡公交 2	180.00	2.07	2018.10.25	3.3500	100.00	0.00
142254	G 锡公交 3	185.00	3.07	2019.10.25	3.5100	100.00	0.00
142255	G 锡公交 4	185.00	4.08	2020.10.25	3.7600	100.00	0.00
142256	G 锡公交 5	180.00	5.08	2021.10.25	3.8800	100.00	0.00
142257	G 锡公交 6	180.00	6.08	2022.10.25	3.8800	100.00	0.00

债券信息 List of Bonds

债券 Bond

债券代码 Code	债券简称 Bond Name	发行数量(百万) Issued Vol(M)	年限 Terms	到期日 Expiration Date	票面利率(%) Coupon Rate(%)	本年收盘 Close	成交数量(万) Trading Vol(10000)
142258	G 锡公交 7	190.00	7.08	2023.10.25	3.8800	100.00	0.00
142259	G 锡公交 8	190.00	8.08	2024.10.25	3.8800	100.00	0.00
142260	G 锡公交 9	200.00	9.08	2025.10.25	3.8800	100.00	0.00
142261	G 锡交 10	210.00	10.08	2026.10.25	3.8800	100.00	0.00
142262	PR 交次	100.00	10.08	2026.10.25	0.0000	90.00	0.00
142264	朗诗 03	27.00	0.77	2017.06.30	4.4500	100.00	0.00
142265	朗诗 04	52.00	1.27	2017.12.31	4.5000	100.00	0.00
142266	朗诗 05	29.00	1.77	2018.06.30	4.5000	100.00	0.00
142267	朗诗 06	54.00	2.27	2018.12.31	5.3000	100.00	0.00
142268	朗诗 07	32.00	2.77	2019.06.30	5.5000	99.53	30.00
142269	朗诗 08	58.00	3.27	2019.12.31	5.8000	98.65	58.00
142270	朗诗 09	35.00	3.77	2020.06.30	6.0000	98.84	20.00
142271	朗诗 10	60.00	4.27	2020.12.31	6.2000	99.26	0.00
142272	朗诗次	21.00	4.27	2020.12.31	0.0000	100.00	0.00
142273	睿信 1 号	525.00	1.01	2017.09.26	4.4900	100.00	0.00
142274	花呗 10A1	1614.00	1.02	2017.10.26	3.3500	99.96	750.00
142275	花呗 10A2	140.00	1.02	2017.10.26	4.2000	100.00	0.00
142276	花呗 10B	246.00	1.02	2017.10.26	0.0000	105.83	111.00
142277	PR 特 01	595.00	0.74	2017.06.26	4.6500	52.10	0.00
142278	PR 特 02	660.00	1.74	2018.06.26	5.0000	52.00	800.00
142279	美吉特 31	353.00	2.24	2018.12.26	5.8000	100.00	0.00
142280	美吉特 32	382.00	2.74	2019.06.26	6.5000	98.40	2950.00
142281	美吉特次	110.00	2.74	2019.06.26	0.0000	100.00	0.00
142282	郑银 1A1	200.00	1.01	2017.09.26	3.6000	100.00	0.00
142283	PR 郑 1A2	130.00	2.01	2018.09.26	3.7000	61.54	0.00
142284	郑银 1A3	370.00	5.02	2021.09.26	4.2000	100.00	0.00
142286	太盟 5A2	42.00	0.36	2017.02.21	4.6000	100.00	0.00
142287	太盟 5A3	39.00	0.59	2017.05.17	4.7000	100.00	0.00
142288	太盟 5A4	33.00	0.84	2017.08.16	4.8000	100.00	0.00
142289	太盟 5A5	37.00	1.09	2017.11.16	4.9000	100.00	0.00
142290	太盟 5A6	37.00	1.37	2018.02.26	5.0000	100.00	0.00
142291	太盟 5A7	37.00	1.59	2018.05.17	5.1000	100.00	0.00
142292	太盟 5A8	25.00	1.84	2018.08.16	5.2000	100.00	0.00
142293	太盟 5A9	18.00	2.09	2018.11.16	5.3000	100.00	0.00
142294	太盟 5A10	15.00	2.37	2019.02.26	5.4000	100.00	0.00
142295	太盟 5 次	54.00	2.84	2019.08.16	0.0000	100.00	0.00
142296	PR 一 A1	220.00	1.02	2017.07.26	3.2000	20.45	0.00
142297	PR 一 A2	369.00	2.76	2019.07.26	3.5000	76.21	0.00
142298	国控一 B	100.00	3.28	2020.01.31	4.5000	100.03	120.00
142299	国控一次	62.00	4.27	2021.01.26	4.0000	100.00	0.00
142306	PR 原 01	56.00	1.00	2017.09.30	4.0000	28.57	0.00
142307	新东原 02	77.00	2.00	2018.09.30	4.5000	100.00	0.00
142308	新东原 03	80.00	3.00	2019.09.30	5.0000	100.00	0.00
142309	新东原 04	86.00	4.00	2020.09.30	5.2000	100.00	0.00
142310	新东原 05	91.00	5.00	2021.09.30	6.2000	99.09	160.00
142311	新东原次	40.00	5.00	2021.09.30	0.0000	100.00	0.00
142312	天成 1A1	340.00	0.44	2017.03.20	3.4000	100.00	0.00
142313	PR1A2	620.00	1.69	2018.06.20	3.4700	29.52	0.00
142314	PR 天成 13	135.00	1.94	2017.09.20	3.5300	83.19	0.00
142315	天成 1B1	250.00	2.69	2019.06.20	4.4000	100.00	0.00

债券信息
List of Bonds

债券 Bond

债券代码 Code	债券简称 Bond Name	发行数量(百万) Issued Vol(M)	年限 Terms	到期日 Expiration Date	票面利率(%) Coupon Rate(%)	本年收盘 Close	成交数量(万) Trading Vol(10000)
142316	PR1B2	80.00	2.94	2017.12.20	4.8000	76.95	60.00
142317	PR 上 2A1	96.00	0.49	2017.02.28	3.8500	72.92	0.00
142318	PR2A2	126.00	0.99	2017.08.28	4.0500	76.05	20.00
142319	PR 上 2A3	83.00	1.49	2018.02.28	4.2000	60.00	0.00
142320	上实 2B1	144.00	1.99	2018.08.28	4.7000	100.00	0.00
142321	上实 2B2	77.00	2.49	2019.02.28	5.1000	100.00	0.00
142322	上实 2C1	118.00	2.49	2019.02.28	6.2000	100.00	0.00
142323	上实 2C2	306.00	2.99	2019.08.28	6.4000	100.00	0.00
142324	上实 2 次	101.00	4.99	2021.08.30	0.0000	100.19	100.80
142325	合生 1	352.00	1.00	2017.06.02	3.9500	100.00	0.00
142326	合生 2	528.00	2.00	2017.06.02	4.3000	100.00	0.00
142327	合生次级	98.00	2.00	2017.06.02	0.0000	100.00	0.00
142328	融创 A	2280.00	3.00	2019.10.11	4.2800	96.78	520.00
142329	融创次级	120.00	3.00	2019.10.11	0.0000	100.00	0.00
142330	PR 海尔 1A	757.00	1.28	2018.01.31	3.5000	8.14	0.00
142331	16 海尔 1B	32.00	1.53	2018.04.30	4.5000	99.06	14.00
142333	花呗 11A1	1614.00	1.02	2017.11.02	3.3500	99.64	300.00
142334	花呗 11A2	140.00	1.02	2017.11.02	4.0000	100.00	0.00
142335	花呗 11B	246.00	1.02	2017.11.02	0.0000	105.67	55.00
142337	16 海洋 A2	58.00	0.29	2017.01.26	3.6000	100.00	0.00
142338	16 海洋 A3	36.00	0.53	2017.04.26	3.8000	100.00	0.00
142339	16 海洋 A4	29.00	0.78	2017.07.26	4.1000	100.00	0.00
142340	PR 海洋 A5	116.00	1.78	2018.07.26	5.1000	65.65	30.00
142341	16 海洋 B	100.00	2.78	2019.07.26	5.3000	100.00	0.00
142342	16 海洋次	37.00	4.79	2021.07.26	0.0000	100.00	0.00
142343	PR 优 A	1010.00	1.94	2018.09.27	3.8000	19.05	105.00
142344	易鑫优 B	60.00	2.19	2018.12.27	6.0000	100.00	0.00
142345	易鑫次级	124.00	2.19	2018.12.27	0.0000	100.00	0.00
142346	承影 19A1	920.00	0.67	2017.04.06	3.5000	100.00	0.00
142347	PR19A2	200.00	0.68	2017.06.05	3.8000	98.61	0.00
142348	承影 19A3	300.00	0.75	2017.06.27	3.8000	100.00	0.00
142349	PR19A4	290.00	1.36	2018.02.06	4.0000	79.63	0.00
142350	承影 19A5	400.00	1.38	2018.02.15	4.0000	100.00	0.00
142351	承影 19A6	300.00	1.71	2018.06.13	4.2000	100.00	0.00
142352	承影 19A7	100.00	1.73	2018.06.20	4.2000	100.00	0.00
142353	承影 19B	800.00	1.76	2018.07.04	4.4000	100.00	0.00
142354	承影 19C	1030.00	1.78	2018.07.11	4.4000	100.00	0.00
142355	承影 19 次	498.00	2.47	2019.03.20	0.0000	100.00	0.00
142357	PR1A2	304.00	0.34	2017.02.21	3.9000	88.06	0.00
142358	PR1A3	274.00	0.57	2017.05.17	3.9000	80.21	0.00
142359	PR1A4	264.00	0.82	2017.08.16	4.0000	73.57	0.00
142360	PR1A5	215.00	1.07	2017.11.16	4.0000	58.55	0.00
142361	PR1A6	247.00	1.35	2018.02.26	4.1000	53.94	0.00
142362	国金 1A7	234.00	1.57	2018.05.17	4.1000	98.54	40.00
142363	国金 1A8	160.00	1.82	2018.08.16	4.2000	100.00	0.00
142364	国金 1A9	113.00	2.07	2018.11.16	4.2000	100.00	0.00
142365	国金 1B1	123.00	2.35	2019.02.26	5.0000	100.01	20.00
142366	国金 1B2	87.00	2.57	2019.05.17	5.0000	100.00	0.00
142367	国金 1B3	55.00	2.82	2019.08.16	5.0000	100.00	0.00
142368	国金 1 次	265.00	5.07	2021.11.16	0.0000	100.00	0.00

债券信息
List of Bonds

债券
Bond

债券代码 Code	债券简称 Bond Name	发行数量(百万) Issued Vol(M)	年限 Terms	到期日 Expiration Date	票面利率(%) Coupon Rate(%)	本年收盘 Close	成交数量(万) Trading Vol(10000)
142369	瑞通 02	339.00	1.00	2017.10.12	3.3000	100.00	0.00
142370	PR 中融 A1	120.00	1.04	2017.10.10	3.6000	4.17	0.00
142371	中融优 A2	915.00	2.04	2018.10.10	3.8000	99.08	480.00
142372	PR 中融 A3	175.00	2.04	2018.10.10	4.0000	26.15	0.00
142373	中融优 B	70.00	2.04	2018.10.10	5.0000	100.00	0.00
142374	中电优 A	750.00	0.95	2017.09.08	3.5000	99.32	60.00
142375	中电优 B	83.00	0.95	2017.09.08	4.4200	100.00	0.00
142376	借呗 05A1	2050.00	1.02	2017.11.09	3.4000	98.01	440.00
142377	借呗 05A2	200.00	1.02	2017.11.09	4.0000	100.00	0.00
142378	借呗 05B	250.00	1.02	2017.11.09	0.0000	106.06	107.00
142379	借呗 06A1	2050.00	1.02	2017.11.10	3.4000	100.00	0.00
142380	借呗 06A2	200.00	1.02	2017.11.10	3.9000	100.00	0.00
142381	借呗 06B	250.00	1.02	2017.11.10	0.0000	106.08	145.00
142382	花呗 12A1	2421.00	1.03	2017.11.14	3.4000	99.85	400.00
142383	花呗 12A2	210.00	1.03	2017.11.14	4.0000	100.00	0.00
142384	花呗 12B	369.00	1.03	2017.11.14	0.0000	100.00	0.00
142385	16 亚泰 A1	138.00	0.34	2017.01.24	4.4000	100.00	70.00
142386	16 亚泰 A2	150.00	1.34	2018.01.24	4.7000	100.14	75.00
142387	16 亚泰 A3	155.00	2.34	2019.01.24	5.1000	100.00	0.00
142388	16 亚泰 A4	162.00	3.34	2020.01.24	5.6000	100.00	0.00
142389	16 亚泰 A5	170.00	4.34	2021.01.24	6.1000	100.00	0.00
142390	16 亚泰 A6	175.00	5.34	2022.01.24	7.1000	99.99	143.00
142391	16 亚泰次	50.00	5.34	2022.01.24	0.0000	100.00	0.00
142392	PR 远东 5A	2950.00	3.39	2020.03.26	3.5000	50.80	747.00
142393	16 远东 5B	367.00	4.15	2020.12.26	5.0000	99.47	60.00
142394	16 远东 5C	199.00	4.90	2021.09.26	0.0000	100.00	0.00
142395	PR01A1	200.00	2.03	2018.11.07	4.2000	12.98	40.00
142396	小米 01A2	190.00	2.03	2018.11.07	4.5000	100.00	240.00
142397	小米 01B1	90.00	2.03	2018.11.07	6.0000	100.00	0.00
142398	小米 01B2	20.00	2.03	2018.11.07	0.0000	100.00	0.00
142399	PR 聚肆 A1	500.00	1.15	2017.12.21	3.5000	17.09	90.00
142400	PR 聚肆 A2	560.00	2.40	2019.03.21	3.9800	91.24	117.00
142401	聚肆 A3	185.00	3.40	2020.03.21	4.2000	100.00	0.00
142402	聚肆 B	70.00	3.65	2020.06.21	6.5000	100.00	0.00
142403	聚肆次	130.00	4.91	2021.09.21	4.0000	102.69	65.66
142404	PR16A	284.00	1.77	2018.07.27	4.8500	4.38	0.00
142405	中程 16B	33.00	2.02	2018.10.27	6.4000	100.00	0.00
142407	PR03	355.00	1.00	2017.10.23	3.3500	56.23	0.00
142408	通利贷 1A	168.00	2.05	2018.10.31	5.2000	100.00	168.00
142409	通利贷 1B	32.00	2.05	2018.10.31	0.0000	100.00	0.00
142410	PR 基石 01	350.00	0.80	2017.07.15	3.2000	12.76	0.00
142411	PR 基石 02	350.00	1.80	2018.07.15	3.5000	57.62	0.00
142412	16 基石 03	340.00	2.80	2019.07.15	3.6000	100.00	0.00
142413	16 基石次	60.00	4.55	2021.04.15	0.0000	100.00	0.00
142414	PR1A	920.00	0.62	2017.06.26	3.6000	13.48	0.00
142415	PR1B	264.00	1.37	2017.12.26	4.5000	24.67	0.00
142416	三一 1 次	131.00	1.37	2017.12.26	0.0000	100.00	0.00
142417	PR 力租 A1	87.00	1.17	2018.01.15	4.0000	8.14	0.00
142418	PR 力租 A2	40.00	1.17	2017.10.16	4.1000	5.97	0.00
142419	PR 力租 B	48.00	1.67	2018.07.15	6.0000	89.19	17.50

债券信息
List of Bonds

债券代码 Code	债券简称 Bond Name	发行数量(百万) Issued Vol(M)	年限 Terms	到期日 Expiration Date	票面利率(%) Coupon Rate(%)	本年收盘 Close	成交数量(万) Trading Vol(10000)
142420	力帆租次	15.00	1.92	2018.10.15	0.0000	100.00	0.00
142421	花呗 13A1	1614.00	1.02	2017.11.23	3.4000	98.02	60.00
142422	花呗 13A2	140.00	1.02	2017.11.23	4.1500	99.92	30.00
142423	花呗 13B	246.00	1.02	2017.11.23	0.0000	105.29	143.00
142424	借呗 07A1	2460.00	1.02	2017.12.29	4.0900	100.00	0.00
142425	借呗 07A2	240.00	1.02	2017.12.29	4.7500	100.00	0.00
142426	借呗 07B	300.00	1.02	2017.12.29	0.0000	100.00	0.00
142427	创宇 1 优	200.00	2.00	2018.11.08	6.5000	100.00	0.00
142428	创宇 1 次	50.00	2.00	2018.11.08	0.0000	100.00	0.00
142429	PRJCA1-1	180.00	0.67	2017.07.21	3.7000	20.96	0.00
142430	PRJCA2	200.00	1.42	2018.04.21	3.9000	38.50	90.00
142431	君创 A3	300.00	2.67	2019.07.21	4.3000	100.00	0.00
142432	君创 A4	100.00	3.18	2020.01.21	4.7000	100.00	0.00
142433	君创 B	50.00	3.43	2020.04.21	6.8000	100.00	0.00
142434	君创次级	126.00	4.18	2021.01.21	0.0000	100.00	0.00
142435	PR 平安 3A	1356.00	2.56	2019.06.10	3.6900	38.69	220.00
142436	16 平安 3B	215.00	3.32	2020.03.12	5.9000	100.00	0.00
142437	PR 二 A	1662.00	1.48	2018.08.17	4.5250	43.29	0.00
142438	兴安二 B	506.00	1.52	2018.09.03	4.5250	100.00	0.00
142439	兴安二次	241.00	1.59	2018.09.28	4.7250	100.00	240.90
142440	16 裕东 01	161.00	2.50	2019.05.24	5.2000	100.00	0.00
142441	16 裕东 02	208.00	3.00	2019.11.24	5.6000	100.00	0.00
142442	16 裕东 03	172.00	3.50	2020.05.24	5.6000	100.00	0.00
142443	16 裕东 04	219.00	4.00	2020.11.24	5.6000	100.00	0.00
142444	16 裕东 05	184.00	4.50	2021.05.24	5.6000	100.00	0.00
142445	16 裕东 06	233.00	5.00	2021.11.24	5.6000	100.00	0.00
142446	16 裕东 07	199.00	5.50	2022.05.24	5.6000	100.00	0.00
142447	16 裕东 08	249.00	6.00	2022.11.24	5.6000	100.00	0.00
142448	16 裕东 09	216.00	6.50	2023.05.24	5.6000	100.00	0.00
142449	16 裕东 10	266.00	7.00	2023.11.24	5.6000	100.00	0.00
142451	PR11A2	1624.00	0.50	2017.04.21	3.5500	3.76	0.00
142452	双 11B	256.00	1.08	2017.04.21	4.0000	99.86	55.30
142453	双 11 次	320.00	1.08	2017.04.21	0.0000	100.00	0.00
142454	宝龙 A01	300.00	1.00	2017.11.11	3.9000	99.56	60.00
142455	宝龙 A02	550.00	2.00	2018.11.11	4.6000	98.36	34.00
142456	宝龙 A03	500.00	3.00	2019.11.11	4.9000	97.22	20.00
142457	宝龙 B01	250.00	3.00	2019.11.11	5.5000	100.00	0.00
142458	宝龙次	100.00	3.00	2019.11.11	0.0000	100.00	0.00
142459	聚元 1 号	1038.00	0.50	2017.05.10	2.8500	100.00	0.00
142460	PR3A1	179.00	1.18	2018.01.15	4.1000	21.24	0.00
142461	PR3A2	110.00	1.67	2018.07.15	4.5000	57.74	0.00
142462	华科 3B	130.00	2.42	2019.04.15	6.8000	99.28	115.00
142463	华科 3 次	47.00	4.93	2021.10.15	0.0000	100.00	0.00
142464	16 恒信 A	1425.00	5.93	2022.10.21	3.7200	100.00	0.00
142465	16 恒信次	75.00	5.93	2022.10.21	0.0000	100.00	0.00
142466	德清 01	39.00	0.27	2017.02.28	3.8300	100.00	0.00
142467	PR02	51.00	1.27	2018.02.28	3.8500	72.54	0.00
142468	德清 03	65.00	2.27	2019.02.28	4.9700	98.05	75.00
142469	德清 04	83.00	3.27	2020.02.28	5.0000	100.00	20.00
142470	德清 05	102.00	4.27	2021.03.01	5.2000	100.00	0.00

债券信息
List of Bonds

债券代码 Code	债券简称 Bond Name	发行数量(百万) Issued Vol(M)	年限 Terms	到期日 Expiration Date	票面利率(%) Coupon Rate(%)	本年收盘 Close	成交数量(万) Trading Vol(10000)
142471	德清 06	124.00	5.27	2022.02.28	5.2500	97.21	152.00
142472	德清 07	146.00	6.27	2023.02.28	5.3000	93.00	69.00
142473	德清 1 次	31.00	6.27	2023.02.28	0.0000	100.00	0.00
142474	PR 三胞 A	1575.00	24.01	2040.11.27	3.8000	97.38	0.00
142475	16 三胞 B	1478.00	4.00	2020.11.27	6.9500	100.00	666.00
142476	PR01	88.00	0.82	2017.10.26	4.5000	23.87	0.00
142477	正商 02	119.00	1.82	2018.10.26	4.2500	100.00	0.00
142478	正商 03	124.00	2.82	2019.10.26	5.5000	100.00	0.00
142479	正商 04	132.00	3.83	2020.10.26	6.0000	100.00	0.00
142480	正商 05	153.00	4.75	2021.09.26	6.5000	100.00	0.00
142481	PR 次	60.00	4.75	2021.09.26	0.0000	60.31	0.00
142482	PR16A1	461.00	0.93	2017.07.21	3.5500	35.55	126.00
142483	PR16A2	135.00	1.18	2017.10.23	3.6400	77.78	0.00
142484	PR16A3	46.00	1.68	2018.07.21	3.7400	34.78	0.00
142485	天风 16B	69.00	2.18	2019.01.21	6.5000	99.04	46.81
142486	天风 16 次	74.00	2.68	2019.07.21	0.0000	100.00	0.00
142487	PR04	171.00	0.99	2017.11.24	3.6500	87.73	0.00
142488	PRA	5460.00	23.98	2040.11.24	3.9500	93.93	40.00
142489	PRB	1540.00	23.98	2040.11.24	4.3000	91.58	40.00
142490	金金次	800.00	23.98	2040.11.24	0.0000	100.00	0.00
142491	16 皖新 1A	360.00	18.11	2035.01.18	4.2000	99.14	460.00
142492	16 皖新 1B	195.00	18.11	2035.01.18	4.7000	99.36	15.00
142493	PR 平安 4A	1454.00	2.64	2019.08.08	4.7000	42.11	0.00
142494	16 平安 4B	86.00	2.90	2019.11.08	5.4000	100.00	0.00
142495	16 平安 4C	70.00	3.41	2020.05.12	6.5000	100.00	70.00
142497	金坤 1 优 A	283.00	3.00	2019.11.24	5.2000	100.00	772.00
142498	金坤 1 优 B	165.00	3.00	2019.11.24	7.2000	100.01	62.00
142499	金坤 1 次	24.00	3.00	2019.11.24	0.0000	100.00	0.00
142501	PR5A2	47.00	0.30	2017.04.08	4.4000	78.80	0.00
142502	PR5A3	56.00	0.55	2017.07.08	4.6000	75.50	0.00
142503	PR5A4	39.00	0.80	2017.10.08	4.7000	46.71	0.00
142504	丰汇 5A5	57.00	1.05	2017.10.09	4.8000	100.00	0.00
142505	丰汇 5A6	45.00	1.30	2017.10.09	4.8000	100.00	0.00
142506	PR5A7	51.00	1.55	2018.01.08	5.0000	60.61	0.00
142507	丰汇 5A8	36.00	1.80	2018.10.08	5.0000	100.00	0.00
142508	丰汇 5A9	45.00	2.05	2019.01.08	5.2000	100.00	0.00
142509	丰汇 5A10	44.00	2.30	2019.04.08	5.2000	100.00	0.00
142510	丰汇 5A11	48.00	2.55	2019.07.08	5.4000	100.00	0.00
142511	丰汇 5A12	40.00	2.80	2019.10.08	5.4000	100.00	0.00
142512	丰汇 5B1	43.00	3.05	2020.01.08	6.5000	100.00	86.00
142513	丰汇 5B2	35.00	3.30	2020.04.08	6.5000	100.00	69.00
142514	丰汇 5B3	33.00	3.55	2020.07.08	6.7000	100.00	33.00
142515	丰汇 5B4	35.00	3.80	2020.10.08	6.7000	100.00	34.50
142516	丰汇 5 次	130.00	4.80	2021.10.08	0.0000	100.00	0.00
142517	金科 01	1700.00	3.00	2019.12.02	4.7000	100.00	210.00
142518	金科 02	100.00	3.00	2019.12.02	0.0000	100.00	0.00
142519	上实 3A1	30.00	0.50	2017.06.28	5.5000	100.00	30.00
142520	上实 3A2	30.00	1.00	2017.12.28	5.6000	100.00	30.00
142521	PR3A3	95.00	1.00	2017.12.28	5.6000	26.72	35.00
142522	PR3A4	80.00	1.50	2018.06.28	5.8000	83.74	160.00

债券信息
List of Bonds

债券 Bond

债券代码 Code	债券简称 Bond Name	发行数量(百万) Issued Vol(M)	年限 Terms	到期日 Expiration Date	票面利率(%) Coupon Rate(%)	本年收盘 Close	成交数量(万) Trading Vol(10000)
142523	上实 3A5	200.00	2.50	2019.06.28	6.1000	100.00	130.00
142524	上实 3A6	54.00	2.75	2019.09.28	6.5000	100.00	108.00
142525	上实 3B	66.00	3.00	2019.12.28	7.0000	100.00	132.00
142526	G 葛洲坝 1	150.00	1.00	2017.11.22	3.2000	100.00	0.00
142527	G 葛洲坝 2	150.00	2.00	2018.11.22	3.3000	100.00	0.00
142528	G 葛洲坝 3	150.00	3.00	2019.11.22	3.4500	100.00	0.00
142529	G 葛洲坝 4	150.00	4.00	2020.11.22	3.5000	100.00	0.00
142530	G 葛洲坝 5	160.00	5.00	2021.11.22	3.6000	100.00	0.00
142531	G 葛洲坝 B	40.00	5.00	2021.11.22	0.0000	100.00	0.00
142532	PR 新生 1A	342.00	1.68	2018.08.28	5.5000	16.49	0.00
142533	16 新生 1B	21.00	1.85	2018.10.29	8.0000	100.00	0.00
142534	富龙 01	185.00	0.94	2017.12.26	4.7000	100.00	0.00
142535	富龙 02	280.00	2.18	2019.03.26	5.2500	100.00	0.00
142536	富龙 03	295.00	3.19	2020.03.26	5.4000	100.00	0.00
142537	富龙 04	300.00	4.19	2021.03.26	6.0000	100.00	50.00
142538	富龙 05	280.00	5.19	2022.03.26	6.1000	99.96	50.00
142539	富龙 06	230.00	6.19	2023.03.26	6.2000	99.82	220.00
142540	富龙 07	240.00	7.69	2024.09.26	6.3000	98.65	330.00
142541	富龙次	100.00	7.69	2024.09.26	0.0000	100.00	0.00
142542	PR 聚伍 A1	350.00	1.00	2017.12.21	5.0000	4.19	50.00
142543	PR 聚伍 A2	420.00	2.00	2018.12.21	5.0000	77.94	60.00
142544	聚伍 A3	293.00	3.25	2020.03.21	5.5000	100.00	0.00
142545	聚伍 B	70.00	3.76	2020.09.21	6.5000	100.00	0.00
142546	聚伍次	112.00	5.01	2021.12.21	4.0000	100.00	0.00
142547	PR 万隆 A	134.00	1.00	2017.09.21	4.0000	6.66	247.50
142548	PR 万隆 B	67.00	1.75	2018.09.21	5.5700	27.19	145.50
142549	16 万隆次	20.00	1.75	2018.09.21	0.0000	100.00	0.00
142550	花呗 14A1	2018.00	1.03	2018.01.05	5.1500	100.00	0.00
142551	花呗 14A2	175.00	1.03	2018.01.05	5.6000	100.00	0.00
142552	花呗 14B	308.00	1.03	2018.01.05	0.0000	104.89	60.00
142553	PR 中百 A	450.00	5.00	2021.12.25	5.1000	73.57	100.00
142554	16 中百 B	330.00	5.00	2021.12.25	6.0000	100.00	230.00
142555	16 中百次	260.00	5.00	2021.12.25	0.0000	100.00	0.00
142556	PR 远东 6A	3346.00	3.75	2020.09.26	5.2800	70.17	370.00
142557	16 远东 6B	345.00	4.25	2021.03.26	6.5000	98.20	480.00
142558	16 远东 6C	229.00	5.00	2021.12.26	0.0000	100.00	0.00
142559	国控优 A	1011.00	1.80	2018.10.12	4.8500	100.00	0.00
142560	国控优 B	68.00	1.80	2018.10.12	4.9500	100.00	0.00
142561	国控优 C	94.00	1.80	2018.10.12	5.5000	100.00	0.00
142562	国控次级	175.00	1.80	2018.10.12	0.0000	100.00	0.00
142563	太盟 6A1	45.00	0.08	2017.01.25	6.5000	100.00	0.00
142564	太盟 6A2	46.00	0.32	2017.04.25	5.5000	100.00	0.00
142565	太盟 6A3	45.00	0.57	2017.07.25	5.5000	100.00	0.00
142566	太盟 6A4	44.00	0.82	2017.10.25	5.5000	100.00	0.00
142567	太盟 6A5	34.00	1.08	2018.01.25	5.5000	100.00	0.00
142568	太盟 6A6	47.00	1.32	2018.04.25	5.5000	100.00	0.00
142569	太盟 6A7	45.00	1.57	2018.07.25	5.5000	100.00	0.00
142570	太盟 6B	39.00	1.82	2018.10.25	6.0000	100.00	0.00
142571	太盟 6C	35.00	2.08	2019.01.25	6.8000	100.00	0.00
142572	太盟 6 次	57.00	2.82	2019.10.25	0.0000	100.00	0.00

债券信息 List of Bonds

债券代码 Code	债券简称 Bond Name	发行数量(百万) Issued Vol(M)	年限 Terms	到期日 Expiration Date	票面利率(%) Coupon Rate(%)	本年收盘 Close	成交数量(万) Trading Vol(10000)
142573	中兵 1A	760.00	1.03	2018.01.05	4.0000	99.81	250.00
142574	中兵 1B	95.00	1.03	2018.01.05	5.0000	100.00	0.00
142575	中兵 1 次	95.00	1.03	2018.01.05	0.0000	100.00	0.00
142576	PR 实业 A	1000.00	16.86	2034.01.20	5.1500	99.21	649.00
142577	实业 B	1000.00	1.85	2019.01.20	6.2300	100.00	300.00
142578	实业 C	200.00	1.85	2019.01.20	6.9000	100.00	200.00
142579	花呗 15A1	1614.00	1.03	2018.01.10	5.0000	99.91	451.00
142580	花呗 15A2	140.00	1.03	2018.01.10	5.6000	100.00	0.00
142581	花呗 15B	246.00	1.03	2018.01.10	0.0000	104.28	131.40
142582	铁建 1A	840.00	1.95	2018.12.11	4.8000	100.00	0.00
142583	铁建 1B	126.00	1.95	2018.12.11	5.8000	100.00	0.00
142584	铁建 1 次	84.00	1.95	2018.12.11	0.0000	100.00	0.00
142585	借呗 08A1	1640.00	1.03	2018.01.16	5.0000	99.99	160.00
142586	借呗 08A2	160.00	1.03	2018.01.16	5.0000	100.00	0.00
142587	借呗 08B	200.00	1.03	2018.01.16	0.0000	104.66	125.00
142588	借呗 09A1	4100.00	1.02	2018.01.18	4.8000	100.00	0.00
142589	借呗 09A2	400.00	1.02	2018.01.18	5.0000	100.00	0.00
142590	借呗 09B	500.00	1.02	2018.01.18	0.0000	106.49	261.00
142591	PR23A1	1200.00	0.29	2017.04.13	4.5000	5.43	0.00
142592	PR23A2	700.00	0.54	2017.07.13	4.8000	94.82	0.00
142593	花呗 16A1	1614.00	1.02	2018.01.19	4.8000	99.90	432.40
142594	花呗 16A2	140.00	1.02	2018.01.19	5.0000	100.00	0.00
142595	沪保障 01	58.00	0.54	2017.06.20	4.3500	100.00	0.00
142596	沪保障 02	155.00	1.04	2017.09.19	4.2000	100.00	0.00
142597	沪保障 03	158.00	1.54	2017.12.19	4.3000	100.00	0.00
142598	沪保障 04	170.00	2.04	2017.12.19	4.4000	100.00	0.00
142599	沪保障 05	172.00	2.53	2019.06.18	4.5000	100.00	0.00
142600	沪保障 06	153.00	3.04	2019.12.18	4.6000	100.00	0.00
142601	沪保障次	46.00	3.04	2019.12.18	0.0000	100.00	0.00
142602	PR 苏广 A	350.00	21.01	2037.12.27	5.2000	98.86	0.00
142603	16 苏广 B	1100.00	9.01	2025.12.27	6.0000	100.00	0.00
142604	16 苏广次	230.00	21.01	2037.12.27	0.0000	100.00	0.00
142606	中民 3A2	140.00	0.38	2017.04.25	4.2000	100.24	92.00
142607	中民 3A3	70.00	0.63	2017.07.25	4.2000	99.81	102.00
142608	中民 3A4	260.00	0.88	2017.10.25	4.2000	99.78	207.00
142609	中民 3A5	75.00	1.13	2018.01.25	4.3000	100.00	0.00
142610	中民 3A6	130.00	1.38	2018.04.25	4.4000	99.18	205.00
142611	中民 3A7	75.00	1.63	2018.07.25	4.4000	98.79	145.00
142612	中民 3A8	170.00	1.88	2018.10.25	4.4000	100.18	680.00
142613	中民 3A9	60.00	2.13	2019.01.25	4.5000	100.20	260.00
142614	PR3A10	100.00	2.38	2019.04.25	5.0000	43.25	0.00
142615	中民 3B1	90.00	2.38	2019.04.25	5.3000	100.00	0.00
142616	中民 3B2	80.00	2.63	2019.07.25	5.3000	100.00	0.00
142617	中民 3B3	80.00	2.88	2019.10.25	5.3000	100.00	0.00
142618	中民 3B4	50.00	3.38	2020.04.25	5.3000	100.00	0.00
142619	中民 3 次	100.00	9.22	2026.02.25	0.0000	100.00	0.00
142620	花呗 16B	246.00	1.02	2018.01.19	0.0000	105.86	147.60
142621	PR 投 1A	160.00	0.88	2017.05.31	4.9500	27.04	0.00
142622	PR 投 1B	182.00	1.63	2018.08.28	6.5000	15.91	64.00
142623	中建投次	15.00	1.63	2018.08.28	0.0000	100.00	0.00

债券信息 List of Bonds

债券代码 Code	债券简称 Bond Name	发行数量(百万) Issued Vol(M)	年限 Terms	到期日 Expiration Date	票面利率(%) Coupon Rate(%)	本年收盘 Close	成交数量(万) Trading Vol(10000)
142624	上实 3 次	124.00	3.00	2019.12.28	0.0000	100.21	124.00
142625	分期 01A1	1226.00	1.03	2018.01.22	4.4300	100.00	0.00
142626	分期 01A2	95.00	1.03	2018.01.22	5.0000	100.00	0.00
142627	分期 01B	180.00	1.03	2018.01.22	0.0000	106.50	108.00
142628	分期 02A1	817.00	1.03	2018.01.24	4.8000	100.03	496.60
142629	分期 02A2	63.00	1.03	2018.01.24	4.8000	100.00	0.00
142630	分期 02B	120.00	1.03	2018.01.24	0.0000	106.45	72.00
142631	承影 23 次	300.00	1.82	2018.10.22	0.0000	100.00	0.00
142632	汇通 9A1	198.00	0.19	2017.03.25	5.5000	100.00	0.00
142633	汇通 9A2	162.00	0.45	2017.06.25	5.5000	100.05	324.00
142634	汇通 9A3	152.00	0.70	2017.09.25	5.5000	99.94	84.00
142635	汇通 9A4	100.00	0.95	2017.12.25	5.5000	99.95	50.00
142636	汇通 9A5	141.00	1.19	2018.03.25	5.6000	99.79	33.00
142637	汇通 9A6	140.00	1.45	2018.06.25	5.6000	99.41	28.00
142638	汇通 9A7	136.00	1.70	2018.09.25	5.7000	100.00	0.00
142639	汇通 9A8	77.00	1.95	2018.12.25	5.7000	100.00	0.00
142640	汇通 9B	53.00	2.19	2019.03.25	6.3000	100.00	0.00
142641	汇通 9 次	157.00	2.87	2019.11.25	10.0000	100.00	0.00
142642	怀运 01	100.00	1.00	2018.02.24	5.8700	100.00	0.00
142643	怀运 02	105.00	2.00	2019.02.24	6.3000	100.00	0.00
142644	怀运 03	110.00	3.00	2020.02.24	6.6800	100.00	0.00
142645	怀运 04	115.00	4.00	2021.02.24	6.7200	100.00	0.00
142646	怀运 05	125.00	5.00	2022.02.24	6.7600	100.00	0.00
142647	怀运 06	130.00	6.00	2023.02.24	7.0200	100.00	0.00
142648	怀运 07	140.00	7.00	2024.02.24	7.0200	100.00	0.00
142649	PR23B	900.00	1.82	2018.10.22	5.2000	73.63	0.00
142650	创富 3A1	56.00	0.12	2017.02.24	4.4000	100.00	0.00
142651	创富 3A2	44.00	0.35	2017.05.19	4.5000	100.00	0.00
142652	创富 3A3	36.00	0.60	2017.08.18	4.5000	100.00	0.00
142653	创富 3B	15.00	1.13	2018.02.28	5.3500	100.00	0.00
142654	创富 3 次	26.00	2.69	2019.09.20	0.0000	100.00	0.00
142656	PR2A1	270.00	1.48	2018.06.20	5.1000	34.08	0.00
142657	PR2A2	194.00	2.48	2019.06.20	5.2000	89.55	0.00
142658	中港 2 优 B	54.00	2.73	2019.09.20	5.5000	100.00	0.00
142659	中港 2 优 C	217.00	4.48	2021.06.20	6.5000	100.00	0.00
142660	中港 2 次	39.00	4.74	2021.09.20	0.0000	100.00	0.00
142664	借呗 10A1	4100.00	1.03	2018.01.30	4.6600	100.00	0.00
142665	借呗 10A2	400.00	1.03	2018.01.30	4.8000	99.90	30.00
142666	借呗 10B	500.00	1.03	2018.01.30	0.0000	103.38	100.00
142667	绍兴 1A	34.00	0.51	2017.07.24	4.3400	100.00	0.00
142668	绍兴 1B	69.00	1.51	2018.07.23	4.3500	100.00	0.00
142669	绍兴 1C	73.00	2.51	2019.07.23	4.5000	100.00	0.00
142670	绍兴 1D	77.00	3.51	2020.07.23	4.8000	100.00	0.00
142671	绍兴 1E	82.00	4.51	2021.07.23	5.4000	99.51	24.00
142672	绍兴 1F	87.00	5.52	2022.07.25	5.5000	99.01	20.00
142673	绍兴 1G	92.00	6.52	2023.07.24	5.5000	100.00	0.00
142674	绍兴 1H	99.00	7.52	2024.07.23	5.5000	100.00	0.00
142675	绍兴 1 次	34.00	7.52	2024.07.23	0.0000	100.00	0.00
142676	花呗 17A1	2421.00	1.03	2018.01.31	4.6500	99.61	200.00
142677	花呗 17A2	210.00	1.03	2018.01.31	4.8000	100.00	0.00

债券信息 List of Bonds

债券 Bond

债券代码 Code	债券简称 Bond Name	发行数量(百万) Issued Vol(M)	年限 Terms	到期日 Expiration Date	票面利率(%) Coupon Rate(%)	本年收盘 Close	成交数量(万) Trading Vol(10000)
142678	花呗 17B	369.00	1.03	2018.01.31	0.0000	102.76	110.70
142679	花呗 18A1	1614.00	1.02	2018.02.01	4.6000	100.00	0.00
142680	花呗 18A2	140.00	1.02	2018.02.01	4.8800	100.00	0.00
142681	花呗 18B	246.00	1.02	2018.02.01	0.0000	102.70	37.00
142682	PR01	100.00	1.00	2018.01.10	4.8000	25.00	0.00
142683	魔方 02	100.00	2.00	2019.01.10	5.0000	100.00	0.00
142684	魔方 03	115.00	3.00	2020.01.10	5.4000	99.24	215.00
142685	魔方次级	35.00	3.00	2020.01.10	0.0000	100.00	0.00
142686	龙矿 1A	190.00	1.00	2017.12.20	5.0000	100.00	0.00
142687	龙矿 1B	220.00	2.00	2018.12.20	5.0000	100.00	0.00
142688	龙矿 1C	220.00	3.00	2019.12.20	5.1000	100.00	0.00
142689	龙矿 1D	250.00	4.00	2020.12.20	5.3000	100.00	0.00
142690	龙矿 1E	260.00	5.00	2021.12.20	5.3500	100.00	0.00
142691	JJYH 优 1	125.00	0.81	2017.11.10	4.3200	100.00	0.00
142692	PRYH 优 2	245.00	1.81	2017.11.10	4.6200	45.50	0.00
142693	PRYH 优 3	150.00	3.23	2020.04.10	4.9000	74.15	0.00
142694	JJYH 次	210.00	3.23	2020.04.10	4.0000	100.00	0.00
142695	京保 2 优 A	432.00	1.29	2018.05.09	4.8000	100.00	0.00
142696	京保 2 优 B	167.00	1.29	2018.05.09	5.8000	100.00	0.00
142697	京保 2 次	1.00	1.29	2018.05.09	0.0000	100.00	0.00
142698	华美 A1	500.00	0.36	2017.07.23	5.0000	100.00	0.00
142699	华美 A2	500.00	1.36	2018.07.23	5.2000	100.00	0.00
142700	华美 A3	500.00	2.36	2019.07.23	5.3500	100.00	0.00
142701	华美次	75.00	2.36	2019.07.23	0.0000	100.00	0.00
142702	PR2 优 1	220.00	0.81	2017.11.14	5.0000	22.73	0.00
142703	德润 2 优 2	220.00	1.81	2018.11.14	5.1000	100.00	0.00
142704	PR2 优 3	210.00	2.06	2019.02.14	5.2000	63.31	0.00
142705	德润 2 优 B	88.00	2.30	2019.05.14	6.0000	100.00	20.00
142706	德润 2 次 C	50.00	4.55	2021.08.12	0.0000	100.00	0.00
142707	16 德银次	22.00	1.19	2018.04.26	0.0000	100.00	0.00
142708	PR 德银 1A	185.00	0.94	2018.01.26	4.7000	4.49	0.00
142709	16 德银 1B	15.00	0.94	2018.01.26	4.9000	100.00	0.00
142710	唯品花 1A	229.00	1.30	2018.05.07	4.5900	100.00	0.00
142711	唯品花 1B	56.00	1.30	2018.05.07	4.6000	100.00	90.00
142713	PR 富通 A1	161.00	0.60	2017.08.26	4.4900	19.80	0.00
142714	PR 富通 A2	182.00	1.85	2018.11.26	4.9000	76.43	0.00
142715	17 富通 B	32.00	2.10	2019.02.26	6.7000	100.00	0.00
142716	17 富通次	50.00	2.60	2019.08.26	0.0000	100.00	0.00
142717	PR5A	456.00	2.51	2019.08.23	5.5000	47.41	156.00
142718	华中 5B	46.00	2.77	2019.11.25	6.4000	100.00	0.00
142719	华中 5C	106.00	3.27	2020.05.25	6.8000	97.19	106.00
142720	16 太保 1A	910.00	1.00	2018.02.17	4.4900	100.00	0.00
142721	16 太保 1B	80.00	1.00	2018.02.17	10.0000	100.00	0.00
142722	兴光 2 号 A	80.00	1.00	2018.01.24	4.1000	100.00	0.00
142723	兴光 2 号 B	100.00	1.50	2018.07.24	4.1000	100.00	0.00
142724	兴光 2 号 C	100.00	2.00	2019.01.24	4.1000	100.00	0.00
142725	兴光 2 号 D	110.00	2.50	2019.07.24	4.1000	100.00	0.00
142726	兴光 2 号 E	110.00	3.00	2020.01.24	4.1000	100.00	0.00
142727	兴光 2 号 F	120.00	3.50	2020.07.24	4.5000	100.00	0.00
142728	兴光 2 号 G	120.00	4.00	2021.01.24	4.5000	100.00	0.00

债券信息
List of Bonds

债券
Bond

债券代码 Code	债券简称 Bond Name	发行数量（百万） Issued Vol(M)	年限 Terms	到期日 Expiration Date	票面利率(%) Coupon Rate(%)	本年收盘 Close	成交数量(万) Trading Vol(10000)
142729	兴光 2 号 H	130.00	4.50	2021.07.24	4.5000	100.00	0.00
142730	兴光 2 号 I	130.00	5.00	2022.01.24	4.8700	100.00	0.00
142731	兴光 2 号 J	50.00	5.00	2022.01.24	0.0000	100.00	0.00
142732	龙光优先	913.00	3.02	2020.01.31	5.6000	100.03	80.00
142733	龙光次优	532.00	3.02	2020.01.31	6.0800	100.00	0.00
142734	龙光次级	76.00	3.02	2020.01.31	0.0000	100.00	0.00
142735	PR 三 A	2353.00	0.43	2017.07.31	4.5000	60.45	0.00
142736	PR 三 B	724.00	0.78	2017.12.04	4.5000	52.22	0.00
142737	PR 三次	543.00	1.58	2018.09.25	4.7250	71.12	543.00
142738	华中 5 次	152.00	3.27	2020.05.25	0.0000	100.00	0.00
142739	双塔 A	1130.00	17.91	2035.01.23	5.0000	100.00	0.00
142740	双塔 B	1520.00	17.91	2035.01.23	6.5000	99.99	200.00
142741	双塔 C	50.00	17.91	2035.01.23	7.0000	100.00	0.00
142742	PR4 优	1396.00	0.88	2018.01.20	5.2000	21.21	0.00
142743	摩山 4 次	74.00	0.88	2018.01.20	0.0000	100.00	0.00
142750	PR 鲁租 A1	220.00	0.64	2017.07.20	5.2000	19.24	0.00
142751	PR 鲁租 A2	178.00	1.14	2018.04.20	5.3000	52.89	0.00
142752	17 鲁租次	102.00	1.64	2018.10.20	0.0000	100.00	0.00
142753	财信 01	103.00	0.82	2017.12.29	5.5000	100.00	0.00
142754	财信 02	89.00	1.82	2018.12.31	6.0000	100.00	0.00
142755	财信 03	96.00	2.82	2019.12.31	6.5000	100.00	0.00
142756	财信 04	99.00	3.82	2020.12.31	6.7000	100.00	0.00
142757	财信 05	101.00	4.82	2021.12.31	6.8000	100.00	0.00
142758	财信 06	103.00	5.82	2022.12.30	6.9000	100.00	0.00
142759	财信次级	35.00	5.82	2022.12.30	0.0000	100.00	0.00
142760	PR 聚 01A1	605.00	1.04	2018.03.16	4.8900	16.15	0.00
142761	17 聚 01A2	885.00	2.55	2019.09.17	5.1000	99.15	2.00
142762	17 聚 01A3	301.00	3.55	2020.09.16	5.5800	100.00	0.00
142763	17 聚 01B	143.00	4.04	2021.03.16	6.5000	98.70	166.00
142764	17 聚 01 次	176.00	5.04	2022.03.16	0.0000	100.00	0.00
142765	借呗 11A1	1230.00	1.03	2018.03.21	4.8000	100.00	1220.00
142766	借呗 11A2	120.00	1.03	2018.03.21	5.1800	100.00	354.00
142767	借呗 11B	150.00	1.03	2018.03.21	0.0000	100.00	0.00
142768	花呗 19A1	3228.00	1.03	2018.03.21	4.8000	100.00	0.00
142769	花呗 19A2	280.00	1.03	2018.03.21	5.3000	100.00	0.00
142770	花呗 19B	492.00	1.03	2018.03.21	0.0000	100.00	0.00
142771	诺斯 A1	123.00	0.19	2017.05.10	4.9000	100.00	0.00
142772	诺斯 A2	26.00	0.22	2017.05.22	5.1000	100.00	0.00
142773	诺斯 B1	89.00	0.22	2017.05.22	5.3000	100.00	0.00
142774	诺斯 B2	124.00	0.72	2017.11.20	5.6000	99.92	20.00
142775	诺斯 B3	58.00	1.22	2018.05.21	5.8000	100.00	0.00
142776	诺斯 B4	56.00	1.72	2018.11.20	6.0000	100.00	0.00
142777	诺斯 B5	62.00	2.30	2019.06.20	6.2000	100.00	20.00
142778	诺斯次	34.00	3.47	2020.08.20	0.0000	100.00	0.00
142779	凯恒优 A	1600.00	9.86	2027.01.20	4.6000	97.71	60.00
142780	凯恒优 B	850.00	9.86	2027.01.20	5.2000	100.00	0.00
142781	英才 01	90.00	0.53	2017.09.21	5.2000	100.00	0.00
142782	英才 02	95.00	1.53	2018.09.21	5.3500	100.00	0.00
142783	英才 03	105.00	2.53	2019.09.21	5.6000	100.00	0.00
142784	英才 04	115.00	3.54	2020.09.21	5.8000	100.00	0.00

债券信息
List of Bonds

债券
Bond

债券代码 Code	债券简称 Bond Name	发行数量(百万) Issued Vol(M)	年限 Terms	到期日 Expiration Date	票面利率(%) Coupon Rate(%)	本年收盘 Close	成交数量(万) Trading Vol(10000)
142785	英才 05	125.00	4.54	2021.09.21	6.0000	100.00	0.00
142786	PR 次级	270.00	4.54	2021.09.21	0.0000	87.94	0.00
142787	凯恒次	555.00	9.86	2027.01.20	0.0000	100.00	0.00
142788	小米 02A1	200.00	2.03	2019.03.20	5.3000	100.00	0.00
142789	小米 02A2	190.00	2.03	2019.03.20	5.8000	100.00	25.00
142790	小米 02B1	90.00	2.03	2019.03.20	8.0000	100.00	0.00
142791	小米 02B2	20.00	2.03	2019.03.20	0.0000	100.00	0.00
142792	PR 弘优 01	51.00	0.54	2017.09.14	5.0000	17.65	0.00
142793	PR 弘优 02	91.00	1.54	2018.09.14	5.1000	26.12	0.00
142794	PR 弘优 03	108.00	1.29	2017.12.14	5.1000	11.57	0.00
142795	弘信次级	50.00	2.54	2019.09.13	0.0000	100.00	0.00
142796	17 九通 A1	58.00	1.11	2018.04.24	3.9000	100.00	0.00
142797	17 九通 A2	80.00	2.11	2019.04.24	5.0000	100.00	0.00
142798	17 九通 A3	102.00	3.11	2020.04.24	5.2000	99.67	20.00
142799	17 九通 A4	128.00	4.11	2021.04.23	5.2000	100.00	0.00
142800	17 九通 A5	143.00	5.11	2022.04.22	5.2000	100.00	0.00
142801	17 九通 A6	159.00	6.11	2023.04.24	5.2000	100.00	0.00
142802	17 九通次	36.00	6.11	2023.04.24	0.0000	100.00	0.00
142803	花呗 20A1	3228.00	1.03	2018.03.28	4.8000	100.00	2420.00
142804	花呗 20A2	280.00	1.03	2018.03.28	5.3000	100.00	0.00
142805	花呗 20B	492.00	1.03	2018.03.28	0.0000	100.00	0.00
142806	武威 A1	98.00	0.91	2018.01.26	4.9000	100.00	0.00
142807	武威 A2	105.00	1.91	2019.01.26	5.2000	100.00	0.00
142808	武威 A3	110.00	2.91	2020.01.26	5.8000	100.00	0.00
142809	武威 A4	119.00	3.91	2021.01.26	6.4000	100.00	0.00
142810	武威 A5	125.00	4.91	2022.01.26	6.7000	100.00	0.00
142811	武威 B1	25.00	0.91	2018.01.26	5.7000	100.00	0.00
142812	武威 B2	28.00	1.91	2019.01.26	6.0000	100.00	0.00
142813	武威 B3	31.00	2.91	2020.01.26	6.5000	100.00	3.10
142814	武威 B4	34.00	3.91	2021.01.26	7.0000	100.00	0.00
142815	武威 B5	37.00	4.91	2022.01.26	7.5000	100.00	0.00
142816	武威次	25.00	4.91	2022.01.26	0.0000	100.00	0.00
142817	PR 首创 01	16.00	1.02	2018.03.20	3.7000	25.01	32.00
142818	17 首创 02	18.00	2.02	2019.03.20	3.9800	99.92	36.00
142819	17 首创 03	20.00	3.02	2020.03.20	4.6000	99.92	40.00
142820	17 首创 04	20.00	4.02	2021.03.20	4.6000	100.00	40.00
142821	17 首创 05	22.00	5.02	2022.03.20	4.6000	99.95	66.00
142822	17 首创 06	22.00	6.02	2023.03.20	4.6000	99.83	44.00
142823	17 首创 07	24.00	7.02	2024.03.20	4.6000	100.35	76.00
142824	17 首创 08	26.00	8.02	2025.03.20	4.6000	99.91	156.00
142825	17 首创 09	26.00	9.02	2026.03.20	4.6000	100.03	52.00
142826	17 首创 10	28.00	10.02	2027.03.20	4.6000	100.01	56.00
142827	17 首创 11	28.00	11.03	2028.03.20	4.6000	100.01	56.00
142828	17 首创 12	30.00	12.03	2029.03.20	4.6000	100.04	90.00
142829	17 首创 13	32.00	13.03	2030.03.20	4.6000	100.00	72.00
142830	17 首创 14	32.00	14.03	2031.03.20	4.6000	100.05	32.00
142831	17 首创 15	36.00	15.03	2032.03.20	4.6000	98.50	66.00
142832	17 首创 16	38.00	16.03	2033.03.20	4.6000	100.00	38.00
142833	17 首创 17	40.00	17.03	2034.03.20	4.6000	99.82	130.00
142834	17 首创 18	42.00	18.03	2035.03.20	4.6000	100.00	46.00

债券信息
List of Bonds

债券代码 Code	债券简称 Bond Name	发行数量(百万) Issued Vol(M)	年限 Terms	到期日 Expiration Date	票面利率(%) Coupon Rate(%)	本年收盘 Close	成交数量(万) Trading Vol(10000)
142836	苏高速 01	300.00	1.00	2018.03.15	4.4500	100.00	0.00
142837	苏高速 02	300.00	2.00	2019.03.15	4.5000	100.00	0.00
142838	苏高速 03	50.00	3.00	2020.03.15	4.6000	100.00	0.00
142839	苏高速次	50.00	3.00	2020.03.15	0.0000	100.00	0.00
142840	17 镇保 A1	100.00	1.00	2018.03.08	5.1600	100.00	0.00
142841	17 镇保 A2	400.00	2.00	2019.03.08	5.4900	100.00	0.00
142842	17 镇保 A3	500.00	3.00	2020.03.08	6.2900	100.00	0.00
142843	17 镇保次	110.00	3.00	2020.03.08	0.0000	100.00	0.00
142844	17 上实 A1	232.00	0.41	2017.08.14	4.8000	100.00	0.00
142845	17 上实 A2	289.00	0.91	2018.02.12	5.0000	100.00	0.00
142846	17 上实 A3	250.00	1.41	2018.08.13	5.3000	99.63	50.00
142847	17 上实 A4	320.00	1.91	2019.02.12	5.5000	100.00	0.00
142848	17 上实 A5	720.00	2.41	2019.08.12	5.7000	97.99	60.00
142849	17 上实 A6	410.00	2.91	2020.02.12	5.9000	100.00	0.00
142850	17 上实 B	420.00	2.91	2020.02.12	7.2000	100.00	100.00
142851	17 上实次	361.00	4.92	2022.02.14	0.0000	100.12	226.00
142852	东方网 01	40.00	0.38	2017.08.31	6.0000	100.08	20.00
142853	东方网 02	30.00	1.38	2017.11.30	6.5000	100.00	0.00
142854	东方网次	10.00	1.38	2017.11.30	0.0000	100.00	0.00
142855	21 世纪 01	20.00	0.18	2017.05.31	5.5000	100.00	0.00
142856	21 世纪 02	20.00	0.40	2017.08.21	5.5000	100.00	0.00
142857	21 世纪 03	22.00	0.91	2018.02.21	5.5000	100.00	0.00
142858	21 世纪 04	24.00	1.40	2018.08.21	5.9000	101.22	12.00
142859	21 世纪 05	26.00	1.91	2019.02.21	6.0000	100.00	0.00
142860	21 世纪 06	28.00	2.40	2019.08.21	6.2000	102.18	10.00
142861	21 世纪 07	30.00	2.91	2020.02.21	6.4000	100.00	0.00
142862	21 世纪 08	37.00	3.41	2020.08.21	6.5000	100.00	0.00
142863	21 世纪 09	38.00	3.91	2021.02.21	6.5000	100.00	0.00
142864	21 世纪 10	40.00	4.41	2021.08.21	6.5000	99.34	25.00
142865	21 世纪次	15.00	4.41	2021.08.21	0.0000	100.00	0.00
142866	瑞通 05	861.00	0.98	2018.03.09	3.8000	100.00	0.00
142867	中建材 A1	523.00	1.00	2018.03.15	5.0500	100.00	0.00
142868	中建材 A2	144.00	1.00	2018.03.15	5.2800	100.00	0.00
142869	中建材次	640.00	1.00	2018.03.15	0.0000	100.00	0.00
142870	PR 粤 2A1	190.00	0.77	2017.12.21	5.1700	23.16	0.00
142871	粤科 2A2	148.00	1.77	2018.12.21	5.2000	100.00	0.00
142872	PR 粤 2A3	112.00	1.77	2018.12.21	6.0600	40.60	0.00
142873	粤科 2B	80.00	2.27	2019.06.21	6.0000	100.00	0.00
142874	粤科 2 次	70.00	3.02	2020.03.21	0.0000	100.00	0.00
142875	PRA	378.00	0.91	2018.02.26	5.5500	54.05	338.00
142876	尉中 B	99.00	0.91	2018.02.26	5.9000	100.00	148.70
142877	尉中 C	258.00	2.91	2020.02.26	6.5000	100.00	0.00
142878	尉中次	165.00	4.66	2021.11.26	0.0000	100.00	0.00
142879	枣优 A1	45.00	0.50	2017.09.21	5.4900	99.70	90.00
142880	枣优 A2	50.00	1.00	2018.03.21	5.5900	99.50	100.00
142881	枣优 A3	55.00	1.50	2018.09.21	5.6000	100.00	0.00
142882	枣优 A4	60.00	2.00	2019.03.21	5.9000	100.00	0.00
142883	枣优 A5	60.00	2.50	2019.09.21	5.9500	100.00	0.00
142884	枣优 A6	65.00	3.00	2020.03.21	5.8000	100.00	0.00
142885	枣优 A7	65.00	3.51	2020.09.21	5.8500	100.00	0.00

债券信息
List of Bonds

债券
Bond

债券代码 Code	债券简称 Bond Name	发行数量(百万) Issued Vol(M)	年限 Terms	到期日 Expiration Date	票面利率(%) Coupon Rate(%)	本年收盘 Close	成交数量(万) Trading Vol(10000)
142886	枣优 A8	65.00	4.00	2021.03.21	6.3000	100.00	0.00
142887	枣优 A9	65.00	4.51	2021.09.21	6.5000	100.00	0.00
142888	枣优 A10	65.00	5.00	2022.03.21	6.3000	100.00	0.00
142889	枣优 B	35.00	5.00	2022.03.21	8.0000	100.00	0.00
142890	枣矿次	35.00	5.00	2022.03.21	0.0000	100.00	0.00
142891	PR 贵交 1	250.00	1.00	2018.03.29	5.1000	25.00	0.00
142892	G 贵公交 2	270.00	2.00	2019.03.29	5.2000	100.00	0.00
142893	G 贵公交 3	290.00	3.00	2020.03.29	5.5000	100.00	0.00
142894	G 贵公交 4	310.00	4.00	2021.03.29	5.8000	100.00	0.00
142895	G 贵公交 5	330.00	5.00	2022.03.29	6.0000	100.00	0.00
142896	G 贵公交 6	330.00	6.00	2023.03.29	6.1900	100.00	0.00
142897	17 庆春 A	700.00	14.00	2031.03.13	4.0500	100.00	0.00
142898	17 庆春 B	400.00	14.00	2031.03.13	4.1500	100.00	0.00
142899	17 庆春次	58.00	14.00	2031.03.13	0.0000	100.00	0.00
142900	G 贵公交 7	350.00	7.01	2024.03.29	6.0000	100.00	33.00
142901	G 贵公交 8	370.00	8.01	2025.03.29	6.0000	100.00	41.00
142902	G 贵交次	150.00	8.01	2025.03.29	0.0000	100.00	0.00
142903	JSZBHEXD	426.00	1.00	2018.04.17	4.9000	100.00	0.00
142904	东融 2 优	970.00	2.00	2019.04.20	4.8300	99.64	30.00
142905	东融 2 次	30.00	2.00	2019.04.20	0.0000	100.00	0.00
142906	PRA	459.00	0.27	2017.07.14	4.7000	37.08	0.00
142907	PRB	383.00	0.52	2017.10.14	4.7000	12.79	0.00
142908	PRC1	223.00	0.78	2018.01.14	4.8000	54.62	0.00
142909	冀银 C2	313.00	1.87	2019.02.19	4.8000	100.00	0.00
142910	冀银次	153.00	1.87	2019.02.19	0.0000	100.00	0.00
142911	PR 优 A	1751.00	1.75	2018.12.27	5.2000	40.36	42.00
142912	YX 优 B	117.00	1.99	2019.03.27	6.7800	100.00	0.00
142913	YX 次级	221.00	3.00	2020.03.27	0.0000	100.00	0.00
142914	花呗 21A1	2421.00	1.03	2018.04.25	5.0000	99.80	175.00
142915	花呗 21A2	210.00	1.03	2018.04.25	5.5000	100.00	0.00
142916	花呗 21B	369.00	1.03	2018.04.25	0.0000	100.00	0.00
142917	汇通 10A1	200.00	0.18	2017.06.25	5.1000	99.94	40.00
142918	PR10A2	140.00	0.44	2017.09.25	5.2000	61.70	0.00
142919	PR10A3	150.00	0.68	2017.12.25	5.2000	38.38	10.00
142920	PR10A4	150.00	0.93	2018.03.25	5.2000	22.11	0.00
142921	汇通 10A5	150.00	1.18	2018.06.25	5.3000	100.00	0.00
142922	汇通 10A6	160.00	1.44	2018.09.25	5.4000	100.00	0.00
142923	汇通 10A7	160.00	1.68	2018.12.25	5.5000	100.00	0.00
142924	汇通 10A8	155.00	1.93	2019.03.25	5.6000	100.00	0.00
142925	汇通 10A9	163.00	2.18	2019.06.25	5.8000	100.00	0.00
142926	汇通 10B	52.00	2.44	2019.09.25	6.4000	100.00	0.00
142927	汇通 10 次	220.00	3.77	2021.01.25	10.0000	100.00	0.00
142928	太盟 7A1	47.00	0.16	2017.06.25	5.2000	100.00	0.00
142929	PR7A2	47.00	0.42	2017.09.25	5.2500	38.76	0.00
142930	PR7A3	47.00	0.67	2017.12.25	5.3000	12.15	0.00
142931	PR7A4	47.00	0.91	2018.03.25	5.3000	3.47	0.00
142932	太盟 7A5	47.00	1.16	2018.06.25	5.4000	100.00	0.00
142933	太盟 7A6	47.00	1.42	2018.09.25	5.5000	98.85	10.00
142934	太盟 7A7	41.00	1.67	2018.12.25	5.6000	100.00	0.00
142935	太盟 7B	50.00	1.91	2019.03.25	6.4000	100.00	0.00

债券信息
List of Bonds

债券 Bond

债券代码 Code	债券简称 Bond Name	发行数量(百万) Issued Vol(M)	年限 Terms	到期日 Expiration Date	票面利率(%) Coupon Rate(%)	本年收盘 Close	成交数量(万) Trading Vol(10000)
142936	太盟 7C	40.00	2.16	2019.06.25	6.8000	98.16	20.00
142937	太盟 7 次	90.00	2.84	2020.02.25	0.0000	100.00	0.00
142938	HEXD 次	22.00	1.00	2018.04.17	4.9000	100.00	0.00
142939	借呗 12A1	1640.00	1.04	2018.05.02	5.2000	99.67	550.00
142940	借呗 12A2	160.00	1.04	2018.05.02	5.5000	99.99	143.10
142941	借呗 12B	200.00	1.04	2018.05.02	0.0000	101.18	32.00
142942	借呗 13A1	1640.00	1.04	2018.05.04	5.1000	100.00	1930.00
142943	借呗 13A2	160.00	1.04	2018.05.04	5.5000	100.00	0.00
142944	借呗 13B	200.00	1.04	2018.05.04	0.0000	100.00	0.00
142945	PR1A1	425.00	0.42	2017.08.11	5.1600	1.21	0.00
142946	百度 1A2	20.00	0.42	2017.08.11	5.6000	99.99	20.00
142947	PR1A3	30.00	0.52	2017.09.13	5.7000	47.74	30.00
142948	PR1B	63.00	0.67	2017.11.13	6.5000	18.23	0.00
142949	PR1 次	66.00	1.42	2017.12.08	0.0000	76.83	0.00
142950	借呗 14A1	1230.00	1.04	2018.05.08	5.2000	100.00	1645.00
142951	借呗 14A2	120.00	1.04	2018.05.08	5.5000	100.00	0.00
142952	借呗 14B	150.00	1.04	2018.05.08	0.0000	100.00	0.00
142953	SKP 优 A	4300.00	17.86	2035.02.28	4.9000	100.00	0.00
142954	SKP 优 B	700.00	17.86	2035.02.28	5.5600	100.00	0.00
142955	SKP 次	200.00	17.86	2035.02.28	0.0000	100.00	0.00
142956	17 康富 A1	125.00	0.65	2017.12.21	5.2000	100.00	0.00
142957	17 康富 A2	270.00	1.90	2019.03.21	5.4000	100.00	0.00
142958	PR 康富 A3	678.00	2.91	2020.03.23	5.7000	44.25	0.00
142959	17 康富 B	495.00	5.65	2022.12.21	6.2000	100.00	200.00
142960	17 康富次	82.00	9.41	2026.09.21	0.0000	100.00	0.00
142967	借呗 15A1	492.00	1.04	2018.05.11	5.2000	100.00	410.00
142968	借呗 15A2	48.00	1.04	2018.05.11	5.4900	100.00	0.00
142969	借呗 15B	60.00	1.04	2018.05.11	0.0000	100.00	0.00
142970	新华 01	98.00	1.00	2018.04.27	5.6000	100.00	0.00
142971	新华 02	108.00	2.00	2019.04.27	5.8000	100.00	0.00
142972	新华 03	121.00	3.00	2020.04.27	6.2500	100.00	0.00
142973	新华 04	134.00	4.00	2021.04.27	6.2500	100.00	0.00
142974	新华 05	72.00	5.00	2022.04.27	6.2500	100.00	27.00
142976	借呗 16A1	902.00	1.03	2018.05.15	5.2000	100.00	1145.00
142977	借呗 16A2	88.00	1.03	2018.05.15	5.5000	100.00	0.00
142978	借呗 16B	110.00	1.03	2018.05.15	0.0000	100.00	0.00
142979	瑞通 06	236.00	1.00	2018.04.20	4.6500	100.00	0.00
142980	航天优 A	188.00	0.39	2017.09.15	5.2000	100.00	0.00
142981	PR 航优 B	63.00	0.74	2018.01.19	6.3000	64.47	0.00
142982	航天次级	63.00	0.74	2018.01.19	0.0000	100.00	0.00
142983	天颐 01	180.00	2.35	2019.08.20	5.4000	100.00	0.00
142984	天颐 02	200.00	3.35	2020.08.20	6.2000	97.83	320.00
142985	天颐 03	220.00	4.35	2021.08.20	6.4000	100.00	0.00
142986	天颐次级	50.00	4.35	2021.08.20	0.0000	100.00	0.00
142987	借呗 17A1	2460.00	1.03	2018.05.22	5.4000	100.00	3300.00
142988	借呗 17A2	240.00	1.03	2018.05.22	5.5000	100.00	0.00
142989	借呗 17B	300.00	1.03	2018.05.22	0.0000	100.00	0.00
142990	尚融 01	607.00	0.42	2017.09.20	3.4000	100.00	0.00
142991	17 中民 01	125.00	0.50	2018.02.09	6.1000	100.00	0.00
142992	17 中民 02	134.00	1.00	2018.08.09	6.3000	100.00	0.00

债券信息 List of Bonds

债券 Bond

债券代码 Code	债券简称 Bond Name	发行数量(百万) Issued Vol(M)	年限 Terms	到期日 Expiration Date	票面利率(%) Coupon Rate(%)	本年收盘 Close	成交数量(万) Trading Vol(10000)
142993	17 中民 03	139.00	1.50	2019.02.09	6.4000	100.00	0.00
142994	17 中民 04	149.00	2.00	2019.08.09	6.6000	100.00	0.00
142995	17 中民 05	154.00	2.50	2020.02.09	6.6000	100.00	154.00
142996	17 中民 06	165.00	3.00	2020.08.09	6.6000	100.00	0.00
142997	17 中民 07	171.00	3.51	2021.02.09	6.7000	100.00	0.00
142998	17 中民 08	180.00	4.00	2021.08.09	6.7000	100.00	0.00
142999	17 中民 09	187.00	4.51	2022.02.09	6.7000	100.00	0.00
143001	17 浦建 01	200.00	3.00	2020.02.28	4.4600	100.00	39.00
143002	17 中核 01	1000.00	5.00	2022.04.26	4.6000	100.00	0.00
143003	17 中核 02	1000.00	10.00	2027.04.26	4.9000	100.00	0.00
143004	17 联邦 01	1100.00	5.00	2022.02.27	5.5000	100.00	260.00
143005	17 长发 01	500.00	5.00	2022.03.03	5.0000	99.00	31.00
143006	17 洛娃 01	1200.00	5.00	2022.03.03	6.4000	100.00	132.00
143007	17 东旭 01	2500.00	5.00	2022.03.13	6.5500	100.00	2781.98
143008	17 东旭 02	500.00	5.00	2022.03.13	6.8000	100.00	320.00
143009	17 宏泰债	1000.00	3.00	2020.03.02	4.6900	97.00	151.00
143010	17 鲁资 01	2000.00	5.00	2022.03.08	4.3500	98.18	1806.01
143011	17 沪投 01	530.00	5.00	2022.03.06	4.4500	100.00	0.00
143012	17 渝信 01	2500.00	3.00	2020.03.09	4.6800	101.13	1490.00
143013	17 渝信 02	2500.00	7.00	2024.03.09	5.0000	100.00	0.00
143014	17 正奇 01	300.00	3.00	2020.09.26	7.2000	100.00	18.00
143015	17 锡公 01	1100.00	5.00	2022.03.09	4.3800	98.58	268.60
143016	17 智慧 01	460.00	3.00	2020.03.09	5.6800	100.00	124.00
143017	17 华汽 01	2000.00	5.00	2022.03.10	4.8500	100.65	2099.96
143019	17 东莞债	1100.00	5.00	2022.03.08	4.6200	100.00	330.00
143020	17 复药 01	1250.00	5.00	2022.03.14	4.5000	100.00	850.00
143021	17 东吴债	2500.00	5.00	2022.03.13	4.7000	98.40	180.00
143022	G17 协合 1	100.00	3.00	2020.12.06	7.1700	100.00	0.00
143023	17 豫电 01	300.00	3.00	2020.03.15	4.8500	98.20	25.00
143024	17 桂农 01	640.00	3.00	2020.03.13	5.5000	100.10	480.00
143025	17 辽能 01	1500.00	5.00	2022.03.13	5.2000	100.00	488.00
143027	17 荣盛 01	900.00	5.00	2022.03.13	5.6900	100.00	355.10
143028	17 兴源 01	200.00	4.00	2021.03.22	6.3700	100.00	88.00
143030	17 金元债	450.00	3.00	2020.03.15	4.9900	101.40	340.00
143031	17 华置债	1900.00	5.00	2022.03.13	5.4800	103.30	620.00
143032	17 杭旅 01	500.00	5.00	2022.03.15	4.7500	98.30	34.00
143033	17 保文 01	300.00	3.00	2020.03.15	4.8000	100.00	90.00
143034	17 中保债	500.00	5.00	2022.03.17	4.4900	97.70	350.00
143035	17 工投 01	100.00	5.00	2022.03.28	5.5000	100.00	0.00
143036	17 国证债	2500.00	3.00	2020.03.14	4.3900	102.00	1470.00
143037	17 中科 01	500.00	5.00	2022.03.28	6.5000	100.00	50.00
143038	17 海建 01	300.00	3.00	2020.03.16	7.1900	100.00	360.70
143039	17 北方 01	2000.00	5.00	2022.03.20	5.0000	98.50	521.05
143040	17 金钰债	750.00	5.00	2022.03.17	7.0000	100.00	160.00
143041	17 维维 01	500.00	3.00	2020.03.23	7.0000	100.00	310.00
143042	17 闽电 01	300.00	5.00	2022.03.24	5.0000	100.00	150.00
143043	17 邮政 01	3000.00	5.00	2022.03.23	4.4800	98.37	3750.00
143044	17 晋电 05	1110.00	5.00	2022.03.22	5.2800	100.00	90.00
143045	17 广晟 01	2500.00	5.00	2022.03.22	4.5900	100.50	878.20
143047	17 南传 01	900.00	5.00	2022.03.23	6.4700	100.00	180.00

债券信息 List of Bonds

债券代码 Code	债券简称 Bond Name	发行数量(百万) Issued Vol(M)	年限 Terms	到期日 Expiration Date	票面利率(%) Coupon Rate(%)	本年收盘 Close	成交数量(万) Trading Vol(10000)
143048	17 兵器 01	2000.00	5.00	2022.04.12	4.2400	100.00	1798.00
143049	17 国地 01	100.00	5.00	2022.03.23	5.3000	100.00	100.00
143050	17 海矿 01	200.00	5.00	2022.03.27	6.5000	100.00	0.00
143051	17 长峰 01	1920.00	5.00	2022.03.24	5.9500	100.16	549.00
143052	17 成龙 01	200.00	5.00	2022.04.10	7.6000	100.00	0.00
143053	17 成龙 02	180.00	3.00	2020.04.10	7.5000	100.00	414.01
143054	17 现牧 01	800.00	3.00	2020.03.28	5.4900	99.30	349.00
143055	17 南三 01	1000.00	5.00	2022.04.13	6.8000	100.00	160.00
143056	17 力控债	457.00	3.00	2020.04.10	7.2000	100.00	612.82
143057	17 富宇 01	300.00	5.00	2022.04.06	7.7000	100.00	1237.61
143058	17 中经债	1400.00	5.00	2022.04.11	5.1700	98.83	160.00
143059	17 大海 01	500.00	5.00	2022.04.11	7.3000	100.80	1706.41
143060	17 蚌投 02	600.00	5.00	2022.04.12	5.2500	101.00	200.01
143061	17 正集 01	1000.00	3.00	2020.04.11	4.9800	100.00	276.00
143062	17 首农 01	1000.00	5.00	2022.04.11	4.6300	99.39	390.10
143063	17 三鼎 01	344.00	3.00	2020.09.06	7.5000	100.00	404.00
143064	17 邮政 02	4000.00	5.00	2022.04.13	4.3200	103.00	4350.00
143065	17 海资 01	1000.00	7.00	2024.04.12	5.0300	100.00	140.00
143066	17 桂铁 01	500.00	5.00	2022.04.14	4.9600	100.00	50.00
143067	17 广晟 02	1800.00	5.00	2022.04.12	4.4800	99.00	610.00
143068	17 新新能	500.00	7.00	2024.04.11	5.7900	101.60	125.00
143069	17 川投 01	2000.00	5.00	2022.04.14	4.3900	98.00	793.00
143070	17 鲁高 01	970.00	3.00	2020.04.18	4.3400	100.50	10.01
143071	17 鲁高 02	530.00	5.00	2022.04.18	4.5800	100.00	100.00
143072	17 北汽集	1000.00	3.00	2020.04.17	4.3500	99.35	140.00
143073	17 桂交 01	1500.00	5.00	2022.04.17	4.6200	98.00	170.00
143075	17 重汽 01	1440.00	5.00	2022.04.17	5.2000	98.70	140.75
143076	17 兵装 01	2000.00	3.00	2020.04.19	4.4500	99.20	1140.00
143077	17 兵装 02	2000.00	5.00	2022.04.19	4.6000	98.56	940.00
143078	17 神州 01	300.00	5.00	2022.04.26	5.5000	100.00	0.00
143079	17 信投 G1	4000.00	3.00	2020.04.20	4.4800	99.80	1030.00
143080	17 津投 01	1000.00	5.00	2022.04.24	4.6000	100.00	647.00
143081	17 长电 01	2500.00	3.00	2020.07.11	4.5000	98.98	1670.00
143083	17 金诚 01	200.00	3.00	2020.04.24	7.1500	100.00	120.00
143084	17 国电资	3000.00	5.00	2022.04.21	4.6800	100.20	422.00
143085	17 光明 01	3000.00	5.00	2022.04.21	4.5500	98.50	481.00
143086	17 鲁资 02	1000.00	5.00	2022.04.27	4.7800	100.00	380.00
143087	17 穗发 01	3000.00	5.00	2022.04.26	4.7000	99.50	1889.50
143088	17 南水 01	1500.00	5.00	2022.04.25	4.9500	101.60	463.10
143089	17 南水 02	200.00	7.00	2024.04.25	5.0000	100.00	0.00
143090	17 桂铁 02	500.00	3.00	2020.04.24	5.0800	99.00	100.00
143091	17 华资 01	1000.00	5.00	2022.06.14	4.7800	100.00	746.00
143092	17 广汇 G1	1170.00	3.00	2020.07.11	7.2900	100.00	190.00
143093	17 瑞控 01	200.00	5.00	2022.06.19	7.0000	100.00	0.00
143095	17 金玛 01	400.00	3.00	2020.05.02	7.5000	109.00	894.86
143096	17 宜交 01	650.00	5.00	2022.04.24	5.5000	100.00	90.00
143097	17 华阳 02	900.00	5.00	2022.04.27	5.7000	100.00	0.00
143099	17 连港 01	1070.00	5.00	2022.04.27	4.8000	100.00	40.00
143100	17 晋交 01	1500.00	5.00	2022.05.03	6.5000	102.30	740.00
143101	17 当代 01	500.00	5.00	2022.05.02	5.9000	100.00	0.00

债券信息
List of Bonds

债券
Bond

债券代码 Code	债券简称 Bond Name	发行数量(百万) Issued Vol(M)	年限 Terms	到期日 Expiration Date	票面利率(%) Coupon Rate(%)	本年收盘 Close	成交数量(万) Trading Vol(10000)
143102	17 南海 01	600.00	5.00	2022.09.19	5.0400	100.00	10.00
143103	17 云投 G1	2000.00	5.00	2022.04.28	5.5000	100.00	1611.00
143104	17 陕能债	1600.00	7.00	2024.04.26	5.5000	100.59	840.70
143105	17 能投 01	2200.00	5.00	2022.06.22	4.8400	102.00	762.01
143106	17 洋河 01	500.00	10.00	2027.04.28	4.9500	100.00	230.00
143107	17 欣捷 01	450.00	5.00	2022.05.16	7.5000	100.00	1600.80
143108	17 翔业 01	1000.00	5.00	2022.06.30	4.4900	98.40	222.00
143110	G17 龙源 1	2000.00	5.00	2022.05.16	4.9000	99.07	140.00
143112	17 兵器 03	1000.00	10.00	2027.05.16	5.0500	100.00	420.00
143113	17 亦庄 01	300.00	5.00	2022.06.01	5.6000	100.00	0.00
143114	17 电投 01	2670.00	3.00	2020.05.17	4.8000	100.20	1360.00
143115	17 电投 02	830.00	5.00	2022.05.17	4.8500	100.55	200.00
143116	17 信投 G2	3000.00	3.00	2020.05.18	4.8800	99.25	776.00
143117	17 常熟 01	700.00	5.00	2022.05.22	5.5000	100.00	0.00
143118	17 常熟 02	222.00	5.00	2022.05.22	5.9700	100.00	20.00
143119	17 璞泰 01	200.00	3.00	2020.05.18	5.3000	100.00	0.00
143120	17 电投 03	2000.00	3.00	2020.05.22	4.7900	100.00	854.00
143121	17 电投 04	500.00	5.00	2022.05.22	4.8000	100.00	25.11
143122	皖交控 01	500.00	5.00	2022.05.24	4.9500	100.00	110.00
143123	皖交控 02	500.00	5.00	2022.05.24	5.1000	100.00	0.00
143124	17 天图 01	1000.00	5.00	2022.05.22	6.5000	100.75	110.00
143125	17 金隅 01	3500.00	5.00	2022.05.19	5.2000	99.20	837.00
143126	17 金隅 02	500.00	7.00	2024.05.19	5.3800	103.09	127.00
143127	17 天风 01	1500.00	5.00	2022.06.26	5.3800	100.00	220.00
143129	17 兵装 04	2000.00	10.00	2027.06.06	5.0400	101.30	60.00
143130	G17 华电 1	2000.00	5.00	2022.06.09	4.8000	99.07	670.00
143131	17 中泰 01	2000.00	2.00	2019.06.07	4.8800	99.46	710.00
143132	17 浦土 01	1000.00	5.00	2022.06.12	4.9000	100.29	655.00
143133	17 兴泸 01	1000.00	5.00	2022.06.07	5.7000	100.00	630.00
143135	17 东兴 02	1500.00	3.00	2020.06.15	4.8000	100.00	582.00
143136	17 东兴 03	900.00	5.00	2022.06.15	4.9900	100.00	79.00
143139	17 长园债	1000.00	5.00	2022.07.13	5.6700	98.37	212.00
143140	17 维维 02	500.00	3.00	2020.06.15	7.5000	100.00	116.00
143142	17 武投 01	2000.00	7.00	2024.06.15	4.9900	100.00	200.00
143143	17 鹏博债	1000.00	5.00	2022.06.16	6.0000	99.94	251.00
143144	17 祥鹏 01	600.00	5.00	2022.06.20	7.9800	100.00	80.00
143145	17 皖盐债	770.00	5.00	2022.06.21	6.9000	100.00	220.00
143146	17 恒信 01	1500.00	3.00	2020.06.21	4.9500	98.00	1040.10
143147	17 特变 01	200.00	3.00	2020.06.21	5.6400	99.50	114.00
143148	17 特变 02	800.00	5.00	2022.06.21	6.0500	99.59	280.50
143149	17 广汇 01	600.00	5.00	2022.06.22	7.7000	102.00	490.01
143150	17 金玛 02	400.00	5.00	2022.06.26	7.5000	98.96	1412.32
143151	17 国信一	750.00	2.00	2019.07.06	4.5000	98.50	190.79
143152	17 国信二	750.00	3.00	2020.07.06	4.5700	100.00	100.00
143153	17 圆融 01	1000.00	3.00	2020.07.03	4.5300	100.00	200.00
143154	17 光证 G1	3000.00	3.00	2020.07.04	4.5800	98.60	946.01
143155	17 光证 G2	1500.00	5.00	2022.07.04	4.7000	100.00	300.00
143156	17 港务 01	1000.00	5.00	2022.07.03	4.4800	99.41	601.00
143157	17 华融 G1	1500.00	3.00	2020.07.04	4.9800	99.20	138.00
143158	17 银河 G1	5000.00	3.00	2020.07.10	4.5500	100.00	1451.00

债券信息 List of Bonds

债券代码 Code	债券简称 Bond Name	发行数量(百万) Issued Vol(M)	年限 Terms	到期日 Expiration Date	票面利率(%) Coupon Rate(%)	本年收盘 Close	成交数量(万) Trading Vol(10000)
143159	17 联想 01	2500.00	5.00	2022.07.05	5.0500	100.50	2089.20
143160	17 电投 05	1100.00	3.00	2020.07.10	4.5000	99.20	843.51
143161	17 电投 06	900.00	5.00	2022.07.10	4.6000	99.65	632.00
143162	17 电投 07	1500.00	3.00	2020.07.12	4.4900	99.80	1490.00
143163	17 电投 08	500.00	5.00	2022.07.12	4.5300	100.00	220.00
143164	17 建屋 01	100.00	5.00	2022.07.10	4.9000	100.00	0.00
143165	17 世茂 G1	2500.00	3.00	2020.07.12	4.9500	100.00	770.00
143166	17 光控 01	1000.00	5.00	2022.07.10	4.5500	100.00	400.00
143167	17 光控 02	1500.00	7.00	2024.07.10	4.8000	100.00	440.00
143168	17 南传 02	1020.00	5.00	2022.07.17	6.5000	100.00	0.00
143169	17 兵装 05	2000.00	5.00	2022.07.13	4.5500	100.00	930.00
143170	17 兵装 06	2000.00	10.00	2027.07.13	4.9000	100.00	461.25
143171	17 杭旅 02	1500.00	5.00	2022.07.11	4.7100	100.00	840.00
143172	17 沪宁 01	800.00	7.00	2024.07.25	5.0000	100.00	0.00
143173	17 广药 01	1300.00	3.00	2020.07.14	4.4500	99.04	1225.00
143174	17 广药 02	1700.00	5.00	2022.07.14	4.5300	100.00	1150.00
143175	17 金地 01	3000.00	5.00	2022.07.13	4.8500	98.00	531.00
143176	17 金地 02	1000.00	7.00	2024.07.13	5.0500	100.00	0.00
143177	17 金红 02	400.00	2.00	2019.07.21	7.6900	100.10	80.00
143178	17 杭金 01	300.00	5.00	2022.07.14	4.7900	100.00	130.00
143179	17 杭金 02	700.00	5.00	2022.07.14	4.6000	100.00	450.00
143180	G17 华电 2	1000.00	5.00	2022.07.20	4.4200	98.90	320.00
143181	G17 华电 3	500.00	10.00	2027.07.20	4.6400	100.00	90.00
143182	17 建材 01	3000.00	5.00	2022.07.17	4.6000	99.20	1723.00
143183	17 建材 02	1000.00	7.00	2024.07.17	4.8900	100.00	560.00
143184	17 巨化 01	700.00	3.00	2020.07.17	5.1500	98.80	125.00
143185	17 湘财 01	500.00	3.00	2020.09.25	5.4300	100.00	18.00
143186	17 工贸债	600.00	3.00	2020.07.17	6.3000	100.00	180.00
143187	17 洪政 01	1000.00	5.00	2022.07.27	4.5800	97.92	656.50
143190	17 荣盛 02	1000.00	3.00	2020.07.21	5.9900	99.45	136.09
143191	17 恒信 02	1000.00	3.00	2020.07.21	4.7000	100.00	330.00
143192	17 邮政 03	3000.00	5.00	2022.07.24	4.4500	100.00	1863.00
143193	17 电投 09	1300.00	3.00	2020.07.24	4.4000	98.99	1303.98
143194	17 电投 10	700.00	5.00	2022.07.24	4.4500	99.10	170.00
143196	17 张江 01	1100.00	5.00	2022.07.25	4.4500	98.96	510.00
143197	17 晋圣 01	1500.00	5.00	2022.07.24	5.8000	97.47	2154.00
143198	17 华鲁 01	1300.00	3.00	2020.07.24	4.9400	97.60	180.15
143199	17 中煤 01	1000.00	5.00	2022.07.20	4.6100	98.76	700.00
143200	17 产发 01	1000.00	10.00	2027.07.25	4.8500	100.00	0.00
143201	17 南山 01	500.00	5.00	2022.07.25	5.5000	100.00	40.00
143203	17 电控 01	1380.00	3.00	2020.07.25	4.5000	98.02	1475.31
143204	17 平租 02	1600.00	5.00	2022.07.27	4.7000	100.00	524.00
143205	17 福投 01	1000.00	8.00	2025.07.27	4.6900	100.00	640.00
143206	17 圣泉 01	100.00	3.00	2020.08.01	7.0000	100.00	0.00
143207	17 皖交 03	400.00	5.00	2022.07.31	4.5000	100.00	0.00
143208	17 皖交 04	600.00	5.00	2022.07.31	4.7000	97.50	25.00
143209	G17 光水 1	1000.00	5.00	2022.07.24	4.5500	100.00	350.00
143210	17 合盛 01	420.00	5.00	2022.09.22	6.8000	100.00	0.00
143211	17 花集 01	245.00	3.00	2020.07.28	7.5000	100.00	0.00
143212	17 花集 02	137.00	3.00	2020.07.28	7.0000	99.88	150.07

债券信息
List of Bonds

债券代码 Code	债券简称 Bond Name	发行数量(百万) Issued Vol(M)	年限 Terms	到期日 Expiration Date	票面利率(%) Coupon Rate(%)	本年收盘 Close	成交数量(万) Trading Vol(10000)
143213	17 豫高速	2000.00	5.00	2022.08.04	4.9500	99.10	464.01
143214	17 晋然债	600.00	5.00	2022.08.02	5.0000	100.00	180.00
143215	17 京资 01	4000.00	5.00	2022.08.01	4.5300	98.82	1195.00
143216	17 京资 02	1000.00	5.00	2022.08.01	4.6800	100.00	300.00
143217	17 华药债	210.00	4.00	2021.07.28	6.5000	101.17	85.50
143218	17 清控 01	2500.00	5.00	2022.08.08	4.9500	97.85	710.00
143219	17 昌控 01	500.00	5.00	2022.07.31	5.0500	100.00	30.00
143220	17 连云港	1000.00	5.00	2022.08.04	5.1000	100.00	40.00
143221	17 海资 02	1000.00	7.00	2024.08.03	4.9900	97.80	143.50
143222	17 圆融 02	1000.00	5.00	2022.08.03	4.5800	98.40	124.00
143223	17 南水 03	1800.00	5.00	2022.08.03	4.7900	98.18	595.00
143224	17 南水 04	200.00	5.00	2022.08.03	5.0000	99.20	6.00
143225	17 津投 03	1500.00	15.00	2032.08.02	4.6400	99.00	256.20
143227	17 船重 01	2000.00	5.00	2022.08.07	4.5500	100.00	630.00
143229	17 国君 G1	4700.00	3.00	2020.08.04	4.5700	98.50	1775.00
143230	17 国君 G2	600.00	5.00	2022.08.04	4.7000	100.00	160.00
143231	17 海通 01	5000.00	3.00	2020.08.11	4.6300	98.00	541.11
143232	17 海通 02	1000.00	5.00	2022.08.11	4.8000	100.00	0.00
143233	17 东方债	4000.00	10.00	2027.08.03	4.9800	100.00	330.00
143234	17 陕煤 01	1000.00	3.00	2020.08.10	4.7500	99.19	226.60
143235	17 舟交 01	500.00	5.00	2022.08.08	5.3300	100.00	107.00
143236	17 鲁信 01	1000.00	7.00	2024.08.04	4.7700	97.78	43.00
143237	17 苏新 02	1000.00	5.00	2022.08.08	5.1000	98.70	5.00
143238	17 普天 01	1000.00	9.00	2026.08.07	4.9900	100.00	200.00
143239	17 电投 11	1070.00	3.00	2020.08.09	4.4500	98.70	550.07
143240	17 电投 12	430.00	5.00	2022.08.09	4.5000	100.00	200.00
143241	17 南山 02	500.00	5.00	2022.08.14	5.4900	100.19	250.00
143242	17 首农 02	1000.00	5.00	2022.08.10	5.0000	100.00	100.00
143243	17 光大 01	3800.00	5.00	2022.08.10	4.6000	100.00	1940.00
143244	17 光大 02	1200.00	7.00	2024.08.10	4.8000	100.00	0.00
143245	17 电投 13	940.00	3.00	2020.08.11	4.5800	99.90	490.00
143246	17 电投 14	560.00	5.00	2022.08.11	4.6400	99.90	185.00
143247	17 浦土 02	500.00	5.00	2022.08.17	4.6500	100.00	80.00
143249	G17 华电 4	1500.00	5.00	2022.08.18	4.5500	98.37	1020.00
143251	17 荣盛 03	1000.00	3.00	2020.08.15	6.0000	100.00	170.00
143252	17 鄂资 01	1300.00	5.00	2022.08.16	6.7700	100.00	124.06
143253	17 豫电 02	300.00	3.00	2020.08.24	5.2000	100.00	30.00
143254	17 国联 01	1000.00	3.00	2020.08.24	5.0000	98.33	30.00
143255	17 中油 01	2000.00	3.00	2020.08.18	4.3000	97.91	2550.00
143256	17 泰瑞 01	500.00	5.00	2022.08.21	6.5000	100.00	135.00
143257	17 广电 01	2000.00	5.00	2022.08.23	4.9700	100.00	510.00
143258	17 洋河 02	600.00	9.00	2026.08.21	4.6200	100.00	80.00
143260	17 国投 01	2000.00	5.00	2022.08.22	4.5500	100.00	420.00
143261	17 百联 01	1200.00	5.00	2022.08.28	4.6900	98.93	190.00
143263	17 平租 04	2200.00	5.00	2022.08.23	4.8900	100.00	1125.00
143264	17 港务 02	1500.00	5.00	2022.08.25	4.6300	100.00	0.00
143265	17 泰达 02	3000.00	5.00	2022.08.30	5.1900	99.30	621.80
143266	17 光大 03	800.00	5.00	2022.08.23	4.5400	100.00	440.00
143267	17 光大 04	1200.00	7.00	2024.08.23	4.7900	100.00	0.00
143268	17 远东四	500.00	3.00	2020.08.29	4.7500	100.00	0.00

债券信息 List of Bonds

债券 Bond

债券代码 Code	债券简称 Bond Name	发行数量(百万) Issued Vol(M)	年限 Terms	到期日 Expiration Date	票面利率(%) Coupon Rate(%)	本年收盘 Close	成交数量(万) Trading Vol(10000)
143269	17 远东五	2500.00	5.00	2022.08.29	5.1900	100.00	50.00
143270	17 东港 01	500.00	5.00	2022.08.25	5.6800	100.00	80.00
143271	17 南铝债	1500.00	5.00	2022.08.29	5.3700	100.00	250.00
143272	17 建发 01	1000.00	3.00	2020.08.29	4.6500	100.00	100.00
143273	17 两江 01	1350.00	3.00	2020.08.25	4.6900	100.00	240.00
143274	17 君华 01	1200.00	3.00	2020.08.30	6.9900	100.00	40.00
143275	17 沪国 01	1500.00	5.00	2022.09.05	4.9000	100.00	50.00
143276	17 川电 01	1800.00	5.00	2022.09.07	5.5800	100.00	180.00
143277	17 瑞控 03	720.00	5.00	2022.08.30	7.1000	100.00	0.00
143278	17 信债 01	2000.00	5.00	2022.09.04	4.6000	100.00	4010.00
143280	17 宁资债	500.00	5.00	2022.09.05	5.6000	100.00	20.00
143282	17 平租 05	600.00	5.00	2022.09.07	4.8900	100.00	70.00
143283	17 江海 G1	1000.00	3.00	2020.09.07	5.3000	99.94	965.00
143284	17 鑫海 02	200.00	3.00	2020.09.06	7.2000	100.00	197.10
143285	G17 风电 1	300.00	5.00	2022.09.07	4.8300	100.00	60.00
143286	17 杭汽 01	1000.00	5.00	2022.09.13	5.8800	100.00	120.00
143287	17 联投 01	2000.00	5.00	2022.09.11	4.9000	100.00	590.00
143288	17 国联 02	800.00	2.00	2019.09.14	4.9500	99.58	130.00
143290	17 广汇 02	400.00	5.00	2022.09.07	7.5000	100.00	192.00
143291	17 渝高 01	1600.00	5.00	2022.09.14	4.9300	100.00	170.00
143292	17 津投 05	1000.00	15.00	2032.09.14	4.8000	100.00	160.00
143294	17 银河 G2	4000.00	3.00	2020.09.18	4.6900	99.87	590.00
143295	17 象屿 01	1000.00	5.00	2022.09.19	5.1800	98.46	280.00
143296	17 富宇 02	200.00	5.00	2022.09.18	7.7000	100.00	246.70
143297	17 大华 01	600.00	5.00	2022.12.12	6.2000	100.00	50.00
143298	17 兵装 07	1500.00	5.00	2022.09.18	4.7000	98.60	440.00
143299	17 兵装 08	900.00	7.00	2024.09.18	4.8500	97.61	390.00
143300	17 兵装 09	600.00	10.00	2027.09.18	5.0000	100.00	20.00
143301	17 海通 03	5500.00	10.00	2027.09.22	4.9900	100.00	160.00
143302	17 中科 02	500.00	5.00	2022.09.25	7.5000	100.00	140.00
143303	17 北方 02	1600.00	5.00	2022.09.19	5.1200	98.30	133.92
143304	17 江铜 01	500.00	5.00	2022.09.21	4.7400	100.00	80.00
143305	17 电建债	1000.00	5.00	2022.09.25	5.5800	100.00	0.00
143306	17 不动 01	2000.00	5.00	2022.09.18	4.8800	100.00	60.00
143307	17 福投 02	1000.00	3.00	2020.09.21	4.6600	100.00	360.00
143308	17 世茂 G2	1000.00	3.00	2020.09.21	5.1500	100.00	50.00
143310	17 建租 01	1000.00	3.00	2020.09.22	5.4800	100.00	0.00
143311	17 义乌 01	1900.00	5.00	2022.09.22	5.1000	100.00	490.00
143312	17 义乌 02	200.00	5.00	2022.09.22	5.3000	100.00	0.00
143313	17 华药 02	290.00	4.00	2021.09.25	6.2000	99.33	50.00
143314	17 居然 01	790.00	5.00	2022.09.26	5.9800	100.00	109.00
143315	17 广汇 G2	945.00	3.00	2020.10.11	7.4800	100.00	218.90
143316	17 三鼎 02	427.00	3.00	2020.09.27	7.3000	100.00	389.00
143318	17 六建 01	320.00	2.00	2019.09.27	7.5000	100.00	40.00
143319	17 农投 01	600.00	5.00	2022.09.26	4.9500	98.10	10.00
143320	17 晋中 01	800.00	5.00	2022.09.27	5.7000	99.57	320.00
143321	17 金玛 03	315.00	4.00	2021.10.12	7.3000	100.00	182.50
143322	17 金玛 04	300.00	5.00	2022.10.12	7.3000	100.00	314.00
143323	17 首创债	1000.00	5.00	2022.10.12	5.4200	100.00	74.00
143324	17 苏保债	500.00	5.00	2022.10.24	4.9500	100.00	0.00

债券信息 List of Bonds

债券 Bond

债券代码 Code	债券简称 Bond Name	发行数量(百万) Issued Vol(M)	年限 Terms	到期日 Expiration Date	票面利率(%) Coupon Rate(%)	本年收盘 Close	成交数量(万) Trading Vol(10000)
143325	17 光证 G3	4100.00	3.00	2020.10.16	4.8000	98.19	152.00
143326	17 光证 G4	1600.00	5.00	2022.10.16	4.9000	100.00	0.00
143327	17 招商 G1	4500.00	2.00	2019.10.13	4.7800	99.71	540.00
143328	17 中材 03	500.00	7.00	2024.10.18	4.9900	100.00	140.00
143329	G17 三峡 3	2000.00	3.00	2020.10.19	4.6800	100.00	370.00
143331	17 广汇 03	480.00	5.00	2022.10.12	7.5000	100.00	244.70
143332	17 世茂 G3	500.00	3.00	2020.10.18	5.1900	100.00	0.00
143333	17 江海 G2	2000.00	3.00	2020.10.18	5.5000	99.44	570.00
143334	17 蓉工 01	1000.00	5.00	2022.10.23	5.3000	100.00	100.00
143335	17 国元 01	1000.00	5.00	2022.10.20	4.7800	100.00	580.00
143336	17 海通 04	500.00	3.00	2020.10.25	4.7700	100.00	190.00
143337	17 国君 G3	3700.00	3.00	2020.10.18	4.7800	100.00	208.00
143338	17 益佰 01	500.00	5.00	2022.10.23	5.9000	100.00	0.00
143339	17 卓越 01	1950.00	5.00	2022.10.20	6.4800	99.88	1035.00
143340	17 老窖 01	600.00	5.00	2022.11.13	4.9900	100.00	0.00
143341	17 南京 01	1000.00	5.00	2022.10.24	4.8800	101.50	0.00
143342	17 招商 G2	1060.00	3.00	2020.10.23	4.7800	100.00	750.00
143343	17 洪政 02	1000.00	5.00	2022.10.24	4.8800	100.00	120.00
143344	17 红星 01	2500.00	5.00	2022.11.07	5.7000	100.00	140.00
143345	17 红星 02	1000.00	7.00	2024.11.07	6.5000	100.00	0.00
143346	17 科工 01	1200.00	5.00	2022.11.01	4.8000	100.00	0.00
143347	G17 能源 1	480.00	5.00	2022.10.23	5.7000	98.03	136.00
143348	17 五资 01	800.00	3.00	2020.10.27	4.8000	100.00	240.00
143349	17 天图 02	800.00	5.00	2022.10.24	6.0000	98.77	60.00
143350	17 科发债	1537.50	5.00	2022.10.31	7.5000	0.00	348.00
143351	17 花集 03	230.00	3.00	2020.10.26	7.0000	100.00	20.00
143353	17 中车 G1	1000.00	5.00	2022.10.24	4.8000	98.61	400.00
143354	17 中车 G2	3000.00	10.00	2027.10.24	5.0000	98.31	1100.00
143355	17 国控 01	1000.00	5.00	2022.10.27	4.8000	100.00	0.00
143356	17 日照 01	600.00	5.00	2022.10.25	5.0700	100.00	0.00
143357	17 工投 02	400.00	5.00	2022.12.13	6.0000	100.00	0.00
143358	17 天风 02	500.00	5.00	2022.10.25	5.2400	99.08	130.00
143359	17 华汇 01	300.00	3.00	2020.10.27	5.6000	100.00	140.00
143360	17 川发 01	4000.00	7.00	2024.10.25	5.0900	100.00	630.00
143361	17 中冶 01	570.00	5.00	2022.10.25	4.9900	100.00	0.00
143362	17 三鼎 03	735.00	3.00	2020.10.25	7.3000	100.00	308.00
143364	17 北控 02	2000.00	5.00	2022.10.30	5.0000	100.00	0.00
143365	17 九华旅	400.00	5.00	2022.10.26	5.6300	100.00	0.00
143366	17 环能 01	6000.00	5.00	2022.10.27	5.3400	98.58	681.00
143367	17 金证 01	350.00	5.00	2022.11.13	5.3900	100.00	0.00
143368	17 招金 01	500.00	5.00	2022.11.01	5.1000	99.00	50.00
143369	17 招商 G3	1000.00	3.00	2020.10.31	4.8500	100.00	150.00
143370	17 联合 04	800.00	3.00	2020.10.31	7.0000	100.00	80.00
143371	17 沪中环	300.00	5.00	2022.10.30	5.5000	100.00	0.00
143374	17 红豆 01	1000.00	5.00	2022.10.31	6.5000	98.72	380.00
143375	17 东辰 01	200.00	3.00	2020.10.31	7.3000	100.00	50.00
143376	17 成龙 03	200.00	5.00	2022.11.13	7.6000	100.00	166.00
143377	17 穗金控	1200.00	5.00	2022.10.31	5.2400	100.00	0.00
143378	17 绍交 02	1000.00	5.00	2022.11.02	5.3900	100.00	60.00
143379	17 合盛 02	180.00	5.00	2022.11.03	6.8000	100.00	18.00

债券信息
List of Bonds

债券代码 Code	债券简称 Bond Name	发行数量(百万) Issued Vol(M)	年限 Terms	到期日 Expiration Date	票面利率(%) Coupon Rate(%)	本年收盘 Close	成交数量(万) Trading Vol(10000)
143380	17 华能 01	2300.00	3.00	2020.11.06	4.9900	99.00	61.00
143382	17 国联 03	500.00	2.00	2019.11.16	5.3000	100.00	0.00
143383	17 颖泰 01	1200.00	5.00	2022.11.08	6.8000	100.00	210.00
143385	17 富宇 03	100.00	5.00	2022.11.08	7.7000	109.00	73.00
143387	17 刚股 01	500.00	5.00	2022.11.08	7.2000	100.00	0.00
143388	17 如意 01	300.00	5.00	2022.11.14	7.6000	100.00	480.00
143389	17 永钢 01	300.00	5.00	2022.11.13	6.2800	100.00	40.00
143390	17 永钢 02	300.00	7.00	2024.11.13	6.8000	100.00	260.00
143391	17 金玛 05	300.00	5.00	2022.11.15	7.3000	98.84	249.00
143394	17 招金 02	350.00	5.00	2022.11.14	5.1000	98.75	0.50
143395	17 汇鸿 01	1000.00	5.00	2022.11.13	5.6800	100.00	30.00
143396	17 浙旅 01	400.00	5.00	2022.11.15	5.8800	100.00	0.00
143398	17 中船 01	1100.00	5.00	2022.11.16	5.0000	100.00	400.00
143399	17 中船 02	900.00	7.00	2024.11.16	5.2000	100.00	0.00
143400	17 精工 01	385.00	4.00	2021.11.15	6.5000	100.00	60.00
143401	17 开旅 01	450.00	3.00	2020.12.04	6.9800	100.00	0.00
143402	17 远洋 01	1000.00	5.00	2022.11.21	5.2900	100.00	0.00
143403	17 三福 01	100.00	5.00	2022.11.17	7.0000	100.00	0.00
143404	17 三福 02	150.00	5.00	2022.11.17	7.1000	100.00	2.60
143405	17 新大 01	1000.00	5.00	2022.11.17	7.0000	100.00	310.00
143406	17 新大 02	1000.00	7.00	2024.11.17	7.5000	100.00	350.00
143407	17 不动 02	500.00	5.00	2022.11.20	5.2700	100.00	0.00
143409	17 万向 01	900.00	5.00	2022.12.06	5.8000	100.00	0.00
143410	17 义乌 03	900.00	5.00	2022.11.21	5.6200	100.00	110.00
143411	17 航租 01	500.00	3.00	2020.11.24	5.3000	99.76	50.00
143412	17 星星 01	250.00	3.00	2020.11.23	7.5000	100.00	0.00
143413	17 贵产 01	1130.00	5.00	2022.11.28	6.2000	100.00	0.00
143414	17 兴泸 03	700.00	5.00	2022.11.24	5.9800	100.00	0.00
143416	17 中信 G3	2400.00	2.00	2019.11.28	5.2500	100.00	370.00
143417	17 中信 G4	2400.00	3.00	2020.11.28	5.3300	100.00	0.00
143418	17 亚通 01	80.00	5.00	2022.12.19	7.5000	100.00	15.00
143423	17 联讯 01	530.00	3.00	2020.11.28	6.6000	100.00	110.00
143424	17 绍交 03	600.00	5.00	2022.12.01	5.6900	100.00	0.00
143425	17 歌山 01	300.00	3.00	2020.12.08	7.3000	100.00	102.50
143426	17 绍城投	100.00	7.00	2024.12.05	5.5000	100.00	0.00
143427	17 红星 03	1000.00	5.00	2022.12.14	6.2000	100.00	54.00
143429	17 三鼎 04	494.00	3.00	2020.12.06	7.2000	100.00	205.20
143433	17 陕能 02	1060.00	5.00	2022.12.07	5.6500	100.00	20.00
143434	17 陕能 03	1940.00	7.00	2024.12.07	6.0000	100.00	0.00
143435	17 紫江 01	200.00	5.00	2022.12.19	6.6000	100.00	0.00
143436	17 海科 01	250.00	5.00	2022.12.18	7.5000	100.00	75.00
143437	17 新大 03	2000.00	5.00	2022.12.14	7.2000	100.00	20.00
143438	17 乌资 01	1000.00	7.00	2024.12.18	6.4000	100.00	0.00
143441	17 贵安 01	2800.00	7.00	2024.12.19	6.8000	100.00	0.00
143900	17 招金 Y1	500.00	5.00	2022.04.21	5.4300	100.00	200.00
143901	17 云续 Y1	1500.00	3.00	2020.05.03	5.9000	102.00	731.00
143902	17 中冶 Y5	2000.00	3.00	2020.07.11	5.1000	100.00	200.00
143904	17 远东 Y1	5000.00	3.00	2020.07.06	5.5000	102.90	1314.20
143905	17 首旅 Y1	950.00	3.00	2020.07.10	4.9900	100.00	50.00
143906	17 首旅 Y2	550.00	5.00	2022.07.10	5.2000	100.00	50.00

债券信息
List of Bonds

债券代码 Code	债券简称 Bond Name	发行数量(百万) Issued Vol(M)	年限 Terms	到期日 Expiration Date	票面利率(%) Coupon Rate(%)	本年收盘 Close	成交数量(万) Trading Vol(10000)
143907	17 中冶 Y7	1300.00	3.00	2020.07.28	5.1000	100.00	130.00
143909	17 中航 Y1	1500.00	3.00	2020.07.31	5.0000	100.00	930.00
143911	17 首旅 Y3	500.00	3.00	2020.08.07	4.9500	100.00	50.00
143912	17 首旅 Y4	1000.00	5.00	2022.08.07	5.2000	100.00	200.00
143913	17 渝信 Y1	2580.00	3.00	2020.08.15	5.5800	100.00	1440.00
143914	17 渝信 Y2	800.00	5.00	2022.08.15	5.7800	100.00	100.00
143915	17 电投 Y1	1500.00	5.00	2022.08.16	5.1000	100.00	320.00
143916	17 兖煤 Y1	5000.00	3.00	2020.08.17	5.7000	101.00	1298.00
143917	17 紫金 Y1	500.00	3.00	2020.09.13	5.1700	100.00	50.00
143918	17 华能 Y1	2500.00	3.00	2020.09.25	5.0500	98.68	1030.00
143919	17 华能 Y2	2500.00	5.00	2022.09.25	5.1700	100.00	1020.00
143920	17 云建 Y1	1120.00	3.00	2020.09.29	5.8800	100.00	248.00
143922	17 锡投 Y2	1000.00	5.00	2022.10.13	5.5600	100.00	0.00
143923	17 建材 Y1	3000.00	3.00	2020.10.16	5.1800	100.00	1240.00
143924	17 建材 Y2	1500.00	5.00	2022.10.16	5.3000	100.00	775.00
143925	17 电投 Y2	1500.00	5.00	2022.10.16	5.1400	100.00	50.00
143926	17 电投 Y3	1500.00	5.00	2022.10.18	5.1300	100.00	0.00
143927	17 鲁高 Y1	2500.00	3.00	2020.10.20	5.2200	98.90	460.00
143928	17 平租 Y1	4500.00	3.00	2020.10.26	5.4700	100.00	0.00
143929	17 建集 Y1	2000.00	5.00	2022.11.01	5.4000	100.00	210.00
143930	17 中保 Y1	2000.00	3.00	2020.10.26	5.3000	100.00	240.00
143931	17 中保 Y2	500.00	5.00	2022.10.26	5.4900	100.00	0.00
143932	17 云建 Y3	1880.00	3.00	2020.11.01	5.9800	100.00	190.00
143934	17 新际 Y1	1800.00	3.00	2020.11.07	5.2500	100.00	100.00
143935	17 新际 Y2	200.00	5.00	2022.11.07	5.4000	100.00	0.00
143936	17 福新 Y1	2000.00	3.00	2020.11.06	5.3000	100.00	0.00
143938	17 鲁高 Y2	2500.00	3.00	2020.11.06	5.3000	100.00	300.00
143939	17 中交 Y1	1500.00	3.00	2020.11.21	5.4500	100.00	140.00
143940	17 建集 Y2	1000.00	5.00	2022.11.23	5.6900	100.00	0.00
143943	17 华信 Y1	1000.00	3.00	2020.12.12	7.8000	100.00	0.00
145001	16 太证 C1	1500.00	5.00	2021.09.28	4.0000	0.00	0.00
145003	16 潞矿 04	880.00	5.00	2021.09.27	7.5000	0.00	2762.00
145004	16 驻投 02	1000.00	5.00	2021.09.27	3.9800	0.00	1635.00
145005	16 智光 03	2000.00	5.00	2021.10.13	5.0000	0.00	1120.00
145006	16 宁新 03	500.00	3.00	2019.10.14	4.0500	0.00	330.00
145007	16 德邦 03	1250.00	5.00	2021.09.27	4.2000	0.00	0.00
145008	16 九州 02	1100.00	4.00	2020.09.27	5.6000	0.00	2204.00
145009	16 新能 01	1000.00	3.00	2019.10.12	4.6700	0.00	1795.00
145010	16 仁怀 01	1500.00	5.00	2021.09.26	4.6400	0.00	3364.00
145011	16 江城 03	900.00	5.00	2021.10.10	3.5900	0.00	250.00
145012	16 朗诗 01	500.00	4.00	2020.10.11	6.3000	0.00	291.00
145013	16 朗诗 02	500.00	5.00	2021.10.11	6.7000	0.00	50.00
145014	16 宜居 01	1500.00	5.00	2021.09.29	4.1300	0.00	260.00
145015	16 上饶 01	1000.00	5.00	2021.09.28	3.7800	0.00	1848.00
145016	16 合景 03	2500.00	7.00	2023.10.14	5.6000	0.00	1050.00
145017	16 合景 04	2500.00	7.00	2023.10.14	5.7000	0.00	1840.00
145018	16 合景 05	3000.00	7.00	2023.10.14	5.8000	0.00	2500.00
145019	16 瑞通 01	1000.00	3.00	2017.09.15	7.0000	0.00	1280.00
145020	16 山金 01	2500.00	5.00	2021.09.27	3.7500	0.00	100.00
145021	16 晋经 01	210.00	3.00	2019.10.10	6.0000	0.00	240.00

债券信息
List of Bonds

债券代码 Code	债券简称 Bond Name	发行数量(百万) Issued Vol(M)	年限 Terms	到期日 Expiration Date	票面利率(%) Coupon Rate(%)	本年收盘 Close	成交数量(万) Trading Vol(10000)
145022	16 阜水债	300.00	5.00	2021.09.29	5.8000	0.00	340.00
145023	16 正荣 01	2000.00	3.00	2019.10.10	6.4000	0.00	1640.00
145024	16 亿利 04	500.00	3.00	2019.09.29	6.5000	0.00	1292.00
145025	16 金花 01	200.00	3.00	2019.09.29	6.5000	0.00	530.00
145026	16 北山债	500.00	3.00	2019.10.10	7.2000	0.00	1402.00
145027	16 上饶 02	1000.00	5.00	2021.10.10	3.7500	0.00	280.00
145028	16 慈溪 01	500.00	5.00	2021.10.13	3.8000	0.00	891.00
145029	16 华泰 C1	5000.00	5.00	2021.10.14	3.3000	0.00	0.00
145030	16 申证 C2	5000.00	2.00	2018.10.19	3.1700	0.00	1550.00
145031	16 申证 C3	5000.00	3.00	2019.10.19	3.2800	0.00	0.00
145032	16 锡城投	1500.00	5.00	2021.10.13	3.8900	0.00	972.00
145033	16 中保 01	1500.00	5.00	2021.10.14	3.7000	0.00	274.00
145034	16 天易 01	1500.00	6.00	2022.10.17	4.3700	0.00	1270.00
145035	16 余城建	1000.00	5.00	2021.10.13	3.5000	0.00	540.00
145036	16 新泰 02	680.00	5.00	2021.10.24	5.6000	0.00	920.00
145037	16 海兴 02	1000.00	5.00	2021.10.20	4.7000	0.00	350.00
145038	16 山金 02	2500.00	5.00	2021.10.18	3.7000	0.00	0.00
145039	16 华泰 C2	3000.00	3.00	2019.10.21	3.1200	0.00	0.00
145040	16 青建投	3000.00	8.00	2024.10.19	3.6800	0.00	395.00
145041	16 秋林 01	520.00	3.00	2019.10.17	7.4000	0.00	390.00
145042	16 首股 03	1000.00	5.00	2021.10.27	3.5700	0.00	400.00
145043	16 新城 05	2500.00	5.00	2021.10.17	4.4100	0.00	480.00
145044	16 兴业 03	5000.00	5.00	2021.10.20	3.4800	0.00	600.00
145045	16 长湖 02	600.00	5.00	2021.10.25	4.4600	0.00	740.00
145046	16 嵊州 01	1500.00	5.00	2021.10.19	4.0000	0.00	1015.00
145047	16 新泰发	800.00	5.00	2021.10.18	4.2400	0.00	570.00
145048	16 银河 F2	4000.00	2.00	2018.10.24	3.1500	0.00	750.00
145050	16 国君 C2	4000.00	4.00	2020.10.21	3.1400	0.00	100.00
145051	16 大庆 04	700.00	5.00	2021.10.24	5.3900	0.00	620.00
145052	16 安投 02	750.00	5.00	2021.10.19	5.0000	0.00	1048.00
145053	16 湘财 03	500.00	5.00	2021.10.24	4.4800	0.00	465.00
145054	16 黔西南	1500.00	5.00	2021.10.20	5.9800	0.00	2190.00
145055	16 珠管 05	900.00	3.00	2019.10.21	6.5000	0.00	585.00
145056	16 珠管 06	500.00	3.00	2019.10.21	4.9000	0.00	363.00
145057	16 商飞 01	3000.00	10.00	2026.10.20	3.6200	0.00	160.00
145058	17 青城 01	1000.00	5.00	2022.10.31	5.3500	0.00	80.00
145059	17 青城 02	2000.00	8.00	2025.10.31	5.6600	0.00	0.00
145060	16 新师 01	1000.00	5.00	2021.11.10	4.4500	0.00	1020.00
145061	17 中孚 01	150.00	1.00	2018.11.09	7.8000	0.00	68.00
145062	16 新光债	2000.00	3.00	2019.10.19	7.5000	0.00	1443.74
145063	16 苏新 02	1000.00	3.00	2019.10.31	3.6300	0.00	40.00
145064	16 丰县 01	980.00	5.00	2021.10.24	5.0000	0.00	1405.00
145065	16 山钢 03	3000.00	3.00	2019.10.19	6.8800	0.00	8750.40
145066	16 泉丰 01	520.00	5.00	2021.10.19	5.9000	0.00	250.00
145067	16 苏科 02	1000.00	5.00	2021.10.24	3.7600	0.00	200.00
145068	16 柯桥 02	2500.00	5.00	2021.10.21	3.7500	0.00	765.00
145069	16 同益 02	450.00	3.00	2019.10.19	8.0000	0.00	932.00
145070	16 湖州 02	2000.00	5.00	2021.10.21	3.7600	0.00	1790.00
145071	16 光证 05	1000.00	2.00	2018.10.24	3.1300	0.00	50.00
145072	16 光证 06	3000.00	3.00	2019.10.24	3.2000	0.00	0.00

债券信息 List of Bonds

债券 Bond

债券代码 Code	债券简称 Bond Name	发行数量(百万) Issued Vol(M)	年限 Terms	到期日 Expiration Date	票面利率(%) Coupon Rate(%)	本年收盘 Close	成交数量(万) Trading Vol(10000)
145073	16 德品债	5.00	3.00	2019.10.20	8.0000	0.00	0.00
145074	16 龙腾 01	50.00	1.00	2017.10.20	3.8800	0.00	0.00
145075	16 常照明	300.00	3.00	2019.10.24	4.9000	0.00	854.00
145076	16 中民 F3	5000.00	3.00	2019.10.25	4.3900	0.00	12789.00
145077	16 东泰 01	500.00	5.00	2021.12.02	4.5000	0.00	190.00
145078	16 涪交旅	700.00	5.00	2021.10.25	4.5000	0.00	250.00
145079	16 云济 01	500.00	3.00	2019.10.26	5.8000	0.00	738.00
145080	16 广利债	700.00	5.00	2021.10.28	6.2000	0.00	0.00
145081	16 新津 02	500.00	5.00	2021.10.27	4.9000	0.00	700.00
145082	16 新泰 03	20.00	5.00	2021.10.24	5.0000	0.00	30.00
145083	16 苏控 01	400.00	5.00	2021.10.24	4.0000	0.00	50.00
145084	16 淮水 05	600.00	5.00	2021.10.27	3.9800	0.00	555.00
145085	16 中原 02	1500.00	2.00	2018.10.26	3.3000	0.00	250.00
145086	16 中信 01	2000.00	0.50	2017.04.27	3.1000	0.00	0.00
145087	16 瑞通 02	1000.00	3.00	2019.10.28	6.5000	0.00	600.00
145088	16 虞尚 01	200.00	3.00	2019.10.21	4.6000	0.00	0.00
145089	16 津滨 01	1300.00	5.00	2021.10.25	4.6000	0.00	610.00
145090	16 市政 02	200.00	3.00	2019.10.28	7.5000	0.00	323.20
145091	16 天府债	800.00	3.00	2019.10.28	4.9700	0.00	839.00
145092	16 东丽 02	1000.00	5.00	2021.10.28	4.4100	0.00	830.00
145093	16 津星 02	1000.00	3.00	2019.10.27	4.9800	0.00	1639.00
145094	16 江都 01	1100.00	5.00	2021.10.26	4.9900	0.00	2275.00
145095	16 驰宏 01	900.00	3.00	2019.10.28	4.9000	0.00	1000.00
145096	16 驰宏 02	100.00	3.00	2019.10.28	5.2000	0.00	0.00
145097	16 长寿 02	1000.00	7.00	2023.10.27	5.1000	0.00	680.00
145098	17 兴业 F2	2200.00	2.00	2019.11.06	5.2500	0.00	0.00
145099	17 海亮 01	400.00	3.00	2020.11.01	7.2000	0.00	0.00
145100	16 信集 01	500.00	3.00	2019.10.25	6.3000	0.00	0.00
145101	16 丹东港	560.00	1.00	2017.10.27	7.9500	0.00	465.00
145102	16 绍交 01	1500.00	5.00	2021.10.31	3.7800	0.00	0.00
145104	16 开乾 02	1400.00	5.00	2021.11.01	4.9800	0.00	210.00
145105	16 株金科	500.00	5.00	2021.10.27	4.5000	0.00	960.00
145106	16 汇川债	2000.00	3.00	2019.10.28	5.0300	0.00	1960.00
145107	16 潍水 02	500.00	3.00	2019.10.31	4.0000	0.00	290.00
145108	16 成阿债	800.00	5.00	2021.10.26	4.8000	0.00	0.00
145109	16 文旅 01	500.00	5.00	2021.11.04	5.2000	0.00	880.00
145110	16 金东 01	700.00	3.00	2019.10.28	6.6000	0.00	440.00
145111	16 方正 C2	3000.00	3.00	2019.10.28	3.8000	0.00	120.00
145112	16 先导 05	2000.00	5.00	2021.10.28	3.8800	0.00	0.00
145113	17 湘乡 01	500.00	5.00	2022.11.01	7.0000	0.00	320.00
145114	17 湘乡 02	300.00	3.00	2020.11.01	6.7800	0.00	50.00
145115	17 郴高 01	1100.00	7.00	2024.11.03	6.5000	0.00	0.00
145116	16 盛州 01	800.00	5.00	2021.10.31	5.0400	0.00	376.00
145117	16 中期 01	310.00	3.00	2019.11.04	6.5000	0.00	0.00
145118	17 颐和 01	304.00	3.00	2020.08.04	8.0000	0.00	448.00
145119	16 浙商 01	1000.00	5.00	2021.10.31	3.6300	0.00	0.00
145120	16 景陶 02	1000.00	5.00	2021.11.04	4.4200	0.00	560.00
145121	16 银控 01	440.00	3.00	2019.11.02	7.0000	0.00	220.00
145122	16 银控 02	1560.00	3.00	2019.11.02	6.8000	0.00	3742.80
145123	16 连工 03	500.00	4.00	2020.11.07	5.3000	0.00	990.00

债券信息
List of Bonds

债券代码 Code	债券简称 Bond Name	发行数量(百万) Issued Vol(M)	年限 Terms	到期日 Expiration Date	票面利率(%) Coupon Rate(%)	本年收盘 Close	成交数量(万) Trading Vol(10000)
145124	16 望水投	1000.00	5.00	2021.11.03	5.1000	0.00	960.00
145125	16 博润 01	300.00	5.00	2021.11.02	6.5000	0.00	140.00
145126	16 国融 C1	400.00	4.00	2020.10.31	5.2000	0.00	0.00
145127	16 江东 02	1000.00	5.00	2021.11.01	4.1200	0.00	1015.00
145128	16 嵊州 02	1000.00	5.00	2021.11.04	4.1800	0.00	550.00
145129	17 高创 03	600.00	5.00	2022.11.10	6.6400	0.00	0.00
145130	16 榆神 02	900.00	3.00	2019.11.10	5.7000	0.00	1180.00
145131	16 吴发 03	1500.00	3.00	2019.11.07	3.6900	0.00	120.00
145132	17 华泰 05	4000.00	1.00	2018.08.11	4.6500	0.00	0.00
145133	16 绿投 01	1500.00	5.00	2021.11.02	4.5800	0.00	440.00
145134	16 普湾 02	1000.00	5.00	2021.11.02	5.1500	0.00	2528.00
145135	16 庞大 03	1000.00	3.00	2019.11.08	7.0000	0.00	1849.80
145136	17 太高 01	100.00	5.00	2022.10.31	5.8000	0.00	0.00
145137	16 亿利 05	200.00	3.00	2019.11.08	7.0000	0.00	0.00
145138	16 冀控 01	500.00	5.00	2021.11.07	6.5000	0.00	720.00
145139	16 开滦 01	2200.00	3.00	2019.11.07	6.9500	0.00	2046.00
145140	16 秋林 02	480.00	3.00	2019.11.07	6.8000	0.00	296.00
145141	16 国美 F1	4000.00	6.00	2022.12.08	5.6700	0.00	1230.00
145144	16 余姚 03	1000.00	5.00	2021.11.14	4.7800	0.00	455.00
145145	16 莱城发	1000.00	3.00	2019.11.08	4.5600	0.00	1680.00
145146	16 双鸭 02	200.00	5.00	2021.11.09	6.0000	0.00	0.00
145147	16 大庆 05	600.00	5.00	2021.11.07	5.1500	0.00	524.00
145148	16 国君 C3	3000.00	3.00	2019.11.11	3.3400	0.00	0.00
145149	16 国君 C4	3000.00	5.00	2021.11.11	3.5500	0.00	0.00
145150	16 茶开 01	800.00	5.00	2021.11.17	4.7000	0.00	550.00
145151	16 信集 02	510.00	3.00	2019.11.14	6.8000	0.00	0.00
145152	16 玉皇 02	550.00	3.00	2019.11.09	7.5000	0.00	280.00
145153	16 国都 01	1000.00	4.00	2020.11.11	3.7000	0.00	0.00
145154	16 皖高债	1000.00	5.00	2021.11.14	5.1800	0.00	1848.00
145155	16 长兴 01	1000.00	7.00	2023.11.15	4.7000	0.00	750.00
145156	16 建工 01	200.00	3.00	2019.11.15	4.0000	0.00	280.00
145157	16 通经 02	1200.00	5.00	2021.11.15	3.7000	0.00	0.00
145158	16 鲁星 02	500.00	3.00	2019.11.22	6.3000	0.00	355.00
145159	16 东证次	4000.00	5.00	2021.11.14	3.4500	0.00	0.00
145160	16 凯文 01	1000.00	5.00	2021.11.14	6.0300	0.00	1259.00
145162	16 居然 01	1000.00	3.00	2019.11.22	5.0000	0.00	460.00
145163	16 月星 03	1200.00	3.00	2019.12.12	5.7000	0.00	690.00
145164	16 郑建 01	800.00	5.00	2021.11.14	3.8900	0.00	100.00
145165	16 兴业 04	2000.00	2.00	2018.11.16	3.3900	0.00	0.00
145166	16 姜城 02	600.00	5.00	2021.11.14	4.4000	0.00	280.00
145167	16 盛屯 02	500.00	3.00	2019.11.14	7.1000	0.00	1264.60
145168	16 望铜官	1200.00	5.00	2021.11.15	5.0800	0.00	0.00
145169	16 安庆 02	250.00	5.00	2021.11.15	6.3600	0.00	1050.00
145170	16 中林 01	800.00	3.00	2019.11.21	6.5000	0.00	1180.00
145171	16 凉山 02	1200.00	3.00	2019.11.21	5.3800	0.00	480.00
145172	16 美兰 02	1600.00	3.00	2019.11.14	5.6000	0.00	2138.00
145173	16 兴永 02	1200.00	3.00	2019.11.29	4.4500	0.00	1058.00
145174	16 德感 01	50.00	5.00	2021.11.16	5.4000	0.00	300.00
145175	16 东控 02	400.00	5.00	2021.11.21	4.1000	0.00	480.00
145176	16 广金 02	1250.00	3.00	2019.11.24	3.9600	0.00	410.00

债券信息
List of Bonds

债券
Bond

债券代码 Code	债券简称 Bond Name	发行数量(百万) Issued Vol(M)	年限 Terms	到期日 Expiration Date	票面利率(%) Coupon Rate(%)	本年收盘 Close	成交数量(万) Trading Vol(10000)
145177	16 连岛 01	300.00	3.00	2019.11.16	7.0000	0.00	110.00
145178	16 方正 D1	6000.00	1.00	2017.11.18	3.7000	0.00	870.00
145179	16 海通 C1	4000.00	3.00	2019.11.17	3.3000	0.00	0.00
145180	16 海通 C2	2000.00	5.00	2021.11.17	3.4000	0.00	0.00
145181	16 姜交 03	200.00	3.00	2019.11.18	4.8000	0.00	90.00
145182	16 驻投 03	1000.00	5.00	2021.11.18	4.2700	0.00	660.00
145183	16 昆投 03	500.00	5.00	2021.11.21	4.0800	0.00	80.00
145184	16 梅州 02	1000.00	5.00	2021.11.23	4.4500	0.00	330.00
145185	17 东兴 F2	2000.00	3.00	2020.11.09	5.3900	0.00	0.00
145186	16 东辰 02	400.00	3.00	2017.11.28	6.3000	0.00	86.00
145187	16 东辰 03	600.00	4.00	2020.11.23	7.1000	0.00	170.00
145188	16 扬广 01	600.00	5.00	2021.11.25	4.9500	0.00	489.00
145189	17 东投 01	500.00	3.00	2020.11.03	7.0000	0.00	0.00
145190	16 盘双债	500.00	3.00	2019.11.21	6.6000	0.00	200.00
145191	16 中联 01	500.00	5.00	2021.12.06	6.5000	0.00	490.00
145192	16 蓝星 02	2100.00	3.00	2019.11.24	4.3500	0.00	2525.00
145193	17 乌经建	900.00	5.00	2022.10.30	6.3800	0.00	150.00
145194	16 江津 02	1000.00	3.00	2019.11.30	4.3700	0.00	1236.00
145195	16 银河 D1	3000.00	0.74	2017.08.20	3.5000	0.00	100.00
145196	16 中期 02	1690.00	3.00	2019.11.22	7.5000	0.00	2314.00
145198	16 马花山	1000.00	5.00	2021.11.23	5.2000	0.00	320.00
145199	16 花竹 01	250.00	3.00	2019.11.28	8.0000	0.00	140.00
145200	16 稻花香	1000.00	5.00	2021.11.24	7.1800	0.00	1344.00
145201	17 苏商 02	40.00	5.00	2022.11.15	5.9900	0.00	0.00
145202	16 万林 02	1000.00	5.00	2021.12.06	4.9800	0.00	200.00
145203	16 中银 C2	1500.00	6.00	2022.11.28	3.4000	0.00	0.00
145204	16 铁牛 01	1500.00	3.00	2019.11.24	7.0000	0.00	2385.00
145205	16 星城 02	1000.00	5.00	2021.12.01	4.5000	0.00	670.00
145206	16 千里 01	1200.00	3.00	2019.11.30	6.0000	0.00	600.00
145207	16 双鸭 03	1000.00	5.00	2021.11.25	8.0000	0.00	0.00
145208	16 宝龙 03	3000.00	7.00	2023.11.24	5.8500	0.00	648.00
145209	16 宝龙 04	500.00	6.00	2022.11.24	4.9800	0.00	400.00
145210	16 平证 02	1000.00	0.50	2017.05.28	3.5000	0.00	0.00
145212	17 华阳 04	213.00	5.00	2022.11.02	7.5000	0.00	60.00
145213	16 清浦 03	500.00	5.00	2021.12.05	5.3000	0.00	60.00
145214	16 长虹 01	1620.00	3.00	2019.11.29	6.5000	0.00	290.00
145215	16 清源 01	230.00	3.00	2019.12.01	7.0000	0.00	40.00
145216	17 凉山 01	1200.00	3.00	2020.11.08	6.9800	0.00	200.00
145217	16 金花 02	410.00	3.00	2019.12.01	6.7000	0.00	1234.50
145218	17 恒泰 01	1500.00	5.00	2022.11.01	5.9000	0.00	150.00
145219	16 信集 03	370.00	3.00	2019.12.05	6.8000	0.00	0.00
145220	16 澄港 01	2000.00	3.00	2019.12.02	4.8000	0.00	1750.00
145221	16 东证 D2	4000.00	1.00	2017.12.16	4.0000	0.00	0.00
145222	16 浙商 02	1000.00	5.00	2021.11.30	4.4000	0.00	200.00
145224	16 赣开 01	1000.00	6.00	2022.12.05	4.8000	0.00	300.00
145225	16 清源 02	1000.00	3.00	2019.12.08	6.5000	0.00	2115.00
145226	16 居然 02	1000.00	3.00	2019.12.06	5.0000	0.00	80.00
145227	16 华融 C3	2000.00	2.00	2018.12.08	4.2000	0.00	120.00
145228	16 南浔 01	1000.00	3.00	2019.12.13	5.2000	0.00	0.00
145229	16 桂金债	2000.00	5.00	2021.12.07	5.5000	0.00	2380.00

债券信息
List of Bonds

债券
Bond

债券代码 Code	债券简称 Bond Name	发行数量(百万) Issued Vol(M)	年限 Terms	到期日 Expiration Date	票面利率(%) Coupon Rate(%)	本年收盘 Close	成交数量(万) Trading Vol(10000)
145230	16 慈商 01	300.00	5.00	2021.12.09	4.7500	0.00	22.00
145231	16 铸康债	500.00	5.00	2021.12.01	5.1000	0.00	90.00
145232	16 新新能	350.00	5.00	2021.12.06	5.1000	0.00	918.00
145233	17 港闸 01	1500.00	5.00	2022.04.06	5.5000	0.00	250.00
145234	17 长隆 01	1100.00	5.00	2022.05.22	5.9800	0.00	20.00
145235	16 洪业债	500.00	3.00	2019.12.07	7.2000	0.00	680.00
145236	16 神华 01	300.00	3.00	2019.12.09	6.5000	0.00	330.00
145239	17 民生 C1	500.00	3.00	2020.03.17	5.2000	0.00	40.00
145240	17 漳九 01	3000.00	5.00	2022.07.10	5.7400	0.00	770.00
145241	16 关岭 01	500.00	3.00	2019.12.08	7.5000	0.00	605.00
145242	16 漯河 02	2000.00	5.00	2021.12.09	5.2500	0.00	770.00
145243	16 中投 01	2200.00	3.00	2019.12.07	4.0000	0.00	0.00
145244	16 新会 02	200.00	5.00	2021.12.16	4.8000	0.00	0.00
145246	16 柯桥 03	500.00	5.00	2021.12.14	4.9500	0.00	160.00
145247	16 东辰 04	500.00	5.00	2021.12.29	5.8000	0.00	560.00
145248	16 生态 02	500.00	5.00	2021.12.15	5.9000	0.00	636.00
145249	17 绍城 01	1000.00	7.00	2024.02.20	5.1800	0.00	0.00
145251	16 中金 C2	3400.00	5.00	2021.12.15	4.6000	0.00	0.00
145253	16 晋能 02	1160.00	3.00	2019.12.15	6.5000	0.00	2135.00
145254	16 悦达 02	500.00	3.00	2019.12.14	5.2000	0.00	0.00
145255	16 西南 D5	4000.00	0.74	2017.09.15	4.8000	0.00	50.00
145256	16 中冶 Y1	1000.00	3.00	2019.12.14	5.5000	0.00	420.00
145257	16 宏信 01	200.00	4.00	2020.12.15	5.2000	0.00	50.00
145258	16 建旅 01	150.00	3.00	2019.12.20	7.0000	0.00	210.00
145259	16 中金期	100.00	8.00	2024.12.16	5.0000	0.00	0.00
145260	16 太证 C2	500.00	3.00	2019.12.26	5.2600	0.00	40.00
145261	16 大航 02	500.00	5.00	2021.12.16	5.6500	0.00	1703.00
145262	16 苏商 02	230.00	5.00	2021.12.19	5.0000	0.00	0.00
145263	16 西工投	500.00	5.00	2021.12.29	6.4000	0.00	0.00
145264	17 剑江 01	700.00	5.00	2022.01.19	6.9900	0.00	1310.00
145265	16 渝园 01	1000.00	5.00	2021.12.23	5.5000	0.00	0.00
145266	16 西秀 01	600.00	5.00	2021.12.20	6.4500	0.00	100.00
145267	16 中金 05	2000.00	3.00	2019.12.26	4.5000	0.00	15.00
145268	16 悦达 03	90.00	3.00	2019.12.20	5.3000	0.00	40.00
145269	16 悦达 04	200.00	3.00	2019.12.20	6.0000	0.00	0.00
145270	16 物流 01	300.00	5.00	2021.12.21	5.8000	0.00	0.00
145271	16 平煤 01	1000.00	5.00	2021.12.28	7.0000	0.00	0.00
145272	16 金申 01	500.00	3.00	2019.12.21	7.0000	0.00	380.00
145273	17 枝金 03	330.00	5.00	2022.11.14	7.2000	0.00	190.00
145274	16 大庆 06	1700.00	5.00	2021.12.23	6.0000	0.00	810.00
145275	16 兴业 C5	3000.00	2.00	2018.12.26	5.2600	0.00	882.00
145276	17 其亚 01	200.00	3.00	2020.01.24	8.6000	0.00	0.00
145277	17 金港 02	1000.00	5.00	2022.11.08	5.8000	0.00	0.00
145278	16 川投债	700.00	5.00	2021.12.29	5.2900	0.00	300.00
145279	16 长虹 02	1380.00	3.00	2019.12.30	5.8000	0.00	0.00
145280	16 巨洋债	600.00	3.00	2019.12.29	6.9000	0.00	971.10
145281	16 近湖 02	300.00	3.00	2019.12.30	7.0000	0.00	758.00
145282	16 晋电 01	1500.00	3.00	2020.01.10	5.9700	0.00	229.00
145285	17 钟山 01	500.00	5.00	2022.01.12	6.4000	0.00	0.00
145286	17 常交 01	1000.00	5.00	2022.01.13	5.4300	0.00	470.00

债券信息
List of Bonds

债券
Bond

债券代码 Code	债券简称 Bond Name	发行数量(百万) Issued Vol(M)	年限 Terms	到期日 Expiration Date	票面利率(%) Coupon Rate(%)	本年收盘 Close	成交数量(万) Trading Vol(10000)
145287	17 光证 01	2000.00	1.50	2017.07.11	4.0000	0.00	0.00
145288	17 光证 02	2000.00	1.50	2018.07.11	4.1000	0.00	200.00
145289	17 国裕 01	500.00	3.00	2020.01.10	5.2500	0.00	0.00
145290	17 滁城 01	700.00	5.00	2022.01.12	4.9000	0.00	340.00
145291	17 仁怀 01	1000.00	5.00	2022.01.10	5.9400	0.00	270.00
145292	17 锡洲 01	1000.00	3.00	2020.01.10	7.3000	0.00	1428.50
145293	17 国裕 02	500.00	3.00	2020.01.13	5.2500	0.00	0.00
145294	17 信投 D1	3000.00	0.50	2017.07.19	4.0000	0.00	0.00
145295	17 六安 01	500.00	5.00	2022.01.16	6.3600	0.00	764.00
145296	17 西秀 01	550.00	3.00	2020.03.14	6.5000	0.00	610.00
145297	17 宝材 01	10.00	3.00	2020.01.13	6.5000	0.00	20.00
145298	17 双福债	500.00	3.00	2020.01.16	5.5000	0.00	0.00
145299	17 金洲 01	700.00	5.00	2022.01.18	5.8000	0.00	350.00
145300	17 中金 01	4000.00	3.00	2020.01.20	4.3500	0.00	50.00
145301	17 平证 01	1000.00	0.33	2017.05.16	3.9500	0.00	0.00
145302	17 平证 02	1000.00	0.50	2017.07.16	3.9700	0.00	20.00
145303	17 高创 01	800.00	6.00	2023.01.24	5.5000	0.00	280.00
145304	17 顾家 01	200.00	2.00	2019.01.18	5.0000	0.00	0.00
145305	17 淮新 01	1000.00	3.00	2020.01.13	5.6000	0.00	0.00
145306	17 张公 01	1000.00	5.00	2022.01.18	4.6000	0.00	120.00
145307	17 乳山 01	800.00	5.00	2022.02.22	6.0000	0.00	150.00
145308	17 安仁 01	500.00	5.00	2022.01.19	5.8000	0.00	0.00
145309	17 首创 C1	1000.00	3.00	2020.01.19	4.8900	0.00	400.00
145310	17 沪信 01	5000.00	1.00	2018.01.18	6.0000	0.00	6234.00
145311	17 浙商 02	2000.00	2.00	2019.11.08	5.5000	0.00	0.00
145312	17 沙旅 01	200.00	3.00	2020.01.25	5.2000	0.00	0.00
145313	17 同煤 01	4700.00	5.00	2022.01.19	6.8000	0.00	13140.00
145314	17 银控 01	110.00	3.00	2020.01.20	7.0000	0.00	0.00
145315	17 银控 02	630.00	3.00	2020.01.20	7.4000	0.00	1118.00
145316	17 安汉债	500.00	5.00	2022.01.24	6.4000	0.00	0.00
145317	17 桂物 01	500.00	3.00	2020.01.23	7.0000	0.00	330.00
145318	17 新奥 01	1500.00	5.00	2022.01.19	4.7300	0.00	104.00
145320	17 昊华 02	300.00	3.00	2020.01.24	5.5000	0.00	209.00
145321	17 国君 D1	5000.00	0.74	2017.10.20	4.3000	0.00	780.00
145322	17 华建 01	200.00	3.00	2020.01.23	6.5000	0.00	20.00
145323	17 古蔺 01	500.00	5.00	2022.11.17	6.5000	0.00	0.00
145324	17 广厦债	25.00	2.00	2019.01.23	7.1000	0.00	0.00
145325	17 益交债	75.00	5.00	2022.01.24	5.5000	0.00	0.00
145326	17 云济 01	500.00	3.00	2020.01.24	6.1000	0.00	739.00
145327	17 三联 01	500.00	3.00	2020.01.20	5.8000	0.00	0.00
145328	17 金杯 01	500.00	3.00	2020.01.24	6.5000	0.00	160.00
145329	17 汾西 01	450.00	3.00	2020.01.23	7.2000	0.00	200.00
145330	17 云投 01	500.00	3.00	2020.01.24	4.6000	0.00	0.00
145332	17 昊华 04	500.00	3.00	2020.02.10	5.7000	0.00	66.00
145333	17 苏商 01	200.00	5.00	2022.01.26	5.0000	0.00	0.00
145334	17 南浔债	1000.00	3.00	2020.03.10	6.0000	0.00	180.00
145335	17 镇投 01	900.00	5.00	2022.01.25	5.0000	0.00	290.00
145336	17 光证 03	2000.00	2.00	2019.02.14	4.3000	0.00	100.00
145337	17 光证 04	2000.00	3.00	2020.02.14	4.4500	0.00	0.00
145338	17 远东一	4000.00	5.00	2022.02.14	5.0000	0.00	0.00

债券信息 List of Bonds

债券代码 Code	债券简称 Bond Name	发行数量(百万) Issued Vol(M)	年限 Terms	到期日 Expiration Date	票面利率(%) Coupon Rate(%)	本年收盘 Close	成交数量(万) Trading Vol(10000)
145339	17 保集债	1000.00	3.00	2020.03.28	8.0000	0.00	925.00
145340	17 招商 Y1	4000.00	5.00	2022.02.17	5.1800	0.00	0.00
145341	17 云能 01	1330.00	5.00	2022.02.17	5.2000	0.00	0.00
145342	17 信达 C1	3000.00	3.00	2020.02.23	4.9900	0.00	100.00
145343	17 太水 01	500.00	2.00	2019.02.17	5.3800	0.00	300.80
145344	17 海兴 01	600.00	5.00	2022.02.20	5.5000	0.00	0.00
145345	17 长沙 01	800.00	5.00	2022.02.21	4.7000	0.00	230.00
145347	17 通经 01	100.00	5.00	2022.02.16	5.2000	0.00	0.00
145348	17 长兴 01	600.00	7.00	2024.03.14	6.1000	0.00	430.00
145350	17 昊华 06	700.00	3.00	2020.02.23	5.9800	0.00	310.00
145351	17 华泰 01	6000.00	1.50	2018.08.24	4.5000	0.00	0.00
145352	17 华泰 02	2000.00	3.00	2020.02.24	4.6500	0.00	0.00
145353	17 兴业 C1	2500.00	2.00	2019.02.22	4.8000	0.00	810.00
145354	17 虞尚 01	300.00	3.00	2020.02.20	4.8000	0.00	0.00
145355	17 新会 01	300.00	5.00	2022.02.27	5.4900	0.00	120.00
145356	17 银河 F1	2500.00	2.00	2019.02.27	4.6500	0.00	0.00
145357	17 银河 F2	2500.00	0.75	2017.11.27	4.6000	0.00	180.00
145358	17 中投 01	1000.00	3.00	2020.02.23	4.8500	0.00	0.00
145359	17 中投 02	1800.00	5.00	2022.02.23	5.0000	0.00	0.00
145360	17 信投 D2	3000.00	0.49	2017.08.25	4.5300	0.00	260.00
145361	17 平证 03	1300.00	3.00	2020.02.22	4.6500	0.00	0.00
145362	17 平证 04	1200.00	5.00	2022.02.22	4.9900	0.00	0.00
145364	17 海陵 02	250.00	3.00	2020.03.20	5.7000	0.00	0.00
145365	17 国君 C1	5000.00	3.00	2020.02.28	4.6000	0.00	450.00
145366	17 黔江 01	2000.00	5.00	2022.03.02	5.8000	0.00	210.00
145367	17 青天债	12.00	2.00	2019.02.27	6.5000	0.00	0.00
145368	17 同煤 02	2300.00	5.00	2022.03.01	6.8000	0.00	5080.00
145369	17 金杯 02	1000.00	3.00	2020.02.25	5.7500	0.00	300.00
145370	17 云投 02	600.00	3.00	2020.02.24	4.8700	0.00	0.00
145371	17 招商 Y2	5000.00	5.00	2022.03.03	5.1500	0.00	0.00
145373	17 鸿业 01	1050.00	5.00	2022.03.02	5.7000	0.00	0.00
145374	17 其亚 02	710.00	3.00	2020.03.02	8.1000	0.00	1830.00
145375	17 常城 01	1100.00	7.00	2024.03.03	5.7800	0.00	60.00
145376	17 晋能 01	3840.00	3.00	2020.03.07	7.0000	0.00	10750.00
145377	17 鑫科 02	670.00	3.00	2020.10.31	7.5000	0.00	609.00
145378	17 东泰 01	1700.00	5.00	2022.03.10	5.5000	0.00	0.00
145379	17 常交通	600.00	5.00	2022.03.06	5.5500	0.00	0.00
145380	17 物流 01	160.00	5.00	2022.03.21	6.2500	0.00	270.00
145381	17 新沂 01	1350.00	5.00	2022.03.01	5.7000	0.00	160.00
145383	17 余交 02	550.00	5.00	2022.03.15	5.5000	0.00	0.00
145384	17 青山 01	220.00	3.00	2020.03.07	7.0000	0.00	0.00
145385	17 青山 02	630.00	3.00	2020.03.07	7.0000	0.00	470.00
145386	17 西江 D2	1000.00	1.00	2018.11.28	6.0000	0.00	0.00
145387	17 浙湖 01	720.00	5.00	2022.04.18	6.3000	0.00	894.00
145388	17 晋电 02	3000.00	3.00	2020.03.10	6.0800	0.00	2120.00
145391	17 新奥 02	1000.00	5.00	2022.03.13	4.8900	0.00	200.00
145392	17 星城 01	1000.00	5.00	2022.03.13	5.4900	0.00	610.00
145393	17 润达 02	300.00	3.00	2020.11.09	6.7000	0.00	0.00
145394	17 方洋 01	700.00	5.00	2022.03.10	6.0800	0.00	470.00
145395	17 太证 C1	900.00	3.00	2020.03.15	5.5000	0.00	0.20

债券信息
List of Bonds

债券
Bond

债券代码 Code	债券简称 Bond Name	发行数量(百万) Issued Vol(M)	年限 Terms	到期日 Expiration Date	票面利率(%) Coupon Rate(%)	本年收盘 Close	成交数量(万) Trading Vol(10000)
145396	17 天富 01	2000.00	3.00	2020.03.23	6.4000	0.00	0.00
145398	17 潍水 01	500.00	3.00	2020.03.14	5.4000	0.00	69.00
145399	17 经贸 01	720.00	5.00	2022.03.10	6.0500	0.00	245.00
145400	17 长寿 01	900.00	5.00	2022.03.13	5.8000	0.00	100.00
145401	17 长寿 02	600.00	7.00	2024.03.13	6.1000	0.00	0.00
145402	17 枝金 01	600.00	5.00	2022.04.25	6.7000	0.00	350.00
145403	17 吴发 01	1000.00	3.00	2020.03.15	5.0000	0.00	0.00
145404	17 鸿业 02	950.00	5.00	2022.03.16	5.7000	0.00	0.00
145405	17 信达 C2	3000.00	3.00	2020.03.17	5.1200	0.00	0.00
145406	17 长兴债	630.00	5.00	2022.03.21	6.3000	0.00	100.00
145407	17 准国投	832.00	5.00	2022.11.09	7.1000	0.00	0.00
145408	17 渝南债	700.00	5.00	2022.03.16	5.5000	0.00	0.00
145409	17 沪券 D1	1000.00	0.74	2017.12.15	4.8800	0.00	80.00
145410	17 东兴 01	3000.00	3.00	2020.03.20	5.0000	0.00	150.00
145411	17 海通 C1	4500.00	3.00	2020.03.16	4.8000	0.00	100.00
145412	17UCR01	1000.00	3.00	2020.03.20	5.5000	0.00	0.00
145413	17 泰佳鑫	750.00	5.00	2022.03.17	6.5000	0.00	430.00
145414	17 晨鸣 01	1000.00	3.00	2020.03.20	6.4800	0.00	1520.60
145415	17 亿利 01	2100.00	3.00	2020.03.21	6.5000	0.00	0.00
145416	17 兴业 C2	4000.00	3.00	2020.03.21	5.0000	0.00	480.00
145417	17 宿惠 01	1130.00	5.00	2022.03.20	6.0000	0.00	2170.00
145418	17 融禾 01	1000.00	5.00	2022.03.21	5.9000	0.00	450.00
145419	17 银河 D1	1370.00	0.50	2017.09.23	4.8000	0.00	0.00
145420	17 银河 D2	2500.00	0.75	2017.12.23	4.8800	0.00	170.00
145421	17 廊控 01	560.00	3.00	2020.03.22	5.5000	0.00	200.00
145422	17 海兴 02	400.00	5.00	2022.03.22	5.6900	0.00	0.00
145423	17 紫光 01	3400.00	5.00	2022.03.20	5.5000	0.00	40.00
145424	17 信投 D3	3000.00	1.00	2018.03.22	4.8000	0.00	0.00
145425	17 苏宁 01	3870.00	5.00	2022.03.20	7.0000	0.00	340.00
145427	17 晋能 02	3000.00	3.00	2020.03.24	6.9000	0.00	5541.00
145428	17 银河 F3	1760.00	2.00	2019.03.23	4.9800	0.00	0.00
145429	17 银河 F4	2500.00	2.50	2019.09.23	4.9800	0.00	0.00
145430	17 德感 01	500.00	5.00	2022.03.22	5.7000	0.00	0.00
145431	17 赣开 01	1500.00	6.00	2023.03.31	5.8300	0.00	560.00
145433	17 青山 04	780.00	3.00	2020.03.23	7.0000	0.00	1090.00
145434	17 丰经开	500.00	5.00	2022.03.23	6.3000	0.00	300.00
145435	17 瓦房 01	300.00	3.00	2020.03.27	5.5000	0.00	0.00
145436	17 佳保 01	800.00	5.00	2022.05.03	5.4400	0.00	0.00
145438	17 绿洲 02	500.00	5.00	2022.11.15	7.3000	0.00	80.00
145439	17 宝材 02	300.00	3.00	2020.03.24	6.8000	0.00	0.00
145440	17 织里 01	800.00	5.00	2022.03.24	6.0000	0.00	0.00
145441	17 云能 02	1025.00	5.00	2022.04.05	5.2000	0.00	0.00
145442	17 盐城 01	2000.00	5.00	2022.04.10	5.7700	0.00	570.00
145443	17 东怀 01	170.00	3.00	2020.03.24	7.0000	0.00	170.00
145445	17 海宁 01	1000.00	5.00	2022.05.24	6.0000	0.00	0.00
145446	17 长建债	870.00	5.00	2022.04.06	6.2800	0.00	60.00
145447	17 常城 02	1610.00	5.00	2022.04.05	5.7000	0.00	180.00
145448	17 来雁 01	1000.00	5.00	2022.03.31	6.0000	0.00	470.00
145449	17 安仁 02	100.00	5.00	2022.03.30	5.8000	0.00	600.00
145450	17 廊控 02	440.00	3.00	2020.04.06	5.9500	0.00	200.00

债券信息
List of Bonds

债券
Bond

债券代码 Code	债券简称 Bond Name	发行数量(百万) Issued Vol(M)	年限 Terms	到期日 Expiration Date	票面利率(%) Coupon Rate(%)	本年收盘 Close	成交数量(万) Trading Vol(10000)
145451	17 云投 03	940.00	3.00	2020.03.31	5.5000	0.00	540.00
145452	17 大宁 01	600.00	5.00	2022.10.31	5.4800	0.00	0.00
145453	17 麓置业	350.00	3.00	2020.04.12	5.6000	0.00	0.00
145454	17 晋电 06	2500.00	3.00	2020.04.11	5.8700	0.00	720.00
145455	17 苏控 01	600.00	5.00	2022.04.12	5.6900	0.00	0.00
145456	17 沣西债	1400.00	3.00	2020.04.13	6.2000	0.00	1776.00
145457	17 汇盛 01	500.00	5.00	2022.04.12	5.8000	0.00	100.00
145458	17 新能 01	300.00	3.00	2020.08.03	6.5000	0.00	50.00
145459	17 鑫业 01	1130.00	3.00	2020.04.07	8.2000	0.00	1374.00
145460	17 祥云债	300.00	3.00	2020.05.04	6.5000	0.00	250.00
145461	17 城发 01	700.00	5.00	2022.04.13	5.3000	0.00	150.00
145462	17 洛新 01	1500.00	5.00	2022.04.10	5.7500	0.00	750.00
145464	17 德感 02	450.00	5.00	2022.04.07	5.7000	0.00	0.00
145465	17 鄂宏泰	1000.00	5.00	2022.04.27	5.5000	0.00	20.00
145466	17 天风次	1000.00	5.00	2022.04.11	5.2000	0.00	40.00
145467	17 渝园债	500.00	5.00	2022.04.14	5.7000	0.00	0.00
145468	17 常城 03	270.00	7.00	2024.04.13	5.5000	0.00	160.00
145469	17 长兴 02	400.00	7.00	2024.04.12	6.2500	0.00	20.00
145470	17 常港 01	300.00	5.00	2022.04.11	5.8000	0.00	0.00
145471	17 淮经 01	600.00	5.00	2022.04.11	5.7000	0.00	0.00
145472	17 兴业 C3	5000.00	2.00	2019.04.14	4.9000	0.00	590.00
145473	17 瓦房 02	400.00	3.00	2020.04.13	6.0000	0.00	0.00
145474	17 天源债	300.00	5.00	2022.06.14	6.9000	0.00	410.00
145475	17 开乾 01	1300.00	5.00	2022.04.20	6.0000	0.00	0.00
145476	17 谷财 01	500.00	5.00	2022.04.18	5.3000	0.00	0.00
145477	17 渝建 01	740.00	5.00	2022.04.17	6.5000	0.00	310.00
145478	17 海西 01	800.00	5.00	2022.04.19	5.5000	0.00	0.00
145481	17 动力 01	170.00	3.00	2020.04.20	5.7000	0.00	0.00
145482	17 太证 D1	2000.00	1.00	2018.04.21	5.5000	0.00	1070.00
145483	17 太证 C2	500.00	3.00	2020.04.25	5.5000	0.00	0.00
145484	17 瓦房 03	300.00	3.00	2020.04.25	6.8000	0.00	180.00
145485	17 长开 01	1500.00	5.00	2022.04.25	6.3000	0.00	0.00
145486	17 绿港 01	500.00	3.00	2020.04.21	6.6000	0.00	1166.00
145487	17 江海 C1	2150.00	3.00	2020.04.24	5.3000	0.00	0.00
145488	17 天源 01	400.00	5.00	2022.07.20	6.7000	0.00	0.00
145489	17 绍兴 01	875.00	5.00	2022.04.27	6.0000	0.00	0.00
145490	17 长安 01	1000.00	2.00	2019.04.24	6.3000	0.00	780.00
145491	17 连工 01	300.00	5.00	2022.11.09	7.2000	0.00	0.00
145492	17 任丘 01	1000.00	5.00	2022.04.20	6.1000	0.00	150.00
145493	17 高创 02	600.00	5.00	2022.04.26	6.5000	0.00	440.00
145494	17 东吴 01	4060.00	3.00	2020.04.26	5.2000	0.00	30.00
145495	17 东吴 02	1650.00	5.00	2022.04.26	5.5000	0.00	0.00
145496	17 工控 01	750.00	5.00	2022.06.08	6.5000	0.00	0.00
145497	17 银控 03	250.00	3.00	2020.04.26	7.0000	0.00	145.00
145498	17 银控 04	1010.00	3.00	2020.04.26	7.4000	0.00	2283.30
145499	17 余经 01	700.00	5.00	2022.04.25	5.4000	0.00	200.00
145500	17 聚信 01	550.00	3.00	2020.05.02	6.8000	0.00	370.00
145501	17 泉丰 01	480.00	5.00	2022.04.24	6.4000	0.00	315.00
145502	17 欧控 01	600.00	3.00	2020.07.21	6.0000	0.00	370.00
145503	17 金洲 02	800.00	5.00	2022.04.26	5.8500	0.00	0.00

债券信息 List of Bonds

债券 Bond

债券代码 Code	债券简称 Bond Name	发行数量(百万) Issued Vol(M)	年限 Terms	到期日 Expiration Date	票面利率(%) Coupon Rate(%)	本年收盘 Close	成交数量(万) Trading Vol(10000)
145504	17 兴业 C4	3000.00	3.00	2020.04.25	5.1500	0.00	0.00
145505	17 兴业 C5	1500.00	1.00	2018.04.25	5.0000	0.00	0.00
145506	17 光证 05	3000.00	2.00	2019.04.26	4.9500	0.00	0.00
145507	17 光证 06	4000.00	3.00	2020.04.26	5.0000	0.00	0.00
145508	17 苏宁 03	1160.00	5.00	2022.07.14	7.5000	0.00	0.00
145509	17 苏宁 04	800.00	5.00	2022.07.14	7.3000	0.00	100.00
145510	17 文投 01	200.00	3.00	2020.06.08	6.7000	0.00	20.00
145511	17 大装 01	300.00	5.00	2022.11.13	6.3000	0.00	150.00
145512	17 长寿 03	500.00	5.00	2022.04.28	6.0000	0.00	0.00
145513	17 东次 01	1500.00	3.00	2020.04.26	4.9000	0.00	0.00
145514	17 东次 02	1500.00	5.00	2022.04.26	5.1000	0.00	0.00
145515	17 华融 C1	4530.00	3.00	2020.04.26	5.3000	0.00	0.00
145516	17 银河 F5	4630.00	2.00	2019.04.28	4.9500	0.00	120.00
145517	17 银河 F6	4720.00	3.00	2020.04.28	4.9900	0.00	0.00
145519	17 胥口 01	200.00	3.00	2020.08.11	6.4000	0.00	0.00
145520	17 定城 01	1690.00	5.00	2022.08.09	6.5000	0.00	440.00
145521	17 薛城 01	500.00	5.00	2022.05.02	6.6600	0.00	860.00
145523	G17 首 Y1	1000.00	3.00	2020.05.26	5.5000	0.00	250.00
145524	17 复地 F1	3000.00	3.00	2020.05.02	6.5500	0.00	1082.00
145525	17 常港 02	200.00	5.00	2022.04.28	6.3000	0.00	70.00
145526	17 中区 01	1500.00	5.00	2022.04.28	6.3000	0.00	302.00
145527	17UCR02	500.00	3.00	2020.09.04	5.5000	0.00	350.00
145529	17 金发债	530.00	5.00	2022.05.26	6.5000	0.00	0.00
145530	17 南翔 01	570.00	3.00	2020.05.03	7.7000	0.00	733.00
145531	17 钦临 01	500.00	5.00	2022.05.10	6.9900	0.00	270.00
145532	17 云投 04	960.00	5.00	2022.08.29	6.0000	0.00	0.00
145533	17 中金 02	1000.00	3.00	2020.05.08	4.9700	0.00	80.00
145534	17 中金 03	1000.00	5.00	2022.05.08	5.1900	0.00	60.00
145535	17 民生 C2	500.00	3.00	2020.07.14	5.9500	0.00	160.00
145536	17 东莞 01	1150.00	3.00	2020.05.09	5.5000	0.00	0.00
145537	17 华泰 03	4000.00	2.00	2019.05.15	5.0000	0.00	200.00
145538	17 华泰 04	6000.00	3.00	2020.05.15	5.2500	0.00	0.00
145539	17 政通 01	500.00	5.00	2022.06.08	6.7500	0.00	0.00
145540	17 沪券 C3	2000.00	2.00	2019.11.13	5.5000	0.00	0.00
145541	17 腾越 02	1200.00	4.00	2021.11.10	6.9000	0.00	0.00
145542	17 大丰 01	300.00	5.00	2022.05.11	6.5000	0.00	0.00
145543	17 国资 01	1000.00	3.00	2020.05.16	4.6000	0.00	0.00
145544	17 沪券 C1	1400.00	3.00	2020.05.17	5.3000	0.00	147.00
145545	17 招商 Y3	3700.00	5.00	2022.05.22	5.6500	0.00	7.00
145546	17 冶园 01	200.00	3.00	2020.05.12	5.4000	0.00	0.00
145548	17 新华 01	500.00	3.00	2020.05.19	6.9000	0.00	455.00
145549	17 兴业 C6	1000.00	1.00	2018.05.17	5.2000	0.00	70.00
145550	17 东吴 03	2740.00	3.00	2020.05.22	5.4000	0.00	0.00
145551	17 东吴 04	1230.00	5.00	2022.05.22	5.6000	0.00	0.00
145552	17 太证 C3	1100.00	3.00	2020.05.26	6.2000	0.00	910.00
145553	17 东次 03	1500.00	3.00	2020.05.15	5.1500	0.00	100.00
145554	17 东次 04	1500.00	5.00	2022.05.15	5.3500	0.00	10.00
145555	17 余交 03	550.00	5.00	2022.05.25	6.5000	0.00	300.00
145556	17 中金 C1	600.00	5.00	2022.05.22	5.3900	0.00	80.00
145557	17 苏控 02	600.00	5.00	2022.05.19	6.2000	0.00	0.00

债券信息
List of Bonds

债券代码 Code	债券简称 Bond Name	发行数量(百万) Issued Vol(M)	年限 Terms	到期日 Expiration Date	票面利率(%) Coupon Rate(%)	本年收盘 Close	成交数量(万) Trading Vol(10000)
145558	17 中信 C1	2000.00	3.00	2020.05.25	5.1000	0.00	0.00
145559	17 中信 C2	2300.00	5.00	2022.05.25	5.3000	0.00	0.00
145560	17 株高 01	780.00	5.00	2022.05.19	6.2000	0.00	0.00
145561	17 渤海 C1	1500.00	3.00	2020.05.26	5.6500	0.00	0.00
145562	17 红塔 01	500.00	5.00	2022.05.19	6.8000	0.00	250.00
145563	17 东兴 F3	1580.00	1.00	2018.11.14	5.2000	0.00	0.00
145564	17 方洋 02	200.00	5.00	2022.05.26	6.3000	0.00	0.00
145565	17 钦临 02	800.00	5.00	2022.05.22	7.3000	0.00	860.00
145566	17 兖矿 01	2000.00	3.00	2020.05.25	6.4700	0.00	260.00
145567	17 兴阳 01	1000.00	5.00	2022.06.02	6.5000	0.00	0.00
145568	17 刚泰 01	500.00	5.00	2022.06.05	7.9600	0.00	910.00
145569	17 鲁星 01	300.00	3.00	2020.06.19	7.9000	0.00	270.00
145571	17 首创 C2	500.00	3.00	2020.07.21	5.6900	0.00	0.00
145572	17 深业 01	400.00	3.00	2020.06.07	7.8000	0.00	406.50
145573	17 富阳债	2000.00	5.00	2022.06.07	6.1000	0.00	0.00
145574	17 中盐 01	1100.00	5.00	2022.06.09	6.0000	0.00	0.00
145575	17 泰交 01	2000.00	5.00	2022.06.08	5.9900	0.00	0.00
145576	17 东证 01	4000.00	3.00	2020.06.09	5.3000	0.00	0.00
145577	17 东证 02	1000.00	5.00	2022.06.09	5.5000	0.00	0.00
145578	17 高投 01	1000.00	5.00	2022.06.14	6.5000	0.00	100.00
145579	17 招商 Y4	2300.00	5.00	2022.06.19	5.5800	0.00	0.00
145580	17 华阔 01	500.00	5.00	2022.06.15	7.0000	0.00	250.00
145581	17 沅江 01	300.00	5.00	2022.06.15	6.8000	0.00	0.00
145582	17 余交 04	600.00	5.00	2022.06.20	6.5000	0.00	0.00
145583	17 当涂 01	330.00	5.00	2022.06.20	6.7000	0.00	0.00
145584	17 建房 01	1000.00	5.00	2022.06.23	5.7000	0.00	150.00
145585	17 建房 02	2000.00	3.00	2020.06.23	5.5300	0.00	310.00
145586	17 新郑 01	1000.00	5.00	2022.10.31	6.5000	0.00	100.00
145587	17 政通 02	500.00	5.00	2022.06.26	6.9500	0.00	140.00
145588	17 长隆 02	4000.00	5.00	2022.07.04	6.1900	0.00	1780.00
145589	17 枝金 02	570.00	5.00	2022.08.28	6.5000	0.00	0.00
145590	17 亭湖 01	610.00	5.00	2022.07.14	7.0000	0.00	150.00
145591	17 宁化 01	600.00	3.00	2020.06.21	5.8300	0.00	0.00
145592	17 汇盛 02	240.00	5.00	2022.06.26	6.2800	0.00	0.00
145593	17 金投 01	500.00	4.00	2021.06.27	6.5000	0.00	0.00
145594	17 国泰 01	860.00	3.00	2020.06.29	6.5000	0.00	80.00
145595	17 国泰 02	140.00	3.00	2020.06.29	6.8000	0.00	40.00
145596	17 浙湖 02	180.00	5.00	2022.06.29	6.7000	0.00	302.00
145597	17 精功债	500.00	5.00	2022.06.23	7.5000	0.00	1402.80
145598	17 金交 01	500.00	5.00	2022.06.29	6.8000	0.00	0.00
145599	17 新华 02	300.00	3.00	2020.06.30	7.0000	0.00	150.00
145600	17 永利 01	244.00	3.00	2020.07.03	7.5000	0.00	0.00
145601	17 花竹 01	350.00	3.00	2020.06.30	8.0000	0.00	75.00
145602	17 佳源 01	390.00	3.00	2020.07.06	8.0000	0.00	219.50
145603	17 余交 05	300.00	5.00	2022.07.03	6.1000	0.00	0.00
145604	17 萍乡 01	500.00	5.00	2022.07.05	6.4900	0.00	20.00
145605	G7 云水 Y1	1200.00	3.00	2020.06.29	7.0000	0.00	305.41
145606	17 佳源 02	1500.00	3.00	2020.07.06	8.5000	0.00	4464.00
145607	17 滨海 01	2000.00	10.00	2027.11.13	5.5900	0.00	40.00
145608	17 雅居 01	3000.00	3.00	2020.07.12	6.9800	0.00	631.00

债券信息
List of Bonds

债券
Bond

债券代码 Code	债券简称 Bond Name	发行数量(百万) Issued Vol(M)	年限 Terms	到期日 Expiration Date	票面利率(%) Coupon Rate(%)	本年收盘 Close	成交数量(万) Trading Vol(10000)
145609	17 锡藕 01	940.00	5.00	2022.11.10	6.5000	0.00	0.00
145610	17 天府 01	560.00	5.00	2022.07.06	7.5000	0.00	470.00
145611	17 平证 05	1000.00	0.50	2018.01.06	4.9900	0.00	604.00
145612	17 平证 06	500.00	0.67	2018.03.06	4.9200	0.00	140.00
145613	17 鲁星 02	300.00	3.00	2020.07.11	7.9000	0.00	0.00
145614	17 城发 02	1300.00	5.00	2022.07.12	5.6000	0.00	170.00
145615	17 仙居 01	600.00	3.00	2020.07.10	6.0000	0.00	310.00
145616	17 南翔 02	280.00	3.00	2020.07.07	7.5000	0.00	731.00
145617	17 厦特 01	1500.00	5.00	2022.07.12	5.8500	0.00	200.00
145618	17 厦特 02	500.00	3.00	2020.07.12	5.6300	0.00	90.00
145619	17 乌高 01	600.00	5.00	2022.07.13	5.8000	0.00	150.00
145620	17 国联 D1	500.00	0.75	2018.04.11	5.0000	0.00	235.00
145621	17 华创 01	2000.00	5.00	2022.07.26	5.5000	0.00	0.00
145622	17 沭阳 01	1037.00	5.00	2022.07.11	6.4000	0.00	200.00
145623	17 太证 C4	2000.00	3.00	2020.07.18	6.0000	0.00	280.00
145624	17 余杭 01	600.00	5.00	2022.07.18	5.8000	0.00	100.00
145625	17 金隅 03	1250.00	3.00	2020.07.13	5.2000	0.00	750.00
145626	17 信投 F1	5000.00	3.00	2020.07.18	4.7400	0.00	0.00
145627	17 长隆 03	900.00	5.00	2022.07.13	6.0000	0.00	150.00
145628	17 旭杰债	15.60	3.00	2020.07.11	7.0000	0.00	0.00
145629	17 金隅 04	1750.00	5.00	2022.07.13	5.3000	0.00	140.00
145630	17 民生 F1	400.00	0.83	2018.05.14	5.2800	0.00	120.00
145631	17 民生 F2	600.00	1.00	2018.07.14	5.3800	0.00	190.00
145632	17 宝投资	1000.00	5.00	2022.07.17	5.9000	0.00	60.00
145634	17 扬教 01	600.00	5.00	2022.07.14	6.9000	0.00	175.00
145635	17 株高 02	820.00	5.00	2022.07.13	6.5000	0.00	20.00
145636	17 方正 D1	4000.00	1.00	2018.07.18	5.4800	0.00	680.00
145637	17 新中泰	1200.00	5.00	2022.07.17	6.5000	0.00	300.00
145638	17 织里 02	700.00	5.00	2022.07.14	7.0000	0.00	330.00
145639	17 平煤 01	1000.00	5.00	2022.07.20	7.0000	0.00	528.00
145640	17 江海 C2	2260.00	3.00	2020.07.19	5.7000	0.00	450.00
145641	17 家园 01	1600.00	5.00	2022.07.14	6.5000	0.00	543.00
145642	17 中盐 02	1500.00	5.00	2022.07.18	5.9500	0.00	0.00
145643	17 平租 01	2000.00	5.00	2022.07.20	5.3000	0.00	750.00
145644	17 中原 01	1500.00	3.00	2020.07.26	5.1500	0.00	500.00
145645	17 天目湖	500.00	3.00	2020.07.18	6.0000	0.00	120.00
145646	17 金港 01	700.00	5.00	2022.07.17	5.7500	0.00	0.00
145647	17 清浦 01	500.00	5.00	2022.07.19	6.6500	0.00	220.00
145648	17 冶园 02	680.00	3.00	2020.07.20	6.5000	0.00	130.00
145649	17 云港债	1000.00	3.00	2020.07.19	5.5800	0.00	30.00
145650	17 中金 C2	1500.00	5.00	2022.07.24	4.9800	0.00	600.00
145651	17 旋风 01	700.00	3.00	2020.07.19	7.8000	0.00	120.00
145652	17 山金 Y1	2475.00	3.00	2020.07.19	5.8000	0.00	260.00
145653	17 中投 F1	3000.00	3.00	2020.07.18	4.9500	0.00	0.00
145654	17 中投 F2	1000.00	5.00	2022.07.18	5.1000	0.00	100.00
145656	17 信投 D4	3500.00	1.00	2018.07.21	4.7400	0.00	100.00
145657	17 阳山 01	500.00	3.00	2020.07.19	6.4000	0.00	0.00
145658	17 盛州 01	700.00	5.00	2022.07.26	7.0000	0.00	1203.79
145659	17 宁化 02	600.00	3.00	2020.07.20	5.5700	0.00	60.00
145660	17 迈瑞 01	1100.00	7.00	2024.07.21	6.3800	0.00	0.00

债券信息
List of Bonds

债券
Bond

债券代码 Code	债券简称 Bond Name	发行数量(百万) Issued Vol(M)	年限 Terms	到期日 Expiration Date	票面利率(%) Coupon Rate(%)	本年收盘 Close	成交数量(万) Trading Vol(10000)
145661	17 宝工 01	800.00	5.00	2022.07.21	6.5000	0.00	450.00
145662	G17 丰盛 1	2000.00	3.00	2020.07.19	7.5000	0.00	0.00
145663	17 中原 02	1000.00	3.00	2020.11.17	5.4900	0.00	0.00
145664	17 华泰 C2	5000.00	3.00	2020.07.27	4.9500	0.00	8.00
145665	17 联合 01	200.00	3.00	2020.07.25	6.7200	0.00	0.00
145666	17 宝庆 01	1250.00	5.00	2022.07.26	6.8000	0.00	60.00
145667	17 康富 01	1000.00	5.00	2022.07.25	5.9800	0.00	903.00
145668	17 中金 04	2000.00	3.00	2020.07.27	4.7800	0.00	440.00
145670	17 信达 01	2500.00	3.00	2020.07.26	5.0500	0.00	0.00
145671	17 鸿达 01	1010.00	3.00	2020.07.27	7.5000	0.00	700.00
145672	17 天山 01	500.00	5.00	2022.07.24	6.6500	0.00	0.00
145673	17 慈溪 01	1000.00	5.00	2022.07.27	5.3800	0.00	0.00
145674	17 天宁 01	500.00	5.00	2022.07.28	6.8000	0.00	220.00
145675	17 西江 D1	1000.00	1.00	2018.08.01	5.2900	0.00	355.00
145676	17 上虞 01	1000.00	5.00	2022.07.24	5.9800	0.00	220.00
145677	17 剑江 02	200.00	5.00	2022.07.28	7.5000	0.00	100.00
145678	17 兴阳 02	400.00	5.00	2022.07.25	6.5000	0.00	30.00
145679	17 迈瑞 02	400.00	7.00	2024.09.01	6.3800	0.00	0.00
145680	17 伏泰债	20.00	2.00	2019.07.28	7.0000	0.00	0.00
145681	17 华福 C1	1200.00	5.00	2022.07.28	5.5000	0.00	0.00
145682	17 福华 01	600.00	3.00	2020.07.28	8.2000	0.00	0.00
145683	17 华融德	1500.00	5.00	2022.07.31	5.4000	0.00	120.00
145684	17 东建 01	1500.00	7.00	2024.07.28	7.4800	0.00	1124.00
145685	17 江公 01	2000.00	5.00	2022.08.07	5.4000	0.00	130.00
145686	17 昭投 01	765.00	5.00	2022.07.31	7.5000	0.00	340.00
145687	17 金投 02	250.00	4.00	2021.08.01	6.5000	0.00	0.00
145688	17 上虞 02	500.00	5.00	2022.07.28	5.9400	0.00	0.00
145689	17 中金 C3	1500.00	5.00	2022.11.16	5.5000	0.00	0.00
145690	17 铜旅 01	300.00	5.00	2022.08.03	7.4800	0.00	970.00
145691	17 鄱阳 01	1000.00	5.00	2022.07.28	6.8000	0.00	30.00
145692	17 大丰 02	500.00	1.00	2018.08.01	6.0000	0.00	100.00
145693	17 冶园 03	620.00	3.00	2020.08.10	6.5000	0.00	210.00
145694	17 巴中 02	640.00	5.00	2022.11.14	6.9000	0.00	80.00
145695	17 水务 02	1300.00	5.00	2022.08.02	5.2000	0.00	120.00
145696	17 中信 01	4500.00	1.00	2018.08.11	4.6000	0.00	0.00
145697	17 金发 02	110.00	5.00	2022.09.27	6.5000	0.00	0.00
145698	17 沪券 C2	600.00	3.00	2020.08.08	5.3000	0.00	0.00
145699	17 长安 02	500.00	2.00	2019.08.29	6.5000	0.00	230.00
145700	17 实达债	600.00	3.00	2020.11.15	7.5000	0.00	450.00
145701	17 华泰 07	4000.00	1.00	2018.11.20	5.2000	0.00	0.00
145702	17 联合 02	300.00	3.00	2020.08.10	6.7200	0.00	0.00
145703	17 招 D13	2280.00	0.74	2018.08.12	5.1000	0.00	0.00
145704	17 融和 01	2000.00	3.00	2020.08.09	5.5500	0.00	50.00
145705	17 华信 01	1020.00	5.00	2022.11.20	6.2000	0.00	150.00
145706	17 腾越 01	3800.00	4.00	2021.10.24	6.9000	0.00	400.00
145707	17 九通 01	1000.00	4.00	2021.08.17	6.2000	0.00	390.00
145708	17 常通 02	500.00	5.00	2022.11.15	6.0000	0.00	0.00
145709	17 金堂 01	850.00	5.00	2022.08.10	7.5000	0.00	150.00
145710	17 平证 07	3000.00	3.00	2020.08.09	4.8800	0.00	0.00
145711	17 亭公 01	1260.00	5.00	2022.08.21	6.8000	0.00	440.00

债券信息
List of Bonds

债券
Bond

债券代码 Code	债券简称 Bond Name	发行数量(百万) Issued Vol(M)	年限 Terms	到期日 Expiration Date	票面利率(%) Coupon Rate(%)	本年收盘 Close	成交数量(万) Trading Vol(10000)
145712	17 山金 Y2	1525.00	3.00	2020.08.15	5.6000	0.00	220.00
145713	17 玄武债	900.00	5.00	2022.08.11	5.8500	0.00	20.00
145714	17 浦交 01	500.00	5.00	2022.08.11	5.8000	0.00	0.00
145715	17 株湘 01	650.00	5.00	2022.08.14	6.8000	0.00	370.00
145716	17 平租 03	1800.00	5.00	2022.08.21	5.5600	0.00	0.00
145717	17 物流 03	437.00	5.00	2022.09.15	6.9000	0.00	150.00
145718	17 九华 01	750.00	5.00	2022.08.16	6.8800	0.00	100.00
145719	17 新港 01	1000.00	3.00	2020.08.14	5.3900	0.00	20.00
145720	17 新港 02	500.00	5.00	2022.08.14	5.7000	0.00	0.00
145721	17 绍交 01	1500.00	5.00	2022.08.22	5.4000	0.00	0.00
145722	17 盛泽 01	500.00	5.00	2022.08.18	6.2000	0.00	20.00
145723	17 物流 02	1450.00	5.00	2022.08.18	6.9000	0.00	350.00
145724	17 华融 C2	1470.00	3.00	2020.08.16	5.0000	0.00	0.00
145725	17 苏宁 05	1100.00	5.00	2022.08.21	7.5000	0.00	0.00
145726	17 苏宁 06	600.00	5.00	2022.08.21	7.3000	0.00	0.00
145727	17 文投 02	800.00	3.00	2020.09.15	6.5000	0.00	50.00
145728	17 华靖 01	600.00	5.00	2022.08.23	6.2000	0.00	0.00
145729	G17 启迪 1	350.00	5.00	2022.08.18	6.1000	0.00	0.00
145730	17 华建 03	300.00	3.00	2020.11.13	6.5900	0.00	30.00
145731	17 康富 02	2000.00	5.00	2022.08.21	5.7500	0.00	530.00
145732	17 红日 02	440.00	5.00	2022.11.14	7.5000	0.00	40.00
145733	17 常投 01	500.00	5.00	2022.08.18	5.8500	0.00	0.00
145734	17 宁城 01	740.00	5.00	2022.08.18	6.3500	0.00	100.00
145735	17 川菜债	500.00	3.00	2020.08.25	6.3000	0.00	0.00
145736	17 延安 01	350.00	10.00	2027.10.12	7.0000	0.00	0.00
145737	17 兴业 C7	2800.00	2.00	2019.08.24	5.1500	0.00	300.00
145738	17 聚信 02	450.00	3.00	2020.08.22	6.9000	0.00	50.00
145739	17 中冶 Y9	1500.00	3.00	2020.08.24	5.6800	0.00	160.00
145740	17 华建 02	300.00	3.00	2020.09.19	6.4200	0.00	150.00
145741	17 钱城 01	1480.00	3.00	2020.08.24	5.5000	0.00	0.00
145742	17 联合 03	500.00	3.00	2020.08.25	6.7200	0.00	0.00
145743	17 瑞茂 01	950.00	3.00	2020.09.01	7.5000	0.00	2053.00
145744	17 潞安 01	2000.00	5.00	2022.08.29	6.5800	0.00	214.00
145745	17 光证 D2	2200.00	1.00	2018.11.16	5.1500	0.00	0.00
145746	17 山能 01	800.00	5.00	2022.08.28	5.7000	0.00	60.00
145747	17 如皋 01	740.00	3.00	2020.08.30	6.5000	0.00	0.00
145748	17 工控 02	1250.00	5.00	2022.09.04	6.5000	0.00	930.00
145749	17 华汽 03	2000.00	3.00	2020.08.29	5.3500	0.00	60.00
145750	17 大成 01	250.00	5.00	2022.11.15	5.9800	0.00	0.00
145751	17 白沙 01	600.00	5.00	2022.08.28	6.9000	0.00	350.00
145752	17 银河 F7	1930.00	0.75	2018.05.29	4.7900	0.00	0.00
145753	17 银河 F8	1800.00	1.00	2018.08.29	4.7900	0.00	0.00
145754	17 润达 01	630.00	3.00	2020.09.01	6.5000	0.00	20.00
145755	17 图南 01	10.00	2.00	2019.08.28	6.0000	0.00	0.00
145756	17 复星 F1	500.00	3.00	2020.08.31	6.0000	0.00	55.00
145757	17 云工 01	600.00	3.00	2020.09.01	6.0000	0.00	0.00
145758	17 太仓 01	200.00	5.00	2022.08.31	5.9000	0.00	1200.00
145759	17 中银 01	1500.00	3.00	2020.09.04	4.9500	0.00	0.00
145760	17 九通 03	600.00	5.00	2022.10.27	6.6000	0.00	0.00
145761	17 精功 02	300.00	5.00	2022.09.05	7.3000	0.00	418.00

债券信息 List of Bonds

债券 Bond

债券代码 Code	债券简称 Bond Name	发行数量(百万) Issued Vol(M)	年限 Terms	到期日 Expiration Date	票面利率(%) Coupon Rate(%)	本年收盘 Close	成交数量(万) Trading Vol(10000)
145762	17 陶都 01	300.00	5.00	2022.09.01	6.5000	0.00	0.00
145763	17 巴中 01	360.00	5.00	2022.08.31	6.6000	0.00	90.00
145764	17 观城 01	140.00	5.00	2022.11.17	6.7000	0.00	0.00
145765	17 昭投 02	735.00	5.00	2022.09.05	7.3000	0.00	0.00
145767	17 朗诗 02	600.00	3.00	2020.09.13	7.5000	0.00	360.00
145768	17 中信 02	6000.00	1.00	2018.09.12	4.8400	0.00	0.00
145769	17 中信 03	2000.00	2.00	2019.09.12	4.9700	0.00	0.00
145770	17 旋风 02	400.00	3.00	2020.09.06	7.5000	0.00	0.00
145771	17 中金 06	2500.00	3.00	2020.11.21	5.4500	0.00	0.00
145772	17 华安 01	1500.00	0.92	2018.10.21	5.2500	0.00	60.00
145773	17 定城 03	86.00	5.00	2022.09.05	6.5000	0.00	0.00
145774	17 颐和 04	760.00	3.00	2020.09.08	8.0000	0.00	238.00
145776	17 薛城 02	500.00	5.00	2022.09.07	7.0000	0.00	398.00
145777	17 中泰 F1	3000.00	3.00	2020.09.13	5.0000	0.00	0.00
145778	17 油气 01	1500.00	3.00	2020.09.08	5.5000	0.00	40.00
145779	17 信投 D6	4000.00	1.00	2018.11.20	5.2000	0.00	50.00
145780	17 阿纺 02	610.00	5.00	2022.09.14	7.5000	0.00	0.00
145781	17 华泰 C3	2000.00	1.00	2018.09.14	5.0000	0.00	0.00
145782	17 时代 01	500.00	3.00	2020.09.08	7.7500	0.00	250.00
145783	17 时代 02	1100.00	5.00	2022.09.08	8.2000	0.00	0.00
145784	17 国都 01	1000.00	3.00	2020.09.12	5.7800	0.00	250.00
145785	17 信投 D5	5000.00	1.00	2018.09.12	4.8500	0.00	0.00
145786	17 大同 01	200.00	3.00	2020.09.07	6.3000	0.00	0.00
145787	17 融德 02	1500.00	5.00	2022.10.17	5.3900	0.00	0.00
145788	G17 丰盛 2	500.00	3.00	2020.09.08	7.5000	0.00	0.00
145789	17 如皋 02	170.00	3.00	2020.09.12	6.6000	0.00	100.00
145790	17 沪券 D2	2000.00	1.00	2018.09.18	5.1000	0.00	0.00
145791	17 西高地	600.00	5.00	2022.09.08	7.5000	0.00	60.00
145792	17 东广 01	1500.00	5.00	2022.09.15	5.8000	0.00	20.00
145793	17 平租 06	1200.00	5.00	2022.09.13	5.4500	0.00	245.00
145794	17 昌吉 01	2000.00	5.00	2022.09.15	5.8000	0.00	0.00
145795	17 惠基 01	430.00	5.00	2022.09.18	6.5000	0.00	50.00
145796	17 惠基 03	370.00	5.00	2022.11.22	6.5000	0.00	0.00
145797	17 当涂 02	600.00	5.00	2022.09.15	6.7000	0.00	0.00
145798	17 铁投 01	1500.00	5.00	2022.09.13	7.5000	0.00	1160.00
145799	17 兴业 C8	2000.00	2.00	2019.09.15	5.1000	0.00	0.00
145800	17 国泰 03	460.00	3.00	2020.09.19	6.3500	0.00	116.00
145801	17 国泰 04	540.00	3.00	2020.09.19	6.7000	0.00	237.00
145802	17 光证 D1	3000.00	1.00	2018.09.20	4.8800	0.00	0.00
145804	17 沅江 02	200.00	5.00	2022.09.15	6.8000	0.00	0.00
145805	17 西矿 01	800.00	3.00	2020.09.20	6.4800	0.00	40.00
145806	17 本钢 01	1300.00	3.00	2020.11.27	6.0000	0.00	0.00
145807	17 龙腾债	50.00	1.00	2018.09.19	5.6000	0.00	0.00
145808	17 神华 01	230.00	3.00	2020.09.26	7.5000	0.00	335.00
145809	17 银产 01	600.00	5.00	2022.11.21	6.1000	0.00	0.00
145810	17 招商 D9	2200.00	1.00	2018.09.20	4.8500	0.00	0.00
145811	17 金凤 01	500.00	5.00	2022.09.19	6.0000	0.00	0.00
145812	17 方正 C1	1900.00	3.00	2020.09.19	5.7000	0.00	145.00
145813	17 崇川 01	500.00	5.00	2022.09.20	5.8000	0.00	0.00
145814	17 永利 02	256.00	3.00	2020.09.19	7.5000	0.00	0.00

债券信息
List of Bonds

债券代码 Code	债券简称 Bond Name	发行数量(百万) Issued Vol(M)	年限 Terms	到期日 Expiration Date	票面利率(%) Coupon Rate(%)	本年收盘 Close	成交数量(万) Trading Vol(10000)
145816	17 兴业 F3	1500.00	3.00	2020.11.22	5.4000	0.00	0.00
145817	17 安吉 01	1000.00	5.00	2022.09.20	6.7000	0.00	0.00
145818	17 温投 01	800.00	5.00	2022.11.20	6.0000	0.00	0.00
145819	17 皋投债	2000.00	5.00	2022.09.21	6.1500	0.00	0.00
145820	G17 华昱 1	800.00	5.00	2022.09.27	6.7000	0.00	790.00
145821	17 宁高新	1240.00	5.00	2022.09.28	5.5900	0.00	0.00
145822	17 天源 02	150.00	5.00	2022.09.22	6.7000	0.00	40.00
145823	17 精功 03	500.00	5.00	2022.10.11	7.3000	0.00	281.00
145824	17 刚泰 02	500.00	5.00	2022.09.26	7.8000	0.00	327.00
145825	17 宝工 02	500.00	5.00	2022.09.28	6.5000	0.00	0.00
145826	17 鑫科 01	330.00	3.00	2020.09.27	7.5000	0.00	273.50
145827	17 招 D10	2930.00	0.74	2018.07.09	4.9500	0.00	181.00
145828	17 中泰 F2	3000.00	2.00	2019.11.21	5.4700	0.00	0.00
145829	17 麒麟 01	1000.00	5.00	2022.09.29	7.0000	0.00	640.00
145830	17 仁水 01	800.00	5.00	2022.09.26	5.8000	0.00	0.00
145831	17 虞资 01	3000.00	5.00	2022.09.29	5.8500	0.00	200.00
145833	17 泰交 02	1000.00	5.00	2022.09.27	5.6000	0.00	0.00
145834	17 富通 01	500.00	3.00	2020.10.09	6.6000	0.00	110.00
145836	17 红日 01	1070.00	5.00	2022.09.27	7.0800	0.00	50.00
145837	17 彭统建	830.00	5.00	2022.09.26	7.2000	0.00	0.00
145838	17 民生 02	300.00	0.25	2017.12.27	5.1000	0.00	0.00
145839	17 华泰 06	5000.00	1.50	2019.04.19	4.9800	0.00	0.00
145840	17 洛新 03	1500.00	5.00	2022.10.12	6.0000	0.00	700.00
145841	17 精功 05	150.00	5.00	2022.11.17	7.3000	0.00	0.00
145842	17 方正 C2	2220.00	3.00	2020.10.12	5.7000	0.00	50.00
145843	17 湖州 01	2000.00	5.00	2022.11.17	5.9800	0.00	114.00
145844	17 晋路 01	2000.00	3.00	2020.10.13	6.3000	0.00	1930.00
145845	17 港闸 02	1000.00	5.00	2022.10.18	6.0000	0.00	0.00
145846	17 国融 01	300.00	4.00	2021.10.27	6.5000	0.00	80.00
145847	17 剑江 03	300.00	5.00	2022.11.20	7.8000	0.00	60.00
145848	17 新源 01	620.00	5.00	2022.11.17	6.8000	0.00	0.00
145849	17 华阔 02	750.00	5.00	2022.10.12	6.9000	0.00	0.00
145852	17 兴业 F1	3000.00	2.00	2019.10.23	5.1300	0.00	0.00
145853	17 振浔 01	500.00	5.00	2022.10.20	6.5700	0.00	375.00
145854	17 东兴 04	1000.00	1.00	2018.10.19	5.1000	0.00	200.00
145855	17 中金 05	2000.00	3.00	2020.10.20	5.1300	0.00	0.00
145856	17 威凯 01	700.00	5.00	2022.10.18	6.3000	0.00	0.00
145857	17 鲁胜 01	700.00	5.00	2022.10.16	7.2000	0.00	619.00
145858	17 响水债	1500.00	5.00	2022.10.18	7.0000	0.00	1280.00
145859	17 民生 C3	500.00	3.00	2020.10.20	5.8000	0.00	30.00
145860	17 华汽 05	1000.00	3.00	2020.10.23	5.3000	0.00	0.00
145861	17 台商债	800.00	5.00	2022.10.18	6.5000	0.00	50.00
145862	17 银河 F9	4000.00	2.00	2019.10.20	5.0300	0.00	0.00
145863	17 银河 10	1000.00	0.75	2018.07.20	4.7700	0.00	0.00
145864	17 锡交 01	1500.00	5.00	2022.10.25	5.3200	0.00	0.00
145865	17 启迪 01	1070.00	5.00	2022.10.19	6.4000	0.00	0.00
145866	17 新港 03	1200.00	3.00	2020.10.19	5.3800	0.00	0.00
145867	17 康富 03	2000.00	5.00	2022.10.23	6.1400	0.00	260.00
145868	17 信投 F2	3000.00	3.00	2020.10.24	5.0700	0.00	0.00
145869	17 财富 01	2000.00	3.00	2020.10.23	5.5800	0.00	0.00

债券信息
List of Bonds

债券
Bond

债券代码 Code	债券简称 Bond Name	发行数量(百万) Issued Vol(M)	年限 Terms	到期日 Expiration Date	票面利率(%) Coupon Rate(%)	本年收盘 Close	成交数量(万) Trading Vol(10000)
145870	17 常经 01	1000.00	5.00	2022.10.25	5.5000	0.00	0.00
145871	17 中信 C3	800.00	3.00	2020.10.26	5.0500	0.00	0.00
145872	17 中信 C4	4900.00	5.00	2022.10.26	5.2500	0.00	0.00
145873	17 中信资	500.00	5.00	2022.11.22	5.8000	0.00	170.00
145874	17 亭公 02	740.00	5.00	2022.10.25	7.5000	0.00	280.00
145875	17 汇盛 03	460.00	5.00	2022.10.23	6.4900	0.00	30.00
145876	17 惠基 02	360.00	5.00	2022.10.25	6.9900	0.00	100.00
145877	17 绍兴 02	375.00	5.00	2022.10.25	6.1700	0.00	0.00
145878	17 精功 04	300.00	5.00	2022.10.23	7.3000	0.00	206.00
145879	17 招 D11	4680.00	0.99	2018.10.19	4.9000	0.00	47.00
145880	17 方程 01	300.00	3.00	2020.10.30	5.0900	0.00	0.00
145881	17 兴化债	1000.00	5.00	2022.10.23	6.8000	0.00	0.00
145882	17 蒙中 01	700.00	5.00	2022.11.21	6.0000	0.00	120.00
145883	17 中天 01	500.00	5.00	2022.11.24	7.5000	0.00	65.00
145884	17 恒盛 02	500.00	5.00	2022.10.26	7.3000	0.00	148.00
145885	17 阳煤 01	1000.00	3.00	2020.10.25	5.6800	0.00	130.00
145886	17 阳煤 02	1000.00	3.00	2020.10.25	5.9200	0.00	0.00
145887	17 河钢 01	3000.00	3.00	2020.10.25	5.4400	0.00	142.00
145889	17 民生 03	500.00	1.50	2019.05.24	5.5000	0.00	100.00
145890	17 平证 08	1000.00	3.00	2020.11.22	5.4800	0.00	0.00
145891	17 招 D12	3600.00	1.00	2018.10.30	5.0000	0.00	150.00
145892	17 濮阳 01	1500.00	5.00	2022.10.26	6.4000	0.00	40.00
145893	17 申太 01	660.00	5.00	2022.11.20	7.2000	0.00	0.00
145894	17 茅山湖	600.00	5.00	2022.11.22	6.3500	0.00	0.00
145895	S17 长乐	300.00	7.00	2024.10.26	7.0000	0.00	0.00
145896	17 淮交控	1500.00	5.00	2022.11.27	6.0000	0.00	0.00
145897	17 盘江 01	1000.00	3.00	2020.11.23	7.5000	0.00	0.00
145898	17 物流 04	653.00	5.00	2022.10.27	6.9000	0.00	653.90
145899	17 招商 C1	2200.00	2.00	2019.11.27	5.4500	0.00	0.00
145900	17 旭杰转	10.60	6.00	2023.10.16	6.5000	0.00	0.00
145901	17 伏泰转	40.00	1.00	2018.10.16	4.0000	0.00	0.00
145902	17 虞山 01	200.00	5.00	2022.12.05	6.0000	0.00	0.00
146000	17 中民 10	197.00	5.00	2022.08.09	6.7000	100.00	0.00
146001	17 中民 11	204.00	5.51	2023.02.09	6.7000	100.00	0.00
146002	17 中民 12	195.00	6.00	2023.08.09	6.7000	100.00	0.00
146003	17 中民次	20.00	6.00	2023.08.09	0.0000	100.00	0.00
146004	PR 正奇 A1	200.00	0.88	2018.04.28	5.8000	31.94	0.00
146005	17 正奇 A2	156.00	1.63	2019.01.28	5.8500	100.00	0.00
146006	17 正奇 B	72.00	2.13	2019.07.28	6.4000	99.74	48.00
146007	17 正奇 C1	70.00	2.38	2019.10.28	6.5000	98.56	70.00
146008	17 正奇 C2	30.00	2.63	2020.01.28	6.8000	97.91	30.00
146009	17 正奇次	76.00	4.63	2022.01.28	0.0000	100.00	0.00
146010	JZT2 优 A	1095.00	0.91	2018.03.27	5.0500	100.00	0.00
146011	JZT2 优 B	330.00	0.91	2018.03.27	5.4000	100.00	0.00
146012	JZT2 次	75.00	0.91	2018.03.27	0.0000	100.00	0.00
146013	借呗 18A1	2460.00	1.03	2018.05.23	5.4000	100.00	3470.00
146014	借呗 18A2	240.00	1.03	2018.05.23	5.4500	100.00	0.00
146015	借呗 18B	300.00	1.03	2018.05.23	0.0000	100.00	0.00
146016	PR17 远 1A	3060.00	3.88	2021.03.26	5.3000	79.03	30.00
146017	17 远东 1B	291.00	4.13	2021.06.26	6.5000	100.00	0.00

债券信息
List of Bonds

债券代码 Code	债券简称 Bond Name	发行数量(百万) Issued Vol(M)	年限 Terms	到期日 Expiration Date	票面利率(%) Coupon Rate(%)	本年收盘 Close	成交数量(万) Trading Vol(10000)
146018	17 远东次	209.00	4.88	2022.03.26	0.0000	100.00	0.00
146019	华润 1 期 A	1761.00	1.50	2018.11.18	5.2900	100.00	0.00
146020	华润 1 期 B	147.00	1.50	2018.11.18	5.5000	100.00	0.00
146021	华润 1 期 C	147.00	1.50	2018.11.18	0.0000	100.00	0.00
146022	华润 1 期 D	42.00	1.50	2018.11.18	0.0000	100.00	0.00
146023	PR 搜候优	3800.00	20.00	2037.03.24	4.6000	99.90	0.00
146024	17 搜候次	10.00	20.00	2037.03.24	0.0000	100.00	0.00
146025	常城投 A1	40.00	0.63	2017.12.20	5.5000	100.00	0.00
146026	常城投 A2	80.00	1.63	2018.12.20	5.5000	100.00	0.00
146027	常城投 A3	150.00	2.63	2019.12.20	5.5000	100.00	0.00
146028	常城投 A4	280.00	3.64	2020.12.21	5.5000	100.00	0.00
146029	常城投次	30.00	3.64	2020.12.21	0.0000	100.00	0.00
146030	PR6A1	550.00	2.02	2019.04.26	5.3000	58.00	178.37
146031	PR6A2	220.00	2.27	2019.07.26	5.6000	56.13	140.83
146032	丰汇 6A3	230.00	3.02	2020.04.26	6.8000	100.00	0.00
146033	丰汇 6 次	143.00	3.02	2020.04.26	0.0000	100.00	0.00
146034	PR 新生 1A	276.00	1.35	2018.10.28	6.3000	31.35	26.00
146035	17 新生 1B	24.00	1.52	2018.12.28	7.5000	100.35	24.00
146036	PR 浙商 A	2860.00	1.23	2018.07.25	5.2000	61.00	260.00
146037	浙商优 B	860.00	1.73	2019.01.25	6.0000	100.00	0.00
146038	浙商优 C	860.00	2.48	2019.10.25	6.5000	100.00	0.00
146039	浙商次	857.00	2.48	2019.10.25	6.5000	100.00	0.00
146040	青城租 A1	135.00	0.38	2017.09.26	5.2000	100.00	0.00
146041	PR 租 A2	135.00	1.38	2018.09.26	5.4000	75.56	0.00
146042	青城租 A3	130.00	2.38	2019.09.26	5.6000	100.00	0.00
146043	青城租 A4	130.00	3.38	2020.09.26	5.8000	100.00	0.00
146044	青城租 A5	70.00	4.38	2021.09.26	5.8000	100.00	0.00
146045	青城租次	30.00	4.38	2021.09.26	0.0000	100.00	0.00
146046	借呗 19A1	1886.00	1.02	2018.06.01	5.4000	100.00	2278.00
146047	借呗 19A2	184.00	1.02	2018.06.01	5.8000	100.00	0.00
146048	借呗 19B	230.00	1.02	2018.06.01	0.0000	100.00	0.00
146049	PR 诚 1A1	120.00	0.66	2017.09.26	5.5000	35.99	0.00
146050	PR 诚 1A2	140.00	1.66	2018.12.26	5.9000	74.98	100.00
146051	诚泰 1A3	83.00	2.66	2019.12.26	6.1000	100.00	0.00
146052	诚泰 1 优 B	32.00	3.16	2020.06.26	6.5000	100.00	0.00
146053	诚泰 1 次	61.00	4.67	2021.12.26	0.0000	100.00	0.00
146054	17 京保 1A	552.00	0.54	2017.08.28	5.5000	100.00	0.00
146055	17 京保 1B	48.00	0.54	2017.09.28	0.0000	100.00	0.00
146056	PR17A	1377.00	3.35	2020.10.26	6.1000	80.03	1068.00
146057	君创 17B	111.00	3.60	2021.01.26	6.8500	100.00	0.00
146058	君创 17 次	224.00	4.60	2022.01.26	0.0000	100.00	0.00
146064	疏浚 1 优	1040.00	3.01	2020.11.09	4.8800	100.00	0.00
146065	疏浚 1 次	111.00	3.01	2020.11.09	0.0000	100.00	0.00
146066	借呗 20A1	1968.00	1.03	2018.06.06	5.5000	100.00	2600.00
146067	借呗 20A2	192.00	1.03	2018.06.06	5.8000	100.00	0.00
146068	借呗 20B	240.00	1.03	2018.06.06	0.0000	100.00	0.00
146069	17 光股优	500.00	2.36	2020.01.03	5.1000	100.00	0.00
146070	17 光股次	25.00	2.36	2020.01.03	0.0000	100.00	0.00
146071	17 读秒 1A	180.00	2.03	2019.06.14	6.0000	100.00	0.00
146072	小米 1 优 A	426.00	1.10	2018.07.11	5.7000	100.00	0.00

债券信息
List of Bonds

债券
Bond

债券代码 Code	债券简称 Bond Name	发行数量(百万) Issued Vol(M)	年限 Terms	到期日 Expiration Date	票面利率(%) Coupon Rate(%)	本年收盘 Close	成交数量(万) Trading Vol(10000)
146073	小米 1 优 B	78.00	1.18	2018.08.10	6.3000	100.28	20.00
146074	小米 1 次 1	60.00	1.27	2018.09.12	8.0000	100.00	0.00
146075	PR 优 1	380.00	0.79	2018.03.15	5.3000	18.77	0.00
146076	中海优 2	310.00	1.55	2018.12.17	5.4000	100.00	0.00
146077	中海优 3	310.00	2.55	2019.12.16	5.3000	100.00	0.00
146078	中海次	200.00	3.68	2021.02.01	0.0000	100.00	0.00
146079	借呗 21A1	820.00	1.02	2018.06.15	5.7000	100.00	0.00
146080	借呗 21A2	80.00	1.02	2018.06.15	5.8000	100.00	0.00
146081	借呗 21B	100.00	1.02	2018.06.15	0.0000	100.00	0.00
146082	17 七热 01	71.00	0.23	2018.01.26	5.8000	100.00	0.00
146083	17 七热 02	75.00	1.24	2019.01.28	6.5000	100.00	0.00
146084	17 七热 03	79.00	2.22	2020.01.23	6.9000	100.00	0.00
146085	17 七热 04	84.00	3.23	2021.01.26	7.0000	100.00	0.00
146086	17 七热 05	91.00	4.23	2022.01.26	7.1000	100.00	0.00
146087	17 七热次	20.00	4.23	2022.01.26	0.0000	100.00	0.00
146088	17 亿燃 A1	20.00	0.50	2017.12.16	5.6000	100.00	10.00
146089	17 亿燃 A2	80.00	1.00	2018.06.16	6.2000	100.00	0.00
146090	17 亿燃 A3	100.00	1.50	2018.12.16	6.3000	100.00	60.00
146091	17 亿燃 A4	130.00	2.00	2019.06.16	6.5000	100.00	0.00
146092	17 亿燃 A5	120.00	2.50	2019.12.16	6.9000	100.00	0.00
146093	17 亿燃 A6	150.00	3.00	2020.06.16	7.2000	100.00	0.00
146094	八局优	2159.00	2.58	2019.12.20	5.0000	100.00	0.00
146095	17 亿燃 B	50.00	3.00	2020.06.16	0.0000	100.00	0.00
146096	花呗 22A1	1660.00	1.02	2018.06.14	5.6000	100.00	0.00
146097	花呗 22A2	94.00	1.02	2018.06.14	5.8000	100.00	0.00
146098	花呗 22B	246.00	1.02	2018.06.14	0.0000	100.00	0.00
146099	借呗 22A1	1640.00	1.03	2018.06.25	5.7000	100.00	0.00
146100	借呗 22A2	160.00	1.03	2018.06.25	5.8000	100.00	0.00
146101	借呗 22B	200.00	1.03	2018.06.25	0.0000	100.00	0.00
146102	花呗 23A1	2822.00	1.03	2018.06.21	5.7000	100.00	0.00
146103	花呗 23A2	160.00	1.03	2018.06.21	5.8000	100.00	0.00
146104	花呗 23B	418.00	1.03	2018.06.21	0.0000	102.64	100.00
146105	八局次 A	30.00	2.58	2019.12.20	6.0000	100.00	60.00
146106	八局次 B	210.00	4.58	2021.12.20	0.0000	100.61	420.00
146107	西部 1 优	925.00	1.00	2018.06.02	5.1000	100.00	0.00
146108	西部 1 次	76.00	1.00	2018.06.02	0.0000	100.00	0.00
146109	借呗 23A1	3280.00	1.03	2018.07.18	5.5000	100.09	220.00
146110	借呗 23A2	320.00	1.03	2018.07.18	5.7000	100.00	0.00
146111	借呗 23B	400.00	1.03	2018.07.18	0.0000	100.00	40.90
146112	花呗 24A1	1245.00	1.03	2018.06.26	5.7000	100.00	0.00
146113	花呗 24A2	71.00	1.03	2018.06.26	5.7000	100.00	0.00
146114	花呗 24B	185.00	1.03	2018.06.26	0.0000	100.00	0.00
146115	乌经开 01	73.00	1.00	2018.06.06	5.5000	100.00	0.00
146116	乌经开 02	77.00	2.00	2019.06.06	5.7000	100.00	0.00
146117	乌经开 03	81.00	3.00	2020.06.06	5.9000	100.00	0.00
146118	乌经开 04	86.00	4.00	2021.06.06	6.1000	100.00	0.00
146119	乌经开 05	87.00	5.00	2022.06.06	6.3000	100.00	0.00
146120	乌经开 06	84.00	6.00	2023.06.06	6.9000	100.00	0.00
146121	乌经开 07	82.00	7.00	2024.06.06	7.0000	100.00	0.00
146122	乌经开次	50.00	7.00	2024.06.06	0.0000	100.00	0.00

债券信息 List of Bonds

债券 Bond

债券代码 Code	债券简称 Bond Name	发行数量(百万) Issued Vol(M)	年限 Terms	到期日 Expiration Date	票面利率(%) Coupon Rate(%)	本年收盘 Close	成交数量(万) Trading Vol(10000)
146123	花呗 25A1	2158.00	1.03	2018.06.28	5.7000	99.82	670.00
146124	花呗 25A2	122.00	1.03	2018.06.28	5.8000	100.00	0.00
146125	花呗 25B	320.00	1.03	2018.06.28	0.0000	103.46	192.00
146126	花呗 26A1	2490.00	1.02	2018.06.29	5.7000	99.86	209.00
146127	花呗 26A2	141.00	1.02	2018.06.29	5.8000	100.00	0.00
146128	花呗 26B	369.00	1.02	2018.06.29	0.0000	100.00	0.00
146129	花呗 27A1	2490.00	1.03	2018.07.04	5.6500	100.00	1495.00
146130	花呗 27A2	141.00	1.03	2018.07.04	5.8000	100.00	0.00
146131	花呗 27B	369.00	1.03	2018.07.04	0.0000	103.42	314.00
146132	不动产 01	71.00	0.56	2017.12.31	5.1000	100.00	0.00
146133	不动产 02	81.00	1.56	2018.12.31	5.2000	100.00	0.00
146134	不动产 03	83.00	2.56	2019.12.31	5.3000	100.00	0.00
146135	不动产 04	65.00	3.56	2020.12.31	5.3500	100.00	0.00
146136	PR 郑 2A1	128.00	0.97	2018.05.29	5.6000	55.50	0.00
146137	郑银 2A2	170.00	1.97	2019.05.29	5.8000	100.00	0.00
146138	郑银 2A3	987.00	3.00	2020.06.09	6.2000	100.00	0.00
146139	17 京保 2A	552.00	0.54	2017.09.12	5.6000	100.00	137.00
146140	PR 京保 2B	48.00	0.54	2017.12.14	0.0000	13.81	0.00
146141	恒信七 A1	80.00	0.52	2017.10.12	4.8000	100.00	0.00
146142	PR 七 A2	1130.00	0.76	2018.04.02	4.8000	93.51	0.00
146143	恒信七 A3	89.00	1.28	2018.10.10	4.9000	100.00	0.00
146144	恒信七 A4	51.00	1.52	2019.01.04	4.9000	100.00	0.00
146145	恒信七 A5	242.00	1.76	2019.04.02	5.0000	100.00	0.00
146146	恒信七 A6	36.00	2.01	2019.07.03	5.1000	100.00	0.00
146147	恒信七 A7	238.00	2.28	2019.10.10	5.2000	100.00	0.00
146148	恒信七 A8	80.00	2.52	2020.01.07	5.3000	100.00	0.00
146149	恒信七 A9	1564.00	2.64	2020.02.20	5.3000	100.00	0.00
146150	恒信七 B	410.00	2.68	2020.03.03	5.6000	100.00	0.00
146151	恒信七次	522.00	3.44	2020.12.08	7.0000	100.00	0.00
146152	PR 京保 3A	552.00	0.54	2017.12.26	5.9000	1.26	284.05
146153	17 京保 3B	48.00	0.54	2017.12.26	0.0000	100.00	0.00
146154	17 京保 4A	552.00	0.53	2017.09.26	6.0000	100.09	20.00
146155	PR 京保 4B	48.00	0.53	2017.12.28	0.0000	11.22	0.00
146156	花呗 28A1	2075.00	1.02	2018.07.05	5.6000	99.72	1100.00
146157	花呗 28A2	118.00	1.02	2018.07.05	5.8000	100.00	0.00
146158	花呗 28B	308.00	1.02	2018.07.05	0.0000	103.35	221.70
146159	花呗 29A1	1660.00	1.03	2018.07.30	5.2900	99.98	200.00
146160	花呗 29A2	94.00	1.03	2018.07.30	5.5900	100.00	0.00
146161	花呗 29B	246.00	1.03	2018.07.30	0.0000	102.72	150.00
146162	PR 光胜 1A	5599.00	2.26	2019.09.26	4.0500	78.58	0.00
146163	光胜 1B	2028.00	2.51	2019.12.26	5.4000	100.00	0.00
146164	光胜 1 次	488.00	3.76	2021.03.26	0.0000	100.00	0.00
146165	PR 一 A	1730.00	0.79	2018.04.11	4.7000	28.10	0.00
146166	招信一 B	262.00	0.79	2018.04.11	5.4000	100.00	0.00
146167	招信一 C	250.00	1.04	2018.07.11	5.5000	100.00	0.00
146168	招信一次	534.00	2.30	2019.10.16	0.0000	100.00	0.00
146169	PR 德银 2A	185.00	1.19	2018.08.31	5.4000	47.08	0.00
146170	17 德银 2B	15.00	1.19	2018.08.31	5.6000	100.00	0.00
146171	德银 2 次	22.00	1.68	2019.02.28	0.0000	100.00	0.00
146172	PR 国租 A1	106.00	0.27	2017.09.25	6.0000	37.37	0.00

债券信息
List of Bonds

债券 Bond

债券代码 Code	债券简称 Bond Name	发行数量(百万) Issued Vol(M)	年限 Terms	到期日 Expiration Date	票面利率(%) Coupon Rate(%)	本年收盘 Close	成交数量(万) Trading Vol(10000)
146173	17 国租 A2	11.00	0.52	2017.12.25	6.4000	100.00	1.00
146174	17 国租 A3	17.00	0.52	2017.12.25	7.4000	100.00	0.00
146175	PR 国租 A4	42.00	0.76	2018.03.23	8.4000	69.28	54.60
146176	17 国租次	36.00	0.76	2018.03.23	0.0000	100.00	0.00
146177	华邦优 A	460.00	18.01	2035.10.26	6.0400	100.00	0.00
146178	华邦优 B	275.00	18.01	2035.10.26	6.0400	100.00	0.00
146179	华邦次	30.00	18.01	2035.10.26	0.0000	100.00	0.00
146180	PR 优 A	434.00	0.31	2017.10.18	5.5000	1.92	0.00
146181	安鑫优 B	95.00	0.31	2017.10.18	6.0000	100.00	0.00
146182	安鑫次	143.00	0.31	2017.10.18	0.0000	100.00	0.00
146183	17 鑫安 A1	2139.00	0.79	2018.04.12	4.2000	100.00	0.00
146184	17 鑫安 A2	527.00	1.52	2019.01.04	4.2300	100.00	0.00
146185	17 鑫安 A3	865.00	2.28	2019.10.08	4.4000	100.00	0.00
146186	17 鑫安 A4	1655.00	2.52	2020.01.03	4.5000	100.00	0.00
146187	17 鑫安 B	1504.00	2.52	2020.01.03	5.5000	100.00	0.00
146188	17 鑫安次	827.00	6.48	2023.12.22	0.0000	100.00	0.00
146190	17 华景 A2	55.00	1.44	2018.10.30	5.4000	100.00	0.00
146191	17 华景 A3	55.00	2.44	2019.10.30	5.4500	100.00	0.00
146192	17 华景 A4	40.00	3.44	2020.10.30	5.5000	100.00	0.00
146194	中泰 1 优 B	950.00	1.00	2018.09.08	4.8400	100.00	0.00
146195	中泰 1 次 B	50.00	1.00	2018.09.08	0.0000	100.00	0.00
146196	PR02A1	624.00	0.88	2018.04.30	5.7800	64.10	0.00
146197	天富 02A2	90.00	0.88	2018.04.30	8.2000	100.00	0.00
146198	天富 02 次	35.00	0.88	2018.04.30	0.0000	100.00	0.00
146199	借呗 24A1	2460.00	1.03	2018.07.23	5.4700	99.61	972.00
146200	借呗 24A2	240.00	1.03	2018.07.23	5.6500	100.00	0.00
146201	借呗 24B	300.00	1.03	2018.07.23	0.0000	103.06	152.04
146202	借呗 25A1	1722.00	1.03	2018.07.25	5.3500	99.98	20.00
146203	借呗 25A2	168.00	1.03	2018.07.25	5.6500	100.00	0.00
146204	借呗 25B	210.00	1.03	2018.07.25	0.0000	103.01	126.00
146205	东融 3 优	970.00	2.00	2019.07.14	4.9500	100.00	0.00
146206	东融 3 次	30.00	2.00	2019.07.14	0.0000	100.00	0.00
146207	德华优先	80.00	3.00	2020.06.06	6.0000	100.00	0.00
146208	德华次级	20.00	3.00	2020.06.06	0.0000	100.00	0.00
146209	PR 聚 02A1	660.00	0.93	2018.06.18	5.5400	41.50	0.00
146210	17 聚 02A2	790.00	2.43	2019.12.17	5.6900	100.50	60.00
146211	17 聚 02A3	290.00	3.43	2020.12.16	6.0000	100.00	0.00
146212	17 聚 02B1	105.00	3.68	2021.03.16	6.8000	100.00	0.00
146213	17 聚 02B2	30.00	3.93	2021.06.16	0.1000	100.00	0.00
146214	17 聚 02 次	184.00	4.68	2022.03.16	0.0000	100.00	0.00
146215	17 遵义 01	30.00	0.53	2017.12.26	4.8000	100.00	0.00
146216	17 遵义 02	45.00	1.03	2018.06.26	4.9000	100.00	0.00
146217	17 遵义 03	42.00	1.53	2018.12.26	5.0000	100.00	0.00
146218	17 遵义 04	45.00	2.03	2019.06.26	5.2000	100.00	0.00
146219	17 遵义 05	45.00	2.53	2019.12.26	5.4500	100.00	0.00
146220	17 遵义 06	50.00	3.04	2020.06.26	5.5000	100.00	0.00
146221	17 遵义 07	48.00	3.54	2020.12.26	5.5000	100.00	0.00
146222	17 遵义 08	53.00	4.04	2021.06.26	5.5000	100.00	0.00
146223	17 遵义 09	50.00	4.54	2021.12.26	5.5000	100.00	0.00
146224	17 遵义 10	57.00	5.04	2022.06.26	5.5000	100.00	0.00

债券信息 List of Bonds

债券 Bond

债券代码 Code	债券简称 Bond Name	发行数量(百万) Issued Vol(M)	年限 Terms	到期日 Expiration Date	票面利率(%) Coupon Rate(%)	本年收盘 Close	成交数量(万) Trading Vol(10000)
146225	G 武铁 01	47.00	0.50	2018.01.18	4.8000	100.00	0.00
146226	G 武铁 02	47.00	1.00	2018.07.18	4.8000	100.00	0.00
146227	G 武铁 03	54.00	1.50	2019.01.18	4.8000	100.00	0.00
146228	G 武铁 04	52.00	2.00	2019.07.18	4.8000	100.00	0.00
146229	G 武铁 05	59.00	2.50	2020.01.18	4.8000	100.00	0.00
146230	G 武铁 06	58.00	3.00	2020.07.18	4.8000	100.00	0.00
146231	G 武铁 07	65.00	3.51	2021.01.18	4.8000	100.00	0.00
146232	G 武铁 08	63.00	4.00	2021.07.18	4.8000	100.00	0.00
146233	G 武铁 09	70.00	4.51	2022.01.18	4.8000	100.00	0.00
146234	G 武铁 10	69.00	5.00	2022.07.18	5.2900	100.00	0.00
146235	G 武铁 11	76.00	5.51	2023.01.18	5.2900	100.00	0.00
146236	G 武铁 12	76.00	6.00	2023.07.18	5.2900	100.00	0.00
146237	G 武铁 13	84.00	6.51	2024.01.18	5.2900	100.00	0.00
146238	G 武铁 14	83.00	7.01	2024.07.18	5.2900	100.00	0.00
146239	G 武铁 15	91.00	7.51	2025.01.18	5.2900	100.00	0.00
146240	G 武铁 16	90.00	8.01	2025.07.18	5.2900	100.00	0.00
146241	G 武铁 17	99.00	8.51	2026.01.18	5.2900	100.00	0.00
146242	G 武铁 18	99.00	9.01	2026.07.18	5.2900	100.00	0.00
146243	G 武铁 19	109.00	9.51	2027.01.18	5.2900	100.00	0.00
146244	G 武铁 20	109.00	10.01	2027.07.18	5.2900	100.00	0.00
146245	花呗 30A1	3320.00	1.03	2018.08.01	5.2700	99.54	220.00
146246	花呗 30A2	188.00	1.03	2018.08.01	5.5500	100.00	0.00
146247	花呗 30B	492.00	1.03	2018.08.01	0.0000	102.71	432.00
146248	恒信 04 优	1568.00	5.86	2023.06.12	5.4000	100.00	0.00
146249	恒信 04 次	83.00	5.86	2023.06.12	0.0000	100.00	0.00
146250	PR01A1	120.00	1.25	2018.10.26	5.5000	77.92	0.00
146251	国药 01A2	122.00	2.25	2019.10.28	5.6000	100.00	0.00
146252	国药 01A3	115.00	3.25	2020.10.26	6.1000	100.00	31.00
146253	国药 01B1	41.00	3.50	2021.01.26	6.7000	100.71	93.00
146254	国药 01C1	26.00	3.75	2021.04.26	7.3000	100.00	26.00
146255	国药 01 次	75.00	3.75	2021.04.26	0.0000	100.00	0.00
146256	借呗 26A1	2544.00	1.03	2018.08.07	5.3500	99.52	320.00
146257	借呗 26A2	231.00	1.03	2018.08.07	5.6000	100.00	0.00
146258	借呗 26B	225.00	1.03	2018.08.07	0.0000	100.00	0.00
146259	花呗 31A1	3320.00	1.03	2018.08.08	5.2600	100.00	0.00
146260	花呗 31A2	188.00	1.03	2018.08.08	5.5500	100.00	0.00
146261	花呗 31B	492.00	1.03	2018.08.08	0.0000	102.59	300.00
146262	17 荣发 01	640.00	0.83	2018.05.26	5.9000	100.00	0.00
146263	17 荣发 02	570.00	1.83	2019.05.26	6.1000	99.36	50.00
146264	17 荣发 03	500.00	2.84	2020.05.26	6.4000	100.00	0.00
146265	17 荣发次	90.00	2.84	2020.05.26	0.0000	100.00	0.00
146266	PR 桥 01	42.00	0.50	2018.01.26	4.9900	26.67	0.00
146267	鄂黄桥 02	90.00	2.50	2020.01.26	5.4200	100.00	0.00
146268	鄂黄桥 03	110.00	4.50	2022.01.26	5.5000	100.00	0.00
146269	鄂黄桥 04	248.00	9.50	2027.01.26	6.0000	100.00	0.00
146270	鄂黄桥次	10.00	9.50	2027.01.26	0.0000	100.00	0.00
146271	PRA1	323.00	4.39	2021.12.15	6.3000	77.70	0.00
146272	PRA2	83.00	4.39	2021.12.15	6.5000	32.02	0.00
146273	科高次	25.00	4.39	2021.12.15	0.0000	100.00	0.00
146274	祥达 01A1	75.00	0.17	2017.09.28	6.5000	100.00	0.00

债券信息 List of Bonds

债券 Bond

债券代码 Code	债券简称 Bond Name	发行数量(百万) Issued Vol(M)	年限 Terms	到期日 Expiration Date	票面利率(%) Coupon Rate(%)	本年收盘 Close	成交数量(万) Trading Vol(10000)
146275	PRX01A2	47.00	0.67	2018.03.28	6.5000	18.00	0.00
146276	祥达 01B1	84.00	2.17	2019.09.28	6.7000	100.00	0.00
146277	祥达 01B2	26.00	2.42	2019.12.28	6.7000	100.00	0.00
146278	祥达 01C	12.00	3.92	2021.06.28	0.0000	100.00	0.00
146279	PR2A1	410.00	1.89	2019.07.20	6.2000	72.69	0.00
146280	汇金 2A2	60.00	2.14	2019.10.20	6.5000	100.00	0.00
146281	汇金 2A3	100.00	2.89	2020.07.20	6.8000	100.00	20.00
146282	汇金 2 次	70.00	2.89	2020.07.20	0.0000	100.00	0.00
146283	武夷优 01	400.00	3.00	2020.07.28	6.5000	100.00	260.00
146284	武夷优 02	350.00	4.00	2021.07.28	7.0000	100.00	50.00
146285	武夷优 03	250.00	4.50	2022.01.26	7.5000	100.00	40.00
146286	武夷次级	50.00	4.50	2022.01.26	0.0000	100.00	0.00
146287	东环 A1	25.00	0.33	2017.11.28	4.3000	100.00	0.00
146288	东环 A2	28.00	1.33	2018.11.28	4.4000	100.00	0.00
146289	东环 A3	28.00	2.33	2019.11.28	4.4550	100.00	0.00
146290	东环 A4	28.00	3.33	2020.11.28	4.4550	100.00	0.00
146291	东环 A5	28.00	4.33	2021.11.28	4.4550	100.00	0.00
146292	东环 A6	88.00	5.33	2022.11.28	4.4550	100.00	0.00
146293	东环 A7	89.00	6.33	2023.11.28	4.4550	100.00	0.00
146294	东环 A8	89.00	7.33	2024.11.28	4.4550	100.00	0.00
146295	东环 A9	90.00	8.33	2025.11.28	4.4550	100.00	0.00
146296	东环 A10	91.00	9.33	2026.11.28	4.4550	100.00	0.00
146297	东环 A11	92.00	10.33	2027.11.28	4.4550	100.00	0.00
146298	东环 A12	93.00	11.33	2028.11.28	4.4550	100.00	0.00
146299	东环 A13	94.00	12.33	2029.11.28	4.4550	100.00	0.00
146300	东环 A14	95.00	13.33	2030.11.28	4.4550	100.00	0.00
146301	东环 A15	96.00	14.33	2031.11.28	4.4550	100.00	0.00
146302	东环次	471.00	14.33	2031.11.28	0.0000	100.00	0.00
146303	G 绿园 01A	1104.00	1.00	2018.08.10	6.2000	100.00	600.00
146304	G 绿园 01B	75.00	1.00	2018.08.10	6.8000	100.00	0.00
146305	G 绿园 1 次	125.00	1.00	2018.08.10	0.0000	100.00	0.00
146306	17 临热 01	80.00	0.23	2018.01.23	5.7000	100.00	0.00
146307	17 临热 02	100.00	1.23	2019.01.23	6.0000	100.00	0.00
146308	17 临热 03	130.00	2.23	2020.01.23	6.4000	100.00	0.00
146309	17 临热 04	160.00	3.24	2021.01.25	6.6000	100.00	0.00
146310	17 临热 05	180.00	4.24	2022.01.25	6.7000	100.00	0.00
146311	17 临热 06	210.00	5.25	2023.01.30	6.8000	100.00	0.00
146312	17 临热次	50.00	5.25	2023.01.30	0.0000	100.00	0.00
146313	绿城优先	1500.00	3.00	2020.07.21	5.2900	100.00	0.00
146314	绿城次级	100.00	3.00	2020.07.21	0.0000	100.00	0.00
146315	小米 2 优 A	568.00	1.19	2018.10.17	5.4900	100.00	50.00
146316	小米 2 优 B	104.00	1.27	2018.11.12	6.1000	99.50	40.00
146317	小米 2 次 1	80.00	1.35	2018.12.12	6.5000	100.00	0.00
146318	PR 黄交 01	97.00	1.06	2018.08.26	5.6000	75.00	0.00
146319	黄公交 02	102.00	2.06	2019.08.26	5.6000	100.00	0.00
146320	黄公交 03	108.00	3.07	2020.08.26	6.1700	100.00	0.00
146321	黄公交 04	114.00	4.07	2021.08.26	6.4000	100.00	0.00
146322	黄公交 05	118.00	5.07	2022.08.26	6.6000	100.00	0.00
146323	黄公交 06	126.00	6.07	2023.08.26	6.6000	100.00	0.00
146324	黄公交 07	135.00	7.07	2024.08.26	6.6000	100.00	0.00

债券信息 List of Bonds

债券 Bond

债券代码 Code	债券简称 Bond Name	发行数量(百万) Issued Vol(M)	年限 Terms	到期日 Expiration Date	票面利率(%) Coupon Rate(%)	本年收盘 Close	成交数量(万) Trading Vol(10000)
146325	黄公交次	40.00	7.07	2024.08.26	0.0000	100.00	0.00
146326	G 桑德优	768.00	9.41	2027.01.18	6.5000	100.00	0.00
146327	G 桑德次	52.00	9.41	2027.01.18	0.0000	100.00	0.00
146328	借呗 27A1	3392.00	1.03	2018.08.20	5.3000	99.39	310.00
146329	借呗 27A2	308.00	1.03	2018.08.20	5.5600	100.00	0.00
146330	借呗 27B	300.00	1.03	2018.08.20	0.0000	100.00	0.00
146331	青兰路 01	198.00	0.53	2018.02.20	5.9000	100.00	0.00
146332	青兰路 02	208.00	1.53	2019.02.20	6.1000	100.00	0.00
146333	青兰路 03	219.00	2.53	2020.02.20	6.3500	100.00	0.00
146334	青兰路 04	231.00	3.54	2021.02.20	6.8000	100.00	0.00
146335	青兰路 05	244.00	4.54	2022.02.20	6.9000	100.00	0.00
146336	青兰路次	50.00	4.54	2022.02.20	0.0000	100.00	0.00
146337	PR 京美 A	134.00	2.57	2020.02.20	6.3500	36.77	34.20
146338	京美优 B	27.00	2.57	2020.02.20	9.0000	100.00	0.00
146339	京美次 1	4.00	2.57	2020.02.20	10.0000	100.00	0.00
146340	京美次 2	25.00	2.57	2020.02.20	0.0000	100.00	0.00
146341	PR1A1	1400.00	0.44	2018.01.19	5.2500	62.89	0.00
146342	恒通 1A2	640.00	0.92	2018.07.12	5.3000	100.00	0.00
146343	恒通 1A3	610.00	1.27	2018.11.19	5.5000	100.00	0.00
146344	恒通 1A4	430.00	1.93	2019.07.18	5.5500	100.00	0.00
146345	恒通 1B	700.00	2.12	2019.09.24	5.8000	100.00	0.00
146346	恒通 1 次	617.00	4.68	2022.04.15	0.0000	100.00	0.00
146347	借呗 28A1	3392.00	1.03	2018.08.29	5.3400	99.49	170.00
146348	借呗 28A2	308.00	1.03	2018.08.29	5.5600	100.00	0.00
146349	借呗 28B	300.00	1.03	2018.08.29	0.0000	102.23	225.00
146350	借呗 29A1	2544.00	1.03	2018.09.03	5.2800	100.00	0.00
146351	借呗 29A2	231.00	1.03	2018.09.03	5.5600	100.00	0.00
146352	借呗 29B	225.00	1.03	2018.09.03	0.0000	102.63	168.00
146354	PR3A2	240.00	0.20	2017.10.20	5.4000	75.33	0.00
146355	PR3A3	170.00	0.45	2018.01.20	5.5500	49.85	0.00
146356	海亮 3A4	245.00	0.70	2018.04.20	5.8000	100.00	0.00
146357	海亮 3A5	170.00	0.95	2018.07.20	6.0000	100.00	0.00
146358	海亮 3A6	250.00	1.20	2018.10.20	6.0000	100.00	50.00
146359	海亮 3A7	175.00	1.45	2019.01.20	6.1000	100.00	0.00
146360	海亮 3A8	260.00	1.70	2019.04.20	6.1500	100.00	0.00
146361	海亮 3A9	180.00	1.95	2019.07.20	6.2500	100.00	0.00
146362	海亮 3A10	200.00	2.20	2019.10.20	6.3000	100.00	0.00
146363	海亮 3B1	200.00	2.45	2020.01.20	6.3500	100.00	0.00
146364	海亮 3B2	140.00	2.70	2020.04.20	6.3500	100.00	0.00
146365	海亮 3B3	95.00	2.95	2020.07.20	6.3500	100.00	0.00
146366	海亮 3B4	105.00	3.20	2020.10.20	6.3500	100.00	0.00
146367	海亮 3B5	44.00	3.45	2021.01.20	6.3500	100.00	0.00
146368	海亮 3 次	146.00	4.37	2021.12.20	0.0000	100.00	0.00
146369	花呗 32A1	1660.00	1.03	2018.08.28	5.2000	100.00	0.00
146370	花呗 32A2	94.00	1.03	2018.08.28	5.5400	100.00	0.00
146371	花呗 32B	246.00	1.03	2018.08.28	0.0000	102.24	107.70
146372	保利 17 优	3500.00	11.36	2029.01.20	4.8800	100.00	0.00
146373	保利优 A	810.00	17.73	2035.04.30	4.9800	100.00	0.00
146374	保利优 B	810.00	17.73	2035.04.30	5.4000	100.00	0.00
146375	保利次级	1.00	17.73	2035.04.30	0.0000	100.00	0.00

债券信息 List of Bonds

债券代码 Code	债券简称 Bond Name	发行数量(百万) Issued Vol(M)	年限 Terms	到期日 Expiration Date	票面利率(%) Coupon Rate(%)	本年收盘 Close	成交数量(万) Trading Vol(10000)
146376	PR 远东 2A	2850.00	3.45	2021.01.26	5.5600	89.09	0.00
146377	17 远东 2B	351.00	4.19	2021.10.26	6.9500	100.27	20.00
146378	17 远东 2C	201.00	4.94	2022.07.26	0.0000	100.00	0.00
146379	17 自如优	450.00	1.93	2019.07.19	5.3900	100.00	0.00
146380	PR 平安 1A	2385.00	2.71	2020.05.15	5.5000	72.22	0.00
146381	17 平安 1B	330.00	3.71	2021.05.14	6.5000	100.00	176.00
146382	南三优 01	68.00	0.15	2017.10.15	6.0000	100.00	0.00
146383	南三优 02	102.00	0.40	2018.01.15	6.1000	100.00	0.00
146384	南三优 03	70.00	0.65	2018.04.15	6.2000	100.00	0.00
146385	南三优 04	104.00	0.90	2018.07.15	6.4000	100.00	0.00
146386	南三优 05	71.00	1.15	2018.10.15	6.5000	100.00	0.00
146387	南三优 06	90.00	1.40	2019.01.15	6.6000	100.00	0.00
146388	南三优过	113.00	1.40	2019.01.15	6.9000	100.00	0.00
146389	南三次优	87.00	3.41	2021.01.15	7.2000	100.00	0.00
146390	南三次级	166.00	3.41	2021.01.15	0.0000	100.00	0.00
146391	融鑫 A1	287.00	0.96	2018.08.01	5.5000	100.00	0.00
146392	17 沣西 01	18.00	0.39	2018.01.26	5.8700	100.00	0.00
146393	17 沣西 02	18.00	1.40	2019.01.28	6.0700	100.00	0.00
146394	17 沣西 03	19.00	2.41	2020.02.03	6.2700	100.00	0.00
146395	17 沣西 04	20.00	3.39	2021.01.26	6.5700	100.00	0.00
146396	17 沣西 05	20.00	4.39	2022.01.26	6.8700	100.00	0.00
146397	17 沣西次	5.00	4.39	2022.01.26	0.0000	100.00	0.00
146398	泰禾优 A	720.00	2.00	2019.08.04	6.5000	98.73	320.00
146399	泰禾优 B	780.00	2.00	2019.08.04	7.0000	101.51	1013.00
146400	泰禾次	79.00	2.00	2019.08.04	0.0000	100.00	0.00
146401	PR1A	477.00	0.52	2017.12.18	5.1000	4.16	0.00
146402	PR1B	33.00	0.58	2018.03.16	5.2000	24.79	0.00
146403	有钱花 1C	26.00	0.67	2018.04.18	6.1000	100.00	0.00
146404	有钱花 1D	39.00	0.75	2018.05.17	6.5000	100.00	0.00
146405	有钱花 1E	77.00	2.00	2019.08.16	0.0000	100.00	0.00
146406	PR 一 A1	690.00	0.55	2018.04.03	4.9000	49.80	0.00
146407	君诚一 A2	1110.00	1.69	2019.05.24	5.0000	100.00	0.00
146408	君诚一 A3	1155.00	2.21	2019.11.29	5.1000	100.00	0.00
146409	君诚一 B	334.00	2.37	2020.01.29	5.2000	100.00	0.00
146410	君诚一次	664.00	4.73	2022.06.07	0.0000	100.00	0.00
146411	创富 4A1	76.00	0.16	2017.10.26	5.8000	100.00	9.00
146412	创富 4A2	25.00	0.40	2018.01.23	6.0000	100.00	0.00
146413	创富 4A3	11.00	0.65	2018.04.24	6.2000	100.00	0.00
146414	创富 4A4	12.00	0.88	2018.07.19	6.3000	100.00	12.00
146415	创富 4A5	12.00	1.15	2018.10.25	6.4000	100.00	12.00
146416	创富 4A6	11.00	1.40	2019.01.24	6.5000	100.00	11.00
146417	创富 4 次	28.00	2.31	2019.12.20	0.0000	100.00	0.00
146421	借呗 31A1	2205.00	1.03	2018.09.05	5.3800	100.00	0.00
146422	借呗 31A2	200.00	1.03	2018.09.05	5.5600	100.00	0.00
146423	借呗 31B	195.00	1.03	2018.09.05	0.0000	101.80	39.00
146424	PR 惠金 01	500.00	0.56	2018.03.21	5.2000	67.20	0.00
146425	PR 易鑫 A	1870.00	2.03	2019.09.02	5.5900	75.43	0.00
146426	17 易鑫 B	220.00	2.28	2019.12.02	6.9500	100.00	400.00
146427	17 易鑫次	117.00	3.03	2020.09.02	0.0000	100.00	0.00
146428	花呗 33A1	3360.00	1.02	2018.09.06	5.2700	100.00	0.00

债券信息
List of Bonds

债券
Bond

债券代码 Code	债券简称 Bond Name	发行数量(百万) Issued Vol(M)	年限 Terms	到期日 Expiration Date	票面利率(%) Coupon Rate(%)	本年收盘 Close	成交数量(万) Trading Vol(10000)
146429	花呗 33A2	260.00	1.02	2018.09.06	5.6000	100.00	0.00
146430	花呗 33B	380.00	1.02	2018.09.06	0.0000	101.99	227.70
146437	PR 海洋 A1	254.00	0.81	2018.06.26	5.6000	51.30	0.00
146438	17 海洋 A2	181.00	1.81	2019.06.26	5.6000	100.00	0.00
146439	17 海洋 B	100.00	2.81	2020.06.26	6.3500	100.00	0.00
146440	17 海洋次	69.00	4.81	2022.06.26	0.0000	100.00	0.00
146441	金坤 2 优 A	305.00	3.00	2020.08.18	6.5000	100.00	65.00
146442	金坤 2 优 B	178.00	3.00	2020.08.18	7.5000	100.00	30.00
146443	金坤 2 次	26.00	3.00	2020.08.18	0.0000	100.00	0.00
146444	王晁 01	25.00	0.25	2017.12.06	6.1000	100.00	0.00
146445	王晁 02	28.00	0.50	2018.03.06	6.1000	100.00	0.00
146446	王晁 03	30.00	0.75	2018.06.06	6.2000	100.00	0.00
146447	王晁 04	30.00	1.00	2018.09.06	6.2000	100.00	0.00
146448	王晁 05	27.00	1.25	2018.12.06	6.3000	100.00	17.00
146449	王晁 06	33.00	1.50	2019.03.06	6.3000	100.00	0.00
146450	王晁 07	33.00	1.75	2019.06.06	6.5000	100.00	33.00
146451	王晁 08	33.00	2.00	2019.09.06	6.7000	100.00	0.00
146452	王晁 09	29.00	2.25	2019.12.06	6.8000	100.00	0.00
146453	王晁 10	34.00	2.50	2020.03.06	6.9000	100.00	0.00
146454	王晁 11	34.00	2.75	2020.06.06	7.0000	100.00	0.00
146455	王晁 12	34.00	3.00	2020.09.06	7.1000	100.00	0.00
146456	王晁次级	20.00	3.00	2020.09.06	0.0000	100.00	0.00
146466	花呗 36A1	3360.00	1.02	2018.09.21	5.3000	100.00	0.00
146467	花呗 36A2	260.00	1.02	2018.09.21	5.6000	100.00	0.00
146468	花呗 36B	380.00	1.02	2018.09.21	0.0000	100.00	79.00
146469	花呗 37A1	3360.00	1.03	2018.09.28	5.3000	99.77	20.00
146470	花呗 37A2	260.00	1.03	2018.09.28	5.6000	100.00	0.00
146471	花呗 37B	380.00	1.03	2018.09.28	0.0000	100.00	85.50
146478	17 阗燃 01	100.00	1.15	2018.10.30	5.5000	100.00	0.00
146479	17 阗燃 02	100.00	2.15	2019.10.30	5.6000	100.00	0.00
146480	17 阗燃 03	100.00	3.15	2020.10.30	5.9000	100.00	0.00
146481	17 阗燃 04	100.00	4.15	2021.10.30	6.4500	100.00	0.00
146482	17 阗燃 05	100.00	5.15	2022.10.30	6.6000	101.78	130.00
146483	17 阗燃次	25.00	5.15	2022.10.30	0.0000	100.00	0.00
146490	金地优 1	23.00	0.78	2018.06.11	5.3000	100.00	0.00
146491	金地优 2	35.00	1.78	2019.06.10	5.4000	100.00	0.00
146492	金地优 3	44.00	2.78	2020.06.10	5.7400	100.00	0.00
146493	金地优 4	45.00	3.78	2021.06.10	5.7400	100.00	0.00
146494	金地优 5	55.00	4.78	2022.06.10	5.7400	100.00	0.00
146495	金地优 6	57.00	5.78	2023.06.12	5.7400	100.00	0.00
146496	金地优 7	69.00	6.78	2024.06.10	5.7400	100.00	0.00
146497	金地优 8	72.00	7.78	2025.06.10	5.7400	100.00	0.00
146498	金地次	20.00	7.78	2025.06.10	0.0000	100.00	0.00
146499	PR 诚 02A1	170.00	0.81	2018.06.26	5.6000	32.19	0.00
146500	诚泰 02A2	148.00	1.81	2019.06.26	5.8500	100.00	20.00
146501	诚泰 02A3	115.00	3.06	2020.09.26	6.3000	100.00	20.50
146502	诚泰 02B	38.00	3.31	2020.12.26	6.8000	100.00	0.00
146503	诚泰 02 次	81.00	4.56	2022.03.26	0.0000	100.00	0.00
146507	小米 3 优 A	355.00	1.01	2018.09.12	5.5000	100.00	0.00
146508	小米 3 优 B	65.00	1.18	2018.11.12	6.1500	100.00	0.00

债券信息 List of Bonds

债券 Bond

债券代码 Code	债券简称 Bond Name	发行数量(百万) Issued Vol(M)	年限 Terms	到期日 Expiration Date	票面利率(%) Coupon Rate(%)	本年收盘 Close	成交数量(万) Trading Vol(10000)
146509	小米 3 次 1	50.00	1.26	2018.12.12	6.7000	100.00	0.00
146510	G 通水 01	24.00	0.92	2018.08.15	5.3000	100.00	0.00
146511	G 通水 02	28.00	1.92	2019.08.15	5.4000	100.00	0.00
146512	G 通水 03	34.00	2.92	2020.08.15	5.8000	100.00	0.00
146513	G 通水 04	38.00	3.92	2021.08.15	6.0000	100.00	0.00
146514	G 通水 05	44.00	4.92	2022.08.15	6.3000	100.00	0.00
146515	G 通水 06	50.00	5.92	2023.08.15	6.3000	100.00	0.00
146516	G 通水 07	55.00	6.92	2024.08.15	6.3000	100.00	0.00
146517	G 通水 08	62.00	7.92	2025.08.15	6.3000	100.00	0.00
146518	G 通水 09	69.00	8.92	2026.08.15	6.3000	100.00	0.00
146519	G 通水 10	76.00	9.92	2027.08.15	6.3000	100.00	0.00
146520	G 通水次	30.00	9.92	2027.08.15	0.0000	100.00	0.00
146521	番雅优 01	910.00	3.00	2020.09.01	5.7500	100.00	0.00
146522	番雅优 02	147.00	3.00	2020.09.01	6.5600	100.00	0.00
146523	番雅次级	55.00	3.00	2020.09.01	0.0000	100.00	0.00
146524	PR1A1	270.00	0.78	2018.06.27	5.6000	26.42	0.00
146525	金石 1A2	285.00	2.37	2020.01.27	6.1000	100.06	30.00
146526	金石 1B	45.00	2.37	2020.01.27	6.5000	100.00	0.00
146527	金石 1 次	155.00	4.87	2022.07.27	0.0000	100.00	0.00
146528	PR 奥 5A1	129.00	0.62	2018.04.28	5.3000	36.44	0.00
146529	奥租 5A2	86.00	1.62	2019.04.28	5.5000	100.00	0.00
146530	PR 奥 5A4	114.00	2.88	2020.07.28	5.9000	80.25	0.00
146531	奥租 5A3	63.00	2.63	2020.04.28	5.7000	100.00	0.00
146532	奥租 5B	68.00	3.63	2021.04.28	6.5000	100.00	0.00
146534	春申 1 优	2850.00	0.83	2018.07.20	4.9900	100.00	0.00
146535	春申 1 次	150.00	0.83	2018.07.20	0.0000	100.00	0.00
146536	南汽 01	60.00	1.04	2018.10.13	5.7500	100.00	0.00
146537	南汽 02	60.00	2.04	2019.10.13	5.7500	100.00	0.00
146538	南汽 03	60.00	3.04	2020.10.13	5.7500	100.00	0.00
146539	南汽 04	60.00	4.04	2021.10.13	5.7500	100.00	0.00
146540	南汽 05	60.00	5.04	2022.10.13	5.7500	100.00	0.00
146541	南汽次级	38.00	5.04	2022.10.13	0.0000	100.00	0.00
146542	PR 百新 1A	340.00	2.03	2019.09.30	5.5000	64.05	0.00
146543	百新 1B	24.00	2.19	2019.11.29	7.0000	100.00	0.00
146544	百新 1C	36.00	2.19	2019.11.29	0.0000	100.00	0.00
146545	17 水总 01	19.00	3.00	2020.09.21	4.9100	100.00	0.00
146546	17 水总 02	11.00	3.00	2020.09.21	6.5800	100.00	0.00
146547	17 水总 03	11.00	3.00	2020.09.21	7.5800	100.00	0.00
146548	17 水总 04	35.00	3.00	2020.09.21	7.6500	100.00	0.00
146549	17 水总次	35.00	3.00	2020.09.21	0.0000	100.00	0.00
146550	美凯龙 1A	1350.00	18.02	2035.09.24	5.0000	100.00	0.00
146551	美凯龙 1B	1050.00	18.02	2035.09.24	6.2000	99.73	170.00
146552	恒汇 1A1	1086.00	0.30	2018.01.18	5.2000	100.00	0.00
146553	恒汇 1A2	2303.00	1.30	2019.01.18	5.2500	100.00	0.00
146554	恒汇 1A3	1002.00	1.81	2019.07.21	5.5000	100.00	0.00
146555	恒汇 1A4	463.00	2.07	2019.10.26	5.5500	100.00	0.00
146556	恒汇 1 次	255.00	2.81	2020.07.21	0.0000	100.00	0.00
146557	借呗 35A1	848.00	1.05	2018.10.17	5.5000	100.00	0.00
146558	借呗 35A2	77.00	1.05	2018.10.17	5.6000	100.00	0.00
146559	借呗 35B	75.00	1.05	2018.10.17	0.0000	100.00	0.00

债券信息
List of Bonds

债券
Bond

债券代码 Code	债券简称 Bond Name	发行数量(百万) Issued Vol(M)	年限 Terms	到期日 Expiration Date	票面利率(%) Coupon Rate(%)	本年收盘 Close	成交数量(万) Trading Vol(10000)
146572	借呗 39A1	3392.00	1.02	2018.11.01	5.4000	100.00	0.00
146573	借呗 39A2	308.00	1.02	2018.11.01	5.6000	100.00	0.00
146574	借呗 39B	300.00	1.02	2018.11.01	0.0000	100.00	35.00
146581	17 红博 01	60.00	1.00	2018.09.30	6.2000	100.00	0.00
146582	17 红博 02	70.00	2.00	2019.09.30	6.4500	100.00	0.00
146583	17 红博 03	80.00	3.01	2020.09.30	6.5500	100.00	0.00
146584	17 红博 04	90.00	4.01	2021.09.30	6.6000	100.00	0.00
146585	17 红博 05	100.00	5.01	2022.09.30	6.6000	100.00	0.00
146586	17 红博 06	110.00	6.01	2023.09.30	6.7000	100.00	0.00
146587	17 红博 07	120.00	7.01	2024.09.30	7.5000	100.00	0.00
146588	17 红博 08	130.00	8.01	2025.09.30	7.5000	100.00	0.00
146589	17 红博 09	140.00	9.01	2026.09.30	7.5000	100.00	0.00
146590	17 红博次	50.00	9.01	2026.09.30	0.0000	100.00	0.00
146591	融鑫 2	178.00	0.97	2018.09.19	5.3500	100.00	0.00
146592	光谷 A1	35.00	0.30	2018.01.28	5.2000	100.00	0.00
146593	光谷 A2	112.00	0.30	2018.01.28	5.6500	100.00	0.00
146594	光谷 A3	110.00	0.79	2018.07.28	5.6500	100.00	0.00
146595	光谷 A4	93.00	1.30	2019.01.28	5.7500	100.00	0.00
146596	光谷 B1	140.00	1.79	2019.07.28	6.0000	100.00	0.00
146597	光谷 B2	30.00	2.30	2020.01.28	6.5000	100.00	0.00
146598	光谷 C1	185.00	2.80	2020.07.28	7.0000	100.00	0.00
146599	光谷 C2	15.00	3.30	2021.01.28	7.2000	100.00	0.00
146600	光谷 D	181.00	3.80	2021.07.28	8.0000	100.00	0.00
146601	光谷次级	100.00	4.35	2022.02.16	0.0000	100.00	0.00
146602	上实 6A1	269.00	0.34	2018.01.30	5.7000	100.00	0.00
146603	上实 6A2	351.00	0.83	2018.07.30	5.8000	100.00	0.00
146604	上实 6A3	268.00	1.34	2019.01.30	6.0000	100.00	0.00
146605	上实 6A4	360.00	1.83	2019.07.30	6.3000	100.00	86.00
146606	上实 6A5	621.00	2.34	2020.01.30	6.5000	100.00	25.00
146607	上实 6A6	390.00	2.84	2020.07.30	6.7000	99.98	124.00
146608	上实 6B	393.00	2.84	2020.07.30	7.2000	100.00	39.00
146609	上实 6 次	378.00	2.84	2020.07.30	0.0000	100.00	0.00
146611	厦工院 02	98.00	1.04	2018.11.07	5.7500	100.00	0.00
146612	厦工院 03	100.00	2.04	2019.11.07	5.9500	100.00	0.00
146613	厦工院 04	108.00	3.04	2020.11.07	6.7000	100.00	108.00
146614	厦工院 05	116.00	4.04	2021.11.07	6.8000	100.00	0.00
146615	厦工院 06	125.00	5.04	2022.11.07	6.9000	100.00	0.00
146616	17 畅星 01	1368.00	5.00	2022.09.13	5.7000	100.00	0.00
146617	17 畅星 02	432.00	5.00	2022.09.13	6.1000	100.00	0.00
146618	17 畅星次	850.00	5.00	2022.09.13	0.0000	100.00	0.00
146621	首开优先	2910.00	3.00	2020.09.28	5.3400	100.00	0.00
146622	首开次级	90.00	3.00	2020.09.28	0.0000	100.00	0.00
146626	顺丰 1A	382.00	2.50	2020.04.18	5.8000	100.00	0.00
146627	顺丰 1B	23.00	2.50	2020.04.18	6.7000	100.00	0.00
146628	顺丰 1 次	45.00	4.50	2022.04.18	0.0000	100.00	0.00
146629	聚元 2A1	282.00	0.49	2018.03.07	4.6500	100.00	0.00
146630	聚元 2A2	77.00	0.89	2018.07.31	4.7000	100.00	0.00
146631	聚元 2A3	98.00	0.96	2018.08.24	4.8000	100.00	0.00
146632	聚元 2A4	353.00	0.98	2018.08.30	4.8000	100.00	0.00
146633	聚元 2A5	191.00	0.99	2018.09.03	4.8000	100.00	0.00

债券信息
List of Bonds

债券代码 Code	债券简称 Bond Name	发行数量(百万) Issued Vol(M)	年限 Terms	到期日 Expiration Date	票面利率(%) Coupon Rate(%)	本年收盘 Close	成交数量(万) Trading Vol(10000)
146634	小米 4 优 A	355.00	1.38	2019.03.12	5.5600	100.00	0.00
146635	小米 4 优 B	65.00	1.38	2019.03.12	6.0500	100.00	0.00
146636	小米 4 次 1	50.00	1.38	2019.03.12	7.0000	100.00	0.00
146637	汇通 11A1	310.00	0.25	2018.01.27	5.4000	100.00	0.00
146638	汇通 11A2	140.00	0.50	2018.04.27	5.5000	100.00	0.00
146639	汇通 11A3	125.00	0.75	2018.07.27	5.5000	100.00	0.00
146640	汇通 11A4	115.00	1.00	2018.10.27	5.5500	100.00	0.00
146641	汇通 11A5	115.00	1.25	2019.01.27	5.6500	100.00	0.00
146642	汇通 11A6	115.00	1.50	2019.04.27	5.7500	100.00	0.00
146643	汇通 11A7	98.00	1.75	2019.07.27	5.8000	100.00	0.00
146644	汇通 11A8	66.00	2.00	2019.10.27	6.2000	100.33	60.00
146645	汇通 11B	176.00	2.75	2020.07.27	10.0000	100.00	0.00
146646	德盈 01	476.00	0.97	2018.10.12	4.7600	100.00	0.00
146656	借呗 44A1	2205.00	1.02	2018.11.15	5.6000	100.00	0.00
146657	借呗 44A2	200.00	1.02	2018.11.15	5.7000	100.00	0.00
146658	借呗 44B	195.00	1.02	2018.11.15	0.0000	100.00	0.00
146662	唯品花 2A	390.00	1.29	2019.02.03	5.7500	100.00	0.00
146663	唯品花 2B	85.00	1.29	2019.02.03	6.1800	100.00	0.00
146665	17 远东 3A	2965.00	3.50	2021.04.26	5.4500	100.00	0.00
146666	17 远东 3B	445.00	4.50	2022.04.26	6.9500	99.50	120.00
146667	17 远东 3C	205.00	5.00	2022.10.26	0.0000	100.00	0.00
146677	花呗 46A1	2213.00	1.03	2018.11.21	5.7000	100.00	60.00
146678	花呗 46A2	75.00	1.03	2018.11.21	5.7700	100.00	0.00
146679	花呗 46B	213.00	1.03	2018.11.21	0.0000	100.00	0.00
146692	PR 华铁 1A	482.00	1.40	2019.03.28	6.3500	60.46	0.00
146693	华铁 1B	98.00	2.16	2019.12.28	7.3000	100.00	0.00
146694	华铁 1C	40.00	2.41	2020.03.28	7.5000	100.00	0.00
146695	华铁 1 次	142.00	2.41	2020.03.28	0.0000	100.00	0.00
146700	复地 17A	2000.00	18.01	2035.11.03	5.7000	100.11	100.00
146701	复地 17B	1200.00	18.01	2035.11.03	6.0000	100.00	0.00
146702	复地 17C	170.00	18.01	2035.11.03	0.0000	100.00	0.00
146703	苏银 1 号	190.00	0.99	2018.11.01	5.0100	100.00	0.00
146704	宁远 01A1	1210.00	0.12	2017.12.25	4.3000	99.96	10.00
146705	PR01A2	1000.00	0.37	2018.03.25	4.8000	94.11	0.00
146706	宁远 01A3	850.00	0.62	2018.06.25	4.9000	100.00	0.00
146707	宁远 01A4	840.00	0.87	2018.09.25	5.0000	100.00	0.00
146708	宁远 01A5	660.00	1.12	2018.12.25	5.1000	98.93	20.00
146709	宁远 01A6	1075.00	1.37	2019.03.25	5.1500	98.82	100.00
146710	宁远 01 次	106.00	1.37	2019.03.25	0.0000	100.00	0.00
146712	借呗 45A1	2459.00	1.03	2018.11.19	5.7000	100.01	60.00
146713	借呗 45A2	223.00	1.03	2018.11.19	5.8000	100.00	0.00
146714	借呗 45B	218.00	1.03	2018.11.19	0.0000	100.01	300.00
146720	17 易鑫 4A	1282.00	1.97	2019.11.04	5.5000	100.00	0.00
146721	17 易鑫 4B	153.00	2.22	2020.02.03	6.9000	100.00	0.00
146722	17 易鑫 4C	90.00	2.47	2020.05.04	0.0000	100.00	0.00
146723	17 花 01A1	2213.00	1.03	2018.11.21	5.7000	99.96	100.00
146724	17 花 01A2	75.00	1.03	2018.11.21	5.7100	100.00	0.00
146725	17 花 01B	213.00	1.03	2018.11.21	0.0000	100.00	0.00
146726	17 花 02A1	3540.00	1.03	2018.12.03	5.9000	99.96	1150.00
146727	17 花 02A2	120.00	1.03	2018.12.03	6.1000	100.00	0.00

债券信息 List of Bonds

债券代码 Code	债券简称 Bond Name	发行数量(百万) Issued Vol(M)	年限 Terms	到期日 Expiration Date	票面利率(%) Coupon Rate(%)	本年收盘 Close	成交数量(万) Trading Vol(10000)
146728	17花02B	340.00	1.03	2018.12.03	0.0000	100.00	0.00
146744	海融1优	1900.00	1.50	2019.05.17	5.2000	100.00	0.00
146745	海融1次	100.00	1.50	2019.05.17	0.0000	100.00	0.00
146748	恒信八A1	1130.00	0.32	2018.03.12	5.3000	100.00	0.00
146749	恒信八A2	744.00	0.38	2018.04.03	5.4000	100.00	0.00
146750	恒信八A3	159.00	0.63	2018.07.04	5.5000	100.00	0.00
146751	恒信八A4	195.00	0.90	2018.10.11	5.5000	100.00	0.00
146752	恒信八A5	68.00	1.39	2019.04.09	4.9000	100.00	0.00
146753	恒信八A6	193.00	1.63	2019.07.04	4.9000	100.00	0.00
146754	恒信八A7	154.00	1.90	2019.10.10	4.9000	100.00	0.00
146755	恒信八A8	104.00	2.14	2020.01.07	5.0000	100.00	0.00
146756	恒信八A9	623.00	2.26	2020.02.21	5.0000	100.00	0.00
146757	恒信八B	338.00	2.26	2020.02.21	5.0000	100.00	0.00
146758	恒信八次	489.00	2.35	2020.03.23	7.0000	100.00	0.00
146759	长虹优A	581.00	3.00	2020.11.03	5.4400	100.00	0.00
146760	长虹优B	68.00	3.00	2020.11.03	5.5300	100.00	0.00
146761	长虹优C	352.00	3.00	2020.11.03	6.1600	100.00	0.00
146762	长虹次级	53.00	3.00	2020.11.03	0.0000	100.00	0.00
146763	天风17A1	420.00	0.17	2018.01.22	5.2000	100.00	0.00
146764	天风17A2	170.00	0.92	2018.10.22	5.6000	100.00	0.00
146765	天风17A3	126.00	2.17	2020.01.21	6.0000	100.00	0.00
146766	天风17B	55.00	2.17	2020.01.21	8.5000	100.00	0.00
146767	天风17次	123.00	2.17	2020.01.21	0.0000	100.00	0.00
146768	京农1A	445.00	0.67	2018.07.26	5.9000	100.00	0.00
146769	京农1B	50.00	0.67	2018.07.26	6.5000	100.00	0.00
146770	京农1中	55.00	0.67	2018.07.26	0.0000	100.00	0.00
146771	京农1次	30.00	0.67	2018.07.26	0.0000	100.00	0.00
146772	宁海A1	252.00	0.55	2018.06.01	5.4600	100.00	0.00
146773	宁海A2	439.00	1.05	2018.12.01	5.5000	100.00	0.00
146774	宁海A3	313.00	1.55	2019.06.01	5.6600	100.00	0.00
146775	宁海A4	117.00	2.05	2019.12.01	5.7000	100.00	0.00
146776	宁海A5	59.00	2.55	2020.06.01	5.8000	100.00	0.00
146777	宁海次级	70.00	2.55	2020.06.01	0.0000	100.00	0.00
146781	天津住A1	520.00	0.52	2018.05.28	5.4000	100.00	0.00
146782	天津住A2	90.00	1.02	2018.11.28	5.9500	100.00	0.00
146783	天津住A3	290.00	1.52	2019.05.28	6.2000	100.00	0.00
146784	天津住次	50.00	1.52	2019.05.28	0.0000	100.00	0.00
146799	17京保5A	1380.00	0.53	2018.05.18	5.5000	100.00	30.00
146800	17京保5B	120.00	0.53	2018.05.18	0.0000	100.00	0.00
146801	17京保6A	736.00	0.53	2018.05.23	5.5000	100.00	0.00
146802	17京保6B	64.00	0.53	2018.05.23	0.0000	100.00	0.00
146803	仪师01	26.00	0.31	2018.03.20	5.6000	100.00	0.00
146804	仪师02	20.00	1.31	2019.03.20	5.7000	100.00	0.00
146805	仪师03	21.00	2.31	2020.03.20	5.8000	100.00	0.00
146806	仪师04	21.00	3.31	2021.03.20	6.5000	100.00	0.00
146807	仪师05	23.00	4.31	2022.03.20	6.5000	100.00	0.00
146808	仪师06	24.00	5.31	2023.03.20	6.5000	100.00	0.00
146809	仪师07	25.00	6.31	2024.03.20	6.5000	100.00	0.00
146810	仪师08	26.00	7.31	2025.03.20	6.5000	100.00	0.00
146811	仪师09	28.00	8.31	2026.03.20	6.5000	100.00	0.00

债券信息 List of Bonds

债券 Bond

债券代码 Code	债券简称 Bond Name	发行数量(百万) Issued Vol(M)	年限 Terms	到期日 Expiration Date	票面利率(%) Coupon Rate(%)	本年收盘 Close	成交数量(万) Trading Vol(10000)
146812	仪师 10	29.00	9.31	2027.03.20	6.5000	100.00	0.00
146813	仪师 11	31.00	10.32	2028.03.20	6.5000	100.00	0.00
146814	仪师 12	82.00	11.32	2029.03.20	6.5000	100.00	0.00
146815	仪师次级	28.00	11.32	2029.03.20	0.0000	100.00	0.00
146816	同享 A1	368.00	0.90	2018.10.17	5.2400	100.00	0.00
146817	同享 A2	1715.00	1.65	2019.07.17	5.5000	100.00	0.00
146818	同享优 B	318.00	2.42	2020.04.24	5.5100	100.00	0.00
146819	同享优 C	174.00	2.42	2020.04.24	5.5200	100.00	0.00
146820	同享次级	319.00	2.42	2020.04.24	0.0000	100.00	0.00
146825	海尔二优	1300.00	2.00	2019.11.15	5.5000	100.00	0.00
146826	海尔二次	40.00	2.00	2019.11.15	0.0000	100.00	0.00
146827	17 正保 A	235.00	2.05	2019.12.11	6.3000	100.00	0.00
146828	17 正保 B	85.00	2.05	2019.12.11	6.8000	100.00	0.00
146829	17 正保 C	80.00	2.05	2019.12.11	7.5000	100.00	80.00
146830	17 正保次	20.00	2.05	2019.12.11	0.0000	100.00	0.00
146895	泛海 1A	1600.00	18.01	2035.11.24	5.4500	100.00	0.00
146896	泛海 1B	730.00	18.01	2035.11.24	5.7800	100.00	0.00
146897	泛海 1 次	70.00	18.01	2035.11.24	0.0000	100.00	0.00
147000	17 河北 22	271.00	5.00	2022.09.25	3.9100	100.00	0.00
147001	17 河北 23	420.00	5.00	2022.09.25	3.9800	100.00	0.00
147002	17 河北 24	210.00	5.00	2022.09.25	3.9500	100.00	0.00
147003	17 河北 25	160.00	5.00	2022.09.25	3.9800	100.00	0.00
147004	17 河北 26	1014.00	5.00	2022.09.25	3.9500	100.00	0.00
147005	17 河北 27	409.00	5.00	2022.09.25	3.9800	100.00	0.00
147006	17 河北 28	500.00	3.00	2020.09.25	3.9000	100.00	0.00
147007	17 河北 29	619.00	3.00	2020.09.25	3.7400	100.00	0.00
147008	17 河北 30	1065.00	5.00	2022.09.25	3.9500	100.00	0.00
147009	17 河北 31	1426.00	5.00	2022.09.25	3.9900	100.00	0.00
147010	17 河北 32	136.00	5.00	2022.09.25	3.9900	100.00	0.00
147011	17 新疆 21	12930.00	10.00	2027.09.25	4.0500	100.00	0.00
147012	17 江西 17	1880.00	5.00	2022.10.11	3.7700	100.00	0.00
147013	17 江西 18	1880.00	7.00	2024.10.11	3.9800	100.00	0.00
147014	17 江西 19	715.00	5.00	2022.10.11	3.7700	100.00	0.00
147015	17 江西 20	715.00	7.00	2024.10.11	3.9800	100.00	0.00
147016	17 青海 08	813.20	3.00	2020.10.13	3.8700	100.00	0.00
147017	17 青海 09	2033.00	5.00	2022.10.13	3.9300	100.00	0.00
147018	17 青海 10	2439.00	7.00	2024.10.13	3.9900	100.00	0.00
147019	17 青海 11	2845.00	10.00	2027.10.13	4.0300	100.00	0.00
147020	17 青海 12	300.00	3.00	2020.10.13	3.8700	100.00	0.00
147021	17 青海 13	300.00	5.00	2022.10.13	3.9500	100.00	0.00
147022	17 青海 14	200.00	7.00	2024.10.13	3.9900	100.00	0.00
147023	17 青海 15	300.00	10.00	2027.10.13	4.0500	100.00	0.00
147024	17 青海 16	400.00	5.00	2022.10.13	3.9600	100.00	0.00
147025	17 青海 17	500.00	5.00	2022.10.13	3.9600	100.00	0.00
147026	17 青海 18	500.00	5.00	2022.10.13	3.9600	100.00	0.00
147027	17 青海 19	200.00	5.00	2022.10.13	3.9900	100.00	0.00
147028	17 青海 20	100.00	5.00	2022.10.13	3.9900	100.00	0.00
147029	17 青海 21	100.00	5.00	2022.10.13	3.9900	100.00	0.00
147030	17 青海 22	100.00	5.00	2022.10.13	3.9900	100.00	0.00
147031	17 青海 23	100.00	5.00	2022.10.13	3.9900	100.00	0.00

债券信息 List of Bonds

债券 Bond

债券代码 Code	债券简称 Bond Name	发行数量(百万) Issued Vol(M)	年限 Terms	到期日 Expiration Date	票面利率(%) Coupon Rate(%)	本年收盘 Close	成交数量(万) Trading Vol(10000)
147032	17 湖北 14	5213.56	5.00	2022.10.16	3.9400	100.00	0.00
147033	17 湖北 15	328.96	5.00	2022.10.16	4.0500	100.00	0.00
147034	17 湖北 16	522.66	5.00	2022.10.16	3.9800	100.00	0.00
147035	17 湖北 17	968.41	5.00	2022.10.16	3.9600	100.00	0.00
147036	17 湖北 18	2204.67	5.00	2022.10.16	3.9500	100.00	0.00
147037	17 湖北 19	724.79	5.00	2022.10.16	3.9400	100.00	0.00
147038	17 湖北 20	997.00	5.00	2022.10.16	4.1900	100.00	0.00
147039	17 湖北 21	1762.85	5.00	2022.10.16	3.9800	100.00	0.00
147040	17 湖北 22	866.73	5.00	2022.10.16	3.9800	100.00	0.00
147041	17 湖北 23	753.71	5.00	2022.10.16	4.0500	100.00	0.00
147042	17 湖北 24	472.12	5.00	2022.10.16	4.0500	100.00	0.00
147043	17 湖北 25	686.07	5.00	2022.10.16	4.2400	100.00	0.00
147044	17 湖北 26	400.72	5.00	2022.10.16	4.2800	100.00	0.00
147045	17 湖北 27	97.75	5.00	2022.10.16	4.3200	100.00	0.00
147046	17 重庆 11	4460.00	10.00	2027.10.17	3.9600	100.00	0.00
147047	17 重庆 12	5740.00	3.00	2020.10.17	3.7800	100.00	0.00
147048	17 重庆 13	11500.00	5.00	2022.10.17	3.9500	100.00	0.00
147049	17 重庆 14	800.00	5.00	2022.10.17	4.0000	100.00	0.00
147050	17 重庆 15	200.00	5.00	2022.10.17	3.9600	100.00	0.00
147051	17 甘肃 07	1700.00	5.00	2022.10.18	3.8500	100.00	0.00
147052	17 甘肃 08	100.00	5.00	2022.10.18	3.9900	100.00	0.00
147053	17 甘肃 09	100.00	5.00	2022.10.18	3.9900	100.00	0.00
147054	17 甘肃 10	500.00	5.00	2022.10.18	3.8700	100.00	0.00
147055	17 甘肃 11	500.00	5.00	2022.10.18	3.8700	100.00	0.00
147056	17 甘肃 12	200.00	5.00	2022.10.18	3.9200	100.00	0.00
147057	17 甘肃 13	200.00	5.00	2022.10.18	3.9300	100.00	0.00
147058	17 甘肃 14	200.00	5.00	2022.10.18	3.8700	100.00	0.00
147059	17 甘肃 15	300.00	5.00	2022.10.18	3.8500	100.00	0.00
147060	17 甘肃 16	400.00	5.00	2022.10.18	3.8500	100.00	0.00
147061	17 甘肃 17	200.00	5.00	2022.10.18	3.8600	100.00	0.00
147062	17 甘肃 18	300.00	5.00	2022.10.18	3.8600	100.00	0.00
147063	17 甘肃 19	300.00	5.00	2022.10.18	3.8600	100.00	0.00
147064	17 甘肃 20	3000.00	10.00	2027.10.18	4.2600	100.00	0.00
147065	17 甘肃 21	2800.00	7.00	2024.10.18	3.8000	100.00	0.00
147066	17 四川 33	6000.00	3.00	2020.10.24	3.7700	100.00	0.00
147067	17 四川 34	6000.00	5.00	2022.10.24	3.9400	100.00	0.00
147068	17 四川 35	6000.00	7.00	2024.10.24	4.0600	100.00	0.00
147069	17 四川 36	2000.00	10.00	2027.10.24	4.1300	100.00	0.00
147070	17 河北 33	2000.00	7.00	2024.10.23	3.9000	100.00	0.00
147071	17 河北 34	100.00	7.00	2024.10.23	3.9800	100.00	0.00
147072	17 广西 24	5000.00	10.00	2027.10.25	4.1100	100.00	0.00
147073	17 广西 25	1100.00	3.00	2020.10.25	3.9000	100.00	0.00
147074	17 广西 26	4700.00	3.00	2020.10.25	3.8500	100.00	0.00
147075	17 广西 27	2000.00	7.00	2024.10.25	4.0700	100.00	0.00
147076	17 广西 28	4000.00	10.00	2027.10.25	4.0500	100.00	0.00
147077	17 辽宁 15	7700.00	3.00	2020.10.27	3.8100	100.00	0.00
147078	17 辽宁 16	10000.00	5.00	2022.10.27	3.9800	100.00	0.00
147079	17 辽宁 17	7646.00	7.00	2024.10.27	4.0800	100.00	0.00
147080	17 辽宁 18	2200.00	3.00	2020.10.27	3.8600	100.00	0.00
147081	17 辽宁 19	2900.00	5.00	2022.10.27	3.9800	100.00	0.00

债券信息
List of Bonds

债券
Bond

债券代码 Code	债券简称 Bond Name	发行数量(百万) Issued Vol(M)	年限 Terms	到期日 Expiration Date	票面利率(%) Coupon Rate(%)	本年收盘 Close	成交数量(万) Trading Vol(10000)
147082	17 辽宁 20	2117.00	7.00	2024.10.27	4.0800	100.00	0.00
147083	17 浙江 29	2403.33	3.00	2020.11.01	3.6600	100.00	0.00
147084	17 浙江 30	1977.40	5.00	2022.11.01	3.8500	100.00	0.00
147085	17 浙江 31	1977.40	7.00	2024.11.01	3.9100	100.00	0.00
147086	17 浙江 32	7056.40	5.00	2022.11.01	3.8400	100.00	0.00
147087	17 浙江 33	2882.57	7.00	2024.11.01	3.9400	100.00	0.00
147088	17 浙江 34	4773.85	10.00	2027.11.01	3.9500	100.00	0.00
147089	17 贵州 17	8000.00	3.00	2020.11.01	3.8600	100.00	0.00
147090	17 贵州 18	2000.00	7.00	2024.11.01	4.1400	100.00	0.00
147091	17 贵州 19	6000.00	3.00	2020.11.01	3.8600	100.00	0.00
147092	17 贵州 20	9000.00	5.00	2022.11.01	4.0000	100.00	0.00
147093	17 贵州 21	9000.00	7.00	2024.11.01	4.1400	100.00	0.00
147094	17 贵州 22	6000.00	10.00	2027.11.01	4.1000	100.00	0.00
147095	17 江苏 24	8620.00	3.00	2020.11.03	3.8400	100.00	0.00
147096	17 江苏 25	8500.00	5.00	2022.11.03	3.9900	100.00	0.00
147097	17 江苏 26	8500.00	7.00	2024.11.03	3.9900	100.00	0.00
147098	17 江苏 27	8500.00	10.00	2027.11.03	4.0000	100.00	0.00
147099	17 江苏 28	14810.00	3.00	2020.11.03	3.7900	100.00	0.00
147100	17 江苏 29	14800.00	7.00	2024.11.03	4.0900	100.00	0.00
147101	17 上海 04	5490.00	3.00	2020.11.06	3.7500	100.00	0.00
147102	17 上海 05	8210.00	5.00	2022.11.06	3.9700	100.00	0.00
147103	17 上海 06	5480.00	7.00	2024.11.06	4.0600	100.00	0.00
147104	17 上海 07	8210.00	10.00	2027.11.06	4.0700	100.00	0.00
147105	17 新疆 22	9140.00	3.00	2020.11.07	3.8400	100.00	0.00
147106	17 新疆 23	2220.00	7.00	2024.11.07	4.2200	100.00	0.00
147107	17 山东 28	7145.00	3.00	2020.11.08	3.7800	100.00	0.00
147108	17 山东 29	1297.00	5.00	2022.11.08	4.0500	100.00	0.00
147109	17 山东 30	1271.00	7.00	2024.11.08	4.1500	100.00	0.00
147110	17 山东 31	4879.00	5.00	2022.11.08	4.0600	100.00	0.00
147111	17 山东 32	6000.00	7.00	2024.11.08	4.2200	100.00	0.00
147112	17 山东 33	450.00	5.00	2022.11.08	4.0500	100.00	0.00
147113	17 宁夏 07	600.00	5.00	2022.11.08	3.8800	100.00	0.00
147114	17 宁夏 08	600.00	7.00	2024.11.08	3.9200	100.00	0.00
147115	17 宁夏 09	876.64	10.00	2027.11.08	3.8800	100.00	0.00
147116	17 宁夏 10	216.07	5.00	2022.11.08	3.8800	100.00	0.00
147117	17 宁夏 11	500.00	10.00	2027.11.08	3.8800	100.00	0.00
147118	17 大连 01	1498.22	3.00	2020.11.10	3.8700	100.00	0.00
147119	17 大连 02	2244.43	5.00	2022.11.10	4.0900	100.00	0.00
147120	17 大连 03	2245.59	7.00	2024.11.10	4.1800	100.00	0.00
147121	17 大连 04	1497.06	10.00	2027.11.10	4.1800	100.00	0.00
147122	17 大连 05	106.53	3.00	2020.11.10	3.8900	100.00	0.00
147123	17 大连 06	159.79	5.00	2022.11.10	4.0500	100.00	0.00
147124	17 大连 07	159.79	7.00	2024.11.10	4.2200	100.00	0.00
147125	17 大连 08	106.52	10.00	2027.11.10	4.3800	100.00	0.00
147126	17 山西 19	5827.00	3.00	2020.11.13	3.6900	100.00	0.00
147127	17 山西 20	700.00	7.00	2024.11.13	3.9200	100.00	0.00
147128	17 山西 21	1000.00	10.00	2027.11.13	3.8800	100.00	0.00
147129	17 山西 22	1615.00	10.00	2027.11.13	3.8800	100.00	0.00
147130	17 山西 23	2600.00	10.00	2027.11.13	3.9100	100.00	0.00
147131	17 山西 24	540.00	5.00	2022.11.13	3.9000	100.00	0.00

债券信息
List of Bonds

债券代码 Code	债券简称 Bond Name	发行数量(百万) Issued Vol(M)	年限 Terms	到期日 Expiration Date	票面利率(%) Coupon Rate(%)	本年收盘 Close	成交数量(万) Trading Vol(10000)
147132	17 山西 25	80.00	5.00	2022.11.13	3.9000	100.00	0.00
147133	17 广东 41	3580.00	5.00	2022.11.10	3.9900	100.00	0.00
147134	17 广东 42	3580.00	7.00	2024.11.10	3.9900	100.00	0.00
147135	17 河北 35	2290.00	3.00	2020.11.14	3.7000	100.00	0.00
147136	17 河北 36	5000.00	3.00	2020.11.14	3.7000	100.00	0.00
147137	17 河北 37	5360.00	5.00	2022.11.14	3.9000	100.00	0.00
147138	17 海南 07	1900.00	3.00	2020.11.15	3.8400	100.00	0.00
147139	17 海南 08	3517.95	5.00	2022.11.15	3.9600	100.00	0.00
147140	17 海南 09	1500.00	10.00	2027.11.15	4.1400	100.00	0.00
147141	17 海南 10	1887.27	7.00	2024.11.15	4.0200	100.00	0.00
147142	17 海南 11	800.00	5.00	2022.11.15	4.1500	100.00	0.00
147143	17 海南 12	800.00	5.00	2022.11.15	4.3000	100.00	0.00
147144	17 海南 13	200.00	5.00	2022.11.15	4.2600	100.00	0.00
147145	17 海南 14	300.00	5.00	2022.11.15	4.4900	100.00	0.00
147146	17 海南 15	1000.00	5.00	2022.11.15	4.4900	100.00	0.00
147147	17 海南 16	100.00	5.00	2022.11.15	4.3000	100.00	0.00
147148	17 海南 17	100.00	5.00	2022.11.15	4.4900	100.00	0.00
147149	17 海南 18	100.00	5.00	2022.11.15	4.4900	100.00	0.00
147150	17 海南 19	100.00	5.00	2022.11.15	4.4900	100.00	0.00
147151	17 海南 20	100.00	5.00	2022.11.15	4.4900	100.00	0.00
147152	17 海南 21	100.00	5.00	2022.11.15	4.4900	100.00	0.00
147153	17 海南 22	100.00	5.00	2022.11.15	4.4900	100.00	0.00
147154	17 海南 23	200.00	5.00	2022.11.15	4.4900	100.00	0.00
147155	17 福建 16	941.87	3.00	2020.11.17	3.9200	100.00	0.00
147156	17 福建 17	2820.00	5.00	2022.11.17	4.0600	100.00	0.00
147157	17 福建 18	2820.00	7.00	2024.11.17	4.2200	100.00	0.00
147158	17 福建 19	2820.00	10.00	2027.11.17	4.3000	100.00	20.00
147159	17 福建 20	6621.67	5.00	2022.11.17	4.1000	100.00	0.00
147160	17 福建 21	3300.00	7.00	2024.11.17	4.2600	100.00	0.00
147161	17 福建 22	3300.00	10.00	2027.11.17	4.3200	100.00	0.00
147162	17 安徽 10	661.19	5.00	2022.11.20	4.0600	100.00	0.00
147163	17 安徽 11	436.97	5.00	2022.11.20	4.2500	100.00	0.00
147164	17 安徽 12	500.50	5.00	2022.11.20	4.2000	100.00	0.00
147165	17 安徽 13	972.40	5.00	2022.11.20	4.2000	100.00	0.00
147166	17 安徽 14	6108.90	5.00	2022.11.20	4.1300	100.00	0.00
147167	17 安徽 15	297.99	5.00	2022.11.20	4.2000	100.00	0.00
147168	17 安徽 16	1351.95	5.00	2022.11.20	4.1500	100.00	0.00
147169	17 安徽 17	821.77	3.00	2020.11.20	4.2200	100.00	0.00
147170	17 安徽 18	1569.33	3.00	2020.11.20	4.1900	100.00	0.00
147171	17 安徽 19	98.23	5.00	2022.11.20	4.2000	100.00	0.00
147172	17 安徽 20	395.30	5.00	2022.11.20	4.3500	100.00	0.00
147173	17 安徽 21	587.80	5.00	2022.11.20	4.3900	100.00	0.00
147174	17 安徽 22	206.72	5.00	2022.11.20	4.3000	100.00	0.00
147175	17 四川 37	2200.00	3.00	2020.11.21	3.9900	100.00	0.00
147176	17 四川 38	2200.00	5.00	2022.11.21	4.0800	100.00	0.00
147177	17 四川 39	2200.00	7.00	2024.11.21	4.1700	100.00	0.00
147178	17 四川 40	714.00	10.00	2027.11.21	4.2500	100.00	0.00
147179	17 湖北 28	800.00	5.00	2022.11.27	4.0800	100.00	0.00
147180	17 湖北 29	6000.00	10.00	2027.11.27	4.7100	100.00	0.00
147181	17 湖北 30	1500.00	5.00	2022.11.27	3.9700	100.00	0.00

债券信息
List of Bonds

债券代码 Code	债券简称 Bond Name	发行数量(百万) Issued Vol(M)	年限 Terms	到期日 Expiration Date	票面利率(%) Coupon Rate(%)	本年收盘 Close	成交数量(万) Trading Vol(10000)
147182	17 青海 24	879.66	10.00	2027.11.27	4.3000	100.00	0.00
147183	17 青海 25	600.00	5.00	2022.11.27	4.2000	100.00	0.00
147184	17 青海 26	1400.00	7.00	2024.11.27	4.4900	100.00	0.00
147185	17 青海 27	2800.00	10.00	2027.11.27	4.7000	100.00	0.00
147186	17 青海 28	200.00	3.00	2020.11.27	3.9700	100.00	0.00
147187	17 青海 29	300.00	5.00	2022.11.27	4.0700	100.00	0.00
147188	17 青海 30	300.00	3.00	2020.11.27	3.9300	100.00	0.00
147189	17 青海 31	700.00	5.00	2022.11.27	4.0900	100.00	0.00
147190	17 青海 32	32.85	5.00	2022.11.27	4.5900	100.00	0.00
147191	17 吉林 10	1839.80	10.00	2027.12.01	4.2900	100.00	0.00
147192	17 吉林 11	635.00	5.00	2022.12.01	4.0400	100.00	0.00
147193	17 吉林 12	883.00	10.00	2027.12.01	4.5900	100.00	0.00
147194	17 北京 16	3833.64	3.00	2020.12.01	3.7900	100.00	0.00
147195	17 北京 17	117.40	10.00	2027.12.01	3.9600	100.00	0.00
147196	17 北京 18	2500.00	3.00	2020.12.01	3.7900	100.00	0.00
147197	17 北京 19	7620.00	10.00	2027.12.01	3.9600	100.00	0.00
147198	17 陕西 17	580.00	5.00	2022.12.04	4.0300	100.00	0.00
147199	17 陕西 18	120.00	5.00	2022.12.04	4.4400	100.00	0.00
147200	17 陕西 19	40.00	5.00	2022.12.04	4.0300	100.00	0.00
147201	17 陕西 20	40.00	5.00	2022.12.04	4.5900	100.00	0.00
147202	17 陕西 21	30.00	5.00	2022.12.04	4.5000	100.00	0.00
147203	17 陕西 22	70.00	5.00	2022.12.04	4.4400	100.00	0.00
147204	17 陕西 23	120.00	5.00	2022.12.04	4.0300	100.00	0.00
147205	17 天津 25	1240.00	3.00	2020.12.06	4.0200	100.00	0.00
147206	17 天津 26	4750.00	3.00	2020.12.06	4.1800	100.00	0.00
147207	17 天津 27	600.00	5.00	2022.12.06	4.3000	100.00	0.00
147208	17 甘肃 22	770.00	5.00	2022.12.11	3.9500	100.00	0.00
147209	17 甘肃 23	300.00	7.00	2024.12.11	4.1000	100.00	0.00
147210	17 河南 38	1900.00	7.00	2024.12.12	4.1500	100.00	0.00
147211	17 深圳 01	2000.00	5.00	2022.12.12	3.8200	100.00	0.00
147212	17 内蒙 13	380.00	5.00	2022.12.18	4.4900	100.00	0.00
147213	17 内蒙 14	170.00	5.00	2022.12.18	4.6800	100.00	0.00
147214	17 内蒙 15	490.00	5.00	2022.12.18	4.5000	100.00	0.00
147215	17 内蒙 16	240.00	5.00	2022.12.18	4.7500	100.00	0.00
147216	17 内蒙 17	270.00	5.00	2022.12.18	4.6800	100.00	0.00
147217	17 内蒙 18	500.00	5.00	2022.12.18	4.5000	100.00	0.00
147218	17 内蒙 19	250.00	5.00	2022.12.18	4.7500	100.00	0.00
147219	17 内蒙 20	230.00	5.00	2022.12.18	4.6800	100.00	0.00
147220	17 内蒙 21	470.00	5.00	2022.12.18	4.5000	100.00	38.00
147221	17 内蒙 22	200.00	5.00	2022.12.18	4.6700	100.00	20.00
147222	17 内蒙 23	90.00	5.00	2022.12.18	4.7200	100.00	10.00
147223	17 内蒙 24	60.00	5.00	2022.12.18	4.6400	100.00	0.00
147224	17 内蒙 25	30.00	5.00	2022.12.18	4.2800	100.00	0.00
147225	17 内蒙 26	120.00	5.00	2022.12.18	4.2000	100.00	0.00
147226	17 云南 23	1000.00	3.00	2020.12.27	4.2400	100.00	0.00
147801	17 江西 34	402.15	5.00	2022.11.17	4.3300	100.00	40.00
147802	17 龙江 12	3783.96	3.00	2020.11.16	3.8300	100.00	0.00
147803	17 龙江 13	3358.24	3.00	2020.11.16	3.8900	100.00	0.00
147804	17 龙江 14	2714.00	5.00	2022.11.16	4.0200	100.00	0.00
147805	17 龙江 15	2000.00	7.00	2024.11.16	4.1200	100.00	0.00

债券信息
List of Bonds

债券代码 Code	债券简称 Bond Name	发行数量(百万) Issued Vol(M)	年限 Terms	到期日 Expiration Date	票面利率(%) Coupon Rate(%)	本年收盘 Close	成交数量(万) Trading Vol(10000)
147806	17 龙江 16	286.00	10.00	2027.11.16	4.3500	100.00	0.00
147807	17 龙江 17	90.00	5.00	2022.11.16	4.1200	100.00	0.00
147808	17 龙江 18	20.00	5.00	2022.11.16	4.0600	100.00	0.00
147809	17 龙江 19	338.28	5.00	2022.11.16	4.1200	100.00	0.00
147810	17 龙江 20	150.00	5.00	2022.11.16	4.1500	100.00	0.00
147811	17 龙江 21	401.72	5.00	2022.11.16	4.3000	100.00	0.00
147812	17 四川 41	2800.00	3.00	2020.11.22	3.9600	100.00	0.00
147813	17 四川 42	2800.00	5.00	2022.11.22	4.0800	100.00	0.00
147814	17 四川 43	2800.00	7.00	2024.11.22	4.1800	100.00	0.00
147815	17 四川 44	1168.00	10.00	2027.11.22	4.2800	100.00	0.00
147816	17 四川 45	1000.00	5.00	2022.11.22	4.1500	100.00	0.00
147817	17 四川 46	152.00	5.00	2022.11.22	4.3400	100.00	0.00
147818	17 四川 47	40.00	5.00	2022.11.22	4.6600	100.00	0.00
147819	17 四川 48	614.00	5.00	2022.11.22	4.2000	100.00	0.00
147820	17 四川 49	50.00	5.00	2022.11.22	4.5200	100.00	0.00
147821	17 四川 50	80.00	5.00	2022.11.22	4.3000	100.00	0.00
147822	17 四川 51	43.00	5.00	2022.11.22	4.6600	100.00	0.00
147823	17 四川 52	100.00	5.00	2022.11.22	4.3800	100.00	0.00
147824	17 四川 53	73.00	5.00	2022.11.22	4.5000	100.00	0.00
147825	17 四川 54	23.00	5.00	2022.11.22	4.4000	100.00	0.00
147826	17 四川 55	83.00	5.00	2022.11.22	4.3800	100.00	0.00
147827	17 四川 56	378.00	5.00	2022.11.22	4.3800	100.00	0.00
147828	17 四川 57	50.00	5.00	2022.11.22	4.6000	100.00	0.00
147829	17 湖南 07	15500.00	3.00	2020.11.30	4.2100	100.00	0.00
147830	17 湖南 08	10000.00	5.00	2022.11.30	4.2500	100.00	0.00
147831	17 湖南 09	5000.00	7.00	2024.11.30	4.3000	100.00	0.00
147832	17 湖南 10	10000.00	1.00	2018.11.30	4.1400	100.00	50.00
147833	17 湖南 11	20000.00	3.00	2020.11.30	4.3500	100.00	0.00
147834	17 湖南 12	13300.00	5.00	2022.11.30	4.3900	100.00	0.00
147835	17 青岛 17	500.00	5.00	2022.12.12	3.8500	100.00	0.00
147836	17 青岛 18	200.00	7.00	2024.12.12	3.9500	100.00	0.00
147837	17 青岛 19	300.00	10.00	2027.12.12	3.9400	100.00	0.00
147838	17 湖南 13	1000.00	7.00	2024.12.27	4.3000	100.00	0.00
147901	17 天津 19	1200.00	3.00	2020.09.04	3.7800	100.00	0.00
147902	17 天津 20	800.00	5.00	2022.09.04	4.0100	100.00	0.00
147903	17 天津 21	1200.00	5.00	2022.09.04	4.0100	100.00	0.00
147904	17 天津 22	700.00	3.00	2020.09.04	3.8800	100.00	100.00
147905	17 天津 23	1200.00	5.00	2022.09.04	4.1100	100.00	30.00
147906	17 天津 24	2759.00	7.00	2024.09.04	4.1300	100.00	0.00
147907	17 宁波 09	1840.00	3.00	2020.09.13	3.6000	100.00	0.00
147908	17 宁波 10	2760.00	5.00	2022.09.13	3.7100	100.00	0.00
147909	17 宁波 11	1940.00	7.00	2024.09.13	3.8500	100.00	0.00
147910	17 宁波 12	2760.00	10.00	2027.09.13	3.9300	100.00	0.00
147911	17 宁波 13	770.00	5.00	2022.09.13	3.6600	100.00	0.00
147912	17 宁波 14	600.00	10.00	2027.09.13	3.8300	100.00	0.00
147913	17 宁波 15	500.00	5.00	2022.09.13	3.6600	100.00	0.00
147914	17 宁波 16	200.00	5.00	2022.09.13	3.6600	100.00	0.00
147915	17 宁波 17	100.00	5.00	2022.09.13	3.6100	100.00	0.00
147916	17 宁波 18	200.00	5.00	2022.09.13	3.6600	100.00	0.00
147917	17 宁波 19	1000.00	10.00	2027.09.13	4.0800	100.00	0.00

债券信息 List of Bonds

债券 Bond

债券代码 Code	债券简称 Bond Name	发行数量(百万) Issued Vol(M)	年限 Terms	到期日 Expiration Date	票面利率(%) Coupon Rate(%)	本年收盘 Close	成交数量(万) Trading Vol(10000)
147918	17 湖南 05	16000.00	5.00	2022.09.11	3.9200	100.00	0.00
147919	17 湖南 06	17000.00	7.00	2024.09.11	4.0600	100.00	0.00
147920	17 山东 11	8441.00	10.00	2027.09.15	4.0500	100.00	0.00
147921	17 山东 12	80.00	5.00	2022.09.15	3.9500	100.00	0.00
147922	17 山东 13	380.00	5.00	2022.09.15	3.9500	100.00	0.00
147923	17 山东 14	440.00	5.00	2022.09.15	3.9500	100.00	0.00
147924	17 山东 15	480.00	5.00	2022.09.15	3.9500	100.00	0.00
147925	17 山东 16	650.00	5.00	2022.09.15	3.9500	100.00	0.00
147926	17 山东 17	710.00	5.00	2022.09.15	3.9700	100.00	0.00
147927	17 山东 18	740.00	5.00	2022.09.15	3.9700	100.00	0.00
147928	17 山东 19	750.00	5.00	2022.09.15	3.9600	100.00	0.00
147929	17 山东 20	850.00	5.00	2022.09.15	3.9600	100.00	0.00
147930	17 山东 21	1160.00	5.00	2022.09.15	3.9500	100.00	0.00
147931	17 山东 22	1210.00	5.00	2022.09.15	3.9600	100.00	0.00
147932	17 山东 23	1330.00	5.00	2022.09.15	3.9500	100.00	0.00
147933	17 山东 24	1670.00	5.00	2022.09.15	3.9600	99.98	50.00
147934	17 山东 25	1710.00	5.00	2022.09.15	3.9600	100.00	0.00
147935	17 山东 26	2410.00	5.00	2022.09.15	3.9500	100.00	0.00
147936	17 山东 27	3430.00	5.00	2022.09.15	3.9000	100.00	0.00
147937	17 河南 14	5650.49	5.00	2022.09.20	3.7400	100.00	0.00
147938	17 河南 15	5650.50	10.00	2027.09.20	4.0400	100.00	0.00
147939	17 河南 16	760.41	5.00	2022.09.20	3.9100	100.00	0.00
147940	17 河南 17	6688.40	5.00	2022.09.20	3.9100	100.00	0.00
147941	17 河南 18	1040.00	5.00	2022.09.20	3.9500	100.00	0.00
147942	17 河南 19	800.00	5.00	2022.09.20	3.9100	100.00	0.00
147943	17 河南 20	21.00	5.00	2022.09.20	4.3200	100.00	0.00
147944	17 河南 21	204.00	5.00	2022.09.20	3.9900	100.00	0.00
147945	17 河南 22	421.00	5.00	2022.09.20	3.9500	100.00	0.00
147946	17 河南 23	27.00	5.00	2022.09.20	4.3100	100.00	10.00
147947	17 河南 24	408.00	5.00	2022.09.20	3.9500	100.00	0.00
147948	17 河南 25	45.00	5.00	2022.09.20	4.2100	100.00	0.00
147949	17 河南 26	282.00	5.00	2022.09.20	3.9800	100.00	0.00
147950	17 河南 27	144.00	5.00	2022.09.20	4.0000	100.00	0.00
147951	17 河南 28	989.00	5.00	2022.09.20	3.9100	100.00	0.00
147952	17 河南 29	849.00	5.00	2022.09.20	3.9100	100.00	0.00
147953	17 河南 30	669.00	5.00	2022.09.20	3.9100	100.00	0.00
147954	17 河南 31	273.00	5.00	2022.09.20	3.9600	100.00	0.00
147955	17 内蒙 08	3584.60	5.00	2022.10.24	3.9400	93.01	4.77
147956	17 内蒙 09	5840.00	7.00	2024.10.24	4.0500	100.00	0.00
147957	17 内蒙 10	12990.00	10.00	2027.10.24	4.0600	100.00	0.00
147958	17 内蒙 11	3842.70	5.00	2022.10.24	3.9400	100.00	0.00
147959	17 内蒙 12	3842.70	10.00	2027.10.24	4.0400	100.00	0.00
147960	17 安徽 07	16917.58	3.00	2020.10.20	3.9100	100.00	0.00
147961	17 安徽 08	5400.00	5.00	2022.10.20	3.9000	100.00	0.00
147962	17 安徽 09	7000.00	10.00	2027.10.20	4.1500	100.00	0.00
147963	17 云南 20	1070.00	5.00	2022.10.20	3.9100	100.00	0.00
147964	17 云南 21	1050.00	7.00	2024.10.20	3.9500	100.00	0.00
147965	17 云南 22	1000.00	3.00	2020.10.20	3.9000	100.00	0.00
147966	17 青岛 08	239.86	3.00	2020.10.23	3.6900	100.00	0.00
147967	17 青岛 09	719.58	5.00	2022.10.23	3.8000	100.00	0.00

债券信息 List of Bonds

债券 Bond

债券代码 Code	债券简称 Bond Name	发行数量(百万) Issued Vol(M)	年限 Terms	到期日 Expiration Date	票面利率(%) Coupon Rate(%)	本年收盘 Close	成交数量(万) Trading Vol(10000)
147968	17 青岛 10	719.58	7.00	2024.10.23	3.9000	100.00	0.00
147969	17 青岛 11	719.58	10.00	2027.10.23	3.8600	100.00	0.00
147970	17 青岛 12	3069.75	5.00	2022.10.23	3.8300	100.00	0.00
147971	17 青岛 13	1047.90	7.00	2024.10.23	3.9300	100.00	0.00
147972	17 青岛 14	1021.85	10.00	2027.10.23	3.9100	100.00	0.00
147973	17 青岛 15	150.00	5.00	2022.10.23	4.0000	100.00	0.00
147974	17 青岛 16	2000.00	5.00	2022.10.23	3.9300	100.00	0.00
147975	17 河南 32	3466.76	3.00	2020.11.14	3.7000	100.00	0.00
147976	17 河南 33	10300.00	5.00	2022.11.14	3.9000	100.00	0.00
147977	17 河南 34	6500.00	7.00	2024.11.14	4.0400	100.00	0.00
147978	17 河南 35	7500.00	10.00	2027.11.14	4.1300	100.00	0.00
147979	17 河南 36	10780.69	10.00	2027.11.14	4.0800	100.00	0.00
147980	17 河南 37	62.60	5.00	2022.11.14	4.1000	100.00	0.00
147981	17 上海 08	5260.00	3.00	2020.11.13	3.6900	100.00	0.00
147982	17 上海 09	790.00	3.00	2020.11.13	3.6900	100.00	0.00
147983	17 上海 10	780.00	3.00	2020.11.13	3.6900	100.00	0.00
147984	17 上海 11	1110.00	3.00	2020.11.13	3.6900	100.00	0.00
147985	17 上海 12	1960.00	3.00	2020.11.13	3.6900	100.00	0.00
147986	17 上海 13	100.00	3.00	2020.11.13	3.6900	100.00	0.00
147987	17 江西 21	460.00	3.00	2020.11.17	3.8900	100.00	0.00
147988	17 江西 22	1500.00	3.00	2020.11.17	3.8300	100.00	0.00
147989	17 江西 23	1500.00	10.00	2027.11.17	4.0900	100.00	0.00
147990	17 江西 24	3351.69	5.00	2022.11.17	4.0500	100.00	0.00
147991	17 江西 25	1201.69	5.00	2022.11.17	4.0600	100.00	0.00
147992	17 江西 26	249.00	5.00	2022.11.17	4.0600	100.00	0.00
147993	17 江西 27	439.39	5.00	2022.11.17	4.3000	100.00	0.00
147994	17 江西 28	221.81	5.00	2022.11.17	4.3000	100.00	0.00
147995	17 江西 29	193.59	5.00	2022.11.17	4.4100	100.00	0.00
147996	17 江西 30	1285.41	5.00	2022.11.17	4.3300	100.00	0.00
147997	17 江西 31	871.35	5.00	2022.11.17	4.4100	100.00	0.00
147998	17 江西 32	1116.76	5.00	2022.11.17	4.3200	100.00	0.00
147999	17 江西 33	667.16	5.00	2022.11.17	4.4100	100.00	0.00
150001	17 浙商 03	1500.00	2.00	2019.11.28	5.6800	0.00	240.00
150002	17 日钢 01	1000.00	3.00	2020.11.27	7.2000	0.00	480.00
150004	17 华融 F1	2000.00	3.00	2020.11.28	5.8600	0.00	0.00
150005	17 淮矿 01	2000.00	3.00	2020.11.24	6.1000	0.00	0.00
150008	17 木渎 01	600.00	3.00	2020.11.27	6.3000	0.00	0.00
150009	17 黄发 01	1000.00	5.00	2022.11.29	6.3000	0.00	0.00
150010	17 滨江 01	200.00	5.00	2022.12.01	7.0000	0.00	0.00
150011	17 黄发 02	500.00	5.00	2022.12.08	6.3500	0.00	30.00
150012	17 公投 01	950.00	5.00	2022.12.01	6.8000	0.00	50.00
150014	17 乐米债	10.00	3.00	2020.12.15	6.5000	0.00	0.00
150015	17 光证 07	3000.00	1.00	2018.12.06	5.5000	0.00	200.00
150016	17 伟控 01	250.00	5.00	2022.11.30	6.2000	0.00	140.00
150018	17 方圆 01	1000.00	3.00	2020.12.06	8.0000	0.00	0.00
150019	17 银河 11	4000.00	2.00	2019.12.06	5.5300	0.00	0.00
150020	17 沧港 01	100.00	5.00	2022.12.04	7.2000	0.00	0.00
150022	17 巨力债	300.00	3.00	2020.12.06	7.0000	0.00	0.00
150024	17 方正 01	800.00	3.00	2020.12.12	6.2000	0.00	0.00
150027	17 府谷 01	400.00	3.00	2020.12.07	7.0000	0.00	0.00

债券信息
List of Bonds

债券
Bond

债券代码 Code	债券简称 Bond Name	发行数量(百万) Issued Vol(M)	年限 Terms	到期日 Expiration Date	票面利率(%) Coupon Rate(%)	本年收盘 Close	成交数量(万) Trading Vol(10000)
150028	17 鲁水 01	1200.00	5.00	2022.12.06	5.9500	0.00	0.00
150029	17 镇新债	900.00	5.00	2022.12.08	7.5000	0.00	0.00
150030	17 振浔 02	260.00	5.00	2022.12.14	7.0000	0.00	0.00
150031	17 苏宁 07	1040.00	5.00	2022.12.13	7.3000	0.00	0.00
150033	17 中泰 D1	1600.00	0.90	2018.11.10	5.7000	0.00	0.00
150034	17 江城 01	900.00	5.00	2022.12.12	5.9700	0.00	0.00
150035	17 中信 04	1000.00	2.00	2019.12.15	5.5000	0.00	0.00
150039	17 铜城 01	600.00	3.00	2020.12.19	6.5000	0.00	0.00
150040	17 伟控 02	325.00	5.00	2022.12.15	6.7000	0.00	40.00
150041	17 晋开 01	350.00	3.00	2020.12.18	7.5000	0.00	0.00
150044	17 涪交 01	200.00	5.00	2022.12.15	7.0000	0.00	0.00
150046	17 盛泽 02	550.00	3.00	2020.12.18	6.2000	0.00	0.00
150049	17 博天 01	300.00	5.00	2022.12.19	6.5000	0.00	0.00
150054	17 红日 03	140.00	5.00	2022.12.18	7.5000	0.00	0.00
150055	17 天物债	285.00	5.00	2022.12.22	6.8000	0.00	0.00
150064	17 振浔 03	150.00	5.00	2022.12.22	7.0000	0.00	0.00

大宗交易平台 Bulk Trading

大宗交易平台 Bulk Trading	2017 年	2016 年	增减(%) Change (%)
交易天数 No. of Trading Days	244	244	0.00
交易证券数 No. of Securities	1215	1243	-2.25
股票 Shares	739	629	17.49
债券 Bonds	464	605	-23.31
基金 Funds	12	9	33.33
总成交金额 (亿) Total Trading Val(100M)	2537.31	3636.63	-30.23
股票 Shares	2083.24	2701.11	-22.87
债券 Bonds	441.74	922.72	-52.13
基金 Funds	12.33	12.80	-3.67
日均成交金额(百万)Average Trading Val(M)	1039.88	1490.42	-30.23
股票 Shares	853.79	1107.01	-22.87
债券 Bonds	181.04	378.16	-52.13
基金 Funds	5.05	5.25	-3.81
总成交量(亿) Total Trading Vol (100M)	200.96	259.48	-22.55
股票 Shares	191.55	247.73	-22.68
债券 Bonds	4.55	9.14	-50.22
基金 Funds	4.86	2.61	86.21
日均成交量(百万) Average Trading Vol (M)	82.36	106.35	-22.56
股票 Shares	78.50	101.53	-22.68
债券 Bonds	1.87	3.75	-50.13
基金 Funds	1.99	1.07	85.98
总成交笔数 Total Transactions	8061	8685	-7.18
股票 Shares	6169	6279	-1.75
债券 Bonds	1846	2379	-22.40
基金 Funds	46	27	70.37
日均成交笔数 Average Transactions	33	35	-5.71
股票 Shares	25	25	0.00
债券 Bonds	7	9	-22.22
基金 Funds	0	0	0.00

注：债券成交量均以张为单位。

固定收益平台
Fixed-Incoming Trading System

固定收益平台交易 Trading of Fixed-Incoming Trading System	2017 年	2016 年	增减(%) Change (%)
交易天数 Trading Days	244	244	0.00
总成交金额 (亿) Total Trading Val(100M)	66752.21	46948.18	42.18
政府债 G-Bonds	1299.63	5499.42	-76.37
公司债 C-Bonds	35287.88	29195.02	20.87
债券回购 Bond Repo	30164.70	12253.74	146.17
日均成交金额(百万)Average Turnover In Val(M)	27357.46	19241.06	42.18
政府债 G-Bonds	532.64	2253.86	-76.37
公司债 C-Bonds	14462.25	11965.17	20.87
债券回购 Bond Repo	12362.58	5022.02	146.17
总成交量(百万) Total Trading Vol (M)	40674.19	35734.48	13.82
政府债 G-Bonds	1329.03	5398.54	-75.38
公司债 C-Bonds	36328.69	29110.56	24.80
债券回购 Bond Repo	3016	1225	146.17
日均成交量(百万) Average Trading Vol (M)	166.70	146.45	13.82
政府债 G-Bonds	5.45	22.13	-75.38
公司债 C-Bonds	148.89	119.31	24.80
债券回购 Bond Repo	123626	50220	146.17
总成交笔数（笔）Total Transactions	188541	103416	82.31
政府债 G-Bonds	2344	4551	-48.49
公司债 C-Bonds	111419	70133	58.87
债券回购 Bond Repo	74778	28732	160.26
日均成交笔数(笔)Average Transactions	773	424	82.31
政府债 G-Bonds	10	19	-47.37
公司债 C-Bonds	457	287	59.23
债券回购 Bond Repo	306	118	159.32
交易商年末持有量(亿)	77.47	69.29	11.81
政府债 G-Bonds	6.11	7.26	-15.84
公司债 C-Bonds	71.36	62.03	15.04
债券回购 Bond Repo	0	0	0.00

固定收益平台券商持有
Hold of Brokers

固定收益平台
Fixed-Incoming Trading System

交易商名称 Investor Name	交易证券数 Number	交易量(万) Trading Vol(10000)	年末持有量(万) Hold Vol(10000)
长江证券	1835	231517	31257
光大证券	1069	98903	104011
广发证券	1724	230629	193758
国寿资产	375	7033	142889
国泰君安	2710	484029	246859
国信证券	656	34730	23529
华泰证券	1569	134248	89390
南京证券	153	11631	456
平安证券	824	134614	28000
人保资产	499	12083	49725
申万宏源	1438	363040	44310
兴业证券	663	13641	36662
银河证券	645	28639	23436
招商证券	1161	171337	63014
中金公司	573	50307	27753
中信建投	1580	163929	68414
中信证券	3080	632304	222475
中银证券	851	68365	91107
中原证券	83	5394	1317

沪港通概况
Shang-Hong Kong Stock Connect

成交情况
Trading in 2017

板块	交易净额（亿元）	交易额（亿元）	占标的股总交易额比	日均交易额（亿元）	同比
沪股通	630	13146	2.04%	56	74.14%
港股通	1968	14886	6.29%	65	107.47%

额度情况

板块	日均使用额度(亿元)	日均额度使用率(%)
沪股通	3.4	2.61
港股通	13.39	12.75

基金通申赎
Fund Expert Trading

证券代码 code	证券简称 Security Name	申购总量(万) Buy Vol(10000)	赎回总量(万) Sell Vol(10000)
519001	银华优选	111.40	230.96
519002	安信消费	1498.42	2981.08
519003	海富收益	108.19	179.51
519005	海富股票	275.73	281.99
519007	海富回报	3.67	32.60
519008	添富优势	61.67	47.11
519011	海富精选	217.55	261.14
519013	海富优势	5.74	23.20
519015	海富贰号	0.10	7.85
519017	大成成长	287.87	601.91
519018	添富均衡	307.80	760.04
519019	大成景阳	81.75	491.04
519020	国泰金泰	16.35	897.57
519021	金鼎价值	172.52	561.69
519023	海富债券	8.85	3.97
519025	海富领先	0.84	6.09
519026	海富小盘	15.47	19.48
519027	海富周期	0.00	2.75
519028	华夏稳增	0.00	111.19
519029	华夏稳增	76.29	283.53
519030	海富稳固	2.84	2.04
519033	海富国策	13.74	12.08
519034	海富低碳	1.26	32.95
519035	富国天博	61.82	606.34
519039	长盛同德	6.66	412.63
519050	海富养老	0.46	1.62
519056	海富内需	14.95	7.08
519060	海富纯 C	6.04	49.70
519061	海富纯 A	0.36	8.71
519062	海富对冲	24.64	22.25
519066	添富蓝筹	998.04	76.26
519068	添富焦点	247.10	140.07
519069	添富价值	775.35	140.38
519078	添富增收	0.00	12.81
519087	新华分红	11.20	149.23
519089	新华成长	5.09	12.43
519093	新华钻石	0.00	5.51
519095	新华行业	5.90	16.11
519097	新华市值	0.28	2.54
519099	新华主题	2.18	2.31
519100	长盛 100	37.47	77.58
519110	价值 A	67.90	206.25
519111	浦银收益	0.63	1.86
519112	收益债 C	4.55	4.55
519113	浦银生活	45.90	228.17
519115	浦银红利	0.00	2.36
519116	浦银 300	5.29	0.05
519117	浦银 400	4.39	1.39
519118	幸福债 A	0.99	0.00
519119	幸福债 B	1.00	9.83

基金通申赎
Fund Expert Trading

证券代码 code	证券简称 Security Name	申购总量(万) Buy Vol(10000)	赎回总量(万) Sell Vol(10000)
519120	新兴产业	1.09	87.22
519122	6 月债 C	0.00	2.51
519125	消费 A	6.54	17.02
519126	新经济	0.00	4.31
519127	盛世 A	2.28	9.20
519128	月月盈 A	0.00	0.00
519130	海富新内	3.30	5.28
519132	海富数据	0.68	1.49
519133	海富改革	1.55	4.29
519134	海富富祥	0.00	24.01
519150	新华消费	4.53	2.80
519152	新华纯 A	1066.79	744.07
519153	新华纯 C	48.07	89.95
519156	新华配置	1951.17	3287.83
519158	新华趋势	24.34	46.32
519160	新华惠 A	24.98	0.00
519162	新华增 A	26.99	1.94
519163	新华增 C	416.10	369.43
519167	新华鑫安	0.00	0.00
519170	浦银增长	32.18	215.40
519171	浦银医疗	0.00	60.95
519172	睿智 A	1.97	10.98
519173	睿智 C	718.60	217.72
519180	万家 180	38.98	80.88
519181	万家和谐	16.79	50.29
519183	万家引擎	2.50	3.25
519185	万家精选	204.40	429.46
519186	万家稳增	0.18	2.37
519188	万家恒 A	12.79	12.86
519189	万家恒 C	0.65	0.80
519190	万家双利	0.09	13.21
519191	万家新利	48.20	66.24
519193	万家成长	40.73	7995.72
519195	万家品质	54.74	37.96
519196	万家蓝筹	57.90	15.61
519197	万家颐达	0.00	45.57
519198	万家颐和	0.00	0.01
519199	万家家享	1.11	1.11
519208	万家祥 A	0.00	999.95
519230	海富富源	0.00	320.54
519300	大成 300A	61.67	359.58
519505	海富货 A	4178.25	9984.03
519506	海富货 B	90451.44	76467.56
519507	万家货 B	13000.00	12703.14
519508	万家货 A	5822.59	6998.61
519509	浦银货 A	1218.91	929.30
519510	浦银货 B	1272.90	703.70
519511	万家薪 A	169.29	221.91
519512	万家薪 B	0.00	2863.38
519518	添富货币	6066.34	6088.63

基金通申赎
Fund Expert Trading

证券代码 code	证券简称 Security Name	申购总量(万) Buy Vol(10000)	赎回总量(万) Sell Vol(10000)
519519	友邦增利	0.92	20.96
519566	日日盈 A	230.67	143.39
519567	日日盈 B	1119.00	720.46
519598	利息 B	100201.17	60737.75
519599	利息 A	2824.84	2887.95
519606	国泰金鑫	1372.86	3881.20
519610	银河旺 A	0.00	21.00
519611	银河旺 C	0.10	4.85
519613	银河尚 A	6.34	3109.31
519614	银河尚 C	1.00	677.21
519616	银河信 A	5.28	205.54
519617	银河信 C	0.45	122.34
519619	银河荣 A	0.94	33.94
519620	银河荣 C	1.00	255.38
519622	银河君怡	0.00	3.58
519624	银河耀 C	5.89	1.00
519625	银河盛 A	0.00	5.25
519626	银河盛 C	0.00	385.19
519627	君润 A	0.00	4.96
519628	君润 C	0.10	137.76
519630	银河睿 C	0.00	0.80
519631	银河君欣	431.01	0.08
519634	君腾 C	0.00	1.90
519640	银河鸿 A	0.00	12.39
519641	银河鸿 C	0.00	2.14
519642	银河智造	2.79	91.05
519644	银河智联	16.50	6225.90
519650	银河犇 C	0.00	3.50
519651	银河转型	7.48	47.85
519653	银河鑫 C	0.00	1.10
519654	银河丰利	0.00	2583.08
519655	银河服务	22.43	9238.01
519656	银河灵 A	1.08	2.43
519657	银河灵 C	0.06	13.81
519660	银河增 A	0.00	0.06
519661	银河增 C	0.63	0.63
519662	银河回 A	0.00	47.38
519663	银河回 C	0.00	80.02
519664	美丽 A	27.79	46.73
519665	美丽 C	89.80	49.45
519666	银河银信	35.54	211.84
519668	银河成长	59.83	8.36
519669	银河领先	462.53	2.27
519670	银河行业	93.80	256.45
519671	300 价值	14.54	140.78
519672	银河蓝筹	91.35	71.41
519673	银河康乐	18.39	127.58
519674	银河创新	25.71	24.26
519675	银河润 A	0.00	26.70
519676	银河保本	168.78	1037.04

基金通申赎
Fund Expert Trading

证券代码 code	证券简称 Security Name	申购总量(万) Buy Vol(10000)	赎回总量(万) Sell Vol(10000)
519677	定投宝	2165.46	2494.79
519678	银河消费	1.33	4.66
519679	银河主题	5.99	26.45
519680	交银增利	8.22	10.84
519683	交银双利	0.02	5.48
519688	交银精选	173.61	238.96
519690	交银稳健	1627.26	541.61
519692	交银成长	24.88	34.88
519698	交银先锋	43.31	72.87
519700	交银主题	3547.73	3528.43
519702	交银趋势	8.64	16.81
519704	交银制造	305.37	329.65
519706	交银价值	1.91	1.20
519712	交银核心	2.25	12.06
519714	交银消费	16.90	8.87
519718	交银纯债	0.00	0.01
519727	交银 30	6.23	4.26
519733	交银强债	0.05	1.25
519908	兴华基金	1172.06	17480.89
519909	安顺配置	280.38	6004.63
519915	富国消费	216.99	3860.94
519918	基金兴和	173.16	18403.64
519929	信息量化	2.49	2.64
519935	长信创新	78.25	71.55
519937	长信先锐	0.01	1.79
519945	富安 A	0.00	18.28
519949	长信利信	0.01	0.02
519951	长信利泰	0.01	0.02
519956	睿进 C	2.49	85.75
519957	睿进 A	1.34	2.13
519959	长信多利	25.54	110.06
519961	利广 A	4.66	0.18
519963	利盈 A	6.83	3.53
519965	CXLHDCLA	71.69	84.05
519967	长信利富	0.00	4.77
519969	长信新利	0.09	1.31
519971	长信 GGHL	0.00	0.01
519972	CX 纯债 C	0.00	0.00
519973	CX 纯债 A	0.00	17.31
519975	CXLH 中小	111.26	225.60
519976	CX 转债 C	670.67	667.84
519977	CX 转债 A	31.62	53.75
519979	长信内需	3079.48	3120.83
519983	长信 LHA	272.05	951.46
519985	CXCZYHA	3.99	314.50
519987	长信恒利	16.09	17.88
519989	长信 LFC	75.89	125.42
519991	长信双利	6.06	12.04
519993	长信增利	31.04	89.19
519995	长信金利	319.31	332.73

基金通申赎
Fund Expert Trading

证券代码 code	证券简称 Security Name	申购总量(万) Buy Vol(10000)	赎回总量(万) Sell Vol(10000)
519997	长信银利	9.81	54.12

历年上海市场股票市值占 GDP 比
Stock Market Capital and GDP

年份 Year	国内生产总值(亿) GDP	总市值(亿) Market Cap (100 M)	占比(%) Rate(%)	流通市值(亿) Negotiable Capital	占比(%) Rate(%)
1990	18872.9	12.34	0.07	--	--
1991	22005.6	29.43	0.13	--	--
1992	27194.5	558.40	2.05	--	--
1993	35673.2	2206.20	6.18	423.94	1.19
1994	48637.5	2600.13	5.35	586.96	1.21
1995	61339.9	2525.66	4.12	587.00	0.96
1996	71813.6	5477.81	7.63	1408.75	1.96
1997	79715	9218.06	11.56	2513.47	3.15
1998	85195.5	10625.91	12.47	2947.44	3.46
1999	90564.4	14580.47	16.10	4249.69	4.69
2000	100280	26930.86	26.86	8481.33	8.46
2001	110863	27590.56	24.89	8382.11	7.56
2002	121717	25363.72	20.84	7467.30	6.13
2003	137422	29804.92	21.69	8201.14	5.97
2004	161840	26014.34	16.07	7350.88	4.54
2005	187319	23096.13	12.33	6754.61	3.61
2006	219439	71612.38	32.63	16428.33	7.49
2007	270232	269838.87	99.85	64532.17	23.88
2008	319516	97251.91	30.44	32305.91	10.11
2009	349081	184655.23	52.90	114805.00	32.89
2010	413030	179007.24	43.34	142337.45	34.46
2011	489301	148376.22	30.32	122851.36	25.11
2012	540367	158698.44	29.37	134294.45	24.85
2013	595244	151165.27	25.40	136526.38	22.94
2014	643974	243974.02	37.89	220495.87	34.24
2015	689052	295194.20	42.84	254127.84	36.88
2016	743586	284607.63	38.28	240006.24	32.28
2017	827122	331324.82	40.06	281365.67	34.02

注：GDP 数据来源于国家统计局网站，最新年度的数据为初步核算值。

历年股票印花税占财政收入比
Stamp-duty and State Revenue

年份 Year	股票印花税(亿) Stamp duty (100 M)	财政收入(亿) State Revenue (100 M)	占比(%) Rate(%)
1998	111.48	9876	1.13
1999	135.51	11444	1.18
2000	250.30	13395	1.87
2001	167.55	16386	1.02
2002	67.59	18904	0.36
2003	82.85	21715	0.38
2004	105.69	26396	0.40
2005	39.90	31649	0.13
2006	115.63	38760	0.30
2007	1347.72	51322	2.63
2008	524.24	61330	0.85
2009	346.51	68518	0.51
2010	304.32	83102	0.37
2011	237.56	103874	0.23
2012	164.05	117254	0.14
2013	229.61	129210	0.18
2014	375.15	140370	0.27
2015	1325.59	152269	0.87
2016	497.86	159605	0.31
2017	507.77	172567	0.29

注：财政收入数据来源于国家统计局网站，最新年度的数据为初步核算值。

Listed Companies

上市公司

上市公司地区、行业分布
Region and Industry Distribution

地区 Area	仅发 A 股 A Share	A、H 股 A&H Share	A、B 股 A&B Share	仅发 B 股 B Share	合计 Total	工业类 Industrial	商业类 Commercial	地产类 Real Estate	公用事业类 Utilities	综合 Conglomerates	合计 Total
上海	151	15	35	4	205	108	29	11	15	42	205
浙江	178		1		179	142	18		6	13	179
江苏	156	4			160	122	16	2	4	16	160
北京	103	26			129	60	17	4	11	37	129
广东	68	10			78	46	5	6	8	13	78
山东	68	3	1		72	48	7		5	12	72
福建	49	2			51	37	4		3	7	51
安徽	40	3	1		44	33	2		3	6	44
四川	37	3			40	29	2		5	4	40
湖北	36		1	1	38	27	1		3	7	38
辽宁	31	1	1	1	34	19	2		8	5	34
河南	24	5			29	24	2		1	2	29
湖南	27				27	16	3		2	6	27
新疆	26				26	16	2		3	5	26
重庆	25	1			26	17	1		8		26
黑龙江	24		1		25	15	1		3	6	25
天津	20	4	1		25	14	2	1	2	6	25
河北	20	2			22	17		1		4	22
陕西	20				20	16				4	20
吉林	20				20	10	3		2	5	20
山西	18				18	15			1	2	18
甘肃	17				17	11	3		1	2	17
广西	17				17	9	2		5	1	17
江西	16	1			17	14			3		17
内蒙	14	1	1		16	14			2		16
贵州	15				15	11	1		3		15
云南	13	1			14	10			2	2	14
海南	9		1		10	5	1		2	2	10
西藏	9				9	5	1		1	2	9
青海	8				8	7			1		8
宁夏	5				5	4	1				5
合计	1264	81	45	6	1396	921	126	25	113	211	1396

2017 年市场筹融资
Capital Raised in 2017

证券类型 Type of Securities	筹资方式 Way of Capital Raising	筹资额 Capital Raised Val	
		2017 年	2016 年
股票	首次发行	1376.55	1017.23
	再次发行	6201.50	7039.22
股票筹资合计		7578.06	8056.45
优先股	首次发行	200.00	1378.00
	再次发行	0.00	0.00
优先股筹资合计		200.00	1378.00
债券	公司债	14937.99	25547.20

注：再次发行包括：增发（向公众增发、定向增发）、配股、权证行权、可转债转股。公司债包括：可转债、可分离债、证监会审批发行的公司纯债、私募债。

股票历年筹资
Capital Raised 1990-2017

年份 Year	A股(亿) A-Shares(100M)		B股(亿) B-Shares(100M)		总计 Total
	首发(IPO)	再发(SPO)	首发(IPO)	再发(SPO)	
1990	10.11	0.00	0.00	0.00	10.11
1991	0.00	0.24	0.00	0.00	0.24
1992	10.85	2.53	37.66	0.00	51.05
1993	57.52	27.40	22.83	0.50	107.06
1994	98.98	31.29	34.43	2.26	166.95
1995	24.29	27.76	6.13	0.00	58.16
1996	130.46	44.95	15.85	9.64	205.14
1997	278.57	131.00	47.02	18.28	474.87
1998	230.69	139.24	9.84	0.19	379.91
1999	291.96	190.86	1.89	0.33	486.37
2000	591.18	325.13	0.44	0.00	919.95
2001	534.29	423.20	0.00	0.00	957.49
2002	516.96	97.55	0.00	0.00	614.51
2003	453.51	103.90	0.00	0.43	560.96
2004	237.24	219.66	0.00	0.00	456.90
2005	28.55	271.22	0.00	0.00	299.77
2006	1180.23	534.18	0.00	0.00	1714.41
2007	4379.92	2425.89	0.00	0.00	6805.81
2008	733.54	1504.62	0.00	0.00	2238.16
2009	1251.25	2091.91	0.00	0.00	3343.15
2010	1891.51	3640.62	0.00	0.00	5532.14
2011	1014.01	2185.68	0.00	0.00	3199.69
2012	333.57	2556.74	0.00	0.00	2890.31
2013	0.00	2515.72	0.00	0.00	2515.72
2014	311.77	3650.82	0.00	0.00	3962.59
2015	1086.90	7626.06	0.00	0.00	8712.96
2016	1017.23	7039.22	0.00	0.00	8056.45
2017	1376.55	6201.50	0.00	0.00	7578.06

股票年度首次发行
IPOs in 2017

证券发行
Security Issue

证券代码 Code	证券简称 Security Name	招股说明书刊登日 Prospectus Announced Date	所属行业 Industry	注册地 Area	发行数量(百万股) Issue Vol(M)	发行方式 Issue Method
600025	华能水电	2017.12.01	电力、热力、燃气及水	云南	1800.000	按市值申购
600903	贵州燃气	2017.10.24	电力、热力、燃气及水	贵州	121.948	按市值申购
600933	爱柯迪	2017.11.03	制造业	浙江	138.240	按市值申购
600939	重庆建工	2017.02.07	建筑业	重庆	181.500	按市值申购
601019	山东出版	2017.11.06	文化、体育和娱乐业	山东	266.900	按市值申购
601086	国芳集团	2017.09.18	批发和零售业	甘肃	160.000	按市值申购
601108	财通证券	2017.10.10	金融业	浙江	359.000	按市值申购
601212	白银有色	2017.01.25	制造业	甘肃	698.000	按市值申购
601228	广州港	2017.03.15	交通运输、仓储和邮政	广东	698.680	按市值申购
601326	秦港股份	2017.08.02	交通运输、仓储和邮政	河北	558.000	按市值申购
601366	利群股份	2017.03.27	批发和零售业	山东	176.000	按市值申购
601619	嘉泽新能	2017.07.06	电力、热力、燃气及水	宁夏	193.712	按市值申购
601858	中国科传	2017.01.04	文化、体育和娱乐业	北京	130.500	按市值申购
601878	浙商证券	2017.06.09	金融业	浙江	333.333	按市值申购
601881	中国银河	2017.01.09	金融业	北京	600.000	按市值申购
601949	中国出版	2017.08.07	文化、体育和娱乐业	北京	364.500	按市值申购
601952	苏垦农发	2017.04.28	制造业	江苏	260.000	按市值申购
603037	凯众股份	2017.01.06	制造业	上海	20.000	按市值申购
603038	华立股份	2016.12.30	制造业	广东	16.700	按市值申购
603039	泛微网络	2016.12.29	信息传输、软件和信息	上海	16.670	按市值申购
603040	新坐标	2017.01.19	制造业	浙江	15.000	按市值申购
603041	美思德	2017.03.16	制造业	江苏	25.000	按市值申购
603042	华脉科技	2017.05.17	制造业	江苏	34.000	按市值申购
603043	广州酒家	2017.06.13	制造业	广东	50.000	按市值申购
603050	科林电气	2017.03.29	制造业	河北	33.340	按市值申购
603055	台华新材	2017.09.07	制造业	浙江	67.600	按市值申购
603063	禾望电气	2017.07.14	制造业	广东	60.000	按市值申购
603076	乐惠国际	2017.10.30	制造业	浙江	18.650	按市值申购
603078	江化微	2017.03.23	制造业	江苏	15.000	按市值申购
603079	圣达生物	2017.08.09	制造业	浙江	20.000	按市值申购
603080	新疆火炬	2017.12.19	电力、热力、燃气及水	新疆	35.500	按市值申购
603081	大丰实业	2017.04.06	制造业	浙江	51.800	按市值申购
603083	剑桥科技	2017.10.27	制造业	上海	24.468	按市值申购
603086	先达股份	2017.04.26	制造业	山东	20.000	按市值申购
603089	正裕工业	2017.01.12	制造业	浙江	26.670	按市值申购
603096	新经典	2017.04.12	文化、体育和娱乐业	天津	33.360	按市值申购
603103	横店影视	2017.09.20	文化、体育和娱乐业	浙江	53.000	按市值申购
603106	恒银金融	2017.09.06	制造业	天津	70.000	按市值申购
603110	东方材料	2017.09.22	制造业	浙江	25.667	按市值申购
603113	金能科技	2017.04.26	制造业	山东	77.300	按市值申购
603127	昭衍新药	2017.08.11	科学研究和技术服务业	北京	20.500	按市值申购
603129	春风动力	2017.08.04	制造业	浙江	33.333	按市值申购
603133	碳元科技	2017.03.06	制造业	江苏	52.000	按市值申购
603136	天目湖	2017.09.13	水利、环境和公共设施	江苏	20.000	按市值申购
603138	海量数据	2017.02.20	信息传输、软件和信息	北京	20.500	按市值申购
603139	康惠制药	2017.04.06	制造业	陕西	24.970	按市值申购
603157	拉夏贝尔	2017.09.11	制造业	上海	54.770	按市值申购
603161	科华控股	2017.12.22	制造业	江苏	33.400	按市值申购
603165	荣晟环保	2017.01.03	制造业	浙江	31.680	按市值申购
603177	德创环保	2017.01.17	水利、环境和公共设施	浙江	50.500	按市值申购

注:发行数量指同一股票不同发行方式的发行总量。

股票年度首次发行 IPOs in 2017

发行价 Issue Price	发行日期 Issue Date	中签率 Lot Rate%	筹资金额(百万) Capital Raised(M)	发行市盈率 Issue P/E	主承销商 Lead Underwriter
2.170	2017.12.05	0.5134	3906.000	76.86	中信证券股份有限公司
2.210	2017.10.26	0.0605	269.506	22.88	东海证券股份有限公司
11.010	2017.11.07	0.0649	1522.022	20.79	国金证券股份有限公司
3.120	2017.02.09	0.0862	566.280	22.92	华融证券股份有限公司
10.160	2017.11.08	0.1013	2711.704	22.99	中银国际证券有限责任公司
3.160	2017.09.20	0.0731	505.600	22.92	西南证券股份有限公司
11.380	2017.10.12	0.1287	4085.420	22.98	瑞银证券有限责任公司
1.780	2017.02.03	0.2501	1242.440	556.25	中信建投证券股份有限公司
2.290	2017.03.17	0.2212	1599.977	22.98	中国国际金融股份有限公司
2.340	2017.08.04	0.1997	1305.720	49.62	中国国际金融股份有限公司
8.820	2017.03.29	0.0779	1552.320	22.98	中信证券股份有限公司
1.260	2017.07.10	0.0898	244.078	17.87	海通证券股份有限公司
6.840	2017.01.06	0.0698	892.620	22.97	中银国际证券有限责任公司
8.450	2017.06.13	0.1350	2816.667	22.98	东兴证券股份有限公司
6.810	2017.01.11	0.2081	4086.000	7.02	中信建投证券股份有限公司
3.340	2017.08.09	0.1412	1217.430	22.96	中银国际证券有限责任公司
9.320	2017.05.03	0.1036	2423.200	22.12	国信证券股份有限公司
16.010	2017.01.10	0.0159	320.200	22.98	东北证券股份有限公司
23.260	2017.01.04	0.0149	388.442	22.98	东莞证券股份有限公司
14.900	2017.01.03	0.0149	248.383	22.99	海通证券股份有限公司
16.440	2017.01.23	0.0143	246.600	22.99	国信证券股份有限公司
12.920	2017.03.20	0.0245	323.000	20.01	广发证券股份有限公司
11.260	2017.05.19	0.0295	382.840	22.98	广发证券股份有限公司
13.180	2017.06.15	0.0408	659.000	20.28	广发证券股份有限公司
10.290	2017.03.31	0.0279	343.069	22.99	东吴证券股份有限公司
9.210	2017.09.11	0.0448	622.596	22.97	中信证券股份有限公司
13.360	2017.07.18	0.0453	801.600	22.98	华泰联合证券有限责任公司
19.710	2017.11.01	0.0141	367.592	22.99	中信建投证券股份有限公司
24.180	2017.03.27	0.0127	362.700	22.99	华泰联合证券有限责任公司
15.090	2017.08.11	0.0157	301.800	22.99	中信建投证券股份有限公司
13.600	2017.12.21	0.0300	482.800	22.99	西部证券股份有限公司
10.420	2017.04.10	0.0390	539.756	22.98	国泰君安证券股份有限公司
15.050	2017.10.31	0.0250	368.242	22.99	华泰联合证券有限责任公司
17.640	2017.04.28	0.0149	352.800	15.26	长城证券股份有限公司
11.630	2017.01.16	0.0308	310.172	20.11	广发证券股份有限公司
21.550	2017.04.14	0.0277	718.908	21.22	东方花旗证券有限公司
15.450	2017.09.22	0.0411	818.850	22.98	中银国际证券有限责任公司
10.750	2017.09.08	0.0405	752.500	22.99	中信证券股份有限公司
13.040	2017.09.26	0.0250	334.694	22.98	海通证券股份有限公司
13.370	2017.04.28	0.0485	1033.501	22.98	国泰君安证券股份有限公司
12.510	2017.08.15	0.0265	256.455	22.98	德邦证券股份有限公司
13.630	2017.08.08	0.0291	454.334	22.98	德邦证券股份有限公司
7.870	2017.03.08	0.0358	409.240	22.98	中信证券股份有限公司
19.680	2017.09.15	0.0148	393.600	22.99	海通证券股份有限公司
9.990	2017.02.22	0.0249	204.795	19.82	国海证券股份有限公司
14.570	2017.04.10	0.0255	363.813	22.98	国金证券股份有限公司
8.410	2017.09.13	0.0409	460.616	9.76	中信证券股份有限公司
16.750	2017.12.26	0.0292	559.450	22.98	东北证券股份有限公司
10.440	2017.01.05	0.0299	330.739	17.13	华福证券有限责任公司
3.600	2017.01.19	0.0371	181.800	22.97	民生证券股份有限公司

股票年度首次发行 IPOs in 2017

证券代码 Code	证券简称 Security Name	招股说明书刊登日 Prospectus Announced Date	所属行业 Industry	注册地 Area	发行数量(百万股) Issue Vol(M)	发行方式 Issue Method
603178	圣龙股份	2017.03.14	制造业	浙江	50.000	按市值申购
603179	新泉股份	2017.03.03	制造业	江苏	39.850	按市值申购
603180	金牌厨柜	2017.04.27	制造业	福建	17.000	按市值申购
603181	皇马科技	2017.08.10	制造业	浙江	50.000	按市值申购
603183	建研院	2017.08.22	科学研究和技术服务业	江苏	22.000	按市值申购
603196	日播时尚	2017.05.15	制造业	上海	60.000	按市值申购
603197	保隆科技	2017.05.05	制造业	上海	29.280	按市值申购
603200	上海洗霸	2017.05.16	水利、环境和公共设施	上海	18.430	按市值申购
603208	欧派股份	2017.01.20	制造业	浙江	20.210	按市值申购
603225	新凤鸣	2017.04.05	制造业	浙江	77.300	按市值申购
603226	菲林格尔	2017.06.01	制造业	上海	21.670	按市值申购
603229	奥翔药业	2017.04.24	制造业	浙江	40.000	按市值申购
603232	格尔软件	2017.04.07	信息传输、软件和信息	上海	15.250	按市值申购
603233	大参林	2017.07.17	批发和零售业	广东	40.010	按市值申购
603238	诺邦股份	2017.02.08	制造业	浙江	30.000	按市值申购
603260	合盛硅业	2017.10.16	制造业	浙江	70.000	按市值申购
603269	海鸥股份	2017.05.03	制造业	江苏	22.870	按市值申购
603277	银都股份	2017.08.28	制造业	浙江	66.000	按市值申购
603278	大业股份	2017.10.30	制造业	山东	52.000	按市值申购
603283	赛腾股份	2017.12.11	制造业	江苏	40.000	按市值申购
603286	日盈电子	2017.06.13	制造业	江苏	22.019	按市值申购
603289	泰瑞机器	2017.10.17	制造业	浙江	51.000	按市值申购
603303	得邦照明	2017.03.16	制造业	浙江	60.000	按市值申购
603305	旭升股份	2017.06.26	制造业	浙江	41.600	按市值申购
603316	诚邦股份	2017.06.05	建筑业	浙江	50.820	按市值申购
603320	迪贝电气	2017.04.17	制造业	浙江	25.000	按市值申购
603321	梅轮电梯	2017.09.04	制造业	浙江	77.000	按市值申购
603326	我乐家居	2017.05.16	制造业	江苏	40.000	按市值申购
603329	上海雅仕	2017.12.18	交通运输、仓储和邮政	上海	33.000	按市值申购
603330	上海天洋	2017.01.23	制造业	上海	15.000	按市值申购
603331	百达精工	2017.06.21	制造业	浙江	31.813	按市值申购
603335	迪生力	2017.06.07	制造业	广东	63.340	按市值申购
603337	杰克股份	2017.01.05	制造业	浙江	51.670	按市值申购
603345	安井食品	2017.02.08	制造业	福建	54.010	按市值申购
603357	设计总院	2017.07.18	科学研究和技术服务业	安徽	81.200	按市值申购
603358	华达科技	2017.01.11	制造业	江苏	40.000	按市值申购
603359	东珠景观	2017.08.18	建筑业	江苏	56.900	按市值申购
603360	百傲化学	2017.01.16	制造业	辽宁	33.340	按市值申购
603363	傲农生物	2017.09.12	制造业	福建	60.000	按市值申购
603365	水星家纺	2017.11.06	制造业	上海	66.670	按市值申购
603367	辰欣药业	2017.09.15	制造业	山东	100.000	按市值申购
603378	亚士创能	2017.09.15	制造业	上海	49.000	按市值申购
603380	易德龙	2017.06.08	制造业	江苏	40.000	按市值申购
603383	顶点软件	2017.05.08	信息传输、软件和信息	福建	21.050	按市值申购
603385	惠达卫浴	2017.03.20	制造业	河北	71.040	按市值申购
603386	广东骏亚	2017.08.29	制造业	广东	50.500	按市值申购
603387	基蛋生物	2017.07.03	制造业	江苏	33.000	按市值申购
603388	元成股份	2017.03.10	建筑业	浙江	25.000	按市值申购
603396	金辰股份	2017.09.27	制造业	辽宁	18.890	按市值申购
603429	集友股份	2017.01.10	制造业	安徽	17.000	按市值申购

注:发行数量指同一股票不同发行方式的发行总量。

股票年度首次发行 IPOs in 2017

证券发行 Security Issue

发行价 Issue Price	发行日期 Issue Date	中签率 Lot Rate%	筹资金额(百万) Capital Raised(M)	发行市盈率 Issue P/E	主承销商 Lead Underwriter
7.530	2017.03.16	0.0333	376.500	22.99	国信证券股份有限公司
14.010	2017.03.07	0.0317	558.299	20.26	中信建投证券股份有限公司
27.850	2017.05.02	0.0135	473.450	22.99	兴业证券股份有限公司
10.360	2017.08.14	0.0345	518.000	22.99	国信证券股份有限公司
13.560	2017.08.24	0.0259	298.320	22.98	东吴证券股份有限公司
7.080	2017.05.17	0.0375	424.800	22.99	海通证券股份有限公司
22.870	2017.05.09	0.0276	669.634	21.66	第一创业摩根大通证券有限责任公司
17.350	2017.05.18	0.0149	319.761	22.98	国泰君安证券股份有限公司
24.830	2017.01.24	0.0284	501.814	22.99	广发证券股份有限公司
26.680	2017.04.07	0.0473	2062.364	22.99	申万宏源证券承销保荐有限责任公司
17.560	2017.06.05	0.0257	380.525	22.99	中信证券股份有限公司
7.810	2017.04.26	0.0298	312.400	22.98	国金证券股份有限公司
18.100	2017.04.11	0.0128	276.025	22.91	国融证券股份有限公司
24.720	2017.07.19	0.0372	989.047	22.99	中信建投证券股份有限公司
13.310	2017.02.10	0.0284	399.300	22.99	国金证券股份有限公司
19.520	2017.10.18	0.0447	1366.400	22.99	中信证券股份有限公司
8.760	2017.05.05	0.0241	200.341	22.99	民生证券股份有限公司
12.370	2017.08.30	0.0461	816.420	22.99	国信证券股份有限公司
15.310	2017.11.01	0.0334	796.120	22.95	国金证券股份有限公司
6.900	2017.12.13	0.0308	276.000	22.98	华泰联合证券有限责任公司
7.930	2017.06.15	0.0261	174.611	22.97	中信证券股份有限公司
7.830	2017.10.19	0.0336	399.330	22.98	爱建证券有限责任公司
18.630	2017.03.20	0.0365	1117.800	15.10	浙商证券股份有限公司
11.260	2017.06.28	0.0393	468.416	22.98	华林证券股份有限公司
6.820	2017.06.07	0.0358	346.592	22.98	申万宏源证券承销保荐有限责任公司
9.930	2017.04.19	0.0247	248.250	22.98	东方花旗证券有限公司
6.070	2017.09.06	0.0429	467.390	22.99	申万宏源证券承销保荐有限责任公司
9.870	2017.05.18	0.0309	394.800	22.97	招商证券股份有限公司
10.540	2017.12.20	0.0289	347.820	22.99	海通证券股份有限公司
18.190	2017.01.25	0.0147	272.850	22.99	中信证券股份有限公司
9.630	2017.06.23	0.0305	306.362	22.98	中泰证券股份有限公司
3.620	2017.06.09	0.0408	229.291	18.33	东北证券股份有限公司
17.720	2017.01.09	0.0368	915.592	22.99	中信建投证券股份有限公司
11.120	2017.02.10	0.0378	600.591	22.99	民生证券股份有限公司
10.440	2017.07.20	0.0461	847.728	17.61	国元证券股份有限公司
31.180	2017.01.13	0.0328	1247.200	19.83	中泰证券股份有限公司
18.180	2017.08.22	0.0385	1034.442	22.34	瑞信方正证券有限责任公司
9.240	2017.01.18	0.0308	308.062	22.92	申万宏源证券承销保荐有限责任公司
4.790	2017.09.14	0.0419	287.400	22.95	国泰君安证券股份有限公司
16.000	2017.11.08	0.0376	1066.720	22.98	中信建投证券股份有限公司
11.660	2017.09.19	0.0546	1166.000	22.98	中泰证券股份有限公司
12.940	2017.09.19	0.0330	634.060	22.98	海通证券股份有限公司
10.680	2017.06.12	0.0321	427.200	22.99	东吴证券股份有限公司
19.050	2017.05.10	0.0244	401.003	22.98	东方花旗证券有限公司
13.270	2017.03.22	0.0405	942.701	21.40	平安证券股份有限公司
6.230	2017.08.31	0.0345	314.615	22.99	民生证券股份有限公司
22.250	2017.07.05	0.0292	734.250	22.99	国金证券股份有限公司
12.100	2017.03.14	0.0249	302.500	22.99	海通证券股份有限公司
19.470	2017.09.29	0.0146	367.788	22.99	中泰证券股份有限公司
15.000	2017.01.12	0.0148	255.000	22.97	国海证券股份有限公司

股票年度首次发行
IPOs in 2017

证券代码 Code	证券简称 Security Name	招股说明书刊登日 Prospectus Announced Date	所属行业 Industry	注册地 Area	发行数量(百万股) Issue Vol(M)	发行方式 Issue Method
603458	勘设股份	2017.07.26	科学研究和技术服务业	贵州	31.038	按市值申购
603466	风语筑	2017.09.29	文化、体育和娱乐业	上海	36.000	按市值申购
603477	振静股份	2017.12.04	制造业	四川	60.000	按市值申购
603488	展鹏科技	2017.05.02	制造业	江苏	52.000	按市值申购
603496	恒为科技	2017.05.22	制造业	上海	25.000	按市值申购
603499	翔港科技	2017.09.25	制造业	上海	25.000	按市值申购
603500	祥和实业	2017.08.21	制造业	浙江	31.500	按市值申购
603501	韦尔股份	2017.04.19	制造业	上海	41.600	按市值申购
603505	金石资源	2017.04.18	采矿业	浙江	60.000	按市值申购
603507	振江股份	2017.10.23	制造业	江苏	31.408	按市值申购
603517	绝味食品	2017.03.03	制造业	湖南	50.000	按市值申购
603527	众源新材	2017.08.22	制造业	安徽	31.100	按市值申购
603533	掌阅科技	2017.09.05	信息传输、软件和信息	北京	41.000	按市值申购
603535	嘉诚国际	2017.07.25	交通运输、仓储和邮政	广东	37.600	按市值申购
603536	惠发股份	2017.05.26	制造业	山东	30.000	按市值申购
603538	美诺华	2017.03.22	制造业	浙江	30.000	按市值申购
603557	起步股份	2017.08.04	制造业	浙江	47.000	按市值申购
603578	三星新材	2017.02.20	制造业	浙江	22.000	按市值申购
603580	艾艾精工	2017.05.11	制造业	上海	16.670	按市值申购
603586	金麒麟	2017.03.21	制造业	山东	52.500	按市值申购
603595	东尼电子	2017.06.28	制造业	浙江	25.000	按市值申购
603602	纵横通信	2017.07.25	信息传输、软件和信息	浙江	20.000	按市值申购
603603	博天环境	2017.02.03	水利、环境和公共设施	北京	40.010	按市值申购
603605	珀莱雅	2017.11.01	制造业	浙江	50.000	按市值申购
603607	京华激光	2017.10.11	制造业	浙江	22.780	按市值申购
603612	索通发展	2017.07.04	制造业	山东	60.200	按市值申购
603615	茶花股份	2017.01.23	制造业	福建	60.000	按市值申购
603617	君禾股份	2017.06.19	制造业	浙江	25.000	按市值申购
603619	中曼石油	2017.07.31	制造业	上海	40.000	按市值申购
603626	科森科技	2017.01.19	制造业	江苏	52.667	按市值申购
603630	拉芳家化	2017.02.27	制造业	广东	43.600	按市值申购
603637	镇海股份	2017.01.18	科学研究和技术服务业	浙江	25.576	按市值申购
603638	艾迪精密	2017.01.06	制造业	山东	44.000	按市值申购
603648	畅联股份	2017.08.30	租赁和商务服务业	上海	92.167	按市值申购
603655	朗博科技	2017.12.15	制造业	江苏	26.500	按市值申购
603656	泰禾光电	2017.03.07	制造业	安徽	18.990	按市值申购
603659	璞泰来	2017.10.20	制造业	上海	63.703	按市值申购
603661	恒林股份	2017.11.07	制造业	浙江	25.000	按市值申购
603665	康隆达	2017.02.27	制造业	浙江	25.000	按市值申购
603668	天马科技	2017.01.03	制造业	福建	53.000	按市值申购
603676	卫信康	2017.07.07	制造业	西藏	63.000	按市值申购
603677	奇精机械	2017.01.16	制造业	浙江	20.000	按市值申购
603679	华体科技	2017.06.07	制造业	四川	25.000	按市值申购
603683	晶华新材	2017.09.29	制造业	上海	31.670	按市值申购
603685	晨丰科技	2017.11.13	制造业	浙江	25.000	按市值申购
603690	至纯科技	2016.12.29	制造业	上海	52.000	按市值申购
603707	健友股份	2017.07.05	制造业	江苏	63.500	按市值申购
603711	香飘飘	2017.11.17	制造业	浙江	40.010	按市值申购
603717	天域生态	2017.03.13	建筑业	重庆	43.178	按市值申购
603721	中广天择	2017.07.28	文化、体育和娱乐业	湖南	25.000	按市值申购

注:发行数量指同一股票不同发行方式的发行总量。

股票年度首次发行 IPOs in 2017

发行价 Issue Price	发行日期 Issue Date	中签率 Lot Rate%	筹资金额(百万) Capital Raised(M)	发行市盈率 Issue P/E	主承销商 Lead Underwriter
29.360	2017.07.28	0.0288	911.272	22.98	广发证券股份有限公司
16.560	2017.10.10	0.0281	596.160	22.98	海通证券股份有限公司
5.580	2017.12.06	0.0382	334.800	22.98	华西证券股份有限公司
7.670	2017.05.04	0.0345	398.840	22.98	兴业证券股份有限公司
14.140	2017.05.24	0.0264	353.500	22.98	招商证券股份有限公司
9.240	2017.09.27	0.0243	231.000	22.97	国金证券股份有限公司
13.170	2017.08.23	0.0289	414.855	22.98	中信建投证券股份有限公司
7.020	2017.04.21	0.0364	292.032	22.99	国信证券股份有限公司
3.740	2017.04.20	0.0362	224.400	22.94	中信证券股份有限公司
26.250	2017.10.25	0.0270	824.457	22.99	广发证券股份有限公司
16.090	2017.03.07	0.0398	804.500	22.99	海通证券股份有限公司
13.270	2017.08.24	0.0285	412.697	22.97	国元证券股份有限公司
4.050	2017.09.07	0.0362	166.050	22.96	华泰联合证券有限责任公司
15.170	2017.07.27	0.0316	570.392	22.85	广发证券股份有限公司
7.630	2017.06.01	0.0284	228.900	22.97	民生证券股份有限公司
14.030	2017.03.24	0.0262	420.900	22.98	浙商证券股份有限公司
7.730	2017.08.08	0.0394	363.310	22.98	广发证券股份有限公司
12.260	2017.02.22	0.0268	269.720	22.99	国信证券股份有限公司
9.810	2017.05.15	0.0142	163.533	22.98	长江证券承销保荐有限公司
21.370	2017.03.23	0.0340	1121.925	22.98	国金证券股份有限公司
13.010	2017.06.30	0.0264	325.250	22.99	渤海证券股份有限公司
15.180	2017.07.27	0.0155	303.600	22.99	东方花旗证券有限公司
6.740	2017.02.07	0.0384	269.667	22.97	中信建投证券股份有限公司
15.340	2017.11.03	0.0331	767.000	22.99	国信证券股份有限公司
16.040	2017.10.13	0.0233	365.391	22.93	浙商证券股份有限公司
7.880	2017.07.06	0.0402	474.376	22.97	华泰联合证券有限责任公司
8.370	2017.01.25	0.0414	502.200	22.98	国金证券股份有限公司
8.930	2017.06.21	0.0263	223.250	17.53	华安证券股份有限公司
22.610	2017.08.02	0.0369	904.402	22.99	国泰君安证券股份有限公司
18.850	2017.01.23	0.0379	992.767	20.75	海通证券股份有限公司
18.390	2017.03.01	0.0354	801.804	22.99	广发证券股份有限公司
13.860	2017.01.20	0.0277	354.488	22.99	浙商证券股份有限公司
6.580	2017.01.10	0.0343	289.520	22.98	海通证券股份有限公司
7.370	2017.09.01	0.0485	679.269	22.96	中国国际金融股份有限公司
6.460	2017.12.19	0.0270	171.190	22.96	国元证券股份有限公司
21.910	2017.03.09	0.0154	416.071	22.98	东方花旗证券有限公司
16.530	2017.10.24	0.0443	1053.009	22.99	国金证券股份有限公司
56.880	2017.11.09	0.0236	1422.000	22.98	兴业证券股份有限公司
21.400	2017.03.01	0.0258	535.000	22.99	中信建投证券股份有限公司
6.210	2017.01.05	0.0371	329.130	22.97	海通证券股份有限公司
5.530	2017.07.11	0.0471	348.390	22.96	中信证券股份有限公司
21.130	2017.01.18	0.0163	422.600	22.99	国信证券股份有限公司
9.440	2017.06.09	0.0261	236.000	22.99	东吴证券股份有限公司
9.340	2017.10.10	0.0285	295.798	22.99	广发证券股份有限公司
21.040	2017.11.15	0.0241	526.000	22.99	中德证券有限责任公司
1.730	2017.01.03	0.0373	89.960	22.88	兴业证券股份有限公司
7.210	2017.07.07	0.0464	457.835	22.98	国金证券股份有限公司
14.180	2017.11.21	0.0383	567.342	22.99	招商证券股份有限公司
14.630	2017.03.15	0.0318	631.693	22.99	中德证券有限责任公司
7.050	2017.08.01	0.0257	176.250	22.99	中信建投证券股份有限公司

股票年度首次发行
IPOs in 2017

证券发行 Security Issue

证券代码 Code	证券简称 Security Name	招股说明书刊登日 Prospectus Announced Date	所属行业 Industry	注册地 Area	发行数量(百万股) Issue Vol(M)	发行方式 Issue Method
603722	阿科力	2017.10.11	制造业	江苏	21.700	按市值申购
603725	天安新材	2017.08.23	制造业	广东	36.680	按市值申购
603728	鸣志电器	2017.04.24	制造业	上海	80.000	按市值申购
603730	岱美股份	2017.07.14	制造业	上海	48.000	按市值申购
603757	大元泵业	2017.06.27	制造业	浙江	21.000	按市值申购
603758	秦安股份	2017.05.03	制造业	重庆	60.000	按市值申购
603767	中马传动	2017.05.26	制造业	浙江	53.330	按市值申购
603768	常青股份	2017.03.10	制造业	安徽	51.000	按市值申购
603776	永安行	2017.08.03	科学研究和技术服务业	江苏	24.000	按市值申购
603787	新日股份	2017.04.13	制造业	江苏	51.000	按市值申购
603797	联泰环保	2017.03.28	水利、环境和公共设施	广东	53.340	按市值申购
603801	志邦股份	2017.06.16	制造业	安徽	40.000	按市值申购
603803	瑞斯康达	2017.04.05	制造业	北京	56.800	按市值申购
603809	豪能股份	2017.11.14	制造业	四川	26.670	按市值申购
603811	诚意药业	2017.03.01	制造业	浙江	21.300	按市值申购
603813	原尚股份	2017.09.04	交通运输、仓储和邮政	广东	22.070	按市值申购
603817	海峡环保	2017.02.06	电力、热力、燃气及水	福建	112.500	按市值申购
603825	华扬联众	2017.07.19	信息传输、软件和信息	北京	40.000	按市值申购
603826	坤彩科技	2017.03.29	制造业	福建	90.000	按市值申购
603829	洛凯股份	2017.09.26	制造业	江苏	40.000	按市值申购
603833	欧派家居	2017.03.14	制造业	广东	41.510	按市值申购
603839	安正时尚	2017.01.20	制造业	浙江	71.260	按市值申购
603848	好太太	2017.11.17	制造业	广东	41.000	按市值申购
603855	华荣股份	2017.05.10	制造业	上海	82.770	按市值申购
603856	东宏股份	2017.10.23	制造业	山东	49.330	按市值申购
603860	中公高科	2017.07.19	科学研究和技术服务业	北京	16.680	按市值申购
603879	永悦科技	2017.05.31	制造业	福建	36.000	按市值申购
603880	南卫股份	2017.07.24	制造业	江苏	25.000	按市值申购
603881	数据港	2017.01.13	信息传输、软件和信息	上海	52.650	按市值申购
603882	金域医学	2017.08.25	卫生和社会工作	广东	68.680	按市值申购
603890	春秋电子	2017.11.28	制造业	江苏	34.250	按市值申购
603896	寿仙谷	2017.04.25	制造业	浙江	34.950	按市值申购
603903	中持股份	2017.02.28	水利、环境和公共设施	北京	25.610	按市值申购
603906	龙蟠科技	2017.03.21	制造业	江苏	52.000	按市值申购
603908	牧高笛	2017.02.21	制造业	浙江	16.690	按市值申购
603912	佳力图	2017.10.18	制造业	江苏	37.000	按市值申购
603916	苏博特	2017.10.27	制造业	江苏	76.000	按市值申购
603917	合力科技	2017.11.20	制造业	浙江	28.000	按市值申购
603920	世运电路	2017.04.12	制造业	广东	88.800	按市值申购
603922	金鸿顺	2017.10.09	制造业	江苏	32.000	按市值申购
603926	铁流股份	2017.04.25	制造业	浙江	30.000	按市值申购
603933	睿能科技	2017.06.22	制造业	福建	25.670	按市值申购
603937	丽岛新材	2017.10.19	制造业	江苏	52.220	按市值申购
603938	三孚股份	2017.06.14	制造业	河北	37.557	按市值申购
603955	大千生态	2017.02.24	建筑业	江苏	21.750	按市值申购
603960	克来机电	2017.02.28	制造业	上海	20.000	按市值申购
603963	大理药业	2017.09.08	制造业	云南	25.000	按市值申购
603966	法兰泰克	2017.01.11	制造业	江苏	40.000	按市值申购
603970	中农立华	2017.11.03	批发和零售业	北京	33.333	按市值申购
603976	正川股份	2017.08.08	制造业	重庆	27.000	按市值申购

注:发行数量指同一股票不同发行方式的发行总量。

股票年度首次发行
IPOs in 2017

发行价 Issue Price	发行日期 Issue Date	中签率 Lot Rate%	筹资金额(百万) Capital Raised(M)	发行市盈率 Issue P/E	主承销商 Lead Underwriter
11.240	2017.10.13	0.0239	243.908	22.98	光大证券股份有限公司
9.640	2017.08.25	0.0305	353.595	22.99	光大证券股份有限公司
11.230	2017.04.26	0.0429	898.400	22.98	安信证券股份有限公司
24.920	2017.07.18	0.0415	1196.160	22.92	海通证券股份有限公司
22.420	2017.06.29	0.0253	470.820	16.30	申万宏源证券承销保荐有限责任公司
10.800	2017.05.05	0.0424	648.000	21.96	长城证券股份有限公司
11.190	2017.06.01	0.0374	596.763	22.98	九州证券股份有限公司
16.320	2017.03.14	0.0345	832.320	22.99	东方花旗证券有限公司
26.850	2017.08.07	0.0264	644.400	22.99	中国国际金融股份有限公司
6.090	2017.04.17	0.0333	310.590	22.97	海通证券股份有限公司
5.960	2017.03.30	0.0346	317.906	22.98	申万宏源证券承销保荐有限责任公司
23.470	2017.06.20	0.0321	938.800	22.92	国元证券股份有限公司
13.720	2017.04.07	0.0417	779.296	22.98	招商证券股份有限公司
22.390	2017.11.16	0.0275	597.141	22.99	招商证券股份有限公司
15.760	2017.03.03	0.0253	335.688	20.67	东兴证券股份有限公司
10.170	2017.09.06	0.0250	224.452	22.99	民生证券股份有限公司
4.040	2017.02.08	0.0646	454.500	22.99	兴业证券股份有限公司
14.670	2017.07.21	0.0317	586.800	22.98	中信证券股份有限公司
6.790	2017.03.31	0.0460	611.100	22.97	国金证券股份有限公司
7.230	2017.09.28	0.0296	289.200	22.99	民生证券股份有限公司
50.080	2017.03.16	0.0369	2078.821	22.99	国泰君安证券股份有限公司
16.780	2017.01.24	0.0456	1195.743	22.98	中信证券股份有限公司
7.890	2017.11.21	0.0351	323.490	22.98	广发证券股份有限公司
7.590	2017.05.12	0.0456	628.224	22.98	国金证券股份有限公司
10.890	2017.10.25	0.0328	537.204	22.98	中德证券有限责任公司
15.620	2017.07.21	0.0147	260.542	22.99	中德证券有限责任公司
6.750	2017.06.02	0.0311	243.000	22.97	兴业证券股份有限公司
11.720	2017.07.26	0.0259	293.000	22.98	中信建投证券股份有限公司
7.800	2017.01.17	0.0377	410.670	22.99	中信建投证券股份有限公司
6.930	2017.08.29	0.0467	475.952	22.97	中信证券股份有限公司
23.720	2017.11.30	0.0287	812.410	22.98	东莞证券股份有限公司
11.540	2017.04.27	0.0295	403.323	22.98	国信证券股份有限公司
9.880	2017.03.02	0.0263	253.022	22.98	中国中投证券有限责任公司
9.520	2017.03.23	0.0344	495.040	22.99	国泰君安证券股份有限公司
16.370	2017.02.23	0.0148	273.215	22.99	国泰君安证券股份有限公司
8.640	2017.10.20	0.0294	319.680	22.99	海通证券股份有限公司
9.020	2017.10.31	0.0409	685.520	22.98	中国国际金融股份有限公司
14.220	2017.11.22	0.0251	398.160	22.99	华泰联合证券有限责任公司
15.080	2017.04.14	0.0517	1339.104	22.98	金元证券股份有限公司
17.540	2017.10.11	0.0274	561.280	22.98	东吴证券股份有限公司
20.400	2017.04.27	0.0266	612.000	22.98	安信证券股份有限公司
20.200	2017.06.26	0.0267	518.534	22.99	东吴证券股份有限公司
9.590	2017.10.23	0.0341	500.790	22.98	国金证券股份有限公司
9.640	2017.06.16	0.0325	362.046	22.99	华龙证券股份有限公司
15.260	2017.02.28	0.0285	331.905	22.97	德邦证券股份有限公司
9.510	2017.03.02	0.0155	190.200	22.99	华泰联合证券有限责任公司
12.580	2017.09.12	0.0243	314.500	20.69	中信证券股份有限公司
7.320	2017.01.13	0.0327	292.800	22.88	招商证券股份有限公司
12.470	2017.11.07	0.0269	415.667	22.98	恒泰长财证券有限责任公司
14.320	2017.08.10	0.0277	386.640	22.99	申万宏源证券承销保荐有限责任公司

股票年度首次发行
IPOs in 2017

证券发行
Security Issue

证券代码 Code	证券简称 Security Name	招股说明书刊登日 Prospectus Announced Date	所属行业 Industry	注册地 Area	发行数量(百万股) Issue Vol(M)	发行方式 Issue Method
603978	深圳新星	2017.07.24	制造业	广东	20.000	按市值申购
603980	吉华集团	2017.06.01	制造业	浙江	100.000	按市值申购
603985	恒润股份	2017.04.20	制造业	江苏	20.000	按市值申购
603991	至正股份	2017.02.22	制造业	上海	18.700	按市值申购

注:发行数量指同一股票不同发行方式的发行总量。

股票年度首次发行
IPO in 2017

证券发行
Security Issue

发行价 Issue Price	发行日期 Issue Date	中签率 Lot Rate%	筹资金额(百万) Capital Raised(M)	发行市盈率 Issue P/E	主承销商 Lead Underwriter
29.930	2017.07.26	0.0157	598.600	22.99	海通证券股份有限公司
17.200	2017.06.05	0.0587	1720.000	22.98	安信证券股份有限公司
26.970	2017.04.24	0.0148	539.400	22.99	中德证券有限责任公司
10.610	2017.02.24	0.0155	198.407	22.99	申万宏源证券承销保荐有限责任公司

股票年度再次发行 Secondary Offerings in 2017

证券发行 Security Issue

证券代码 Code	证券简称 Security Name	所属行业 Industry	注册地 Area	发行数量(百万) Issue Vol (M)	发行方式 Issue Method	发行价 Issue Price	发行日期 Issue Date	筹资金额(百万) Capital Raised (M)
600000	浦发银行	金融业	上海	1248.316	定向募集	11.880	2017.09.04	14830.000
600019	宝钢股份	制造业	上海	5652.517	定向募集	0.000	2017.02.21	0.000
600021	上海电力	电力、热力、燃气及水	上海	269.918	定向募集	9.910	2017.12.07	2674.886
600031	三一重工	制造业	北京	47.078	定向募集	2.820	2017.01.03	132.759
600031	三一重工	制造业	北京	10.820	定向募集	3.980	2017.11.30	43.063
600035	楚天高速	交通运输、仓储和邮政	湖北	277.418	定向募集	4.640	2017.02.22	1287.220
600039	四川路桥	建筑业	四川	590.793	定向募集	3.910	2017.09.11	2310.000
600048	保利地产	房地产业	广东	0.629	定向募集	4.510	2017.01.24	2.837
600050	中国联通	信息传输、软件和信息	上海	9037.354	定向募集	6.830	2017.10.31	61725.130
600061	国投安信	金融业	上海	532.978	定向募集	15.010	2017.10.27	8000.000
600063	皖维高新	制造业	安徽	280.000	定向募集	4.650	2017.05.04	1302.000
600070	浙江富润	制造业	浙江	133.126	定向募集	7.500	2017.01.06	998.448
600070	浙江富润	制造业	浙江	32.207	定向募集	7.500	2017.01.18	241.550
600079	人福医药	制造业	湖北	67.655	定向募集	17.650	2017.11.03	1194.115
600089	特变电工	工业	新疆	480.765	配股	7.170	2017.06.22	3447.086
600097	开创国际	农、林、牧、渔业	上海	38.339	定向募集	15.650	2017.12.07	600.000
600104	上汽集团	制造业	上海	657.895	定向募集	22.800	2017.01.19	15000.000
600105	永鼎股份	制造业	江苏	18.900	定向募集	3.950	2017.10.10	74.655
600114	东睦股份	制造业	浙江	10.300	定向募集	8.760	2017.06.22	90.228
600114	东睦股份	制造业	浙江	0.700	定向募集	8.450	2017.06.30	5.915
600120	浙江东方	批发和零售业	浙江	167.133	定向募集	16.910	2017.06.09	2826.215
600122	宏图高科	批发和零售业	江苏	3.845	定向募集	4.070	2016.12.31	15.649
600122	宏图高科	批发和零售业	江苏	0.030	定向募集	4.070	2017.09.30	0.122
600122	宏图高科	批发和零售业	江苏	0.343	定向募集	4.070	2017.03.31	1.394
600133	东湖高新	建筑业	湖北	91.522	定向募集	9.200	2017.12.06	842.000
600152	维科精华	制造业	浙江	88.468	定向募集	10.220	2017.09.08	904.140
600152	维科精华	制造业	浙江	58.699	定向募集	8.750	2017.09.08	513.615
600155	宝硕股份	金融业	河北	547.212	定向募集	13.450	2016.12.27	7360.000
600162	香江控股	房地产业	广东	3.660	定向募集	2.140	2017.01.04	7.832
600162	香江控股	房地产业	广东	590.452	定向募集	3.980	2017.02.15	2350.000
600167	联美控股	电力、热力、燃气及水	辽宁	199.897	定向募集	19.360	2017.05.12	3870.000
600170	上海建工	建筑业	上海	350.830	定向募集	3.590	2017.02.28	1259.480
600171	上海贝岭	制造业	上海	25.802	定向募集	13.720	2017.12.12	354.000
600183	生益科技	制造业	广东	3.571	定向募集	3.460	2017.01.04	12.356
600183	生益科技	制造业	广东	1.052	定向募集	3.130	2017.09.29	3.294
600183	生益科技	制造业	广东	11.143	定向募集	3.130	2017.06.30	34.879
600183	生益科技	制造业	广东	1.227	定向募集	3.130	2017.07.24	3.842
600183	生益科技	制造业	广东	0.976	定向募集	3.130	2017.07.24	3.056
600187	国中水务	电力、热力、燃气及水	黑龙江	198.311	定向募集	4.800	2017.03.02	951.892
600189	吉林森工	制造业	吉林	178.842	定向募集	9.430	2017.11.16	1686.482
600201	生物股份	制造业	内蒙	29.100	定向募集	16.310	2017.07.11	474.621
600211	西藏药业	制造业	西藏	34.030	定向募集	36.480	2017.05.03	1241.422
600216	浙江医药	制造业	浙江	3.260	定向募集	5.240	2017.11.21	17.082
600217	中再资环	制造业	陕西	69.749	定向募集	6.630	2017.04.21	462.436
600226	升华拜克	制造业	浙江	373.134	定向募集	4.020	2017.03.29	1500.000
600226	升华拜克	制造业	浙江	256.410	定向募集	3.120	2017.03.29	800.000
600233	圆通速递	交通运输、仓储和邮政	辽宁	4.248	定向募集	9.450	2017.11.15	40.143
600241	时代万恒	批发和零售业	辽宁	68.110	定向募集	11.700	2017.12.11	796.887
600242	中昌数据	信息传输、软件和信息	广东	38.654	定向募集	13.000	2017.09.21	502.500
600258	首旅酒店	住宿和餐饮业	北京	201.523	定向募集	19.220	2016.12.29	3873.274

股票年度再次发行
Secondary Offerings in 2017

证券代码 Code	证券简称 Security Name	所属行业 Industry	注册地 Area	发行数量(百万) Issue Vol (M)	发行方式 Issue Method	发行价 Issue Price	发行日期 Issue Date	筹资金额(百万) Capital Raised (M)
600260	凯乐科技	制造业	湖北	42.101	定向募集	23.990	2017.06.23	1010.000
600268	国电南自	制造业	江苏	60.019	定向募集	6.400	2017.12.19	384.120
600271	航天信息	制造业	北京	16.040	定向募集	13.470	2017.02.13	216.057
600273	嘉化能源	制造业	江苏	187.708	定向募集	9.580	2017.07.11	1798.246
600277	亿利洁能	制造业	内蒙	649.351	定向募集	6.930	2017.02.10	4500.000
600282	南钢股份	制造业	江苏	446.905	定向募集	4.000	2017.09.25	1787.620
600297	广汇汽车	批发和零售业	辽宁	993.789	定向募集	8.050	2017.12.14	8000.000
600309	万华化学	制造业	山东	116.009	定向募集	21.550	2017.01.16	2500.000
600325	华发股份	房地产业	广东	7.795	定向募集	8.940	2017.03.24	69.687
600333	长春燃气	电力、热力、燃气及水	吉林	79.411	定向募集	6.620	2017.07.07	525.700
600336	澳柯玛	制造业	山东	94.681	定向募集	7.880	2016.12.29	746.088
600337	美克家居	批发和零售业	新疆	15.000	定向募集	2.610	2017.07.10	39.150
600337	美克家居	批发和零售业	新疆	307.692	定向募集	5.200	2017.09.12	1600.000
600339	*ST 天利	制造业	新疆	4030.967	定向募集	4.730	2016.12.29	19066.473
600339	*ST 天利	采矿业	新疆	974.026	定向募集	6.160	2017.01.18	6000.000
600360	华微电子	制造业	吉林	0.198	定向募集	7.940	2017.09.08	1.572
600360	华微电子	制造业	吉林	13.310	定向募集	3.980	2017.12.22	52.974
600383	金地集团	房地产业	广东	12.782	定向募集	6.870	2016.12.26	87.815
600383	金地集团	房地产业	广东	0.952	定向募集	6.170	2017.12.04	5.873
600387	海越股份	批发和零售业	浙江	79.632	定向募集	13.060	2017.11.29	1040.000
600390	*ST 金瑞	金融业	湖南	3297.131	定向募集	10.150	2017.01.20	33465.885
600392	盛和资源	制造业	山西	331.109	定向募集	8.535	2017.02.23	2825.983
600392	盛和资源	制造业	山西	77.980	定向募集	8.535	2017.04.10	665.552
600405	动力源	工业	北京	123.833	配股	4.000	2017.06.19	495.331
600409	三友化工	制造业	河北	213.964	定向募集	6.660	2017.06.19	1425.000
600420	现代制药	制造业	上海	267.496	定向募集	29.060	2017.03.07	7773.436
600422	昆药集团	制造业	云南	3.909	定向募集	5.530	2017.12.13	21.617
600438	通威股份	制造业	四川	498.339	定向募集	6.020	2016.12.28	3000.000
600448	华纺股份	制造业	山东	102.486	定向募集	5.910	2017.11.29	605.690
600475	华光股份	制造业	江苏	403.404	定向募集	13.840	2017.06.26	5583.106
600475	华光股份	制造业	江苏	15.493	定向募集	13.840	2017.06.30	214.425
600477	杭萧钢构	建筑业	浙江	0.298	定向募集	7.800	2017.08.02	2.327
600478	科力远	制造业	湖南	78.616	定向募集	9.540	2017.11.20	750.000
600480	凌云股份	制造业	河北	4.137	定向募集	10.440	2017.10.16	43.188
600487	亨通光电	制造业	江苏	118.507	定向募集	25.830	2017.07.28	3061.023
600488	天药股份	制造业	天津	131.032	定向募集	5.530	2017.08.24	724.605
600490	鹏欣资源	制造业	上海	201.183	定向募集	8.450	2016.12.29	1700.000
600490	鹏欣资源	制造业	上海	201.183	定向募集	8.450	2017.02.27	1700.000
600490	鹏欣资源	制造业	上海	10.000	定向募集	3.950	2017.09.08	39.500
600497	驰宏锌锗	采矿业	云南	781.393	定向募集	4.910	2017.11.30	3836.642
600498	烽火通信	制造业	湖北	67.974	定向募集	26.510	2017.09.25	1802.000
600499	科达洁能	制造业	广东	165.741	定向募集	7.240	2017.11.30	1199.968
600502	安徽水利	建筑业	安徽	463.554	定向募集	6.540	2017.06.30	3031.645
600502	安徽水利	建筑业	安徽	211.804	定向募集	6.540	2017.08.01	1385.200
600509	天富能源	电力、热力、燃气及水	新疆	245.718	定向募集	6.890	2017.11.09	1693.000
600511	国药股份	批发和零售业	北京	41.365	定向募集	24.900	2017.06.05	1030.000
600516	方大炭素	制造业	甘肃	69.634	定向募集	4.710	2017.07.25	327.976
600518	康美药业	制造业	广东	27.510	定向募集	10.570	2017.12.22	290.781
600522	中天科技	制造业	江苏	455.301	定向募集	9.620	2017.02.08	4380.000
600525	长园集团	制造业	广东	7.700	定向募集	9.630	2017.12.13	74.151

股票年度再次发行
Secondary Offerings in 2017

证券代码 Code	证券简称 Security Name	所属行业 Industry	注册地 Area	发行数量(百万) Issue Vol (M)	发行方式 Issue Method	发行价 Issue Price	发行日期 Issue Date	筹资金额(百万) Capital Raised (M)
600527	江南高纤	制造业	江苏	160.000	定向募集	5.200	2017.11.10	832.000
600528	中铁二局	制造业	四川	383.803	定向募集	11.620	2017.01.12	4459.787
600528	中铁工业	制造业	四川	378.549	定向募集	15.850	2017.03.27	6000.000
600545	新疆城建	制造业	新疆	1219.627	定向募集	6.170	2017.09.05	7525.100
600549	厦门钨业	制造业	福建	5.055	定向募集	12.130	2017.07.27	61.314
600565	迪马股份	房地产业	重庆	8.890	定向募集	3.340	2017.05.31	29.693
600576	万家文化	文化、体育和娱乐业	浙江	17.083	定向募集	5.300	2017.07.06	90.540
600576	祥源文化	文化、体育和娱乐业	浙江	3.250	定向募集	5.250	2017.12.11	17.063
600578	京能电力	电力、热力、燃气及水	北京	1411.710	定向募集	3.890	2017.02.22	5491.552
600578	京能电力	电力、热力、燃气及水	北京	717.703	定向募集	4.180	2017.04.07	3000.000
600584	长电科技	制造业	江苏	173.077	定向募集	15.340	2017.06.16	2655.000
600584	长电科技	制造业	江苏	150.852	定向募集	17.600	2017.06.16	2655.000
600596	新安股份	制造业	浙江	26.230	定向募集	5.000	2017.06.23	131.150
600602	云赛智联	信息传输、软件和信息	上海	40.838	定向募集	8.350	2017.09.14	341.000
600603	*ST 兴业	综合	上海	329.114	定向募集	12.640	2016.12.28	4160.000
600603	广汇物流	综合	上海	104.012	定向募集	13.460	2017.04.26	1400.000
600621	华鑫股份	金融业	上海	416.817	定向募集	9.590	2017.05.03	3997.274
600621	华鑫股份	金融业	上海	120.000	定向募集	10.600	2017.05.15	1272.000
600629	华建集团	科学研究和技术服务业	上海	59.334	定向募集	16.360	2017.03.02	970.711
600629	华建集团	科学研究和技术服务业	上海	13.814	定向募集	20.270	2017.03.16	280.000
600637	东方明珠	信息传输、软件和信息	上海	15.197	定向募集	12.790	2017.01.05	194.365
600640	号百控股	租赁和商务服务业	上海	260.331	定向募集	14.450	2017.03.07	3761.789
600661	新南洋	教育	上海	27.472	定向募集	21.570	2017.06.22	592.578
600664	哈药股份	制造业	黑龙江	9.195	定向募集	2.930	2017.09.27	26.941
600667	太极实业	制造业	江苏	414.859	定向募集	4.980	2017.01.18	2066.000
600681	百川能源	电力、热力、燃气及水	湖北	67.356	定向募集	13.050	2017.11.20	879.000
600682	南京新百	批发和零售业	江苏	273.294	定向募集	18.610	2017.02.08	5086.000
600682	南京新百	批发和零售业	江苏	10.664	定向募集	32.820	2017.06.13	350.000
600688	上海石化	制造业	上海	14.177	定向募集	3.850	2017.09.27	54.580
600699	均胜电子	制造业	吉林	259.919	定向募集	32.010	2017.01.04	8320.014
600707	彩虹股份	制造业	陕西	2851.632	定向募集	6.740	2017.10.13	19220.000
600715	文投控股	文化、体育和娱乐业	辽宁	205.725	定向募集	11.180	2017.06.26	2300.000
600721	*ST 百花	科学研究和技术服务业	新疆	51.403	定向募集	12.280	2017.01.06	631.232
600728	佳都科技	信息传输、软件和信息	广东	19.544	定向募集	5.058	2017.01.25	98.852
600728	佳都科技	信息传输、软件和信息	广东	25.127	定向募集	8.680	2017.02.09	218.100
600728	佳都科技	信息传输、软件和信息	广东	18.495	定向募集	3.710	2017.08.16	68.616
600734	实达集团	制造业	福建	17.521	定向募集	12.380	2016.12.28	216.910
600734	实达集团	制造业	福建	15.751	定向募集	12.380	2017.02.08	195.000
600738	兰州民百	批发和零售业	甘肃	361.168	定向募集	7.220	2017.05.15	2607.633
600738	兰州民百	批发和零售业	甘肃	53.060	定向募集	7.700	2017.06.20	408.560
600760	中航黑豹	制造业	山东	992.510	定向募集	8.040	2017.12.12	7979.778
600760	中航黑豹	制造业	山东	59.764	定向募集	27.910	2017.12.21	1668.000
600764	中电广通	制造业	北京	66.041	定向募集	16.120	2017.10.17	1064.573
600777	新潮能源	综合	山东	2749.259	定向募集	2.970	2017.08.22	8165.300
600782	新钢股份	制造业	江西	401.826	定向募集	4.380	2017.11.10	1760.000
600797	浙大网新	信息传输、软件和信息	浙江	82.890	定向募集	12.930	2017.09.11	1071.763
600797	浙大网新	信息传输、软件和信息	浙江	59.055	定向募集	12.700	2017.09.11	750.000
600804	鹏博士	信息传输、软件和信息	四川	16.371	定向募集	6.210	2017.06.12	101.662
600804	鹏博士	信息传输、软件和信息	四川	1.701	定向募集	16.320	2017.06.12	27.767
600804	鹏博士	信息传输、软件和信息	四川	0.780	定向募集	6.050	2017.10.11	4.719

股票年度再次发行
Secondary Offerings in 2017

证券代码 Code	证券简称 Security Name	所属行业 Industry	注册地 Area	发行数量(百万) Issue Vol (M)	发行方式 Issue Method	发行价 Issue Price	发行日期 Issue Date	筹资金额(百万) Capital Raised (M)
600816	安信信托	金融业	上海	301.753	定向募集	16.540	2016.12.27	4991.000
600848	上海临港	房地产业	上海	118.137	定向募集	14.070	2017.01.06	1662.193
600848	上海临港	房地产业	上海	106.610	定向募集	14.070	2017.02.08	1500.000
600850	华东电脑	信息传输、软件和信息	上海	1.539	定向募集	14.850	2016.12.30	22.855
600850	华东电脑	信息传输、软件和信息	上海	0.992	定向募集	14.850	2017.03.31	14.733
600850	华东电脑	信息传输、软件和信息	上海	0.089	定向募集	14.850	2017.06.30	1.316
600850	华东电脑	信息传输、软件和信息	上海	0.072	定向募集	14.650	2017.09.30	1.060
600856	中天能源	电力、热力、燃气及水	吉林	232.323	定向募集	9.900	2017.08.07	2300.000
600867	通化东宝	制造业	吉林	4.976	定向募集	6.890	2017.08.25	34.287
600879	航天电子	制造业	湖北	137.093	定向募集	16.470	2017.02.21	2257.929
600881	亚泰集团	制造业	吉林	648.968	定向募集	4.700	2017.06.22	3050.149
600882	广泽股份	制造业	山东	9.300	定向募集	5.520	2017.05.31	51.336
600887	伊利股份	制造业	内蒙	14.200	定向募集	15.330	2017.02.21	217.686
600893	航发动力	制造业	陕西	301.126	定向募集	31.980	2017.09.27	9630.000
600960	渤海活塞	制造业	山东	188.891	定向募集	8.960	2016.12.29	1692.466
600963	岳阳林纸	制造业	湖南	354.574	定向募集	6.460	2017.05.17	2290.548
600967	北方创业	制造业	内蒙	719.300	定向募集	9.710	2017.02.08	6984.403
600967	北方创业	制造业	内蒙	147.504	定向募集	13.220	2017.02.08	1950.000
600985	雷鸣科化	制造业	安徽	37.302	定向募集	11.340	2017.04.21	423.000
600986	科达股份	信息传输、软件和信息	山东	45.952	定向募集	16.380	2017.04.27	752.696
600986	科达股份	信息传输、软件和信息	山东	47.970	定向募集	15.910	2017.04.27	763.196
600990	四创电子	制造业	安徽	22.477	定向募集	61.480	2017.05.23	1381.890
600997	开滦股份	制造业	河北	353.160	定向募集	5.380	2017.02.09	1900.000
600998	九州通	批发和零售业	湖北	48.627	定向募集	9.980	2017.06.16	485.295
600998	九州通	批发和零售业	湖北	183.206	定向募集	19.650	2017.11.27	3600.000
601011	宝泰隆	制造业	黑龙江	223.881	定向募集	5.360	2017.09.07	1200.000
601011	宝泰隆	制造业	黑龙江	19.770	定向募集	4.810	2017.11.09	95.094
601015	陕西黑猫	制造业	陕西	323.684	定向募集	7.600	2017.10.30	2460.000
601020	华钰矿业	采矿业	西藏	0.676	定向募集	10.840	2017.07.06	7.328
601058	赛轮金宇	制造业	山东	407.524	定向募集	3.190	2017.11.23	1300.000
601106	*ST 一重	制造业	黑龙江	319.783	定向募集	4.850	2017.10.25	1550.947
601111	中国国航	交通运输、仓储和邮政	北京	1440.064	定向募集	7.790	2017.03.10	11218.100
601127	小康股份	制造业	重庆	16.700	定向募集	10.270	2017.10.10	171.509
601139	深圳燃气	电力、热力、燃气及水	广东	2.208	定向募集	6.940	2017.05.19	15.324
601166	兴业银行	金融业	福建	1721.854	定向募集	15.100	2017.04.07	25999.995
601208	东材科技	制造业	四川	0.600	定向募集	6.160	2017.01.26	3.696
601222	林洋能源	制造业	江苏	21.560	定向募集	4.500	2017.02.20	97.020
601233	桐昆股份	制造业	浙江	69.444	定向募集	14.400	2017.11.29	1000.000
601238	广汽集团	制造业	广东	0.232	定向募集	7.160	2017.05.31	1.662
601238	广汽集团	制造业	广东	0.857	定向募集	7.160	2017.01.31	6.137
601238	广汽集团	制造业	广东	0.936	定向募集	7.160	2016.12.31	6.703
601238	广汽集团	制造业	广东	0.600	定向募集	7.160	2017.06.30	4.293
601238	广汽集团	制造业	广东	0.261	定向募集	6.940	2017.07.31	1.810
601238	广汽集团	制造业	广东	7.568	定向募集	6.840	2017.09.30	51.768
601238	广汽集团	制造业	广东	753.390	定向募集	19.910	2017.11.16	15000.000
601238	广汽集团	制造业	广东	1.915	定向募集	6.840	2017.11.30	13.102
601618	中国中冶	建筑业	北京	1613.619	定向募集	3.860	2017.01.06	6228.570
601636	旗滨集团	制造业	湖南	79.450	定向募集	2.280	2017.05.25	181.146
601668	中国建筑	建筑业	北京	260.130	定向募集	4.866	2017.02.14	1265.793
601669	中国电建	建筑业	北京	1544.402	定向募集	7.770	2017.04.19	12000.000

股票年度再次发行
Secondary Offerings in 2017

证券代码 Code	证券简称 Security Name	所属行业 Industry	注册地 Area	发行数量(百万) Issue Vol (M)	发行方式 Issue Method	发行价 Issue Price	发行日期 Issue Date	筹资金额(百万) Capital Raised (M)
601677	明泰铝业	制造业	河南	2.500	定向募集	7.270	2017.03.21	18.175
601677	明泰铝业	制造业	河南	76.688	定向募集	14.060	2017.12.11	1078.238
601689	拓普集团	制造业	浙江	78.478	定向募集	30.520	2017.05.24	2395.141
601717	郑煤机	制造业	河南	93.220	定向募集	5.900	2017.03.09	550.000
601717	郑煤机	制造业	河南	18.129	定向募集	8.680	2017.03.22	157.360
601718	际华集团	制造业	北京	534.629	定向募集	8.190	2017.04.24	4378.615
601727	上海电气	制造业	上海	877.918	定向募集	7.550	2017.10.19	6628.281
601727	上海电气	制造业	上海	416.089	定向募集	7.210	2017.11.06	3000.000
601766	中国中车	制造业	北京	1410.106	定向募集	8.510	2017.01.17	12000.000
601777	力帆股份	制造业	重庆	70.206	定向募集	4.330	2017.10.24	303.992
601877	正泰电器	制造业	浙江	248.009	定向募集	17.580	2017.02.22	4360.000
601877	正泰电器	制造业	浙江	4.533	定向募集	13.240	2017.03.09	60.018
601877	正泰电器	制造业	浙江	16.666	定向募集	10.290	2017.07.24	171.494
601877	正泰电器	制造业	浙江	562.481	定向募集	16.660	2016.12.28	9370.939
601877	正泰电器	制造业	浙江	0.293	定向募集	12.940	2017.11.29	3.790
601899	紫金矿业	采矿业	福建	1490.475	定向募集	3.110	2017.06.07	4635.378
601900	南方传媒	文化、体育和娱乐业	广东	76.777	定向募集	14.810	2017.10.13	1137.061
601969	海南矿业	采矿业	海南	88.050	定向募集	10.140	2017.02.09	892.830
601989	中国重工	制造业	北京	718.232	定向募集	5.430	2017.05.23	3900.000
601996	丰林集团	制造业	广西	10.180	定向募集	4.430	2017.03.08	45.097
603002	宏昌电子	制造业	广东	0.450	定向募集	3.470	2017.01.19	1.562
603005	晶方科技	制造业	江苏	6.010	定向募集	13.900	2017.06.13	83.539
603008	喜临门	制造业	浙江	11.400	定向募集	8.870	2017.03.09	101.118
603015	弘讯科技	制造业	浙江	5.670	定向募集	6.130	2017.06.14	34.757
603016	新宏泰	制造业	江苏	0.800	定向募集	15.850	2017.10.16	12.680
603018	中设集团	科学研究和技术服务业	江苏	3.518	定向募集	17.420	2017.06.15	61.277
603025	大豪科技	制造业	北京	3.625	定向募集	30.070	2017.07.20	109.000
603027	千禾味业	制造业	四川	5.985	定向募集	9.310	2017.12.13	55.722
603030	全筑股份	建筑业	上海	2.192	定向募集	15.310	2017.06.01	33.560
603037	凯众股份	制造业	上海	1.923	定向募集	16.660	2017.11.10	32.032
603038	华立股份	制造业	广东	0.453	定向募集	23.540	2017.11.10	10.664
603039	泛微网络	信息传输、软件和信息	上海	2.600	定向募集	31.660	2017.11.03	82.313
603040	新坐标	制造业	浙江	1.079	定向募集	34.830	2017.09.19	37.592
603042	华脉科技	制造业	江苏	2.670	定向募集	17.940	2017.12.04	47.900
603066	音飞储存	交通运输、仓储和邮政	江苏	0.236	定向募集	7.540	2017.09.12	1.782
603096	新经典	文化、体育和娱乐业	天津	1.300	定向募集	22.440	2017.08.11	29.172
603111	康尼机电	制造业	江苏	157.292	定向募集	14.860	2017.12.06	2337.363
603116	红蜻蜓	制造业	浙江	8.400	定向募集	8.860	2017.10.20	74.424
603118	共进股份	制造业	广东	0.500	定向募集	20.970	2017.01.17	10.485
603128	华贸物流	交通运输、仓储和邮政	上海	6.230	定向募集	6.250	2017.06.21	38.940
603158	腾龙股份	制造业	江苏	0.465	定向募集	13.610	2017.06.08	6.329
603160	汇顶科技	制造业	广东	9.258	定向募集	47.990	2017.07.24	444.307
603169	兰石重装	制造业	甘肃	26.087	定向募集	11.730	2017.12.18	306.000
603178	圣龙股份	制造业	浙江	3.348	定向募集	8.430	2017.12.13	28.224
603179	新泉股份	制造业	江苏	2.870	定向募集	22.120	2017.11.02	63.484
603226	菲林格尔	制造业	上海	2.938	定向募集	15.220	2017.10.16	44.716
603268	松发股份	制造业	广东	1.384	定向募集	16.350	2017.09.13	22.628
603306	华懋科技	制造业	福建	22.269	定向募集	32.230	2017.08.21	717.730
603315	福鞍股份	制造业	辽宁	19.951	定向募集	17.190	2017.11.01	342.956
603318	派思股份	制造业	辽宁	40.107	定向募集	13.050	2017.11.10	523.400

股票年度再次发行 Secondary Offerings in 2017

证券代码 Code	证券简称 Security Name	所属行业 Industry	注册地 Area	发行数量(百万) Issue Vol (M)	发行方式 Issue Method	发行价 Issue Price	发行日期 Issue Date	筹资金额(百万) Capital Raised (M)
603326	我乐家居	制造业	江苏	1.235	定向募集	12.150	2017.10.19	14.999
603328	依顿电子	制造业	广东	1.065	定向募集	11.790	2017.06.30	12.551
603338	浙江鼎力	制造业	浙江	14.426	定向募集	61.000	2017.11.22	880.000
603339	四方冷链	制造业	江苏	3.446	定向募集	15.910	2017.04.26	54.830
603383	顶点软件	信息传输、软件和信息	福建	1.677	定向募集	22.960	2017.09.05	38.504
603388	元成股份	建筑业	浙江	5.844	定向募集	9.995	2017.11.03	58.411
603398	邦宝益智	制造业	广东	1.280	定向募集	11.070	2017.08.25	14.170
603399	新华龙	制造业	辽宁	44.000	定向募集	10.000	2017.06.20	440.000
603421	鼎信通讯	信息传输、软件和信息	山东	9.706	定向募集	15.444	2017.07.12	149.892
603444	吉比特	信息传输、软件和信息	福建	0.569	定向募集	141.190	2017.04.12	80.387
603456	九洲药业	制造业	浙江	4.700	定向募集	7.740	2017.08.02	36.378
603501	韦尔股份	制造业	上海	39.814	定向募集	18.170	2017.12.19	723.419
603518	维格娜丝	制造业	江苏	4.232	定向募集	13.130	2017.08.02	55.560
603518	维格娜丝	制造业	江苏	0.080	定向募集	13.130	2017.10.30	1.050
603556	海兴电力	制造业	浙江	7.187	定向募集	21.640	2017.05.05	155.527
603558	健盛集团	制造业	浙江	32.118	定向募集	21.670	2017.08.31	696.000
603558	健盛集团	制造业	浙江	13.738	定向募集	14.000	2017.12.01	192.335
603568	伟明环保	水利、环境和公共设施	浙江	6.510	定向募集	12.450	2017.04.06	81.050
603588	高能环境	水利、环境和公共设施	北京	1.364	定向募集	8.330	2017.06.07	11.362
603595	东尼电子	制造业	浙江	2.016	定向募集	39.340	2017.12.20	79.309
603600	永艺股份	制造业	浙江	3.045	定向募集	9.380	2017.09.20	28.560
603606	东方电缆	制造业	浙江	61.739	定向募集	11.500	2017.12.18	710.000
603608	天创时尚	制造业	广东	0.350	定向募集	6.370	2017.09.26	2.230
603608	天创时尚	制造业	广东	3.570	定向募集	7.360	2017.09.26	26.275
603608	天创时尚	制造业	广东	35.734	定向募集	14.370	2017.12.25	513.500
603611	诺力股份	制造业	浙江	14.869	定向募集	21.790	2017.01.05	324.000
603611	诺力股份	制造业	浙江	5.565	定向募集	12.970	2017.08.08	72.178
603611	诺力股份	制造业	浙江	10.968	定向募集	21.790	2017.01.23	239.000
603612	索通发展	制造业	山东	2.323	定向募集	30.410	2017.12.20	70.642
603636	南威软件	信息传输、软件和信息	福建	0.525	定向募集	7.140	2017.11.23	3.749
603677	奇精机械	制造业	浙江	4.177	定向募集	14.670	2017.09.05	61.282
603686	龙马环卫	制造业	福建	26.921	定向募集	27.110	2017.12.08	729.827
603690	至纯科技	制造业	上海	2.400	定向募集	9.850	2017.07.20	23.640
603701	德宏股份	制造业	浙江	1.600	定向募集	14.560	2017.08.16	23.296
603737	三棵树	制造业	福建	2.181	定向募集	29.750	2017.11.07	64.891
603766	隆鑫通用	制造业	重庆	0.485	定向募集	9.369	2017.01.23	4.544
603766	隆鑫通用	制造业	重庆	0.070	定向募集	9.369	2017.03.20	0.654
603766	隆鑫通用	制造业	重庆	0.174	定向募集	3.548	2017.07.18	0.619
603777	来伊份	批发和零售业	上海	3.719	定向募集	18.020	2017.08.10	67.022
603779	威龙股份	制造业	山东	29.447	定向募集	19.520	2017.11.10	574.800
603788	宁波高发	制造业	浙江	22.953	定向募集	38.510	2017.08.14	883.920
603808	歌力思	制造业	广东	11.230	定向募集	15.390	2017.05.22	172.830
603816	顾家家居	制造业	浙江	15.641	定向募集	26.700	2017.11.13	417.615
603819	神力股份	制造业	江苏	0.820	定向募集	12.240	2017.12.25	10.037
603828	柯利达	建筑业	江苏	0.623	定向募集	10.100	2017.04.12	6.287
603833	欧派家居	制造业	广东	5.505	定向募集	55.180	2017.07.27	303.785
603839	安正时尚	制造业	浙江	4.021	定向募集	12.810	2017.10.09	51.504
603866	桃李面包	制造业	辽宁	20.500	定向募集	36.000	2017.12.06	738.000
603877	太平鸟	制造业	浙江	5.932	定向募集	13.960	2017.09.14	82.816
603883	老百姓	批发和零售业	湖南	17.945	定向募集	44.580	2017.11.23	800.000

股票年度再次发行
Secondary Offerings in 2017

证券代码 Code	证券简称 Security Name	所属行业 Industry	注册地 Area	发行数量(百万) Issue Vol (M)	发行方式 Issue Method	发行价 Issue Price	发行日期 Issue Date	筹资金额(百万) Capital Raised (M)
603887	城地股份	建筑业	上海	4.900	定向募集	17.280	2017.09.08	84.672
603889	新澳股份	制造业	浙江	68.491	定向募集	13.010	2017.07.28	891.069
603898	好莱客	制造业	广东	0.525	定向募集	18.150	2017.07.13	9.529
603898	好莱客	制造业	广东	17.693	定向募集	33.810	2017.07.31	598.210
603903	中持股份	水利、环境和公共设施	北京	0.898	定向募集	23.960	2017.11.27	21.516
603918	金桥信息	信息传输、软件和信息	上海	1.325	定向募集	14.630	2017.04.27	19.385
603986	兆易创新	制造业	北京	2.694	定向募集	45.055	2017.06.21	121.378
603990	麦迪科技	信息传输、软件和信息	江苏	0.929	定向募集	60.680	2017.06.21	56.390
603993	洛阳钼业	采矿业	河南	4712.042	定向募集	3.820	2017.07.24	18000.000

年度上市公司债发行
Issuance of C-Bond in 2017

证券代码 Code	证券简称 Security Name	证券类型 Type	发行数量(百万) Issue Val(M)	面值 Denomination	发行日期 Issue Date	年限 Term	票面利率(%) Interest Rate(%)
110038	济川转债	可转债	843	100.00	2017.11.13	5	0.200
110039	宝信转债	可转债	1600	100.00	2017.11.17	6	0.300
110040	生益转债	可转债	1800	100.00	2017.11.24	6	0.300
113011	光大转债	可转债	30000	100.00	2017.03.17	6	0.200
113012	骆驼转债	可转债	717	100.00	2017.03.24	6	0.300
113013	国君转债	可转债	7000	100.00	2017.07.07	6	0.200
113014	林洋转债	可转债	3000	100.00	2017.10.27	6	0.300
113015	隆基转债	可转债	2800	100.00	2017.11.02	6	0.300
113016	小康转债	可转债	1500	100.00	2017.11.06	6	0.300
113502	嘉澳转债	可转债	185	100.00	2017.11.10	6	0.400
127616	G17 发展 1	公司债	2400	100.00	2017.09.06	5	4.940
132008	17 山高 EB	可交换债	2500	100.00	2017.04.24	5	1.700
132009	17 中油 EB	可交换债	10000	100.00	2017.07.13	5	1.000
132010	17 桐昆 EB	可交换债	1000	100.00	2017.08.03	3	1.000
132011	17 浙报 EB	可交换债	2400	100.00	2017.08.17	5	1.000
132012	17 巨化 EB	可交换债	2000	100.00	2017.09.04	3	1.000
132013	17 宝武 EB	可交换债	15000	100.00	2017.11.24	3	1.000
135404	16 禾嘉 01	私募债	500	100.00	2016.12.29	3	7.070
136895	17 中信 G1	公司债	10000	100.00	2017.02.17	3	4.200
136896	17 中信 G2	公司债	2000	100.00	2017.02.17	5	4.400
136970	17 沪建 Y1	公司债	1000	100.00	2017.03.06	3	4.780
136972	17 中冶 Y3	公司债	2000	100.00	2017.03.13	3	4.980
136985	17 黄金债	公司债	700	100.00	2017.02.27	5	5.500
136987	17 中冶 Y1	公司债	2700	100.00	2017.03.01	3	4.990
143001	17 浦建 01	公司债	200	100.00	2017.02.28	3	4.460
143016	17 智慧 01	公司债	460	100.00	2017.03.09	3	5.680
143020	17 复药 01	公司债	1250	100.00	2017.03.14	5	4.500
143021	17 东吴债	公司债	2500	100.00	2017.03.13	5	4.700
143039	17 北方 01	公司债	2000	100.00	2017.03.20	5	5.000
143040	17 金钰债	公司债	750	100.00	2017.03.17	5	7.000
143050	17 海矿 01	公司债	200	100.00	2017.03.27	5	6.500
143081	17 长电 01	公司债	2500	100.00	2017.07.11	3	4.500
143083	17 金诚 01	公司债	200	100.00	2017.04.24	3	7.150
143099	17 连港 01	公司债	1070	100.00	2017.04.27	5	4.800
143119	17 璞泰 01	公司债	200	100.00	2017.05.18	3	5.300
143125	17 金隅 01	公司债	3500	100.00	2017.05.19	5	5.200
143126	17 金隅 02	公司债	500	100.00	2017.05.19	7	5.380
143135	17 东兴 02	公司债	1500	100.00	2017.06.15	3	4.800
143136	17 东兴 03	公司债	900	100.00	2017.06.15	5	4.990
143139	17 长园债	公司债	1000	100.00	2017.07.13	5	5.670
143143	17 鹏博债	公司债	1000	100.00	2017.06.16	5	6.000
143149	17 广汇 01	公司债	600	100.00	2017.06.22	5	7.700
143154	17 光证 G1	公司债	3000	100.00	2017.07.04	3	4.580
143155	17 光证 G2	公司债	1500	100.00	2017.07.04	5	4.700
143158	17 银河 G1	公司债	5000	100.00	2017.07.10	3	4.550
143165	17 世茂 G1	公司债	2500	100.00	2017.07.12	3	4.950
143175	17 金地 01	公司债	3000	100.00	2017.07.13	5	4.850
143176	17 金地 02	公司债	1000	100.00	2017.07.13	7	5.050
143199	17 中煤 01	公司债	1000	100.00	2017.07.20	5	4.610
143213	17 豫高速	公司债	2000	100.00	2017.08.04	5	4.950

年度上市公司债发行
Issuance of C-Bond in 2017

证券发行
Security Issue

证券代码 Code	证券简称 Security Name	证券类型 Type	发行数量(百万) Issue Val(M)	面值 Denomination	发行日期 Issue Date	年限 Term	票面利率(%) Interest Rate(%)
143217	17 华药债	公司债	210	100.00	2017.07.28	4	6.500
143229	17 国君 G1	公司债	4700	100.00	2017.08.04	3	4.570
143230	17 国君 G2	公司债	600	100.00	2017.08.04	5	4.700
143231	17 海通 01	公司债	5000	100.00	2017.08.11	3	4.630
143232	17 海通 02	公司债	1000	100.00	2017.08.11	5	4.800
143233	17 东方债	公司债	4000	100.00	2017.08.03	10	4.980
143234	17 陕煤 01	公司债	1000	100.00	2017.08.10	3	4.750
143252	17 鄂资 01	公司债	1300	100.00	2017.08.16	5	6.770
143255	17 中油 01	公司债	2000	100.00	2017.08.18	3	4.300
143271	17 南铝债	公司债	1500	100.00	2017.08.29	5	5.370
143272	17 建发 01	公司债	1000	100.00	2017.08.29	3	4.650
143285	G17 风电 1	公司债	300	100.00	2017.09.07	5	4.830
143290	17 广汇 02	公司债	400	100.00	2017.09.07	5	7.500
143295	17 象屿 01	公司债	1000	100.00	2017.09.19	5	5.180
143301	17 海通 03	公司债	5500	100.00	2017.09.22	10	4.990
143303	17 北方 02	公司债	1600	100.00	2017.09.19	5	5.120
143304	17 江铜 01	公司债	500	100.00	2017.09.21	5	4.740
143308	17 世茂 G2	公司债	1000	100.00	2017.09.21	3	5.150
143313	17 华药 02	公司债	290	100.00	2017.09.25	4	6.200
143325	17 光证 G3	公司债	4100	100.00	2017.10.16	3	4.800
143326	17 光证 G4	公司债	1600	100.00	2017.10.16	5	4.900
143327	17 招商 G1	公司债	4500	100.00	2017.10.13	2	4.780
143331	17 广汇 03	公司债	480	100.00	2017.10.12	5	7.500
143332	17 世茂 G3	公司债	500	100.00	2017.10.18	3	5.190
143336	17 海通 04	公司债	500	100.00	2017.10.25	3	4.770
143337	17 国君 G3	公司债	3700	100.00	2017.10.18	3	4.780
143338	17 益佰 01	公司债	500	100.00	2017.10.23	5	5.900
143342	17 招商 G2	公司债	1060	100.00	2017.10.23	3	4.780
143356	17 日照 01	公司债	600	100.00	2017.10.25	5	5.070
143361	17 中冶 01	公司债	570	100.00	2017.10.25	5	4.990
143366	17 环能 01	公司债	6000	100.00	2017.10.27	5	5.340
143367	17 金证 01	公司债	350	100.00	2017.11.13	5	5.390
143369	17 招商 G3	公司债	1000	100.00	2017.10.31	3	4.850
143379	17 合盛 02	公司债	180	100.00	2017.11.03	5	6.800
143380	17 华能 01	公司债	2300	100.00	2017.11.06	3	4.990
143387	17 刚股 01	公司债	500	100.00	2017.11.08	5	7.200
143395	17 汇鸿 01	公司债	1000	100.00	2017.11.13	5	5.680
143400	17 精工 01	公司债	385	100.00	2017.11.15	4	6.500
143416	17 中信 G3	公司债	2400	100.00	2017.11.28	2	5.250
143417	17 中信 G4	公司债	2400	100.00	2017.11.28	3	5.330
143902	17 中冶 Y5	公司债	2000	100.00	2017.07.11	3	5.100
143907	17 中冶 Y7	公司债	1300	100.00	2017.07.28	3	5.100
143917	17 紫金 Y1	公司债	500	100.00	2017.09.13	3	5.170
143918	17 华能 Y1	公司债	2500	100.00	2017.09.25	3	5.050
143919	17 华能 Y2	公司债	2500	100.00	2017.09.25	5	5.170
145061	17 中孚 01	私募债	150	100.00	2017.11.09	1	7.800
145098	17 兴业 F2	私募债	2200	100.00	2017.11.06	2	5.250
145132	17 华泰 05	私募债	4000	100.00	2017.08.11	1	4.650
145185	17 东兴 F2	私募债	2000	100.00	2017.11.09	3	5.390
145260	16 太证 C2	私募债	500	100.00	2016.12.26	3	5.260

年度上市公司债发行
Issuance of C-Bond in 2017

证券代码 Code	证券简称 Security Name	证券类型 Type	发行数量(百万) Issue Val(M)	面值 Denomination	发行日期 Issue Date	年限 Term	票面利率(%) Interest Rate(%)
145271	16 平煤 01	私募债	1000	100.00	2016.12.28	5	7.000
145275	16 兴业 C5	私募债	3000	100.00	2016.12.26	2	5.260
145287	17 光证 01	私募债	2000	100.00	2017.01.11	2	4.000
145288	17 光证 02	私募债	2000	100.00	2017.01.11	2	4.100
145297	17 宝材 01	私募债	10	100.00	2017.01.13	3	6.500
145311	17 浙商 02	私募债	2000	100.00	2017.11.08	2	5.500
145321	17 国君 D1	私募债	5000	100.00	2017.01.23	1	4.300
145328	17 金杯 01	私募债	500	100.00	2017.01.24	3	6.500
145336	17 光证 03	私募债	2000	100.00	2017.02.14	2	4.300
145337	17 光证 04	私募债	2000	100.00	2017.02.14	3	4.450
145340	17 招商 Y1	私募债	4000	100.00	2017.02.17	5	5.180
145351	17 华泰 01	私募债	6000	100.00	2017.02.24	2	4.500
145352	17 华泰 02	私募债	2000	100.00	2017.02.24	3	4.650
145353	17 兴业 C1	私募债	2500	100.00	2017.02.22	2	4.800
145356	17 银河 F1	私募债	2500	100.00	2017.02.27	2	4.650
145357	17 银河 F2	私募债	2500	100.00	2017.02.27	1	4.600
145365	17 国君 C1	私募债	5000	100.00	2017.02.28	3	4.600
145369	17 金杯 02	私募债	1000	100.00	2017.02.25	3	5.750
145371	17 招商 Y2	私募债	5000	100.00	2017.03.03	5	5.150
145393	17 润达 02	私募债	300	100.00	2017.11.09	3	6.700
145395	17 太证 C1	私募债	900	100.00	2017.03.15	3	5.500
145410	17 东兴 01	私募债	3000	100.00	2017.03.20	3	5.000
145411	17 海通 C1	私募债	4500	100.00	2017.03.16	3	4.800
145416	17 兴业 C2	私募债	4000	100.00	2017.03.21	3	5.000
145419	17 银河 D1	私募债	1370	100.00	2017.03.23	1	4.800
145420	17 银河 D2	私募债	2500	100.00	2017.03.23	1	4.880
145428	17 银河 F3	私募债	1760	100.00	2017.03.23	2	4.980
145429	17 银河 F4	私募债	2500	100.00	2017.03.23	3	4.980
145439	17 宝材 02	私募债	300	100.00	2017.03.24	3	6.800
145472	17 兴业 C3	私募债	5000	100.00	2017.04.14	2	4.900
145481	17 动力 01	私募债	170	100.00	2017.04.20	3	5.700
145482	17 太证 D1	私募债	2000	100.00	2017.04.21	1	5.500
145483	17 太证 C2	私募债	500	100.00	2017.04.25	3	5.500
145494	17 东吴 01	私募债	4060	100.00	2017.04.26	3	5.200
145495	17 东吴 02	私募债	1650	100.00	2017.04.26	5	5.500
145504	17 兴业 C4	私募债	3000	100.00	2017.04.25	3	5.150
145505	17 兴业 C5	私募债	1500	100.00	2017.04.25	1	5.000
145506	17 光证 05	私募债	3000	100.00	2017.04.26	2	4.950
145507	17 光证 06	私募债	4000	100.00	2017.04.26	3	5.000
145513	17 东次 01	私募债	1500	100.00	2017.04.26	3	4.900
145514	17 东次 02	私募债	1500	100.00	2017.04.26	5	5.100
145516	17 银河 F5	私募债	4630	100.00	2017.04.28	2	4.950
145517	17 银河 F6	私募债	4720	100.00	2017.04.28	3	4.990
145523	G17 首 Y1	私募债	1000	100.00	2017.05.26	3	5.500
145537	17 华泰 03	私募债	4000	100.00	2017.05.15	2	5.000
145538	17 华泰 04	私募债	6000	100.00	2017.05.15	3	5.250
145545	17 招商 Y3	私募债	3700	100.00	2017.05.22	5	5.650
145549	17 兴业 C6	私募债	1000	100.00	2017.05.17	1	5.200
145550	17 东吴 03	私募债	2740	100.00	2017.05.22	3	5.400
145551	17 东吴 04	私募债	1230	100.00	2017.05.22	5	5.600

年度上市公司债发行
Issuance of C-Bond in 2017

证券代码 Code	证券简称 Security Name	证券类型 Type	发行数量(百万) Issue Val(M)	面值 Denomination	发行日期 Issue Date	年限 Term	票面利率(%) Interest Rate(%)
145552	17 太证 C3	私募债	1100	100.00	2017.05.26	3	6.200
145553	17 东次 03	私募债	1500	100.00	2017.05.15	3	5.150
145554	17 东次 04	私募债	1500	100.00	2017.05.15	5	5.350
145558	17 中信 C1	私募债	2000	100.00	2017.05.25	3	5.100
145559	17 中信 C2	私募债	2300	100.00	2017.05.25	5	5.300
145563	17 东兴 F3	私募债	1580	100.00	2017.11.14	1	5.200
145576	17 东证 01	私募债	4000	100.00	2017.06.09	3	5.300
145577	17 东证 02	私募债	1000	100.00	2017.06.09	5	5.500
145579	17 招商 Y4	私募债	2300	100.00	2017.06.19	5	5.580
145623	17 太证 C4	私募债	2000	100.00	2017.07.18	3	6.000
145625	17 金隅 03	私募债	1250	100.00	2017.07.13	3	5.200
145629	17 金隅 04	私募债	1750	100.00	2017.07.13	5	5.300
145636	17 方正 D1	私募债	4000	100.00	2017.07.18	1	5.480
145639	17 平煤 01	私募债	1000	100.00	2017.07.20	5	7.000
145644	17 中原 01	私募债	1500	100.00	2017.07.26	3	5.150
145651	17 旋风 01	私募债	700	100.00	2017.07.19	3	7.800
145663	17 中原 02	私募债	1000	100.00	2017.11.17	3	5.490
145664	17 华泰 C2	私募债	5000	100.00	2017.07.27	3	4.950
145696	17 中信 01	私募债	4500	100.00	2017.08.11	1	4.600
145700	17 实达债	私募债	600	100.00	2017.11.15	3	7.500
145701	17 华泰 07	私募债	4000	100.00	2017.11.20	1	5.200
145703	17 招 D13	私募债	2280	100.00	2017.11.15	1	5.100
145737	17 兴业 C7	私募债	2800	100.00	2017.08.24	2	5.150
145743	17 瑞茂 01	私募债	950	100.00	2017.09.01	3	7.500
145745	17 光证 D2	私募债	2200	100.00	2017.11.16	1	5.150
145752	17 银河 F7	私募债	1930	100.00	2017.08.29	1	4.790
145753	17 银河 F8	私募债	1800	100.00	2017.08.29	1	4.790
145754	17 润达 01	私募债	630	100.00	2017.09.01	3	6.500
145768	17 中信 02	私募债	6000	100.00	2017.09.12	1	4.840
145769	17 中信 03	私募债	2000	100.00	2017.09.12	2	4.970
145770	17 旋风 02	私募债	400	100.00	2017.09.06	3	7.500
145772	17 华安 01	私募债	1500	100.00	2017.11.21	1	5.250
145781	17 华泰 C3	私募债	2000	100.00	2017.09.14	1	5.000
145799	17 兴业 C8	私募债	2000	100.00	2017.09.15	2	5.100
145802	17 光证 D1	私募债	3000	100.00	2017.09.20	1	4.880
145810	17 招商 D9	私募债	2200	100.00	2017.09.20	1	4.850
145812	17 方正 C1	私募债	1900	100.00	2017.09.19	3	5.700
145816	17 兴业 F3	私募债	1500	100.00	2017.11.22	3	5.400
145827	17 招 D10	私募债	2930	100.00	2017.10.12	1	4.950
145839	17 华泰 06	私募债	5000	100.00	2017.10.19	2	4.980
145842	17 方正 C2	私募债	2220	100.00	2017.10.12	3	5.700
145854	17 东兴 04	私募债	1000	100.00	2017.10.19	1	5.100
145862	17 银河 F9	私募债	4000	100.00	2017.10.20	2	5.030
145863	17 银河 10	私募债	1000	100.00	2017.10.20	1	4.770
145871	17 中信 C3	私募债	800	100.00	2017.10.26	3	5.050
145872	17 中信 C4	私募债	4900	100.00	2017.10.26	5	5.250
145879	17 招 D11	私募债	4680	100.00	2017.10.24	1	4.900
145891	17 招 D12	私募债	3600	100.00	2017.10.30	1	5.000
145899	17 招商 C1	私募债	2200	100.00	2017.11.27	2	5.450
150001	17 浙商 03	私募债	1500	100.00	2017.11.28	2	5.680

年度上市公司债发行
Issuance of C-Bond in 2017

证券代码 Code	证券简称 Security Name	证券类型 Type	发行数量(百万) Issue Val(M)	面值 Denomination	发行日期 Issue Date	年限 Term	票面利率(%) Interest Rate(%)
150015	17 光证 07	私募债	3000	100.00	2017.12.06	1	5.500
150019	17 银河 11	私募债	4000	100.00	2017.12.06	2	5.530
150035	17 中信 04	私募债	1000	100.00	2017.12.15	2	5.500
150049	17 博天 01	私募债	300	100.00	2017.12.19	5	6.500

优先股年度首次发行
Issuance of Pref in 2017

代码 Code	简称 Name	公司代码 Company Code	发行标志 Issue Flag	发行股息率 dividend	发行日期 Issue Date	发行价 Issue Price	筹资金额(百万) Capital Raised (M)
360026	苏银优 1	600919	首次非公开发行	5.20	2017.12.07	100.00	20000.00
360027	杭银优 1	600926	首次非公开发行	5.20	2017.12.22	100.00	10000.00
360028	招银优 1	600036	首次非公开发行	4.81	2017.12.22	100.00	27500.00
360029	上银优 1	601229	首次非公开发行	5.20	2017.12.22	100.00	20000.00

上市公司基本信息
Listed Companies in 2017

公司代码 Code	证券简称 Security Name	总股本 Total Vol	A 股流通股 A-Share Negotiable	B 股 B-Share	H 股 H-Share	优先股 Pref Share
600000	浦发银行	29352.1	28103.8	0.0	0.0	300.0
600004	白云机场	2069.3	2069.3	0.0	0.0	0.0
600005	武钢股份	10093.8	10093.8	0.0	0.0	0.0
600006	东风汽车	2000.0	2000.0	0.0	0.0	0.0
600007	中国国贸	1007.3	1007.3	0.0	0.0	0.0
600008	首创股份	4820.6	4820.6	0.0	0.0	0.0
600009	上海机场	1927.0	1093.5	0.0	0.0	0.0
600010	包钢股份	45585.0	22038.8	0.0	0.0	0.0
600011	华能国际	15200.4	10500.0	0.0	4700.4	0.0
600012	皖通高速	1658.6	1165.6	0.0	493.0	0.0
600015	华夏银行	12822.7	12822.7	0.0	0.0	200.0
600016	民生银行	36485.3	29551.8	0.0	6933.6	0.0
600017	日照港	3075.7	3075.7	0.0	0.0	0.0
600018	上港集团	23173.7	22755.2	0.0	0.0	0.0
600019	宝钢股份	22101.3	22089.7	0.0	0.0	0.0
600020	中原高速	2247.4	2247.4	0.0	0.0	34.0
600021	上海电力	2409.7	2139.7	0.0	0.0	0.0
600022	山东钢铁	10946.5	10688.6	0.0	0.0	0.0
600023	浙能电力	13600.7	13600.7	0.0	0.0	0.0
600025	华能水电	18000.0	1800.0	0.0	0.0	0.0
600026	中远海能	4032.0	2736.0	0.0	1296.0	0.0
600027	华电国际	9863.0	6784.6	0.0	1717.2	0.0
600028	中国石化	121071.2	95557.8	0.0	25513.4	0.0
600029	南方航空	10088.2	7022.7	0.0	3065.5	0.0
600030	中信证券	12116.9	9814.7	0.0	2278.3	0.0
600031	三一重工	7654.4	7593.8	0.0	0.0	0.0
600033	福建高速	2744.4	2744.4	0.0	0.0	0.0
600035	楚天高速	1730.8	1453.4	0.0	0.0	0.0
600036	招商银行	25219.8	20628.9	0.0	4590.9	0.0
600037	歌华有线	1391.8	1168.4	0.0	0.0	0.0
600038	中直股份	589.5	589.5	0.0	0.0	0.0
600039	四川路桥	3610.5	3019.7	0.0	0.0	0.0
600048	保利地产	11858.4	11736.3	0.0	0.0	0.0
600050	中国联通	30234.0	21196.6	0.0	0.0	0.0
600051	宁波联合	310.9	310.9	0.0	0.0	0.0
600052	浙江广厦	871.8	871.8	0.0	0.0	0.0
600053	九鼎投资	433.5	433.5	0.0	0.0	0.0
600054	黄山旅游	747.3	513.3	234.0	0.0	0.0
600055	万东医疗	540.8	484.8	0.0	0.0	0.0
600056	中国医药	1068.5	1012.1	0.0	0.0	0.0
600057	象屿股份	1170.8	1157.3	0.0	0.0	0.0
600058	五矿发展	1071.9	1071.9	0.0	0.0	0.0
600059	古越龙山	808.5	808.5	0.0	0.0	0.0
600060	海信电器	1308.5	1308.5	0.0	0.0	0.0
600061	国投资本	4227.1	1962.4	0.0	0.0	0.0
600062	华润双鹤	869.4	686.0	0.0	0.0	0.0
600063	皖维高新	1925.9	1520.1	0.0	0.0	0.0
600064	南京高科	772.5	772.5	0.0	0.0	0.0
600066	宇通客车	2213.9	1903.5	0.0	0.0	0.0
600067	冠城大通	1492.1	1492.1	0.0	0.0	0.0

注：股本的单位为百万股，营业收入、净利润的单位为百万元。

上市公司基本信息
Listed Companies in 2017

所属行业 Industry	所属地区 Area	主营业务收入 Revenue	净利润 Net Profit	每股收益 EPS	每股净资产 NAVPS
金融业	上海	- -	54258.0	1.85	14.49
交通运输、仓储和邮政业	广东	6746.1	1595.8	0.77	7.25
制造业	湖北	- -	0.0	- -	- -
制造业	湖北	17912.6	200.7	0.10	3.35
房地产业	北京	2766.5	634.8	0.63	6.42
电力、热力、燃气及水生产和供应业	北京	9213.9	612.0	0.13	2.59
交通运输、仓储和邮政业	上海	8062.4	3683.4	1.91	13.04
制造业	内蒙	53255.1	2061.3	0.05	1.08
电力、热力、燃气及水生产和供应业	北京	149231.6	1793.2	0.12	4.97
交通运输、仓储和邮政业	安徽	2675.5	1091.3	0.66	5.66
金融业	北京	- -	19819.0	1.55	13.11
金融业	北京	- -	49813.0	1.37	10.39
交通运输、仓储和邮政业	山东	4423.9	368.9	0.12	3.46
交通运输、仓储和邮政业	上海	36466.9	11536.2	0.50	3.00
制造业	上海	287855.3	19170.3	0.86	7.38
交通运输、仓储和邮政业	河南	- -	1172.9	0.52	5.90
电力、热力、燃气及水生产和供应业	上海	18569.2	928.0	0.39	5.29
制造业	山东	41382.6	1924.5	0.18	1.65
电力、热力、燃气及水生产和供应业	浙江	43158.2	4334.5	0.32	4.47
电力、热力、燃气及水生产和供应业	云南	12829.1	2188.9	0.12	2.19
交通运输、仓储和邮政业	上海	9536.4	1766.3	0.44	6.92
电力、热力、燃气及水生产和供应业	山东	78463.9	430.1	0.04	4.23
采矿业	北京	2300470.0	51119.0	0.42	6.01
交通运输、仓储和邮政业	广东	125121.0	5914.0	0.59	4.92
金融业	广东	43291.6	11433.3	0.94	12.36
制造业	北京	37656.6	2092.3	0.27	3.33
交通运输、仓储和邮政业	福建	2441.8	656.2	0.24	3.17
交通运输、仓储和邮政业	湖北	2613.8	575.7	0.33	3.47
金融业	广东	- -	70150.0	2.78	19.04
信息传输、软件和信息技术服务业	北京	2663.6	761.3	0.55	9.19
制造业	黑龙江	11898.5	455.4	0.77	12.25
建筑业	四川	32689.9	1064.1	0.30	3.63
房地产业	广东	146155.0	15625.9	1.32	9.02
信息传输、软件和信息技术服务业	上海	249015.4	425.8	0.01	4.48
批发和零售业	浙江	6985.5	481.0	1.55	7.80
房地产业	浙江	811.7	188.6	0.22	2.65
房地产业	江西	749.9	323.8	0.75	4.65
水利、环境和公共设施管理业	安徽	1761.0	414.1	0.55	5.54
制造业	北京	841.0	109.1	0.20	3.41
制造业	北京	29905.6	1298.5	1.22	7.26
租赁和商务服务业	福建	202992.4	714.3	0.49	7.51
批发和零售业	北京	58984.9	34.5	0.03	7.03
制造业	浙江	1623.0	164.3	0.20	4.92
制造业	山东	30612.8	941.9	0.72	10.41
金融业	上海	- -	2589.7	0.61	8.59
制造业	北京	6266.2	842.6	0.97	8.58
制造业	安徽	4614.1	85.3	0.04	2.51
房地产业	江苏	3595.4	946.0	1.23	13.10
制造业	河南	31022.3	3129.2	1.41	7.00
房地产业	福建	6716.4	595.2	0.40	4.86

上市公司基本信息
Listed Companies in 2017

公司代码 Code	证券简称 Security Name	总股本 Total Vol	A 股流通股 A-Share Negotiable	B 股 B-Share	H 股 H-Share	优先股 Pref Share
600068	葛洲坝	4604.8	4604.8	0.0	0.0	0.0
600069	银鸽投资	1249.1	825.4	0.0	0.0	0.0
600070	浙江富润	521.9	356.6	0.0	0.0	0.0
600071	凤凰光学	237.5	237.5	0.0	0.0	0.0
600072	中船科技	736.2	600.8	0.0	0.0	0.0
600073	上海梅林	937.7	937.7	0.0	0.0	0.0
600074	ST 保千里	2437.9	1018.3	0.0	0.0	0.0
600075	新疆天业	972.5	832.4	0.0	0.0	0.0
600076	康欣新材	1034.3	752.4	0.0	0.0	0.0
600077	宋都股份	1340.1	1340.1	0.0	0.0	0.0
600078	澄星股份	662.6	662.6	0.0	0.0	0.0
600079	人福医药	1353.7	1057.6	0.0	0.0	0.0
600080	金花股份	305.3	305.3	0.0	0.0	0.0
600081	东风科技	313.6	313.6	0.0	0.0	0.0
600082	海泰发展	646.1	632.5	0.0	0.0	0.0
600083	博信股份	230.0	228.0	0.0	0.0	0.0
600084	中葡股份	1123.7	998.2	0.0	0.0	0.0
600085	同仁堂	1371.5	1371.5	0.0	0.0	0.0
600086	东方金钰	1350.0	1056.8	0.0	0.0	0.0
600088	中视传媒	331.4	331.4	0.0	0.0	0.0
600089	特变电工	3718.6	3714.3	0.0	0.0	0.0
600090	同济堂	1439.7	702.7	0.0	0.0	0.0
600091	ST 明科	437.4	336.5	0.0	0.0	0.0
600093	易见股份	1122.4	322.4	0.0	0.0	0.0
600094	大名城	2475.3	2276.6	198.7	0.0	0.0
600095	哈高科	361.3	361.3	0.0	0.0	0.0
600096	云天化	1321.4	1122.1	0.0	0.0	0.0
600097	开创国际	240.9	202.6	0.0	0.0	0.0
600098	广州发展	2726.2	2726.2	0.0	0.0	0.0
600099	林海股份	219.1	219.1	0.0	0.0	0.0
600100	同方股份	2963.9	2197.9	0.0	0.0	0.0
600101	明星电力	324.2	324.2	0.0	0.0	0.0
600103	青山纸业	1773.7	1061.8	0.0	0.0	0.0
600104	上汽集团	11683.5	11025.6	0.0	0.0	0.0
600105	永鼎股份	963.9	761.9	0.0	0.0	0.0
600106	重庆路桥	998.5	998.5	0.0	0.0	0.0
600107	美尔雅	360.0	360.0	0.0	0.0	0.0
600108	亚盛集团	1946.9	1946.9	0.0	0.0	0.0
600109	国金证券	3024.4	3024.4	0.0	0.0	0.0
600110	诺德股份	1150.3	1150.3	0.0	0.0	0.0
600111	北方稀土	3633.1	3633.1	0.0	0.0	0.0
600112	*ST 天成	509.2	509.2	0.0	0.0	0.0
600113	浙江东日	318.6	318.6	0.0	0.0	0.0
600114	东睦股份	436.3	421.3	0.0	0.0	0.0
600115	东方航空	14467.6	9808.5	0.0	4659.1	0.0
600116	三峡水利	993.0	888.0	0.0	0.0	0.0
600117	西宁特钢	1045.1	741.2	0.0	0.0	0.0
600118	中国卫星	1182.5	1182.5	0.0	0.0	0.0
600119	长江投资	307.4	307.4	0.0	0.0	0.0
600120	浙江东方	672.6	505.5	0.0	0.0	0.0

注：股本的单位为百万股，营业收入、净利润的单位为百万元。

上市公司基本信息
Listed Companies in 2017

所属行业 Industry	所属地区 Area	主营业务收入 Revenue	净利润 Net Profit	每股收益 EPS	每股净资产 NAVPS
建筑业	湖北	105945.1	4683.6	1.02	8.91
制造业	河南	2904.7	55.6	0.05	1.69
制造业	浙江	1895.9	166.2	0.32	4.41
制造业	江西	784.3	33.5	0.14	1.78
建筑业	上海	4248.0	30.4	0.04	4.96
制造业	上海	22018.4	280.4	0.30	3.79
制造业	江苏	2817.2	-7732.1	-3.17	-1.38
制造业	新疆	4837.7	539.0	0.55	4.46
制造业	山东	1812.6	466.3	0.45	3.28
房地产业	辽宁	2707.9	155.7	0.12	2.78
制造业	江苏	2800.3	58.8	0.09	2.83
制造业	湖北	15401.0	2068.7	1.53	9.99
制造业	陕西	755.9	53.5	0.18	3.66
制造业	上海	5867.1	139.2	0.44	3.99
综合	天津	512.0	14.3	0.02	2.61
制造业	广东	87.5	8.4	0.04	0.28
制造业	新疆	392.0	-89.9	-0.08	2.09
制造业	北京	13292.5	1017.4	0.74	6.14
制造业	湖北	9271.1	231.2	0.17	2.38
文化、体育和娱乐业	上海	717.4	82.2	0.25	3.29
制造业	新疆	37487.8	2195.8	0.59	7.91
批发和零售业	新疆	9838.6	515.0	0.87	9.80
制造业	内蒙	65.1	5.6	0.01	2.05
租赁和商务服务业	四川	14703.1	815.6	0.73	5.95
房地产业	上海	9995.9	1412.0	0.57	4.78
制造业	黑龙江	221.4	20.9	0.06	2.04
制造业	云南	55172.7	201.9	0.15	2.76
农、林、牧、渔业	上海	1782.1	122.6	0.30	3.71
电力、热力、燃气及水生产和供应业	广东	24321.3	678.5	0.25	5.88
制造业	江苏	425.1	1.9	0.01	2.15
制造业	北京	25911.6	103.6	0.04	7.18
电力、热力、燃气及水生产和供应业	四川	1498.9	98.1	0.30	6.42
制造业	福建	2591.3	105.4	0.06	1.86
制造业	上海	838716.8	34410.3	2.95	19.29
制造业	江苏	2822.2	291.5	0.30	2.74
交通运输、仓储和邮政业	重庆	236.2	280.3	0.28	3.59
制造业	湖北	435.1	4.6	0.01	1.54
农、林、牧、渔业	甘肃	2040.6	97.9	0.05	2.42
金融业	四川	- -	1201.4	0.40	6.23
制造业	吉林	2518.7	190.0	0.17	1.80
制造业	内蒙	10141.4	401.3	0.11	2.44
制造业	贵州	556.1	19.7	0.04	2.27
租赁和商务服务业	浙江	340.9	95.6	0.30	2.08
制造业	浙江	1765.6	300.1	0.69	5.87
交通运输、仓储和邮政业	上海	96753.0	6352.0	0.44	3.67
电力、热力、燃气及水生产和供应业	重庆	1211.8	343.4	0.35	2.76
制造业	青海	7270.5	59.8	0.06	3.00
制造业	北京	7339.3	409.6	0.35	4.38
交通运输、仓储和邮政业	上海	2838.0	-93.7	-0.31	2.36
批发和零售业	浙江	9161.1	719.5	1.07	14.91

上市公司基本信息
Listed Companies in 2017

公司代码 Code	证券简称 Security Name	总股本 Total Vol	A 股流通股 A-Share Negotiable	B 股 B-Share	H 股 H-Share	优先股 Pref Share
600121	*ST 郑煤	1015.3	1015.3	0.0	0.0	0.0
600122	宏图高科	1154.1	1154.1	0.0	0.0	0.0
600123	兰花科创	1142.4	1142.4	0.0	0.0	0.0
600125	铁龙物流	1305.5	1305.5	0.0	0.0	0.0
600126	杭钢股份	2597.8	927.0	0.0	0.0	0.0
600127	金健米业	641.8	641.8	0.0	0.0	0.0
600128	弘业股份	246.8	246.8	0.0	0.0	0.0
600129	太极集团	426.9	426.9	0.0	0.0	0.0
600130	波导股份	768.0	768.0	0.0	0.0	0.0
600131	岷江水电	504.1	397.4	0.0	0.0	0.0
600132	重庆啤酒	484.0	484.0	0.0	0.0	0.0
600133	东湖高新	725.8	537.9	0.0	0.0	0.0
600135	乐凯胶片	373.0	368.3	0.0	0.0	0.0
600136	当代明诚	487.2	274.5	0.0	0.0	0.0
600137	浪莎股份	97.2	97.2	0.0	0.0	0.0
600138	中青旅	723.8	723.8	0.0	0.0	0.0
600139	西部资源	661.9	661.9	0.0	0.0	0.0
600141	兴发集团	500.7	500.7	0.0	0.0	0.0
600143	金发科技	2716.8	2560.0	0.0	0.0	0.0
600145	*ST 新亿	1491.1	1491.1	0.0	0.0	0.0
600146	商赢环球	470.0	200.0	0.0	0.0	0.0
600148	长春一东	141.5	141.5	0.0	0.0	0.0
600149	*ST 坊展	380.2	380.2	0.0	0.0	0.0
600150	中国船舶	1378.1	1378.1	0.0	0.0	0.0
600151	航天机电	1434.3	1388.7	0.0	0.0	0.0
600152	维科精华	440.7	293.5	0.0	0.0	0.0
600153	建发股份	2835.2	2835.2	0.0	0.0	0.0
600155	宝硕股份	1739.6	1128.2	0.0	0.0	0.0
600156	华升股份	402.1	402.1	0.0	0.0	0.0
600157	永泰能源	12425.8	5826.8	0.0	0.0	0.0
600158	中体产业	843.7	657.5	0.0	0.0	0.0
600159	大龙地产	830.0	830.0	0.0	0.0	0.0
600160	巨化股份	2111.7	2044.9	0.0	0.0	0.0
600161	天坛生物	670.1	670.1	0.0	0.0	0.0
600162	香江控股	3400.7	1774.3	0.0	0.0	0.0
600163	中闽能源	999.5	753.6	0.0	0.0	0.0
600165	新日恒力	684.9	684.9	0.0	0.0	0.0
600166	福田汽车	6670.1	6670.1	0.0	0.0	0.0
600167	联美控股	880.0	211.0	0.0	0.0	0.0
600168	武汉控股	709.6	709.6	0.0	0.0	0.0
600169	太原重工	2564.0	2564.0	0.0	0.0	0.0
600170	上海建工	8904.4	8486.9	0.0	0.0	0.0
600171	上海贝岭	699.6	673.8	0.0	0.0	0.0
600172	黄河旋风	1426.3	1169.5	0.0	0.0	0.0
600173	卧龙地产	725.1	725.1	0.0	0.0	0.0
600175	美都能源	3576.5	2451.0	0.0	0.0	0.0
600176	中国巨石	2918.6	2918.6	0.0	0.0	0.0
600177	雅戈尔	3581.4	3581.4	0.0	0.0	0.0
600178	东安动力	462.1	462.1	0.0	0.0	0.0
600179	安通控股	1062.1	481.2	0.0	0.0	0.0

注：股本的单位为百万股，营业收入、净利润的单位为百万元。

上市公司基本信息
Listed Companies in 2017

所属行业 Industry	所属地区 Area	主营业务收入 Revenue	净利润 Net Profit	每股收益 EPS	每股净资产 NAVPS
采矿业	河南	5588.2	627.4	0.62	3.26
批发和零售业	江苏	18814.7	608.2	0.53	7.32
采矿业	山西	7402.9	781.6	0.68	8.22
交通运输、仓储和邮政业	辽宁	11683.5	330.8	0.25	4.03
制造业	浙江	26540.0	1795.7	0.69	6.37
制造业	湖南	2745.2	11.0	0.02	1.18
批发和零售业	江苏	4032.8	12.3	0.05	5.58
制造业	重庆	8648.8	98.1	0.23	2.88
制造业	浙江	1552.5	-152.7	-0.20	1.10
电力、热力、燃气及水生产和供应业	四川	820.7	80.0	0.16	2.28
制造业	重庆	3083.2	329.5	0.68	2.40
建筑业	湖北	7571.5	924.0	1.27	5.17
制造业	河北	1762.2	59.2	0.16	4.52
文化、体育和娱乐业	湖北	908.6	128.1	0.26	5.18
制造业	四川	338.4	23.0	0.24	4.90
租赁和商务服务业	北京	11019.6	571.7	0.79	7.73
制造业	四川	279.9	-599.3	-0.91	0.63
制造业	湖北	15521.5	321.0	0.64	12.18
制造业	广东	23004.9	547.9	0.20	3.65
制造业	贵州	341.6	10.2	0.01	0.42
制造业	宁夏	2126.7	210.8	0.45	6.54
制造业	吉林	761.1	18.0	0.13	2.80
综合	河北	51.0	20.4	0.05	0.54
制造业	上海	16266.9	-2300.1	-1.67	9.13
制造业	上海	6431.7	-309.1	-0.22	3.99
制造业	浙江	1476.1	16.6	0.04	3.19
批发和零售业	福建	217905.4	3330.9	1.18	8.33
金融业	河北	174.8	130.9	0.08	8.57
制造业	湖南	695.8	-86.6	-0.22	1.55
采矿业	山西	22254.4	602.3	0.05	1.96
房地产业	天津	1079.8	58.1	0.07	1.93
房地产业	北京	612.0	21.1	0.03	2.67
制造业	浙江	9931.6	935.5	0.44	5.13
制造业	北京	1758.7	1179.9	1.76	4.54
房地产业	广东	4313.8	816.6	0.24	2.25
电力、热力、燃气及水生产和供应业	福建	502.2	153.5	0.15	1.74
制造业	宁夏	1212.7	38.2	0.06	1.26
制造业	北京	48753.6	111.9	0.02	2.84
电力、热力、燃气及水生产和供应业	辽宁	2323.2	922.1	1.05	8.07
电力、热力、燃气及水生产和供应业	湖北	1207.3	327.9	0.46	6.78
制造业	山西	7115.4	52.2	0.02	1.61
建筑业	上海	141209.0	2584.5	0.29	3.04
制造业	上海	517.4	173.7	0.25	3.42
制造业	河南	2963.3	339.9	0.23	3.50
房地产业	浙江	1551.8	314.8	0.43	2.65
综合	浙江	6419.8	57.9	0.02	2.98
制造业	浙江	8590.9	2149.8	0.74	4.27
房地产业	浙江	9775.5	296.7	0.08	6.81
制造业	黑龙江	1795.6	42.7	0.09	4.06
交通运输、仓储和邮政业	黑龙江	6758.6	552.4	0.41	2.20

上市公司基本信息
Listed Companies in 2017

公司代码 Code	证券简称 Security Name	总股本 Total Vol	A 股流通股 A-Share Negotiable	B 股 B-Share	H 股 H-Share	优先股 Pref Share
600180	瑞茂通	1016.5	882.5	0.0	0.0	0.0
600182	S 佳通	340.0	170.0	0.0	0.0	0.0
600183	生益科技	1455.5	1455.5	0.0	0.0	0.0
600184	光电股份	508.8	418.8	0.0	0.0	0.0
600185	格力地产	2060.1	2060.1	0.0	0.0	0.0
600186	莲花健康	1062.0	1062.0	0.0	0.0	0.0
600187	国中水务	1653.9	1455.6	0.0	0.0	0.0
600188	兖州煤业	4912.0	2960.0	0.0	1952.0	0.0
600189	吉林森工	489.3	310.5	0.0	0.0	0.0
600190	锦州港	2002.3	1779.5	222.8	0.0	0.0
600191	华资实业	484.9	484.9	0.0	0.0	0.0
600192	长城电工	441.7	441.7	0.0	0.0	0.0
600193	创兴资源	425.4	425.4	0.0	0.0	0.0
600195	中牧股份	429.8	429.8	0.0	0.0	0.0
600196	复星医药	2495.1	1909.8	0.0	483.9	0.0
600197	伊力特	441.0	441.0	0.0	0.0	0.0
600198	大唐电信	882.1	870.2	0.0	0.0	0.0
600199	金种子酒	555.8	555.8	0.0	0.0	0.0
600200	江苏吴中	721.9	707.9	0.0	0.0	0.0
600201	生物股份	899.2	858.4	0.0	0.0	0.0
600202	哈空调	383.3	383.3	0.0	0.0	0.0
600203	福日电子	456.4	303.2	0.0	0.0	0.0
600206	有研新材	838.8	838.8	0.0	0.0	0.0
600207	安彩高科	863.0	690.0	0.0	0.0	0.0
600208	新湖中宝	8599.3	8598.2	0.0	0.0	0.0
600209	罗顿发展	439.0	426.3	0.0	0.0	0.0
600210	紫江企业	1516.7	1436.7	0.0	0.0	0.0
600211	西藏药业	179.6	145.6	0.0	0.0	0.0
600212	江泉实业	511.7	511.7	0.0	0.0	0.0
600213	亚星客车	220.0	220.0	0.0	0.0	0.0
600215	长春经开	465.0	465.0	0.0	0.0	0.0
600216	浙江医药	965.6	946.6	0.0	0.0	0.0
600217	中再资环	1411.3	720.2	0.0	0.0	0.0
600218	全柴动力	368.8	368.8	0.0	0.0	0.0
600219	南山铝业	9251.1	7088.0	0.0	0.0	0.0
600220	江苏阳光	1783.3	1783.3	0.0	0.0	0.0
600221	海航控股	16806.1	16436.0	369.4	0.0	0.0
600222	太龙药业	573.9	537.7	0.0	0.0	0.0
600223	鲁商置业	1001.0	1001.0	0.0	0.0	0.0
600225	*ST 松江	935.5	850.5	0.0	0.0	0.0
600226	瀚叶股份	2414.3	1533.0	0.0	0.0	0.0
600227	赤天化	1736.3	1245.4	0.0	0.0	0.0
600228	*ST 昌九	241.3	241.3	0.0	0.0	0.0
600229	城市传媒	702.1	429.8	0.0	0.0	0.0
600230	沧州大化	294.2	294.2	0.0	0.0	0.0
600231	凌钢股份	2519.2	1608.0	0.0	0.0	0.0
600232	金鹰股份	364.7	364.7	0.0	0.0	0.0
600233	圆通速递	2825.5	783.4	0.0	0.0	0.0
600234	ST 山水	202.4	202.4	0.0	0.0	0.0
600235	民丰特纸	351.3	351.3	0.0	0.0	0.0

注：股本的单位为百万股，营业收入、净利润的单位为百万元。

上市公司基本信息
Listed Companies in 2017

所属行业 Industry	所属地区 Area	主营业务收入 Revenue	净利润 Net Profit	每股收益 EPS	每股净资产 NAVPS
批发和零售业	山东	37495.8	715.1	0.70	5.15
制造业	黑龙江	3424.2	61.1	0.18	2.54
制造业	广东	10618.0	1074.7	0.74	4.13
制造业	湖北	1865.2	44.4	0.09	4.48
房地产业	广东	3111.6	624.3	0.30	3.79
制造业	河南	1850.3	-103.4	-0.10	0.03
电力、热力、燃气及水生产和供应业	黑龙江	435.5	17.8	0.01	2.12
采矿业	山东	52672.1	6770.6	1.38	11.19
制造业	吉林	986.0	12.0	0.02	5.13
交通运输、仓储和邮政业	辽宁	1760.4	143.1	0.07	3.01
制造业	内蒙	45.3	11.9	0.03	4.60
制造业	甘肃	1836.2	16.6	0.04	4.42
建筑业	上海	24.7	-78.2	-0.18	0.43
制造业	北京	4048.1	399.9	0.93	8.56
制造业	上海	18386.5	3124.5	1.25	10.15
制造业	新疆	1915.0	353.3	0.80	4.92
制造业	北京	4328.4	-2648.7	-3.00	-0.43
制造业	安徽	1281.0	8.2	0.02	4.04
综合	江苏	2948.5	133.1	0.18	4.04
制造业	内蒙	1897.8	870.1	0.97	4.97
制造业	黑龙江	253.0	-87.5	-0.23	1.55
批发和零售业	福建	8187.4	-112.5	-0.25	4.50
制造业	北京	2869.1	43.6	0.05	3.40
电力、热力、燃气及水生产和供应业	河南	1944.0	9.1	0.01	2.21
房地产业	浙江	17457.2	3321.9	0.39	3.75
建筑业	海南	149.9	-45.6	-0.10	1.41
制造业	上海	8135.7	554.8	0.37	2.81
制造业	西藏	908.8	229.6	1.28	11.38
综合	山东	244.5	12.6	0.03	1.48
制造业	江苏	2376.6	42.8	0.20	0.79
房地产业	吉林	417.2	9.0	0.02	5.23
制造业	浙江	5680.1	253.1	0.26	7.55
制造业	陕西	2298.2	217.6	0.26	2.01
制造业	安徽	3150.1	61.5	0.17	5.20
制造业	山东	16613.1	1611.4	0.17	3.54
制造业	江苏	2105.6	121.0	0.07	1.16
交通运输、仓储和邮政业	海南	56725.7	3322.9	0.20	3.43
制造业	河南	1166.2	5.1	0.01	2.60
房地产业	山东	7491.5	105.4	0.11	2.33
房地产业	天津	1406.6	199.8	0.21	1.74
制造业	浙江	1295.5	261.2	0.11	1.74
制造业	贵州	1659.8	38.3	0.02	2.69
制造业	江西	507.2	26.1	0.11	0.22
文化、体育和娱乐业	山东	1928.1	329.4	0.47	3.30
制造业	河北	4339.3	1283.0	4.36	9.33
制造业	辽宁	16792.7	1206.8	0.48	2.54
制造业	浙江	1220.8	25.3	0.07	3.19
交通运输、仓储和邮政业	辽宁	19446.8	1442.7	3.83	24.46
制造业	山西	14.5	-25.5	-0.13	0.35
制造业	浙江	1355.2	19.2	0.06	3.64

上市公司基本信息
Listed Companies in 2017

公司代码 Code	证券简称 Security Name	总股本 Total Vol	A 股流通股 A-Share Negotiable	B 股 B-Share	H 股 H-Share	优先股 Pref Share
600236	桂冠电力	6063.4	3604.5	0.0	0.0	0.0
600237	铜峰电子	564.4	564.4	0.0	0.0	0.0
600238	海南椰岛	448.2	445.0	0.0	0.0	0.0
600239	云南城投	1605.7	1605.7	0.0	0.0	0.0
600240	华业资本	1424.3	1424.3	0.0	0.0	0.0
600241	时代万恒	294.3	193.0	0.0	0.0	0.0
600242	中昌数据	456.7	285.3	0.0	0.0	0.0
600243	青海华鼎	438.9	236.9	0.0	0.0	0.0
600246	万通地产	2054.0	1216.8	0.0	0.0	0.0
600247	ST 成城	336.4	336.4	0.0	0.0	0.0
600248	延长化建	615.8	607.6	0.0	0.0	0.0
600249	两面针	550.0	450.0	0.0	0.0	0.0
600250	南纺股份	258.7	258.7	0.0	0.0	0.0
600251	冠农股份	784.8	784.8	0.0	0.0	0.0
600252	中恒集团	3475.1	3475.1	0.0	0.0	0.0
600255	梦舟股份	1769.6	1769.6	0.0	0.0	0.0
600256	广汇能源	5221.4	5221.4	0.0	0.0	0.0
600257	大湖股份	481.2	427.1	0.0	0.0	0.0
600258	首旅酒店	815.7	278.7	0.0	0.0	0.0
600259	广晟有色	301.8	262.1	0.0	0.0	0.0
600260	凯乐科技	708.8	539.4	0.0	0.0	0.0
600261	阳光照明	1452.1	1452.1	0.0	0.0	0.0
600262	北方股份	170.0	170.0	0.0	0.0	0.0
600265	ST 景谷	129.8	129.8	0.0	0.0	0.0
600266	北京城建	1567.0	1567.0	0.0	0.0	0.0
600267	海正药业	965.5	965.5	0.0	0.0	0.0
600268	国电南自	695.3	635.2	0.0	0.0	0.0
600269	赣粤高速	2335.4	2335.4	0.0	0.0	0.0
600270	外运发展	905.5	905.5	0.0	0.0	0.0
600271	航天信息	1862.9	1846.8	0.0	0.0	0.0
600272	开开实业	243.0	160.0	80.0	0.0	0.0
600273	嘉化能源	1494.0	1306.3	0.0	0.0	0.0
600275	*ST 昌鱼	508.8	508.8	0.0	0.0	0.0
600276	恒瑞医药	2816.9	2816.3	0.0	0.0	0.0
600277	亿利洁能	2738.9	2089.6	0.0	0.0	0.0
600278	东方创业	522.2	522.2	0.0	0.0	0.0
600279	重庆港九	693.0	693.0	0.0	0.0	0.0
600280	中央商场	1148.3	1148.3	0.0	0.0	0.0
600281	太化股份	514.4	514.4	0.0	0.0	0.0
600282	南钢股份	4409.0	3875.8	0.0	0.0	0.0
600283	钱江水利	353.0	335.9	0.0	0.0	0.0
600284	浦东建设	693.0	693.0	0.0	0.0	0.0
600285	羚锐制药	592.3	535.4	0.0	0.0	0.0
600287	江苏舜天	436.8	436.8	0.0	0.0	0.0
600288	大恒科技	436.8	436.8	0.0	0.0	0.0
600289	ST 信通	631.1	565.9	0.0	0.0	0.0
600290	华仪电气	759.9	526.9	0.0	0.0	0.0
600291	西水股份	1093.1	978.9	0.0	0.0	0.0
600292	远达环保	780.8	780.8	0.0	0.0	0.0
600293	三峡新材	1162.1	516.8	0.0	0.0	0.0

注：股本的单位为百万股，营业收入、净利润的单位为百万元。

上市公司基本信息
Listed Companies in 2017

所属行业 Industry	所属地区 Area	主营业务收入 Revenue	净利润 Net Profit	每股收益 EPS	每股净资产 NAVPS
电力、热力、燃气及水生产和供应业	广西	8740.1	2510.7	0.41	2.46
制造业	安徽	789.7	14.0	0.03	2.19
制造业	海南	1140.1	-106.2	-0.24	1.69
房地产业	云南	14087.6	264.0	0.16	3.29
房地产业	北京	3861.7	998.2	0.70	4.78
批发和零售业	辽宁	1496.6	19.5	0.07	4.88
信息传输、软件和信息技术服务业	广东	2131.7	118.6	0.26	4.34
制造业	青海	885.6	21.0	0.05	4.00
房地产业	北京	3285.3	356.1	0.17	3.38
批发和零售业	吉林	203.2	-70.9	-0.21	0.01
建筑业	陕西	3876.2	134.1	0.22	3.33
制造业	广西	1447.5	-144.0	-0.26	3.39
批发和零售业	江苏	785.4	93.7	0.36	1.77
制造业	新疆	1480.6	85.1	0.11	2.50
制造业	广西	2034.9	604.9	0.17	1.61
制造业	安徽	5233.1	150.4	0.09	1.96
采矿业	新疆	7886.3	655.4	0.13	2.23
农、林、牧、渔业	湖南	990.6	8.3	0.02	2.67
住宿和餐饮业	北京	8416.7	630.9	0.77	9.00
采矿业	海南	5495.2	20.5	0.07	6.47
制造业	湖北	14636.1	739.6	1.04	6.63
制造业	浙江	4992.9	401.1	0.28	2.29
制造业	内蒙	873.8	37.4	0.22	6.20
农、林、牧、渔业	云南	63.0	-31.0	-0.24	0.22
房地产业	北京	14026.7	1456.1	0.93	12.90
制造业	浙江	10344.3	13.6	0.01	6.96
制造业	江苏	5928.2	37.4	0.05	3.30
交通运输、仓储和邮政业	江西	4258.1	982.2	0.42	6.26
交通运输、仓储和邮政业	北京	6174.8	1353.0	1.49	9.04
制造业	北京	29576.7	1556.6	0.84	5.50
批发和零售业	上海	931.3	38.7	0.16	2.04
制造业	江苏	5548.3	968.5	0.65	4.33
制造业	湖北	11.6	4.1	0.01	0.29
制造业	江苏	13824.1	3216.6	1.14	5.43
制造业	内蒙	15672.9	521.5	0.19	5.23
批发和零售业	上海	15686.7	173.4	0.33	7.79
交通运输、仓储和邮政业	重庆	6295.7	483.3	0.70	5.28
批发和零售业	江苏	8180.9	238.9	0.21	1.62
制造业	山西	850.7	7.6	0.02	1.09
制造业	江苏	37514.7	3200.3	0.73	2.63
电力、热力、燃气及水生产和供应业	浙江	929.4	72.6	0.21	5.17
建筑业	上海	3254.3	371.4	0.54	7.97
制造业	河南	1846.0	217.1	0.37	3.67
批发和零售业	江苏	5470.9	82.9	0.19	3.98
制造业	北京	2917.8	34.8	0.08	3.51
信息传输、软件和信息技术服务业	黑龙江	1325.3	-2479.4	-3.93	1.12
制造业	浙江	2130.8	59.8	0.08	5.49
金融业	内蒙	- -	2395.1	2.19	11.32
水利、环境和公共设施管理业	重庆	3242.2	108.7	0.14	6.25
制造业	湖北	11923.8	403.8	0.35	3.24

上市公司基本信息
Listed Companies in 2017

公司代码 Code	证券简称 Security Name	总股本 Total Vol	A 股流通股 A-Share Negotiable	B 股 B-Share	H 股 H-Share	优先股 Pref Share
600295	鄂尔多斯	1032.0	612.0	420.0	0.0	0.0
600297	广汇汽车	8144.3	2391.8	0.0	0.0	0.0
600298	安琪酵母	824.1	824.1	0.0	0.0	0.0
600299	安迪苏	2681.9	574.6	0.0	0.0	0.0
600300	维维股份	1672.0	1672.0	0.0	0.0	0.0
600301	ST 南化	235.1	235.1	0.0	0.0	0.0
600302	标准股份	346.0	346.0	0.0	0.0	0.0
600303	曙光股份	675.6	620.3	0.0	0.0	0.0
600305	恒顺醋业	602.7	602.7	0.0	0.0	0.0
600306	商业城	178.1	177.4	0.0	0.0	0.0
600307	酒钢宏兴	6263.4	6263.4	0.0	0.0	0.0
600308	华泰股份	1167.6	1167.6	0.0	0.0	0.0
600309	万华化学	2734.0	2594.8	0.0	0.0	0.0
600310	桂东电力	827.8	827.8	0.0	0.0	0.0
600311	荣华实业	665.6	665.6	0.0	0.0	0.0
600312	平高电气	1356.9	1356.9	0.0	0.0	0.0
600313	农发种业	1082.2	993.6	0.0	0.0	0.0
600315	上海家化	673.4	671.2	0.0	0.0	0.0
600316	洪都航空	717.1	717.1	0.0	0.0	0.0
600317	营口港	6473.0	6473.0	0.0	0.0	0.0
600318	新力金融	484.0	484.0	0.0	0.0	0.0
600319	亚星化学	315.6	315.6	0.0	0.0	0.0
600320	振华重工	4390.3	2768.3	1622.0	0.0	0.0
600321	正源股份	1510.6	1180.9	0.0	0.0	0.0
600322	天房发展	1105.7	1105.7	0.0	0.0	0.0
600323	瀚蓝环境	766.3	766.3	0.0	0.0	0.0
600325	华发股份	2118.3	1914.2	0.0	0.0	0.0
600326	西藏天路	865.4	865.4	0.0	0.0	0.0
600327	大东方	567.2	567.2	0.0	0.0	0.0
600328	兰太实业	438.0	438.0	0.0	0.0	0.0
600329	中新药业	768.9	565.8	0.0	200.0	0.0
600330	天通股份	830.5	820.0	0.0	0.0	0.0
600331	宏达股份	2032.0	2032.0	0.0	0.0	0.0
600332	白云山	1625.8	1071.2	0.0	219.9	0.0
600333	长春燃气	609.0	529.6	0.0	0.0	0.0
600335	国机汽车	1029.7	1029.7	0.0	0.0	0.0
600336	澳柯玛	776.8	730.3	0.0	0.0	0.0
600337	美克家居	1806.1	1483.4	0.0	0.0	0.0
600338	西藏珠峰	653.0	158.3	0.0	0.0	0.0
600339	中油工程	5583.1	578.2	0.0	0.0	0.0
600340	华夏幸福	2954.9	2954.9	0.0	0.0	0.0
600343	航天动力	638.2	638.2	0.0	0.0	0.0
600345	长江通信	198.0	198.0	0.0	0.0	0.0
600346	恒力股份	2825.7	919.4	0.0	0.0	0.0
600348	阳泉煤业	2405.0	2405.0	0.0	0.0	0.0
600350	山东高速	4811.2	4811.2	0.0	0.0	0.0
600351	亚宝药业	787.0	692.0	0.0	0.0	0.0
600352	浙江龙盛	3253.3	3059.9	0.0	0.0	0.0
600353	旭光股份	543.7	543.7	0.0	0.0	0.0
600354	敦煌种业	527.8	447.8	0.0	0.0	0.0

注：股本的单位为百万股，营业收入、净利润的单位为百万元。

上市公司基本信息
Listed Companies in 2017

所属行业 Industry	所属地区 Area	主营业务收入 Revenue	净利润 Net Profit	每股收益 EPS	每股净资产 NAVPS
制造业	内蒙	21879.1	521.0	0.51	7.59
批发和零售业	辽宁	160309.1	3884.4	0.48	4.34
制造业	湖北	5708.9	847.2	1.03	4.66
制造业	北京	10397.8	1323.3	0.49	4.91
制造业	江苏	4584.5	91.5	0.06	1.63
制造业	广西	30.6	-32.5	-0.14	1.03
制造业	陕西	694.6	-6.3	-0.02	3.50
制造业	辽宁	3664.0	316.0	0.47	4.59
制造业	江苏	1513.3	280.9	0.47	2.99
批发和零售业	辽宁	891.0	82.4	0.46	0.84
制造业	甘肃	39398.5	421.2	0.07	1.53
制造业	山东	13085.5	673.7	0.58	6.12
制造业	山东	52740.2	11134.8	4.07	9.98
电力、热力、燃气及水生产和供应业	广西	10230.7	63.4	0.08	2.46
采矿业	甘肃	166.3	2.6	- -	1.25
制造业	河南	8732.3	630.5	0.47	6.53
农、林、牧、渔业	北京	3840.9	-285.2	-0.26	1.28
制造业	上海	6487.3	389.8	0.58	7.98
制造业	江西	1855.0	30.7	0.04	6.84
交通运输、仓储和邮政业	辽宁	3677.6	535.2	0.08	1.67
金融业	安徽	628.2	-308.7	-0.64	2.08
制造业	山东	1883.7	26.6	0.08	0.10
制造业	上海	21642.3	300.2	0.07	3.42
制造业	四川	1131.6	-4.6	-0.00	1.76
房地产业	天津	6142.8	218.1	0.20	3.96
电力、热力、燃气及水生产和供应业	广东	3920.8	652.2	0.85	6.95
房地产业	广东	19007.7	1620.4	0.77	5.61
建筑业	西藏	3588.6	330.4	0.38	3.08
批发和零售业	江苏	8877.3	261.3	0.46	4.97
制造业	内蒙	3243.2	210.5	0.48	5.03
制造业	天津	5667.2	476.1	0.62	5.82
制造业	浙江	2096.0	156.9	0.19	4.49
制造业	四川	4536.3	206.2	0.10	2.43
制造业	广东	20789.4	2061.7	1.27	11.61
电力、热力、燃气及水生产和供应业	吉林	1439.4	56.4	0.09	3.58
批发和零售业	天津	49899.8	670.5	0.65	7.27
制造业	山东	4301.0	32.7	0.04	2.31
批发和零售业	新疆	4107.9	365.4	0.20	2.73
采矿业	西藏	2465.7	1113.6	1.71	2.61
采矿业	新疆	55112.4	670.0	0.12	4.07
房地产业	河北	59299.8	8780.8	2.97	12.55
制造业	陕西	1815.8	15.8	0.03	3.42
制造业	湖北	252.5	260.8	1.32	7.87
制造业	辽宁	21973.4	1719.3	0.61	2.53
采矿业	山西	26921.3	1637.6	0.68	6.23
交通运输、仓储和邮政业	山东	7262.9	2644.2	0.55	5.53
制造业	山西	2551.4	200.2	0.25	3.57
制造业	浙江	14936.1	2473.8	0.76	5.21
制造业	四川	992.9	27.6	0.05	1.98
农、林、牧、渔业	甘肃	449.4	25.6	0.05	1.74

上市公司基本信息
Listed Companies in 2017

公司代码 Code	证券简称 Security Name	总股本 Total Vol	A 股流通股 A-Share Negotiable	B 股 B-Share	H 股 H-Share	优先股 Pref Share
600355	精伦电子	492.1	492.1	0.0	0.0	0.0
600356	恒丰纸业	298.7	298.7	0.0	0.0	0.0
600358	国旅联合	504.9	432.0	0.0	0.0	0.0
600359	新农开发	381.5	381.5	0.0	0.0	0.0
600360	华微电子	751.6	738.3	0.0	0.0	0.0
600361	华联综超	665.8	665.8	0.0	0.0	0.0
600362	江西铜业	3462.7	2075.2	0.0	1387.5	0.0
600363	联创光电	443.5	443.5	0.0	0.0	0.0
600365	通葡股份	400.0	400.0	0.0	0.0	0.0
600366	宁波韵升	557.1	540.8	0.0	0.0	0.0
600367	红星发展	291.2	291.2	0.0	0.0	0.0
600368	五洲交通	833.8	833.8	0.0	0.0	0.0
600369	西南证券	5645.1	5645.1	0.0	0.0	0.0
600370	三房巷	797.2	797.2	0.0	0.0	0.0
600371	万向德农	225.1	225.1	0.0	0.0	0.0
600372	中航电子	1759.2	1759.2	0.0	0.0	0.0
600373	中文传媒	1377.9	1282.1	0.0	0.0	0.0
600375	华菱星马	555.7	555.7	0.0	0.0	0.0
600376	首开股份	2579.6	2545.8	0.0	0.0	0.0
600377	宁沪高速	5037.7	3798.0	0.0	1222.0	0.0
600378	天科股份	297.2	297.2	0.0	0.0	0.0
600379	宝光股份	235.9	235.9	0.0	0.0	0.0
600380	健康元	1573.8	1562.2	0.0	0.0	0.0
600381	青海春天	630.8	211.9	0.0	0.0	0.0
600382	广东明珠	466.8	341.7	0.0	0.0	0.0
600383	金地集团	4514.6	4514.6	0.0	0.0	0.0
600385	山东金泰	148.1	142.8	0.0	0.0	0.0
600386	北巴传媒	806.4	806.4	0.0	0.0	0.0
600387	海越股份	465.7	385.7	0.0	0.0	0.0
600388	龙净环保	1069.1	1069.1	0.0	0.0	0.0
600389	江山股份	297.0	297.0	0.0	0.0	0.0
600390	五矿资本	3748.4	451.3	0.0	0.0	0.0
600391	航发科技	330.1	330.1	0.0	0.0	0.0
600392	盛和资源	1350.1	941.0	0.0	0.0	0.0
600393	粤泰股份	2536.2	988.2	0.0	0.0	0.0
600395	盘江股份	1655.1	1655.1	0.0	0.0	0.0
600396	金山股份	1472.7	1164.6	0.0	0.0	0.0
600397	安源煤业	990.0	990.0	0.0	0.0	0.0
600398	海澜之家	4492.8	4492.8	0.0	0.0	0.0
600399	抚顺特钢	1300.0	1129.6	0.0	0.0	0.0
600400	红豆股份	1809.5	1449.9	0.0	0.0	0.0
600401	*ST 海润	4724.9	4724.9	0.0	0.0	0.0
600403	*ST 大有	2390.8	2390.8	0.0	0.0	0.0
600405	动力源	562.0	553.3	0.0	0.0	0.0
600406	国电南瑞	2429.0	2205.8	0.0	0.0	0.0
600408	安泰集团	1006.8	1006.8	0.0	0.0	0.0
600409	三友化工	2064.3	1850.4	0.0	0.0	0.0
600410	华胜天成	1102.8	1093.9	0.0	0.0	0.0
600415	小商品城	5443.2	5443.2	0.0	0.0	0.0
600416	湘电股份	945.8	841.0	0.0	0.0	0.0

注：股本的单位为百万股，营业收入、净利润的单位为百万元。

上市公司基本信息
Listed Companies in 2017

所属行业 Industry	所属地区 Area	主营业务收入 Revenue	净利润 Net Profit	每股收益 EPS	每股净资产 NAVPS
制造业	湖北	324.5	-59.4	-0.12	0.71
制造业	黑龙江	1436.7	97.7	0.33	6.94
信息传输、软件和信息技术服务业	江苏	270.0	32.3	0.06	1.05
农、林、牧、渔业	新疆	945.3	33.8	0.09	1.82
制造业	吉林	1627.3	94.9	0.13	2.82
批发和零售业	北京	10447.9	78.2	0.12	4.06
制造业	江西	204354.5	1604.1	0.46	13.73
制造业	江西	2914.0	199.2	0.45	5.05
制造业	吉林	893.1	6.1	0.02	1.72
制造业	浙江	1599.1	422.9	0.76	8.47
制造业	贵州	1311.2	95.5	0.33	3.99
交通运输、仓储和邮政业	广西	1735.7	367.7	0.44	3.93
金融业	重庆	- -	668.8	0.12	3.43
制造业	江苏	1050.1	44.1	0.06	1.59
农、林、牧、渔业	黑龙江	252.7	57.6	0.26	2.09
制造业	江西	6872.6	542.4	0.31	4.04
文化、体育和娱乐业	江西	12959.2	1451.7	1.05	8.85
制造业	安徽	5854.1	55.9	0.10	4.95
房地产业	北京	36565.0	2362.8	0.92	11.53
交通运输、仓储和邮政业	江苏	8884.5	3587.9	0.71	4.67
制造业	四川	521.1	58.9	0.20	2.68
制造业	陕西	693.2	36.0	0.15	2.10
制造业	广东	10711.3	2133.0	1.36	4.69
制造业	青海	419.1	311.7	0.49	3.67
批发和零售业	广东	147.0	332.1	0.71	10.92
房地产业	广东	37276.5	6842.7	1.52	9.03
制造业	山东	22.2	-6.4	-0.04	0.43
批发和零售业	北京	3951.5	102.9	0.13	2.24
批发和零售业	浙江	11473.3	136.6	0.29	4.89
制造业	福建	8011.7	724.3	0.68	4.23
制造业	江苏	3613.0	249.0	0.84	5.27
金融业	湖南	9822.7	2476.6	0.66	8.36
制造业	四川	2228.2	46.9	0.14	5.41
制造业	山西	5176.8	336.5	0.25	3.69
房地产业	广东	5596.2	1167.9	0.46	2.32
采矿业	贵州	5913.3	877.2	0.53	3.89
电力、热力、燃气及水生产和供应业	辽宁	6860.6	-895.7	-0.61	1.83
采矿业	江西	3895.6	-690.1	-0.70	0.80
制造业	江苏	17831.7	3328.9	2.85	9.57
制造业	辽宁	- -	0.0	- -	- -
制造业	江苏	2698.4	608.0	0.34	2.51
制造业	江苏	3210.9	-2436.4	-0.52	0.25
采矿业	河南	6363.2	480.4	0.20	2.94
制造业	北京	1213.6	20.0	0.04	2.47
信息传输、软件和信息技术服务业	江苏	24100.0	3240.5	0.77	4.61
制造业	山西	6202.6	-281.9	-0.28	0.68
制造业	河北	19890.8	1889.1	0.92	4.85
信息传输、软件和信息技术服务业	北京	5387.5	228.0	0.21	4.42
租赁和商务服务业	浙江	9566.7	1459.4	0.27	2.06
制造业	湖南	9629.9	91.2	0.10	6.85

上市公司基本信息
Listed Companies in 2017

公司代码 Code	证券简称 Security Name	总股本 Total Vol	A 股流通股 A-Share Negotiable	B 股 B-Share	H 股 H-Share	优先股 Pref Share
600418	江淮汽车	1893.3	1447.4	0.0	0.0	0.0
600419	天润乳业	103.6	89.5	0.0	0.0	0.0
600420	现代制药	1109.8	575.5	0.0	0.0	0.0
600421	仰帆控股	195.6	195.6	0.0	0.0	0.0
600422	昆药集团	788.7	678.4	0.0	0.0	0.0
600423	*ST 柳化	399.3	399.3	0.0	0.0	0.0
600425	*ST 青松	1378.8	1378.8	0.0	0.0	0.0
600426	华鲁恒升	1620.4	1614.5	0.0	0.0	0.0
600428	中远海特	2146.7	1690.4	0.0	0.0	0.0
600429	三元股份	1497.6	885.0	0.0	0.0	0.0
600432	*ST 吉恩	1603.7	1603.7	0.0	0.0	0.0
600433	冠豪高新	1271.3	1190.3	0.0	0.0	0.0
600435	北方导航	1489.3	1489.3	0.0	0.0	0.0
600436	片仔癀	603.3	603.3	0.0	0.0	0.0
600438	通威股份	3882.4	2782.5	0.0	0.0	0.0
600439	瑞贝卡	1132.0	1132.0	0.0	0.0	0.0
600444	国机通用	146.4	105.0	0.0	0.0	0.0
600446	金证股份	835.0	801.4	0.0	0.0	0.0
600448	华纺股份	524.8	422.4	0.0	0.0	0.0
600449	宁夏建材	478.2	478.2	0.0	0.0	0.0
600452	涪陵电力	160.0	160.0	0.0	0.0	0.0
600455	博通股份	62.5	62.5	0.0	0.0	0.0
600456	宝钛股份	430.3	430.3	0.0	0.0	0.0
600458	时代新材	802.8	661.4	0.0	0.0	0.0
600459	贵研铂业	261.0	261.0	0.0	0.0	0.0
600460	士兰微	1247.2	1247.2	0.0	0.0	0.0
600461	洪城水业	789.6	594.0	0.0	0.0	0.0
600462	九有股份	533.8	533.8	0.0	0.0	0.0
600463	空港股份	300.0	252.0	0.0	0.0	0.0
600466	蓝光发展	2134.3	882.6	0.0	0.0	0.0
600467	好当家	1461.0	1461.0	0.0	0.0	0.0
600468	百利电气	811.1	798.4	0.0	0.0	0.0
600469	风神股份	562.4	562.4	0.0	0.0	0.0
600470	六国化工	521.6	521.6	0.0	0.0	0.0
600475	华光股份	559.4	140.5	0.0	0.0	0.0
600476	湘邮科技	161.1	161.1	0.0	0.0	0.0
600477	杭萧钢构	1374.4	1260.0	0.0	0.0	0.0
600478	科力远	1469.7	1275.0	0.0	0.0	0.0
600479	千金药业	348.8	304.8	0.0	0.0	0.0
600480	凌云股份	455.1	361.7	0.0	0.0	0.0
600481	双良节能	1620.5	1620.5	0.0	0.0	0.0
600482	中国动力	1734.1	908.9	0.0	0.0	0.0
600483	福能股份	1551.8	1258.3	0.0	0.0	0.0
600485	信威集团	2923.7	1631.4	0.0	0.0	0.0
600486	扬农化工	309.9	309.9	0.0	0.0	0.0
600487	亨通光电	1359.8	1241.3	0.0	0.0	0.0
600488	天药股份	1091.9	960.9	0.0	0.0	0.0
600489	中金黄金	3451.1	3451.1	0.0	0.0	0.0
600490	鹏欣资源	1891.4	1479.0	0.0	0.0	0.0
600491	龙元建设	1262.1	947.6	0.0	0.0	0.0

注：股本的单位为百万股，营业收入、净利润的单位为百万元。

上市公司基本信息
Listed Companies in 2017

所属行业 Industry	所属地区 Area	主营业务收入 Revenue	净利润 Net Profit	每股收益 EPS	每股净资产 NAVPS
制造业	安徽	46472.4	431.9	0.23	7.33
制造业	新疆	1231.9	99.1	0.96	8.08
制造业	上海	8335.1	515.8	0.47	5.56
制造业	湖北	28.4	-8.4	-0.04	0.03
制造业	云南	5790.5	330.1	0.42	4.65
制造业	广西	1798.6	61.6	0.15	0.10
制造业	新疆	2044.6	50.6	0.04	2.94
制造业	山东	10283.4	1222.1	0.75	5.73
交通运输、仓储和邮政业	广东	6016.3	237.6	0.11	4.43
制造业	北京	5974.1	76.0	0.05	3.22
制造业	吉林	2985.4	-2363.4	-1.47	-0.12
制造业	广东	2035.3	52.8	0.04	1.99
制造业	北京	1941.5	47.3	0.03	1.41
制造业	福建	3695.4	807.0	1.34	6.86
制造业	四川	25600.8	2012.0	0.52	3.44
制造业	河南	1873.6	215.1	0.19	2.36
制造业	安徽	606.6	167.3	1.14	3.48
信息传输、软件和信息技术服务业	广东	4192.1	132.0	0.16	2.21
制造业	山东	2817.6	6.9	0.01	2.76
制造业	宁夏	4291.3	337.3	0.71	9.48
电力、热力、燃气及水生产和供应业	重庆	2056.1	226.4	1.42	7.09
综合	陕西	153.6	4.4	0.07	2.06
制造业	陕西	2753.9	21.5	0.05	7.96
制造业	湖南	11236.2	69.2	0.09	6.08
制造业	云南	15403.0	119.3	0.46	7.45
制造业	浙江	2721.6	169.5	0.14	2.11
电力、热力、燃气及水生产和供应业	江西	3511.0	274.0	0.35	4.07
租赁和商务服务业	吉林	1555.4	8.6	0.02	0.56
建筑业	北京	1532.3	15.7	0.05	4.67
房地产业	四川	24355.8	1366.0	0.64	6.82
农、林、牧、渔业	山东	1927.1	53.5	0.04	2.05
制造业	天津	1183.2	66.1	0.08	2.23
制造业	河南	7120.8	-475.0	-0.85	3.41
制造业	安徽	4533.7	75.6	0.15	3.97
制造业	江苏	5791.5	398.6	0.71	7.98
信息传输、软件和信息技术服务业	湖南	267.3	2.1	0.01	1.24
建筑业	浙江	3329.3	768.0	0.56	2.11
制造业	湖南	1524.6	22.0	0.02	1.41
制造业	湖南	3154.0	207.8	0.60	5.38
制造业	河北	11283.9	331.0	0.73	8.32
制造业	江苏	1657.4	96.0	0.06	1.27
制造业	河北	22808.3	1201.7	0.69	15.04
电力、热力、燃气及水生产和供应业	福建	6729.4	843.5	0.22	2.77
制造业	北京	548.9	-1768.8	-0.79	4.44
制造业	江苏	4365.6	575.0	1.86	12.57
制造业	江苏	25433.9	2108.8	1.55	7.61
制造业	天津	1950.8	129.8	0.12	2.49
采矿业	北京	32547.3	291.3	0.08	3.90
制造业	上海	6056.3	301.2	0.16	2.95
建筑业	浙江	17829.5	606.5	0.48	4.66

上市公司基本信息
Listed Companies in 2017

公司代码 Code	证券简称 Security Name	总股本 Total Vol	A 股流通股 A-Share Negotiable	B 股 B-Share	H 股 H-Share	优先股 Pref Share
600493	凤竹纺织	272.0	272.0	0.0	0.0	0.0
600495	晋西车轴	1208.2	1208.2	0.0	0.0	0.0
600496	精工钢构	1510.4	1510.4	0.0	0.0	0.0
600497	驰宏锌锗	5091.3	4309.9	0.0	0.0	0.0
600498	烽火通信	1113.9	1018.5	0.0	0.0	0.0
600499	科达洁能	1577.2	1411.5	0.0	0.0	0.0
600500	中化国际	2083.0	2083.0	0.0	0.0	0.0
600501	航天晨光	421.3	406.9	0.0	0.0	0.0
600502	安徽水利	1434.3	758.9	0.0	0.0	0.0
600503	华丽家族	1602.3	1602.3	0.0	0.0	0.0
600505	西昌电力	364.6	364.6	0.0	0.0	0.0
600506	香梨股份	147.7	147.7	0.0	0.0	0.0
600507	方大特钢	1326.1	1326.1	0.0	0.0	0.0
600508	上海能源	722.7	722.7	0.0	0.0	0.0
600509	天富能源	1151.4	905.7	0.0	0.0	0.0
600510	黑牡丹	1047.1	795.5	0.0	0.0	0.0
600511	国药股份	766.9	277.6	0.0	0.0	0.0
600512	腾达建设	1598.9	1490.2	0.0	0.0	0.0
600513	联环药业	285.5	285.5	0.0	0.0	0.0
600515	海航基础	3907.6	1658.3	0.0	0.0	0.0
600516	方大炭素	1788.8	1719.2	0.0	0.0	0.0
600517	置信电气	1356.2	1244.5	0.0	0.0	0.0
600518	康美药业	4974.3	4403.2	0.0	0.0	30.0
600519	贵州茅台	1256.2	1256.2	0.0	0.0	0.0
600520	文一科技	158.4	158.4	0.0	0.0	0.0
600521	华海药业	1042.5	1027.0	0.0	0.0	0.0
600522	中天科技	3066.1	2275.8	0.0	0.0	0.0
600523	贵航股份	288.8	288.6	0.0	0.0	0.0
600525	长园集团	1325.0	1245.6	0.0	0.0	0.0
600526	菲达环保	547.4	406.9	0.0	0.0	0.0
600527	江南高纤	962.1	802.1	0.0	0.0	0.0
600528	中铁工业	2221.6	1459.2	0.0	0.0	0.0
600529	山东药玻	303.6	257.4	0.0	0.0	0.0
600530	交大昂立	780.0	780.0	0.0	0.0	0.0
600531	豫光金铅	1090.2	1090.2	0.0	0.0	0.0
600532	宏达矿业	516.1	396.2	0.0	0.0	0.0
600533	栖霞建设	1050.0	1050.0	0.0	0.0	0.0
600535	天士力	1080.5	1032.8	0.0	0.0	0.0
600536	中国软件	494.6	494.6	0.0	0.0	0.0
600537	亿晶光电	1176.4	1176.4	0.0	0.0	0.0
600538	国发股份	464.4	464.4	0.0	0.0	0.0
600539	狮头股份	230.0	230.0	0.0	0.0	0.0
600540	*ST 新赛	470.9	463.1	0.0	0.0	0.0
600543	莫高股份	321.1	321.1	0.0	0.0	0.0
600545	卓郎智能	1895.4	675.8	0.0	0.0	0.0
600546	山煤国际	1982.5	1982.5	0.0	0.0	0.0
600547	山东黄金	1857.1	1451.5	0.0	0.0	0.0
600548	深高速	2180.8	1433.3	0.0	747.5	0.0
600549	厦门钨业	1086.6	1081.6	0.0	0.0	0.0
600550	保变电气	1534.6	1373.0	0.0	0.0	0.0

注：股本的单位为百万股，营业收入、净利润的单位为百万元。

上市公司基本信息
Listed Companies in 2017

所属行业 Industry	所属地区 Area	主营业务收入 Revenue	净利润 Net Profit	每股收益 EPS	每股净资产 NAVPS
制造业	福建	820.2	24.8	0.09	2.56
制造业	山西	1302.5	16.8	0.01	2.58
建筑业	安徽	6464.4	62.0	0.04	2.63
采矿业	云南	17858.2	1155.2	0.23	2.71
制造业	湖北	20778.9	825.0	0.74	8.55
制造业	广东	5725.6	478.9	0.30	3.45
制造业	上海	61832.3	648.0	0.31	5.19
制造业	江苏	2606.3	11.7	0.03	5.24
建筑业	安徽	35392.4	781.3	0.55	5.41
房地产业	上海	2104.9	225.3	0.14	2.24
电力、热力、燃气及水生产和供应业	四川	908.7	41.2	0.11	2.91
农、林、牧、渔业	新疆	58.0	5.1	0.03	1.88
制造业	江西	13818.3	2539.5	1.92	3.67
采矿业	上海	6078.4	518.9	0.72	12.38
电力、热力、燃气及水生产和供应业	新疆	4102.4	178.8	0.16	5.65
房地产业	江苏	6136.6	493.6	0.47	7.42
批发和零售业	北京	36228.9	1141.5	1.49	10.67
建筑业	浙江	3580.6	143.6	0.09	2.97
制造业	江苏	685.4	70.5	0.25	3.08
房地产业	海南	8340.6	1993.3	0.51	8.10
制造业	甘肃	8172.5	3620.4	2.02	5.42
制造业	上海	5687.6	239.4	0.18	2.61
制造业	广东	26365.3	4100.9	0.82	6.44
制造业	贵州	58168.6	27079.4	21.56	72.80
制造业	安徽	294.7	8.0	0.05	2.76
制造业	浙江	4981.7	639.2	0.61	4.68
制造业	江苏	26756.0	1788.4	0.58	5.74
制造业	贵州	3195.5	194.3	0.67	7.76
制造业	广东	7363.3	1136.4	0.86	5.73
制造业	浙江	3739.7	-166.7	-0.31	4.28
制造业	江苏	1428.8	70.1	0.07	2.58
制造业	四川	15774.1	1339.4	0.60	6.58
制造业	山东	2290.8	262.8	0.87	10.71
制造业	上海	267.4	160.4	0.21	2.10
制造业	河南	17154.6	291.2	0.27	2.99
采矿业	山东	478.3	-79.0	-0.15	3.54
房地产业	江苏	1655.6	54.2	0.05	3.63
制造业	天津	16020.6	1376.5	1.27	8.01
信息传输、软件和信息技术服务业	北京	4912.2	74.9	0.15	4.26
制造业	浙江	4124.7	48.7	0.04	3.06
制造业	广西	424.4	8.9	0.02	1.42
制造业	山西	76.2	-50.7	-0.22	1.83
农、林、牧、渔业	新疆	1023.4	11.1	0.02	1.33
制造业	甘肃	218.7	24.1	0.08	3.50
制造业	新疆	8706.7	658.3	0.35	1.16
批发和零售业	山西	40830.5	381.3	0.19	2.48
采矿业	山东	50941.0	1137.4	0.61	8.79
交通运输、仓储和邮政业	广东	4284.6	1426.4	0.65	6.25
制造业	福建	13560.1	618.4	0.57	6.35
制造业	河北	4308.4	80.9	0.05	0.33

上市公司基本信息
Listed Companies in 2017

公司代码 Code	证券简称 Security Name	总股本 Total Vol	A 股流通股 A-Share Negotiable	B 股 B-Share	H 股 H-Share	优先股 Pref Share
600551	时代出版	505.8	505.8	0.0	0.0	0.0
600552	凯盛科技	767.0	740.9	0.0	0.0	0.0
600555	海航创新	1303.5	973.5	330.0	0.0	0.0
600556	ST 慧球	394.8	394.8	0.0	0.0	0.0
600557	康缘药业	616.4	598.5	0.0	0.0	0.0
600558	大西洋	897.6	897.6	0.0	0.0	0.0
600559	老白干酒	438.1	350.0	0.0	0.0	0.0
600560	金自天正	223.6	223.6	0.0	0.0	0.0
600561	江西长运	237.1	237.1	0.0	0.0	0.0
600562	国睿科技	478.7	327.6	0.0	0.0	0.0
600563	法拉电子	225.0	225.0	0.0	0.0	0.0
600565	迪马股份	2422.2	2366.1	0.0	0.0	0.0
600566	济川药业	809.6	809.6	0.0	0.0	0.0
600567	山鹰纸业	4551.3	4551.3	0.0	0.0	0.0
600568	中珠医疗	1992.9	1669.1	0.0	0.0	0.0
600569	安阳钢铁	2393.7	2393.7	0.0	0.0	0.0
600570	恒生电子	617.8	617.8	0.0	0.0	0.0
600571	信雅达	439.7	424.3	0.0	0.0	0.0
600572	康恩贝	2510.7	2057.7	0.0	0.0	0.0
600573	惠泉啤酒	250.0	250.0	0.0	0.0	0.0
600575	皖江物流	3886.3	3125.1	0.0	0.0	0.0
600576	祥源文化	655.3	479.8	0.0	0.0	0.0
600577	精达股份	1955.3	1955.3	0.0	0.0	0.0
600578	京能电力	6746.7	4617.3	0.0	0.0	0.0
600579	天华院	410.6	410.6	0.0	0.0	0.0
600580	卧龙电气	1288.9	1110.5	0.0	0.0	0.0
600581	八一钢铁	766.4	766.4	0.0	0.0	0.0
600582	天地科技	4138.6	2774.3	0.0	0.0	0.0
600583	海油工程	4421.4	4421.4	0.0	0.0	0.0
600584	长电科技	1359.8	984.6	0.0	0.0	0.0
600585	海螺水泥	5299.3	3999.7	0.0	1299.6	0.0
600586	金晶科技	1458.3	1433.5	0.0	0.0	0.0
600587	新华医疗	406.4	403.5	0.0	0.0	0.0
600588	用友网络	1464.2	1441.0	0.0	0.0	0.0
600589	广东榕泰	705.3	627.1	0.0	0.0	0.0
600590	泰豪科技	667.0	526.7	0.0	0.0	0.0
600592	龙溪股份	399.6	399.6	0.0	0.0	0.0
600593	大连圣亚	92.0	92.0	0.0	0.0	0.0
600594	益佰制药	791.9	791.9	0.0	0.0	0.0
600595	中孚实业	1741.5	1741.5	0.0	0.0	0.0
600596	新安股份	705.4	679.2	0.0	0.0	0.0
600597	光明乳业	1224.5	1224.3	0.0	0.0	0.0
600598	北大荒	1777.7	1777.7	0.0	0.0	0.0
600599	熊猫金控	166.0	166.0	0.0	0.0	0.0
600600	青岛啤酒	1351.0	695.9	0.0	655.1	0.0
600601	方正科技	2194.9	2194.9	0.0	0.0	0.0
600602	云赛智联	1367.7	879.6	293.4	0.0	0.0
600603	广汇物流	878.9	272.5	0.0	0.0	0.0
600604	市北高新	1873.3	1042.5	465.9	0.0	0.0
600605	汇通能源	147.3	147.3	0.0	0.0	0.0

注：股本的单位为百万股，营业收入、净利润的单位为百万元。

上市公司基本信息
Listed Companies in 2017

所属行业 Industry	所属地区 Area	主营业务收入 Revenue	净利润 Net Profit	每股收益 EPS	每股净资产 NAVPS
文化、体育和娱乐业	安徽	6542.7	300.2	0.59	9.31
制造业	安徽	3416.7	77.4	0.10	3.09
房地产业	上海	27.3	56.7	0.04	1.24
信息传输、软件和信息技术服务业	广西	61.4	3.2	0.01	0.20
制造业	江苏	3266.0	373.8	0.61	5.65
制造业	四川	2102.4	47.0	0.05	2.09
制造业	河北	2516.1	163.5	0.37	3.91
制造业	北京	527.8	20.2	0.09	3.32
交通运输、仓储和邮政业	江西	2481.3	20.4	0.09	5.94
制造业	江苏	1153.0	169.4	0.35	3.74
制造业	福建	1670.9	423.6	1.88	10.11
房地产业	重庆	9333.4	669.4	0.28	3.09
制造业	湖北	5633.0	1223.5	3.08	11.07
制造业	安徽	17233.5	2014.5	0.62	3.18
制造业	湖北	973.9	169.3	0.09	3.01
制造业	河南	26374.4	1600.8	0.67	2.70
信息传输、软件和信息技术服务业	浙江	2660.9	471.2	0.76	4.97
信息传输、软件和信息技术服务业	浙江	1313.0	-208.9	-0.48	3.41
制造业	浙江	5280.9	711.1	0.27	2.15
制造业	福建	564.8	24.2	0.10	4.46
交通运输、仓储和邮政业	安徽	9299.5	319.9	0.08	2.12
文化、体育和娱乐业	浙江	791.1	91.4	0.14	2.87
制造业	安徽	11175.4	353.9	0.18	1.52
电力、热力、燃气及水生产和供应业	北京	12025.8	534.1	0.08	3.32
制造业	山东	442.0	-46.9	-0.11	2.82
制造业	浙江	9699.1	665.2	0.52	4.39
制造业	新疆	16444.7	1168.0	1.52	4.36
制造业	北京	14985.0	942.0	0.23	3.62
采矿业	天津	10189.0	491.1	0.11	5.23
制造业	江苏	23756.8	343.3	0.25	6.95
制造业	安徽	73592.4	15854.7	2.99	16.87
制造业	山东	4304.3	144.5	0.10	2.88
制造业	山东	9721.3	65.5	0.16	8.12
信息传输、软件和信息技术服务业	北京	6150.8	389.1	0.27	4.00
制造业	广东	1244.9	134.2	0.19	4.36
制造业	江西	5034.1	251.9	0.38	5.59
制造业	福建	753.1	71.0	0.18	4.76
水利、环境和公共设施管理业	辽宁	320.1	55.5	0.60	4.77
制造业	贵州	3806.5	387.5	0.49	5.41
制造业	河南	10684.1	-189.3	-0.11	2.65
制造业	浙江	7102.7	532.7	0.76	6.37
制造业	上海	21580.4	617.2	0.50	4.38
农、林、牧、渔业	黑龙江	2703.2	780.0	0.44	3.39
金融业	湖南	323.6	20.1	0.12	4.36
制造业	山东	25985.1	1263.0	0.94	12.69
制造业	上海	4942.9	-822.1	-0.38	1.40
信息传输、软件和信息技术服务业	上海	4185.2	277.5	0.20	2.79
综合	上海	1091.2	348.6	0.26	4.41
房地产业	上海	2151.3	231.5	0.12	3.15
批发和零售业	上海	2471.1	29.4	0.20	4.57

上市公司基本信息
Listed Companies in 2017

公司代码 Code	证券简称 Security Name	总股本 Total Vol	A 股流通股 A-Share Negotiable	B 股 B-Share	H 股 H-Share	优先股 Pref Share
600606	绿地控股	12168.2	3223.4	0.0	0.0	0.0
600608	*ST 沪科	328.9	318.4	0.0	0.0	0.0
600609	金杯汽车	1092.7	1092.7	0.0	0.0	0.0
600610	中毅达	1071.3	375.6	360.4	0.0	0.0
600611	大众交通	2364.1	1563.3	800.8	0.0	0.0
600612	老凤祥	523.1	317.1	206.0	0.0	0.0
600613	神奇制药	534.1	479.3	54.8	0.0	0.0
600614	鹏起科技	1752.8	1290.9	241.3	0.0	0.0
600615	丰华股份	188.0	187.6	0.0	0.0	0.0
600616	金枫酒业	514.6	514.6	0.0	0.0	0.0
600617	国新能源	1084.7	898.4	109.7	0.0	0.0
600618	氯碱化工	1156.4	749.8	406.6	0.0	0.0
600619	海立股份	866.3	460.6	284.2	0.0	0.0
600620	天宸股份	686.7	686.7	0.0	0.0	0.0
600621	华鑫股份	1060.9	524.1	0.0	0.0	0.0
600622	光大嘉宝	887.4	668.6	0.0	0.0	0.0
600623	华谊集团	2117.4	933.5	243.1	0.0	0.0
600624	复旦复华	684.7	684.7	0.0	0.0	0.0
600626	申达股份	710.2	710.2	0.0	0.0	0.0
600628	新世界	646.9	531.8	0.0	0.0	0.0
600629	华建集团	432.2	348.0	0.0	0.0	0.0
600630	龙头股份	424.9	424.9	0.0	0.0	0.0
600633	浙数文化	1301.9	1290.3	0.0	0.0	0.0
600634	富控互动	575.7	575.7	0.0	0.0	0.0
600635	大众公用	2952.4	2418.8	0.0	533.6	0.0
600636	*ST 爱富	446.9	426.1	0.0	0.0	0.0
600637	东方明珠	2641.3	2179.9	0.0	0.0	0.0
600638	新黄浦	561.2	561.2	0.0	0.0	0.0
600639	浦东金桥	1122.4	703.2	272.2	0.0	0.0
600640	号百控股	795.7	535.4	0.0	0.0	0.0
600641	万业企业	806.2	806.2	0.0	0.0	0.0
600642	申能股份	4552.0	4552.0	0.0	0.0	0.0
600643	爱建集团	1437.1	1434.0	0.0	0.0	0.0
600644	乐山电力	538.4	538.4	0.0	0.0	0.0
600645	中源协和	386.1	354.5	0.0	0.0	0.0
600647	同达创业	139.1	139.1	0.0	0.0	0.0
600648	外高桥	1135.3	934.8	200.6	0.0	0.0
600649	城投控股	2529.6	2420.8	0.0	0.0	0.0
600650	锦江投资	551.6	390.6	161.1	0.0	0.0
600651	飞乐音响	991.6	768.6	0.0	0.0	0.0
600652	游久游戏	832.7	832.7	0.0	0.0	0.0
600653	申华控股	1946.4	1746.4	0.0	0.0	0.0
600654	*ST 中安	1283.0	755.0	0.0	0.0	0.0
600655	豫园股份	1437.3	1437.3	0.0	0.0	0.0
600657	信达地产	1524.3	1524.3	0.0	0.0	0.0
600658	电子城	799.0	799.0	0.0	0.0	0.0
600660	福耀玻璃	2508.6	2003.0	0.0	505.6	0.0
600661	新南洋	286.5	259.1	0.0	0.0	0.0
600662	强生控股	1053.4	1053.4	0.0	0.0	0.0
600663	陆家嘴	3361.8	2444.6	917.3	0.0	0.0

注：股本的单位为百万股，营业收入、净利润的单位为百万元。

上市公司基本信息
Listed Companies in 2017

所属行业 Industry	所属地区 Area	主营业务收入 Revenue	净利润 Net Profit	每股收益 EPS	每股净资产 NAVPS
房地产业	上海	286355.0	9037.8	0.74	5.14
制造业	上海	470.1	62.3	0.19	0.18
制造业	辽宁	5354.4	100.7	0.09	0.25
建筑业	上海	--	0.0	--	--
交通运输、仓储和邮政业	上海	2363.4	872.6	0.37	3.92
制造业	上海	36140.6	1136.2	2.17	10.72
制造业	上海	1730.4	129.6	0.24	4.61
制造业	上海	1698.1	387.2	0.22	2.80
制造业	上海	77.3	106.0	0.56	3.14
制造业	上海	977.9	55.2	0.11	3.94
电力、热力、燃气及水生产和供应业	上海	9273.6	16.6	0.02	3.42
制造业	上海	7166.9	992.6	0.86	2.52
制造业	上海	9949.9	281.2	0.33	4.83
综合	上海	32.4	62.5	0.09	3.57
金融业	上海	2188.4	774.6	0.73	6.16
房地产业	上海	3078.7	545.4	0.62	6.13
制造业	上海	43395.6	619.1	0.29	7.86
综合	上海	723.2	42.5	0.06	1.63
批发和零售业	上海	11093.5	193.4	0.27	3.61
批发和零售业	上海	3003.4	448.3	0.69	6.71
科学研究和技术服务业	上海	5277.7	256.4	4.36	42.20
制造业	上海	4352.2	128.5	0.30	4.27
文化、体育和娱乐业	浙江	1609.2	1656.9	1.27	6.03
信息传输、软件和信息技术服务业	上海	750.0	45.9	0.08	3.45
电力、热力、燃气及水生产和供应业	上海	4571.3	474.1	0.16	2.45
制造业	上海	5211.6	47.8	0.11	5.64
信息传输、软件和信息技术服务业	上海	15997.3	2236.9	0.85	10.43
房地产业	上海	1719.1	645.0	1.15	7.50
房地产业	上海	1668.1	737.5	0.66	7.96
租赁和商务服务业	上海	5500.2	251.3	0.32	5.41
房地产业	上海	2094.3	1698.9	2.11	7.28
电力、热力、燃气及水生产和供应业	上海	32286.5	1737.6	0.38	5.59
金融业	上海	616.3	829.8	0.58	4.92
电力、热力、燃气及水生产和供应业	四川	2041.8	42.9	0.08	2.37
科学研究和技术服务业	天津	851.3	-18.5	-0.05	3.92
批发和零售业	上海	21.3	11.1	0.08	2.39
批发和零售业	上海	8916.3	739.6	0.65	8.75
房地产业	上海	3168.9	1758.6	0.70	7.54
交通运输、仓储和邮政业	上海	2305.8	247.5	0.45	6.09
制造业	上海	5403.9	55.2	0.06	3.39
信息传输、软件和信息技术服务业	上海	168.5	-422.3	-0.51	2.07
批发和零售业	上海	5742.3	-570.8	-0.29	0.93
信息传输、软件和信息技术服务业	上海	2947.3	-735.0	-0.57	1.69
批发和零售业	上海	16805.8	700.2	0.49	7.71
房地产业	北京	14652.3	1011.3	0.66	6.46
房地产业	北京	2123.3	508.5	0.64	7.95
制造业	福建	18190.9	3148.7	1.26	7.57
教育	上海	1710.0	123.1	0.43	5.45
交通运输、仓储和邮政业	上海	4052.1	100.9	0.10	3.09
房地产业	上海	8953.8	3129.9	0.93	4.26

上市公司基本信息
Listed Companies in 2017

公司代码 Code	证券简称 Security Name	总股本 Total Vol	A 股流通股 A-Share Negotiable	B 股 B-Share	H 股 H-Share	优先股 Pref Share
600664	哈药股份	2550.4	2492.7	0.0	0.0	0.0
600665	天地源	864.1	864.1	0.0	0.0	0.0
600666	奥瑞德	1227.3	803.7	0.0	0.0	0.0
600667	太极实业	2106.2	1191.3	0.0	0.0	0.0
600668	尖峰集团	344.1	344.1	0.0	0.0	0.0
600671	天目药业	121.8	121.7	0.0	0.0	0.0
600673	东阳光科	2468.9	2457.4	0.0	0.0	0.0
600674	川投能源	4402.1	4402.1	0.0	0.0	0.0
600675	中华企业	1867.1	1867.1	0.0	0.0	0.0
600676	交运股份	1028.5	962.0	0.0	0.0	0.0
600677	航天通信	521.8	416.4	0.0	0.0	0.0
600678	四川金顶	349.0	349.0	0.0	0.0	0.0
600679	上海凤凰	402.2	191.3	171.6	0.0	0.0
600680	*ST 上普	382.2	257.4	124.8	0.0	0.0
600681	百川能源	1031.5	327.5	0.0	0.0	0.0
600682	南京新百	1112.0	725.8	0.0	0.0	0.0
600683	京投发展	740.8	740.8	0.0	0.0	0.0
600684	珠江实业	853.5	853.5	0.0	0.0	0.0
600685	中船防务	1413.5	549.3	0.0	592.1	0.0
600686	金龙汽车	606.7	442.6	0.0	0.0	0.0
600687	刚泰控股	1488.7	1078.5	0.0	0.0	0.0
600688	上海石化	10814.2	7319.2	0.0	3495.0	0.0
600689	上海三毛	201.0	152.2	48.8	0.0	0.0
600690	青岛海尔	6097.4	6097.4	0.0	0.0	0.0
600691	阳煤化工	1756.8	1756.4	0.0	0.0	0.0
600692	亚通股份	351.8	255.0	0.0	0.0	0.0
600693	东百集团	898.2	685.5	0.0	0.0	0.0
600694	大商股份	293.7	293.7	0.0	0.0	0.0
600695	绿庭投资	711.1	366.5	344.7	0.0	0.0
600696	*ST 匹凸	340.6	340.6	0.0	0.0	0.0
600697	欧亚集团	159.1	155.2	0.0	0.0	0.0
600698	湖南天雁	971.8	736.9	230.0	0.0	0.0
600699	均胜电子	949.3	689.4	0.0	0.0	0.0
600701	工大高新	1034.7	775.9	0.0	0.0	0.0
600702	沱牌舍得	337.3	337.3	0.0	0.0	0.0
600703	三安光电	4078.4	4078.4	0.0	0.0	0.0
600704	物产中大	4306.7	1337.7	0.0	0.0	0.0
600705	中航资本	8976.3	7618.6	0.0	0.0	0.0
600706	曲江文旅	179.5	177.9	0.0	0.0	0.0
600707	彩虹股份	3588.4	736.0	0.0	0.0	0.0
600708	光明地产	1714.3	988.9	0.0	0.0	0.0
600710	ST 常林	1306.7	640.3	0.0	0.0	0.0
600711	盛屯矿业	1497.1	1497.1	0.0	0.0	0.0
600712	南宁百货	544.7	538.0	0.0	0.0	0.0
600713	南京医药	897.4	897.4	0.0	0.0	0.0
600714	金瑞矿业	288.2	285.1	0.0	0.0	0.0
600715	文投控股	1854.9	448.5	0.0	0.0	0.0
600716	凤凰股份	936.1	910.2	0.0	0.0	0.0
600717	天津港	1674.8	1674.8	0.0	0.0	0.0
600718	东软集团	1242.7	1236.6	0.0	0.0	0.0

注：股本的单位为百万股，营业收入、净利润的单位为百万元。

上市公司基本信息
Listed Companies in 2017

所属行业 Industry	所属地区 Area	主营业务收入 Revenue	净利润 Net Profit	每股收益 EPS	每股净资产 NAVPS
制造业	黑龙江	11978.7	407.0	0.16	2.77
房地产业	上海	3954.7	254.1	0.29	3.52
制造业	重庆	1150.7	55.1	0.07	3.48
制造业	江苏	11984.3	417.8	0.20	2.93
制造业	浙江	2796.6	348.5	1.01	7.64
制造业	浙江	165.6	8.1	0.07	0.55
制造业	广东	7157.4	523.1	0.21	1.74
电力、热力、燃气及水生产和供应业	四川	776.0	3264.7	0.74	5.11
房地产业	上海	7647.5	366.8	0.20	1.93
交通运输、仓储和邮政业	上海	8893.5	446.0	0.43	5.47
批发和零售业	浙江	9989.1	100.3	0.19	6.25
制造业	四川	182.5	28.9	0.08	0.08
制造业	上海	1400.7	76.8	0.19	3.33
制造业	上海	409.0	-350.1	-0.92	0.96
电力、热力、燃气及水生产和供应业	湖北	2940.6	858.0	1.26	5.74
批发和零售业	江苏	17638.1	736.2	0.66	7.20
房地产业	浙江	6215.9	321.7	0.43	3.17
房地产业	广东	4120.1	359.8	0.42	3.40
制造业	广东	22068.4	87.8	0.06	7.37
制造业	福建	17041.8	478.9	0.79	6.64
制造业	甘肃	8128.5	545.2	0.37	4.10
制造业	上海	91563.1	6141.6	0.57	2.61
制造业	上海	1254.6	20.7	0.10	2.28
制造业	山东	158726.3	6925.8	1.14	5.28
制造业	四川	19423.3	116.1	0.07	2.18
交通运输、仓储和邮政业	上海	1202.3	63.9	0.18	1.98
批发和零售业	福建	3778.2	247.4	0.28	2.41
批发和零售业	辽宁	24273.4	876.6	2.98	25.04
金融业	上海	50.1	47.6	0.07	0.98
房地产业	上海	175.1	18.0	0.05	0.81
批发和零售业	吉林	12075.7	305.2	1.92	18.47
制造业	山东	560.9	-84.0	-0.09	0.59
制造业	吉林	26227.6	395.9	0.42	13.37
信息传输、软件和信息技术服务业	黑龙江	3153.9	178.9	0.17	4.16
制造业	四川	1606.5	143.6	0.43	7.36
制造业	湖北	7045.0	3164.2	0.78	4.85
批发和零售业	浙江	274871.3	2234.8	0.52	5.10
金融业	黑龙江	5630.6	2783.6	0.31	2.59
水利、环境和公共设施管理业	陕西	1132.2	62.4	0.35	5.28
制造业	陕西	318.2	59.7	0.02	5.69
房地产业	上海	20759.7	1946.8	1.14	6.06
批发和零售业	江苏	73598.5	358.1	0.27	3.06
采矿业	福建	20659.2	610.3	0.41	3.07
批发和零售业	广西	2235.9	1.8	- -	1.95
批发和零售业	江苏	27384.4	239.3	0.27	3.10
采矿业	青海	90.7	12.2	0.04	2.09
文化、体育和娱乐业	辽宁	2255.2	433.9	0.23	3.87
房地产业	江苏	1326.5	-154.0	-0.17	3.48
交通运输、仓储和邮政业	天津	13006.0	823.9	0.49	9.36
信息传输、软件和信息技术服务业	辽宁	7114.0	1058.5	0.85	7.18

上市公司基本信息
Listed Companies in 2017

公司代码 Code	证券简称 Security Name	总股本 Total Vol	A 股流通股 A-Share Negotiable	B 股 B-Share	H 股 H-Share	优先股 Pref Share
600719	大连热电	404.6	404.6	0.0	0.0	0.0
600720	祁连山	776.3	776.2	0.0	0.0	0.0
600721	百花村	400.4	302.6	0.0	0.0	0.0
600722	金牛化工	680.3	680.3	0.0	0.0	0.0
600723	首商股份	658.4	658.1	0.0	0.0	0.0
600724	宁波富达	1445.2	1444.9	0.0	0.0	0.0
600725	ST 云维	1232.5	1232.5	0.0	0.0	0.0
600726	华电能源	1966.7	1534.7	432.0	0.0	0.0
600727	鲁北化工	351.0	350.9	0.0	0.0	0.0
600728	佳都科技	1617.3	1353.4	0.0	0.0	0.0
600729	重庆百货	406.5	406.4	0.0	0.0	0.0
600730	中国高科	586.7	586.7	0.0	0.0	0.0
600731	湖南海利	327.3	326.7	0.0	0.0	0.0
600732	ST 新梅	446.4	446.4	0.0	0.0	0.0
600733	S*ST 前锋	197.6	75.6	0.0	0.0	0.0
600734	实达集团	623.5	352.2	0.0	0.0	0.0
600735	新华锦	376.0	376.0	0.0	0.0	0.0
600736	苏州高新	1194.3	1139.0	0.0	0.0	0.0
600737	中粮糖业	2051.9	2051.9	0.0	0.0	0.0
600738	兰州民百	783.1	368.2	0.0	0.0	0.0
600739	辽宁成大	1529.7	1364.7	0.0	0.0	0.0
600740	山西焦化	765.7	656.8	0.0	0.0	0.0
600741	华域汽车	3152.7	2866.5	0.0	0.0	0.0
600742	一汽富维	423.0	423.0	0.0	0.0	0.0
600743	华远地产	2346.1	2346.1	0.0	0.0	0.0
600744	华银电力	1781.1	827.6	0.0	0.0	0.0
600745	闻泰科技	483.3	483.3	0.0	0.0	0.0
600746	江苏索普	306.4	304.7	0.0	0.0	0.0
600747	*ST 大控	1464.3	1064.3	0.0	0.0	0.0
600748	上实发展	1844.6	1408.4	0.0	0.0	0.0
600749	西藏旅游	189.1	189.1	0.0	0.0	0.0
600750	江中药业	300.0	300.0	0.0	0.0	0.0
600751	天海投资	2899.3	1971.2	326.1	0.0	0.0
600753	东方银星	128.0	128.0	0.0	0.0	0.0
600754	锦江股份	957.9	648.5	156.0	0.0	0.0
600755	厦门国贸	1776.5	1776.5	0.0	0.0	0.0
600756	浪潮软件	324.1	324.1	0.0	0.0	0.0
600757	长江传媒	1213.7	1213.5	0.0	0.0	0.0
600758	红阳能源	1331.4	676.3	0.0	0.0	0.0
600759	洲际油气	2263.5	2258.2	0.0	0.0	0.0
600760	中航黑豹	1397.2	344.9	0.0	0.0	0.0
600761	安徽合力	740.2	740.2	0.0	0.0	0.0
600763	通策医疗	320.6	320.6	0.0	0.0	0.0
600764	中电广通	395.8	329.7	0.0	0.0	0.0
600765	中航重机	778.0	778.0	0.0	0.0	0.0
600766	园城黄金	224.2	223.9	0.0	0.0	0.0
600767	*ST 运盛	341.0	340.9	0.0	0.0	0.0
600768	宁波富邦	133.7	133.7	0.0	0.0	0.0
600769	祥龙电业	375.0	375.0	0.0	0.0	0.0
600770	综艺股份	1300.0	1300.0	0.0	0.0	0.0

注：股本的单位为百万股，营业收入、净利润的单位为百万元。

上市公司基本信息
Listed Companies in 2017

所属行业 Industry	所属地区 Area	主营业务收入 Revenue	净利润 Net Profit	每股收益 EPS	每股净资产 NAVPS
电力、热力、燃气及水生产和供应业	辽宁	710.9	3.4	0.01	1.80
制造业	甘肃	5926.6	574.7	0.74	6.88
科学研究和技术服务业	新疆	410.4	-564.1	-1.41	4.30
制造业	河北	724.1	34.4	0.05	1.35
批发和零售业	北京	9855.8	356.2	0.54	5.68
房地产业	浙江	4126.9	-872.2	-0.60	1.19
制造业	云南	488.8	8.2	0.01	0.22
电力、热力、燃气及水生产和供应业	黑龙江	8922.5	-1103.9	-0.56	1.17
制造业	山东	515.8	78.4	0.22	3.31
信息传输、软件和信息技术服务业	广东	4304.6	212.5	0.13	1.98
批发和零售业	重庆	31506.7	605.4	1.49	12.28
房地产业	上海	284.7	49.5	0.08	3.44
制造业	湖南	1208.6	41.7	0.13	2.47
房地产业	上海	45.9	61.0	0.14	1.00
房地产业	四川	0.7	7.7	0.04	0.98
制造业	福建	6304.0	186.7	0.30	4.61
制造业	山东	1350.5	73.8	0.20	2.19
房地产业	江苏	6111.2	606.3	0.51	6.20
制造业	新疆	18904.4	740.1	0.36	3.50
批发和零售业	甘肃	1335.8	143.4	0.18	2.34
批发和零售业	辽宁	13957.2	1446.2	0.95	13.10
制造业	山西	5958.6	91.9	0.12	2.79
制造业	上海	132960.6	6553.9	2.08	13.10
制造业	吉林	12453.2	467.7	1.11	10.77
房地产业	北京	9811.6	818.9	0.35	3.12
电力、热力、燃气及水生产和供应业	湖南	7292.8	-1157.1	-0.65	1.68
制造业	湖北	16866.8	329.4	0.52	5.55
制造业	江苏	747.9	75.0	0.25	1.64
批发和零售业	辽宁	86.0	31.2	0.02	1.35
房地产业	上海	7205.2	872.3	0.47	5.41
水利、环境和公共设施管理业	西藏	138.5	-79.2	-0.42	2.43
制造业	江西	1741.7	417.8	1.39	9.72
批发和零售业	天津	315450.8	820.6	0.28	4.63
批发和零售业	河南	346.2	19.0	0.15	1.26
住宿和餐饮业	上海	13582.4	881.8	0.92	13.55
批发和零售业	福建	164650.8	1907.3	1.05	12.68
信息传输、软件和信息技术服务业	山东	1302.2	123.7	0.38	6.64
文化、体育和娱乐业	湖北	11076.9	613.4	0.51	5.02
采矿业	辽宁	5767.8	464.7	0.35	4.18
采矿业	海南	2851.1	-226.5	-0.10	2.26
制造业	山东	19218.4	706.8	0.51	5.11
制造业	安徽	8333.7	407.9	0.55	6.12
卫生和社会工作	浙江	1175.4	216.6	0.68	3.10
制造业	北京	362.1	81.6	0.21	2.78
制造业	贵州	5521.2	164.5	0.21	4.81
采矿业	山东	- -	2.6	0.01	0.25
信息传输、软件和信息技术服务业	上海	106.3	43.4	0.13	0.78
制造业	浙江	801.2	70.7	0.53	1.01
建筑业	湖北	58.1	5.1	0.01	0.13
综合	江苏	715.4	44.7	0.03	2.71

上市公司基本信息
Listed Companies in 2017

公司代码 Code	证券简称 Security Name	总股本 Total Vol	A 股流通股 A-Share Negotiable	B 股 B-Share	H 股 H-Share	优先股 Pref Share
600771	广誉远	353.1	268.3	0.0	0.0	0.0
600773	西藏城投	729.2	729.2	0.0	0.0	0.0
600774	汉商集团	174.6	174.4	0.0	0.0	0.0
600775	南京熊猫	913.8	671.8	0.0	242.0	0.0
600776	东方通信	1256.0	956.0	300.0	0.0	0.0
600777	新潮能源	6800.5	2376.6	0.0	0.0	0.0
600778	友好集团	311.5	311.1	0.0	0.0	0.0
600779	水井坊	488.5	488.5	0.0	0.0	0.0
600780	通宝能源	1146.5	1146.5	0.0	0.0	0.0
600781	辅仁药业	177.6	177.6	0.0	0.0	0.0
600782	新钢股份	3188.7	2786.9	0.0	0.0	0.0
600783	鲁信创投	744.4	744.4	0.0	0.0	0.0
600784	鲁银投资	568.2	568.2	0.0	0.0	0.0
600785	新华百货	225.6	225.6	0.0	0.0	0.0
600787	中储股份	2199.8	1859.8	0.0	0.0	0.0
600789	鲁抗医药	581.6	581.6	0.0	0.0	0.0
600790	轻纺城	1047.0	1047.0	0.0	0.0	0.0
600791	京能置业	452.9	452.3	0.0	0.0	0.0
600792	云煤能源	989.9	989.9	0.0	0.0	0.0
600793	宜宾纸业	105.3	105.3	0.0	0.0	0.0
600794	保税科技	1212.2	1191.6	0.0	0.0	0.0
600795	国电电力	19650.4	19650.4	0.0	0.0	0.0
600796	钱江生化	301.4	301.4	0.0	0.0	0.0
600797	浙大网新	1056.0	839.9	0.0	0.0	0.0
600798	宁波海运	1030.9	1030.9	0.0	0.0	0.0
600800	天津磁卡	611.3	611.0	0.0	0.0	0.0
600801	华新水泥	1497.6	972.8	524.8	0.0	0.0
600802	福建水泥	381.9	381.9	0.0	0.0	0.0
600803	新奥股份	985.8	985.8	0.0	0.0	0.0
600804	鹏博士	1432.5	1432.4	0.0	0.0	0.0
600805	悦达投资	850.9	850.3	0.0	0.0	0.0
600806	*ST 昆机	531.1	390.2	0.0	140.9	0.0
600807	天业股份	884.6	787.0	0.0	0.0	0.0
600808	马钢股份	7700.7	5967.8	0.0	1732.9	0.0
600809	山西汾酒	865.8	865.8	0.0	0.0	0.0
600810	神马股份	442.3	442.3	0.0	0.0	0.0
600811	东方集团	3714.6	3273.5	0.0	0.0	0.0
600812	华北制药	1630.8	1630.8	0.0	0.0	0.0
600814	杭州解百	715.0	715.0	0.0	0.0	0.0
600815	*ST 厦工	959.0	959.0	0.0	0.0	0.0
600816	安信信托	4557.6	2497.6	0.0	0.0	0.0
600817	*ST 宏盛	160.9	155.7	0.0	0.0	0.0
600818	中路股份	321.4	238.0	83.5	0.0	0.0
600819	耀皮玻璃	934.9	747.4	187.5	0.0	0.0
600820	隧道股份	3144.1	3144.1	0.0	0.0	0.0
600821	津劝业	416.3	416.3	0.0	0.0	0.0
600822	上海物贸	496.0	396.1	99.8	0.0	0.0
600823	世茂股份	3751.2	3751.2	0.0	0.0	0.0
600824	益民集团	1054.0	1054.0	0.0	0.0	0.0
600825	新华传媒	1044.9	1044.9	0.0	0.0	0.0

注：股本的单位为百万股，营业收入、净利润的单位为百万元。

上市公司基本信息
Listed Companies in 2017

所属行业 Industry	所属地区 Area	主营业务收入 Revenue	净利润 Net Profit	每股收益 EPS	每股净资产 NAVPS
制造业	青海	1167.9	236.8	0.67	5.42
房地产业	西藏	937.5	82.0	0.10	3.92
批发和零售业	湖北	857.2	16.5	0.09	3.34
制造业	江苏	4128.4	107.4	0.12	3.68
制造业	浙江	2387.1	118.2	0.09	2.41
综合	山东	1512.6	366.5	0.05	1.99
批发和零售业	新疆	5472.5	-485.8	-1.56	2.29
制造业	四川	2044.2	335.5	0.69	3.24
电力、热力、燃气及水生产和供应业	山西	5079.8	81.8	0.07	4.20
制造业	上海	5792.8	392.0	0.63	7.33
制造业	江西	45292.4	3110.6	0.98	4.19
综合	山东	202.5	43.2	0.06	4.71
综合	山东	1522.6	-136.6	-0.24	2.52
批发和零售业	宁夏	6871.7	107.0	0.47	8.81
交通运输、仓储和邮政业	天津	25509.8	1337.8	0.61	4.80
制造业	山东	2568.7	114.2	0.20	3.37
租赁和商务服务业	浙江	823.7	380.6	0.36	4.70
房地产业	北京	738.9	49.6	0.11	3.56
制造业	云南	4353.2	-48.6	-0.05	2.95
制造业	四川	1156.7	92.5	0.88	1.38
交通运输、仓储和邮政业	江苏	1041.0	-226.5	-0.19	1.48
电力、热力、燃气及水生产和供应业	辽宁	59012.1	2223.2	0.11	2.62
制造业	浙江	458.4	41.0	0.14	2.10
信息传输、软件和信息技术服务业	浙江	3214.0	303.2	0.29	4.23
交通运输、仓储和邮政业	浙江	1584.4	148.8	0.14	2.75
制造业	天津	140.9	-59.5	-0.10	0.10
制造业	湖北	20781.7	2077.6	1.39	7.95
制造业	福建	1816.4	-151.8	-0.40	1.58
制造业	河北	9993.6	631.0	0.64	5.23
信息传输、软件和信息技术服务业	四川	7989.0	769.3	0.54	5.01
综合	江苏	1430.8	-281.2	-0.33	7.16
制造业	云南	526.0	-349.7	-0.66	-0.07
房地产业	山东	1729.3	-227.5	-0.26	1.96
制造业	安徽	72216.0	4128.9	0.54	3.10
制造业	山西	5981.8	944.1	1.09	6.05
制造业	河南	5645.7	67.1	0.15	5.72
批发和零售业	黑龙江	7923.7	769.0	0.21	5.41
制造业	河北	7636.2	18.8	0.01	3.25
批发和零售业	浙江	5528.9	180.3	0.25	3.25
制造业	福建	4304.1	124.6	0.13	0.57
金融业	上海	- -	3668.2	0.81	3.55
房地产业	上海	11.1	-1.5	-0.01	0.60
制造业	上海	578.2	31.3	0.10	2.09
制造业	上海	3196.8	47.9	0.05	3.22
建筑业	上海	31401.7	1810.0	0.58	6.06
批发和零售业	天津	179.6	8.7	0.02	1.23
批发和零售业	上海	6039.7	32.5	0.07	1.13
房地产业	上海	18666.8	2225.3	0.59	5.80
批发和零售业	上海	1746.2	140.1	0.13	2.03
文化、体育和娱乐业	上海	1304.2	45.0	0.04	2.51

上市公司基本信息
Listed Companies in 2017

公司代码 Code	证券简称 Security Name	总股本 Total Vol	A 股流通股 A-Share Negotiable	B 股 B-Share	H 股 H-Share	优先股 Pref Share
600826	兰生股份	420.6	420.6	0.0	0.0	0.0
600827	百联股份	1784.2	1542.8	179.7	0.0	0.0
600828	茂业商业	1732.0	640.6	0.0	0.0	0.0
600829	人民同泰	579.9	579.9	0.0	0.0	0.0
600830	香溢融通	454.3	454.3	0.0	0.0	0.0
600831	广电网络	605.0	563.4	0.0	0.0	0.0
600833	第一医药	223.1	223.1	0.0	0.0	0.0
600834	申通地铁	477.4	477.4	0.0	0.0	0.0
600835	上海机电	1022.7	806.5	216.2	0.0	0.0
600836	界龙实业	662.8	653.0	0.0	0.0	0.0
600837	海通证券	11501.7	8092.1	0.0	3409.6	0.0
600838	上海九百	400.9	400.9	0.0	0.0	0.0
600839	四川长虹	4616.2	4614.3	0.0	0.0	0.0
600841	上柴股份	866.7	521.9	344.8	0.0	0.0
600843	上工申贝	548.6	304.6	243.9	0.0	0.0
600844	*ST 丹科	1016.5	822.7	193.8	0.0	0.0
600845	宝信软件	783.2	523.9	228.8	0.0	0.0
600846	同济科技	624.8	624.8	0.0	0.0	0.0
600847	*ST 万里	153.3	153.3	0.0	0.0	0.0
600848	上海临港	1119.9	399.6	107.1	0.0	0.0
600850	华东电脑	421.0	421.0	0.0	0.0	0.0
600851	海欣股份	1207.1	738.2	468.9	0.0	0.0
600853	龙建股份	536.8	536.8	0.0	0.0	0.0
600854	春兰股份	519.5	519.5	0.0	0.0	0.0
600855	航天长峰	331.6	330.1	0.0	0.0	0.0
600856	中天能源	1366.7	771.0	0.0	0.0	0.0
600857	宁波中百	224.3	224.3	0.0	0.0	0.0
600858	银座股份	520.1	517.5	0.0	0.0	0.0
600859	王府井	776.3	601.6	0.0	0.0	0.0
600860	*ST 京城	422.0	322.0	0.0	100.0	0.0
600861	北京城乡	316.8	316.8	0.0	0.0	0.0
600862	中航高科	1393.0	790.3	0.0	0.0	0.0
600863	内蒙华电	5807.7	5807.7	0.0	0.0	0.0
600864	哈投股份	2108.5	1578.3	0.0	0.0	0.0
600865	百大集团	376.2	376.2	0.0	0.0	0.0
600866	星湖科技	645.4	645.4	0.0	0.0	0.0
600867	通化东宝	1711.3	1644.4	0.0	0.0	0.0
600868	梅雁吉祥	1898.1	1898.1	0.0	0.0	0.0
600869	智慧能源	2219.4	2178.2	0.0	0.0	0.0
600870	厦华电子	523.2	523.2	0.0	0.0	0.0
600871	石化油服	14142.7	2818.3	0.0	2100.0	0.0
600872	中炬高新	796.6	796.6	0.0	0.0	0.0
600873	梅花生物	3108.2	3108.2	0.0	0.0	0.0
600874	创业环保	1427.2	1087.2	0.0	340.0	0.0
600875	东方电气	2336.9	1996.9	0.0	340.0	0.0
600876	洛阳玻璃	526.8	261.8	0.0	250.0	0.0
600877	*ST 嘉陵	687.3	687.3	0.0	0.0	0.0
600879	航天电子	2719.3	2139.1	0.0	0.0	0.0
600880	博瑞传播	1093.3	733.4	0.0	0.0	0.0
600881	亚泰集团	3248.9	1894.7	0.0	0.0	0.0

注：股本的单位为百万股，营业收入、净利润的单位为百万元。

上市公司基本信息
Listed Companies in 2017

所属行业 Industry	所属地区 Area	主营业务收入 Revenue	净利润 Net Profit	每股收益 EPS	每股净资产 NAVPS
批发和零售业	上海	3311.5	288.2	0.69	8.19
批发和零售业	上海	45729.5	847.0	0.48	9.33
批发和零售业	四川	10699.3	1034.5	0.60	3.01
批发和零售业	黑龙江	7984.0	254.2	0.44	2.78
租赁和商务服务业	浙江	869.0	86.3	0.19	4.62
信息传输、软件和信息技术服务业	陕西	2835.3	176.1	0.29	4.88
批发和零售业	上海	1496.4	43.5	0.20	3.17
交通运输、仓储和邮政业	上海	--	51.7	0.11	3.07
制造业	上海	19236.9	1390.3	1.36	9.81
制造业	上海	1240.4	32.3	0.05	1.35
金融业	上海	--	8618.4	0.75	10.24
批发和零售业	上海	89.9	97.3	0.24	3.13
制造业	四川	75851.1	356.4	0.08	2.79
制造业	上海	3612.7	122.3	0.14	4.18
制造业	上海	2973.4	197.5	0.36	3.91
制造业	上海	1154.1	266.1	0.26	2.09
信息传输、软件和信息技术服务业	上海	4764.6	425.3	0.54	6.11
建筑业	上海	3594.9	255.1	0.41	3.31
制造业	重庆	439.5	15.6	0.10	4.46
房地产业	上海	1989.6	409.8	0.37	5.81
信息传输、软件和信息技术服务业	上海	6597.3	288.6	0.69	4.96
制造业	上海	908.8	105.3	0.09	3.13
建筑业	黑龙江	9852.1	139.3	0.26	1.78
制造业	江苏	739.0	17.6	0.03	3.76
制造业	北京	1491.3	10.3	0.03	2.64
电力、热力、燃气及水生产和供应业	吉林	6486.5	525.8	0.90	8.38
批发和零售业	浙江	972.1	-456.6	-2.04	0.74
批发和零售业	山东	12096.8	49.1	0.09	5.80
批发和零售业	北京	24652.3	909.8	1.17	13.10
制造业	北京	1166.5	20.9	0.05	1.39
批发和零售业	北京	2184.5	84.7	0.27	7.37
制造业	江苏	2987.8	82.8	0.05	2.08
电力、热力、燃气及水生产和供应业	内蒙	11750.3	514.1	0.09	1.82
电力、热力、燃气及水生产和供应业	黑龙江	1184.7	358.2	0.17	6.38
批发和零售业	浙江	885.7	48.4	0.13	4.50
制造业	广东	682.5	-158.3	-0.25	1.42
制造业	吉林	2526.3	836.6	0.49	2.65
电力、热力、燃气及水生产和供应业	广东	205.7	116.4	0.06	1.21
制造业	青海	17183.2	51.1	0.02	2.52
制造业	福建	17.2	-12.3	-0.02	0.01
采矿业	江苏	47585.1	-10582.5	-0.75	-0.15
制造业	广东	3567.3	453.3	0.57	3.94
制造业	西藏	11068.8	1173.6	0.38	2.93
电力、热力、燃气及水生产和供应业	天津	1931.9	508.3	0.36	3.59
制造业	四川	30551.3	673.1	0.29	9.34
制造业	河南	348.1	20.6	0.04	1.06
制造业	重庆	571.8	301.6	0.44	0.01
制造业	湖北	12833.3	524.9	0.19	4.19
文化、体育和娱乐业	四川	861.6	34.8	0.03	3.33
制造业	吉林	17400.4	790.5	0.24	4.58

上市公司基本信息
Listed Companies in 2017

公司代码 Code	证券简称 Security Name	总股本 Total Vol	A 股流通股 A-Share Negotiable	B 股 B-Share	H 股 H-Share	优先股 Pref Share
600882	广泽股份	408.5	399.2	0.0	0.0	0.0
600883	博闻科技	236.1	236.1	0.0	0.0	0.0
600884	杉杉股份	1122.8	821.7	0.0	0.0	0.0
600885	宏发股份	532.0	532.0	0.0	0.0	0.0
600886	国投电力	6786.0	6786.0	0.0	0.0	0.0
600887	伊利股份	6078.5	6033.4	0.0	0.0	0.0
600888	新疆众和	833.6	833.6	0.0	0.0	0.0
600889	南京化纤	307.1	307.1	0.0	0.0	0.0
600890	中房股份	579.2	579.2	0.0	0.0	0.0
600891	秋林集团	617.6	384.1	0.0	0.0	0.0
600892	大晟文化	559.5	251.6	0.0	0.0	0.0
600893	航发动力	2249.8	1947.7	0.0	0.0	0.0
600894	广日股份	859.9	859.9	0.0	0.0	0.0
600895	张江高科	1548.7	1548.7	0.0	0.0	0.0
600896	览海投资	869.1	577.1	0.0	0.0	0.0
600897	厦门空港	297.8	297.8	0.0	0.0	0.0
600898	国美通讯	252.5	252.5	0.0	0.0	0.0
600900	长江电力	22000.0	11505.9	0.0	0.0	0.0
600903	贵州燃气	813.0	121.9	0.0	0.0	0.0
600908	无锡银行	1848.1	791.8	0.0	0.0	0.0
600909	华安证券	3621.0	2702.0	0.0	0.0	0.0
600917	重庆燃气	1556.0	1556.0	0.0	0.0	0.0
600919	江苏银行	11544.5	5910.8	0.0	0.0	200.0
600926	杭州银行	3664.4	1465.7	0.0	0.0	0.0
600933	爱柯迪	845.4	138.2	0.0	0.0	0.0
600936	广西广电	1671.0	1196.0	0.0	0.0	0.0
600939	重庆建工	1814.5	181.5	0.0	0.0	0.0
600958	东方证券	6215.5	3126.2	0.0	1027.1	0.0
600959	江苏有线	3884.5	1396.2	0.0	0.0	0.0
600960	渤海活塞	950.5	680.1	0.0	0.0	0.0
600961	株冶集团	527.5	527.5	0.0	0.0	0.0
600962	国投中鲁	262.2	254.0	0.0	0.0	0.0
600963	岳阳林纸	1397.7	1043.2	0.0	0.0	0.0
600965	福成股份	818.7	528.0	0.0	0.0	0.0
600966	博汇纸业	1336.8	1336.8	0.0	0.0	0.0
600967	内蒙一机	1689.6	822.8	0.0	0.0	0.0
600969	郴电国际	264.3	264.3	0.0	0.0	0.0
600970	中材国际	1754.3	1683.2	0.0	0.0	0.0
600971	恒源煤电	1000.0	1000.0	0.0	0.0	0.0
600973	宝胜股份	1222.1	895.0	0.0	0.0	0.0
600975	新五丰	652.7	468.7	0.0	0.0	0.0
600976	健民集团	153.4	153.3	0.0	0.0	0.0
600977	中国电影	1867.0	565.0	0.0	0.0	0.0
600978	宜华生活	1482.9	1482.9	0.0	0.0	0.0
600979	广安爱众	947.9	717.9	0.0	0.0	0.0
600980	北矿科技	152.2	143.3	0.0	0.0	0.0
600981	汇鸿集团	2242.4	241.9	0.0	0.0	0.0
600982	宁波热电	746.9	746.9	0.0	0.0	0.0
600983	惠而浦	766.4	532.8	0.0	0.0	0.0
600984	建设机械	636.8	538.8	0.0	0.0	0.0

注：股本的单位为百万股，营业收入、净利润的单位为百万元。

上市公司基本信息
Listed Companies in 2017

所属行业 Industry	所属地区 Area	主营业务收入 Revenue	净利润 Net Profit	每股收益 EPS	每股净资产 NAVPS
制造业	山东	978.9	4.3	0.01	2.87
制造业	云南	26.9	27.3	0.12	2.80
制造业	浙江	8212.3	896.1	0.80	9.29
制造业	湖北	5875.0	685.0	1.29	7.41
电力、热力、燃气及水生产和供应业	甘肃	31422.6	3232.3	0.48	4.50
制造业	内蒙	66800.7	6000.9	0.99	4.13
制造业	新疆	5860.6	120.6	0.15	4.08
制造业	江苏	1404.9	-303.0	-0.99	3.71
房地产业	北京	1.9	8.1	0.01	0.51
制造业	黑龙江	6745.3	163.6	0.27	4.91
信息传输、软件和信息技术服务业	广东	304.6	300.1	0.54	3.52
制造业	陕西	22290.0	960.0	0.43	11.46
制造业	广东	4779.4	398.4	0.46	7.93
综合	上海	1092.5	467.5	0.30	5.43
卫生和社会工作	海南	44.1	-693.0	-0.80	1.93
交通运输、仓储和邮政业	福建	1605.9	410.8	1.38	11.44
制造业	山东	2166.0	12.4	0.05	1.80
电力、热力、燃气及水生产和供应业	北京	50107.4	22260.9	1.01	6.14
电力、热力、燃气及水生产和供应业	贵州	2663.5	137.4	0.17	2.91
金融业	江苏	--	994.9	0.54	5.01
金融业	安徽	--	649.7	0.18	3.39
电力、热力、燃气及水生产和供应业	重庆	5687.4	363.4	0.23	2.43
金融业	江苏	--	11875.0	1.03	9.63
金融业	浙江	--	4550.4	1.24	14.14
制造业	浙江	2124.8	465.5	0.55	4.17
信息传输、软件和信息技术服务业	广西	2700.9	201.7	0.12	2.19
建筑业	重庆	44572.5	363.2	0.20	3.66
金融业	上海	--	3553.6	0.51	7.58
信息传输、软件和信息技术服务业	江苏	6989.2	783.5	0.20	3.44
制造业	山东	2391.6	238.3	0.25	4.74
制造业	湖南	13623.1	55.4	0.11	0.39
制造业	北京	979.6	8.3	0.03	3.15
制造业	湖南	5988.9	347.7	0.25	5.62
农、林、牧、渔业	河北	1345.8	156.6	0.19	2.26
制造业	山东	8909.6	856.1	0.64	3.72
制造业	内蒙	11838.9	525.0	0.31	4.62
电力、热力、燃气及水生产和供应业	湖南	2420.3	30.2	0.11	12.92
建筑业	江苏	19497.8	976.9	0.56	4.31
采矿业	安徽	5968.1	1104.7	1.11	6.92
制造业	江苏	20332.9	86.2	0.07	2.98
农、林、牧、渔业	湖南	1723.2	44.9	0.07	1.84
批发和零售业	湖北	2708.4	90.8	0.59	7.10
文化、体育和娱乐业	北京	8882.8	965.3	0.52	5.54
制造业	广东	7884.2	752.8	0.51	5.38
电力、热力、燃气及水生产和供应业	四川	2043.3	278.0	0.29	3.70
制造业	北京	434.9	43.3	0.29	3.70
批发和零售业	江苏	36616.3	736.8	0.33	3.28
电力、热力、燃气及水生产和供应业	浙江	1504.2	96.0	0.13	3.36
制造业	安徽	6171.8	-97.0	-0.13	5.08
制造业	陕西	1823.3	22.8	0.04	5.05

上市公司基本信息
Listed Companies in 2017

公司代码 Code	证券简称 Security Name	总股本 Total Vol	A 股流通股 A-Share Negotiable	B 股 B-Share	H 股 H-Share	优先股 Pref Share
600985	雷鸣科化	300.2	262.9	0.0	0.0	0.0
600986	科达股份	955.4	493.5	0.0	0.0	0.0
600987	航民股份	635.3	635.3	0.0	0.0	0.0
600988	赤峰黄金	1426.4	1220.7	0.0	0.0	0.0
600990	四创电子	159.2	136.7	0.0	0.0	0.0
600992	贵绳股份	245.1	245.1	0.0	0.0	0.0
600993	马应龙	431.1	430.2	0.0	0.0	0.0
600995	文山电力	478.5	478.5	0.0	0.0	0.0
600996	贵广网络	1042.6	298.0	0.0	0.0	0.0
600997	开滦股份	1587.8	1234.6	0.0	0.0	0.0
600998	九州通	1878.9	1645.8	0.0	0.0	0.0
600999	招商证券	6699.4	4903.7	0.0	980.4	0.0
601000	唐山港	4558.4	4256.3	0.0	0.0	0.0
601001	大同煤业	1673.7	1673.7	0.0	0.0	0.0
601002	晋亿实业	792.7	792.7	0.0	0.0	0.0
601003	柳钢股份	2562.8	2562.8	0.0	0.0	0.0
601005	*ST 重钢	8918.6	8380.5	0.0	538.1	0.0
601006	大秦铁路	14866.8	14866.8	0.0	0.0	0.0
601007	金陵饭店	300.0	300.0	0.0	0.0	0.0
601008	连云港	1015.2	1015.2	0.0	0.0	0.0
601009	南京银行	8482.2	8069.5	0.0	0.0	99.0
601010	文峰股份	1848.0	1848.0	0.0	0.0	0.0
601011	宝泰隆	1611.2	1308.7	0.0	0.0	0.0
601012	隆基股份	1994.0	1966.2	0.0	0.0	0.0
601015	陕西黑猫	1253.7	444.0	0.0	0.0	0.0
601016	节能风电	4155.6	4155.6	0.0	0.0	0.0
601018	宁波港	13172.8	12800.0	0.0	0.0	0.0
601019	山东出版	2086.9	266.9	0.0	0.0	0.0
601020	华钰矿业	525.9	282.6	0.0	0.0	0.0
601021	春秋航空	800.6	200.0	0.0	0.0	0.0
601028	玉龙股份	783.0	783.0	0.0	0.0	0.0
601038	一拖股份	985.9	593.9	0.0	391.9	0.0
601058	赛轮金宇	2701.5	2260.5	0.0	0.0	0.0
601069	西部黄金	636.0	189.8	0.0	0.0	0.0
601086	国芳集团	666.0	160.0	0.0	0.0	0.0
601088	中国神华	19889.6	16491.0	0.0	3398.6	0.0
601098	中南传媒	1796.0	1796.0	0.0	0.0	0.0
601099	太平洋	6816.3	6478.8	0.0	0.0	0.0
601100	恒立液压	630.0	630.0	0.0	0.0	0.0
601101	昊华能源	1200.0	1200.0	0.0	0.0	0.0
601106	*ST 一重	6857.8	6538.0	0.0	0.0	0.0
601107	四川成渝	3058.1	2162.7	0.0	895.3	0.0
601108	财通证券	3589.0	359.0	0.0	0.0	0.0
601111	中国国航	14524.8	8522.1	0.0	4562.7	0.0
601113	华鼎股份	833.1	640.0	0.0	0.0	0.0
601116	三江购物	410.8	410.8	0.0	0.0	0.0
601117	中国化学	4933.0	4933.0	0.0	0.0	0.0
601118	海南橡胶	3931.2	3931.2	0.0	0.0	0.0
601126	四方股份	813.2	813.2	0.0	0.0	0.0
601127	小康股份	909.2	180.0	0.0	0.0	0.0

注：股本的单位为百万股，营业收入、净利润的单位为百万元。

上市公司基本信息
Listed Companies in 2017

所属行业 Industry	所属地区 Area	主营业务收入 Revenue	净利润 Net Profit	每股收益 EPS	每股净资产 NAVPS
制造业	安徽	908.3	118.9	0.40	5.81
信息传输、软件和信息技术服务业	山东	9464.7	462.7	0.48	6.33
制造业	浙江	3470.0	573.6	0.90	5.58
采矿业	内蒙	2543.3	274.4	0.19	1.93
制造业	安徽	4751.2	201.3	1.27	13.52
制造业	贵州	1786.6	22.2	0.09	5.61
批发和零售业	湖北	1736.6	320.1	0.74	5.09
电力、热力、燃气及水生产和供应业	云南	2031.5	156.7	0.33	3.56
信息传输、软件和信息技术服务业	贵州	2558.3	441.8	0.42	4.03
制造业	河北	18524.8	516.5	0.33	5.86
批发和零售业	湖北	12543.0	1445.5	0.77	9.74
金融业	广东	- -	5786.0	0.86	11.83
交通运输、仓储和邮政业	河北	7596.3	1463.3	0.32	3.19
采矿业	山西	8951.3	599.2	0.36	3.34
制造业	浙江	2602.2	147.6	0.19	3.12
制造业	广西	38870.0	2646.2	1.03	2.81
制造业	重庆	13211.4	320.1	0.04	1.88
交通运输、仓储和邮政业	山西	54165.3	13349.5	0.90	6.69
住宿和餐饮业	江苏	922.5	103.5	0.35	4.89
交通运输、仓储和邮政业	江苏	1258.4	8.7	0.01	3.16
金融业	江苏	- -	9668.2	1.14	7.94
批发和零售业	江苏	6447.7	300.5	0.16	2.36
制造业	黑龙江	2911.8	161.7	0.10	3.54
制造业	陕西	16362.3	3564.5	1.79	7.12
制造业	陕西	9374.5	247.6	0.20	4.30
电力、热力、燃气及水生产和供应业	北京	1861.1	399.0	0.10	1.61
交通运输、仓储和邮政业	浙江	18044.8	2676.7	0.20	2.76
文化、体育和娱乐业	山东	8736.6	1364.8	0.65	4.17
采矿业	西藏	896.2	304.5	0.58	3.44
交通运输、仓储和邮政业	上海	10560.1	1261.6	1.58	10.57
制造业	江苏	1223.3	79.7	0.10	2.59
制造业	河南	7151.9	56.5	0.06	4.87
制造业	山东	12754.5	329.9	0.12	2.21
采矿业	新疆	1378.7	21.8	0.03	2.64
批发和零售业	甘肃	2755.0	120.9	0.18	2.65
采矿业	北京	240147.0	45037.0	2.26	15.16
文化、体育和娱乐业	湖南	10094.3	1513.2	0.84	7.41
金融业	云南	- -	116.3	0.02	1.72
制造业	江苏	2781.0	381.9	0.61	6.10
采矿业	北京	5544.5	624.9	0.52	6.22
制造业	黑龙江	10137.0	84.2	0.01	1.58
交通运输、仓储和邮政业	四川	7943.0	888.4	0.29	4.54
金融业	浙江	- -	1503.9	0.42	5.79
交通运输、仓储和邮政业	北京	118279.2	7240.3	0.50	5.93
制造业	浙江	2814.8	93.7	0.11	3.37
批发和零售业	浙江	3769.9	108.7	0.27	3.98
建筑业	北京	58186.4	1557.2	0.32	5.75
农、林、牧、渔业	海南	10271.7	-264.0	-0.07	1.98
制造业	北京	3166.5	238.0	0.29	4.86
制造业	重庆	21433.7	724.8	0.80	5.20

上市公司基本信息
Listed Companies in 2017

公司代码 Code	证券简称 Security Name	总股本 Total Vol	A股流通股 A-Share Negotiable	B股 B-Share	H股 H-Share	优先股 Pref Share
601128	常熟银行	2222.7	990.5	0.0	0.0	0.0
601137	博威合金	627.2	563.9	0.0	0.0	0.0
601139	深圳燃气	2214.1	2184.2	0.0	0.0	0.0
601155	新城控股	2258.5	719.4	0.0	0.0	0.0
601158	重庆水务	4800.0	4800.0	0.0	0.0	0.0
601163	三角轮胎	800.0	280.4	0.0	0.0	0.0
601166	兴业银行	20774.2	19052.3	0.0	0.0	260.0
601168	西部矿业	2383.0	2383.0	0.0	0.0	0.0
601169	北京银行	18248.0	18248.0	0.0	0.0	179.0
601177	杭齿前进	400.1	400.1	0.0	0.0	0.0
601179	中国西电	5125.9	5125.9	0.0	0.0	0.0
601186	中国铁建	13579.5	11503.2	0.0	2076.3	0.0
601188	龙江交通	1315.9	1315.9	0.0	0.0	0.0
601198	东兴证券	2758.0	1258.0	0.0	0.0	0.0
601199	江南水务	935.2	935.2	0.0	0.0	0.0
601200	上海环境	702.5	672.3	0.0	0.0	0.0
601208	东材科技	626.6	626.6	0.0	0.0	0.0
601211	国泰君安	8713.9	4732.7	0.0	1197.8	0.0
601212	白银有色	6973.0	698.0	0.0	0.0	0.0
601216	君正集团	8438.0	8438.0	0.0	0.0	0.0
601218	吉鑫科技	991.8	991.8	0.0	0.0	0.0
601222	林洋能源	1764.1	1742.5	0.0	0.0	0.0
601225	陕西煤业	10000.0	10000.0	0.0	0.0	0.0
601226	华电重工	1155.0	1155.0	0.0	0.0	0.0
601228	广州港	6193.2	698.7	0.0	0.0	0.0
601229	上海银行	7805.8	3706.9	0.0	0.0	0.0
601231	环旭电子	2175.9	2175.9	0.0	0.0	0.0
601233	桐昆股份	1301.4	1205.1	0.0	0.0	0.0
601238	广汽集团	7282.5	4315.8	0.0	2213.3	0.0
601258	庞大集团	6674.7	6538.5	0.0	0.0	0.0
601288	农业银行	324794.1	294055.3	0.0	30738.8	800.0
601311	骆驼股份	848.4	848.4	0.0	0.0	0.0
601313	江南嘉捷	397.2	397.2	0.0	0.0	0.0
601318	中国平安	18280.2	10832.7	0.0	7447.6	0.0
601326	秦港股份	5587.4	558.0	0.0	829.9	0.0
601328	交通银行	74262.7	39250.9	0.0	35011.9	450.0
601333	广深铁路	7083.5	5652.2	0.0	1431.3	0.0
601336	新华保险	3119.5	2085.4	0.0	1034.1	0.0
601339	百隆东方	1500.0	1500.0	0.0	0.0	0.0
601366	利群股份	860.5	176.0	0.0	0.0	0.0
601368	绿城水务	735.8	294.2	0.0	0.0	0.0
601369	陕鼓动力	1638.8	1638.8	0.0	0.0	0.0
601375	中原证券	3923.7	700.0	0.0	1250.0	0.0
601377	兴业证券	6696.7	6696.7	0.0	0.0	0.0
601388	怡球资源	2025.4	2025.4	0.0	0.0	0.0
601390	中国中铁	22844.3	18328.0	0.0	4207.4	0.0
601398	工商银行	356406.3	269612.2	0.0	86794.0	450.0
601500	通用股份	726.9	174.9	0.0	0.0	0.0
601515	东风股份	1112.0	1112.0	0.0	0.0	0.0
601518	吉林高速	1213.2	1213.2	0.0	0.0	0.0

注：股本的单位为百万股，营业收入、净利润的单位为百万元。

上市公司基本信息
Listed Companies in 2017

所属行业 Industry	所属地区 Area	主营业务收入 Revenue	净利润 Net Profit	每股收益 EPS	每股净资产 NAVPS
金融业	江苏	- -	1264.3	0.57	4.71
制造业	浙江	5678.8	305.6	0.49	5.30
电力、热力、燃气及水生产和供应业	广东	10922.5	886.9	0.40	3.80
房地产业	江苏	39812.3	6028.9	2.67	9.13
电力、热力、燃气及水生产和供应业	重庆	3641.7	2066.9	0.43	2.95
制造业	山东	7898.7	483.5	0.60	10.01
金融业	福建	- -	57200.0	2.75	20.07
采矿业	青海	27178.8	260.6	0.11	4.81
金融业	北京	- -	18733.0	0.89	8.27
制造业	浙江	1606.1	10.6	0.03	4.02
制造业	陕西	13875.7	898.6	0.18	3.77
建筑业	北京	677985.9	16057.2	1.18	11.00
交通运输、仓储和邮政业	黑龙江	1779.1	352.8	0.27	3.05
金融业	北京	- -	1309.2	0.48	6.97
电力、热力、燃气及水生产和供应业	江苏	1088.5	245.0	0.26	2.89
水利、环境和公共设施管理业	上海	2548.3	505.9	0.72	7.69
制造业	四川	1651.2	99.3	0.16	3.71
金融业	上海	- -	9881.5	1.13	14.13
制造业	甘肃	56011.4	239.3	0.03	1.49
制造业	内蒙	7718.8	2148.1	0.26	1.87
制造业	江苏	1307.2	6.1	0.01	2.57
制造业	江苏	3514.5	686.0	0.39	5.28
采矿业	陕西	50267.7	10449.4	1.05	4.42
科学研究和技术服务业	北京	4808.7	37.7	0.03	3.04
交通运输、仓储和邮政业	广东	8184.8	697.1	0.11	1.95
金融业	上海	- -	15328.5	1.96	18.83
制造业	上海	29687.2	1313.9	0.60	3.97
制造业	浙江	30356.1	1760.7	1.35	10.28
制造业	广东	70442.4	10786.2	1.48	9.51
批发和零售业	河北	67213.3	212.0	0.03	1.99
金融业	北京	- -	192962.0	0.59	4.39
制造业	湖北	7503.2	483.0	0.57	6.37
制造业	江苏	2171.7	68.1	0.17	4.27
金融业	广东	- -	89088.0	4.87	25.89
交通运输、仓储和邮政业	河北	7025.9	963.0	0.17	2.40
金融业	上海	- -	70223.0	0.95	9.04
交通运输、仓储和邮政业	广东	17294.9	1015.4	0.14	4.05
金融业	北京	- -	5383.0	1.73	20.42
制造业	浙江	5651.0	487.7	0.33	4.84
批发和零售业	山东	9987.7	394.5	0.46	5.27
电力、热力、燃气及水生产和供应业	广西	1238.5	349.1	0.47	4.17
制造业	陕西	3880.9	241.1	0.15	3.71
金融业	河南	- -	442.0	0.11	2.59
金融业	福建	- -	2284.9	0.34	4.99
制造业	江苏	5371.6	322.9	0.16	1.23
建筑业	北京	- -	16066.8	0.70	6.80
金融业	北京	- -	286049.0	0.80	5.97
制造业	江苏	3742.7	147.5	0.20	3.57
制造业	广东	2767.4	652.1	0.59	3.46
交通运输、仓储和邮政业	吉林	972.8	296.7	0.25	2.39

上市公司基本信息
Listed Companies in 2017

公司代码 Code	证券简称 Security Name	总股本 Total Vol	A 股流通股 A-Share Negotiable	B 股 B-Share	H 股 H-Share	优先股 Pref Share
601519	*ST 智慧	1987.7	1987.7	0.0	0.0	0.0
601555	东吴证券	3000.0	2891.0	0.0	0.0	0.0
601558	*ST 锐电	6030.6	5662.2	0.0	0.0	0.0
601566	九牧王	574.6	574.6	0.0	0.0	0.0
601567	三星医疗	1418.0	1242.1	0.0	0.0	0.0
601579	会稽山	497.4	400.0	0.0	0.0	0.0
601588	北辰实业	3367.0	2660.0	0.0	707.0	0.0
601595	上海电影	373.5	106.0	0.0	0.0	0.0
601599	鹿港文化	894.1	872.9	0.0	0.0	0.0
601600	中国铝业	14903.8	10959.8	0.0	3944.0	0.0
601601	中国太保	9062.0	6286.7	0.0	2775.3	0.0
601607	上海医药	2688.9	1922.9	0.0	765.9	0.0
601608	中信重工	4339.4	4300.0	0.0	0.0	0.0
601611	中国核建	2625.0	961.8	0.0	0.0	0.0
601616	广电电气	935.6	935.6	0.0	0.0	0.0
601618	中国中冶	20723.6	16239.0	0.0	2871.0	0.0
601619	嘉泽新能	1933.0	193.7	0.0	0.0	0.0
601628	中国人寿	28264.7	20823.5	0.0	7441.2	0.0
601633	长城汽车	9127.3	6027.7	0.0	3099.5	0.0
601636	旗滨集团	2679.6	2513.0	0.0	0.0	0.0
601666	平煤股份	2361.2	2361.2	0.0	0.0	0.0
601668	中国建筑	30000.0	29731.7	0.0	0.0	150.0
601669	中国电建	15299.0	9600.0	0.0	0.0	20.0
601677	明泰铝业	590.0	477.7	0.0	0.0	0.0
601678	滨化股份	1188.0	1188.0	0.0	0.0	0.0
601688	华泰证券	7162.8	5443.7	0.0	1719.0	0.0
601689	拓普集团	727.6	170.7	0.0	0.0	0.0
601699	潞安环能	2991.4	2991.4	0.0	0.0	0.0
601700	风范股份	1133.2	1133.2	0.0	0.0	0.0
601717	郑煤机	1732.5	1377.9	0.0	243.2	0.0
601718	际华集团	4391.6	3857.0	0.0	0.0	0.0
601727	上海电气	14725.2	9851.4	0.0	2972.9	0.0
601766	中国中车	28698.9	22917.7	0.0	4371.1	0.0
601777	力帆股份	1306.8	1236.6	0.0	0.0	0.0
601788	光大证券	4610.8	3906.7	0.0	704.1	0.0
601789	宁波建工	976.1	976.1	0.0	0.0	0.0
601798	蓝科高新	354.5	354.5	0.0	0.0	0.0
601799	星宇股份	276.2	276.2	0.0	0.0	0.0
601800	中国交建	16174.7	11747.2	0.0	4427.5	145.0
601801	皖新传媒	1989.2	1989.2	0.0	0.0	0.0
601808	中海油服	4771.6	2960.5	0.0	1811.1	0.0
601811	新华文轩	1233.8	199.1	0.0	441.9	0.0
601818	光大银行	46679.1	39810.4	0.0	6868.7	300.0
601857	中国石油	183021.0	161922.1	0.0	21098.9	0.0
601858	中国科传	790.5	130.5	0.0	0.0	0.0
601866	中远海发	11683.1	7932.1	0.0	3751.0	0.0
601872	招商轮船	5299.5	4720.9	0.0	0.0	0.0
601877	正泰电器	2151.4	1452.8	0.0	0.0	0.0
601878	浙商证券	3333.3	333.3	0.0	0.0	0.0
601880	大连港	12894.5	7735.8	0.0	5158.7	0.0

注：股本的单位为百万股，营业收入、净利润的单位为百万元。

上市公司基本信息
Listed Companies in 2017

所属行业 Industry	所属地区 Area	主营业务收入 Revenue	净利润 Net Profit	每股收益 EPS	每股净资产 NAVPS
信息传输、软件和信息技术服务业	上海	628.6	382.9	0.19	0.69
金融业	江苏	- -	788.1	0.26	6.94
制造业	北京	47.2	114.8	0.02	0.22
制造业	福建	2531.5	494.1	0.86	9.28
制造业	浙江	5311.8	890.6	0.63	5.30
制造业	浙江	1276.0	181.9	0.37	6.09
房地产业	北京	15442.3	1140.4	0.34	3.74
文化、体育和娱乐业	上海	935.2	257.1	0.69	5.62
制造业	江苏	3783.2	293.2	0.33	2.89
制造业	北京	177872.8	1378.4	0.09	2.65
金融业	上海	- -	14662.0	1.62	15.17
批发和零售业	上海	130346.1	3520.6	1.31	12.66
制造业	河南	4620.6	31.3	0.01	1.65
建筑业	北京	45104.0	853.0	0.33	3.54
制造业	上海	618.8	22.1	0.02	2.53
建筑业	北京	243016.8	6061.5	0.29	3.98
电力、热力、燃气及水生产和供应业	宁夏	830.5	165.0	0.09	1.26
金融业	北京	- -	32253.0	1.14	11.35
制造业	河北	99876.3	5027.3	0.55	5.38
制造业	湖南	7485.1	1142.6	0.42	2.63
采矿业	河南	18543.4	1377.0	0.58	5.07
建筑业	北京	1051602.6	32941.8	1.10	7.16
建筑业	北京	264417.3	7366.6	0.48	5.15
制造业	河南	10320.6	352.0	0.60	9.05
制造业	山东	6422.6	825.8	0.70	4.81
金融业	江苏	- -	9276.5	1.30	12.19
制造业	浙江	4994.1	738.0	1.01	8.89
采矿业	山西	23054.2	2782.2	0.93	7.06
制造业	江苏	2173.2	137.7	0.12	2.62
制造业	河南	7104.5	284.3	0.16	6.23
制造业	北京	25104.7	754.9	0.17	4.28
制造业	上海	76181.6	2659.6	0.18	3.77
制造业	北京	207911.7	10798.6	0.38	4.24
制造业	重庆	12033.4	170.5	0.13	5.50
金融业	上海	- -	3016.5	0.65	10.54
建筑业	浙江	14705.0	213.9	0.22	2.65
制造业	甘肃	747.2	-87.2	-0.25	4.90
制造业	江苏	3829.4	470.0	1.70	14.57
建筑业	北京	479287.2	20580.8	1.27	11.21
文化、体育和娱乐业	安徽	8485.9	1116.7	0.56	4.68
采矿业	天津	17394.3	33.1	0.01	7.24
文化、体育和娱乐业	四川	7198.3	923.8	0.75	6.51
金融业	北京	- -	31545.0	0.60	5.81
采矿业	北京	1963242.0	22793.0	0.13	6.52
文化、体育和娱乐业	北京	1982.1	371.2	0.47	4.11
交通运输、仓储和邮政业	上海	15859.6	1461.9	0.13	1.39
交通运输、仓储和邮政业	上海	6090.7	614.4	0.12	2.87
制造业	浙江	22867.3	2839.9	1.32	9.29
金融业	浙江	- -	1063.5	0.32	4.05
交通运输、仓储和邮政业	辽宁	8584.0	500.8	0.04	1.40

上市公司基本信息
Listed Companies in 2017

公司代码 Code	证券简称 Security Name	总股本 Total Vol	A 股流通股 A-Share Negotiable	B 股 B-Share	H 股 H-Share	优先股 Pref Share
601881	中国银河	10137.3	600.0	0.0	3691.0	0.0
601882	海天精工	522.0	125.9	0.0	0.0	0.0
601886	江河集团	1154.1	1154.1	0.0	0.0	0.0
601888	中国国旅	1952.5	1952.5	0.0	0.0	0.0
601890	亚星锚链	959.4	959.4	0.0	0.0	0.0
601898	中煤能源	13258.7	9152.0	0.0	4106.7	0.0
601899	紫金矿业	23031.2	15803.8	0.0	5736.9	0.0
601900	南方传媒	895.9	175.6	0.0	0.0	0.0
601901	方正证券	8232.1	8232.1	0.0	0.0	0.0
601908	京运通	1995.3	1993.0	0.0	0.0	0.0
601918	新集能源	2590.5	2590.5	0.0	0.0	0.0
601919	中远海控	10216.3	7635.7	0.0	2580.6	0.0
601928	凤凰传媒	2544.9	2544.9	0.0	0.0	0.0
601929	吉视传媒	3110.8	3110.8	0.0	0.0	0.0
601933	永辉超市	9570.5	6508.9	0.0	0.0	0.0
601939	建设银行	250011.0	9593.7	0.0	240417.3	0.0
601949	中国出版	1822.5	364.5	0.0	0.0	0.0
601952	苏垦农发	1060.0	260.0	0.0	0.0	0.0
601958	金钼股份	3226.6	3226.6	0.0	0.0	0.0
601965	中国汽研	961.2	961.2	0.0	0.0	0.0
601966	玲珑轮胎	1200.0	394.4	0.0	0.0	0.0
601968	宝钢包装	833.3	313.3	0.0	0.0	0.0
601969	海南矿业	1954.7	1866.7	0.0	0.0	0.0
601985	中国核电	15565.4	4241.3	0.0	0.0	0.0
601988	中国银行	294387.8	210765.5	0.0	83622.3	600.0
601989	中国重工	19079.9	18361.7	0.0	0.0	0.0
601991	大唐发电	13310.0	9994.4	0.0	3315.7	0.0
601992	金隅股份	10677.8	8145.5	0.0	2338.8	0.0
601996	丰林集团	958.2	937.8	0.0	0.0	0.0
601997	贵阳银行	2298.6	1207.6	0.0	0.0	0.0
601998	中信银行	48934.8	31905.2	0.0	14882.2	350.0
601999	出版传媒	550.9	550.9	0.0	0.0	0.0
603000	人民网	1105.7	1105.7	0.0	0.0	0.0
603001	奥康国际	401.0	401.0	0.0	0.0	0.0
603002	宏昌电子	614.4	605.6	0.0	0.0	0.0
603003	龙宇燃油	441.1	441.1	0.0	0.0	0.0
603005	晶方科技	232.7	171.6	0.0	0.0	0.0
603006	联明股份	192.8	70.0	0.0	0.0	0.0
603007	花王股份	333.4	194.4	0.0	0.0	0.0
603008	喜临门	394.3	315.0	0.0	0.0	0.0
603009	北特科技	328.2	320.7	0.0	0.0	0.0
603010	万盛股份	254.4	220.0	0.0	0.0	0.0
603011	合锻智能	446.2	408.7	0.0	0.0	0.0
603012	创力集团	636.6	423.8	0.0	0.0	0.0
603015	弘讯科技	405.9	160.2	0.0	0.0	0.0
603016	新宏泰	149.0	70.5	0.0	0.0	0.0
603017	中衡设计	275.3	152.8	0.0	0.0	0.0
603018	中设集团	211.5	208.0	0.0	0.0	0.0
603019	中科曙光	643.0	643.0	0.0	0.0	0.0
603020	爱普股份	320.0	193.5	0.0	0.0	0.0

注：股本的单位为百万股，营业收入、净利润的单位为百万元。

上市公司基本信息
Listed Companies in 2017

所属行业 Industry	所属地区 Area	主营业务收入 Revenue	净利润 Net Profit	每股收益 EPS	每股净资产 NAVPS
金融业	北京	- -	3980.7	0.39	6.36
制造业	浙江	1258.2	102.9	0.20	2.23
建筑业	北京	15296.6	466.5	0.40	5.97
租赁和商务服务业	北京	27897.7	2530.8	1.30	7.19
制造业	江苏	987.4	33.2	0.04	3.06
采矿业	北京	80134.9	2414.4	0.18	6.71
采矿业	福建	93789.1	3507.7	1.52	15.20
文化、体育和娱乐业	广东	5124.6	611.4	0.68	5.45
金融业	湖南	- -	1453.0	0.18	4.55
制造业	北京	1444.4	390.1	0.20	3.29
采矿业	安徽	7245.4	22.1	0.01	1.85
交通运输、仓储和邮政业	天津	90429.6	2661.9	0.26	2.02
文化、体育和娱乐业	江苏	10575.7	1165.9	0.46	4.87
信息传输、软件和信息技术服务业	吉林	2045.4	375.4	0.12	2.12
批发和零售业	福建	54884.0	1816.8	0.19	2.09
金融业	北京	- -	242264.0	0.97	7.12
文化、体育和娱乐业	北京	4506.3	530.7	0.29	3.14
制造业	江苏	4298.0	557.2	0.53	4.91
采矿业	陕西	10104.0	107.3	0.03	3.95
制造业	重庆	2381.2	375.2	0.39	4.42
制造业	山东	13772.0	1047.8	0.87	7.25
制造业	上海	4519.3	6.6	0.01	2.40
采矿业	海南	2634.5	45.5	0.02	2.51
电力、热力、燃气及水生产和供应业	北京	33515.8	4497.7	0.29	2.79
金融业	北京	- -	172407.0	0.59	5.08
制造业	北京	38120.6	837.6	0.04	3.34
电力、热力、燃气及水生产和供应业	北京	64005.4	1711.8	0.13	3.12
制造业	北京	62646.1	2836.7	0.27	4.79
制造业	广西	1293.8	120.2	0.13	1.96
金融业	贵州	- -	4530.7	1.97	10.75
金融业	北京	- -	42566.0	0.87	8.17
文化、体育和娱乐业	辽宁	1858.3	161.1	0.29	3.74
信息传输、软件和信息技术服务业	北京	1400.2	89.4	0.08	2.52
制造业	浙江	3243.0	226.5	0.57	10.18
制造业	广东	1235.7	78.4	0.13	1.79
批发和零售业	上海	16831.8	59.0	0.13	9.44
制造业	江苏	624.9	95.7	0.41	7.70
制造业	上海	1011.2	113.6	0.59	4.80
建筑业	江苏	1036.4	170.7	0.51	2.96
制造业	浙江	3160.3	283.6	0.72	6.86
制造业	上海	900.1	73.2	0.22	4.13
制造业	浙江	1464.5	91.1	0.36	4.32
制造业	安徽	711.4	42.1	0.09	3.80
制造业	上海	1248.5	144.7	0.23	4.00
制造业	浙江	724.5	80.5	0.20	2.93
制造业	江苏	358.1	44.9	0.30	5.45
科学研究和技术服务业	江苏	1442.4	150.5	0.55	6.19
科学研究和技术服务业	江苏	2765.7	296.7	1.40	10.13
制造业	天津	6290.2	308.8	0.48	4.89
制造业	上海	2300.8	144.2	0.45	5.93

上市公司基本信息
Listed Companies in 2017

公司代码 Code	证券简称 Security Name	总股本 Total Vol	A 股流通股 A-Share Negotiable	B 股 B-Share	H 股 H-Share	优先股 Pref Share
603021	山东华鹏	319.9	207.8	0.0	0.0	0.0
603022	新通联	200.0	65.0	0.0	0.0	0.0
603023	威帝股份	360.0	127.0	0.0	0.0	0.0
603025	大豪科技	450.6	51.0	0.0	0.0	0.0
603026	石大胜华	202.7	140.4	0.0	0.0	0.0
603027	千禾味业	326.0	133.2	0.0	0.0	0.0
603028	赛福天	220.8	115.6	0.0	0.0	0.0
603029	天鹅股份	93.3	36.5	0.0	0.0	0.0
603030	全筑股份	538.6	245.1	0.0	0.0	0.0
603031	安德利	80.0	39.9	0.0	0.0	0.0
603032	德新交运	133.3	33.3	0.0	0.0	0.0
603033	三维股份	127.0	55.3	0.0	0.0	0.0
603035	常熟汽饰	280.0	70.0	0.0	0.0	0.0
603036	如通股份	203.4	50.8	0.0	0.0	0.0
603037	凯众股份	105.9	26.0	0.0	0.0	0.0
603038	华立股份	67.2	16.7	0.0	0.0	0.0
603039	泛微网络	69.3	16.7	0.0	0.0	0.0
603040	新坐标	61.1	15.0	0.0	0.0	0.0
603041	美思德	100.0	25.0	0.0	0.0	0.0
603042	华脉科技	138.7	34.0	0.0	0.0	0.0
603043	广州酒家	404.0	50.0	0.0	0.0	0.0
603050	科林电气	160.0	40.0	0.0	0.0	0.0
603055	台华新材	547.6	67.6	0.0	0.0	0.0
603058	永吉股份	421.6	228.1	0.0	0.0	0.0
603060	国检集团	220.0	63.8	0.0	0.0	0.0
603063	禾望电气	420.0	60.0	0.0	0.0	0.0
603066	音飞储存	302.3	137.6	0.0	0.0	0.0
603067	振华股份	220.0	111.1	0.0	0.0	0.0
603069	海汽集团	316.0	173.8	0.0	0.0	0.0
603076	乐惠国际	74.5	18.7	0.0	0.0	0.0
603077	和邦生物	8831.3	8831.3	0.0	0.0	0.0
603078	江化微	60.0	15.0	0.0	0.0	0.0
603079	圣达生物	80.0	20.0	0.0	0.0	0.0
603081	大丰实业	401.8	51.8	0.0	0.0	0.0
603083	剑桥科技	97.9	24.5	0.0	0.0	0.0
603085	天成自控	223.8	79.0	0.0	0.0	0.0
603086	先达股份	80.0	20.0	0.0	0.0	0.0
603088	宁波精达	80.0	80.0	0.0	0.0	0.0
603089	正裕工业	106.7	26.7	0.0	0.0	0.0
603090	宏盛股份	100.0	40.7	0.0	0.0	0.0
603096	新经典	134.7	33.4	0.0	0.0	0.0
603098	森特股份	400.0	62.5	0.0	0.0	0.0
603099	长白山	266.7	266.7	0.0	0.0	0.0
603100	川仪股份	395.0	258.6	0.0	0.0	0.0
603101	汇嘉时代	240.0	72.0	0.0	0.0	0.0
603103	横店影视	453.0	53.0	0.0	0.0	0.0
603106	恒银金融	280.0	70.0	0.0	0.0	0.0
603108	润达医疗	579.5	221.9	0.0	0.0	0.0
603110	东方材料	102.7	25.7	0.0	0.0	0.0
603111	康尼机电	895.7	479.7	0.0	0.0	0.0

注：股本的单位为百万股，营业收入、净利润的单位为百万元。

上市公司基本信息
Listed Companies in 2017

所属行业 Industry	所属地区 Area	主营业务收入 Revenue	净利润 Net Profit	每股收益 EPS	每股净资产 NAVPS
制造业	山东	760.0	26.4	0.08	4.21
制造业	上海	586.4	25.0	0.13	2.97
制造业	黑龙江	199.3	68.6	0.19	1.56
制造业	北京	1015.6	396.5	0.87	4.20
制造业	山东	4728.1	186.4	0.92	7.75
制造业	四川	943.9	144.1	0.44	3.26
制造业	江苏	553.8	24.0	0.11	3.12
制造业	山东	219.4	11.0	0.12	7.62
建筑业	上海	4610.6	164.8	0.31	2.98
批发和零售业	安徽	1644.3	38.7	0.48	7.62
交通运输、仓储和邮政业	新疆	173.4	27.1	0.20	3.26
制造业	浙江	962.4	57.1	0.45	8.86
制造业	江苏	1269.1	227.6	0.81	8.00
制造业	江苏	195.8	36.2	0.18	4.79
制造业	上海	446.2	113.9	1.08	7.18
制造业	广东	648.0	90.9	1.35	14.00
信息传输、软件和信息技术服务业	上海	704.2	87.0	1.26	8.56
制造业	浙江	269.6	105.2	1.72	9.55
制造业	江苏	298.0	50.6	0.51	7.08
制造业	江苏	1071.4	73.5	0.53	6.32
制造业	广东	2168.7	340.4	0.84	4.22
制造业	河北	967.7	72.8	0.46	6.12
制造业	浙江	2702.6	366.5	0.67	4.17
制造业	贵州	333.7	93.8	0.22	2.03
科学研究和技术服务业	北京	747.5	144.2	0.66	4.68
制造业	广东	876.1	232.7	0.55	5.68
交通运输、仓储和邮政业	江苏	596.0	83.3	0.28	2.88
制造业	湖北	1181.8	100.1	0.46	5.08
交通运输、仓储和邮政业	海南	1047.3	50.7	0.16	3.39
制造业	浙江	822.6	67.2	0.90	10.35
制造业	四川	4708.3	517.5	0.06	1.24
制造业	江苏	346.1	53.7	0.90	12.46
制造业	浙江	508.0	72.6	0.91	9.61
制造业	浙江	1706.3	229.1	0.57	3.81
制造业	上海	2486.1	60.6	0.62	10.85
制造业	浙江	779.0	70.1	0.31	4.39
制造业	山东	1108.6	110.1	1.38	13.98
制造业	浙江	303.9	31.4	0.39	6.15
制造业	浙江	842.2	72.0	0.68	6.66
制造业	江苏	349.6	24.6	0.25	4.59
文化、体育和娱乐业	天津	943.4	232.3	1.73	11.32
建筑业	北京	2136.3	200.4	0.50	4.20
水利、环境和公共设施管理业	吉林	388.0	70.8	0.27	3.56
制造业	重庆	3105.5	159.1	0.40	5.06
批发和零售业	新疆	2828.8	102.1	0.43	5.39
文化、体育和娱乐业	浙江	2412.5	330.5	0.73	4.36
制造业	天津	1484.0	149.2	0.53	5.65
批发和零售业	上海	4312.8	219.2	0.38	3.95
制造业	浙江	392.9	55.0	0.54	6.09
制造业	江苏	1898.0	280.9	0.31	4.35

上市公司基本信息
Listed Companies in 2017

公司代码 Code	证券简称 Security Name	总股本 Total Vol	A股流通股 A-Share Negotiable	B股 B-Share	H股 H-Share	优先股 Pref Share
603113	金能科技	675.9	77.3	0.0	0.0	0.0
603116	红蜻蜓	417.2	180.7	0.0	0.0	0.0
603117	万林股份	462.3	281.7	0.0	0.0	0.0
603118	共进股份	781.8	371.5	0.0	0.0	0.0
603123	翠微股份	524.1	524.1	0.0	0.0	0.0
603126	中材节能	610.5	610.5	0.0	0.0	0.0
603127	昭衍新药	81.8	20.5	0.0	0.0	0.0
603128	华贸物流	1005.4	911.1	0.0	0.0	0.0
603129	春风动力	133.3	33.3	0.0	0.0	0.0
603131	上海沪工	200.0	50.0	0.0	0.0	0.0
603133	碳元科技	208.0	52.0	0.0	0.0	0.0
603136	天目湖	80.0	20.0	0.0	0.0	0.0
603138	海量数据	106.6	26.7	0.0	0.0	0.0
603139	康惠制药	99.9	25.0	0.0	0.0	0.0
603157	拉夏贝尔	547.7	54.8	0.0	214.8	0.0
603158	腾龙股份	218.8	103.3	0.0	0.0	0.0
603159	上海亚虹	100.0	25.0	0.0	0.0	0.0
603160	汇顶科技	454.3	229.6	0.0	0.0	0.0
603165	荣晟环保	126.7	31.7	0.0	0.0	0.0
603166	福达股份	592.0	592.0	0.0	0.0	0.0
603167	渤海轮渡	481.4	481.4	0.0	0.0	0.0
603168	莎普爱思	248.1	228.7	0.0	0.0	0.0
603169	兰石重装	1051.5	1025.4	0.0	0.0	0.0
603177	德创环保	202.0	50.5	0.0	0.0	0.0
603178	圣龙股份	203.3	50.0	0.0	0.0	0.0
603179	新泉股份	162.3	39.9	0.0	0.0	0.0
603180	金牌厨柜	67.0	17.0	0.0	0.0	0.0
603181	皇马科技	200.0	50.0	0.0	0.0	0.0
603183	建研院	88.0	22.0	0.0	0.0	0.0
603186	华正新材	129.4	32.4	0.0	0.0	0.0
603188	亚邦股份	576.0	576.0	0.0	0.0	0.0
603189	网达软件	220.8	110.1	0.0	0.0	0.0
603196	日播时尚	240.0	60.0	0.0	0.0	0.0
603197	保隆科技	117.1	29.3	0.0	0.0	0.0
603198	迎驾贡酒	800.0	166.4	0.0	0.0	0.0
603199	九华旅游	110.7	72.9	0.0	0.0	0.0
603200	上海洗霸	73.7	18.4	0.0	0.0	0.0
603203	快克股份	119.6	40.6	0.0	0.0	0.0
603208	江山欧派	80.8	20.2	0.0	0.0	0.0
603218	日月股份	401.0	99.4	0.0	0.0	0.0
603222	济民制药	320.0	112.9	0.0	0.0	0.0
603223	恒通股份	120.0	79.0	0.0	0.0	0.0
603225	新凤鸣	602.0	77.3	0.0	0.0	0.0
603226	菲林格尔	89.6	21.7	0.0	0.0	0.0
603227	雪峰科技	658.7	421.5	0.0	0.0	0.0
603228	景旺电子	408.0	48.0	0.0	0.0	0.0
603229	奥翔药业	160.0	40.0	0.0	0.0	0.0
603232	格尔软件	61.0	15.3	0.0	0.0	0.0
603233	大参林	400.0	40.0	0.0	0.0	0.0
603238	诺邦股份	120.0	30.0	0.0	0.0	0.0

注：股本的单位为百万股，营业收入、净利润的单位为百万元。

上市公司基本信息
Listed Companies in 2017

所属行业 Industry	所属地区 Area	主营业务收入 Revenue	净利润 Net Profit	每股收益 EPS	每股净资产 NAVPS
制造业	山东	5975.8	678.8	1.00	5.70
制造业	浙江	3128.4	381.5	0.92	8.35
租赁和商务服务业	江苏	675.4	104.2	0.23	4.93
制造业	广东	7491.3	101.4	0.13	5.56
批发和零售业	北京	4973.1	144.4	0.28	5.75
科学研究和技术服务业	天津	1658.2	133.1	0.22	2.59
科学研究和技术服务业	北京	300.8	76.4	0.94	6.82
交通运输、仓储和邮政业	上海	8715.3	278.6	0.28	3.73
制造业	浙江	1788.1	97.4	0.73	6.75
制造业	上海	710.7	68.4	0.34	3.27
制造业	江苏	476.1	51.2	0.25	4.28
水利、环境和公共设施管理业	江苏	441.1	84.5	1.06	9.43
信息传输、软件和信息技术服务业	北京	517.4	56.9	0.53	3.56
制造业	陕西	366.8	63.0	0.63	9.12
制造业	上海	8998.7	498.5	0.91	7.08
制造业	江苏	886.5	130.8	0.60	4.56
制造业	上海	567.8	44.9	0.45	3.96
制造业	广东	3679.3	886.9	1.95	7.67
制造业	浙江	2030.6	398.7	3.10	8.24
制造业	广西	1284.7	136.1	0.23	3.56
交通运输、仓储和邮政业	山东	1509.4	362.7	0.75	6.73
制造业	浙江	938.0	146.4	0.59	6.68
制造业	甘肃	2902.3	9.0	0.01	3.13
水利、环境和公共设施管理业	浙江	798.5	38.3	0.19	2.65
制造业	浙江	1554.9	94.5	0.47	4.03
制造业	江苏	2658.1	250.2	1.54	8.26
制造业	福建	1410.1	166.7	2.49	12.81
制造业	浙江	1681.5	147.8	0.74	6.41
科学研究和技术服务业	江苏	442.0	66.0	0.75	7.33
制造业	浙江	1491.6	93.6	0.72	4.77
制造业	江苏	2432.4	500.7	0.87	6.38
信息传输、软件和信息技术服务业	上海	196.6	37.2	0.17	3.65
制造业	上海	1051.2	83.6	0.35	3.89
制造业	上海	2035.0	173.9	1.49	11.14
制造业	安徽	2901.3	666.6	0.83	5.15
水利、环境和公共设施管理业	安徽	444.1	82.9	0.75	9.25
水利、环境和公共设施管理业	上海	300.6	57.5	0.78	9.65
制造业	江苏	358.9	131.6	1.08	5.93
制造业	浙江	997.8	137.5	1.70	12.31
制造业	浙江	1810.5	226.6	0.57	6.90
制造业	浙江	597.0	52.9	0.17	2.48
交通运输、仓储和邮政业	山东	4078.9	62.0	0.52	5.72
制造业	浙江	21054.6	1496.6	2.49	10.90
制造业	上海	785.2	80.1	0.89	8.15
制造业	新疆	1257.9	18.5	0.03	1.73
制造业	广东	4127.0	659.7	1.62	8.03
制造业	浙江	239.9	53.0	0.33	3.53
信息传输、软件和信息技术服务业	上海	271.7	70.2	1.15	9.42
批发和零售业	广东	7253.8	475.0	1.19	6.88
制造业	浙江	615.0	51.6	0.43	6.49

上市公司基本信息
Listed Companies in 2017

公司代码 Code	证券简称 Security Name	总股本 Total Vol	A 股流通股 A-Share Negotiable	B 股 B-Share	H 股 H-Share	优先股 Pref Share
603239	浙江仙通	270.7	67.7	0.0	0.0	0.0
603258	电魂网络	240.0	66.8	0.0	0.0	0.0
603260	合盛硅业	670.0	70.0	0.0	0.0	0.0
603266	天龙股份	100.0	25.0	0.0	0.0	0.0
603268	松发股份	89.4	41.1	0.0	0.0	0.0
603269	海鸥股份	91.5	22.9	0.0	0.0	0.0
603277	银都股份	400.8	66.0	0.0	0.0	0.0
603278	大业股份	208.0	52.0	0.0	0.0	0.0
603283	赛腾股份	160.0	40.0	0.0	0.0	0.0
603286	日盈电子	88.1	22.0	0.0	0.0	0.0
603288	海天味业	2701.2	2696.9	0.0	0.0	0.0
603289	泰瑞机器	204.0	51.0	0.0	0.0	0.0
603298	杭叉集团	618.9	170.6	0.0	0.0	0.0
603299	井神股份	559.4	279.3	0.0	0.0	0.0
603300	华铁科技	405.3	278.1	0.0	0.0	0.0
603303	得邦照明	408.0	102.0	0.0	0.0	0.0
603305	旭升股份	400.6	41.6	0.0	0.0	0.0
603306	华懋科技	236.2	212.7	0.0	0.0	0.0
603308	应流股份	433.8	400.0	0.0	0.0	0.0
603309	维力医疗	200.0	77.0	0.0	0.0	0.0
603311	金海环境	210.0	93.0	0.0	0.0	0.0
603313	梦百合	240.0	82.3	0.0	0.0	0.0
603315	福鞍股份	220.0	77.9	0.0	0.0	0.0
603316	诚邦股份	203.3	50.8	0.0	0.0	0.0
603318	派思股份	403.3	106.2	0.0	0.0	0.0
603319	湘油泵	80.9	56.7	0.0	0.0	0.0
603320	迪贝电气	100.0	25.0	0.0	0.0	0.0
603321	梅轮电梯	307.0	77.0	0.0	0.0	0.0
603322	超讯通信	80.0	32.4	0.0	0.0	0.0
603323	吴江银行	1448.1	606.9	0.0	0.0	0.0
603326	我乐家居	161.2	40.0	0.0	0.0	0.0
603328	依顿电子	997.7	986.5	0.0	0.0	0.0
603329	上海雅仕	132.0	33.0	0.0	0.0	0.0
603330	上海天洋	60.0	15.0	0.0	0.0	0.0
603331	百达精工	127.3	31.8	0.0	0.0	0.0
603333	明星电缆	520.0	520.0	0.0	0.0	0.0
603335	迪生力	253.3	63.3	0.0	0.0	0.0
603336	宏辉果蔬	133.4	52.8	0.0	0.0	0.0
603337	杰克股份	206.7	51.7	0.0	0.0	0.0
603338	浙江鼎力	176.9	46.2	0.0	0.0	0.0
603339	四方冷链	210.2	56.8	0.0	0.0	0.0
603345	安井食品	216.0	54.0	0.0	0.0	0.0
603355	莱克电气	401.0	66.7	0.0	0.0	0.0
603357	设计总院	324.7	81.2	0.0	0.0	0.0
603358	华达科技	160.0	40.0	0.0	0.0	0.0
603359	东珠景观	227.6	56.9	0.0	0.0	0.0
603360	百傲化学	133.3	33.3	0.0	0.0	0.0
603363	傲农生物	420.0	60.0	0.0	0.0	0.0
603365	水星家纺	266.7	66.7	0.0	0.0	0.0
603366	日出东方	800.0	800.0	0.0	0.0	0.0

注：股本的单位为百万股，营业收入、净利润的单位为百万元。

上市公司基本信息
Listed Companies in 2017

所属行业 Industry	所属地区 Area	主营业务收入 Revenue	净利润 Net Profit	每股收益 EPS	每股净资产 NAVPS
制造业	浙江	721.8	170.1	0.63	3.67
信息传输、软件和信息技术服务业	浙江	498.3	164.5	0.69	6.72
制造业	浙江	6927.4	1517.0	2.26	8.08
制造业	浙江	842.5	78.5	0.79	8.06
制造业	广东	568.1	45.7	0.51	6.76
制造业	江苏	563.6	37.9	0.41	6.87
制造业	浙江	1345.4	197.6	0.49	3.90
制造业	山东	1874.7	131.4	0.63	6.55
制造业	江苏	682.0	95.7	0.60	3.96
制造业	江苏	316.0	33.7	0.38	4.80
制造业	广东	14103.4	3531.4	1.31	4.35
制造业	浙江	703.2	83.5	0.41	4.35
制造业	浙江	6703.9	474.5	0.77	5.64
制造业	江苏	2519.3	178.1	0.32	3.81
租赁和商务服务业	浙江	690.8	32.2	0.08	2.81
制造业	浙江	4027.7	210.1	0.52	5.82
制造业	浙江	732.7	222.1	0.55	2.87
制造业	福建	979.1	278.1	1.18	9.08
制造业	安徽	1349.3	60.2	0.14	6.50
制造业	广东	629.5	64.6	0.32	4.46
制造业	浙江	522.0	80.4	0.38	3.42
制造业	江苏	2331.6	155.8	0.65	6.38
制造业	辽宁	280.9	8.9	0.04	4.46
建筑业	浙江	742.5	68.5	0.34	3.94
制造业	辽宁	561.1	54.9	0.14	2.53
制造业	湖南	806.1	110.5	1.37	8.61
制造业	浙江	633.4	51.5	0.52	5.93
制造业	浙江	729.7	76.6	0.25	3.27
信息传输、软件和信息技术服务业	广东	947.6	21.4	0.27	6.13
金融业	江苏	--	731.1	0.51	5.78
制造业	江苏	912.5	83.8	0.52	4.61
制造业	广东	3285.8	553.1	0.55	4.64
交通运输、仓储和邮政业	上海	1699.6	77.8	0.59	5.51
制造业	上海	451.8	30.4	0.51	10.10
制造业	浙江	717.9	62.9	0.49	5.33
制造业	四川	898.7	16.9	0.03	2.73
制造业	广东	755.3	12.2	0.05	2.19
制造业	广东	684.0	63.3	0.48	5.83
制造业	浙江	2784.9	324.1	1.57	10.31
制造业	浙江	1099.1	283.1	1.60	12.45
制造业	江苏	981.1	172.2	0.82	6.98
制造业	福建	3478.9	202.4	0.94	7.84
制造业	江苏	5665.0	365.5	0.91	8.08
科学研究和技术服务业	安徽	1371.7	288.8	0.89	5.55
制造业	江苏	3123.7	226.1	1.41	15.83
建筑业	江苏	1224.4	242.8	1.07	10.55
制造业	辽宁	405.5	100.3	0.75	5.16
制造业	福建	4901.8	108.1	0.26	1.93
制造业	上海	2435.8	257.3	0.97	7.63
制造业	江苏	2501.1	54.8	0.07	4.62

上市公司基本信息
Listed Companies in 2017

公司代码 Code	证券简称 Security Name	总股本 Total Vol	A 股流通股 A-Share Negotiable	B 股 B-Share	H 股 H-Share	优先股 Pref Share
603367	辰欣药业	453.4	100.0	0.0	0.0	0.0
603368	柳州医药	185.1	146.3	0.0	0.0	0.0
603369	今世缘	1254.5	1254.5	0.0	0.0	0.0
603377	东方时尚	420.0	117.8	0.0	0.0	0.0
603378	亚士创能	194.8	49.0	0.0	0.0	0.0
603380	易德龙	160.0	40.0	0.0	0.0	0.0
603383	顶点软件	85.9	21.1	0.0	0.0	0.0
603385	惠达卫浴	284.2	71.0	0.0	0.0	0.0
603386	广东骏亚	201.8	50.5	0.0	0.0	0.0
603387	基蛋生物	132.0	33.0	0.0	0.0	0.0
603388	元成股份	205.8	50.0	0.0	0.0	0.0
603389	亚振家居	219.0	63.0	0.0	0.0	0.0
603393	新天然气	160.0	95.6	0.0	0.0	0.0
603396	金辰股份	75.6	18.9	0.0	0.0	0.0
603398	邦宝益智	212.5	52.8	0.0	0.0	0.0
603399	新华龙	543.3	499.3	0.0	0.0	0.0
603416	信捷电气	140.6	35.1	0.0	0.0	0.0
603421	鼎信通讯	443.1	43.4	0.0	0.0	0.0
603429	集友股份	136.0	34.0	0.0	0.0	0.0
603444	吉比特	71.7	17.8	0.0	0.0	0.0
603456	九洲药业	447.8	443.1	0.0	0.0	0.0
603458	勘设股份	124.2	31.0	0.0	0.0	0.0
603466	风语筑	144.0	36.0	0.0	0.0	0.0
603477	振静股份	240.0	60.0	0.0	0.0	0.0
603488	展鹏科技	208.0	52.0	0.0	0.0	0.0
603496	恒为科技	100.0	25.0	0.0	0.0	0.0
603499	翔港科技	100.0	25.0	0.0	0.0	0.0
603500	祥和实业	126.0	31.5	0.0	0.0	0.0
603501	韦尔股份	455.8	41.6	0.0	0.0	0.0
603505	金石资源	240.0	60.0	0.0	0.0	0.0
603507	振江股份	125.6	31.4	0.0	0.0	0.0
603508	思维列控	160.0	65.2	0.0	0.0	0.0
603515	欧普照明	579.5	98.0	0.0	0.0	0.0
603517	绝味食品	410.0	50.0	0.0	0.0	0.0
603518	维格娜丝	152.3	148.0	0.0	0.0	0.0
603519	立霸股份	160.0	76.9	0.0	0.0	0.0
603520	司太立	120.0	64.7	0.0	0.0	0.0
603527	众源新材	124.4	31.1	0.0	0.0	0.0
603528	多伦科技	620.0	187.6	0.0	0.0	0.0
603533	掌阅科技	401.0	41.0	0.0	0.0	0.0
603535	嘉诚国际	150.4	37.6	0.0	0.0	0.0
603536	惠发股份	120.0	30.0	0.0	0.0	0.0
603538	美诺华	120.0	30.0	0.0	0.0	0.0
603555	贵人鸟	628.6	628.6	0.0	0.0	0.0
603556	海兴电力	380.2	126.5	0.0	0.0	0.0
603557	起步股份	470.0	47.0	0.0	0.0	0.0
603558	健盛集团	416.4	115.5	0.0	0.0	0.0
603559	中通国脉	132.0	79.5	0.0	0.0	0.0
603566	普莱柯	323.7	162.1	0.0	0.0	0.0
603567	珍宝岛	849.2	273.2	0.0	0.0	0.0

注：股本的单位为百万股，营业收入、净利润的单位为百万元。

上市公司基本信息
Listed Companies in 2017

所属行业 Industry	所属地区 Area	主营业务收入 Revenue	净利润 Net Profit	每股收益 EPS	每股净资产 NAVPS
制造业	山东	2870.4	367.2	0.81	8.21
批发和零售业	广西	9434.6	401.4	2.17	18.87
制造业	江苏	2932.8	895.9	0.71	4.20
教育	北京	1167.7	234.9	0.56	4.14
制造业	上海	1351.3	113.7	0.58	6.61
制造业	江苏	862.8	95.6	0.60	4.34
信息传输、软件和信息技术服务业	福建	243.8	101.9	1.19	10.92
制造业	河北	2728.8	226.6	0.80	10.54
制造业	广东	958.4	65.6	0.33	3.05
制造业	江苏	485.3	194.0	1.47	8.66
建筑业	浙江	841.9	91.8	0.45	3.76
制造业	江苏	552.0	61.1	0.28	4.04
电力、热力、燃气及水生产和供应业	新疆	1014.7	263.7	1.65	12.14
制造业	辽宁	566.7	76.2	1.01	10.93
制造业	广东	328.6	62.1	0.29	2.94
制造业	辽宁	2198.8	219.7	0.40	3.87
制造业	江苏	481.7	123.8	0.88	6.62
信息传输、软件和信息技术服务业	山东	1497.1	301.8	0.68	4.77
制造业	安徽	232.7	99.2	0.73	3.91
信息传输、软件和信息技术服务业	福建	1438.5	609.7	8.50	32.09
制造业	浙江	1597.5	147.6	0.33	5.97
科学研究和技术服务业	贵州	1919.9	329.4	2.65	15.77
文化、体育和娱乐业	上海	1499.2	166.2	1.15	8.96
制造业	四川	650.2	62.4	0.26	3.33
制造业	江苏	278.9	71.2	0.34	3.84
制造业	上海	312.0	75.2	0.75	6.55
制造业	上海	293.1	45.8	0.46	5.06
制造业	浙江	298.7	77.9	0.62	6.23
制造业	上海	2396.3	137.2	0.30	2.59
采矿业	浙江	374.7	77.1	0.32	3.03
制造业	江苏	934.0	116.0	0.92	10.94
制造业	河南	457.3	131.1	0.82	15.91
制造业	上海	6888.4	681.1	1.18	6.27
制造业	湖南	3764.5	501.7	1.22	6.27
制造业	江苏	2557.7	189.9	1.25	10.77
制造业	江苏	1222.2	83.5	0.52	4.52
制造业	浙江	698.5	83.1	0.69	7.14
制造业	安徽	2983.6	85.6	0.69	6.49
制造业	江苏	492.9	101.9	0.16	2.20
信息传输、软件和信息技术服务业	北京	1667.0	123.7	0.31	2.46
交通运输、仓储和邮政业	广东	1034.3	118.8	0.79	9.17
制造业	山东	929.3	60.4	0.50	5.37
制造业	浙江	601.6	44.7	0.37	9.30
制造业	福建	3230.0	157.3	0.25	3.70
制造业	浙江	3016.2	562.9	1.48	12.30
制造业	浙江	1339.2	194.4	0.41	2.97
制造业	浙江	1133.9	131.5	0.32	6.66
信息传输、软件和信息技术服务业	吉林	539.5	27.8	0.21	4.07
制造业	河南	525.3	114.2	0.35	4.85
制造业	黑龙江	3133.7	520.9	0.61	5.50

上市公司基本信息
Listed Companies in 2017

公司代码 Code	证券简称 Security Name	总股本 Total Vol	A 股流通股 A-Share Negotiable	B 股 B-Share	H 股 H-Share	优先股 Pref Share
603568	伟明环保	687.2	130.6	0.0	0.0	0.0
603569	长久物流	400.0	57.3	0.0	0.0	0.0
603577	汇金通	175.0	77.5	0.0	0.0	0.0
603578	三星新材	88.0	22.0	0.0	0.0	0.0
603579	荣泰健康	140.0	35.0	0.0	0.0	0.0
603580	艾艾精工	66.7	16.7	0.0	0.0	0.0
603585	苏利股份	150.0	45.0	0.0	0.0	0.0
603586	金麒麟	209.4	52.5	0.0	0.0	0.0
603588	高能环境	662.2	650.1	0.0	0.0	0.0
603589	口子窖	600.0	293.5	0.0	0.0	0.0
603595	东尼电子	100.0	25.0	0.0	0.0	0.0
603598	引力传媒	271.1	97.4	0.0	0.0	0.0
603599	广信股份	376.5	136.5	0.0	0.0	0.0
603600	永艺股份	253.0	104.7	0.0	0.0	0.0
603601	再升科技	386.2	213.4	0.0	0.0	0.0
603602	纵横通信	80.0	20.0	0.0	0.0	0.0
603603	博天环境	400.0	40.0	0.0	0.0	0.0
603605	珀莱雅	200.0	50.0	0.0	0.0	0.0
603606	东方电缆	372.7	311.0	0.0	0.0	0.0
603607	京华激光	91.1	22.8	0.0	0.0	0.0
603608	天创时尚	431.7	127.4	0.0	0.0	0.0
603609	禾丰牧业	831.2	831.2	0.0	0.0	0.0
603611	诺力股份	191.4	93.0	0.0	0.0	0.0
603612	索通发展	243.0	60.2	0.0	0.0	0.0
603615	茶花股份	240.0	60.0	0.0	0.0	0.0
603616	韩建河山	293.4	147.4	0.0	0.0	0.0
603617	君禾股份	100.0	25.0	0.0	0.0	0.0
603618	杭电股份	686.9	310.1	0.0	0.0	0.0
603619	中曼石油	400.0	40.0	0.0	0.0	0.0
603626	科森科技	294.9	73.7	0.0	0.0	0.0
603628	清源股份	273.8	68.5	0.0	0.0	0.0
603630	拉芳家化	174.4	43.6	0.0	0.0	0.0
603633	徕木股份	120.4	83.0	0.0	0.0	0.0
603636	南威软件	407.1	172.9	0.0	0.0	0.0
603637	镇海股份	133.0	33.2	0.0	0.0	0.0
603638	艾迪精密	176.0	44.0	0.0	0.0	0.0
603639	海利尔	120.0	30.0	0.0	0.0	0.0
603648	畅联股份	368.7	92.2	0.0	0.0	0.0
603655	朗博科技	106.0	26.5	0.0	0.0	0.0
603656	泰禾光电	106.3	26.6	0.0	0.0	0.0
603658	安图生物	420.0	136.5	0.0	0.0	0.0
603659	璞泰来	432.7	63.7	0.0	0.0	0.0
603660	苏州科达	250.0	169.7	0.0	0.0	0.0
603661	恒林股份	100.0	25.0	0.0	0.0	0.0
603663	三祥新材	134.2	49.1	0.0	0.0	0.0
603665	康隆达	100.0	25.0	0.0	0.0	0.0
603667	五洲新春	202.4	87.3	0.0	0.0	0.0
603668	天马科技	296.8	74.2	0.0	0.0	0.0
603669	灵康药业	260.0	86.5	0.0	0.0	0.0
603676	卫信康	423.0	63.0	0.0	0.0	0.0

注：股本的单位为百万股，营业收入、净利润的单位为百万元。

上市公司基本信息
Listed Companies in 2017

所属行业 Industry	所属地区 Area	主营业务收入 Revenue	净利润 Net Profit	每股收益 EPS	每股净资产 NAVPS
水利、环境和公共设施管理业	浙江	1021.5	506.9	0.74	3.35
租赁和商务服务业	北京	4943.5	393.8	0.99	5.37
制造业	山东	761.6	47.7	0.27	4.96
制造业	浙江	297.7	55.4	0.63	5.64
制造业	上海	1906.9	216.2	1.54	9.76
制造业	上海	155.0	28.7	0.43	5.63
制造业	江苏	1440.8	224.6	1.50	10.11
制造业	山东	1494.4	173.8	0.83	10.10
水利、环境和公共设施管理业	北京	2304.5	191.9	0.29	3.30
制造业	安徽	3548.6	1113.7	1.86	8.48
制造业	浙江	723.6	173.4	1.70	7.15
租赁和商务服务业	北京	2582.2	66.7	0.25	2.45
制造业	安徽	2344.5	337.2	0.73	8.88
制造业	浙江	1832.5	100.2	0.40	2.64
制造业	重庆	619.1	113.6	0.29	3.10
信息传输、软件和信息技术服务业	浙江	587.5	59.9	0.75	8.04
水利、环境和公共设施管理业	北京	3044.4	202.1	0.51	3.28
制造业	浙江	1781.7	200.8	1.00	7.29
制造业	浙江	1935.7	50.2	0.14	4.24
制造业	浙江	533.0	82.6	0.91	7.76
制造业	广东	1727.8	187.9	0.44	4.65
制造业	辽宁	13666.9	471.0	0.57	4.08
制造业	浙江	2108.5	159.5	0.83	8.31
制造业	山东	3179.8	547.8	2.25	9.75
制造业	福建	718.5	93.6	0.39	5.58
制造业	北京	745.5	-59.3	-0.20	2.64
制造业	浙江	570.5	56.3	0.56	4.70
制造业	浙江	4153.6	100.3	0.15	2.90
制造业	上海	1768.9	394.5	0.99	6.29
制造业	江苏	2101.6	222.4	0.75	5.92
制造业	福建	779.3	49.1	0.18	3.40
制造业	广东	980.6	138.0	0.79	9.74
制造业	上海	355.5	49.4	0.41	5.84
信息传输、软件和信息技术服务业	福建	805.6	103.0	0.25	2.48
科学研究和技术服务业	浙江	290.9	44.4	0.33	5.40
制造业	山东	638.5	139.7	0.79	4.78
制造业	山东	1502.2	286.0	2.38	13.46
租赁和商务服务业	上海	1149.5	138.9	0.38	4.19
制造业	江苏	185.2	35.3	0.33	4.35
制造业	安徽	380.3	87.5	0.82	7.78
制造业	河南	1338.1	446.6	1.06	3.97
制造业	上海	2242.2	450.9	1.04	5.66
制造业	江苏	1805.6	270.8	1.08	5.55
制造业	浙江	1890.0	165.7	1.66	21.79
制造业	福建	384.9	54.0	0.40	3.49
制造业	浙江	752.6	72.3	0.72	9.27
制造业	浙江	1107.7	98.7	0.49	5.97
制造业	福建	982.2	90.9	0.31	2.77
制造业	西藏	1005.1	161.0	0.62	5.00
制造业	西藏	420.3	101.6	0.24	2.03

上市公司基本信息
Listed Companies in 2017

公司代码 Code	证券简称 Security Name	总股本 Total Vol	A 股流通股 A-Share Negotiable	B 股 B-Share	H 股 H-Share	优先股 Pref Share
603677	奇精机械	140.2	34.0	0.0	0.0	0.0
603678	火炬电子	452.7	238.4	0.0	0.0	0.0
603679	华体科技	100.0	25.0	0.0	0.0	0.0
603683	晶华新材	126.7	31.7	0.0	0.0	0.0
603685	晨丰科技	100.0	25.0	0.0	0.0	0.0
603686	龙马环卫	299.3	107.9	0.0	0.0	0.0
603688	石英股份	337.3	336.4	0.0	0.0	0.0
603689	皖天然气	336.0	84.0	0.0	0.0	0.0
603690	至纯科技	210.4	52.0	0.0	0.0	0.0
603696	安记食品	120.0	34.5	0.0	0.0	0.0
603698	航天工程	412.3	88.8	0.0	0.0	0.0
603699	纽威股份	750.0	750.0	0.0	0.0	0.0
603701	德宏股份	119.5	58.6	0.0	0.0	0.0
603703	盛洋科技	229.7	95.9	0.0	0.0	0.0
603707	健友股份	423.5	63.5	0.0	0.0	0.0
603708	家家悦	468.0	157.0	0.0	0.0	0.0
603711	香飘飘	400.0	40.0	0.0	0.0	0.0
603716	塞力斯	71.3	38.4	0.0	0.0	0.0
603717	天域生态	172.7	43.2	0.0	0.0	0.0
603718	海利生物	644.0	304.9	0.0	0.0	0.0
603721	中广天择	100.0	25.0	0.0	0.0	0.0
603722	阿科力	86.7	21.7	0.0	0.0	0.0
603725	天安新材	146.7	36.7	0.0	0.0	0.0
603726	朗迪集团	94.7	23.7	0.0	0.0	0.0
603727	博迈科	234.1	94.9	0.0	0.0	0.0
603728	鸣志电器	320.0	80.0	0.0	0.0	0.0
603729	龙韵股份	66.7	36.1	0.0	0.0	0.0
603730	岱美股份	408.0	48.0	0.0	0.0	0.0
603737	三棵树	102.2	32.6	0.0	0.0	0.0
603738	泰晶科技	113.4	42.0	0.0	0.0	0.0
603757	大元泵业	83.8	21.0	0.0	0.0	0.0
603758	秦安股份	438.8	60.0	0.0	0.0	0.0
603766	隆鑫通用	2113.1	2077.7	0.0	0.0	0.0
603767	中马传动	213.3	53.3	0.0	0.0	0.0
603768	常青股份	204.0	51.0	0.0	0.0	0.0
603776	永安行	96.0	24.0	0.0	0.0	0.0
603777	来伊份	243.7	78.0	0.0	0.0	0.0
603778	乾景园林	500.0	226.2	0.0	0.0	0.0
603779	威龙股份	229.6	92.6	0.0	0.0	0.0
603787	新日股份	204.0	51.0	0.0	0.0	0.0
603788	宁波高发	164.4	50.5	0.0	0.0	0.0
603789	星光农机	262.0	104.0	0.0	0.0	0.0
603797	联泰环保	213.3	53.3	0.0	0.0	0.0
603798	康普顿	200.0	85.4	0.0	0.0	0.0
603799	华友钴业	592.7	321.7	0.0	0.0	0.0
603800	道森股份	208.0	67.6	0.0	0.0	0.0
603801	志邦股份	160.0	40.0	0.0	0.0	0.0
603803	瑞斯康达	421.1	56.8	0.0	0.0	0.0
603806	福斯特	402.0	402.0	0.0	0.0	0.0
603808	歌力思	337.3	113.1	0.0	0.0	0.0

注：股本的单位为百万股，营业收入、净利润的单位为百万元。

上市公司基本信息
Listed Companies in 2017

所属行业 Industry	所属地区 Area	主营业务收入 Revenue	净利润 Net Profit	每股收益 EPS	每股净资产 NAVPS
制造业	浙江	1271.8	100.1	0.71	6.33
制造业	福建	1884.0	236.8	0.52	5.58
制造业	四川	475.4	52.9	0.53	5.17
制造业	上海	721.5	41.6	0.33	6.08
制造业	浙江	734.3	112.0	1.12	9.01
制造业	福建	3043.6	260.0	0.87	7.15
制造业	江苏	557.9	107.8	0.32	3.84
电力、热力、燃气及水生产和供应业	安徽	2567.9	124.4	0.37	5.57
制造业	上海	369.1	49.3	0.23	1.93
制造业	福建	228.9	41.2	0.34	6.00
科学研究和技术服务业	北京	1216.1	192.5	0.47	6.04
制造业	江苏	2384.8	209.2	0.28	3.41
制造业	浙江	505.5	80.7	0.68	4.96
制造业	浙江	846.5	24.2	0.11	2.33
制造业	江苏	1075.2	314.2	0.74	4.85
批发和零售业	山东	10602.4	310.7	0.66	5.30
制造业	浙江	2615.0	267.8	0.67	4.82
批发和零售业	湖北	920.5	93.8	1.32	13.09
建筑业	重庆	946.8	121.3	0.70	7.48
制造业	上海	303.1	113.7	0.18	1.66
文化、体育和娱乐业	湖南	391.4	63.7	0.64	5.40
制造业	江苏	290.9	50.0	0.58	6.00
制造业	广东	958.8	55.3	0.38	5.35
制造业	浙江	1210.8	113.4	1.20	8.63
采矿业	天津	472.0	109.9	0.47	10.37
制造业	上海	1624.0	166.0	0.52	5.28
租赁和商务服务业	上海	1235.7	41.5	0.62	12.81
制造业	上海	3172.6	581.8	1.43	7.58
制造业	福建	2573.0	176.0	1.72	10.95
制造业	湖北	508.9	64.5	0.57	5.52
制造业	浙江	1104.7	179.4	2.14	10.67
制造业	重庆	1206.7	188.1	0.43	5.60
制造业	重庆	10468.6	964.6	0.46	3.14
制造业	浙江	868.6	78.0	0.37	6.66
制造业	安徽	1696.9	127.2	0.62	8.12
科学研究和技术服务业	江苏	1054.5	516.4	5.38	17.09
批发和零售业	上海	3575.0	101.4	0.42	7.82
建筑业	北京	548.5	89.7	0.18	2.04
制造业	山东	802.6	63.5	0.28	6.05
制造业	江苏	2615.9	73.3	0.36	4.31
制造业	浙江	1186.2	233.0	1.42	11.23
制造业	浙江	634.4	25.3	0.10	4.13
水利、环境和公共设施管理业	广东	184.7	64.6	0.30	4.78
制造业	山东	895.5	119.5	0.60	4.22
制造业	浙江	9491.9	1895.5	3.20	10.17
制造业	江苏	735.2	29.2	0.14	4.49
制造业	安徽	2101.2	234.2	1.46	10.62
制造业	北京	2104.0	199.2	0.47	5.87
制造业	浙江	4533.0	585.2	1.46	12.51
制造业	广东	1890.3	302.3	0.90	6.14

上市公司基本信息
Listed Companies in 2017

公司代码 Code	证券简称 Security Name	总股本 Total Vol	A股流通股 A-Share Negotiable	B股 B-Share	H股 H-Share	优先股 Pref Share
603809	豪能股份	106.7	26.7	0.0	0.0	0.0
603811	诚意药业	85.2	21.3	0.0	0.0	0.0
603813	原尚股份	88.3	22.1	0.0	0.0	0.0
603816	顾家家居	428.1	89.1	0.0	0.0	0.0
603817	海峡环保	450.0	112.5	0.0	0.0	0.0
603818	曲美家居	484.1	131.6	0.0	0.0	0.0
603819	神力股份	120.8	56.1	0.0	0.0	0.0
603822	嘉澳环保	73.4	40.6	0.0	0.0	0.0
603823	百合花	225.0	70.3	0.0	0.0	0.0
603825	华扬联众	160.0	40.0	0.0	0.0	0.0
603826	坤彩科技	360.0	90.0	0.0	0.0	0.0
603828	柯利达	330.2	108.2	0.0	0.0	0.0
603829	洛凯股份	160.0	40.0	0.0	0.0	0.0
603833	欧派家居	420.6	41.5	0.0	0.0	0.0
603838	四通股份	266.7	97.3	0.0	0.0	0.0
603839	安正时尚	289.1	71.3	0.0	0.0	0.0
603843	正平股份	400.0	192.8	0.0	0.0	0.0
603848	好太太	401.0	41.0	0.0	0.0	0.0
603855	华荣股份	331.1	82.8	0.0	0.0	0.0
603856	东宏股份	197.2	49.3	0.0	0.0	0.0
603858	步长制药	681.8	327.8	0.0	0.0	0.0
603859	能科股份	113.6	49.9	0.0	0.0	0.0
603860	中公高科	66.7	16.7	0.0	0.0	0.0
603861	白云电器	409.1	121.1	0.0	0.0	0.0
603866	桃李面包	470.6	59.2	0.0	0.0	0.0
603868	飞科电器	435.6	43.6	0.0	0.0	0.0
603869	北部湾旅	348.8	111.8	0.0	0.0	0.0
603877	太平鸟	480.9	55.0	0.0	0.0	0.0
603878	武进不锈	202.0	101.0	0.0	0.0	0.0
603879	永悦科技	144.0	36.0	0.0	0.0	0.0
603880	南卫股份	100.0	25.0	0.0	0.0	0.0
603881	数据港	210.6	52.7	0.0	0.0	0.0
603882	金域医学	457.9	68.7	0.0	0.0	0.0
603883	老百姓	284.9	84.1	0.0	0.0	0.0
603885	吉祥航空	1797.0	537.0	0.0	0.0	0.0
603886	元祖股份	240.0	121.2	0.0	0.0	0.0
603887	城地股份	103.0	57.8	0.0	0.0	0.0
603888	新华网	519.0	176.5	0.0	0.0	0.0
603889	新澳股份	393.7	143.6	0.0	0.0	0.0
603890	春秋电子	137.0	34.3	0.0	0.0	0.0
603896	寿仙谷	139.8	35.0	0.0	0.0	0.0
603898	好莱客	318.1	89.0	0.0	0.0	0.0
603899	晨光文具	920.0	224.0	0.0	0.0	0.0
603900	莱绅通灵	340.5	85.1	0.0	0.0	0.0
603901	永创智能	400.0	154.0	0.0	0.0	0.0
603903	中持股份	103.3	25.6	0.0	0.0	0.0
603906	龙蟠科技	208.0	52.0	0.0	0.0	0.0
603908	牧高笛	66.7	16.7	0.0	0.0	0.0
603909	合诚股份	100.0	25.0	0.0	0.0	0.0
603912	佳力图	148.0	37.0	0.0	0.0	0.0

注：股本的单位为百万股，营业收入、净利润的单位为百万元。

上市公司基本信息
Listed Companies in 2017

所属行业 Industry	所属地区 Area	主营业务收入 Revenue	净利润 Net Profit	每股收益 EPS	每股净资产 NAVPS
制造业	四川	838.1	149.9	1.41	13.93
制造业	浙江	335.1	69.2	0.81	7.04
交通运输、仓储和邮政业	广东	392.5	51.9	0.59	6.41
制造业	浙江	6269.8	822.4	1.92	9.34
电力、热力、燃气及水生产和供应业	福建	348.0	99.4	0.22	3.15
制造业	北京	1985.8	245.7	0.51	3.29
制造业	江苏	648.5	30.8	0.26	6.16
制造业	浙江	859.3	51.0	0.70	9.81
制造业	浙江	1502.4	133.0	0.59	5.64
信息传输、软件和信息技术服务业	北京	8216.4	126.7	0.79	7.54
制造业	福建	469.2	118.0	0.33	3.17
建筑业	江苏	2034.4	57.6	0.17	3.22
制造业	江苏	480.0	53.7	0.34	3.81
制造业	广东	9562.7	1300.1	3.09	14.80
制造业	广东	420.4	41.8	0.16	2.58
制造业	浙江	1416.7	273.1	0.95	8.90
建筑业	青海	1481.5	47.3	0.12	3.14
制造业	广东	1107.5	205.8	0.51	2.71
制造业	上海	1432.7	126.1	0.38	4.29
制造业	山东	1049.7	121.9	0.62	7.27
制造业	山东	13833.9	1638.0	2.40	19.28
科学研究和技术服务业	北京	229.0	38.1	0.34	5.77
科学研究和技术服务业	北京	191.4	46.9	0.70	8.39
制造业	广东	1505.4	155.0	0.38	4.92
制造业	辽宁	4079.7	513.3	1.09	6.71
制造业	上海	3849.1	835.3	1.92	5.53
水利、环境和公共设施管理业	广西	2509.7	269.6	0.77	10.51
制造业	浙江	7060.8	456.3	0.95	6.90
制造业	江苏	1416.9	127.8	0.63	10.03
制造业	福建	558.6	43.9	0.31	3.61
制造业	江苏	488.7	47.6	0.48	5.32
信息传输、软件和信息技术服务业	上海	510.4	114.9	0.55	4.25
卫生和社会工作	广东	3589.3	188.5	0.41	3.72
批发和零售业	湖南	7445.5	370.8	1.30	10.29
交通运输、仓储和邮政业	上海	12232.2	1325.6	0.74	4.81
制造业	上海	1734.6	203.5	0.85	5.08
建筑业	上海	799.5	66.4	0.65	7.32
信息传输、软件和信息技术服务业	北京	1502.4	284.0	0.55	5.26
制造业	浙江	2217.0	207.4	0.53	5.66
制造业	江苏	1729.8	160.0	1.17	9.70
制造业	浙江	367.2	88.9	0.64	6.22
制造业	广东	1831.4	348.0	1.09	6.47
制造业	上海	6352.9	634.0	0.69	3.08
批发和零售业	江苏	1940.6	309.2	0.91	6.71
制造业	浙江	1370.0	65.8	0.17	2.36
水利、环境和公共设施管理业	北京	529.3	62.2	0.60	6.94
制造业	江苏	1295.3	92.4	0.44	5.71
制造业	浙江	513.9	50.0	0.75	6.68
科学研究和技术服务业	福建	342.2	62.2	0.62	6.31
制造业	江苏	439.7	82.3	0.56	4.21

上市公司基本信息 Listed Companies in 2017

公司代码 Code	证券简称 Security Name	总股本 Total Vol	A 股流通股 A-Share Negotiable	B 股 B-Share	H 股 H-Share	优先股 Pref Share
603916	苏博特	304.0	76.0	0.0	0.0	0.0
603917	合力科技	112.0	28.0	0.0	0.0	0.0
603918	金桥信息	177.3	123.3	0.0	0.0	0.0
603919	金徽酒	364.0	115.8	0.0	0.0	0.0
603920	世运电路	401.8	88.8	0.0	0.0	0.0
603922	金鸿顺	128.0	32.0	0.0	0.0	0.0
603926	铁流股份	120.0	30.0	0.0	0.0	0.0
603928	兴业股份	201.6	62.8	0.0	0.0	0.0
603929	亚翔集成	213.4	53.4	0.0	0.0	0.0
603933	睿能科技	102.7	25.7	0.0	0.0	0.0
603936	博敏电子	167.4	56.1	0.0	0.0	0.0
603937	丽岛新材	208.9	52.2	0.0	0.0	0.0
603938	三孚股份	150.2	37.6	0.0	0.0	0.0
603939	益丰药房	362.7	198.7	0.0	0.0	0.0
603955	大千生态	87.0	21.8	0.0	0.0	0.0
603958	哈森股份	217.4	66.0	0.0	0.0	0.0
603959	百利科技	224.0	106.4	0.0	0.0	0.0
603960	克来机电	104.0	26.0	0.0	0.0	0.0
603963	大理药业	100.0	25.0	0.0	0.0	0.0
603966	法兰泰克	160.0	40.0	0.0	0.0	0.0
603968	醋化股份	204.5	136.6	0.0	0.0	0.0
603969	银龙股份	400.0	152.6	0.0	0.0	0.0
603970	中农立华	133.3	33.3	0.0	0.0	0.0
603976	正川股份	108.0	27.0	0.0	0.0	0.0
603977	国泰集团	221.1	125.7	0.0	0.0	0.0
603978	深圳新星	80.0	20.0	0.0	0.0	0.0
603979	金诚信	585.0	243.2	0.0	0.0	0.0
603980	吉华集团	500.0	100.0	0.0	0.0	0.0
603985	恒润股份	80.0	20.0	0.0	0.0	0.0
603986	兆易创新	202.7	147.3	0.0	0.0	0.0
603987	康德莱	315.4	190.1	0.0	0.0	0.0
603988	中电电机	120.0	120.0	0.0	0.0	0.0
603989	艾华集团	300.0	84.4	0.0	0.0	0.0
603990	麦迪科技	80.9	60.3	0.0	0.0	0.0
603991	至正股份	74.5	18.7	0.0	0.0	0.0
603993	洛阳钼业	21599.2	12953.7	0.0	3933.5	0.0
603996	中新科技	300.2	103.3	0.0	0.0	0.0
603997	继峰股份	630.0	171.0	0.0	0.0	0.0
603998	方盛制药	430.9	425.2	0.0	0.0	0.0
603999	读者传媒	576.0	230.4	0.0	0.0	0.0
900929	锦旅 B 股	132.6	0.0	66.0	0.0	0.0
900939	汇丽 B	181.5	0.0	88.0	0.0	0.0
900948	伊泰 B 股	3254.0	0.0	1328.0	326.0	0.0
900951	*ST 大化 B	275.0	0.0	100.0	0.0	0.0
900953	凯马 B	640.0	0.0	240.0	0.0	0.0
900956	东贝 B 股	235.0	0.0	115.0	0.0	0.0
900957	凌云 B 股	349.0	0.0	184.0	0.0	0.0

注：股本的单位为百万股，营业收入、净利润的单位为百万元。

上市公司基本信息
Listed Companies in 2017

所属行业 Industry	所属地区 Area	主营业务收入 Revenue	净利润 Net Profit	每股收益 EPS	每股净资产 NAVPS
制造业	江苏	1675.4	133.8	0.44	6.17
制造业	浙江	535.4	81.8	0.73	7.41
信息传输、软件和信息技术服务业	上海	672.6	34.8	0.20	2.90
制造业	甘肃	1332.8	253.0	0.70	5.02
制造业	广东	1914.1	180.7	0.45	5.83
制造业	江苏	999.7	90.6	0.71	8.70
制造业	浙江	830.1	109.2	0.91	9.74
制造业	江苏	1267.3	135.5	0.67	5.64
建筑业	江苏	1770.8	128.3	0.60	4.59
制造业	福建	1899.1	141.3	1.38	9.46
制造业	广东	1695.6	65.2	0.39	5.92
制造业	江苏	1238.1	96.0	0.46	5.82
制造业	河北	999.3	142.7	0.95	6.51
批发和零售业	湖南	4662.1	313.5	0.86	8.73
建筑业	江苏	676.7	78.3	0.90	12.00
制造业	江苏	1494.2	18.2	0.08	5.21
科学研究和技术服务业	湖南	593.9	108.5	0.48	4.28
制造业	上海	251.9	49.2	0.47	4.22
制造业	云南	272.7	44.5	0.45	4.63
制造业	江苏	636.0	63.8	0.40	5.14
制造业	江苏	1655.8	160.8	0.79	6.52
制造业	天津	2143.6	118.3	0.30	4.07
批发和零售业	北京	3503.5	90.3	0.68	5.87
制造业	重庆	507.2	82.2	0.76	8.83
制造业	江西	543.2	68.6	0.31	4.29
制造业	广东	1006.8	104.5	1.31	16.48
采矿业	北京	2407.5	205.2	0.35	6.54
制造业	浙江	2446.7	397.4	0.80	7.94
制造业	江苏	666.1	90.7	1.13	12.56
制造业	北京	2029.3	397.4	1.96	8.67
制造业	上海	1251.7	119.0	0.38	3.90
制造业	江苏	307.2	33.1	0.28	5.56
制造业	湖南	1791.2	291.8	0.97	6.11
信息传输、软件和信息技术服务业	江苏	268.7	51.1	0.63	5.36
制造业	上海	427.4	38.0	0.51	6.19
采矿业	河南	23968.5	2727.8	0.63	8.83
制造业	浙江	6607.8	146.0	0.49	4.99
制造业	浙江	1800.7	292.8	0.47	2.74
制造业	湖南	714.2	59.7	0.14	2.29
文化、体育和娱乐业	甘肃	517.1	75.3	0.13	2.93
租赁和商务服务业	上海	1684.3	61.2	0.46	8.66
建筑业	上海	12.2	4.4	0.02	0.39
采矿业	内蒙	36359.0	4925.4	1.51	8.82
制造业	辽宁	899.8	28.8	0.11	0.70
制造业	上海	4773.5	28.1	0.04	1.36
制造业	湖北	3722.3	83.4	0.36	4.88
房地产业	上海	98.1	30.0	0.09	1.21

上市公司股份变动
Change of Shares Outstanding in 2017

股票代码 Code	股票简称 Stock Name	变动后总股本(百万股) Total Share(M)	变动原因 Change Reason	变动日期 Change Date	股票代码 Code	股票简称 Stock Name	变动后总股本(百万股) Total Share(M)	变动原因 Change Reason	变动日 Change D
600000	浦发银行	21618.28	限售期满	2017.03.20	600000	浦发银行	28103.76	上施工时	2017.0
600000	浦发银行	29352.08	增发上市	2017.09.08	600004	白云机场	1150.06	债转股	2017.0
600004	白云机场	1156.42	债转股	2017.04.10	600004	白云机场	1268.94	债转股	2017.0
600004	白云机场	1427.12	债转股	2017.06.09	600004	白云机场	2069.32	送股	2017.0
600010	包钢股份	45585.03	送股	2017.06.01	600015	华夏银行	12822.69	送股	2017.0
600019	宝钢股份	16450.14	股份注销	2017.02.08	600019	宝钢股份	22102.66	增发上市	2017.0
600019	宝钢股份	22102.66	限售期满	2017.06.19	600019	宝钢股份	22101.28	股份注销	2017.1
600021	上海电力	2409.66	增发上市	2017.12.13	600022	山东钢铁	10946.55	送股	2017.0
600025	华能水电	18000.00	A 股新上市	2017.12.15	600029	南方航空	10088.17	其他股本变动	2017.0
600031	三一重工	7610.87	债转股	2017.01.06	600031	三一重工	7657.95	增发上市	2017.0
600031	三一重工	7657.95	债转股	2017.04.10	600031	三一重工	7657.96	债转股	2017.0
600031	三一重工	7657.99	债转股	2017.08.23	600031	三一重工	7643.58	股份注销	2017.0
600031	三一重工	7643.58	债转股	2017.10.12	600031	三一重工	7643.59	债转股	2017.1
600031	三一重工	7654.44	增发上市	2017.12.05	600031	三一重工	7654.44	债转股	2017.1
600035	楚天高速	1730.80	增发上市	2017.02.28	600039	四川路桥	3610.53	增发上市	2017.0
600048	保利地产	11858.44	增发上市	2017.02.07	600048	保利地产	11858.44	限售期满	2017.0
600050	中国联通	30233.95	增发上市	2017.11.03	600051	宁波联合	310.88	限售期满	2017.0
600051	宁波联合	310.88	限售期满	2017.08.10	600054	黄山旅游	747.30	限售期满	2017.0
600055	万东医疗	540.82	送股	2017.06.05	600057	象屿股份	1170.78	限售期满	2017.0
600057	象屿股份	1170.78	限售期满	2017.11.10	600061	国投资本	4227.13	增发上市	2017.1
600062	华润双鹤	869.36	送股	2017.07.18	600063	皖维高新	1925.89	增发上市	2017.0
600066	宇通客车	2213.94	限售期满	2017.12.26	600068	葛洲坝	4604.78	限售期满	2017.0
600070	浙江富润	489.74	增发上市	2017.01.11	600070	浙江富润	521.95	增发上市	2017.0
600072	中船科技	736.25	限售期满	2017.12.07	600074	ST 保千里	2437.89	限售期满	2017.0
600074	ST 保千里	2437.89	限售期满	2017.07.27	600075	新疆天业	972.52	送股	2017.0
600075	新疆天业	972.52	限售期满	2017.08.21	600079	人福医药	1353.70	增发上市	2017.1
600082	海泰发展	646.12	限售期满	2017.02.07	600083	博信股份	230.00	限售期满	2017.0
600083	博信股份	230.00	限售期满	2017.11.15	600089	特变电工	3238.31	股份注销	2017.0
600089	特变电工	3237.88	股份注销	2017.03.06	600089	特变电工	3718.65	配股上市	2017.0
600089	特变电工	3718.65	限售期满	2017.08.29	600090	同济堂	1439.66	限售期满	2017.0
600094	大名城	2475.33	限售期满	2017.09.22	600097	开创国际	240.94	增发上市	2017.1
600104	上汽集团	11683.46	增发上市	2017.01.25	600105	永鼎股份	963.89	增发上市	2017.1
600106	重庆路桥	998.52	送股	2017.06.05	600114	东睦股份	425.35	限售期满	2017.0
600114	东睦股份	435.65	增发上市	2017.06.27	600114	东睦股份	436.35	增发上市	2017.0
600114	东睦股份	436.35	限售期满	2017.07.21	600114	东睦股份	436.35	限售期满	2017.0
600114	东睦股份	436.35	限售期满	2017.12.07	600115	东方航空	14467.59	限售期满	2017.0
600120	浙江东方	672.61	增发上市	2017.06.15	600122	宏图高科	1153.82	增发上市	2017.0
600122	宏图高科	1154.16	增发上市	2017.04.07	600122	宏图高科	1154.19	增发上市	2017.
600122	宏图高科	1154.12	股份注销	2017.10.18	600122	宏图高科	1154.12	限售期满	2017.
600126	杭钢股份	2597.84	限售期满	2017.03.24	600133	东湖高新	725.78	增发上市	2017.1
600136	当代明诚	487.18	限售期满	2017.02.22	600136	当代明诚	487.18	限售期满	2017.0
600138	中青旅	723.84	限售期满	2017.05.09	600141	兴发集团	512.24	股份注销	2017.0
600141	兴发集团	500.72	限售期满	2017.07.25	600151	航天机电	1434.25	限售期满	2017.0
600152	维科精华	440.66	增发上市	2017.09.12	600152	维科精华	440.66	增发上市	2017.0
600155	宝硕股份	1739.56	增发上市	2017.01.03	600155	宝硕股份	1739.56	限售期满	2017.0
600157	永泰能源	12425.80	限售期满	2017.05.31	600160	巨化股份	2111.67	限售期满	2017.0
600161	天坛生物	670.11	送股	2017.06.20	600162	香江控股	2812.92	增发上市	2017.0
600162	香江控股	3403.37	增发上市	2017.02.21	600162	香江控股	3400.67	股份注销	2017.0
600162	香江控股	3400.67	限售期满	2017.04.20	600167	联美控股	880.05	增发上市	2017.0
600169	太原重工	2563.96	限售期满	2017.12.22	600170	上海建工	7482.69	增发上市	2017.0

上市公司股份变动
Change of Shares Outstanding in 2017

票代码 Code	股票简称 Stock Name	变动后总股本(百万股) Total Share(M)	变动原因 Change Reason	变动日期 Change Date	股票代码 Code	股票简称 Stock Name	变动后总股本(百万股) Total Share(M)	变动原因 Change Reason	变动日期 Change Date
600170	上海建工	8904.40	送股	2017.05.19	600170	上海建工	8904.40	限售期满	2017.11.07
600171	上海贝岭	699.61	增发上市	2017.12.19	600172	黄河旋风	1426.32	送股	2017.06.09
600172	黄河旋风	1426.32	限售期满	2017.11.13	600175	美都能源	3576.49	限售期满	2017.08.21
600176	中国巨石	2432.16	限售期满	2017.01.09	600176	中国巨石	2918.59	送股	2017.05.17
600177	雅戈尔	2558.18	限售期满	2017.04.13	600177	雅戈尔	3581.45	送股	2017.06.06
600179	安通控股	1062.13	限售期满	2017.07.19	600183	生益科技	1441.13	增发上市	2017.01.13
600183	生益科技	1452.27	增发上市	2017.07.05	600183	生益科技	1453.50	增发上市	2017.07.27
600183	生益科技	1454.47	增发上市	2017.07.31	600183	生益科技	1455.52	增发上市	2017.10.11
600185	格力地产	2060.00	债转股	2017.01.06	600185	格力地产	2060.01	债转股	2017.04.10
600185	格力地产	2060.06	债转股	2017.07.11	600185	格力地产	2060.06	限售期满	2017.08.03
600185	格力地产	2060.08	债转股	2017.10.13	600187	国中水务	1653.94	增发上市	2017.03.07
600189	吉林森工	489.34	增发上市	2017.11.23	600196	复星医药	2414.51	限售期满	2017.01.19
600196	复星医药	2414.47	股份注销	2017.02.27	600196	复星医药	2495.13	其他股本变动	2017.05.26
600196	复星医药	2495.13	限售期满	2017.11.29	600198	大唐电信	882.11	限售期满	2017.05.12
600200	江苏吴中	721.89	限售期满	2017.05.11	600200	江苏吴中	721.89	限售期满	2017.07.12
600200	江苏吴中	721.89	限售期满	2017.10.16	600201	生物股份	613.15	限售期满	2017.05.26
600201	生物股份	642.25	增发上市	2017.07.24	600201	生物股份	642.25	限售期满	2017.09.20
600201	生物股份	899.15	送股	2017.10.10	600206	有研新材	838.78	限售期满	2017.01.10
600211	西藏药业	179.62	增发上市	2017.05.10	600211	西藏药业	179.62	限售期满	2017.05.18
600216	浙江医药	962.35	股份注销	2017.10.31	600216	浙江医药	962.35	限售期满	2017.11.03
600216	浙江医药	965.61	增发上市	2017.11.27	600217	中再资环	1411.34	增发上市	2017.04.28
600217	中再资环	1411.34	限售期满	2017.05.10	600221	海航控股	16806.12	限售期满	2017.09.06
600222	太龙药业	573.89	限售期满	2017.05.23	600225	*ST 松江	935.49	限售期满	2017.04.28
600226	瀚叶股份	1724.53	增发上市	2017.04.07	600226	瀚叶股份	1724.53	增发上市	2017.04.07
600226	瀚叶股份	2414.34	送股	2017.09.21	600227	赤天化	1736.32	限售期满	2017.10.20
600233	圆通速递	2821.23	限售期满	2017.09.27	600233	圆通速递	2825.48	增发上市	2017.11.20
600239	云南城投	1605.69	送股	2017.06.02	600241	时代万恒	294.30	增发上市	2017.12.14
600242	中昌数据	418.01	限售期满	2017.08.14	600242	中昌数据	456.67	增发上市	2017.09.28
600252	中恒集团	3475.11	限售期满	2017.11.20	600258	首旅酒店	679.79	增发上市	2017.01.11
600258	首旅酒店	815.74	送股	2017.05.26	600258	首旅酒店	815.74	限售期满	2017.12.07
600259	广晟有色	301.80	限售期满	2017.10.16	600260	凯乐科技	666.75	限售期满	2017.04.25
600260	凯乐科技	708.85	增发上市	2017.06.30	600266	北京城建	1567.04	限售期满	2017.08.21
600268	国电南自	695.27	增发上市	2017.12.25	600271	航天信息	1846.81	债转股	2017.01.06
600271	航天信息	1862.85	增发上市	2017.02.20	600271	航天信息	1862.85	债转股	2017.04.12
600271	航天信息	1862.85	债转股	2017.07.06	600273	嘉化能源	1493.99	增发上市	2017.07.20
600273	嘉化能源	1493.99	限售期满	2017.09.26	600276	恒瑞医药	2347.46	限售期满	2017.01.16
600276	恒瑞医药	2816.95	送股	2017.06.01	600276	恒瑞医药	2816.89	股份注销	2017.06.30
600276	恒瑞医药	2816.89	限售期满	2017.07.25	600276	恒瑞医药	2816.88	股份注销	2017.09.25
600277	亿利洁能	2738.94	增发上市	2017.02.16	600282	南钢股份	4408.98	增发上市	2017.09.29
600291	西水股份	1093.06	限售期满	2017.02.06	600293	三峡新材	1162.13	送股	2017.06.13
600297	广汇汽车	7150.52	送股	2017.06.09	600297	广汇汽车	8144.31	增发上市	2017.12.20
600298	安琪酵母	824.08	限售期满	2017.07.26	600303	曙光股份	675.60	限售期满	2017.03.27
600309	万华化学	2278.34	增发上市	2017.01.20	600309	万华化学	2734.01	送股	2017.05.19
600312	平高电气	1356.92	限售期满	2017.03.27	600312	平高电气	1356.92	限售期满	2017.11.06
600315	上海家化	673.42	限售期满	2017.01.24	600315	上海家化	673.42	限售期满	2017.04.10
600318	新力金融	484.00	送股	2017.05.05	600323	瀚蓝环境	766.26	限售期满	2017.12.25
600325	华发股份	1176.84	增发上市	2017.03.30	600325	华发股份	2118.31	送股	2017.06.09
600326	西藏天路	865.38	送股	2017.07.04	600327	大东方	567.17	限售期满	2017.08.18
600328	兰太实业	438.03	限售期满	2017.02.06	600330	天通股份	830.47	限售期满	2017.03.06
600331	宏达股份	2032.00	限售期满	2017.08.28	600333	长春燃气	609.03	增发上市	2017.07.13

上市公司股份变动
Change of Shares Outstanding in 2017

股票代码 Code	股票简称 Stock Name	变动后总股本(百万股) Total Share(M)	变动原因 Change Reason	变动日期 Change Date	股票代码 Code	股票简称 Stock Name	变动后总股本(百万股) Total Share(M)	变动原因 Change Reason	变动日期 Change D
600335	国机汽车	1029.74	限售期满	2017.07.18	600335	国机汽车	1029.74	限售期满	2017.0
600336	澳柯玛	776.75	增发上市	2017.01.05	600336	澳柯玛	776.75	限售期满	2017.1
600337	美克家居	1483.41	送股	2017.04.20	600337	美克家居	1498.41	增发上市	2017.0
600337	美克家居	1806.10	增发上市	2017.09.18	600339	中油工程	4609.12	增发上市	2017.0
600339	中油工程	5583.15	增发上市	2017.01.23	600340	华夏幸福	2954.95	限售期满	2017.0
600346	恒力股份	2825.69	限售期满	2017.05.15	600360	华微电子	738.28	增发上市	2017.0
600360	华微电子	751.59	增发上市	2017.12.28	600366	宁波韵升	557.49	限售期满	2017.0
600366	宁波韵升	557.49	股份注销	2017.06.14	600366	宁波韵升	557.07	限售期满	2017.1
600369	西南证券	5645.11	限售期满	2017.02.24	600373	中文传媒	1377.94	限售期满	2017.0
600376	首开股份	2579.57	限售期满	2017.06.28	600380	健康元	1585.90	股份注销	2017.0
600380	健康元	1585.90	限售期满	2017.02.13	600380	健康元	1573.78	股份注销	2017.0
600381	青海春天	630.75	股份注销	2017.08.04	600381	青海春天	630.75	限售期满	2017.0
600383	金地集团	4513.63	增发上市	2017.01.03	600383	金地集团	4514.58	增发上市	2017.1
600386	北巴传媒	806.40	送股	2017.08.25	600387	海越股份	465.73	增发上市	2017.1
600390	五矿资本	3748.39	增发上市	2017.01.26	600392	盛和资源	1272.15	增发上市	2017.0
600392	盛和资源	1350.13	增发上市	2017.04.14	600393	粤泰股份	1268.12	限售期满	2017.0
600393	粤泰股份	2536.25	送股	2017.04.18	600396	金山股份	1472.71	限售期满	2017.0
600398	海澜之家	4492.76	限售期满	2017.03.13	600400	红豆股份	1809.47	送股	2017.0
600400	红豆股份	1809.47	限售期满	2017.08.30	600405	动力源	562.60	配股上市	2017.0
600405	动力源	562.04	股份注销	2017.11.29	600409	三友化工	2064.35	增发上市	2017.0
600410	华胜天成	1102.84	股份注销	2017.07.14	600410	华胜天成	1102.84	限售期满	2017.1
600410	华胜天成	1102.84	其他股本变动	2017.12.07	600416	湘电股份	945.83	限售期满	2017.0
600418	江淮汽车	1893.31	限售期满	2017.08.15	600420	现代制药	555.23	增发上市	2017.0
600420	现代制药	1110.46	送股	2017.05.26	600420	现代制药	1109.77	股份注销	2017.1
600422	昆药集团	788.69	限售期满	2017.07.20	600422	昆药集团	788.69	限售期满	2017.0
600422	昆药集团	788.69	其他股本变动	2017.12.14	600422	昆药集团	788.69	增发上市	2017.1
600422	昆药集团	788.69	股份注销	2017.12.22	600426	华鲁恒升	1620.48	送股	2017.0
600426	华鲁恒升	1620.36	股份注销	2017.11.28	600426	华鲁恒升	1620.36	限售期满	2017.1
600432	*ST 吉恩	1603.72	限售期满	2017.09.22	600438	通威股份	3882.37	增发上市	2017.0
600438	通威股份	3882.37	限售期满	2017.02.20	600438	通威股份	3882.37	限售期满	2017.0
600438	通威股份	3882.37	限售期满	2017.12.29	600439	瑞贝卡	1131.99	送股	2017.0
600448	华纺股份	422.36	限售期满	2017.03.22	600448	华纺股份	524.85	增发上市	2017.1
600455	博通股份	62.46	限售期满	2017.12.26	600466	蓝光发展	2137.73	限售期满	2017.0
600466	蓝光发展	2135.22	股份注销	2017.04.13	600466	蓝光发展	2134.30	股份注销	2017.0
600468	百利电气	540.74	限售期满	2017.01.25	600468	百利电气	811.11	送股	2017.0
600475	华光股份	140.50	股份注销	2017.06.27	600475	华光股份	543.90	增发上市	2017.0
600475	华光股份	559.39	增发上市	2017.07.05	600477	杭萧钢构	1057.15	限售期满	2017.0
600477	杭萧钢构	1057.13	股份注销	2017.06.02	600477	杭萧钢构	1057.13	限售期满	2017.0
600477	杭萧钢构	1374.12	送股	2017.07.04	600477	杭萧钢构	1374.42	增发上市	2017.0
600477	杭萧钢构	1374.42	限售期满	2017.09.27	600478	科力远	1469.69	增发上市	2017.
600480	凌云股份	455.07	增发上市	2017.10.23	600482	中国动力	1739.19	限售期满	2017.0
600482	中国动力	1734.07	股份注销	2017.11.24	600483	福能股份	1551.83	限售期满	2017.0
600487	亨通光电	1241.27	限售期满	2017.03.06	600487	亨通光电	1359.78	增发上市	2017.0
600488	天药股份	1091.89	增发上市	2017.08.31	600490	鹏欣资源	1680.18	增发上市	2017.0
600490	鹏欣资源	1881.37	增发上市	2017.03.06	600490	鹏欣资源	1891.37	增发上市	2017.0
600497	驰宏锌锗	4309.90	限售期满	2017.03.31	600497	驰宏锌锗	4309.90	限售期满	2017.0
600497	驰宏锌锗	5091.29	增发上市	2017.12.07	600498	烽火通信	1046.27	限售期满	2017.0
600498	烽火通信	1114.25	增发上市	2017.09.28	600498	烽火通信	1113.94	股份注销	2017.
600498	烽火通信	1113.94	限售期满	2017.11.27	600499	科达洁能	1411.46	限售期满	2017.0
600499	科达洁能	1577.21	增发上市	2017.12.05	600500	中化国际	2083.01	限售期满	2017.0

上市公司股份变动
Change of Shares Outstanding in 2017

股票代码 Code	股票简称 Stock Name	变动后总股本（百万股）Total Share(M)	变动原因 Change Reason	变动日期 Change Date	股票代码 Code	股票简称 Stock Name	变动后总股本（百万股）Total Share(M)	变动原因 Change Reason	变动日期 Change Date
600502	安徽水利	758.94	股份注销	2017.07.03	600502	安徽水利	1222.50	增发上市	2017.07.06
600502	安徽水利	1434.30	增发上市	2017.08.08	600503	华丽家族	1602.29	限售期满	2017.08.18
600509	天富能源	1151.42	增发上市	2017.11.16	600511	国药股份	766.93	增发上市	2017.06.12
600512	腾达建设	1598.90	限售期满	2017.09.26	600513	联环药业	285.46	送股	2017.05.22
600515	海航基础	3907.59	限售期满	2017.10.25	600516	方大炭素	1788.79	增发上市	2017.07.31
600517	置信电气	1356.17	限售期满	2017.01.18	600518	康美药业	4946.74	股份注销	2017.06.12
600518	康美药业	4946.74	限售期满	2017.08.01	600518	康美药业	4974.25	增发上市	2017.12.28
600520	文一科技	158.43	限售期满	2017.04.18	600521	华海药业	1042.56	股份注销	2017.01.10
600521	华海药业	1042.49	股份注销	2017.08.09	600521	华海药业	1042.49	限售期满	2017.08.30
600522	中天科技	3066.07	增发上市	2017.02.14	600525	长园集团	1317.31	限售期满	2017.01.09
600525	长园集团	1317.31	限售期满	2017.04.19	600525	长园集团	1317.31	限售期满	2017.04.26
600525	长园集团	1317.31	限售期满	2017.08.11	600525	长园集团	1325.01	增发上市	2017.12.19
600527	江南高纤	962.09	增发上市	2017.11.16	600528	中铁工业	1843.00	增发上市	2017.01.17
600528	中铁工业	2221.55	增发上市	2017.04.05	600531	豫光金铅	1090.24	限售期满	2017.12.18
600538	国发股份	464.40	限售期满	2017.05.31	600545	卓郎智能	1895.41	增发上市	2017.09.11
600547	山东黄金	1857.12	限售期满	2017.10.20	600549	厦门钨业	1086.63	增发上市	2017.08.03
600549	厦门钨业	1086.63	限售期满	2017.12.12	600552	凯盛科技	767.05	送股	2017.06.19
600557	康缘药业	616.45	限售期满	2017.09.08	600558	大西洋	897.60	限售期满	2017.03.13
600565	迪马股份	2418.86	限售期满	2017.05.09	600565	迪马股份	2427.75	增发上市	2017.06.07
600565	迪马股份	2426.78	股份注销	2017.06.14	600565	迪马股份	2423.90	股份注销	2017.08.09
600565	迪马股份	2423.04	股份注销	2017.09.08	600565	迪马股份	2423.04	限售期满	2017.09.26
600565	迪马股份	2422.24	股份注销	2017.12.08	600566	济川药业	809.62	限售期满	2017.05.12
600567	山鹰纸业	4551.25	限售期满	2017.07.07	600568	中珠医疗	711.74	限售期满	2017.02.24
600568	中珠医疗	1992.87	送股	2017.07.14	600568	中珠医疗	1992.87	限售期满	2017.08.10
600571	信雅达	439.68	限售期满	2017.09.25	600575	皖江物流	3908.11	限售期满	2017.04.20
600575	皖江物流	3908.11	限售期满	2017.07.06	600575	皖江物流	3908.11	限售期满	2017.07.31
600575	皖江物流	3886.26	股份注销	2017.09.27	600576	祥源文化	652.05	增发上市	2017.07.11
600576	祥源文化	655.30	增发上市	2017.12.15	600577	精达股份	1955.32	限售期满	2017.08.14
600578	京能电力	6029.03	增发上市	2017.02.28	600578	京能电力	6746.73	增发上市	2017.04.13
600579	天华院	410.64	限售期满	2017.09.11	600584	长电科技	1359.84	增发上市	2017.06.22
600584	长电科技	1359.84	增发上市	2017.06.22	600586	金晶科技	1459.89	限售期满	2017.06.22
600586	金晶科技	1458.30	股份注销	2017.08.16	600588	用友网络	1464.22	股份注销	2017.03.09
600588	用友网络	1464.22	其他股本变动	2017.07.19	600589	广东榕泰	705.31	限售期满	2017.05.15
600590	泰豪科技	666.96	限售期满	2017.02.20	600590	泰豪科技	666.96	限售期满	2017.05.05
600590	泰豪科技	666.96	其他股本变动	2017.11.14	600590	泰豪科技	666.96	限售期满	2017.12.21
600594	益佰制药	791.93	限售期满	2017.01.17	600596	新安股份	705.41	增发上市	2017.06.29
600597	光明乳业	1224.49	股份注销	2017.11.09	600602	云赛智联	1367.67	增发上市	2017.09.26
600603	广汇物流	523.76	增发上市	2017.01.04	600603	广汇物流	627.77	增发上市	2017.05.03
600603	广汇物流	878.87	送股	2017.09.28	600604	市北高新	1640.38	送股	2017.05.31
600604	市北高新	1873.30	限售期满	2017.08.29	600614	鹏起科技	1752.77	限售期满	2017.10.20
600616	金枫酒业	514.62	限售期满	2017.03.17	600621	华鑫股份	940.90	增发上市	2017.05.09
600621	华鑫股份	1060.90	增发上市	2017.05.19	600622	光大嘉宝	887.39	送股	2017.07.03
600624	复旦复华	684.71	限售期满	2017.08.04	600629	华建集团	418.39	增发上市	2017.03.08
600629	华建集团	432.21	增发上市	2017.03.23	600633	浙数文化	1301.92	限售期满	2017.12.18
600635	大众公用	2952.43	其他股本变动	2017.01.10	600637	东方明珠	2641.74	增发上市	2017.01.11
600637	东方明珠	2641.25	股份注销	2017.12.08	600640	号百控股	795.70	增发上市	2017.03.15
600644	乐山电力	538.40	限售期满	2017.10.13	600645	中源协和	386.09	限售期满	2017.01.23
600645	中源协和	386.08	股份注销	2017.09.13	600649	城投控股	2529.58	股权分立	2017.02.27
600651	飞乐音响	991.90	股份注销	2017.03.02	600651	飞乐音响	991.58	股份注销	2017.07.14
600652	游久游戏	832.70	限售期满	2017.05.11	600652	游久游戏	832.70	限售期满	2017.11.06

上市公司股份变动
Change of Shares Outstanding in 2017

股票代码 Code	股票简称 Stock Name	变动后总股本(百万股) Total Share(M)	变动原因 Change Reason	变动日期 Change Date	股票代码 Code	股票简称 Stock Name	变动后总股本(百万股) Total Share(M)	变动原因 Change Reason	变动日期 Change Da
600658	电子城	798.99	限售期满	2017.09.01	600661	新南洋	286.55	增发上市	2017.06
600661	新南洋	286.55	限售期满	2017.08.22	600664	哈药股份	2550.44	增发上市	2017.10
600666	奥瑞德	1227.33	送股	2017.05.31	600666	奥瑞德	1227.33	限售期满	2017.08
600667	太极实业	2106.19	增发上市	2017.01.24	600676	交运股份	1028.49	限售期满	2017.11
600679	上海凤凰	402.20	限售期满	2017.12.11	600681	百川能源	964.16	限售期满	2017.03
600681	百川能源	964.16	限售期满	2017.04.19	600681	百川能源	964.16	限售期满	2017.11
600681	百川能源	1031.51	增发上市	2017.11.23	600682	南京新百	1101.31	增发上市	2017.02
600682	南京新百	1111.97	增发上市	2017.06.20	600684	珠江实业	853.46	送股	2017.07
600688	上海石化	10814.18	增发上市	2017.10.11	600690	青岛海尔	6097.63	限售期满	2017.07
600690	青岛海尔	6097.40	股份注销	2017.07.20	600698	湖南天雁	971.82	限售期满	2017.02
600698	湖南天雁	971.82	限售期满	2017.09.12	600699	均胜电子	949.29	增发上市	2017.01
600701	工大高新	1034.74	限售期满	2017.10.16	600703	三安光电	4078.42	限售期满	2017.02
600704	物产中大	4306.68	送股	2017.06.09	600707	彩虹股份	3588.39	增发上市	2017.10
600708	光明地产	1714.34	送股	2017.07.03	600708	光明地产	1714.34	限售期满	2017.09
600711	盛屯矿业	1497.05	限售期满	2017.06.16	600713	南京医药	897.43	限售期满	2017.12
600714	金瑞矿业	288.18	限售期满	2017.03.27	600715	文投控股	1854.85	增发上市	2017.06
600716	凤凰股份	936.06	限售期满	2017.01.19	600718	东软集团	1243.20	限售期满	2017.07
600718	东软集团	1242.68	股份注销	2017.11.23	600718	东软集团	1242.68	限售期满	2017.11
600721	百花村	400.39	增发上市	2017.01.12	600721	百花村	400.39	限售期满	2017.10
600728	佳都科技	1573.72	增发上市	2017.02.08	600728	佳都科技	1598.84	增发上市	2017.02
600728	佳都科技	1617.34	增发上市	2017.08.21	600728	佳都科技	1617.34	限售期满	2017.12
600734	实达集团	607.76	增发上市	2017.01.03	600734	实达集团	623.52	增发上市	2017.02
600734	实达集团	623.52	限售期满	2017.12.29	600737	中粮糖业	2051.88	限售期满	2017.08
600738	兰州民百	730.04	增发上市	2017.05.19	600738	兰州民百	783.10	增发上市	2017.06
600741	华域汽车	3152.72	限售期满	2017.01.16	600754	锦江股份	957.94	限售期满	2017.12
600755	厦门国贸	1664.51	债转股	2017.01.06	600755	厦门国贸	1664.52	债转股	2017.04
600755	厦门国贸	1664.96	债转股	2017.07.04	600755	厦门国贸	1776.48	债转股	2017.10
600756	浪潮软件	324.10	限售期满	2017.02.20	600758	红阳能源	1331.41	股份注销	2017.01
600758	红阳能源	1331.41	限售期满	2017.02.03	600758	红阳能源	1331.41	限售期满	2017.11
600759	洲际油气	2263.51	限售期满	2017.12.19	600760	中航黑豹	1337.45	增发上市	2017.12
600760	中航黑豹	1397.22	增发上市	2017.12.27	600761	安徽合力	740.18	送股	2017.07
600764	中电广通	395.77	增发上市	2017.10.24	600770	综艺股份	1300.00	限售期满	2017.05
600771	广誉远	353.11	限售期满	2017.12.21	600777	新潮能源	6800.50	增发上市	2017.08
600782	新钢股份	3188.72	增发上市	2017.11.21	600784	鲁银投资	568.18	限售期满	2017.02
600785	新华百货	225.63	限售期满	2017.02.27	600794	保税科技	1212.15	限售期满	2017.09
600797	浙大网新	1055.99	增发上市	2017.09.18	600797	浙大网新	1055.99	增发上市	2017.09
600797	浙大网新	1055.99	限售期满	2017.12.28	600804	鹏博士	1432.13	增发上市	2017.06
600804	鹏博士	1432.13	增发上市	2017.06.19	600804	鹏博士	1431.68	股份注销	2017.08
600804	鹏博士	1431.68	限售期满	2017.08.31	600804	鹏博士	1432.46	增发上市	2017.10
600805	悦达投资	850.89	限售期满	2017.09.20	600807	天业股份	884.63	限售期满	2017.05
600807	天业股份	884.63	限售期满	2017.06.23	600811	东方集团	2857.37	限售期满	2017.05
600811	东方集团	3714.58	送股	2017.07.25	600812	华北制药	1630.80	限售期满	2017.04
600814	杭州解百	715.03	限售期满	2017.09.26	600816	安信信托	2071.64	增发上市	2017.01
600816	安信信托	4557.61	送股	2017.03.07	600819	耀皮玻璃	934.92	限售期满	2017.01
600823	世茂股份	3751.17	送股	2017.05.25	600828	茂业商业	1731.98	限售期满	2017.07
600839	四川长虹	4616.24	限售期满	2017.03.01	600839	四川长虹	4616.24	限售期满	2017.11
600844	*ST 丹科	1016.52	限售期满	2017.09.01	600845	宝信软件	783.25	限售期满	2017.03
600848	上海临港	1013.31	增发上市	2017.01.11	600848	上海临港	1119.92	增发上市	2017.02
600850	华东电脑	419.81	增发上市	2017.01.06	600850	华东电脑	420.80	增发上市	2017.04
600850	华东电脑	420.89	增发上市	2017.07.06	600850	华东电脑	420.96	增发上市	2017.10

上市公司股份变动
Change of Shares Outstanding in 2017

票代码 Code	股票简称 Stock Name	变动后总股本（百万股） Total Share(M)	变动原因 Change Reason	变动日期 Change Date	股票代码 Code	股票简称 Stock Name	变动后总股本（百万股） Total Share(M)	变动原因 Change Reason	变动日期 Change Date
600856	中天能源	1366.65	增发上市	2017.08.10	600864	哈投股份	2108.51	限售期满	2017.07.28
600864	哈投股份	2108.51	限售期满	2017.10.09	600866	星湖科技	645.39	限售期满	2017.12.18
600867	通化东宝	1706.32	送股	2017.06.07	600867	通化东宝	1706.32	限售期满	2017.08.22
600867	通化东宝	1711.30	增发上市	2017.09.01	600869	智慧能源	2219.35	限售期满	2017.01.12
600869	智慧能源	2219.35	限售期满	2017.07.07	600876	洛阳玻璃	526.77	限售期满	2017.03.22
600879	航天电子	1359.64	增发上市	2017.02.28	600879	航天电子	2719.27	送股	2017.06.26
600879	航天电子	2719.27	限售期满	2017.10.23	600881	亚泰集团	3248.91	增发上市	2017.06.28
600882	广泽股份	408.54	增发上市	2017.06.06	600887	伊利股份	6079.00	增发上市	2017.02.27
600887	伊利股份	6078.49	股份注销	2017.11.17	600888	新疆众和	833.59	送股	2017.06.30
600892	大晟文化	559.46	送股	2017.06.12	600893	航发动力	1948.72	限售期满	2017.07.03
600893	航发动力	2249.84	增发上市	2017.10.10	600896	览海投资	869.10	股份注销	2017.01.20
600900	长江电力	22000.00	限售期满	2017.06.07	600903	贵州燃气	812.99	A 股新上市	2017.11.07
600908	无锡银行	1848.11	限售期满	2017.09.25	600909	华安证券	3621.00	限售期满	2017.12.06
600917	重庆燃气	1556.00	限售期满	2017.10.09	600919	江苏银行	11544.45	限售期满	2017.08.02
600919	江苏银行	11544.45	限售期满	2017.09.04	600919	江苏银行	11544.45	限售期满	2017.12.04
600926	杭州银行	3664.43	送股	2017.06.07	600926	杭州银行	3664.43	限售期满	2017.10.27
600933	爱柯迪	845.44	A 股新上市	2017.11.17	600936	广西广电	1671.03	限售期满	2017.08.15
600939	重庆建工	1814.50	A 股新上市	2017.02.21	600960	渤海活塞	950.52	增发上市	2017.01.06
600960	渤海活塞	950.52	限售期满	2017.04.24	600960	渤海活塞	950.52	限售期满	2017.12.29
600963	岳阳林纸	1397.73	增发上市	2017.05.22	600967	内蒙一机	1689.63	增发上市	2017.02.14
600967	内蒙一机	1689.63	增发上市	2017.02.14	600973	宝胜股份	1222.11	送股	2017.05.17
600977	中国电影	1867.00	限售期满	2017.08.09	600982	宁波热电	746.93	限售期满	2017.07.07
600984	建设机械	636.76	限售期满	2017.09.14	600985	雷鸣科化	300.16	增发上市	2017.04.27
600986	科达股份	962.81	增发上市	2017.05.04	600986	科达股份	962.81	增发上市	2017.05.04
600986	科达股份	962.81	限售期满	2017.09.04	600986	科达股份	955.44	股份注销	2017.10.18
600988	赤峰黄金	1426.38	送股	2017.10.26	600990	四创电子	159.18	增发上市	2017.06.01
600996	贵广网络	1042.57	限售期满	2017.12.29	600997	开滦股份	1587.80	增发上市	2017.02.14
600998	九州通	1647.03	债转股	2017.01.09	600998	九州通	1647.03	限售期满	2017.03.14
600998	九州通	1647.03	债转股	2017.04.11	600998	九州通	1695.66	增发上市	2017.06.22
600998	九州通	1695.66	限售期满	2017.07.03	600998	九州通	1695.66	债转股	2017.07.07
600998	九州通	1695.66	债转股	2017.10.12	600998	九州通	1695.66	债转股	2017.10.13
600998	九州通	1878.88	增发上市	2017.11.30	600998	九州通	1878.88	债转股	2017.11.30
600999	招商证券	6699.41	股份注销	2017.03.28	600999	招商证券	6699.41	限售期满	2017.05.31
601000	唐山港	4558.41	限售期满	2017.12.18	601005	*ST 重钢	8918.60	送股	2017.12.27
601008	连云港	1015.22	限售期满	2017.01.03	601009	南京银行	8482.21	送股	2017.07.19
601011	宝泰隆	1591.38	增发上市	2017.09.12	601011	宝泰隆	1611.15	增发上市	2017.11.15
601012	隆基股份	1996.64	限售期满	2017.01.10	601012	隆基股份	1995.89	股份注销	2017.01.19
601012	隆基股份	1995.89	限售期满	2017.02.03	601012	隆基股份	1995.89	限售期满	2017.09.08
601012	隆基股份	1993.99	股份注销	2017.12.26	601015	陕西黑猫	1253.68	增发上市	2017.11.02
601016	节能风电	4155.56	送股	2017.04.20	601016	节能风电	4155.56	限售期满	2017.09.29
601019	山东出版	2086.90	A 股新上市	2017.11.22	601020	华钰矿业	525.68	限售期满	2017.03.16
601020	华钰矿业	525.68	限售期满	2017.06.28	601020	华钰矿业	526.35	增发上市	2017.07.12
601020	华钰矿业	525.98	股份注销	2017.10.11	601020	华钰矿业	525.92	股份注销	2017.11.01
601028	玉龙股份	783.03	股份注销	2017.07.19	601038	一拖股份	985.85	其他股本变动	2017.10.16
601058	赛轮金宇	2293.94	限售期满	2017.01.16	601058	赛轮金宇	2293.94	限售期满	2017.11.27
601058	赛轮金宇	2701.46	增发上市	2017.12.04	601086	国芳集团	666.00	A 股新上市	2017.09.29
601106	*ST 一重	6857.78	增发上市	2017.11.01	601108	财通证券	3589.00	A 股新上市	2017.10.24
601111	中国国航	14524.82	增发上市	2017.03.16	601127	小康股份	892.50	限售期满	2017.06.15
601127	小康股份	909.20	增发上市	2017.10.16	601128	常熟银行	2222.73	限售期满	2017.10.09
601128	常熟银行	2222.73	限售期满	2017.10.30	601128	常熟银行	2222.73	限售期满	2017.11.30

上市公司股份变动
Change of Shares Outstanding in 2017

股票代码 Code	股票简称 Stock Name	变动后总股本(百万股) Total Share(M)	变动原因 Change Reason	变动日期 Change Date	股票代码 Code	股票简称 Stock Name	变动后总股本(百万股) Total Share(M)	变动原因 Change Reason	变动日期 Change D
601137	博威合金	627.22	限售期满	2017.08.18	601139	深圳燃气	2212.06	股份注销	2017.0
601139	深圳燃气	2214.27	增发上市	2017.05.24	601139	深圳燃气	2214.09	股份注销	2017.0
601155	新城控股	2258.48	股份注销	2017.05.22	601155	新城控股	2258.48	限售期满	2017.1
601163	三角轮胎	800.00	限售期满	2017.09.11	601166	兴业银行	20774.19	增发上市	2017.0
601169	北京银行	18248.01	送股	2017.07.13	601198	东兴证券	2757.96	限售期满	2017.0
601198	东兴证券	2757.96	限售期满	2017.10.17	601199	江南水务	935.21	债转股	2017.0
601199	江南水务	935.21	债转股	2017.07.06	601200	上海环境	702.54	A 股新上市	2017.0
601208	东材科技	626.60	增发上市	2017.02.08	601211	国泰君安	8665.00	股份注销	2017.0
601211	国泰君安	8665.00	其他股本变动	2017.04.12	601211	国泰君安	8713.93	其他股本变动	2017.0
601211	国泰君安	8713.93	股份注销	2017.05.05	601212	白银有色	6972.97	A 股新上市	2017.0
601216	君正集团	8438.02	限售期满	2017.01.09	601222	林洋能源	1764.09	增发上市	2017.0
601222	林洋能源	1764.09	限售期满	2017.05.10	601225	陕西煤业	10000.00	限售期满	2017.0
601226	华电重工	1155.00	限售期满	2017.12.11	601228	广州港	6193.18	A 股新上市	2017.0
601229	上海银行	7805.79	送股	2017.07.21	601229	上海银行	7805.79	限售期满	2017.1
601233	桐昆股份	1231.94	限售期满	2017.06.08	601233	桐昆股份	1301.38	增发上市	2017.1
601238	广汽集团	6453.36	债转股	2017.01.05	601238	广汽集团	6453.36	增发上市	2017.0
601238	广汽集团	6454.22	增发上市	2017.02.08	601238	广汽集团	6454.22	债转股	2017.0
601238	广汽集团	6465.82	债转股	2017.03.06	601238	广汽集团	6466.06	债转股	2017.0
601238	广汽集团	6467.04	债转股	2017.05.08	601238	广汽集团	6499.77	增发上市	2017.0
601238	广汽集团	6499.77	债转股	2017.06.08	601238	广汽集团	6500.46	增发上市	2017.0
601238	广汽集团	6500.46	债转股	2017.07.06	601238	广汽集团	6500.72	增发上市	2017.0
601238	广汽集团	6500.72	债转股	2017.08.04	601238	广汽集团	6500.72	债转股	2017.0
601238	广汽集团	6508.30	增发上市	2017.10.11	601238	广汽集团	6508.30	债转股	2017.1
601238	广汽集团	6513.89	债转股	2017.11.06	601238	广汽集团	7280.61	增发上市	2017.1
601238	广汽集团	7280.61	其他股本变动	2017.11.21	601238	广汽集团	7282.54	增发上市	2017.1
601238	广汽集团	7282.54	债转股	2017.12.07	601258	庞大集团	6674.66	股份注销	2017.0
601258	庞大集团	6674.66	限售期满	2017.06.30	601326	秦港股份	4757.56	A 股新上市	2017.0
601326	秦港股份	5587.41	其他股本变动	2017.09.25	601366	利群股份	860.50	A 股新上市	2017.0
601375	中原证券	3923.73	A 股新上市	2017.01.03	601555	东吴证券	3000.00	限售期满	2017.0
601567	三星医疗	1418.81	限售期满	2017.06.07	601567	三星医疗	1418.44	股份注销	2017.0
601567	三星医疗	1418.44	限售期满	2017.07.31	601567	三星医疗	1418.03	股份注销	2017.1
601567	三星医疗	1418.03	限售期满	2017.11.30	601579	会稽山	497.36	限售期满	2017.0
601595	上海电影	373.50	限售期满	2017.08.17	601599	鹿港文化	894.92	限售期满	2017.0
601599	鹿港文化	894.07	股份注销	2017.03.08	601599	鹿港文化	894.07	限售期满	2017.1
601599	鹿港文化	894.07	限售期满	2017.12.04	601608	中信重工	4339.42	限售期满	2017.0
601608	中信重工	4339.42	限售期满	2017.12.15	601611	中国核建	2625.00	限售期满	2017.0
601618	中国中冶	20723.62	增发上市	2017.01.13	601619	嘉泽新能	1933.00	A 股新上市	2017.0
601636	旗滨集团	2604.99	股份注销	2017.04.07	601636	旗滨集团	2684.44	增发上市	2017.0
601636	旗滨集团	2684.44	限售期满	2017.08.21	601636	旗滨集团	2680.47	股份注销	2017.1
601636	旗滨集团	2679.59	股份注销	2017.11.28	601668	中国建筑	30000.00	其他股本变动	2017.0
601668	中国建筑	29739.87	股份回购	2017.02.22	601668	中国建筑	30000.00	增发上市	2017.0
601668	中国建筑	30000.00	限售期满	2017.08.02	601669	中国电建	15299.04	增发上市	2017.0
601677	明泰铝业	513.30	增发上市	2017.03.24	601677	明泰铝业	589.98	增发上市	2017.1
601689	拓普集团	727.58	增发上市	2017.06.01	601700	风范股份	1133.23	股份注销	2017.0
601700	风范股份	1133.23	限售期满	2017.01.09	601717	郑煤机	1714.34	增发上市	2017.0
601717	郑煤机	1732.47	增发上市	2017.04.05	601718	际华集团	4391.63	增发上市	2017.0
601727	上海电气	13431.16	债转股	2017.07.07	601727	上海电气	13431.16	债转股	2017.1
601727	上海电气	14309.08	增发上市	2017.10.25	601727	上海电气	14725.17	债转股	2017.
601727	上海电气	14725.17	增发上市	2017.11.09	601766	中国中车	28698.86	增发上市	2017.0
601777	力帆股份	1236.63	股份注销	2017.09.15	601777	力帆股份	1306.84	增发上市	2017.1

上市公司股份变动
Change of Shares Outstanding in 2017

票代码 Code	股票简称 Stock Name	变动后总股本（百万股） Total Share(M)	变动原因 Change Reason	变动日期 Change Date	股票代码 Code	股票简称 Stock Name	变动后总股本（百万股） Total Share(M)	变动原因 Change Reason	变动日期 Change Date
601788	光大证券	4610.79	其他股本变动	2017.07.11	601799	星宇股份	276.16	限售期满	2017.08.16
601801	皖新传媒	1989.20	限售期满	2017.09.04	601811	新华文轩	1233.84	限售期满	2017.08.08
601818	光大银行	46679.10	其他股本变动	2017.07.11	601818	光大银行	46679.12	债转股	2017.10.12
601858	中国科传	790.50	A 股新上市	2017.01.18	601877	正泰电器	1881.93	增发上市	2017.01.04
601877	正泰电器	2129.94	增发上市	2017.03.01	601877	正泰电器	2134.47	增发上市	2017.03.16
601877	正泰电器	2151.14	增发上市	2017.07.28	601877	正泰电器	2151.43	增发上市	2017.12.07
601877	正泰电器	2151.43	限售期满	2017.12.28	601878	浙商证券	3333.33	A 股新上市	2017.06.26
601881	中国银河	10137.26	A 股新上市	2017.01.23	601882	海天精工	522.00	限售期满	2017.11.07
601888	中国国旅	1952.48	送股	2017.06.19	601899	紫金矿业	23031.22	增发上市	2017.06.13
601900	南方传媒	819.10	限售期满	2017.02.15	601900	南方传媒	895.88	增发上市	2017.10.19
601901	方正证券	8232.10	限售期满	2017.08.08	601908	京运通	1995.30	股份注销	2017.08.09
601949	中国出版	1822.50	A 股新上市	2017.08.21	601952	苏垦农发	1060.00	A 股新上市	2017.05.15
601966	玲珑轮胎	1200.00	限售期满	2017.07.06	601969	海南矿业	1954.72	增发上市	2017.02.15
601969	海南矿业	1954.72	限售期满	2017.12.11	601989	中国重工	18361.67	限售期满	2017.01.23
601989	中国重工	19079.90	增发上市	2017.05.26	601992	金隅股份	10677.77	限售期满	2017.03.27
601992	金隅股份	10677.77	限售期满	2017.12.08	601996	丰林集团	479.09	增发上市	2017.03.14
601996	丰林集团	958.18	送股	2017.05.05	601997	贵阳银行	2298.59	限售期满	2017.08.16
601997	贵阳银行	2298.59	限售期满	2017.09.18	601997	贵阳银行	2298.59	限售期满	2017.10.16
603002	宏昌电子	614.41	增发上市	2017.01.26	603003	龙宇燃油	441.11	限售期满	2017.09.27
603005	晶方科技	226.70	限售期满	2017.02.17	603005	晶方科技	232.71	增发上市	2017.06.16
603006	联明股份	192.84	股份注销	2017.03.22	603006	联明股份	192.84	限售期满	2017.04.11
603006	联明股份	192.84	限售期满	2017.08.22	603007	花王股份	333.38	送股	2017.05.26
603007	花王股份	333.38	限售期满	2017.08.28	603008	喜临门	394.26	增发上市	2017.03.15
603009	北特科技	131.26	股份注销	2017.06.30	603009	北特科技	131.26	限售期满	2017.06.30
603009	北特科技	131.26	限售期满	2017.07.18	603009	北特科技	328.15	送股	2017.07.31
603009	北特科技	328.15	限售期满	2017.10.26	603010	万盛股份	254.39	限售期满	2017.10.10
603011	合锻智能	446.20	限售期满	2017.09.22	603011	合锻智能	446.20	限售期满	2017.11.07
603015	弘讯科技	405.87	增发上市	2017.06.19	603016	新宏泰	148.16	限售期满	2017.07.03
603016	新宏泰	148.96	增发上市	2017.10.23	603017	中衡设计	275.37	限售期满	2017.06.21
603017	中衡设计	275.37	限售期满	2017.08.30	603017	中衡设计	275.29	股份注销	2017.11.07
603018	中设集团	211.52	增发上市	2017.06.20	603018	中设集团	211.52	限售期满	2017.10.16
603019	中科曙光	643.02	限售期满	2017.06.28	603019	中科曙光	643.02	限售期满	2017.11.06
603021	山东华鹏	319.95	送股	2017.05.26	603021	山东华鹏	319.95	限售期满	2017.06.30
603025	大豪科技	450.62	增发上市	2017.07.25	603027	千禾味业	160.00	限售期满	2017.03.07
603027	千禾味业	320.00	送股	2017.06.08	603027	千禾味业	325.99	增发上市	2017.12.19
603028	赛福天	220.80	限售期满	2017.03.31	603029	天鹅股份	93.34	限售期满	2017.04.27
603030	全筑股份	179.55	增发上市	2017.06.06	603030	全筑股份	538.66	送股	2017.06.26
603030	全筑股份	538.66	限售期满	2017.09.21	603030	全筑股份	538.61	股份注销	2017.12.13
603031	安德利	80.00	限售期满	2017.08.22	603032	德新交运	133.34	A 股新上市	2017.01.05
603033	三维股份	126.98	送股	2017.06.26	603033	三维股份	126.98	限售期满	2017.12.07
603035	常熟汽饰	280.00	A 股新上市	2017.01.05	603037	凯众股份	80.00	A 股新上市	2017.01.20
603037	凯众股份	104.00	送股	2017.06.26	603037	凯众股份	105.92	增发上市	2017.11.16
603038	华立股份	66.70	A 股新上市	2017.01.16	603038	华立股份	67.15	增发上市	2017.11.17
603039	泛微网络	66.67	A 股新上市	2017.01.13	603039	泛微网络	69.27	增发上市	2017.11.09
603040	新坐标	60.00	A 股新上市	2017.02.09	603040	新坐标	61.08	增发上市	2017.09.26
603041	美思德	100.00	A 股新上市	2017.03.30	603042	华脉科技	136.00	A 股新上市	2017.06.02
603042	华脉科技	138.67	增发上市	2017.12.13	603043	广州酒家	404.00	A 股新上市	2017.06.27
603050	科林电气	133.34	A 股新上市	2017.04.14	603050	科林电气	160.01	送股	2017.09.27
603055	台华新材	547.60	A 股新上市	2017.09.21	603058	永吉股份	421.56	限售期满	2017.12.25
603060	国检集团	220.00	限售期满	2017.11.16	603063	禾望电气	420.00	A 股新上市	2017.07.28

上市公司股份变动
Change of Shares Outstanding in 2017

股票代码 Code	股票简称 Stock Name	变动后总股本（百万股） Total Share(M)	变动原因 Change Reason	变动日期 Change Date	股票代码 Code	股票简称 Stock Name	变动后总股本（百万股） Total Share(M)	变动原因 Change Reason	变动日期 Change D
603066	音飞储存	302.13	送股	2017.06.12	603066	音飞储存	302.13	限售期满	2017.0
603066	音飞储存	302.37	增发上市	2017.09.26	603066	音飞储存	302.34	股份注销	2017.1
603067	振华股份	220.00	限售期满	2017.09.13	603069	海汽集团	316.00	限售期满	2017.0
603076	乐惠国际	74.50	A 股新上市	2017.11.13	603077	和邦生物	4014.20	限售期满	2017.0
603077	和邦生物	8831.25	送股	2017.07.06	603077	和邦生物	8831.25	限售期满	2017.1
603078	江化微	60.00	A 股新上市	2017.04.10	603079	圣达生物	80.00	A 股新上市	2017.0
603081	大丰实业	401.80	A 股新上市	2017.04.20	603083	剑桥科技	97.87	A 股新上市	2017.1
603085	天成自控	223.84	送股	2017.06.16	603085	天成自控	223.84	限售期满	2017.0
603086	先达股份	80.00	A 股新上市	2017.05.11	603088	宁波精达	80.00	限售期满	2017.1
603089	正裕工业	106.67	A 股新上市	2017.01.26	603090	宏盛股份	100.00	限售期满	2017.0
603096	新经典	133.36	A 股新上市	2017.04.25	603096	新经典	134.66	增发上市	2017.0
603099	长白山	266.67	限售期满	2017.08.25	603100	川仪股份	395.00	限售期满	2017.0
603101	汇嘉时代	240.00	限售期满	2017.05.08	603103	横店影视	453.00	A 股新上市	2017.1
603106	恒银金融	280.00	A 股新上市	2017.09.20	603108	润达医疗	579.53	送股	2017.0
603110	东方材料	102.67	A 股新上市	2017.10.13	603111	康尼机电	738.38	限售期满	2017.0
603111	康尼机电	738.38	限售期满	2017.08.24	603111	康尼机电	895.68	增发上市	2017.1
603113	金能科技	675.94	A 股新上市	2017.05.11	603116	红蜻蜓	417.20	增发上市	2017.1
603117	万林股份	462.32	限售期满	2017.09.06	603118	共进股份	355.89	增发上市	2017.0
603118	共进股份	782.95	送股	2017.06.07	603118	共进股份	782.95	限售期满	2017.0
603118	共进股份	781.82	股份注销	2017.12.27	603123	翠微股份	524.14	限售期满	2017.1
603126	中材节能	610.50	限售期满	2017.07.31	603127	昭衍新药	81.80	A 股新上市	2017.0
603128	华贸物流	999.18	限售期满	2017.04.28	603128	华贸物流	1005.42	增发上市	2017.0
603128	华贸物流	1005.42	限售期满	2017.07.17	603129	春风动力	133.33	A 股新上市	2017.0
603131	上海沪工	200.00	送股	2017.05.25	603133	碳元科技	208.00	A 股新上市	2017.0
603136	天目湖	80.00	A 股新上市	2017.09.27	603138	海量数据	82.00	A 股新上市	2017.0
603138	海量数据	106.60	送股	2017.06.29	603139	康惠制药	99.88	A 股新上市	2017.0
603157	拉夏贝尔	547.67	A 股新上市	2017.09.25	603158	腾龙股份	218.35	限售期满	2017.0
603158	腾龙股份	218.81	增发上市	2017.06.14	603160	汇顶科技	454.26	增发上市	2017.
603160	汇顶科技	454.26	限售期满	2017.10.17	603165	荣晟环保	126.68	A 股新上市	2017.
603166	福达股份	592.02	限售期满	2017.11.27	603168	莎普爱思	248.15	送股	2017.
603168	莎普爱思	248.15	限售期满	2017.07.03	603169	兰石重装	1025.42	限售期满	2017.
603169	兰石重装	1025.42	限售期满	2017.10.09	603169	兰石重装	1051.50	增发上市	2017.1
603177	德创环保	202.00	A 股新上市	2017.02.07	603178	圣龙股份	200.00	A 股新上市	2017.
603178	圣龙股份	203.35	增发上市	2017.12.19	603179	新泉股份	159.40	A 股新上市	2017.
603179	新泉股份	162.27	增发上市	2017.11.07	603180	金牌厨柜	67.00	A 股新上市	2017.
603181	皇马科技	200.00	A 股新上市	2017.08.24	603183	建研院	88.00	A 股新上市	2017.
603186	华正新材	129.35	A 股新上市	2017.01.03	603188	亚邦股份	576.00	限售期满	2017.
603189	网达软件	220.80	限售期满	2017.09.14	603196	日播时尚	240.00	A 股新上市	2017.
603197	保隆科技	117.10	A 股新上市	2017.05.19	603200	上海洗霸	73.72	A 股新上市	2017.
603203	快克股份	119.60	送股	2017.06.20	603203	快克股份	119.60	限售期满	2017.
603208	江山欧派	80.82	A 股新上市	2017.02.10	603218	日月股份	401.00	限售期满	2017.1
603225	新凤鸣	602.00	A 股新上市	2017.04.18	603226	菲林格尔	86.67	A 股新上市	2017.
603226	菲林格尔	89.61	增发上市	2017.10.19	603228	景旺电子	408.00	A 股新上市	2017.
603229	奥翔药业	160.00	A 股新上市	2017.05.09	603232	格尔软件	61.00	A 股新上市	2017.
603233	大参林	400.01	A 股新上市	2017.07.31	603238	诺邦股份	120.00	A 股新上市	2017.
603239	浙江仙通	270.72	送股	2017.05.10	603258	电魂网络	240.00	限售期满	2017.1
603260	合盛硅业	670.00	A 股新上市	2017.10.30	603266	天龙股份	100.00	A 股新上市	2017.
603268	松发股份	89.38	增发上市	2017.09.18	603269	海鸥股份	91.47	A 股新上市	2017.
603277	银都股份	400.80	A 股新上市	2017.09.11	603278	大业股份	208.00	A 股新上市	2017.
603283	赛腾股份	160.00	A 股新上市	2017.12.25	603286	日盈电子	88.08	A 股新上市	2017.

上市公司股份变动
Change of Shares Outstanding in 2017

票代码 Code	股票简称 Stock Name	变动后总股本（百万股）Total Share(M)	变动原因 Change Reason	变动日期 Change Date	股票代码 Code	股票简称 Stock Name	变动后总股本（百万股）Total Share(M)	变动原因 Change Reason	变动日期 Change Date
603288	海天味业	2704.95	限售期满	2017.02.13	603288	海天味业	2701.21	股份注销	2017.11.01
603289	泰瑞机器	204.00	A 股新上市	2017.10.31	603298	杭叉集团	618.85	限售期满	2017.12.27
603299	井神股份	559.44	限售期满	2017.01.03	603303	得邦照明	240.00	A 股新上市	2017.03.30
603303	得邦照明	408.00	送股	2017.10.20	603305	旭升股份	400.60	A 股新上市	2017.07.10
603306	华懋科技	236.17	增发上市	2017.08.24	603306	华懋科技	236.17	限售期满	2017.09.27
603306	华懋科技	236.17	限售期满	2017.12.18	603308	应流股份	433.75	限售期满	2017.01.23
603313	梦百合	240.00	限售期满	2017.10.13	603315	福鞍股份	219.95	增发上市	2017.11.06
603316	诚邦股份	203.28	A 股新上市	2017.06.19	603318	派思股份	365.25	股份注销	2017.06.15
603318	派思股份	405.36	增发上市	2017.11.16	603318	派思股份	403.30	股份注销	2017.12.29
603319	湘油泵	80.92	限售期满	2017.11.30	603320	迪贝电气	100.00	A 股新上市	2017.05.02
603321	梅轮电梯	307.00	A 股新上市	2017.09.15	603322	超讯通信	80.00	限售期满	2017.07.28
603323	吴江银行	1448.08	送股	2017.07.05	603323	吴江银行	1448.08	限售期满	2017.11.29
603326	我乐家居	160.00	A 股新上市	2017.06.16	603326	我乐家居	161.23	增发上市	2017.10.25
603328	依顿电子	498.44	股份注销	2017.01.10	603328	依顿电子	498.33	股份注销	2017.06.08
603328	依顿电子	996.65	送股	2017.06.20	603328	依顿电子	996.65	限售期满	2017.06.28
603328	依顿电子	996.65	限售期满	2017.07.03	603328	依顿电子	997.72	增发上市	2017.10.12
603329	上海雅仕	132.00	A 股新上市	2017.12.29	603330	上海天洋	60.00	A 股新上市	2017.02.13
603331	百达精工	127.25	A 股新上市	2017.07.05	603335	迪生力	253.34	A 股新上市	2017.06.20
603336	宏辉果蔬	133.35	限售期满	2017.11.24	603337	杰克股份	206.67	A 股新上市	2017.01.19
603338	浙江鼎力	176.93	增发上市	2017.11.28	603339	四方冷链	210.25	增发上市	2017.05.04
603339	四方冷链	210.25	限售期满	2017.05.19	603345	安井食品	216.04	A 股新上市	2017.02.22
603357	设计总院	324.67	A 股新上市	2017.08.01	603358	华达科技	160.00	A 股新上市	2017.01.25
603359	东珠景观	227.60	A 股新上市	2017.09.01	603360	百傲化学	133.34	A 股新上市	2017.02.06
603363	傲农生物	420.00	A 股新上市	2017.09.26	603365	水星家纺	266.67	A 股新上市	2017.11.20
603367	辰欣药业	453.35	A 股新上市	2017.09.29	603368	柳州医药	185.05	送股	2017.05.11
603368	柳州医药	185.05	限售期满	2017.12.04	603369	今世缘	1254.50	限售期满	2017.07.03
603377	东方时尚	420.00	限售期满	2017.02.06	603378	亚士创能	194.80	A 股新上市	2017.09.28
603380	易德龙	160.00	A 股新上市	2017.06.22	603383	顶点软件	84.19	A 股新上市	2017.05.22
603383	顶点软件	85.87	增发上市	2017.09.11	603385	惠达卫浴	284.15	A 股新上市	2017.04.05
603386	广东骏亚	201.80	A 股新上市	2017.09.12	603387	基蛋生物	132.00	A 股新上市	2017.07.17
603388	元成股份	100.00	A 股新上市	2017.03.24	603388	元成股份	200.00	送股	2017.09.29
603388	元成股份	205.84	增发上市	2017.11.10	603389	亚振家居	218.96	限售期满	2017.12.15
603393	新天然气	160.00	限售期满	2017.09.12	603396	金辰股份	75.56	A 股新上市	2017.10.18
603398	邦宝益智	212.48	增发上市	2017.09.01	603399	新华龙	543.25	增发上市	2017.06.26
603416	信捷电气	140.56	送股	2017.06.27	603421	鼎信通讯	443.11	增发上市	2017.07.18
603429	集友股份	68.00	A 股新上市	2017.01.24	603429	集友股份	136.00	送股	2017.09.21
603444	吉比特	71.17	A 股新上市	2017.01.04	603444	吉比特	71.74	增发上市	2017.04.17
603456	九洲药业	447.85	增发上市	2017.08.07	603456	九洲药业	447.85	限售期满	2017.10.10
603458	勘设股份	124.15	A 股新上市	2017.08.09	603466	风语筑	144.00	A 股新上市	2017.10.20
603477	振静股份	240.00	A 股新上市	2017.12.18	603488	展鹏科技	208.00	A 股新上市	2017.05.16
603496	恒为科技	100.00	A 股新上市	2017.06.07	603499	翔港科技	100.00	A 股新上市	2017.10.16
603500	祥和实业	126.00	A 股新上市	2017.09.04	603501	韦尔股份	416.00	A 股新上市	2017.05.04
603501	韦尔股份	455.81	增发上市	2017.12.25	603505	金石资源	240.00	A 股新上市	2017.05.03
603507	振江股份	125.63	A 股新上市	2017.11.06	603515	欧普照明	579.48	限售期满	2017.08.21
603517	绝味食品	410.00	A 股新上市	2017.03.17	603518	维格娜丝	152.21	增发上市	2017.08.07
603518	维格娜丝	152.29	增发上市	2017.11.02	603518	维格娜丝	152.29	限售期满	2017.12.04
603520	司太立	120.00	限售期满	2017.03.09	603527	众源新材	124.40	A 股新上市	2017.09.07
603528	多伦科技	206.68	限售期满	2017.05.03	603528	多伦科技	620.04	送股	2017.06.08
603533	掌阅科技	401.00	A 股新上市	2017.09.21	603535	嘉诚国际	150.40	A 股新上市	2017.08.08
603536	惠发股份	120.00	A 股新上市	2017.06.13	603538	美诺华	120.00	A 股新上市	2017.04.07

上市公司股份变动
Change of Shares Outstanding in 2017

股票代码 Code	股票简称 Stock Name	变动后总股本（百万股）Total Share(M)	变动原因 Change Reason	变动日期 Change Date	股票代码 Code	股票简称 Stock Name	变动后总股本（百万股）Total Share(M)	变动原因 Change Reason	变动日期 Change D
603555	贵人鸟	628.60	限售期满	2017.01.24	603555	贵人鸟	628.60	限售期满	2017.1
603556	海兴电力	380.53	增发上市	2017.05.11	603556	海兴电力	380.19	股份注销	2017.0
603556	海兴电力	380.19	限售期满	2017.11.10	603557	起步股份	469.98	A 股新上市	2017.0
603558	健盛集团	402.62	增发上市	2017.09.06	603558	健盛集团	416.36	增发上市	2017.1
603559	中通国脉	132.00	送股	2017.06.22	603559	中通国脉	132.00	限售期满	2017.1
603568	伟明环保	687.21	增发上市	2017.04.11	603569	长久物流	400.01	限售期满	2017.0
603577	汇金通	175.02	送股	2017.07.12	603577	汇金通	175.02	限售期满	2017.1
603578	三星新材	88.00	A 股新上市	2017.03.06	603579	荣泰健康	70.00	A 股新上市	2017.0
603579	荣泰健康	140.00	送股	2017.09.26	603580	艾艾精工	66.67	A 股新上市	2017.0
603585	苏利股份	150.00	送股	2017.06.15	603585	苏利股份	150.00	限售期满	2017.1
603586	金麒麟	209.37	A 股新上市	2017.04.06	603588	高能环境	661.85	送股	2017.0
603588	高能环境	663.21	增发上市	2017.06.13	603588	高能环境	662.19	股份注销	2017.0
603588	高能环境	662.19	限售期满	2017.07.10	603588	高能环境	662.19	限售期满	2017.1
603595	东尼电子	100.00	A 股新上市	2017.07.12	603595	东尼电子	102.02	增发上市	2017.1
603600	永艺股份	250.00	送股	2017.04.21	603600	永艺股份	253.04	增发上市	2017.0
603601	再升科技	386.15	限售期满	2017.05.15	603602	纵横通信	80.00	A 股新上市	2017.0
603603	博天环境	400.01	A 股新上市	2017.02.17	603605	珀莱雅	200.00	A 股新上市	2017.1
603606	东方电缆	310.97	限售期满	2017.10.16	603606	东方电缆	372.71	增发上市	2017.1
603607	京华激光	91.08	A 股新上市	2017.10.25	603608	天创时尚	280.00	限售期满	2017.0
603608	天创时尚	392.00	送股	2017.06.05	603608	天创时尚	395.92	增发上市	2017.1
603608	天创时尚	395.92	增发上市	2017.10.09	603608	天创时尚	431.65	增发上市	2017.1
603609	禾丰牧业	831.18	限售期满	2017.08.08	603611	诺力股份	174.87	增发上市	2017.0
603611	诺力股份	185.84	增发上市	2017.02.03	603611	诺力股份	191.40	增发上市	2017.0
603612	索通发展	240.70	A 股新上市	2017.07.18	603612	索通发展	243.03	增发上市	2017.1
603615	茶花股份	240.00	A 股新上市	2017.02.13	603617	君禾股份	100.00	A 股新上市	2017.0
603618	杭电股份	686.88	限售期满	2017.09.01	603619	中曼石油	400.00	A 股新上市	2017.1
603626	科森科技	210.67	A 股新上市	2017.02.09	603626	科森科技	294.93	送股	2017.0
603628	清源股份	273.80	A 股新上市	2017.01.12	603630	拉芳家化	174.40	A 股新上市	2017.0
603633	徕木股份	120.35	限售期满	2017.11.17	603636	南威软件	406.83	送股	2017.0
603636	南威软件	407.36	增发上市	2017.11.29	603636	南威软件	407.10	股份注销	2017.1
603636	南威软件	407.10	限售期满	2017.12.06	603637	镇海股份	102.31	A 股新上市	2017.0
603637	镇海股份	133.00	送股	2017.05.26	603638	艾迪精密	176.00	A 股新上市	2017.0
603639	海利尔	120.00	A 股新上市	2017.01.12	603648	畅联股份	368.67	A 股新上市	2017.0
603655	朗博科技	106.00	A 股新上市	2017.12.29	603656	泰禾光电	75.96	A 股新上市	2017.0
603656	泰禾光电	106.34	送股	2017.06.15	603658	安图生物	420.00	限售期满	2017.0
603659	璞泰来	432.70	A 股新上市	2017.11.03	603660	苏州科达	250.00	限售期满	2017.1
603661	恒林股份	100.00	A 股新上市	2017.11.21	603663	三祥新材	134.15	限售期满	2017.0
603665	康隆达	100.00	A 股新上市	2017.03.13	603667	五洲新春	202.40	限售期满	2017.1
603668	天马科技	212.00	A 股新上市	2017.01.17	603668	天马科技	296.80	送股	2017.0
603676	卫信康	423.00	A 股新上市	2017.07.21	603677	奇精机械	80.00	A 股新上市	2017.0
603677	奇精机械	136.00	送股	2017.05.26	603677	奇精机械	140.18	增发上市	2017.0
603678	火炬电子	452.67	送股	2017.04.28	603678	火炬电子	452.67	限售期满	2017.0
603679	华体科技	100.00	A 股新上市	2017.06.21	603683	晶华新材	126.67	A 股新上市	2017.1
603685	晨丰科技	100.00	A 股新上市	2017.11.27	603686	龙马环卫	272.35	限售期满	2017.0
603686	龙马环卫	299.27	增发上市	2017.12.12	603688	石英股份	337.34	送股	2017.0
603688	石英股份	337.34	限售期满	2017.08.16	603688	石英股份	337.34	限售期满	2017.1
603689	皖天然气	336.00	A 股新上市	2017.01.10	603690	至纯科技	208.00	A 股新上市	2017.0
603690	至纯科技	210.40	增发上市	2017.07.25	603699	纽威股份	750.00	限售期满	2017.0
603701	德宏股份	78.40	限售期满	2017.04.12	603701	德宏股份	98.00	送股	2017.0
603701	德宏股份	99.60	增发上市	2017.08.24	603701	德宏股份	119.52	送股	2017.0

上市公司股份变动
Change of Shares Outstanding in 2017

股票代码 Code	股票简称 Stock Name	变动后总股本 (百万股) Total Share(M)	变动原因 Change Reason	变动日期 Change Date	股票代码 Code	股票简称 Stock Name	变动后总股本 (百万股) Total Share(M)	变动原因 Change Reason	变动日期 Change Date
603707	健友股份	423.50	A 股新上市	2017.07.19	603708	家家悦	468.00	送股	2017.06.16
603708	家家悦	468.00	限售期满	2017.12.13	603711	香飘飘	400.01	A 股新上市	2017.11.30
603716	塞力斯	71.32	送股	2017.10.24	603716	塞力斯	71.32	限售期满	2017.10.31
603717	天域生态	172.71	A 股新上市	2017.03.27	603721	中广天择	100.00	A 股新上市	2017.08.11
603722	阿科力	86.70	A 股新上市	2017.10.25	603725	天安新材	146.68	A 股新上市	2017.09.06
603727	博迈科	234.15	限售期满	2017.11.22	603728	鸣志电器	320.00	A 股新上市	2017.05.09
603730	岱美股份	408.00	A 股新上市	2017.07.28	603737	三棵树	100.00	限售期满	2017.06.05
603737	三棵树	102.18	增发上市	2017.11.13	603737	三棵树	102.18	限售期满	2017.12.04
603738	泰晶科技	113.36	送股	2017.05.23	603738	泰晶科技	113.36	限售期满	2017.10.18
603757	大元泵业	83.80	A 股新上市	2017.07.11	603758	秦安股份	438.80	A 股新上市	2017.05.17
603766	隆鑫通用	845.09	增发上市	2017.02.06	603766	隆鑫通用	845.16	增发上市	2017.03.27
603766	隆鑫通用	845.16	限售期满	2017.05.03	603766	隆鑫通用	2112.90	送股	2017.05.19
603766	隆鑫通用	2113.08	增发上市	2017.07.25	603767	中马传动	213.32	A 股新上市	2017.06.13
603768	常青股份	204.00	A 股新上市	2017.03.24	603776	永安行	96.00	A 股新上市	2017.08.17
603777	来伊份	243.72	增发上市	2017.08.16	603777	来伊份	243.72	限售期满	2017.10.23
603778	乾景园林	200.00	限售期满	2017.01.03	603778	乾景园林	500.00	送股	2017.06.09
603779	威龙股份	200.20	限售期满	2017.05.16	603779	威龙股份	229.65	增发上市	2017.11.17
603787	新日股份	204.00	A 股新上市	2017.04.27	603788	宁波高发	164.35	增发上市	2017.08.18
603788	宁波高发	164.35	限售期满	2017.11.15	603788	宁波高发	164.35	限售期满	2017.11.23
603789	星光农机	201.51	股份注销	2017.06.13	603789	星光农机	261.96	送股	2017.09.26
603797	联泰环保	213.34	A 股新上市	2017.04.13	603798	康普顿	100.00	限售期满	2017.04.14
603798	康普顿	200.00	送股	2017.06.19	603799	华友钴业	592.68	限售期满	2017.12.21
603801	志邦股份	160.00	A 股新上市	2017.06.30	603803	瑞斯康达	421.06	A 股新上市	2017.04.20
603806	福斯特	402.00	限售期满	2017.09.05	603808	歌力思	248.23	股份注销	2017.04.05
603808	歌力思	259.46	增发上市	2017.05.31	603808	歌力思	337.30	送股	2017.07.10
603808	歌力思	337.30	限售期满	2017.09.04	603809	豪能股份	106.67	A 股新上市	2017.11.28
603811	诚意药业	85.20	A 股新上市	2017.03.15	603813	原尚股份	88.27	A 股新上市	2017.09.18
603816	顾家家居	412.50	限售期满	2017.10.19	603816	顾家家居	428.14	增发上市	2017.11.16
603817	海峡环保	450.00	A 股新上市	2017.02.20	603819	神力股份	120.00	限售期满	2017.11.27
603819	神力股份	120.82	增发上市	2017.12.29	603822	嘉澳环保	73.35	限售期满	2017.04.28
603823	百合花	225.00	限售期满	2017.12.20	603825	华扬联众	160.00	A 股新上市	2017.08.02
603826	坤彩科技	360.00	A 股新上市	2017.04.14	603828	柯利达	185.13	增发上市	2017.04.20
603828	柯利达	185.10	股份注销	2017.06.05	603828	柯利达	183.48	股份注销	2017.08.09
603828	柯利达	330.26	送股	2017.08.18	603828	柯利达	330.23	股份注销	2017.11.28
603829	洛凯股份	160.00	A 股新上市	2017.10.17	603833	欧派家居	415.09	A 股新上市	2017.03.28
603833	欧派家居	420.60	增发上市	2017.08.03	603839	安正时尚	285.04	A 股新上市	2017.02.14
603839	安正时尚	289.06	增发上市	2017.10.12	603839	安正时尚	289.06	增发上市	2017.10.13
603843	正平股份	400.00	限售期满	2017.09.08	603848	好太太	401.00	A 股新上市	2017.12.01
603855	华荣股份	331.07	A 股新上市	2017.05.24	603856	东宏股份	197.24	A 股新上市	2017.11.06
603858	步长制药	681.80	限售期满	2017.11.20	603859	能科股份	113.56	限售期满	2017.10.23
603860	中公高科	66.68	A 股新上市	2017.08.02	603861	白云电器	409.10	限售期满	2017.03.29
603866	桃李面包	470.63	增发上市	2017.12.11	603869	北部湾旅	348.81	限售期满	2017.09.29
603877	太平鸟	475.00	A 股新上市	2017.01.09	603877	太平鸟	480.93	增发上市	2017.09.19
603878	武进不锈	202.00	限售期满	2017.12.19	603879	永悦科技	144.00	A 股新上市	2017.06.14
603880	南卫股份	100.00	A 股新上市	2017.08.07	603881	数据港	210.59	A 股新上市	2017.02.08
603882	金域医学	457.88	A 股新上市	2017.09.08	603883	老百姓	284.95	增发上市	2017.11.29
603885	吉祥航空	1283.58	限售期满	2017.05.11	603885	吉祥航空	1283.58	限售期满	2017.05.31
603885	吉祥航空	1797.01	送股	2017.06.14	603886	元祖股份	240.00	限售期满	2017.12.28
603887	城地股份	103.00	增发上市	2017.09.14	603887	城地股份	103.00	限售期满	2017.10.10
603888	新华网	519.03	送股	2017.06.23	603888	新华网	519.03	限售期满	2017.10.30

上市公司股份变动
Change of Shares Outstanding in 2017

股票代码 Code	股票简称 Stock Name	变动后总股本（百万股） Total Share(M)	变动原因 Change Reason	变动日期 Change Date	股票代码 Code	股票简称 Stock Name	变动后总股本（百万股） Total Share(M)	变动原因 Change Reason	变动日 Change D
603889	新澳股份	393.65	增发上市	2017.08.02	603889	新澳股份	393.65	限售期满	2017.1
603890	春秋电子	137.00	A 股新上市	2017.12.12	603896	寿仙谷	139.80	A 股新上市	2017.0
603898	好莱客	299.90	限售期满	2017.05.19	603898	好莱客	300.43	增发上市	2017.0
603898	好莱客	318.12	增发上市	2017.08.03	603900	莱绅通灵	340.47	送股	2017.1
603903	中持股份	102.44	A 股新上市	2017.03.14	603903	中持股份	103.34	增发上市	2017.1
603906	龙蟠科技	208.00	A 股新上市	2017.04.10	603908	牧高笛	66.69	A 股新上市	2017.0
603912	佳力图	148.00	A 股新上市	2017.11.01	603916	苏博特	304.00	A 股新上市	2017.1
603917	合力科技	112.00	A 股新上市	2017.12.04	603918	金桥信息	177.33	增发上市	2017.0
603919	金徽酒	280.00	限售期满	2017.03.10	603919	金徽酒	364.00	送股	2017.0
603920	世运电路	401.80	A 股新上市	2017.04.26	603922	金鸿顺	128.00	A 股新上市	2017.1
603926	铁流股份	120.00	A 股新上市	2017.05.10	603928	兴业股份	201.60	限售期满	2017.1
603933	睿能科技	102.67	A 股新上市	2017.07.06	603937	丽岛新材	208.88	A 股新上市	2017.1
603938	三孚股份	150.17	A 股新上市	2017.06.28	603939	益丰药房	362.69	限售期满	2017.0
603955	大千生态	87.00	A 股新上市	2017.03.10	603958	哈森股份	217.36	限售期满	2017.0
603959	百利科技	224.00	限售期满	2017.05.17	603960	克来机电	80.00	A 股新上市	2017.0
603960	克来机电	104.00	送股	2017.08.17	603963	大理药业	100.00	A 股新上市	2017.0
603966	法兰泰克	160.00	A 股新上市	2017.01.25	603970	中农立华	133.33	A 股新上市	2017.1
603976	正川股份	108.00	A 股新上市	2017.08.22	603977	国泰集团	221.08	限售期满	2017.1
603978	深圳新星	80.00	A 股新上市	2017.08.07	603979	金诚信	450.00	限售期满	2017.0
603979	金诚信	585.00	送股	2017.07.17	603980	吉华集团	500.00	A 股新上市	2017.0
603985	恒润股份	80.00	A 股新上市	2017.05.05	603986	兆易创新	200.00	送股	2017.0
603986	兆易创新	202.69	增发上市	2017.06.27	603986	兆易创新	202.69	限售期满	2017.0
603986	兆易创新	202.68	股份注销	2017.12.07	603987	康德莱	315.44	送股	2017.0
603987	康德莱	315.44	限售期满	2017.11.24	603988	中电电机	80.00	限售期满	2017.1
603988	中电电机	120.00	送股	2017.11.17	603990	麦迪科技	80.93	增发上市	2017.0
603990	麦迪科技	80.92	股份注销	2017.11.21	603990	麦迪科技	80.92	限售期满	2017.1
603991	至正股份	74.53	A 股新上市	2017.03.08	603993	洛阳钼业	21599.24	增发上市	2017.0
603997	继峰股份	630.00	送股	2017.05.26	603998	方盛制药	430.94	股份注销	2017.0
603998	方盛制药	430.94	限售期满	2017.12.05	603999	读者传媒	576.00	送股	2017.0
900902	市北 B 股	1873.30	送股	2017.06.05					

上市公司派发现金红利
Dividends in 2017

股票代码 Code	股票简称 Stock Name	发放日期 Date	每股红利(含税) Dividend (Pre-Tax)	代发红利总额(百万) Cash(M)	股票代码 Code	股票简称 Stock Name	发放日期 Date	每股红利(含税) Dividend (Pre-Tax)	代发红利总额(百万) Cash(M)
600000	浦发银行	2017.05.25	0.200	4323.66	600004	白云机场	2017.07.14	0.370	528.03
600006	东风汽车	2017.07.14	0.033	66.00	600007	中国国贸	2017.06.19	0.300	302.18
600008	首创股份	2017.05.31	0.080	385.65	600009	上海机场	2017.08.24	0.440	847.86
600011	华能国际	2017.06.30	0.290	3045.00	600012	皖通高速	2017.07.18	0.230	268.09
600015	华夏银行	2017.06.29	0.181	1934.09	600016	民生银行	2017.07.06	0.165	4876.04
600016	民生银行	2017.09.26	0.120	3546.21	600017	日照港	2017.06.14	0.010	30.76
600018	上港集团	2017.07.18	0.156	3615.09	600019	宝钢股份	2017.06.14	0.210	4641.56
600020	中原高速	2017.07.04	0.088	197.77	600021	上海电力	2017.06.23	0.180	385.15
600023	浙能电力	2017.06.15	0.230	3128.16	600026	中远海能	2017.07.03	0.190	519.85
600027	华电国际	2017.07.31	0.136	1107.82	600028	中国石化	2017.07.19	0.170	16244.82
600028	中国石化	2017.09.20	0.100	9555.78	600029	南方航空	2017.07.26	0.100	702.27
600030	中信证券	2017.08.18	0.350	3443.50	600031	三一重工	2017.08.24	0.010	76.58
600031	三一重工	2017.10.24	0.020	152.87	600033	福建高速	2017.06.28	0.150	411.66
600035	楚天高速	2017.05.24	0.100	173.08	600036	招商银行	2017.06.14	0.740	15265.42
600037	歌华有线	2017.06.09	0.180	250.52	600038	中直股份	2017.06.26	0.230	135.58
600039	四川路桥	2017.06.22	0.050	150.99	600048	保利地产	2017.06.09	0.315	3735.41
600051	宁波联合	2017.06.05	0.080	24.87	600053	九鼎投资	2017.07.06	0.435	188.59
600054	黄山旅游	2017.06.26	0.190	97.53	600055	万东医疗	2017.06.02	0.150	57.94
600056	中国医药	2017.06.14	0.266	284.44	600057	象屿股份	2017.07.13	0.100	117.08
600059	古越龙山	2017.06.06	0.100	80.85	600060	海信电器	2017.07.18	0.404	528.63
600061	国投安信	2017.06.22	0.070	258.59	600062	华润双鹤	2017.07.17	0.099	71.72
600064	南京高科	2017.06.15	0.400	308.99	600066	宇通客车	2017.06.14	1.000	2213.94
600067	冠城大通	2017.05.26	0.100	149.21	600068	葛洲坝	2017.06.26	0.206	948.58
600070	浙江富润	2017.05.24	0.100	52.19	600073	上海梅林	2017.10.27	0.090	84.40
600075	新疆天业	2017.06.09	0.100	69.47	600078	澄星股份	2017.06.08	0.030	19.88
600079	人福医药	2017.06.16	0.110	141.47	600080	金花股份	2017.08.18	0.030	9.16
600081	东风科技	2017.06.16	0.118	37.00	600085	同仁堂	2017.08.16	0.240	329.15
600086	东方金钰	2017.08.01	0.022	29.70	600088	中视传媒	2017.07.17	0.025	8.29
600089	特变电工	2017.05.22	0.210	679.96	600093	易见股份	2017.07.14	0.270	303.06
600094	大名城	2017.07.03	0.050	113.83	600095	哈高科	2017.05.09	0.015	5.42
600098	广州发展	2017.06.28	0.100	272.62	600099	林海股份	2017.07.19	0.040	8.76
600100	同方股份	2017.07.06	0.250	740.97	600101	明星电力	2017.07.05	0.050	16.21
600104	上汽集团	2017.06.16	1.650	19277.71	600105	永鼎股份	2017.06.14	0.100	94.50
600106	重庆路桥	2017.06.02	0.098	88.96	600108	亚盛集团	2017.06.28	0.004	7.79
600109	国金证券	2017.05.17	0.050	151.22	600111	北方稀土	2017.06.06	0.010	36.33
600113	浙江东日	2017.05.17	0.010	3.19	600114	东睦股份	2017.04.27	0.200	85.07
600115	东方航空	2017.08.10	0.049	480.62	600116	三峡水利	2017.06.29	0.070	69.51
600118	中国卫星	2017.06.15	0.110	130.07	600119	长江投资	2017.07.14	0.137	42.11
600120	浙江东方	2017.05.18	0.130	65.71	600122	宏图高科	2017.06.09	0.040	46.17
600125	铁龙物流	2017.06.23	0.060	78.33	600128	弘业股份	2017.07.07	0.050	12.34
600129	太极集团	2017.07.14	0.300	128.07	600131	岷江水电	2017.06.20	0.050	25.21
600132	重庆啤酒	2017.06.30	0.800	387.18	600135	乐凯胶片	2017.06.20	0.034	12.68
600138	中青旅	2017.07.20	0.100	72.38	600141	兴发集团	2017.06.06	0.100	51.22
600143	金发科技	2017.06.02	0.100	271.68	600151	航天机电	2017.08.16	0.045	64.54
600153	建发股份	2017.07.25	0.400	1134.08	600157	永泰能源	2017.07.14	0.011	136.68
600158	中体产业	2017.06.13	0.022	18.56	600159	大龙地产	2017.06.21	0.040	33.20
600160	巨化股份	2017.06.07	0.150	316.75	600160	巨化股份	2017.10.13	0.100	211.17
600161	天坛生物	2017.06.19	0.300	154.64	600162	香江控股	2017.06.06	0.110	374.07
600166	福田汽车	2017.07.20	0.026	173.42	600167	联美控股	2017.11.02	0.160	140.81
600168	武汉控股	2017.05.12	0.128	90.82	600170	上海建工	2017.05.18	0.130	972.75

上市公司派发现金红利
Dividends in 2017

股票代码 Code	股票简称 Stock Name	发放日期 Date	每股红利(含税) Dividend (Pre-Tax)	代发红利总额 (百万) Cash(M)	股票代码 Code	股票简称 Stock Name	发放日期 Date	每股红利(含税) Dividend (Pre-Tax)	代发红利总额 (百万) Cash(M)
600171	上海贝岭	2017.05.11	0.020	13.48	600172	黄河旋风	2017.06.08	0.050	39.62
600173	卧龙地产	2017.04.18	0.050	36.26	600175	美都能源	2017.06.09	0.010	35.76
600176	中国巨石	2017.05.16	0.250	608.04	600177	雅戈尔	2017.06.05	0.500	1279.09
600180	瑞茂通	2017.07.06	0.052	53.16	600182	S 佳通	2017.06.21	0.450	153.00
600183	生益科技	2017.06.12	0.330	475.57	600184	光电股份	2017.06.08	0.018	9.16
600185	格力地产	2017.07.11	0.020	41.20	600188	兖州煤业	2017.07.14	0.120	355.20
600190	锦州港	2017.08.14	0.010	17.79	600191	华资实业	2017.06.30	0.010	4.85
600192	长城电工	2017.04.27	0.008	3.53	600195	中牧股份	2017.07.05	0.235	101.00
600196	复星医药	2017.08.09	0.350	703.92	600197	伊力特	2017.05.04	0.250	110.25
600200	江苏吴中	2017.06.29	0.030	21.66	600201	生物股份	2017.06.12	0.500	306.58
600203	福日电子	2017.08.25	0.020	9.13	600210	紫江企业	2017.08.18	0.100	151.67
600211	西藏药业	2017.09.28	0.332	59.63	600215	长春经开	2017.06.30	0.005	2.33
600216	浙江医药	2017.07.19	0.145	139.61	600218	全柴动力	2017.06.22	0.080	29.50
600219	南山铝业	2017.07.05	0.050	462.56	600221	海南航空	2017.06.07	0.051	844.85
600229	城市传媒	2017.07.07	0.120	84.25	600230	沧州大化	2017.05.25	0.130	38.24
600231	凌钢股份	2017.05.18	0.017	42.83	600232	金鹰股份	2017.07.20	0.100	36.47
600233	圆通速递	2017.06.27	0.150	423.18	600236	桂冠电力	2017.07.07	0.130	788.24
600239	云南城投	2017.06.01	0.114	122.03	600240	华业资本	2017.07.12	0.100	142.43
600248	延长化建	2017.06.21	0.020	12.32	600251	冠农股份	2017.06.27	0.015	11.77
600252	中恒集团	2017.06.23	0.045	156.38	600256	广汇能源	2017.06.15	0.030	156.64
600257	大湖股份	2017.07.18	0.020	9.62	600258	首旅酒店	2017.05.25	0.010	6.80
600261	阳光照明	2017.05.25	0.160	232.34	600266	北京城建	2017.07.21	0.280	438.77
600267	海正药业	2017.07.07	0.050	48.28	600268	国电南自	2017.06.20	0.020	12.70
600269	赣粤高速	2017.05.25	0.150	350.31	600270	外运发展	2017.07.07	0.500	452.74
600271	航天信息	2017.05.26	0.250	465.71	600272	开开实业	2017.06.27	0.030	4.89
600273	嘉化能源	2017.05.25	0.171	223.37	600276	恒瑞医药	2017.05.31	0.135	316.9
600277	亿利洁能	2017.08.25	0.040	109.56	600278	东方创业	2017.07.14	0.090	47.00
600279	重庆港九	2017.06.06	0.040	27.72	600280	中央商场	2017.07.14	0.045	51.68
600284	浦东建设	2017.05.19	0.156	108.11	600285	羚锐制药	2017.06.23	0.150	88.85
600287	江苏舜天	2017.05.26	0.070	30.58	600288	大恒科技	2017.08.01	0.021	9.1
600289	亿阳信通	2017.06.23	0.065	41.02	600291	西水股份	2017.06.09	0.010	10.9
600292	远达环保	2017.06.16	0.060	46.85	600293	三峡新材	2017.06.12	0.040	30.9
600295	鄂尔多斯	2017.07.12	0.050	30.60	600297	广汇汽车	2017.06.08	0.200	1100.0
600298	安琪酵母	2017.05.05	0.300	247.22	600299	安迪苏	2017.06.14	0.228	611.4
600300	维维股份	2017.06.16	0.020	33.44	600303	曙光股份	2017.05.25	0.026	17.5
600305	恒顺醋业	2017.06.20	0.085	51.23	600308	华泰股份	2017.06.15	0.047	54.8
600309	万华化学	2017.05.18	0.500	1139.17	600310	桂东电力	2017.05.18	0.080	66.2
600312	平高电气	2017.06.05	0.600	814.15	600313	农发种业	2017.07.20	0.030	32.4
600315	上海家化	2017.06.23	0.100	67.34	600316	洪都航空	2017.07.19	0.007	5.0
600317	营口港	2017.06.13	0.023	148.88	600318	新力金融	2017.05.04	0.100	24.20
600320	振华重工	2017.07.07	0.100	276.83	600323	瀚蓝环境	2017.07.13	0.200	153.2
600325	华发股份	2017.06.08	0.800	941.47	600326	西藏天路	2017.07.03	0.080	53.2
600327	大东方	2017.06.20	0.200	113.43	600328	兰太实业	2017.07.14	0.059	25.8
600329	中新药业	2017.07.14	0.150	85.33	600332	白云山	2017.07.17	0.280	393.6
600335	国机汽车	2017.06.22	0.150	154.46	600337	美克家居	2017.04.19	0.300	193.4
600338	西藏珠峰	2017.08.31	0.600	391.80	600340	华夏幸福	2017.06.13	0.660	1950.2
600345	长江通信	2017.07.11	0.100	19.80	600346	恒力股份	2017.05.05	0.150	423.8
600350	山东高速	2017.07.14	0.196	942.99	600351	亚宝药业	2017.06.30	0.020	15.7
600352	浙江龙盛	2017.06.09	0.200	650.67	600353	旭光股份	2017.06.05	0.025	13.5
600356	恒丰纸业	2017.05.26	0.096	28.68	600360	华微电子	2017.06.29	0.020	14.7

上市公司派发现金红利
Dividends in 2017

股票代码 Code	股票简称 Stock Name	发放日期 Date	每股红利(含税) Dividend (Pre-Tax)	代发红利总额(百万) Cash(M)	股票代码 Code	股票简称 Stock Name	发放日期 Date	每股红利(含税) Dividend (Pre-Tax)	代发红利总额(百万) Cash(M)
600362	江西铜业	2017.07.12	0.150	311.29	600363	联创光电	2017.08.17	0.036	15.97
600366	宁波韵升	2017.06.07	0.200	111.50	600367	红星发展	2017.05.08	0.016	4.66
600368	五洲交通	2017.04.28	0.080	66.70	600369	西南证券	2017.07.06	0.100	564.51
600370	三房巷	2017.05.25	0.020	15.94	600371	万向德农	2017.07.17	0.090	20.26
600372	中航电子	2017.07.07	0.050	87.96	600373	中文传媒	2017.06.13	0.120	165.35
600376	首开股份	2017.06.05	0.350	902.85	600377	宁沪高速	2017.07.13	0.420	1602.61
600378	天科股份	2017.06.26	0.030	8.92	600379	宝光股份	2017.07.14	0.046	10.85
600380	健康元	2017.08.04	0.160	251.80	600382	广东明珠	2017.05.19	0.035	16.34
600383	金地集团	2017.06.05	0.700	3159.54	600386	北巴传媒	2017.08.24	0.120	48.38
600387	海越股份	2017.07.12	0.060	23.17	600388	龙净环保	2017.07.18	0.190	203.12
600389	江山股份	2017.06.15	0.053	15.74	600392	盛和资源	2017.07.19	0.020	27.00
600393	粤泰股份	2017.04.17	0.040	50.72	600395	盘江股份	2017.07.21	0.240	397.21
600396	金山股份	2017.07.26	0.005	7.36	600398	海澜之家	2017.04.19	0.490	2201.45
600400	红豆股份	2017.05.24	0.100	164.50	600406	国电南瑞	2017.06.22	0.300	728.69
600409	三友化工	2017.05.17	0.125	231.30	600410	华胜天成	2017.05.26	0.030	33.13
600415	小商品城	2017.06.22	0.060	326.59	600416	湘电股份	2017.06.15	0.050	47.29
600418	江淮汽车	2017.06.27	0.190	359.73	600420	现代制药	2017.05.25	0.260	144.36
600422	昆药集团	2017.05.19	0.180	141.96	600426	华鲁恒升	2017.06.08	0.100	124.65
600433	冠豪高新	2017.05.26	0.038	48.31	600435	北方导航	2017.06.26	0.025	37.23
600436	片仔癀	2017.06.12	0.270	162.90	600438	通威股份	2017.06.15	0.080	310.59
600439	瑞贝卡	2017.06.09	0.060	56.60	600446	金证股份	2017.07.20	0.085	70.98
600449	宁夏建材	2017.05.26	0.040	19.13	600452	涪陵电力	2017.06.28	0.160	25.60
600456	宝钛股份	2017.06.22	0.050	21.51	600458	时代新材	2017.06.16	0.100	80.28
600459	贵研铂业	2017.07.21	0.100	26.10	600460	士兰微	2017.05.19	0.025	31.18
600461	洪城水业	2017.07.07	0.180	142.13	600463	空港股份	2017.05.19	0.040	12.00
600466	蓝光发展	2017.07.17	0.100	213.43	600467	好当家	2017.07.11	0.010	14.61
600468	百利电气	2017.06.14	0.030	16.22	600469	风神股份	2017.05.26	0.100	56.24
600475	华光股份	2017.10.19	0.100	55.94	600477	杭萧钢构	2017.07.03	0.080	84.57
600479	千金药业	2017.05.26	0.200	69.75	600480	凌云股份	2017.06.14	0.142	64.03
600481	双良节能	2017.07.10	0.080	129.64	600482	中国动力	2017.05.18	0.220	382.62
600483	福能股份	2017.07.10	0.200	310.37	600485	信威集团	2017.06.26	0.009	26.61
600486	扬农化工	2017.07.05	0.430	133.26	600487	亨通光电	2017.06.05	0.110	136.54
600488	天药股份	2017.05.10	0.021	20.18	600489	中金黄金	2017.07.05	0.035	120.79
600491	龙元建设	2017.07.10	0.035	44.17	600493	凤竹纺织	2017.06.20	0.070	19.04
600496	精工钢构	2017.07.13	0.010	15.10	600498	烽火通信	2017.07.21	0.340	355.73
600499	科达洁能	2017.06.14	0.080	112.92	600500	中化国际	2017.06.30	0.090	187.47
600501	航天晨光	2017.06.28	0.011	4.63	600502	安徽水利	2017.10.25	0.050	71.72
600503	华丽家族	2017.07.14	0.024	38.45	600505	西昌电力	2017.06.29	0.030	10.94
600507	方大特钢	2017.06.14	0.252	334.18	600508	上海能源	2017.06.23	0.100	72.27
600509	天富能源	2017.07.17	0.107	96.91	600510	黑牡丹	2017.07.07	0.107	112.04
600511	国药股份	2017.05.12	0.200	95.76	600512	腾达建设	2017.06.09	0.030	47.97
600513	联环药业	2017.05.19	0.086	18.88	600516	方大炭素	2017.06.02	0.022	37.82
600517	置信电气	2017.06.29	0.150	203.43	600518	康美药业	2017.06.29	0.205	1014.08
600519	贵州茅台	2017.07.07	6.787	8525.81	600521	华海药业	2017.06.14	0.180	187.66
600522	中天科技	2017.07.24	0.100	306.61	600523	贵航股份	2017.06.07	0.180	51.98
600525	长园集团	2017.06.01	0.080	105.38	600526	菲达环保	2017.07.07	0.050	27.37
600527	江南高纤	2017.04.20	0.040	32.08	600528	中铁工业	2017.07.13	0.023	51.10
600529	山东药玻	2017.07.11	0.200	60.71	600530	交大昂立	2017.06.23	0.060	46.80
600531	豫光金铅	2017.06.30	0.050	54.51	600533	栖霞建设	2017.08.10	0.060	63.00
600535	天士力	2017.06.15	0.560	605.07	600536	中国软件	2017.06.02	0.063	31.16

上市公司派发现金红利
Dividends in 2017

股票代码 Code	股票简称 Stock Name	发放日期 Date	每股红利(含税) Dividend (Pre-Tax)	代发红利总额 (百万) Cash(M)	股票代码 Code	股票简称 Stock Name	发放日期 Date	每股红利(含税) Dividend (Pre-Tax)	代发红利总额 (百万) Cash(M)
600537	亿晶光电	2017.07.06	0.153	179.98	600545	新疆城建	2017.09.01	0.273	184.42
600547	山东黄金	2017.06.06	0.100	185.71	600548	深高速	2017.06.09	0.220	315.32
600549	厦门钨业	2017.06.30	0.200	216.31	600551	时代出版	2017.10.13	0.239	120.8[illegible]
600552	凯盛科技	2017.06.16	0.100	38.35	600557	康缘药业	2017.06.15	0.060	36.9[illegible]
600558	大西洋	2017.07.14	0.020	17.95	600559	老白干酒	2017.07.21	0.150	65.71
600560	金自天正	2017.06.22	0.027	6.04	600561	江西长运	2017.08.16	0.030	7.1[illegible]
600562	国睿科技	2017.06.29	0.143	68.55	600563	法拉电子	2017.05.26	1.100	247.50
600565	迪马股份	2017.04.27	0.100	241.89	600566	济川药业	2017.04.28	0.730	591.03
600567	山鹰纸业	2017.07.07	0.025	113.78	600568	中珠医疗	2017.07.13	0.050	35.5[illegible]
600570	恒生电子	2017.05.10	0.100	61.78	600571	信雅达	2017.06.14	0.090	39.57
600572	康恩贝	2017.06.16	0.120	301.29	600573	惠泉啤酒	2017.06.23	0.009	2.1[illegible]
600577	精达股份	2017.05.11	0.080	156.43	600577	精达股份	2017.09.13	0.050	97.77
600578	京能电力	2017.08.24	0.170	1146.94	600580	卧龙电气	2017.06.26	0.030	38.67
600582	天地科技	2017.08.04	0.030	124.16	600583	海油工程	2017.06.14	0.100	442.14
600584	长电科技	2017.05.26	0.015	15.54	600585	海螺水泥	2017.06.21	0.500	1999.85
600587	新华医疗	2017.08.22	0.045	18.29	600588	用友网络	2017.04.26	0.130	190.35
600589	广东榕泰	2017.07.13	0.050	35.27	600590	泰豪科技	2017.07.21	0.120	80.04
600592	龙溪股份	2017.06.29	0.100	39.96	600593	大连圣亚	2017.05.15	0.200	18.40
600594	益佰制药	2017.07.18	0.060	47.52	600596	新安股份	2017.05.18	0.100	67.92
600597	光明乳业	2017.05.19	0.150	184.60	600598	北大荒	2017.05.17	0.340	604.4[illegible]
600599	熊猫金控	2017.07.07	0.060	9.96	600600	青岛啤酒	2017.07.28	0.350	243.57
600601	方正科技	2017.08.10	0.010	21.95	600602	云赛智联	2017.06.01	0.054	55.8[illegible]
600604	市北高新	2017.05.26	0.020	14.07	600605	汇通能源	2017.06.13	0.051	7.5[illegible]
600606	绿地控股	2017.06.22	0.250	3042.04	600611	大众交通	2017.06.08	0.075	117.25
600612	老凤祥	2017.07.17	1.000	317.11	600613	神奇制药	2017.07.27	0.030	14.3[illegible]
600614	鹏起科技	2017.05.31	0.020	30.23	600616	金枫酒业	2017.07.20	0.050	25.73
600619	海立股份	2017.07.27	0.100	58.21	600620	天宸股份	2017.07.19	0.030	20.60
600622	嘉宝集团	2017.06.30	0.210	143.35	600623	华谊集团	2017.06.29	0.060	112.4[illegible]
600624	复旦复华	2017.07.26	0.025	17.12	600626	申达股份	2017.06.29	0.100	71.0[illegible]
600628	新世界	2017.07.28	0.120	77.63	600633	浙数文化	2017.05.22	0.095	123.6[illegible]
600635	大众公用	2017.07.25	0.060	145.13	600637	东方明珠	2017.08.18	0.340	898.1[illegible]
600638	新黄浦	2017.07.14	0.100	56.12	600639	浦东金桥	2017.07.13	0.170	144.5[illegible]
600640	号百控股	2017.07.14	0.007	5.57	600641	万业企业	2017.06.12	0.270	217.6[illegible]
600642	申能股份	2017.07.21	0.220	1001.45	600643	爱建集团	2017.09.29	0.100	143.7[illegible]
600647	同达创业	2017.08.14	0.105	14.61	600648	外高桥	2017.07.07	0.200	186.9[illegible]
600650	锦江投资	2017.07.07	0.250	97.64	600651	飞乐音响	2017.08.01	0.107	106.1[illegible]
600652	游久游戏	2017.08.16	0.043	35.81	600655	豫园商城	2017.05.16	0.100	143.7[illegible]
600657	信达地产	2017.06.16	0.120	182.91	600658	电子城	2017.05.12	0.187	149.4[illegible]
600660	福耀玻璃	2017.05.15	0.750	1502.24	600661	新南洋	2017.11.23	0.200	57.3[illegible]
600662	强生控股	2017.08.10	0.100	105.34	600663	陆家嘴	2017.06.14	0.394	963.1[illegible]
600664	哈药股份	2017.04.13	0.500	1270.62	600665	天地源	2017.06.22	0.080	69.1[illegible]
600667	太极实业	2017.06.28	0.040	84.25	600668	尖峰集团	2017.07.14	0.250	86.0[illegible]
600674	川投能源	2017.07.14	0.300	1320.64	600676	交运股份	2017.06.09	0.100	102.8[illegible]
600677	航天通信	2017.07.20	0.020	10.44	600682	南京新百	2017.05.17	0.090	99.1[illegible]
600683	京投发展	2017.05.25	0.200	148.16	600684	珠江实业	2017.07.27	0.050	35.5[illegible]
600685	中船防务	2017.07.20	0.016	13.14	600687	刚泰控股	2017.07.21	0.035	52.1[illegible]
600688	上海石化	2017.07.13	0.250	1826.25	600690	青岛海尔	2017.08.01	0.248	1512.1[illegible]
600694	大商股份	2017.06.29	0.720	211.48	600697	欧亚集团	2017.07.07	0.350	55.6[illegible]
600699	均胜电子	2017.06.07	0.200	189.86	600701	工大高新	2017.08.28	0.023	23.8[illegible]
600702	沱牌舍得	2017.05.18	0.072	24.29	600703	三安光电	2017.05.26	0.200	815.6[illegible]

上市公司派发现金红利
Dividends in 2017

股票代码 Code	股票简称 Stock Name	发放日期 Date	每股红利(含税) Dividend (Pre-Tax)	代发红利总额(百万) Cash(M)	股票代码 Code	股票简称 Stock Name	发放日期 Date	每股红利(含税) Dividend (Pre-Tax)	代发红利总额(百万) Cash(M)
600704	物产中大	2017.06.08	0.500	1435.56	600705	中航资本	2017.07.21	0.067	601.41
600705	中航资本	2017.11.20	0.015	134.64	600708	光明地产	2017.06.30	0.150	197.81
600710	*ST 常林	2017.06.09	0.054	70.56	600711	盛屯矿业	2017.05.18	0.020	29.94
600713	南京医药	2017.06.21	0.045	40.38	600716	凤凰股份	2017.07.06	0.100	93.61
600717	天津港	2017.06.22	0.227	380.17	600718	东软集团	2017.06.29	0.100	124.32
600719	大连热电	2017.06.09	0.011	4.45	600720	祁连山	2017.07.18	0.065	50.46
600723	首商股份	2017.07.28	0.150	98.76	600729	重庆百货	2017.08.15	0.560	227.66
600736	苏州高新	2017.05.12	0.078	93.15	600737	中粮糖业	2017.06.28	0.130	266.74
600738	兰州民百	2017.04.12	0.070	25.82	600741	华域汽车	2017.07.10	1.000	3152.72
600742	一汽富维	2017.06.20	0.500	211.52	600743	华远地产	2017.06.06	0.100	234.61
600746	江苏索普	2017.07.12	0.035	10.72	600748	上实发展	2017.06.26	0.038	70.09
600750	江中药业	2017.06.13	0.400	120.00	600754	锦江股份	2017.06.06	0.480	384.93
600755	厦门国贸	2017.07.06	0.120	199.80	600756	浪潮软件	2017.05.31	0.110	35.65
600757	长江传媒	2017.07.11	0.050	60.68	600758	红阳能源	2017.06.23	0.040	53.26
600759	洲际油气	2017.07.12	0.007	15.98	600761	安徽合力	2017.07.21	0.300	185.05
600763	通策医疗	2017.08.22	0.130	41.68	600765	中航重机	2017.06.27	0.040	31.12
600773	西藏城投	2017.05.19	0.010	7.29	600774	汉商集团	2017.06.21	0.040	6.98
600775	南京熊猫	2017.07.17	0.070	47.03	600776	东方通信	2017.07.11	0.060	57.36
600779	水井坊	2017.08.01	0.460	224.73	600782	新钢股份	2017.06.30	0.020	55.74
600783	鲁信创投	2017.07.19	0.150	111.65	600784	鲁银投资	2017.05.19	0.030	17.05
600785	新华百货	2017.08.24	0.175	39.49	600787	中储股份	2017.06.09	0.035	76.99
600789	鲁抗医药	2017.06.22	0.020	11.63	600790	轻纺城	2017.06.19	0.100	104.70
600791	京能置业	2017.06.28	0.015	6.79	600794	保税科技	2017.04.10	0.010	12.12
600795	国电电力	2017.07.04	0.110	2161.54	600796	钱江生化	2017.06.20	0.050	15.07
600797	浙大网新	2017.06.12	0.030	27.42	600798	宁波海运	2017.05.26	0.030	30.93
600801	华新水泥	2017.06.09	0.100	97.28	600802	福建水泥	2017.06.30	0.011	4.20
600803	新奥股份	2017.08.11	0.100	98.58	600804	鹏博士	2017.07.14	0.165	236.30
600805	悦达投资	2017.06.30	0.100	85.09	600809	山西汾酒	2017.07.14	0.550	476.22
600812	华北制药	2017.08.25	0.020	32.62	600814	杭州解百	2017.07.20	0.083	59.35
600816	安信信托	2017.03.06	0.600	1242.99	600819	耀皮玻璃	2017.07.24	0.073	54.56
600820	隧道股份	2017.07.18	0.160	503.06	600823	世茂股份	2017.05.24	0.080	214.35
600824	益民集团	2017.08.23	0.043	45.32	600825	新华传媒	2017.08.09	0.014	14.63
600826	兰生股份	2017.07.14	0.600	252.39	600827	百联股份	2017.08.03	0.180	288.80
600828	茂业商业	2017.05.26	0.300	519.59	600829	人民同泰	2017.04.13	0.500	289.94
600831	广电网络	2017.07.07	0.038	22.99	600833	第一医药	2017.08.23	0.070	15.62
600834	申通地铁	2017.07.05	0.035	16.71	600835	上海机电	2017.06.07	0.430	346.80
600837	海通证券	2017.07.27	0.220	1780.27	600838	上海九百	2017.08.23	0.137	54.92
600839	四川长虹	2017.07.21	0.040	184.65	600841	上柴股份	2017.07.13	0.035	18.27
600845	宝信软件	2017.05.08	0.130	72.08	600846	同济科技	2017.08.18	0.100	62.48
600850	华东电脑	2017.06.29	0.200	84.16	600851	海欣股份	2017.06.29	0.023	16.98
600853	龙建股份	2017.07.24	0.017	9.13	600855	航天长峰	2017.06.19	0.053	17.58
600857	宁波中百	2017.06.19	0.060	13.46	600858	银座股份	2017.08.17	0.020	10.40
600859	王府井	2017.05.26	0.430	333.79	600861	北京城乡	2017.06.28	0.150	47.52
600863	内蒙华电	2017.07.21	0.023	133.58	600864	哈投股份	2017.08.14	0.100	210.85
600867	通化东宝	2017.06.06	0.200	284.39	600868	梅雁吉祥	2017.04.20	0.015	28.47
600869	智慧能源	2017.07.31	0.041	90.99	600872	中炬高新	2017.07.13	0.140	111.53
600873	梅花生物	2017.04.11	0.300	932.47	600874	创业环保	2017.07.13	0.095	103.29
600880	博瑞传播	2017.04.27	0.020	21.87	600883	博闻科技	2017.06.16	0.020	4.72
600884	杉杉股份	2017.07.06	0.080	89.82	600885	宏发股份	2017.05.25	0.250	132.99
600886	国投电力	2017.08.25	0.202	1370.78	600887	伊利股份	2017.05.09	0.600	3647.40

上市公司派发现金红利
Dividends in 2017

股票代码 Code	股票简称 Stock Name	发放日期 Date	每股红利(含税) Dividend (Pre-Tax)	代发红利总额(百万) Cash(M)	股票代码 Code	股票简称 Stock Name	发放日期 Date	每股红利(含税) Dividend (Pre-Tax)	代发红利总额(百万) Cash(M)
600888	新疆众和	2017.06.29	0.030	19.24	600889	南京化纤	2017.05.16	0.120	36.85
600891	秋林集团	2017.08.24	0.060	37.06	600893	中航动力	2017.04.28	0.138	268.92
600894	广日股份	2017.06.15	0.380	326.78	600895	张江高科	2017.06.16	0.150	232.30
600897	厦门空港	2017.07.14	1.010	300.79	600900	长江电力	2017.07.14	0.713	15687.54
600908	无锡银行	2017.06.12	0.150	277.22	600909	华安证券	2017.07.17	0.060	217.26
600917	重庆燃气	2017.06.16	0.130	202.28	600919	江苏银行	2017.06.06	0.178	2054.91
600926	杭州银行	2017.06.06	0.300	785.23	600958	东方证券	2017.08.02	0.150	778.26
600959	江苏有线	2017.06.13	0.100	388.45	600960	渤海活塞	2017.07.14	0.026	24.71
600965	福成股份	2017.05.05	0.070	57.31	600966	博汇纸业	2017.05.25	0.022	29.41
600967	内蒙一机	2017.06.21	0.030	50.69	600969	郴电国际	2017.06.21	0.066	17.55
600970	中材国际	2017.06.05	0.088	154.37	600973	宝胜股份	2017.05.16	0.090	81.47
600975	新五丰	2017.06.14	0.100	65.27	600976	健民集团	2017.05.12	0.100	15.34
600977	中国电影	2017.07.25	0.213	397.67	600978	宜华生活	2017.07.13	0.055	81.56
600979	广安爱众	2017.08.17	0.050	47.39	600981	汇鸿集团	2017.07.14	0.100	224.24
600982	宁波热电	2017.06.19	0.035	26.14	600983	惠而浦	2017.07.12	0.105	80.48
600985	雷鸣科化	2017.07.18	0.100	30.02	600986	科达股份	2017.06.02	0.035	33.70
600987	航民股份	2017.06.02	0.260	165.18	600990	四创电子	2017.05.04	0.100	13.67
600992	贵绳股份	2017.06.21	0.030	7.35	600993	马应龙	2017.07.28	0.200	86.21
600995	文山电力	2017.06.20	0.100	47.85	600996	贵广网络	2017.06.28	0.110	114.68
600997	开滦股份	2017.07.07	0.100	158.78	600999	招商证券	2017.07.21	0.189	1080.89
601000	唐山港	2017.05.25	0.100	455.84	601003	柳钢股份	2017.07.19	0.030	76.88
601006	大秦铁路	2017.06.29	0.250	3716.70	601007	金陵饭店	2017.07.28	0.120	36.00
601008	连云港	2017.06.09	0.010	10.15	601009	南京银行	2017.07.18	0.260	1575.27
601010	文峰股份	2017.08.09	0.042	77.62	601012	隆基股份	2017.05.15	0.100	199.59
601016	节能风电	2017.04.19	0.041	85.19	601018	宁波港	2017.06.16	0.068	895.75
601020	华钰矿业	2017.05.26	0.120	63.08	601021	春秋航空	2017.05.05	0.160	128.09
601038	一拖股份	2017.07.10	0.057	33.85	601058	赛轮金宇	2017.05.05	0.060	137.64
601069	西部黄金	2017.05.25	0.064	40.70	601088	中国神华	2017.07.10	2.970	48978.38
601098	中南传媒	2017.06.21	0.500	898.00	601099	太平洋	2017.04.10	0.030	204.49
601100	恒立液压	2017.06.07	0.066	41.58	601107	四川成渝	2017.06.23	0.110	237.9
601111	中国国航	2017.07.07	0.108	1073.02	601113	华鼎股份	2017.05.26	0.050	41.65
601116	三江购物	2017.05.12	0.200	82.15	601117	中国化学	2017.07.14	0.108	532.7
601126	四方股份	2017.05.05	0.178	144.74	601127	小康股份	2017.04.24	0.300	267.75
601128	常熟银行	2017.05.23	0.180	400.09	601137	博威合金	2017.05.24	0.090	56.4
601139	深圳燃气	2017.06.14	0.105	232.50	601155	新城控股	2017.05.12	0.330	745.4
601158	重庆水务	2017.06.05	0.280	1344.00	601163	三角轮胎	2017.07.28	0.400	320.0
601166	兴业银行	2017.06.14	0.610	12672.26	601168	西部矿业	2017.06.02	0.050	119.1
601169	北京银行	2017.07.12	0.250	3801.67	601177	杭齿前进	2017.06.21	0.018	7.2
601179	中国西电	2017.06.16	0.100	512.59	601186	中国铁建	2017.07.19	0.160	1840.52
601188	龙江交通	2017.08.23	0.066	86.85	601198	东兴证券	2017.06.29	0.150	413.6
601199	江南水务	2017.06.28	0.110	102.87	601208	东材科技	2017.07.05	0.100	62.6
601211	国泰君安	2017.03.29	0.390	2973.75	601212	白银有色	2017.07.06	0.011	76.7
601216	君正集团	2017.08.10	0.020	168.76	601222	林洋能源	2017.06.07	0.080	141.1
601225	陕西煤业	2017.07.20	0.110	1100.00	601228	广州港	2017.07.17	0.024	150.2
601229	上海银行	2017.07.20	0.500	3002.23	601231	环旭电子	2017.06.08	0.118	256.7
601233	桐昆股份	2017.06.20	0.280	344.94	601238	广汽集团	2017.06.13	0.220	943.0
601238	广汽集团	2017.09.14	0.100	428.74	601288	农业银行	2017.07.13	0.170	49989.4
601311	骆驼股份	2017.06.30	0.061	51.75	601313	江南嘉捷	2017.05.11	0.130	51.6
601318	中国平安	2017.07.11	0.550	5957.97	601318	中国平安	2017.09.04	0.500	5416.3
601328	交通银行	2017.07.07	0.272	10656.61	601333	广深铁路	2017.08.14	0.080	452.1

上市公司派发现金红利
Dividends in 2017

股票代码 Code	股票简称 Stock Name	发放日期 Date	每股红利(含税) Dividend (Pre-Tax)	代发红利总额(百万) Cash(M)	股票代码 Code	股票简称 Stock Name	发放日期 Date	每股红利(含税) Dividend (Pre-Tax)	代发红利总额(百万) Cash(M)
601336	新华保险	2017.08.10	0.480	1001.01	601339	百隆东方	2017.06.07	0.152	228.00
601339	百隆东方	2017.09.15	0.128	192.00	601366	利群股份	2017.06.19	0.100	86.05
601368	绿城水务	2017.07.19	0.119	87.56	601369	陕鼓动力	2017.06.09	0.150	245.82
601375	中原证券	2017.06.12	0.121	323.52	601375	中原证券	2017.10.27	0.073	195.18
601377	兴业证券	2017.08.02	0.150	1004.50	601390	中国中铁	2017.08.04	0.088	1640.05
601398	工商银行	2017.07.11	0.234	63170.14	601500	通用股份	2017.06.23	0.100	72.69
601515	东风股份	2017.06.12	0.060	66.72	601515	东风股份	2017.09.29	0.250	278.00
601518	吉林高速	2017.06.06	0.048	58.23	601555	东吴证券	2017.05.19	0.150	450.00
601566	九牧王	2017.05.25	1.000	574.64	601567	三星医疗	2017.07.17	0.300	425.53
601579	会稽山	2017.06.23	0.110	54.71	601588	北辰实业	2017.06.29	0.060	159.60
601595	上海电影	2017.06.28	0.250	93.38	601599	鹿港文化	2017.06.16	0.070	62.58
601601	中国太保	2017.08.02	0.700	4400.69	601607	上海医药	2017.07.14	0.360	692.29
601611	中国核建	2017.07.13	0.070	183.75	601618	中国中冶	2017.07.18	0.060	1071.16
601628	中国人寿	2017.06.16	0.240	4997.65	601633	长城汽车	2017.05.25	0.350	2109.71
601636	旗滨集团	2017.06.28	0.150	402.67	601668	中国建筑	2017.06.16	0.215	6450.00
601669	中国电建	2017.07.14	0.085	1306.69	601677	明泰铝业	2017.03.21	0.100	51.08
601678	滨化股份	2017.04.19	0.100	118.80	601688	华泰证券	2017.08.08	0.500	2721.86
601699	潞安环能	2017.06.29	0.090	269.23	601700	风范股份	2017.06.15	0.150	169.98
601717	郑煤机	2017.07.24	0.011	16.38	601718	际华集团	2017.07.19	0.048	210.80
601766	中国中车	2017.08.11	0.210	5108.84	601777	力帆股份	2017.07.13	0.050	62.82
601788	光大证券	2017.07.19	0.200	781.34	601789	宁波建工	2017.06.15	0.070	68.33
601799	星宇股份	2017.06.16	0.720	198.83	601800	中国交建	2017.06.30	0.194	2284.13
601801	皖新传媒	2017.06.02	0.160	318.27	601808	中海油服	2017.06.16	0.050	148.02
601811	新华文轩	2017.06.13	0.300	237.57	601818	光大银行	2017.07.05	0.098	3901.42
601857	中国石油	2017.06.22	0.038	6154.66	601857	中国石油	2017.09.15	0.069	11214.72
601858	中国科传	2017.06.22	0.033	26.09	601872	招商轮船	2017.07.26	0.100	529.95
601877	正泰电器	2017.06.21	0.300	640.34	601880	大连港	2017.07.26	0.015	116.04
601881	中国银河	2017.07.04	0.155	999.17	601882	海天精工	2017.05.08	0.038	19.84
601886	江河集团	2017.06.02	0.100	115.41	601888	中国国旅	2017.06.16	1.000	976.24
601890	亚星锚链	2017.06.20	0.030	28.78	601898	中煤能源	2017.07.24	0.039	356.93
601899	紫金矿业	2017.08.04	0.060	1037.66	601900	南方传媒	2017.02.16	0.050	40.96
601900	南方传媒	2017.06.22	0.105	85.76	601908	京运通	2017.07.25	0.040	79.87
601928	凤凰传媒	2017.07.12	0.150	381.74	601929	吉视传媒	2017.07.13	0.025	77.77
601933	永辉超市	2017.05.10	0.120	1148.46	601939	建设银行	2017.06.30	0.278	2667.04
601965	中国汽研	2017.07.21	0.150	144.18	601966	玲珑轮胎	2017.06.28	0.166	199.20
601968	宝钢包装	2017.05.16	0.004	3.33	601985	中国核电	2017.07.27	0.110	1712.20
601988	中国银行	2017.07.14	0.168	35408.61	601992	金隅股份	2017.07.06	0.046	383.59
601996	丰林集团	2017.05.04	0.100	47.91	601997	贵阳银行	2017.06.14	0.260	597.63
601998	中信银行	2017.07.24	0.215	7321.32	601999	出版传媒	2017.07.13	0.047	25.89
603000	人民网	2017.08.09	0.045	49.76	603001	奥康国际	2017.06.20	0.600	240.59
603002	宏昌电子	2017.05.18	0.022	13.52	603003	龙宇燃油	2017.08.25	0.012	5.29
603005	晶方科技	2017.05.12	0.051	11.56	603006	联明股份	2017.05.18	0.210	40.50
603007	花王股份	2017.05.25	0.145	19.34	603008	喜临门	2017.07.04	0.050	19.71
603010	万盛股份	2017.04.26	0.235	59.78	603011	合锻智能	2017.05.16	0.050	22.31
603012	创力集团	2017.06.30	0.020	12.73	603015	弘讯科技	2017.06.07	0.050	20.01
603016	新宏泰	2017.06.27	0.340	50.37	603017	中衡设计	2017.06.05	0.135	37.18
603018	中设集团	2017.05.05	0.310	64.48	603019	中科曙光	2017.05.11	0.080	51.44
603020	爱普股份	2017.06.09	0.200	64.00	603021	山东华鹏	2017.05.25	0.200	24.61
603022	新通联	2017.07.17	0.044	8.80	603023	威帝股份	2017.06.22	0.100	36.00
603025	大豪科技	2017.03.03	0.450	201.15	603026	石大胜华	2017.06.26	0.600	121.61

上市公司派发现金红利
Dividends in 2017

股票代码 Code	股票简称 Stock Name	发放日期 Date	每股红利(含税) Dividend (Pre-Tax)	代发红利总额 (百万) Cash(M)	股票代码 Code	股票简称 Stock Name	发放日期 Date	每股红利(含税) Dividend (Pre-Tax)	代发红利总额 (百万) Cash(M)
603027	千禾味业	2017.06.07	0.188	30.08	603028	赛福天	2017.06.08	0.043	9.4
603029	天鹅股份	2017.06.02	0.091	8.49	603030	全筑股份	2017.06.23	0.060	10.7
603031	安德利	2017.07.10	0.171	13.68	603032	德新交运	2017.07.07	0.100	13.3
603033	三维股份	2017.06.23	0.300	27.21	603035	常熟汽饰	2017.06.28	0.250	70.0
603036	如通股份	2017.05.25	0.100	20.34	603037	凯众股份	2017.06.23	0.700	56.0
603038	华立股份	2017.08.23	0.450	30.02	603039	泛微网络	2017.05.22	0.150	10.0
603040	新坐标	2017.05.26	0.280	16.80	603050	科林电气	2017.09.26	0.250	33.3
603058	永吉股份	2017.06.27	0.040	16.86	603060	国检集团	2017.06.29	0.160	35.2
603066	音飞储存	2017.06.09	0.160	16.11	603066	音飞储存	2017.11.07	0.010	3.0
603067	振华股份	2017.06.15	0.109	23.98	603069	海汽集团	2017.06.23	0.060	18.9
603077	和邦生物	2017.07.05	0.010	40.14	603085	天成自控	2017.06.15	0.100	11.1
603088	宁波精达	2017.06.08	0.110	8.80	603089	正裕工业	2017.04.18	0.300	32.0
603090	宏盛股份	2017.04.27	0.200	20.00	603096	新经典	2017.06.22	0.360	48.0
603098	森特股份	2017.05.16	0.300	120.00	603099	长白山	2017.08.18	0.080	21.3
603100	川仪股份	2017.06.19	0.100	39.50	603101	汇嘉时代	2017.05.26	0.081	19.4
603108	润达医疗	2017.06.01	0.075	24.15	603111	康尼机电	2017.06.27	0.100	73.8
603116	红蜻蜓	2017.07.06	0.250	102.20	603117	万林股份	2017.06.06	0.100	46.2
603118	共进股份	2017.06.06	0.300	106.77	603123	翠微股份	2017.06.06	0.120	62.9
603126	中材节能	2017.06.02	0.070	42.74	603128	华贸物流	2017.06.21	0.090	89.9
603131	上海沪工	2017.05.24	0.350	35.00	603133	碳元科技	2017.06.15	0.080	16.6
603138	海量数据	2017.06.28	0.120	9.84	603158	腾龙股份	2017.05.04	0.150	32.7
603159	上海亚虹	2017.06.08	0.300	30.00	603160	汇顶科技	2017.05.18	0.400	178.0
603165	荣晟环保	2017.06.08	0.200	25.34	603166	福达股份	2017.06.01	0.200	118.4
603167	渤海轮渡	2017.06.14	0.250	120.35	603168	莎普爱思	2017.06.08	0.470	83.3
603169	兰石重装	2017.06.28	0.010	10.25	603177	德创环保	2017.07.06	0.100	20.2
603178	圣龙股份	2017.06.20	0.120	24.00	603186	华正新材	2017.05.12	0.150	19.4
603188	亚邦股份	2017.06.08	0.500	288.00	603189	网达软件	2017.06.13	0.100	22.0
603197	保隆科技	2017.10.12	0.500	58.55	603198	迎驾贡酒	2017.04.27	0.600	480.0
603199	九华旅游	2017.06.27	0.140	15.50	603203	快克股份	2017.06.19	0.450	41.4
603208	江山欧派	2017.05.22	0.410	33.13	603218	日月股份	2017.08.08	0.150	60.1
603222	济民制药	2017.07.13	0.040	12.80	603223	恒通股份	2017.07.10	0.100	12.0
603226	菲林格尔	2017.09.25	0.180	15.60	603228	景旺电子	2017.06.06	0.400	163.2
603228	景旺电子	2017.09.13	0.200	81.60	603238	诺邦股份	2017.06.06	0.100	12.0
603239	浙江仙通	2017.05.09	0.600	54.14	603258	电魂网络	2017.05.18	0.417	100.0
603266	天龙股份	2017.06.14	0.250	25.00	603268	松发股份	2017.05.19	0.140	12.3
603288	海天味业	2017.04.25	0.680	1839.37	603298	杭叉集团	2017.05.26	0.300	185.6
603299	井神股份	2017.06.15	0.020	11.19	603300	华铁科技	2017.07.14	0.035	14.1
603303	得邦照明	2017.10.19	0.360	86.40	603306	华懋科技	2017.05.19	0.700	149.7
603308	应流股份	2017.07.11	0.040	17.35	603309	维力医疗	2017.06.09	0.150	30.0
603311	金海环境	2017.07.13	0.110	23.10	603313	梦百合	2017.05.31	1.200	288.0
603315	福鞍股份	2017.05.26	0.060	12.00	603318	派思股份	2017.07.12	0.014	5.1
603319	湘油泵	2017.06.15	0.150	12.14	603322	超讯通信	2017.05.09	0.120	9.6
603323	吴江银行	2017.07.04	0.060	66.83	603328	依顿电子	2017.06.19	1.000	498.3
603328	依顿电子	2017.09.26	0.250	249.16	603330	上海天洋	2017.06.09	0.270	16.2
603336	宏辉果蔬	2017.05.26	0.200	26.67	603337	杰克股份	2017.07.13	0.330	68.2
603338	浙江鼎力	2017.04.07	0.180	29.25	603339	四方冷链	2017.06.16	0.180	37.8
603345	安井食品	2017.06.09	0.247	53.36	603355	莱克电气	2017.06.16	0.260	104.2
603358	华达科技	2017.06.19	0.680	108.80	603360	百傲化学	2017.07.11	1.000	133.3
603366	日出东方	2017.06.28	0.183	146.40	603368	柳州医药	2017.05.10	0.700	99.6
603369	今世缘	2017.05.12	0.190	238.36	603377	东方时尚	2017.06.16	0.300	126.0

上市公司派发现金红利
Dividends in 2017

股票代码 Code	股票简称 Stock Name	发放日期 Date	每股红利(含税) Dividend (Pre-Tax)	代发红利总额 (百万) Cash(M)	股票代码 Code	股票简称 Stock Name	发放日期 Date	每股红利(含税) Dividend (Pre-Tax)	代发红利总额 (百万) Cash(M)
603389	亚振家居	2017.06.08	0.110	24.09	603393	新天然气	2017.05.15	0.700	112.00
603398	邦宝益智	2017.06.20	0.085	17.95	603416	信捷电气	2017.06.26	0.180	18.07
603421	鼎信通讯	2017.06.14	0.216	93.61	603444	吉比特	2017.05.05	4.100	294.13
603456	九洲药业	2017.06.09	0.100	44.31	603508	思维列控	2017.05.24	0.234	37.44
603515	欧普照明	2017.06.21	0.300	173.84	603517	绝味食品	2017.05.26	0.330	135.30
603518	维格娜丝	2017.04.26	0.102	15.09	603519	立霸股份	2017.05.25	0.300	48.00
603520	司太立	2017.06.02	0.300	36.00	603528	多伦科技	2017.06.07	0.500	103.34
603555	贵人鸟	2017.07.14	0.450	282.87	603556	海兴电力	2017.06.15	0.255	97.07
603558	健盛集团	2017.05.02	0.100	37.05	603559	中通国脉	2017.06.21	0.100	8.80
603566	普莱柯	2017.06.05	0.200	64.75	603567	珍宝岛	2017.06.07	0.181	153.70
603568	伟明环保	2017.05.25	0.200	137.44	603569	长久物流	2017.06.02	0.160	64.00
603577	汇金通	2017.07.11	0.165	19.25	603579	荣泰健康	2017.04.07	0.600	42.00
603585	苏利股份	2017.06.14	0.600	60.00	603588	高能环境	2017.04.28	0.050	16.55
603589	口子窖	2017.07.04	0.450	270.00	603598	引力传媒	2017.06.19	0.037	10.03
603599	广信股份	2017.07.07	0.088	33.13	603600	永艺股份	2017.04.20	0.600	60.00
603603	博天环境	2017.06.30	0.090	36.00	603606	东方电缆	2017.06.09	0.045	13.99
603608	天创时尚	2017.06.02	0.350	98.00	603609	禾丰牧业	2017.06.07	0.100	83.12
603611	诺力股份	2017.05.24	0.570	105.93	603615	茶花股份	2017.05.10	0.200	48.00
603616	韩建河山	2017.07.25	0.022	6.56	603618	杭电股份	2017.05.18	0.050	34.34
603626	科森科技	2017.05.26	0.160	33.71	603628	清源股份	2017.06.06	0.040	10.95
603630	拉芳家化	2017.07.06	0.171	29.82	603633	徕木股份	2017.06.07	0.125	15.04
603636	南威软件	2017.04.07	0.160	16.27	603637	镇海股份	2017.05.25	0.200	20.46
603638	艾迪精密	2017.06.08	0.300	52.80	603639	海利尔	2017.05.12	0.200	24.00
603656	泰禾光电	2017.06.14	0.200	15.19	603658	安图生物	2017.09.13	0.360	151.20
603658	安图生物	2017.04.13	0.650	273.00	603660	苏州科达	2017.06.23	0.072	18.00
603663	三祥新材	2017.05.31	0.100	13.42	603667	五洲新春	2017.06.08	0.150	30.36
603668	天马科技	2017.05.18	0.080	16.96	603669	灵康药业	2017.06.07	0.120	31.20
603677	奇精机械	2017.05.25	0.350	28.00	603677	奇精机械	2017.08.30	0.250	34.00
603678	火炬电子	2017.04.27	0.230	41.65	603686	龙马环卫	2017.05.19	0.235	64.00
603688	石英股份	2017.05.24	0.100	22.49	603689	皖天然气	2017.08.03	0.030	10.08
603690	至纯科技	2017.06.16	0.066	13.73	603696	安记食品	2017.06.16	0.125	15.00
603698	航天工程	2017.06.16	0.120	49.48	603699	纽威股份	2017.07.07	0.160	120.00
603701	德宏股份	2017.05.19	0.300	23.52	603701	德宏股份	2017.09.21	0.150	14.94
603703	盛洋科技	2017.06.13	0.024	5.51	603708	家家悦	2017.06.15	0.450	162.00
603716	塞力斯	2017.04.07	0.080	4.08	603718	海利生物	2017.07.07	0.040	25.76
603726	朗迪集团	2017.07.13	0.420	39.78	603727	博迈科	2017.05.31	0.300	70.24
603729	龙韵股份	2017.07.20	0.055	3.67	603737	三棵树	2017.06.08	0.400	40.00
603738	泰晶科技	2017.05.22	0.320	21.34	603766	隆鑫通用	2017.05.18	0.500	422.58
603777	来伊份	2017.06.21	0.350	84.00	603778	乾景园林	2017.06.08	0.078	15.60
603779	威龙股份	2017.06.16	0.090	18.02	603788	宁波高发	2017.05.04	0.800	113.12
603789	星光农机	2017.06.27	0.060	12.09	603797	联泰环保	2017.07.14	0.100	21.33
603798	康普顿	2017.06.16	0.500	50.00	603806	福斯特	2017.04.27	1.000	402.00
603808	歌力思	2017.07.07	0.266	69.02	603811	诚意药业	2017.05.26	0.410	34.93
603816	顾家家居	2017.05.19	0.700	288.75	603817	海峡环保	2017.06.20	0.070	31.50
603818	曲美家居	2017.05.22	0.077	37.28	603819	神力股份	2017.05.26	0.120	14.40
603822	嘉澳环保	2017.03.31	0.208	15.26	603823	百合花	2017.05.26	0.125	28.13
603826	坤彩科技	2017.09.01	0.060	21.60	603828	柯利达	2017.08.17	0.100	18.35
603838	四通股份	2017.05.24	0.070	18.67	603839	安正时尚	2017.05.12	0.400	114.02
603843	正平股份	2017.08.23	0.035	14.00	603858	步长制药	2017.07.18	1.614	1100.43
603859	能科股份	2017.06.09	0.200	22.71	603861	白云电器	2017.07.17	0.100	40.91

上市公司派发现金红利
Dividends in 2017

股票代码 Code	股票简称 Stock Name	发放日期 Date	每股红利(含税) Dividend (Pre-Tax)	代发红利总额 (百万) Cash(M)	股票代码 Code	股票简称 Stock Name	发放日期 Date	每股红利(含税) Dividend (Pre-Tax)	代发红利总额 (百万) Cash(M)
603866	桃李面包	2017.05.15	0.300	135.04	603868	飞科电器	2017.05.08	1.000	435.60
603869	北部湾旅	2017.07.10	0.150	52.32	603877	太平鸟	2017.05.24	0.500	237.50
603878	武进不锈	2017.06.16	0.182	36.76	603881	数据港	2017.06.14	0.040	8.42
603883	老百姓	2017.06.21	0.300	80.10	603885	吉祥航空	2017.06.13	0.250	320.90
603886	元祖股份	2017.06.22	0.230	55.20	603887	城地股份	2017.05.24	0.110	10.79
603889	新澳股份	2017.04.20	0.200	65.03	603898	好莱客	2017.05.08	0.254	76.17
603899	晨光文具	2017.04.27	0.250	230.00	603900	通灵珠宝	2017.07.20	0.200	48.64
603901	永创智能	2017.05.09	0.045	18.00	603903	中持股份	2017.05.23	0.050	5.12
603908	牧高笛	2017.06.08	0.400	26.68	603909	合诚股份	2017.05.15	0.088	8.80
603918	金桥信息	2017.07.04	0.050	8.87	603919	金徽酒	2017.06.06	0.240	67.20
603928	兴业股份	2017.06.26	0.200	40.32	603929	亚翔集成	2017.06.15	0.160	34.14
603936	博敏电子	2017.06.19	0.060	10.04	603939	益丰药房	2017.06.09	0.300	108.81
603955	大千生态	2017.11.06	0.200	17.40	603958	哈森股份	2017.06.22	0.260	56.51
603959	百利科技	2017.05.26	0.113	25.31	603960	克来机电	2017.08.16	0.135	10.80
603966	法兰泰克	2017.06.15	0.100	16.00	603968	醋化股份	2017.05.16	0.360	73.61
603969	银龙股份	2017.05.24	0.225	90.00	603977	国泰集团	2017.06.19	0.500	110.54
603979	金诚信	2017.07.14	0.050	22.50	603986	兆易创新	2017.05.22	0.530	53.00
603987	康德莱	2017.06.08	0.150	31.54	603988	中电电机	2017.06.08	0.150	12.00
603989	艾华集团	2017.06.05	0.800	240.00	603990	麦迪科技	2017.05.31	0.175	14.00
603993	洛阳钼业	2017.05.03	0.035	453.38	603996	中新科技	2017.05.24	0.150	45.02
603997	继峰股份	2017.05.25	0.240	100.80	603998	方盛制药	2017.07.19	0.010	4.31
603999	读者传媒	2017.07.03	0.100	28.80	900901	云赛 B 股	2017.06.01	0.054	15.84
900902	市北 B 股	2017.05.26	0.020	4.66	900903	大众 B 股	2017.06.08	0.075	60.00
900904	神奇 B 股	2017.07.27	0.030	1.64	900905	老凤祥 B	2017.07.17	1.000	206.0
900907	鹏起 B 股	2017.05.31	0.020	4.83	900909	华谊 B 股	2017.06.29	0.060	14.59
900910	海立 B 股	2017.07.27	0.100	28.42	900911	金桥 B 股	2017.07.13	0.170	46.27
900912	外高 B 股	2017.07.07	0.200	40.11	900914	锦投 B 股	2017.07.07	0.250	40.20
900917	海欣 B 股	2017.06.29	0.023	10.78	900918	耀皮 B 股	2017.07.24	0.073	13.69
900920	上柴 B 股	2017.07.13	0.035	12.07	900923	百联 B 股	2017.08.03	0.180	32.35
900925	机电 B 股	2017.06.07	0.430	92.98	900926	宝信 B 股	2017.05.08	0.130	29.74
900929	锦旅 B 股	2017.07.19	0.232	30.75	900932	陆家 B 股	2017.06.14	0.394	361.4
900933	华新 B 股	2017.06.09	0.100	52.48	900934	锦江 B 股	2017.06.06	0.480	74.83
900936	鄂资 B 股	2017.07.12	0.050	21.00	900940	大名城 B	2017.07.03	0.050	9.94
900941	东信 B 股	2017.07.11	0.060	18.00	900942	黄山 B 股	2017.06.26	0.190	44.40
900943	开开 B 股	2017.06.27	0.030	2.40	900945	海航 B 股	2017.06.07	0.051	18.99
900947	振华 B 股	2017.07.07	0.100	162.20	900948	伊泰 B 股	2017.06.12	0.184	538.75
900952	锦港 B 股	2017.08.14	0.010	2.23	900956	东贝 B 股	2017.07.19	0.100	23.50

上市公司送股
Bonus Shares in 2017

股票代码 Code	股票简称 Stock Name	股权登记日 Registration Date	除净日 Ex-Date	送股上市日 Bonus Share Listing	收盘价 Close Price	除净价 Ex-Price	送股比例 Bonus Share Ratio
600000	浦发银行	2017.05.24	2017.05.25	2017.05.26	15.47	9.04	0.30
600004	白云机场	2017.07.13	2017.07.14	2017.07.17	19.70	9.19	0.45
600010	包钢股份	2017.05.26	2017.05.31	2017.06.01	2.99	1.53	0.40
600015	华夏银行	2017.06.28	2017.06.29	2017.06.30	11.35	7.76	0.20
600022	山东钢铁	2017.06.07	2017.06.08	2017.06.09	2.65	1.57	0.30
600055	万东医疗	2017.06.01	2017.06.02	2017.06.05	15.70	7.94	0.40
600062	华润双鹤	2017.07.14	2017.07.17	2017.07.18	25.37	17.55	0.20
600075	新疆天业	2017.06.08	2017.06.09	2017.06.12	12.28	6.21	0.40
600106	重庆路桥	2017.06.01	2017.06.02	2017.06.05	5.56	4.52	0.10
600161	天坛生物	2017.06.16	2017.06.19	2017.06.20	48.31	28.41	0.30
600170	上海建工	2017.05.17	2017.05.18	2017.05.19	4.61	3.16	0.19
600172	黄河旋风	2017.06.07	2017.06.08	2017.06.09	14.70	4.52	0.80
600176	中国巨石	2017.05.15	2017.05.16	2017.05.17	11.15	7.57	0.20
600177	雅戈尔	2017.06.02	2017.06.05	2017.06.06	14.11	6.94	0.40
600201	生物股份	2017.09.29	2017.10.09	2017.10.10	33.44	17.06	0.40
600226	瀚叶股份	2017.09.19	2017.09.20	2017.09.21	9.50	4.85	0.40
600239	云南城投	2017.05.31	2017.06.01	2017.06.02	7.26	3.17	0.50
600258	首旅酒店	2017.05.24	2017.05.25	2017.05.26	25.12	17.44	0.20
600276	恒瑞医药	2017.05.26	2017.05.31	2017.06.01	58.89	40.80	0.20
600293	三峡新材	2017.06.09	2017.06.12	2017.06.13	14.86	6.59	0.50
600297	广汇汽车	2017.06.07	2017.06.08	2017.06.09	9.87	5.72	0.30
600309	万华化学	2017.05.17	2017.05.18	2017.05.19	28.44	19.40	0.20
600318	新力金融	2017.05.03	2017.05.04	2017.05.05	21.56	5.37	1.00
600325	华发股份	2017.06.07	2017.06.08	2017.06.09	16.30	4.78	0.80
600326	西藏天路	2017.06.30	2017.07.03	2017.07.04	11.04	6.49	0.30
600337	美克家居	2017.04.18	2017.04.19	2017.04.20	13.37	2.47	1.30
600386	北巴传媒	2017.08.23	2017.08.24	2017.08.25	13.35	3.31	1.00
600393	粤泰股份	2017.04.14	2017.04.17	2017.04.18	16.63	4.15	1.00
600400	红豆股份	2017.05.23	2017.05.24	2017.05.25	7.30	5.96	0.10
600420	现代制药	2017.05.24	2017.05.25	2017.05.26	33.58	8.33	1.00
600426	华鲁恒升	2017.06.07	2017.06.08	2017.06.09	14.41	8.47	0.30
600439	瑞贝卡	2017.06.08	2017.06.09	2017.06.12	7.16	4.93	0.20
600468	百利电气	2017.06.13	2017.06.14	2017.06.15	9.78	4.33	0.50
600477	杭萧钢构	2017.06.30	2017.07.03	2017.07.04	15.26	8.99	0.30
600513	联环药业	2017.05.18	2017.05.19	2017.05.22	13.39	7.87	0.30
600552	凯盛科技	2017.06.15	2017.06.16	2017.06.19	15.99	3.98	1.00
600568	中珠医疗	2017.07.12	2017.07.13	2017.07.14	19.16	2.44	1.80
600603	广汇物流	2017.09.26	2017.09.27	2017.09.28	12.79	6.53	0.40
600604	市北高新	2017.05.25	2017.05.26	2017.05.31	13.47	3.37	1.00
600622	光大嘉宝	2017.06.29	2017.06.30	2017.07.03	20.82	12.19	0.30
600666	奥瑞德	2017.05.25	2017.05.26	2017.05.31	27.84	10.88	0.60
600684	珠江实业	2017.07.26	2017.07.27	2017.07.28	8.55	5.90	0.20
600704	物产中大	2017.06.07	2017.06.08	2017.06.09	11.24	4.77	0.50
600708	光明地产	2017.06.29	2017.06.30	2017.07.03	8.83	5.14	0.30
600761	安徽合力	2017.07.20	2017.07.21	2017.07.24	13.95	9.48	0.20
600811	东方集团	2017.07.21	2017.07.24	2017.07.25	6.70	3.96	0.30
600816	安信信托	2017.03.03	2017.03.06	2017.03.07	27.81	5.62	1.20
600823	世茂股份	2017.05.23	2017.05.24	2017.05.25	6.70	3.38	0.40
600867	通化东宝	2017.06.05	2017.06.06	2017.06.07	20.01	13.76	0.20
600879	航天电子	2017.06.22	2017.06.23	2017.06.26	16.09	4.03	1.00

上市公司送股
Bonus Shares in 2017

股票代码 Code	股票简称 Stock Name	股权登记日 Registration Date	除净日 Ex-Date	送股上市日 Bonus Share Listing	收盘价 Close Price	除净价 Ex-Price	送股比例 Bonus Share Ratio
600888	新疆众和	2017.06.28	2017.06.29	2017.06.30	8.10	4.78	0.30
600892	大晟文化	2017.06.08	2017.06.09	2017.06.12	64.08	4.01	3.00
600926	杭州银行	2017.06.05	2017.06.06	2017.06.07	22.07	11.11	0.40
600973	宝胜股份	2017.05.15	2017.05.16	2017.05.17	7.81	4.24	0.35
600988	赤峰黄金	2017.10.24	2017.10.25	2017.10.26	13.13	3.29	1.00
601005	*ST 重钢	2017.12.25	- -	2017.12.27	2.15	0.00	1.15
601009	南京银行	2017.07.17	2017.07.18	2017.07.19	12.01	5.99	0.40
601016	节能风电	2017.04.18	2017.04.19	2017.04.20	8.49	2.11	1.00
601169	北京银行	2017.07.11	2017.07.12	2017.07.13	9.36	6.33	0.20
601229	上海银行	2017.07.19	2017.07.20	2017.07.21	27.21	15.81	0.30
601888	中国国旅	2017.06.15	2017.06.16	2017.06.19	57.27	14.07	1.00
601996	丰林集团	2017.05.03	2017.05.04	2017.05.05	10.79	2.68	1.00
603007	花王股份	2017.05.24	2017.05.25	2017.05.26	48.05	7.66	1.50
603009	北特科技	2017.07.27	2017.07.28	2017.07.31	36.52	5.84	1.50
603021	山东华鹏	2017.05.24	2017.05.25	2017.05.26	36.32	5.34	1.60
603027	千禾味业	2017.06.06	2017.06.07	2017.06.08	33.21	8.26	1.00
603030	全筑股份	2017.06.22	2017.06.23	2017.06.26	29.19	3.24	2.00
603033	三维股份	2017.06.22	2017.06.23	2017.06.26	34.80	17.60	0.40
603037	凯众股份	2017.06.22	2017.06.23	2017.06.26	51.79	30.23	0.30
603050	科林电气	2017.09.25	2017.09.26	2017.09.27	37.83	26.10	0.20
603066	音飞储存	2017.06.08	2017.06.09	2017.06.12	46.87	5.19	2.00
603077	和邦生物	2017.07.04	2017.07.05	2017.07.06	5.16	1.06	1.20
603085	天成自控	2017.06.14	2017.06.15	2017.06.16	44.98	11.22	1.00
603108	润达医疗	2017.05.31	2017.06.01	2017.06.02	32.29	9.94	0.80
603118	共进股份	2017.06.05	2017.06.06	2017.06.07	31.13	6.37	1.20
603131	上海沪工	2017.05.23	2017.05.24	2017.05.25	49.40	12.27	1.00
603138	海量数据	2017.06.27	2017.06.28	2017.06.29	59.27	35.00	0.30
603168	莎普爱思	2017.06.07	2017.06.08	2017.06.09	35.27	17.76	0.40
603203	快克股份	2017.06.16	2017.06.19	2017.06.20	51.20	30.03	0.30
603239	浙江仙通	2017.05.08	2017.05.09	2017.05.10	95.26	10.52	2.00
603303	得邦照明	2017.10.18	2017.10.19	2017.10.20	32.97	11.28	0.70
603323	吴江银行	2017.07.03	2017.07.04	2017.07.05	15.55	9.17	0.30
603328	依顿电子	2017.06.16	2017.06.19	2017.06.20	31.57	7.65	1.00
603368	柳州医药	2017.05.09	2017.05.10	2017.05.11	73.55	43.11	0.30
603388	元成股份	2017.09.27	2017.09.28	2017.09.29	52.68	13.17	1.00
603416	信捷电气	2017.06.23	2017.06.26	2017.06.27	47.65	24.22	0.40
603429	集友股份	2017.09.19	2017.09.20	2017.09.21	87.47	21.87	1.00
603528	多伦科技	2017.06.06	2017.06.07	2017.06.08	41.44	4.55	2.00
603559	中通国脉	2017.06.20	2017.06.21	2017.06.22	48.16	21.36	0.50
603577	汇金通	2017.07.10	2017.07.11	2017.07.12	31.82	14.07	0.50
603579	荣泰健康	2017.09.22	2017.09.25	2017.09.26	121.05	30.27	1.00
603585	苏利股份	2017.06.13	2017.06.14	2017.06.15	54.57	23.99	0.50
603588	高能环境	2017.04.27	2017.04.28	2017.05.02	37.44	9.35	1.00
603600	永艺股份	2017.04.19	2017.04.20	2017.04.21	49.99	7.90	1.50
603608	天创时尚	2017.06.01	2017.06.02	2017.06.05	19.82	9.94	0.40
603626	科森科技	2017.09.14	2017.09.15	2017.09.18	60.63	30.94	0.40
603636	南威软件	2017.04.06	2017.04.07	2017.04.10	96.92	6.05	3.00
603637	镇海股份	2017.05.24	2017.05.25	2017.05.26	41.01	24.15	0.30
603656	泰禾光电	2017.06.13	2017.06.14	2017.06.15	50.30	25.56	0.40
603668	天马科技	2017.05.17	2017.05.18	2017.05.19	23.42	11.91	0.40

上市公司送股
Bonus Shares in 2017

股票代码 Code	股票简称 Stock Name	股权登记日 Registration Date	除净日 Ex-Date	送股上市日 Bonus Share Listing	收盘价 Close Price	除净价 Ex-Price	送股比例 Bonus Share Ratio
603677	奇精机械	2017.05.24	2017.05.25	2017.05.26	47.75	16.40	0.70
603678	火炬电子	2017.04.26	2017.04.27	2017.04.28	71.94	11.47	1.50
603688	石英股份	2017.05.23	2017.05.24	2017.05.25	16.94	7.49	0.50
603701	德宏股份	2017.05.18	2017.05.19	2017.05.22	39.73	25.23	0.25
603701	德宏股份	2017.09.20	2017.09.21	2017.09.22	30.25	20.90	0.20
603708	家家悦	2017.06.14	2017.06.15	2017.06.16	23.13	13.42	0.30
603716	塞力斯	2017.10.20	2017.10.23	2017.10.24	80.71	41.18	0.40
603738	泰晶科技	2017.05.19	2017.05.22	2017.05.23	62.81	21.62	0.70
603766	隆鑫通用	2017.05.17	2017.05.18	2017.05.19	20.18	3.15	1.50
603778	乾景园林	2017.06.07	2017.06.08	2017.06.09	32.88	5.25	1.50
603789	星光农机	2017.09.22	2017.09.25	2017.09.26	20.99	12.42	0.30
603798	康普顿	2017.06.15	2017.06.16	2017.06.19	59.92	14.86	1.00
603808	歌力思	2017.07.06	2017.07.07	2017.07.10	29.50	17.30	0.30
603828	柯利达	2017.08.16	2017.08.17	2017.08.18	19.69	6.04	0.80
603885	吉祥航空	2017.06.12	2017.06.13	2017.06.14	22.22	11.21	0.40
603888	新华网	2017.06.21	2017.06.22	2017.06.23	84.89	13.58	1.50
603900	莱绅通灵	2017.09.29	2017.10.09	2017.10.10	33.58	17.14	0.40
603919	金徽酒	2017.06.05	2017.06.06	2017.06.07	24.03	14.08	0.30
603960	克来机电	2017.08.15	2017.08.16	2017.08.17	37.50	22.11	0.30
603979	金诚信	2017.07.13	2017.07.14	2017.07.17	17.71	10.45	0.30
603986	兆易创新	2017.05.19	2017.05.22	2017.05.23	195.00	48.62	1.00
603987	康德莱	2017.06.07	2017.06.08	2017.06.09	24.63	10.88	0.50
603988	中电电机	2017.11.15	2017.11.16	2017.11.17	82.91	36.85	0.50
603997	继峰股份	2017.05.24	2017.05.25	2017.05.26	23.35	10.27	0.50
603999	读者传媒	2017.06.30	2017.07.03	2017.07.04	22.32	5.56	1.00
900902	市北 B 股	2017.06.01	2017.05.26	2017.06.05	0.54	0.52	1.00

上市公司配股
Allotment in 2017

股票代码 Code	股票简称 Stock Name	股权登记日 Registration Date	除净日 Ex-Date	配股上市日 Right Issue Listing	收盘价 Close Price	配股价 Right Issue Price	除净价 Ex-Price	配股比例 Right Issue Ratio
600089	特变电工	2017.05.31	2017.06.09	2017.06.22	9.660	7.170	9.320	0.1563
600405	动力源	2017.05.26	2017.06.08	2017.06.19	8.210	4.000	7.240	0.2994

Member
Companies

会员公司

会员公司概貌
Member Companies Overview

会员公司 Member Companies	2017 年	2016 年	增减(%) Change(%)
会员公司数量 No. of Member Companies	116	115	0.87
席位数量 No. of Seats	18226	16035	13.66
A 股 A Share Seat	18035	15849	13.79
B 股 B Share Seat	191	186	2.69
B 股证券商 B Share Brokers	101	101	0.00
境内 Domestic	62	62	0.00
境外 Overseas	39	39	0.00
会员公司交易金额(亿) Trading Val (100M)			
合计 Total	6125649.96	5676494.78	7.91
股票 Share	1022485.59	1003400.84	1.90
A 股 A Share	1014429.62	993760.68	2.08
B 股 B Share	1110.59	1968.99	-43.60
股票回购 Share Repo	6945.38	7671.17	-9.46
基金 Fund	156339.53	178719.54	-12.52
债券 Bond	4946824.85	4494350.41	10.07
政府债 G-Bond	6451.69	19960.66	-67.68
公司债现货 C-Bond	83943.98	72100.55	16.43
债券回购 Repo	4857973.25	4406703.84	10.24
其他 Other	0.00	24.00	-100.00

会员公司信息
List of Member Companies

会员公司信息 Company	地址 Address	法人代表 Representative	电话 Tel	传真 Fax	注册资本 Registed Capital
中信证券股份有限公司	可邮寄：北京市朝阳区亮马桥路 48 号中信证券大厦(100026)　深圳市福田区中心三路 8 号中信证券大厦(518048)	张佑君	010-60838936	60836031	11
国泰君安证券股份有限公司	上海市浦东新区银城中路 168 号	杨德红	021-38676838	38670666	7
申万宏源证券有限公司	上海市徐汇区长乐路 989 号 45 层	李梅	021-33389888	54035333	33
广发证券股份有限公司	广州市天河北路 183 号大都会广场 42 楼	孙树明	020-87555888-6225	87553600	7
招商证券股份有限公司	深圳市福田区益田路江苏大厦 38-45 层	霍达	0755-82943522	82943100	5
华泰证券股份有限公司	江苏省南京市江东中路 228 号	周易	025-83387066	83387337	7
海通证券股份有限公司	上海市黄浦区广东路 689 号海通证券大厦	周杰	021-23219918	63411010	11
中信建投证券股份有限公司	北京市东城区朝内大街 188 号	王常青	010-85130505	65186399	7
中国国际金融股份有限公司	中国北京建国门外大街 1 号国贸大厦 2 座 28 层	丁学东	01065051166	01065058120	2
平安证券股份有限公司	深圳市福田中心区金田路 4036 号荣超大厦 16-20 层	刘世安	021-38635881	82400862	13
安信证券股份有限公司	深圳市福田区金田路 4018 号安联大厦 35 层	王连志	0755-82825568	82825566	3
中国银河证券股份有限公司	北京市西城区金融大街 35 号 2-6 层	陈共炎		66568532	10
国信证券股份有限公司	深圳市罗湖区红岭中路 1012 号国信证券大厦	何如	82130639	82130570	8
东方证券股份有限公司	上海市中山南路 318 号 2 号楼 22 层、23 层、25 层—29 层	潘鑫军	021-63325888	63327888	6
国金证券股份有限公司	四川省成都市东城根上街 95 号	冉云	028-86690307	86690365	3
中泰证券股份有限公司	山东省济南市市中区经七路 86 号	李玮	0531-68889988	68889889	6
世纪证券有限责任公司	深圳市深南大道 7088 号招商银行大厦 40 层	姜昧军	0755–83199599	83199502	
光大证券股份有限公司	上海市静安区新闸路 1508 号	薛峰	021-22169930	62151789	4
兴业证券股份有限公司	福建省福州市湖东路 268 号证券大厦	杨华辉	021-38565937	338565888	6
方正证券股份有限公司	长沙市芙蓉区芙蓉中路二段华侨国际大厦 22-24 层	高利	010-68584886	68584886	8
长江证券股份有限公司	湖北省武汉市江汉区新华路特 8 号	尤习贵	027-65799888	85481881	4
华融证券股份有限公司	北京市朝阳区朝阳门北大街 18 号 11-18 层	祝献忠	010-85556899	85556691	5
第一创业证券股份有限公司	深圳市福田区福华一路 115 号投行大厦	刘学民	0755-23838686	25832833	1
东吴证券股份有限公司	苏州市工业园区星阳街 5 号	范力	0512－62938858	0512－62938858	3
天风证券股份有限公司	武汉市武昌区中南路 99 号武汉保利广场 37 楼	余磊	027-87618881	87618863	4
中国中投证券有限责任公司	深圳市福田区益田路与福中路交界处荣超商务中心 A 栋第 18-21 层及第 04 层	高涛	0755-82026666	82026976	5
中银国际证券有限责任公司	上海市浦东新区银城中路 200 号中银大厦 39 楼	宁敏	010-66229096	66578955	2
恒泰证券股份有限公司	内蒙古呼和浩特市赛罕区敕勒川大街东方君座 D 座光大银行办公楼 14-18 楼	庞介民	0471-4913858	4913858	2
财通证券股份有限公司	浙江省杭州市杭大路 15 号嘉华国际 16、17 层	沈继宁	0571-87828166	87826858	3
东北证券股份有限公司	长春市生态大街 6666 号	李福春	0431-85096886	85604083	2
华福证券有限责任公司	福州市五四路 157 号新天地大厦 7-9 层	黄金琳	0591-87855777	87841150	3
浙商证券股份有限公司	浙江省杭州市江干区五星路 201 号	吴承根	0571-87902963	87901370	3
长城证券股份有限公司	深圳市深南大道 6008 号特区报业大厦 14、16、17 楼	丁益	010-63081807	83516189	2
信达证券股份有限公司	北京市西城区闹市口大街 9 号院 1 号楼信达金融中心	张志刚	010-63081000	63081199	2
华西证券股份有限公司	四川省成都市高新区 198 号	杨炯洋	028-86150593	86150615	2
西南证券股份有限公司	重庆市江北区桥北苑 8 号西南证券大厦	吴坚	023-63620366	63786001	
华创证券有限责任公司	贵州省贵阳市中华北路 216 号华创大厦	陶永泽	0851-86856815	86856537	9
申万宏源西部证券有限公司	新疆乌鲁木齐市高新区北京南路 358 号大成国际大厦 20 楼 2005 室	韩志谦	0991-2301633	2301927	1
国元证券股份有限公司	合肥市梅山路 18 号国元证券	蔡咏	0551-62207888	62645709	2
国都证券股份有限公司	北京市东城区东直门南大街 3 号国华投资大厦 9 层、10 层	王少华	010-84183399	84183311	5
湘财证券股份有限公司	中国湖南省长沙市天心区湘府中路 198 号新南城商务中心 A 栋 11 楼	林俊波	0731-82252279	84430252	3
东兴证券股份有限公司	北京市西城区金融大街 5 号新盛大厦 B 座 12-15 层	魏庆华	010-66555633	66555663	2
西藏东方财富证券股份有限公司	上海市徐汇区宛平南路 88 号金座 9-18 楼	陈宏	021-23586760	23586860	[illegible]
华安证券股份有限公司	合肥市政务文化新区天鹅湖路 198 号	章宏韬	0551-65161632	65161600	3
国海证券股份有限公司	广西桂林市辅星路 1-3 号	何春梅	0771-5896688	5530903	2
西部证券股份有限公司	陕西省西安市新城区东新街 319 号 8 幢 10000 室	刘建武	029-87406097	87406483	3
新时代证券股份有限公司	北京市海淀区北三环西路 99 号院 1 号楼 15 层 1501	叶顺德	010-83561085	83561085	2
广州证券股份有限公司	广州市天河区珠江西路 5 号广州国际金融中心主塔 19 层、20 层	邱三发	020-88836999	88836900	5
东莞证券股份有限公司	广东省东莞市莞城区可园南路 1 号金源中心	陈照星	0769-22113878	22116999	1
渤海证券股份有限公司	天津市南开区宾水西道 8 号	王春峰	022-28451813	28451600	8

会员公司信息
List of Member Companies

会员公司信息 Company	地址 Address	法人代表 Representative	电话 Tel	传真 Fax	注册资本 Registed Capital
民生证券股份有限公司	北京市东城区建国门内大街 28 号民生金融中心 A 座 16、17、18 层	冯鹤年	010-85127766	85127766	2177.3
上海证券有限责任公司	上海市黄浦区四川中路 213 号 7 楼	李俊杰	021-53686888	53686100	2610.0
山西证券股份有限公司	太原市府西街 69 号山西国贸中心	侯巍	0351-8689699	8686918	2828.7
万联证券股份有限公司	广州市天河区珠江东路 11 号 18、19 楼全层	张建军	020-38286218	38286588	4680.0
中信证券(山东)有限责任公司	青岛市市南区东海西路 28 号	姜晓林	0532-85022309	85022301	800.0
国联证券股份有限公司	无锡市滨湖区太湖新城金融一街 8 号国联金融大厦 7-9 楼	姚志勇	0510-82833989	82833124	1902.4
华宝证券有限责任公司	浦东世纪大道 100 号 57 层	陈林	021-68778808	68778108	1500.0
东海证券股份有限公司	江苏常州延陵西路 23 号投资广场 18、19 号楼	赵俊	021-20333777	50585608	1670.0
宏信证券有限责任公司	成都市人民南路二段十八号川信大厦 10 楼	吴玉明	028-86199160	86199079	500.0
首创证券有限责任公司	北京市西城区德胜门外大街 115 号德胜尚城 E 座	毕劲松	010-59366166	59366298	650.0
国盛证券有限责任公司	南昌市北京西路 88 号江信国际金融大厦	徐丽峰	0791-86289667	86281441	4695.3
江海证券有限公司	黑龙江省哈尔滨市高新技术产业开发区创新三路 833 号 11 号楼江海证券	孙名扬	0451-82269208	82269290	6767.0
英大证券有限责任公司	深圳市福田区深南中路华能大厦三十、三十一层	吴骏	0755-83007088	83007040	2700.0
财富证券有限责任公司	长沙市芙蓉中路中路二段 80 号顺天国际财富中心 26 层	蔡一兵	0731-88954626	84403330	2982.7
太平洋证券股份有限公司	云南省昆明市北京路 926 号同德广场写字楼 31 楼	李长伟	0871-68885858	68898100	6816.3
华鑫证券有限责任公司	深圳市福田区金田路 4018 号安联大厦 28 层 A01、B01（b）单元	俞洋	0755-82083788	82083408	1600.0
中原证券股份有限公司	河南省郑州市郑东新区商务外环路 10 号	菅明军	0371-65585698	65585118	3923.7
金元证券股份有限公司	深圳市深南大道 4001 号时代金融中心大厦 17 层	王作义	0755-83025618	83025511	3210.8
中国民族证券有限责任公司	北京市朝阳区北四环中路 27 号盘古大观 A 座 40-43 层	何亚刚			4486.6
财达证券股份有限公司	石家庄市桥西区自强路 35 号庄家金融大厦	翟建强	0311-66006222	66006200	2745.0
北京高华证券有限责任公司	北京市西城区金融大街 7 号北京英蓝国际金融中心十八层 1801-1806,1826-1832 室	章星	010-66273038	66273001	1072.0
南京证券股份有限公司	南京市建邺区江东中路 389 号	步国旬	025-83366116	83367377	2474.0
爱建证券有限责任公司	上海市浦东新区世纪大道 1600 号 32 楼	祝健	021-68728958	68728958	1100.0
德邦证券股份有限公司	上海市福山路 500 号城建国际中心 26 楼	武晓春	021－68761616	021－68767880	3941.2
华林证券股份有限公司	深圳市福田区民田路 178 号华融大厦 6 楼	林立	0755-82707736	82707700	2430.0
九州证券股份有限公司	北京市朝阳区安立路 30 号仰山公园东一门 2 号楼	魏先锋	010-57672002	57672020	3000.0
中航证券有限公司	江西省南昌市红谷滩新区红谷中大道 1619 号南昌国际金融大厦 A 栋 41 层	王宜四	0791-86771128、010-648183	64818300	1985.2
联讯证券股份有限公司	惠州市江北东江三路 55 号广播电视新闻中心西南面一楼大堂和三、四层	徐刚	0752-2119388	2119369	3126.2
华龙证券股份有限公司	甘肃省兰州市东岗西路 638 号	李晓安	0931-4890688	4890515	2153.4
国融证券股份有限公司	内蒙古自治区呼和浩特市武川县腾飞大道与呈祥路交汇处武川立农村镇银行股份有限公司四楼	张智河	010-83991888	88086637	1782.5
中山证券有限责任公司	深圳市南山区科技中一路西华强高新发展大楼 7 层、8 层	黄扬录	0755-82943769	82940511	1355.0
大同证券有限责任公司	山西省太原市长治路 111 号山西世贸中心 A 座 12、13 层	董祥	0351-4192998	4192803	500.0
开源证券股份有限公司	西安市高新区锦业路 1 号都市之门 B 座 5 层	李刚	029-88365836	88365835	1790.0
川财证券有限责任公司	中国（四川）自由贸易试验区成都市高新区交子大道 177 号中海国际中心 B 座 17 楼	孟建军	028-86583099	86583002	650.0
大通证券股份有限公司	大连市沙河口区会展路 129 号期货大厦 38、39 层	赵玺	0411-39673393	82826601	3300.0
瑞银证券有限责任公司	北京市西城区金融大街 7 号英蓝国际金融中心 15 层	钱于军	021-38668866		1490.0
万和证券股份有限公司	深圳市福田区深南大道 7028 号时代科技大厦 20 层西厅	朱治理	0755-25170777	25171762	1000.0
华金证券股份有限公司	上海市浦东新区杨高南路 759 号 30 层	宋卫东	021-20655599	20655566	3200.0
五矿证券有限公司	深圳市金田路 4028 号荣超经贸中心 A 座 47 层	赵立功	0755-82545501	82545500	880.0
中天证券股份有限公司	沈阳市和平区光荣街 23 甲	马功勋	024-23253627	23255606	1350.0
上海华信证券有限责任公司	上海市黄浦区南京西路 399 号明天广场 23 楼	陈灿辉	021-63898808	68774818	7900.0
国开证券有限责任公司	北京市西城区阜外大街 29 号	张宝荣			9500.0
银泰证券有限责任公司	广东省深圳市福田区竹子林四路紫竹七道 18 号	黄冰	0755-83710058	83708126	1400.0
长城国瑞证券有限公司	厦门市莲前西路 2 号莲富大厦十七楼	胡建忠	0592-5161708	5161102	1750.0
红塔证券股份有限公司	昆明市北京路 155 号附 1 号红塔大厦 7-11 楼	况雨林	0871-63577970	63577922	3269.4
联储证券有限责任公司	深圳市福田区华强北圣廷苑酒店 B 座 26 楼	李兵	0755-83296900	83277670	1359.4
网信证券有限责任公司	沈阳市沈河区热闹路 49 号	王媖	024-22939909	22958441	500.0
中邮证券有限责任公司	北京市东城区珠市口大街 17 号一层东侧	丁奇文	029-88602188	88602189	2060.0
瑞信方正证券有限责任公司	北京市西城区金融大街甲九号金融街中心南楼 15 层	高利	01068584886	66538516	800.0
申港证券股份有限公司	上海浦东新区世纪大道 1589 号长泰国际金融大厦 22 层	刘化军	021-20639333	20639696	3500.0

会员公司信息
List of Member Companies

会员公司信息 Company	地址 Address	法人代表 Representative	电话 Tel	传真 Fax	注册资本 Registed Capital
中天国富证券有限公司	上海市浦东新区陆家嘴环路 1000 号 45 楼	余维佳	021-38582000	68598030	[illegible]
华英证券有限责任公司	江苏省无锡市新区高浪东路 19 号 15 层 01-11 单元	姚志勇	0510-82833989	85203300	
华菁证券有限公司	上海市虹口区吴淞路 575 号虹口 SOHO 25 层	魏山巍	021-60156626	60156733	[illegible]
华泰联合证券有限责任公司	深圳市福田区深南大道 4011 号香港中旅大厦 25 层	刘晓丹	010-56839366	56839588	
申万宏源证券承销保荐有限责任公司	新疆乌鲁木齐市高新区(新市区)北京南路 358 号大成国际大厦 20 楼 2004 室	薛军	010-88013606	88013607	[illegible]
东方花旗证券有限公司	上海市黄浦区中山南路 318 号 24 层	潘鑫军	021-63326178	63326175	
中德证券有限责任公司	北京是朝阳区建国路 81 号 20 办公 1T01-06、07、08 号房屋	侯巍	010-59026668	59026670	[illegible]
第一创业证券承销保荐有限责任公司	北京市西城区武定侯街 6 号卓著中心 10 层	王芳	010-63212001	66032671	
长江证券承销保荐有限公司	上海市浦东新区世纪大道 1589 号长泰国际金融大厦 21 层	王世平	021-38784899	50495602	
金通证券有限责任公司	浙江省杭州市滨江区东信大道 66 号 5 幢 D 座 A 区 3 层	李勇进	010-60838011	60836210	
恒泰长财证券有限责任公司	长春市长江路经济开发区长江路 57 号 5 层 479 段	张伟	010-56673839	56673839	

B 股券商
B Share Brokers

公司名称 Company	公司地址 Address
申万宏源证券有限公司	上海市徐汇区长乐路 989 号 45 层
海通证券股份有限公司	上海市黄浦区广东路 689 号海通证券大厦
国泰君安证券股份有限公司	上海市浦东新区银城中路 168 号
中国银河证券有限责任公司	北京市西城区金融大街 35 号国际企业大厦 C 座
华泰证券股份有限公司	江苏省南京市江东中路 228 号
中信证券股份有限公司	可邮寄：北京市朝阳区亮马桥路 48 号中信证券大厦(100026)　深圳市福田区中心三路 8 号中信证券大厦(518048)
招商证券股份有限公司	深圳市福田区益田路江苏大厦 38-45 层
广发证券股份有限公司	广州市天河北路 183 号大都会广场 42 楼
国信证券股份有限公司	深圳市罗湖区红岭中路 1012 号国信证券大厦
东方证券股份有限公司	上海市中山南路 318 号 2 号楼 22 层、23 层、25 层—29 层
中信建投证券股份有限公司	北京市东城区朝内大街 188 号
方正证券股份有限公司	长沙市芙蓉区芙蓉中路二段华侨国际大厦 22-24 层
中国中投证券有限责任公司	深圳市福田区益田路与福中路交界处荣超商务中心 A 栋第 18-21 层及第 04 层
光大证券股份有限公司	上海市静安区新闸路 1508 号
中银国际证券有限责任公司	上海市浦东新区银城中路 200 号中银大厦 39 楼
上海证券有限责任公司	上海市黄浦区四川中路 213 号 7 楼
长江证券股份有限公司	湖北省武汉市江汉区新华路特 8 号
中国国际金融股份有限公司	中国北京建国门外大街 1 号国贸大厦 2 座 28 层
中泰证券股份有限公司	山东省济南市市中区经七路 86 号
湘财证券股份有限公司	中国湖南省长沙市天心区湘府中路 198 号新南城商务中心 A 栋 11 楼
东吴证券股份有限公司	苏州市工业园区星阳街 5 号
兴业证券股份有限公司	福建省福州市湖东路 268 号证券大厦
申万宏源西部证券有限公司	新疆乌鲁木齐市高新区北京南路 358 号大成国际大厦 20 楼 2005 室
渤海证券股份有限公司	天津市南开区宾水西道 8 号
平安证券股份有限公司	深圳市福田中心区金田路 4036 号荣超大厦 16-20 层
华安证券股份有限公司	合肥市政务文化新区天鹅湖路 198 号
国元证券股份有限公司	合肥市梅山路 18 号国元证券
华鑫证券有限责任公司	深圳市福田区金田路 4018 号安联大厦 28 层 A01、B01（b）单元
国联证券股份有限公司	无锡市滨湖区太湖新城金融一街 8 号国联金融大厦 7-9 楼
里昂证券有限公司(Credit Lyonnais)	香港金钟道 88 号太古广场 1 期 18 楼
长城证券股份有限公司	深圳市深南大道 6008 号特区报业大厦 14、16、17 楼
东北证券股份有限公司	长春市生态大街 6666 号
中国民族证券有限责任公司	北京市朝阳区北四环中路 27 号盘古大观 A 座 40-43 层
中信证券(山东)有限责任公司	青岛市市南区东海西路 28 号
新鸿基投资服务有限公司(Sun Hung Kai)	上海南京西路 338 号天安中心 1902 室
西南证券股份有限公司	重庆市江北区桥北苑 8 号西南证券大厦
山西证券股份有限公司	太原市府西街 69 号山西国贸中心
南京证券股份有限公司	南京市建邺区江东中路 389 号
恒泰证券股份有限公司	内蒙古呼和浩特市赛罕区敕勒川大街东方君座 D 座光大银行办公楼 14-18 楼
华西证券股份有限公司	四川省成都市高新区 198 号
汇富金融服务有限公司	香港
民生证券股份有限公司	北京市东城区建国门内大街 28 号民生金融中心 A 座 16、17、18 层
国海证券股份有限公司	广西桂林市辅星路 1-3 号
西部证券股份有限公司	陕西省西安市新城区东新街 319 号 8 幢 10000 室
万联证券股份有限公司	广州市天河区珠江东路 11 号 18、19 楼全层
德邦证券股份有限公司	上海市福山路 500 号城建国际中心 26 楼
东莞证券股份有限公司	广东省东莞市莞城区可园南路 1 号金源中心
首创证券有限责任公司	北京市西城区德胜门外大街 115 号德胜尚城 E 座
英大证券有限责任公司	深圳市福田区深南中路华能大厦三十、三十一层
广州证券股份有限公司	广州市天河区珠江西路 5 号广州国际金融中心主塔 19 层、20 层

B 股券商
B Share Brokers

公司名称 Company	公司地址 Address
大通证券股份有限公司	大连市沙河口区会展路 129 号期货大厦 38、39 层
华林证券股份有限公司	深圳市福田区民田路 178 号华融大厦 6 楼
华龙证券股份有限公司	甘肃省兰州市东岗西路 638 号
凯基证券亚洲有限公司	上海仙霞路 317 号 2502 室
国盛证券有限责任公司	南昌市北京西路 88 号江信国际金融大厦
华创证券有限责任公司	贵州省贵阳市中华北路 216 号华创大厦
世纪证券有限责任公司	深圳市深南大道 7088 号招商银行大厦 40 层
第一创业证券股份有限公司	深圳市福田区福华一路 115 号投行大厦
财富证券有限责任公司	长沙市芙蓉中路中路二段 80 号顺天国际财富中心 26 层
红塔证券股份有限公司	昆明市北京路 155 号附 1 号红塔大厦 7-11 楼
西藏东方财富证券股份有限公司	上海市徐汇区宛平南路 88 号金座 9-18 楼
大华继显(香港)有限公司	香港中环皇后大道中 29 号怡安华人行 15 楼
华金证券股份有限公司	上海市浦东新区杨高南路 759 号 30 层
华宝证券有限责任公司	浦东世纪大道 100 号 57 层
群益证券(香港)有限公司	上海浦东南路 360 号新上海国际大厦 18 楼
京华山一国际(香港)有限公司	香港中环大道中 183 号新纪元广场中远大厦 36 楼
万和证券股份有限公司	深圳市福田区深南大道 7028 号时代科技大厦 20 层西厅
华泰联合证券有限责任公司	深圳市福田区深南大道 4011 号香港中旅大厦 25 层

交易地区分布
Regional Distribution by Turnover Ranking

地区 Area	营业部 Number	排名 Rank	交易金额(百亿)Trading Val(10B)						
			总计 Total	股票 Stock	基金 Fund	政府债 G-Bond	公司债 C-Bond	债券回购 Bond Repo	期权 Option
上海	783	1	15813.20	1608.43	406.63	13.96	143.92	13636.46	3.26
广东	1446	2	15688.06	1696.58	223.08	11.44	204.31	13549.45	3.12
北京	553	3	8473.85	946.56	186.91	11.12	179.34	7146.50	1.74
江苏	919	4	3377.94	880.64	125.83	1.55	27.92	2341.04	0.96
浙江	973	5	2739.01	1115.15	98.72	0.50	33.45	1490.33	0.37
四川	443	6	2386.97	348.97	27.98	0.62	18.18	1990.89	0.32
福建	479	7	2094.63	494.37	45.13	1.09	15.12	1538.72	0.20
山东	602	8	1306.74	374.04	63.75	1.09	14.38	851.60	1.87
湖北	403	9	1170.42	310.43	44.84	0.77	33.28	780.99	0.11
辽宁	383	10	923.84	221.89	17.31	0.34	2.83	681.33	0.15
湖南	393	11	755.67	230.17	56.12	0.40	12.21	456.71	0.06
江西	325	12	738.54	172.62	21.37	1.31	4.59	538.62	0.03
黑龙江	181	13	701.60	101.05	38.72	0.45	7.36	553.19	0.83
安徽	308	14	483.02	192.61	14.32	0.08	7.90	268.06	0.05
陕西	273	15	470.18	136.65	11.57	0.33	13.89	307.54	0.20
河南	378	16	448.64	224.40	15.80	0.05	0.94	207.35	0.09
重庆	222	17	412.94	133.38	8.73	0.11	6.17	264.51	0.04
天津	175	18	407.60	115.81	17.92	1.48	8.11	264.16	0.12
河北	272	19	387.59	136.92	7.28	0.11	2.07	241.14	0.08
内蒙	116	20	344.90	40.43	1.72	0.31	22.14	280.29	0.02
山西	199	21	302.14	83.72	9.65	0.75	55.09	152.90	0.03
吉林	157	22	299.04	73.93	27.54	0.22	5.09	192.15	0.12
云南	174	23	283.63	62.64	5.96	0.08	7.40	206.86	0.69
广西	202	24	277.93	90.40	56.45	0.21	2.11	128.70	0.05
西藏	26	25	143.73	120.25	1.91	0.00	0.11	21.46	0.00
贵州	118	26	130.55	27.61	2.68	0.57	5.27	94.42	0.00
新疆	111	27	122.83	49.78	5.40	0.00	0.18	67.47	0.01
海南	72	28	109.10	38.33	15.13	0.03	0.37	55.22	0.03
甘肃	106	29	81.41	37.58	4.01	0.01	0.40	39.40	0.02
青海	29	30	48.53	7.11	0.29	0.05	1.86	39.22	0.00
宁夏	52	31	35.31	16.62	0.34	0.00	0.03	18.31	0.01

Shareholder

投资者

股票投资者历年开户累计 Shareholder's Accounts

投资者历年开户 Historical Data of Shareholder's Accounts

年份 Year	开户总数 Total Account			A 股开户总数 A Share Account		B 股开户总数 B Share Account		信用交易开户总数 Credit Account		
	总数 Total	自然人 Individual	机构 Institution	自然人 Individual	机构 Institution	自然人 Individual	机构 Institution	总数 Total	自然人 Individual	机构 Institution
1992	111.2	110.5	0.7	110.2	0.7	0.0	0.0	--	--	--
1993	423.5	421.9	1.6	421.1	1.4	0.8	0.2	--	--	--
1994	574.9	572.6	2.3	571	2.0	1.6	0.3	--	--	--
1995	685.2	682.3	2.9	680.0	2.5	2.3	0.4	--	--	--
1996	1207.9	1204.1	3.8	1200.0	3.3	4.1	0.5	--	--	--
1997	1713.3	1708.1	5.2	1702.2	4.6	5.9	0.6	--	--	--
1998	1999.4	1993.1	6.3	1986.1	5.6	7.1	0.7	--	--	--
1999	2281.1	2272.8	8.3	2264.7	7.6	8.1	0.8	--	--	--
2000	2957.8	2944.9	13.0	2931.2	12.1	13.7	0.8	--	--	--
2001	3419.8	3403.1	16.8	3311.1	15.9	92.0	0.9	--	--	--
2002	3556.0	3536.9	19.1	3441.4	18.1	95.5	1.0	--	--	--
2003	3632.1	3612.1	20.0	3515.1	19.0	97.1	1.0	--	--	--
2004	3703.1	3682.4	20.7	3584.2	19.5	98.2	1.1	--	--	--
2005	3747.9	3726.6	21.3	3628.0	20.1	98.6	1.2	--	--	--
2006	3901.5	3878.8	22.8	3778.5	21.4	100.3	1.3	--	--	--
2007	5817	5788.2	28.8	5645.9	27.3	142.4	1.5	--	--	--
2008	6542.6	6510.9	31.7	6365.4	30.1	145.5	1.6	--	--	--
2009	7405.4	7370.3	35.1	7221.6	33.4	148.6	1.7	--	--	--
2010	8154.2	8116.5	37.8	7965.5	36.0	151.0	1.8	2.1	2.1	0.0
2011	8705.0	8664.9	40.1	8512.7	38.1	152.2	2.0	17.4	17.3	0.0
2012	8996.4	8954.9	41.5	8802.1	39.5	152.8	2.1	49.4	49.2	0.2
2013	9253.4	9210.1	43.3	9056.5	41.2	153.6	2.2	132.6	132.2	0.3
2014	9737.5	9691.5	46.1	9536.9	43.8	154.5	2.3	292.2	291.7	0.5
2015	13751.3	13698.9	52.4	13536.3	50.0	162.6	2.4	394.0	393.2	0.6
2016	16994.8	16936.5	58.3	16772.5	55.9	164.1	2.5	421.5	420.5	0.6
2017	19500.1	19435.8	64.3	19270.9	61.8	165.0	2.5	452.1	450.7	0.7

注：开户单位为万户。

股票投资者历年新开户
New Shareholder' s Accounts

年份 Year	新开户总数 New			A股新开户数 New(A Share)		B股新开户数 New(B Share)		信用交易新开户数 New(Credit Account)		
	总数 Total	自然人 Individual	机构 institution	自然人 Individual	机构 institution	自然人 Individual	机构 institution	总数 Total	自然人 Individual	机构 institution
1992	100.2	99.5	0.7	99.5	0.7	0.0	0.0	--	--	--
1993	312.3	311.4	0.9	310.6	0.7	0.8	0.0	--	--	--
1994	151.4	150.7	0.7	149.9	0.6	0.7	0.2	--	--	--
1995	110.3	109.8	0.6	109.0	0.5	0.8	0.1	--	--	--
1996	522.7	521.8	0.9	520.0	0.8	1.8	0.1	--	--	--
1997	502.8	501.4	2.2	499.6	2.0	1.8	0.1	--	--	--
1998	286.1	285.1	1.0	283.9	1.0	1.2	0.2	--	--	--
1999	281.7	279.7	2.1	278.6	2.0	1.0	0.1	--	--	--
2000	676.7	672.1	4.6	666.5	4.6	5.6	0.1	--	--	--
2001	462.0	458.2	3.8	379.9	3.8	78.3	0.1	--	--	--
2002	136.1	133.8	2.3	130.4	2.2	3.5	0.0	--	--	--
2003	76.1	75.2	0.9	73.6	0.9	1.6	0.0	--	--	--
2004	71.0	70.3	0.7	69.1	0.6	1.2	0.1	--	--	--
2005	44.8	44.2	0.6	43.8	0.5	0.4	0.1	--	--	--
2006	153.6	152.1	1.5	150.5	1.4	1.6	0.1	--	--	--
2007	1915.5	1909.5	6.0	1867.4	5.9	42.1	0.1	--	--	--
2008	725.6	722.7	2.9	719.5	2.8	3.2	0.1	--	--	--
2009	862.8	859.3	3.4	856.2	3.4	3.1	0.1	--	--	--
2010	748.9	746.2	2.7	743.9	2.6	2.3	0.1	2.1	2.1	0.0
2011	550.8	548.5	2.3	547.2	2.2	1.3	0.1	15.5	15.4	0.0
2012	291.4	290.0	1.4	289.4	1.3	0.6	0.1	32.4	32.3	0.1
2013	257.0	255.3	1.8	254.4	1.7	0.8	0.1	84.9	84.7	0.2
2014	484.1	481.3	2.8	480.4	2.6	0.9	0.1	163.2	163.0	0.2
2015	4013.8	4007.5	6.3	3999.4	6.2	8.1	0.1	107.4	107.1	0.2
2016	3243.5	3237.6	6.0	3236.1	5.9	1.4	0.1	32.5	32.2	0.1
2017	2505.3	2499.3	6.0	2498.4	5.9	0.9	0.1	35.8	35.3	0.1

注：开户单位为万户。

投资者交易和盈利状况
Inverstor's Trading and profits

年度各类投资者买卖净额情况
Balance of Inverstors in 2017

	买卖净额(亿元)	交易占比(%)
自然人投资者	-318.69	82.01
一般法人	1785.48	1.92
沪股通	629.73	1.30
专业机构	-2096.53	14.76
其中：投资基金	139.57	4.15

年末各类投资者持股情况
Share Hold of Investors by 2017

	持股市值(亿) Hold Value(100M)	占比(%) Ratio(%)	持股账户数(万户) Hold Account (10 Thousand)	占比(%) Ratio(%)
自然人投资者	59445	21.17	3934.31	99.78
其中：10 万元以下	3449	1.23	2179.70	55.28
10-50 万元	9974	3.55	1187.07	30.11
50-100 万元	6545	2.33	285.11	7.23
100-300 万元	10141	3.61	200.33	5.08
300-1000 万元	9073	3.23	62.42	1.58
1000 万元以上	20263	7.21	19.67	0.50
一般法人	172801	61.53	3.85	0.10
沪股通	3322	1.18	0.00	0.00
专业机构	45294	16.13	4.86	0.12
其中：投资基金	9145	3.26	0.30	0.01

年度各类投资者盈利情况
Profits of Inverstors in 2017

投资者分类	盈利金额(亿元)
自然人投资者	3108
一般法人	19237
沪股通	1034
专业机构	11156
合计	34535

投资者开户逐月信息
Monthly New Accounts in 2017

日期 Date	总数 Total	A 股 A Share	B 股 B Share	基金 Fund
2017.01	247.23	155.19	0.07	91.98
2017.02	371.42	243.08	0.15	128.20
2017.03	566.28	372.50	0.12	193.65
2017.04	296.05	198.32	0.07	97.67
2017.05	281.42	193.83	0.05	87.53
2017.06	314.10	211.65	0.08	102.38
2017.07	266.60	184.00	0.06	82.54
2017.08	340.90	229.23	0.07	111.59
2017.09	315.50	209.32	0.09	106.10
2017.10	245.40	153.46	0.06	91.88
2017.11	326.72	199.04	0.08	127.60
2017.12	238.99	154.68	0.07	84.24
2017 年合计	3810.61	2504.30	0.97	1305.34
累计总户数	26295.98	19332.64	167.47	6795.87

注：开户单位为万户。

年末分行业持股信息
Hold Distribution by 2017

行业代码 Industry Code	行业名称 Industry Name	自然人 Individual		专业机构 Institution		一般法人 Corporation	
		持股市值	比例(%)	持股市值	比例(%)	持股市值	比例(%)
A	农、林、牧、渔业	415.75	44.63	16.60	1.78	499.14	53.59
B	采矿业	3373.42	10.11	915.41	5.74	089.49	84.15
C	制造业	6792.42	32.26	278.65	10.77	976.59	56.97
D	力、热力、燃气及水生产和供应业	2652.42	17.96	956.51	6.48	162.98	75.57
E	建筑业	2960.20	22.94	057.33	8.19	888.62	68.87
F	批发和零售业	3747.43	35.91	790.64	7.58	896.72	56.51
G	交通运输、仓储和邮政业	3008.21	18.54	392.25	8.58	828.81	72.89
H	住宿和餐饮业	69.38	12.91	55.21	10.27	412.93	76.82
I	息传输、软件和信息技术服务业	3327.96	40.78	382.82	4.69	450.60	54.53
J	金融业	8943.61	9.06	591.51	9.72	132.12	81.21
K	房地产业	3361.76	27.28	064.44	8.64	895.59	64.08
L	租赁和商务服务业	534.04	24.53	357.79	16.44	285.15	59.03
M	科学研究和技术服务业	601.37	56.59	23.23	2.19	438.11	41.23
N	水利、环境和公共设施管理业	467.57	41.12	24.39	2.15	645.02	56.73
P	教育	57.12	23.72	26.44	10.98	157.26	65.30
Q	卫生和社会工作	107.60	34.64	23.05	7.42	179.96	57.94
R	文化、体育和娱乐业	851.49	24.53	270.87	7.80	349.19	67.67
S	综合	633.48	46.38	34.44	2.52	698.02	51.10

注：持股市值单位为亿元。

年末个股股东持股情况
Distribution of Shareholders by 2017

证券代码 Code	证券简称 Security Name	合计持股数 Total Hold	自然人 Individual		一般法人 Corporation		专业机构 Institution	
			持有股数	比例(%)	持有股数	比例(%)	持有股数	比例(%)
600000	浦发银行	2935208.04	202283.53	6.89	2504070.46	85.31	228854.05	7.80
600004	白云机场	206932.05	38557.54	18.63	124155.32	60.00	44219.20	21.37
600006	东风汽车	200000.00	71510.80	35.76	125820.60	62.91	2668.59	1.33
600007	中国国贸	100728.25	12211.89	12.12	83000.46	82.40	5515.90	5.48
600008	首创股份	482061.41	200121.32	41.51	268387.75	55.68	13552.34	2.81
600009	上海机场	192695.84	10309.43	5.35	112726.10	58.50	69660.32	36.15
600010	包钢股份	4558503.26	648812.00	14.23	3617914.73	79.37	291776.53	6.40
600011	华能国际	1050000.00	55059.06	5.24	918132.30	87.44	76808.65	7.32
600012	皖通高速	116560.00	21408.61	18.37	94020.06	80.66	1131.33	0.97
600015	华夏银行	1282268.67	151190.92	11.79	1035645.51	80.77	95432.23	7.44
600016	民生银行	2955176.93	432476.74	14.63	2173088.59	73.53	349611.60	11.83
600017	日照港	307565.39	119413.91	38.83	177875.76	57.83	10275.72	3.34
600018	上港集团	2317367.47	138607.29	5.98	2079039.30	89.72	99720.88	4.30
600019	宝钢股份	2210128.37	169989.65	7.69	1500454.96	67.89	539683.76	24.42
600020	中原高速	224737.18	83310.35	37.07	139562.06	62.10	1864.77	0.83
600021	上海电力	240965.71	47347.71	19.65	178995.92	74.28	14622.09	6.07
600022	山东钢铁	1094654.96	442189.47	40.40	576984.57	52.71	75480.93	6.90
600023	浙能电力	1360069.00	135258.60	9.94	1147979.36	84.41	76831.03	5.65
600025	华能水电	1800000.00	176422.25	9.80	1622264.38	90.13	1313.37	0.07
600026	中远海能	273603.29	87460.20	31.97	176492.71	64.51	9650.38	3.53
600027	华电国际	814574.31	108012.86	13.26	615715.61	75.59	90845.84	11.15
600028	中国石化	9555777.10	309374.98	3.24	8709846.41	91.15	536555.72	5.61
600029	南方航空	702265.00	75151.33	10.70	503562.19	71.71	123551.48	17.59
600030	中信证券	983858.07	335929.53	34.14	474041.18	48.18	173887.36	17.67
600031	三一重工	766821.07	248123.16	32.36	275797.33	35.97	242900.57	31.68
600033	福建高速	274440.00	118373.55	43.13	150942.99	55.00	5123.46	1.87
600035	楚天高速	173079.59	52968.35	30.60	118040.72	68.20	2070.52	1.20
600036	招商银行	2062894.44	116058.14	5.63	1625314.87	78.79	321521.43	15.59
600037	歌华有线	139177.79	36658.64	26.34	81297.81	58.41	21221.35	15.25
600038	中直股份	58947.67	8764.85	14.87	39933.73	67.74	10249.09	17.39
600039	四川路桥	361052.55	121836.10	33.74	218060.99	60.40	21155.46	5.86
600048	保利地产	1185844.11	162364.91	13.69	776537.62	65.48	246941.58	20.82
600050	中国联通	3023395.07	593522.22	19.63	2332676.09	77.15	97196.76	3.21
600051	宁波联合	31088.00	17383.28	55.92	13059.46	42.01	645.27	2.08
600052	浙江广厦	87178.91	45551.16	52.25	41412.25	47.50	215.50	0.25
600053	九鼎投资	43354.08	10676.26	24.63	31809.67	73.37	868.15	2.00
600054	黄山旅游	51330.00	11388.15	22.19	34366.18	66.95	5575.67	10.86
600055	万东医疗	54081.62	27970.11	51.72	21561.94	39.87	4549.57	8.41
600056	中国医药	106848.55	12843.55	12.02	73267.75	68.57	20737.25	19.41
600057	象屿股份	145773.92	30260.92	20.76	105188.23	72.16	10324.77	7.08
600058	五矿发展	107191.07	32605.85	30.42	72186.53	67.34	2398.69	2.24
600059	古越龙山	80852.42	38034.14	47.04	38808.05	48.00	4010.23	4.96
600060	海信电器	130848.12	34411.50	26.30	67304.76	51.44	29131.86	22.26
600061	国投资本	422712.97	28932.69	6.84	374581.52	88.61	19198.76	4.54
600062	华润双鹤	86936.48	11143.87	12.82	60435.16	69.52	15357.45	17.67
600063	皖维高新	192589.47	101423.64	52.66	80837.27	41.97	10328.56	5.36
600064	南京高科	77247.31	37546.81	48.61	36202.29	46.87	3498.20	4.53
600066	宇通客车	221393.92	21725.39	9.81	118473.38	53.51	81195.15	36.67
600067	冠城大通	149211.07	108308.18	72.59	37364.72	25.04	3538.16	2.37
600068	葛洲坝	460477.74	171629.19	37.27	226861.05	49.27	61987.50	13.46

注：合计持股数包含 F 类账户；单位为万股。

年末个股股东持股情况
Distribution of Shareholders by 2017

证券代码 Code	证券简称 Security Name	合计持股数 Total Hold	自然人 Individual		一般法人 Corporation		专业机构 Institution	
			持有股数	比例(%)	持有股数	比例(%)	持有股数	比例(%)
600069	银鸽投资	124910.30	58125.87	46.53	66616.86	53.33	167.56	0.13
600070	浙江富润	52194.61	28795.98	55.17	23166.94	44.39	231.69	0.44
600071	凤凰光学	23747.25	10330.68	43.50	11894.99	50.09	1521.58	6.41
600072	中船科技	73624.99	30166.38	40.97	41737.82	56.69	1720.79	2.34
600073	上海梅林	93772.95	50616.26	53.98	39340.56	41.95	3816.13	4.07
600074	ST 保千里	243788.60	178870.58	73.37	55225.47	22.65	9692.56	3.98
600075	新疆天业	97252.24	35210.99	36.21	60786.00	62.50	1255.24	1.29
600076	康欣新材	103426.41	75092.14	72.60	23867.84	23.08	4466.43	4.32
600077	宋都股份	134012.23	65008.05	48.51	68063.24	50.79	940.94	0.70
600078	澄星股份	66257.29	37888.88	57.18	27866.68	42.06	501.72	0.76
600079	人福医药	135370.43	28961.46	21.39	76871.42	56.79	29537.55	21.82
600080	金花股份	30529.59	20933.87	68.57	9535.26	31.23	60.45	0.20
600081	东风科技	31356.00	10278.08	32.78	20807.99	66.36	269.93	0.86
600082	海泰发展	64611.58	40218.84	62.25	23255.84	35.99	1136.90	1.76
600083	博信股份	23000.00	9384.52	40.80	12704.80	55.24	910.67	3.96
600084	中葡股份	112372.68	59229.13	52.71	52832.12	47.02	311.42	0.28
600085	同仁堂	137147.03	19660.40	14.34	97831.43	71.33	19655.19	14.33
600086	东方金钰	135000.00	33018.96	24.46	99532.63	73.73	2448.41	1.81
600088	中视传媒	33142.20	12089.34	36.48	20684.11	62.41	368.76	1.11
600089	特变电工	371864.78	189497.90	50.96	140180.57	37.70	42186.31	11.34
600090	同济堂	143966.29	26834.95	18.64	115063.33	79.92	2068.02	1.44
600091	ST 明科	43741.25	25415.33	58.10	18313.38	41.87	12.55	0.03
600093	易见股份	112244.75	21140.44	18.83	90671.89	80.78	432.42	0.39
600094	大名城	227660.50	80027.35	35.15	126548.93	55.59	21084.21	9.26
600095	哈高科	36126.36	27681.31	76.62	8319.12	23.03	125.92	0.35
600096	云天化	132137.91	53930.61	40.81	75650.81	57.25	2556.49	1.93
600097	开创国际	24093.66	7978.90	33.12	15872.18	65.88	242.58	1.01
600098	广州发展	272619.66	53350.17	19.57	213477.20	78.31	5792.29	2.12
600099	林海股份	21912.00	13207.45	60.27	8693.02	39.67	11.53	0.05
600100	同方股份	296389.90	156920.15	52.94	129424.58	43.67	10045.16	3.39
600101	明星电力	32417.90	20370.83	62.84	11925.69	36.79	121.37	0.37
600103	青山纸业	177370.60	117114.67	66.03	59884.47	33.76	371.46	0.21
600104	上汽集团	1168346.14	37735.73	3.23	995157.04	85.18	135453.37	11.59
600105	永鼎股份	96389.31	46496.69	48.24	45380.52	47.08	4512.10	4.68
600106	重庆路桥	99851.62	63735.35	63.83	34153.32	34.20	1962.96	1.97
600107	美尔雅	36000.00	25681.20	71.34	8975.97	24.93	1342.84	3.73
600108	亚盛集团	194691.51	133748.80	68.70	52561.48	27.00	8381.23	4.30
600109	国金证券	302435.93	117203.15	38.75	146011.00	48.28	39221.78	12.97
600110	诺德股份	115031.21	87538.75	76.10	22685.91	19.72	4806.54	4.18
600111	北方稀土	363306.60	221514.55	60.97	98521.94	27.12	43270.11	11.91
600112	*ST 天成	50920.48	39443.66	77.46	11367.68	22.32	109.14	0.21
600113	浙江东日	31860.00	15746.44	49.42	15657.87	49.15	455.69	1.43
600114	东睦股份	43634.76	11596.12	26.58	23470.56	53.79	8568.08	19.64
600115	东方航空	980848.57	105693.05	10.78	759790.97	77.46	115364.54	11.76
600116	三峡水利	99300.55	42577.27	42.88	48832.82	49.18	7890.46	7.95
600117	西宁特钢	104511.83	45348.95	43.39	58911.92	56.37	250.95	0.24
600118	中国卫星	118248.91	45322.54	38.33	63486.13	53.69	9440.25	7.98
600119	长江投资	30740.00	17928.48	58.32	12583.17	40.93	228.34	0.74
600120	浙江东方	67260.62	21649.41	32.19	40840.19	60.72	4771.03	7.09
600121	*ST 郑煤	101534.34	35590.24	35.05	65218.36	64.23	725.73	0.71

注：合计持股数包含 F 类账户；单位为万股。

年末个股股东持股情况
Distribution of Shareholders by 2017

证券代码 Code	证券简称 Security Name	合计持股数 Total Hold	自然人 Individual		一般法人 Corporation		专业机构 Institution	
			持有股数	比例(%)	持有股数	比例(%)	持有股数	比例(%)
600122	宏图高科	115771.84	58624.69	50.64	52994.35	45.77	4152.80	3.59
600123	兰花科创	114240.00	55990.53	49.01	54632.23	47.82	3617.24	3.17
600125	铁龙物流	130552.19	79673.10	61.03	42442.64	32.51	8436.44	6.46
600126	杭钢股份	259783.78	26245.18	10.10	231837.92	89.24	1700.68	0.65
600127	金健米业	64178.32	45208.04	70.44	18076.76	28.17	893.52	1.39
600128	弘业股份	24676.75	17139.30	69.46	7384.97	29.93	152.49	0.62
600129	太极集团	42689.40	16004.14	37.49	23213.09	54.38	3472.17	8.13
600130	波导股份	76800.00	48674.46	63.38	27958.98	36.40	166.56	0.22
600131	岷江水电	50412.52	23521.80	46.66	26594.79	52.75	295.92	0.59
600132	重庆啤酒	48397.12	7525.76	15.55	32303.14	66.75	8568.22	17.70
600133	东湖高新	72577.95	43849.73	60.42	28076.51	38.68	651.72	0.90
600135	乐凯胶片	37299.17	23460.93	62.90	13674.09	36.66	164.15	0.44
600136	当代明诚	48718.22	23532.89	48.30	21343.51	43.81	3841.82	7.89
600137	浪莎股份	9721.76	3102.86	31.92	6609.27	67.98	9.63	0.10
600138	中青旅	72384.00	14883.88	20.56	20429.72	28.22	37070.39	51.21
600139	西部资源	66189.05	37072.94	56.01	28230.75	42.65	885.36	1.34
600141	兴发集团	50072.09	23025.13	45.98	24291.48	48.51	2755.47	5.50
600143	金发科技	271678.48	200803.40	73.91	36733.87	13.52	34141.21	12.57
600145	*ST 新亿	149110.04	42226.60	28.32	106878.31	71.68	5.13	0.00
600146	商赢环球	46997.00	16377.30	34.85	29352.68	62.46	1267.03	2.70
600148	长春一东	14151.65	6171.88	43.61	7970.19	56.32	9.58	0.07
600149	*ST 坊展	38016.00	23341.75	61.40	14595.99	38.39	78.26	0.21
600150	中国船舶	137811.76	44912.55	32.59	85496.09	62.04	7403.13	5.37
600151	航天机电	143425.23	57437.73	40.05	65846.64	45.91	20140.85	14.04
600152	维科精华	44066.07	24956.71	56.63	18761.68	42.58	347.68	0.79
600153	建发股份	283520.05	80400.29	28.36	150608.93	53.12	52510.84	18.52
600155	宝硕股份	173955.66	33897.42	19.49	138072.84	79.37	1985.40	1.14
600156	华升股份	40211.07	21593.59	53.70	17625.30	43.83	992.18	2.47
600157	永泰能源	1242579.53	213052.22	17.15	968505.82	77.94	61021.49	4.91
600158	中体产业	84373.54	57725.11	68.42	25249.74	29.93	1398.69	1.66
600159	大龙地产	83000.32	41734.42	50.28	40357.18	48.62	908.72	1.09
600160	巨化股份	211166.62	73343.53	34.73	104648.83	49.56	33174.27	15.71
600161	天坛生物	67010.69	21348.79	31.86	43331.87	64.66	2330.03	3.48
600162	香江控股	340067.14	102474.29	30.13	235820.05	69.35	1772.80	0.52
600163	中闽能源	99946.52	40801.32	40.82	58439.08	58.47	706.12	0.71
600165	新日恒力	68488.38	22605.84	33.01	45560.86	66.52	321.68	0.47
600166	福田汽车	667013.13	349892.00	52.46	291375.60	43.68	25745.53	3.86
600167	联美控股	88004.60	9114.66	10.36	74737.69	84.92	4152.25	4.72
600168	武汉控股	70956.97	26709.75	37.64	43029.91	60.64	1217.31	1.72
600169	太原重工	256395.50	134287.60	52.38	116186.53	45.32	5921.37	2.31
600170	上海建工	890439.77	258896.24	29.08	444958.34	49.97	186585.19	20.95
600171	上海贝岭	69960.95	45714.08	65.34	22154.93	31.67	2091.94	2.99
600172	黄河旋风	142631.80	81093.24	56.85	50357.49	35.31	11181.07	7.84
600173	卧龙地产	72514.75	36761.53	50.70	34174.50	47.13	1578.72	2.18
600175	美都能源	357648.88	208911.88	58.41	133338.38	37.28	15398.62	4.31
600176	中国巨石	291858.90	40063.06	13.73	174974.56	59.95	76821.28	26.32
600177	雅戈尔	358144.74	162850.28	45.47	165391.05	46.18	29903.41	8.35
600178	东安动力	46208.00	22143.42	47.92	24048.61	52.04	15.97	0.03
600179	安通控股	106212.85	79398.08	74.75	24173.61	22.76	2641.16	2.49
600180	瑞茂通	101647.75	18894.81	18.59	64749.79	63.70	18003.14	17.71

注：合计持股数包含 F 类账户；单位为万股。

年末个股股东持股情况
Distribution of Shareholders by 2017

证券代码 Code	证券简称 Security Name	合计持股数 Total Hold	自然人 Individual		一般法人 Corporation		专业机构 Institution	
			持有股数	比例(%)	持有股数	比例(%)	持有股数	比例(%)
600182	S 佳通	34000.00	16941.68	49.83	17020.24	50.06	38.08	0.11
600183	生益科技	145749.97	31840.09	21.85	86031.06	59.03	27878.83	19.13
600184	光电股份	50876.08	7125.07	14.00	38788.04	76.24	4962.97	9.76
600185	格力地产	206007.95	68910.78	33.45	133418.22	64.76	3678.95	1.79
600186	莲花健康	106202.43	88911.70	83.72	17062.50	16.07	228.23	0.21
600187	国中水务	165393.51	111811.09	67.60	50451.35	30.50	3131.07	1.89
600188	兖州煤业	296000.00	18225.96	6.16	191427.14	64.67	86346.90	29.17
600189	吉林森工	48934.22	27611.11	56.42	20568.93	42.03	754.18	1.54
600190	锦州港	177948.45	40925.75	23.00	136348.58	76.62	674.12	0.38
600191	华资实业	48493.20	20042.40	41.33	28215.66	58.18	235.14	0.48
600192	长城电工	44174.80	26190.84	59.29	17314.42	39.20	669.54	1.52
600193	创兴资源	42537.30	34653.74	81.47	7844.80	18.44	38.76	0.09
600195	中牧股份	42980.00	10651.67	24.78	25337.12	58.95	6991.21	16.27
600196	复星医药	201119.05	31344.58	15.59	126118.45	62.71	43656.03	21.71
600197	伊力特	44100.00	8792.25	19.94	28445.74	64.50	6862.01	15.56
600198	大唐电信	88210.85	48740.70	55.25	36015.32	40.83	3454.83	3.92
600199	金种子酒	55577.50	33040.06	59.45	21002.10	37.79	1535.34	2.76
600200	江苏吴中	72189.20	54762.08	75.86	15630.89	21.65	1796.22	2.49
600201	生物股份	89915.34	34909.47	38.82	33074.54	36.78	21931.34	24.39
600202	哈空调	38334.07	22802.40	59.48	15350.01	40.04	181.66	0.47
600203	福日电子	45644.71	25357.11	55.55	20187.62	44.23	99.98	0.22
600206	有研新材	83877.83	47672.19	56.84	35581.28	42.42	624.37	0.74
600207	安彩高科	86295.60	27979.60	32.42	58208.19	67.45	107.80	0.12
600208	新湖中宝	859934.35	268583.26	31.23	481228.61	55.96	110122.49	12.81
600209	罗顿发展	43901.12	29180.22	66.47	14624.21	33.31	96.68	0.22
600210	紫江企业	151673.62	110723.43	73.00	40314.77	26.58	635.41	0.42
600211	西藏药业	17961.92	8964.09	49.91	7814.06	43.50	1183.76	6.59
600212	江泉实业	51169.72	38938.29	76.10	11521.06	22.52	710.37	1.39
600213	亚星客车	22000.00	10292.03	46.78	11692.57	53.15	15.40	0.07
600215	长春经开	46503.29	31473.57	67.68	14758.21	31.74	271.52	0.58
600216	浙江医药	96560.80	35486.42	36.75	52209.27	54.07	8865.11	9.18
600217	中再资环	138865.98	44333.15	31.93	90315.62	65.04	4217.21	3.04
600218	全柴动力	36875.50	23349.58	63.32	13343.34	36.18	182.58	0.50
600219	南山铝业	925110.29	352425.58	38.10	483610.56	52.28	89074.15	9.63
600220	江苏阳光	178334.03	150981.16	84.66	26933.67	15.10	419.21	0.24
600221	海航控股	1643667.39	407434.38	24.79	1148017.18	69.84	88215.83	5.37
600222	太龙药业	57388.63	46706.82	81.39	9923.77	17.29	758.03	1.32
600223	鲁商置业	100096.80	33347.47	33.32	65383.64	65.32	1365.69	1.36
600225	*ST 松江	93549.26	35237.22	37.67	57909.08	61.90	402.96	0.43
600226	瀚叶股份	241433.86	212047.61	87.83	23483.61	9.73	5902.64	2.44
600227	赤天化	173631.91	65079.24	37.48	107385.69	61.85	1166.98	0.67
600228	*ST 昌九	24132.00	19318.70	80.05	4797.46	19.88	15.85	0.07
600229	城市传媒	70209.60	25089.72	35.74	44916.06	63.97	203.81	0.29
600230	沧州大化	29418.82	15210.74	51.70	14031.84	47.70	176.24	0.60
600231	凌钢股份	251916.61	83149.44	33.01	162930.05	64.68	5837.12	2.32
600232	金鹰股份	36471.85	16643.43	45.63	19775.44	54.22	52.99	0.15
600233	圆通速递	282547.76	38365.81	13.58	238032.36	84.24	6149.59	2.18
600234	ST 山水	20244.59	17089.94	84.42	3142.03	15.52	12.62	0.06
600235	民丰特纸	35130.00	22346.10	63.61	12768.68	36.35	15.23	0.04
600236	桂冠电力	606336.75	46443.65	7.66	548950.25	90.54	10942.86	1.80

注：合计持股数包含 F 类账户；单位为万股。

年末个股股东持股情况
Distribution of Shareholders by 2017

证券代码 Code	证券简称 Security Name	合计持股数 Total Hold	自然人 Individual		一般法人 Corporation		专业机构 Institution	
			持有股数	比例(%)	持有股数	比例(%)	持有股数	比例(%)
600237	铜峰电子	56436.96	46453.82	82.31	9834.84	17.43	148.30	0.26
600238	海南椰岛	44820.00	25842.43	57.66	18264.60	40.75	712.98	1.59
600239	云南城投	160568.69	99736.22	62.11	58928.08	36.70	1904.39	1.19
600240	华业资本	142425.36	53547.45	37.60	81023.83	56.89	7854.09	5.51
600241	时代万恒	29430.21	11421.50	38.81	18004.88	61.18	3.83	0.01
600242	中昌数据	45666.51	16199.71	35.47	28894.00	63.27	572.80	1.25
600243	青海华鼎	43885.00	18191.39	41.45	25671.53	58.50	22.07	0.05
600246	万通地产	205400.93	54243.19	26.41	149684.67	72.87	1473.07	0.72
600247	ST 成城	33644.16	29893.96	88.85	3750.18	11.15	0.02	0.00
600248	延长化建	61579.60	24695.07	40.10	36525.73	59.31	358.80	0.58
600249	两面针	55000.00	32125.46	58.41	22752.50	41.37	122.04	0.22
600250	南纺股份	25869.25	13582.32	52.50	12019.62	46.46	267.30	1.03
600251	冠农股份	78484.20	34190.41	43.56	40976.61	52.21	3317.18	4.23
600252	中恒集团	347510.71	201600.84	58.01	116751.18	33.60	29158.70	8.39
600255	梦舟股份	176959.36	156411.24	88.39	19191.75	10.85	1356.37	0.77
600256	广汇能源	522142.47	202898.13	38.86	291727.54	55.87	27516.80	5.27
600257	大湖股份	48123.72	33102.68	68.79	14472.68	30.07	548.35	1.14
600258	首旅酒店	81574.28	4288.40	5.26	64849.89	79.50	12435.98	15.24
600259	广晟有色	30180.23	12274.04	40.67	16436.20	54.46	1469.99	4.87
600260	凯乐科技	70884.85	31525.80	44.47	34099.10	48.10	5259.95	7.42
600261	阳光照明	145210.29	57384.41	39.52	66660.75	45.91	21165.13	14.58
600262	北方股份	17000.00	5364.10	31.55	11334.97	66.68	300.93	1.77
600265	ST 景谷	12980.00	5286.20	40.73	7688.91	59.24	4.89	0.04
600266	北京城建	156704.00	63500.48	40.52	75172.07	47.97	18031.45	11.51
600267	海正药业	96553.18	34113.71	35.33	48651.06	50.39	13788.42	14.28
600268	国电南自	69526.52	29487.74	42.41	38966.76	56.05	1072.02	1.54
600269	赣粤高速	233540.70	103565.79	44.35	124939.52	53.50	5035.39	2.16
600270	外运发展	90548.17	22197.69	24.51	63936.72	70.61	4413.77	4.87
600271	航天信息	186285.18	55744.52	29.92	111987.46	60.12	18553.20	9.96
600272	开开实业	16300.00	8172.72	50.14	8068.35	49.50	58.93	0.36
600273	嘉化能源	149399.36	58264.94	39.00	89848.95	60.14	1285.47	0.86
600275	*ST 昌鱼	50883.72	32897.27	64.65	17915.10	35.21	71.36	0.14
600276	恒瑞医药	281688.30	26427.48	9.38	172447.51	61.22	82813.31	29.40
600277	亿利洁能	273894.01	71142.10	25.97	191039.93	69.75	11711.99	4.28
600278	东方创业	52224.17	15117.70	28.95	35371.91	67.73	1734.56	3.32
600279	重庆港九	69295.86	39617.54	57.17	29446.46	42.49	231.86	0.33
600280	中央商场	114833.49	86403.26	75.24	21756.62	18.95	6673.61	5.81
600281	太化股份	51440.20	36094.56	70.17	15113.61	29.38	232.03	0.45
600282	南钢股份	440897.75	141258.19	32.04	249653.16	56.62	49986.39	11.34
600283	钱江水利	35299.58	15310.96	43.37	19920.92	56.43	67.70	0.19
600284	浦东建设	69304.00	42184.55	60.87	25540.17	36.85	1579.28	2.28
600285	羚锐制药	59232.08	26942.50	45.49	22558.62	38.09	9730.97	16.43
600287	江苏舜天	43679.61	21101.52	48.31	22430.56	51.35	147.52	0.34
600288	大恒科技	43680.00	43228.75	98.97	250.53	0.57	200.72	0.46
600289	ST 信通	63105.21	35903.51	56.89	25362.28	40.19	1839.42	2.91
600290	华仪电气	75990.35	24522.52	32.27	51398.61	67.64	69.22	0.09
600291	西水股份	109306.44	34470.44	31.54	73710.72	67.43	1125.28	1.03
600292	远达环保	78081.69	35035.01	44.87	41361.38	52.97	1685.30	2.16
600293	三峡新材	116213.20	60181.10	51.79	55751.33	47.97	280.78	0.24
600295	鄂尔多斯	61200.00	17698.69	28.92	43331.06	70.80	170.25	0.28

注：合计持股数包含 F 类账户；单位为万股。

年末个股股东持股情况
Distribution of Shareholders by 2017

证券代码 Code	证券简称 Security Name	合计持股数 Total Hold	自然人 Individual		一般法人 Corporation		专业机构 Institution	
			持有股数	比例(%)	持有股数	比例(%)	持有股数	比例(%)
600297	广汇汽车	814430.97	48893.55	6.00	709886.80	87.16	55650.62	6.83
600298	安琪酵母	82408.09	14451.13	17.54	46517.71	56.45	21439.25	26.02
600299	安迪苏	268190.13	18313.94	6.83	247805.94	92.40	2070.24	0.77
600300	维维股份	167200.00	84516.00	50.55	76882.94	45.98	5801.06	3.47
600301	ST 南化	23514.81	15280.50	64.98	8227.87	34.99	6.44	0.03
600302	标准股份	34600.98	18899.33	54.62	15656.37	45.25	45.28	0.13
600303	曙光股份	67560.42	46291.21	68.52	20936.30	30.99	332.91	0.49
600305	恒顺醋业	60273.80	19032.96	31.58	33285.73	55.22	7955.11	13.20
600306	商业城	17813.89	10940.39	61.41	6846.75	38.43	26.76	0.15
600307	酒钢宏兴	626335.74	273516.39	43.67	345158.33	55.11	7661.02	1.22
600308	华泰股份	116756.14	47229.93	40.45	47190.94	40.42	22335.27	19.13
600309	万华化学	273401.28	71646.89	26.21	169318.04	61.93	32436.35	11.86
600310	桂东电力	82777.50	34218.01	41.34	44783.06	54.10	3776.43	4.56
600311	荣华实业	66560.00	54971.86	82.59	11568.11	17.38	20.03	0.03
600312	平高电气	135692.13	54429.58	40.11	75056.73	55.31	6205.82	4.57
600313	农发种业	108219.87	62819.05	58.05	45311.64	41.87	89.18	0.08
600315	上海家化	67341.65	19215.19	28.53	42674.12	63.37	5452.34	8.10
600316	洪都航空	71711.45	27762.08	38.71	36533.54	50.95	7415.83	10.34
600317	营口港	647298.30	106296.67	16.42	516396.45	79.78	24605.17	3.80
600318	新力金融	48400.00	27880.05	57.60	15062.98	31.12	5456.97	11.27
600319	亚星化学	31559.40	14127.49	44.76	17230.92	54.60	200.99	0.64
600320	振华重工	276833.14	113040.35	40.83	154766.19	55.91	9026.59	3.26
600321	正源股份	151055.00	77909.22	51.58	72464.39	47.97	681.39	0.45
600322	天房发展	110570.00	50539.57	45.71	54983.11	49.73	5047.32	4.56
600323	瀚蓝环境	76626.40	25066.26	32.71	43786.10	57.14	7774.04	10.15
600325	华发股份	211831.31	100984.85	47.67	86074.12	40.63	24772.34	11.69
600326	西藏天路	86538.45	61234.86	70.76	24762.82	28.61	540.78	0.62
600327	大东方	56716.64	24887.87	43.88	28304.21	49.90	3524.55	6.21
600328	兰太实业	43803.11	26000.23	59.36	16919.61	38.63	883.27	2.02
600329	中新药业	56887.31	15686.75	27.58	37216.92	65.42	3983.64	7.00
600330	天通股份	83047.14	62778.05	75.59	19414.14	23.38	854.95	1.03
600331	宏达股份	203200.00	79413.86	39.08	122708.27	60.39	1077.87	0.53
600332	白云山	140589.09	21744.88	15.47	102994.85	73.26	15849.36	11.27
600333	长春燃气	60903.07	24890.03	40.87	35864.07	58.89	148.97	0.24
600335	国机汽车	102973.68	16301.52	15.83	73143.29	71.03	13528.87	13.14
600336	澳柯玛	77675.33	39396.23	50.72	37842.24	48.72	436.86	0.56
600337	美克家居	180610.08	33610.85	18.61	98954.44	54.79	48044.79	26.60
600338	西藏珠峰	65300.73	10106.24	15.48	50653.72	77.57	4540.76	6.95
600339	中油工程	558314.75	36733.21	6.58	514551.05	92.16	7030.49	1.26
600340	华夏幸福	295494.67	70044.24	23.70	185677.04	62.84	39773.39	13.46
600343	航天动力	63820.63	32111.72	50.32	27469.39	43.04	4239.52	6.64
600345	长江通信	19800.00	9799.51	49.49	9829.78	49.65	170.72	0.86
600346	恒力股份	282568.69	30422.71	10.77	243992.61	86.35	8153.38	2.89
600348	阳泉煤业	240500.00	114428.89	47.58	99943.67	41.56	26127.44	10.86
600350	山东高速	481116.59	45717.51	9.50	369643.37	76.83	65755.70	13.67
600351	亚宝药业	78704.15	41794.48	53.10	30633.52	38.92	6276.14	7.97
600352	浙江龙盛	325333.19	243881.50	74.96	51373.67	15.79	30078.02	9.25
600353	旭光股份	54372.00	30535.50	56.16	23729.45	43.64	107.05	0.20
600354	敦煌种业	52780.21	33338.52	63.16	19300.54	36.57	141.15	0.27
600355	精伦电子	49208.92	40256.98	81.81	7645.28	15.54	1306.65	2.66

注：合计持股数包含 F 类账户；单位为万股。

年末个股股东持股情况
Distribution of Shareholders by 2017

证券代码 Code	证券简称 Security Name	合计持股数 Total Hold	自然人 Individual		一般法人 Corporation		专业机构 Institution	
			持有股数	比例(%)	持有股数	比例(%)	持有股数	比例(%)
600356	恒丰纸业	29873.14	18461.44	61.80	10816.24	36.21	595.46	1.99
600358	国旅联合	50493.67	29247.83	57.92	21208.32	42.00	37.51	0.07
600359	新农开发	38151.28	22236.80	58.29	15598.28	40.89	316.20	0.83
600360	华微电子	75158.80	54868.22	73.00	19771.91	26.31	518.67	0.69
600361	华联综超	66580.79	26463.75	39.75	37478.61	56.29	2638.43	3.96
600362	江西铜业	207524.74	54966.45	26.49	135261.95	65.18	17296.34	8.33
600363	联创光电	44347.68	31244.32	70.45	12601.56	28.42	501.80	1.13
600365	通葡股份	40000.00	25705.05	64.26	14231.69	35.58	63.26	0.16
600366	宁波韵升	55707.19	28625.78	51.39	24988.28	44.86	2093.14	3.76
600367	红星发展	29120.00	18119.35	62.22	10889.61	37.40	111.04	0.38
600368	五洲交通	83380.15	40987.37	49.16	41987.25	50.36	405.53	0.49
600369	西南证券	564510.91	147234.34	26.08	394294.44	69.85	22982.13	4.07
600370	三房巷	79724.42	38550.71	48.35	41094.52	51.55	79.19	0.10
600371	万向德农	22506.00	10843.44	48.18	11530.08	51.23	132.48	0.59
600372	中航电子	175916.29	29725.46	16.90	136097.58	77.36	10093.26	5.74
600373	中文传媒	137794.00	31338.41	22.74	94456.09	68.55	11999.50	8.71
600375	华菱星马	55574.06	41996.22	75.57	13020.86	23.43	556.98	1.00
600376	首开股份	257956.52	37190.51	14.42	202563.11	78.53	18202.91	7.06
600377	宁沪高速	381574.75	13491.46	3.54	346237.55	90.74	21845.74	5.73
600378	天科股份	29719.33	13794.48	46.42	15569.35	52.39	355.50	1.20
600379	宝光股份	23585.83	11801.81	50.04	11774.07	49.92	9.94	0.04
600380	健康元	157377.83	63139.19	40.12	89066.23	56.59	5172.41	3.29
600381	青海春天	63075.40	25750.68	40.83	37152.25	58.90	172.47	0.27
600382	广东明珠	46682.47	24884.41	53.31	21220.33	45.46	577.74	1.24
600383	金地集团	451458.36	72150.33	15.98	320146.40	70.91	59161.63	13.10
600385	山东金泰	14810.71	8366.92	56.49	6387.26	43.13	56.53	0.38
600386	北巴传媒	80640.00	34858.62	43.23	44698.84	55.43	1082.54	1.34
600387	海越股份	46573.25	26627.21	57.17	18140.36	38.95	1805.68	3.88
600388	龙净环保	106905.00	46106.91	43.13	46584.58	43.58	14213.51	13.30
600389	江山股份	29700.00	10996.23	37.02	17005.32	57.26	1698.44	5.72
600390	五矿资本	374838.79	30052.73	8.02	316887.35	84.54	27898.70	7.44
600391	航发科技	33012.94	17059.57	51.68	12232.02	37.05	3721.35	11.27
600392	盛和资源	135012.85	67726.98	50.16	64455.89	47.74	2829.99	2.10
600393	粤泰股份	253624.79	28614.19	11.28	213642.07	84.24	11368.53	4.48
600395	盘江股份	165505.19	42139.93	25.46	120516.59	72.82	2848.66	1.72
600396	金山股份	147270.68	59332.69	40.29	87259.08	59.25	678.91	0.46
600397	安源煤业	98995.99	55700.16	56.27	41942.06	42.37	1353.77	1.37
600398	海澜之家	449275.79	37562.52	8.36	367023.02	81.69	44690.26	9.95
600399	抚顺特钢	130000.00	76289.60	58.68	52864.34	40.66	846.06	0.65
600400	红豆股份	180946.92	37637.76	20.80	136879.08	75.65	6430.09	3.55
600401	*ST 海润	472493.52	444855.43	94.15	27124.56	5.74	513.53	0.11
600403	*ST 大有	239081.24	18830.50	7.88	215843.93	90.28	4406.81	1.84
600405	动力源	56204.04	55608.24	98.94	545.71	0.97	50.10	0.09
600406	国电南瑞	420197.06	77129.73	18.36	300447.36	71.50	42619.97	10.14
600408	安泰集团	100680.00	98400.08	97.74	1002.13	1.00	1277.79	1.27
600409	三友化工	206434.94	70352.37	34.08	119928.51	58.10	16154.06	7.83
600410	华胜天成	110284.06	76705.94	69.55	29909.38	27.12	3668.74	3.33
600415	小商品城	544321.42	143024.82	26.28	366697.03	67.37	34599.56	6.36
600416	湘电股份	94583.43	32862.34	34.74	36393.33	38.48	25327.77	26.78
600418	江淮汽车	189331.21	72222.15	38.15	107045.96	56.54	10063.11	5.32

注：合计持股数包含 F 类账户；单位为万股。

年末个股股东持股情况
Distribution of Shareholders by 2017

证券代码 Code	证券简称 Security Name	合计持股数 Total Hold	自然人 Individual		一般法人 Corporation		专业机构 Institution	
			持有股数	比例(%)	持有股数	比例(%)	持有股数	比例(%)
600419	天润乳业	10355.72	2111.49	20.39	6513.24	62.90	1730.98	16.72
600420	现代制药	110976.74	28890.90	26.03	75810.96	68.31	6274.89	5.65
600421	仰帆控股	19560.00	9476.78	48.45	10075.42	51.51	7.80	0.04
600422	昆药集团	78868.86	37956.07	48.13	38031.34	48.22	2881.45	3.65
600423	*ST 柳化	39934.75	36623.52	91.71	3293.96	8.25	17.28	0.04
600425	*ST 青松	137879.01	79125.10	57.39	58368.33	42.33	385.58	0.28
600426	华鲁恒升	162036.36	25576.04	15.78	87279.81	53.86	49180.50	30.35
600428	中远海特	214665.08	64340.80	29.97	142970.16	66.60	7354.13	3.43
600429	三元股份	149755.74	24516.38	16.37	121711.32	81.27	3528.04	2.36
600432	*ST 吉恩	160372.39	41627.16	25.96	118447.36	73.86	297.87	0.19
600433	冠豪高新	127131.54	77079.41	60.63	49431.67	38.88	620.46	0.49
600435	北方导航	148932.00	60781.21	40.81	67322.27	45.20	20828.52	13.99
600436	片仔癀	60331.72	16898.00	28.01	38349.05	63.56	5084.67	8.43
600438	通威股份	388237.22	44250.26	11.40	300898.20	77.50	43088.77	11.10
600439	瑞贝卡	113198.54	44438.64	39.26	65334.46	57.72	3425.44	3.03
600444	国机通用	14642.19	5535.17	37.80	9089.52	62.08	17.51	0.12
600446	金证股份	83500.95	74210.37	88.87	6570.72	7.87	2719.86	3.26
600448	华纺股份	52484.97	28084.83	53.51	23777.04	45.30	623.10	1.19
600449	宁夏建材	47818.10	23046.52	48.20	23888.76	49.96	882.83	1.85
600452	涪陵电力	16000.00	4210.15	26.31	9592.90	59.96	2196.95	13.73
600455	博通股份	6245.80	3856.92	61.75	2367.94	37.91	20.94	0.34
600456	宝钛股份	43026.57	14925.26	34.69	24963.55	58.02	3137.76	7.29
600458	时代新材	80279.82	33791.57	42.09	44557.05	55.50	1931.19	2.41
600459	贵研铂业	26097.77	15100.83	57.86	10850.08	41.57	146.86	0.56
600460	士兰微	124716.80	67896.89	54.44	54672.92	43.84	2146.99	1.72
600461	洪城水业	78959.36	36276.54	45.94	39914.36	50.55	2768.46	3.51
600462	九有股份	53378.00	41899.72	78.50	11411.53	21.38	66.75	0.13
600463	空港股份	30000.00	9109.07	30.36	20674.92	68.92	216.01	0.72
600466	蓝光发展	213429.71	63311.87	29.66	128051.36	60.00	22066.49	10.34
600467	好当家	146099.43	104098.31	71.25	41560.43	28.45	440.69	0.30
600468	百利电气	81111.35	22829.82	28.15	56655.65	69.85	1625.88	2.00
600469	风神股份	56241.32	25199.12	44.81	30736.74	54.65	305.47	0.54
600470	六国化工	52160.00	37654.28	72.19	14066.07	26.97	439.65	0.84
600475	华光股份	55939.22	13608.27	24.33	42130.04	75.31	200.91	0.36
600476	湘邮科技	16107.00	8632.32	53.59	7444.42	46.22	30.26	0.19
600477	杭萧钢构	137442.06	122144.78	88.87	7062.80	5.14	8234.48	5.99
600478	科力远	146968.67	92635.96	63.03	51377.41	34.96	2955.30	2.01
600479	千金药业	34875.59	13172.67	37.77	17773.59	50.96	3929.34	11.27
600480	凌云股份	45507.10	21036.43	46.23	24302.40	53.40	168.27	0.37
600481	双良节能	162049.58	84353.10	52.05	69892.06	43.13	7804.42	4.82
600482	中国动力	173407.09	22322.23	12.87	138658.10	79.96	12426.76	7.17
600483	福能股份	155182.56	18548.31	11.95	132022.54	85.08	4611.71	2.97
600485	信威集团	292374.28	243415.83	83.25	37400.85	12.79	11557.60	3.95
600486	扬农化工	30989.89	4662.23	15.04	17849.51	57.60	8478.14	27.36
600487	亨通光电	135977.56	81822.28	60.17	35862.44	26.37	18292.84	13.45
600488	天药股份	109188.67	44179.20	40.46	61216.90	56.07	3792.57	3.47
600489	中金黄金	345113.72	136094.45	39.43	186804.01	54.13	22215.26	6.44
600490	鹏欣资源	189136.69	118182.34	62.49	69339.55	36.66	1614.79	0.85
600491	龙元建设	126210.00	100170.54	79.37	11128.05	8.82	14911.40	11.81
600493	凤竹纺织	27200.00	23457.99	86.24	3731.48	13.72	10.53	0.04

注：合计持股数包含 F 类账户；单位为万股。

年末个股股东持股情况
Distribution of Shareholders by 2017

证券代码 Code	证券简称 Security Name	合计持股数 Total Hold	自然人 Individual		一般法人 Corporation		专业机构 Institution	
			持有股数	比例(%)	持有股数	比例(%)	持有股数	比例(%)
600495	晋西车轴	120819.09	82158.61	68.00	37984.70	31.44	675.78	0.56
600496	精工钢构	151044.52	104557.03	69.22	45901.60	30.39	585.89	0.39
600497	驰宏锌锗	509129.16	284240.43	55.83	208082.43	40.87	16806.30	3.30
600498	烽火通信	111393.90	21079.33	18.92	70979.20	63.72	19335.37	17.36
600499	科达洁能	157720.57	127127.07	80.60	25479.28	16.15	5114.22	3.24
600500	中化国际	208301.27	62310.79	29.91	135644.79	65.12	10345.69	4.97
600501	航天晨光	42128.36	15427.11	36.62	23260.30	55.21	3440.95	8.17
600502	安徽水利	143430.02	62081.61	43.28	79368.72	55.34	1979.69	1.38
600503	华丽家族	160229.00	131813.83	82.27	24830.01	15.50	3585.15	2.24
600505	西昌电力	36456.75	16395.08	44.97	18113.34	49.68	1948.33	5.34
600506	香梨股份	14770.69	11037.53	74.73	3711.14	25.13	22.02	0.15
600507	方大特钢	132609.30	46429.79	35.01	74087.35	55.87	12092.16	9.12
600508	上海能源	72271.80	23369.89	32.34	47707.14	66.01	1194.78	1.65
600509	天富能源	115141.50	42700.69	37.09	70338.86	61.09	2101.95	1.83
600510	黑牡丹	104709.50	36469.72	34.83	67238.84	64.21	1000.94	0.96
600511	国药股份	76693.37	10662.29	13.90	56621.33	73.83	9409.75	12.27
600512	腾达建设	159890.28	100627.39	62.94	55233.87	34.54	4029.03	2.52
600513	联环药业	28545.63	14971.65	52.45	13095.58	45.88	478.40	1.68
600515	海航基础	390759.25	22018.88	5.63	367976.60	94.17	763.77	0.20
600516	方大炭素	178879.44	92537.49	51.73	80375.29	44.93	5966.66	3.34
600517	置信电气	135616.78	53554.73	39.49	77237.91	56.95	4824.15	3.56
600518	康美药业	497425.37	94364.54	18.97	315911.16	63.51	87149.67	17.52
600519	贵州茅台	125619.78	12152.56	9.67	90523.00	72.06	22944.22	18.26
600520	文一科技	15843.00	7858.16	49.60	7982.44	50.38	2.40	0.02
600521	华海药业	104249.03	61517.84	59.01	21586.06	20.71	21145.14	20.28
600522	中天科技	306607.25	114084.07	37.21	144278.56	47.06	48244.62	15.73
600523	贵航股份	28879.38	12049.39	41.72	15571.75	53.92	1258.24	4.36
600525	长园集团	132501.14	68790.05	51.92	44776.77	33.79	18934.32	14.29
600526	菲达环保	54740.47	30326.59	55.40	24066.00	43.96	347.88	0.64
600527	江南高纤	96208.94	79310.53	82.44	10044.87	10.44	6853.54	7.12
600528	中铁工业	222155.16	63061.12	28.39	155601.13	70.04	3492.91	1.57
600529	山东药玻	30355.50	6928.11	22.82	15898.78	52.38	7528.61	24.80
600530	交大昂立	78000.00	38919.63	49.90	38300.53	49.10	779.84	1.00
600531	豫光金铅	109024.26	48435.02	44.43	52795.03	48.43	7794.21	7.15
600532	宏达矿业	51606.57	25915.08	50.22	25230.14	48.89	461.35	0.89
600533	栖霞建设	105000.00	36101.12	34.38	59430.15	56.60	9468.74	9.02
600535	天士力	108047.59	29558.49	27.36	59059.61	54.66	19429.49	17.98
600536	中国软件	49456.28	21646.37	43.77	26280.97	53.14	1528.94	3.09
600537	亿晶光电	117635.93	105733.87	89.88	10548.81	8.97	1353.25	1.15
600538	国发股份	46440.12	40941.48	88.16	5474.11	11.79	24.53	0.05
600539	狮头股份	23000.00	7872.69	34.23	14913.24	64.84	214.08	0.93
600540	*ST 新赛	47092.33	26101.97	55.43	20891.21	44.36	99.15	0.21
600543	莫高股份	32112.00	13113.13	40.84	18935.01	58.97	63.87	0.20
600545	卓郎智能	189541.30	50589.84	26.69	137634.75	72.61	1316.72	0.69
600546	山煤国际	198245.61	94214.95	47.52	96301.56	48.58	7729.10	3.90
600547	山东黄金	185711.88	48650.94	26.20	119985.27	64.61	17075.68	9.19
600548	深高速	143327.03	16394.67	11.44	124586.91	86.92	2345.45	1.64
600549	厦门钨业	108662.87	37628.12	34.63	66660.29	61.35	4374.46	4.03
600550	保变电气	153460.71	62070.51	40.45	90784.36	59.16	605.84	0.39
600551	时代出版	50582.53	15424.27	30.49	33980.14	67.18	1178.12	2.33

注：合计持股数包含 F 类账户；单位为万股。

年末个股股东持股情况
Distribution of Shareholders by 2017

证券代码 Code	证券简称 Security Name	合计持股数 Total Hold	自然人 Individual		一般法人 Corporation		专业机构 Institution	
			持有股数	比例(%)	持有股数	比例(%)	持有股数	比例(%)
600552	凯盛科技	76704.96	46457.92	60.57	29602.67	38.59	644.36	0.84
600555	海航创新	97350.00	62334.19	64.03	34635.35	35.58	380.47	0.39
600556	ST 慧球	39479.37	34536.55	87.48	4935.25	12.50	7.57	0.02
600557	康缘药业	61644.91	22639.01	36.72	31915.93	51.77	7089.97	11.50
600558	大西洋	89760.48	59102.63	65.84	30431.29	33.90	226.56	0.25
600559	老白干酒	43806.02	12999.00	29.67	25725.87	58.73	5081.15	11.60
600560	金自天正	22364.55	12155.28	54.35	10190.05	45.56	19.21	0.09
600561	江西长运	23706.40	14639.36	61.75	8984.11	37.90	82.93	0.35
600562	国睿科技	47873.13	16703.30	34.89	27084.14	56.57	4085.69	8.53
600563	法拉电子	22500.00	3817.24	16.97	12870.67	57.20	5812.08	25.83
600565	迪马股份	242224.30	121147.58	50.01	104642.68	43.20	16434.04	6.78
600566	济川药业	80962.40	9879.96	12.20	59383.40	73.35	11699.04	14.45
600567	山鹰纸业	455125.33	218116.06	47.92	213629.65	46.94	23379.62	5.14
600568	中珠医疗	199286.97	47904.26	24.04	117965.20	59.19	33417.51	16.77
600569	安阳钢铁	239368.45	82432.32	34.44	152606.65	63.75	4329.48	1.81
600570	恒生电子	61780.52	38660.16	62.58	17373.32	28.12	5747.03	9.30
600571	信雅达	43967.92	32477.93	73.87	11168.59	25.40	321.40	0.73
600572	康恩贝	251073.00	112037.39	44.62	113216.54	45.09	25819.07	10.28
600573	惠泉啤酒	25000.00	10972.82	43.89	13891.33	55.57	135.85	0.54
600575	皖江物流	388626.11	77872.87	20.04	299342.34	77.03	11410.89	2.94
600576	祥源文化	65530.16	29707.20	45.33	35614.87	54.35	208.09	0.32
600577	精达股份	195532.42	101658.73	51.99	92442.86	47.28	1430.83	0.73
600578	京能电力	674673.45	73764.07	10.93	580128.28	85.99	20781.09	3.08
600579	天华院	41063.60	13900.76	33.85	25820.96	62.88	1341.88	3.27
600580	卧龙电气	128889.96	46208.60	35.85	77322.56	59.99	5358.80	4.16
600581	八一钢铁	76644.89	29456.62	38.43	42482.77	55.43	4705.50	6.14
600582	天地科技	413858.89	73534.34	17.77	312482.89	75.50	27841.66	6.73
600583	海油工程	442135.48	107456.09	24.30	314773.62	71.19	19905.76	4.50
600584	长电科技	135984.40	41540.22	30.55	69301.81	50.96	25142.37	18.49
600585	海螺水泥	399970.26	40223.93	10.06	270876.16	67.72	88870.16	22.22
600586	金晶科技	145830.21	81583.05	55.94	62318.80	42.73	1928.36	1.32
600587	新华医疗	40642.81	16037.60	39.46	22677.09	55.80	1928.12	4.74
600588	用友网络	146421.78	44854.21	30.63	94791.53	64.74	6776.04	4.63
600589	广东榕泰	70530.58	45472.72	64.47	22993.04	32.60	2064.82	2.93
600590	泰豪科技	66696.06	28230.88	42.33	35548.14	53.30	2917.05	4.37
600592	龙溪股份	39955.36	21319.62	53.36	18514.37	46.34	121.38	0.30
600593	大连圣亚	9200.00	6315.49	68.65	2858.30	31.07	26.21	0.28
600594	益佰制药	79192.74	63467.97	80.14	7528.00	9.51	8196.77	10.35
600595	中孚实业	174154.04	71344.27	40.97	101065.01	58.03	1744.76	1.00
600596	新安股份	70541.46	49769.20	70.55	19762.76	28.02	1009.50	1.43
600597	光明乳业	122448.75	28290.75	23.10	77784.26	63.52	16373.74	13.37
600598	北大荒	177767.99	55551.93	31.25	116455.50	65.51	5760.56	3.24
600599	熊猫金控	16600.00	8256.59	49.74	8305.57	50.03	37.84	0.23
600600	青岛啤酒	69591.36	7744.45	11.13	47891.28	68.82	13955.62	20.05
600601	方正科技	219489.12	196537.41	89.54	22473.24	10.24	478.47	0.22
600602	云赛智联	107430.30	56152.06	52.27	50624.10	47.12	654.15	0.61
600603	广汇物流	87887.48	27603.02	31.41	59995.26	68.26	289.20	0.33
600604	市北高新	140745.48	37619.01	26.73	99619.42	70.78	3507.06	2.49
600605	汇通能源	14734.46	7403.96	50.25	7281.78	49.42	48.72	0.33
600606	绿地控股	1216815.44	183962.60	15.12	974339.05	80.07	58513.79	4.81

注：合计持股数包含 F 类账户；单位为万股。

年末个股股东持股情况
Distribution of Shareholders by 2017

证券代码 Code	证券简称 Security Name	合计持股数 Total Hold	自然人 Individual		一般法人 Corporation		专业机构 Institution	
			持有股数	比例(%)	持有股数	比例(%)	持有股数	比例(%)
600608	*ST 沪科	32886.14	26265.31	79.87	6614.75	20.11	6.08	0.02
600609	金杯汽车	109266.71	54711.20	50.07	54263.59	49.66	291.93	0.27
600610	中毅达	71091.46	27779.23	39.08	43254.39	60.84	57.84	0.08
600611	大众交通	156331.64	103128.77	65.97	51307.68	32.82	1895.19	1.21
600612	老凤祥	31710.96	2380.18	7.51	25022.59	78.91	4308.19	13.59
600613	神奇制药	47932.00	21409.71	44.67	26387.23	55.05	135.06	0.28
600614	鹏起科技	151148.77	88109.33	58.29	57291.98	37.90	5747.45	3.80
600615	丰华股份	18802.05	10097.36	53.70	8651.35	46.01	53.34	0.28
600616	金枫酒业	51461.92	27635.89	53.70	21524.79	41.83	2301.24	4.47
600617	国新能源	97491.43	20500.33	21.03	74851.49	76.78	2139.61	2.19
600618	氯碱化工	74984.00	16610.28	22.15	56401.72	75.22	1972.00	2.63
600619	海立股份	58214.10	23357.32	40.12	32042.97	55.04	2813.82	4.83
600620	天宸股份	68667.71	22679.24	33.03	45617.76	66.43	370.71	0.54
600621	华鑫股份	106089.93	28946.98	27.29	76606.62	72.21	536.33	0.51
600622	光大嘉宝	88738.78	10633.54	11.98	53848.80	60.68	24256.44	27.33
600623	华谊集团	187433.09	24276.22	12.95	156915.14	83.72	6241.74	3.33
600624	复旦复华	68471.20	44504.77	65.00	23865.73	34.86	100.70	0.15
600626	申达股份	71024.28	46211.82	65.06	24321.45	34.24	491.01	0.69
600628	新世界	64687.54	29143.46	45.05	34377.44	53.14	1166.63	1.80
600629	华建集团	43220.81	9792.72	22.66	33127.53	76.65	300.57	0.70
600630	龙头股份	42486.16	28658.70	67.45	13664.43	32.16	163.03	0.38
600633	浙数文化	130192.40	35101.88	26.96	67710.77	52.01	27379.75	21.03
600634	富控互动	57573.21	29449.41	51.15	26194.33	45.50	1929.47	3.35
600635	大众公用	241879.17	170873.15	70.64	68258.72	28.22	2747.30	1.14
600636	*ST 爱富	44694.19	26802.97	59.97	17386.11	38.90	505.11	1.13
600637	东方明珠	264125.23	67561.85	25.58	175569.54	66.47	20993.83	7.95
600638	新黄浦	56116.40	15115.81	26.94	40255.97	71.74	744.62	1.33
600639	浦东金桥	85023.67	15056.71	17.71	63537.98	74.73	6428.98	7.56
600640	号百控股	79569.59	14947.15	18.79	63886.39	80.29	736.05	0.93
600641	万业企业	80615.87	36753.28	45.59	42355.69	52.54	1506.90	1.87
600642	申能股份	455203.83	141700.03	31.13	262721.85	57.72	50781.95	11.16
600643	爱建集团	143713.98	60046.07	41.78	60599.72	42.17	23068.19	16.05
600644	乐山电力	53840.07	18978.62	35.25	34555.20	64.18	306.25	0.57
600645	中源协和	38608.13	25312.33	65.56	12057.69	31.23	1238.12	3.21
600647	同达创业	13914.36	6953.57	49.97	6856.44	49.28	104.34	0.75
600648	外高桥	93479.16	21865.32	23.39	69807.49	74.68	1806.35	1.93
600649	城投控股	252957.56	87940.95	34.77	149891.72	59.26	15124.89	5.98
600650	锦江投资	39056.01	15195.13	38.91	22233.14	56.93	1627.74	4.17
600651	飞乐音响	99158.40	48559.39	48.97	44176.98	44.55	6422.03	6.48
600652	游久游戏	83270.35	64269.34	77.18	18874.59	22.67	126.42	0.15
600653	申华控股	194638.03	140693.88	72.28	53239.34	27.35	704.81	0.36
600654	*ST 中安	128302.10	68388.40	53.30	58975.94	45.97	937.76	0.73
600655	豫园股份	143732.20	62334.74	43.37	74954.94	52.15	6442.52	4.48
600657	信达地产	152426.04	44341.86	29.09	101163.06	66.37	6921.13	4.54
600658	电子城	79898.93	13759.30	17.22	62165.12	77.80	3974.51	4.97
600660	福耀玻璃	200298.63	39253.13	19.60	93559.23	46.71	67486.27	33.69
600661	新南洋	28654.88	9573.68	33.41	13164.14	45.94	5917.06	20.65
600662	强生控股	105336.22	53386.04	50.68	48424.02	45.97	3526.15	3.35
600663	陆家嘴	244455.12	22897.77	9.37	205144.96	83.92	16412.38	6.71
600664	哈药股份	255043.83	87529.89	34.32	153759.10	60.29	13754.84	5.39

注：合计持股数包含 F 类账户；单位为万股。

年末个股股东持股情况
Distribution of Shareholders by 2017

证券代码 Code	证券简称 Security Name	合计持股数 Total Hold	自然人 Individual		一般法人 Corporation		专业机构 Institution	
			持有股数	比例(%)	持有股数	比例(%)	持有股数	比例(%)
600665	天地源	86412.25	33368.60	38.62	51535.63	59.64	1508.02	1.75
600666	奥瑞德	122732.62	86108.50	70.16	29724.19	24.22	6899.93	5.62
600667	太极实业	210619.02	76108.21	36.14	130129.00	61.78	4381.80	2.08
600668	尖峰集团	34408.38	24196.65	70.32	9471.55	27.53	740.18	2.15
600671	天目药业	12177.89	5041.57	41.40	6763.39	55.54	372.92	3.06
600673	东阳光科	246887.39	109144.09	44.21	118900.99	48.16	18842.31	7.63
600674	川投能源	440214.05	72614.86	16.50	320143.41	72.72	47455.78	10.78
600675	中华企业	186705.94	105869.74	56.70	73968.79	39.62	6867.41	3.68
600676	交运股份	102849.29	39702.25	38.60	58484.59	56.86	4662.46	4.53
600677	航天通信	52179.17	34966.71	67.01	12615.83	24.18	4596.63	8.81
600678	四川金顶	34899.00	20107.90	57.62	14131.89	40.49	659.21	1.89
600679	上海凤凰	23059.89	6740.12	29.23	16250.31	70.47	69.46	0.30
600680	*ST 上普	25742.53	6392.80	24.83	19303.07	74.99	46.67	0.18
600681	百川能源	103151.38	43880.02	42.54	46763.34	45.33	12508.02	12.13
600682	南京新百	111197.45	23713.97	21.33	84262.19	75.78	3221.28	2.90
600683	京投发展	74077.76	38028.65	51.34	35678.71	48.16	370.40	0.50
600684	珠江实业	85346.07	52941.54	62.03	31783.71	37.24	620.82	0.73
600685	中船防务	82143.52	17565.11	21.38	55893.86	68.04	8684.55	10.57
600686	金龙汽车	60673.85	18172.64	29.95	39567.85	65.21	2933.36	4.83
600687	刚泰控股	148871.53	29269.63	19.66	115934.23	77.88	3667.67	2.46
600688	上海石化	731917.66	77866.34	10.64	592912.92	81.01	61138.40	8.35
600689	上海三毛	15220.41	8940.89	58.74	6269.92	41.19	9.60	0.06
600690	青岛海尔	609740.27	94647.49	15.52	341962.56	56.08	173130.22	28.39
600691	阳煤化工	175678.69	95161.30	54.17	74851.82	42.61	5665.57	3.22
600692	亚通股份	35176.41	23218.89	66.01	11723.06	33.33	234.45	0.67
600693	东百集团	89822.91	28718.91	31.97	49777.80	55.42	11326.21	12.61
600694	大商股份	29371.87	10209.40	34.76	17765.10	60.48	1397.36	4.76
600695	绿庭投资	36646.72	18844.24	51.42	17766.55	48.48	35.93	0.10
600696	*ST 匹凸	34056.56	22817.82	67.00	11159.68	32.77	79.06	0.23
600697	欧亚集团	15908.81	6365.25	40.01	8082.26	50.80	1461.29	9.19
600698	湖南天雁	74181.74	42785.25	57.68	31384.54	42.31	11.96	0.02
600699	均胜电子	94928.90	27352.19	28.81	58453.30	61.58	9123.42	9.61
600701	工大高新	103473.52	68706.96	66.40	34239.46	33.09	527.10	0.51
600702	沱牌舍得	33730.00	8938.89	26.50	15537.91	46.07	9253.20	27.43
600703	三安光电	407842.49	46835.37	11.48	261112.37	64.02	99894.76	24.49
600704	物产中大	430668.24	101615.97	23.59	304512.10	70.71	24540.17	5.70
600705	中航资本	897632.58	257177.45	28.65	566831.92	63.15	73623.20	8.20
600706	曲江文旅	17950.97	6392.54	35.61	11246.16	62.65	312.26	1.74
600707	彩虹股份	358838.97	45848.69	12.78	312901.96	87.20	88.32	0.02
600708	光明地产	171433.60	53000.63	30.92	106421.29	62.08	12011.68	7.01
600710	ST 常林	130674.94	45733.21	35.00	84768.59	64.87	173.14	0.13
600711	盛屯矿业	149705.23	106046.39	70.84	25802.79	17.24	17856.05	11.93
600712	南宁百货	54465.54	23574.63	43.28	30684.43	56.34	206.48	0.38
600713	南京医药	89742.56	42921.76	47.83	43126.86	48.06	3693.94	4.12
600714	金瑞矿业	28817.63	9950.61	34.53	18407.63	63.88	459.39	1.59
600715	文投控股	185485.35	41304.66	22.27	141972.86	76.54	2207.83	1.19
600716	凤凰股份	93606.06	41140.54	43.95	51368.32	54.88	1097.21	1.17
600717	天津港	167476.91	59502.58	35.53	105736.84	63.14	2237.49	1.34
600718	东软集团	124267.80	55598.46	44.74	58816.52	47.33	9852.82	7.93
600719	大连热电	40459.96	23246.70	57.46	16781.51	41.48	431.75	1.07

注：合计持股数包含 F 类账户；单位为万股。

年末个股股东持股情况
Distribution of Shareholders by 2017

证券代码 Code	证券简称 Security Name	合计持股数 Total Hold	自然人 Individual		一般法人 Corporation		专业机构 Institution	
			持有股数	比例(%)	持有股数	比例(%)	持有股数	比例(%)
600720	祁连山	77629.03	47548.37	61.25	24057.26	30.99	6023.41	7.76
600721	百花村	40038.64	17250.76	43.09	22172.51	55.38	615.37	1.54
600722	金牛化工	68031.97	29326.59	43.11	38684.72	56.86	20.66	0.03
600723	首商股份	65840.76	21252.36	32.28	40042.99	60.82	4545.41	6.90
600724	宁波富达	144524.11	29583.74	20.47	114337.19	79.11	603.18	0.42
600725	ST 云维	123247.00	45757.01	37.13	76660.01	62.20	829.98	0.67
600726	华电能源	153467.52	61663.32	40.18	91713.09	59.76	91.10	0.06
600727	鲁北化工	35098.66	26010.05	74.11	8990.15	25.61	98.46	0.28
600728	佳都科技	161733.99	80316.41	49.66	76453.90	47.27	4963.68	3.07
600729	重庆百货	40652.85	10676.37	26.26	24044.90	59.15	5931.58	14.59
600730	中国高科	58665.60	41127.51	70.10	17319.47	29.52	218.62	0.37
600731	湖南海利	32731.41	18165.11	55.50	12855.97	39.28	1710.32	5.23
600732	ST 新梅	44638.31	28407.30	63.64	16194.07	36.28	36.94	0.08
600733	S*ST 前锋	19758.60	7475.27	37.83	12267.24	62.09	16.09	0.08
600734	实达集团	62351.58	26669.06	42.77	34302.16	55.01	1380.36	2.21
600735	新华锦	37599.23	17445.72	46.40	19862.96	52.83	290.55	0.77
600736	苏州高新	119429.29	50957.47	42.67	63529.94	53.19	4941.89	4.14
600737	中粮糖业	205187.62	82353.22	40.14	118476.87	57.74	4357.52	2.12
600738	兰州民百	78309.54	21980.67	28.07	56115.97	71.66	212.90	0.27
600739	辽宁成大	152970.98	62280.17	40.71	75952.64	49.65	14738.17	9.63
600740	山西焦化	76570.00	38698.62	50.54	36884.82	48.17	986.56	1.29
600741	华域汽车	315272.40	19977.64	6.34	217052.24	68.85	78242.52	24.82
600742	一汽富维	42304.68	23883.72	56.46	13334.51	31.52	5086.45	12.02
600743	华远地产	234610.09	56235.15	23.97	170303.82	72.59	8071.12	3.44
600744	华银电力	178112.43	53566.93	30.07	124186.47	69.72	359.03	0.20
600745	闻泰科技	63726.64	24886.39	39.05	30505.14	47.87	8335.10	13.08
600746	江苏索普	30642.25	16910.57	55.19	13410.92	43.77	320.76	1.05
600747	*ST 大控	146432.84	88610.65	60.51	54248.59	37.05	3573.60	2.44
600748	上实发展	184456.29	43948.38	23.83	132168.19	71.65	8339.71	4.52
600749	西藏旅游	18913.79	7117.87	37.63	11793.58	62.35	2.34	0.01
600750	江中药业	30000.00	12504.58	41.68	15193.74	50.65	2301.68	7.67
600751	天海投资	257318.91	69401.78	26.97	181241.96	70.43	6675.17	2.59
600753	东方银星	12800.00	3149.45	24.61	9625.06	75.20	25.50	0.20
600754	锦江股份	80193.64	5196.75	6.48	68352.65	85.23	6644.24	8.29
600755	厦门国贸	181625.97	104076.37	57.30	69851.11	38.46	7698.49	4.24
600756	浪潮软件	32409.88	23044.54	71.10	8613.26	26.58	752.08	2.32
600757	长江传媒	121365.03	42356.24	34.90	75800.85	62.46	3207.94	2.64
600758	红阳能源	133140.89	40829.80	30.67	90768.62	68.17	1542.47	1.16
600759	洲际油气	226350.75	93822.51	41.45	121084.64	53.49	11443.60	5.06
600760	中航黑豹	139721.83	25248.14	18.07	112579.35	80.57	1894.34	1.36
600761	安徽合力	74018.08	28080.15	37.94	36871.93	49.81	9066.00	12.25
600763	通策医疗	32064.00	11057.32	34.49	14393.20	44.89	6613.49	20.63
600764	中电广通	39576.75	9632.16	24.34	29792.40	75.28	152.19	0.38
600765	中航重机	77800.32	36552.37	46.98	35265.71	45.33	5982.24	7.69
600766	园城黄金	22422.68	19288.11	86.02	2916.72	13.01	217.85	0.97
600767	*ST 运盛	34101.02	26497.03	77.70	7562.06	22.18	41.93	0.12
600768	宁波富邦	13374.72	7451.83	55.72	5871.74	43.90	51.16	0.38
600769	祥龙电业	37497.72	24563.49	65.51	12925.50	34.47	8.73	0.02
600770	综艺股份	130000.00	86748.82	66.73	39914.43	30.70	3336.75	2.57
600771	广誉远	35311.13	11564.99	32.75	19523.61	55.29	4222.52	11.96

注：合计持股数包含 F 类账户；单位为万股。

年末个股股东持股情况
Distribution of Shareholders by 2017

证券代码 Code	证券简称 Security Name	合计持股数 Total Hold	自然人 Individual 持有股数	比例(%)	一般法人 Corporation 持有股数	比例(%)	专业机构 Institution 持有股数	比例(%)
600773	西藏城投	72921.37	35727.87	49.00	35938.24	49.28	1255.26	1.72
600774	汉商集团	17457.54	7450.96	42.68	9916.05	56.80	90.53	0.52
600775	南京熊猫	67183.85	30520.65	45.43	35904.22	53.44	758.98	1.13
600776	东方通信	95600.01	31253.42	32.69	60478.53	63.26	3868.06	4.05
600777	新潮能源	680049.58	150142.44	22.08	522151.13	76.78	7756.01	1.14
600778	友好集团	31149.14	20777.55	66.70	10186.76	32.70	184.82	0.59
600779	水井坊	48854.57	11387.19	23.31	22699.65	46.46	14767.73	30.23
600780	通宝能源	114650.25	31297.02	27.30	80442.35	70.16	2910.88	2.54
600781	辅仁药业	62715.75	11250.62	17.94	51044.35	81.39	420.79	0.67
600782	新钢股份	318872.27	41411.27	12.99	242121.56	75.93	35339.44	11.08
600783	鲁信创投	74435.93	22500.46	30.23	51703.49	69.46	231.98	0.31
600784	鲁银投资	56817.78	40560.04	71.39	15065.55	26.52	1192.20	2.10
600785	新华百货	22563.13	5270.22	23.36	17235.38	76.39	57.53	0.25
600787	中储股份	219980.10	54269.65	24.67	150240.36	68.30	15470.09	7.03
600789	鲁抗医药	58157.55	41268.73	70.96	16722.67	28.75	166.15	0.29
600790	轻纺城	104699.35	47721.79	45.58	51438.19	49.13	5539.37	5.29
600791	京能置业	45288.00	23869.77	52.71	21144.55	46.69	273.68	0.60
600792	云煤能源	98992.36	36847.31	37.22	60556.58	61.17	1588.47	1.60
600793	宜宾纸业	10530.00	4469.34	42.44	6056.62	57.52	4.05	0.04
600794	保税科技	121215.22	75362.34	62.17	45553.07	37.58	299.80	0.25
600795	国电电力	1965039.78	637046.28	32.42	1165893.09	59.33	162100.42	8.25
600796	钱江生化	30140.21	19320.19	64.10	10432.57	34.61	387.46	1.29
600797	浙大网新	105598.80	64312.90	60.90	34085.07	32.28	7200.83	6.82
600798	宁波海运	103085.09	55227.38	53.57	47486.80	46.07	370.91	0.36
600800	天津磁卡	61127.10	43463.44	71.10	17534.30	28.68	129.36	0.21
600801	华新水泥	97277.13	20602.71	21.18	68082.27	69.99	8592.15	8.83
600802	福建水泥	38187.37	23089.40	60.46	14989.10	39.25	108.87	0.29
600803	新奥股份	98578.50	31330.60	31.78	57421.06	58.25	9826.84	9.97
600804	鹏博士	143245.65	67921.63	47.42	52700.54	36.79	22623.48	15.79
600805	悦达投资	85089.45	40309.36	47.37	38720.50	45.51	6059.59	7.12
600806	*ST 昆机	39018.63	21894.71	56.11	16943.88	43.43	180.04	0.46
600807	天业股份	88463.47	56570.80	63.95	31429.15	35.53	463.53	0.52
600808	马钢股份	596775.12	182206.73	30.53	393510.58	65.94	21057.80	3.53
600809	山西汾酒	86584.83	7294.01	8.42	66321.18	76.60	12969.64	14.98
600810	神马股份	44228.00	21319.14	48.20	22083.08	49.93	825.78	1.87
600811	东方集团	371457.61	122590.92	33.00	240545.55	64.76	8321.15	2.24
600812	华北制药	163080.47	53311.16	32.69	109017.61	66.85	751.69	0.46
600814	杭州解百	71502.68	21159.00	29.59	50155.78	70.15	187.89	0.26
600815	*ST 厦工	95897.00	48673.05	50.76	46721.50	48.72	502.45	0.52
600816	安信信托	455761.49	131463.49	28.84	291638.98	63.99	32659.02	7.17
600817	*ST 宏盛	16091.01	9592.88	59.62	6401.26	39.78	96.87	0.60
600818	中路股份	23795.79	10137.98	42.60	13405.83	56.34	251.98	1.06
600819	耀皮玻璃	74741.61	24610.55	32.93	49825.56	66.66	305.49	0.41
600820	隧道股份	314409.61	130554.77	41.52	148285.95	47.16	35568.89	11.31
600821	津劝业	41626.82	24525.52	58.92	16969.23	40.77	132.07	0.32
600822	上海物贸	39614.79	15152.34	38.25	24270.93	61.27	191.52	0.48
600823	世茂股份	375116.83	78060.31	20.81	285168.63	76.02	11887.88	3.17
600824	益民集团	105402.71	61107.29	57.98	43139.49	40.93	1155.93	1.10
600825	新华传媒	104488.79	41135.77	39.37	60299.85	57.71	3053.17	2.92
600826	兰生股份	42064.23	16039.70	38.13	25035.11	59.52	989.42	2.35

注：合计持股数包含 F 类账户；单位为万股。

年末个股股东持股情况
Distribution of Shareholders by 2017

证券代码 Code	证券简称 Security Name	合计持股数 Total Hold	自然人 Individual		一般法人 Corporation		专业机构 Institution	
			持有股数	比例(%)	持有股数	比例(%)	持有股数	比例(%)
600827	百联股份	160444.99	44757.10	27.90	99797.71	62.20	15890.17	9.90
600828	茂业商业	173198.25	23701.52	13.68	148225.09	85.58	1271.65	0.73
600829	人民同泰	57988.86	8884.74	15.32	47905.30	82.61	1198.82	2.07
600830	香溢融通	45432.27	25485.55	56.10	19369.67	42.63	577.06	1.27
600831	广电网络	60496.77	26014.40	43.00	33490.56	55.36	991.81	1.64
600833	第一医药	22308.63	9854.80	44.17	12186.65	54.63	267.19	1.20
600834	申通地铁	47738.19	17529.64	36.72	29382.20	61.55	826.35	1.73
600835	上海机电	80650.43	17833.49	22.11	53570.42	66.42	9246.52	11.46
600836	界龙实业	66275.31	47984.53	72.40	18230.38	27.51	60.39	0.09
600837	海通证券	809213.12	150624.19	18.61	502728.84	62.13	155860.08	19.26
600838	上海九百	40088.20	27823.10	69.40	12049.54	30.06	215.55	0.54
600839	四川长虹	461624.42	308325.27	66.79	133685.79	28.96	19613.37	4.25
600841	上柴股份	52189.25	6732.51	12.90	45285.46	86.77	171.28	0.33
600843	上工申贝	30464.59	15604.50	51.22	14772.40	48.49	87.68	0.29
600844	*ST 丹科	82273.06	46504.22	56.52	35461.01	43.10	307.84	0.37
600845	宝信软件	55444.92	7206.47	13.00	45459.60	81.99	2778.85	5.01
600846	同济科技	62476.15	47364.65	75.81	14871.28	23.80	240.22	0.38
600847	*ST 万里	15328.74	8152.41	53.18	7146.53	46.62	29.80	0.19
600848	上海临港	101277.80	15955.53	15.75	83910.47	82.85	1411.80	1.39
600850	华东电脑	42121.52	17238.76	40.93	23611.64	56.06	1271.11	3.02
600851	海欣股份	73820.61	33339.35	45.16	40388.76	54.71	92.51	0.13
600853	龙建股份	53680.77	35089.84	65.37	18551.93	34.56	38.99	0.07
600854	春兰股份	51945.85	30965.34	59.61	20518.31	39.50	462.20	0.89
600855	航天长峰	33161.74	16076.86	48.48	13052.31	39.36	4032.57	12.16
600856	中天能源	136665.44	44531.09	32.58	83123.72	60.82	9010.62	6.59
600857	宁波中百	22431.99	16112.88	71.83	6298.39	28.08	20.72	0.09
600858	银座股份	52006.66	13737.01	26.41	30727.45	59.08	7542.20	14.50
600859	王府井	77625.04	13256.44	17.08	57191.73	73.68	7176.87	9.25
600860	*ST 京城	32200.00	13277.00	41.23	18841.01	58.51	81.99	0.25
600861	北京城乡	31680.49	18538.46	58.52	12626.73	39.86	515.30	1.63
600862	中航高科	139304.91	35247.11	25.30	99677.27	71.55	4380.53	3.14
600863	内蒙华电	580774.50	201807.24	34.75	354648.15	61.06	24319.11	4.19
600864	哈投股份	210851.38	29233.96	13.86	166024.30	78.74	15593.12	7.40
600865	百大集团	37624.03	18881.28	50.18	18380.98	48.85	361.77	0.96
600866	星湖科技	64539.35	39856.98	61.76	24682.27	38.24	0.10	0.00
600867	通化东宝	171129.65	32660.67	19.09	85659.59	50.06	52809.38	30.86
600868	梅雁吉祥	189814.87	178118.53	93.84	11531.71	6.08	164.63	0.09
600869	智慧能源	221935.27	66530.79	29.98	142525.76	64.22	12878.73	5.80
600870	厦华电子	52319.97	32776.69	62.65	19463.29	37.20	79.99	0.15
600871	石化油服	1204266.10	136692.45	11.35	1063650.01	88.32	3923.65	0.33
600872	中炬高新	79663.72	12506.61	15.70	38058.19	47.77	29098.92	36.53
600873	梅花生物	310822.66	267536.79	86.07	24633.35	7.93	18652.52	6.00
600874	创业环保	108722.84	33968.73	31.24	73897.45	67.97	856.66	0.79
600875	东方电气	199690.04	79522.60	39.82	110244.87	55.21	9922.57	4.97
600876	洛阳玻璃	27676.69	9742.09	35.20	17867.11	64.56	67.49	0.24
600877	*ST 嘉陵	68728.20	52770.70	76.78	15854.75	23.07	102.76	0.15
600879	航天电子	271927.13	129909.47	47.77	116300.50	42.77	25717.16	9.46
600880	博瑞传播	109333.21	62737.73	57.38	42920.85	39.26	3674.63	3.36
600881	亚泰集团	324891.36	126341.87	38.89	189250.05	58.25	9299.43	2.86
600882	广泽股份	40853.80	27115.34	66.37	12549.43	30.72	1189.03	2.91

注：合计持股数包含 F 类账户；单位为万股。

年末个股股东持股情况
Distribution of Shareholders by 2017

证券代码 Code	证券简称 Security Name	合计持股数 Total Hold	自然人 Individual		一般法人 Corporation		专业机构 Institution	
			持有股数	比例(%)	持有股数	比例(%)	持有股数	比例(%)
600883	博闻科技	23608.80	10507.39	44.51	12097.35	51.24	1004.06	4.25
600884	杉杉股份	112276.50	42393.56	37.76	64518.80	57.46	5364.14	4.78
600885	宏发股份	53197.25	2182.86	4.10	35228.13	66.22	15786.26	29.67
600886	国投电力	678602.33	185557.02	27.34	420219.84	61.92	72825.47	10.73
600887	伊利股份	607849.26	141750.58	23.32	167951.94	27.63	298146.73	49.05
600888	新疆众和	83359.36	49824.67	59.77	33110.33	39.72	424.37	0.51
600889	南京化纤	30706.93	16863.28	54.92	13221.00	43.06	622.64	2.03
600890	中房股份	57919.49	27131.95	46.84	24975.98	43.12	5811.57	10.03
600891	秋林集团	61758.58	20904.67	33.85	40556.62	65.67	297.29	0.48
600892	大晟文化	55946.42	48151.49	86.07	7642.58	13.66	152.35	0.27
600893	航发动力	224984.45	36579.54	16.26	168625.94	74.95	19778.97	8.79
600894	广日股份	85994.69	25849.54	30.06	55090.48	64.06	5054.66	5.88
600895	张江高科	154868.96	60942.69	39.35	85497.68	55.21	8428.59	5.44
600896	览海投资	86909.91	37242.98	42.85	48586.47	55.90	1080.46	1.24
600897	厦门空港	29781.00	7059.63	23.71	21909.61	73.57	811.76	2.73
600898	国美通讯	25252.38	16471.77	65.23	8719.25	34.53	61.36	0.24
600900	长江电力	2200000.00	119383.62	5.43	1850531.33	84.12	230085.06	10.46
600903	贵州燃气	81298.93	12123.24	14.91	67909.22	83.53	1266.48	1.56
600908	无锡银行	184811.48	67795.42	36.68	115032.27	62.24	1983.79	1.07
600909	华安证券	362100.00	81941.55	22.63	257517.69	71.12	22640.76	6.25
600917	重庆燃气	155600.00	13914.67	8.94	139630.37	89.74	2054.96	1.32
600919	江苏银行	1154445.00	197951.72	17.15	834637.11	72.30	121856.17	10.56
600926	杭州银行	366442.89	57493.95	15.69	305374.91	83.33	3574.03	0.98
600933	爱柯迪	84544.00	21927.91	25.94	62536.43	73.97	79.67	0.09
600936	广西广电	167102.62	28733.42	17.20	134135.37	80.27	4233.83	2.53
600939	重庆建工	181450.00	17901.09	9.87	161549.14	89.03	1999.77	1.10
600958	东方证券	596657.58	88544.92	14.84	447169.45	74.95	60943.21	10.21
600959	江苏有线	388452.98	67555.88	17.39	299472.72	77.09	21424.38	5.52
600960	渤海活塞	95051.55	31454.99	33.09	60825.48	63.99	2771.08	2.92
600961	株冶集团	52745.79	25480.24	48.31	25980.14	49.26	1285.41	2.44
600962	国投中鲁	26221.00	12383.51	47.23	13811.08	52.67	26.41	0.10
600963	岳阳林纸	139773.31	59134.46	42.31	73884.71	52.86	6754.15	4.83
600965	福成股份	81870.10	39817.00	48.63	40939.09	50.00	1114.00	1.36
600966	博汇纸业	133684.43	92076.44	68.88	38519.78	28.81	3088.20	2.31
600967	内蒙一机	168963.18	39734.28	23.52	115896.43	68.59	13332.46	7.89
600969	郴电国际	26432.18	17036.01	64.45	8819.13	33.37	577.04	2.18
600970	中材国际	175425.79	70893.76	40.41	87322.77	49.78	17209.26	9.81
600971	恒源煤电	100000.41	52110.16	52.11	44716.25	44.72	3174.00	3.17
600973	宝胜股份	122211.25	51999.46	42.55	69902.31	57.20	309.48	0.25
600975	新五丰	65267.56	31681.35	48.54	33545.10	51.40	41.11	0.06
600976	健民集团	15339.86	4508.04	29.39	7556.73	49.26	3275.09	21.35
600977	中国电影	186700.00	42972.63	23.02	135486.98	72.57	8240.40	4.41
600978	宜华生活	148287.00	77988.90	52.59	59889.65	40.39	10408.45	7.02
600979	广安爱众	94789.21	40232.62	42.44	54520.46	57.52	36.14	0.04
600980	北矿科技	15220.99	8973.67	58.96	6203.64	40.76	43.68	0.29
600981	汇鸿集团	224243.32	22160.97	9.88	171595.19	76.52	30487.16	13.60
600982	宁波热电	74693.00	48629.12	65.11	25705.22	34.41	358.66	0.48
600983	惠而浦	76643.90	16997.70	22.18	57898.99	75.54	1747.21	2.28
600984	建设机械	63676.42	43219.47	67.87	20148.09	31.64	308.86	0.49
600985	雷鸣科化	30015.63	11351.11	37.82	13876.49	46.23	4788.03	15.95

注：合计持股数包含 F 类账户；单位为万股。

年末个股股东持股情况
Distribution of Shareholders by 2017

证券代码 Code	证券简称 Security Name	合计持股数 Total Hold	自然人 Individual		一般法人 Corporation		专业机构 Institution	
			持有股数	比例(%)	持有股数	比例(%)	持有股数	比例(%)
600986	科达股份	95543.59	58234.40	60.95	36257.67	37.95	1051.52	1.10
600987	航民股份	63531.00	18878.37	29.72	36583.24	57.58	8069.38	12.70
600988	赤峰黄金	142638.15	130721.50	91.65	7560.96	5.30	4355.70	3.05
600990	四创电子	15917.91	3880.10	24.38	9019.02	56.66	3018.80	18.96
600992	贵绳股份	24509.00	14715.12	60.04	9690.28	39.54	103.61	0.42
600993	马应龙	43105.39	19377.88	44.95	20993.01	48.70	2734.50	6.34
600995	文山电力	47852.64	30001.32	62.70	16945.63	35.41	905.69	1.89
600996	贵广网络	104256.84	20830.54	19.98	80977.35	77.67	2448.96	2.35
600997	开滦股份	158779.99	63798.84	40.18	91798.55	57.81	3182.60	2.00
600998	九州通	187887.84	24625.24	13.11	149130.28	79.37	14132.32	7.52
600999	招商证券	571900.81	60791.43	10.63	466368.05	81.55	44741.33	7.82
601000	唐山港	455840.66	124303.92	27.27	320032.06	70.21	11504.69	2.52
601001	大同煤业	167370.00	56909.29	34.00	107059.81	63.97	3400.91	2.03
601002	晋亿实业	79269.00	42753.33	53.93	35549.12	44.85	966.54	1.22
601003	柳钢股份	256279.32	32344.92	12.62	216340.10	84.42	7594.31	2.96
601005	*ST 重钢	838047.51	156101.33	18.63	677159.29	80.80	4786.89	0.57
601006	大秦铁路	1486679.15	128698.82	8.66	1133104.48	76.22	224875.85	15.13
601007	金陵饭店	30000.00	13770.89	45.90	16046.74	53.49	182.37	0.61
601008	连云港	101521.51	51764.09	50.99	49563.85	48.82	193.57	0.19
601009	南京银行	848220.79	176327.21	20.79	530566.93	62.55	141326.65	16.66
601010	文峰股份	184800.00	141058.54	76.33	42676.04	23.09	1065.43	0.58
601011	宝泰隆	161115.06	94896.00	58.90	65034.09	40.36	1184.96	0.74
601012	隆基股份	199398.96	97287.31	48.79	43865.28	22.00	58246.37	29.21
601015	陕西黑猫	125368.42	31088.88	24.80	93655.70	74.70	623.84	0.50
601016	节能风电	415556.00	108166.79	26.03	281585.22	67.76	25803.99	6.21
601018	宁波港	1317284.78	156174.96	11.86	1094168.42	83.06	66941.40	5.08
601019	山东出版	208690.00	26312.63	12.61	179615.79	86.07	2761.58	1.32
601020	华钰矿业	52591.63	8521.09	16.20	43703.52	83.10	367.02	0.70
601021	春秋航空	80058.00	5081.35	6.35	63018.17	78.72	11958.47	14.94
601028	玉龙股份	78302.58	37899.52	48.40	40131.24	51.25	271.82	0.35
601038	一拖股份	59391.00	15468.22	26.04	43558.53	73.34	364.25	0.61
601058	赛轮金宇	270146.07	169294.32	62.67	83651.76	30.97	17199.99	6.37
601069	西部黄金	63600.00	17894.69	28.14	43801.30	68.87	1904.00	2.99
601086	国芳集团	66600.00	66350.45	99.63	194.23	0.29	55.32	0.08
601088	中国神华	1649103.80	62315.10	3.78	1486386.88	90.13	100401.81	6.09
601098	中南传媒	179600.00	25256.79	14.06	129130.67	71.90	25212.54	14.04
601099	太平洋	681631.64	428323.67	62.84	208807.49	30.63	44500.48	6.53
601100	恒立液压	63000.00	3844.76	6.10	46673.52	74.08	12481.73	19.81
601101	昊华能源	119999.83	36501.47	30.42	82064.77	68.39	1433.59	1.19
601106	*ST 一重	685778.29	219938.97	32.07	455862.21	66.47	9977.11	1.45
601107	四川成渝	216274.00	50822.96	23.50	164544.80	76.08	906.24	0.42
601108	财通证券	358900.00	34265.04	9.55	320773.01	89.38	3861.95	1.08
601111	中国国航	996213.18	47409.01	4.76	849780.34	85.30	99023.83	9.94
601113	华鼎股份	83305.00	28055.21	33.68	55032.91	66.06	216.88	0.26
601116	三江购物	41075.88	15004.33	36.53	25150.77	61.23	920.78	2.24
601117	中国化学	493300.00	97365.62	19.74	369348.68	74.87	26585.70	5.39
601118	海南橡胶	393117.16	106461.27	27.08	279103.00	71.00	7552.89	1.92
601126	四方股份	81317.20	34219.59	42.08	42251.89	51.96	4845.72	5.96
601127	小康股份	90920.00	21701.48	23.87	67644.20	74.40	1574.31	1.73
601128	常熟银行	222272.80	126850.65	57.07	91776.32	41.29	3645.83	1.64

注：合计持股数包含 F 类账户；单位为万股。

年末个股股东持股情况
Distribution of Shareholders by 2017

证券代码 Code	证券简称 Security Name	合计持股数 Total Hold	自然人 Individual		一般法人 Corporation		专业机构 Institution	
			持有股数	比例(%)	持有股数	比例(%)	持有股数	比例(%)
601137	博威合金	62721.97	15966.20	25.46	44940.48	71.65	1815.29	2.89
601139	深圳燃气	221409.22	28746.68	12.98	187551.72	84.71	5110.82	2.31
601155	新城控股	225848.42	36273.22	16.06	164956.52	73.04	24618.67	10.90
601158	重庆水务	480000.00	38315.88	7.98	428419.62	89.25	13264.50	2.76
601163	三角轮胎	80000.00	26317.62	32.90	51175.99	63.97	2506.39	3.13
601166	兴业银行	2077419.08	369581.56	17.79	1454466.25	70.01	253371.26	12.20
601168	西部矿业	238300.00	149018.96	62.53	84559.12	35.48	4721.92	1.98
601169	北京银行	2114298.43	267856.29	12.67	1635178.49	77.34	211263.64	9.99
601177	杭齿前进	40006.00	17067.34	42.66	22829.98	57.07	108.68	0.27
601179	中国西电	512588.24	110823.73	21.62	383419.31	74.80	18345.20	3.58
601186	中国铁建	1150324.55	146592.96	12.74	904115.72	78.60	99615.87	8.66
601188	龙江交通	131587.86	40011.92	30.41	91463.74	69.51	112.20	0.09
601198	东兴证券	275796.07	43586.91	15.80	209524.64	75.97	22684.52	8.23
601199	江南水务	93520.65	33247.88	35.55	59819.75	63.96	453.01	0.48
601200	上海环境	70254.39	26396.89	37.57	42302.08	60.21	1555.42	2.21
601208	东材科技	62660.10	43293.12	69.09	17335.72	27.67	2031.26	3.24
601211	国泰君安	751610.66	90703.27	12.07	557785.06	74.21	103122.34	13.72
601212	白银有色	697296.59	67717.29	9.71	622072.94	89.21	7506.36	1.08
601216	君正集团	843801.74	542762.84	64.32	246503.81	29.21	54535.08	6.46
601218	吉鑫科技	99176.00	98393.45	99.21	253.04	0.26	529.51	0.53
601222	林洋能源	176409.18	27292.53	15.47	95131.57	53.93	53985.08	30.60
601225	陕西煤业	1000000.00	102532.15	10.25	836680.77	83.67	60787.08	6.08
601226	华电重工	115500.00	33336.49	28.86	76381.03	66.13	5782.48	5.01
601228	广州港	619318.00	67729.08	10.94	543190.50	87.71	8398.42	1.36
601229	上海银行	780578.50	144610.20	18.53	618281.73	79.21	17686.57	2.27
601231	环旭电子	217592.36	18733.28	8.61	183421.78	84.30	15437.30	7.09
601233	桐昆股份	130138.07	19962.16	15.34	72283.40	55.54	37892.52	29.12
601238	广汽集团	508012.38	26604.71	5.24	479004.45	94.29	2403.22	0.47
601258	庞大集团	667466.34	623519.13	93.42	28157.27	4.22	15789.95	2.37
601288	农业银行	29405529.39	442593.91	1.51	27854414.70	94.73	1108520.78	3.77
601311	骆驼股份	84839.75	57209.97	67.43	22281.11	26.26	5348.67	6.30
601313	江南嘉捷	39718.24	39059.38	98.34	593.90	1.50	64.97	0.16
601318	中国平安	1083266.45	238476.76	22.01	551944.26	50.95	292845.43	27.03
601326	秦港股份	475755.90	55097.94	11.58	414904.94	87.21	5753.02	1.21
601328	交通银行	3925086.40	300314.73	7.65	3108491.12	79.20	516280.56	13.15
601333	广深铁路	565223.70	183814.69	32.52	337349.28	59.68	44059.73	7.80
601336	新华保险	208543.93	6135.66	2.94	156208.52	74.90	46199.75	22.15
601339	百隆东方	150000.00	77505.91	51.67	68330.49	45.55	4163.59	2.78
601366	利群股份	86050.05	48509.50	56.37	37527.93	43.61	12.62	0.01
601368	绿城水务	73581.09	20890.09	28.39	50974.09	69.28	1716.90	2.33
601369	陕鼓动力	163877.02	41186.45	25.13	118492.52	72.31	4198.06	2.56
601375	中原证券	267370.57	64479.88	24.12	192258.86	71.91	10631.83	3.98
601377	兴业证券	669667.17	218046.42	32.56	385562.87	57.58	66057.88	9.86
601388	怡球资源	202540.00	107364.34	53.01	93191.76	46.01	1983.90	0.98
601390	中国中铁	1863691.15	263471.25	14.14	1465495.10	78.63	134724.80	7.23
601398	工商银行	26961221.25	284938.43	1.06	25770133.10	95.58	906149.72	3.36
601500	通用股份	72691.91	16923.31	23.28	55727.54	76.66	41.06	0.06
601515	东风股份	111200.00	28774.82	25.88	78114.81	70.25	4310.37	3.88
601518	吉林高速	121320.00	41332.36	34.07	79311.78	65.37	675.86	0.56
601519	*ST 智慧	198770.00	154493.26	77.72	41920.11	21.09	2356.62	1.19

注：合计持股数包含 F 类账户；单位为万股。

年末个股股东持股情况
Distribution of Shareholders by 2017

证券代码 Code	证券简称 Security Name	合计持股数 Total Hold	自然人 Individual		一般法人 Corporation		专业机构 Institution	
			持有股数	比例(%)	持有股数	比例(%)	持有股数	比例(%)
601555	东吴证券	300000.00	82515.26	27.51	186721.22	62.24	30763.52	10.25
601558	*ST 锐电	603060.00	383396.32	63.58	218502.27	36.23	1161.41	0.19
601566	九牧王	57463.72	12260.50	21.34	44364.55	77.20	838.66	1.46
601567	三星医疗	141802.63	65764.45	46.38	75006.96	52.90	1031.22	0.73
601579	会稽山	49736.00	11680.45	23.48	37486.72	75.37	568.83	1.14
601588	北辰实业	266000.00	81201.16	30.53	175085.16	65.82	9713.68	3.65
601595	上海电影	37350.00	8810.74	23.59	27158.02	72.71	1381.24	3.70
601599	鹿港文化	89406.84	76745.55	85.84	12281.27	13.74	380.02	0.43
601600	中国铝业	1095983.23	312023.51	28.47	615913.98	56.20	168045.73	15.33
601601	中国太保	628670.00	18153.30	2.89	484090.94	77.00	126425.76	20.11
601607	上海医药	192301.66	29153.76	15.16	125425.39	65.22	37722.51	19.62
601608	中信重工	433941.93	107932.24	24.87	314857.45	72.56	11152.24	2.57
601611	中国核建	262500.00	48980.33	18.66	203957.75	77.70	9561.92	3.64
601616	广电电气	93557.50	62272.67	66.56	30923.25	33.05	361.58	0.39
601618	中国中冶	1785261.92	254520.78	14.26	1418505.63	79.46	112235.52	6.29
601619	嘉泽新能	193300.00	19298.98	9.98	173978.99	90.00	22.03	0.01
601628	中国人寿	2082353.00	31250.05	1.50	1959808.98	94.12	91293.98	4.38
601633	长城汽车	602772.90	39622.38	6.57	519498.58	86.18	43651.94	7.24
601636	旗滨集团	267959.29	123322.55	46.02	79895.52	29.82	64741.22	24.16
601666	平煤股份	236116.50	111865.69	47.38	113372.47	48.02	10878.34	4.61
601668	中国建筑	3000000.00	532645.26	17.75	2233204.35	74.44	234150.39	7.81
601669	中国电建	1529903.50	157963.83	10.33	1287456.17	84.15	84483.50	5.52
601677	明泰铝业	58998.43	44875.29	76.06	12070.93	20.46	2052.21	3.48
601678	滨化股份	118800.00	90740.83	76.38	22155.18	18.65	5903.99	4.97
601688	华泰证券	544372.31	95953.48	17.63	360127.32	66.15	88291.51	16.22
601689	拓普集团	72757.78	8435.72	11.59	57352.64	78.83	6969.41	9.58
601699	潞安环能	299140.92	84892.12	28.38	178568.33	59.69	35680.46	11.93
601700	风范股份	113323.20	106634.43	94.10	4966.14	4.38	1722.63	1.52
601717	郑煤机	148923.72	53670.20	36.04	73775.55	49.54	21477.97	14.42
601718	际华集团	439162.94	88237.52	20.09	324262.59	73.84	26662.83	6.07
601727	上海电气	1175226.87	156541.57	13.32	965790.27	82.18	52895.03	4.50
601766	中国中车	2432779.80	323170.01	13.28	1915241.78	78.73	194368.01	7.99
601777	力帆股份	130683.94	59476.71	45.51	67380.07	51.56	3827.16	2.93
601788	光大证券	390669.88	71168.10	18.22	285419.01	73.06	34082.78	8.72
601789	宁波建工	97608.00	58512.36	59.95	39006.09	39.96	89.55	0.09
601798	蓝科高新	35452.82	11425.54	32.23	23958.78	67.58	68.50	0.19
601799	星宇股份	27615.52	15352.22	55.59	6639.28	24.04	5624.02	20.37
601800	中国交建	1174723.54	54516.05	4.64	913595.43	77.77	206612.06	17.59
601801	皖新传媒	198920.47	24998.53	12.57	137986.69	69.37	35935.25	18.07
601808	中海油服	296046.80	33527.54	11.33	247293.03	83.53	15226.23	5.14
601811	新华文轩	79190.39	8928.80	11.28	69496.72	87.76	764.87	0.97
601818	光大银行	3981039.16	338313.21	8.50	3295708.48	82.79	347017.48	8.72
601857	中国石油	16192207.78	189777.00	1.17	15250904.21	94.19	751526.57	4.64
601858	中国科传	79050.00	12953.52	16.39	64783.54	81.95	1312.94	1.66
601866	中远海发	793212.50	222941.23	28.11	540073.93	68.09	30197.34	3.81
601872	招商轮船	529945.81	136957.90	25.84	382439.83	72.17	10548.08	1.99
601877	正泰电器	215142.85	41482.87	19.28	148530.44	69.04	25129.54	11.68
601878	浙商证券	333333.34	30137.91	9.04	301089.93	90.33	2105.50	0.63
601880	大连港	773582.00	210413.11	27.20	559574.37	72.34	3594.52	0.46
601881	中国银河	644627.41	51501.02	7.99	580333.49	90.03	12792.90	1.98

注：合计持股数包含 F 类账户；单位为万股。

年末个股股东持股情况
Distribution of Shareholders by 2017

证券代码 Code	证券简称 Security Name	合计持股数 Total Hold	自然人 Individual		一般法人 Corporation		专业机构 Institution	
			持有股数	比例(%)	持有股数	比例(%)	持有股数	比例(%)
601882	海天精工	52200.00	8843.82	16.94	43288.13	82.93	68.05	0.13
601886	江河集团	115405.00	61094.49	52.94	53519.41	46.38	791.11	0.69
601888	中国国旅	195247.55	19570.60	10.02	119988.71	61.45	55688.24	28.52
601890	亚星锚链	95940.00	95438.54	99.48	418.64	0.44	82.82	0.09
601898	中煤能源	915200.04	96775.24	10.57	773440.69	84.51	44984.12	4.92
601899	紫金矿业	1729427.89	509902.18	29.48	816516.29	47.21	403009.43	23.30
601900	南方传媒	89587.66	15525.56	17.33	72014.79	80.38	2047.30	2.29
601901	方正证券	823210.14	250698.01	30.45	409181.78	49.71	163330.35	19.84
601908	京运通	199529.77	93687.70	46.95	97893.20	49.06	7948.87	3.98
601918	新集能源	259054.18	135302.13	52.23	121506.30	46.90	2245.76	0.87
601919	中远海控	763567.44	163974.88	21.47	560268.46	73.38	39324.11	5.15
601928	凤凰传媒	254490.00	41106.08	16.15	123879.00	48.68	89504.93	35.17
601929	吉视传媒	311080.12	111849.61	35.96	188419.91	60.57	10810.60	3.48
601933	永辉超市	957046.21	479939.79	50.15	363354.48	37.97	113751.94	11.89
601939	建设银行	959365.76	179221.72	18.68	252822.42	26.35	527321.62	54.97
601949	中国出版	182250.00	35569.26	19.52	142311.37	78.09	4369.38	2.40
601952	苏垦农发	106000.00	19183.47	18.10	79034.11	74.56	7782.42	7.34
601958	金钼股份	322660.44	68528.75	21.24	245537.14	76.10	8594.55	2.66
601965	中国汽研	96117.99	17743.48	18.46	72228.78	75.15	6145.72	6.39
601966	玲珑轮胎	120000.00	22527.38	18.77	95045.48	79.20	2427.14	2.02
601968	宝钢包装	83333.33	30438.37	36.53	50630.60	60.76	2264.36	2.72
601969	海南矿业	195472.03	14923.88	7.63	172099.85	88.04	8448.30	4.32
601985	中国核电	1556543.00	256803.88	16.50	1168348.53	75.06	131390.59	8.44
601988	中国银行	21076551.48	523474.73	2.48	19399467.54	92.04	1153609.21	5.47
601989	中国重工	1907989.71	580215.01	30.41	1188877.74	62.31	138896.96	7.28
601991	大唐发电	999436.00	108054.93	10.81	837984.83	83.85	53396.24	5.34
601992	金隅股份	833900.63	196000.55	23.50	572175.17	68.61	65724.90	7.88
601996	丰林集团	95818.40	46871.52	48.92	47256.58	49.32	1690.30	1.76
601997	贵阳银行	229859.19	70027.55	30.47	143732.09	62.53	16099.55	7.00
601998	中信银行	3405263.36	103917.50	3.05	3155861.60	92.68	145484.26	4.27
601999	出版传媒	55091.47	16459.83	29.88	38432.80	69.76	198.84	0.36
603000	人民网	110569.11	34052.62	30.80	73332.21	66.32	3184.28	2.88
603001	奥康国际	40098.00	22744.02	56.72	13589.92	33.89	3764.06	9.39
603002	宏昌电子	61441.17	33653.93	54.77	27028.75	43.99	758.49	1.23
603003	龙宇燃油	44111.46	12736.57	28.87	28660.08	64.97	2714.80	6.15
603005	晶方科技	23270.70	7226.56	31.05	14607.45	62.77	1436.68	6.17
603006	联明股份	19283.56	6696.35	34.73	12051.24	62.49	535.98	2.78
603007	花王股份	33337.50	14267.98	42.80	19060.85	57.18	8.67	0.03
603008	喜临门	39425.78	11079.34	28.10	14694.31	37.27	13652.13	34.63
603009	北特科技	32815.39	29820.14	90.87	2006.92	6.12	988.32	3.01
603010	万盛股份	25439.20	16047.57	63.08	8070.24	31.72	1321.39	5.19
603011	合锻智能	44619.88	32257.75	72.29	12217.45	27.38	144.68	0.32
603012	创力集团	63656.00	43141.84	67.77	20485.64	32.18	28.52	0.04
603015	弘讯科技	40587.00	15322.13	37.75	25251.78	62.22	13.09	0.03
603016	新宏泰	14896.00	13080.93	87.82	1719.49	11.54	95.57	0.64
603017	中衡设计	27528.97	14022.27	50.94	13123.68	47.67	383.03	1.39
603018	中设集团	21151.76	17607.74	83.24	2377.70	11.24	1166.32	5.51
603019	中科曙光	64302.40	36446.36	56.68	22994.28	35.76	4861.76	7.56
603020	爱普股份	32000.00	26843.36	83.89	4989.78	15.59	166.86	0.52
603021	山东华鹏	31994.81	26578.90	83.07	5333.46	16.67	82.45	0.26

注：合计持股数包含 F 类账户；单位为万股。

年末个股股东持股情况
Distribution of Shareholders by 2017

证券代码 Code	证券简称 Security Name	合计持股数 Total Hold	自然人 Individual		一般法人 Corporation		专业机构 Institution	
			持有股数	比例(%)	持有股数	比例(%)	持有股数	比例(%)
603022	新通联	20000.00	19160.42	95.80	838.55	4.19	1.02	0.01
603023	威帝股份	36000.00	35893.01	99.70	92.09	0.26	14.90	0.04
603025	大豪科技	45413.34	29239.65	64.39	14852.68	32.71	1321.01	2.91
603026	石大胜华	20268.00	11231.81	55.42	8448.42	41.68	587.76	2.90
603027	千禾味业	32598.52	26799.55	82.21	4193.37	12.86	1605.59	4.93
603028	赛福天	22080.00	7463.55	33.80	14591.38	66.08	25.07	0.11
603029	天鹅股份	9334.00	2587.16	27.72	6744.85	72.26	1.99	0.02
603030	全筑股份	53861.43	43339.82	80.47	9576.24	17.78	945.37	1.76
603031	安德利	8000.00	7350.92	91.89	632.76	7.91	16.32	0.20
603032	德新交运	13334.00	3405.64	25.54	9565.75	71.74	362.61	2.72
603033	三维股份	12698.00	12349.75	97.26	347.97	2.74	0.28	0.00
603035	常熟汽饰	28000.00	22753.01	81.26	5233.86	18.69	13.13	0.05
603036	如通股份	20336.00	19619.91	96.48	690.98	3.40	25.11	0.12
603037	凯众股份	10592.27	8066.14	76.15	2325.82	21.96	200.31	1.89
603038	华立股份	6715.30	6374.83	94.93	339.10	5.05	1.37	0.02
603039	泛微网络	6926.99	5659.76	81.71	1168.45	16.87	98.78	1.43
603040	新坐标	6107.93	1709.77	27.99	4117.41	67.41	280.75	4.60
603041	美思德	10000.00	3752.00	37.52	6246.55	62.47	1.45	0.01
603042	华脉科技	13867.00	11784.13	84.98	2081.48	15.01	1.39	0.01
603043	广州酒家	40399.62	12500.42	30.94	27379.65	67.77	519.55	1.29
603050	科林电气	16000.80	11878.45	74.24	4117.37	25.73	4.98	0.03
603055	台华新材	54760.00	6710.44	12.25	48020.18	87.69	29.38	0.05
603058	永吉股份	42156.00	6731.32	15.97	35342.91	83.84	81.76	0.19
603060	国检集团	22000.00	5588.92	25.40	15654.06	71.15	757.01	3.44
603063	禾望电气	42000.00	26635.21	63.42	15227.73	36.26	137.06	0.33
603066	音飞储存	30234.17	10731.82	35.50	19441.62	64.30	60.73	0.20
603067	振华股份	22000.00	20066.66	91.21	1931.44	8.78	1.90	0.01
603069	海汽集团	31600.00	6625.15	20.97	24413.56	77.26	561.29	1.78
603076	乐惠国际	7450.00	4304.54	57.78	2913.70	39.11	231.75	3.11
603077	和邦生物	883125.02	332974.48	37.70	534245.54	60.49	15905.00	1.80
603078	江化微	6000.00	4855.70	80.93	1029.74	17.16	114.56	1.91
603079	圣达生物	8000.00	2413.92	30.17	5484.82	68.56	101.26	1.27
603081	大丰实业	40180.00	34411.09	85.64	5763.00	14.34	5.91	0.01
603083	剑桥科技	9787.16	2403.43	24.56	7372.57	75.33	11.16	0.11
603085	天成自控	22383.55	8328.67	37.21	13566.82	60.61	488.07	2.18
603086	先达股份	8000.00	6739.73	84.25	1257.80	15.72	2.48	0.03
603088	宁波精达	8000.00	3239.52	40.49	4759.39	59.49	1.10	0.01
603089	正裕工业	10667.00	5105.27	47.86	5555.93	52.09	5.80	0.05
603090	宏盛股份	10000.00	8654.74	86.55	1328.65	13.29	16.61	0.17
603096	新经典	13466.00	8707.87	64.67	2617.96	19.44	2140.18	15.89
603098	森特股份	40001.00	24625.67	61.56	15359.07	38.40	16.27	0.04
603099	长白山	26667.00	6547.86	24.55	19520.56	73.20	598.58	2.24
603100	川仪股份	39500.00	13726.55	34.75	25087.98	63.51	685.47	1.74
603101	汇嘉时代	24000.00	22180.27	92.42	1801.13	7.50	18.60	0.08
603103	横店影视	45300.00	5180.61	11.44	40104.54	88.53	14.85	0.03
603106	恒银金融	28000.00	11637.10	41.56	16353.48	58.41	9.43	0.03
603108	润达医疗	57953.41	44485.09	76.76	7740.78	13.36	5727.54	9.88
603110	东方材料	10266.67	9439.69	91.94	817.20	7.96	9.79	0.10
603111	康尼机电	89567.55	56162.69	62.70	22787.29	25.44	10617.57	11.85
603113	金能科技	67593.95	44783.55	66.25	22564.44	33.38	245.95	0.36

注：合计持股数包含 F 类账户；单位为万股。

年末个股股东持股情况
Distribution of Shareholders by 2017

证券代码 Code	证券简称 Security Name	合计持股数 Total Hold	自然人 Individual		一般法人 Corporation		专业机构 Institution	
			持有股数	比例(%)	持有股数	比例(%)	持有股数	比例(%)
603116	红蜻蜓	41720.00	23497.84	56.32	18098.08	43.38	124.08	0.30
603117	万林股份	46232.09	24047.12	52.01	20957.96	45.33	1227.01	2.65
603118	共进股份	78181.70	71187.15	91.05	6136.81	7.85	857.74	1.10
603123	翠微股份	52414.42	16323.75	31.14	35488.83	67.71	601.84	1.15
603126	中材节能	61050.00	21369.45	35.00	38277.24	62.70	1403.31	2.30
603127	昭衍新药	8180.00	7600.27	92.91	469.84	5.74	109.90	1.34
603128	华贸物流	100541.52	37793.86	37.59	59957.42	59.63	2790.23	2.78
603129	春风动力	13333.34	6075.22	45.56	7220.21	54.15	37.91	0.28
603131	上海沪工	20000.00	18593.19	92.97	1402.90	7.01	3.90	0.02
603133	碳元科技	20800.00	13793.24	66.31	6985.84	33.59	20.92	0.10
603136	天目湖	8000.00	7932.89	99.16	67.01	0.84	0.10	0.00
603138	海量数据	10660.00	9931.98	93.17	718.47	6.74	9.55	0.09
603139	康惠制药	9988.00	3157.36	31.61	6830.09	68.38	0.56	0.01
603157	拉夏贝尔	33288.18	20337.39	61.09	12944.55	38.89	6.24	0.02
603158	腾龙股份	21881.10	9205.38	42.07	11838.88	54.11	836.84	3.82
603159	上海亚虹	10000.00	9966.53	99.67	23.35	0.23	10.12	0.10
603160	汇顶科技	45425.83	28480.65	62.70	16676.41	36.71	268.77	0.59
603165	荣晟环保	12668.00	12567.66	99.21	67.11	0.53	33.23	0.26
603166	福达股份	59201.87	17483.00	29.53	41500.80	70.10	218.07	0.37
603167	渤海轮渡	48140.00	24225.99	50.32	21808.23	45.30	2105.79	4.37
603168	莎普爱思	24814.81	21004.18	84.64	3718.17	14.98	92.47	0.37
603169	兰石重装	105150.25	23865.13	22.70	78700.66	74.85	2584.46	2.46
603177	德创环保	20200.00	5010.43	24.80	15189.18	75.19	0.39	0.00
603178	圣龙股份	20334.80	6221.11	30.59	14107.41	69.38	6.28	0.03
603179	新泉股份	16227.00	9386.94	57.85	5488.72	33.82	1351.33	8.33
603180	金牌厨柜	6700.00	3552.27	53.02	3127.29	46.68	20.43	0.30
603181	皇马科技	20000.00	12863.13	64.32	7133.04	35.67	3.83	0.02
603183	建研院	8800.00	8186.44	93.03	611.27	6.95	2.29	0.03
603186	华正新材	12935.00	6551.13	50.65	6330.51	48.94	53.36	0.41
603188	亚邦股份	57600.00	33163.48	57.58	22124.88	38.41	2311.64	4.01
603189	网达软件	22080.00	19192.05	86.92	2879.88	13.04	8.07	0.04
603196	日播时尚	24000.00	11006.44	45.86	12990.54	54.13	3.03	0.01
603197	保隆科技	11710.08	8299.17	70.87	2566.60	21.92	844.31	7.21
603198	迎驾贡酒	80000.00	13404.63	16.76	65675.57	82.09	919.80	1.15
603199	九华旅游	11068.00	3034.47	27.42	7833.21	70.77	200.32	1.81
603200	上海洗霸	7372.00	6192.82	84.00	921.68	12.50	257.50	3.49
603203	快克股份	12178.72	4176.15	34.29	7763.17	63.74	239.40	1.97
603208	江山欧派	8081.61	6563.94	81.22	1180.39	14.61	337.28	4.17
603218	日月股份	40100.00	29718.45	74.11	10241.33	25.54	140.22	0.35
603222	济民制药	32000.00	17780.51	55.56	7708.08	24.09	6511.41	20.35
603223	恒通股份	12000.00	10433.60	86.95	898.08	7.48	668.32	5.57
603225	新凤鸣	60200.00	37357.47	62.06	22636.30	37.60	206.22	0.34
603226	菲林格尔	8960.80	2151.22	24.01	6808.09	75.98	1.49	0.02
603227	雪峰科技	65870.00	29484.61	44.76	34504.65	52.38	1880.74	2.86
603228	景旺电子	40800.00	1603.44	3.93	36856.23	90.33	2340.33	5.74
603229	奥翔药业	16000.00	14102.74	88.14	1896.34	11.85	0.92	0.01
603232	格尔软件	6100.00	4711.96	77.25	1356.83	22.24	31.21	0.51
603233	大参林	40001.00	34098.96	85.25	3690.64	9.23	2211.40	5.53
603238	诺邦股份	12000.00	3359.53	28.00	8632.93	71.94	7.54	0.06
603239	浙江仙通	27072.00	24234.36	89.52	2567.08	9.48	270.57	1.00

注：合计持股数包含 F 类账户；单位为万股。

年末个股股东持股情况
Distribution of Shareholders by 2017

证券代码 Code	证券简称 Security Name	合计持股数 Total Hold	自然人 Individual		一般法人 Corporation		专业机构 Institution	
			持有股数	比例(%)	持有股数	比例(%)	持有股数	比例(%)
603258	电魂网络	24000.00	23502.30	97.93	481.45	2.01	16.25	0.07
603260	合盛硅业	67000.00	6671.10	9.96	60149.61	89.78	179.30	0.27
603266	天龙股份	10000.00	4317.24	43.17	5593.75	55.94	89.01	0.89
603268	松发股份	8938.40	8469.84	94.76	428.24	4.79	40.32	0.45
603269	海鸥股份	9147.00	8230.72	89.98	897.94	9.82	18.34	0.20
603277	银都股份	40080.00	36702.56	91.57	3363.84	8.39	13.60	0.03
603278	大业股份	20800.00	18156.69	87.29	2626.97	12.63	16.35	0.08
603283	赛腾股份	16000.00	14828.83	92.68	957.60	5.98	213.57	1.33
603286	日盈电子	8807.60	7212.18	81.89	1593.82	18.10	1.59	0.02
603288	海天味业	270120.67	85542.88	31.67	161152.70	59.66	23425.09	8.67
603289	泰瑞机器	20400.00	5084.27	24.92	15306.40	75.03	9.33	0.05
603298	杭叉集团	61885.42	20747.20	33.53	40229.42	65.01	908.80	1.47
603299	井神股份	55944.00	16261.88	29.07	38766.77	69.30	915.35	1.64
603300	华铁科技	40534.00	38449.48	94.86	1724.59	4.25	359.93	0.89
603303	得邦照明	40800.00	10916.92	26.76	29843.47	73.15	39.61	0.10
603305	旭升股份	40060.00	11521.94	28.76	28281.49	70.60	256.56	0.64
603306	华懋科技	23616.90	8010.08	33.92	14962.99	63.36	643.83	2.73
603308	应流股份	43375.43	18809.84	43.37	20235.80	46.65	4329.80	9.98
603309	维力医疗	20000.00	5730.30	28.65	14183.31	70.92	86.38	0.43
603311	金海环境	21000.00	8602.67	40.97	12387.30	58.99	10.02	0.05
603313	梦百合	24000.00	21575.89	89.90	2078.18	8.66	345.93	1.44
603315	福鞍股份	21995.09	7074.04	32.16	14917.07	67.82	3.98	0.02
603316	诚邦股份	20328.00	15695.57	77.21	4629.61	22.77	2.82	0.01
603318	派思股份	40330.23	9315.49	23.10	31005.92	76.88	8.82	0.02
603319	湘油泵	8092.00	8059.93	99.60	10.31	0.13	21.76	0.27
603320	迪贝电气	10000.00	4020.28	40.20	5974.06	59.74	5.65	0.06
603321	梅轮电梯	30700.00	30604.86	99.69	87.42	0.28	7.73	0.03
603322	超讯通信	8000.00	7184.26	89.80	812.83	10.16	2.92	0.04
603323	吴江银行	144808.43	66478.28	45.91	78212.71	54.01	117.44	0.08
603326	我乐家居	16123.45	13887.34	86.13	2225.84	13.81	10.27	0.06
603328	依顿电子	99802.59	11226.04	11.25	81657.56	81.82	6919.00	6.93
603329	上海雅仕	13200.00	3034.91	22.99	9987.04	75.66	178.05	1.35
603330	上海天洋	6000.00	5586.98	93.12	412.30	6.87	0.72	0.01
603331	百达精工	12725.33	7510.82	59.02	5202.90	40.89	11.61	0.09
603333	明星电缆	52000.50	50380.76	96.89	1505.06	2.89	114.68	0.22
603335	迪生力	25334.00	6323.02	24.96	19008.99	75.03	1.99	0.01
603336	宏辉果蔬	13335.00	13275.44	99.55	40.84	0.31	18.73	0.14
603337	杰克股份	20667.00	2144.79	10.38	16792.29	81.25	1729.92	8.37
603338	浙江鼎力	17692.62	11164.06	63.10	4123.84	23.31	2404.72	13.59
603339	四方冷链	21024.63	20574.85	97.86	80.59	0.38	369.19	1.76
603345	安井食品	21604.00	10820.43	50.09	10342.34	47.87	441.23	2.04
603355	莱克电气	40100.00	3384.81	8.44	34537.78	86.13	2177.41	5.43
603357	设计总院	32467.34	15824.52	48.74	15826.73	48.75	816.09	2.51
603358	华达科技	16000.00	15778.10	98.61	210.84	1.32	11.06	0.07
603359	东珠景观	22760.00	17857.22	78.46	4878.01	21.43	24.76	0.11
603360	百傲化学	13334.00	3203.14	24.02	10113.44	75.85	17.42	0.13
603363	傲农生物	42000.00	18033.72	42.94	23845.06	56.77	121.22	0.29
603365	水星家纺	26667.00	14672.53	55.02	11307.74	42.40	686.73	2.58
603366	日出东方	80000.00	24980.17	31.23	53291.09	66.61	1728.75	2.16
603367	辰欣药业	45335.30	14461.93	31.90	30862.23	68.08	11.15	0.02

注：合计持股数包含 F 类账户；单位为万股。

年末个股股东持股情况
Distribution of Shareholders by 2017

证券代码 Code	证券简称 Security Name	合计持股数 Total Hold	自然人 Individual		一般法人 Corporation		专业机构 Institution	
			持有股数	比例(%)	持有股数	比例(%)	持有股数	比例(%)
603368	柳州医药	18505.25	12817.63	69.26	3706.42	20.03	1981.19	10.71
603369	今世缘	125450.00	39324.62	31.35	80728.85	64.35	5396.53	4.30
603377	东方时尚	42000.00	8194.00	19.51	30958.38	73.71	2847.63	6.78
603378	亚士创能	19480.00	7286.89	37.41	12188.05	62.57	5.06	0.03
603380	易德龙	16000.00	14684.41	91.78	1310.92	8.19	4.67	0.03
603383	顶点软件	8586.70	5814.03	67.71	2756.87	32.11	15.80	0.18
603385	惠达卫浴	28415.11	15284.05	53.79	13090.87	46.07	40.20	0.14
603386	广东骏亚	20180.00	5034.47	24.95	15140.12	75.03	5.41	0.03
603387	基蛋生物	13200.00	9340.06	70.76	3718.02	28.17	141.92	1.08
603388	元成股份	20584.40	15784.59	76.68	4798.48	23.31	1.33	0.01
603389	亚振家居	21896.00	5408.64	24.70	16484.82	75.29	2.54	0.01
603393	新天然气	16000.00	13766.89	86.04	2158.43	13.49	74.67	0.47
603396	金辰股份	7555.67	5816.26	76.98	1739.41	23.02	0.00	0.00
603398	邦宝益智	21248.00	5208.98	24.52	16007.48	75.34	31.54	0.15
603399	新华龙	54325.06	28205.72	51.92	25780.31	47.46	339.03	0.62
603416	信捷电气	14056.00	13797.06	98.16	215.29	1.53	43.65	0.31
603421	鼎信通讯	44310.55	44101.98	99.53	81.18	0.18	127.39	0.29
603429	集友股份	13600.00	12570.87	92.43	837.74	6.16	191.40	1.41
603444	吉比特	7173.99	5404.10	75.33	1696.37	23.65	73.51	1.02
603456	九洲药业	44784.62	19680.49	43.94	24532.61	54.78	571.52	1.28
603458	勘设股份	12415.15	12300.32	99.08	89.73	0.72	25.10	0.20
603466	风语筑	14400.00	12283.26	85.30	1897.72	13.18	219.02	1.52
603477	振静股份	24000.00	8990.85	37.46	14710.80	61.29	298.35	1.24
603488	展鹏科技	20800.00	17255.57	82.96	3543.08	17.03	1.35	0.01
603496	恒为科技	10000.00	8700.27	87.00	1279.54	12.80	20.18	0.20
603499	翔港科技	10000.00	7720.08	77.20	2276.64	22.77	3.28	0.03
603500	祥和实业	12600.00	11592.59	92.00	1003.94	7.97	3.48	0.03
603501	韦尔股份	45581.39	40418.16	88.67	5104.61	11.20	58.62	0.13
603505	金石资源	24000.00	7194.45	29.98	16801.81	70.01	3.74	0.02
603507	振江股份	12563.14	7581.61	60.35	4974.52	39.60	7.01	0.06
603508	思维列控	16000.00	13661.52	85.38	2301.56	14.38	36.92	0.23
603515	欧普照明	57947.91	23667.36	40.84	29573.52	51.03	4707.03	8.12
603517	绝味食品	41000.00	5537.68	13.51	34009.61	82.95	1452.71	3.54
603518	维格娜丝	15229.16	14276.24	93.74	782.25	5.14	170.66	1.12
603519	立霸股份	16000.00	13300.43	83.13	2520.15	15.75	179.42	1.12
603520	司太立	12000.00	9416.28	78.47	2578.66	21.49	5.06	0.04
603527	众源新材	12440.00	11704.56	94.09	731.66	5.88	3.78	0.03
603528	多伦科技	62004.00	17278.49	27.87	44425.51	71.65	299.99	0.48
603533	掌阅科技	40100.00	34153.86	85.17	5742.02	14.32	204.12	0.51
603535	嘉诚国际	15040.00	13027.38	86.62	2010.00	13.36	2.62	0.02
603536	惠发股份	12000.00	6928.90	57.74	5053.28	42.11	17.82	0.15
603538	美诺华	12000.00	5356.71	44.64	6635.55	55.30	7.73	0.06
603555	贵人鸟	62860.21	4948.07	7.87	55640.52	88.51	2271.62	3.61
603556	海兴电力	38019.20	7911.08	20.81	26967.32	70.93	3140.80	8.26
603557	起步股份	46997.97	4688.34	9.98	42306.67	90.02	2.95	0.01
603558	健盛集团	41635.63	30147.73	72.41	9508.79	22.84	1979.11	4.75
603559	中通国脉	13200.00	13130.68	99.47	39.34	0.30	29.98	0.23
603566	普莱柯	32374.00	27223.19	84.09	3513.09	10.85	1637.72	5.06
603567	珍宝岛	84916.00	12574.56	14.81	72178.03	85.00	163.41	0.19
603568	伟明环保	68721.00	31542.02	45.90	36156.64	52.61	1022.34	1.49

注：合计持股数包含 F 类账户；单位为万股。

年末个股股东持股情况
Distribution of Shareholders by 2017

证券代码 Code	证券简称 Security Name	合计持股数 Total Hold	自然人 Individual		一般法人 Corporation		专业机构 Institution	
			持有股数	比例(%)	持有股数	比例(%)	持有股数	比例(%)
603569	长久物流	40001.00	7125.93	17.81	32692.57	81.73	182.51	0.46
603577	汇金通	17502.00	14837.38	84.78	2653.46	15.16	11.16	0.06
603578	三星新材	8800.00	7785.16	88.47	1003.12	11.40	11.73	0.13
603579	荣泰健康	14000.00	9419.04	67.28	2927.13	20.91	1653.83	11.81
603580	艾艾精工	6667.00	6087.68	91.31	571.58	8.57	7.74	0.12
603585	苏利股份	15000.00	12521.03	83.47	2457.15	16.38	21.82	0.15
603586	金麒麟	20937.00	8673.99	41.43	12251.18	58.51	11.83	0.06
603588	高能环境	66219.10	56914.66	85.95	5249.53	7.93	4054.91	6.12
603589	口子窖	60000.00	37971.20	63.29	10936.95	18.23	11091.85	18.49
603595	东尼电子	10201.60	9225.94	90.44	819.53	8.03	156.13	1.53
603598	引力传媒	27111.30	23423.41	86.40	3603.65	13.29	84.23	0.31
603599	广信股份	37648.00	8084.23	21.47	26334.01	69.95	3229.77	8.58
603600	永艺股份	25304.48	10429.89	41.22	13047.63	51.56	1826.96	7.22
603601	再升科技	38615.13	29971.95	77.62	6246.95	16.18	2396.22	6.21
603602	纵横通信	8000.00	6785.24	84.82	1212.30	15.15	2.46	0.03
603603	博天环境	40001.00	3964.86	9.91	36014.98	90.04	21.16	0.05
603605	珀莱雅	20000.00	19562.79	97.81	332.44	1.66	104.76	0.52
603606	东方电缆	37270.91	14086.18	37.79	23007.92	61.73	176.82	0.47
603607	京华激光	9108.00	6211.93	68.20	2891.07	31.74	5.00	0.05
603608	天创时尚	43165.42	15128.71	35.05	28026.74	64.93	9.96	0.02
603609	禾丰牧业	83117.65	66809.62	80.38	15237.33	18.33	1070.70	1.29
603611	诺力股份	19140.25	18546.62	96.90	484.09	2.53	109.55	0.57
603612	索通发展	24302.79	17053.26	70.17	7044.18	28.99	205.34	0.84
603615	茶花股份	24000.00	23001.38	95.84	988.57	4.12	10.05	0.04
603616	韩建河山	29336.00	14574.96	49.68	14749.68	50.28	11.35	0.04
603617	君禾股份	10000.00	3097.37	30.97	6896.77	68.97	5.85	0.06
603618	杭电股份	68687.89	27162.98	39.55	41398.36	60.27	126.55	0.18
603619	中曼石油	40000.01	12249.53	30.62	27730.84	69.33	19.64	0.05
603626	科森科技	29687.68	23033.07	77.58	5171.11	17.42	1483.51	5.00
603628	清源股份	27380.00	24214.86	88.44	3158.96	11.54	6.17	0.02
603630	拉芳家化	17440.00	11183.45	64.13	6252.52	35.85	4.03	0.02
603633	徕木股份	12035.00	8253.36	68.58	3722.15	30.93	59.49	0.49
603636	南威软件	40709.78	37628.12	92.43	3032.81	7.45	48.84	0.12
603637	镇海股份	13299.66	13288.07	99.91	9.64	0.07	1.95	0.01
603638	艾迪精密	17600.00	11321.32	64.33	5850.55	33.24	428.13	2.43
603639	海利尔	12000.00	10138.30	84.49	1856.21	15.47	5.49	0.05
603648	畅联股份	36866.67	11254.01	30.53	24907.13	67.56	705.53	1.91
603655	朗博科技	10600.00	8986.50	84.78	1473.06	13.90	140.44	1.32
603656	泰禾光电	10634.40	8950.96	84.17	1682.60	15.82	0.84	0.01
603658	安图生物	42000.00	2097.60	4.99	37206.17	88.59	2696.23	6.42
603659	璞泰来	43270.29	26259.45	60.69	16721.12	38.64	289.72	0.67
603660	苏州科达	25000.00	20041.72	80.17	4601.55	18.41	356.73	1.43
603661	恒林股份	10000.00	8482.00	84.82	1511.11	15.11	6.89	0.07
603663	三祥新材	13415.00	3386.70	25.25	10016.94	74.67	11.36	0.08
603665	康隆达	10000.00	2439.38	24.39	7558.54	75.59	2.09	0.02
603667	五洲新春	20240.00	15237.28	75.28	5001.12	24.71	1.61	0.01
603668	天马科技	29680.00	24512.57	82.59	5165.51	17.40	1.92	0.01
603669	灵康药业	26000.00	11694.36	44.98	14240.08	54.77	65.57	0.25
603676	卫信康	42300.00	16502.66	39.01	25787.50	60.96	9.84	0.02
603677	奇精机械	14017.74	6490.25	46.30	7518.64	53.64	8.84	0.06

注：合计持股数包含 F 类账户；单位为万股。

年末个股股东持股情况
Distribution of Shareholders by 2017

证券代码 Code	证券简称 Security Name	合计持股数 Total Hold	自然人 Individual		一般法人 Corporation		专业机构 Institution	
			持有股数	比例(%)	持有股数	比例(%)	持有股数	比例(%)
603678	火炬电子	45266.60	31175.57	68.87	11011.11	24.33	3079.92	6.80
603679	华体科技	10000.00	8380.24	83.80	1601.71	16.02	18.05	0.18
603683	晶华新材	12667.00	11571.36	91.35	1090.17	8.61	5.47	0.04
603685	晨丰科技	10000.00	2408.94	24.09	7544.53	75.45	46.53	0.47
603686	龙马环卫	29927.10	22146.08	74.00	5361.67	17.92	2419.35	8.08
603688	石英股份	33733.80	17582.41	52.12	15019.73	44.52	1131.66	3.35
603689	皖天然气	33600.00	8044.22	23.94	24773.53	73.73	782.26	2.33
603690	至纯科技	21040.00	16850.70	80.09	4002.39	19.02	186.91	0.89
603696	安记食品	12000.00	8045.35	67.04	3950.73	32.92	3.92	0.03
603698	航天工程	41230.00	8082.35	19.60	32124.62	77.92	1023.04	2.48
603699	纽威股份	75000.00	9785.09	13.05	62070.15	82.76	3144.77	4.19
603701	德宏股份	11952.00	10706.04	89.58	1213.19	10.15	32.77	0.27
603703	盛洋科技	22970.00	14287.20	62.20	8682.61	37.80	0.19	0.00
603707	健友股份	42350.00	26472.50	62.51	13470.94	31.81	2406.55	5.68
603708	家家悦	46800.00	6223.70	13.30	36900.05	78.85	3676.25	7.86
603711	香飘飘	40001.00	36479.30	91.20	3511.34	8.78	10.36	0.03
603716	塞力斯	7131.60	2353.02	32.99	4761.77	66.77	16.81	0.24
603717	天域生态	17271.16	15006.45	86.89	2137.16	12.37	127.55	0.74
603718	海利生物	64400.00	16146.31	25.07	39696.60	61.64	8557.09	13.29
603721	中广天择	10000.00	2316.61	23.17	7392.31	73.92	291.08	2.91
603722	阿科力	8670.00	8102.42	93.45	564.87	6.52	2.72	0.03
603725	天安新材	14668.00	13920.32	94.90	744.44	5.08	3.24	0.02
603726	朗迪集团	9472.00	9394.05	99.18	58.31	0.62	19.64	0.21
603727	博迈科	23414.50	6042.26	25.81	17346.99	74.09	25.25	0.11
603728	鸣志电器	32000.00	6084.72	19.01	24989.27	78.09	926.01	2.89
603729	龙韵股份	6667.00	5749.52	86.24	757.54	11.36	159.94	2.40
603730	岱美股份	40800.00	17485.17	42.86	23122.76	56.67	192.07	0.47
603737	三棵树	10218.12	8194.77	80.20	1031.59	10.10	991.76	9.71
603738	泰晶科技	11335.60	9701.31	85.58	1246.12	10.99	388.17	3.42
603757	大元泵业	8380.00	7645.31	91.23	100.99	1.21	633.69	7.56
603758	秦安股份	43879.70	39471.55	89.95	4404.82	10.04	3.33	0.01
603766	隆鑫通用	211307.74	81651.01	38.64	125334.16	59.31	4322.56	2.05
603767	中马传动	21332.00	8337.61	39.09	12989.66	60.89	4.73	0.02
603768	常青股份	20400.00	20250.84	99.27	145.29	0.71	3.87	0.02
603776	永安行	9600.00	6812.95	70.97	2729.15	28.43	57.89	0.60
603777	来伊份	24371.93	7756.47	31.83	16373.52	67.18	241.94	0.99
603778	乾景园林	50000.00	48228.67	96.46	1754.34	3.51	17.00	0.03
603779	威龙股份	22964.67	20158.95	87.78	2728.87	11.88	76.85	0.33
603787	新日股份	20400.00	18128.10	88.86	2269.34	11.12	2.56	0.01
603788	宁波高发	16435.30	5982.48	36.40	8398.75	51.10	2054.08	12.50
603789	星光农机	26196.04	15270.87	58.29	10923.36	41.70	1.81	0.01
603797	联泰环保	21334.00	5046.23	23.65	16253.15	76.18	34.63	0.16
603798	康普顿	20000.00	4458.11	22.29	15044.61	75.22	497.28	2.49
603799	华友钴业	59267.66	16319.99	27.54	33305.26	56.19	9642.41	16.27
603800	道森股份	20800.00	6661.03	32.02	14136.27	67.96	2.70	0.01
603801	志邦股份	16000.00	11751.06	73.44	3043.41	19.02	1205.53	7.53
603803	瑞斯康达	42105.56	30738.93	73.00	11313.48	26.87	53.15	0.13
603806	福斯特	40200.00	12875.41	32.03	26321.17	65.48	1003.42	2.50
603808	歌力思	33730.20	6738.06	19.98	22407.82	66.43	4584.31	13.59
603809	豪能股份	10667.00	10579.28	99.18	81.35	0.76	6.38	0.06

注：合计持股数包含 F 类账户；单位为万股。

年末个股股东持股情况
Distribution of Shareholders by 2017

证券代码 Code	证券简称 Security Name	合计持股数 Total Hold	自然人 Individual		一般法人 Corporation		专业机构 Institution	
			持有股数	比例(%)	持有股数	比例(%)	持有股数	比例(%)
603811	诚意药业	8520.00	7358.65	86.37	1160.43	13.62	0.91	0.01
603813	原尚股份	8827.00	3762.28	42.62	5057.83	57.30	6.89	0.08
603816	顾家家居	42814.10	4331.30	10.12	34840.57	81.38	3642.22	8.51
603817	海峡环保	45000.00	11202.12	24.89	32637.62	72.53	1160.25	2.58
603818	曲美家居	48412.00	43528.05	89.91	861.87	1.78	4022.08	8.31
603819	神力股份	12082.00	8942.00	74.01	3112.12	25.76	27.87	0.23
603822	嘉澳环保	7335.00	1828.93	24.93	4067.69	55.46	1438.38	19.61
603823	百合花	22500.00	6562.52	29.17	15714.59	69.84	222.89	0.99
603825	华扬联众	16000.00	10090.70	63.07	5280.07	33.00	629.23	3.93
603826	坤彩科技	36000.00	34174.30	94.93	1675.64	4.65	150.06	0.42
603828	柯利达	33022.69	17510.23	53.02	15454.44	46.80	58.02	0.18
603829	洛凯股份	16000.00	3980.27	24.88	12006.08	75.04	13.65	0.09
603833	欧派家居	42059.65	35891.28	85.33	3735.25	8.88	2433.12	5.78
603838	四通股份	26668.00	24871.61	93.26	1794.99	6.73	1.40	0.01
603839	安正时尚	28906.06	27297.61	94.44	804.25	2.78	804.21	2.78
603843	正平股份	40000.30	33584.40	83.96	6324.17	15.81	91.73	0.23
603848	好太太	40100.00	39302.87	98.01	782.13	1.95	15.00	0.04
603855	华荣股份	33107.00	31233.73	94.34	1866.83	5.64	6.45	0.02
603856	东宏股份	19724.20	7020.63	35.59	12406.99	62.90	296.58	1.50
603858	步长制药	68180.00	8743.03	12.82	59029.60	86.58	407.37	0.60
603859	能科股份	11356.00	10223.65	90.03	1131.41	9.96	0.94	0.01
603860	中公高科	6668.00	3405.92	51.08	3095.23	46.42	166.85	2.50
603861	白云电器	40910.00	35170.51	85.97	5655.06	13.82	84.43	0.21
603866	桃李面包	47062.60	41708.16	88.62	3293.54	7.00	2060.90	4.38
603868	飞科电器	43560.00	5032.97	11.55	36017.94	82.69	2509.08	5.76
603869	北部湾旅	34880.63	11356.37	32.56	23287.86	66.76	236.39	0.68
603877	太平鸟	48093.24	8986.91	18.69	37552.24	78.08	1554.09	3.23
603878	武进不锈	20200.00	15909.04	78.76	4260.13	21.09	30.83	0.15
603879	永悦科技	14400.00	13595.45	94.41	775.34	5.38	29.20	0.20
603880	南卫股份	10000.00	8858.11	88.58	1139.07	11.39	2.82	0.03
603881	数据港	21058.65	5082.12	24.13	15340.47	72.85	636.06	3.02
603882	金域医学	45788.46	14299.60	31.23	31204.16	68.15	284.70	0.62
603883	老百姓	28494.53	3233.56	11.35	21189.94	74.36	4071.02	14.29
603885	吉祥航空	179701.35	26492.92	14.74	142840.92	79.49	10367.50	5.77
603886	元祖股份	24000.00	5937.64	24.74	18006.87	75.03	55.49	0.23
603887	城地股份	10300.00	8832.47	85.75	1461.89	14.19	5.64	0.05
603888	新华网	51902.94	11098.60	21.38	38771.08	74.70	2033.25	3.92
603889	新澳股份	39365.11	20168.45	51.23	17334.06	44.03	1862.60	4.73
603890	春秋电子	13700.00	11212.37	81.84	2459.91	17.96	27.72	0.20
603896	寿仙谷	13980.00	6530.08	46.71	7440.86	53.23	9.06	0.06
603898	好莱客	31811.83	26572.02	83.53	3069.07	9.65	2170.74	6.82
603899	晨光文具	92000.00	12141.06	13.20	68328.77	74.27	11530.16	12.53
603900	莱绅通灵	34047.38	24991.13	73.40	5301.21	15.57	3755.04	11.03
603901	永创智能	40000.00	36076.78	90.19	3536.44	8.84	386.77	0.97
603903	中持股份	10333.60	3932.11	38.05	6400.27	61.94	1.22	0.01
603906	龙蟠科技	20800.00	16499.07	79.32	3670.97	17.65	629.96	3.03
603908	牧高笛	6669.00	1762.69	26.43	4903.22	73.52	3.09	0.05
603909	合诚股份	10000.00	9249.88	92.50	747.02	7.47	3.10	0.03
603912	佳力图	14800.00	3664.37	24.76	11123.57	75.16	12.06	0.08
603916	苏博特	30400.00	16763.76	55.14	13615.33	44.79	20.90	0.07

注：合计持股数包含 F 类账户；单位为万股。

年末个股股东持股情况
Distribution of Shareholders by 2017

证券代码 Code	证券简称 Security Name	合计持股数 Total Hold	自然人 Individual		一般法人 Corporation		专业机构 Institution	
			持有股数	比例(%)	持有股数	比例(%)	持有股数	比例(%)
603917	合力科技	11200.00	10151.23	90.64	1022.89	9.13	25.88	0.23
603918	金桥信息	17732.50	15045.60	84.85	2678.59	15.11	8.31	0.05
603919	金徽酒	36400.00	7435.04	20.43	28722.22	78.91	242.73	0.67
603920	世运电路	40180.00	8823.42	21.96	31343.56	78.01	13.01	0.03
603922	金鸿顺	12800.00	3166.69	24.74	9624.50	75.19	8.81	0.07
603926	铁流股份	12000.00	7925.29	66.04	4072.90	33.94	1.81	0.02
603928	兴业股份	20160.00	19140.91	94.94	993.38	4.93	25.70	0.13
603929	亚翔集成	21336.00	3693.80	17.31	16753.16	78.52	889.03	4.17
603933	睿能科技	10267.00	2447.44	23.84	7774.14	75.72	45.42	0.44
603936	博敏电子	16735.00	16289.23	97.34	433.61	2.59	12.16	0.07
603937	丽岛新材	20888.00	18778.64	89.90	2100.65	10.06	8.71	0.04
603938	三孚股份	15016.66	10311.68	68.67	4151.87	27.65	553.11	3.68
603939	益丰药房	36269.47	6562.39	18.09	22320.80	61.54	7386.28	20.37
603955	大千生态	8700.00	2546.91	29.27	5928.38	68.14	224.71	2.58
603958	哈森股份	21736.00	5388.26	24.79	16337.83	75.16	9.91	0.05
603959	百利科技	22400.00	4931.01	22.01	16545.10	73.86	923.88	4.12
603960	克来机电	10400.00	9050.02	87.02	839.75	8.07	510.23	4.91
603963	大理药业	10000.00	6589.51	65.90	3406.52	34.07	3.96	0.04
603966	法兰泰克	16000.00	12113.52	75.71	3878.75	24.24	7.73	0.05
603968	醋化股份	20448.00	14974.82	73.23	4998.45	24.44	474.73	2.32
603969	银龙股份	40000.00	39758.97	99.40	143.26	0.36	97.76	0.24
603970	中农立华	13333.34	3296.13	24.72	10030.14	75.23	7.07	0.05
603976	正川股份	10800.00	6322.68	58.54	4474.06	41.43	3.26	0.03
603977	国泰集团	22108.00	7586.27	34.31	13935.52	63.03	586.21	2.65
603978	深圳新星	8000.00	5339.31	66.74	2644.77	33.06	15.92	0.20
603979	金诚信	58500.00	23892.18	40.84	34338.81	58.70	269.01	0.46
603980	吉华集团	50000.00	24182.34	48.36	25813.93	51.63	3.73	0.01
603985	恒润股份	8000.00	5585.10	69.81	2411.73	30.15	3.17	0.04
603986	兆易创新	20267.97	6328.62	31.22	12135.24	59.87	1804.11	8.90
603987	康德莱	31543.50	8111.65	25.72	23067.34	73.13	364.51	1.16
603988	中电电机	12000.00	11718.50	97.65	217.67	1.81	63.83	0.53
603989	艾华集团	30000.00	10371.40	34.57	16915.40	56.38	2713.21	9.04
603990	麦迪科技	8092.26	4857.08	60.02	3233.95	39.96	1.23	0.02
603991	至正股份	7453.50	1807.82	24.25	5644.60	75.73	1.08	0.01
603993	洛阳钼业	1766577.26	368380.26	20.85	1325738.35	75.05	72458.65	4.10
603996	中新科技	30015.00	12600.07	41.98	17316.66	57.69	98.27	0.33
603997	继峰股份	63000.00	12912.07	20.50	48948.82	77.70	1139.11	1.81
603998	方盛制药	43093.65	41265.46	95.76	1810.97	4.20	17.22	0.04
603999	读者传媒	57600.00	17420.54	30.24	38900.64	67.54	1278.82	2.22

注：合计持股数包含 F 类账户；单位为万股。

Events

大事记

上海证券交易所大事记

1 月 25 日 上交所推出中国战略新兴产业指数。

3 月 13 日 3 只传统基础设施领域政府和社会资本合作（PPP）项目资产支持证券化产品在上交所成功发行，标志着证监会和发改委推进的 PPP 项目资产证券化试点产品正式落地。

4 月 14 日 上交所修订《上海证券交易所交易规则》，自 2017 年 5 月 22 日起调整质押式回购计息规则和收盘价的计算方法。

5 月 14 日 上交所和马来西亚交易所在北京签署谅解备忘录，马来西亚总理纳吉布见证文本互换仪式。

5 月 22 日 上交所和莫斯科交易所在莫斯科签署战略合作协议，这是上交所首次与国外交易所签署战略合作协议。

5 月 26 日 上交所与哈萨克斯坦阿斯塔纳国际金融中心管理局在阿斯塔纳签署合作协议，共同投资建设阿斯塔纳国际交易所。

6 月 15 日 上交所与西非证券交易所签署谅解备忘录，并举办中国-西非资本市场座谈会。

6 月 19 日 上交所和卢森堡证券交易所在卢森堡举行指数发布仪式，共同推出绿色债券指数。

6 月 21 日 中国 A 股加入 MSCI 明晟指数。

6 月 30 日 上交所修订并发布《上市公司股东及董监高减持股份临时公告格式指引》，根据证监会 5 月 27 日发布的减持新规要求，进一步细化了相关信息披露要求。

9 月 6 日 上交所理事长吴清与联合国投资和企业司司长詹晓宁在泰国曼谷共同宣布，上交所正式成为联合国可持续证券交易所倡议第 65 家伙伴交易所，也是我国首个加入该倡议的证券交易所。

9 月 7 日 在泰国曼谷举行的第 57 届世界交易所联合会（World Federation of Exchanges）会员大会上，上交所理事长吴清成功当选为 WFE 主席。这是中国内地交易所首次在国际行业组织中担任主要领导职务。

10 月 27 日 上交所正式发布《上海证券交易所服务“一带一路”建设愿景和行动计划（2018-2020 年）》。

图书在版编目(CIP)数据

上海证券交易所统计年鉴. 2018 卷/上海证券交易所编. —上海：上海远东出版社，2018

ISBN 978－7－5476－1389－4

Ⅰ. ①上… Ⅱ. ①上… Ⅲ. ①证券交易所－统计资料－上海－2018－年鉴 Ⅳ. ①F832.51－54

中国版本图书馆 CIP 数据核字(2018)第 167905 号

选题策划 程云琦
责任编辑 祁东城
封面设计 张晶灵

上海证券交易所统计年鉴(2018 卷)

上海证券交易所 编

出　版 上海远東出版社
(200235　中国上海市钦州南路 81 号)
发　行 上海人民出版社发行中心
印　刷 上海文艺大一印刷有限公司
开　本 889×1194　1/16
印　张 35.75
插　页 4
字　数 550,000
版　次 2018 年 8 月第 1 版
印　次 2018 年 8 月第 1 次印刷
ISBN 978－7－5476－1389－4/F·622
定　价 300.00 元